DICCIONARIO ECONÓMICO, COMERCIAL Y FINANCIERO
ENGLISH/SPANISH - ESPAÑOL/INGLÉS

DICCIONARIO ECONÓMICO, COMERCIAL Y FINANCIERO
ENGLISH/SPANISH - ESPAÑOL/INGLÉS

por

Michel MARCHETEAU
Agregado de la Universidad
Profesor de la Escuela Superior de Comercio de París

Lionel DAHAN
Doctor en Estudios Norteamericanos
Profesor de Inglés
en la Escuela Superior de Comercio
de París
Traductor S.F.T.

Charles PELLOUX
Profesor de Inglés
en la Escuela Superior de Comercio
de París

Jean-Pierre BERMAN
Asistente en la Universidad
de París IV, La Sorbona
Consejero lingüístico
de la B.P.I.
Centro Georges-Pompidou

Michel SAVIO
Jefe del Servicio de lenguas
y de la comunicación
en la Escuela Superior
de Electricidad

Jaime GÓMEZ-MONT
Universidad Iberoamericana
Escuela de Contaduría Pública

LAROUSSE

Av. Diagonal 407 Bis-10   *Dinamarca 81*   *21 Rue du Montparnasse* *Valentín Gómez 3530*
08008 Barcelona   *México 06600, D. F.*   *75298 París Cedex 06*   *1191 Buenos Aires*

Los autores de esta obra expresan su gratitud a los señores Frank E. REED y Pierre MOREL, así como a la señora Suzan GARDINER por su disposición para leer el manuscrito de la obra y por las útiles sugerencias que nos hicieron a lo largo de nuestro trabajo.

Esta versión editorial hispanoamericana fue dirigida por **Aarón Alboukrek** y asistida por **Julia Santibáñez**. Agradecemos al C.P. **José Antonio Hernández Gallegos**, director de Finanzas de Larousse México, sus observaciones puntuales sobre los significados de algunos términos y sus equivalencias al español, las cuales fueron de gran relevancia en la preparación de este diccionario.

DICCIONARIO ECONÓMICO, COMERCIAL Y FINANCIERO

© Presses Pocket

"D.R." © MMI, por Ediciones Larousse, S. A. de C. V.
Dinamarca núm. 81, México 06600, D. F.

SEGUNDA EDICIÓN — 3ª reimpresión

ISBN 2-266-02239-3 (Presses Pocket)
ISBN 970-22-0216-7 (Ediciones Larousse)

CONTENIDO

PRESENTACIÓN

Este diccionario no solamente pretende ser una obra de referencia para los especialistas sino también un manual accesible para todos aquellos que, sin tener una especialización previa, deben enfrentarse al vocabulario del comercio y de la economía de la lengua de mayor difusión a nivel mundial, es decir, el inglés.

Para satisfacer este doble objetivo, el DICCIONARIO ECONÓMICO, COMERCIAL Y FINANCIERO ESPAÑOL/INGLÉS- ENGLISH/SPANISH ofrece las siguientes características:

COMPLETO, cubre todos los dominios: producción, distribución, consumo, publicidad, relaciones industriales, contabilidad, finanzas, derecho, informática, etc. Incluye dentro de cada sentido (Inglés/Español y Español/Inglés) aproximadamente 12,000 registros, lo cual equivale a 30,000 palabras y expresiones.

ACTUAL, integra la terminología que se encuentra ligada con los avances tecnológicos (microprocesadores, enriquecimiento de las tareas, facturación, círculos de calidad, círculos burocráticos, etc.).

PRECISO, indica las variantes estadounidenses y británicas cada vez que ello resulta necesario.

FÁCIL DE MANEJAR, gracias al desarrollo de un orden alfabético estricto y a la multiplicación de los registros.

RESPONDE A LAS NECESIDADES DE PERSONAS NO ESPECIALIZADAS EN LENGUA INGLESA, puesto que presenta tres aspectos originales con relación a la mayoría de los diccionarios de naturaleza económica y comercial que existen en la actualidad:

1. Proporciona el sentido general de las palabras además de su sentido estrictamente comercial y económico, ya que aun dentro de un contexto especializado, una palabra tendrá frecuentemente un sentido general más que un sentido técnico.

   Además, el conocimiento de la idea principal contenida en una palabra servirá para comprender mejor sus variaciones potenciales de significado dentro de cada tipo de contexto.

2. Incluye expresiones que, sin ser específicamente comerciales o económicas, se emplean frecuentemente en relación con estos dominios, principalmente en la lengua de los medios de comunicación, a la cual se ha dedicado una parte importante de la obra.

3. Proporciona la traducción de un cierto número de locuciones, fórmulas de unión o vínculos gramaticales que se utilizan con frecuencia.

Finalmente, debe añadirse que el lector encontrará en esta obra:

- una tabla de pronunciación
- listas de las principales siglas y abreviaturas en inglés
- tablas de correspondencia (pesos y medidas, etc.)
- indicaciones acerca de la presentación de una carta comercial

CONSEJOS DE UTILIZACIÓN PARA LA PARTE ESPAÑOL-INGLÉS:

Dado que se han propuesto varios términos ingleses para la misma palabra española es importante verificar su significado exacto consultando la sección English/Spanish. Esta utilización intercruzada constituye una garantía necesaria, puesto que existen pocos sinónimos verdaderos y por tanto permite hacer la elección correcta en función del significado.

CUADRO DE PRONUNCIACIÓN

La pronunciación de las palabras del DICCIONARIO ECONÓMICO, COMERCIAL Y FINANCIERO está indicada por símbolos entre corchetes [ ]. Estos símbolos son los que corresponden al sistema de la Asociación Fonética Internacional (A.P.I.). Para aprovecharlos al máximo es importante recordar lo siguiente:

• toda letra simbólica deberá ser pronunciada. Por ejemplo, el término inglés *contract* se transcribe como [kɑːntrækt], por tanto, las consonantes finales *c* y *t* deberán pronunciarse.

• la sílaba que lleva el acento tónico va seguida de un apóstrofo '.

Si el lector desconoce los símbolos de la A.P.I. deberá consultar el siguiente cuadro de pronunciación.

Vocales cortas	Vocales largas
[ɪ] *pit* [pɪt], similar a la "i" de "pila"	[iː] *meet* [miːt] cf "i" de "místico"
[æ] *flat* [flæt], similar a la "a" de "casto" (poner la boca como para decir una "e" pero decir una "a")	[ɑː] *farm* [fɑːrm] cf "a" de "lazo"
	[ɔː] *board* [bɔːrd] cf "o" de "costa"
[ʊ] *put* [pʊt], similar a la "u" de "cuyo"	[uː] *cool* [kuːl] cf "u" de "cúspide"
[e] *lend* [lend], similar a la "e" de "terso"	[ɜː] *firm* [fɜːrm] cf "e" de "fértil" y "eu" de "neutro" (poner la boca como para decir una "o" pero decir una "e")
[ʌ] *but* [bʌt], entre la "a" de "pasto" y la "eu" de "neutro" (poner la boca como para decir una "e" pero decir una "o")	
[ə] *agree* [əˈgriː], muy breve, similar a la "e" de "cafecito"	
[i] *baby* [ˈbeɪbi], similar a la "i" de "vino"	

Semivocal   [j] *due* [djuː], similar a la "diu" de "diurno"

Diptongos (vocales dobles)	
[aɪ] *my* [maɪ] cf "¡Ay!"	[əʊ] *no* [nəʊ] cf "o" + "u"
[ɔɪ] *boy* [bɔɪ] cf "¡Hoy!"	[uə] *actual* [ˈæktʃuəl] como la "ue" de "actúe"
[eɪ] *blame* [bleɪm] cf la "ei" de "reino"	
[aʊ] *now* [naʊ] como la "au" de "astronauta"	

Consonantes	
[θ] *thin* [θɪn], cf "s" silbada (con la lengua entre los dientes)	[ʒ] *measure* [ˈmeʒər] cf la "sh" [ʃ] pero hacer que suene
[ð] *that* [ðɑt] cf "d" con la lengua entre los dientes	[dʒ] *wages* [ˈweidʒəs], similar a la "ch" del español pero hacer que suene
[ʃ] *she* [ʃiː] cf "sh" como al pedir silencio	[h] *horse* [hɔːrs], la *h* sí se pronuncia y es expirada
[ŋ] *bring* [brɪŋ] cf "ng" como en "ring" de boxeo	

NOTA IMPORTANTE: las demás consonantes se pronuncian como en español.

ABREVIATURAS QUE SE UTILIZAN EN EL DICCIONARIO

abrev. abreviatura
adj. adjetivo
ADM. Administración
ADUANAS
adv. adverbio
art. artículo
AUDITORÍA
AV. aviación
BANCA
BIOL. Biología
BOLSA
cf. confronte
CINE
COM. Comercio
COMER. Comercial
conj. conjunción
CONTAB. Contabilidad
contrac. contracción
DEP. Deportes
ECON. Economía
ED. Edición
ELECTR. Electricidad
EMPRESAS
ESTAD. Estadística
expr. expresión
f., fem. femenino
fam. familiar
FERR. Ferrocarriles
fig. figurado
FIN. Finanzas
FÍS. Física
FISC. Fiscal
FOT. Fotografía
GEOGR. Geografía
GEOL. Geología
GEOM. Geometría
IMPR. Imprenta
IMPUESTOS
INFORM. Informática
INGEN. Ingeniería
interj. interjección
JERGA FINANCIERA
JUR. Jurídico
lit. literalmente
loc. locución
loc. lat. locución latina
m. masculino
MARINA

MAT. Matemáticas
MECAN. Mecánica
MED. Medicina
METAL. Metalurgia
MILIT. Militar
MIN. Minería
MÚS. Música
n. nombre
NAVEG. Navegación
NEG. Negocios
neol. neologismo
n. pl. nombre plural
núm. número
PARLAMENTO
PERIOD. Periodismo
pers. persona
pl. plural
POL. Política
POLICÍA
por ext. por extensión
p.p. participio pasado
PRENSA
pref. prefijo
prep. preposición
pron. pronombre
PSICOL. Psicología
PUB. Publicidad
® Marca registrada
RADIO
rel. relativo
RESTAUR. Restauración; Restaurantes
SEG. Seguros
SEG. MARÍT. Seguros marítimos
SINDICATOS
SOCIEDADES
TEC. Tecnología
TELECOMUNIC. Telecomunicaciones
TELEF. Telefonía
TIPOGR. Tipografía
TRABAJOS PÚBLICOS
TURISMO
T.V. Televisión
UNIVER. Universidad
v. aux. verbo auxiliar
v. gr. verbi gratia (por ejemplo)
v.i. verbo intransitivo
v. pr. verbo pronominal
v.t. verbo transitivo

ENGLISH – SPANISH
INGLÉS – ESPAÑOL

a

AAA bond [eɪ eɪ eɪ bɑːnd] obligación (o bono) de primer orden.

A-I [eɪ wʌn] *adj.* excelente, de primer nivel, superior. *A-I at Lloyd's,* excelente (técnicamente: navío de primera clase de acuerdo con la clasificación de Lloyd).

abandon [ə'bændən] *v.* 1 abandonar; apartar, alejar. **2** SEG.: incurrir en una situación de abandono o de desistimiento respecto de un cierto grupo de aseguradores. **3** JUR.: renunciar a. *To abandon a claim,* renunciar a un derecho, a una reclamación, a una queja.

abandonment [ə'bændəmənt] *n.* 1 SEG. MARÍT.: abandono, desistimiento. **2** JUR.: retirar (una queja, una petición, etc.). **3** erosión o vaporización de una inversión. *Abandonment value,* valor residual, valor de abandono, valor de desecho (se dice de la depreciación de los activos).

abate [ə'beɪt] *v.* 1 abatir, disminuir, reducir, menguar. **2** JUR.: anular, abolir, volver nulo.

abatement [ə'beɪtmənt] *n.* 1 rebaja, descuento, reducción, disminución. **2** JUR.: anulación.

abbreviate [ə'briːvieɪt] *v.* abreviar, compendiar, resumir, sintetizar, acortar.

abbreviation [ə'briːvi'eɪʃən] *n.* abreviatura; sigla.

A.B.C. [eɪ biː siː] guía; (GB) indicador de ferrocarriles.

abet [ə'bet] *v.* 1 sostener, mantener, sustentar, afirmar. **2** ser cómplice, estar en contubernio.

abettor [ə'betər] *n.* 1 cómplice, copartícipe. **2** participante, asociado, aliado, consocio.

abeyance [ə'beɪəns] *n.* suspensión, (en) espera. *To fall into abeyance,* incurrir en estado de suspenso o espera (se dice de los puestos vacantes en las corporaciones).

abide by [ə'baɪd baɪ] *v.* regirse por, ajustarse a, respetar. *To abide by a covenant,* regirse por un convenio.

ability [ə'bɔləti] *n.* capacidad, aptitud, habilidad, facultad, competencia.

aboard [ə'bɔːrd] *adv.* a bordo.

abolish [ə'bɑːliʃ] *v.* abolir, abrogar, derogar, inhabilitar, eliminar, cancelar, anular.

abolishment [ə'bɑːliʃmənt] *n.* abolición, anulación, abrogación, extinción, eliminación, cancelación.

abolition [æbə'lɪʃən] *n.* abolición, anulación, abrogación, extinción, eliminación, cancelación.

abort [ə'bɔːrt] *v.* 1 abortar, fallar, fracasar. **2** anular (un proyecto en desarrollo, una acción iniciada).

abortion [ə'bɔːrʃən] *n.* aborto, fracaso, malogro, frustración, ruina, falla.

abortive [ə'bɔːrtɪv] *adj.* abortivo, sin resultado, infructuoso, estéril.

abound [ə'baʊnd] *v.* abundar.

about [ə'baʊt] *adv.* y *prep.* 1 aproximadamente. *About 500 dollars,* aproximadamente 500 dólares. **2** con relación a, respecto de, en lo que se refiere a. *About the new project,* con relación al nuevo proyecto. **3** BOLSA: *Order given at an about price,* orden concedida a un precio aproximado (se dice de las órdenes de compra y venta de valores en los mercados bursátiles).

above [ə'bʌv] *adv.* arriba, por encima de. *Above board,* leal, franco. *Above-mentioned,* arriba mencionado, arriba citado. *Above quota,* por encima de lo normal (*lit.* por encima de la cuota). *Above the line items,* partidas o rubros ordinarios (se dice de los ingresos y de los gastos).

above par [-pɑːr] sobre la par. *Above par stocks,* acciones sobre la par. *Above par securities,* valores sobre la par. *Above par sale,* venta sobre la par (se dice de aquellos valores y títulos cuyo precio de mercado es superior a su valor nominal).

abreast of [ə'brest ɑːv] al corriente de, informado de, enterado de, al corriente de la evolución o desarrollo de.

abroad [ə'brɔːd] *adv.* en el extranjero, al extranjero. *To go abroad,* ir al extranjero, salir de viaje.

abrogate [ˈæbrəgeɪt] *v.* abrogar, anular, cancelar, suprimir, revocar, derogar, retirar.

abrogation [ˈæbrə'geɪʃən] *n.* abrogación, revocación, anulación, supresión, eliminación.

absence [ˈæbsəns] *n.* ausencia. *Leave of absence,* permiso para ausentarse. *Absence of consideration,* falta de consideración.

absentee [ˈæbsən'tiː] *n.* ausente (en oposición a la presencia de una persona determinada).

absenteeism [ˈæbsən'tiːɪzəm] *n.* absentismo. *Absenteeism rate,* tasa de absentismo (se dice del personal de las empresas).

absentia (in) [æb'sənʃiə (in)] JUR.: por rebeldía.

absorb [əb'sɔːrb] *v.* absorber, abstraer.

abstain [əb'steɪn] *v.* abstenerse, privarse, contenerse. *To abstain from making a decision,* abstenerse de tomar una decisión. *To abstain from giving an opinion,* abstenerse de dar una opinión (se dice de la auditoría de estados financieros).

abstention [əb'stentʃən] *n.* abstención, continencia, renuncia. En el contexto de la auditoría, el formato de dictamen conocido como "abstención de opinión" se traduciría al inglés como: *The auditors decided to abstain from giving an opinion on the financial statements of the... Company,* los auditores decidieron abstenerse de expresar su opinión de los estados financieros de la compañía...

abstract ['æbstrækt] *n.* resumen, sinopsis; extracto.

abstraction [æb'strækʃən] *n.* 1 abstracción. 2 malversación, sustracción fraudulenta, robo.

abundance [ə'bʌndəns] *n.* abundancia. *Abundance of cash money,* abundancia de dinero en efectivo o de circulante.

abundant [ə'bʌndənt] *adj.* abundante, cuantioso, copioso, profuso. *Abundant cash money,* dinero líquido en abundancia.

abuse [ə'bjuːs] *n.* 1 abuso, exceso. *Abuse of confidence,* abuso de confianza. *Abuse of position,* abuso del poder. *Abuse of trust,* prevaricación, deslealtad, incumplimiento. 2 injuria, insulto, maltrato. 3 JUR.: violación.

accelerate [ək'seləreɪt] *v.* acelerar, dar celeridad, precipitar, apresurar, apremiar, urgir, estimular. *To accelerate the collection process,* acelerar el proceso de cobranza.

accelerated [ək'seləreɪtid] *adj.* acelerado. *Accelerated cost recovery,* recuperación acelerada del costo. *Accelerated depreciation,* depreciación acelerada. *Accelerated redemption,* reembolso anticipado (se dice de los valores bursátiles).

acceleration [ək'selə'reɪʃən] *n.* aceleración. *Acceleration clause,* cláusula de reembolso anticipado (se dice de los contratos, principalmente en caso de incumplimiento por parte del deudor).

accept [ək'sept] *v.* aceptar. *To accept a bill,* aceptar un giro. *To accept a draft,* aceptar una letra de cambio.

acceptable [ək'septəbəl] *adj.* aceptable. *Acceptable conditions,* condiciones aceptables.

acceptance [ək'septəns] *n.* aceptación. *Bankers' acceptances,* aceptaciones bancarias, aceptaciones de banqueros. *General acceptance,* aceptación ilimitada o sin reserva. *Qualified acceptance,* aceptación condicionada, con ciertas reservas.

accepting [ək'septiŋ] *n.* aceptación, aprobación, consentimiento, aquiescencia.

accepting house [-haʊs] (GB) casa de aceptación (se dice de los bancos comerciales especializados en la aceptación de giros).

acceptor [ək'septər] *n.* aceptante, aceptador, pagador (se dice de las letras de cambio y de otros documentos conexos).

access ['ækses] *v.* INFORM.: tener acceso a. *To access data,* tener acceso a una serie de datos.

access *n.* 1 acceso, concurrencia, libertad o derecho de ingreso. 2 JUR.: relación sexual. 3 inicio de una sesión del parlamento británico.

accessibility [ək'sesə'bɪləti] *n.* accesibilidad, viabilidad, posibilidad de ingreso o de admisión.

accessible [ək'sesəbəl] *adj.* accesible, de fácil acceso, viable, admisible. *Accessible projects,* proyectos viables.

accession [ək'seʃən] *n.* 1 acceso; admisión, toma de posesión, inicio de una función. 2 adhesión. 3 aceptación, acuerdo, hecho de acceder a una petición. 4 incremento, aumento.

accessory [ək'sesəri] *adj.* 1 accesorio, secundario, complementario, adjunto. *Accessory data,* datos accesorios. 2 JUR.: cómplice.

accident ['æksədənt] *n.* accidente, siniestro. *Accident insurance,* seguro contra accidentes. *Accident-on-the-job,* accidente de trabajo.

accidental ['æksə'dentl] *adj.* 1 accidental, ocasional, fortuito. 2 accesorio, subsidiario.

accommodate [ə'kɑːmədeɪt] *v.* 1 hospedar, albergar; contener; recibir, acoger. *The hotel can accommodate 500 people,* el hotel puede hospedar a 500 personas. *The harbor can accommodate 40 ships,* el puerto puede recibir 40 barcos. 2 proporcionar un servicio, hacer un favor, servir; dar a alguien lo que necesita.

accommodating [ə'kɑːmədeɪtiŋ] *adj.* servicial, atento, complaciente, amable.

accommodation [ə'kɑːmə'deɪʃən] *n.* 1 hospedaje, alojamiento, acogimiento. *Accommodation provided,* facilidades de alojamiento. 2 adaptaciones, adecuaciones, instalaciones.

accommodation bill [-bɪl] *n.* giro o pagaré de favor.

accordance [ə'kɔːrdns] *n.* acuerdo, conformidad. *In accordance with,* conforme a, de conformidad con. *In accordance with your instructions,* de acuerdo con sus instrucciones.

according to [ə'kɔːrdɪŋ tuː] *adv.* de acuerdo con, según, en conformidad con, con arreglo a.

accordingly [ə'kɔːrdɪŋli] *adv.* en consecuencia. *To act accordingly,* actuar en consecuencia.

account [ə'kaʊnt] *n.* 1 cuenta, consideración. *Of some account,* de alguna importancia, de cierta consideración. *Of no account,* sin importancia. *On account of something,* a causa de, en razón de algo. *On every account,* desde cualquier punto de vista, desde cualquier ángulo. *On one's own account,* por iniciativa propia, por cuenta de uno mismo, a título personal. *On somebody's account,* por cuenta de alguien. *To take into account,* tener en cuenta, tener en consideración. 2 relación, narración, relato, informe, versión de los hechos. 3 cuenta (bancaria). *To open an account with a bank,* abrir una cuenta en un banco. **4** cuenta (contabilidad). *To audit an account,* verificar una cuenta. **5** Bolsa: liquidación, a plazo. *Account day,* día de liquidación. *Dealings for the account,* transacciones a plazo. **6** Pub.: presupuesto de un anunciante (administrado por una agencia); *por ext.* cliente, clientela. *Account executive,* responsable de publicidad. **7** *On account,* a cuenta, a cargo.

accountability [ə'kaʊntə'bɪləti] *n.* responsabilidad, obligación, deber, competencia.

accountable [ə'kaʊntəbəl] *adj.* **1** responsable; contable. **2** explicable, razonable.

accountancy [ə'kaʊntnsi] *n.* **1** oficio de contador, técnica de contaduría. **2** contabilidad, teneduría de libros.

accountant [ə'kaʊntnt] *n.* contador. *Chief accountant,* jefe de contabilidad. *Certified Public Accountant (C.P.A.)* (EU), contador público titulado. *Chartered Accountant* (GB), contador público.

account current [-'kɜːrənt] *n.* cuenta corriente.

account director [-də'rektər] *n.* jefe de grupo (agencia de publicidad); se usa también como jefe de cuenta.

account executive [-ig'zekjətɪv] *n.* **1** responsable de la administración de la cuenta de un cliente. **2** jefe de publicidad, responsable de un presupuesto de publicidad.

account for (to) [-fɔːr (tuː)] *v.* **1** explicar, justificar. *To account for additional expenses,* explicar gastos adicionales. **2** representar, constituir.

accounting [ə'kaʊntɪŋ] *n.* contabilidad. *Cost accounting,* contabilidad de costos. *Industrial accounting,* contabilidad industrial.

accounting department [-di'pɑːrtmənt] *n.* departamento de contabilidad, departamento de contaduría.

accounting firm [-fɜːrm] *n.* despacho de contadores públicos, firma de contadores, despacho de auditores.

accounting information [-'ɪnfər'meɪʃən] *n.* información contable. *Inflation-adjusted accounting information,* información contable ajustada de acuerdo con la inflación.

accounting period [-'pɪriəd] *n.* periodo contable (tecnicismo propio de los principios de contabilidad).

accounts [ə'kaʊnts] *n.* cuentas, contabilidad. *The accounts department,* el departamento de contabilidad.

accounts payable [-'peɪəbəl] *n.* cuentas por pagar, cuentas de proveedores (se dice de las deudas a corto plazo no documentadas y que aparecen en el pasivo del balance general).

accounts receivable [-ri'siːvəbəl] *n.* cuentas por cobrar, cuentas de clientes (se dice de los

créditos a corto plazo no documentados y que aparecen en el activo circulante del balance general).

accredited [ə'kredətid] *adj.* **1** acreditado. **2** validado, reconocido. *Accredited courses,* cursos validados (para la obtención de un diploma).

accreditive [ə'kredətiv] *adj.* acreditativo, justificativo, probatorio, demostrativo.

accreditor [ə'kredətor] *n.* (EU) donador de orden.

accretion [ə'kriːʃən] *n.* Jur.: crecimiento, aumento, incremento; aumento de una herencia.

accrual [ə'kruːal] *n.* Contab.: rédito, utilidad, renta, interés; división de ejercicios.

accrual(s) [ə'kruːal(s)] *n.* **1** cargos por pagar. **2** ingresos de fondos. **3** acumulaciones de intereses. **4** Contab.: *Accruals Principle,* inicio del periodo contable, independencia de ejercicios, separación de ejercicios (contables).

accrue [ə'kruː] *v.* acumular, devengar, vencer, correr (se dice de los plazos de los documentos de crédito). *Interest which accrues from January 1st,* intereses que corren desde el primero de enero, intereses que se han acumulado (o devengado) desde el primero de enero.

accrued interest [ə'kruːd 'ɪntrəst] *n.* intereses acumulados, intereses vencidos, intereses devengados pero no liquidados.

accrued salaries [ə'kruːd 'sæləriz] *n.* salarios acumulados o devengados pendientes de liquidarse.

accrued wages [ə'kruːd 'weɪdʒəs] *n.* sueldos acumulados o devengados pendientes de liquidarse.

accrue from [-frɑːm] *v.* provenir de. *Wages accrued from January 1st,* sueldos que se han acumulado desde el primero de enero.

accrue to [-tuː] *v.* ascender a (se dice de los intereses, de las sumas de dinero, etc.). *Administration expenses accrue to 1,000 dollars,* los gastos de administración ascienden a 1,000 dólares.

accruing [ə'kruːɪŋ] *adj.* **1** de vencimiento próximo, en curso, corriente. *Accruing notes payable,* documentos por pagar de vencimiento próximo. **2** Jur.: aferente, correspondiente.

accumulate [ə'kjuːmjəleɪt] *v.* acumular. *Accumulated earnings,* utilidades acumuladas, utilidades no repartidas, excedente de explotación. *Accumulated depreciation,* depreciación acumulada. *Accumulated amortization,* amortización acumulada.

accumulation [ə'kjuːmjə'leɪʃən] *n.* acumulación, depósito, aglomeración.

accuracy ['ækjərəsi] *n.* exactitud, precisión. *Level of accuracy,* nivel de exactitud.

accurate ['ækjərət] *adj.* exacto, preciso, justo. *Accurate figures,* cifras exactas.

accused [ə'kju:zd] *n.* y *adj.* acusado, inculpado.

achieve [ə'tʃi:v] *v.* realizar, ejecutar, llevar a cabo, alcanzar, obtener. *To achieve a goal,* lograr una meta.

achievement [ə'tʃi:vmənt] *n.* realización, logro, éxito. *Technical achievements,* logros de carácter técnico. *Major achievements,* logros de gran importancia.

acid test ['æsəd test] *n.* prueba ácida, razón ácida, prueba del ácido (herramienta tradicional del análisis financiero).

acknowledge [ək'nɑ:lɪdʒ] *v.* 1 reconocer, admitir. 2 acusar recibo de (una carta, un documento, un reporte, etc.).

acknowledgment, acknowledgement [ək'nɑ:lɪdʒmənt] *n.* 1 constancia (de hechos), reconocimiento. *In acknowledgment of his services,* en reconocimiento de sus servicios. 2 recibo, constancia, reconocimiento; acuse de recibo; comprobante (de un pago). *Acknowledgment by return,* acuse de recibo por envío postal. *Acknowledgment of a debt,* reconocimiento de una deuda. *Acknowledgment of receipt,* acuse de recibo. 3 JUR.: declaración (en el sentido de una confesión).

acknowledgments, acknowledgements [ək'nɑ:lɪdʒmənts] *n.* agradecimiento(s), reconocimiento(s). *With the acknowledgments of Mr. Juan Pérez,* Con el agradecimiento del Sr. Juan Pérez (fórmula común de cortesía).

acknowledge receipt [-rɪ'si:t] *v.* acusar recibo de. *We acknowledge receipt of your letter,* acusamos recibo de su carta.

acquaint [ə'kweɪnt] *v.* informar, poner al corriente.

acquaintance [ə'kweɪntns] *n.* 1 conocimiento (de un dominio). *His acquaintance with this sector,* su familiaridad con este sector. 2 relaciones (con alguna persona determinada). *Our long acquaintance with this firm,* nuestras prolongadas relaciones con esta empresa. 3 Persona conocida, persona con quien se tiene una relación.

acquest [æ'kwest] *n.* JUR.: adquisición, compra, operación, ganancia, beneficio.

acquire [ə'kwaɪr] *v.* adquirir, obtener, comprar, mercar, procurarse, conseguir.

acquisition ['ækwə'zɪʃən] *n.* adquisición, compra, transacción. *Mergers and acquisitions, (M & A),* fusiones y adquisiciones. *Acquisition cost,* costo de adquisición.

acquit [ə'kwɪt] *v.* pagar, liquidar, librar, descargar (una obligación o deuda).

acquittal [ə'kwɪtl] *n.* 1 pago, liquidación (de una deuda). 2 JUR.: pago, absolución, liquidación. 3 finiquito.

acquittance [ə'kwɪtəns] *n.* liquidación, descargo (de una deuda).

acre ['eɪkər] *n.* acre (aproximadamente 40 áreas).

acronym ['ækrənɪm] *n.* acrónimo, sigla.

across-the-board [ə'krɔ:s ðə bɔ:rd] *adj.* general, uniforme. *An across-the-board increase,* un aumento uniforme; aumento generalizado a todo un sector industrial.

act [ækt] *n.* 1 acto, acción. 2 ley.

action ['ækʃən] *n.* 1 proceso, demanda (de tipo legal). *To bring an action against somebody,* entablar un proceso contra alguna persona. *To take legal action against somebody,* emprender una acción legal contra alguien. 2 *Industrial action,* huelga, conflicto laboral. *To take industrial action,* hacer una huelga.

actionable ['ækʃənəbəl] *adj.* susceptible de dar lugar a un proceso legal, capaz de originar una demanda de tipo legal.

active ['æktɪv] *adj. Active bond,* obligación de renta fija. *Active debt,* deuda activa. *In active employment,* en plena actividad. *Active partner,* socio activo, socio administrador, comanditario.

act of God [-ɑ:v gɑ:d] caso de fuerza mayor.

act of war [-ɑ:v wɔ:r] hecho de guerra.

actual ['æktʃuəl] *adj.* real, verdadero, legítimo, auténtico, efectivo; disponible. *Actual market,* mercado real. *Actual figures,* cifras reales (se dice del control presupuestal).

actuals ['æktʃuəlz] *n.* 1 CONTAB.: cifras reales. 2 BOLSA DE MERCANCÍAS: mercancías susceptibles de ser entregadas, mercancías disponibles. 3 CORREDURÍA: precio en efectivo al cual un corredor o un agente de cambio realiza una compra o una venta (por oposición a las estimaciones).

actuary ['æktʃueri] *n.* SEG.: actuario.

actuate ['æktʃueɪt] *v.* accionar, poner en movimiento, manipular (una máquina). *Hand-actuated,* que se puede manejar con las manos, manualmente operable.

acumen [ə'kju:mən] *n.* perspicacia, sentido. *Business acumen,* sentido de los negocios.

acute [ə'kju:t] *adj.* agudo, severo. *An acute shortage of raw materials,* una aguda escasez de materia prima.

ad [æd] *n.* anuncio publicitario. *Reading the ads,* lectura de los anuncios publicitarios. *To run an ad in the newspaper,* poner un anuncio en el diario.

Ad Alley ver **Madison Avenue.**

add [æd] *v.* añadir, sumar, totalizar, adicionar. *To add common figures,* añadir cifras comunes.

added value tax ['ædəd 'vælju: tæks] *n.* impuesto al valor agregado (I.V.A.). *Withdrawn added value tax,* impuesto al valor agregado retenido.

addendum [ə'dendəm] *n.* añadidura, suplemento, adición; *pl.* **addenda.**

adding machine [ˈædiŋ məˈʃiːn] *n.* sumadora, máquina de sumar.

addition [əˈdiʃən] *n.* adición, suma, complemento.

additional [əˈdiʃnəl] *adj.* complementario, adicional, suplementario, auxiliar. *Additional information,* información adicional.

additive [ˈædətɪv] *n.* aditivo. *Additive properties,* propiedades aditivas. *Additive system,* sistema aditivo.

add-on [-ɑːn] accesorio, material complementario (se dice de las computadoras). *Add-on loan,* préstamo complementario.

address [ˈædres] *v.* 1 dirigir, enviar, mandar. 2 dirigirse a. 3 tratar (un problema).

address *n.* 1 domicilio o dirección. 2 discurso, alocución, disertación. *Public address system,* sistema de difusión pública.

addressee [ˈædresˈiː] *n.* destinatario, receptor, persona que recibe un documento.

addresser [ˈædresər] *n.* expedidor, remitente, despachante, persona que envía un documento.

addressing machine [ˈædresiŋ məˈʃiːn] *n.* máquina etiquetadora de nombres y direcciones.

add up [-ʌp] *v.* 1 adicionar, totalizar. 2 ascender a, alcanzar un total de, totalizar. *The expenses add up to 725 dollars,* los gastos ascienden a 725 dólares.

adequacy [ˈædɪkwəzi] *n.* adecuación, conformidad, congruencia, suficiencia, proporción justa, justicia.

adequate [ˈædɪkwət] *adj.* adecuado, conforme, proporcionado, justo, suficiente.

ad hoc [ˈædˈhɑːk] *loc. lat.* se aplica a lo que se hace o dice con un fin determinado. *Ad hoc committee,* comisión ad hoc.

ad interim [ˈædˈinterim] *loc. lat.* interino, provisorio, transitorio, temporal, suplente, supletorio.

adjacent [əˈdʒeɪsnt] *adj.* adyacente, contiguo, vecino, limítrofe. *Adjacent owner,* propietario adyacente. *Adjacent parts of an estate,* partes adyacentes de una propiedad.

adjourn [əˈdʒɜːrn] *v.* 1 diferir, retrasar, postergar, posponer. 2 detenerse, suspender uno su actividad. *The board adjourned,* el consejo de administración levantó la sesión.

adjournment [əˈdʒɜːrnmənt] *n.* aplazamiento, suspensión, clausura. *Adjournment for a week,* aplazamiento con duración de una semana.

adjudge [əˈdʒʌdʒ] *v.* pronunciar un juicio. *He was adjudged bankrupt,* se le declaró en quiebra. *He was adjudged damages,* fue consignado por daños, se le adjudicaron daños y perjuicios.

adjudicate [əˈdʒuːdɪkeɪt] *v.* juzgar, decidir. *To adjudicate someone bankrupt,* declarar a alguien en quiebra, adjudicar a alguien una quiebra.

adjudication [əˈdʒuːdɪˈkeɪʃən] *n.* adjudicación, concesión, asignación, decisión de un tribunal, juicio.

adjust [əˈdʒʌst] *v.* 1 adaptar, ajustar, poner en orden. 2 adaptarse, aclimatarse. 3 corregir. *Figures are seasonally adjusted,* las cifras se ajustan de manera estacional, las variaciones estacionales son eliminadas. 4 SEG.: repartir, liquidar (responsabilidades y compensaciones).

adjusted for inflation [əˈdʒʌstɪd fɔːr inˈfleɪʃən] deflacionado; ajustado por la inflación; expresado en moneda constante. *Inflation-adjusted figures,* cifras ajustadas por la inflación. *Inflation-adjusted financial statements,* estados financieros ajustados por la inflación.

adjuster [əˈdʒʌstər] *n.* (GB) ver **adjustor**.

adjustment [əˈdʒʌstmənt] *n.* 1 adaptación, ajuste; arreglo, puesta a punto. *Accounting adjustment,* ajuste contable. *Currency adjustment,* ajuste monetario, reexpresión monetaria. *Inflation adjustment,* ajuste inflacionario. *Tax adjustment,* ajuste fiscal. 2 rectificación, corrección, modificación, compensación. 3 SEG.: liquidación; arreglo; determinación, reparto, prorrateo (de responsabilidades y de compensaciones). SEG. MARÍT.: *Average adjustment,* liquidación de daños y averías, prorrateo de daños y perjuicios, finiquito, despacho (de un asunto). 4 reorganización (de tipo fiscal).

adjustor [əˈdʒʌstər] *n.* SEG. MARÍT.: ajustador de daños, despachador. SEG.: responsable de la liquidación de siniestros, responsable de la evaluación de daños.

adman [ˈædmæn] *n.* publicista, anunciante, persona a cargo de anuncios publicitarios.

administer [ədˈmɪnəstər] *v.* administrar, tramitar. *Administered prices,* precios controlados, precios administrados (por una agencia competente); precios regulados. *Administered price,* precio controlado, precio reglamentado.

administration [ədˈmɪnəˈstreɪʃən] *n.* 1 gobierno, administración. *Business administration,* administración de empresas. 2 liquidación (del activo).

administrative [ədˈmɪnəstreɪtɪv] *adj.* administrativo. *Administrative positions,* puestos administrativos.

administrator [ədˈmɪnəstreɪtər] *n.* 1 administrador, operador. *Business administrator,* administrador de negocios. 2 encargado (de un departamento o de una sección, etc.). 3 albacea.

admission [ədˈmɪʃən] *n.* admisión, entrada, ingreso. *Admission free,* entrada libre, admisión gratuita. *Admission fee,* precio de entrada.

admit [ədˈmɪt] *v.* admitir, recibir, aceptar. *To admit a new stockholder,* admitir un nuevo accionista.

admittance [ədˈmɪtns] *n.* admisión, acceso, entrada. *No admittance,* prohibida la entrada.

Restricted admittance, admisión restringida, cupo limitado.

adrift [ə'drɪft] *adv.* a la deriva. *To cut adrift,* dejarse ir a la deriva, romper las amarras, separarse de. *To come adrift,* desatarse.

adulterate [ə'dʌltəreɪt] *v.* alterar, falsificar, desfigurar; adulterar (una sustancia). *Adulterated milk,* leche adulterada, leche a la que se le ha agregado agua.

adulteration [ə'dʌltə'reɪʃən] *n.* alteración, falsificación, adulteración.

ad valorem ['ædvə'lɔːrəm] *loc. lat.* proporcional al valor, prorrateado en función del valor. *Ad valorem duties,* derechos aduanales prorrateados en función del valor de determinado objeto.

advance [əd'væːns] *v.* 1 avanzar, progresar. 2 hacer avanzar, hacer progresar. 3 entregar dinero en forma anticipada, hacer un anticipo de dinero. 4 aumentar, subir (los precios).

advance *n.* 1 anticipo, avance. *In advance,* en forma anticipada; anticipadamente. *Advance payment,* pago anticipado. 2 progreso, desarrollo. *Technological advances,* progresos tecnológicos. 3 anticipo de dinero. *Advance against security,* anticipo contra garantía. 4 aumento, alza.

advance payment bond [-'peɪmənt bɑːnd] *n.* fianza que garantiza el reembolso de un anticipo.

advanced booking [əd'væːnst 'bʊkɪŋ] *n.* reserva, reservación.

advancement [əd'vænsmənt] *n.* 1 avance, promoción. 2 progreso, desarrollo, adelanto, impulso.

adverse ['ædvɜːrs] *adj.* desfavorable, contrario. *Adverse balance of trade,* balanza comercial deficitaria. *Adverse economic conditions,* condiciones económicas adversas.

advert ['ædvɜːrt] *n.* (GB) = **advertisement**.

advertise ['ædvərtaɪz] *v.* 1 hacer publicidad. *This brand is widely advertised,* esta marca ha sido objeto de una gran publicidad. 2 anunciar, dar a conocer.

advertisement (EU) ['ædvər'taɪzmənt]; (GB) [əd'vəːtismənt] *n.* anuncio, publicidad, aviso, notificación.

advertiser ['ædvərtaɪzər] *n.* anunciante; publicista.

advertising ['ædvərtaɪzɪŋ] *n.* publicidad. *The advertising department,* el departamento de publicidad. *Advertising strategy,* estrategia publicitaria.

advertising agency [-'eɪdʒənsi] *n.* agencia de publicidad.

advertising blitz [-blɪts] *n.* campaña publicitaria intensa y de corta duración; "bombardeo" publicitario.

advertising campaign [-kæm'peɪn] *n.* campaña publicitaria.

advertising claim [-kleɪm] *n.* argumento publicitario.

advertising copywriter [-'kɑːpi raɪtər] *n.* redactor publicitario.

advertising drive [-draɪv] *n.* campaña de publicidad.

advertising expenditures [-ɪk'spendɪtʃərs] *n.* gastos de publicidad.

advertising man [-mæn] *n.* publicista.

advertising pillar [-'pɪlər] *n.* columna publicitaria.

advertising program [-'prəʊgræm] *n.* programa publicitario, plan de campaña.

advertising revenue [-'revənuː] ingresos publicitarios.

advertising slot [-slɑːt] *n.* canal publicitario.

advertising spot [-spɑːt] *n.* anuncio publicitario (en la radio, la televisión, la prensa, etc.).

advice [əd'vaɪs] *n.* 1 consejo, consejos. *To take legal advice,* consultar a un abogado, solicitar asesoría legal. 2 aviso, notificación. *Advice note,* aviso de expedición; carta de notificación.

advisable [əd'vaɪzəbəl] *adj.* aconsejable, recomendable, oportuno, prudente, juicioso.

advise [əd'vaɪz] *v.* 1 aconsejar, sugerir. 2 avisar, informar, notificar, manifestar.

adviser [əd'vaɪzər] *n.* (GB) ver **advisor**.

advisor [əd'vaɪzər] *n.* consejero, asesor, guía. *Legal adviser,* asesor jurídico, asesor legal.

advisory [əd'vaɪzəri] *n.* (EU) boletín de información, folleto o gaceta informativa.

advisory *adj.* consultivo, que proporciona consejos o asesorías. *Advisory committee,* comité consultivo, comité de asesoría. *Advisory services,* servicios de consultoría.

advocate ['ædvəkeɪt] *v.* abogar, defender, proteger, preconizar, predicar.

aegis ['iːdʒəs] *n.* 1 auspicios, señales, indicios. 2 égida, escudo, amparo. *Under the aegis of,* bajo la protección de, bajo el amparo de.

aerial ['erɪəl] *n.* antena.

affect [ə'fekt] *v.* 1 influir sobre, ejercer una influencia sobre, alcanzar. 2 JUR.: afectar. *Affected estate,* propiedad afectada por hipotecas.

affidavit ['æfə'deɪvət] *n.* afidávit, manifestación, acta, declaración hecha por escrito y bajo juramento (o protesta) de decir verdad.

affiliate [ə'fɪlieɪt] *v.* afiliar. *Affiliated firm,* empresa afiliada. *Affiliated consortium,* consorcio afiliado.

affiliate *n.* 1 afiliada, filial (en sentido estricto: se dice de las compañías afiliadas que pertenecen en menos de un 50 por ciento a la sociedad paterna, en oposición a una **subsidiary**). 2 asociado, socio. 3 RADIO y T.V.: estación afiliada.

affiliation [ə'fɪli'eɪʃən] *n.* **1** afiliación, unión. **2** legitimación, reconocimiento de un niño.

affirm [ə'fɜːrm] *v.* **1** afirmar, declarar, manifestar. **2** JUR.: confirmar (el juicio de un tribunal).

affirmative action [ə'fɜːrmətɪv 'ækʃən] (EU) **1** puesta en práctica, aplicación (de una decisión impuesta por un tribunal o de una instancia administrativa). **2** política que hace obligatoria la contratación y la promoción de las mujeres y de las minorías de acuerdo con el porcentaje que ocupen dentro de la población.

affix [ə'fɪks] *v.* anexar, unir, juntar, poner, fijar.

affluence ['æfluəns] *n.* afluencia, abundancia, opulencia. *Cash affluence*, afluencia de efectivo.

affluent ['æfluənt] *adj.* afluente, abundante, rico. *The affluent society*, la sociedad de la abundancia, la sociedad de la opulencia.

afford [ə'fɔːrd] *v.* **1** tener los medios (financieros) para, tener capacidad (financiera) para, permitirse el lujo de. **2** ofrecer, concertar, conceder, permitir.

affordable [ə'fɔːrdəbəl] *adj.* **1** abordable, alcanzable, accesible. **2** realizable, viable.

afforestation [æ'fɔːrəs'teɪʃən] *n.* reforestación, repoblación (se dice de los montes, valles y zonas rurales en general).

affreight [ə'freɪt] *v.* fletar, enviar, transportar, embarcar, exportar. *To affreight abroad*, embarcar al extranjero.

affreighter [ə'freɪtər] *n.* fletador. *International affreighter*, fletador internacional.

affreightment [ə'freɪtmənt] *n.* fletamiento, envío, despacho, embarque, estiba.

afloat [ə'fləʊt] *adv.* a flote, sobre el agua.

afore [ə'fɔːr] *adv.* y *prep.* antes. *Aforementioned*, antes mencionado, arriba mencionado. *Aforesaid*, antes dicho, antes mencionado.

aforethought [ə'fɔːrθɔːt] *n.* JUR.: premeditación, deliberación, agravante.

after date ['æftər deɪt] después de la fecha, después del plazo de vencimiento. *Three months after date*, tres meses después de la fecha, tres meses después del plazo de vencimiento.

aftermath ['æːftərmæθ] *n.* consecuencias, secuelas, repercusiones, efectos posteriores.

after-sales service ['æːftər seɪlz 'sɜːrvəs] *n.* servicio posterior a la venta. *Guaranteed after-sales service*, atención garantizada posterior a la venta.

aftershock ['æftərʃɑːk] *n.* repercusión, consecuencia, efecto final, efecto resultante.

after-tax profits ['æftər tæks prɑːfəts] *n.* utilidades después de impuestos, ganancias después de descontar los impuestos.

against all risks [ə'genst ɔːl rɪsks] contra todos los riesgos, a prueba de cualquier riesgo.

age bracket [eɪdʒ 'brækət] *n.* categoría de edad, nivel de edad (se dice por lo general

de ciertos rangos de edad que oscilan entre un límite máximo y un límite mínimo).

age group [eɪdʒ gruːp] *n.* grupo de edad, clase de edad.

age range [eɪdʒ reɪndʒ] *n.* rango de edad.

agency ['eɪdʒənsi] *n.* agencia, oficina, sucursal; (EU) oficina (en sentido administrativo).

agenda [ə'dʒendə] *n.* agenda, orden del día, asuntos a tratar, temas a discutir.

agent ['eɪdʒənt] *n.* agente; mandatario; representante. *Forwarding agent*, agente de envíos, agente de embarques. *Sole agent*, agente exclusivo, concesionario (exclusivo).

aggravate ['ægrəveɪt] *v.* **1** agravar, complicar. **2** irritar, impacientar, encolerizar.

aggravation ['ægrə'veɪʃən] *n.* **1** agravamiento, empeoramiento. **2** irritación, exasperación.

aggregate ['ægrɪgeɪt] *v.* elevarse, ascender, totalizar, sumar.

aggregate ['ægrɪgət] *n.* masa, total, conjunto. *In the aggregate*, en forma agregada, en forma global, globalmente.

aggregate ['ægrɪgət] *adj.* agregado, colectivo, global. *Aggregate value*, valor agregado.

aggressive [ə'gresɪv] *adj.* **1** agresivo. *Aggressive investment policy*, política agresiva de inversión. **2** dinámico.

agio ['ædʒɪəʊ] *n.* agio, agiotaje. *Agio account*, cuenta de agiotaje.

agrarian [ə'greərɪən] *adj.* agrario. *Agrarian department*, departamento agrario.

agree [ə'griː] *v.* **1** estar de acuerdo. **2** ponerse de acuerdo. **3** concordar, acordar, corresponder. **4** *To agree the accounts*, hacer coincidir las cuentas.

agreeably [ə'griːəbəl] *adv.* compatiblemente; agradablemente.

agreed [ə'griːd] *adj.* convenido, acordado, pactado. *Agreed price*, precio convenido. *Unless otherwise agreed*, salvo estipulación en contra, salvo pacto (o acuerdo) en contra.

agreement [ə'griːmənt] *n.* acuerdo, contrato, convenio, pacto. *Agreement in principle*, acuerdo de principio. *Collective agreement*, contrato colectivo. *Leasing agreement*, contrato de arrendamiento. *Loan agreement*, contrato de préstamo. *Working agreement*, contrato de trabajo.

agribusiness ['ægrɪ bɪznəs] *n.* industria agroalimentaria, agricultura industrial, agroindustria.

agricultural ['ægrɪkʌltʃərəl] *adj.* agrícola. *Agricultural show*, feria agrícola, salón de agricultura. *Agricultural trends*, tendencias agrícolas.

agriculture ['ægrɪkʌltʃər] *n.* agricultura.

agriculturist ['ægrɪkʌltʃərəst] *n.* (EU) agricultor.

agrobusiness ['ægrəʊbɪznəs] ver **agribusiness**.

agrofoods ['ægrəʊfuːds] *n.* alimentos del agro; productos agroalimentarios.

agronomist [ə'grɑːnəməst] *n.* agrónomo.

aid [eɪd] *v.* ayudar, asistir, auxiliar, sostener, recurrir al auxilio de.

aid *n.* ayuda, auxilio, sostén, apoyo, asistencia. *Audiovisual aids,* apoyos audiovisuales. *Financial aid,* ayuda financiera. *Government aid,* ayuda gubernamental, apoyo del Estado.

aide [eɪd] *n.* asistente.

ailing ['eɪlɪŋ] *adj.* declinante, que decae, que tiene mala salud. *Ailing economy,* economía declinante. *Ailing firm,* empresa en dificultades.

aim [eɪm] *v.* seguir, buscar, perseguir (un fin, un propósito).

aim *n.* propósito, objetivo, meta, fin, objeto.

air [er] *v.* transmitir por medio de una antena, difundir (mediante la propagación de ondas).

air *n.* aire. *To carry goods by air,* transportar mercancías por avión.

air bill of lading [-bɪl ɑːv 'leɪdɪŋ] *n.* carta de transporte aéreo (*bill of lading,* conocimiento de embarque).

air consignment note [-kən'saɪnmənt nəʊt] *n.* carta de transporte aéreo.

aircraft ['erkræft] *n.* avión, aviones. *Aircraft manufacturer,* constructor de aviones.

aircraft industry [-'ɪndəstri] *n.* industria aeronáutica.

air-crew [-kruː] *n.* tripulación de un avión.

air-drop [-drɑːp] *n.* paracaidismo.

airfee ['erfiː] *n.* impuesto adicional aéreo.

airfield ['erfiːld] *n.* aeropuerto.

airfreight ['erfreɪt] *v.* enviar por avión, embarcar por avión.

airfreight *n.* flete aéreo, envío aéreo. *Airfreight expenses,* gastos de fletes aéreos.

airfreight collect [-kə'lekt] *n.* porte aéreo por cobrar.

airlift ['erlɪft] *v.* 1 transportar por avión. 2 transportar a través de un puente aéreo.

airlift *n.* 1 puente aéreo. 2 transporte por avión.

airline ['erlaɪn] *n.* línea aérea; compañía aérea.

airliner ['er laɪnər] *n.* avión de línea.

airmail ['ermeɪl] *v.* enviar por avión.

airmail *n.* correo aéreo. *By airmail,* por avión.

airmail receipt [-rɪ'siːt] *n.* recibo de correo aéreo.

airmail transfer [-'trænsfɜːr] *n.* transferencia de fondos por correo aéreo.

airplane ['erpleɪn] *n.* avión.

airport ['erpɔːrt] *n.* aeropuerto. *International airport,* aeropuerto internacional.

airship ['erʃɪp] *n.* dirigible, globo.

airstrip ['erstrɪp] *n.* campo de aterrizaje (no equipado del todo).

air-terminal [-'tɜːrmənəl] *n.* terminal aérea, estación aérea.

air-tight [-taɪt] *adj.* hermético, a prueba de aire.

air time [-taɪm] *n.* tiempo que se está al aire (en la televisión o en la radio).

air way-bill [-weɪ bɪl] *n.* carta de transporte aéreo.

airworthiness ['er wɜːrðinəs] *n.* navegabilidad en el aire, aeronavegabilidad.

airworthy ['er wɜːrði] *adj.* Av.: navegable, apto para la prestación de un servicio (se dice principalmente de los dirigibles).

a.k.a. [eɪ keɪ eɪ] **(also known as)** ['ɔːlsəʊ nəʊn æz] alias, también conocido como.

Algol ['ælgɔl] **(Algorithm Oriented Language)** ['ælgərɪðəm 'ɔːrientəd 'læŋgwɪdʒ] INFORM.: algol (lenguaje de computación orientado a los negocios).

algorithm ['ælgərɪðəm] *n.* algoritmo.

alien ['eɪliən] *n.* y *adj.* extranjero.

alienate ['eɪliəneɪt] *v.* JUR.: enajenar, transmitir, transferir, realizar, vender, alienar.

alignment [ə'laɪnmənt] *n.* alineación. *Currency alignment,* ajuste o arreglo monetario.

alimony ['æləmaʊni] *n.* pensión alimenticia.

all charges to goods [ɔːl t ʃɑːrdʒəs tuː gʊds] con todos los cargos a cuenta del comprador de la mercancía.

allegation ['ælɪ'geɪʃən] *n.* 1 alegación, argumento, aserción, declaración, alegato. 2 jefe de acusación.

allege [ə'ledʒ] *v.* alegar, manifestar, discutir, pretender, declarar sin (aportar) pruebas.

alleged [ə'ledʒd] *adj.* pretendido, supuesto, presunto. *The alleged killer,* el presunto asesino.

allegedly [ə'ledʒədli] *adv.* presumiblemente, presuntamente, previsiblemente.

alleviate [ə'liːvieɪt] *v.* alegar, atenuar, hacer que algo sea más tolerable.

allied ['ælaɪd] *adj.* aliado, conexo, anexo, adjunto, adyacente. *Allied companies,* compañías aliadas.

all in ['ɔːl'ɪn] todo incluido, con todos los gastos incluidos.

all-inclusive ['ɔːlɪn'kluːsɪv] todo incluido.

all-in policy ['ɔːl'ɪn 'pɑːləsi] *n.* póliza de seguro contra todos los riesgos.

allocate ['æləkeɪt] *v.* asignar, atribuir, repartir, afectar, imputar. *Allocated funds,* fondos asignados (a un proyecto, a un departamento, a una división o sucursal, etc.).

allocation ['ælə'keɪʃən] atribución, asignación, repartición, afectación, imputación, presupuestación, adjudicación (de un contrato). *Allocation of resources,* repartición de recursos. *Allocation for the year,* dotación anual, dotación para el ejercicio.

allot [ə'lɑːt] *v.* atribuir, repartir.

allotment [ə'lɑ:tmənt] *n.* repartición, atribución, afectación, imputación. *Conditional allotment,* repartición condicional.

allow [ə'laʊ] *v.* permitir, conceder, autorizar, conceder.

allowance [ə'laʊəns] *n.* 1 asignación, prestación, indemnización, pensión. *Cost of living allowance,* indemnización del costo de la vida, indemnización de residencia. *Family allowances,* asignaciones familiares. *Travelling allowance,* provisión para gastos de viaje. 2 rebaja, reducción. 3 tolerancia. *To make allowance(s) for something,* hacer provisiones para algún propósito. 4 franquicia. *Free luggage allowance,* equipaje libre de franquicia.

allowed depreciation [ə'laʊd dɪ'pri:ʃi'eɪʃən] *n.* depreciación autorizada (desde el punto de vista fiscal).

alloy ['ælɔɪ] *n.* aleación, mezcla, combinación. *Industrial alloy,* aleación industrial.

all-time high ['ɔ:ltaɪm haɪ] récord absoluto.

all-time low ['ɔ:ltaɪm ləʊ] el nivel más bajo que se ha registrado.

alongside [ə'lɔːŋsaɪd] a lo largo de, al costado de, en el andén, a lo largo del andén. *To come alongside,* abordar, llegar al andén. *Free alongside ship,* franco en el muelle.

alter ['ɔ:ltər] *v.* alterar, modificar, cambiar.

alteration ['ɔ:ltə'reɪʃən] *n.* alteración, cambio, modificación. *Closed for alterations,* cerrado por mejoras.

alternate ['ɔ:ltərnət] *v.* 1 alternar, turnar, relevar, sucederse. 2 hacer alternar.

alternative [ɔ:l'tɜ:rnətɪv] *n.* alternativa, opción, disyuntiva.

alternative *adj.* alternativo, de repuesto, de reserva, de auxilio. *Alternative policy,* política de reposición. *Alternative projects,* proyectos alternativos.

alumnus [ə'lʌmnəs] *pl.* **alumni** [ə'lʌmnaɪ] *n.* (EU) alumno (de una universidad, de una escuela).

amalgamate [ə'mælgəmeɪt] *v.* amalgamar, absorber, reunir, unir, combinar; fusionar.

amalgamation [ə'mælgə'meɪʃən] *n.* amalgama, fusión, absorción, unión, combinación.

amend [ə'mend] *v.* enmendar, modificar, rectificar, reformar, cambiar, transformar.

amendment [ə'mendmənt] *n.* 1 rectificación, modificación, cambio. 2 reforma (en sentido legal o político). *Legal amendments,* reformas legales. *Tax amendments,* reformas fiscales.

amends [ə'mendz] *n.* *pl.* reparación, indemnización, resarcimiento. *To make amends (for),* reparar, compensar.

American Selling Price [ə'merəkən 'selɪŋ praɪs] (aduanas de los Estados Unidos) percepción de derechos que se carga no sobre el precio de las mercancías importadas, sino sobre el precio de venta vigente en los Estados Unidos con relación a un artículo equivalente y fabricado dentro del país.

amicable ['æmɪkəbl] *adj.* amigable, amistoso. *Amicable settlement,* arreglo amigable.

amicably ['æmɪkəbli] *adv.* de manera amigable, de modo amistoso, amigablemente.

amnesty ['æmnəsti] *n.* amnistía.

amortizable [æmər'taɪzəbəl] *adj.* amortizable. *Amortizable goods,* bienes amortizables (se dice de los intangibles). *Amortizable loans,* préstamos amortizables.

amortization ['æmərtə'zeɪʃən] *n.* 1 amortización (financiera). *Amortization schedule,* programa de amortización. 2 transferencia de propiedad en firme.

amortize ['æmərtaɪz] *v.* amortizar. *To amortize a loan,* amortizar un préstamo.

amortizement [æmər'taɪzmənt] *n.* amortización.

amount [ə'maʊnt] *v.* ascender a, elevarse a. *The bill amounted to 100 dollars,* la factura ascendía a 100 dólares.

amount *n.* 1 cantidad, número. 2 monto, suma. *Compound amount,* monto compuesto.

analysis [ə'næləsəs] *n.* análisis. *Financial analysis,* análisis financiero. *Ratio analysis,* análisis de razones financieras.

analyst ['ænləst] *n.* analista; experto. *Financial analyst,* analista financiero. *Market analyst,* analista de mercado.

analyze ['ænəlaɪz] *v.* analizar, estudiar, examinar, comparar.

anchor ['æŋkər] *v.* anclar, sujetar, asegurar, afianzar.

anchor *n.* ancla.

anchorage ['æŋkərɪdʒ] *n.* fondeadero, atracadero.

ancillary ['ænsəleri] *adj.* auxiliar, complementario, suplementario, adjunto, subordinado, conexo. *Ancillary equipment,* material conexo. *Ancillary buildings,* edificios de servicio.

animal feeds ['ænəməl fi:dz] *n.* alimentos para animales, alimentos para ganado, forraje.

animated cartoon ['ænəmeɪtəd kɑ:r'tu:n] *n.* dibujos animados.

announce [ə'naʊns] *v.* anunciar, informar, divulgar, revelar, difundir, avisar.

announcement [ə'naʊnsmənt] *n.* anuncio, aviso, publicación, mensaje, notificación. *Public announcement,* anuncio público.

announcer [ə'naʊnsər] *n.* anunciador, presentador, vocero, animador radiofónico, locutor.

annual ['ænjuəl] *adj.* anual. *Annual general meeting (A.G.M.),* asamblea general anual. *Annual payments,* pagos anuales. *Annual report,*

reporte anual. *Annual review*, revisión anual; (GB: fijación anual de precios agrícolas).
annuitant ['ənu:ətənt] *n.* rentista, censualista.
annuity [ə'nu:əti] *n.* 1 anualidad, renta. *Annuity bond*, bono de anualidad. *Differed annuity*, anualidad diferida, renta diferida. 2 amortización del capital y de los intereses.
annul [ə'nʌl] *v.* anular, cancelar, abrogar, inhabilitar, suprimir, abolir, derogar.
annulment [ə'nʌlmənt] *n.* anulación, casación, abrogación, revocación, abolición.
answer ['ænsər] *v.* responder. *Answering machine*, contestador (telefónico).
answer *n.* respuesta.
answerable ['ænsərəbəl] *adj.* 1 aquello a lo que se puede dar una respuesta, aquello que uno puede responder, acusación refutable. 2 *Answerable for something*, garante, responsable de algo. 3 *Answerable to somebody*, responsable ante alguien. *To be answerable to the Personnel Manager*, ser responsable ante el director de personal.
answer phone [-fəʊn] contestador (telefónico).
ante ['ænti] *n.* apuesta (se dice de los juegos). *To raise the ante*, aumentar la apuesta, el precio, hacer que suba la puja (expresión común en las subastas de valores, mercancías, etc.).
antedate ['æntɪdeɪt] *v.* antedatar. *To antedate a meeting*, antedatar una reunión.
antenna [æn'tenə] *n.* antena.
anticipate [æn'tɪsəpeɪt] *v.* anticipar, prever, descontar. *To anticipate a financial crisis*, anticipar una crisis financiera.
anticipation [æn'tɪsə'peɪʃən] *n.* anticipación, antelación, adelanto, previsión, anterioridad.
anti-clockwise ['æntɪ'klɑ:kwaɪz] *adv.* en el sentido inverso al de las manecillas del reloj.
antitrust ['æntɪtrʌst] *adj.* antimonopolístico. *Antimonopolistic legislation*, legislación anti-monopolística.
antitruster ['æntɪtrʌstər] *n.* agencia antimonopolística (o los miembros que la constituyen).
apartment [ə'pɑ:rtmənt] *n.* 1 (EU) aparta-mento. 2 (GB) estudio.
apiece [ə'pi:s] *adj.* cada uno, por pieza. *2 dollars apiece*, a 2 dólares la pieza.
apologize [ə'pɑ:lədʒaɪz] *v.* excusarse, disculparse, presentar uno sus disculpas.
apology [ə'pɑ:lədʒi] *n.* apología, disculpa, excusa, justificación, defensa, amparo.
apparatus ['æpə'rætəs] *n.* aparato, artefacto, dispositivo, (EU) mecanismo.
apparel store [ə'pærəl stɔ:r] *n.* tienda de ropa.
appeal [ə'pi:l] *v.* 1 complacer, atraer, seducir. 2 dirigirse, hacer un llamado. 3 JUR.: presentar una apelación, entablar una apelación, enta-blar un recurso. *To appeal a case*, interponer una apelación. *Without appeal*, inapelable.

appeal *n.* 1 atractivo, atracción, tentación, seducción. *Consumer appeal*, atractivo para el consumidor, efecto de atracción de un producto sobre el consumidor. 2 JUR.: recurso, medio. *Court of appeal*, corte de apelación. *To lodge an appeal*, hacer una apelación, interponer el recurso de apelación.
appeal for tenders [-fɔ:r 'tendərs] *v.* con-vocar a la presentación de una oferta o de un grupo de ofertas.
appeal for tenders *n.* convocación a la pre-sentación de una oferta o de un grupo de ofertas.
appellant [ə'pelənt] *n.* JUR.: apelante, de-mandante, solicitante, recurrente, querellante.
appellate court ['æpəleɪt kɔ:rt] (EU) corte de apelación, tribunal de apelación.
appellee [ə'pe'li:] *n.* JUR.: apelado, deman-dado, condenado, procesado, inculpado (en una apelación).
append [ə'pend] *v.* poner, fijar, asentar. *To append one's signature*, poner uno su firma.
appendix [ə'pendɪks] *n.* apéndice, anexo.
applause mail [ə'plɔ:z meɪl] cartas de felicitación.
applause meter [ə'plɔ:z 'mi:tər] contador o medidor de aplausos.
appliance [ə'plaɪəns] *n.* aparato, artefacto, máquina, instrumento. *Domestic appliances*, aparatos domésticos, aparatos para el hogar.
applicant ['æplɪkənt] *n.* demandante, pos-tulante, candidato, solicitante, aspirante.
application ['æplə'keɪʃən] *n.* 1 demanda, solicitud. 2 candidatura, aspiración. 3 suscrip-ción, inscripción, registro.
application form [-fɔ:rm] *n.* 1 solicitud (se dice del formulario que se llena para hacerla), expediente de candidatura. 2 boletín de solicitud (para muestras, etc.). 3 boletín de suscripción.
applied mathematics [ə'plaɪd 'mæθə'mætɪks] matemáticas aplicadas.
applied research [ə'plaɪd rɪ'sɜ:rtʃ] *n.* inves-tigación aplicada.
apply [ə'plaɪ] *v.* 1 solicitar, demandar, presentar una candidatura. *To apply for a job*, solicitar un empleo. 2 dirigirse, inscribirse. *Apply within*, diríjase al interior. 3 suscribir (acciones, obliga-ciones). 4 aplicar.
appoint [ə'pɔɪnt] *v.* nombrar, designar, elegir, escoger (para el desempeño de un puesto, de un cargo, etc.). *He was appointed chairman*, fue nombrado presidente. *To appoint somebody to a position*, nombrar a alguien para el desempeño de un puesto.
appointee [ə'pɔɪn'ti:] *n.* persona nombrada (o designada) para el desempeño de un puesto; persona seleccionada para un empleo.
appointment [ə'pɔɪntmənt] *n.* 1 cita, en-cuentro, reunión. *To make an appointment*,

hacer una cita. **2** nombramiento, designación (para un puesto). **3** *Appointments vacancies,* ofertas de empleo, bolsa de trabajo.

appointive [ə'pɔɪntiv] *adj. Appointive posts,* empleos obtenidos por nombramiento (en oposición a las funciones electivas).

apportion [ə'pɔːrʃən] *v.* **1** repartir, ventilar, compartir, distribuir, afectar. **2** asignar, dar, conceder, retribuir. *To apportion a task to somebody,* asignar una tarea a alguien.

apportionment [ə'pɔːrʃənmənt] *n.* repartición, distribución, asignación, afectación, imputación. *Cash apportionment,* asignación de efectivo (se dice principalmente de la asignación de proyectos).

appraisal [ə'preizəl] *n.* valuación, estimación, evaluación, valoración, tasación, cálculo.

appraise [ə'preiz] *v.* valuar, estimar, evaluar, valorar, tasar.

appraisement [ə'preizmənt] *n.* evaluación, estimación, valuación, valoración, avalúo. *Official appraisement,* avalúo oficial.

appraiser [ə'preizər] *n.* perito, estimador, valuador, tasador. *Official appraiser,* perito oficial, valuador autorizado.

appreciate [ə'priːʃieɪt] *v.* **1** apreciar, estimar, ser sensible. **2** aumentar de valor. **3** revalorar, revaluar.

appreciation [ə'priːʃi'eɪʃən] *n.* **1** apreciación, estimación. **2** incremento, crecimiento, aumento. **3** plusvalía.

apprentice [ə'prentəs] *v.* iniciar a alguien en el aprendizaje de algo, estudiar los principios de.

apprentice *n.* aprendiz, principiante, novicio, novato, neófito.

apprenticeship [ə'prentəsʃip] *n.* aprendizaje, enseñanza, educación, estudio, instrucción.

approach [ə'prəutʃ] *v.* **1** acercar a, acercarse a, allegar, allegarse. **2** enfocar, contactar, entrar en contacto con alguien. *He has been approached for the post,* se han puesto en contacto con él para la ocupación del puesto. **3** abordar, atacar (un problema, un mercado...).

approach *n.* **1** enfoque, manera de abordar (una materia, un asunto, etc.), estrategia, acercamiento. **2** vía de acceso, vía de entrada.

approbation ['æprə'beɪʃən] *n.* **1** aprobación, asentimiento, consentimiento. *Formal approbation,* aprobación formal. **2** examen, ensayo. *Goods on approbation,* mercancías a prueba.

appropriate [ə'prəupriət] *v.* **1** afectar, consagrar. **2** apropiarse, apoderarse, adueñarse.

appropriation [ə'prəupri'eɪʃən] *n.* **1** afectación, repartición, dotación. **2** apropiación, incautación, sustracción, extracción.

approval [ə'pruːvəl] *n.* aprobación, consentimiento, aceptación, asentimiento. *On approval,*

on appro., bajo aprobación, condicionado a la aprobación de, a manera de ensayo.

approve [ə'pruːv] *v.* **1** aprobar, estar de acuerdo con, convenir, autorizar, ratificar. **2** *To approve of somebody, of something,* juzgar favorablemente a una persona, tener una opinión favorable de, estar a favor de, ser partidario de alguien o de algo.

approximate [ə'prɑːksəmɔɪt] *v.* aproximar, aproximarse, acercar, acercarse, avecinarse.

approximate [ə'prɑːksəmət] *adj.* aproximado, cercano, próximo, contiguo. *Approximate figures,* cifras aproximadas.

approximately [ə'prɑːksəmətli] *adv.* aproximadamente, cerca de, alrededor de, casi. *Approximately 1,000 dollars,* aproximadamente 1,000 dólares.

approximation [ə'prɑːksə'meɪʃən] *n.* aproximación. *Three digit approximation,* aproximación de tres dígitos.

appurtenance [ə'pɜːrtnəns] *n.* JUR.: pertenencia, dependencia, servidumbre. *House with all its appurtenances,* un inmueble con su servidumbre.

aptitude ['æptətuːd] *n.* aptitud, disposición, disposiciones, talento. *Aptitude test,* prueba de aptitudes.

arbiter ['ɑːrbətər] *n.* árbitro.

arbitrage ['ɑːrbətrɑːdʒ] *n.* FIN. y BOLSA: arbitraje. *Arbitrage operation,* operación de arbitraje. *Arbitrage profits,* utilidades de arbitraje.

arbitrager ['ɑːrbətrɑː'dʒɜːr] *n.* árbitro (se dice de quien ejecuta funciones de arbitraje).

arbitrageur ['ɑːrbətrɑː'dʒɜːr] *n.* = **arbitrager.**

arbitraging ['ɑːrbətrɑː'dʒiŋ] *n.* arbitraje.

arbitral ['ɑːrbətrəl] *adj.* arbitral; arbitrable.

arbitrary ['ɑːrbətreri] *adj.* arbitrario, injusto, ilegal, abusivo. *Arbitrary deduction,* deducción arbitraria.

arbitrate ['ɑːrbətreɪt] *v.* arbitrar, terciar, hacer las veces de un árbitro. *To arbitrate in a market operation,* desempeñarse como árbitro en una operación de mercado.

arbitration ['ɑːrbə'treɪʃən] *n.* arbitraje. *Arbitration committee,* comité de arbitraje.

arbitrator ['ɑːrbətreɪtər] *n.* árbitro, juez, mediador, perito.

arcade [ɑːr'keɪd] *n.* galería. *Penny-arcade,* galería de juegos (con máquinas en las que se depositan monedas o fichas). *Shopping arcade,* galería de compras, galería mercantil.

archives ['ɑːrkaɪvs] *n.* archivos. *Federal archives,* archivos federales. *Private archives,* archivos privados, archivos confidenciales.

area ['eriə] *n.* área, zona, sector, región, terreno desnudo, llano. *Catchment area,* área de reunión. *Restricted area,* área de acceso restringido. *Sterling area,* área esterlina.

area code [-kəʊd] *n.* Telecom.: zona postal, código postal, indicador de zona, indicador de sector, indicador regional.

area manager [-'mænidʒər] *n.* administrador de área, gerente de área, jefe o responsable de sector.

area testing [-'testɪŋ] *n.* prueba por sector, prueba por área.

argue ['ɑːrgjuː] *v.* 1 argumentar, discutir, argüir, examinar. 2 pretender, ambicionar, ansiar.

argument ['ɑːrgjəmənt] *n.* 1 discusión, disputa. 2 argumento, razonamiento, juicio, prueba.

arm [ɑːrm] *n.* antena (de tipo comercial).

arm's length (at) [ɑːrms leŋθ (æt)] Jur.: expresión que indica que en una transacción o negociación las dos partes son independientes y que ninguna de ellas domina a la otra. *Sale at arm's length,* venta leal. *Arm's length price,* precio normal de mercado, precio de concurrencia total.

arraign [ə'reɪn] *v.* acusar, denunciar, incriminar, inculpar, delatar, procesar penalmente.

arraignment [ə'reɪnmənt] *n.* acusación, denuncia, imputación. Jur.: *Formal arraignment,* denuncia formal.

arrange [ə'reɪndʒ] *v.* arreglar, organizar, ordenar, establecer. *To arrange a meeting,* organizar una reunión.

arrangement [ə'reɪndʒmənt] *n.* 1 arreglo, disposición, orden. 2 dispositivo, preparativo. 3 acuerdo, transacción, compromiso, arreglo. *Scheme of arrangement,* esquema de arreglo, concordato, convenio.

array [ə'reɪ] *n.* 1 arreglo, alineación, fila, distribución. 2 dispositivo, red. 3 mesa de jurados.

arrear(s) [ə'rɪr(z)] *n.* atraso, atrasos. *Arrearages shall be charged with a 10 per cent interest rate,* a los atrasos se les aplicará un cargo adicional del 10 por ciento.

arrearage [ə'rireɪdʒ] *n.* (EU) atraso, atrasos, saldos de las cuentas (pendientes de liquidarse).

arrest [ə'rest] *v.* 1 interrumpir, suspender, inmovilizar. 2 detener, arrestar, poner bajo estado de arresto, privar de la libertad, aprehender, apresar, meter a la cárcel. 3 Jur.: suspender, sobreseer, cancelar.

arrest *n.* 1 interrupción, suspensión, paro. 2 arresto. 3 prórroga, plazo (en términos de la ejecución de un juicio), suspensión (de un juicio).

arrest inflation [-ɪn'fleɪʃən] *v.* detener la inflación.

arrest-warrant [-'wɔːrənt] *n.* orden de aprehensión, mandato de arresto, orden judicial para detener a una persona.

arrival [ə'raɪvəl] *n.* 1 llegada, arribo. 2 arribaje, arribada. *Arrival schedule,* horario de llegadas.

arson ['ɑːrsn] *n.* se dice de los actos incendiarios cometidos de una manera voluntaria y deliberada.

arsonist ['ɑːrsnəst] *n.* incendiario, pirómano (se dice de la persona que tiene una tendencia patológica a provocar incendios).

art direction [ɑːrt də'rekʃən] dirección artística.

article ['ɑːrtɪkəl] *v.* someter a un periodo de aprendizaje, sujetar a una cierta educación o enseñanza.

article *n.* artículo, objeto; artículo, cláusula, condición (en los contratos): *Articles of a loan agreement,* artículos de un contrato de préstamo; artículo (en los diarios).

articled ['ɑːrtɪkəld] *adj.* aquello que se encuentra unido o ligado por medio de un contrato de aprendizaje.

articles of association ['ɑːrtɪkəls ɑːv ə'səʊsi'eɪʃən] *n.* estatutos de una sociedad (ver **by-laws**).

articulated lorry [ɑːr'tɪkjəleɪtəd 'lɔːri] *n.* (GB) ver **articulated truck**.

articulated truck [ɑːr'tɪkjəleɪtəd trʌk] *n.* camión de semi-remolque, semi-remolque.

artisan ['ɑːrtəzən] *n.* artesano, obrero calificado.

arts and crafts [ɑːrts ænd kræfts] artes y oficios.

ascertain ['æsər'teɪn] *v.* asegurarse de; constatar, verificar. *To ascertain damages,* verificar los daños.

ascribable [ə'skraɪbəbəl] *adj.* atribuible, imputable, achacable. *Ascribable facts,* hechos atribuibles.

ascribe [ə'skraɪb] *v.* atribuir, imputar, achacar. *To ascribe the facts upon someone,* atribuir los hechos a alguna persona.

ascription [ə'skrɪpʃən] *n.* atribución, imputación, cargo, incriminación, inculpación.

as from [æz frɑːm] *prep.* a partir de, desde el; contado a partir de. *As from the next month,* a partir del próximo mes.

ashore [ə'ʃɔːr] *adv.* en tierra, a tierra. *To run ashore,* encallar.

as is [æz ɪz] en las condiciones actuales, (tal y) como está, como se encuentra, como es. *The tenant shall take the dwelling as is,* el arrendatario se compromete a tomar la habitación en el estado en el que se encuentra.

ask (EU) [æsk]; (GB) [ɑːsk] *v.* pedir, solicitar, demandar, requerir.

asked [æskt] *adj.* solicitado, demandado. *Asked price,* precio demandado, precio solicitado; trayectoria de una oferta.

asking price ['æskɪŋ praɪs] *n.* precio demandado, precio solicitado (se dice del ambiente bursátil).

as of [æz ɑːv] a partir de, contado desde. *As of February 10,* a partir del 10 de febrero.

as per [æz pɜːr] *prep.* según, conforme a, de acuerdo con. *As per invoice,* según la factura, conforme a la factura. *As per order,* según el pedido, de acuerdo con el pedido, en conformidad con el pedido.

assail [əˈseɪl] *v.* atacar o criticar violentamente.

assault and battery [əˈsɔːlt ænd ˈbætəri] golpes y heridas.

assay [æˈseɪ] *v.* analizar, hacer un ensayo, graduar (el contenido de un metal o de un mineral).

assay [ˈæseɪ] *n.* ensayo (prueba que va encaminada a investigar el contenido de los metales, principalmente de los no ferrosos, así como de ciertos minerales). *Assay value,* valor de ensayo.

assemble [əˈsembəl] *v.* 1 ensamblar, armar, articular, enlazar, empalmar. 2 montar (v. gr., las partes de un automóvil en una planta armadora de vehículos).

assembler [əˈsemblər] *n.* montador (de máquinas, de automóviles y, en general, de maquinaria pesada).

assembly [əˈsembli] *n.* 1 asamblea; reunión. 2 montaje. *Engine assembly,* montaje de motores.

assembly line [-laɪn] *n.* línea de ensamble, cadena de montaje. *Assembly line production,* producción en cadena.

assent [əˈsent] *v.* dar (uno) su acuerdo, conceder (uno) su consentimiento, consentir, sancionar.

assent *n.* acuerdo, consentimiento, pacto, convenio.

assert [əˈsɜːrt] *v.* 1 afirmar, sostener. 2 reivindicar, exigir, solicitar, hacer valer. *To assert one's claims,* hacer valer uno sus derechos.

assess [əˈses] *v.* estimar, evaluar, establecer, repartir, gravar o imponer un impuesto. *To assess the damage,* evaluar los daños.

assessable [əˈsesəbəl] *adj.* 1 evaluable, estimable. *Assessable goods,* bienes evaluables. 2 gravable (desde el punto de vista fiscal). *Assessable income,* ingreso gravable.

assessee [əˈseˈsiː] *n.* perito valuador (persona que se ocupa de realizar una evaluación, v. gr., los ingresos de una persona para el pago de impuestos federales).

assessment [əˈsesmənt] *n.* 1 evaluación, estimación. 2 gravamen, imposición de un impuesto.

assessor [əˈsesər] *n.* 1 persona que se encarga de una evaluación. 2 IMPUESTOS: imponedor o repartidor de impuestos, contribuciones, etc. 3 JUR.: asesor.

asset(s) [ˈæset(s)] *n.* 1 haber, activo, elemento del activo. *Assets and liabilities,* activo(s) y pasivo(s). *Current assets,* activo circulante, activo disponible (a corto plazo). *Fixed assets,* activos fijos. *Intangible assets,* activos intangibles. *Liquid assets,* activos líquidos, disponibilidades. *Personal assets,* activos personales, bienes muebles. *Real assets,* activos reales, bienes inmuebles. *Tangible assets,* activos tangibles. 2 posesiones, pertenencias.

asset-backed [-ˈbækt] garantizado por los activos. *Asset-backed loan agreement,* contrato de préstamo garantizado por los activos.

asset-stripping [-ˈstrɪpɪŋ] eliminación de activos no rentables, recorte de activos improductivos.

assign [əˈsaɪn] *v.* 1 asignar, atribuir. 2 ceder, atribuir. CONTAB.: imputar un cargo.

assign *n.* JUR.: cesionario, asignatario, que tiene derecho a. A veces también se usa para referirse al apoderado.

assignable [əˈsaɪnebəl] *adj.* 1 asignable, atribuible. 2 transferible, transmisible.

assignation [ˈæsɪgˈneɪʃən] *n.* JUR.: cesión, transferencia. *Deed of assignation,* acta de transferencia.

assignee [ˈæsəˈniː] *n.* 1 aquél que tiene derecho. 2 cesionario (de un crédito). 3 síndico (de una quiebra).

assignment [əˈsaɪnmənt] *n.* 1 misión, tarea asignada. 2 afectación, atribución, asignación. PUB.: *Assignment of space,* distribución del espacio. 3 cesión. *Assignment of a patent,* cesión de una patente. *Accounts receivable assignment,* cesión de las cuentas por cobrar.

assignor [əˈsaɪnər] *n.* comisionista, cedente, asignante.

assist [əˈsɪst] *v.* asistir, ayudar.

assistance [əˈsɪstəns] *n.* asistencia, ayuda, socorro, auxilio, protección. *Financial assistance,* asistencia financiera.

assistant [əˈsɪstənt] *n.* 1 asistente, adjunto, ayudante. *Assistant manager,* subdirector, subgerente. 2 vendedor, empleado de tiendas. *Shop-assistant,* vendedor, vendedora.

associate [əˈsəʊʃieɪt] *v.* 1 asociar. 2 asociarse.

associate [əˈsəʊʃiət] *n.* asociado, socio, participante, beneficiario.

association [əˈsəʊsiˈeɪʃən] *n.* asociación, sociedad. *Memorandum of association,* acta constitutiva. *Articles of association,* estatutos (de una corporación, de una sociedad mercantil).

assort [əˈsɔːrt] *v.* clasificar, ordenar, separar.

assortment [əˈsɔːrtmənt] *n.* clasificación, selección, surtido.

assume [əˈsuːm] *v.* 1 asumir, tomar para sí, hacerse cargo. *To assume all risks,* tomar todos los riesgos, asumir todos los riesgos. 2 apropiarse, atribuirse (a sí mismo). *To assume ownership,* atribuirse a sí mismo la propiedad (v. gr., de un bien). **3** suponer, presumir, conjeturar. *Assumed figures,* cifras supuestas.

assumption [ə'sʌmpʃən] *n.* **1** supuesto, postulado (sin demostrar). **2** usurpación, apropiación, despojo.

assurance [ə'ʃurəns] *n.* seguro. *Life assurance,* seguro de vida. *Limited assurance,* seguro limitado.

assure [ə'ʃur] *v.* **1** asegurar, proteger, amparar, salvaguardar. **2** asegurarse, cerciorarse, confirmar.

assured (the) [ə'ʃurd] *n. pl.* los asegurados. También es posible encontrar *the assureds.*

astray [ə'streɪ] *adv.* a la deriva, por mal camino, desviado. *To go astray,* ir a la deriva, andar por mal camino.

at company's risk [æt 'kʌmpənis rɪsk] bajo el riesgo de la compañía, bajo la responsabilidad del expedidor.

at consignor's risk [æt kən'saɪnərs rɪsk] bajo el riesgo del expedidor, bajo la responsabilidad del consignador.

at market price [æt 'maːrkət praɪs] al precio de mercado, al precio actual, tomando como base el precio vigente. *To sell (buy) at market price,* vender (comprar) al precio de mercado.

atomizer ['ætəmaɪzər] *n.* atomizador.

at owner's risk [æt 'əunərs rɪsk] bajo el riesgo del propietario, bajo la responsabilidad del dueño.

at par [æt paːr] a la par (valores bursátiles, etc.). *To sell securities at par,* vender valores a la par.

at sender's risk [æt 'sendərs rɪsk] bajo el riesgo del expedidor, bajo la responsabilidad del remitente.

at sight [æt saɪt] a la vista, a la presentación. *To pay a document at sight,* pagar un documento a la vista, en el momento de presentarlo al deudor.

attach [ə'tæʃ] *v.* **1** unir, reunir, juntar. **2** JUR.: embargar, decomisar, incautar (bienes, propiedades, etc.). **3** aplicarse a, estar en vigor, estar vigente. **4** entrar en vigor, tomar efecto.

attaché [ætæ'ʃeɪ] *n.* atado, unido, agregado (se dice de ciertos puestos diplomáticos).

attaché-case [-keɪs] portafolios, portadocumentos.

attachement [ə'tætʃmənt] *n.* **1** JUR.: embargo, incautación. *Attachement of a real property,* embargo de una propiedad privada. **2** accesorio. **3** anexo.

attain [ə'teɪn] *v.* alcanzar, llegar a. *To attain a financial goal,* lograr una meta financiera.

attempt [ə'tempt] *v.* intentar, tratar, ensayar, pretender, procurar, probar.

attempt *n.* intento, tentativa, ensayo. JUR.: *Murder attempt,* intento de homicidio.

attend [ə'tend] *v.* **1** asistir, participar en, ir a. *To attend a course,* seguir un curso, asistir a un curso. *To attend a meeting,* asistir a una reunión. **2** *To attend to somebody,* atender a una persona. *To attend to something,* ocuparse de algo.

attendance [ə'tendəns] *n.* presencia, asistencia; asiduidad, frecuentación; participación. *Attendance fees,* cuota por asistencia. *Attendance figure,* número de participantes, número de visitantes, número de espectadores, asistencia, número de personas presentes. *Attendance sheet,* lista de asistencia.

attendant [ə'tendənt] *n.* **1** persona presente, asistente, participante. **2** encargado, empleado.

attendee [ə'ten'diː] *n.* (EU) participante, concurrente (se dice de la persona que acude a una reunión).

attest [ə'test] *v.* certificar, atestiguar, asegurar. *Attested signature,* firma legalizada, firma certificada.

attitude survey ['ætətuːd 'sɜːrveɪ] estudio de comportamiento, encuesta o exploración de actitudes.

attorney [ə'tɜːrniː] *n.* (EU) abogado, defensor, apoderado. *Attorney General* (EU), ministro de justicia. *Power of attorney,* procuración de justicia.

attornment [ə'tɜːrnmənt] *n.* reconocimiento de los derechos del nuevo propietario.

attract [ə'trækt] *v.* atraer, seducir, deslumbrar.

attractive [ə'træktɪv] *adj.* atractivo; atrayente; interesante; tentador. *Attractive prices,* precios atractivos. *Attractive investments,* inversiones atractivas. *Attractive opportunities,* oportunidades atractivas.

attribute [ə'trɪbjət] *v.* atribuir, imputar, achacar.

attrition [ə'trɪʃən] *n.* **1** usura, degradación. *The attrition of purchasing power,* la pérdida del poder adquisitivo (o del poder de compra). *Attrition rate,* tasa de usura, tasa de erosión. **2** reducción natural del personal, retiro de personal por causa de edad avanzada.

auction ['ɔːkʃən] *v.* subastar, rematar. *To auction obsolete inventories,* rematar inventarios obsoletos.

auction *n.* subasta, venta sujeta a pujas, venta al mejor postor. *To be sold at auction,* vender por medio de una subasta. *To be sold by auction* (GB), vender por subasta. *Dutch auction,* venta a la baja (aquélla en la que los precios se reducen hasta encontrar algún adquirente).

auction block [-blaːk] estrado de ventas por subasta, puesto de una subasta pública.

auctioneer ['ɔːkʃə'nɪr] *v.* (EU) vender en una subasta pública.

auctioneer *n.* subastador, rematador.

auction off [-ɔːf] *v.* liquidar totalmente por medio de una subasta pública o remate.

auction-sale [-seɪl] *n.* venta de liquidación, remate.

audience ['ɔ:diəns] *n.* 1 audiencia, público, auditorio. *Audience rating,* índice de audiencia (radioescuchas, televidentes, etc.). *Public audience,* audiencia pública. 2 JUR.: el derecho a ser escuchado ante una corte.

audio-engineer ['ɔ:diəʊ 'endʒə'nɪr] *n.* ingeniero de sonido.

audit ['ɔ:dət] *v.* auditar, verificar, controlar, comprobar (los saldos de las cuentas); hacer una auditoría.

audit *n.* auditoría, verificación, control, comprobación (de cuentas). *Social audit,* auditoría social, balance social de la empresa. *Financial statements auditing,* auditoría de estados financieros.

auditing ['ɔ:dətiŋ] *n.* auditoría, verificación, control, comprobación. *Financial auditing,* auditoría financiera. *Operating auditing,* auditoría operativa.

auditor ['ɔ:dətər] *n.* auditor, revisor, verificador; inspector de cuentas; se dice de la persona que practica la auditoría. *External auditor,* auditor externo. *Internal auditor,* auditor interno.

augment [ɔ:gment] *v.* aumentar, crecer, incrementar, incrementarse.

auspices ['ɔ:spəsəz] *n.* auspicio, patrocinio, amparo, sostén, apoyo.

austerity [ɔ:sterəti] *n.* austeridad, escasez. *Austerity periods,* periodos de austeridad.

autarky ['ɔ:tɑ:rki] *n.* autarquía, autonomía de una nación.

authenticate [ə'θentɪkeɪt] *v.* autenticar, certificar, homologar, validar, legitimar, autorizar, refrendar.

authentication [ə'θentɪ:keɪʃən] *n.* autenticación, legitimación, validación, legalización, refrendación.

authority [ə'θɔ:rəti] *n.* 1 autoridad. *Authorities,* poderes públicos, autoridades. *Line authority,* autoridad en línea (se dice del organigrama de una empresa). 2 autorización, mandato. 3 organismo, agencia.

authorize ['ɔ:θəraɪz] *v.* autorizar, permitir, facultar, licenciar. *To authorize a new order,* autorizar un nuevo pedido.

authorized agent ['ɔ:θəraɪzd 'eɪdʒənt] agente autorizado, apoderado, representante autorizado.

authorized capital ['ɔ:θəraɪzd 'kæpətl] capital social, capital nominal, capital autorizado.

authorized dealer ['ɔ:θəraɪzd 'di:lər] concesionario, distribuidor autorizado.

automaker ['ɔ:tə'meɪkər] *n.* constructor de automóviles.

automan ['ɔ:təmæn] *n.* (EU) fabricante de automóviles.

automate ['ɔ:təmeɪt] *v.* automatizar. *To automate an industrial plant,* automatizar una planta industrial.

automated ['ɔ:təmeɪtəd] *adj.* automatizado, automático. *Automated process,* proceso automatizado (se dice de los procesos industriales). *Automated plant,* planta automatizada.

automated cash dispenser [-kæʃ dɪ'spensər] distribuidor automático de dinero (se dice de los cajeros automáticos y demás servicios automatizados del sector de banca y crédito).

automated teller machine (A.T.M.) [-'telər mə'ʃi:n] *n.* cajero automático, distribuidor automático de dinero en efectivo.

automatic ['ɔ:təmætɪk] *adj.* automático. *Automatic machine,* máquina automática.

automatic banking teller [-'bæŋkɪŋ 'telər] *n.* distribuidor automático de dinero en efectivo.

automatic cash dispenser, automatic teller machine [-kæʃ dɪ'spensər, -'telər mə'ʃi:n] distribuidor automático de dinero en efectivo, cabina automática de servicios bancarios (por ejemplo, para retiro y depósito de fondos).

automation ['ɔ:tə'meɪʃən] *n.* automatización. *Industrial automation process,* proceso industrial de automatización.

automotive ['ɔ:tə'məʊtɪv] *adj.* 1 automotor, automovilística. 2 automóvil. *The automotive industry,* la industria automovilística.

auto-shopper ['ɔ:tə'ʃɑ:pər] comprador de automóviles.

auxiliary [ɔ:g'zɪljəri] *adj.* auxiliar, secundario. *Auxiliary books,* libros auxiliares. *Auxiliary goods,* bienes auxiliares, bienes de equipo. *Auxiliaries,* auxiliares, material auxiliar.

availability [ə'veɪlə'bɪləti] *n.* disponibilidad. *A wide availability,* una amplia disponibilidad. *Available information,* información disponible.

available [ə'veɪləbəl] *adj.* 1 disponible, vacante, libre, utilizable. *Available data,* datos disponibles. 2 admisible, válido, valedero.

availment [ə'veɪlmənt] *n.* FIN.: realización.

avail oneself of [ə'veɪl wʌn'self ɑːv] *v.* hacer uso de, valerse de, usar, aprovechar (una ocasión).

avails [ə'veɪlz] *n.* (EU) producto (de una venta), ingresos. Del mismo modo: producto que queda después del descuento de una letra de cambio (lo que recibe quien la ha descontado).

average ['ævrɪdʒ] *v.* 1 establecer un promedio. 2 alcanzar un promedio, promediar, tener como término medio. *Monthly sales average 1,000 dollars per day,* las ventas mensuales alcanzan un promedio de 1,000 dólares por día.

average *n.* 1 media, promedio, prorrateo. *Weighted average,* promedio ponderado, media ponderada. FIN.: *Weighted average cost of capital,* promedio ponderado del costo de capital. 2 SEG. MARÍT.: averías. *General average,* avería común. *Particular average,* avería simple. 3 SEG.: regla proporcional.

average *adj.* medio, promedio, de término medio, ordinario. *Average interest rate,* tasa de interés promedio. *Average investor,* inversionista promedio.

averager ['ævrɪdʒər] *n.* BOLSA: promediador.

averaging ['ævrɪdʒɪŋ] *n.* establecimiento de un promedio, cálculo de una media; evaluación de una media; evaluación de responsabilidades, arbitraje, despacho, distribución de daños.

average out [-aʊt] *v.* promedio, prorrateo. *To average out overhead expenses,* prorratear gastos indirectos.

avert [ə'vɜːrt] *v.* evitar, desviar, alejar.

averment [ə'vɜːrmənt] *n.* JUR.: alegación, prueba, testimonio, alegato.

avoid [ə'vɔɪd] *v.* 1 evitar, eludir, esquivar. 2 JUR.: resolver, anular, rescindir, cancelar.

avoidance [ə'vɔɪdns] *n.* 1 acción de evitar o de eludir. 2 JUR.: anulación, rescisión, cancelación. *Avoidance clause,* cláusula resolutoria, cláusula decisiva o concluyente.

await [ə'weɪt] *v.* esperar. *Goods awaiting delivery,* mercancías en espera de ser entregadas.

award [ə'wɔːrd] *v.* otorgar, acordar, atribuir; adjudicar, conferir (un título). *To award a prize,* otorgar un premio.

award *n.* 1 premio, recompensa; citación, mención. 2 sentencia arbitral, arbitraje. 3 (EU) (sentencia por) daños y perjuicios. 4 aumento, concesión de un aumento. *A salary award,* un aumento de salario.

awarder [ə'wɔːrdər] *n.* JUR.: adjudicador, juez árbitro.

aware [ə'wer] *adj.* informado, al corriente de, al tanto de. *I am fully aware that...* yo no ignoro que, estoy totalmente consciente de que...

awareness [ə'wernəs] *n.* conocimiento, conciencia. *Advertising awareness,* impacto publicitario. *Brand awareness,* marca de prestigio, reputación de una marca. *Cost awareness,* conocimiento de los costos.

awash [ə'wɔːʃ] *adj.* 1 al nivel del agua, flotante, que se mantiene a flote. 2 sumergido. *Awash in bad debts,* ahogado por las deudas. 3 desbordante.

axe (ax) [æks] *v.* eliminar, suprimir (por economía). *To axe a project,* eliminar un proyecto.

axe (ax) *n.* hacha. *To get the axe,* obtener una licencia (para una marca). *Axe wielding,* (medidas de consecución de un licenciamiento); el hecho de esgrimir o empuñar; promover un ataque contra los medios de consecución de un licenciamiento.

b

bachelor ['bætʃələr] *n.* licenciado (grado académico). *Bachelor of arts,* licenciado en letras. *Bachelor of Laws,* licenciado en derecho. *Bachelor in Science,* licenciado en ciencias.

back [bæk] *v.* sostener, dar uno su apoyo a, garantizar. *To back a bill,* avalar una letra de cambio; sostener un proyecto de ley. *To back an educational project,* respaldar un proyecto educativo.

back *n.* espalda, reverso, dorso. *Sign on the back,* firme al reverso.

back *adv.* atrás; de regreso. *To be back,* estar de regreso.

backdate ['bæk'deɪt] *v.* 1 antedatar. 2 tener un efecto retroactivo. *The increase was backdated to 1st. September,* el efecto fue retroactivo al 1 de septiembre.

backdrop ['bækdrɑːp] *n.* último término, telón de fondo.

backer ['bækər] *n.* 1 partisano, persona que está a favor de algo o alguien. 2 donador de un aval; comanditario.

backfire ['bækfaɪr] *v.* tener un efecto contrario o diferente.

background ['bækgraʊnd] *n.* 1 antecedentes, formación. *He has a good engineering background,* él tiene una buena formación como ingeniero. 2 fondo, último término.

backing ['bækɪŋ] *n.* 1 apoyo, sostén. *To provide financial backing,* proporcionar apoyo financiero. 2 aval.

back interest [-'ɪntrəst] interés atrasado.

back lash [-læʃ] contragolpe, efecto contraproducente, retorno de una tendencia, reacción.

backlog ['bæklɔːg] *n.* 1 un gran número de pedidos que aún no se han atendido; según el caso, este término puede significar "pedidos en tránsito" o "retraso en las entregas". *Inventory backlog,* pedidos de inventario pendientes de atender. 2 gran número de tareas que aún no se han realizado.

back off [-ɔːf] *v.* retroceder, echar marcha atrás.

back-office [-ɑːfəs] *n.* Bolsa: "*back office*" (sala posterior del mercado, "oficina del fondo" en la que los operadores aseguran la gestión administrativa de los títulos de crédito: entrega y liquidación, contabilidad).

back-pay [-peɪ] *n.* pago de sueldos atrasados, sueldo(s) atrasado(s), atrasos.

back pay pago de salarios atrasados.

back to back [-tuː bæk] crédito respaldado (crédito que se apoya sobre un depósito de garantía equivalente concedido por un tercero).

back up [-ʌp] *v.* respaldar, sostener, patrocinar, apoyar. *To back up a claim,* sostener una afirmación, una declaración.

back up line [-laɪn] *n.* crédito de seguridad confirmado, crédito de sustitución. *Back up line of credit,* línea de crédito de protección, de sostén, auxiliar.

back value [-'væjluː] *n.* valor retroactivo.

backwardation ['bækwər'deɪʃən] *n.* Bolsa: premio que se paga por el atraso en la entrega de acciones.

backwardness ['bækwərdnəs] *n.* retraso, atraso, retardo. *The backwardness of agriculture,* el retraso agrario.

bad [bæd] *adj.* *Bad check,* cheque sin fondos. *Bad debt,* cuentas malas, cuentas de cobro dudoso. *Bad loan,* préstamos riesgosos.

badge [bædʒ] *n.* insignia, condecoración.

baffle ['bæfəl] *v.* 1 desconcertar, turbar, sorprender, despistar. 2 frustrar, impedir, anular, desviar.

bag [bæg] *v.* poner en una bolsa o saco, embolsar, ensacar, empacar.

bag *n.* bolsa, saco, costal (embalaje y/o contenido). *A tea bag,* una bolsita de té.

bag-in-box [-ɪn bɑːks] empaquetar bolsas en cajas (una forma particular de embarque).

bail [beɪl] *n.* fianza, caución, fiador. *On bail,* bajo fianza. *To be out of jail on bail,* estar libre bajo fianza.

bail-bond [-bɑːnd] caución que se entrega a un tribunal marítimo para obtener la liberación de un embargo impuesto sobre un navío.

bailee [beɪ'liː] *n.* depositario de bienes en custodia, en depósito.

bailiff ['beɪləf] *n.* (GB) 1 alguacil, delegado. 2 regidor, intendente, gobernante.

bailment ['beɪlmənt] *n.* caución, fianza, depósito, consignación, contrato de depósito.

bailor ['beɪlər] *n.* depositante, comitente, consignante.

bail out [-aʊt] *v.* poner a flote, ayudar, salvar, sacar de apuros, reparar una avería. *To bail out an ailing industry,* poner a flote (financiar) una industria en dificultades.

baker ['beɪkər] *n.* panadero.

balance ['bæləns] *v.* equilibrar, saldar, igualar, estabilizar. *To balance an account,* saldar una cuenta.

balance *n.* 1 saldo, remanente. *Credit balance,* saldo acreedor. *Debit balance,* saldo deudor.

Trial balance, balanza de comprobación, balance preliminar. *Outstanding balance,* saldo pendiente de liquidar. *Profit balance,* saldo con utilidades. *To settle the balance on delivery,* liquidar el saldo a la entrega. **2** suma referente, suma anterior, suma correspondiente a una sección, periodo, lapso o ciclo anterior (término bancario) contable de uso muy extendido y frecuente). *Balance brought forward,* saldo anterior, saldo del periodo anterior; saldo del periodo precedente. *Balance carried forward,* saldo nuevo, saldo traspasado (de un periodo o ciclo anterior); saldo para el ejercicio siguiente.

balance of payments [-ɑːv ˈpeɪmənts] *n.* balanza de pagos.

balance of trade [-ɑːv treɪd] *n.* balanza comercial.

balance sheet [-ʃiːt] *n.* balance general (de una empresa, institución, etc.). *To draw up a balance sheet,* construir, establecer un balance general. *Consolidated balance sheet,* balance general consolidado. *Projected balance sheet,* balance general proyectado.

bale [beɪl] *n.* bulto, fardo, paquete, paca, saco, bala (de papel).

ballast [ˈbæləst] *v.* sobrecargar, contrapesar, lastrar (se dice principalmente del ambiente marítimo).

ballast *n.* lastre, contrapeso, sobrecarga. *The ship sailed in ballast,* el barco partió con sobrecarga.

balloon [bəˈluːn] *v.* aumentar rápidamente (los precios, los costos, y en general los insumos de la producción).

ballooning [bəˈluːnɪŋ] *adj.* de rápido crecimiento. *Ballooning prices,* precios de rápido crecimiento.

ballot [ˈbælət] *n.* boleta (para votar en una contienda electoral). *Secret ballot,* voto secreto.

ballpark figure [ˈbɔːlpɑːrk ˈfɪɡjər] *n.* estimación aproximativa, cifra o cantidad estimada.

ballyhoo [ˈbælihuː] *v.* hacer una gran batahola o alboroto publicitario.

bamboozle [bæmˈbuːzəl] *v.* engañar, embaucar, timar.

ban [bæn] *v.* prohibir. *To ban someone to do something,* prohibir a alguien hacer algo.

ban *n.* prohibición, interdicción, privación. *Overtime ban,* prohibición de trabajar horas extras (decretada por los sindicatos).

band-aid approach [ˈbændeɪd əˈprəʊtʃ] enfoque superficial, tratamiento somero.

bandwa(g)gon [ˈbænd wæɡən] *n. To climb / to jump on the bandwa(g)gon,* tomar el tren mientras está en marcha, seguir la moda. *They have joined the bandwa(g)gon,* ellos han seguido la tendencia.

bank [bæŋk] *v.* **1** poner uno el dinero en el banco, tener una cuenta en un banco. *Bank with...,*

Abra una cuenta en el banco... **2** *To bank on something,* contar con, tener confianza en. **3** *To bank the fires,* cubrir el fuego utilizando cenizas (de aquí proviene, en el contexto económico, la noción de reducir, frenar, disminuir).

bank *n.* banco. *Commercial bank,* banco comercial. *Data bank,* banco de datos. *Discount bank,* banco de descuento. *Trading bank,* banco mercantil. *Savings bank,* banco de ahorro, caja de ahorro. *International bank,* banco internacional. *Bank money,* dinero de circulación bancaria, dinero que es aceptado por los bancos.

bankable [ˈbæŋkəbəl] *adj.* se dice de aquello que es susceptible de ser aceptado o recibido por un banco. *Bankable documents,* documentos aceptables por un banco.

bank account [-əˈkaʊnt] *n.* cuenta bancaria. *Bank account number,* número de cuenta bancaria.

bank clerk [-klɜːrk] *n.* empleado de un banco, empleado bancario.

bank deposit [-dɪˈpɑːzət] *n.* depósito bancario. *Electronic bank deposit system,* sistema electrónico de depósitos bancarios.

bank draft [-dræft] giro bancario (traspaso o transferencia de fondos que se realiza de un banco a otro).

banker [ˈbæŋkər] *n.* banquero. *Banker's acceptance,* aceptación bancaria. *Banker's draft,* orden de pago. *Banker's transfer,* transferencia bancaria.

banking [ˈbæŋkɪŋ] *n.* operaciones bancarias, actividades de la banca; la banca, el sector bancario. *Banking analyst,* analista bancario. *Banking circles* (o *community*), círculos bancarios, comunidad bancaria, medio bancario. *Banking industry,* sector bancario. *Banking institution,* institución bancaria, establecimiento bancario. *Banking regulations,* disposiciones bancarias, reglamentos bancarios.

banking account [-əˈkaʊnt] *n.* cuenta bancaria.

banknote [ˈbæŋknəʊt] *n.* billete bancario.

bank rate [-reɪt] *n.* tasa bancaria, tasa de descuento. *Bank rate* (GB), tasa nacional de descuento (= tasa de redescuento de la banca central).

bankroll [ˈbæŋkrəʊl] *v.* financiar, costear, desembolsar.

bankroll *n.* fajo de billetes.

bankrupt [ˈbæŋkrʌpt] *n.* bancarrota, quiebra, fracaso financiero. *To go bankrupt,* quebrar.

bankruptcy [ˈbæŋkrʌptsi] *n.* bancarrota, quiebra. *Bankruptcy court,* tribunales de quiebra. *To file a petition in bankruptcy,* presentar una petición formal de quiebra (ante los tribunales competentes). *To file for bankruptcy,* declararse en quiebra.

banner [ˈbænər] *n.* estandarte, enseña, emblema, pabellón, bandera. *Banner headline,* se dice de los títulos que se colocan a lo ancho de la primera página de un diario.

banner *adj.* excepcional, excelente, de primer nivel. *Banner year*, año excepcional.

bar [bɑːr] *v.* impedir, prohibir, oponerse a una recepción determinada.

bar *n.* impedimento, obstáculo. Jur.: impedir u obstaculizar una recepción.

barber ['bɑːrbər] *n.* (EU) peluquero.

bar chart [-tʃɑːrt] *n.* gráfica de barras, histograma.

bar code [-kəʊd] código de barras.

bareboat charter ['berbəʊt 'tʃɑːrtər] fletar a casco descubierto.

bargain ['bɑːrɡən] *v.* negociar, regatear, comerciar, discutir (salarios).

bargain *n.* 1 Bolsa: mercado. *Cash bargain*, mercado al contado. 2 ganga, rebaja. *Bargain sales*, ventas con descuento, gangas, liquidación de mercancías. *A real bargain*, una verdadera ganga.

bargain (into the) [-('ɪntə ðə)] *loc.* cantidad extra o adicional que se obsequia al realizar una venta.

bargain basement [-'beɪsmənt] *n.* (EU) escaparate, anaquel, estante de mercancías rebajadas. *Bargain basement price*, precio excepcionalmente bajo y capaz de desafiar a cualquier competidor.

bargainee ['bɑːrɡəˈniː] *n.* Jur.: comprador, cliente, consumidor.

bargainer ['bɑːrɡənər] *n.* vendedor, mercader, comerciante.

bargaining ['bɑːrɡənɪŋ] *n.* 1 regateo, trato, negociación. 2 (EU) negociaciones salariales.

bargaining power [-'paʊər] poder de negociación.

bargain-prices [-praɪsəz] *n.* precios de ganga, precios de remate.

bargain-sale(s) [-seɪl(z)] *n.* ventas de remate, gangas.

barge [bɑːrdʒ] *n.* 1 barco de carga. *Barge canal*, canal donde anclan los barcos cargueros. 2 cliente, parroquiano.

barley ['bɑːrliː] *n.* cebada.

barratry ['bærətri] *n.* Seg. Maríт.: baratería.

barrel ['bærəl] *n.* barril, tonel (en el caso del petróleo, frecuentemente se abrevia *bbl.*).

barren ['bærən] *adj.* estéril, infecundo, improductivo, ineficaz.

barrier ['bæriər] *n.* barrera, valla. *Trade barrier*, barrera aduanal.

barrister ['bærəstər] *n.* abogado, jurisconsulto.

barter ['bɑːrtər] *v.* realizar un trueque, intercambiar, permutar, canjear.

barter *n.* trueque, intercambio, permuta, canje.

base [beɪs] *n.* base, fundamento, sostén, apoyo.

base lending rate [-'lendɪŋ reɪt] *n.* tasa de base, tasa básica (se dice del financiamiento).

base-pay [-peɪ] *n.* salario de base, salario básico.

base-rate [-reɪt] *n.* tasa de base; salario de base; Banca: tasa de base, tasa de aplicación general.

based ['beɪst] *adj.* *Chicago-based company*, compañía ubicada en Chicago, compañía cuyo domicilio social se encuentra en Chicago.

B.A.S.I.C. ['beɪsɪk] **(Beginners' All purpose Symbolic Instruction Code)** [bɪ'ɡɪnərs ɔːl 'pɜːrpəs sɪm'bɑːlɪk ɪn'strʌkʃən kəʊd] Inform.: basic (lenguaje informático polivalente).

basic ['beɪsɪk] *adj.* fundamental, básico. *Basic process*, proceso básico.

basics ['beɪsɪks] *n.* bases, fundamentos, conocimientos básicos. *The basics of management*, los fundamentos de la administración.

basin ['beɪsn] *n.* estanque, dique, cuenca, depósito. *Coal basin*, depósito de carbón.

basis ['beɪsəs] *n. pl.* bases; base, fundamento. *On the basis of projected sales*, con base en las ventas proyectadas.

basket ['bæskət] *n.* canasta, cesto. *Basket clause*, cláusula general, es decir, la que incluye todos los aspectos no regulados de alguna otra manera.

batch [bætʃ] *n.* 1 lote (de mercancías), cantidad bruta, cantidad en bruto, legajo. *Batch production*, producción por lote. 2 Inform.: lote. *Batch processing*, procesamiento por lote, tratamiento por lote.

batter ['bætər] *v.* romper, destruir, maltratar, arruinar.

battery ['bætəri] *n.* batería, pila.

beacon ['biːkən] *n.* baliza, fanal, faro.

beam [biːm] *v.* emitir, difundir.

bear [ber] *v.* 1 llevar, producir, redituar (causar intereses, réditos). *To bear interest*, causar intereses. *Interest-bearing debt*, deuda sujeta a intereses. 2 soportar. 3 *To bear on*, referirse a, tener relación con, aludir a. 4 especular a la baja, vender al descubierto.

bear *n.* Bolsa: especulador a la baja.

bear covering [-'kʌvərɪŋ] cobertura a la baja, protección cambiaria contra bajas en una divisa.

bearer ['berər] *n.* portador (en todos sus sentidos financieros). *Bearer check*, cheque al portador. *Bearer securities*, valores al portador.

bearish ['berɪʃ] *adj.* 1 a la baja. *Bearish market*, mercado orientado a la baja. 2 se dice de la persona que considera que las cotizaciones del mercado van a bajar; pesimista en cuanto a la evolución de los precios y cotizaciones de mercado.

bear market [-'mɑːrkət] mercado a la baja, a la baja.

bear out [-aʊt] *v.* confirmar (una suposición, etc.).

bear the market [-ðə mɑːrkət] *v.* Bolsa: hacer bajar los precios y las cotizaciones de la bolsa.

beat [biːt] *v.* 1 derribar, precipitarse sobre, vencer; rebasar. 2 superar, ganarle a, aventajar. 3 confundir, dejar perplejo. 4 (EU) circular (el dinero, la moneda).

bedraggled [bɪˈdrægəld] *adj.* en estado penoso.

beef up [biːf ʌp] *v.* reforzar, aportar los fondos necesarios.

beforehand [bɪˈfɔːrhænd] *adv.* previamente, con antelación, con anticipación.

before tax proceeds [bɪˈfɔːr tæks ˈprəusiːdz] fondos brutos antes de pagar impuestos, producto bruto de explotación.

beg [beg] *v.* tener el honor de. *I beg to let you know,* tengo el honor de hacerle saber.

beginner [bɪˈɡɪnər] *n.* principiante, novicio, aprendiz.

behalf [bɪˈhæf] *n.* On behalf of, a nombre de, de parte de, a cuenta de. *On behalf of the company,* a nombre de la compañía.

behave [bɪˈheɪv] *v.* comportarse, portarse, conducirse. *Prices have been behaving seasonally,* los precios han estado comportándose de manera estacional.

behavior [bɪˈheɪvjər] *n.* comportamiento, conducta. *Erratic behavior,* comportamiento errático, aleatorio. *Linear behavior,* comportamiento lineal.

behemoth [ˈbɪhəmʌθ] *n.* gigante.

behest [bɪˈhest] *n.* orden, mandamiento.

behind the scenes [bɪˈhaɪnd ðə siːns] en forma oculta; en la oscuridad, en la sombra (*lit.* tras bambalinas).

behindhand [bɪˈhaɪndhænd] *adv.* con atraso, con retardo.

beleaguered [bɪˈliːɡərd] *adj.* sitiado, en una situación desesperada, abrumado, rendido.

bellwether [ˈbelweðər] *n.* 1 se dice del carnero macho que conduce a un rebaño. 2 indicador de tendencia. *Bellwether security,* título de crédito de naturaleza precursora.

belong (to) [bɪˈlɔːŋ (tuː)] *v.* pertenecer. *This car belongs to the company,* este automóvil pertenece a la compañía.

belongings [bɪˈlɔːŋɪŋz] *n.* bienes, pertenencias, efectos personales.

below par [bɪˈləu pɑːr] bajo la par, por debajo de la par (valores bursátiles). *Below par stocks,* acciones bajo la par (acciones cuyo valor de mercado es inferior a su valor nominal).

below the line [bɪˈləu ðə laɪn] *loc. lit.* por debajo de la línea. *Below the line promotion,* promoción indirecta (que no implica ni presupuesto ni campaña específica; por ejemplo, aquella situación en la que se le solicita a los representantes que verifiquen que un producto se encuentra correctamente presentado en las tiendas que visitan).

belt [belt] *n.* 1 cintura. 2 correa. 3 región, zona. *Cotton belt,* zona en la cual se cultiva el algodón. *Sun belt* (EU), estados donde se instalan los pensionados.

belt-tightening [-ˈtaɪtniŋ] *n.* restricciones, austeridad. *A belt-tightening period,* un periodo de austeridad, de grandes restricciones (principalmente presupuestarias).

bench [bentʃ] *n.* 1 banco. 2 Jur.: tribunal. *The Bench,* el cuerpo de magistrados. 3 puesto de trabajo.

bench-mark [-mɑːrk] *n.* 1 señal, marca, indicación, cotización (de nivel); límite de una señal. 2 patrón de pesas y medidas.

beneficial [ˈbenəˈfɪʃəl] *adj.* rentable, útil. *Beneficial interest,* producto de un usufructo.

beneficiary [ˈbenəˈfɪʃieriː] *n.* beneficiario. *Beneficiary's rights,* derechos del beneficiario.

benefit (by, from) [ˈbenəfɪt] *v.* beneficiarse, aprovecharse. *To benefit from the circumstances,* beneficiarse (o aprovecharse) de las circunstancias.

benefit *n.* 1 ventaja, utilidad, provecho. *Benefits in kind,* utilidades en especie. *Fringe benefits,* beneficios diversos, prestaciones (de tipo laboral). 2 indemnización, asignación, abono de una cuenta. *Sickness benefit,* indemnización por enfermedad, prestación de seguridad social. *Unemployment benefit,* indemnización o pensión por desempleo.

bequeath [bɪˈkwiːð] *v.* legar, donar, testar.

bequest [bɪˈkwest] *n.* donación, legado, manda, cesión.

berth [bɜːrθ] *n.* 1 puerto de anclaje, puesto de amarre. 2 litera, camarote (de un buque).

best [best] *v.* 1 hacer mejor que, aventajar, vencer. 2 dominar, someter.

bestseller [ˈbestˈselər] *n.* se dice del libro, artículo, reportaje, etc., que alcanza niveles muy altos de venta.

betterment [ˈbetərmənt] *n.* plusvalía. *Betterment levy,* impuesto sobre las plusvalías provenientes de bienes raíces.

bi-annual [ˈbaɪˈænjuəl] *adj.* semestral. *Bi-annual interest payments,* pagos semestrales de intereses.

bias [ˈbaɪəs] *n.* 1 prejuicio, predisposición, propensión, tendencia. 2 desvío, sesgo, nivel de desviación respecto a una línea recta.

bias(s)ed [ˈbaɪəst] *adj.* 1 parcial. 2 línea o curva descentrada. *Biased information,* información sesgada, información de alguna forma se ha visto influenciada o alterada.

bid [bɪd] *v.* 1 hacer una oferta, pujar, incrementar el valor de un ofrecimiento. 2 *(for something)* intentar o tratar de obtener. **3** ordenar. **4** (EU) subcontratar.

bid *n*. **1** puja, mejora (en una subasta o venta pública). **2** oferta, proposición, adjudicación, sumisión. *Take over bid (for cash),* oferta pública de compra (en efectivo). *Take over bid (for shares),* oferta pública de intercambio (de acciones). **3** tentativa, ensayo, intento.

bid-bond [-bɑːnd] *n*. caución de participación en una adjudicación (convocatorias de ofertas internacionales).

bid down [-daʊn] *v*. hacer disminuir (las pujas en una subasta o venta pública).

bid price [-praɪs] precio de oferta, precio del comprador, precio propuesto. *Bid price trends,* tendencias en el precio de oferta.

bid up [-ʌp] *v*. pujar, ofrecer más, hacer subir la cuantía de una puja.

bid and asked price [-ænd 'æskt praɪs] *loc*. precio ofrecido y demandado.

bidder ['bɪdər] *n*. **1** oferente, postor (en un remate o subasta pública). *The goods will be knocked down to the highest bidder,* las mercancías serán adjudicadas al mejor postor. **2** subcontratista.

bidding ['bɪdɪŋ] *n*. **1** puja, puesta, oferta, postura. **2** orden, mandato, precepto, imposición terminante, invitación.

Big Board (the) [bɪg bɔːrd (ðə)] la Bolsa de Valores de Nueva York (*the New York Stock Exchange, N.Y.S.E.*).

big business ['bɪg'bɪznəs] **1** negocio grande; dominio, sector importante. **2** *Big Business,* las grandes empresas, el gran capital, el gran patronato.

biggies ['bɪgiːz] *n*. las grandes empresas. *Retailing biggies like Sears & Roebuck,* las grandes empresas de la distribución como Sears & Roebuck.

Big Three (the) [bɪg θriː (ðə)] los tres grandes constructores de automóviles en los Estados Unidos (General Motors, Ford y Chrysler).

big ticket items [bɪg 'tɪkət 'aɪtəms] productos de línea blanca, aparatos electrodomésticos.

bilge [bɪldʒ] *n*. sentina, pantoque.

bilge-water [-'wɔːtər] aguas del pantoque.

bilk [bɪlk] *v*. robar, pillar, sustraer dinero.

bill [bɪl] *v*. **1** facturar. **2** anunciar por medio de prospectos y de avisos publicitarios.

bill *n*. **1** proyecto de ley. **2** (EU) billete de banco. **3** anuncio. *Stick no bills,* prohibido pegar anuncios. *Handbill,* prospecto. **4** factura, nota, adición. **5** giro, letra de cambio, pagaré (en el plural *"bills"* puede ser connotativo de todos los títulos de crédito que circulan en el comercio). *Accommodation bill,* giro de favor, giro de complacencia. *To discount a bill,* descontar un giro. **6** bono. *Treasury bill,* bono del tesoro.

billboard [bɪlbɔːrd] *n*. pizarra de anuncios publicitarios.

billfold ['bɪlfəʊld] *n*. portafolios.

billing ['bɪlɪŋ] *n*. **1** facturación. *Billing period,* periodo de facturación, plazo de facturación. *Billing process,* proceso de facturación. *Billing department,* departamento de facturación. **2** fijación de carteles o anuncios publicitarios. **3** volumen (anual) de operaciones de negocios de una empresa de publicidad; presupuesto publicitario.

billing machine [-mə'ʃiːn] *n*. máquina de facturación.

billion ['bɪljən] *n*. (EU) mil millones (10^9); (GB) millón de millones (10^{12}).

bill of entry [-ɑːv 'entri] *n*. declaración de ingreso a la aduana.

bill of exchange [-ɑːv ɪks'tʃeɪndʒ] *n*. letra de cambio, libranza.

bill of fare [-ɑːv fer] menú.

bill of goods [-ɑːv gʊds] expedición o envío de mercancías, lista de mercancías expedidas.

bill of health [-ɑːv helθ] patente de sanidad. *Clean bill of health,* patente limpia o en blanco (certificación que llevan las embarcaciones de no haber peste o contagio en el lugar de su salida).

bill of lading [-ɑːv 'leɪdɪŋ] *n*. **(B/L)** conocimiento de embarque.

bill of sale [-ɑːv seɪl] acto de venta, contrato de venta, factura.

bill-posting [-'pəʊstɪŋ] *n*. fijación de carteles y anuncios publicitarios. *Bill-posting contractor,* contratista (empresario) de anuncios publicitarios.

bills payable [bɪls'peɪəbəl] *n*. cuentas por pagar.

bills receivable [bɪls rɪ'siːvəbəl] *n*. cuentas por cobrar.

bill stamp [-stæmp] *n*. estampillas o timbres que se colocan sobre los valores y títulos de crédito de circulación general.

bimetalism ['baɪ'mətælizəm] *n*. (EU) bimetalismo.

bimetallism ['baɪ'mətælizəm] (GB), ver **bimetalism.**

bimonthly ['baɪ'mʌnθli] *n*. y *adj*. bimensual. *Bimonthly statement of account,* estado de cuenta bimensual.

binary ['baɪnəri] *adj*. binario. INFORM.: *Binary files,* archivos binarios.

bind [baɪnd] *v*. ligar, comprometer, obligar. *The agreement binds both parties,* el contrato liga a las dos partes. *To be bound,* estar obligado, estar comprometido.

bind *n*. situación difícil. *To be in a financial bind,* encontrarse en una situación financiera difícil.

binding ['baindiŋ] que compromete, que obliga (cláusula). *Binding covenants,* convenios obligatorios.

binding agreement [-ə'gri:mənt] contrato obligatorio, contrato, acuerdo que liga, que compromete a sus partes.

binding requirements [-ri'kwairmənt] requisitos obligatorios.

binge [bindʒ] *n.* frenesí, alboroto, furor, precipitación. *Christmas buying binge,* el frenesí por las compras de Navidad.

black [blæk] *v.* boicotear, obstaculizar (argot sindical). *To black containers,* rehusarse a descargar los envases.

black *adj.* *To be in the black,* tener un saldo positivo, tener una cuenta acreedora. *To stay in the black,* mantener un saldo positivo, tener resultados positivos, ser rentable.

black-and-white film [-ən'hwait film] película en blanco y negro.

blackball ['blækbɔ:l] *v.* votar en contra de.

blackleg ['blækleg] *n.* esquirol, mañoso, tramposo. (cf. **scab**; se dice de los trabajadores que sustituyen a los obreros agremiados durante una huelga).

blacklist ['blæklist] *v.* poner en la lista negra, incluir dentro de un índice (generalmente de naturaleza desventajosa).

blackmail [blækmeil] *v.* chantajear.

blackmail *n.* chantaje, extorsión, coacción.

black-market [-'ma:rkət] *n.* mercado negro. *Black-market quotations,* cotizaciones del mercado negro.

black-marketeer [-'ma:rkə'tir] *n.* vendedor en el mercado negro.

black out [-aut] *v.* **1** ELECTR.: fallar; descomponerse. **2** detener el funcionamiento de; dejar de funcionar.

blackout ['blækaut] *n.* **1** falla de los sistemas eléctricos, de las transmisiones, etc. **2** paro total de una actividad.

bladings ['bleidiŋs] ver **bill of lading**.

blame [bleim] *v.* culpar, acusar, inculpar, echar la culpa. *To blame someone for something,* reprocharle algo a alguien. *To blame something on someone,* culpar de algo a alguien, manifestar la responsabilidad de alguien con relación a algo, hacer a alguien responsable (de una falla).

blame *n.* culpa, falta, falla, reproche; responsabilidad.

blank [blæŋk] *n.* y *adj.* **1** en blanco. *Blank check,* cheque en blanco. *A blank signature,* una firma en blanco. **2** blanco. *Fill in the blanks,* llenar los espacios en blanco (se dice de las formas, solicitudes, reportes, etc. También es común encontrar la expresión *Fill in the blank spaces,* para el mismo propósito).

blank-endorsed [-in'dɔ:rsəd] endosado en blanco. *A blank-endorsed check,* cheque endosado en blanco.

blanket ['blæŋkət] *n.* cobertura. *Blanket clause,* cláusula general, cláusula de aplicación común. *Blanket policy,* política polivalente, política de aplicación general.

blanket *adj.* global, general, a destajo, a suma alzada. *Blanket rate,* tasa a destajo, tasa a suma alzada.

blast furnace [blæst 'fɜ:rnəs] *n.* alto horno, horno de gran capacidad.

bleak [bli:k] *adj.* sombrío, siniestro. *Prospects are bleak,* el futuro es sombrío.

blend [blend] *v.* mezclar, combinar, conjuntar.

blend *n.* mezcla, combinación, aleación. *A leading blend of tea,* una gran marca de té. *An industrial platform of blenders,* una plataforma industrial de mezcladoras.

blindfold test ['blaindfəuld test] prueba ciega, prueba que se realiza con los ojos vendados (se dice de aquellos ensayos en los que un grupo de consumidores, a quienes no se les revela ni la marca ni el tipo de lo que prueban, deben reconocer o evaluar ciertos grupos de productos).

blip [blip] *n.* fluctuación. *Down-ward blip,* ligera fluctuación a la baja (poco importante y provisional).

blister-pack ['blistər'pæk] *n.* embalaje plástico, empaque de plástico.

blister-packing ['blistər 'pækiŋ] *n.* embalaje o envase de plástico.

blitz [blits] *n.* campaña intensa. *To launch a P.R. blitz,* lanzar una intensa campaña de relaciones públicas.

blitzkrieg ['blitskri:g] *n.* guerra instantánea, guerra relámpago. *A merchandizing blitzkrieg,* una campaña de comercialización muy rápida (y muy intensa).

block [bla:k] *v.* **1** bloquear, obstruir. **2** bloquear (la circulación de) fondos (se dice en particular de la prohibición para convertir a otras divisas los fondos detenidos en un país extranjero, o cuando se limita al país en cuestión la utilización que pudiera hacerse al respecto).

block *n.* bloque (de acciones). *Block of stocks,* serie de acciones (generalmente incluye más de 10,000). *On the block,* se dice de un puesto en una subasta pública. *To put on the block,* participar en una subasta pública.

blockade [bla:'keid] *v.* bloquear, hacer un bloqueo, incomunicar, sitiar.

blockade *n.* bloqueo. *Economic blockade,* bloqueo económico.

block form [-fɔ:rm] *n.* (referido a las cartas) presentación compacta (sin sangrías).

block letter [-letər] *n.* carácter de imprenta.

blotter ['blɑːtər] *n.* 1 registro; borrador, papel secante. 2 papel secante (a veces puede encontrarse como *blotter paper*).

blow up ['bləʊʌp] *v.* agrandar, ampliar, aumentar, incrementar.

blow up *n.* agrandamiento, ampliación, aumento.

blue-chips ['bluːˈtʃips] *n.* valores mobiliarios de primer nivel, acciones de las grandes sociedades industriales.

blue-collar (worker) ['bluːˈkɑːlər] *n.* trabajador u obrero manual.

blue-print ['bluːprint] *n.* heliográfica, plan, proyecto.

blue-sky laws ['bluːˈskaɪ lɔːs] leyes destinadas a reglamentar, sanear y moralizar el mercado bursátil.

blunt [blʌnt] *v.* atenuar, amortiguar, disminuir.

board [bɔːrd] *v.* 1 subir a bordo de un navío. 2 (EU) subir a bordo de un medio de transporte cualquiera. *To board a bus*, subir a un autobús.

board *n.* 1 pizarra, pizarrón, tablero. *Notice board*, pizarra de anuncios. 2 comité, oficina, asamblea, consejo. *Board meeting*, reunión del consejo. *Board of directors*, consejo de administración. *Board of enquiry*, comisión de encuestas. *To sit on the Board*, ser miembro del consejo (de la comisión, del comité...). 3 (EU) *The Board: The Federal Reserve Board*, el fisco (frecuentemente se abrevia *Fed*).

Board of Trade [-ɑːv treɪd] *n.* (EU) Cámara de Comercio, (GB) Ministerio de Comercio.

boat [bəʊt] *v.* transportar por agua, por vía marítima. *To boat a batch of merchandise*, enviar por barco un lote de mercancías. *To boat abroad*, enviar por barco al extranjero.

boat *n.* barco, navío, buque, embarcación.

bob up ['bɑːb ʌp] *v.* subir de nuevo (a la superficie).

bodily ['bɑːdli] *adj.* corporal, corpóreo, orgánico. *Bodily injury*, daño corporal, daño físico. *Bodily search*, búsqueda de cadáveres.

body ['bɑːdi] *n.* 1 cuerpo, organismo. Jur.: *Body corporate*, persona moral. 2 organismo, colectividad. *Government body*, organismo gubernamental. 3 masa, conjunto. *A strong body of evidence*, un conjunto de evidencias convincente. 4 carrocería. 5 caja (de los carruajes).

body-builder [-ˈbɪldər] *n.* carrocero (se aplica al fabricante de carruajes).

body-work [-wɜːrk] *n.* carrocería (de un automóvil).

bogus ['bəʊgəs] *adj.* falso, fantasma. *A bogus company*, una compañía fantasma.

boiler ['bɔɪlər] *n.* calentador, caldera.

boiler-maker [-ˈmeɪkər] *n.* calderero.

boiler-making [-ˈmeɪkɪŋ] *n.* calderería.

boiler-man [-mæn] *n.* persona que se encarga de una caldera o calentador.

bold face type [bəʊld feɪs taɪp] Tipogr.: negritas.

bolster ['bəʊlstər] *v.* sostener, soportar, respaldar.

bona fide ['bəʊnəfaɪd] *loc. lat.* de buena fe. *Bona fide holder*, tenedor de buena fe.

bona fides ['bəʊnəˈfaɪdiːz] *loc. lat.* buena fe.

bonanza [bəˈnænzə] *n.* y *adj.* abundancia. *Bonanza year*, año de prosperidad, año de la abundancia.

bond [bɑːnd] *n.* 1 obligación; bono, obligación. *Government bond*, bono del gobierno, bono emitido por las autoridades. *Junk bond*, bono chatarra, obligación de pacotilla. *Mortgage bond*, obligación hipotecaria. *Risk-free bond*, bono libre de riesgo. 2 contrato, caución, compromiso. *Performance bond*, bono de desempeño, garantía de buena ejecución. 3 depósito, almacenamiento, almacén (de las aduanas). *To sell in bond*, ventas de almacén.

bond of indemnity [-ɑːv ɪnˈdemnəti] *n.* bono de indemnización, caución.

bonded ['bɑːndəd] *adj. Bonded goods*, mercancías en la aduana. *Bonded warehouse*, almacenes generales, depósitos aduanales.

bonder ['bɑːndər] *n.* depositario, se dice de la persona que deposita géneros.

bond fund [-fʌnd] fondos comunes de colocaciones en obligaciones.

bondholder ['bɑːndˈhəʊldər] *n.* tenedor de un bono, obligacionista, (se dice del propietario de una obligación). *Bondholder's claims*, derechos de los obligacionistas.

bonding ['bɑːndɪŋ] *n.* almacenaje, depósito, almacenamiento.

bonus ['bəʊnəs] *n.* bono, prima, gratificación. *Bonus share*, acción gratuita.

book [bʊk] *v.* 1 registrar, inscribir. 2 reservar. 3 detener a causa de una infracción, interpelar.

book *n.* libro, registro, cuaderno o libreta de apuntes. *Book entry*, asiento contable, registro contable. *Book of prime entry*, diario general. *Book value*, valor contable, valor en libros. *Cash book*, libro de caja. *Order book*, libro de pedidos.

book an order [-æn ˈɔːrdər] *v.* registrar un pedido.

booking ['bʊkɪŋ] *n.* reservación.

booking-office [-ˈɑːfəs] taquilla.

bookkeeper ['bʊk kiːpər] *n.* auxiliar contable, asistente de contador; tenedor de libros.

bookkeeping ['bʊk kiːpɪŋ] *n.* teneduría de libros, contabilidad. *Double entry bookkeeping*, contabilidad por partida doble.

booklet ['bʊklət] *n.* libreto, folleto, fascículo.

book of stamps [-ɑːv stæmps] libro de sellos.

bookseller ['bʊk selər] *n.* vendedor de libros, librero.

B

bookshop [ˈbʊkʃɑːp] *n.* librería, tienda de libros.

bookstore [ˈbʊkstɔːr] *n.* librería.

book-value [-ˈvæljuː] valor en libros, valor contable, costo de adquisición, valor intrínseco. *Book value stock acquisition,* adquisición de acciones a valor en libros.

boom [buːm] *v.* prosperar, encontrarse en un auge, estar en expansión.

boom *n.* 1 periodo de prosperidad, de auge, época de progreso. *Boom and bust,* alternancia de periodos de inflación y deflación, de prosperidad y depresión. 2 CINE: jirafa, micrófono de percha móvil.

booming [ˈbuːmɪŋ] *adj.* floreciente, próspero, en pleno surgimiento. *The booming industries,* las industrias prósperas. *A booming economy,* una economía en auge.

boomlet [ˈbuːmlət] *n.* pequeña recuperación, microrrecuperación.

boomy [ˈbuːmiː] *adj.* (EU) = **booming.**

boon [buːn] *n.* bien hecho, con una gran ventaja.

boost [buːst] *v.* impulsar, desarrollar; volver a lanzar. *To boost sales by advertising,* impulsar las ventas por medio de la publicidad. *To boost profit margins,* impulsar los márgenes de utilidad.

boost *n.* aumento, incremento. *A boost in demand,* un incremento en la demanda.

booster [ˈbuːstər] *n.* 1 se dice de toda aquella persona o cosa que sostiene, que estimula, que impulsa, que ayuda a desarrollar, a hacer destacar, etc. 2 amplificador, autorregulador, impulsor de voltaje.

boot [buːt] *v.* volver a arrancar. INFORM.: *To boot a computer,* volver a arrancar una computadora.

booth [buːθ] *n.* cabina, casilla, puesto. *Telephone booth,* cabina de teléfono. *Pooling booth,* casilla de votación.

bootleg [ˈbuːtleg] *v.* 1 contrabandear, traficar. 2 vender ilegalmente.

bootlegger [ˈbuːt legər] *n.* traficante o contrabandista de alcohol.

bootstrap [ˈbuːtstræp] *adj.* se dice de aquello que reposa sobre sus propios medios. INFORM.: *Bootstrap program,* programa de arranque (programa para volver a arrancar una computadora sin tener que apagarla).

border [ˈbɔːrdər] 1 frontera. *U.S. Border,* frontera de los Estados Unidos. 2 TIPOG.: caja tipográfica.

borderline case [ˈbɔːrdərlaɪn keɪs] caso límite.

border price [-praɪs] precio de frontera o fronterizo, precio puesto en la frontera, precio franco en la frontera.

borough [ˈbɜːrəʊ] *n.* 1 (EU) división administrativa de la ciudad de Nueva York. 2 (GB) municipalidad; comuna; circunscripción electoral.

borrow [ˈbɑːrəʊ] *v.* pedir prestado, solicitar en préstamo. *To borrow against property,* solicitar un préstamo ofreciendo como garantía el valor de un bien. *To borrow short,* pedir prestado a corto plazo. *To borrow money from a bank,* solicitar fondos en préstamo a un banco. *To borrow money abroad,* solicitar fondos en préstamo al extranjero.

borrower [ˈbɑːrəʊər] *n.* prestatario, se dice de la persona que solicita un préstamo.

borrowing [ˈbɑːrəʊɪŋ] *n.* préstamo, empréstito, financiación, financiamiento. *Borrowing rate,* tasa de financiamiento, tasa de un préstamo.

boss [bɑːs] *v.* dirigir, conducir, guiar. *To boss the show,* hacer la ley.

boss *n.* jefe, dirigente, patrón.

botch [bɑːtʃ] *v.* hacer algo mal, sabotear un trabajo.

botcher [ˈbɑːtʃər] *n.* persona que sabotea, que hace mal un trabajo, chapucero.

bottleneck [ˈbɑːtlnek] *n.* cuello de botella.

bottling [ˈbɑːtlɪŋ] *n.* poner en una botella; embotellar.

bottom [ˈbɑːtəm] *v.* tocar fondo, alcanzar el punto más bajo.

bottom *n.* fondo, parte inferior o baja. *Bottom of the market,* la parte inferior del mercado. *To hit, to touch bottom,* tocar fondo, llegar al punto más bajo. *The bottom has fallen out of the market,* las cotizaciones de mercado se han hundido, los precios de mercado se han ido a pique.

bottomline [ˈbɑːtəmˈlaɪn] *n.* 1 última línea, línea del fondo. 2 *por ext.* beneficios, utilidad, resultado(s).

bottom out [-aʊt] *v.* tocar fondo, encontrarse en el nivel más bajo; *por ext.* volver a tomar, retomar.

bought [bɔːt] *p.p.* de **to buy,** comprado. *Bought note,* nota de compra, comprobante de compra.

bounce [baʊns] *v.* 1 rebotar, respingar. 2 no tener fondos (cheques).

bounce *n.* salto, rebote, respingo; reactivación. *Consumer bounce,* reactivación del consumo.

bounce back [-bæk] *v.* rebotar, refluir, repuntar, volver a subir (de valor). *The dollar bounced back,* el dólar ha repuntado, el valor del dólar subió nuevamente.

bouncer [ˈbaʊnsər] *n.* 1 cheque sin fondos. 2 embustero.

bouncing check [ˈbaʊnsɪŋ tʃek] *n.* cheque sin fondos.

bound [baʊnd] *p.p.* de **to bind.** 1 ligado, vinculado, unido. 2 obligado, comprometido. *To be bound by an oath,* estar obligado por juramento, estar comprometido bajo juramento.

bound *adj.* con destino a, rumbo a. *Bound for New York,* con destino a Nueva York, rumbo a Nueva York.
boundary ['baʊndri] *n.* límite, frontera.
bounds [baʊnds] *n.* límites. *Within reasonable bounds,* dentro de los límites razonables. *Within the bounds of the fair,* dentro del recinto de la feria. *Out of bounds,* acceso prohibido, prohibida la entrada.
bounty ['baʊnti] *n.* indemnización, prima, subsidio.
bout [baʊt] *n.* acceso, crisis, impulso. *A new bout of inflation,* un nuevo impulso de la inflación.
bow out [baʊ aʊt] *v.* 1 hacer una reverencia. 2 abandonar el puesto de trabajo, retirarse del empleo.
box [bɑːks] *n.* 1 caja. 2 enmarcado. 3 casilla, compartimiento, cuadro. *Tick the appropriate box,* seleccione la casilla correspondiente.
box-car [-kɑːr] (EU) vagón (para el transporte de mercancías), furgón.
box-office receipts [-ɑːfəs rɪ'siːts] ingresos provenientes de las ventas en las taquillas.
box-top offer [-tɑːp 'ɔːfər] oferta propuesta sobre embalajes.
boycott ['bɔɪkɑːt] *v.* boicotear, aislar, privar, excluir.
boycott *n.* boicot, boicoteo, aislamiento, privación.
bracket ['brækət] *n.* 1 categoría, grupo, rango. *Age bracket,* grupo de edad. *Tax bracket,* grupo impositivo. 2 paréntesis, corchete. 3 grupo de bancos que garantiza la emisión de un préstamo internacional.
bradshaw ['brædʃɔː] *n.* aguja de ferrocarriles.
brain-drain [breɪn dreɪn] fuga de cerebros.
brain storming [breɪn'stɔːrmɪŋ] *n.* lluvia de ideas, esfuerzo de reflexión intenso en el que participan varias personas para resolver un problema difícil (y en general urgente); "trabajo de equipo".
brake [breɪk] *v.* frenar, moderar, disminuir. *To brake inflation,* frenar la inflación. *To brake sales expenses,* moderar los gastos de ventas.
brake *n.* freno, tope, presión. *A brake on investment spending,* un freno (o un tope) sobre los gastos de inversión.
branch [bræntʃ] *n.* sucursal, filial, agencia. *Foreign branch,* sucursal extranjera. *Branches abroad,* sucursales en el extranjero.
branch-line [-laɪn] *n.* FERR.: línea secundaria.
branch-office [-ɑːfəs] *n.* sucursal.
branch out [-aʊt] *v.* diversificar, pluralizar, variar. *To branch out into a new market,* diversificarse hacia un nuevo mercado. *The company is branching out into new activities,* la compañía está diversificando sus actividades.

brand [brænd] *v.* marcar.
brand *n.* marca. *Leading brands,* marcas líderes, las marcas más importantes. *Brand awareness,* marca de prestigio, reputación de una marca. *Brand loyalty,* lealtad de marca. *Brand name,* nombre de marca. *Brand recognition,* reconocimiento de marca. *Brand switching,* cambio de marca (por parte del consumidor).
branded goods ['brændəd gʊds] productos de marca.
brand-leader [-'liːdər] marca que domina la parte más significativa de un mercado, se dice de la primera marca de un mercado.
brand-manager [-'mænɪdʒər] *n.* gerente de marca, administrador de marca.
brand-new [-nuː] *adj.* nuevo, recién comprado. *A brand-new computer,* una computadora recién comprada.
brand-shifting [-'ʃɪftɪŋ] cambio de marca (por parte del comprador); se dice del paso de una marca a otra. *A brand-shifting is highly recommended,* un cambio de marca es muy recomendable.
brass [bræs] *n.* latón. *Brass products,* productos de latón. *Top brass,* personaje(s) importante(s).
breach [briːtʃ] *v.* quebrantar, infringir, violar, romper. *To breach a promise,* faltar a una promesa. *To breach a covenant,* violar un convenio.
breach *n.* infracción, ruptura, violación. *Breach of regulations,* infracción a los reglamentos. *Breach of contract,* rescisión (o ruptura) de un contrato.
breach of close [-ɑːv kloʊz] fractura o ruptura de un cercado (para robar o para sustraer bienes ajenos).
breach of promise [-ɑːv 'prɑːməs] violación de una promesa, incumplimiento de un compromiso.
breach of the peace [-ɑːv ðə piːs] perturbación del orden público, delito contra el orden común.
breach of trust [-ɑːv trʌst] abuso de confianza. *To sue someone for breach of trust,* denunciar a alguien por abuso de confianza.
bread-and-butter issues ['bredn 'bʌtər 'ɪʃuːs] *n.* problemas vitales, problemas esenciales.
breadline ['bredlaɪn] *n.* fila de desempleados (inicialmente para la distribución de pan, también se utiliza para la distribución de subsidios).
breadwinner, bread-winner ['bred wɪnər] jefe de familia, se dice de quien sostiene una familia.
break [breɪk] *v.* 1 romper, quebrar, reventar, estallar. 2 romperse, quebrarse, reventarse. 3 violar, quebrantar, dejar de cumplir. *To break the law,* violar la ley. *To break a promise,* dejar de cumplir una promesa.

break *n.* 1 caída rápida, hundimiento, desplome. *There has been a sharp break in share prices,* los precios de las acciones se han desplomado rápidamente, la tendencia en los precios de las acciones ha caído rápidamente. 2 ruptura. 3 interrupción. 4 momento de reposo, tregua, plazo, pausa. 5 golpe de suerte, ocasión favorable.

breakage ['breɪkɪdʒ] *n.* fractura, ruptura, rotura.

break bulk [-bʌlk] *v.* iniciar el descenso de un cargamento.

break down [-daʊn] *v.* 1 descomponerse (una máquina, un aparato, etc.). 2 interrumpir. *The talks broke down,* las pláticas fueron interrumpidas. 3 CONTAB.: analizar, depurar, pormenorizar. *The amount of the invoice was broken down,* el monto de la factura fue analizado, el monto de la factura fue pormenorizado (detallando cada uno de sus componentes).

breakdown ['breɪkdaʊn] *n.* 1 falla; paro, ruptura; descompostura. *Breakdown of negotiations,* ruptura de las negociaciones, paro o suspensión de las discusiones. *Nervous breakdown,* depresión nerviosa. *Power breakdown,* suspensión en la corriente eléctrica. 2 CONTAB.: análisis, reporte pormenorizado. *Monthly progress breakdown,* reporte pormenorizado de progreso mensual (reporte muy común en la administración de proyectos).

break even [-'iːvən] *v.* recuperar los gastos, alcanzar el límite de rentabilidad, llegar al punto de equilibrio.

break-even point [-pɔɪnt] *n.* punto de equilibrio, punto muerto, límite de rentabilidad.

break from work [-frɑːm wɜːrk] *v.* interrumpir el trabajo, interrumpir uno su trabajo.

breaking load ['breɪkɪŋ loʊd] *n.* punto de ruptura, límite de carga.

break into [-'ɪntuː] *v.* entrar con violencia y provocando una fractura.

break off [-ɔːf] *v.* romper, detener, parar (se dice principalmente de las negociaciones). *Negotiations were broken off,* se han detenido las negociaciones.

break out [-aʊt] *v.* desencadenarse, desatarse. *A new price crisis has broken out,* se ha desatado una nueva crisis de precios.

break-proof [-pruːf] *adj.* irrompible, a prueba de golpes, contra golpes. *A break-proof portable computer,* una computadora portátil a prueba de golpes.

breakthrough ['breɪkθruː] *n.* avance, adelanto, innovación. *A technological breakthrough,* una innovación tecnológica.

break up [-ʌp] *v.* romper (en pedazos), desmantelar, disolver. *To break up a trust,* desmantelar un fideicomiso.

break-up, breaking up [-ʌp, 'breɪkɪŋ'ʌp] *n.* ruptura, desmantelamiento, disolución.

break-up price [-praɪs] *n.* precio, valor de liquidación (de una empresa).

break-up value [-'væljuː] *n.* valor de liquidación.

breakwater ['breɪk wɔːtər] *n.* rompeolas.

break with somebody [-wɪð 'sʌm bɑːdi] *v.* romper relaciones con alguien, separarse de alguien.

breed [briːd] *v.* criar. *To breed cattle,* criar ganado.

breed *n.* raza. *A breed of cow,* una raza de vacas.

breeder ['briːdər] *n.* 1 criador (ganadero). 2 semental. 3 reactor nuclear. *Fast breeder,* reactor sobreactivo. *Breeder reactor,* generador de alta capacidad.

bribe [braɪb] *v.* sobornar, comprar, cohechar.

bribe *n.* soborno, cohecho, corrupción. *For what purpose did he take bribes?,* ¿con qué propósito aceptó sobornos?

bribery ['braɪbəri] *n.* soborno, corrupción, cohecho.

bridge [brɪdʒ] *v.* construir un puente, llenar un espacio vacío, rellenar, tapar. *To bridge the gap,* rellenar una brecha. *Bridging loan,* préstamo temporal para cubrir un faltante ocasional de dinero.

bridge financing [-fə'nænsɪŋ] financiamiento temporal.

bridge loan [-loʊn] préstamo temporal (en oposición de **revolving loan,** préstamo renovable).

bridging loan ['brɪdʒɪŋ loʊn] *n.* préstamo que se contrata para la cobertura de un faltante eventual de efectivo.

bridge-over [-'oʊvər] *n.* FIN.: crédito provisional.

brief [briːf] *v.* 1 compendiar, resumir. 2 poner al corriente, actualizar. 3 emitir disposiciones, dar instrucciones.

brief *n.* 1 expediente, informe, escrito, resumen. 2 indicaciones, especificaciones. *Brief of an official organization,* resumen escrito en el que se presenta la misión de un organismo oficial; libreta o cuadernillo en el que se describen los cargos y puestos de un organismo. 3 JUR.: expediente de procedimientos, conclusiones que se presentan ante la corte antes de una audiencia.

briefing ['briːfɪŋ] *n.* 1 instrucciones, órdenes, disposiciones. 2 constitución de expedientes. 3 puesta al corriente, reunión preparatoria.

bring about [brɪŋ ə'baʊt] *v.* causar, ocasionar, provenir de. *What brought about this crises?,* ¿qué fue lo que ocasionó esta crisis? ¿De dónde proviene esta crisis?

bring an action against [brɪŋ æn 'ækʃən ə'genst] *v.* entablar un procedimiento judicial en contra de alguien.

bring down [brɪŋ daʊn] *v.* bajar, disminuir. *To bring down tariffs,* disminuir las tarifas aduanales.

bring forward [brɪŋ 'fɔːrwərd] *v.* anticipar, prever, predecir. *The sale was brought forward a month,* la venta se anticipó un mes.

brink [brɪŋk] *n.* borde (de un abismo). *On the brink of bankruptcy,* al borde de la quiebra.

brisk [brɪsk] *adj.* animado, vivo, activo. *Business is brisk,* los negocios van muy bien. *Demand is brisk,* la demanda se ha sostenido.

briskly ['brɪskli] *adv.* vivamente, activamente, enérgicamente.

briskness ['brɪsknəs] *n.* actividad, viveza, vivacidad.

broadcast ['brɔːdkæst] *v.* transmitir por radio, por televisión. *To broadcast financial news,* transmitir noticias financieras. *The program shall be broadcast all over the country,* el programa será transmitido a todo el país.

broadcast *n.* programa, emisión, transmisión (de radio, de televisión).

broadcast advertising [-'ædvərtaɪzɪŋ] *n.* publicidad difundida por radio o por televisión.

broadcaster ['brɔːdkæstər] **1** comentarista, periodista (de la televisión, de la radio). **2** difusora (se dice de aquella empresa que explota una red de radio o de televisión).

broadsheet ['brɔːdʃiːt] *n.* **1** hoja o cartel publicitario. **2** prospecto, folleto, panfleto.

broadside ['brɔːdsaɪd] *n.* folleto (desplegable), prospecto.

brochure [brəʊ'ʃʊr] *n.* folleto, panfleto, librillo.

broke [brəʊk] *adj.* sin dinero, sin recursos. *To go broke,* quedarse sin dinero.

broker ['brəʊkər] *v.* servir o fungir como intermediario, mediar, interceder. *To broker an agreement,* negociar un acuerdo (entre dos partes).

broker *n.* **1** corredor; agente; revendedor. *Insurance broker,* corredor de seguros. *Pawn broker,* prestamista que proporciona fondos tomando ciertas prendas como garantía. *Stock-broker,* agente de cambio, corredor de acciones. **2** intermediario, mediador.

brokerage ['brəʊkərɪdʒ] *n.* corretaje, correduría (se dice de las operaciones de intermediación de valores y títulos de crédito). *Brokerage fee,* gastos de corretaje.

brokerage firm [-fɜːrm] empresa de corretaje, casa de bolsa (también se dice del agente de bolsa).

broking ['brokɪŋ] *n.* corretaje, correduría.

broking house [-haʊs] casa de corretaje, se dice del cargo de agente de cambio.

brotherhood ['brʌðərhʊd] *n.* sindicato obrero.

brought down ['brɔːt'daʊn] *p.p. Balance brought down,* saldo nuevo, saldo traspasado (de un periodo o ejercicio anterior).

brought forward ['brɔːt'fɔːrwərd] *p.p.* saldo del periodo anterior, suma y sigue, suma anterior, saldo precedente.

brownout ['braʊnaʊt] *n.* suspensión temporal del suministro de energía eléctrica (medida para ahorrar energía); apagón.

browse [braʊz] *v.* **1** recorrer las calles, mirar las mercancías expuestas en los escaparates. **2** hojear (las páginas de un libro).

bruise [bruːz] *v.* contundir, magullar, golpear. *A bruising recession,* una recesión dolorosa.

brunt [brʌnt] *n.* choque (lo más fuerte de un...), peso (lo más significativo de un...). *To bear the brunt of the expense,* pagar la parte más significativa de un gasto. *To take the brunt,* soportar un choque. *The brunt would fall on the poor,* los pobres serían las principales víctimas.

bubble ['bʌbəl] *n.* **1** burbuja, pompa, ampolla. **2** ilusión, utopía, sueño. *Bubble scheme,* proyecto utópico, ilusorio; proyecto de dudosa validez. Fin.: especulación deshonesta, escándalo financiero (vinculado con una validez artificial de los beneficios y utilidades prometidas). Bolsa: *bubble effect,* efecto de burbuja.

buck [bʌk] *n. fam.* dólar.

bucket ['bʌkət] *n.* cubo, cangilón. *Bucket conveyor,* transportador con cangilones.

buckle ['bʌkəl] *v.* deformarse, hincharse, combarse, encorvarse, ladearse (metal).

buck up [bʌk ʌp] *v.* estimular, reanimar; alentar, fomentar. *To buck up a project,* estimular un proyecto.

budget ['bʌdʒət] *v.* presupuestar, establecer un presupuesto; incluir en un presupuesto. *To budget sales with a six-month lead-time,* presupuestar las ventas con un plazo de anticipación de seis meses.

budget *n.* presupuesto, plan, proyecto. *Aquisitions budget,* presupuesto de adquisiciones, presupuesto de compras. *Cash budget,* presupuesto de efectivo. *Cash flow budget,* presupuesto de flujo de efectivo. *Cost budget,* presupuesto de costeo. *Costing budget,* presupuesto de costeo. *Expenses budget,* presupuesto de gastos. *Financial budget,* presupuesto financiero. *Financing budget,* presupuesto de financiamiento. *Operational budget,* presupuesto operativo, presupuesto de funcionamiento. *Overhead budget,* presupuesto de gastos indirectos. *Raw materials budget,* presupuesto de materia prima. *Sales budget,* presupuesto de ventas. *Supplies budget,* presupuesto de suministros. *Under budget,* bajo los límites presupuestarios, sin rebasar las restricciones presupuestarias. *To build a ship un-*

der *budget,* construir un barco respetando las restricciones presupuestarias.

budgeted ['bʌdʒəted] *n.* presupuestado. *Budgeted financial statements,* estados financieros presupuestados. *Budgeted expenses,* gastos presupuestados.

budgeting ['bʌdʒətɪŋ] *n.* preparación de presupuestos. *Budgeting department,* departamento de presupuestos. *Budgeting manager,* gerente de presupuestos.

budgetary ['bʌdʒəteri] *adj.* presupuestal, presupuestario. *Budgetary limits,* límites presupuestales. *Budgetary period,* periodo presupuestal. *Budgetary system,* sistema presupuestario. *Budgetary worksheet,* hoja de trabajo para la preparación de presupuestos.

buff [bʌf] *n.* fanático, entusiasta.

buffer ['bʌfər] *n.* 1 tapón, amortiguador; (EU) parachoques, defensa. 2 INFORM.: límite, tope (se dice de los bloques de memoria).

buffer-pool [-puːl] *n.* fondo regulador.

buffer-stock [-stɑːk] *n.* inventario de regulación.

buffet ['bʌfət] *v.* embalar, desordenar.

bug [bʌg] *v.* 1 irritar, molestar. 2 instalar micrófonos ocultos, escuchar clandestinamente. 3 *fam.* instalar un sistema de alarma.

bug *n.* 1 defecto, deficiencia, vicio de fabricación. 2 moda, novedad, entusiasmo. 3 entusiasta, fanático. *A fire bug,* pirómano. 4 micrófono oculto. 5 INFORM.: parásito, error (*lit.* bicho).

build [bɪld] *v.* construir, edificar. *To build a new plant,* construir una nueva planta.

builder ['bɪldər] *n.* constructor (se dice de quien tiene como oficio construir). *Industrial builder,* constructor industrial.

building ['bɪldɪŋ] *n.* 1 edificio. 2 construcción, inmueble. *Building contractor,* contratista de construcciones. *Building license,* permiso de construcción. *Building plots,* porciones de terreno aptas para la construcción. *Building site, ground,* terreno propio para la construcción. *Building specifications,* especificaciones para la construcción. *The building trade, the building industry,* la industria de la construcción.

building and loan association [-ænd ləun ə'səusi'eɪʃən] organismo o asociación que ofrece un plan de ahorros para la vivienda.

building company [-'kʌmpəni] constructora, compañía constructora, empresa dedicada a la construcción.

building society [-sə'saɪəti] *n.* (GB) sociedad de financiamiento inmobiliario, sociedad de préstamos para la construcción, sociedad de crédito inmobiliario (sin finalidades de lucro), fondo mutualista para el ahorro y para la construcción.

build up [-ʌp] *v.* 1 constituir, acumular. *To build up reserves,* constituir reservas. *To build up a cash reserve,* constituir (en forma acumulativa) una reserva de efectivo. 2 hacer mucha publicidad.

build-up *n.* 1 acumulación, reserva, acopio. *Cash build-up,* acumulación de efectivo. 2 alboroto publicitario, campaña publicitaria de gran intensidad.

built-in [bɪlt ɪn] *adj.* integrado; incorporado; inherente. *Built-in microprocessor,* microprocesador integrado (se dice del dispositivo que se encuentra instalado en la parte interior de un equipo). *Built-in microphone,* micrófono integrado.

built unit [bɪlt 'juːnəːt] *n.* elemento prefabricado.

bulb [bʌlb] *n.* bombilla eléctrica; lámpara.

bulge [bʌldʒ] *v.* aumentar, incrementar, inflar, inflarse. *Bulging inventories,* inventarios crecientes.

bulge *n.* aumento, alza, inflación.

bulging ['bʌldʒɪŋ] *adj.* voluminoso, abultado, considerable. *Bulging inventories,* inventarios con exceso, inventarios excedentes.

bulk [bʌlk] *v.* 1 totalizar, ser importante. 2 estimar el volumen y la capacidad de carga de un buque (se usa en las aduanas). 3 agrupar, clasificar, organizar (se dice de los embarques, remesas y expediciones).

bulk *n.* volumen, masa, tamaño. *Bulk cargo,* cargamento a granel. *In bulk,* a granel, en gran cantidad.

bulk buying [-'baɪŋ] compra(s) a granel, en grandes cantidades.

bulk carrier [-'kæriər] *n.* buque de carga.

bulk mail [-meɪl] *n.* envío o envíos postales a granel, en grandes cantidades.

bulk sales [-seɪls] *n.* 1 ventas a granel, en grandes volúmenes, en grandes cantidades. 2 ventas globales.

bulk storage [-'stɔːrɪdʒ] INFORM.: memoria almacenada en paquetes.

bulky ['bʌlki] *adj.* voluminoso, abultado. *Bulky inventories,* inventarios voluminosos, que ocupan una gran cantidad de espacio.

bull [bʊl] *v.* 1 comprar al descubierto, especular a la alza. *To bull the market,* tratar de alzar los precios de los valores bursátiles. 2 estar en un estado de alza constante (se dice de los títulos de crédito).

bull *n.* especulador a la alza, alcista. *The market is all bulls,* el mercado está a la alza. *Bull run,* periodo prolongado de alza en los precios de las acciones y valores bursátiles.

bulletin ['bʊlətn] *n.* boletín, folleto, comunicado. *Accounting standards bulletin,* boletín de principios de contabilidad. *Bulletin board,* pizarra de anuncios, pizarra para fijar carteles.

bullish ['bʊlɪʃ] *adj.* 1 orientado hacia la alza. *Bullish stocks,* valores a la alza. 2 optimista (en cuanto a la evolución de los precios de las acciones o de los eventos bursátiles).

bullishness ['bʊlɪʃnəs] *n.* tendencia a la alza; optimismo.

bullion ['bʊljən] *n.* se dice del oro o de la plata en barras o en lingotes. *Bullion reserves,* reservas de oro, reservas de metal.

bull market [-'mɑːrkət] mercado a la alza.

bulltrap ['bʊltræp] *n.* BOLSA: repunte del mercado tendiente a abortar, repunte sin futuro.

bumf [bʌmf] *n. fam.* (GB) papelería.

bumper ['bʌmpər] *adj.* superior, excelente, de primer nivel. *Bumper crop,* cosecha récord. *Bumper profits,* utilidades récord. *Bumper year,* año excelente.

bundle ['bʌndəl] *v.* 1 poner en paquete(s), en legajo(s). 2 agrupar, reagrupar, reunir.

bundle *n.* paquete, legajo, manojo.

bungle ['bʌŋgəl] *v.* hacer mal (una tarea, una asignación), sabotear (un trabajo).

bungler ['bʌŋglər] *n.* persona que sabotea, que hace mal un trabajo.

bungling ['bʌŋglɪŋ] hacer mal un trabajo, sabotear una actividad, hacer las cosas con negligencia.

bunker ['bʌŋkər] *n.* pañol del carbón.

buoy [bɔɪ] *v.* sostener, respaldar, apoyar.

buoy *n.* boya.

buoyancy [bɔɪensi] *n.* actividad, animación, firmeza.

buoyant ['bɔɪənt] *adj.* firme, sostenido, activo. *Buoyant market,* mercado sostenido.

B.U.P.A. [bi: ju: pi: eɪ] **(British United Provident Association)** (GB) Fondo para la cobertura de los gastos médicos de los ejecutivos de las empresas.

burden ['bɜːrdn] *v.* cargar, gravar; obstaculizar. *Burdened estate,* terreno gravado con hipotecas.

burden *n.* carga, gravamen, peso. *Burden of proof,* carga de prueba. *Debt burden,* carga de una deuda, endeudamiento. *Tax burden,* gravamen fiscal.

bureau ['bjʊrəʊ] *n.* despacho, oficina, división administrativa. *Foreign affairs bureau,* oficina de asuntos exteriores.

Bureau of Labor Statistics [-ɑːv 'leɪbər stə'tɪstɪks] (EU) Oficina de estadística del Ministerio del Trabajo.

burgeon ['bɜːrdʒən] *v.* 1 brotar. 2 empezar a manifestarse. 3 prosperar, florecer.

burgeoning industries ['bɜːrdʒənɪŋ 'ɪndəstris] industrias nacientes.

burglar ['bɜːrglər] *n.* ladrón.

burglarize ['bɜːrgləraɪz] *v.* robar, hurtar.

burglar-proof [-pruːf] a prueba de robo; (cofre) inviolable. *A burglar-proof safe box,* una caja fuerte a prueba de robos. *A burglar-proof system,* un sistema a prueba de robo.

burgle ['bɜːrgəl] *v.* robar, hurtar, entrar (a una casa) por medio de la violencia.

burn out ['bɜːrn'aʊt] *v.* 1 quemar, destruir por medio del fuego. 2 (con relación a los ejecutivos de las empresas) extenuar, agotar la energía. *Some executives are burnt out at forty,* ciertos ejecutivos de empresas dejan de ser productivos a los cuarenta años.

burn-out, burnout *n.* agotamiento (se dice principalmente del combustible de los aviones). *Executive burnout,* padecimiento del ejecutivo de empresas que se caracteriza por un "agotamiento" de la energía vital, fatiga, depresión y una disminución de la capacidad de trabajo.

burst [bɜːrst] *v.* explotar, estallar. *The sacks were bursting with corn,* los sacos estaban completamente llenos de trigo (llenos a reventar, hasta el tope).

burst *n.* acceso, impulso; explosión. *A burst of speculative buying,* un impulso de compras especulativas.

bushel ['bʊʃəl] *n.* antigua medida de áridos (EU, 35.237 litros; GB, 36.367 litros).

business ['bɪznəs] *n.* negocio, negocios. *Business is business,* los negocios son los negocios. *Business bulletin,* boletín de negocios. *Business day,* día de negocios, día hábil, día laborable. *Business ethics,* la ética de los negocios. *Business formation,* creación de empresas. *Business games,* juegos de negocios. *Business goods,* bienes de producción. *Business hours,* horas de servicio al público, horas de atención. *Business house,* casa de comercio. *Business management,* administración de empresas, administración de negocios. *Business operations,* operaciones de negocios. *Business transactions,* transacciones de negocios. *To do business with,* hacer negocios con, comerciar con. *To get started in business,* lanzarse a los negocios, establecer un negocio. *To start a business,* empezar un negocio. *Business accounts,* cartera de empresas (número de empresas con las cuales se han celebrado contratos). *Line of business,* línea de negocios, campo de actividad de una empresa.

businesslike ['bɪznəslaɪk] *adj.* serio, ordenado, formal, se dice en general de aquello que se administra con tanta seriedad como si fuera un negocio.

businessmail ['bɪznəsmeɪl] *n.* correo empresarial, correo de negocios, envíos postales en grandes cantidades.

businessman ['bɪznəsmæn] *n.* hombre de negocios, hombre de empresa, industrial, empresario.

business minded [-'maɪndəd] *adj.* se dice de quien tiene "espíritu para los negocios o mente de empresas". *A business minded woman,* una mujer con espíritu para los negocios.

business reactivation [-rɪ'æktɪ'veɪʃən] repunte, reactivación, resurgimiento de las empresas.

business reply card [-rɪ'plaɪ kɑːrd] *n.* tarjeta de respuesta de negocios.

business risk [-rɪsk] riesgo de negocios, riesgo de una empresa.

business school [-skuːl] escuela de comercio. *Business management school,* escuela de administración de empresas.

business slowdown [-'sləʊdaʊn] una recesión en los negocios. *Current sales have been affected by a business slowdown,* las ventas actuales se han visto afectadas por una recesión en los negocios.

businesswoman ['bɪznəs wʊmən] *n.* mujer de negocios.

bust ['bʌst] *v.* salir mal, fracasar, quedarse sin dinero, quebrar. *To go bust,* quebrar.

bust *n.* (EU) crisis económica, recesión, depresión, baja brutal en la actividad económica.

bust-up [-ʌp] *n.* ruptura; explosión; fracaso (de una empresa, negocio, etc.); quiebra.

busy ['bɪzi] *adj.* activo, animado; ocupado. *The line is busy,* la línea está ocupada (se dice del teléfono). *To be busy,* estar ocupado.

butcher ['bʊtʃər] *n.* carnicero.

butt [bʌt] *n.* 1 barrica, barril. 2 culata, cabo.

buttress ['bʌtrəs] *v.* sostener, reforzar. *Measures taken to buttress the economy,* medidas tomadas para reforzar la economía.

buy [baɪ] *v.* comprar, adquirir. *To buy back,* volver a comprar. *To buy in bulk,* comprar a granel, en grandes cantidades. *To buy for the account,* comprar a plazo. *To buy into a company,* comprar una parte de capital de una compañía. *To buy long,* comprar a largo plazo. *To buy off,* comprar a una persona para librarse de ella. *To buy on credit,* comprar a crédito. *To buy out,* comprar la parte de... (se dice generalmente de las partes de un socio en una empresa). *To buy up,* acaparar.

buy *n.* compra, ganga, compra de oportunidad. *It is a good buy,* es una buena oportunidad, es una ganga.

buyback ['baɪbæk] *n.* volver a comprar, recompra (se usa principalmente cuando una persona física o moral compra algún valor, título

de crédito, bien, etc. que inicialmente poseía). *Stock buyback,* recuperación de acciones (compra que realiza una empresa de sus propias acciones en el mercado). En el campo del comercio internacional, se refiere a los medios de producción proporcionados por el vendedor y a la recuperación de los productos fabricados por el cliente.

buyer ['baɪər] *n.* 1 comprador, adquiriente. 2 jefe del departamento de compras, jefe de sección.

buyer's market ['baɪərs'mɑːrkət] mercado favorable al comprador.

buyer's pass ['baɪərs'pæs] *n.* carta (o pase) del comprador (se dice de las ferias, exhibiciones, exposiciones, etc.).

buying ['baɪŋ] *n.* compra, referente a la compra. *Buying power,* poder de compra, poder de adquisición (ver también, **purchasing power**). *Buying and selling,* las compras y las ventas.

buy out [-aʊt] *v.* volver a comprar, recuperar (se dice principalmente de las empresas).

buy-out *n.* compra, recuperación. *Buy-out offer,* oferta de readquisición.

buzz [bʌz] *n. fam.* llamada telefónica. *Give me a buzz,* llámeme usted por teléfono.

by-contractor ['baɪkən træktər] *n.* subcontratista.

by-election ['baɪɪ'lekʃən] *n.* elección parcial.

by express ['baɪɪk'spres] por servicio expreso.

by-law ['baɪlɔː] *n.* estatuto, reglamento. SOCIEDADES: reglamento interior, estatutos de una empresa; acuerdo o reglamento que emana de una autoridad local.

by-pass ['baɪpæs] *v.* pasar alrededor de, ir más allá de, pasar por alto, hacer a un lado, no hacer caso de, desviar, evitar. *To by-pass regulations,* pasar por alto los reglamentos, las disposiciones.

by-product ['baɪ prɑːdʌkt] *n.* subproducto, producto derivado.

by show of hands ['baɪ ʃeʊ ɑːv hænds] a mano levantada, a mano alzada (se dice de las votaciones).

byte [baɪt] *n.* INFORM.: octeto (conjunto de ocho bits).

by-way ['baɪweɪ] *n.* 1 camino vecinal. 2 camino desviado, desviación, vía indirecta.

C

cable [ˈkeɪbəl] *v.* telegrafiar; poner un cable.

cable *n.* cable, cablegrama, telegrama.

cable broadcasting [-ˈbrɔːdkæstɪŋ] teledifusión por cable.

cable car [-kɑːr] *n.* **1** teleférico. **2** funicular (vehículo que pende de un cable para su desplazamiento).

cablecast [ˈkeɪbəlˈkæst] *v.* emitir o difundir por cable.

cablecasting [ˈkeɪbəlˈkæstɪŋ] *n.* emisión o difusión por cable.

cablecasting network [-ˈnetwɜːrk] red de difusión por cable.

cable transfer [-trænsˈfɜːr] transferencia por cable (telegráfico o por teléfono).

ca'canny [kɑːˈkæni] (GB) huelga de disminución de funciones (se dice de aquellas huelgas en las que, por ejemplo, los trabajadores de la línea de ensamble disminuyen su tasa de producción diaria en un determinado porcentaje). En algunos países latinoamericanos se conoce como huelga intermitente o "tortuguismo".

caddy [ˈkædi] *n.* carrito (de supermercado), bote, envase, recipiente, lata.

cadre [ˈkædri] *n.* director, ejecutivo, gerente, o jefe de una empresa o de un negocio en su acepción más general (se dice de las personas que pertenecen a un cuadro de directores o jefes).

C.A.F. [si: eɪ ef] **(Currency Adjustment Factor)** Factor de Ajuste de Moneda (ver **factor**).

cahoots (to be in) [kəˈhuːts] (EU) estar dispuesto a cooperar, tener el ánimo de asociarse.

calculating machine [ˈkælkjəleɪtɪŋ məˈʃiːn] *n.* calculadora, máquina de cálculo.

calculus [ˈkælkjələs] *n.* cálculo infinitesimal, cálculo diferencial e integral.

calendar [ˈkæləndər] *n.* calendario. *Calendar year,* año civil.

calibrate [ˈkæləbreɪt] *v.* calibrar. *To calibrate a machine,* calibrar una máquina.

caliber [ˈkæləbər] *n.* **1** calibre. **2** estatura, envergadura; de gran calidad moral e intelectual. *A high calibre businessman,* un ejecutivo de negocios de alto calibre.

call [kɔːl] *v.* **1** telefonear, llamar por teléfono. **2** llamar (a una persona), convocar (a una reunión), decretar (una huelga). **3** FIN.: reembolsar, reintegrar, redimir. *To call the shares,* reembolsar acciones. **4** *To call a loan,* solicitar el reembolso de un préstamo. *To call a bond,* reembolsar o redimir un bono. **5** hacer escala, detenerse. *To*

call at a port, hacer escala en un puerto. *To call at a station,* detenerse momentáneamente en una estación (de trenes). **6** hacer una visita.

call *n.* **1** a la vista. *Payable at call,* pagadero o reembolsable a la vista, a la presentación, por solicitud expresa. *Money on call, money at call,* dinero a corto plazo, dinero al día. **2** BOLSA: opción de compra; prima; cuota. *Call option,* opción de compra. **3** BOLSA DE MERCANCÍAS: cotización. **4** comunicación, llamada telefónica. *A local call,* una llamada local. *A long-distance call,* una llamada de larga distancia. **5** visita. *To pay a call,* hacer una visita corta; escala, intervalo (se dice principalmente de los barcos).

callable bond [ˈkɔːleɪbəlˈbɑːnd] bono redimible (se dice del bono que es susceptible de reembolsarse antes de su fecha de vencimiento).

call a meeting [-ə ˈmiːtɪŋ] *v.* convocar, llamar a una reunión. *To call a board meeting,* convocar a una reunión del consejo de administración.

call a strike [-ə straɪk] *v.* decretar una huelga, tomar la decisión de desencadenar una huelga.

call back [-bæk] *v.* volver a llamar (por teléfono). *Please call back in five minutes,* por favor, vuelva a llamar en cinco minutos.

call-box [-bɑːks] *n.* cabina telefónica, caseta de teléfonos.

call-charge [-tʃɑːrdʒ] *n.* cargo telefónico, precio que se carga por una llamada telefónica.

called-up capital [kɔːldˈʌp ˈkæpətl] *n.* capital solicitado o convocado para su reembolso.

call collect [-kəˈlekt] *v.* TELEF.: llamada a cobro revertido, por cobrar. *For further information please call collect,* para obtener mayores informes, por favor llame a cobro revertido.

call for [-fɔːr] *v.* **1** llamar a; solicitar; reclamar; hacer venir. *To be called for,* se dice de los objetos cuya entrega a sus legítimos dueños se encuentra condicionada a la presentación de la solicitud respectiva; "lista de correos". **2** preconizar, llamar a, convocar a. *To call for a strike,* convocar una huelga. **3** exigir, solicitar, reclamar. *The situation calls for drastic reforms,* la situación requiere reformas radicales.

called person [kɔːld ˈpɜːrsn] *n.* persona a que se llama o se requiere por medio de una llamada telefónica.

caller [ˈkɔːlər] *n.* persona que hace una llamada telefónica, solicitante.

call in [-ɪn] *v.* convocar, hacer un llamado a.

calling [ˈkɔːlɪŋ] *n.* oficio, vocación, inclinación.

call-loan [-ləʊn] préstamo reembolsable bajo solicitud.

call money [-'mʌnɪ] *n.* préstamo a plazo inmediato, a corto plazo, dinero al día.

call on [-ɑːn] *v.* 1 visitar, hacer una visita a. 2 hacer un llamado a.

call off [-ɔːf] *v.* anular, abrogar. *To call off a strike,* cancelar una huelga.

call up [-ʌp] *v.* 1 hacer subir. 2 evocar. 3 telefonear. 4 llamar a una persona para que comparezca. 5 *Called-up capital,* capital convocado para su reembolso.

cambist ['kæmbəst] *n.* cambista, agente de cambio.

camera ['kæmərə] *n.* 1 cámara; aparato fotográfico. 2 JUR.: *In camera,* a puerta cerrada.

cameraman ['kæmərəmæn] camarógrafo.

campaign [kæm'peɪn] *n.* campaña. *Advertising campaign,* campaña publicitaria. *To launch a campaign,* lanzar una campaña.

campaign brief [-briːf] expediente de lanzamiento de una campaña.

can [kæn] *v.* enlatar, poner en conserva. *Canned beer,* cerveza enlatada. *Canning industry,* la industria de las conservas, la industria de los enlatados.

can *n.* lata de conservas.

canal [kə'næl] *n.* canal.

cancel ['kænsəl] *v.* cancelar, anular, suspender, suprimir. *To cancel a project,* cancelar un proyecto.

cancellation ['kænsə'leɪʃən] *n.* cancelación, anulación. *To make a cancellation,* hacer una cancelación.

cancel out [-aʊt] *v.* cancelarse, anularse, compensarse, equilibrarse. *The cost of the investment cancels out its benefits,* el costo de la inversión cancela sus beneficios.

candidacy ['kændədəsi] *n.* candidatura.

candidate ['kændədeɪt] *n.* candidato.

canned film [kænd fɪlm] CINE: (*lit.* película enlatada) cinta terminada, lista para ser exhibida.

canned music [kænd 'mjuːzɪk] música grabada para ambientes.

cannibalization ['kænəbəlaɪ'zeɪʃən] *n.* "canibalización" (se dice de la instalación de una pieza de repuesto sobre una máquina del mismo tipo).

cannibalize ['kænəbəlaɪz] *v.* "canibalizar" (se dice de la extracción de algunas de las partes de una máquina usada para instalarlas en otra).

can-opener [-'əʊpnər] *n.* abrelatas.

canvas ['kænvəs] *n.* tela, manta gruesa, lona.

canvass ['kænvəs] *v.* examinar a la clientela (para determinar los clientes prospectivos), examinar un sector o distrito específico.

canvasser ['kænvəsər] *n.* examinador, inspector.

canvassing ['kænvəsɪŋ] *n.* examen, inspección.

cap [kæp] *v.* poner un techo, establecer un límite máximo (por ejemplo, de un rango de variaciones).

cap *n.* techo, límite superior. *To put a cap on,* poner un techo a, establecer el límite superior de.

capability ['keɪpə'bɪləti] *n.* capacidad; posibilidad; facultades.

capacity [kə'pæsəti] *n.* 1 capacidad, potencial, porte, cargo (se dice del empleo), rendimiento. *The factory is working to full capacity,* la fábrica está trabajando a toda su capacidad. 2 aspecto, condición. 3 en calidad de. *To act in the capacity of,* actuar en calidad de, a título de.

capita ['kæpətə] *n.* cabeza. *Per capita income,* ingreso per cápita.

capital ['kæpətl] *n.* capital. *Authorized capital,* capital social, capital social autorizado. *Called up capital,* capital convocado (para su reembolso). *Floating capital,* capital flotante, capital circulante. *Idle capital,* capital ocioso, capital improductivo. *Nominal capital,* capital nominal. *Operating capital,* capital en operación, capital operativo. *Paid-up capital,* capital pagado. *Registered capital,* capital social, capital registrado. *Risk capital,* capital de riesgo. *Share capital,* capital en acciones. *Working capital,* capital de trabajo. *To raise capital,* obtener capital, reunir fondos. *Capital accounts,* cuentas de capital. *Capital appropriation,* apropiación de capital. *Capital assets,* activos de capital. *Capital levy,* impuesto sobre bienes de capital (se dice principalmente del impuesto que se grava sobre las propiedades). *Capital surplus,* superávit de capital (se dice de las partidas en exceso del capital social de una empresa).

capital expenditures [-ik'spendɪtʃər] inversión de capital, gastos para inversiones de capital (se dice de los proyectos mayores).

capital gains [-geɪns] ganancias sobre el capital, plusvalías (se dice principalmente de las ganancias que se obtienen de la compraventa de valores).

capital gains tax [-tæks] impuesto sobre ganancias de capital.

capital goods [-gʊds] *n.* bienes de capital, bienes de equipo, bienes de inversión, medios de producción.

capital increase [-ɪn'kriːs] aumento de capital, incremento de capital.

capital intensive industries [-ɪn'tensɪv 'ɪndəstris] industrias que hacen un uso intensivo de los bienes de capital (por oposición a las que hacen un uso intensivo de la mano de obra).

capitalism ['kæpətlɪzəm] *n.* capitalismo.

capitalist ['kæpətləst] *n.* capitalista.

capitalistic [ˈkæpətəˈlɪstɪk] *adj.* capitalista. *Capitalistic countries,* países capitalistas.

capitalization [ˈkæpətləˈzeɪʃən] *n.* capitalización. *Capitalization of income,* capitalización del ingreso (se dice del descuento de los flujos de ingreso a una tasa determinada).

capitalize [ˈkæpətlaɪz] *v.* **1** capitalizar (intereses, inversiones, etc.), descontar (diversos tipos de flujos o corrientes de efectivo). **2** escribir en mayúsculas. **3** *To capitalize on,* aprovecharse de, explotar.

capital letters [-ˈletərs] letras capitales, mayúsculas.

capital loss [-lɔːs] **1** pérdida de capital. **2** disminución de valor (del capital).

capital outlay [-ˈautˈleɪ] *n.* desembolso de capital, aportación de fondos.

capital spending [-spendɪŋ] *n.* gastos de capital, gastos de inversiones.

capital stock [-stɑːk] capital social, capital en acciones.

capital tie-up [-taɪ ʌp] *n.* compromiso de capital. *Tied-up capital,* capital comprometido para algún propósito específico o congelado en alguna inversión determinada. *Tied-up capital in receivables,* capital invertido en cuentas por cobrar.

capsize [ˈkæpsaɪz] *v.* volcar, volcarse, hacer volcar.

caption [ˈkæpʃən] *n.* leyenda, encabezado, título, subtítulo.

captive audience [ˈkæptɪvˈɔːdiəns] audiencia cautiva, público cautivo.

captive custom [ˈkæptɪvˈkʌstəm] clientela cautiva.

captive market [kæptɪv ˈmɑːrkət] mercado cautivo.

capture [ˈkæptʃər] *v.* capturar. *To capture the market,* acaparar el mercado, apoderarse del mercado.

car [kɑːr] *n.* automóvil, coche; carro de ferrocarril, (EU) vagón.

carbon [ˈkɑːrbən] *n.* papel carbón.

carbon-copy [-ˈkɑːpi] *n.* copia al carbón, duplicado al carbón.

card [kɑːrd] *n.* carta, tarjeta, ficha. *Visiting card,* carta de visita. *Customer's card,* tarjeta de clientes. *Punch(ed) card,* tarjeta perforada.

cardboard [ˈkɑːrdbɔːrd] *n.* cartón, cartulina.

card-file [-faɪl] *n.* fichero, archivo de tarjetas.

cardholder [ˈkɑːrd həuldər] *n.* portador o tenedor de una tarjeta.

card index [-ˈɪndeks] *n.* fichero.

cards (to give someone his) [ˈkɑːrds (tuː gɪv ˈsʌmwʌn hɪz)] *v.* echar a la puerta, sacar, correr a una persona.

care [ker] *n.* **1** cuidado, atención, esmero. *Care of (c/o),* bajo el buen cuidado de. *With care,*

frágil. *Handle with care,* manéjese con cuidado. *Under the care of,* bajo el cuidado de. **2** vigilancia. **3** custodia. *The children were entrusted to the care of the grandparents,* los niños fueron confiados a la custodia de los abuelos.

career [kəˈrɪr] *n.* carrera, profesión.

career prospects [-ˈprɑːspekts] perspectivas de carrera, de futuro profesional, plan de una carrera.

career officer [-ˈɑːfəsər] *n.* UNIVERS.: asesor de carrera o de profesión, consejero, orientador.

cargo [ˈkɑːrgəu] *n.* cargamento. *Bulk cargo,* cargamento a granel.

cargo-boat [-bəut] *n.* buque de carga, carguero.

cargo-liner [-ˈlaɪnər] *n.* avión de carga.

cargo-shifting [-ˈʃɪftɪŋ] *n.* desplazamiento o traslado de carga.

cargo-vessel [-ˈvesəl] *n.* barco o buque de carga.

car-hire [-ˈhaɪr] alquiler de un automóvil. *Car-hire concern,* negocio de alquiler de automóviles.

carload [ˈkɑːrləud] *n.* carga de un carro, contenido equivalente a un carro de ferrocarril.

car-maker [-ˈmeɪkər] *n.* fabricante de automóviles.

car-manufacturer [-ˈmænjəˈfæktʃərər] constructor de automóviles.

car-park [-pɑːrk] *n.* estacionamiento para automóviles.

carriage [ˈkærɪdʒ] *n.* **1** puerto, transporte. *Carriage free,* franco de porte. *Carriage forward,* porte debido, pagadero en el puerto. **2** carro, vagón (de ferrocarril).

carried forward [ˈkærɪədˈfɔːrwərd] saldo traspasado, suma y sigue, traspaso de una suma de un periodo a otro.

carrier [ˈkærɪər] *n.* **1** cargador (de paquetes, bultos, cajas, etc.). **2** transportador. **3** barco carguero. *Bulk carrier,* barco carguero a granel.

carry [ˈkæri] *v.* **1** transportar. **2** redituar, producir, causar, llevar. *To carry an interest of 5 per cent,* causar un interés del 5 por ciento. **3** adoptar; hacer pasar, hacer adoptar. *To carry a motion,* adoptar un movimiento. **4** tener (mercancías) en el almacén, en el inventario, en depósito; tener disponible un artículo o producto. *To carry a large stock,* mantener un inventario de gran tamaño. *To carry a line,* vender, trabajar una línea de productos. **5** *To carry a price,* valer, tener un precio.

carry *n.* BOLSA: suma anterior, suma referente.

carry-back [-bæk] *n.* retroactivación de los beneficios, aplicación de los beneficios a periodos anteriores. *Tax carry-back,* retroactivación fiscal.

carry-bag [-bæg] *n.* bolsa (de papel o de plástico) que se proporciona para el transporte de las mercancías compradas.

carry forward [-'fɔːrwərd] *v.* traspasar un saldo, una suma, llevar cuenta. *Carried forward,* saldo traspasado. *To carry forward to next account,* traspasar una suma a la siguiente cuenta.

carrying charge/cost ['kærɪŋ tʃaːrdʒ/kɔːst] interés que se carga sobre una cuenta (se usa principalmente en el ambiente bursátil con relación a las cuentas de margen).

carry out [-aʊt] *v.* llevar a cabo, ejecutar, llenar, efectuar, poner en práctica, ejercer, aplicar, operar, desempeñar. *To carry out an order,* ejecutar un pedido. *To carry out a mission,* llevar a cabo una misión. *To carry out a survey,* efectuar un estudio, una encuesta, un sondeo.

carry over [-'əʊvər] *v.* Bolsa y Contab.: traspasar una suma a otra cuenta. Transferir una suma a otra página (se dice de los libros de contabilidad). *Carrying over,* suma referente, suma anterior, suma del periodo precedente.

carry over *n.* suma anterior, suma referente.

carry over effect [-ɪ'fekt] Pub.: efecto de recordatorio, efecto que consiste en hacer recordar al público ciertas ideas o imágenes transmitidas mediante campañas publicitarias.

cart [kaːrt] *n.* carretilla, carreta. *Push cart,* carrito (que se empuja con la mano).

cartage ['kaːrteɪdʒ] *n.* acarreo, transporte, acarreamiento.

cartel [kaːr'tel] *n.* cartel, acuerdo, convenio (se dice de los sindicatos).

cartel(l)ization [kaːrtelə'zeɪʃən] *n.* incorporación o inscripción a un sindicato laboral.

carting ['kaːrtɪŋ] *n.* acarreo, transporte, envío de una carga.

carton ['kaːrtn] *n.* caja de cartón, paquete de cigarrillos.

cartoon [kaːr'tuːn] *n.* 1 caricatura. 2 tira cómica, historieta. 3 dibujos animados.

cartoonist [kaːr'tuːnəst] *n.* caricaturista; dibujante de historietas o de dibujos animados.

cartridge ['kaːrtrɪdʒ] *n.* cartucho.

case [keɪs] *v.* embalar, empaquetar, empacar, poner en cajas.

case *n.* 1 caso, asunto. *Case study,* caso práctico, caso para estudio. *Case clearing house,* casa de compensación de lotes de mercancías. 2 proceso. 3 caja.

case history [-'hɪstəry] *n.* 1 historia de la evolución (de una empresa, etc.). 2 ejemplo típico.

case law [-lɔː] jurisprudencia, derecho jurisprudencial.

case study [-'stʌdi] *n.* estudio de casos prácticos (y concretos). *Case study system,* sistema de enseñanza a través de casos prácticos. *Case study method,* método de casos prácticos (se dice de la instrucción).

cash [kæʃ] *v.* cobrar, hacer líquido, depositar en caja. *To cash a check,* cobrar un cheque, hacer efectivo un cheque.

cash *n.* efectivo, fondos, dinero al contado. *Cash difficulties,* dificultades financieras. *Cash inflow,* flujo(s) de entrada de efectivo; entradas de efectivo. *Cash in hand,* efectivo disponible, dinero a la mano, fondos líquidos. *Cash on delivery (C.O.D.),* pago en efectivo a la entrega, pago contra reembolso. *Cash on the barelhead,* (al) contado. *Cash on the nail,* al contado. *Cash outflow,* flujo(s) de salida de efectivo, salidas de efectivo. *Cash payment,* pago en efectivo, pago al contado. *Cash receipts,* entradas netas de efectivo. *Cash shares,* acciones de numerario. *Cash with order (C.W.O.),* pago sobre pedido.

cash against documents [-ə'genst 'daːkjəmənts] *n.* efectivo contra documentos.

cash and carry [-ænd 'kæri] *adj.* pago al contado sin transporte de mercancías. *Cash and carry store,* almacenes o tiendas que practican la venta al contado y el transporte de las mercancías corre por cuenta del comprador. *Cash and carry market,* mercado de libre servicio al mayoreo.

cash-book [-bʊk] *n.* libro de caja, libro de movimientos de fondos.

cash budget [-'bædʒət] *n.* presupuesto de efectivo.

cash-cow [-kaʊ] *n.* vaca lechera. En sentido amplio: producto o servicio que constituye el principal recurso de una empresa o de un sector. En el campo de la mercadotecnia se dice de aquel producto de alta rentabilidad y que no requiere de mayores inversiones.

cash-crop [-kraːp] *n.* cosecha destinada a la venta.

cash deficit [-'defəsɪt] *n.* déficit de efectivo.

cash-desk [-desk] *n.* caja. *Pay at the cash-desk,* pague en la caja.

cash discount [-'dɪskaʊnt] *n.* descuento en efectivo, descuento al momento de pagar en la caja.

cash dispensing machine [-dɪ'spensɪŋ mə'ʃiːn] *n.* distribuidor automático de billetes de banco.

cash down [-daʊn] *n.* dinero al contado.

cash expense [-ɪk'spæns] salida(s) de efectivo, gastos en efectivo, gastos pagados al contado.

cash flow [-flaʊ] *n.* flujo de efectivo, flujo de fondos líquidos. *Cash flow budget,* presupuesto de flujo de efectivo. *Cash flow forecast,* pronóstico de flujo de efectivo.

cash-flush [-flʌʃ] *n.* abundancia o acopio de fondos líquidos.

cash forecast [-'fɔːrkæst] *n.* presupuesto de efectivo.

cash-hungry [-'hʌŋgri] en busca de fondos líquidos, ávido de dinero (se dice principalmente de quien busca afanosamente dinero en efectivo).

cashier [kæ'ʃɪr] *n.* cajero.

cash in [-ɪn] *v.* cobrar en efectivo, depositar en caja.

cash in on [-ɪn ɑːn] *v.* aprovecharse de, sacar partido de, explotar.

cash management [-'mænɪdʒmənt] administración del efectivo.

cash or charge [-ɑːr tʃɑːrdʒ] liquidación al contado (en efectivo o en cheque) o por medio de una carta (de crédito o de pago), pago al contado o inscripción a una cuenta.

cash refund [-rɪ'fʌnd] *n.* reembolso en efectivo.

cash register [-'redʒəstər] *n.* caja registradora.

cash-rich [-rɪtʃ] se dice de quien dispone de fondos abundantes en efectivo.

cash sales [-seɪls] *n.* ventas al contado.

cash-starved [-stɑːrvd] se dice de quien se encuentra privado de fondos líquidos, carente de fondos líquidos.

cash-strapped [-stræpt] se dice de quien tiene dificultades de tesorería, de quien carece de fondos líquidos.

cash surplus [-'sɜːrpləs] *n.* superávit de efectivo.

cash window [-'wɪndəʊ] BANCA: caja (para pagos); ventanilla de pagos.

cash with order [-wɪð 'ɔːrdər] *n.* pago con el pedido, liquidación al momento de levantar la orden.

cask [kæsk] *n.* barril, tonel.

cast [kæst] *v.* 1 sufragar. *To cast one's vote,* dar uno su voto, votar. 2 lanzar, echar.

cast credits [-'kredəts] *n.* créditos de tipo genérico.

casting ['kæstɪŋ] *n.* reparto, distribución de papeles (se dice del cine, del teatro, etc.).

casting vote [-vəʊt] *n.* voto preponderante.

cast iron [-'aɪərn] *n.* hierro fundido o colado.

cast off [-ɔːf] *v.* NAVEG.: soltar las amarras de un barco.

cast steel [-stiːl] *n.* acero fundido.

cast up [-ʌp] *v.* añadir, adicionar. *To cast up figures,* añadir cifras.

casual ['kæʒuəl] *adj.* fortuito, accidental, temporal. *Casual labor,* trabajo temporal; mano de obra temporal.

casualty ['kæʒjuəlti] *n.* víctima (de un accidente); persona accidentada, herida; accidente de una persona. *The casualties,* las víctimas, los muertos y los heridos.

catalog ['kætlɔːg] *n.* catálogo. *Catalog customers,* compradores por correspondencia, clientes por catálogo.

catalogue (GB) ver **catalog**.

cataloguer ['kætlɔːgər] *n.* casa o empresa que se dedica a las ventas por correspondencia.

catch-line [kætʃ laɪn] *n.* PUB.: "gancho" publicitario, término o representación "pegajosa", fórmula o expresión publicitaria fácil de asimilar por parte de los consumidores.

catch on [kætʃ ɑːn] *v.* tomar, tener éxito, triunfar (modas, diseños, etc.).

catchment area ['kætʃmənt 'eriə] *n.* 1 depósito hidráulico, zona de captación, zona de captura. 2 áreas de concentración, áreas de actuación.

catch up [kætʃ ʌp] *v.* superar un retraso, ponerse al corriente. *They can catch up with the delay,* ellos pueden superar el atraso, ellos pueden ponerse al día.

catch-up demand [-dɪ'mænd] *n.* manifestación de una demanda acumulada y que pretende ser satisfecha.

catch-up effect [-ɪ'fekt] *n.* efecto recuperativo. *Catch-up effect from deferred demand,* efecto recuperativo que acompaña al repunte de la demanda.

catchword ['kætʃwɜːrd] *n.* lema, consigna, emblema publicitario.

catchy ['kætʃi] *adj.* 1 fácil de memorizar, fácil de aprender. 2 se dice de aquello que llama la atención, seductor, persuasivo. *A catchy slogan,* una frase publicitaria que llama mucho la atención.

category ['kætəgɔːri] *n.* categoría.

cater ['keɪtər] *v.* 1 abastecer, aprovisionar suministros alimentarios. 2 dirigirse a. *To cater to, for all tastes,* satisfacer todos los gustos.

caterer ['keɪtərər] *n.* 1 proveedor, abastecedor, aprovisionador. 2 fondista, bodeguero.

catering ['keɪtərɪŋ] *n.* 1 aprovisionamiento. *Catering department,* departamento de alimentación (se dice de los alimentos preparados). 2 restauración.

cats and dogs [kæts ænd dɔːgs] BOLSA: acciones y obligaciones de valor dudoso.

caucus ['kɔːkəs] *n.* (EU) audiencia o tribunal de jurado de un partido, reunión de las instancias directivas.

cause [kɔːz] *v.* causar, provocar, ocasionar, suscitar. *What is the cause for this delay?,* ¿cuál es la causa de esta demora?

cause *n.* causa, sujeto, razón, objeto, motivo.

caveat ['kɑːviat] *n.* puesta en guardia, advertencia. *Caveat emptor,* se dice cuando el acreedor manifiesta desconfianza (alega la responsabilidad del vendedor en caso de que ulteriormente se descubra alguna deficiencia o defecto).

cease [siːs] *v.* cesar, concluir, terminar.

cease and desist [-ænd 'dɪzɪst] *v.* cesar, renunciar (a una práctica); fórmula que utilizan los tribunales o los organismos oficiales cuando se unen a un individuo o a una sociedad cuyo objetivo es dar fin a tal o cual práctica.

cease and desist order [-ɔːrdər] (EU) solidaridad ante una causa consistente en poner fin a una práctica ilegal o desleal (orden terminante dada por un tribunal o por alguna agencia gubernamental).

cease trading [-'treɪdɪŋ] *v.* cesar actividades, retirarse de los negocios.

ceiling ['siːlɪŋ] *n.* techo, límite superior, límite máximo. *Ceiling price,* precio máximo.

cell [sel] *n.* 1 célula, celda, celdilla. 2 pila eléctrica.

censor ['sensər] *v.* censurar.

censor *n.* censor, crítico, inspector.

censorship ['sensərʃɪp] *n.* censura.

census ['sensəs] *n.* censo, empadronamiento.

centenary [sen'tenəri] *n.* y *adj.* centenario.

centennial [sen'teniəl] *n.* centenario, aniversario número cien.

central ['sentrəl] *adj.* central. *Central bank,* banco central. *Central tendency,* tendencia central.

centralize ['sentrəlaɪz] *v.* centralizar. *To centralize authority,* centralizar la autoridad.

central processing unit [-'prɑːsesɪŋ 'juːnət] **(C.P.U.)** [siː piː juː] INFORM.: unidad central de procesamiento, procesador.

center ['sentər] *n.* centro. *Profit center,* centro de utilidades. *Cost center,* centro de costos. *Shopping center,* centro comercial.

centre ['sentər] (GB) ver **center.**

cents-off deals ['sents ɔːf diːls] (EU) compras a precio reducido, reducciones, descuentos.

cents-off offer [sents ɔːf 'ɔːfər] (EU) mercancía a precio reducido.

cents-off sale [sents ɔːf seɪl] (EU) venta a precio reducido.

certificate [sər'tɪfəkeɪt] *v.* 1 certificar. *To certify an invoice,* certificar una factura. 2 acordar un pacto.

certificate [sər'tɪfɪkət] *n.* 1 certificado. *Certificate of autenticity,* certificado de autenticidad. *Certificate of investment,* certificado de inversión. *Certificate of origin,* certificado de origen. 2 título. *Registered certificate,* título nominativo. *Share certificate,* título de acciones. 3 *Certificate of receipt,* recibo, comprobante. 4 *Bankrupt's certificate,* certificado o pacto de quiebra.

certification [sɜːrtəfə'keɪʃən] *n.* certificación, certificado, autenticación, homologación, verificación.

certified accounts ['sɜːrtəfaɪd ə'kaʊnts] cuentas certificadas, cuentas aprobadas.

Certified Public Accountant ['sɜːrtəfaɪd 'pæblɪk ə'kaʊntnt] **(C.P.A.)** [siː piː eɪ] (EU) Contador Público Titulado.

certify ['sɜːrtəfaɪ] *v.* certificar, atestiguar, autenticar, aprobar. *Certified check,* cheque certificado. *Certified true copy,* copia certificada legítima.

cessation [se'seɪʃən] *n.* cesación. *Cessation of trade,* cesación de una actividad comercial.

chafe [tʃeɪf] *v.* irritar, desgastar, frotar.

chain [tʃeɪn] *n.* cadena, red, circuito.

chain of command [-ɑːv kə'mænd] *n.* cadena de mando, ruta o vía jerárquica.

chain-store [-stɔːr] *n.* sucursal (de una cadena de establecimientos).

chair [tʃer] *v.* presidir. *To chair a meeting,* presidir una reunión.

chairman ['tʃermən] *n.* presidente. *Chairman and Chief Executive* (EU), Presidente de la Empresa y Director General. *Chairman and Managing Director* (GB), Presidente y Director General de la Empresa. *Chairman and President,* Presidente y Director General.

chairmanship ['tʃermənʃɪp] *n.* presidencia.

chairperson ['tʃer pɜːrsn] *n.* presidente, presidenta.

chalk up ['tʃɔːk ʌp] *v.* registrar un alza (se dice principalmente de los precios).

challenge ['tʃælənd] *v.* 1 desafiar, retar. *Challenging position,* empleo o puesto motivador, cargo que requiere del dinamismo de una persona y en el cual es posible su plena realización. 2 poner en duda, poner en tela de juicio, disputar, discutir. 3 presentar una apelación. *To challenge a court decision, a conviction,* apelar a un juicio emitido por la corte, apelar a una sentencia condenatoria.

challenge *n.* desafío, reto.

challenging ['tʃælənddʒɪŋ] *adj.* desafiante, provocador, retador. *A challenging job,* un empleo desafiante.

chamber ['tʃeɪmbər] *n. Chamber of Commerce,* Cámara de Comercio. *Chamber of trade,* Cámara Laboral.

Chancellor of the Exchequer ['tʃænslər ɑːv ði 'ekstʃekər] (GB) *n.* Ministro de Finanzas.

change [tʃeɪndʒ] *v.* 1 cambiar dinero. 2 cambiar por moneda fraccionaria.

change *n.* 1 cambio, movimiento. *Price changes,* cambios de precio, variaciones de precio. *Change of address,* cambio de domicilio. *Change of ownership,* cambio de propiedad. 2 alteración, variación. 3 moneda. *Small change,* moneda fraccionaria, moneda suelta.

change of venue [-ɑːv 'venjuː] *n.* cambio de jurisdicción, cambio de lugar.

change over [-əʊvər] *v.* cambiar, pasar de un sistema a otro. *The company changed over to the L.I.F.O. inventory costing method,* la compañía cambió al método U.E.P.S. para la valuación del inventario.

change-over [-əuvər] *n.* cambio, paso de un sistema a otro. *The change-over to the decimal system,* el paso al sistema decimal.

channel ['tʃænl] *v.* dirigir, canalizar.

channel *n.* 1 canal, vía, desembocadura. *Channels of communication,* canales de comunicación. *Channels of distribution,* circuitos de distribución; cadena de televisión. 2 estrecho; ranura; paso.

chapel ['tʃæpəl] *n.* (GB) sección sindical, taller sindical (tipografías, imprenta).

chapter ['tʃæptər] *n.* (EU) sección local de un sindicato.

character ['kærəktər] *n.* 1 carácter. 2 personaje. 3 cualidades morales, moralidad; reputación. *Certificate of character* (GB), certificado de buena conducta. *Character witness,* testigo de moralidad.

characteristic ['kærəktə'rıstık] *n.* y *adj.* característico.

charge [tʃɑːrdʒ] *v.* 1 hacer pagar. *To charge to an account,* facturar sobre una cuenta. 2 cargar, cobrar. *Freight expenses shall be charged to the customer's invoice,* los gastos de fletes serán cargados a la factura del cliente. 3 hipotecar. 4 acusar. *The cashier was charged with a fraud,* el cajero fue acusado de fraude.

charge *n.* 1 cargos, gastos, precios, derechos, rentas. *Collecting charges,* gastos de cobranzas. *Carriage charge,* gastos de transporte. *Free of charge,* gratuito. 2 jefe de acusaciones. 3 responsabilidad. *To be in charge (of),* ocuparse de, ser responsable de. 4 cargo financiero; crédito. *To have first charges,* ser un acreedor prioritario. 5 persona respecto de la cual se tiene la responsabilidad; persona a cargo de un tercero.

charge account [-ə'kaunt] (EU) *n.* cuenta a cargo, cuenta de un cliente (en una tienda).

charge card [-kɑːrd] tarjeta de crédito (del tipo de American Express o de Diner's Club, las cuales son distintas de las que son emitidas por los bancos).

chargehand ['tʃɑːrdʒhænd] *n.* jefe de equipo.

charge off [-ɔːf] *v.* amortizar.

charge-off *n.* amortización.

charity ['tʃærəti] *n.* caridad, obra de beneficencia, fundación, asociación de ayuda mutua. *Charity fund,* fondo de auxilio. *Charity performance,* representación en favor de una obra de beneficencia.

chart [tʃɑːrt] *v.* 1 graficar, trazar una curva, establecer una gráfica. *To chart sales vs. costs,* graficar ventas contra costos. 2 dirigir un plan, proporcionar orientaciones de gran importancia.

chart *n.* 1 gráfica, diagrama. *Organization chart,* organigrama, gráfica de organización. *Statistical chart,* gráfica estadística. 2 mapa, carta de navegación.

charter ['tʃɑːrtər] *v.* 1 conceder una carta o una escritura a. *Chartered company,* compañía escriturada con base en una serie de estatutos o incorporada (por ejemplo la B.B.C. de la Gran Bretaña). 2 fletar. *Charter(ed) flight,* vuelo de fletamiento. *Chartered plane,* avión de fletamiento.

charter *n.* 1 cédula, título, carta, escritura, privilegio. 2 flete, fletamiento, embarco. *Time charter,* flete por tiempo. *Voyage charter,* flete por viaje.

charterage ['tʃɑːrtəreıdʒ] *n.* fletamiento, embarco.

chartered accountant ['tʃɑːrtərd ə'kauntnt] *n.* contador público titulado, perito contable.

charterer ['tʃɑːrtərər] *n.* fletador, compañía dedicada al servicio de fletes.

chartering ['tʃɑːrtərıŋ] *n.* fletamiento, embarco.

charter-party [-'pɑːrti] *n.* cédula o póliza de fletamiento.

chattels ['tʃætlz] *n.* bienes muebles, mobiliario. *Chattels mortgage,* hipoteca sobre bienes muebles, hipoteca mobiliaria. *Chattels personal,* bienes personales. *Chattels real,* bienes reales.

cheap [tʃiːp] *adj.* 1 barato, poco costoso, económico. *Cheap fare,* billete a precio reducido. *Cheap money,* dinero barato. *Cheap rate,* tarifa reducida. 2 de mala calidad.

cheapness ['tʃiːpnəs] *n.* 1 de precio bajo, barato, económico, de costo bajo. 2 de mala calidad, de baja calidad.

cheat [tʃiːt] *v.* engañar, defraudar, timar, estafar.

cheat *n.* trampa, fraude, engaño, maña.

cheater ['tʃiːtər] *n.* defraudador, tramposo, mañoso, estafador, timador.

check [tʃek] *v.* 1 detener, contener, parar. *To check inflation,* detener la inflación. 2 cotejar, verificar, comprobar. *To check the books,* verificar los libros, comprobar o verificar la contabilidad.

check *n.* 1 control, verificación. 2 detención, paro, obstáculo. 3 boleto, boletín, nota, recibo. 4 cheque. *Bad check,* cheque sin fondos, cheque de hule. *Bearer check,* cheque al portador. *Check book,* chequera. *Crossed check,* cheque cruzado. *Dud check,* cheque sin fondos. *Order check,* cheque a la orden. *Open check,* cheque al portador. *Rubber check,* cheque de hule. *Stale check,* cheque prescrito. *Check without funds,* cheque sin fondos. *To cash a check,* cobrar un cheque.

check in [-ın] *v.* presentarse ante una oficina de control; presentarse ante una oficina para registrar el equipaje (aeropuertos); llegar o registrarse (en un hotel).

checking ['tʃekıŋ] *n.* 1 puntaje, control. 2 *Checking account* (EU), cuenta de cheques, cuenta bancaria.

check-kiting [-'kıtıŋ] (EU) emisión de cheques sin fondos.

check-list [-lıst] *n.* lista de control, lista de verificación.

check out [-aʊt] *v.* salir, dejar (un hotel), pagar la nota al partir (de un hotel).

check-out counter [-'kaʊntər] caja (en la que se paga la mercancía comprada en un almacén, tienda, supermercado, etc.).

check-point [-pɔɪnt] *n.* punto de control (frontera, etc.), puesto.

check the accounts [-ðɪ ə'kaʊnts] *v.* verificar las cuentas.

cheese-paring economies [tʃiːz perıŋ ɪ'kɑːnəmiz] economías del encarecimiento, de la escasez, economías inflacionarias (*lit.* economías de cortezas de queso).

chemicals ['kemıkəlz] *n.* productos químicos.

chemist ['keməst] *n.* 1 químico. 2 farmacéutico.

cheque [tʃek] (GB) ver **check** 4.

chest [tʃest] *n.* cofre; caja.

chief [tʃiːf] *n.* jefe. *Chief accountant,* jefe de contabilidad. *Chief creditor,* acreedor principal. *Chief editor,* jefe de redacción. *Chief executive, chief executive officer (C.E.O.),* director general de la empresa. *Chief financial officer (C.F.O.),* director general de finanzas (de una empresa).

child benefits [tʃaɪld 'benəfıts] *n.* sobresalario que paga el gobierno británico por cada hijo, complemento.

chip [tʃıp] *n.* 1 (EU) *Blue chip stocks* o *blue chips,* valores de excelencia, valores de alto rendimiento. 2 *(Silicone) chip,* microprocesador.

choice [tʃɔɪs] *adj.* de calidad, de primer nivel, de lujo.

choke [tʃəʊk] *v.* estrangular, sofocar, ahogar; asfixiar. *To choke off,* suprimir, desalentar.

choose, chose, chosen [tʃuːz, tʃəʊz, 'tʃəʊzen] *v.* elegir; seleccionar; escoger.

chop [tʃɑːp] *v.* reducir (un precio).

chores [tʃɔːrz] *n.* tareas cotidianas; quehaceres domésticos. *A housewife's daily chores,* los quehaceres diarios de un ama de casa.

chose in action [tʃəʊz ın 'ækʃən] Jur.: derecho incorpóreo; propiedad incorpórea. (Derecho anglosajón: derecho de propiedad mobiliaria; se dice de aquél cuyo disfrute o gozo no ha sido objeto del beneficiario pero que puede ser recuperado por medio de una acción jurídica: patente, "derecho de propiedad literaria", garantía de una póliza de seguros).

chose in possession [tʃəʊz ın pə'zeʃən] Jur.: derecho corpóreo. (Derecho anglosajón: se dice de todo bien inmueble cuyo propietario tiene efectivamente el gozo y disfrute.)

C.I.F. [si: aɪ ef] **(Cost, Insurance, Freight)** [kɔːst, ın'ʃʊrəns, freıt] C.S.F. = Costo, Seguro, Flete.

cinema advertising ['sınəmə 'ædvərtaızıŋ] (GB) publicidad cinematográfica.

cinemagoer ['sınəmə gəʊər] *n.* (GB) persona que acude al cine por costumbre; se dice de quien es aficionado al cine.

cipher ['saıfər] *v.* 1 cifrar, calcular. 2 codificar.

cipher *n.* cifra; código secreto.

circle ['sɜːrkəl] *n.* 1 círculo. 2 medio. *Government circles,* medios gubernamentales.

circuit ['sɜːrkət] *n.* 1 circuito. *Closed circuit,* circuito cerrado. *Integrated circuit,* circuito integrado. *Printed circuit,* circuito impreso. 2 recurso de un tribunal interino.

circular ['sɜːrkjələr] *n.* circular, prospecto.

circularize ['sɜːrkjələraız] *v.* enviar circulares; expedir prospectos; dar a conocer por medio de una circular.

circular letter [-'letər] *n.* circular, carta circular.

circular note [-nəʊt] *n.* nota circular.

circular tour [-tʊr] circuito.

circulate ['sɜːrkjəleıt] *v.* 1 circular. 2 poner en circulación, difundir, esparcir, extender, hacer circular.

circulating ['sɜːrkjəleıtıŋ] *adj.* en circulación.

circulating assets [-'æsets] activos circulantes.

circulating capital [-'kæpetl] *n.* capital circulante.

circulating funds [-fʌnds] fondos en circulación.

circulating medium [-'miːdiəm] soporte monetario, agente monetario.

circulation ['sɜːrkjə'leıʃən] *n.* 1 circulación, difusión. *For circulation,* por difundirse, sujeto de difusión, hágase circular. 2 tiraje (se dice de la prensa); difusión; número de lectores. *A wide circulation,* una amplia circulación.

circulation breakdown [-'breıkdaʊn] PUB., PRENSA: análisis sectorial de la difusión.

circulation manager [-'mænıdʒər] 1 gerente de difusión, responsable de difusión. 2 responsable del tiraje.

circumstance ['sɜːrkəmstæns] *n.* circunstancia. *Circumstances beyond my control,* circunstancias que están fuera de mi control, circunstancias independientes de mi voluntad. *Extenuating circumstances,* circunstancias atenuantes.

circumstances ['sɜːrkəmstænsəz] *n.* 1 circunstancias. 2 condición, medios, situación (de fortuna). *Given the circumstances,* dadas las circunstancias. *In easy circumstances,* bajo circunstancias favorables. *In poor circumstances,* en la pobreza. *Under the current circumstances,* bajo las circunstancias actuales.

civil ['sıvəl] *adj.* civil. *Civil engineering,* ingeniería civil. *Civil law,* derecho civil. *Civil rights,* derechos civiles. *Civil service,* función pública, administración o servicio público. *Civil servant,* funcionario. *Civil status,* estado civil. *Civil commotions,* perturbaciones internas.

claim [kleɪm] *v.* **1** reclamar, reivindicar. *To claim damages,* presentar una reclamación por daños y perjuicios. **2** afirmar, pretender.

claim *n.* **1** reclamación, demanda, solicitud. *Claim for damages,* demanda por daños y perjuicios. *Claims department,* departamento de quejas. *To entertain a claim,* dar curso a una reclamación. **2** reivindicaciones, exigencias. *Wage claims,* reivindicaciones salariales. **3** crédito. *Bad claim,* crédito de cobro dudoso. **4** siniestro. *Claims department,* departamento de siniestros. *To file a claim,* presentar una declaración de siniestros. *To fill in a claim,* llenar una forma para declaración de siniestros. **5** solicitud de indemnización. *Travel claim,* solicitud de reembolso de gastos de viaje. **6** derecho; concesión. *To have a prior claim,* tener un derecho de prioridad, un derecho preferencial, un derecho de anterioridad. *To have a claim on net income,* tener derecho a participar en la utilidad neta. *Mineral claim,* concesión minera. *Total claims* (EU), término ampliamente difundido para designar la suma de las partidas del lado derecho del balance general. Su traducción más apropiada sería: "Total pasivos y capital contable". **7** afirmación, argumento. *Advertising claim,* argumento publicitario.

claimant ['kleɪmənt] *n.* reclamante, el asegurado que ha sufrido un siniestro.

claimer ['kleɪmər] *n.* reclamante, solicitante, tenedor de un derecho. *Claimer's rights,* derechos del reclamante.

claims department [kleɪms dɪ'pɑːrtmənt] departamento de quejas o reclamaciones.

clamor for ['klæmər fɔːr] *v.* reclamar, exigir.

clamp [klæmp] *v.* imponer, fijar. *To clamp a three-month price-freeze on all goods and services,* imponer una congelación de precios durante tres meses para todo tipo de bienes y servicios.

clampdown ['klæmpdaʊn] *n.* restricciones, medidas que tienen como finalidad restringir o limitar, control, bloqueo. *Clampdown on car imports,* control sobre las importaciones de automóviles.

clamp down on [-ɑːn] *v.* restringir el control de, bloquear, etc.

clarification ['klærəfə'keɪʃən] *n.* aclaración, explicación.

clarify ['klærəfaɪ] *v.* aclarar, explicar.

clash [klæʃ] *v.* **1** jurar, detonar, estar en contra de algo. **2** oponerse, enfrentarse, pelearse.

clash *n.* conflicto; enfrentamiento, querella, pleito, choque; ruptura. *Clash of arms,* enfren-

tamiento armado. *Clashes with the police,* enfrentamientos con la policía.

clash with [-wɪð] *v.* **1** *To clash with something,* estar en contradicción con algo. **2** *To clash with somebody,* chocar con alguien, oponerse a alguien, pelearse con alguien, romper relaciones con alguien.

class [klæs] *v.* clasificar; ordenar.

class *n.* **1** clase social. **2** categoría, género. **3** SEG.: cotización de un seguro marítimo.

class actions [-'ækʃəns] *n.* acciones colectivas en aras de la justicia, que tienen como finalidad primordial permitir a uno o a varios individuos actuar a nombre y representación de un número significativo de personas, cuando éstas tienen un interés de derecho o de hecho en común y cuando su número es tan elevado que sería muy difícil hacerlas comparecer ante un tribunal.

classified ['klæsəfaɪd] *adj.* clasificado, confidencial, "secreto".

classified advertisement [-'ædvər'taɪzmənt] *n.* anuncios clasificados (se dice de los diarios).

classifieds ['klæsəfaɪdz] = **classified ads** [-æds] anuncios clasificados.

classify ['klæsəfaɪ] *v.* clasificar, ordenar, agrupar. *To classify accounting records,* clasificar registros contables. *To classify top secrets,* clasificar de alta confidencialidad.

clause [klɔːz] *n.* **1** cláusula, artículo, disposición. *Avoidance clause,* cláusula resolutoria. *Cancelling clause,* cláusula de anulación. *Escape clause,* cláusula de excepción. *Savings clause,* cláusula de salvaguardia. *To include a clause,* incluir una cláusula. **2** convenio por medio del cual se modifica una póliza de seguro.

claw-back clause ['klɔːbæk klɔːz] cláusula de reducción (oferta pública de venta de acciones: si el número de demandantes rebasa la oferta, se reduce el número de acciones atribuidas a cada demandante).

clean [kliːn] *v.* limpiar, purificar.

clean *adj.* limpio, puro, neto. *Clean bill,* letra simple (se dice de aquella que no va acompañada de documentos). *Clean bill of lading,* conocimiento de embarque sin reservas. *Clean receipt,* recibo sin reservas. *Clean signature,* firma sin reservas.

cleaner ['kliːnər] *n.* **1** limpiador, purificante. **2** producto de limpieza.

cleanse [klenz] *v.* purificar, sanear, filtrar.

cleanser ['klenzər] *n.* limpiador, purificador.

clear [klɪr] *v.* **1** aclarar, clarificar. **2** saldar, liquidar. *To clear goods,* liquidar un lote de mercancías. **3** liquidar (deudas), franquear (una propiedad), pagar (una hipoteca). *To clear a debt,* liquidar una deuda. **4** sacar de la aduana. **5** compensar, transferir (cheques). **6** disculpar (con rela-

ción a una acusación), absolver de una culpa.
7 superar, vencer (un obstáculo). *To clear a hurdle*, superar una dificultad (*lit.* brincar una valla).

clearance ['klɪrəns] *n.* 1 liquidación. *Clearance sale*, venta de liquidación, liquidación de mercancías. 2 declaración hecha en la aduana. *Clearance inwards*, manifiesto de entrada. *Clearance outwards*, manifiesto de salida. 3 espacio libre; intervalo; altura; altura libre (se dice del paso de un vehículo por debajo de un puente). 4 autorización. 5 desempeño, liberación, mano alzada; franquicia. *Copyright clearance*, franquicia de derechos.

clear day [-deɪ] día hábil, día laborable (se dice principalmente de los días durante los cuales opera la cámara de compensaciones). *Shares will have to be deposited five clear days before the meeting*, las acciones deberán ser depositadas cinco días hábiles antes de la asamblea.

clearer(s) ['klɪrər(s)] *n.* (GB) ver **clearing bank** *The four major clearers: Barclays, Lloyds, Midland, National Westminster.*

clearing ['klɪrɪŋ] *n.* compensación.

clearing-house [-haʊs] *n.* 1 cámara de compensación. 2 contador de liquidación.

clearing bank [-bæŋk] *n.* (GB) banco de depósito.

clear loss [-lɔːs] pérdida neta o líquida.

clear majority [-mə'dʒɔːrəti] mayoría absoluta.

clear profit [-'prɑːfət] utilidad neta o líquida.

clear through the customs [-θruː ðə 'kʌstəms] sacar de la aduana (mercancías, productos, etc.).

clear with [-wɪð] *v.* someter a la aprobación de, obtener el acuerdo de, la autorización de.

clerical ['klerɪkəl] *adj.* relacionado con la oficina, conexo con la oficina. *Clerical error*, error de escritura. *Clerical work*, trabajo de oficina. *Clerical worker*, empleado de oficina.

clerk (EU) [klɜːrk]; (GB) [klɑːk] *n.* empleado; trabajador. *Sales clerk*, vendedor. *Office clerk*, empleado de oficina.

client ['klaɪənt] *n.* cliente.

clientele ['klaɪən'tel] *n.* clientela.

climb [klaɪm] *v.* ascender, subir, escalar; aumentar. *The shares climbed to 20 dollars*, las acciones subieron a 20 dólares.

climb *n.* subida, ascenso.

climbing ['klaɪmɪŋ] *n.* DEP.: alpinismo. FIG.: arribismo.

climbing *adj.* en ascenso, trepador. *Climbing prices*, precios en ascenso.

clinch [klɪntʃ] *v.* concluir. *Clinching argument*, argumento decisivo. *To clinch a deal*, concluir un acuerdo, cerrar un acuerdo. *To clinch a sale*, concluir una venta, cerrar una venta.

clip [klɪp] *v.* fijar con un clip.

clip *n.* clip.

clipping ['klɪpɪŋ] *n.* recorte (de un diario).

clipping book [-bʊk] expediente de referencia, colección de recortes de un diario.

cloakroom ['kləʊkruːm] *n.* 1 guardarropa. 2 sanitario. 3 depósito de bultos (se dice de las estaciones de ferrocarriles).

clobber ['klɑːbər] *v.* aplastar, demoler, derribar, abrumar.

clock in [klɑːk ɪn] *v.* marcar una tarjeta en un reloj (a la hora de llegar a trabajar).

clock out [klɑːk aʊt] *v.* marcar una tarjeta en un reloj (a la hora de salir de trabajar).

clockwise ['klɑːkwaɪz] *adv.* en el sentido de las manecillas del reloj.

close [kləʊs] *v.* 1 cerrar, detener. *To close an account*, cerrar una cuenta. *To close the books*, cerrar los libros. 2 clausurar. *To close at a loss*, cerrar con pérdidas. 3 concluir (una serie de operaciones, un discurso, etc.). *To close a sale*, concluir una venta. *To close a deal*, cerrar un trato o una operación de negocios.

close *n.* cierre, fin de una jornada, conclusión de una sesión. *Quotations at the close*, cotizaciones al cierre.

close *adj.* 1 cerrado. 2 restringido. 3 aislado, solitario. 4 avaro. *Close price*, precio de cierre. *Close(d) company*, *close(d) corporation*, sociedad controlada por un pequeño número de accionistas (al menos cinco) y cuyo régimen fiscal es específico; sociedades de capitales cerrados, en las que el capital no tiene como finalidad ser negociado. 5 cerca, cercano, próximo.

closed [kləʊzd] *adj.* 1 cerrado. *Closed circuit*, circuito cerrado. *Closed mortgage*, hipoteca purgada. 2 de acceso restringido. *Closed shop*, empresa que contrata exclusivamente obreros de un sindicato determinado.

closed circuit television [-'sɜːrkət 'telə vɪʒən] **(C.C.T.V.)** [siː siː tiː viː] circuito cerrado de televisión.

close down [-daʊn] *v.* cerrar un negocio.

closed-end investment company [-end ɪn'vestmənt 'kʌmpəni] sociedad de inversión de capital fijo, sociedad de colocaciones de capital fijo.

closed-end investment trust [-end ɪn'vestmənt trʌst] sociedad de administración de carteras de capital no variable.

close-up [-ʌp] *n.* CINE y T.V.: primer plano, acercamiento.

closing ['kləʊzɪŋ] *n.* 1 cierre, clausura. *Closing bid*, posturas durante el cierre, ofertas durante el cierre. *Closing call*, cotización durante el cierre. *Closing price*, precio de cierre. *Closing time*, hora de cierre. 2 conclusión, firma (de un contrato, de una venta, de una operación de negocios, etc.).

closing date [-deɪt] fecha límite, (fecha de) cierre para las inscripciones; fecha de exclusión, fecha de prescripción de un derecho.

closure ['kləʊʒər] *n.* **1** cierre, conclusión. **2** clausura (de un debate).

cloth [klɔːθ] *n.* tela.

clothes [kləʊðz] *n.* ropas, prendas, indumentaria.

clothing ['kləʊðɪŋ] *n.* vestido, vestimenta. *The clothing industry,* la industria del vestido.

clout [klaʊt] *n.* (EU) influencia, poder.

cluster-pack ['klʌstər pæk] paquete o bulto (de botellas).

clutch [klʌtʃ] *n.* embrague.

coach [kəʊtʃ] *n.* **1** automóvil. **2** (GB) vagón, carro (de pasajeros). **3** carrocería.

coal [kəʊl] *n.* carbón. *Coal field,* depósito de carbón. *Coal mining,* extracción de carbón, minería de carbón.

coast [kəʊst] *v.* **1** NAVEG.: costear, bordear la costa. **2** desplazarse cuesta abajo (sin el motor encendido o sin pedalear). **3** rodar libremente, volar, etc., a velocidad de crucero.

coast *n.* costa.

coastal ['kəʊstl] *adj.* costero, costeño.

coaster ['kəʊstər] *n.* barco de cabotaje.

coastline ['kəʊstlaɪn] *n.* costa.

coated paper ['kəʊtəd peɪpər] IMPR.: papel couché.

C.O.B.O.L. ['kɑːbɔːl] **(Common Business Oriented Language)** ['kɑmən 'bɪznəs 'ɔːrientəd 'læŋgwɪdʒ] *n.* INFORM.: lenguaje de programación orientado al campo de los negocios.

code [kəʊd] *v.* asignar un código, codificar, clasificar. *To code an account,* asignar un código a una cuenta.

code *n.* código. *Code of conduct,* código de comportamiento, código de gobierno. *Code of practice,* código de procedimientos prácticos.

codetermination [kəʊdɪ'tɜːrmə'neɪʃən] *n.* coadministración.

codification [kəʊ'dəfə'keɪʃən] *n.* codificación.

codify ['kəʊdəfaɪ] *v.* codificar. *To codify a message,* codificar un mensaje.

coefficient ['kəʊə'fɪʃənt] *n.* coeficiente.

coercion [kəʊ'ɜːrʒən] *n.* coerción, coacción.

coercive [kəʊ'ɜːrsɪv] *adj.* **1** coercitivo. *Coercive covenants,* convenios o acuerdos coercitivos. **2** obligatorio.

coheir ['kəʊ'er] *n.* coheredero.

coin [kɔɪn] *v.* acuñar moneda, amonedar.

coin *n.* moneda.

coin-operated [-'ɑːpəreɪtəd] *adj.* operable mediante la inserción de monedas. *Coin-operated machine,* máquina que funciona con monedas.

co-insurance [kəʊɪn'ʃʊrəns] *n.* coaseguro.

cold storage [kəʊld 'stɔːrɪdʒ] *n.* conservación en cámara frigorífica.

cold storage plant [-plænt] *n.* planta de almacenamiento en cámara frigorífica.

collapse [kə'læps] *v.* caerse, derrumbarse, detenerse (se dice de las conversaciones, las pláticas, etc.), fracasar.

collapse *n.* caída, hundimiento. *The collapse of the mark,* la caída del marco. *Collapse of the talks,* la ruptura de las negociaciones, el cese de las pláticas.

collapsible [kə'læpsəbəl] *adj.* plegable. *Collapsible chair,* silla plegable.

collate [kɑː'leɪt] *v.* comparar, confrontar (por ejemplo dos escritos).

collateral [kə'lætərəl] *n.* garantía, fianza, prenda. *Securities lodged as collateral,* valores depositados como garantía colateral. *Collateral securities,* valores colaterales (en depósito como garantía de un préstamo) proporcionados por el prestatario.

collateral *adj.* **1** colateral, paralelo. **2** accesorio, indirecto, subsidiario. *Collateral security,* garantía adicional, garantía colateral.

collect [kə'lekt] *v.* **1** coleccionar, reunir. **2** recoger, pasar a recoger, tomar o aceptar una entrega. **3** cobrar, percibir, recaudar. *To collect taxes,* recaudar impuestos. *To collect a check,* cobrar un cheque, hacer efectivo un cheque.

collect, *adj.* y *adv.* (EU) pagadero en el puerto, pagadero a la entrega. *To call someone collect,* llamar a alguien a cobro revertido, por cobrar.

collectable [kə'lektəbəl] *adj.* **1** susceptible de coleccionarse. **2** cobrable, recuperable, que se puede cobrar.

collectables [kə'lektəbəlz] *n.* artículos de colección, objetos que se coleccionan (cuadros, antigüedades, etc.).

collect call [-kɔːl] *n.* (EU) llamada telefónica a cobro revertido, por cobrar. *To call collect,* llamar a cobro revertido, por cobrar.

collectible [kə'lektəbəl] *adj.* ver **collectable**.

collecting [kə'lektɪŋ] *n.* cobranza, recaudación, cobro, recuperación. *Collecting charges,* gastos de cobranza.

collection [kə'lekʃən] *n.* **1** colección, acopio, surtido, recopilación. **2** cobro, recaudación, recuperación, percepción. *Collection of debts,* cobranza de deudas. **3** recolección (a domicilio). *Luggage collection,* recolección del equipaje a domicilio. **4** acto de recoger, recogida. *Collection and delivery,* acto de recoger y de entregar, recogida y entrega (se dice del correo). **5** acto de pedir o de recoger.

collective [kə'lektɪv] *adj.* colectivo. *Collective agreement,* convenio o contrato colectivo. *Collective bargaining,* negociación colectiva. *Collec-*

tive pay agreements, contratos colectivos sobre los salarios.

collectivise [kə'lektɪvaɪz] *v.* nacionalizar.

collectivism [kə'lektɪvɪzəm] *n.* colectivismo.

collector [kə'lektər] *n.* **1** coleccionista. **2** cobrador, receptor, recaudador. *Tax collector,* recaudador de impuestos. *Ticket collector,* empleado que recoge los billetes.

collide [kə'laɪd] *v.* **1** chocar. **2** estar en violento desacuerdo.

collier ['kɑːljər] *n.* **1** minero. **2** barco carbonero.

colliery ['kɑːljəri] *n.* mina de carbón, mina de hulla.

collusion [kə'luːʒən] *n.* colusión, connivencia, acto fraudulento.

color bar, color line ['kʌlər bɑːr, 'kʌlər 'laɪn] barrera racial, segregación racial.

color chart ['kʌlər tʃɑːrt] **1** tabla de colores. **2** diagrama o gráfica a colores.

color range ['kʌlər reɪndʒ] gama de colores, variedad de colores.

color scheme ['kʌlər skiːm] combinación de colores, conjunto de colores.

coloring ['kʌlərɪŋ] *n.* colorante (se dice de algunos componentes de los alimentos, etc.).

column ['kɑːləm] *n.* columna. *Credit column,* columna de créditos. *Debit column,* columna de débitos.

columnist ['kɑːləmnəst] *n.* columnista, periodista que se encarga de una sección determinada en un diario informativo, editorialista. *Advertising columnist,* periodista especializado en publicidad. *Business and finance columnist,* columnista de negocios y de finanzas.

co-management [kəʊ'mænɪdʒmənt] *n.* coadministración.

combination ['kɑːmbə'neɪʃən] *n.* combinación, asociación, liga, coalición. *Business combination,* combinación de negocios.

combination carrier [-kæriər] *n.* buque petrolero, barco dedicado al transporte de hidrocarburos y minerales.

combine [kəm'baɪn] *v.* combinar, unir, aliar; unirse.

combine ['kɑm'baɪn] *n.* pacto industrial, alianza industrial.

come into [kʌm 'ɪntuː] *v.* entrar, ingresar. *To come into force,* entrar en vigor. *To come into effect,* tomar efecto.

come out [kʌm aʊt] *v.* salir. *The price comes out at 10 dollars,* el precio asciende a 10 dólares. *To come out (on strike),* ponerse en huelga.

come to [kʌm tuː] *v.* llegar a. *To come to an arrangement,* llegar a un acuerdo. *To come to maturity,* llegar a su vencimiento. *To come to terms,* llegar a un acuerdo.

come up for reelection [kʌm ʌp fɔːr 'riːə'lekʃən] *v.* presentarse a una reelección. *The*

board will come up for reelection in March, en el mes de marzo se votará por la reelección del consejo.

comic ['kɑːmɪk] *n.* **1** historieta. **2** *Comic book,* revista de historietas. *Comic strip,* tira cómica.

command [kə'mænd] *v.* **1** ordenar. **2** tener el dominio de. **3** controlar, detentar (mercados, etc.). **4** *To command a price,* costar, valer (precios).

command *n.* **1** mando, autoridad, control. *Chain of command,* cadena de mando, cadena jerárquica. **2** maestría, conocimiento perfecto.

commence [kə'mens] *v.* **1** comenzar, empezar, principiar. *Commencing salary,* salario inicial. **2** entrar en vigor a partir de una fecha determinada.

commend [kə'mend] *v.* recomendar, loar, felicitar, aprobar.

commendation ['kɑːmən'dɔɪʃən] *n.* recomendación, elogio, alabanza, aprobación.

commensurate with [kəʊ'menʃərət wɪð] *adj.* proporcional, en relación con. *Salary commensurate with experience,* salario con base en la experiencia.

comment ['kɑːment] *v.* comentar; criticar.

comment *n.* comentario, observación, aprobación. *No comment,* sin comentario.

commentary ['kɑːmənteri] *n.* comentario.

commerce ['kɑːmərs] *n.* comercio (al mayoreo; comercio internacional). *Chamber of Commerce,* Cámara de Comercio.

commercial [kə'mɜːrʃəl] *n.* RADIO y T.V.: anuncio o emisión publicitaria.

commercial *adj.* comercial. *Commercial bank,* banco comercial. *Commercial development,* desarrollo comercial; crecimiento comercial. *Commercial property,* propiedad comercial.

commercial paper [-'peɪpər] (EU) papel comercial, títulos de crédito a corto plazo, certificados de la tesorería.

commercialese [kə'mɜːrʃəliːz] *n.* estilo, argot comercial.

commercialisation [kə'mɜːrʃələ'zeɪʃən] *n.* comercialización.

commercialism [kə'mɜːrʃəlɪzəm] *n.* mercantilismo.

commercialization [kə'mɜːrʃələ'zeɪʃən] *n.* comercialización.

commercialize [kə'mɜːrʃəlaɪz] *v.* comercializar.

commission [kə'mɪʃən] *v.* **1** comisionar, facultar. **2** ordenar; mandar. *To commission a market survey,* ordenar un estudio de mercado.

commission *n.* **1** comisión, porcentaje. *Sale commission,* comisión sobre ventas. *To charge a commission,* cargar una comisión. *Commission agent,* comisionista. *Commission merchant,* comisionista. **2** comisión, comité. **3** mandato, misión.

commissioner [kə'mɪʃənər] *n.* 1 comisario. 2 miembro de un comité o de una administración.

commit [kə'mɪt] *v.* 1 cometer (un error, etc.). 2 confiar, entregar, remitir. 3 comprometer. *To commit oneself,* comprometerse. *Commited costs,* costos comprometidos, gastos estructurales.

commitment [kə'mɪtmənt] *n.* 1 adhesión, implicación. 2 compromiso, promesa. *Financial commitment,* compromiso financiero. *To meet one's commitments,* cumplir sus compromisos.

commitment fee [-fiː] comisión por apertura de crédito.

committee [kə'mɪti] *n.* comisión, comité. *Executive committee,* comité ejecutivo, consejo directivo. *Management committee,* comité de administración, comité de dirección. *Standing committee,* comisión permanente. *To be on a committee,* formar parte de un comité. *Committee of inspection,* consejo de vigilancia (se dice de las quiebras).

committal [kə'mɪtl] *n.* 1 ver **commitment**. 2 JUR.: encarcelamiento.

commodity [kə'mɑːdəti] *n.* satisfactor, mercancía, producto. *Commodity exchange,* Bolsa de Satisfactores, Bolsa de Mercancías. *Commodity futures market,* mercado a futuro para mercancías en general.

common ['kɑːmən] **(common stock)** [-stɑːk] *n.* BOLSA: acción común, acción ordinaria.

common *adj.* común, ordinario, trivial. *Common carrier,* transportador público. *Common equity,* capital contable común. *Common law,* derecho común. *Common dividends,* dividendos comunes. *Common stock(s),* acciones comunes, acciones ordinarias. *Common stockholder,* accionista común. *Common shares,* acciones comunes.

Common Agricultural Policy ['kɑːmən 'ægrɪkʌltʃərəl 'pɑːləsi] **(C.A.P.)** [siː eɪ piː] Política Agrícola Común (se dice del marco del Mercado Común).

communicate [kə'mjuːnɪkeɪt] *v.* comunicar.

communication [kə'mjuːnə'keɪʃən] *n.* comunicación. *Means of communication,* medios de comunicación, medios de transporte.

communicator [kə'mjuːnəkeɪtər] *n.* persona que trabaja en el dominio de la comunicación.

communiqué [kə'mjuːnəkeɪ] *n.* comunicado, anuncio oficial.

community [kə'mjuːnəti] *n.* 1 comunidad (de bienes, etc.). 2 colectividad, sociedad, público. *Community antenna television (C.A.T.V.),* televisión por cable. *Community jobs,* trabajos de beneficio colectivo. *Community network,* red de televisión por cable.

commute [kə'mjuːt] *v.* 1 viajar, transportarse del domicilio personal al lugar de trabajo y

viceversa. 2 permutar, intercambiar. 3 JUR.: conmutar.

commuter [kə'mjuːtər] *n.* viajero, usuario del transporte público que hace diariamente el mismo trayecto y tiene un abono.

compact [kəm'pækt] *n.* acuerdo, convenio, pacto, contrato. *Social compact,* contrato social.

compact *adj.* compacto, sólido.

compact car [-kɑːr] *n.* automóvil compacto (se dice de los automóviles de tamaño pequeño y de bajo cilindraje).

companies act ['kʌmpəniz ækt] ley que regula el funcionamiento de las compañías.

company ['kʌmpəni] *n.* compañía, sociedad. *Airline company,* compañía aérea. *Insurance company,* compañía de seguros. *Joint-stock company,* sociedad anónima, sociedad por acciones. *Limited liability company,* sociedad de responsabilidad limitada. *Parent company,* casa central, casa matriz. *Private limited company,* sociedad anónima de responsabilidad limitada. *Public limited company,* sociedad anónima. *Statutory company,* compañía concesionaria.

company car [-kɑːr] *n.* automóvil de la compañía, automóvil que una empresa pone a disposición de sus colaboradores.

company formation [-fɔːr'meɪʃən] creación de compañías.

company law [-lɔː] *n.* derecho aplicable a las empresas, "derecho corporativo".

company newspaper [-'nuːz peɪpər] *n.* diario (interno) de una empresa.

company secretary [-'sekrəteri] *n.* secretario general de una compañía.

company tax [-tæks] *n.* impuestos que se aplican a las empresas.

comparative [kəm'pærətɪv] *adj.* comparativo; relativo; comparado. *Comparative costs,* costos comparativos. *Comparative financial statements,* estados financieros comparativos.

compare [kəm'per] *v.* comparar.

compatibility [kəm'pætə'bɪləti] *n.* compatibilidad.

compatible [kəm'pætəbəl] *adj.* compatible.

compel [kəm'pel] *v.* compeler, obligar, forzar, sujetar, constreñir, sujetar a una obligación.

compelling [kəm'pelɪŋ] *adj.* 1 urgente, apremiante. 2 motivador, incitativo, irresistible.

compensate ['kɑːmpənseɪt] *v.* indemnizar, compensar. *To compensate for the loss,* compensar por una pérdida.

compensating balance ['kɑːmpənseɪtɪŋ 'bæləns] saldo compensador (parte de un crédito que queda en depósito).

compensating duties ['kɑːmpənseɪtɪŋ 'duːtiz] ADUANAS: derechos de compensación, cargo adicional.

compensation [ˈkaːmpənˈseɪʃən] *n.* 1 compensación, indemnización. *To file for compensation,* reclamar una compensación. *A fair compensation,* una compensación justa. *Legal compensation,* compensación legal. *Unemployment compensation,* indemnización por desempleo. *Workmen's compensation* (EU), seguro contra accidentes de trabajo. *Compensation amount,* monto compensatorio. 2 salario.

compensatory [ˈkaːmpenˈseɪtɔːri] *adj.* compensatorio. *Compensatory amounts,* montos compensatorios. *Compensatory units,* unidades compensatorias.

compete (with) [kəmˈpiːt (wɪð)] *v.* competir con, hacerle la competencia a.

competence [ˈkaːmpətəns] *n.* 1 competencia, aptitud. 2 Jur.: capacidad, competencia.

competing [kəmˈpiːtɪŋ] en competencia, que compite.

competition [ˈkaːmpəˈtɪʃən] *n.* competencia, concurso, rivalidad. *A keen competition,* una aguda competencia. *Fair competition,* competencia justa. *Unfair competition,* competencia desleal.

competitive [kəmˈpetətɪv] *adj.* competitivo; que concursa, que se opone. *Competitive prices,* precios competitivos. *Competitive hedge,* una ligera ventaja competitiva.

competitiveness [kəmˈpetətɪvnəs] *n.* competitividad, con carácter de concurso o competencia.

competitor [kəmˈpetətər] *n.* competidor, rival, concursante.

complain [kəmˈpleɪn] *v.* quejarse, presentar una queja.

complainant [kəmˈpleɪnənt] *n.* quejoso, ofendido.

complaint [kəmˈpleɪnt] *n.* queja, reclamación. *Complaint department,* departamento de quejas.

complement [ˈkaːmpləmənt] *v.* complementar, completar.

complementary [ˈkaːmpləˈmentəri] *adj.* complementario. *Complementary data,* datos complementarios. *Complementary information,* información complementaria.

complete [kəmˈpliːt] *v.* 1 llevar a cabo, acabar, terminar. 2 completar.

completion [kəmˈpliːʃən] *n.* terminación, conclusión, consumación, ejecución efectiva; término, fin. *Completion of an order,* ejecución de un pedido. *On completion of contract,* a la firma del contrato. *Under completion,* en curso de ejecución, en vías de ser terminado.

completion bond [-bʌnd] *n.* garantía de buena ejecución, garantía de consumación.

compliance [kəmˈplaɪəns] *n.* cumplimiento; conformidad, apego. *In compliance with,* de acuerdo con. *In compliance with your instructions,* de acuerdo con sus instrucciones. *In compliance with clauses...,* de acuerdo con las cláusulas... (expresión muy común en los contratos).

complimentary [ˈkaːmpləˈmentəri] *adj.* 1 gratuito, en agradecimiento, halagador. *A complimentary ticket,* un billete/ticket/boleto gratuito. *A complimentary copy,* un ejemplar gratuito, cortesía del editor. 2 de cortesía. *Complimentary close,* fórmula de cortesía.

complimentary subscription [-səbˈskrɪpʃən] suscripción o abono de cortesía, suscripción gratuita.

complimentary ticket [-ˈtɪkət] billete de entrada gratuita, invitación gratuita.

comply [kəmˈplaɪ] *v.* cumplirse, llevarse a cabo, ejecutarse.

comply with [-wɪð] *v.* cumplir con, ajustarse a, adherirse a.

component [kəmˈpəʊnənt] *n.* componente, pieza, parte integral, pieza suelta. *Component parts,* componentes, piezas constitutivas, partes sueltas. *Components,* piezas sueltas.

composition [ˈkaːmpəˈzɪʃən] *n.* 1 composición, tema o ensayo. 2 componenda, ajuste, arreglo. *To come to composition,* determinar un ajuste, llegar a un arreglo. 3 Jur.: concordato.

compound [kaːmˈpaʊnd] *v.* 1 arreglar, liquidar, componer, transigir. *To compound a debt,* liquidar una deuda de manera amistosa. *To compound with one's creditors,* arreglarse con sus acreedores. 2 agravar. *Unemployment compounded by inflation,* crisis de desempleo agravada por la inflación.

compound [kaːmpaʊnd] *adj.* compuesto. *Compound interest,* interés compuesto.

compound duty [-ˈduːti] derecho (de aduanas) de naturaleza mixta o compuesta (derecho de aduana específico que se añade al derecho *ad valorem*).

comprehensive [ˈkaːmprɪˈhensɪv] *adj.* exhaustivo, completo. *Comprehensive policy,* póliza de seguros contra todos los riesgos. *Comprehensive survey,* estudio detallado, estudio completo.

compromise [ˈkaːmprəmaɪz] *v.* 1 transigir. 2 comprometer.

compromise *n.* compromiso, transacción.

comptroller [kənˈtrəʊlər] *n.* 1 contralor (de una empresa). 2 Adm.: verificador, inspector, persona que ejerce el control.

compulsion [kəmˈpʌlʃən] *n.* 1 fuerza, restricción. 2 impulso.

compulsive [kəmˈpʌlsɪv] *adj.* 1 coercitivo, obligatorio. 2 compulsivo, irracional. *Compulsive buying,* compras hechas en forma impulsiva.

compulsory [kəmˈpʌlsəri] *adj.* obligatorio.

computable [kəm'pjuːtəbəl] *adj.* calculable, computable.

computation ['kɑːmpjuˈteɪʃən] *n.* cuenta, cálculo; estimación. *An accurate computation,* un cálculo exacto. *A rough computation,* un cálculo aproximado.

compute [kəm'pjuːt] *v.* computar, calcular.

computer [kəm'pjuːtər] *n.* computadora, ordenador electrónico. *Computer-aided design (C.A.D.),* diseño auxiliado por computadora. *Computer-aided instruction (C.A.I.),* instrucción auxiliada por computadora. *Computer-aided language learning (C.A.L.L.),* enseñanza de idiomas auxiliada por computadora. *Home computer,* computadora familiar. *Personal computer,* computadora personal. *Portable computer,* computadora portátil.

computer bulletin board [-bʊlətn bɔːrd] mensajería electrónica.

computerese [kəm pjuːteˈrɪiz] *n.* jerga de la informática.

computer firm [-fɜːrm] *n.* empresa dedicada a la informática.

computer-literate [-'lɪtərət] *adj.* persona capacitada en computación o informática.

computer science [-saɪəns] informática.

computer scientist [-saɪəntəst] especialista en computación.

computerize [kəm'pjuːtəraɪz] *v.* 1 calcular electrónicamente, procesar por computadora. 2 informatizar. *To computerize an information system,* computarizar un sistema de información.

computerization [kəm'pjuːtərəˈzeɪʃən] *n.* computarización, procesamiento por computadora, informatización, transición a la informática.

computerized management [kəm'pjuːtəraɪzd 'mænɪdʒmənt] *n.* administración automatizada, administración informatizada.

con [kɑːn] *v.* 1 engañar, inventar, fingir. 2 timar.

conceal [kən'siːl] *v.* ocultar, esconder. *Concealed unemployment,* desempleo oculto.

concealment [kən'siːlmənt] *n.* 1 ocultamiento. *Information concealment,* ocultamiento de la información. 2 JUR.: encubrimiento.

conceive [kən'siːv] *v.* concebir, redactar (un documento).

concentrate ['kɑːnsəntreɪt] *v.* 1 concentrar. 2 concentrarse. 3 *To concentrate on something,* concentrarse en algo, poner atención en, ocuparse sobre todo de.

concentration ['kɑːnsənˈtrɑɪʃən] *n.* 1 concentración. 2 UNIVERS.: opción.

concept ['kɑːnsept] *n.* concepto.

conception [kən'sepʃən] *n.* concepción.

concern [kən'sɜːrn] *v.* interesar, incumbir, competer. *To whom it may concern,* a quien pueda interesar.

concern *n.* 1 empresa, negocio. *Business concern,* empresa de negocios. 2 preocupación, inquietud.

concerted action [kenseːrtid 'ækʃən] *n.* acción concertada, concertación.

concertina folder ['kɑːnsərˈtiːnə 'fəʊldər] *n.* prospecto o folleto en forma de acordeón.

concession [kən'seʃən] *n.* concesión, reducción; franquicia.

conciliation [kən'sɪliˈeɪʃən] *n.* conciliación, arbitraje.

conciliation board [-bɔːrd] junta de conciliación, comisión de arbitraje.

conclusive [kən'kluːsɪiv] *adj.* conclusivo, decisivo, probatorio. *Conclusive evidence,* prueba(s) decisiva(s).

concurrence [kən'kɜːrəns] *n.* 1 acuerdo, concordancia de puntos de vista, de opiniones; cooperación. 2 concomitancia, simultaneidad.

concurrent [kən'kɜːrənt] *adj.* 1 concordancia de puntos de vista, de opiniones. 2 concomitante, simultáneo.

condition [kən'dɪʃən] *v.* 1 condicionar. 2 imponer una serie de condiciones.

condition *n.* condición, estipulación. *Terms and conditions,* términos y condiciones, modalidades. *Conditions of the contract,* condiciones del contrato.

conditional [kən'dɪʃnəl] *adj.* condicional. *Conditional on something,* dependiendo de, en función de.

condominium ['kɑːndəˈmɪniəm] *n.* condominio, copropiedad (de un inmueble); inmueble en copropiedad.

conduct ['kɑːndʌkt] *v.* conducir, dirigir; llevar; efectuar. *To conduct a business,* dirigir un negocio. *To conduct a campaign,* dirigir una campaña. *To conduct a survey,* conducir una encuesta, realizar un estudio. *To conduct a poll,* efectuar un sondeo, hacer una encuesta (de opinión).

conductor [kən'dʌktər] *n.* 1 conductor (de camiones, autobuses, etc.). 2 (metal, etc.) conductor. 3 director de orquesta.

confectioner [kən'fekʃnər] *n.* confitero, dulcero.

confectionery [kən'fekʃəneri] *n.* dulces, confitería.

confederation [kən'fedəˈreɪʃən] *n.* confederación. *Confederation of business enterprises,* confederación de empresas de negocios.

conferee ['kɑːnfɜːˈriː] *n.* 1 congresista. 2 persona a quien se le confiere un título.

conference ['kɑːnfrəns] *n.* 1 conferencia (de prensa). 2 congreso. 3 consejo, asociación. *Conference line,* acuerdo internacional sobre armamentos.

confess [kən'fes] *v.* confesar. *To confess to a crime,* confesar un crimen.

confessed judgement note [kən'fesd 'dʒʌdʒmənt nəut] (EU) reconocimiento de deuda que autoriza al acreedor a actuar judicialmente si la deuda no es liquidada en su fecha de vencimiento sin que para ello sea necesario notificar al deudor o hacerlo comparecer (tal práctica es ilegal en ciertos estados).

confession [kən'feʃən] *n.* confesión, declaración. *An spontaneous confession,* una confesión espontánea.

confidence ['kɑːnfədəns] *n.* confianza, fe. *In strict confidence,* discreción absoluta.

confident ['kɑːnfədənt] *adj.* confiado, seguro, convencido.

confidential ['kɑːnfə'dentʃəl] *adj.* confidencial, secreto. *Confidential information,* información confidencial.

confidentiality ['kɑːnfə'dentʃi'æləti] *n.* confidencialidad, carácter privado, secreto, discreción.

confirm [kən'fɜːrm] *v.* confirmar.

confirmation ['kɑːnfər'meiʃən] *n.* confirmación.

confirming house [kən'fɜːrmiŋ haus] empresa especializada en el comercio exterior que pone en contacto al comprador y al exportador, desempeña el papel de intermediario y de asesor, y garantiza la solvencia del comprador.

confirmed [kən'fɜːrmd] *adj.* confirmado. *Confirmed credit,* crédito confirmado. *Confirmed letter of credit,* carta de crédito confirmada.

confiscate ['kɑːnfəskeit] *v.* confiscar.

confiscation ['kɑːnfə'skeiʃən] *n.* confiscación.

confiscatory ['kɑːnfəskætəri] *adj.* confiscatorio.

conflict ['kɑːnflıkt] *v.* estar en contradicción, en oposición, en discordia, en lucha con.

conflict *n.* conflicto; rivalidad; antagonismo. *Conflict of interest,* conflicto de intereses. *Managerial conflict,* conflicto administrativo.

conflicting [kən'flıktıŋ] *adj.* conflictivo, opuesto, contradictorio. *Conflicting goals,* metas conflictivas, metas opuestas.

conform [kən'fɔːrm] *v.* conformarse.

conformance [kən'fɔːrməns] *n.* conformidad, respeto (hecho de conformarse con algo).

conformity [kən'fɔːrməti] *n.* conformidad. *In conformity with,* en conformidad con, según, de acuerdo con.

congested [kən'dʒestəd] *adj.* congestionado; obstruido.

congestion [kən'dʒestʃən] *n.* congestión; obstrucción.

conglomerate [kən'glɑːmərət] *n.* conglomerado.

congratulate [kən'grætʃəleit] *v.* felicitar.

congratulation [kən'grætʃə'leiʃən] *n.* felicitación.

congratulatory [kən'grætʃələtɔːri] *adj.* congratulatorio, de felicitación.

congress ['kɑːŋgrəs] *n.* congreso; asociación, federación. *Congress of Industrial Organizations (C.I.O.),* Confederación sindical americana afiliada a la A.F.L.

congressman ['kɑːŋgrəsmən] *n.* miembro del congreso, diputado.

connect [kə'nekt] *v.* ligar, religar, relacionar, coordinar, reunir.

connection [kə'nekʃən] *n.* 1 relación, conexión. *Business connections,* relaciones de negocios. 2 clientela. 3 conexión, enlace.

connivance [kə'naivəns] *n.* connivencia, colusión, complicidad, asociación.

connive [kə'naiv] *v.* 1 estar asociado con, ser cómplice de. 2 tolerar, soportar.

consent [kən'sent] *v.* consentir, aprobar.

consent *n.* consentimiento, acuerdo, aprobación.

consequence ['kɑːnsəkwens] *n.* consecuencia.

conservation ['kɑːnsər'veiʃən] *n.* 1 conservación, preservación, salvaguarda. *Nature conservation,* protección de la naturaleza. 2 economía de la energía. *Oil conservation,* conservación del petróleo, ahorro de petróleo.

conservationism ['kɑːnsər'veiʃənizəm] *n.* protección de la naturaleza, movimiento dirigido a la protección de la naturaleza.

conservationist ['kɑːnsər'veiʃənəst] *n.* protector de la naturaleza, ecologista.

conservative [kən'sɜːrvətıv] *adj.* 1 conservador, tradicional. 2 que conserva, que preserva. 3 prudente, moderado. *A conservative estimate,* una estimación conservadora. *A conservative policy,* una política conservadora. *A conservative investment (or credit) policy,* una política conservadora de inversión (o de crédito).

conserve [kən'sɜːrv] *v.* conservar, preservar, economizar.

consider [kən'sıdər] *v.* considerar, examinar, estudiar, tomar en cuenta, enfocar.

consideration [kən'sıdə'reiʃən] *n.* 1 consideración. *Under consideration,* bajo consideración, sujeto a estudio. 2 remuneración, premio. *For a money consideration,* mediante pago, mediante un arreglo financiero. 3 provisión, cobertura.

consign [kən'sain] *v.* 1 consignar, enviar, expedir, dirigir. *Bill of lading consigned to...* conocimiento de embarque a nombre de... 2 depositar (fondos).

consignee ['kɑːnsə'niː] *n.* consignatario, destinatario.

consignment [kən'sainmənt] *n.* expedición, envío, llegada. *Consignment note,* comprobante de expedición.

consigner, consignor [kən'sainər] *n.* expedidor.

consistency [kən'sɪstənsi] *n.* 1 coherencia. 2 CONTAB.: consistencia, permanencia de los métodos aplicados (de las reglas, de los criterios).
consistent [kən'sɪstənt] *adj.* 1 consecuente, lógico, coherente, uniforme. 2 *Consistent with something*, de acuerdo con, ser consecuente con algo.
consistently [kən'sɪstəntli] *adj.* consistentemente, de manera consistente. *Consistently applied accounting procedures*, procedimientos contables aplicados de una manera consistente.
console ['kɑːnsəʊl] *n.* consola, repisa; pupitre.
consolidate [kən'sɑːlədeɪt] *v.* 1 consolidar. *Consolidated balance-sheet*, balance general consolidado. *Consolidated financial statements*, estados financieros consolidados. *Consolidated income statement*, estado de resultados consolidado. 2 agrupar, clasificar. *To consolidate deliveries*, agrupar las entregas. *Consolidated deliveries*, entregas agrupadas.
consolidated fund [kən'sɑːlədeɪtəd fʌnd] (GB) dinero que se retira de los impuestos en vista de la liquidación de la deuda pública.
consolidating [kən'sɑːlədeɪtɪŋ] *adj.* consolidante, relativo a la consolidación. *Consolidating basis*, bases de una consolidación. *Consolidating period*, periodo de consolidación.
consolidation [kən sɑːlə'deɪʃən] *n.* 1 consolidación. 2 agrupamiento, reagrupamiento.
consols ['kɑːnsɑːlz] *n.* rentas consolidadas.
consortium [kən'sɔːrʃjəm] *n.* consorcio.
conspiracy [kən'spɪrəsi] *n.* 1 conspiración, conjuración. 2 asociación fraudulenta. 3 asociación de malhechores.
constituency [kən'stɪtʃuənsi] *n.* 1 circunscripción electoral. 2 electorado.
constituent [kən'stɪtʃuənt] *n.* 1 constitutivo, esencial. 2 elector.
constitute ['kɑːnstətuːt] *v.* constituir.
constitution ['kɑːnstə'tuːʃən] *n.* constitución.
constraint [kən'streɪnt] *n.* 1 restricción, limitación. 2 JUR.: coacción.
construct [kən'strʌkt] *v.* construir. *To construct an inventory control method*, diseñar un modelo de control de inventarios.
construction [kən'strʌkʃən] *n.* 1 construcción. *Construction site*, sitio de construcción. 2 edificio. *The construction industry*, la industria, el sector de la construcción.
consular invoice ['kɑːnsələr 'ɪnvɔɪs] *n.* factura consular.
consultancy [kən'sʌltənsi] *n.* consultoría.
consultant [kən'sʌltənt] *n.* consultor, experto. *Business consultant*, consultor de negocios. *Tax consultant*, consultor fiscal, asesor fiscal.
consulting [kən'sʌltɪŋ] *n.* relacionado o conexo con la consultoría.

consulting-engineer [-'endʒə'nɪr] *n.* ingeniero consultor, ingeniero dedicado a la consultoría.
consulting firm [-fɜːrm] empresa de consultoría, despacho de consultores.
consumable [kən'suːməbəl] *adj.* consumible.
consumables [kən'suːməbəlz] *n.* productos de consumo.
consume [kən'suːm] *v.* 1 consumir, desgastar, devorar. 2 consumirse, quemarse.
consumer [kən'suːmər] *n.* consumidor. *Consumer goods*, bienes de consumo. *Consumer durables*, bienes de consumo de naturaleza durable. *Consumer organization*, asociación de consumidores. *Consumer society*, sociedad de consumo. *Consumer union*, agrupamiento de consumidores. *Consumer countries, consuming countries*, países consumidores. *Consumer acceptance*, aceptación por parte de los consumidores. *Consumer benefits*, ventajas para los consumidores. *Consumer demand*, nivel de consumo, demanda de los consumidores. *Consumer habits*, hábitos de los consumidores.
consumerism [kən'suːmərɪzəm] *n.* defensa de los consumidores.
consumerist [kən'suːmərəzt] *n.* defensor de los consumidores, miembro de una agrupación de defensa del consumidor.
consumer nation [-'neɪʃn] nación consumidora.
consumer needs [-niːds] necesidades de consumo, necesidades de los consumidores.
consumer panel [-'pænl] frase panel de consumidores (grupo de personas que se desempeñan como testigos para juzgar un producto).
consumer price [-praɪs] precio al consumidor, precio al público.
consumer price index [-'ɪndeks] **(C.P.I.)** [siː piː aɪ] *n.* índice de precios al consumidor.
consumer products [-'prɑːdəkts] productos de consumo.
consumer profile [-'prəʊfaɪl] perfil del consumidor.
consumer reaction [-ri'ækʃən] reacción de los consumidores.
consumer reluctance [-rɪ'lʌktəns] renuencia de los consumidores.
consumer requirements [-rɪ'kwaɪrmənts] necesidades del consumidor.
consumer research [-rɪ'sɜːrtʃ] investigación del consumo, estudio(s) del consumo, investigación del consumidor, estudio del consumidor.
consumer resistance [-rɪ'zɪstəns] resistencia de los consumidores.
consumer response [-rɪ'spɑːns] respuesta del consumidor, reacción del consumidor.
consumer survey [-sər'veɪ] estudio del consumo, estudio de los consumidores.

consumer tastes and preferences [-teɪstəs ænd 'prefərənsəs] gustos y preferencias del consumidor.

consumer test, consumer testing [-test, kən'su:mər 'testɪŋ] prueba de consumo.

consumer trends [-trends] tendencias en el consumo, tendencias de los consumidores.

consumer wants [-wɔ:nts] deseos de los consumidores.

consuming countries [kən'su:mɪŋ kʌntriz] países consumidores.

consumption [kən'sʌmpʃən] *n.* consumo. *Conspicuous consumption,* consumo mensurable. *Consumption per head,* consumo por cabeza (per cápita).

consumption index [-'ɪndeks] índice de consumo.

consumption pattern [-'pætərn] modelo de consumo, patrón de consumo.

consumption rate [-reɪt] tasa de consumo.

contact ['ka:ntækt] *v.* ponerse en contacto con, contactar.

contact *n.* contacto.

contact-man [-mæn] *n.* Pub.: jefe de publicidad en una agencia.

contain [kən'teɪn] *v.* 1 contener, comprender, incluir, abarcar. 2 dominar, someter.

container [kən'teɪnər] *n.* recipiente, contenedor. *Container car* (EU), vagón de ferrocarril para el transporte de contenedores. *Container ship,* barco para el transporte de contenedores, portacontenedores.

containerization [kən'teɪnərə'zeɪʃən] *n.* puesta en contenedor(es), transporte por medio de contenedor(es).

containerize [kən'teɪnəraɪz] *v.* poner en contenedor(es), transportar en contenedor(es).

containerized shipping [kən'teɪnəraɪzd 'ʃɪpɪŋ] *n.* transportación marítima en la que se utiliza(n) contenedor(es), embarque marítimo en contenedor(es).

contango [kən'tæŋgəʊ] *n.* Bolsa: margen de ganancia de una operación realizada a futuro. Es lo opuesto de *backwardation:* margen de pérdida de una operación realizada a futuro. *Contango rate:* tasa de margen de ganancia.

contempt of court [kən'tempt ɑ:v kɔ:rt] *n.* menosprecio por la autoridad de una corte.

contemplate ['ka:ntəmpleɪt] *v.* contemplar.

contender [kən'tendər] *n.* concurrente, rival.

content ['ka:ntent] *n.* 1 volumen, capacidad. 2 tenedor, título.

content(s) ['ka:ntent(s)] *n.* contenido. *Table of contents,* temario, índice de materias (se dice del contenido de los libros).

contest ['ka:ntest] *n.* concurso, juego; competencia, lucha.

contingency [kən'tɪndʒənsi] *n.* contingencia, eventualidad. *Contingencies, contingency payments,* gastos virtuales de naturaleza diversa. *Contingency plan,* plan para contingencias, plan que deberá aplicarse en caso de urgencia. *Contingency reserves,* reservas para contingencias, fondos de reserva. *Contingencies,* riesgos diversos.

continuation [kən'tɪnju'əɪʃən] *n.* 1 continuación, seguimiento. 2 Bolsa: operación bursátil parecida al reporto. *Continuation rate,* tasa de interés del reporto.

continuative education, continuing education, continuous education [kən'tɪnju'əɪtɪv 'edʒə'keɪʃən, kən'tɪnjuɪŋ 'edʒə'keɪʃən, kən'tɪnjuəs 'edʒə'keɪʃən] *n.* educación continua, formación continua.

continuity ['ka:ntn'u:əti] *n.* 1 continuidad. 2 Cine, T.V.: intervalo entre dos emisiones; guión (texto); corte.

continuity girl [-gɜ:rl] *n.* secretaria de filmación.

contraband ['ka:ntrəbænd] *n.* 1 contrabando. 2 mercancías de contrabando.

contract [kən'trækt] *v.* 1 contratar, comprometerse a. 2 contraerse, reducirse (mercados, etc.).

contract ['ka:ntrækt] *n.* 1 contrato. *Contract of employment,* contrato de trabajo. *Contract work,* trabajo a destajo. 2 *Contract bargaining,* negociaciones salariales.

contraction [kən'trækʃən] *n.* contracción, reducción. *A business (or economic) contraction,* una contracción de los negocios (o de la economía).

contractor [kən'træktər] *n.* contratista, empresario. Trabajos Públicos: adjudicatario. *(Road) haulage contractor,* empresario de transportes carreteros.

contract out [-aʊt] *v.* 1 deslindarse de una obligación de acuerdo con las estipulaciones de un contrato; renunciar por acuerdo previo a ciertas cláusulas de un contrato. 2 traspasar o ceder un negocio. 3 dar en concesión, conceder.

contractual [kən'træktʃuəl] *adj.* contractual.

contrary to ['ka:ntreri tu:] *adv.* contrariamente.

contravene ['ka:ntrə'vi:n] *v.* contravenir, infringir.

contribute [kən'trɪbjət] *v.* contribuir.

contribution ['ka:ntrə'bju:ʃən] *n.* cotización; contribución; aportación.

contributor [kən'trɪbjətər] *n.* contribuyente, suscriptor.

contributory [kən'trɪbjətɔ:ri] *adj.* contributivo, participativo. *Contributory pension scheme,* régimen de jubilación con participación de los asegurados.

control [kən'trəʊl] *v.* 1 controlar, dominar, dirigir. *Controlled economy,* economía controlada. 2 ordenar (por medio de sistemas automatizados).

control *n.* 1 control, reglamentación. *Inventory control,* control del inventario. *Control system,* sistema de control. *Exchange control system,* sistema de control de cambios. 2 maestría, dominio. 3 orden (establecida por medio de sistemas automatizados).

control room [-ru:m] cuarto de control, sala de mandos.

controller [kən'trəʊlər] *n.* contralor, controlador.

controlling interest [kən'trəʊlɪŋ 'ɪntrəst] interés dominante, mayoría de la participación (en el capital de una sociedad).

controversial ['kɑːntrə'vɜːrʃəl] *adj.* discutible, aquello que se presta a una controversia.

convene [kən'viːn] *v.* reunir, convocar; reunirse, unirse.

convener [kən'viːnər] *n.* miembro de una asociación o de un sindicato que tiene por función convocar a sus propios colegas.

convenience [kən'viːnɪəns] *n.* conveniencia, comodidad. *At your earliest convenience,* lo más pronto que le sea posible. *Convenience bill,* título de complacencia. *Convenience card,* tarjeta acreditativa. *Convenience flag,* bandera de complacencias. *Convenience goods,* productos de alto consumo, productos de consumo actual. *Convenience store,* tienda favorita (dada su proximidad).

convenient [kən'viːnɪənt] *adj.* cómodo, práctico, que conviene, que se ajusta.

convention [kən'ventʃən] *n.* 1 acuerdo, contrato. 2 (EU) congreso, asamblea, reunión.

conversant with [kən'vɜːrsnt wɪθ] *adj.* competente, versado, actualizado.

conversational ['kɑːnvər'seɪʃnəl] *adj.* INFORM.: conversacional.

conversion [kən'vɜːrʒən] *n.* conversión, transformación. *Conversion rate,* tasa de conversión, tipo de cambio.

convert ['kɑːnvɜːrt] *v.* convertir, transformar.

convertibility [kən'vɜːrtə'bɪləti] *n.* convertibilidad.

convertible [kən'vɜːrtəbəl] *adj.* convertible. *Convertible bond,* bono convertible (generalmente en acciones).

convey [kən'veɪ] *v.* 1 transportar. 2 transmitir, comunicar. 3 JUR.: transferir (un bien); redactar un acta de cesión.

conveyance [kən'veɪəns] *n.* 1 transporte. 2 transferencia, cesión. *Deed of conveyance,* acta de cesión.

conveyancing [kən'veɪənsɪŋ] *n.* redacción de las actas de propiedad.

conveyor [kən'veɪər] *n.* 1 transportador, portador. 2 aparato para el transporte. *Conveyor belt,* cinta transportadora.

convict [kən'vɪkt] *v.* declarar culpable, encontrar culpable.

convict ['kɑːnvɪkt] *n.* reo, presidiario, convicto.

conviction [kən'vɪkʃən] *n.* 1 condena. *Previous convictions, conviction record,* condenas anteriores, antecedentes penales, expediente judicial. 2 convicción, persuasión.

cook the books [kʊk ðə bʊks] *v.* falsificar, alterar la contabilidad, maquillar las cuentas.

cool [kuːl] *v.* 1 refrescar. 2 calmar. *To cool an overheated economy,* refrenar una economía sobrecalentada.

cool *adj.* 1 fresco. 2 calmado, tranquilo.

cooling-off ['kuːlɪŋ'ɔːf] *n.* apaciguamiento, reflexión. *Cooling-off period,* periodo de apaciguamiento, de reflexión; plazo de reflexión (se dice principalmente antes de la firma oficial de un acto de ventas, sobre todo cuando se trata de ventas de puerta en puerta).

cool media [kuːl 'miːdɪə] *n.* medios de comunicación de naturaleza "fría" (se trata principalmente de la televisión de acuerdo con el sociólogo canadiense Marshall McLuhan).

cooperate [kəʊ'ɑːpəreɪt] *v.* cooperar, colaborar.

cooperation [kəʊ'ɑːpə'reɪʃən] *n.* cooperación, colaboración.

cooperative education [kəʊ'ɑːpərɑːtɪv 'edʒə'keɪʃən] *n.* (EU) enseñanza alternativa.

cooperative society [kəʊ'ɑːpərɑːtɪv sə'saɪəti] *n.* sociedad cooperativa. *Wholesale cooperative society,* sociedad cooperativa al mayoreo. *Retail cooperative society,* sociedad cooperativa al menudeo.

co-optation [kəʊ'ɑː'pteɪʃən] *n.* cooptación, elección en forma conjunta.

co-op year [kəʊ'ɑːp jɪr] (EU) año de alternación (estudiantes).

co-ordinate [kəʊ'ɔːrdneɪt] *v.* coordinar.

co-owner ['kəʊ'ənər] *n.* copropietario.

co-ownership ['kəʊ'əʊnərʃɪp] *n.* copropiedad.

co-partner ['kəʊ'pɑːrtnər] *n.* coasociado.

cope [kəʊp] *v.* poder enfrentarse a una tarea.

cope with [-wɪð] *v.* hacer frente a; competir con.

copier ['kɑːpiər] *n.* copiadora, duplicadora.

copper ['kɑːpər] *n.* cobre. BOLSA: *Coppers,* valores sustentados en el cobre.

copy ['kɑːpi] *v.* copiar.

copy *n.* 1 copia. *Certified true copy,* copia legítima certificada. 2 ejemplar. 3 PUB.: texto, redacción. 4 PERIOD.: tema de un artículo, materia de un reportaje. 5 expedición de un acta. *Copy deadline,* fecha límite para la expedición de un texto. Pub.: *Copy-testing,* prueba de anuncio. *Copy-writer,* redactor publicitario.

copyright ['kɑːpiraɪt] *v.* proteger los derechos de autor de una publicación.

copyright *n.* derecho(s) de autor. *Copyright reserved,* todos los derechos reservados. *Copyright work,* obra protegida.

copywriter ['kɑːpi raɪtər] *n.* redactor (publicitario).

core [kɔːr] *n.* centro, parte central, corazón, núcleo. Univers.: *Core courses,* materias del tronco común. *Core inflation,* inflación estructural.

corn [kɔːrn] *n.* **1** granos, cereales, trigo. **2** (EU) maíz. *Corn belt,* zona donde se cultiva el maíz en los Estados Unidos.

corner ['kɔːrnər] *v.* **1** acorralar, arrinconar. **2** acaparar (un mercado, etc.). **3** acorralar a un especulador a la baja.

coroner ['kɔːrənər] *n.* Jur.: médico forense (persona a cargo de un proceso de instrucción en caso de una muerte violenta).

corporate ['kɔːrpərət] *adj.* corporativo, referente a una sociedad o empresa, social. *Corporate body,* persona moral. *Corporate culture,* cultura de la empresa. *Corporate identity,* identidad de la empresa; imagen comercial de una marca. *Corporate image,* imagen de la marca de la empresa. *Corporate lawyer,* abogado de la empresa, abogado corporativo. *Corporate name,* razón social. *Corporate planning,* planeación corporativa (se dice de los planes de desarrollo a largo plazo de una empresa). *Corporate profit,* utilidad corporativa, utilidad de la empresa. *Corporate raider,* comprador de sociedades. *Corporate tax,* impuestos corporativos, impuestos de las empresas. *Corporate earnings,* utilidades de las empresas. *Corporate strategy,* estrategia corporativa, estrategia empresarial.

corporation ['kɔːrpəreɪʃən] *n.* **1** corporación, empresa, organismo. **2** (GB) organismo público o semipúblico. *Public corporation,* organismo público. **3** (EU) sociedad por acciones, sociedad anónima. *Affiliated corporation,* corporación afiliada. *Business corporation,* corporación de negocios. *Financial corporation,* empresa o compañía financiera. *Non-profit corporation,* empresa sin fines de lucro. **4** persona moral (= **corporate body**).

correct [kə'rekt] *v.* corregir, rectificar. *Corrected invoice,* factura rectificativa.

correct *adj.* correcto, exacto, justo.

correction [kə'rekʃən] *n.* corrección, rectificación.

corrective [kə'rektɪv] *adj.* correctivo. *To take corrective action,* tomar una acción correctiva, remediar. *Corrective entry,* asiento (contable) de corrección.

correlation [kɔːrə'leɪʃən] *n.* correlación.

correspond ['kɔːrə'spɑːnd] *v.* **1** corresponder, agradecer, retribuir, ajustarse. **2** mantener correspondencia, escribirse cartas. **3** estar conforme con.

correspondence ['kɔːrəs'pɑːndəns] *n.* **1** correspondencia. *Correspondence-clerk,* empleado de correspondencia. *Business correspondence,* correspondencia comercial. **2** conformidad.

correspondent ['kɔːrə'spɑːndənt] *n.* correspondiente.

corresponding ['kɔːrə'spɑːndɪŋ] *adj.* correspondiente.

corroborate [kə'rɑːbəreɪt] *v.* corroborar.

corroboration [kə'rɑːbə'reɪʃən] *n.* corroboración, prueba, demostración.

corrode [kə'rəʊd] *v.* corroer, atacar, roer (metales).

corrosion [kə'rəʊʒən] *n.* corrosión.

corrosive [kə'rəʊsɪv] *adj.* corrosivo. *Non-corrosive,* inoxidable.

corrugated cardboard ['kɔːrəgeɪtəd 'kɑːrdbɔːrd] cartón corrugado.

corrugated iron ['kɔːrəgeɪtəd 'aɪərn] hierro corrugado.

corrupt [kə'rʌpt] *adj.* corrupto.

corruptible [kə'rʌptəbəl] *adj.* corruptible.

corruption [kə'rʌpʃən] *n.* corrupción.

cosine ['kəʊsaɪn] *n.* coseno. *Table of sines and cosines,* tabla de senos y cosenos.

cosmetic [kɑːz'metɪk] *adj.* **1** cosmético. **2** superficial (medidas, etc.).

cosmetics [kɑːz'metɪks] *n.* cosméticos.

co-sponsor [kəʊ'spɑːnsər] **1** comanditario asociado, participante en un patronato. **2** corresponsable. **3** co-patrocinador.

co-sponsoring [kəʊ'spɑːnsərɪŋ] co-patrocinio, co-patronato.

cost [kɔːst] *v.* **1** costar. **2** calcular el precio de costo, los costos.

cost *n.* costo, gastos, calcular el precio de costo. *At cost,* al precio de costo. *Cost accounting,* contabilidad de costos, contabilidad analítica, contabilidad industrial. *Cost accountant,* contador de costos. *Cost allocation,* asignación de los costos, afectación de los fondos, repartición de los fondos. *Cost analysis,* análisis de los costos. *Cost awareness,* conocimiento de los costos. *Cost-benefit analysis,* estudio de la relación costos-beneficios, análisis costo-beneficio. *Cost estimate,* estimación de costos. *Cost induced inflation,* inflación de los precios de costo (por los costos mismos). *Cost inflation,* inflación provocada por los costos. *Cost of entry,* costo de penetración (hacia un nuevo mercado). *Cost price,* precio de costo. *Cost push inflation,* inflación ocasionada por los costos. *Cost schedules,* programas de costos. *Direct cost,* costo directo. *Indirect cost,* costo indirecto. *Standard cost,* costo estándar.

cost-conscious [-kɑːntʃəs] *adj.* consciente de los costos, economizador, ahorrativo.

cost-cutter [-'kʌtər] *n.* persona o acción tendiente a la reducción de los gastos.

cost-cutting [-'kʌtɪŋ] *n.* ahorro, reducción de los gastos.

cost-effective [-ɪ'fektɪv] *adj.* rentable, con una buena relación costo-desempeño.

costing ['kɔːstɪŋ] *n.* 1 contabilidad de los precios de costo. 2 costeo, cálculo de los precios de costo, establecimiento de los precios de costo. *Costing methods,* métodos de costeo. *Direct costing,* costeo directo.

cost insurance and freight [-ɪn'ʃʊrəns ænd freɪt] **(C.I.F.)** [siː aɪ ef] *n.* costo, seguro, flete (C.S.F.).

cost of capital [-ɑːv 'kæpətl] costo de capital. *Average cost of capital,* costo de capital promedio. *Weighted average cost of capital,* promedio ponderado del costo de capital.

cost of goods [-ɑːv gʊds] costo de ventas. *Cost of good sold,* costo de las mercancías vendidas.

cost of living [-ɑːv 'lɪvɪŋ] *n.* costo de la vida. *Cost of living adjustment (C.O.L.A.),* indexación de los salarios, ajustes por el costo de la vida. *Cost of living allowance,* provisión para el costo de la vida. *Cost of living bonus,* bono por el costo de la vida. *Cost of living escalator,* escala móvil de salarios.

cost of money [-ɑːv 'mʌni] costo del dinero.

costly ['kɔːstli] *adj.* caro, costoso.

costless ['kɔːstləs] *adj.* gratuito, sin gastos, libre de costos.

cost overrun [-əʊvərʌn] *n.* exceso de gastos sobre el presupuesto; sobre costo.

cost price [-praɪs] *n.* precio de costo.

cost push inflation [-pʊʃ ɪn'fleɪʃən] inflación ocasionada por un aumento de los precios de costo, por los costos (de producción).

cost-saving [-'seɪvɪŋ] *adj.* económico, que ahorra gastos, que economiza.

costs ['kɔːsts] *n.* JUR.: costos. *To be ordered to pay costs,* tener la necesidad permanente de incurrir en gastos.

cost variance [-'veriəns] variación de los precios.

co-tenant ['kəʊ'tenənt] *n.* co-arrendatario.

cottage industry ['kɑːtɪdʒ 'ɪndəstri] industria artesanal.

cotton ['kɑːtn] *n.* algodón. *Cotton belt,* la zona del algodón (en los Estados Unidos). *Cotton growing,* el cultivo del algodón. *Cotton mill,* fábrica de algodón, fábrica de hilados.

council ['kaʊnsəl] *n.* consejo, municipalidad. *Town council,* concejo municipal. *Council home*

(GB), comisión para la moderación de rentas de inmuebles.

council of advisers (GB) ver **council of advisors**.

council of advisors [-ɑːv əd'vaɪzərs] comisión de asesores.

counsel ['kaʊnsəl] *n.* consejo, asesor jurídico, abogado.

count [kaʊnt] *v.* contar. *To count up,* totalizar.

count *n.* 1 cuenta. 2 descuento, rebaja. 3 JUR.: jefe de acusaciones.

count-down [-daʊn] *n.* cuenta reembolsable.

counter ['kaʊntər] *v.* enfrentarse, luchar, contradecir. *To counter foreign penetration,* luchar contra la penetración extranjera.

counter *n.* 1 taquilla, caja. *Check-out counter,* caja. *Over the counter,* al contado. BOLSA: de manera informal, de modo no oficial, fuera del mercado de cotizaciones. DIVISAS: *over-the-counter market,* mercado interbancario, mercado de ventas de mostrador. 2 mostrador, anaquel, estante, departamento (de una tienda). *Counter-top,* sobre el mostrador, en el mostrador, por arriba del mostrador. *Counter-top advertising,* publicidad que se hace desde o sobre el mostrador (por ejemplo colocación de anuncios, fotografías de productos, etc.).

counter *adj.* contrario, opuesto. *Counter offer,* contra-propuesta, propuesta contraria. *Counter order,* contraorden.

counteract ['kaʊntər'ækt] *v.* neutralizar, compensar, contrarrestar. *To counteract the effects,* contrarrestar los efectos.

counterclaim ['kaʊntər'kleɪm] *v.* hacer una contrademanda.

counterclaim *n.* contrademanda, contrarreclamación.

counter-clockwise [-'klɑːkwaɪz] (EU) en sentido inverso al de las manecillas del reloj.

counter display [-dɪs'pleɪ] instrumento de presentación para mostrador.

counterfeit ['kaʊntərfɪt] *v.* falsificar (moneda).

counterfeit *n.* falso, contrahecho, falsificado.

counterfeiter ['kaʊntər'fɪtər] *n.* falsificador de moneda.

counterfeiting ['kaʊntərfɪtɪŋ] *n.* falsificación.

counterfoil ['kaʊntərfɔɪl] *n.* talonario (de una chequera), talón.

counterpart ['kaʊntərpɑːrt] *n.* 1 contraparte. *Counterpart account,* cuenta de contrapartida. 2 contraseña, talón de un recibo. 3 homólogo, copia.

counterproductive ['kaʊntərprə'dʌktɪv] *adj.* contraproducente, que es contrario al fin que se persigue, que produce efectos negativos.

counter purchase [-'pɜːrtʃəs] contra-compras (comercio internacional: el vendedor se compromete a comprar o a hacer que se compren aquellos productos cuyo contravalor represente un cierto porcentaje convenido con relación al valor del contrato principal).

countersecurity ['kaʊntərsɪ'kjʊrəti] *n.* contracaución.

countersign ['kaʊntərsaɪn] *v.* contrafirmar, refrendar.

counter to [-tuː] *prep.* al encuentro de.

countertrade ['kaʊntərtreɪd] *n.* trueque, compensación, contraparte.

countervail ['kaʊntərveɪl] *v.* compensar, retribuir. *Countervailing duties,* derechos compensatorios. *To file a countervailing duty petition,* presentar una solicitud de imposición de derechos compensatorios. *Countervailing power,* contrapeso, poder compensatorio.

countless ['kaʊntləs] *adj.* innumerable(s).

country ['kʌntri] *n.* 1 país, nación. *Country planning,* planeación de un territorio. *Developing countries,* países en vías de desarrollo. *Less developed countries (L.D.C.s),* países menos desarrollados. *Underdeveloped countries,* países subdesarrollados. 2 el campo; la provincia; la región.

country risk [-rɪsk] riesgo de un país.

coupon ['kuːpɑːn] *n.* 1 cupón. *International reply coupon,* cupón de respuesta internacional. *Send-in coupon,* cupón de respuesta (de un diario, de un medio publicitario, etc.). 2 Bolsa: cupón. *Cum-coupon,* cupón anexo, cupón desprendible. *Due coupon,* sírvase devolver el cupón. *Ex-coupon,* sin cupón, cupón desprendido. *Coupon bond,* vale. 3 vale de reducción, cupón de descuento (se dice de los embalajes, etc.); prima por compras, vale de descuento, bono de descuento (se distribuye al cliente en función del volumen de compras y se concede derecho a un regalo).

couponing ['kuːpɑːnɪŋ] *n.* promoción por medio de cupones de descuento (que se encuentran en los envases) o a través de timbres que se distribuyen a los clientes en función de su volumen de compra y dándoles derecho a un regalo.

coupon scheme [-skiːm] *n.* ver **couponing**.

course [kɔːrs] *n.* 1 curso, transcurso, duración. 2 dirección, curso, ruta. *The course of the trend is upward (downward),* la tendencia es ascendente (descendente). 3 decisión, línea de conducción, vía, rumbo a seguir. *To hold a definite course,* mantener un curso definido. 4 asignatura, curso. *A course in economics,* un curso de economía. 5 servicio, plato (de una comida). 6 *Holder in due course,* tenedor de buena fe y con pleno derecho sobre un instrumento negociable o sobre un artículo, portador. 7 terreno, campo de golf.

court [kɔːrt] *n.* corte, tribunal. *To go to court,* acudir a la corte, ir en busca de justicia. *Court order,*

decisión de un tribunal. *Out of court settlement,* arreglo o liquidación amistosa.

covenant ['kʌvənənt] *v.* prometer, conceder, convenir, estipular por medio de un contrato.

covenant *n.* convenio, contrato.

cover ['kʌvər] *v.* 1 cubrir, revestir. 2 cubrir; proteger; garantizar. *Covering letter,* carta de garantía, carta de protección. 3 comprender, englobar. 4 Prensa: relatar, hacer un reportaje, cubrir.

cover *n.* 1 cubierta, pasta (de los libros). *Under separate cover,* por separado. 2 tapadera, capuchón, etc. 3 Seg.: cobertura, protección, seguro. *Cover note,* nota de cobertura, póliza provisional. 4 Fin., Bolsa: cobertura, provisión, margen, garantía.

coverage ['kʌvərɪdʒ] *n.* 1 campo de aplicación, dominio cubierto, área de cobertura. 2 Prensa, Radio, T.V., Pub.: alcance público, tiraje, audiencia. *An advertisement with wide coverage,* un anuncio que cubre un público muy amplio. 3 Seg., Fin.: cobertura. 4 reportaje, forma de narrar o relatar dentro de los medios de comunicación, cobertura.

covering letter ['kʌvərɪŋ 'letər] *n.* carta de confirmación, carta de envío. Seg.: carta de cobertura.

covering note ['kʌvərɪŋ nəʊt] *n.* nota de cobertura, garantía.

cover up [-ʌp] *v.* enmascarar, disimular, ocultar, disfrazar.

cover up *n.* hecho o tentativa de ocultar un asunto; disimulación.

crack [kræk] *v.* 1 rajarse, henderse, resquebrajarse. 2 *To crack a ring,* desmantelar una red.

crack *n.* fisura, hendidura, ruptura, grieta.

crackdown ['krækdaʊn] *n.* acción o intervención enérgica.

crackdown on [-ɑːn] *v.* intervenir enérgicamente.

cradle-to-grave social programmes ['kreɪdl tuː greɪv 'səʊʃəl 'prəʊɡræms] programas sociales completos (*lit.* desde la cuna hasta la tumba).

craft [kræft] (EU) *n.* 1 habilidad, talento. 2 oficio manual, actividad profesional. 3 artesanía. 4 barco, embarcación. 5 *Aircraft,* avión.

craftsman ['kræftsmən] *n.* artesano.

craftsmanship ['kræftsmənʃɪp] *n.* calidad de la ejecución de un trabajo, arte, habilidad de un artesano. *Bad craftsmanship,* trabajo mal ejecutado; falta de cuidado en la ejecución de una tarea.

craftunion ['kræft'juːnjən] *n.* sindicato (de obreros especializados o calificados).

cramp [kræmp] *v.* molestar, incomodar.

crane [kreɪn] *v.* levantar, izar.

crane *n.* grúa.

crash [kræʃ] *v.* 1 hundirse, desplomarse. 2 chocar, estrellarse contra el suelo.

crash *n.* 1 hundimiento, desplome, desastre, ruina. 2 accidente (de automóvil, de avión).
crash *adj.* 1 urgente, prioritario. *Crash program,* programa de urgencia. 2 intensivo. *A crash course,* curso intensivo.
crate [kreɪt] *n.* cajón, embalaje a base de tablas.
crawling peg [krɔːlɪŋ peg] paridad monetaria inestable.
creak to a halt [kriːk tuː ə hɔːlt] inmovilizarse, detenerse, dejar de funcionar.
create [kriˈeɪt] *v.* crear, fundar, lanzar.
creation [kriːeɪʃən] *n.* creación; fundación.
credentials [krɪˈdentʃəlz] *n.* 1 credenciales. 2 pieza(s) justificativa(s). 3 títulos; estados de servicio.
credit [ˈkredət] *v.* acreditar. *To credit an account, to credit a sum to an account,* acreditar una cuenta, depositar dinero en una cuenta.
credit *n.* crédito. *Credit advice,* asesoría de crédito. *Credit analysis,* análisis de crédito. *Credit balance,* saldo acreedor. *Credit card,* tarjeta de crédito. *Credit check,* investigación de crédito. *Credit crunch,* crisis de crédito. *Credit department,* departamento de crédito. *Credit manager,* gerente de crédito, administrador de crédito. *Credit note,* nota de crédito. *Credit policy,* política de crédito. *Credit squeeze,* restricciones de crédito. *Credit rating, credit standing, credit status, credit worthiness,* solvencia de crédito. *Letter of credit,* carta de crédito. *On credit,* a crédito. *Credit terms,* condiciones de crédito. *Credit tightening,* restricción del crédito. *Credit transfer,* (transferencia de crédito, transferencia bancaria (transferencia global hecha por un deudor a un banco que acredita individualmente las cuentas de los acreedores; en las grandes ciudades: orden de pago; en el extranjero: envío de fondos). *Consumer credit,* crédito al consumidor. *Limited credit,* crédito limitado. *Open credit,* crédito abierto. *Restricted credit,* crédito restringido. *Revolving credit,* crédito revolvente, crédito renovable. *Short term credit,* crédito a corto plazo. *Stand-by credit,* crédito preventivo. *To be in credit,* ser un acreedor.
credit account [-əˈkaʊnt] *n.* 1 cuenta acreedora. 2 crédito; cuenta de crédito.
credit crunch [-krʌntʃ] *n.* restricción del crédito.
credit line [-laɪn] línea de crédito.
creditor [ˈkredətər] *n.* 1 acreedor. *Bond creditor,* acreedor obligacionista. *Secured creditor,* acreedor garantizado. *Unsecured creditor,* acreedor no garantizado, acreedor quirografario. 2 acreedor. *Creditor account,* cuenta acreedora.
credit rating [-ˈreɪtɪŋ] evaluación del crédito, nivel de solvencia.

credit repayment [-riːˈpeɪmənt] reembolso de un crédito. *Credit repayment schedule,* programa de reembolso de un crédito.
credits [ˈkredəts] *n. pl.* PRENSA, RADIO, CINE, T.V.: créditos, ficha técnica.
credit squeeze [-skwiːz] crisis de crédito, restricción del crédito.
credit status agency [-ˈstætəs ˈeɪdʒənsi] agencia de información de crédito, agencia de informaciones comerciales.
credit terms [-tɜːrms] condiciones de crédito.
credit titles [-ˈtaɪtls] CINE, T.V.: créditos.
creep down(ward) [kriːp ˈdaʊn(wərd)] *v.* bajar lentamente, disminuir progresivamente.
creeping inflation [ˈkriːpɪŋ ɪnˈfleɪʃən] inflación reptante.
creep up [kriːp ʌp] *v.* subir lentamente, incrementarse de manera progresiva.
crew [kruː] *n.* tripulación.
crime [kraɪm] *n.* 1 crimen. 2 delito; delincuencia. 3 criminalidad. *Organized crime,* crimen organizado.
criminal [ˈkrɪmənl] *adj.* criminal. *Criminal law,* derecho penal. *Criminal proceedings,* procedimientos penales.
crimp [krɪmp] *v.* 1 ondular, rizar. 2 molestar, fastidiar.
cripple [ˈkrɪpəl] *v.* paralizar, asfixiar. *The strike crippled production,* la huelga paralizó la producción.
crippling [ˈkrɪplɪŋ] *adj.* paralizante.
crisis [ˈkraɪsəs]; *pl.* **crises** [ˈkraɪsiːz] *n.* crisis. *Economic crisis,* crisis económica.
criterion [kraɪˈtɪriən]; *pl.* **criteria** [kraɪˈtɪriə] *n.* criterio.
critic [ˈkrɪtɪk] *n.* crítico, persona que se dedica a la crítica.
critical path analysis [ˈkrɪtɪkəl pæθ əˈnæləsəs] **(C.P.A.)** [siː piː eɪ] *n.* análisis de la ruta crítica.
critical path method [ˈkrɪtɪkəl pæθ ˈmeθəd] **(C.P.M.)** [siː piː em] *n.* método de la ruta crítica.
criticism [ˈkrɪtəsɪzəm] *n.* crítica; ataque. *A moderate criticism,* una crítica moderada. *A devastating criticism,* una crítica devastadora. *To level criticism at somebody,* lanzar críticas contra alguien.
criticize [ˈkrɪtəsaɪz] *v.* criticar.
crook [krʊk] *n.* estafador.
crooked [ˈkrʊkəd] *adj.* deshonesto, pervertido, pícaro.
crop [krɑːp] *n.* cosecha. *Bumper crop,* cosecha récord. *Standing crop,* cosecha en pie.
cross [krɔːs] *v.* 1 cruzar. *Crossed check,* cheque cruzado. *To cross out where necessary,* poner una cruz (o una X) donde sea necesario. 2 cruzar, atravesar, pasar de un lado a otro, recorrer. 3 contrarrestar.

cross-currency swap [-'kɜːrənsi swɑːp] crédito cruzado (se dice de las divisas).

cross-default clause [-dɪ'fɔːlt klɔːz] cláusula de recurso legal contra terceros.

cross-examine [-ɪg'zæmən] v. proceder a un contrainterrogatorio.

crossing ['krɔːsɪŋ] n. 1 cruce, intersección. General crossing, cruce general. Special crossing, cruce especial. 2 travesía (en barco).

cross picket lines [-'pɪkət laɪnz] v. atravesar las vallas de una sección de huelga.

cross reference [-'refrəns] referencia cruzada.

cross-question [-'kwestʃən] ver **cross-examine.**

cross-section [-'sekʃən] n. sección o corte transversal, muestras representativas.

crowd out [kraʊd aʊt] v. (EU) excluir, capturar (una parte de un mercado), impedir que la competencia penetre un mercado. Heavy Federal borrowing might crowd out other borrowers, la importancia de los empréstitos federales podría prohibir el acceso a los préstamos para los demás prestatarios.

crude [kruːd] n. petróleo crudo.

crude adj. 1 crudo, bruto, no refinado. Crude oil, petróleo crudo. 2 brutal, vulgar.

cruise [kruːz] v. hacer una travesía en crucero, cruzar.

cruise n. crucero.

crumble ['krʌmbəl] v. derrumbarse. Prices crumbled, los precios se derrumbaron.

crunch [krʌntʃ] n. crisis. The energy crunch, la crisis de la energía. Credit crunch, crisis de crédito.

crushing plant ['krʌʃɪŋ plænt] n. planta trituradora.

cubage ['kjuːbeɪdʒ] n. cubicación, volumen.

cubic ['kjuːbɪk] adj. cúbico. Cubic capacity, capacidad cúbica, volumen.

cue [kjuː] n. indicio, indicación, sugerencia. CINE, T.V.: Cue sheet, índice de entradas.

cuff [kʌf] n. crédito. On the cuff, a plazos. Off the cuff, de manera improvisada, no oficial, sin preparación.

cull [kʌl] v. 1 seleccionar, elegir, reunir, recolectar. Data culled from various surveys, datos recolectados a partir de diversas encuestas. 2 eliminar (un animal de un rebaño, etc.).

culprit ['kʌlprət] n. culpable.

cultivation ['kʌltəˈveɪʃən] n. cultivo. Land under cultivation, tierra cultivada.

cum [kʌm] exp. acumulativo, con. Cum-coupon, con cupón. Cum-dividend, con cupón anexo, con dividendo. Cum-rights, derechos anexos.

cumulated ['kjuːmjəleɪted] adj. acumulado.

cumulative ['kjuːmjələtɪv] adj. acumulativo. Inflation is a cumulative process, la inflación es un proceso acumulativo. Cumulative interest,

intereses acumulativos. Cumulative interest to date, intereses acumulados a la fecha. Cumulative payments, pagos acumulativos. Cumulative preferred shares, acciones privilegiadas de naturaleza acumulativa.

curator [kjʊˈreɪtər] n. conservador.

curb [kɜːrb] v. moderar, frenar, controlar. To curb inflation, frenar la inflación.

curb n. freno, bloqueo. Curb-market (EU), mercado que sufre un bloqueo.

curbstone broker ['kɜːrbstəʊn brəʊkər] n. corredor de valores de rápida circulación, de alta liquidez.

currency ['kɜːrənsi] n. moneda nacional, divisa, unidad monetaria. Currency rate, tipo de cambio de las divisas. Foreign currency, divisas extranjeras. Hard currency, monedas metálicas, dinero metálico.

currency adjustment [-əˈdʒʌstmənt] ajuste, arreglo, reajuste monetario.

currency adjustment factor [-'fæktər] tasa de reajuste de las divisas.

current ['kɜːrənt] adj. 1 corriente. Current account, cuenta corriente. Current assets, activo circulante, activo realizable. Current disbursements of money, gastos corrientes en efectivo. Current liabilities, pasivo circulante, pasivo exigible, deudas a corto plazo. Current maturity, vencimiento circulante (se dice de los vencimientos anuales de las deudas a largo plazo). Current portion of long term debt, porción circulante de la deuda a largo plazo. Current price list, lista de precios actuales. 2 actual, presente.

current cost [-kɔːst] costo actual. Current replacement cost, costo actual de reposición.

current ratio [-'reɪʃəʊ] razón circulante (división del activo circulante entre el pasivo circulante).

current money [-'mʌni] moneda de curso legal, moneda en circulación.

current value [-'væljuː] valor actual; CONTAB.: costo de reemplazo. To convert to current value, actualizar, convertir al valor presente.

curtail [kɜːrˈteɪl] v. reducir, disminuir, acortar. Imports had to be curtailed, las importaciones tuvieron que ser reducidas.

curtailment [kɜːrˈteɪlmənt] n. reducción, disminución, compresión.

curve [kɜːrv] n. curva.

cushion ['kʊʃən] v. proteger, garantizar.

cushion n. margen de seguridad, protección, garantía.

cushion (off) [-(ɔːf)] v. atenuar, amortiguar. To cushion (off) seasonal fluctuations, atenuar las fluctuaciones estacionales.

cushy ['kʊʃi] adj. cómodo, confortable. A cushy job, un empleo cómodo y tranquilo.

custodial fees [kʌ'stəυdiəl fiːz] gastos de custodia.
custody ['kʌstədi] *n.* 1 custodia, guardia. *In safe custody,* en depósito. 2 encarcelamiento, detención, arresto. *To take someone into custody,* encarcelar a una persona.
custom ['kʌstəm] *n.* 1 JUR.: derecho consuetudinario. 2 clientela.
custom-house [-haυs] *n.* aduana (local).
custom-built [-bɪlt] *adj.* hecho o construido de acuerdo con las especificaciones del cliente.
custom-made [-meɪd] *adj.* hecho a la medida.
customer ['kʌstəmər] *n.* cliente.
customer profile [-'prəυfaɪl] *n.* perfil de la clientela, perfil del cliente.
customer relations [-rɪ'leɪʃəns] relaciones con la clientela.
customer response [-rɪ'spɑːns] reacción de la clientela.
customer service [-'sɜːrvəs] servicio a los clientes, servicio a la clientela.
customize ['kʌstəmaɪz] *v.* personalizar (un artículo, un producto), producir bajo las especificaciones del cliente.
customs ['kʌstəms] *n.* aduana. *Customs authorities,* autoridades aduanales. *Customs clearance,* retiro (de una mercancía) de la aduana. *Customs duties,* derechos de aduana. *Customs agent, customs officer, customs official,* agente aduanal, funcionario aduanal, oficial de la aduana. *Customs rates, customs tariffs,* aranceles aduanales. *Customs station,* puesto de aduana. *Customs warehouses,* almacenes aduanales.
cut [kʌt] *v.* reducir, comprimir. *To cut corners,* hacer economías, ahorrar los sobrantes. *To cut prices,* reducir los precios. *To cut one's losses,* limitar las pérdidas, aceptar una pérdida (la parte respectiva). *To cut deeply into the work force,* hacer fuertes reducciones de personal.
cut *n.* 1 corte, reducción, disminución. *A cut in production,* reducción de la producción. *A cut in spending,* reducción de los gastos. *Electricity cuts,* cortes de electricidad. *To take a pay cut,* aceptar una reducción de salario. 2 parte. *Cut of the profits,* (una) parte de las utilidades. 3 IMPR.: clisé, grabado.
cut back [-bæk] *v.* reducir, disminuir.

cutback ['kʌtbæk] *n.* reducción, disminución. *There has been a cutback in credit,* ha habido una reducción de crédito.
cut down [-daυn] *v.* reducir, restringir. *To cut down on profit margins,* comprimir los márgenes de utilidad.
cutdown ['kʌtdaυn] *n.* baja, reducción. *A cutdown in production,* una baja de producción.
cut-in [-ɪn] *n.* inserción publicitaria.
cut off [-ɔːf] *v.* TELEF.: cortar la comunicación, interrumpir.
cut-off, cutoff ['kʌtɔːf] *n.* cesación; fecha límite. *Cutoff date,* fecha de cierre. *Cutoff point,* punto límite (en el análisis de inversiones, se dice del punto a partir del cual los proyectos se rechazan por diversas razones financieras). *Cutoff rate,* tasa de corte (tasa mínima de rendimiento que debe redituar un proyecto para ser aceptado dentro de una cartera de inversiones). CONTAB.: *Cutoff procedures,* procedimientos de separación de los ejercicios.
cut out [-aυt] *v.* eliminar. *To cut out waste,* eliminar los desperdicios.
cut-price [-praɪs] *adj.* a precio reducido.
cut-rate [-reɪt] *adj.* a precio reducido, a precio de descuento, se dice de quien practica la reducción de precios. *Cut-rate offers,* ofertas a precio reducido. *Cut-rate store,* tienda de descuento.
cut-throat [-θrəυt] *adj.* feroz, fiero, encarnizado. *Cut-throat competition,* competencia encarnizada, competencia feroz, salvaje.
cutting ['kʌtɪŋ] *n.* 1 reducción. 2 recorte de prensa. 3 INGEN.: zanja, excavación.
cuttings ['kʌtɪŋs] *n.* cortes (de madera, de metal).
cutting table [-'teɪbəl] *n.* tabla de montaje (cine).
cybernetics ['saɪbər'netɪks] *n.* cibernética.
cycle ['saɪkəl] *n.* ciclo (económico).
cyclical ['saɪklɪkəl] *adj.* cíclico, coyuntural. *Cyclical unemployment,* desempleo cíclico. *The highly cyclical US aerospace industry,* la industria aeronáutica estadounidense particularmente sensible a las coyunturas. *Cyclical peaks,* crestas cíclicas, puntos máximos de naturaleza cíclica.

C

d

dabble ['dæbəl] *v.* 1 jugar en la bolsa, participar en algún negocio, especular con valores bursátiles. *To dabble on the Stock Exchange,* jugar en la bolsa. *To dabble in (at) law,* empaparse un poco de leyes.

dabbler ['dæblər] *n.* especulador de bolsa.

daily ['deɪli] *n.* diario.

daily *adj.* diario, cotidiano. *Daily cash report,* reporte diario de efectivo. *Daily sales report,* reporte diario de ventas.

daily *adv.* cotidianamente, todos los días.

dairy ['deri] *n.* lechería, quesería, mantequería. *Dairy produce,* productos lácteos. *Dairy products,* productos lácteos.

dairying ['deriŋ] *n.* industria láctea.

dam [dæm] *v.* 1 construir una presa. 2 contener, refrenar.

dam *n.* presa; dique; estanque.

damage ['dæmɪdʒ] *v.* 1 averiar, dañar. 2 lesionar, herir.

damage *n.* 1 avería, daño. *Physical damage,* daño físico. *Damage survey,* peritaje de daños, inspección de averías. 2 perjuicio, pérdida. 3 *Damages* (en plural), indemnización, reparación por daños y perjuicios. *To sue for damages,* demandar por daños y perjuicios. *To be liable for damages,* ser civilmente responsable por daños y perjuicios.

damaged ['dæmɪdʒd] *adj.* estropeado, averiado, dañado.

damages ['dæmɪdʒəz] *n.* reparación por daños y perjuicios, indemnización. *To claim damages,* presentar una demanda por daños y perjuicios. *To sue for damages,* demandar por daños y perjuicios. *To be liable for damages,* ser civilmente responsable por daños y perjuicios. *Consequential damages,* daños y perjuicios indirectos que resultan de la violación de un contrato pero que se refieren a daños imprevistos. *Incidental damages,* daños y perjuicios accesorios, gastos comercialmente razonables que provienen de la violación de un contrato. *General damages,* gastos y perjuicios previstos por la ley sin hacer referencia a ningún carácter, condición o circunstancia de naturaleza particular. *Nominal damages,* reparación simbólica de daños y perjuicios. *Retributory damages,* daños y perjuicios en retribución de un daño moral. *Substancial damages,* daños y perjuicios en retribución de un daño material. *Farthing damages,* reparación simbólica de daños y perjuicios.

damp [dæmp] *v.* (GB) ver **damper**.

damp *n.* 1 humedad. 2 frío, desaliento.

damp *adj.* húmedo.

dampen ['dæmpən] *v.* debilitarse, atenuarse, calmarse. *To dampen sales,* reducir, disminuir, hacer bajar las ventas. *To dampen pressure,* reducir la presión.

damper ['dæmpər] *v.* (EU) 1 abatir, debilitar, desalentar. 2 mojar, humedecer.

damper *n.* 1 aparato o mecanismo que permite reducir, moderar, aminorar o sofocar. *To put a damper on,* reducir, atenuar, sofocar. 2 (argot de EU) cajón, gaveta, caja de distribución.

damp-proof [-pru:f] *adj.* impermeable, a prueba de humedad.

danger ['deɪndʒər] *n.* peligro, riesgo. *To be in danger of...,* correr el peligro (o el riesgo) de... *A danger to,* un peligro de o para.

dardanism ['dɑːrdnəsm] *n.* "dardanismo", desmantelamiento o destrucción de los excedentes de los inventarios.

dark horse [dɑːrk hɔːrs] *n.* POL.: candidato inesperado, poco conocido por el público, pero que tiene probabilidades de tener éxito.

dash [dæʃ] *n.* 1 guión. 2 *A dash* (A'), A prima. 3 ímpetu, fervor, lanzamiento. 4 choque. 5 gota, lágrima.

dashboard ['dæʃbɔːrd] *n.* tablero de instrumentos, tablero de mandos (por ejemplo en los automóviles).

data ['deɪtə] *n.* datos, informes, informaciones. (*sing.* **datum**, dato). *Data processing,* procesamiento de datos, informática. *Data sheet,* currículum vitae. *Data handling capacity,* capacidad de manejo de datos. *Data bank,* banco de datos. *Data base,* base de datos.

date [deɪt] *v.* 1 fechar, hacer una cita. 2 datar de (una época anterior).

date *n.* 1 fecha, época; día del mes. *To be up to date,* estar al corriente, estar al día, estar actualizado. *To be out of date,* estar fuera de época, pasado de moda. *Interest to date,* intereses a la fecha. *Issuance date,* fecha de expedición. *Date of a bill,* término de un documento. *Maturity date,* fecha de vencimiento. 2 (EU *fam.*) cita.

date back [-bæk] *v.* remontarse. *His debt dates back two years,* su deuda se remonta dos años.

date forward [-'fɔːrwərd] *v.* postdatar.

date-stamp [-stæmp] *v.* fechar.

dating ['deɪtɪŋ] *n.* establecimiento de una fecha, fechado, relativo a las fechas. *Dating machine,* máquina fechadora.

day [deɪ] *n.* **1** día. *To work by the day,* trabajar por día. *Twice a day,* dos veces al día. *This day week,* de hoy en ocho días, después de ocho días contados a partir del día de hoy. *Every other day,* cada dos días. *Day-to-day loans,* préstamos al día, préstamos exigibles a plazo inmediato. **2** *Day of the month,* día del mes. *Day-off,* día de descanso, día de asueto. *Business day, clear day, working day,* día hábil, día laborable.

day-book [-bʊk] *n.* diario, libro de asientos, libro de movimientos diarios, borrador.

day in court [-ɪn kɔːrt] *n.* día de audiencia.

day-light saving time [-laɪt 'seɪvɪŋ taɪm] (EU) hora de verano (se dice del cambio de horario).

days after date [deɪs 'æftər deɪt] número de días transcurridos después de una fecha en especial. JERGA FINANCIERA: "días fecha" (se dice principalmente de las letras de cambio).

days after sight [deɪs 'æftər saɪt] JERGA FINANCIERA: "días vista", días después de haber visto un documento, un pagaré, etc., a ... días después de visto (a partir del día siguiente de la presentación). *Thirthy business days after sight,* a treinta días hábiles vista, treinta días hábiles después de visto.

days of grace [deɪs ɑːv greɪs] *n.* días de gracia. En ciertos países existe un plazo de tres días (para el pago de un documento) y un plazo de treinta días (para el pago de las primas de seguros de vida).

day ticket [-'tɪkət] *n.* billete para viajar de ida y de regreso válido sólo por un día.

day-to-day [-tuː deɪ] *exp.* al día, día por día (se dice principalmente de los préstamos que son exigibles a plazo inmediato). *On a day-to-day basis,* sobre una base diaria, al día. *Day-to-day money,* dinero al día.

day to day market [-'maːrkət] mercado de dinero al día, préstamos que se efectúan en el mercado de dinero y que son exigibles en forma inmediata.

D-day ['diːdeɪ] *n.* día que se señala para la realización de alguna acción conjunta.

dead [ded] *adj.* muerto, inactivo; *fam.,* terminado, acabado; en desuso. *Law that remains a dead letter,* una ley que se ha convertido en letra muerta, que ha caído en desuso. *Dead hours,* horas de menor consumo, horas de baja actividad, horas de poco tráfico. *Dead letter,* carta devuelta (por el correo), carta no reclamada (por el destinatario). *Dead loan,* préstamo irrecuperable. *Dead lode,* filón o veta agotada. *Dead market,* mercado muerto, mercado extinto. *Dead money,* dinero inactivo, fondos sin invertir. *Dead season,* estación (del año) muerta, inactiva.

dead beat [-biːt] *n.* (EU) pagador incumplido.

dead freight [-freɪt] *n.* **1** reparación por abandono de un cargamento (es exigible cuando un expedidor o un fletador reserva un lugar en un buque pero no lo ocupa). **2** espacio que se reservó en un buque para un flete pero que no fue utilizado. **3** flete falso (destinado a llenar un navío o a equilibrar su contrapeso). **4** flete pesado y no perecedero.

dead-hand [-hænd] *n.* JUR.: mano muerta, manos muertas. *Dead-hand properties,* bienes de manos muertas, bienes inalienables.

dead head [-hed] *n.* (EU) camión que se desplaza sin llevar ninguna carga.

dead horse [-hɔːrs] *n.* (EU) trabajo pagado en forma anticipada; asunto o problema que ha perdido interés o actualidad.

deadline ['dedlaɪn] *n.* fecha límite, fecha de exclusión, fecha de cierre. *Deadline for applications,* fecha límite para la presentación de solicitudes. *To meet the deadline,* respetar un plazo, una fecha límite.

dead loan [-ləʊn] *n.* préstamo irrecuperable.

deadlock ['dedlɑːk] *n.* callejón sin salida, desacuerdo irremediable, punto muerto. *To come to a deadlock,* caer en un callejón sin salida. *To break the deadlock,* salir de un callejón sin salida, reanudar pláticas (se dice de las negociaciones).

dead lode [-ləʊd] *n.* veta o filón agotado.

dead loss [-lɔːs] *n.* pérdida total.

dead market [-'maːrkət] *n.* mercado muerto, mercado inactivo.

dead money [-'mʌni] *n.* dinero inactivo, dinero muerto.

dead season [-'siːzn] *n.* estación (del año) inactiva, muerta.

dead stock [-stɑːk] *n.* inventario muerto, mercancías invendibles.

dead time [-taɪm] *n.* tiempo muerto, tiempo que no se aprovecha.

dead-weight [-weɪt] *n.* **1** peso muerto. **2** cargamento en grandes cantidades.

deal [diːl] *v.* distribuir, compartir, repartir, atribuir.

deal *n.* **1** cantidad, suma, cuantía, porción (en general, *a good deal, a great deal,* una buena cantidad, una gran cantidad). **2** acción de dar las cartas en una partida de naipes. **3** COM.: trato, pacto, negocio, transacción, acuerdo. *It's a deal,* trato hecho, es un trato. *Big deals,* grandes negocios. *To give someone a fair deal,* cerrar un acuerdo, pactar una operación.

deal in (to) [-ɪn (tuː)] *v.* comerciar en (algún sector de la economía).

dealer ['diːlər] *n.* **1** proveedor, negociante, concesionario, revendedor. *(Wholesale) dealer,* mayorista. **2** (EU) agente de bolsa que trabaja por su cuenta.

dealing ['diːlɪŋ] *n.* 1 distribución. 2 comercio. 3 conducta, manera de proceder, manera de actuar. *Fair dealings,* lealtad.

dealings ['diːlɪŋs] *n.* negocios, convenios, transacciones, operaciones, relaciones de negocios. *Dealings for cash,* operaciones al contado. *Dealings for the account,* operaciones a plazo. *Dealings per day,* número de operaciones por día. *Double dealings,* procedimientos desleales en los negocios. *Forward exchange dealings,* operaciones de divisas a plazo. *Square dealings,* procedimientos leales en los negocios.

dealmaker ['diːl'meɪkər] *n.* intermediario que permite llevar a cabo un acuerdo, autor de un acuerdo (se utiliza sobre todo para designar a los especialistas de las fusiones y adquisiciones y de las reestructuraciones industriales).

deal with [-wɪð] *v.* 1 ocuparse de, tratar(se) de. 2 comerciar, negociar, tratar con.

dean [diːn] *n.* UNIVERS.: decano, director.

dear [dɪr] *adj.* 1 caro, costoso. 2 querido (al principio de una carta: *Dear Sir,* corresponde en español a "Estimado Señor" o "Respetable Señor").

dearth [dɜːθ] *n.* penuria, pobreza, escasez.

death [deθ] *n.* muerte, deceso. *Death rate,* tasa de mortalidad. *Death penalty,* pena de muerte.

death duties [-'duːtiz] derechos de sucesión.

debar [dɪ'baːr] *v.* excluir, prohibir, rehusar, privar a alguien de algo. *To debar someone from doing something,* prohibir a alguien hacer algo.

debark [diː'baːrk] *v.* desembarcar (*from,* de).

debase [dɪ'beɪs] *v.* 1 rebajar, degradar. 2 alterar (la moneda). 3 depreciar (la moneda).

debasement [dɪ'beɪsmənt] *n.* 1 degradación. 2 depreciación, alteración. *Debasement of currency,* depreciación de la moneda.

debate [dɪ'beɪt] *v.* debatir, discutir.

debater [dɪ'beɪtər] *n.* orador, especialista en debates públicos.

debenture [dɪ'bentʃər] *n.* obligación (generalmente a largo plazo y sin garantía, en oposición a *bond* (bono), que sí incluye una garantía; esta diferencia tiende a atenuarse en los ambientes financieros modernos, principalmente en los Estados Unidos). *Simple debenture,* obligación sin garantía colateral. *Mortgage debenture,* obligación hipotecaria (es decir, garantía concedida a través de una hipoteca). *Convertible debenture,* obligación convertible en acciones.

debenture-bond [-baːnd] *n.* obligación no garantizada por un activo, sin garantía prendaria.

debenture-capital [-kæpətl] *n.* capital en obligaciones.

debenture-holder [-'həʊldər] *n.* tenedor de una obligación, obligacionista.

debenture issuance [-'ɪʃuːəns] emisión de obligaciones.

debenture-stock [-staːk] *n.* 1 obligaciones no garantizadas a largo plazo. 2 (EU) acciones preferentes. 3 (GB) obligaciones no garantizadas.

debit ['debət] *v.* 1 cargar (a una cuenta). 2 cargar a la cuenta de alguien. *To debit someone with a sum,* cargar una suma a la cuenta de.

debit *n.* débito, cargo, debe.

debit account [-ə'kaʊnt] *n.* cuenta deudora.

debit balance [-'bæləns] *n.* saldo deudor. *His account is showing a debit balance,* su cuenta muestra un saldo en contra (un déficit).

debit note [-nəʊt] *n.* nota de débito, nota de cargo.

debt [det] *n.* 1 deuda, endeudamiento. *Debt capacity,* límite (máximo) de endeudamiento. *Debt financing* a) reembolso de un préstamo b) financiamiento por medio de préstamos bancarios o a través de emisión de obligaciones. 2 crédito. *Bad debt,* crédito (o cuenta) de cobro dudoso. *Debts (due by the trader),* deudas pasivas. *Debts (due to the trader),* deudas activas. *To be in debt,* estar endeudado. *To be out of debt,* no tener más deudas, haber liquidado uno todas sus deudas. *Public debt,* deuda pública. *Secured debt,* deuda garantizada. *Consolidated debt,* deuda consolidada.

debt capacity [-kə'pæsəti] *n.* capacidad de endeudamiento, límite máximo de endeudamiento.

debt collection [-kə'lekʃən] recuperación de créditos, cobro de una deuda.

debt collector [-kə'lektər] *n.* cobrador de deudas, agente de cobranzas.

debt deferral [-dɪ'fɜːrəl] *n.* diferimiento de una deuda, moratoria.

debt-equity ratio [-'ekwəti 'reɪʃəʊ] razón de endeudamiento (de una empresa).

debt funding [-'fʌndɪŋ] renegociación de una deuda, conversión de una deuda a largo plazo en una deuda a corto plazo.

debt-laden [-'leɪdn] fuertemente endeudado.

debt refinancing [-'riːfə'nænsɪŋ] refinanciamiento de una deuda.

debtor ['detər] *n.* deudor. *Debtor account,* cuenta deudora. *Debtor country,* país deudor, nación deudora.

debt ratio [-'reɪʃəʊ] *n.* razón de endeudamiento, razón de solvencia, coeficiente de endeudamiento.

debt-ridden [-'rɪdn] cargado de deudas, comprometido con deudas.

debt relief [-rɪ'liːf] *n.* liberación de deudas.

debt rescheduling [-'riːˈskedʒuːlɪŋ] reprogramación de una deuda; consolidación de una deuda.

debt securities [-sɪ'kjurətiz] *n.* valores de endeudamiento; garantía de una deuda.

debt service, debt servicing [-'sɜːrvəs, - 'sɜːrvəsɪŋ] *n.* servicio (pago de intereses y reembolso de capital) de una deuda.

debt-trading [-'treɪdɪŋ] compra y venta de créditos, negociación de créditos.

debt swap [-swɑːp] intercambio de créditos.

debug ['diː'bʌg] *v.* 1 INFORM.: detectar y corregir deficiencias de un programa, poner a punto. 2 deshacerse de micrófonos espías.

decade ['dekeɪd] *n.* década.

decasualization [dɪ'kæʒuəli'zeɪʃən] *n.* regularización (del trabajo), eliminación del trabajo temporal.

decay [dɪ'keɪ] *v.* decaer (se dice del comercio, etc.), declinar, averiarse, menoscabarse, alterarse.

decay *n.* 1 declive, decadencia (de una fortuna), desmoronamiento (de edificios, etc.). 2 corrupción, alteración.

deceased [dɪ'siːst] *n.* difunto(a).

deceased *n.* y *adj.* finado. *Son of Peter Maxwell deceased,* hijo del finado P. Maxwell. *Deceased estate,* sucesión.

deceit [dɪ'siːt] *n.* engaño, robo, fraude.

deceive [dɪ'siːv] *v.* engañar, timar, inducir a error. *We have been deceived in him,* nos equivocamos en lo que se refiere a su conducta.

decelerate ['diː'seləreɪt] *v.* 1 retardar (un servicio). 2 desacelerar, disminuir o moderar la velocidad o el ritmo. *To decelerate a rate of growth,* desacelerar una tasa de crecimiento.

deceleration ['diː'selə'reɪʃən] *n.* retardamiento, desaceleración.

decenial [dɪ'seniəl] *adj.* decenal, decenario.

decentralization [diː'sentrələ'zeɪʃən] *n.* descentralización.

decentralize [diː'sentrəlaɪz] *v.* descentralizar.

deception [dɪ'sepʃən] *n.* 1 engaño, fraude. *Theft by deception,* (robo por) abuso de confianza. 2 error.

deceptive [dɪ'septɪv] *adj.* defraudador, mentiroso, estafador, tramposo.

decide [dɪ'saɪd] *v.* 1 decidir, tomar una decisión, decidirse a, juzgar. 2 *To decide on something,* tomar una decisión con relación a algo, detener un plan, un método.

decile [dɪ'saɪl] *n.* decil (parte que representa un diez por ciento de una población).

decimal ['desəməl] *n.* y *adj.* decimal. *Decimal digit,* dígito decimal. *Rounded to three decimal digit,* redondeado a tres dígitos decimales.

decipher [dɪ'saɪfər] *v.* descifrar, descodificar, traducir, transcribir.

decision [dɪ'sɪʒən] *n.* 1 decisión, voto, deliberación. *To reach a decision,* llegar a una decisión. 2 resolución, juicio.

decision maker [-'meɪkər] *n.* se dice de la persona que toma las decisiones.

decision making [-'meɪkɪŋ] *n.* toma de decisiones.

decision making process [-'prɑːses] proceso de toma de decisiones, método para tomar decisiones.

decision tree [-triː] *n.* árbol de decisión, árbol de toma de decisiones.

D

decisive [dɪ'saɪsɪv] *adj.* 1 decisivo, concluyente. *A decisive statement,* una declaración decisiva. 2 decidido, emprendedor.

deck [dek] *n.* NAVEG.: cubierta de un barco, puente.

deck-cargo [-'kɑːrgəʊ] *n.* cargamento que se almacena sobre la cubierta de un navío.

deckload [dekləʊd] se dice del cargamento que se coloca sobre la cubierta de un navío.

declaration ['deklə'reɪʃən] *n.* declaración. *Declaration of the poll,* proclamación de los resultados (de un escrutinio).

declaratory [de'klærətəri] *adj.* declaratorio, aquello que aclara. *Declaratory judgement,* juicio declaratorio. *Declaratory statute,* ley interpretativa.

declare [dɪ'kler] *v.* declarar. *To declare bankrupt, bankruptcy,* declararse en quiebra. *To declare a dividend,* declarar un dividendo. *To declare for,* declarar a favor de. *To declare against something,* declarar contra algo.

declared [dɪ'klerd] *adj.* declarado, decretado. *Declared dividends,* dividendos declarados.

declassification ['diː'klæsəfə'keɪʃən] *n.* revelación de un secreto (a propósito de un documento, de una noticia).

declassify ['diː'klæsəfaɪ] *v.* revelar un secreto (relacionado con un documento), autorizar la libre circulación de un documento que hasta entonces se consideró secreto.

decline [dɪ'klaɪn] *v.* 1 declinar, rehusar (una invitación). 2 bajar, irse a pique, disminuir.

decline *n.* declinación, declive, menoscabo. NEG.: baja, desaceleración, retardamiento.

declining [dɪ'klaɪnɪŋ] *adj.* declinante. *A declining trend,* una tendencia declinante. *Declining-balance method,* método de saldo declinante (depreciación).

decode ['diː'kəʊd] *v.* descifrar, descodificar (un mensaje).

decoder ['diː'kəʊdər] *n.* descodificador.

decontrol ['diːkən'trəʊl] *v.* liberar (un precio), aumentar (las medidas de control), desgravar (fiscalmente).

decrease [dɪ'kriːs] *v.* 1 bajar, decrecer, irse a pique, menguar. 2 disminuir, aminorar, reducir.

decrease *n.* disminución. *Decrease in value,* disminución de valor.

decree [dɪ'kriː] *v.* decretar, resolver, ordenar.

decree *n.* 1 decreto, acuerdo, resolución. *To issue a decree,* promulgar un decreto. 2 decisión, juicio, ordenamiento. *Decree in bankruptcy,* juicio declaratorio de quiebra.

decumulation [dɪ'kjuːmjə'leɪʃən] *n.* contracción (de los precios de las acciones).

dedicate ['dedɪkeɪt] *v.* 1 dedicar. 2 (EU) inaugurar.

dedicated ['dedɪkeɪtəd] *adj.* dedicado, fiel, consagrado(a), motivado.

deduce [dɪ'duːs] *v.* deducir, concluir, inferir.

deduct [dɪ'dʌkt] *v.* deducir, descontar, rebajar. *To deduct expenses from income,* deducir los gastos de los ingresos. *To deduct taxes from net income,* deducir los impuestos de la utilidad neta.

deductible [dɪ'dʌktəbəl] *adj.* deducible, descontable (*from,* de). *Deductible expenses,* gastos deducibles. *Non-deductible expenses,* gastos no deducibles.

deduction [dɪ'dʌkʃən] *n.* 1 deducción *(from a quantity),* retención, deducción *(of a sum).* 2 deducción, razonamiento deductivo.

deductive [dɪ'dʌktɪv] *adj.* deductivo(a).

deed [diːd] *v.* (EU) transferir por medio de un acta.

deed *n.* 1 acción, acto, hecho. *We need deeds not words,* necesitamos hechos y no palabras. *In deed, not in name,* en la realidad y no en la teoría. 2 acta (notarial), contrato. *To draw up a deed,* levantar un acta, redactar un acta. *Deed of partnership,* contrato de asociación, acta de una sociedad. *Deed of transfer,* acta de cesión. *Private deed,* acta (que se firma en forma) privada.

deejay *n.* ver **disk**.

deem [diːm] *n.* estimar.

deepfreeze ['diːp'friːz] *v.* congelar; guardar o almacenar en reserva.

deep-freeze(r) [-(r)] *n.* congelador.

deepen ['diːpən] *v.* 1 profundizar, aumentar; agravar. 2 profundizarse, agravarse, acentuarse. *The recession deepens,* la recesión se agrava.

deep waters (to be in) [diːp 'wɔːtərs (tuː biː ɪn)] estar en una situación difícil, estar con el agua hasta el cuello.

de facto [deɪ'fæktəʊ] *loc. lat.* JUR.: de hecho, de fuerza.

defalcate ['dɪfælkeɪt] *v.* desfalcar, desviar fondos.

defalcation ['dɪfæl'keɪʃən] *n.* 1 desfalco, desvío de fondos. 2 déficit.

defalcator ['dɪfæl'keɪtər] *n.* desfalcador de fondos (se dice de quien desvía los fondos públicos).

defamation ['defə'meɪʃən] *n.* difamación.

defamatory [dɪ'fæmətɔːri] *adj.* difamatorio, difamante, deshonroso.

defame [dɪ'feɪm] *v.* difamar.

defamer [dɪ'feɪmər] *n.* difamador.

default [dɪ'fɔːlt] *v.* 1 no cumplir con, no hacer frente a, faltar a los compromisos, dejar de hacer algo, incumplir, fallar. *To default on a payment,* dejar de cumplir con un pago. 2 no comparecer, no presentarse (ante un tribunal). 3 condenar por algún incumplimiento.

default *n.* 1 falla, incumplimiento, infracción, inobservancia (con relación a una obligación), negligencia, falta de pago. 2 BOLSA: ruina, quiebra. 3 JUR.: falta de comparecencia, rebeldía. *Judgement by default,* juicio por rebeldía.

defaulter [dɪ'fɔːltər] *n.* 1 delincuente, infractor. 2 rebelde, contumaz. 3 deudor atrasado en sus pagos, deudor en quiebra, moroso, persona que no paga sus deudas. 4 autor de un desvío de fondos, desfalcador.

defeasance [dɪ'fiːsəns] *n.* anulación, abrogación (de un derecho).

defeat [dɪ'fiːt] *v.* 1 vencer, derribar. 2 reducir a una minoría (gobierno), poner en jaque.

defect ['diːfekt] *n.* defecto, imperfección, vicio. *Defect in form,* vicio de forma. *Conspicuous defect,* vicio o defecto aparente.

defective [dɪ'fektɪv] *adj.* defectuoso, imperfecto, en mal estado. *Defective products,* productos defectuosos.

defence [dɪ'fens] (GB) ver **defense**.

defend [dɪ'fend] *v.* 1 defender, proteger *(from, against).* 2 defender (a un acusado). 3 desviar un peligro. *God defend!* ¡Dios nos ampare!, ¡Dios nos libre!

defendant [dɪ'fendənt] *n.* 1 defensor(a) (por lo civil). 2 acusado (por lo penal). 3 demandado, notificado (en apelación).

defender [dɪ'fendər] *n.* 1 defensor. 2 patrono.

defense [dɪ'fens] *n.* 1 defensa, protección. *Civil defense,* protección civil. 2 JUR.: defensa. *Counsel for the defense,* abogado de la defensa. *Witness for the defense,* testigo de cargo.

defer [dɪ'fɜːr] *v.* 1 diferir, posponer, aplazar, prorrogar. 2 someterse a, sujetarse a, inclinarse ante. *To defer to someone's will,* someterse a la voluntad de alguien. *To defer a meeting,* posponer una reunión. *To defer a payment,* diferir un pago. *Deferred credits,* créditos diferidos. *Deferred charges,* cargos diferidos.

deferential ['defə'rentʃəl] *adj.* respetuoso, de respeto, de complacencia. *Deferential vote,* voto de complacencia.

deferment [dɪ'fɜːrmənt] *n.* prórroga, aplazamiento, retraso, moratoria. *Deferment of draft,* prórroga de incorporación.

deferment factor [-'fæktər] *n.* factor de descuento.

deferral = **deferment**.

deferred [dɪˈfɜːrd] *adj.* diferido, aplazado. *Deferred annuity,* anualidad diferida, renta vitalicia de pago diferido. *Deferred income,* ingreso(s) diferido(s). *Deferred interest,* interés diferido, interés moratorio. *Deferred payments,* pagos diferidos, pagos mediante liquidaciones escalonadas; crédito de proveedores, crédito comercial. *Deferred pay,* sueldos y salarios diferidos. *Deferred stocks,* acciones diferidas.

deficiency [dɪˈfɪʃənsi] *n.* 1 deficiencia, insuficiencia, falla, irregularidad. 2 déficit, faltante. *To make up a deficit,* cubrir un déficit.

deficiency appropriation [-əˈproʊpriˈeɪʃən] *n.* cobertura de una deficiencia presupuestaria. *Deficiency bills,* anticipos provisionales.

deficiency payment [-ˈpeɪmənt] *n.* monto compensatorio, pago diferencial, cobertura de diferencias.

deficient [dɪˈfɪʃənt] *adj.* deficiente, defectuoso, insuficiente.

deficit [ˈdefəsɪt] *n.* déficit, faltante. *Our budget shows a deficit,* nuestro presupuesto muestra un déficit. *Cash deficit,* déficit de efectivo. *Overall financial deficit,* déficit financiero en general, imposibilidad presupuestaria. *To make up the deficit,* cubrir el déficit. *To run into deficit, to run a deficit,* tener un déficit, sufrir un déficit.

definite [ˈdefənət] *adj.* definido, determinado. *Definite needs,* necesidades precisas. *Definite order,* pedido en firme.

deflate [ˈdɪfleɪt] *v.* 1 desinflar, desinflarse. 2 deflacionar, eliminar la inflación de la moneda, disminuir la circulación del papel moneda. *Deflated figures,* cifras deflacionadas (en oposición a *undeflated figures,* cifras no deflacionadas).

deflation [dɪˈfleɪʃən] *n.* 1 desinflamiento, rotura. 2 deflación (contracción de la masa monetaria, del crédito o de ambos que desencadena una baja general en el nivel de precios).

deflationary [dɪˈfleɪʃəneri] *adj.* deflacionario, relativo a la deflación. *Deflationary pressures,* presiones deflacionarias. *Deflationary policy,* política deflacionaria.

deflationist [dɪˈfleɪʃənəst] *n.* deflacionista, partidario de la deflación.

deflator [dɪˈfleɪtər] *n.* índice deflacionario, índice de ajuste; coeficiente de actualización que permite medir los fenómenos económicos en términos reales después de neutralizar los efectos de la inflación.

deforce [dɪˈfɔːrs] *v.* usurpar (*something from, someone of*).

defraud [dɪˈfrɔːd] *v.* 1 Fisc.: defraudar. 2 robar algo a alguien (*someone of something*).

defrauder [dɪˈfrɔːdər] *n.* defraudador.

defray [dɪˈfreɪ] *v.* costear. *To defray the cost of something,* cubrir los gastos de algo.

defrayable [dɪˈfreɪəbəl] *adj.* a cargo (de, *by*). *Expenses defrayable out of...,* gastos imputables a...

defrayal [dɪˈfreɪəl] *n.* reembolso (de gastos), costeo.

defuse [ˈdiːˈfjuːz] *v.* desactivar (una bomba, un incidente). *To defuse an issue,* serenarse durante una discusión, calmar una disputa.

degree [dɪˈgriː] *n.* 1 grado, rango. *To some degree,* hasta cierto punto. *Third degree* (EU), paliza. 2 grado universitario. *Conferring of degrees,* concesión de grados.

degression [dɪˈgreʃən] *n.* 1 degresión. 2 disminución progresiva (de la relación que guardan los impuestos respecto del ingreso).

degresive [dɪˈgresɪv] *adj.* degresivo, que disminuye progresivamente.

de jure [ˈdiːˈdʒʊri] *loc. lat.* conforme a derecho.

delay [dɪˈleɪ] *v.* aplazar, diferir, retardar, demorar.

delay *n.* demora, retardo, aplazamiento, tardanza, plazo. *Without further delay,* sin mayor demora, sin demoras adicionales. *Excusable delay,* demora justificada.

delayed action [dɪˈleɪdˈækʃən] acción retardada.

del credere [delˈkrəderi] *n.* y *adj.* digno de confianza. *Del credere agent,* agente (comisionista) digno de confianza (que es generalmente receptivo a un aumento de su comisión y que es altamente responsable de las deudas de sus clientes para con la persona o la empresa a la cual representa).

dele [ˈdɪl] Tipogr.: delator (signo que en el campo de la tipografía indica una supresión o eliminación).

delegate [ˈdelɪgeɪt] *v.* delegar. *To delegate line authority,* delegar autoridad en línea.

delegate [ˈdelɪgət] *n.* delegado.

delegation [ˈdelɪˈgeɪʃən] *n.* delegación, nombramiento, designación. *Delegation of power,* delegación de mando, delegación de poder. *Delegation of authority,* delegación de autoridad.

delete [dɪˈliːt] *v.* eliminar, suprimir, borrar (una palabra). *"Delete",* "que se va a suprimir". *To delete a whole paragraph,* eliminar un párrafo completo.

deletion [dɪˈliːʃən] *n.* 1 anulación, supresión, eliminación. 2 pasaje suprimido.

deliberate [dɪˈlɪbəraɪt] *v.* deliberar (*on, over,* acerca de, sobre).

deliberate [dɪˈlɪbərət] *adj.* 1 deliberado, premeditado, intencionado. 2 cauto, prudente, reservado, circunspecto, reflexionado.

deliberately [dɪˈlɪbrətli] *adv.* deliberadamente, expresamente, intencionadamente.

deliberateness [dɪˈlɪbərətnəs] *n.* 1 intención, premeditación (ostensible). 2 medida (de tardanza, de lentitud).

D

deliberation [dɪ'lɪbə'reɪʃən] *n.* 1 deliberación, debate. *After due deliberation,* después de una seria reflexión. 2 circunspección, medida.

deliberative [dɪ'lɪbəreɪtɪv] *adj.* deliberativo.

delicatessen store ['delɪkə'tesən stɔːr] *n.* (EU) tienda de carnes frías; fondista (persona que vende alimentos preparados, en un establecimiento y a domicilio); restaurante.

delict [dɪ'lɪkt] *n.* delito, crimen, transgresión.

delinquency [dɪ'lɪŋkwənsi] *n.* 1 delincuencia. 2 inobservancia, incumplimiento de una obligación. *Mortgage delinquency,* falta de reembolso de un préstamo hipotecario.

delinquent [dɪ'lɪŋkwənt] *n.* y *adj.* 1 delincuente, negligente. 2 vencido y pendiente de pago, atrasado en el pago. *Delinquent account,* cuenta vencida y no pagada. *Delinquent taxes* (EU), impuestos que se adeudan y que no se han pagado. *Delinquent taxpayer,* contribuyente atrasado en el pago de los impuestos.

delist [dɪ'lɪst] *v.* retirar una sociedad de las cotizaciones oficiales.

deliver [dɪ'lɪvər] *v.* 1 liberar (*someone from something,* a alguien de algo). 2 entregar, distribuir, repartir (cartas, mercancías), significar (un acto). *Delivered free,* entrega gratuita. *Goods delivered at any address,* entrega a domicilio. *To deliver a speech,* dar un discurso.

deliverable [dɪ'lɪvərəbəl] *adj.* disponible, entregable.

deliveree [dɪ'lɪvə'riː] *n.* destinatario de una entrega, persona a la cual se remite una entrega, un bulto, una carta, etc.

deliverer [dɪ'lɪvərər] *n.* 1 distribuidor, repartidor. 2 salvador.

delivery [dɪ'lɪvəri] *n.* 1 entrega, distribución (correo). *Cash on delivery,* envío contra reembolso, pago a la entrega. *Charge for delivery,* cargo por entrega, gastos de traslado. *General delivery* (EU), lista de correos. *Delivery at frontier,* puesto (o entregado) en la frontera. *Free delivery,* entrega gratuita. *Late delivery,* entrega extemporánea, entrega tardía. *Notice of delivery,* acuse de recibo. *Payment on delivery,* entrega contra reembolso. 2 significación, significado. *Delivery of a writ,* significado de una orden judicial.

delivery-book [-bʊk] *n.* libro de entregas.

delivery date [-deɪt] *n.* fecha de entrega. *To keep, to meet the delivery date,* respetar la fecha de entrega.

delivery deadline [-'dedlaɪn] *n.* fecha límite de entrega.

delivery-man (-boy, -girl) [-mæn, -bɔɪ, -gɜːrl] *n.* repartidor, repartidora.

delivery note [-nəʊt] *n.* boletín de entrega.

delivery order [-'ɔːrdər] *n.* orden de entrega.

delivery schedule [-'skedʒuːl] *n.* fechas de entrega, programa de entregas.

delivery terms [-tɜːrms] *n.* condiciones de entrega.

delivery-time limit [-taɪm 'lɪmət] fecha límite de entrega. *Delivery-time limits,* plazos de entrega.

delivery-van [-væn] *n.* camión repartidor.

demand [dɪ'mænd] *v.* demandar, exigir, reclamar (*something of, from, someone*).

demand *n.* 1 demanda, exigencia, reclamación. *Labor demands,* demandas (o exigencias) de los trabajadores. 2 la demanda. *Supply and demand,* la oferta y la demanda. 3 por petición expresa, a la vista. *Payable on demand,* pagadero por petición expresa, pagadero a la vista. *Demand deposit,* depósito a la vista. *Demand bill,* título de crédito a la vista. *Demand loan,* préstamo a la vista. *Demand money,* dinero al contado, dinero a la vista.

demand-pull inflation [-pʊl ɪn'fleɪʃən] inflación provocada por un aumento de la demanda.

demandant [dɪ'mændənt] *n.* JUR.: demandante, solicitante; quejoso, ofendido.

demand assessment [-ə'sesmənt] evaluación de la demanda.

demand forecasting [-'fɔːrkæstɪŋ] pronóstico de demanda.

demand shift [-ʃɪft] desplazamiento de la demanda.

demander [dɪ'mændər] *n.* 1 comprador, adquiriente, tomador. 2 ver **demandant.**

demarcation ['diːmɑːr'keɪʃən] *n.* demarcación, delimitación, separación. *Demarcation dispute,* conflicto que se centra en las competencias recíprocas, en la determinación de las funciones, en los dominios de competencia, en los sectores de responsabilidad y en las zonas de influencia.

demi-john ['demɪdʒɑːn] *n.* damajuana, castaña.

demisable [dɪ'maɪzəbəl] *adj.* 1 arrendable. 2 cesible, transmisible, transferible.

demise [dɪ'maɪz] *v.* 1 ceder, transmitir, legar. 2 ceder por (en) arrendamiento, arrendar.

demise *n.* 1 cesión, transferencia de un título, transmisión. 2 PUB.: *demise of product,* desaparición de un producto, muerte de un producto.

demise charter-party [-'tʃɑːrtər 'pɑːrti] *n.* tipo de fletamiento en el que el propietario arrienda un barco por un lapso muy prolongado, durante el cual el arrendatario se convierte en el dueño.

demit [dɪ'miːt] *v.* dimitir, renunciar. *To demit office,* renunciar a su comisión o empleo.

Democratic Party ['demə'krætɪk 'pɑːrti] (EU) Partido Demócrata.

demographer [dɪ'mɑːgrəfər] *n.* demógrafo.

demographic ['demə'græfɪk] *adj.* demográfico. *Demographic sample survey*, estudio demográfico por sondeo.

demography [dɪ'mɑːgrəfi] *n.* demografía.

demonetization [dɪ'mɑːnətə'zeɪʃən] *n.* desmonetización.

demonetize [dɪ'mɑːnətaɪz] *v.* desmonetizar.

demonstrate ['demənstreɪt] *v.* 1 demostrar, describir (un sistema, un aparato...), hacer una demostración (de un aparato que se pretende vender). 2 manifestar, tomar parte en una manifestación. 3 probar, evidenciar, demostrar, manifestar.

demonstration ['demən'streɪʃən] *n.* 1 demostración, prueba. *Demonstration flight,* vuelo de prueba. *Demonstration plants,* plantas de prueba, plantas piloto. 2 manifestación.

demonstrator ['demənstreɪtər] *n.* 1 demostrador. 2 manifestante.

demur [dɪ'mɜːr] *v.* poner objeciones, objetar.

demurrage [dɪ'mɜːrɪdʒ] *n.* 1 cuota de demora (exceso del tiempo previsto para la carga y descarga de un navío; suma que se deberá pagar por dicha demora). 2 derechos de almacenamiento.

demurrer [dɪ'mɜːrər] *n.* 1 JUR.: excepción perentoria, contestación presentada por un acusado en la que se alega que los hechos citados por la parte contraria no justifican un litigio. 2 se dice de quien establece excepciones ante circunstancias determinadas.

denationalization ['diː'næʃnələ'zeɪʃən] *n.* desnacionalización.

denationalize ['diː'næʃnəlaɪz] *v.* 1 desnacionalizar. *To denationalize a sector of the economy,* desnacionalizar un sector de la economía. 2 eliminar del dominio público.

denial [dɪ'naɪəl] *n.* 1 negación, repulsa. 2 desmentimiento, denegación. *Formal denial,* desmentimiento formal.

denigratory advertising ['denɪ'greɪtɔːri 'ædvərtaɪzɪŋ] publicidad que denigra a un producto de la competencia (lo cual está prohibido).

denim ['denəm] *n.* tela de algodón, tela para pantalones vaqueros (del francés "de Nîmes").

denominate [dɪ'nɑːməneɪt] *v.* denominar, designar, expresar (una cantidad). *Dollar denominated,* expresado en dólares. *A balance-sheet denominated in US,* balance general expresado en dólares de los Estados Unidos.

denomination [dɪ'nɑːmə'neɪʃən] *n.* 1 denominación. 2 corte (sentido monetario). 3 unidad (peso, medida, etc.). *The smallest denomination we have is...* la unidad más pequeña que tenemos es...

denounce [dɪ'naʊns] *v.* 1 denunciar, delatar (*to the authorities:* a las autoridades, a la justicia). 2 levantarse contra, condenar, amenazar.

density ['densəti] *n.* 1 densidad (de los cuerpos, de los gases). 2 densidad (de población). 3 densidad de opacidad, intensidad o nivel de oscuridad (fotografía).

dent [dent] *n.* grieta, hendidura, hundimiento, abolladura, hueco, indentación. *To make a dent in one's fortune,* hacer uno mella en su propia fortuna.

denunciation [dɪ'nʌnsi'eɪʃən] *n.* 1 denuncia, acusación, inculpación. 2 condenación, condena.

deny [dɪ'naɪ] *v.* 1 desmentir, negar, rechazar, defenderse. *To deny a statement,* negar una declaración, presentar objeciones ante una declaración. *To deny the facts,* negar los hechos. 2 *To deny something to someone,* negar algo a alguien. *I am denied a right,* se me ha negado un derecho. 3 *To deny oneself,* privarse de algo.

deodorant [diː'əʊdərənt] *n.* desodorante, antiséptico.

depart [dɪpɑːrt] *v.* 1 irse, partir, salir, marcharse. 2 desviarse. *To depart from a rule,* apartarse de una regla. *To depart from an overall goal,* apartarse de una meta común.

department [dɪ'pɑːrtmənt] *n.* 1 departamento, sección, mostrador. *The different departments,* los diferentes departamentos. *The heads of department,* los jefes de servicio. *Legal department,* departamento legal. 2 (EU) Ministerio. *Department of Commerce,* Ministerio de Comercio. *Department of Labor,* Ministerio de Trabajo. *Department of the Treasury,* Ministerio de Finanzas.

departmental ['diː'pɑːrt'mentl] *adj.* 1 departamental. 2 ministerial. *Departmental committee,* comisión ministerial. *Departmental manager,* administrador departamental. *Non departmental minister,* ministro sin cartera.

department store [-stɔːr] *n.* tienda de departamentos.

department supervisor [-'suːpərvaɪzər] *n.* (EU) jefe de sección, supervisor departamental.

departure [dɪ'pɑːrtʃər] *n.* 1 marcha, dirección, orientación, tendencia. *A new departure,* una nueva orientación, una nueva tendencia, una novedad. 2 desviación, separación, derogación. (*from a law,* de una ley).

depauperate [dɪ'pɔːpəreɪt] *v.* empobrecer.

depauperize [dɪ'pɔːpəraɪz] *v.* empobrecer.

depauperisation [dɪ'pɔːpərə'zeɪʃən] *n.* empobrecimiento, decadencia.

depend [dɪ'pend] *v.* 1 depender. 2 *To depend on,* depender de. 3 *To depend on, upon (someone, something),* contar con, depender de (alguien, algo).

dependability [dɪ'pendə'bɪləti] *n.* confiabilidad, confianza.

dependable [dɪ'pendəbəl] *adj.* digno de confianza, que ofrece completa seguridad (se dice del funcionamiento de las máquinas). *He is very dependable*, siempre se puede contar con él. *Dependable news*, noticias dignas de confianza, noticias fiables. *Dependable information*, información confiable.

dependant [dɪ'pendənt] *n.* dependiente, subordinado, persona encargada, persona a cargo.

dependent [dɪ'pendənt] *n.* ver **dependant**.

dependent *adj.* dependiente (on, de), tributario (upon, de). *To be dependent on someone*, depender de alguien, vivir a costas de.

deplete [dɪ'pliːt] *v.* agotar (provisiones, recursos naturales, etc.); desproveer. *Depleted mining zone*, zona minera agotada.

depletable [dɪ'pliːtəbəl] *adj.* no renovable (se dice de los recursos). *Depletable natural resources*, recursos naturales no renovables.

depletion [dɪ'pliːʃən] *n.* agotamiento (de los recursos).

depletion reserve [-rɪ'zɜːrv] *n.* provisión para la reconstrucción de los yacimientos.

deploy [dɪ'plɔɪ] *v.* desplegar.

deployment [dɪ'plɔɪmənt] *n.* despliegue.

deponent [dɪ'pəunənt] *n.* deponente (testigo).

depopulate ['diː'pɑːpjəleɪt] *v.* **1** despoblar. **2** despoblarse.

depopulation ['diː'pɑːpjə'leɪʃən] *n.* despoblación, despueblo.

deportation ['diːpɔːr'teɪʃən] *n.* **1** expulsión. **2** deportación.

deposit [dɪ'pɑːzət] *v.* **1** depositar. *To deposit money with someone*, depositar dinero con alguien. **2** hacer un depósito. *To deposit 200 dollars*, dejar 200 dólares como depósito.

deposit *n.* **1** depósito. *Deposit at (on) short notice*, depósito a corto plazo. *Deposit in transit*, depósito en tránsito. *Fixed deposit*, depósito a plazo. **2** anticipo, caución, fianza, provisión. Bolsa: depósito de valores. *To make (to leave, to pay) a deposit*, hacer un anticipo, dejar un depósito. **3** yacimiento.

Deposit and Consignment Office [-ænd kən'saɪnmənt 'ɑːfəs] Oficina (o Caja) de Depósitos y Consignaciones.

deposit account [-ə'kaunt] **(D.A.)** [diː eɪ] *n.* cuenta de depósito.

depositary [dɪ'pɑːzəteri] *n.* depositario, consignatario. *Depositary bank*, banco de depósito, banco depositario.

deposit book [-buk] *n.* libreta de depósitos (nominativa).

deposit receipt [-rɪ'siːt] *n.* **1** recibo de depósito. **2** vale de caja. **3** recibo de consignación.

deposit slip [-slɪp] ficha de depósito, memorándum de depósito.

depositor [dɪ'pɑːzətər] *n.* Banca: depositante.

depositor's book [dɪ'pɑːzətərs buk] *n.* libreta de ahorros.

depository [dɪ'pɑːzətɔːri] *n.* **1** depósito, almacén. **2** ver **depositary**.

depot ['diːpəu] *n.* **1** depósito, almacén. **2** (EU) estación, paradero (mercancías).

depreciable [dɪ'priːʃəbəl] *adj.* depreciable. *Depreciable assets*, activos depreciables.

depreciate [dɪ'priːʃieɪt] *v.* **1** depreciar, desvalorizar, rebajar, amortizar. **2** depreciarse, disminuir de valor, bajar. **3** amortizar, calcular la amortización. *To depreciate on a straight line basis*, depreciar siguiendo el método de línea recta. *Depreciated value*, valor depreciado.

depreciation [dɪ'priːʃi'eɪʃən] *n.* **1** depreciación, desvalorización; rebaja, mengua. **2** amortización. *Accelerated depreciation*, depreciación acelerada. *Accounting depreciation*, depreciación contable. *Accumulated depreciation*, depreciación acumulada. *Tax-deductible depreciation*, depreciación fiscalmente deducible. *Depreciation method*, método de depreciación. *Real depreciation*, depreciación real. *Depreciation policy*, política de depreciación. *Depreciation charge*, cargo por depreciación.

depress [dɪ'pres] *v.* **1** presionar una tecla, un botón. **2** disminuir, bajar. **3** abatir, hacer disminuir, deprimir.

depressant [dɪ'presənt] *n.* factor de depresión.

depressed [dɪ'prest] *adj.* **1** triste, abatido. **2** deprimido, decaído (mercados). *Depressed area*, área deprimida, zona en dificultades. *Depressed currency*, moneda depreciada. *Depressed market*, mercado depreciado.

depression [dɪ'preʃən] *n.* **1** baja, reducción, depresión. *Economic depression*, depresión económica. **2** crisis, paralización, estancamiento, depresión. **3** (EU) *the Depression*, la crisis económica de 1929.

deprive [dɪ'praɪv] *v.* privar (de).

depth [depθ] *n.* profundidad, fondo. *In depth*, de manera concienzuda, a fondo, en profundidad. *In depth study*, estudio profundo, estudio a fondo.

depth interview [-'ɪntərvjuː] *n.* entrevista exhaustiva (encuesta), encuesta psicológica.

depth interviewing [-'ɪntərvjuːɪŋ] entrevista exhaustiva, técnica para hacer entrevistas a fondo.

depth prober [-'prəubər] *n.* especialista (psicólogo) que se ocupa de la investigación de la motivación.

depth psychology [-saɪ'kɑːlədʒi] *n.* psicología profunda.

deputation ['depjəteɪʃən] *n.* diputación, delegación.

deputize ['depjətaɪz] *v.* **1** reemplazar interinamente a alguna persona. **2** nombrar a un sustituto, hacerse reemplazar por alguien.

deputy ['depjəti] *n.* adjunto, asistente; apoderado; suplente.

deputy chairman [-'t∫ermən] *n.* vicepresidente.

deputy judge [-dʒʌdʒ] *n.* juez suplente.

deputy mayor [-'meɪər] *n.* alcalde adjunto.

deputy governor [-'gʌvənər] *n.* vicegobernador, subgobernador.

derate ['diː'reɪt] *v.* desgravar, reducir los impuestos (industria).

deregister ['diː'redʒəstər] *v.* cancelar o excluir de un grupo de registros, rayar, borrar, anular, tachar (un registro).

deregistration ['diː'redʒə'streɪʃən] *n.* cancelación, exclusión (de un registro).

deregulate ['diː'regjələɪt] *v.* liberar (precios, rentas, etc.), desregular.

deregulation ['diː'regjəleɪʃən] *n.* liberación, desregulación.

derelict ['derəlɪkt] *n.* bienes sin dueño conocido, objeto abandonado.

dereliction ['derə'lɪkʃən] *n.* abandono, dejación; omisión.

derive [dɪ'raɪv] *v.* 1 *To derive something from something,* derivar una cosa de otra. 2 derivar, tener como origen, emanar, provenir. *Derived cost,* costo derivado. *Derived price,* precio derivado.

derived demand [dɪ'raɪvd dɪ'mænd] *n.* demanda derivada, demanda inducida.

derogate ['derəgeɪt] *v.* 1 depreciar, disminuir, aminorar. 2 derogar *(from, a).*

derogation ['derə'geɪʃən] *n.* derogación.

derogatory [dɪ'rɑːgətɔːri] *adj.* 1 derogatorio. 2 indigno de, que desprecia o menosprecia. 3 descortés, desatento.

descend [dɪ'send] *v.* 1 descender, caer, bajar. 2 descender de, provenir de (una familia), deber su origen a.

descent [dɪ'sent] *n.* 1 descendencia, linaje. 2 transmisión de bienes.

description [dɪ'skrɪpʃən] *n.* 1 descripción, señalamiento. *A full description of,* una descripción completa de. 2 profesión, calidad (de un postulante). 3 designación (mercancías).

descriptive [dɪ'skrɪptɪv] *adj.* descriptivo. *Descriptive catalog,* catálogo descriptivo; catálogo razonado.

desequilibrium [dɪ'siːkwə'lɪbriəm] *n.* desequilibrio. *Market desequilibrium,* desequilibrio del mercado.

desert [dɪ'zɜːrt] *v.* desertar, abandonar.

desert ['dezərt] *n.* desierto.

desertion [dɪ'zɜːrʃən] *n.* deserción; abandono.

deserve [dɪ'zɜːrv] *v.* merecer, ser digno de.

design [dɪ'zaɪn] *v.* 1 diseñar, dibujar. 2 concebir, imaginar; proyectar. 3 destinar.

design *n.* 1 dibujo, diseño, estudio, proyecto, anteproyecto. *Design method,* método de diseño. 2 modelo. *The latest model,* el último modelo. *Industrial design,* diseño industrial. 3 concepción; intención, proyecto, diseño; Pub.: estilística.

designation ['dezig'neɪʃən] *n.* 1 designación, nominación. 2 denominación.

design department [-dɪ'pɑːrtmənt] *n.* departamento de diseño, oficina de estudios.

design engineering [-'endʒə'nɪrɪŋ] *n.* ingeniería de diseño, estudio de concepción.

designer [dɪ'zaɪnər] *n.* 1 diseñador, creador, proyectista industrial, dibujante. *Designer brand,* marca del diseñador (o fabricante). *Designer goods,* productos registrados por el fabricante. 2 autor, inventor (de un proyecto).

design lead time [-liːd taɪm] *n.* retraso en la concepción.

design studio [-'stuːdiəʊ] *n.* estudio de diseño.

designing [dɪ'zaɪnɪŋ] *n.* creación, diseño, estudio. *Designing department,* departamento de diseño.

designate ['dezɪgneɪt] *v.* 1 designar, nombrar *(someone to an office,* a alguien para el desempeño de alguna función). *To designate as general manager,* designar como administrador general. 2 llamar, señalar. *Designated by the name of,* designado con el nombre de.

desire [dɪ'zaɪr] *n.* tendencia(s), deseo, necesidad, anhelo.

desist [dɪ'zɪst] *v.* 1 cesar *(from doing something,* de hacer algo). 2 *To desist from something,* renunciar a algo. *To desist from an accusation,* desistir de una acusación. *To cease and desist,* abandonar una práctica, renunciar a una práctica, comprometerse a no practicar más, poner fin a una práctica.

desk [desk] *n.* 1 pupitre, buró (mueble). *Front-desk,* centro de información (de los hoteles). 2 (EU) jefatura de redacción, oficina de prensa, sala de despacho. 3 caja; taquilla. 4 consola (de sonido).

desk clerk [-klɜːrk] *n.* empleado de la recepción (de un hotel).

desk-pad [-pæd] *n.* libreta de escritorio, cuaderno de notas.

desk research [-rɪ'sɜːrtʃ] *n.* investigación documental (frecuentemente en oposición a un estudio de campo).

desk-top publishing [-tɑːp 'pʌblɪʃɪŋ] autoedición por computadora.

desk work [-wɜːrk] *n.* trabajo de escritorio, trabajo de redacción.

despatch [dɪ'spætʃ] *v.* ver **dispatch.**

destabilize ['diːsteɪbəlaɪz] *v.* desestabilizar.

destination ['destə'neɪʃən] *n.* destino.

destitute ['destətuːt] *adj.* **1** indigente. *The destitute,* los pobres, los indigentes. **2** desprovisto, carente, privado.

destitution ['destətuːʃən] *n.* indigencia, pobreza, carencia.

detach [dɪ'tætʃ] *v.* desprender, separar *(from, de),* despegar (una estampilla/timbre, etc.).

detachable [dɪ'tætʃəbəl] *adj.* desprendible, movible. *Detachable coupon,* cupón desprendible.

detail [dɪ'teɪl] *v.* **1** detallar, narrar en forma detallada. *To detail the facts,* enumerar los hechos. **2** designar a una persona o a un grupo para el desempeño de una tarea en particular (en el ejército, etc.).

detail *n.* **1** detalle, particularidad, precisión. **2** persona o grupo seleccionado para el desempeño de una tarea en particular (en el ejército, etc.), destacamento.

detailed [diːteɪld] *adj.* detallado, minucioso, preciso (narrativa). *Detailed revision,* revisión detallada. *Detailed work,* trabajo detallado, minucioso.

detain [dɪ'teɪn] *v.* **1** detener, arrestar (a un sospechoso, etc.). **2** retardar, retener.

detainer [dɪ'teɪnər] *n.* **1** detención (ilegal de un objeto). **2** encarcelamiento. *Writ of detainer,* mandato que prolonga una detención.

detect [dɪ'tekt] *v.* **1** descubrir, sorprender. *To detect someone in the act,* sorprender a alguien en delito flagrante. **2** percibir, entrever. **3** *To detect a leakage,* localizar, detectar, buscar una fuga. *To detect irregularities,* detectar irregularidades.

detection [dɪ'tekʃən] *n.* detección. *Early detection,* detección oportuna.

detective [dɪ'tektɪv] *n.* detective, inspector de policía, agente de seguridad, policía. *Private detective,* detective privado.

detector [dɪ'tektər] *n.* detector. *Lie-detector,* detector de mentiras.

detention [dɪ'tentʃən] *n.* detención.

deter [dɪ'tɜːr] *v.* desalentar, disuadir, desanimar, impedir *(from, de).*

deteriorate [dɪ'tɪriəreɪt] *v.* **1** deteriorar, alterar, averiar, depreciar. **2** deteriorarse, alterarse, averiarse, perder su valor.

deterioration [dɪ'tɪriə'reɪʃən] *n.* deterioro, alteración, degradación, depreciación. *Deterioration of the rate of exchange,* deterioro de la tasa de cambio. *Progressive deterioration,* deterioro progresivo.

determinable [dɪ'tɜːrmɪnəbəl] *adj.* **1** determinable. **2** Jur.: resolución (contratos).

determination [dɪ'tɜːrməˈneɪʃən] *n.* **1** determinación, delimitación. **2** resolución. *To come to a determination,* tomar una determinación. **3** Jur.: decisión, sentencia; resolución, anulación.

determination clause [-klɔːs] cláusula resolutoria.

determine [dɪ'tɜːrmən] *v.* **1** determinar, fijar (una fecha, una condición). *To determine by trial and error,* determinar por tanteo. **2** decidir, resolver. **3** Jur.: resolver, rescindir (*léase:* arrendamiento, etc.).

deterrent [dɪ'terənt] *n.* medio de disuasión, medio preventivo. *The nuclear deterrent,* la fuerza de disuasión nuclear.

deterrent *adj.* preventivo (efecto), disuasivo.

deterrent fee [-fiː] *n.* honorario de moderación.

detour ['diːtur] *v.* desviar, rodear.

detour *n.* desviación, rodeo.

detrain ['diːtreɪn] *v.* (EU) bajarse de un tren; descargar de un tren.

detriment ['detrəmənt] *n.* detrimento, daño, perjuicio. *To the detriment of...,* en perjuicio de. *Without detriment to...,* sin perjuicio de.

detrimental ['detrə'mentl] *adj.* perjudicial, dañino. *Detrimental effects,* efectos dañinos.

detrimental clause [-klɔːs] *n.* cláusula restrictiva.

detruck [dɪ'trʌk] *n.* (EU) bajar de un camión; descargar de un camión.

deuce [duːs] *n.* billete de dos dólares.

devalorization [diːˈvæləraɪˈzeɪʃən] *n.* desvalorización.

devalorize [diːˈvæləraɪz] *v.* desvalorizar.

devaluate ['diːvæljueɪt] *v.* devaluar. *To devaluate a currency,* devaluar una moneda.

devaluation ['diːvæljuˈeɪʃən] *n.* devaluación. *Devaluation of a currency,* devaluación de una moneda.

devalue ['diːˈvæljuː] *v.* **devaluate.**

devastate ['devəsteɪt] *v.* devastar, destruir, arruinar.

devastation ['devəˈsteɪʃən] *n.* **1** devastación. **2** Jur.: dilapidación (de una sucesión).

develop [dɪ'veləp] *v.* **1** desarrollar, explotar, sacar provecho, perfeccionar, (EU) revelar. *To develop a new product,* desarrollar un nuevo producto. **2** desarrollarse, revelarse. *It developed to-day,* se sabe hoy en día.

developed country [dɪ'veləpt 'kʌntri] *n.* país desarrollado.

developer [dɪ'veləpər] *n.* promotor.

developing country [dɪ'veləpɪŋ 'kʌntri] país en vías de desarrollo.

development [dɪ'veləpmənt] *n.* **1** desarrollo, explotación, fructificación, perfeccionamiento. *Rapid development,* desarrollo rápido. *Development area,* área de desarrollo, área sujeta a urbanización. **2** evolución, proceso, impulso, ánimo.

development planning = corporate planning [-'plænɪŋ, 'kɔːrpərət'plænɪŋ] progreso de planificación y de programación a largo plazo, plan de desarrollo a largo plazo.

deviate ['di:vieit] *v.* desviar, apartarse, alejarse (*from*, de). *To deviate from a standard,* desviarse de una norma.

deviate *n.* 1 aquello que se desvía de la norma. 2 desviado, perverso, anormal, marginal (persona).

deviation ['di:vi'eiʃən] *n.* 1 desviación, anomalía, desvío, derogación (*from*, de). *Deviation from par,* desviación con respecto a la paridad. 2 desorientación, confusión, desconcierto.

device [dɪ'vaɪs] *n.* 1 expediente, medio, estratagema. 2 dispositivo, aparato, invento, mecanismo.

devise [dɪ'vaɪz] *v.* 1 combinar, inventar, imaginar, concebir. 2 JUR.: disponer por testamento (de bienes inmuebles), legar (bienes inmuebles).

devise *n.* 1 JUR.: disposiciones testamentarias de bienes inmuebles. 2 legado (inmobiliario).

devisee [dɪ'vaɪ'zi:] *n.* legatario.

devisor [dɪ'vaɪsər] *n.* testador, quien hace un testamento.

devolution ['devə'lu:ʃən] *n.* devolución. *Devolution of property,* devolución de bienes. En el contexto británico, este término asume frecuentemente el sentido de "delegación de poder a nivel de regiones, regionalización, descentralización".

devote [dɪ'vəut] *v.* consagrar, asignar (una suma), dedicar (tiempo). *Area devoted to industry,* área consagrada a la industria.

devotion [dɪ'vəuʃən] *n.* 1 devoción (a). 2 dedicación, asiduidad.

diagram ['daɪəgræm] *v.* representar esquemáticamente; representar por medio de un diagrama.

diagram *n.* diagrama, trazo, esquema, gráfica.

dial ['daɪl] *v.* 1 marcar un número telefónico. 2 sintonizar un aparato receptor.

dial *n.* carátula (de reloj), cuadrante, disco de un teléfono.

dialing tone ['daɪlɪŋ təun] *n.* señal de marcar (de un teléfono).

diameter [daɪ'æmətər] *n.* diámetro. *Internal diameter,* diámetro interno, calibre.

diamond ['daɪəmənd] *n.* 1 diamante. 2 cortavidrios. 3 palo de la baraja inglesa.

diary ['daɪəri] *n.* 1 diario, memorándum personal. 2 agenda. 3 libreta de compromisos y fechas de vencimiento.

dicey ['daɪsi] *adj. fam.* arriesgado.

dicker ['dɪkər] *v.* regatear.

dictate ['dɪkteɪt] *v.* dictar, ordenar (una carta, una serie de condiciones). *To dictate a line of action,* ordenar una línea de conducta.

dictate *n.* dictado, orden, mandamiento, precepto, dictamen.

dictating machine ['dɪkteɪtɪŋ mə'ʃi:n] dictáfono.

dictation [dɪk'teɪʃən] *n.* dictado.

diehard ['daɪhɑ:rd] *n.* POL.: ultraconservador, reaccionario, intransigente.

diesel oil ['di:zəl ɔil] *n.* diesel.

diet ['daɪət] *n.* 1 alimentación, nutrición. 2 dieta, régimen. *To put someone on a diet,* poner a alguien a dieta.

differ ['dɪfər] *v.* 1 diferir, ser diferente (*from*, de). 2 *To differ in opinion,* estar en desacuerdo.

difference ['dɪfrəns] *n.* 1 diferencia, desviación. 2 desacuerdo, discrepancia, divergencia.

differential ['dɪfə'rentʃəl] *n.* diferencial, desviación, margen. *Wage differential,* diferencia de salarios (se dice principalmente de los que perciben los obreros calificados y los no calificados dentro de la misma industria). *Differential income,* ingreso diferencial.

differential *adj.* diferencial, modulado. *Differential growth,* crecimiento diferencial.

differentiate ['dɪfə'rentʃieɪt] *v.* 1 diferenciar, hacer la diferencia, distinguir. 2 hacer distinto, establecer diferencias.

differentiation ['dɪfərentʃi'eɪʃən] *n.* diferenciación. *A clear differentiation,* una clara diferenciación.

dig [dɪg] *v.* 1 cavar, excavar. 2 *fam.* amar, apreciar.

digest ['daɪdʒest] *n.* abreviado, condensado, resumen.

digit ['dɪdʒət] *n.* dígito, cualquier cifra del 0 al 9. *A two-digit inflation,* inflación de dos dígitos (es decir, igual o superior a un 10 por ciento).

digital ['dɪdʒətəl] *adj.* digital, numérico. *Digital code,* código digital. *Digital computer,* computadora digital.

dilapidated [də'læpədeɪtəd] *adj.* dilapidado, en mal estado.

dilatory ['dɪlətɔ:ri] *adj.* dilatorio, lento.

dilute [daɪ'lu:t] *v.* diluir.

dilution [daɪ'lu:ʃən] *n.* dilución. *Dilution of capital,* dilución de capital. *Dilution of profits,* dilución de utilidades.

dime [daɪm] *n.* (EU) moneda de diez centavos (1/10 de dólar = *10 cents*).

dimension [de'mentʃən] *v.* 1 determinar, calcular las dimensiones. 2 anotar, acotar.

dimension *n.* dimensión.

diminish [də'mɪnɪʃ] *v.* 1 disminuir, reducir, atenuar. 2 atenuarse, decrecer, soportar una disminución. *Business has diminished,* los negocios se han atenuado.

diminution ['dɪmə'nu:ʃən] *n.* disminución, reducción, descenso. *Diminution of taxes,* atenuación impositiva, reducción de impuestos.

dining-car ['daɪnɪŋ kɑ:r] *n.* FERR.: vagón-restaurante.

dip [dɪp] *v.* **1** mojar. **2** sumergir. **3** bajar súbitamente, derrumbarse. *Shares dipped to...,* las acciones bajaron súbitamente a... **4** sacar, extraer, tomar. *To dip into one's capital,* tomar de su propio capital.

dip *n.* **1** clavado, inmersión. **2** depresión, hueco, pendiente. **3** baja.

direct [də'rekt] *v.* **1** NEG.: conducir, dirigir, administrar, llevar. **2** *To direct someone to...,* indicar a una persona que..., dirigir a una persona para que... **3** ordenar. *As directed,* de acuerdo con las instrucciones. **4** dirigir (una carta) *(to someone,* a alguien).

direct *adj.* directo. *Direct deposit* (EU), transferencia automática de un salario de la cuenta del patrón a la cuenta del empleado. *Direct labor,* mano de obra directa. *Direct materials,* materiales directos. *Direct taxations,* impuestos directos, contribuciones directas. JUR.: *Direct evidence,* evidencias directas.

direct *adv.* directamente; derecho. *To dispatch goods direct to,* expedir las mercancías directamente a. *To sell direct to,* vender directamente a.

direct advertising [-'ædvərtaɪzɪŋ] *n.* publicidad directa.

direct costing [-'kɔːstɪŋ] *n.* cálculo directo de los costos, costeo directo.

direction [də'rekʃən] *n.* **1** dirección, administración (de una sociedad, etc.). **2** dirección, sentido. **3** *pl.* instrucciones, direcciones, prescripciones.

directions for use [də'rekʃəns fɔːr juːs] modo de empleo, instrucciones de uso.

directly [də'rektli] *adv.* **1** directamente, recto, derecho. **2** completamente, netamente, claramente. **3** inmediatamente.

direct mail advertising [-meɪl 'ædvərtaɪzɪŋ] *n.* publicidad postal, publicidad directa por correo.

direct marketing [-'mɑːrkətɪŋ] mercadotecnia directa.

director [də'rektər] *n.* **1** director. **2** administrador (de una sociedad). *Board of directors,* consejo de administración. *Directors' fees,* honorarios de los directores. *Directors' percentage of profits,* porcentaje de participación de los directores en las utilidades. **3** director de teatro.

directorate [də'rektərət] *n.* consejo de administración, cuerpo directivo; dirección de administración.

directory [də'rektəri] *n.* **1** directorio, colección de direcciones. *Business directory,* directorio de negocios. **2** (EU) consejo de administración.

disability ['dɪsə'bɪləti] *n.* incapacidad (jurídica o física), impedimento, obstáculo, invalidez. *Disability coverage,* seguro por incapacidad física.

disability clause [-klɔːs] cláusula del seguro de vida que establece que la póliza seguirá en vigor, sin pago de las primas, si el asegurado llega a quedar incapacitado (algunas veces también prevé un pago mensual al asegurado durante todo el periodo de su incapacidad física).

disable [dɪs'eɪbəl] *v.* incapacitar, inhabilitar, descalificar, volver ineficaz, poner fuera de servicio (persona), invalidar.

disabled [dɪs'eɪbəld] *adj.* puesto fuera de servicio, descalificado (material, etc.); incapacitado (persona); averiado, fuera de servicio (barcos).

disablement [dɪs'eɪbəlmənt] *n.* incapacidad de trabajo, invalidez. *Degree of disablement,* coeficiente de invalidez. *Permanent disablement,* incapacidad permanente. *Temporary disablement,* incapacidad temporal. *Disablement pension,* pensión de invalidez.

disadvantage ['dɪsəd'væntɪdʒ] *v.* perjudicar, deteriorar, dañar, ofender, menoscabar.

disadvantage *n.* desventaja, inconveniente. *To sell at a disadvantage,* vender con pérdidas.

disaffiliate ['dɪsə'fɪlɪeɪt] *v.* cancelar una afiliación, desmembrar, desafiliar.

disaffiliation ['dɪsəfɪli'eɪʃən] *n.* cancelación de una afiliación, desmembramiento.

disaffirm ['dɪsə'fɜːrm] *v.* JUR.: suprimir, contradecir, impugnar (juicios), anular (contratos).

disaffirmation ['dɪsəfɜːr'meɪʃən] *n.* JUR.: anulación, impugnación.

disagree ['dɪsə'griː] *v.* **1** estar en desacuerdo, no estar de acuerdo (*with someone,* con alguien). **2** no convenir a...

disagreement ['dɪsə'griːmənt] *n.* **1** desacuerdo, discrepancia, divergencia. **2** querella, pleito. **3** diferencia, contradicción.

disallow ['dɪsə'lau] *v.* **1** no reconocer (reclamaciones, etc.). JUR.: rechazar (un testimonio). **2** no permitir, prohibir.

disallowance ['dɪsə'lauəns] *n.* renuencia al reconocimiento de la validez, de lo bien fundado; rechazo de una reclamación. JUR.: *Disallowance of costs,* rechazo de los costos, no aceptación de los costos.

disappearance ['dɪsə'pɪrəns] *n.* desaparición, destrucción (de un navío).

disappoint ['dɪsə'pɔɪnt] *v.* decepcionar, desilusionar, desengañar. *We are very disappointed with,* estamos muy decepcionados con.

disapproval ['dɪsə'pruːvəl] *n.* desaprobación, reprobación.

disapprove ['dɪsə'pruːv] *v.* desaprobar, reprobar. *To disapprove a budget,* desaprobar un presupuesto.

disarmament [dɪs'ɑːrməmənt] *n.* desarme.

disarray ['dɪsə'reɪ] *n.* desorden; desconcierto.

disaster [dɪ'zæstər] *n.* desastre, siniestro. *Disaster area,* área de desastre, zona del siniestro.
disband [dɪs'bænd] *v.* licenciar, despedir, disolver, expulsar, separar. *The commission was disbanded,* la comisión se disolvió.
disbar [dɪs'bɑːr] *v.* expulsar de la barra a un abogado.
disburse [dɪs'bɜːrs] *v.* desembolsar, gastar, invertir.
disbursement [dɪs'bɜːrsmənt] *n.* desembolso, gasto. *Disbursements,* gastos; desembolsos. *Disbursement account,* cuenta de gastos. *Disbursements schedule,* programa de desembolsos (préstamos).
disc [dɪsk] *n.* disco. INFORM.: *Disc storage unit,* unidad de almacenamiento en disco.
discard [dɪs'kɑːrd] *v.* **1** hacer a un lado, deponer, descartar, separar, renunciar a. **2** desechar. **3** despedir, destituir.
discern [dɪ'sɜːrn] *v.* discernir, distinguir, presentar pruebas de un juicio, de un discernimiento.
discharge [dɪs'tʃɑːrdʒ] *v.* **1** descargar, desembarcar. **2** licenciar, despedir, expulsar. *To discharge a commission,* cancelar una comisión. **3** liberar, poner en libertad. **4** cumplir, llevar a cabo, desempeñar, satisfacer. *To discharge one's duties,* cumplir sus funciones. *To discharge a debt,* cumplir con una deuda. **5** descargar, liquidar, pagar, liberar, desligar, relevar. *To discharge someone of an obligation,* liberar a alguien de una obligación. **6** verter, derramar.
discharge ['dɪstʃɑːrdʒ] *n.* **1** descargo, descargue, desbordamiento, descenso. **2** despido, destitución, liberación. **3** JUR.: puesta en libertad, libertad de un preso. **4** desempeño, logro, consecución. *In the discharge of his duties,* en el desempeño de sus funciones. **5** pago, liquidación. *In full discharge,* como liquidación total, en pago total. *Final discharge,* finiquito.
dischargeable [dɪs'tʃɑːrdʒəbəl] *adj.* **1** que puede darse de baja (soldado). **2** rehabilitable (quiebra). **3** liquidable, pagable (deuda).
discharged bankrupt [dɪs'tʃɑːrdʒd 'bæŋkrʌpt] quiebra rehabilitada.
discipline ['dɪsəplən] *v.* **1** disciplinar, corregir. **2** tomar medidas disciplinarias con relación a los miembros, imponer sanciones, obligar a respetar los reglamentos o las decisiones oficiales (sindicatos, etc.).
disciplinary board ['dɪsəplənəri bɔːrd] *n.* consejo de disciplina.
disc jockey [-'dʒɑːki] **(D.J.)** [diː dʒeɪ] *n.* animador, presentador, conductor de la radio; persona que se encarga de programar y presentar música en una discoteca.
disclaim [dɪs'kleɪm] *v.* **1** desistir, renunciar a un derecho. **2** desaprobar; declinar. *To disclaim*

all responsability, declinar toda responsabilidad. **3** rechazar, renegar.
disclaimer [dɪs'kleɪmər] *n.* **1** renuncia a un derecho, desistimiento. **2** denegación, negativa, rechazo, objeción. *Disclaimer of responsibility,* negativa de responsabilidad. *To send a disclaimer to the press,* enviar un desmentido a la prensa.
disclose [dɪs'kləʊz] *v.* **1** descubrir, dejar ver, revelar. **2** divulgar, propagar, difundir.
disclosure [dɪs'kləʊʒər] *n.* **1** revelación, declaración. **2** divulgación.
disconnect ['dɪskə'nekt] *v.* desconectar, cortar, interrumpir.
discontent ['dɪskən'tent] *n.* descontento.
discontented ['dɪskən'tentəd] *adj.* descontento (*with,* de), poco satisfecho de, a disgusto. *To work discontented,* trabajar a disgusto.
discontent with [-wɪð] *adj.* descontento de, insatisfecho con.
discontinuance ['dɪskən'tɪnjuəns] *n.* **1** cesación, renuncia, dimisión. **2** JUR.: abandono (de un proceso).
discontinue ['dɪskən'tɪnju:] *v.* **1** discontinuar, cesar, poner fin a, terminar. *To discontinue a line of products,* discontinuar una línea de productos, cesar la fabricación de una línea de productos. *To discontinue a magazine,* cesar uno su suscripción a una revista. *To discontinue a subscription,* dejar de suscribirse. **2** poner fin.
discount [dɪs'kaʊnt] *v.* **1** no tener en cuenta. **2** descontar. *To discount a bill,* descontar un documento de crédito. **3** conceder un descuento. **4** actualizar. *Discounting rate,* tasa de descuento (en un cálculo de actualización).
discount ['dɪskaʊnt] *n.* **1** rebaja, reducción, disminución. *Cash discount,* descuento en efectivo (por pago al contado). *Bank discount,* descuento bancario. *Discount broker,* corredor a descuento. *Discount for quantities,* descuento por cantidad, descuento por pedidos de importancia. *Trade discount,* descuento comercial, descuento sobre factura (concedido a los profesionistas). *To allow a discount,* conceder un descuento. **2** descuento. *Discount rate,* tasa de descuento. **3** BOLSA: *Discount (from par),* reducción o descuento respecto del valor a la par.
discount (to be at a) [-(tu: bi: æt ə)] *v.* estar con pérdidas; (acciones) estar por debajo de la par. *To sell at a discount,* vender con pérdidas.
discountable [dɪs'kaʊntəbəl] *adj.* descontable.
discounted cash flow rate method [dɪs'kaʊntəd kæʃ fləʊ reɪt 'meθəd] método de la tasa de flujo de efectivo descontado.
discounted for inflation [dɪs'kaʊntəd fɔːr ɪn'fleɪʃən] descontado por la inflación, ajustado por la inflación, en moneda constante.

D

discounter [dɪs'kaʊntər] *n.* banquero que efectúa un descuento.
discount house [-haʊs] *n.* 1 (GB) banco de descuento. 2 tienda de descuento.
discounting factor [dɪs'kaʊntɪŋ 'fæktər] factor de descuento.
discount rate [-reɪt] tasa de descuento; tasa (nacional) de descuento, tasa de "redescuento".
discount store [-stɔːr] tienda de descuento.
discovery [dɪs'kʌvəri] *n.* 1 descubrimiento. *A great discovery,* un gran descubrimiento. 2 conocimiento. JUR.: *To give discovery of documents,* dar conocimiento de una serie de documentos.
discredit [dɪs'kredət] *v.* desacreditar.
discredit *n.* 1 duda. 2 descrédito.
discrepancy [dɪs'krepənsi] *n.* discrepancia, desacuerdo, oposición, desviación, contradicción. *Discrepancy report,* reporte de discrepancias.
discrepant ['dɪskrepənt] *adj.* discrepante, diferente, en contradicción, en desacuerdo. *Discrepant accounts,* cuentas discrepantes, argumentos contradictorios. *Discrepant figures,* cifras discrepantes.
discretion [dɪs'kreʃən] *n.* 1 discreción. *To have full discretion,* tener una discreción total. *At your discretion,* a su discreción, como usted quiera. 2 sabiduría, juicio.
discretionary [dɪs'kreʃəneri] *adj.* discrecional, deliberado, voluntario. *Discretionary faculties,* facultades discrecionales. *Discretionary income,* ingreso discrecional, ingreso disponible. *Discretionary time,* tiempo de diversión, de esparcimiento, horas libres.
discriminate [dɪs'krɪməneɪt] *v.* 1 discriminar, distinguir (*from,* de). 2 establecer una distinción, establecer la diferencia. *To be discriminated against,* ser víctima de la discriminación.
discrimination [dɪs'krɪmə'neɪʃən] *n.* 1 discriminación. 2 discernimiento. 3 juicio. 4 distinción.
discriminatory [dɪs'krɪmənətɔːri] *adj.* 1 distintivo. 2 capaz de juzgar, juicioso. 3 discriminatorio.
discuss [dɪs'kʌs] *v.* discutir, debatir, ventilar (un asunto).
discussion [dɪs'kʌʃən] *n.* discusión, deliberación. *To come up for discussion,* convenir el orden del día, ser propio para una discusión.
disease [dɪ'ziːz] *n.* enfermedad, afección.
diseconomy [dɪsɪ'kɑːnəmi] *n.* deseconomía (consideración de las consecuencias negativas del desarrollo industrial en los cálculos de las inversiones).
disembark ['dɪsəm'bɑːrk] *v.* desembarcar.
disencumber [dɪsən'kʌmbər] *v.* 1 descombrar, desobstruir, desembarazar. 2 desgravar, deshipotecar (propiedades), purgar una hipoteca.

disequilibrium [dɪs'iːkwɪ'lɪbriəm] *n.* desequilibrio, inestabilidad. *Financial disequilibrium,* desequilibrio financiero.
disfranchise ['dɪs'fræntʃaɪz] *v.* privar del derecho electoral, del derecho de representación.
disfranchisement ['dɪs'fræntʃaɪzmənt] *n.* privación del derecho de voto.
disgruntled [dɪs'grʌntld] *adj.* descontento, insatisfecho.
dishonest [dɪs'ɑːnəst] *adj.* deshonesto, desleal; falso, engañoso, fraudulento.
dishonesty [dɪs'ɑːnəstiː] *n.* deshonestidad, improbidad, mala fe.
dishonor [dɪs'ɑːnər] *v.* 1 deshonrar. 2 incumplir (el pago de una deuda), no aceptar (a *bill,* una letra de cambio, un documento de crédito). *Dishonored check,* cheque rechazado.
dishonor *n.* 1 deshonra. 2 falta de pago de un cheque, falta de aceptación (de un título de crédito).
dishonour [dɪs'ɑːnər] *v.* y *n.* (GB) ver **dishonor.**
disincentive ['dɪsn'sentɪv] *n.* desaliento, desánimo, freno, incitación a no hacer, medio de disuasión.
disinflation ['dɪsn'fleɪʃən] *n.* deflación.
disinflationary ['dɪsn'fleɪʃəneri] *adj.* deflacionario, anti-inflacionario, deflacionista. *Disinflationary measures,* medidas anti-inflacionarias.
disintegrate [dɪs'ɪntəgreɪt] *v.* 1 desintegrar, desagregar, desvincular. 2 desintegrarse, desagregarse.
disintegration [dɪs'ɪntə'greɪʃən] *n.* desintegración, desagregación.
disinterested [dɪs'ɪntrəstəd] *adj.* desinteresado, no interesado.
disinvestment [dɪsn'vestmənt] *n.* cese de las inversiones.
disk [dɪsk] *n.* disco. *Calling disk,* disco de llamadas (servicio automático). INFORM.: *Hard disk,* disco duro. *Floppy disk,* disquete.
dislocate ['dɪsləkeɪt] *v.* dislocar, desorganizar, desordenar.
dislocation ['dɪslə'keɪʃən] *n.* dislocación.
dismantle [dɪs'mæntl] *v.* 1 desguarnecer, despojar. 2 desmantelar, desarmar (un navío), desmontar (una máquina).
dismember [dɪs'membər] *v.* desmembrar, amputar. *To dismember someone from a group,* separar a alguien de un grupo.
dismemberment [dɪs'membərmənt] *n.* desmembramiento.
dismiss [dɪs'mɪs] *v.* 1 despedir, licenciar, echar a la calle; revocar, destituir. *To dismiss an employee,* despedir a un empleado. 2 disolver (una asamblea). 3 rechazar (una demanda). *To dis-*

miss a charge, rechazar un cargo; descartar, eludir, denegar, alejar, no tener en cuenta, dejar de considerar.

dismissal [dɪs'mɪsəl] *n.* 1 despido, destitución, licenciamiento, revocación. *Collective dismissal*, despido colectivo. 2 rechazo (de una demanda); renuencia a tomar en cuenta, negarse a recibir, reluctancia a considerar, hecho de descartar o eludir. 3 JUR.: pago, liquidación.

disobey ['dɪsə'beɪ] *v.* desobedecer, infringir (una orden, un mandamiento). *To disobey an order*, desobedecer una orden.

disobliging ['dɪsə'blaɪdʒɪŋ] *adj.* desobligado, poco servicial.

disorder [dɪs'ɔːrdər] *n.* desorden, infracción, delito.

disorderly [dɪs'ɔːrdərli] *adj.* desordenado, turbulento, revuelto. *Disorderly conduct*, alteración del orden público, conducta que atenta contra las buenas maneras.

disorganization [dɪs'ɔːrgənə'zeɪʃən] *n.* desorganización.

disorganize [dɪs'ɔːrgənaɪz] *v.* desorganizar.

disown [dɪs'əʊn] *v.* repudiar, rechazar, negar, renunciar.

disparage [dɪs'pærɪdʒ] *v.* depreciar, denigrar, desacreditar.

disparity [dɪs'pærəti] *n.* disparidad, desigualdad, diferencia.

dispatch [dɪ'spætʃ] *v.* despachar (correo), expedir, enviar, hacer partir.

dispatch *n.* 1 expedición, envío. *Dispatch note*, nota de expedición. 2 tramitación, despacho (de un asunto); diligencia. *With all possible dispatch*, con toda diligencia, con toda celeridad. 3 remesa (telegráfica, diplomática).

dispatcher [dɪ'spætʃər] *n.* despachador, expedidor, tramitador.

dispensation ['dɪspən'seɪʃən] *n.* 1 distribución. 2 dispensa.

dispense [dɪ'spens] *v.* 1 ejecutar, administrar. 2 exentar, dispensar *(from,* de).

dispense with [-wɪð] *v.* privarse de, no hacer caso de, renunciar a.

displace [dɪs'pleɪs] *v.* 1 desplazar. 2 destituir, reemplazar, desposeer.

displacement [dɪs'pleɪsmənt] *n.* 1 desplazamiento, desclasificación (de acciones). 2 reemplazo.

display [dɪs'pleɪ] *v.* 1 exponer, exhibir, mostrar, presentar. 2 presentar pruebas de. 3 poner en exposición, poner de manifiesto.

display *n.* exposición; exhibición; estante; presentación. *Display of goods*, presentación de una mercancía. *On display*, en exhibición, expuesto, visible. INFORM.: pantalla, visualización, presentación.

display stand [-stænd] *n.* aparador, escaparate, puesto de exposición.

disposable [dɪ'spəʊzəbəl] *adj.* 1 disponible, aquello de lo cual se puede disponer. 2 desechable. *Disposable container*, envase desechable.

disposable income [-'ɪnkʌm] *n.* ingreso (individual) disponible (después del pago de los impuestos directos y que se utiliza consecuentemente para el consumo y para el ahorro).

disposal [dɪ'spəʊzəl] *n.* 1 acción de disponer, disposición, resolución. *At someone's disposal*, a la disposición de alguien. 2 reparto, distribución, venta, cesión. *For disposal*, sujeto a venta, para venta. *Disposal value*, valor de cesión. 3 destrucción, evacuación, eliminación. *Waste disposal*, eliminación de los desechos.

dispose [dɪ'spəʊz] *v.* 1 disponer, arreglar, ordenar. 2 *To dispose of*, deshacerse de, terminar con, vender, enajenar, descartar, apartar, resolver o agotar (un asunto). *To dispose of an article*, vender un artículo. *To dispose of the agenda*, agotar el orden del día.

dispossess ['dɪspə'zes] *v.* desposeer, expropiar. JUR.: lanzar.

dispossession ['dɪspə'zeʃən] *n.* desposesión. JUR.: expropiación, lanzamiento.

disproportion ['dɪsprə'pɔːrʃən] *n.* desproporción.

disproportionate ['dɪsprə'pɔːrʃnət] *adj.* desproporcionado.

disprove ['dɪs'pruːv] *v.* refutar, demostrar la falsedad de.

dispute [dɪ'spjuːt] *v.* 1 disputar, debatir, disputarse, pelearse. 2 discutir, argüir, considerar.

dispute *n.* 1 conflicto, litigio, pleito. *Industrial dispute*, conflicto de trabajo. 2 disputa, discusión. *Without dispute*, sin discusión.

disqualification [dɪs'kwɑːləfə'keɪʃən] *n.* 1 incapacidad, ineptitud. 2 causa de incapacidad. 3 incurrir en un estado de incapacidad, inhabilitación, descalificación; exclusión (de un concurso), eliminación (de un candidato que no reúne los requisitos); decadencia (de un administrador).

disqualify [dɪs'kwɑːləfaɪ] *v.* 1 volver incapaz, volver inepto. 2 JUR.: retirar por incapacidad. 3 prohibir, excluir, retirar un título, un derecho, un privilegio; descalificar.

disregard ['dɪsrɪ'gɑːrd] *v.* no poner atención, no tomar en cuenta, hacer abstracción de, ignorar (voluntariamente), quebrantar, infringir.

disregard *n.* 1 indiferencia, desdén, descuido, negligencia. 2 desobediencia, falta de respeto, inobservancia.

disrepair ['dɪsrɪ'per] *n.* deterioro, menoscabo, mal estado.

disrepute ['dɪsrɪ'pjuːt] *n.* descrédito, deshonor, desconsideración. *To bring someone into disrepute*, desacreditar a alguien.

disrupt [dɪsˈrʌpt] *v.* **1** perturbar; interrumpir; molestar; desorganizar. *To disrupt a meeting,* perturbar, interrumpir una reunión. **2** romper, quebrar. **3** desmembrar, segmentar, disociar.

disruption [dɪsˈrʌpʃən] *n.* ruptura, perturbación.

disruptive [dɪsˈrʌptɪv] *adj.* perturbador.

dissatisfaction [ˈdɪsˌsætəsˈfækʃən] *n.* insatisfacción, descontento.

dissatisfied [ˈdɪsˈsætəsfaɪd] *adj.* insatisfecho, descontento.

dissemble [dɪˈsembəl] *v.* disimular, ocultar, disfrazar.

disseminate [dɪˈseməneɪt] *v.* diseminar, propagar, expandir.

dissemination [dɪˈseməˈneɪʃən] *n.* diseminación, propagación.

dissent [dɪˈsent] *v.* **1** diferir *(from,* de), estar en desacuerdo. **2** disentir. **3** debatir (un sistema social, etc.).

dissent *n.* **1** desacuerdo, disentimiento, aviso contrario. **2** disidencia. **3** contestación, debate, réplica (social).

dissenter [dɪˈsentər] *n.* **1** persona que se encuentra en desacuerdo, que expresa su discrepancia. **2** disidente, inconforme. **3** replicante.

dissenting opinion [dɪˈsentɪŋ əˈpɪnjən] *n.* opinión contraria, opinión en discordia (de un juez en desacuerdo con una cierta mayoría; puede ser el punto de partida de una anulación).

dissimilar [ˈdɪˈsɪmələr] *adj.* diferente, distinto *(to,* de).

dissimilarity [ˈdɪsɪməˈlærəti] *n.* disimilitud, diferencia.

dissimulation [dɪˈsɪmjəˈleɪʃən] *n.* disimulo, disimulación.

dissolution [ˈdɪsəˈluːʃən] *n.* **1** disolución (de una asamblea, de un matrimonio). **2** anulación.

distance [ˈdɪstəns] *v.* **1** alejar, retirar. **2** distanciar, separar.

distance *n.* **1** distancia, alejamiento. **2** trayecto. **3** intervalo.

distant contract [ˈdɪstəntˈkɑːntrækt] (EU) contrato a largo plazo.

distort [dɪˈstɔːrt] *v.* **1** distorsionar, deformar, torcer, desviar, alterar, falsear. *To distort financial information,* distorsionar la información financiera. **2** deformarse, falsearse.

distortion [dɪˈstɔːrʃən] *n.* distorsión, alteración, deformación.

distrain [dɪˈstreɪn] *v.* embargar. *To distrain upon someone,* embargar a una persona.

distrainable [dɪˈstreɪnəbəl] *adj.* JUR.: embargable.

distrainer [dɪˈstreɪnər] *n.* JUR.: embargador.

distraint [dɪˈstreɪnt] *n.* embargo. *Distraint of property,* embargo de propiedades.

distrainee [ˈdɪstreɪˈniː] *n.* JUR.: embargado, sujeto de un embargo.

distress [dɪˈstres] *v.* **1** afligir, angustiar, apurar. **2** JUR.: embargar.

distress *n.* **1** apuro, angustia, desgracia. *Distress area,* zona devastada por un siniestro. **2** JUR.: embargo, ejecución. *Distress warrant,* orden de embargo. *To levy a distress,* operar un embargo.

distributable [dɪˈstrɪbjətəbəl] *adj.* distribuible, compartible. *Distributable income,* ingreso distribuible.

distribute [dɪˈstrɪbjət] *v.* distribuir, compartir, repartir. *To distribute profits,* distribuir las utilidades.

distribution [ˈdɪstrɪˈbjuːʃən] *n.* distribución, repartición. *Distribution network,* red de distribución. *A fair distribution,* una distribución justa, equitativa. *Distribution cost,* costo de distribución.

distributive [dɪˈstrɪbjətɪv] *adj.* distributivo(a).

distributor [dɪˈstrɪbjətər] *n.* distribuidor, concesionario.

district [ˈdɪstrɪkt] *v.* dividir en distritos.

district *n.* distrito, circunscripción (administrativa, electoral), sector, región, comarca.

district court [-kɔːrt] *n.* tribunal de distrito, tribunal de instancia.

District of Columbia [-ɑːv kəˈlʌmbɪə] **(D.C.)** [diː siː] Distrito Federal donde se encuentra Washington, la capital de los Estados Unidos.

distrust [dɪsˈtrʌst] *v.* desconfiar, no tener confianza.

disturb [dɪˈstɜːrb] *v.* molestar, incomodar, perturbar, alborotar, conmover. JUR.: inquietar, perturbar (en lo que se refiere al goce y disfrute de un derecho). *To disturb the peace,* alterar el orden público.

disturbance [dɪˈstɜːrbəns] *n.* **1** molestia, perturbación, disturbio, alboroto, tumulto. **2** JUR.: perturbación del goce y disfrute de un derecho. *Disturbance allowance,* indemnización por perturbaciones en el gozo y disfrute de un derecho, subsidio por perturbación de la posesión. **3** *Disturbance of the peace,* perturbación del orden público.

disuse [dɪsˈjuːs] *v.* dejar de servir, dejar de emplear.

disuse *n.* **1** desuso. **2** abandono.

disused [dɪsˈjuːzd] *adj.* fuera de uso, fuera de servicio; en desuso.

diverge [dəˈvɜːrdʒ] *v.* divergir, apartarse *(from,* de), abandonar; hacer divergir.

divergence [dəˈvɜːrdʒəns] *n.* divergencia.

divergent [dəˈvɜːrdʒənt] *adj.* divergente. *Divergent points of view,* puntos de vista divergentes.

diverse [daɪˈvɜːrs] *adj.* diverso, diferente, variado.

diversification [də'vɜːrsəfə'keɪʃən] *n.* diversificación. *Business diversification,* diversificación de los negocios.

diversify [də'vɜːrsəfaɪ] *v.* diversificar, variar. *To diversify into new products,* diversificarse hacia nuevos productos.

diversion [də'vɜːrʒən] *n.* desviación, derivación, alejamiento, apartamiento.

diversity [də'vɜːrsəti] *n.* diversidad. *A great diversity,* una gran diversidad.

divert [də'vɜːrt] *v.* 1 desviar, separar, apartar, alejar. 2 divertir, recrear, distraer.

divest [daɪ'vest] *v.* retirar, desembarazar *(from, de),* privar, desposeer. *To divest oneself of a right,* renunciar a un derecho. *To divest oneself of an asset,* deshacerse de un activo.

divestment [daɪ'vestmənt] *n.* ver **divestiture.**

divestiture [daɪ'vestətʃʊr] *n.* 1 desposesión, privación. 2 cesión de activos, venta de activos.

divide [də'vaɪd] *v.* 1 dividir, compartir, repartir *(profits,* utilidades). 2 dividirse. 3 ir a votar, participar en un sufragio (se usa con este sentido en el Parlamento de Gran Bretaña).

dividend ['dɪvədend] *n.* dividendo. *Final dividend,* dividendo final. *Dividend income, dividend yield,* rendimiento por dividendos, rendimiento de una acción.

dividend-warrant [-wɔːrənt] *n.* certificado de dividendos, cheque de dividendos, cupón de atrasos.

dividends ['dɪvədendz] *n. pl.* dividendos. *Accrued dividends,* dividendos decretados. *Cash dividends,* dividendos en efectivo. *Common dividends,* dividendos comunes. *Cumulative dividends,* dividendos acumulados. *Declared dividends,* dividendos declarados. *Dividends payable,* dividendos por pagar. *Dividends receivable,* dividendos por cobrar. *Intercompany dividends,* dividendos intercompañía. *Liquidating dividends,* dividendos de liquidación. *Paid dividends,* dividendos pagados. *Preferred dividends,* dividendos preferentes. *Stock dividends,* dividendos en acciones.

divisibility [də'vɪzə'bɪləti] *n.* divisibilidad.

divisible [də'vɪzəbəl] *adj.* divisible, compartible, repartible.

division [də'vɪʒən] *n.* 1 división, repartición, reparto. *Division of labor,* división del trabajo. 2 voto (con este sentido sólo se usa en el Parlamento de Gran Bretaña). *Without a division,* sin división, sin escrutinio. *Division-vote,* voto que se ejerce poniéndose de pie. *Parliamentary division,* circunscripción electoral.

divisional [də'vɪʒənəl] *adj.* divisional.

divisor [də'vaɪzər] *n.* divisor.

divorce [də'vɔːrs] *v.* divorciar; separar.

divorce *n.* divorcio. *To start divorce proceedings,* entablar un juicio de divorcio.

divvy ['dɪvi] *n. fam.* (EU) parte, porción.

divvy up [-ʌp] *v.* dividir, compartir.

Dixie ['dɪksi] *n.* emblema popular del sur de los Estados Unidos; canto nacional de los sureños durante la Guerra de Secesión.

do [duː] *v.* hacer; actuar, obrar, ejecutar. *What do you do (for living)?* ¿cuál es su (tu) profesión? *To do a sum,* hacer una suma, hacer un cálculo. *How do you do?* ¡encantado (de conocerle)! *That will do,* con eso basta, con eso es suficiente.

do away with [-ə'weɪ wɪð] *v.* abolir, abandonar, deshacerse de, eliminar, proscribir.

do business [-'bɪznəs] *v.* hacer negocios *(with,* con).

dock [daːk] *v.* 1 entrada de un barco en un muelle, en un dique. 2 acoplamiento (de naves espaciales). 3 reducir, sujetar a una deducción; deducir, retirar.

dock *n.* 1 muelle (puertos). 2 JUR.: banquillo de los acusados.

dockage ['daːkeɪdʒ] *n.* derechos de ingreso a un muelle, a un dique.

docker ['daːkər] *n.* estibador, cargador, obrero de un muelle.

docket ['daːkət] *v.* 1 registrar (un juicio), incluir dentro de un orden de ejecución de causas (EU). 2 etiquetar, clasificar (papeles, documentos).

docket *n.* 1 memorándum (de los elementos que forman un expediente; registro de los juicios llevados a cabo; (EU) orden de ejecución de causas (registradas en el orden en el cual deben ser litigadas). *On docket,* registro dentro de una ejecución de causas. 2 extracto, ficha (de un documento).

dockyard ['daːkjaːrd] *n.* astillero.

doctor ['daːktər] *v.* 1 cuidar, reparar. 2 modificar; falsificar, trampear. *To doctor a tape,* falsificar una grabación en cinta magnética.

doctor *n.* doctor. *Doctor's degree,* doctorado.

doctorate ['daːktərət] *n.* doctorado.

doctrine ['daːktrən] *n.* doctrina.

document ['daːkjəmənt] *v.* 1 documentar, apoyarse sobre ciertos documentos. *To document a debt,* documentar una deuda. 2 proporcionar los documentos necesarios.

document ['daːkjəmənt] *n.* documento, pieza, título. *Legal documents,* documentos legales. *To draw up a document,* redactar un documento, un acta.

documentary ['daːkjə'mentəri] *adj.* documental, aquello que se basa en un documento. *Documentary evidence,* documento probatorio.

documentary bill [-bɪl] *n.* letra de cambio.

documentation ['daːkjəmen'teɪʃən] *n.* documentación.

documents against acceptance ['daːkjəmənts ə'genst ək'səptəns] *n.* documentos contra aceptación.

documents against payment[ˈdɑːkjəmənts əˈgenst ˈpeɪmənt] *n.* documentos contra pago.

document-case[-keɪs] *n.* porta-documentos, portafolios.

documents of title [-ɑːv ˈtaɪtl] *n.* títulos de propiedad.

dodge [dɑːdʒ] *v.* evitar, esquivar, eludir (un asunto).

dodge *n.* 1 movimiento para esquivar. 2 artificio, ardid; truco (ingenioso).

dodger [ˈdɑːdʒər] *n.* 1 astuto; persona que evita, que trata de esquivar o de trasponer (un reglamento, etc.). *Draft dodger*, insubordinado, persona que trata de escapar a una obligación. *Tax dodger*, evasor fiscal. 2 (EU) prospecto, cartel, anuncio.

doer [ˈduːər] *n.* autor de una acción, el que hace, que actúa (por oposición a un *talker*, el que se conforma con hablar, con charlar).

Doe (John) [dəʊ (dʒɑːn)] *n.* nombre ficticio que se emplea para designar a una persona cuyo nombre se desconoce (por ejemplo, cuando llega a la morgue el cadáver de un desconocido, su expediente irá bajo el nombre de John Doe). No existe un equivalente exacto en español.

dog[dɔːg] *v.* perseguir, seguir, hostigar. *Dogged by financial problems*, hostigado por problemas financieros.

dog-ear [-ɪr] *v.* doblar la esquina de una página.

dog's-ear [-z ɪr] *v.* ver **dog-ear**.

do-it-yourself[ˈduːətʃərˈself] *n.* bricolage (*lit.* hágalo usted mismo).

do-it-yourself kit [-kɪt] *n.* equipo, conjunto de herramientas para efectuar uno mismo trabajos o reparaciones caseras.

do-it-yourselfer [-ər] *n.* persona que hace bricolage.

doldrums [ˈdəʊldrəmz] *n.* zona de calma, de tranquilidad, calmas ecuatoriales. *To be in the doldrums*, estar melancólico. *Business is in the doldrums*, los negocios se encuentran paralizados.

dole [dəʊl] *n.* indemnización, compensación, auxilio. *To go on the dole*, inscribirse en la lista de desempleados. *Unemployment dole*, indemnización por desempleo.

dole out [-aʊt] *v.* distribuir en partes o en pequeñas porciones o raciones.

dollar [ˈdɑːlər] *n.* unidad monetaria de los Estados Unidos (es una deformación del término "thaler", antigua pieza de moneda alemana). El dólar se representa por la letra "S" acompañada de una barra: $.

dollar gap [-gæp] *n.* escasez de dólares (se dice del comercio exterior).

dollar glut [-glʌt] *n.* sobreabundancia de dólares (comercio exterior).

dollar standard [-ˈstændərd] *n.* dólar estándar.

dollar store [-stɔːr] (EU) *n.* tienda de precio único.

dolly [ˈdɑːli] *n.* locomotora para el transporte de mineral, carretón para viajes.

dolly-shop [-ʃɑːp] *n.* 1 tienda de suministros para los marinos. 2 tienda de un ropavejero; tienda de préstamos contra prendas.

domestic [dəˈmestɪk] *adj.* 1 doméstico; interior, nacional, interno. *Domestic enterprise*, empresa nacional. *Domestic policy*, política interior. *Domestic production*, producción nacional. *Domestic trade*, comercio interior. *Domestic quarrels*, disensiones internas. *Domestic flights*, vuelos nacionales. 2 doméstico, para el hogar. *Domestic appliance*, artículo, aparato para el hogar.

domestic arts [-ɑːrts] *n.* artes hogareñas.

domestic content(s) [-ˈkɑːntent(s)] (EU) reglamento que exige que, para penetrar al mercado de los Estados Unidos, las máquinas o los artículos importados deberán contener una cierta proporción de piezas fabricadas en los Estados Unidos o de productos estadounidenses.

domestic workshop [-ˈwɜːrkʃɑːp] *n.* taller casero.

domicile [ˈdɑːməsaɪl] *v.* 1 domiciliar (una letra de cambio, un documento). 2 residir.

domicile *n.* domicilio. *Tax-payer domicile*, domicilio fiscal.

domiciliation [ˈdɑːməsɪˈlieɪʃən] *n.* domiciliación (de un documento de crédito).

dominant [ˈdɑːmənənt] *adj.* dominante.

domination [ˈdɑːməˈneɪʃən] *n.* dominación.

dominion [dəˈmɪnjən] *n.* 1 dominación, autoridad, mando. *To hold dominion over*, ejercer un dominio sobre. 2 *pl.* posesiones (de estados), colonias, dominios (estados que habiendo pertenecido al Imperio Británico actualmente son en gran parte miembros del mercado común europeo).

donate [ˈdəʊneɪt] *v.* donar; hacer una donación.

donation [dəʊˈneɪʃən] *n.* donación, don. *To make a donation of something to someone*, donar algo a alguien.

done [dʌn] *adj.* hecho(a). *Done in duplicate in New York the 12th*, hecho en duplicado en Nueva York el día 12. *Done!*, ¡hecho!, ¡trato hecho! *To have done*, haber terminado. *What's to be done?*, ¿qué se debe hacer?, ¿qué hay que hacer? *It can't be done*, es imposible. *I haved been done...*, se me ha hecho...

donee [dəʊˈniː] *n.* donatario.

donor [ˈdəʊnər] *n.* donador, donante.

"do not tilt" [ˈduː nɑːt tɪlt] no se incline, no se voltee.

doom [du:m] *v.* condenar.
doom *n.* 1 destino, suerte. 2 ruina. 3 decreto.
door [dɔ:r] *n.* puerta. *Within closed doors,* a puertas cerradas. *Open-door policy,* política de apertura, política de puertas abiertas.
door-to-door [-tə'dɔ:r] *n.* de puerta en puerta. *Door-to-door calling,* recorrido de puerta en puerta. *Door-to-door selling,* ventas de puerta en puerta.
dope [dəʊp] *n.* 1 barniz. 2 droga, estupefaciente. 3 (EU) *fam.* informes, datos. 4 *fam.* tonto.
dormant ['dɔ:rmənt] *adj.* dormido, en suspenso, ocioso; que ha caído en desuso. *Dormant law,* ley en desuso, ley que ha dejado de aplicarse. *Dormant warrant,* mandato en blanco. *Dormant balance,* saldo inactivo, saldo ocioso. *Dormant partner,* comanditario; arrendador de fondos. *Dormant capital,* capital ocioso.
do's and don'ts [du:z ænd dəʊnts] *n.* instrucciones (lo que se debe hacer y lo que no se debe hacer), reglamento, código de conducta.
dot [dɑ:t] *v.* poner los puntos sobre las íes; marcar con puntos, trazar una línea punteada.
dot *n.* punto. *To pay on the dot,* pagar dinero al contado.
dotted [dɑ:təd] *adj.* punteado. *Dotted line,* línea punteada.
double ['dʌbəl] *v.* doblar, duplicar, elevar al doble (cifras). *To double one's stake,* duplicar uno su participación.
double *n.* doble, dos veces. *To toss double or quits,* apostar el doble o nada.
double *adj.* doble. *To reach double figure,* alcanzar dos dígitos (se dice de los procesos numéricos). *To pay double the value,* pagar el doble del valor.
double check [-'tʃek] *v.* volver a verificar, revisar dos veces.
double check *n.* doble verificación.
double cross [-krɔ:s] *v.* (EU) engañar, mentir, timar.
double decker [-'dekər] *n.* (GB) autobús de dos pisos.
double-digit inflation [-dɪdʒət ɪn'fleɪʃən] *n.* inflación de dos dígitos.
double entry [-entri] *n.* partida doble. *Double entry bookkeeping,* contabilidad por partida doble.
double page spread [-peɪdʒ spred] *n.* publicidad a doble página.
double taxation [-tæk'seɪʃən] *n.* doble gravamen, doble impuesto fiscal.
double-truck [-trʌk] *n.* (EU) se dice de un anuncio que ocupa dos páginas enteras.
doubt [daʊt] *v.* dudar.
doubtful ['daʊtfəl] *adj.* dudoso, indeciso, incierto. *Doubtful accounts,* cuentas de cobro dudoso. *Doubtful debt,* deuda de cobro dudoso.

dough [dəʊ] *n. fam.* (EU) dinero.
dove [dʌv] *n.* paloma; partidario de la paz (en oposición a *hawk,* halcón).
dower ['daʊər] *n.* don, habilidad, dote, beneficio.
Dow-Jones ['daʊ'dʒəʊnz] *n.* índice bursátil que indica el curso de los valores industriales de la Bolsa de Valores de Nueva York (el nombre se compuso con el de dos periodistas del *Wall Street Journal*: Dow y Jones).
Dow Jones Industrial Average [-ɪn'dʌstriəl 'ævrɪdʒ] *n.* índice de los valores industriales de la Bolsa de Valores de Nueva York.
down [daʊn] *adv.* 1 a la baja. *She is down for 10 dollars,* ella se inscribió por 10 dólares. *He is 120 dollars down,* tiene un déficit de 120 dólares. *To be down,* estar en desventaja, tener un valor inferior a. *The shares were down at 8.35 dollars against 8.70 dollars,* las acciones se encontraban en desventaja en términos de una relación de 8.35 dólares contra 8.70 dólares. 2 contado. *A hundred dollars down,* cien dólares al contado.
down and out [-ænd aʊt] *adj.* arruinado, sin dinero.
downbeat [daʊnbi:t] *adj.* pesimista; a la baja.
downfall [daʊnfɔ:l] *n.* desplome, caída, ruina.
downgrade [daʊngreɪd] *v.* 1 clasificar en una categoría inferior. 2 hacer menos difícil. 3 incapacitar, inhabilitar, desclasificar.
downgrading [daʊngreɪdɪŋ] *n.* 1 hecho de incluir dentro de una categoría inferior. 2 baja de nivel, hecho de hacer más fácil. 3 inhabilitación profesional.
downhill (to go) [daʊnhɪl (tu: gəʊ)] cuesta abajo. *To go downhill,* bajar, ir cuesta abajo, irse a pique.
down payment [-'peɪmənt] *n.* enganche, pago a cuenta.
down period [-'pɪriəd] *n.* periodo durante el que una empresa se encuentra cerrada con el propósito de efectuar trabajos de reparación.
downside [daʊnsaɪd] *v.* reducir el tamaño, disminuir de importancia.
downside *n.* *On the downside,* a la baja, en descenso.
downsizing [daʊn'saɪzɪŋ] *n.* reducción de tamaño; reducción de personal efectivo, reducción del número de despidos.
downslide [daʊnslaɪd] *n.* baja, caída, descenso.
downswing [daʊnswɪŋ] *n.* (EU) fase descendente, baja.
downtick [daʊntɪk] *n.* BOLSA: baja ligera.
down time [-taɪm] *n.* tiempo muerto, tiempo ocioso, tiempo de suspensión.
down tools [-tu:lz] *v.* cesar el trabajo, ponerse en huelga.

downtown [daʊntaʊn] *n.* (EU) centro de una ciudad.

downturn [daʊntɜːrn] *n.* recesión, baja, declive.

downward [daʊnwərd] *adv.* de arriba hacia abajo, hacia abajo, en descenso. *Downward movement of stocks,* movimiento de las acciones a la baja. *Downward trend,* tendencia a la baja.

dowry [daʊəri] *n.* dote.

dozen [dʌzn] *n.* docena. *To sell by the dozen,* vender por docena. *Thirteen to the dozen,* trece por docena.

Dr [detər] abreviatura de **debtor** en el sentido de "debe", "débito".

draft [dræft] *v.* 1 redactar, escribir, expresar. 2 hacer un borrador, hacer un bosquejo (de un proyecto). 3 incorporar (tropas); enviar un destacamento.

draft *n.* 1 documento de crédito, giro, letra de cambio. *Draft at sight,* documento de crédito a la vista. 2 proyecto, anteproyecto, plan, borrador, esbozo, bosquejo. 3 (EU) reclutamiento para el servicio militar, contingente (de reclutas).

draft agreement [-əˈgriːmənt] *n.* proyecto de convenio, de contrato, protocolo de acuerdo.

draft contract [-ˈkɑːntrækt] proyecto de contrato.

drafting-department [ˈdræftɪŋ dɪˈpɑːrtmənt] *n.* departamento de redacción (de actas, de documentos).

draftsman [ˈdræftsmən] *n.* 1 diseñador (industrial). 2 redactor (de un proyecto).

draftsmanship [ˈdræftsmənʃip] *n.* arte del diseñador industrial; calidad de un diseño.

drag [dræg] *v.* 1 arrastrar, tirar. 2 arrastrar a lo largo de, arrastrar por el suelo, remolcar tirando, ir tirando. 3 consumirse, languidecer, mostrar pesadez, declinar el interés (por algo). 4 *To drag one's feet,* adoptar maniobras dilatorias, no mostrarse cooperativo, no mostrar suficiente entusiasmo, ofrecer una resistencia pasiva (*lit.* arrastrar los pies). 5 *To drag down profits,* hacer bajar las utilidades.

drag *n.* obstáculo, impedimento, freno.

dragnet [ˈdrægnet] *n.* 1 Pesca: red de captura. 2 Policía: red, pesquisa, dispositivo policiaco para detener a un criminal, redada.

drain [dreɪn] *v.* 1 evacuar, desaguar, drenar, vaciar. 2 sanear, hacer zanjas (en un terreno). 3 agotar, sangrar, secar. *Drained inventories,* inventarios agotados.

drain *n.* 1 canal, trinchera, tubo, desagüe, orificio de escape. 2 pérdida, punción, huida, hemorragia. *Brain drain,* fuga de cerebros. *Gold drain,* pérdidas de oro. *Drain of money,* fuga de capitales. *It will be a drain on our resources,* esto producirá una pérdida de nuestros recursos.

drastic [ˈdræstɪk] *adj.* radical, riguroso, enérgico. *To take drastic measures,* tomar medidas enérgicas.

draught [dræft] *n.* 1 tracción; corriente de aire. *Draught beer,* cerveza de barril. 2 tiro de agua, calado. 3 *Draughts* (juego de) damas.

draughtsman [ˈdræftsmən] *n.* 1 diseñador, dibujante (de planos). 2 redactor (de un decreto). 3 peón (en el juego de damas).

draughtsmanship [ˈdræftsmənʃip] *n.* arte del diseño (industrial), talento de diseñador.

draw [drɔː] *v.* 1 girar, atraer; retirar, descontar. *To draw a check,* girar un cheque. *To draw something by lot,* echar algo a la suerte. *To draw a commission,* descontar una comisión. *To draw a bill,* emitir una letra de cambio. *To draw on someone,* girar contra alguien (documentos de crédito). 2 cobrar (salarios).

draw *n.* 1 jugada. 2 mercancía en reclamación. *This month's draw,* la reclamación de este mes. 3 empate (en las votaciones), tablas (en juegos de mesa).

drawback [ˈdrɔːbæk] *n.* 1 inconveniente, desventaja; obstáculo. 2 reembolso, reintegro de los derechos de aduana, prima de exportación.

draw down [-daʊn] *v.* Fin.: efectuar un retiro de una línea de crédito.

drawdown [ˈdrɔːdaʊn] *n.* retiro, utilización. *Drawdown date,* fecha de retiro. *Drawdown period,* periodo durante el cual un prestatario queda autorizado para efectuar retiros sobre una línea de crédito.

drawer [ˈdrɔːr] *n.* 1 girador, librador, suscriptor (de una letra de cambio). 2 diseñador. 3 cajón.

drawee [drɔːˈiː] *n.* girado, librado, aceptador (de una letra).

drawing [ˈdrɔːɪŋ] *n.* 1 dibujo. 2 descuento, reducción (de una cuenta). 3 giro, acto de girar (un cheque, un documento de crédito).

drawing account [-əˈkaʊnt] *n.* cuenta de retiro; cuenta de depósito.

drawing up [-ʌp] *n.* 1 redacción; composición (de un acta); descuento (de una cuenta). 2 elaboración; indicación.

drawn [drɔːn] *adj.* girado, librado. *Drawn by,* girado por, librado por. *Drawn on,* girado contra, librado contra.

draw out [-aʊt] *v.* 1 sacar, retirar, extraer. *To draw out money from a bank,* retirar dinero de un banco. 2 prolongar, tirar arrastrando, ir arrastrando.

draw up [-ʌp] *v.* 1 tirar a lo alto, levantar, aumentar, subir, detenerse, estacionarse (un automóvil). 2 extender (un cheque), establecer (una cuenta), redactar, elaborar (un documento). *Documents drawn up before a lawyer,* documentos establecidos ante un notario. *To draw up a bal-*

ance sheet, establecer un balance general. **3** JUR.: levantar un acta.

dredge [dredʒ] *v.* dragar, limpiar un pozo.

dredge *n.* draga.

dredger ['dredʒər] ver **dredge**.

dress [dres] *v.* vestir, decorar, arreglar, preparar. *To dress the window,* decorar el escaparate. *To dress up the books,* disfrazar las cifras, maquillar los resultados, falsificar las cuentas.

drift [drɪft] *v.* flotar sin rumbo definido, ser arrastrado, ir a la deriva; arrastrar, tirar.

drift *n.* **1** movimiento, dirección, curso (de una corriente); curso, marcha (de los negocios). **2** propósito, tendencia, sentido general, alcance. **3** deslizamiento, ir a la deriva (de los salarios); baja (de los precios, de las cotizaciones).

drill [drɪl] *v.* **1** perforar, taladrar. **2** instruir, adiestrar, ejercitar. FERR.: hacer que se cumpla una maniobra.

drill *n.* **1** taladro, broca, perforador. **2** ejercicio, maniobra, prueba, ensayo.

drilling ['drɪlɪŋ] *n.* **1** perforación, excavación, sondeo. *Off-shore drilling,* perforaciones a corta distancia de la costa. **2** MILIT.: maniobras, ejercicios.

drilling company [-'kʌmpəni] compañía perforadora.

drilling-machine [-mə'ʃiːn] *n.* perforadora, barrena.

drink [drɪŋk] *v.* beber. *To drink to someone's health,* beber a la salud de alguien. *To drink to someone's success,* brindar por el éxito de alguien. *To drink oneself into debt,* endeudarse a fuerza de beber.

drink *n.* bebida. *Food and drink,* alimentos y bebidas, consumo. *To have a drink,* tomar un trago. *To stand a drink,* invitarle un trago a una persona. *Soft drinks,* bebidas sin alcohol.

drive [draɪv] *v.* **1** empujar, hacer marchar (por delante), hacer avanzar; conducir, guiar (un automóvil, una máquina). **2** inducir, instigar, incitar, obligar, forzar. *To drive someone into doing something,* inducir a alguien a hacer algo. *He was driven to resign,* se le obligó a renunciar. **3** *To drive a trade,* ejercer un oficio. *To drive a bargain,* hacer un negocio. *To drive a hard bargain,* imponer a alguien condiciones muy duras, ser muy duro en los negocios.

drive *n.* **1** un paseo en automóvil. **2** movimiento, transmisión, arrastre. **3** energía. *He has plenty of drive,* está lleno de energía. **4** (EU) campaña (de publicidad, etc.). *Recruiting drive,* campaña de reclutamiento, campaña de contrataciones. *Export drive,* campaña de promoción de exportaciones. *Output drive,* campaña de producción.

drive down [-daʊn] *v.* hacer bajar.

drive-in [-ɪn] *n.* (EU) **1** cine al aire libre (al cual se asiste en automóvil); restaurante que se encuentra al borde de la carretera. **2** puesto de abastecimiento.

drive-in bank [-bæŋk] *n.* banco en el que se atiende a los conductores sin que desciendan de su automóvil.

drive up [-ʌp] *v.* hacer subir (las cotizaciones, los precios, etc.).

driving ['draɪvɪŋ] *n.* conducción, manejo (de automóviles).

driving license [-'laɪsns] *n.* permiso de conducir.

driving test [-test] *n.* examen para la obtención de un permiso de conducir. *To pass one's driving test,* pasar el examen de manejo.

droop [druːp] *v.* inclinar(se), doblar(se), bajarse; flexionar. *Prices drooped last week,* los precios bajaron la semana pasada.

droop *n.* baja, desplome, flexión.

drooping ['druːpɪŋ] *n.* flexión.

drop [drɑːp] *v.* **1** caer gota a gota; caer, derramar. **2** dejar caer, abandonar. **3** bajar, calmarse, debilitar. *The shares have dropped from 4½ to 4,* las acciones han disminuido de 4½ a 4.

drop *n.* **1** gota. **2** caída, baja, disminución. *Drop in prices,* caída de los precios, baja de los precios. *Drop-in value,* disminución del valor. *A price drop,* una disminución en los precios.

drop behind [-bɪ'haɪnd] *v.* dejarse rebasar, dejarse adelantar, incurrir en un retardo, hacerse distanciar, dejarse aventajar.

drop in [-ɪn] *v. fam.* hacer una visita, pasar a ver a alguien.

drop out [-aʊt] *v.* dejar caer, omitir, abandonar. *To drop out of school,* abandonar los estudios, desaparecer, cesar actividades (en una empresa).

drop-out *n.* **1** (EU) estudiante que abandona la universidad antes de concluir sus estudios. **2** marginal.

drop-tag [-tæg] *v.* marcar (una mercancía).

drought [draʊt] *n.* sequía, sequedad.

drug [drʌg] *n.* **1** producto farmacéutico. **2** droga, estupefaciente.

drugstore ['drʌgstɔːr] *n.* (EU) farmacia.

drum [drʌm] *v.* **1** tocar el tambor. *To drum for customers* (EU), hacer publicidad para los clientes, desplazarse para capturar a los clientes. **2** *To drum something into someone's head,* meterle una idea en la cabeza a alguien.

drum *n.* **1** tambor. **2** tonel, recipiente cilíndrico.

drummer ['drʌmər] *n.* **1** músico que toca el tambor. **2** viajero de comercio; (EU) agente viajero (principalmente para promover ventas).

drumming ['drʌmɪŋ] *n.* **1** ruido de un tambor; zumbido (de oídos); ruido de hierro viejo (automóviles). **2** actividad de los viajeros de comercio; captura de clientes.

drum up [-ʌp] *v.* enganchar, reclutar, solicitar (se dice de los clientes). *To drum up sales,* registrar ventas.

dry [draɪ] *adj.* **1** seco, seca. *To run dry, to go dry*, secarse, agotarse, consumirse, no tener nada más que decir; no tener más ideas. **2** (EU) *To go dry*, prohibir el consumo de bebidas alcohólicas. *Dry state* (EU), estado donde el alcohol está prohibido.

dry-cargo [-'kɑːrgəʊ] *n.* cargamento seco.

dry-cleaning [-'kliːnɪŋ] *n.* lavado en seco; desengrasamiento.

dry-dock [-dɑːk] *v.* ingresar, permitir el ingreso a un dique de carena o a una cala seca.

dry-dock *n.* cala seca; estanque seco; dique de carena.

dry dockage [-'dɑːkeɪdʒ] *n.* ingreso a un dique de carena o a una cala seca.

dry-docking [-'dɑːkɪŋ] *n.* ver **dry-dockage**.

dry-farming [-'fɑːrmɪŋ] *n.* secano (cultivo que no tiene sistemas de riego y sólo aprovecha el agua de lluvia).

dry-goods [-gʊdz] *n.* (EU) artículos novedosos; tejidos, telas.

dry hole [-həʊl] *n.* pozos petroleros de bajo rendimiento.

dry money [-'mʌni] *n.* dinero líquido.

drysalter [draɪsɔːltər] *n.* (EU) comerciante de salazón, negociante de conservas.

dry up [-ʌp] *v.* secar, secarse; agotar, agotarse.

dual ['duːəl] *adj.* doble. *Dual approval*, aprobación doble. *Dual carriageway*, doble vía (GB: tablero que anuncia una autopista). *Dual citizenship*, doble ciudadanía. *Dual exchange rate*, doble régimen de tipos de cambio.

dub [dʌb] *v.* **1** CINE: doblar. **2** nombrar, apellidar, apodar, calificar de.

dubbing ['dʌbɪŋ] *n.* CINE: doblaje.

dubious ['duːbiəs] *adj.* dudoso, incierto, vago, aventurado, peligroso. *Dubious figures*, cifras dudosas. *Dubious paper*, documento de valor dudoso.

duck [dʌk] *n.* **1** pato. **2** BOLSA: especulador insolvente.

dud [dʌd] *adj.* nulo, sin valor; incapaz. *Dud check*, cheque sin fondos. *Dud stock*, acciones sin valor. *Dud note*, billete de banco falso.

due [duː] *n.* adeudado, derechos, impuestos, cotizaciones, rentas. *Union dues*, cotizaciones sindicales.

due *adj.* exigible, adeudado, vencido; regular, ordinario. *Debts due to us*, deudas vencidas a nuestro favor, créditos. *In due form*, en buena forma, en regla. *After due consideration*, después de una profunda consideración. *The train is due at ten o'clock*, el tren llega a las 10 en punto.

due bill [-bɪl] *n.* documento de crédito vencido, documento de crédito adeudado, (EU) reconocimiento de deuda.

due-date [-deɪt] *v. To due-date a bill*, cotizar un documento de crédito al vencimiento.

due date *n.* vencimiento, fecha de vencimiento.

due notice [-'nəʊtəz] *n.* notificación obligatoria, plazo reglamentario.

due time (in) [-taɪm(ɪn)] *n.* una vez llegado el momento, en su momento, en el momento oportuno.

due process of law [-'prɑːses ɑːv lɔː] cláusula de salvaguarda de las libertades individuales.

dull [dʌl] *adj.* inactivo, tosco, lento, calmado (se dice principalmente de los mercados o de los negocios).

dullness ['dʌlnəs] *n.* **1** lentitud, pesadumbre, aburrimiento, tedio, monotonía. **2** estancamiento, marasmo, inactividad. *The general dullness of business*, el marasmo general de los negocios.

duly ['duːli] *adv.* debidamente, oportunamente, puntualmente, en el momento justo. *We have duly received your letter of*, hemos recibido oportunamente su carta del. *Lender duly secured*, prestamista debidamente protegido.

dummy ['dʌmi] *n.* **1** maniquí, muñeca, figura de cera, objeto ficticio; ED.: maqueta. *A dummy company*, una sociedad ficticia. *Dummy invoice*, factura ficticia. *Dummy supplier*, proveedor ficticio. **2** prestanombres, personaje simulado o ficticio. **3** MAT.: variable, auxiliar. *Dummy variable*, variable simulada.

dummy pack [-pæk] *n.* embalaje ficticio.

dump [dʌmp] *v.* **1** descargar, verter, derramar. **2** deslizar una pérdida hacia el mercado exterior, hacer un "dumping". Ver **dumping**.

dump display [-dɪs'pleɪ] *n.* dispositivo para presentar productos a granel.

dumping ['dʌmpɪŋ] *n.* **1** oscilamiento, desplome, desbordamiento. **2** venta con pérdidas en el mercado exterior, abrumar un mercado con productos a precios lo suficientemente bajos para derribar a la competencia, "dumping".

dumps [dʌmps] *n. pl. To be in the dumps*, estar melancólico.

dump-truck [-trʌk] *n.* camión de volteo, camión de volquete.

dun [dʌn] *v.* hostigar, perseguir con ardor, ir a alcanzar (a un deudor). *He is dunned by his creditors*, se encuentra asediado por sus acreedores. *Dunning letter*, carta que persigue la recuperación de una deuda, carta de solicitud de reembolso (de una deuda), carta de un acreedor.

dun *n.* agente de recaudación o recuperación de deudas.

dunnage ['dʌneɪdʒ] *v.* NAVEG.: hacer un almacén (estibando la mercancía en un barco).

dunnage *n.* calada, carga de estiba, carga inútil, plataforma de cargamento. *Dunnage wood*, madera para estibar.

duplicate ['duːplɪkəɪt] *v.* hacer un duplicado, copiar, reproducir, fotocopiar.

duplicate ['du:plıkət] *n.* duplicado, doble, ampliación (de un acta). *In duplicate,* por duplicado, con dos ejemplares.
duplicate *adj.* duplicado. *Duplicate parts,* piezas de repuesto. *Duplicate receipt,* duplicado de recibo. *Duplicate invoice,* duplicado de factura. *A faithful duplicate,* un duplicado exacto.
duplicating ['du:plıkeıtıŋ] *n.* duplicación, reproducción.
duplicating-machine [-mə'ʃi:n] *n.* duplicadora.
duplication ['du:plı'keıʃən] *n.* duplicación, reproducción, doble empleo.
duplication in invoicing [-ın 'ınvɔısıŋ] duplicaciones en la facturación.
duplicator ['du:plıkeıtər] *n.* duplicador, duplicadora.
durability ['dʊrə'bıləti] *n.* durabilidad, larga duración, estabilidad, resistencia, solidez.
durable ['dʊrəbəl] *adj.* durable, duradero, resistente. *Durable household goods,* aparatos domésticos de alta duración.
durables ['dʊrəbəlz] *n.* productos no perecederos.
durable goods [-gʊds] *n.* productos no perecederos.
duration [dʊ'reıʃən] *n.* duración, periodo de vigencia, periodo activo. *Duration of a corporation,* duración de una corporación. *Duration of a patent,* duración de una patente. *Duration of a lease,* duración de un arrendamiento. Bolsa: *Duration of an investment,* duración de una inversión.

duress [dʊ'res] *n.* 1 encarcelamiento. 2 apremio, sujeción, coerción. *To act under duress,* actuar bajo coerción.
Dutch auction [dʌtʃ 'ɔ:kʃən] *n.* mercancías rebajadas, venta de descuento.
dutiable ['du:tiəbəl] *adj.* gravable, sujeto a derechos de aduana.
duties ['du:tiz] *n.* derechos, impuestos. *Customs duties,* derechos de aduana. *Excise duties,* impuestos indirectos. *Stamp duties,* derechos de registro.
duty ['du:ti] *n.* 1 deber, función, atribución. 2 derecho, impuesto. *Liable to duty,* sujeto a derechos de aduana. *Duty-free,* exento de derechos de aduana.
duty free port [-fri: pɔ:rt] puerto franco, puerto libre de derechos.
duty-paid [-peıd] *adj.* derechos pagados, mercancías retiradas de la aduana, despachado de la aduana.
dwell [dwel] *v.* 1 habitar, residir, morar, alojar. 2 *(on something)* extenderse en (cuando se habla), insistir en, tratarse de.
dwelling ['dwelıŋ] *n.* habitación, residencia, domicilio, aposento, alojamiento.
dwindle ['dwındl] *v.* disminuir, decaer, declinar, consumirse, agotarse, degenerar. *Dwindling production,* producción que va en descenso.
dwindling ['dwındlıŋ] *n.* disminución, debilitamiento, pérdida (de capitales), agotamiento.
dynamic [daı'næmıc] *n.* dinámico. *Dynamic process,* proceso dinámico. Inform.: *Dynamic allocation of memory,* asignación dinámica de la memoria.

D

e

eager [ˈiːgər] *adj.* impaciente; deseoso; ávido; apasionado.

eagerness [ˈiːgərnəs] *n.* ardor, vehemencia; deseo, impaciencia.

eagle [ˈiːgəl] *n.* (EU) pieza de oro de 10 dólares.

early [ˈɜːrli] *adj.* 1 temprano, desde el principio; precoz; prematuro; oportuno; anticipado. *Early detection,* detección oportuna. *Early notice,* notificación oportuna. *At an early age,* en una época prematura, en una etapa inicial, desde la infancia, tempranamente. 2 próximo, cercano, vecino; rápido, veloz, raudo. *Early delivery,* entrega rápida. *An early reply would oblige us,* una respuesta rápida nos obligaría.

early *adv.* temprano.

earmark [ˈɪrmɑːrk] *v.* 1 afectar, destinar, asignar (fondos, presupuestos). 2 designar para un cierto uso. *Earmarked for refund,* destinado para reembolso. 3 poner una marca, marcar con un signo distintivo.

earn [ɜːrn] *v.* 1 ganar. *Earned income,* ingreso ganado o devengado. 2 producir, redituar. *To earn a profit,* ganar una utilidad, redituar o producir un provecho, una ganancia. *Earned profits,* utilidades realizadas. *Earned surplus,* superávit ganado. 3 adquirir, merecer.

earner [ˈɜːrnər] *n.* el que gana un salario, el que percibe un ingreso. *Low and middle-income earners,* trabajadores que ganan ingresos de nivel medio y de nivel bajo.

earnest [ˈɜːrnəst] *n.* señal; a cuenta; depósito; caución, garantía.

earnest *adj.* 1 serio, formal; celoso, diligente. 2 sincero, convencido.

earning assets [ˈɜːrnɪŋˈæsetz] activos susceptibles de ganar utilidades.

earning capacity [ˈɜːrnɪŋ kəˈpæsəti] *n.* rentabilidad de una empresa, capacidad de generación de utilidades.

earning power [ˈɜːrnɪŋˈpaʊər] rentabilidad, capacidad de obtención de utilidades.

earnings [ˈɜːrnɪŋz] *n.* 1 ganancia(s), ingresos. 2 beneficio(s), utilidad(es), ingreso(s). *Earnings report,* reporte de utilidades. *Retained earnings,* utilidades retenidas, beneficios no distribuidos (reserva cuya finalidad principal es el autofinanciamiento). *Windfall earnings,* beneficios excepcionales, utilidades inesperadas. 3 salario.

earnings per share [-pɜːr ʃer] utilidades por acción.

earphones [ˈɪrfəʊnz] *n.* audífonos.

ease [iːz] *v.* 1 facilitar, hacer más fácil. 2 suavizar, aligerar, atenuar, desatar, aliviar, reducir, moderar. *To ease the bite of inflation,* atenuar los efectos de la inflación. 3 bajar, doblegar, aplacar, aflojar, ablandar (los precios, las cotizaciones). *Prices are easing,* los precios están bajando.

easement [iːzmənt] *n.* servidumbre, derecho de uso (por ejemplo, derecho de transmisión de una propiedad).

easing [ˈiːzɪŋ] *n.* 1 ablandamiento, aligeramiento, atenuación, aflojamiento, reducción, moderación, alivio, distensión. 2 baja, disminución (de los precios, de las cotizaciones).

easiness [ˈiːzinəs] *n.* facilidad.

easy [ˈiːzi] *adj.* 1 fácil. *To be in easy circumstances,* estar en circunstancias sencillas, estar en una situación cómoda. 2 (mercado, cotizaciones y precios) calmado, tranquilo, a la baja.

easy money [-ˈmʌni] *n.* 1 dinero fácil. 2 crédito económico.

easy terms [-tɜːrmz] facilidades de pago. *To grant, extend easy terms,* conceder, otorgar facilidades de pago.

eavesdrop [ˈivzdrɑːp] *v.* escuchar tras la puerta (de esta palabra se deriva el sentido moderno de espiar), vigilar (electrónicamente), escuchar por debajo de la mesa.

eavesdropping [ˈivzˈdrɑːpɪŋ] *n.* espionaje, vigilancia electrónica, investigación telefónica.

ebb [eb] *v.* refluir; declinar, bajar, descender.

ebb *n.* reflujo; declive, baja.

ecological [ˈiːkəˈlɑːdʒəkəl] *adj.* ecológico.

ecologist [ɪˈkɑːlədʒəst] *n.* ecologista.

ecology [ɪˈkɑːlədʒi] *n.* ecología.

econometric [ɪˈkɑːnəˈmetrɪk] *adj.* econométrico.

econometrics [ɪˈkɑːnəˈmetrɪks] *n.* econometría.

economic [ˈekəˈnɑːmɪk] *adj.* económico (en el sentido de aquello que tiene relación o vínculo con la ciencia económica o con la situación económica). *Economic progress,* progreso económico. *Economic situation,* situación económica.

economical [ˈekəˈnɑːmɪkəl] *adj.* 1 económico, barato, aquello que produce economías. 2 rentable, provechoso, beneficioso. 3 ahorrativo, ahorrador (persona).

economics [ˈekəˈnɑːmɪks] *n.* economía, ciencia económica, economía política.

economies of scale [ɪkɑːnəmiz ɑːv skeɪl] economías a escala.

economist [ɪ'kɑːnəməst] *n.* economista, estudioso de la economía.

economize [ɪ'kɑːnəmaɪz] *v.* economizar, ahorrar.

economy [ɪ'kɑːnəmi] *n.* 1 economía (de un país determinado). *The Mexican economy,* la economía mexicana. 2 economía (hecho de economizar). *Economy class,* clase turista, clase económica.

eco-system ['iːkəʊ sɪstəm] *n.* ecosistema (unidad ecológica que se basa en el equilibrio entre un grupo de seres vivientes y su medio ambiente).

edge [edʒ] *v.* 1 desplazarse con cuidado y lentamente. 2 avanzar con cautela.

edge *n.* 1 borde, esquina, arista, espina, orilla, filo, tajada, límite, ribete. 2 ventaja (por lo general de nivel ligero y de corta duración). *To have an edge, to have the edge,* tener una ventaja.

edged ['edʒəd] *adj.* 1 cortante, afilado, agudo. 2 ribeteado. *Gilt-edged,* con cantos dorados, de la mejor clase, de la más alta calidad. *Gilt-edged securities,* valores o títulos de máxima garantía.

edge down [-daʊn] *v.* bajar, declinar (lentamente, en forma imperceptible).

edge up [-ʌp] *v.* aumentar, progresar, subir (poco a poco, en forma imperceptible).

edible ['edəbəl] *adj.* comestible.

edibles ['edəblz] *n.* comestibles, productos comestibles.

edit ['edət] *v.* 1 editar, preparar un texto para su publicación, dar forma a un documento. 2 adaptar, modificar, alterar un texto, practicar cortes y modificaciones. 3 dirigir una publicación, dirigir la redacción de un diario, de una revista, etc. 4 montar (una película).

editing room ['edətɪŋ ruːm] *n.* cuarto de edición, sala de montaje.

editor ['edətər] *n.* 1 jefe de redacción, director de una publicación. 2 editor, editorialista, responsable de una columna en un diario. *Our science editor,* nuestro responsable de la columna de ciencia.

editorial advertising ['edə'tɔːriəl 'ædvərtaɪzɪŋ] publicidad mediante cortes de redacción.

editorial matter ['edə'tɔːriəl'mætər] asunto editorial.

editorial room ['edə'tɔːriəl ruːm] *n.* sala de redacción.

education ['edʒə'keɪʃən] *n.* educación, enseñanza, formación. *Adult education,* educación para adultos, educación permanente.

educational ['edʒə'keɪʃənəl] *adj.* educativo, relativo a la enseñanza, aquello que tiene relación con la enseñanza, lo que es pedagógico. *Educational engineering,* ingeniería de la educación. *Educational system,* sistema educativo.

effect [ɪ'fekt] *v.* 1 efectuar, hacer, cumplir, operar, ejecutar, realizar, alcanzar, hacer efectivo, llevar a cabo. *To effect an insurance policy,* tomar un seguro, contratar un seguro. 2 producir, causar.

effect *n.* 1 efecto, consecuencia, influencia, incidencia, acción, resultado. *Final effects,* efectos finales. 2 ejecución, puesta en vigor, realización, aplicación, puesta en marcha, efecto. *To come into effect,* entrar en vigor (leyes). 3 sentido, tenedor de un documento.

effects [ɪ'fekts] *n.* efectos, bienes personales, bienes mobiliarios. BANCA: "*No effects*", sin fondos, falta de fondos (cheques, etc.). *Effects not cleared,* documentos de crédito no compensados, documentos de crédito en proceso de cobro.

effects man [-mæn] *n.* persona dedicada a la venta de bienes mobiliarios.

effective [ɪ'fektɪv] *adj.* 1 eficaz, que tiene un cierto rendimiento. 2 real, efectivo. *To become effective,* entrar en vigor, entrar en aplicación, aplicarse, ser aplicado.

effectiveness [ɪ'fektɪvnəs] *n.* 1 eficacia, efectividad. 2 efecto producido, fuerza de un impacto.

effectual [ɪ'fektʃuəl] *adj.* 1 eficaz. 2 válido, en vigor.

effectuate [ɪ'fektʃueɪt] *v.* efectuar, aplicar, poner en práctica. *To effectuate the policies of the Act,* aplicar las medidas previstas por la Ley.

efficacious ['efə'keɪʃəs] *adj.* eficaz, que tiene un efecto, que actúa.

efficaciousness ['efə'keɪʃəsnəs] *n.* eficacia, rendimiento.

efficacity ['efɪ'keɪsəti] *n.* eficacia, rendimiento.

efficacy ['efɪkəsi] *n.* eficacia, rendimiento.

efficiency [ɪ'fɪʃənsi] *n.* eficiencia; eficacia, rendimiento. *Efficiency engineer,* asesor. *Efficiency index,* índice de eficiencia. *Efficiency measures,* medidas de eficiencia. *Efficiency price,* precio económico. *Efficiency measures,* medidas de eficiencia.

efficient [ɪ'fɪʃənt] *adj.* 1 eficaz, competente, que tiene rendimiento. 2 eficaz, rentable.

effluent ['efluənt] *n.* efluente, desecho industrial, agua utilizada o líquido utilizado por una fábrica, líquido contaminado (desechado por una fábrica).

e.g. [iː dʒiː] véanse las abreviaturas.

egg head ['eghed] (EU) *fam.* intelectual, "cerebrito".

elaborate [ɪ'læbəraɪt] *v.* 1 elaborar, detallar. 2 precisar. *He refused to elaborate on his statement,* se rehusó a precisar su declaración, se rehusó a hacer comentarios sobre su declaración.

elaborate [ɪ'læbərət] *adj.* elaborado, detallado, estudiado, minucioso, complicado, profundo.

elastic [ɪ'læstɪk] *adj.* elástico. *Elastic market,* mercado elástico (en el que la demanda fluctúa principalmente de acuerdo con el precio).

elasticity [ɪ læs'tɪsəti] *n.* elasticidad, flexibilidad, maleabilidad. *Elasticity of demand,* flexibilidad de la demanda (variaciones de la demanda en función del precio).

elderly ['eldərli] *adj.* mayor de edad (personas). *The elderly,* los mayores de edad.

elect [ɪ'lekt] *v.* 1 elegir. 2 escoger.

election [ɪ'lekʃən] *n.* 1 elección, elecciones. 2 selección.

electioneering [ɪ lekʃə'nɪrɪŋ] *n.* propaganda electoral, maniobra electoral, campaña electoral.

elective [ɪ'lektɪv] *adj.* 1 electivo (función, etc.). 2 electoral (proceso, etc.). 3 facultativos, opcionales (cursos).

elector [ɪ'lektər] *n.* 1 elector; miembro de un cuerpo electoral. 2 (EU) miembro de un colegio que elige al presidente y al vicepresidente: gran elector.

electoral [ɪ'lektərəl] *adj.* electoral. *Electoral college,* colegio electoral (en los Estados Unidos, representantes de los estados que eligen al presidente y al vicepresidente). *Electoral system,* sistema electoral, modo de escrutinio, modo de representación.

electorate [ɪ'lektərət] *n.* electorado, electores, votantes, distrito electoral.

electric [ɪ'lektrɪk] *adj.* eléctrico. *Electric current,* corriente eléctrica. *Electric meter,* contador (o medidor) eléctrico.

electrical [ɪ'lektrɪkəl] *adj.* eléctrico, que funciona con electricidad.

electrical engineering [-'endʒə'nɪrɪŋ] industria eléctrica; técnica eléctrica; habilidad eléctrica; estudios, funciones y carrera del ingeniero en electricidad.

electricity [ɪ lek'trɪsəti] *n.* electricidad, energía eléctrica.

electrification [ɪ'lektrəfə'keɪʃən] *n.* electrificación.

electrify [ɪ lektrəfaɪ] *v.* 1 electrificar. 2 electrizar.

electronic [ɪ'lek'trɑːnɪk] *adj.* electrónico. *Electronic calculator,* calculadora electrónica. *Electronic computer,* computadora electrónica. *Electronic bulletin board,* mensajería. *Electronic payment,* pago electrónico.

electronic data processing [-'deɪtə 'prɑːsesɪŋ] (E.D.P.) [iː diː piː] informática (análisis electrónico de datos).

electronic funds transfer [-fʌnds 'trænsfɜːr] (E.F.T.) [iː ef tiː] transferencia electrónica de fondos (T.E.F.).

electronics [ɪ'lek'trɑːnɪks] *n.* electrónica.

elevator ['eləveɪtər] *n.* 1 (EU) ascensor. 2 montacargas. 3 (EU) almacén de granos. *Bonded*

elevator, almacén de granos bajo el control de la aduana.

eligibility ['elədʒə'bɪləti] *n.* 1 elegibilidad. 2 hecho de satisfacer las condiciones requeridas; condiciones de admisión (para un puesto); aceptabilidad, títulos de elegibilidad (de un candidato). 3 deseable, ventaja (de una elección).

eligible ['elədʒəbəl] *adj.* 1 elegible. *Eligible paper* (EU), documento de crédito descontable. 2 que satisface las condiciones requeridas, que tiene derecho a, que califica para (persona). *Eligible for a pension,* elegible para una pensión, el que tiene derecho a una jubilación. Digno de ser seleccionado, elegido o nombrado; admitido. 3 admisible, aceptable, deseable, ventajoso, preferible (solución, elección, etc.).

eliminate [ɪ'lɪməneɪt] *v.* eliminar, suprimir. *To eliminate a candidate,* eliminar un candidato.

elimination [ɪ'lɪmə'neɪʃən] *n.* eliminación, supresión.

embankment [ɪm'bæŋkmənt] *n.* 1 malecón, muelle, andén. 2 dique; calzada, declive, terraplén.

embargo [ɪm'bɑːrgəʊ] *v.* embargar, secuestrar, requisar.

embargo *n.* embargo, secuestro, confiscación, decomiso, detención; contingente.

embark [ɪm'bɑːrk] *v.* 1 embarcar, poner a bordo, cargar a bordo (de un barco, de un avión). 2 embarcarse. 3 emprender, lanzarse a, empezar, comenzar. *To embark on a program,* emprender un programa.

embarkation ['embɑːr'keɪʃən] *n.* embarco, cargamento a bordo.

embassy -ies ['embəsi] *n.* embajada.

embezzle [ɪm'bezəl] *v.* desviar fondos, malversar fondos.

embezzlement [ɪm'bezəlmənt] *n.* desvío de fondos, malversación.

embezzler [ɪm'bezlər] *n.* desfalcador, autor de un desvío de fondos.

emcee ['em'siː] *v.* ser el maestro o la maestra de ceremonias; T.V.: presentar, animar una emisión.

emcee = M.C. [em siː] (**Master of Ceremonies**) ['mæstər ɑːv 'serəməʊnis] *n.* animador, presentador.

emerge [ɪ'mɜːrdʒ] *v.* emerger, aparecer (hechos).

emergency [ɪ'mɜːrdʒənsi] *n.* emergencia, urgencia, situación crítica, crisis. *Emergency landing field,* terreno de aterrizaje de emergencia. *Emergency measures,* medidas de emergencia. *Emergency power,* poderes excepcionales. *Emergency repairs,* reparaciones de emergencia.

emerging nations [ɪ'mɜːrdʒɪŋ 'neɪʃns] países en vías de desarrollo.

emigrant ['emǝgrǝnt] *n.* emigrante.
emigrate ['emǝgreɪt] *v.* emigrar.
emigration ['emǝ'greɪʃǝn] *n.* emigración.
eminent domain ['emǝnǝnt dǝ'meɪn] (EU) Jur.:
1 dominio eminente. 2 derecho de expropiación.
emission [i:'mɪʃǝn] *n.* 1 emisión, emanación,
escape (de gases, frecuentemente tóxicos o
contaminantes). 2 Banca: emisión de monedas
o de billetes, puesta en circulación de monedas o de billetes.
emit [i:'mɪt] *v.* 1 emitir (un gas). 2 emitir papel
moneda. 3 emitir (un aviso, etc.).
emolument [ɪ'mɑːljǝmǝnt] emolumentos,
nombramientos, salario, remuneración, indemnización.
emphasis ['emfǝsǝs] *n.* énfasis, acento puesto
sobre algo, insistencia, importancia que se da a
algo.
emphasize ['emfǝsaɪz] *v.* subrayar, insistir,
poner de relieve, hacer resaltar, poner el acento
sobre. *The importance of financial planning cannot be emphasized,* la importancia de la
planeación financiera no necesita subrayarse.
employ [ɪm'plɔɪ] *v.* emplear, utilizar, usar.
employ *n.* empleo. *In the employ of a trucking
company,* empleado por una compañía dedicada al transporte por carretera.
employee [ɪm'plɔɪ'i:] *n.* empleado, asalariado.
Employee's pension fund, fondo de pensiones
para los empleados. *Employee's withholdings,*
retenciones a los empleados. *Employee's profit
sharing,* participación de los trabajadores en las
utilidades de la empresa.
employee buy-out [-'baɪaʊt] adquisición de
una empresa por parte de sus empleados.
employee relations, employer relations
[-rɪ'leɪʃǝns, ɪm'plɔɪǝr rɪ'leɪʃǝns] relaciones
industriales, relaciones sociales, relaciones obre-
ro-patronales.
employee share scheme [-ʃer ski:m] plan
de participación de los empleados en las acciones de la empresa.
employer [ɪm'plɔɪǝr] *n.* 1 patrón. *Employer-
employee relations,* relaciones obrero-patrona-
les, relaciones industriales, relaciones sociales.
Employer's association, asociación patronal,
sindicato patronal. *Employer's liability insurance,* seguro patronal contra accidentes de
trabajo. 2 Jur.: comitente, quien otorga un poder.
employment [ɪm'plɔɪmǝnt] *n.* empleo, situación, ocupación, trabajo, mercado de trabajo,
situación de empleo, contratación, reclutamiento. *Employment agency,* oficina de colocaciones,
agencia de reclutamiento, oficina de contrataciones, agencia de empleos. *Employment demand,* demanda de empleo.
emporium [em'pɔːriǝm] *n.* 1 mercado, centro
de actividades comerciales, centro comercial.

2 tienda de gran tamaño. 3 almacén, sala de
exposiciones.
empower [ɪm'paʊǝr] *v.* autorizar, facultar, dar
poder, dar plenos derechos, conferir.
empties ['emptiz] *n.* 1 envases vacíos. *Empties are returnable,* los envases vacíos son retornables. 2 puestos vacantes, lugares desocupados.
empty ['empti] *v.* vaciar, desocupar.
empty *adj.* 1 vacío. 2 desocupado.
emulsion speed [ɪ'mʌlʃǝn spi:d] *n.*
sensibilidad (fotografía).
enact [ɪn'ækt] *v.* decretar, acordar, promulgar,
proclamar (legislaciones).
enacting clauses [ɪn'æktɪŋ 'klɔːzes] *n.*
disposiciones de una ley.
enactment [ɪn'æktmǝnt] *n.* 1 promulgación
de una ley. 2 ley, ordenamiento, decreto,
acuerdo, texto por el cual se ha votado.
encash [ɪn'kæʃ] *v.* hacer efectivo, cobrar, recordar, recoger.
encashment [ɪn'kæʃmǝnt] *n.* cobro, recaudación.
enclose [ɪn'kləʊz] *v.* 1 adjuntar, anexar. *We
enclose...,* adjuntamos... 2 cercar, rodear.
enclosed [ɪn'kləʊzd] *adj.* adjunto. *Please find
enclosed...,* Sírvase encontrar en forma adjunta...
enclosure [ɪn'kləʊʒǝr] *n.* pieza adjunta.
encounter [ɪn'kaʊntǝr] *v.* encontrar.
encroach [ɪn'krǝʊtʃ] *v.* 1 apoyarse, empezar,
entablar. 2 usurpar, inmiscuirse en asuntos o
funciones ajenas.
encroachment [ɪn'krǝʊtʃmǝnt] *n.* 1 apoyo.
2 usurpación.
encumber [ɪn'kʌmbǝr] *v.* 1 obstruir, molestar, estorbar. 2 cargar de deudas, gravar hipotecas.
encumbered [ɪn'kʌmbered] *adj.* 1 obstruido,
congestionado. 2 hipotecado, gravado con una
hipoteca.
encumbrance [ɪn'kʌmbrǝns] *n.* 1 obstáculo,
carga. 2 cargos de sucesión, hipoteca, servidumbre.
end [end] *v.* 1 detener, terminar, acabar, poner
fin, concluir. 2 terminarse, llegar a su fin, acabarse, acabar en. 3 cotizar al fin de una sesión
(valores bursátiles), clausurar.
end *n.* 1 fin. 2 extremidad, cabo. 3 propósito,
proyecto, objetivo. *The end justifies the means,*
el fin justifica los medios.
ending ['endɪŋ] *adj.* final, al final. *Ending balance,* saldo final. *Ending balance sheet,* balance
general final. *Ending inventory,* inventario final.
Raw materials ending inventory, inventario final
de materia prima. *Work in process ending inventory,* inventario final de producción en
proceso. *Finished products ending inventory,*
inventario final de productos terminados.

E

endanger [ɪn'deɪndʒər] *v.* poner en peligro, sujetar a un riesgo, comprometer.

endeavor [ɪn'devər] *v.* (EU) intentar, tratar, esforzarse por.

endeavor *n.* (EU) esfuerzo, tentativa.

endeavour *v.* y *n.* (GB) ver **endeavor**.

endorsable [ɪn'dɔːrsəbəl] *adj.* endosable.

endorse [ɪn'dɔːrs] *v.* 1 endosar (un cheque, etc.), avalar (una letra de cambio); refrendar. 2 aprobar, apoyar, suscribir a, asociarse a, dar apoyo a, proporcionar sostén a. 3 POL.: dar uno su investidura (a un candidato), conferir uno su apoyo (a un candidato).

endorsee [ɪn'dɔːr'siː] *n.* endosatario, beneficiario de un endoso.

endorsement [ɪn'dɔːrsmənt] *n.* 1 BANCA: endoso, aval (de una letra de cambio). *Blank endorsement,* endoso en blanco. 2 SEG.: póliza adicional. 3 aprobación, adhesión, sostén. 4 POL.: investidura (conferida por un partido a un candidato).

endorser [ɪn'dɔːrsər] *n.* endosante, aval, el que confiere un aval.

endow [ɪn'daʊ] *v.* dotar, hacer una dotación. *Endowed with,* dotado de.

endowment [ɪn'daʊmənt] *n.* 1 dotación. 2 fundación (de un hospital, de un hospicio, etc.), donación. 3 don, talento.

endowment insurance [-ɪn'ʃʊrəns] seguro de vida condicional, seguro de vida de capital diferido (se dice de aquel seguro de vida que prevé el pago de una cierta suma a un beneficiario específico si el asegurado fallece antes de una fecha determinada, o al asegurado mismo si aún vive después de esa fecha).

end price [-praɪs] precio final, precio de mercado.

end product [-'prɑːdəkt] *n.* 1 producto final. 2 resultado.

end use [-juːs] utilización final, tipo de utilización.

end user [-'juːzər] *n.* usuario final.

energetic ['enər'dʒetɪk] *adj.* 1 enérgico (hombre, medida, etc.). 2 energético, aquello que tiene relación con la energía, con las fuentes de energía.

energize ['enərdʒaɪz] *v.* energetizar, dinamizar.

energy ['enərdʒi] *n.* energía. *Energy-saving measures,* medidas para el ahorro de la energía.

enface [ɪn'feɪs] *v.* escribir en el anverso de un documento de crédito (letras de cambio).

enfacement [ɪn'feɪsmənt] *n.* fórmula escrita en el anverso de un documento de crédito o de una letra de cambio.

enforce [ɪn'fɔːrs] *v.* entrar en vigor, poner en práctica, ejecutar, hacer aplicar, hacer ejecutar, vigilar la aplicación de, imponer, hacer respetar, hacer valer (derechos). *To enforce the fulfillment of...,* hacer respetar el cumplimiento de...

enforceable [ɪn'fɔːrsəbəl] *adj.* coercible.

enforcement [ɪn'fɔːrsmənt] *n.* ejecución, puesta en vigor, aplicación (con un carácter forzoso, obligatorio, coercible, legal). *Law enforcement,* aplicación de la ley, mantenimiento del orden.

enfranchise [ɪn'fræntʃaɪz] *v.* conceder el derecho de voto.

enfranchisement [ɪn'fræntʃəzmənt] *n.* admisión a un sufragio, concesión del derecho de voto.

engage [ɪn'geɪdʒ] *v.* 1 contratar, reclutar, emplear. 2 retener, reservar.

engage in [-ɪn] *v.* ponerse a, entrar en, lanzarse a, dedicarse a, tomar parte en. *To be engaged in agriculture,* trabajar en la agricultura.

engaged [ɪn'geɪdʒd] *adj.* 1 ocupado, inmerso (en alguna actividad, tarea, etc.). 2 contratado, empleado, asalariado, reclutado. 3 comprometido (sentimentalmente). 4 *Engaged in,* ocupado en, inmerso en, trabajando en.

engagement [ɪn'geɪdʒmənt] *n.* 1 compromiso, promesa, obligación; cita. 2 reclutamiento, contratación, incorporación (a una empresa). 3 noviazgo, compromiso.

engine ['endʒən] *n.* 1 máquina, mecanismo, aparato. 2 motor. 3 locomotora.

engineer ['endʒə'nɪr] *v.* 1 hacer el trabajo de concepción y realización de un ingeniero, concebir, construir, realizar. *He engineered more powerful engines,* él construyó motores más poderosos. 2 *To engineer a scheme,* organizar, promover un proyecto, maquinar, maniobrar, concebir y supervisar un plan.

engineer *n.* 1 ingeniero. *Consulting engineer,* ingeniero consultor. 2 mecánico, técnico. 3 conductor de una locomotora. 4 autor de un complot, responsable de una maniobra, de una maquinación, de una operación, de un proyecto. 5 militante del cuerpo de ingenieros.

engineering ['endʒə'nɪrɪŋ] *n.* 1 ingeniería. 2 ingenio. 3 organización, técnica(s), método(s). 4 mecánica. *Engineering and electrical industries,* industria electro-mecánica. 5 maniobra(s), maquinación, concepción y supervisión de un proyecto.

engineering department [-dɪ'pɑːrtmənt] departamento de ingeniería, oficina de estudios de ingeniería.

engineering firm [-fɜːrm] 1 despacho de ingeniería, firma de ingenieros. 2 empresa de mecánica. 3 sociedad de estudios de ingeniería.

engraving [ɪn'greɪvɪŋ] *n.* grabado.

enhance [ɪn'hæns] *v.* 1 realzar, crecer, aumentar, conferir valor, subir. 2 encarecer, subir (precios, valores).

enhancement [ɪn'hænsmənt] *n.* 1 levantamiento. 2 alza, encarecimiento.

enjoin [ɪn'dʒɔɪn] *v.* 1 dictaminar, prescribir, ordenar, imponer, dar una orden terminante, intimar. 2 (EU) privar, prohibir (por decisión de la justicia o por medio de un decreto).

enjoy [ɪn'dʒɔɪ] *v.* 1 disfrutar, amar, apreciar, gustar. *To enjoy oneself*, divertirse, distraerse. 2 gozar de, beneficiarse de, poder ejercer (un derecho, etc.). *To enjoy a worldwide reputation*, disfrutar de una reputación mundial.

enjoyment [ɪn'dʒɔɪmənt] *n.* 1 placer. 2 disfrute (de un derecho, de una fortuna, etc.). *Prevention of enjoyment*, perturbación del disfrute de un derecho.

enlarge [ɪn'lɑːrdʒ] *v.* 1 agrandar, aumentar, extender, crecer. *To enlarge the premises*, agrandar las instalaciones. 2 *To enlarge on something*, extenderse con relación a un tema. 3 prorrogar (un arrendamiento, un derecho, etc.). 4 (EU) *To set at large*, ampliar, relajar, distender, liberar (un prisionero).

enlarged copy [ɪn'lɑːrdʒd kɑːpi] reproducción ampliada, ampliación.

enlargement [ɪn'lɑːrdʒmənt] *n.* 1 agrandamiento, extensión, crecimiento, expansión. 2 ampliación fotográfica. 3 (EU) liberación (de un prisionero).

enlist [ɪn'lɪst] *v.* 1 inscribir, reclutar, comprometer (a un grupo de partidarios), asegurarse los servicios de. 2 comprometerse, inscribirse.

enlisted men [ɪn'lɪstəd mæn] tropa, soldados rasos (respecto de los oficiales).

enlistment [ɪn'lɪstmənt] *n.* 1 inscripción, matrícula. 2 temporada para alistarse en el ejército.

enquire [ɪn'kwaɪr] *v.* 1 informarse, documentarse, preguntar, hacer una pregunta. 2 hacer una encuesta, hacer una investigación, dedicarse a un estudio, estudiar un tema determinado. *I'll enquire into the matter personally*, examinaré el asunto personalmente, me dedicaré personalmente al asunto.

enquiry ['ɪnkwaɪri] *n.* 1 solicitud de informes, pregunta. *Enquiries office, enquiry office*, oficina de informes, oficina de información. 2 encuesta, investigación, sondeo. *Board of enquiry*, comisión de encuestas. *Public enquiry*, encuesta pública. *To open a judicial enquiry*, abrir un proceso de instrucción (judicial). *I'll make personal inquiries into the matter*, examinaré el asunto personalmente, me ocuparé personalmente del asunto.

enrich [ɪn'rɪtʃ] *v.* enriquecer, fertilizar, aumentar el valor.

enrichment [ɪn'rɪtʃmənt] *n.* enriquecimiento, fertilización, aumento del valor. *Job enrichment*, enriquecimiento del trabajo.

enrol(l) [ɪn'rəʊl] *v.* 1 contratar, asalariarse, inscribir, matricular (estudiantes). 2 comprometerse, inscribirse, matricularse. *To enroll for a course*, inscribirse en un curso. 3 registrar (un texto, un juicio).

enrolment [ɪn'rəʊlmənt] *n.* 1 contratación, compromiso, inscripción (a un curso, etc.), afiliación. *Enrolment figures in universities*, número de estudiantes inscritos en las universidades. 2 registro, inscripción oficial.

ensue [ɪn'suː] *v.* seguir, resultar.

ensuing [ɪn'suːɪŋ] *adj.* 1 siguiente, subsecuente. 2 consecuente.

ensure [ɪn'ʃʊr] *v.* asegurar, garantizar. *To ensure something to someone*, asegurar algo a alguien.

entail [ɪn'teɪl] *v.* 1 generar, ocasionar, causar, acarrear. 2 Jur.: sustituir un bien. *To entail an estate*, restringir el derecho de herencia a una cierta categoría de herederos (por ejemplo, a la segunda generación).

entail *n.* 1 Jur.: sustitución de un heredero. 2 Jur.: bien sustituido.

enter ['entər] *v.* 1 entrar, penetrar (en un lugar). 2 entrar en, comprometerse a, inscribirse en, volverse miembro de... *To enter a university*, inscribirse en una universidad. *To enter a club*, volverse miembro de un club. *To enter the job market, the labor market*, ingresar al mercado de trabajo. 3 inscribirse a un concurso, participar en una competencia, participar (en pruebas deportivas). *To enter a contest*, inscribirse en un concurso. 4 comenzar, lanzarse a. *To enter the legal profession*, lanzarse a la carrera jurídica, elegir la profesión jurídica. 5 inscribir, registrar, consignar, hacer un asiento (contable), asentar en un libro (por ejemplo en un libro de actas). 6 Jur.: *To enter an action against somebody*, entablar un proceso judicial contra alguien, demandar justicia contra alguien. *To enter a protest*, protestar por escrito. 7 Jur.: *To enter an estate*, tomar posesión de un bien, de un dominio. 8 Aduanas: *To enter goods*, declarar mercancías en la aduana.

enter in [-ɪn] *v.* 1 inscribir, asentar, registrar. *To enter an item in the books*, asentar un dato en un libro, registrar una escritura, registrar un artículo (en un libro de cuentas). 2 *To enter somebody in a contest*, inscribir a alguien en un concurso, matricular a alguien para que participe en una competencia.

enter into [-'ɪntuː] *v.* contratar, concluir. *To enter into an agreement*, concluir un acuerdo. *To enter into a bargain*, concluir una operación de negocios. *To enter into a contract*, celebrar un contrato. *To enter into a partnership*, asociarse.

enterprise ['entərpraɪz] *n.* 1 empresa. 2 espíritu de empresa.

entertain [ˌentərˈteɪn] *v.* **1** entretener; divertir. **2** recibir; acoger. *Entertaining allowance,* gastos de representación. **3** tomar en cuenta, considerar, examinar. *All offers will be entertained,* todas las ofertas serán estudiadas. **4** tener (una opinión), experimentar, concebir, nutrir, acariciar (un temor, una idea, una esperanza, una ilusión, etc.).

entertainment [ˌentərˈteɪnmənt] *n.* **1** entretenimiento, diversión. *The world of entertainment,* el mundo del espectáculo. **2** recepción, fiesta. *Entertainment allowance,* indemnización de representación, gastos de representación, indemnización de funciones.

enthuse [ɪnˈθuːz] *v.* entusiasmarse, mostrar entusiasmo.

entice [ɪnˈtaɪs] *v.* seducir, atraer.

entire [ɪnˈtaɪr] *adj.* entero.

entitle [ɪnˈtaɪtl] *v.* **1** intitular. **2** autorizar, dar el derecho de, habilitar, permitir.

entitled [ɪnˈtaɪtled] *adj.* autorizado, habilitado, que tiene derecho, que llena las condiciones, tener facultades. *To be entitled to,* tener derecho a.

entitlement [ɪnˈtaɪtlmənt] *n.* **1** derecho (en particular las prestaciones sociales). **2** asignación (de fondos), dotación.

entity [ˈentəti] *n.* entidad. *Business entity,* entidad de negocios. *Economic entity,* entidad económica. *Such a company is a legal entity,* esa compañía se considera una persona moral, una entidad jurídica.

entrance [ˈentrəns] *n.* **1** entrada. *Main entrance,* entrada principal. *Tradesmen's entrance,* entrada de proveedores. **2** admisión, acceso. *Entrance fee,* derecho de entrada.

entrant [ˈentrənt] *n.* **1** persona que penetra o ingresa. *Illegal entrants into the country,* los inmigrantes clandestinos. **2** *New entrants on the job market,* los nuevos ingresantes al mercado de trabajo. **3** inscrito, concurrente, participante (competencia, concurso).

entrepreneur [ˌɑːntrəprəˈnɜːr] *n.* empresario (con la idea de iniciativa económica). *A business entrepreneur,* un empresario de negocios.

entrepreneurial [ˌɑːntrəprəˈnɜːriəl] *adj.* lo que caracteriza al empresario, que muestra iniciativa económica. *Entrepreneurial activities,* actividades empresariales.

entrepreneurship [ˌɑːntrəprəˈnɜːrʃɪp] *n.* papel, función, actividad, cualidades, iniciativa de un empresario; espíritu de empresa; creación de empresas.

entrust [ɪnˈtrʌst] *v.* confiar. *To entrust something to somebody,* confiar algo a alguien. *To entrust money to a bank,* confiar dinero a un banco. *To entrust someone with something,* encargar a alguien algo (responsabilidad, misión, etc.).

entry [ˈentri] *n.* **1** entrada, adhesión, admisión. *To gain entry to a club,* ser admitido en un club. *The entry of Greece into the E.E.C.,* la entrada de Grecia a la Comunidad Económica Europea. **2** inscripción a un concurso. *The number of entries,* el número de participantes, el número de personas inscritas, de inscripciones. **3** asiento contable, registro contable. *Adjusting entry,* asiento de ajuste. *Cash entry,* asiento de caja. *Closing entry,* asiento de cierre. *Correcting entry,* asiento de corrección. *Credit entry,* asiento de abono o de crédito. *Debit entry,* asiento de cargo o de débito. *Journal entry,* asiento de diario. *Ledger entry,* asiento de mayor. *To post an entry,* hacer un asiento contable. **4** artículo de un diario. **5** toma de posesión. **6** ADUANAS: declaración. *Entry inwards,* declaración de entrada. *Entry outwards,* declaración de salida. *Right of free entry,* derecho de libre franquicia de las fronteras; derecho de libre circulación.

envelope [ˈenvələʊp] *n.* sobre. *Wage envelope,* paga, salario, sobre en el que se pagan los sueldos.

environment [ɪnˈvaɪrənmənt] *n.* medio ambiente (en inglés moderno, frecuentemente tiene un sentido ecológico).

environmental [ɪnˌvaɪrənˈmentl] *adj.* lo relacionado con el medio ambiente (frecuentemente en sentido ecológico).

environmentalist [ɪnˌvaɪrənˈmentləst] *n.* defensor del medio ambiente, ecologista.

equal [ˈiːkwəl] *v.* igualar, ser igual a.

equal *adj.* **1** igual; paritario. *Equal pay,* salario igual, igualdad, paridad de salarios. *Equal rights,* igualdad de derechos (en general de las mujeres). **2** a la altura de. *He is not equal to the job,* no es capaz de ocupar ese cargo, "el puesto le queda grande".

equality [ɪˈkwɑːləti] *n.* igualdad, paridad.

equalization [ˌiːkwələˈzeɪʃən] *n.* igualación, igualamiento; regularización (de las cuentas); reparto equitativo. *Equalization account,* cuenta de regularización. *Equalization fund,* fondo de compensación.

equalize [ˈiːkwəlaɪz] *v.* **1** igualar; regularizar (cuentas); hacer un reparto por igual; compensar, equilibrar, empatar. **2** igualarse, compensarse, equilibrarse.

equate [ɪˈkweɪt] *v.* **1** igualar. **2** equiparar, identificar, asemejar, considerar como equivalente, como necesariamente asociados. *They tend to equate business with profit,* para ellos, los negocios y las utilidades son inseparables.

equation [ɪˈkweɪʒən] *n.* **1** ecuación. **2** igualación. **3** asimilación.

equilibrium [ˌiːkwəˈlɪbriəm] *n.* equilibrio. *The equilibrium of the balance of payments,* el equilibrio de la balanza de pagos.

equip [ɪ'kwɪp] *v.* equipar; suministrar, dotar, abastecer, proveer de herramientas o de maquinaria.

equipment [ɪ'kwɪpmənt] *n.* equipo, material, instalación; conjunto de herramientas, conjunto de aparatos; accesorios. *Delivery equipment,* equipo de reparto. *Plant and equipment,* planta y equipo. *Equipment repairs,* reparaciones de equipo. *To replace an obsolete equipment,* reemplazar un equipo obsoleto.

equitable ['ekwətəbəl] *adj.* equitativo, justo. *Equitable sharing,* reparto equitativo.

equities ['ekwətɪs] *n.* acciones ordinarias.

equity ['ekwəti] *n.* 1 justicia, equidad, imparcialidad. 2 interés que se tiene en algo, parte del capital que se sustenta. *To have an equity in something,* tener una inversión en, detentar una parte del capital de. *Stockholders' equity,* capital contable, capital contable de los accionistas, fondos propios de la empresa, valor neto de la empresa. *Equity financing,* financiamiento a través de instrumentos de capital contable, financiamiento a través de fondos propios, mediante emisión de acciones, mediante el aumento de capital. *Equity fund,* fondos comunes de colocación en acciones. *Equity loan,* préstamo participativo, préstamo de participación. *Equity market,* mercado de instrumentos de capital contable, mercado de acciones. 3 acción ordinaria (de una sociedad). 4 (GB) *"Equity",* sindicato de artistas. 5 CONTAB.: *Equity method of accounting,* método contable de participación (se dice principalmente de la consolidación de estados financieros).

equity savings plan [-'seɪvɪŋs plæn] plan de ahorro en acciones.

eradicate [ɪ'rædəkeɪt] *v.* erradicar, desarraigar, extirpar, hacer desaparecer.

erase [ɪ'reɪs] *v.* borrar, raspar; tachar. *To erase a mistake,* borrar un error. *To erase the blackboard,* borrar la pizarra.

eraser [ɪ'reɪsər] *n.* goma (de borrar), borrador.

erasure [ɪ'reɪʃər] *n.* supresión (de una palabra en un texto), borradura; tachadura, raspadura.

erection [ɪ'rekʃən] *n.* construcción, erección, montaje, ensamblaje, instalación.

erect [ɪ'rekt] *v.* construir, edificar, montar, levantar, instalar, elevar, erguir; enderezar, instituir.

ergonomics ['ɜːrgə'nɑːmɪks] *n.* ergonomía.

E.R.M. [iː ɑːr em] (**European exchange rate mechanism**) ['jʊrə'piːən ɪks'tʃeɪndʒ reɪt 'mekənɪzəm] mecanismo europeo de tasas de cambio, Sistema Monetario Europeo.

erode [ɪ'rəʊd] *v.* roer, corroer, minar, socavar, erosionar, deteriorar, destruir progresivamente.

erosion [ɪ'rəʊʒən] *n.* erosión, usura. *The erosion of real earnings through inflation,* la erosión de las utilidades reales ocasionada por la inflación.

errata [erɑːtə] *n.* fe de erratas. *sing.* erratum = error.

erratic [ɪ'rætɪk] *adj.* 1 errático, irregular, desigual, intermitente. 2 caprichoso, excéntrico, desordenado.

error ['erər] *n.* 1 error, falta, equivocación, descuido. *Typist's error, typing error,* error de mecanografía. 2 desviación, variación (estadística).

errors and omissions excepted ['erərs ænd əʊ'mɪʃəns ɪk'septed] (**E. & O.E.**) [iː ænd əʊ iː] salvo error u omisión.

escalate ['eskəleɪt] *v.* 1 subir rápidamente. 2 participar en una escalada, en una sobrepuja.

escalation ['eskə'leɪʃən] *n.* escalada; alza, subida, alza súbita; sobrepuja.

escalator clauses ['eskəleɪtər klɔːzes] cláusulas de indexación, cláusulas de escala móvil (de *escalator:* escalera mecánica).

escape clause [ɪ'skeɪp klɔːz] = **escape provision.**

escape period [ɪ'skeɪp 'pɪriəd] periodo de reflexión, plazo de gracia (antes de la aplicación de un reglamento), plazo de consideración (de un acuerdo, de un pacto, etc.).

escape provision [ɪ'skeɪp prə'vɪʒən] cláusula derogatoria (contratos), cláusula de excepción, cláusula de salvaguarda.

escheat [ɪs'tʃiːt] *v.* 1 incurrir en un estado de desheredación, restituir al estado (sucesiones). 2 confiscar una sucesión; hacer que una sucesión le corresponda a alguien.

escheat *n.* desheredación; devolución de una herencia al estado, restitución al estado.

eschew [ɪs'tʃuː] *v.* evitar, abstenerse de.

escrow ['eskrəʊ] *n.* JUR.: 1 acta o bien que se confía a un tercero para que no sea entregado al destinatario o al beneficiario sino hasta después de que se cumplan ciertas condiciones especificadas en un contrato. 2 nombre de este procedimiento. *Escrow account,* cuenta de embargo, cuenta de soporte, en la que un deudor en litigio con un acreedor deposita las sumas adeudadas para no ser considerado deudor moroso. *Funds held in escrow,* fondos confiados a un tercero y destinados a servir de garantía para una operación especificada dentro de un acuerdo no legalizado que recibe el nombre de *escrow agreement.*

essential [ɪ'sentʃəl] *n.* y *adj.* esencial; lo esencial, principios. *Essentials of cash management,* principios de administración de efectivo.

establish [ɪ'stæblɪʃ] *v.* 1 establecer, fundar, crear, edificar, instituir, instaurar. 2 dar posesión de sus funciones, nombrar (a un funcionario). 3 establecer, probar, demostrar (la verdad, la validez, etc.).

E

establishment [ı'stæblıʃmənt] *n.* 1 establecimiento. *Business establishment*, casa de comercio, establecimiento de negocios. 2 creación, fundación, constitución; institución, instauración. *Educational establishment*, institución educativa. 3 confirmación, demostración, constatación. 4 *"The Establishment"*, la clase dirigente, la clase dominante.

estate [ı'steıt] *n.* 1 bien, propiedad; patrimonio; dominio; inmueble. *Housing estate* (GB), zona residencial. *Industrial estate*, zona industrial. *Life estate*, bienes vitalicios. *Personal estate*, bienes mobiliarios, bienes muebles, inmuebles. 2 sucesión. 3 rango, condición, estado. *The Fourth Estate*, la Prensa.

estate agent [-'eıdʒent] agente inmobiliario.

estate duty [-'duːti] derechos de sucesión.

esteemed [ı'stiːmd] *adj. In hand your esteemed...*, en vuestra honorable mano... (expresión anticuada; su uso no se recomienda).

estimate ['estəmeıt] *v.* estimar, evaluar, apreciar, calcular. *Estimated income taxes*, estimación del impuesto sobre la renta, provisión para el impuesto sobre la renta. *Estimated sales*, ventas estimadas. *Estimated costs*, costos estimados. *Estimated financial statements*, estados financieros estimados.

estimate ['estəmet] *n.* 1 evaluación, estimación, apreciación, cálculo. 2 previsión, pronóstico. 3 presupuesto. 4 *Budget estimates*, estimaciones presupuestales, previsiones presupuestales, créditos solicitados.

estimation ['estə'meıʃən] *n.* estimación, evaluación; juicio.

estoppel [ı'stɔːpl] *n.* JUR.: principio jurídico que prohíbe a las partes retractarse con relación a sus declaraciones (negando lo que han afirmado o afirmando lo que han negado) o que vuelve inadmisibles tales denegaciones.

estranged [ı'streındʒed] *adj.* descompuesto, separado. *An estranged couple*, una pareja que vive separada.

ethics ['eθıks] *n.* ética, moral. *Professional ethics*, deontología.

eurobond ['jʊrəʊbɑːnd] *n.* eurobono.

eurocommercial paper ['jʊrəʊkə'mɜːrʃəl 'peıpər] documento comercial en eurodivisas.

eurocurrencies ['jʊrə'kɜːrənsiz] *n.* eurodivisas, divisas europeas depositadas en un país distinto de aquel en donde tiene asiento su poseedor.

euro-dollar ['jʊrəʊ dɑːlər] eurodólar. *Eurodollar market*, mercado de eurodólares (se dice de los dólares que circulan en Europa).

euroloan ['jʊrəʊ ləʊn] *n.* crédito en eurodivisas.

euromarket ['jʊrəʊ'mɑːrkət] *n.* euromercado; mercado de eurodólares.

European Economic Community ['jʊrə'piːən 'ekə'nɑːmık kə'mjuːnəti] **(E.E.C.)** [iː iː siː] Comunidad Económica Europea.

evade [ı'veıd] *v.* evadir, sustraerse de, evitar, eludir, esquivar (la ley).

evader [ı'veıdər] *n.* evasor, persona que trata de evitar una obligación. *Draft-evader*, insumiso, refractario, rebelde, recluta que se rehúsa a cumplir con el servicio militar. *Tax-evader*, contribuyente que practica el fraude o la evasión fiscal.

evaluate [ı'væljueıt] *v.* evaluar, estimar, apreciar.

evaluation [ı'vælju'eıʃən] *n.* evaluación, estimación, apreciación.

evasion [ı'veıʒən] *n.* hecho de eludir o de tratar de eludir o esquivar; evasión (fiscal), disimulación, ocultamiento, escapatoria. *Tax-evasion*, evasión fiscal, ocultamiento fiscal, o fraude fiscal.

even ['iːvən] *adj.* 1 unido, igual, regular. *To get even with someone*, ajustarle las cuentas a alguien, darle su merecido a alguien, desquitarse. *Even break*, igualdad de oportunidades, oportunidades iguales. 2 par. 3 *Your letter of even date*, su carta de este día (fórmula anticuada; su uso no se recomienda).

even dates [-deıts] días pares.

event [ı'vent] *n.* 1 evento. *Current events*, eventos actuales. 2 caso. *Event of default*, caso de incumplimiento. 3 resultado, producto. 4 reunión deportiva, encuentro deportivo, prueba deportiva, concurso.

eventual [ı'ventʃuəl] *adj.* final.

eventually [ı'ventʃuəli] *adj.* finalmente, a fin de cuentas.

evergreen ['evərgriːn] *n.* crédito permanente y no confirmado (crédito cuyo plazo es por lo general de un año y que es renovable tácitamente sin solicitud expresa de una de las dos partes).

evict [ı'vıkt] *v.* expulsar, desplazar, despojar.

eviction [ı'vıkʃən] *n.* expulsión, desplazamiento, desposesión.

evidence ['evədəns] *n.* 1 signo, marca, huella, prueba. 2 JUR.: evidencia, prueba(s), testimonio. *To give evidence*, atestiguar, rendir declaración. *Circumstancial evidence*, prueba(s) indirecta(s), por presunción. *Documentary evidence*, prueba(s) escrita(s). 3 testigo.

evolve [ı'vɑːlv] *v.* 1 elaborar, desarrollar (proyectos). 2 evolucionar.

evolution ['evə'luːʃən] *n.* evolución.

ex [eks] ver las abreviaturas.

examination [ıg'zæmə'neıʃən] *n.* 1 examen, inspección, estudio, verificación, análisis detallado, compulsa. *A close examination*, un examen profundo. *Competitive examination*, concurso, examen competitivo. *Thorough examination*, examen a fondo. **2** JUR.: instrucción (de un proceso, de un expediente).

examine [ɪg'zæmən] *v.* **1** examinar, inspeccionar, estudiar, verificar, controlar. **2** interrogar (a un testigo, a un candidato), examinar. **3** *To examine into a matter*, hacer una encuesta con relación a un negocio, proceder al examen de una pregunta. **4** JUR.: instruir un proceso.

examinee [ɪg'zæmə'niː] *n.* persona que se presenta a un examen, candidato(a).

examiner [ɪg'zæmənər] *n.* **1** inspector, contralor, verificador. **2** examinador, miembro de un jurado. **3** JUR.: juez de instrucción.

examining magistrate [ɪg'zæmənɪŋ 'mædʒəstreɪt] magistrado a cargo de la instrucción de un asunto, juez de instrucción.

exceed [ɪk'siːd] *v.* **1** exceder, rebasar. **2** traspasar, sobrepujar. **3** superar, aventajar.

except [ɪk'sept] *v.* exceptuar.

excepted [ɪk'septed] *p.p.* exceptuado.

exception [ɪk'sepʃən] *n.* **1** excepción. **2** objeción. *To take exception to something, to somebody*, objetar, refutar, replicar, presentar objeciones. **3** salvedad. *Exceptions to accounting standards*, salvedades a los principios de contabilidad.

excerpt ['eksɔːrpt] *n.* extracto (de un texto).

excess [ɪk'ses] *n.* **1** exceso. *Excess capacity*, capacidad excesiva. *Excess cash*, exceso de efectivo. **2** excedente, superávit, suplemento.

excess *adj.* en exceso, en demasía, en cantidad excesiva e innecesaria, superfluo. *Excess baggage*, excedente de equipaje.

excess capacity [-kə'pæsəti] capacidad de producción no utilizada, capacidad excesiva.

excessive [ɪk'sesɪv] *adj.* excesivo, exagerado, desmesurado, abusivo, inmoderado.

excess-profits [-'prɑːfəts] utilidades extraordinarias.

exchange [ɪks'tʃeɪndʒ] *v.* **1** intercambiar, canjear. **2** permutar. **3** intercambiarse.

exchange *n.* **1** intercambio, trueque. **2** cambio, cambios, operaciones de cambio. *Exchange control*, control de cambios. *Exchange losses*, pérdidas cambiarias. *Exchange profits*, utilidad cambiaria. *Exchange value*, valor de cambio. *Foreign exchange*, cambios (extranjeros). *Rate of exchange*, tasa de cambio, tipo de cambio. **3** bolsa (de valores, de comercio, de trabajo). **4** *Bill of exchange*, letra de cambio. *First of exchange*, primera de cambios. *Foreign exchange*, divisas extranjeras, cambios extranjeros, documentos comerciales o letras giradas al extranjero. **5** *Telephone exchange*, central telefónica, central.

exchangeable [ɪks'tʃeɪndʒəbəl] *adj.* intercambiable.

exchangee [ɪks'tʃeɪn'dʒiː] *n.* beneficiario de un programa de cambios.

exchange rate [-reɪt] tasa de cambio, tipo de cambio.

exchange stabilisation fund [-steɪbələ'zeɪʃən fʌnd] fondo de estabilización de cambios (o de divisas).

Exchequer ['ekstʃekər] *n.* (GB) Tesoro Público, ministerio de Finanzas. *The Chancellor of the Exchequer*, el ministro de Finanzas.

excisable ['eksaɪzəbəl] *adj.* susceptible de gravarse con impuestos indirectos, sujeto a impuestos indirectos.

excise [ɪk'saɪz] *n.* impuesto(s) indirecto(s), contribuciones indirectas, impuestos excedentes, impuestos sobre el consumo, derechos de sisa (impuesto que se carga sobre la fabricación, la venta o el consumo de mercancías producidas y vendidas en el interior de un país). *Excise duty*, impuesto sobre el consumo (de tabaco, de alcohol, etc.). *Customs and excise duties*, derechos de aduanas e impuestos sobre consumos.

exclude [ɪk'skluːd] *v.* **1** excluir, prohibir, rehusarse a admitir, rechazar. **2** alejar, apartar, eliminar (una posibilidad).

excluded [ɪk'skluːded] *adj.* excluido.

excluding [ɪk'skluːdɪŋ] excluyendo a, con la exclusión de.

exclusion [ɪk'skluːʒən] *n.* exclusión.

exclusion clause [-klɔːz] cláusula de exclusión, exclusión de garantía (dentro de un contrato de seguros, cláusula que prevé que ciertos riesgos no quedarán cubiertos).

exclusive [ɪk'skluːsɪv] *adj.* **1** exclusivo. *Exclusive agent*, agente exclusivo. *Exclusive jurisdiction*, jurisdicción exclusiva, competencia exclusiva (de un tribunal). *Exclusive rights of sale*, derecho exclusivo de venta. **2** sin incluir, sin contar, sin los "extras". **3** selecto, distinguido, notable (clubes, etc.).

exclusive of [-ɑːv] *prep.* sin contar..., sin incluir, "no incluido". *Exclusive of extras*, opciones no incluidas.

ex-coupon [eks 'kuːpɑːn] (ver **x-coupon**) cupón desprendido (se dice de la acción para la cual el dividendo del año ya ha sido cobrado. De este modo, un comprador eventual no se verá beneficiado).

ex-dividend [eks 'dɪvədend] (ver **x-dividend**) cupón desprendido (se dice de la acción para la cual el dividendo del año ya ha sido cobrado. De este modo, un comprador eventual no se verá beneficiado).

exec(s) [ɪg'zek(s)] *n. fam.* por **executive.**

execute ['eksɪkjuːt] *v.* ejecutar, cumplir, llevar a cabo, efectuar, satisfacer. *To execute an order*, ejecutar una orden.

execution [ˈeksɪˈkjuːʃən] *n.* 1 ejecución, desempeño, ejercicio (de funciones). 2 JUR.: embargo, ejecución por embargo de bienes muebles.

executive [ɪgˈzekjətɪv] *n.* 1 ejecutivo, dirigente. *In the executive suite*, en el medio de los ejecutivos. *Business executive*, ejecutivo de negocios. *Junior executive*, ejecutivo de nivel inicial. *Middle executive*, ejecutivo de nivel medio. *Top executive*, ejecutivo de nivel superior. 2 (EU) jefe, responsable. *The Chief Executive*, el presidente de los Estados Unidos, pero también el director o el presidente de una empresa. 3 órgano de dirección, organismo central, comité director, instancia(s) dirigente(s), instancia de decisión, oficina directiva. 4 *The executive*, el ejecutivo, el poder ejecutivo (de un Estado).

executive *adj.* ejecutivo, ejecutorio.

executive agreement [-əˈgriːmənt] (EU) acuerdo que se celebra entre el jefe de una nación y un gobierno extranjero, en el que por lo general se tratan problemas de rutina que no requieren la intervención del senado.

executive board [-bɔːrd] junta ejecutiva, consejo de dirección; directorio.

executive committee [-kəˈmɪti] comité ejecutivo, oficina de una asociación.

executive officer [-ˈɑːfəsər] funcionario ejecutivo, apoderado, responsable en segunda instancia.

executive order [-ˈɔːrdər] (EU) decreto, ley.

executive pay [-peɪ] salario(s) de los ejecutivos.

Executive Vice President [-ˈvaɪsˈprezədənt] (EU) vicepresidente que asegura las funciones de dirección general.

executor [ɪgˈzekjətər] *f.* **executrix** [ɪgˈzekjətrɪks] *n.* ejecutor testamentario.

executory [ɪgˈzekjətəri] *adj.* ejecutorio.

exemplification [ɪgˈzempləfəˈkeɪʃən] *n.* 1 ilustración, demostración por medio de un ejemplo. 2 copia auténtica, ampliación.

exemplify [ɪgˈzempləfaɪ] *v.* 1 ilustrar por medio de un ejemplo, servir de ejemplo. 2 hacer una copia conforme al original, entregar una copia conforme al original.

exempt [ɪgˈzempt] *v.* exentar, dispensar, exonerar.

exempt *adj.* exento, exentado, dispensado, exonerado. *Tax-exempt*, exento de impuestos.

exemption [ɪgˈzempʃən] *n.* exención, dispensa, exoneración, desgravación fiscal. *Tax-exemption*, exención de impuestos.

exercisable [ˈeksərsaɪzəbəl] *adj.* ejercible, aquello que se puede ejercer, que uno puede ejercer, que se puede aplicar, que uno puede aplicar.

exercise [ˈeksərsaɪz] *v.* 1 ejercer, practicar, manifestar. 2 ejercerse, entrenarse, capacitarse.

exercise *n.* ejercicio.

exert [ɪgˈzɜːrt] *v.* ejercer, practicar, actuar, emplear(se).

exhaust [ɪgˈzɔːst] *v.* 1 agotar (personas, recursos), extenuar. 2 llegar al término de. 3 escaparse (gases).

exhaust *n.* 1 escape. 2 gas de escape.

exhaustion [ɪgˈzɔːstʃən] *n.* agotamiento (de las personas, los recursos).

exhibit [ɪgˈzɪbət] *v.* 1 exponer. 2 producir un documento probatorio, producir una prueba, presentar un documento. 3 manifestar.

exhibit *n.* 1 objeto, pieza expuesta. 2 documento probatorio, pieza de convicción. 3 anexo. *As shown in exhibit "A" hereof*, tal y como se muestra en el anexo "A" de este documento.

exhibition [ˈeksəˈbɪʃən] *n.* 1 exposición. *Exhibition room*, sala de exposición. *Exhibition site*, lugar de exposición. 2 demostración. 3 producción, presentación de documentos.

exhibitor [ɪgˈzɪbətər] *n.* expositor.

ex-interest [eks ˈɪntrəst] (ver **x-interest**) interés que ya se ha pagado, que ya se ha percibido o cobrado.

exit [ˈegzət] *n.* salida. *Emergency exit*, salida de emergencia. *Exit fee*, derecho de salida (fondos comunes de colocación).

ex-mill [eks mɪl] *n.* (ver **x-mill**) salida de una fábrica, a la salida de la fábrica. *Ex-mill cost*, costo al salir de la fábrica (por ejemplo antes de realizar fletes y pagar derechos de aduana).

exonerate [ɪgˈzɑːnəreɪt] *v.* 1 exonerar, descargar, dispensar. 2 disculpar, absolver, poner fuera de causa.

exoneration [ɪgˈzɑːnəˈreɪʃən] *n.* 1 exoneración, descargo, dispensa. 2 disculpa, justificación.

expand [ɪkˈspænd] *v.* expandirse, desarrollarse, extenderse, propagarse.

expansion [ɪkˈspænʃən] *n.* expansión, extensión, desarrollo, crecimiento. *Expansion rate*, tasa de expansión.

expatriate [eksˈpeɪtriət] *n.* y *adj.* expatriado.

expect [ɪkˈspekt] *v.* esperar, esperarse, prever, contar con; pensar, creer que.

expectancy [ɪkˈspektənsi] *n.* expectativa, esperanza. *Life-expectancy*, expectativa de vida.

expectation [ˈekspekˈteɪʃən] *n.* 1 espera, esperanza, anticipación, anticipo. 2 previsión, probabilidad. *Expectation of life*, esperanza de vida, vida media.

expedite [ˈekspədaɪt] *v.* 1 acelerar, dar celeridad, ejecutar rápidamente, cumplir con diligencia. *To expedite an affair*, dar celeridad a un asunto. 2 (EU) expedir, enviar.

expel [ɪkˈspel] *v.* expulsar.

expend [ɪk'spend] *v.* 1 gastar dinero. 2 consumir, agotar.

expendable [ɪk'spendəbəl] *adj.* gastable, consumible, prescindible, aquello que puede ser integralmente gastado, consumido o destruido. *Expendable goods,* bienes no duraderos.

expenditure(s) [ɪk'spendɪtʃər] *n.* 1 gasto(s) (frecuentemente gasto público). 2 aportación de fondos, colocación de fondos. 3 consumo.

expense [ɪk'spens] *v.* gastar, ejercer un gasto, presentar o cubrir una nota de gastos. *Fully expensed company car,* automóvil empresarial enteramente financiado por la compañía.

expense *n.* gasto, cargo, desembolso. *Expense account,* cuenta de gastos. *Expense voucher,* comprobante de gastos.

expenses [ɪk'spensəs] *n.* gastos, cargos, desembolsos. *Administrative expenses,* gastos de administración. *Advertising expenses,* gastos de publicidad. *Capitalized expenses,* gastos capitalizados. *Collection expenses,* gastos de cobranza. *Financial expenses,* gastos financieros. *Household expenses,* gastos del hogar. *Initial expenses,* gastos de establecimiento, gastos iniciales. *Installation expenses,* gastos de instalación. *Legal expenses,* gastos legales. *Manufacturing expenses,* gastos de manufactura. *Office expenses,* gastos de oficina. *Operating expenses,* gastos operativos, gastos de explotación, costo de funcionamiento. *Overhead expenses,* gastos indirectos, gastos generales. *Preliminary expenses,* gastos de establecimiento, gastos de constitución (de una empresa). *Prepaid expenses,* gastos pagados por adelantado. *Selling expenses,* gastos de ventas. *Shipping expenses,* gastos de embarque. *Travelling expenses,* gastos de viaje, gastos de traslado, gastos de transporte.

expensive [ɪk'spensɪv] *adj.* caro, costoso, oneroso.

experience [ɪk'spɪrɪəns] *v.* experimentar, tener la experiencia de, conocer, sufrir, enfrentar.

experience *n.* experiencia (adquirida). *Proven experience,* experiencia probada.

experienced [ɪk'spɪrɪənst] *adj.* 1 experimentado; ejercitado; experto, instruido, versado. *An experienced manager,* un administrador experimentado. 2 probado, sufrido, conocido, enfrentado.

experiment [ɪk'sperəmənt] *v.* experimentar, tener una experiencia. *To experiment with a new model,* experimentar un nuevo modelo.

experiment *n.* experimento (de tipo científico o empírico); prueba, ensayo, tentativa, estudio.

expert ['ekspɜːrt] *n.* experto, especialista, perito.

expertise ['ekspɜːr'tiːz] *n.* experiencia técnica; competencia, maestría; habilidad, destreza.

expiration ['ekspə'reɪʃən] *n.* expiración, fin, cesación; vencimiento.

expire [ɪk'spaɪr] *v.* expirar, cesar, llegar a su fin, finalizar, terminarse.

expired [ɪk'spaɪrd] *adj.* 1 que ha expirado, que ha terminado, que ha llegado a su término, a su vencimiento, concluido. 2 prescrito, caduco. *Expired bill,* documento prescrito.

expiry [ɪk'spaɪrɪ] *n.* expiración, fin, terminación, término.

explanatory [ɪk'splænətɔːri] *adj.* explicativo, aclaratorio.

explicit [ɪk'splɪsət] *adj.* 1 explícito, claro. 2 formal, categórico.

exploit [ɪk'splɔɪt] *v.* 1 explotar, producir valor. 2 explotar (la mano de obra, etc.), aprovecharse (injustamente) de.

exploitation ['eksplɔɪ'teɪʃən] *n.* 1 explotación, producción de valor. 2 explotación (de la mano de obra, etc.). 3 (EU) publicidad, explotación publicitaria.

exploration ['eksplə'reɪʃən] *n.* exploración; prospección (de un yacimiento, de un mercado).

exploratory [ɪk'splɔːrətɔːri] *adj.* exploratorio.

explore [ɪk'splɔːr] *v.* explorar; prospectar; estudiar, examinar (una posibilidad).

explosion [ɪk'sploʊʒən] *n.* explosión. *Population explosion,* explosión demográfica.

exponent [ɪk'spoʊnənt] *n.* 1 MAT.: exponente. 2 abogado, defensor, persona que expone una teoría, que se convierte en el precursor de una teoría.

export [ek'spɔːrt] *v.* exportar.

export ['ekspɔːrt] *n.* 1 exportación. 2 mercancía exportada.

exportation ['ekspɔːr'teɪʃən] *n.* exportación, hecho de exportar.

export bounty [-'baʊnti] prima para la exportación.

export duty [-'duːti] derechos de exportación, derechos de salida.

exporter [ek'spɔːrtər] *n.* exportador.

export-import company [-'ɪmpɔːrt 'kʌmpəni] compañía de importaciones y exportaciones.

export-led growth [-led groʊθ] crecimiento inducido por las exportaciones.

export packing [-'pækɪŋ] embalaje marítimo para exportaciones.

export tax [-tæks] impuestos de exportación.

export trade [-treɪd] comercio de exportación, exportaciones.

expose [ɪk'spoʊz] *v.* 1 poner al día, poner al corriente, desenmascarar, descubrir, revelar (un escándalo). 2 familiarizarse, acostumbrarse, aclimatarse. 3 exponer, comprometer, poner en peligro.

exposure [ɪk'spoʊʒər] *n.* 1 exposición (al frío, al aire, etc.). *To die of exposure,* morir de frío. 2 difusión, divulgación, revelación (de una falla,

de un defecto, de un escándalo). **3** familiarización, contacto regular, hecho de estar expuesto a ciertas influencias. **4** *Indecent exposure*, atentado contra el pudor. **5** riesgo. *Devaluation exposure*, exposición a riesgos devaluatorios. *Exchange exposure*, riesgos cambiarios.
expound [ɪk'spaʊnd] *v.* exponer, explicar (una teoría).
express [ɪk'spres] *v.* **1** expresar, enunciar, formular. **2** enviar por exprés.
express *n.* **1** expreso (tren). **2** mensajero, enviado.
express *adj.* **1** expreso, exacto, explícito, preciso. **2** rápido, sin demora.
expropriate [eks'prəʊprieɪt] *v.* expropiar.
expropriation [eks'prəʊpri'eɪʃən] *n.* expropiación.
expulsion [ɪk'spʌlʃən] *n.* expulsión.
ex-quay [eks kiː] (ver **x-quay**) en el muelle, franco en el muelle. Se debe distinguir entre *ex-quay* = *ex-dock* = *duty paid*, donde el precio indicado incluye el retiro de las mercancías de la aduana, y *"ex-quay, duty on buyer's account"*, donde los derechos de aduana deben ser pagados por el comprador.
ex-serviceman [-'sɜːrvəsmən] *n.* militar retirado, retirado de la armada, antiguo militar.
ex-ship [eks ʃɪp] (ver **x-ship**) seguida del nombre de puerto de descarga, esta expresión indica que el precio se integra de la siguiente manera: la mercancía se pone a disposición del comprador a bordo del navío en el puerto de descarga, se prepara para que sea retirada y los gastos de descarga y aduana son cubiertos por el comprador.
ex-store [eks stɔːr] (ver **x-store**) precio de almacén, precio de salida del almacén.
extend [ɪk'stend] *v.* **1** extender, extenderse. **2** prolongar; prolongarse, continuar; prorrogar (un vencimiento). **3** presentar, ofrecer, dirigir (agradecimientos, etc.). **4** conceder. *To extend a loan*, conceder un préstamo. *To extend credit facilities*, conceder un crédito, conceder facilidades de crédito.
extension [ɪk'stentʃən] *n.* **1** extensión, crecimiento; (EU) crédito máximo que se puede ofrecer a un cliente, límite máximo. **2** extensión (telefónica). *Extension number*, número de extensión. **3** anexo de un edificio.
extensive [ɪk'stensɪv] *adj.* extenso, vasto, considerable, amplio, profundo, completo. *An extensive description of*, una descripción amplia de. *Extensive experience*, amplia experiencia. *Extensive knowledge*, amplios conocimientos. *Extensive travels*, viajes numerosos (a diferentes países).
extent [ɪk'stent] *n.* **1** extensión, amplitud. *Extent of cover*, amplitud de la garantía, amplitud

de la cobertura, riesgos cubiertos. **2** importancia. *Extent of damage*, importancia de los daños. *To the extent of*, hasta el punto en el que.
extenuating circumstances [ɪk'stenjueɪtɪŋ 'sɜːrkəmstænsəs] circunstancias atenuantes.
external [ek'stɜːrnl] *adj.* **1** exterior. (EU) *External affairs*, relaciones exteriores. **2** externo. *External influences*, influencias externas. *Due to external factors*, debido a factores externos. *External debt*, deuda externa.
extinction [ɪk'stɪŋkʃən] *n.* **1** extinción, desaparición. **2** amortización. *Extinction of a debt*, amortización de una deuda. **3** JUR.: *Extinction of an action*, prescripción de una instancia (cuando ya es demasiado tarde para iniciar un litigio).
extinguish [ɪk'stɪŋgwɪʃ] *v.* extinguir, abolir, poner fin a. *To extinguish a debt*, extinguir una deuda.
extort [ɪk'stɔːrt] *v.* extorsionar, obtener por la fuerza.
extortion [ɪk'stɔːrʃən] *n.* extorsión.
extortionate [ɪk'stɔːrʃənət] *adj.* exorbitante. *Extortionate charge*, *extortionate price*, precio exorbitante, precio prohibitivo.
extra ['ekstrə] *n.* **1** suplemento, extra. *Extras*, gastos suplementarios. **2** CINE, etc.: extra, persona contratada para una función, para un trabajo de corta duración.
extra *adj.* **1** suplementario, en exceso, de más. **2** superior.
extra bold [-bəʊld] *n.* TIPOGR.: negrita.
extract [ɪk'strækt] *v.* **1** extraer (minerales, etc.). **2** arrancar (dinero, etc.).
extract *n.* extracto.
extraction [ɪk'strækʃən] *n.* **1** extracción, extirpación. *Extraction system*, sistema de extracción. **2** origen, descendencia.
extractive industries [ɪk'stræktiv 'ɪndəstrəs] industrias extractivas, industrias mineras.
extra-curricular [-kə'rɪkjələr] fuera de programa, extracurricular. *Extracurricular activities*, actividades extracurriculares (dentro de una escuela o universidad, se dice de las actividades de los estudiantes que no figuran dentro de los cursos o que no forman parte de ellos).
extradite ['ekstrədaɪt] *v.* extraditar, obtener la extradición.
extradition ['ekstrə'dɪʃən] *n.* extradición.
extra vires [-'vaɪəriːz] ver **ultra vires**.
ex-warehouse [eks 'werhaʊs] (ver **x-warehouse**) precio en el almacén, precio en la tienda, precio de salida del almacén, precio de salida de la tienda.
ex-wharf [eks hwɔːrf] (ver **x-wharf**) franco en el muelle, precio de las mercancías en el muelle, mercancías desembarcadas (el precio indicado incluye al desembarco de las mercancías en el puerto de llegada).

ex-works [eks wɜːrks] (ver **x-works**) precio de salida de la fábrica.

eye-appeal [aɪ əˈpiːl] *n.* Pub.: (valor de) atractivo visual.

eye-camera [aɪ ˈkæmərə] *n.* Pub.: cámara que registra los movimientos del ojo frente a un anuncio.

eye-catcher [aɪ ˈkætʃər] *n.* = eye-stopper.

eye-catching [aɪ ˈkætʃɪŋ] *adj.* que atrae la mirada, que llama la atención, que agrada a la vista, espectacular.

eye-stopper [aɪ ˈstɑːpər] *n.* objeto que atrae, que deleita la vista.

E

f

fabric ['fæbrɪk] *n.* 1 tejido, tela. 2 estructura, textura. *The social fabric,* la estructura social, el tejido social.

fabricate ['fæbrɪkeɪt] *v.* 1 inventar. 2 forjar, idear (un documento). 3 fabricar.

fabrication ['fæbrɪ'keɪʃən] *n.* 1 invento. 2 falsificación, imitación fraudulenta. 3 fabricación.

face [feɪs] *v.* afrontar, hacer frente a, encontrar; contemplar (una posibilidad).

face *n.* 1 cara, fisonomía, apariencia, aspecto. *To lose face,* perder el prestigio, desprestigiarse. 2 fachada, frente, superficie. *Coal face,* superficie de carbón (minería).

facelift ['feɪslɪft] *v.* 1 realizar una cirugía facial. 2 modificar superficialmente.

facelift *n.* 1 cirugía facial con fines estéticos. 2 modificación superficial.

facet ['fæsət] *n.* faceta, aspecto (de una pregunta).

face up to [-ʌp tuː] *v.* confrontar, hacer frente a.

face-value [-'væljuː] valor nominal, valor facial (títulos de crédito); valor aparente, sentido literal. *To take something at face value,* tomar o recibir algo como si fuera dinero en efectivo, creer algo a pie juntillas. *To sell securities at face value,* vender valores a su valor nominal.

facilitate [fə'sɪlɪteɪt] *v.* facilitar.

facilities [fə'sɪlɪtiz] *n.* 1 facilidades. *To offer facilities for payment,* ofrecer facilidades de pago. 2 instalaciones, infraestructura(s), arreglos, fábrica. *Harbor facilities,* instalaciones portuarias, infraestructura portuaria. *Industrial facilities,* instalaciones industriales.

facility [fə'sɪlɪti] *n.* 1 facilidad. 2 *Facility for,* facilidad, disposición, aptitud (para). 3 equipo, instalación.

fact [fækt] *n.* 1 hecho. 2 acto delictivo. *Accessory before the facts,* cómplice por instigación. *Accessory after the fact,* cómplice a posteriori.

fact finder [-'faɪndər] investigador. Se dice en general de un tercero imparcial nombrado por el gobierno para investigar el origen y el desarrollo de un conflicto de trabajo.

fact finding commission [-'faɪndɪŋ kə'mɪʃən] comisión de investigación.

factitious [fæk'tɪʃəs] *adj.* ficticio, artificial.

factor ['fæktər] *v.* 1 descomponer en factores. 2 integrar. 3 actuar como agente que percibe una comisión (ver **factor 3**).

factor *n.* 1 MAT.: factor, índice, coeficiente, divisor. 2 elemento, componente. 3 comisionista, mandatario, consignatario, depositario, agente de ventas. El *factor* es un agente que trabaja por comisión y que, a diferencia del corredor de valores (*broker*), compra y vende por su propia cuenta y es propietario de las mercancías. 4 agente que trabaja por comisión y que presta sus servicios a las empresas para recuperar sus créditos.

factorage ['fæktəreɪdʒ] *n.* comisión, trabajo por comisión, derechos de comisión del *factor* (ver **factor 3**).

factor analysis [-ə'næləsəs] análisis factorial (método estadístico para la identificación de las variables y para la determinación de sus papeles respectivos).

factoring ['fæktərɪŋ] *n.* factoraje (recuperación de créditos por recurso a una institución externa que administra las cuentas de los clientes de la empresa. Dichas instituciones son remuneradas mediante una comisión y de acuerdo con un porcentaje de la masa global de los créditos).

factorize ['fæktəraɪz] *v.* descomponer en factores, factorizar.

factory ['fæktri] *n.* fábrica.

factory farming [-'fɑːrmɪŋ] agricultura industrial, cría intensiva de aves.

factory-gate price [-geɪt praɪs] precio de salida de la fábrica.

factory hand [-hænd] obrero.

factory order [-'ɔːrdər] pedido de fábrica.

factory outlet (store) [-'aʊtlet (stɔːr)] tienda en la que los productos de la fábrica se venden directamente al consumidor; tienda de fábrica.

factory overhead [-'əʊvərhed] gastos indirectos de fábrica.

factory price [-praɪs] precio de fabricación.

factory ship [-ʃɪp] PESCA: navío que contiene una fábrica en su interior, barco-fábrica.

factory worker [-wɜːrkər] trabajador industrial.

facts and figures [fækts ænd 'fɪgjərs] hechos y cifras, descripción numérica, datos numéricos.

factual ['fæktʃuəl] *adj.* real, efectivo, que se basa en los hechos, concreto, apoyado con hechos. *Factual evidence,* prueba sustentada con hechos, prueba apoyada con hechos. *Factual advertising,* publicidad informativa. *Factual information,* información sustentada en los hechos.

faculty ['fækəlti] *n.* 1 facultad, poder, privilegio. 2 cuerpo docente.

fade [feɪd] *v.* **1** marchitarse, secarse; debilitarse, esfumarse. **2** CINE: desvanecer u oscurecer una escena o imagen. **3** decolorarse.

faded ['feɪdəd] *adj.* pasado de moda (artículo), marchito, descolorido.

fail [feɪl] *v.* **1** dejar de hacer algo, faltar, fallar, omitir, faltar uno a sus compromisos. **2** fracasar, no tener éxito. *To fail in a suit,* perder un pleito. **3** descomponerse (motores, máquinas). **4** quebrar (empresas).

failing payment ['feɪlɪŋ 'peɪmənt] falta de pago, a falta de pago, salvo liquidación. *Failing payment within a week we shall have to take legal action,* a falta de pago dentro de ocho días, nos veremos obligados a emprender una acción judicial.

failure ['feɪljər] *n.* **1** hecho de no hacer, dejar de hacer. *Failure to observe the regulation,* dejar de observar el reglamento, falta de cumplimiento del reglamento. **2** fracaso. **3** quiebra (comercio, etc.). *Financial failure,* fracaso financiero. **4** avería, falla, falta de funcionamiento. *Power failure,* falla del sistema eléctrico.

faint [feɪnt] *adj.* débil, tímido. *Faint recovery,* recuperación débil o lenta.

fair [fer] *n.* feria, exposición. *Trade fair,* feria comercial. *World fair,* feria mundial.

fair *adj.* **1** bello. **2** rubio. **3** justo, equitativo, honesto, leal. *Fair and square,* honesto y leal. *Fair compensation,* compensación justa. *Fair competition,* competencia leal, libre competencia. *Fair practices,* prácticas comerciales conformes con la libre competencia. *Fair return,* rendimiento justo. *Fair value,* valor justo. **4** pasable, bastante bueno, de nivel medio. *Good fair quality,* de buena calidad a nivel medio. **5** limpio, intachable. *Fair copy,* copia en limpio.

fairgoer ['fer gəʊər] *n.* visitante (de una feria).

fairly ['ferli] *adv.* **1** equitativamente, lealmente. **2** medianamente, pasablemente. *Fairly good results,* resultados razonablemente buenos.

fairness ['fernəs] *n.* calidad de justo; se dice en particular de la equidad, la lealtad, la imparcialidad, la justicia, la honestidad.

fair presentation [-'pri:zen'teɪʃən] CONTAB.: presentación imparcial, imagen fiel, autenticidad de las cuentas.

fair-trade [-treɪd] respeto de los acuerdos de reciprocidad en las transacciones comerciales; trato justo, operación justa.

fair-trade agreement [-ə'gri:mənt] (EU) acuerdo que se celebra entre un distribuidor y un productor o fabricante y que se relaciona con el respeto de un precio mínimo de venta al menudeo.

fairway ['ferweɪ] *n.* canal.

faith [feɪθ] *n.* **1** confianza. **2** fe, creencia, convicciones. **3** buena fe, palabra de honor, fidelidad ante los compromisos, lealtad.

faithful ['feɪθfəl] *adj.* fiel, leal; exacto, justo, verdadero.

faithfully ['feɪθfəli] *adv.* fielmente, lealmente, exactamente.

fake [feɪk] *v.* **1** engañar, mentir, maquillar. **2** simular, ocultar.

fake *n.* **1** falsificación (objeto o documento). **2** falsedad, mentira, engaño. **3** impostor, charlatán.

fake *adj.* falso, ilegítimo, maquillado.

fall [fɔ:l] *v.* **1** caer. **2** bajar.

fall *n.* **1** caída. **2** baja (de los precios, cotizaciones, etc.). *To play for a fall,* jugar a la baja, apostar a la baja. **3** (EU) otoño.

fallacy ['fæləsi] *n.* **1** idea falsa o ilusoria. **2** razonamiento erróneo. **3** mentira, presentación engañosa.

fall back [-bæk] *v.* **1** retroceder. **2** *To fall back on something, on somebody,* echar mano de algo, recurrir a alguien.

fall behind [-bɪ'haɪnd] *v.* retrasarse, quedarse atrás.

fall due [-du:] *v.* llegar al vencimiento (documentos de crédito, etc.).

fallible ['fæləbəl] *adj.* falible.

fall in [-ɪn] *v.* **1** llegar a su fecha de vencimiento, expirar. **2** *To fall in with something,* encontrarse con, acceder a (una solicitud), aceptar, prestarse a. *To fall in with somebody,* adoptar la opinión de alguien.

fall off [-ɔ:f] *v.* bajar, disminuir, decrecer, declinar, debilitar, moderar.

fall-off *n.* baja, disminución. *Fall-off in demand,* baja de la demanda.

fall out [-aʊt] *v.* **1** caer, recaer. **2** producirse, sobrevenir. **3** *To fall out with somebody,* pelearse con alguien.

fall-out *n.* consecuencia, consecuencias (atómica, económica, etc.).

fallow ['fæləʊ] *adj.* en barbecho, inculto, no cultivado.

fall short [-ʃɔ:rt] *v.* fracasar. *To fall short of the mark,* no cumplir con el objetivo.

fall through [-θru:] *v.* fallar, fracasar, abortar.

fall to [-tu:] *v.* incumbir a, corresponder a, tocar a (un turno).

false [fɔ:ls] *adj.* falso, falsificado, imitado. *False arguments,* argumentos falsos. *False pretenses,* alegatos falsos, estafa. *Under false pretenses,* con pretextos falsos; a través de medios fraudulentos. *False swearing,* falso testimonio. *False weight,* peso inexacto (en general, peso insuficiente).

falsification ['fɔ:lsɪfə'keɪʃən] *n.* falsificación; adulteración.

falsify ['fɔ:lsɪfaɪ] *v.* falsificar, adulterar, imitar.

falter ['fɔ:ltər] *v.* **1** dudar, titubear; decaer. **2** bajar, vacilar, debilitar (cotizaciones, etc.).

fame [feɪm] *n.* reputación, notoriedad, celebridad, gloria.

familiar [fə'mɪljər] *adj.* familiar; familiarizado. *Familiar with,* familiarizado con, al tanto de, con buenos conocimientos de.

familiarize [fə'mɪljəraɪz] *v.* familiarizar.

family allowance ['fæmli ə'lauəns] dotación familiar.

family concern ['fæmli kən'sɜːrn] empresa familiar.

family-owned ['fæmli əund] propiedad de la familia (empresas).

famine ['fæmən] *n.* hambre.

famous ['feɪməs] *adj.* famoso, célebre.

fan [fæn] *n.* **1** ventilador. **2** apasionado, amante, fanático, aficionado.

fancy ['fænsi] *adj.* de fantasía, de lujo. *Fancy goods,* novedades, artículos de fantasía.

fare [fer] *v.* ir (bien, mal), portarse, comportarse; prescindir. *He fared badly at the polls,* obtuvo malos resultados en las elecciones.

fare *n.* **1** precio de un viaje, precio de un evento, tarifa, precio de un billete o boleto. *Return fare,* precio de ida y vuelta. *Single fare,* precio simple (de ida). **2** régimen alimenticio, nutrición. *Bill of fare,* menú. **3** *fam.* cliente (de un taxi).

farm [fɑːrm] *v.* cultivar, explotar, hacer valer; criar (ganado).

farm *n.* granja, explotación agrícola. *Farm equipment,* equipo agrícola. *Dairy farm,* granja de productos lácteos. *Poultry farm,* granja avícola. *Stud farm,* acaballadero. *Farm income,* ingreso agrícola. *Farm loan,* préstamo agrícola. *Farm prices,* precios agrícolas. *Farm vote,* electorado rural.

farmer ['fɑːrmər] *n.* agricultor, granjero, cultivador, explotador. *Stock farmer,* ganadero.

farm gate price [-geɪt praɪs] precio al productor, precio a la producción.

farm-hand [-hænd] *n.* trabajador agrícola.

farming ['fɑːrmɪŋ] *n.* **1** agricultura, explotación agrícola. *Stock farming,* crianza de ganado. **2** arrendamiento.

farm out [-aut] *v.* **1** confiar la realización de un proyecto o la fabricación de una pieza a un subcontratista; distribuir, repartir el trabajo entre operadores u obreros externos a la empresa. **2** agotar el suelo (como resultado de una agricultura demasiado intensa). **3** arrendar.

farming out [-aut] *n.* **1** hecho de confiar la realización de un proyecto o la fabricación de una pieza a un subcontratista; distribución o repartición del trabajo entre operadores u obreros externos a la empresa; maquila, subcontratación. **2** agotamiento del suelo (como resultado de una agricultura demasiado intensa). **3** arrendamiento.

far-reaching ['fɑːr'riːtʃɪŋ] de gran alcance, de gran envergadura, trascendental.

fashion ['fæʃən] *v.* confeccionar, elaborar.

fashion *n.* **1** modal, manera. **2** moda. **3** costumbre.

fashionable ['fæʃnəbəl] *adj.* elegante, de moda, en boga, al gusto del día.

fast [fæst] *adj.* **1** rápido, veloz. *By fast train,* a gran velocidad. *Fast buck,* (EU) *fam.* dinero fácil de ganar. **2** lo que avanza, lo que se adelanta, adelantado. *My watch is fast,* mi reloj está adelantado. **3** firme, estable, sólido. **4** (colores, tejidos) que no se destiñe. **5** deshonesto, disoluto.

fast access memory [-'ækses 'meməri] IN-FORM.: memoria de acceso rápido.

fasten ['fæsn] *v.* anexar, fijar.

fastening ['fæsnɪŋ] *n.* fijación, afianzamiento.

fast foods [-fuːds] comida rápida, restaurante de comida rápida.

fast forward [-'fɔːrwərd] avance rápido (de las grabadoras).

fastidious [fæs'tɪdiəs] *adj.* exigente, difícil, laborioso.

fast motion [-'məuʃən] CINE: cámara rápida.

fat [fæt] *adj.* **1** gordo, grueso, que tiene mucha grasa. **2** bien pagado, lucrativo. *A fat job,* un trabajo bien remunerado.

fathom ['fæðəm] *v.* sondear.

fathom *n.* braza = 6 pies = 1,829 m. (unidad de medida de profundidad).

fatten ['fætn] *v.* **1** engordar. **2** enriquecer, enriquecerse.

fault [fɔːlt] *n.* **1** defecto. **2** falta, falla. **3** vicio de construcción, defecto; pelo (defecto común de los metales y de las piedras). **4** GEO-LOGÍA: falla, rotura.

faulty ['fɔːlti] *adj.* **1** defectuoso. **2** erróneo. *Faulty calculations,* cálculos erróneos. *Faulty design,* diseño defectuoso.

favor ['feɪvər] *v.* (EU) **1** favorecer, facilitar, aventajar; honrar. **2** aprobar; preferir.

favor *n.* (EU) **1** favor. **2** aprobación. **3** *Your favor of the 12th,* su carta del día 12 (fórmula muy antigua; su uso no se recomienda).

favored ['feɪvərəd] *adj.* predilecto, favorecido. *The most favored nation clause,* la cláusula de la nación más favorecida (comercio internacional).

favorable ['feɪvrəbəl] *adj.* ventajoso, favorable. *Favorable terms,* condiciones ventajosas.

favour ['feɪvər] *v.* (GB) ver **favor.**

favour *n.* (GB) ver **favor.**

fax [fæks] *v.* enviar por fax.

fax *n.* fax (documento). *Fax machine,* fax (aparato).

feasibility ['fiːzə'bɪləti] *n.* factibilidad, viabilidad. *Feasibility of a project,* factibilidad de un proyecto. *Feasibility study,* estudio de factibilidad.

feasible ['fi:zəbəl] *adj.* factible, viable, realizable, practicable, ejecutable. *Feasible goals,* metas alcanzables. *Feasible projects,* proyectos factibles.

featherbedding ['feðər'bedɪŋ] *n.* práctica sindical, en acuerdo con la dirección de una empresa o impuesta a esta última, que implica el mantenimiento de empleos no productivos o el pago de un número de empleados mayor del necesario.

feature ['fi:tʃər] *v.* 1 comportar. 2 CINE, MÚS., etc.: con la participación de, presentar como artista principal. *Featuring...,* con la participación de, con... 3 PRENSA: hacer una crónica; poner bajo los encabezados principales de un diario. 4 caracterizar, marcar, distinguir.

feature *n.* 1 rasgo, característica, punto sobresaliente. 2 PRENSA: artículo principal, crónica especial. 3 CINE: película principal, largometraje.

federal ['fedərəl] *adj.* federal. En los Estados Unidos designa lo que tiene relación con el gobierno central, situado en Washington, en oposición a lo relacionado con los diferentes gobiernos de los estados. *Federal regulations,* disposiciones federales. *Federal taxes,* impuestos federales.

Federal Reserve Board [-rɪ'zɜːrv bɔːrd] (EU) organismo de control que regula a los 12 bancos regionales que constituyen el sistema federal de la reserva de los Estados Unidos (tal sistema descentralizado desempeña el mismo papel que un banco central). El **Federal Reserve Board** establece las grandes directrices de la política monetaria y principalmente del crédito.

Federal Trade Commission [-treɪd kə'mɪʃən] (EU) comisión federal que se encarga de asegurar el respeto de la libre competencia sobre el mercado de los Estados Unidos.

federate ['fedəreɪt] *v.* 1 federar. 2 federarse.

federation ['fedə'reɪʃən] *n.* federación.

fee [fi:] *n.* 1 honorarios, retribución, gratificación, emolumento, comisión; ficha de asistencia. *Tuition fee,* gastos de escolaridad. 2 derecho. *Entrance fee, admission fee,* precio del billete de entrada, derecho de entrada. 3 cotización. *Union fees,* cotizaciones sindicales.

fee simple (in) [-'sɪmpəl (ɪn)] sin condición, libre, con toda propiedad, con todos los derechos de goce y de posesión. *Property held in fee simple,* bien detentado con toda propiedad, propiedad incondicional.

feed [fi:d] *v.* 1 nutrir, aprovisionar, revitalizar. 2 alimentar (máquinas), proveer, introducir, comunicar. *The program will be fed into the machine,* la máquina será alimentada con un programa. 3 *To feed on something,* nutrirse de algo.

feed *n.* alimento para el ganado, forraje.

feedback ['fi:dbæk] *n.* 1 retro-acción, retroalimentación (electricidad, etc.). 2 información de regreso. *Feedback system,* sistema de retroalimentación.

feeder ['fi:dər] *n.* alimentador (tal término se puede aplicar a todo lo que suministra energía o que alimenta a una máquina, a un sector, etc.; cable de alimentación, canal de alimentación, tubo de alimentación, colector, etc.).

feeder line [-laɪn] *n.* 1 línea (de autobuses, de aviones, de trenes) secundaria que se deriva de una línea principal. 2 cable eléctrico que abastece a una red.

feedstock ['fi:dstɑk] *n.* materias primas que se utilizan para la fabricación.

feeler ['fi:lər] *n.* antena. *To put out feelers,* lanzar una sonda, efectuar un sondeo.

feel the pinch [fi:l ðə pɪntʃ] sufrir, resentir los efectos (de las medidas de austeridad, etc.).

fellow ['feləʊ] *n.* 1 miembro de una sociedad de carácter cultural o científico. 2 en la forma compuesta (seguido o no de un guión) designa a un grupo de personas que se encuentran en la misma situación. *Fellow citizen,* conciudadano. *Fellow passanger,* compañero de viaje.

fellowship ['feləʊʃɪp] *n.* 1 asociación, sociedad (se dice en particular de las universidades). 2 solidaridad, coincidencia de puntos de vista. 3 pertenencia a una asociación, a una sociedad; título de miembro. 4 bolsa de investigación (a un nivel avanzado y que se ofrece a los instructores o a los especialistas).

felon ['felən] *n.* criminal; autor de una infracción grave.

felony ['feləni] *n.* (EU) infracción mayor, crimen (secuestro, homicidio, etc.); (GB) infracción, delito.

felt [felt] *n.* fieltro.

female ['fi:meɪl] *n.* 1 mujer. 2 hembra.

female *adj.* femenino. *Female worker,* obrera.

fence [fens] *n.* 1 cerca, reja, barrera. *To sit on the fence,* nadar entre dos aguas, estar indeciso o confuso, titubear, vacilar. 2 encubridor.

fend off [fend ɔːf] *v.* prevenir (un peligro), desviar (un riesgo).

ferry ['feri] *v.* atravesar, cruzar (en un transbordador), transbordar.

ferry *n.* transbordador, embarcadero.

ferry-boat [-bəʊt] *n.* transbordador.

fertilization ['fɜːrtlə'zeɪʃən] *n.* fertilización, abono de la tierra.

fertilize ['fɜːrtlaɪz] *v.* fertilizar, abonar la tierra.

fertilizer ['fɜːrtlaɪzər] *n.* fertilizante, abono, estiércol.

fetch [fetʃ] *v.* 1 ir a buscar. 2 venderse en, valer (precio).

feud [fju:d] *n.* enemistad, rencor, rivalidad, disensión. *There is an on-going feud between* the two companies, las dos compañías se encuentran en una guerra permanente.

fiat ['fi:æt] *n.* 1 autorización (oficial). 2 decreto, orden.

fiber ['faɪbər] *n.* (EU) fibra. *Man-made fiber,* fibra sintética. *Fibre-optics,* fibras ópticas.

fibre ['faɪbər] *n.* (GB) ver **fiber.**

fictitious [fɪk'tɪʃəs] *adj.* ficticio. *Fictitious bill,* letra falsa, documento de crédito ficticio. *Fictitious documents,* documentos falsos. *Fictitious invoice,* factura falsa.

fidelity bond [fə'deləti bɑːnd] (EU) seguro que protege a un patrón contra un desfalco de fondos cometido por un empleado.

fiduciary [fɪ'du:ʃieri] *adj.* 1 fiduciario (préstamos, monedas). *Fiduciary institutions,* instituciones fiduciarias. 2 aquello que implica relaciones de confianza.

field [fi:ld] *v.* colocar sobre el campo, lanzar o incluir en una campaña. *To field a candidate,* presentar un candidato (elecciones).

field *n.* 1 campo. 2 campo de aplicación, área. 3 sector, dominio. 4 terreno (frecuentemente designa a un conjunto de actividades concretas con relación a un conjunto de actividades del estado mayor). 5 Milit.: campo de batalla, frente.

field operator [-'ɑːpəreɪtər] operador de campo.

field survey [-'sɜːrveɪ] estudio de campo, encuesta que se realiza sobre el lugar o terreno de interés.

field testing [-'testɪŋ] prueba de campo, prueba que se realiza sobre el mismo lugar, ensayo sobre el terreno.

field trip [-trɪp] viaje de estudio, desplazamiento sobre el terreno, misión.

fierce [fɪrs] *adj.* encarnizado, violento, brutal. *Fierce competition,* competencia encarnizada.

F.I.F.O. [ef aɪ ef əʊ] **(First in First Out)** [fɜːrst ɪn fɜːrst aʊt] método de costeo de los inventarios: "Primeras Entradas Primeras Salidas", abreviado P.E.P.S.

fight [faɪt] *v.* 1 pelear, luchar, combatir. 2 luchar contra.

fight *n.* 1 combate, batalla, enfrentamiento, pelea. 2 lucha. 3 combatividad.

figure ['fɪɡjər] *v.* 1 representar, figurar. 2 pensar, estimar, evaluar. 3 cifrar, cuantificar, expresar con números.

figure *n.* 1 personalidad, persona, figura. 2 forma, representación, imagen, ilustración, figura. 3 cifra. *Rounded figures,* cifras redondeadas. *Figures rounded to the nearest integer,* cifras redondeadas al entero más cercano. *Sales figure,* cifra de ventas. *Unemployment figure,* cifra de desempleados.

figure in [-ɪn] *v.* calcular, tomar en cuenta.

figure out [-aʊt] *v.* 1 alcanzar una cifra, ascender. 2 calcular, evaluar, imaginar. *I can't figure it*

out, no me lo puedo imaginar. *To figure out the current year's tax,* calcular el impuesto del año actual.

file [faɪl] *v.* 1 clasificar; archivar, guardar un documento. *To file by...,* clasificar por... *To file by name,* archivar por nombre. 2 registrar un documento. 3 depositar, presentar (un documento, una solicitud), hacer registrar. *To file a claim,* presentar una queja, presentar una reclamación; quejarse. *To file an application,* presentar una solicitud. 4 Prensa: *To file a story,* enviar por cable una información.

file *n.* 1 expediente. 2 fichero, carpeta. 3 fila. 4 lima.

file a law suit [-ə lɔː suːt] *v.* presentar un pleito legal, entablar una demanda, quejarse.

file a petition in bankruptcy [-ə pə'tɪʃən ɪn 'bæŋkrʌptsi] declararse en quiebra.

file consolidation [-kən sɑːlə'deɪʃən] consolidación de archivos, fusión de ficheros.

file index [-'ɪndeks] índice de archivo.

filer [faɪlr] *n.* 1 ver **filing clerk.** 2 carpeta; fichero. 3 persona que deposita un fichero, que entabla un procedimiento.

filibuster ['fɪləbʌstər] *v.* (EU) practicar el obstruccionismo.

filibuster *n.* filibustero. 1 (EU) maniobra de obstaculización que consiste en que los miembros del Congreso de los Estados Unidos guardan su palabra, y se mantienen en esa condición durante varias semanas, para impedir un voto. 2 ver **filibusterer.**

filibusterer [-ər] *n.* (EU) congresista que practica el obstruccionismo.

filing ['faɪlɪŋ] *n.* 1 clasificación. 2 depósito, registro (de una pieza, de un documento).

filing cabinet [-'kæbənət] archivero (mueble).

filing clerk [-klɜːrk] empleado a cargo de la clasificación, archivista.

filing system [-'sɪstəm] sistema de archivo.

fill [fɪl] *v.* 1 llenar; ocupar (un puesto). 2 llenarse. 3 ver **to fulfil.** *To fill an order,* ejecutar un pedido. Bolsa: *Fill or kill,* orden (de compra o venta) que se debe ejecutar o anular inmediatamente.

filler ['fɪlər] *n.* material de relleno; embudo.

fillip ['fɪləp] *n.* Bolsa: fluctuación ligera (a la alza).

fill in [-ɪn] *v.* llenar; colmar. *To fill in a form,* llenar una forma, un formulario.

fill out [-aʊt] *v.* llenar (en forma total); completar. *To fill out one's tax return,* llenar uno su declaración de impuestos.

fill up [-ʌp] *v.* llenar (en forma total). *To fill up a form,* llenar una forma, un formulario.

final ['faɪnl] *adj.* 1 final. *Final results,* resultados finales. 2 definitivo, decisivo, concluyente, irrevocable. *Final figures,* cifras definitivas.

finality [faɪ'næləti] *n.* carácter definitivo, perentorio; irrevocabilidad.

finalize ['faɪnlaɪz] *v.* finalizar, dar forma final a, poner en forma, completar.
finance [fə'næns] *v.* financiar.
finance *n.* finanzas.
financial [fə'nænt∫əl] *adj.* financiero. *Financial year,* ejercicio financiero; año presupuestal. *Financial standing,* situación financiera. *Financial statement,* estado financiero.
financial accounting [-ə'kaʊntɪŋ] contabilidad financiera.
financial analysis [-ə'næləsəs] análisis financiero.
financial assets [-'æsets] activos financieros.
financial company [-'kʌmpəni] compañía financiera.
financial expenses [-'ɪkspensəs] gastos financieros.
financial futures [-'fju:t∫ərs] contratos de instrumentos financieros a plazo. *Financial futures market,* mercado de instrumentos financieros a plazo.
financial information [-'ɪnfər'meɪ∫ən] información financiera. *Financial information systems,* sistemas de información financiera.
financial interest [-'ɪntrəst] interés financiero.
financial lease [-li:s] arrendamiento financiero.
financial leverage [-'levərɪdʒ] apalancamiento financiero.
financial management [-'mænɪdʒmənt] administración financiera, finanzas.
financial position [-pə'zi∫ən] posición financiera.
financial ratio [-'reɪ∫əʊ] razón financiera.
financial reports [-rɪ'pɔ:rtz] reportes financieros.
financier ['fɪnən'sɪr] *n.* financiero.
financing [fə'nænsɪŋ] *n.* financiamiento.
find [faɪnd] *v.* 1 descubrir, encontrar. 2 JUR.: pronunciar un veredicto, hacer un veredicto, declarar. *He was found guilty by the court,* fue declarado culpable por el tribunal.
find *n.* descubrimiento.
finding ['faɪndɪŋ] *n.* 1 descubrimiento, hallazgo. 2 fallo de un tribunal.
findings ['faɪndɪŋz] *n.* hallazgos, resultados de una encuesta, de un estudio, de un sondeo.
fine [faɪn] *v.* multar, hacer pagar una multa, condenar a una multa, imponer una multa.
fine *n.* multa.
fine *adj.* 1 fino. 2 bello. 3 excelente.
fine print [-prɪnt] 1 TIPOGR.: impresión fina, caracteres de tamaño pequeño. 2 parte(s) de un contrato escrita(s) en caracteres pequeños.
fine trade bill [-treɪd bɪl] documento comercial de primer orden, de alto nivel comercial.
fine-tuning [-'tu:nɪŋ] regulación precisa (frecuentemente se emplea en el sentido de una regulación precisa de la economía).

finish ['fɪnɪ∫] *v.* 1 terminar, acabar, finalizar. 2 terminarse, acabarse. 3 perfeccionar, dar la última mano, terminar del todo. *The finishing touch,* el toque final, la última mano.
finish *n.* 1 acabado (de un trabajo), fineza de ejecución, perfección de detalles. 2 fin (de una lucha). *A fight to the finish,* una lucha a muerte.
finished goods ['fɪnɪ∫t gʊdz] artículos terminados. *Finished goods inventory,* inventario de artículos terminados.
finished products ['fɪnɪ∫t 'prɑ:dəktz] productos terminados. *Finished products inventory,* inventario de productos terminados. *Finished products warehouse,* almacén de productos terminados.
finite ['faɪnaɪt] *adj.* finito, que tiene un límite.
fire [faɪr] *v.* 1 despedir. 2 prender fuego, incendiar; excitar, inflamar (controversias, pasiones). 3 disparar, hacer fuego. 4 lanzar (un cohete, etc.).
fire *n.* 1 fuego. 2 incendio. *Fire hazard,* peligro de incendio. SEG.: *Fire and theft,* robo e incendio.
fire alarm [-ə'lɑ:rm] alarma contra incendios.
fire insurance [-ɪn'∫ʊrəns] seguro contra incendios.
firing ['faɪrɪŋ] *n.* 1 despido, licenciamiento, destitución. 2 encendido, acción de encender. 3 tiro (al blanco).
firm [fɜ:rm] *n.* firma, empresa, casa de comercio, casa, sociedad. *K.L. Montes's firm,* la empresa K.L. Montes.
firm *adj.* firme. *To stand firm,* permanecer firme (personas); mantenerse estable (precios, cotizaciones, etc.). *Firm-fixed price,* precio firme y definitivo.
firm name [-neɪm] razón social, nombre de la empresa.
firm up [-ʌp] *v.* 1 reafirmarse (precios, cotizaciones, etc.). 2 confirmar. *To firm up a contract,* confirmar un contrato, firmar definitivamente un contrato. 3 confirmarse.
firmness ['fɜ:rmnəs] *n.* firmeza, estabilidad, equilibrio (de los precios, de las cotizaciones, etc.).
first [fɜ:rst] *adj.* primero.
first *adv.* 1 primeramente. 2 por primera vez. 3 en primer lugar.
first-class [-klæs] *adj.* 1 de primer nivel, de primer orden, de primera calidad. 2 de primera clase.
first of exchange [-ɑ:v ɪks't∫eɪndʒ] primera de cambio.
first rate [-reɪt] excelente, de primera calidad.
first in first out [-ɪn, -aʊt] ver **F.I.F.O.**
first-mortgage [-'mɔ:rgɪdʒ] hipoteca de primer nivel.
fiscal ['fɪskəl] *adj.* fiscal.

fiscal year [-jɪr] ejercicio fiscal; ejercicio presupuestal. Empieza el 1 de octubre en los Estados Unidos y el 1 de abril en la Gran Bretaña.
fish [fɪʃ] *v.* pescar.
fish *n.* pescado.
fisherman ['fɪʃərmən] *n.* pescador.
fishery ['fɪʃəri] *n.* pesca.
fish farming [-'fɑːrmɪŋ] piscicultura.
fishing ['fɪʃɪŋ] *n.* acción de pescar, la pesca. *The fishing industry,* la industria pesquera.
fishmonger ['fɪʃ mɑːŋgər] *n.* pescadero.
fit [fɪt] *v.* **1** concordar, convenir, corresponder, ir; sentar bien (se dice de la ropa). **2** adaptar, ajustar, montar (una pieza). **3** ajustarse, adaptarse, encajarse, etc.
fit *n.* **1** acceso. **2** ajuste, adaptación, buena unión, concordancia, hecho de llevarse bien, de entenderse.
fit *adj.* conveniente, apropiado, apto, adecuado, en buen estado, oportuno, capaz. *(Physically) fit,* en forma. *Fit for consumption,* propio para el consumo.
fitness ['fɪtnəs] *n.* **1** aptitud, competencia. **2** hecho de estar adaptado, de convenir a; exactitud, precisión. **3** *(Physical) fitness,* en buena forma física.
fitter ['fɪtər] *n.* ajustador, montador.
fitting ['fɪtɪŋ] *n.* **1** ajuste. **2** instalación, montaje.
fittings ['fɪtɪŋz] *n.* instalaciones, equipo; accesorios; herramientas, accesorios, aparatos. *Fittings and fixtures,* instalaciones y enseres.
fiver ['faɪvər] *n. fam.* billete de 5 dólares, billete de 5 libras.
fix [fɪks] *v.* **1** fijar, establecer, determinar, ajustar, regular. **2** *fam.* reparar, arreglar, hacer pequeños trabajos; preparar. **3** falsificar, falsear; comprar (un jurado, etc.). *To fix prices,* alterar los precios.
fix *n.* **1** apuro, conflicto, aprieto, problema, dificultad. **2** (EU) garrafa de vino. **3** (EU) dosis de droga.
fixed [fɪkst] *adj.* **1** fijo, determinado, establecido. **2** falsificado, falseado; comprado (un jurado, etc.). **3** inmovilizado. *Fixed capital,* capital inmovilizado, inmovilizaciones.
fixed assets [-'æsetz] activo(s) fijo(s).
fixed budget [-'bʌdgət] presupuesto fijo.
fixed capital [-'kæpətl] capital fijo.
fixed costs [-kɔːstz] costos fijos.
fixed maturity [-mə'tʊrəti] vencimiento fijo.
fixed price [-praɪs] precio fijo.
fixed rate [-reɪt] tasa fija. *Fixed rate loan,* préstamo a tasa fija.
fixed salary [-'sæləri] salario fijo, salario regular.
fixed-yield securities, fixed-income securities [-jiːld sɪ'kjʊrətiz, -'ɪnkʌm sɪ'kjʊrətiz] valores de renta fija, valores de rendimiento fijo (obligaciones y acciones privilegiadas).

fixing ['fɪksɪŋ] *n.* **1** hecho de fijar, determinar, establecer. *(Gold) fixing,* fijación de las cotizaciones del oro, cotización de la barra de oro. **2** hecho de falsificar.
fixity ['fɪksəti] *n.* fijeza, estabilidad, firmeza. *Fixity of purpose,* firmeza de un propósito, determinación.
fixture ['fɪkstʃər] *n.* **1** aparato fijo, instalación fija. **2** evento (deportivo, etc.) programado o regular. **3** objeto o persona asociada con un lugar respecto del cual parece formar una parte integral.
fixtures ['fɪkstʃərz] *n.* instalaciones fijas, instalaciones permanentes.
fizzle (out) ['fɪzəl (aʊt)] *v.* abortar, fracasar, quedar mal.
flag [flæg] *v.* aflojar, bajar, decaer (cotizaciones). ECON.: desacelerar, disminuir, retardar.
flag *n.* bandera, pabellón. *Flag of convenience,* pabellón de conveniencia. *To fly a flag,* izar una bandera.
flagging ['flægɪŋ] *adj.* a la baja, en decadencia; disminuyente.
flagship ['flægʃɪp] *n.* MARINA: navío almirante, barco almirante (*por ext.* elemento principal de una organización, portaestandarte).
flameproof ['fleɪmpruːf] *v.* proteger algo contra el fuego, hacerlo a prueba de fuego.
flameproof *adj.* a prueba de incendios, a prueba de fuego.
flameproofing ['fleɪmpruːfɪŋ] *n.* resistencia al fuego.
flare up [fler ʌp] *v.* ascender, subir (precios, etc.).
flashback ['flæʃbæk] *n.* retroceso. CINE: escena retrospectiva.
flash point, flashing point [flæʃ pɔɪnt, 'flæʃɪŋ pɔɪnt] punto de encendido, punto de combustión, punto de inflamación (*por ext.* punto de desencadenamiento de una crisis).
flask [flæsk] *n.* frasco.
flat [flæt] *n.* (GB) apartamento, piso. *A show flat,* un piso de exhibición.
flat *adj.* **1** plano, liso, llano, sin relieve. **2** flojo (mercados). **3** uniforme, a destajo, a tanto alzado, a precio alzado. *A flat amount,* una cantidad fija. *Flat fee,* honorarios a destajo. *Flat rate,* tasa uniforme. **4** categórico (rechazos, etc.).
flat cost [-kɔːst] precio de producción.
flat-rolled steel [-rəʊld stiːl] acero laminado.
flat withholding [-wɪθ'həʊldɪŋ] retención liberatoria.
flatten ['flætn] *v.* **1** aplanar, allanar, nivelar. **2** aplanarse, allanarse, nivelarse. *To flatten out,* aplanarse, volverse horizontal.
flavor ['fleɪvər] *v.* (EU) perfumar, sazonar.
flavor *n.* (EU) perfume, sabor, gusto.
flavour ['fleɪvər] *v.* (GB) ver **flavor**.

flavour *n.* (GB) ver **flavor.**

flaw [flɔ:] *n.* 1 defecto, imperfección. 2 Jur.: vicio de forma. 3 pelo, fisura, grieta (metales y piedras).

flawless ['flɔ:ləs] *adj.* sin falla, sin defecto, impecable.

flax [flæks] *n.* lino.

flaxen ['flæksən] *adj.* 1 de lino. 2 color de lino, rubio, dorado.

fleet [fli:t] *n.* 1 flota. 2 parque automovilístico, número de vehículos. *They have a large fleet of delivery vans,* tienen un gran número de camionetas para el reparto.

Fleet Street [-stri:t] la prensa londinense (tomado del nombre de una calle de Londres).

flex [fleks] *n.* cordón; cable flexible.

flexibility ['fleksə'bɪləti] *n.* flexibilidad, adaptabilidad, elasticidad; hecho de tener varias cuerdas dentro de un arco.

flexible ['fleksəbəl] *adj.* flexible, adaptable, elástico. *Flexible working hours,* horas de trabajo flexibles.

flexible budget [-'bʌdʒət] presupuesto flexible.

flextime ['flekstaɪm] *n.* horarios flexibles.

flier ['flaɪər] ver **flyer.**

flight [flaɪt] *n.* 1 vuelo (aviones). 2 huida, evasión. *Capital flight,* fuga de capitales. *Flight capital,* capital en fuga.

flimsy ['flɪmzi] *n.* papel cebolla.

flip chart [flɪp tʃɑ:rt] pizarrón de papel, pizarrón móvil; ficha móvil.

float [fləut] *v.* 1 flotar; hacer flotar. 2 poner a flote. 3 lanzar (una empresa, un préstamo), emitir.

float *n.* 1 (EU) producto en curso de fabricación. 2 flotación, plazo de tiempo que transcurre desde la fecha de emisión de un cheque y la de su débito a la cuenta del girado; se dice del conjunto de documentos de crédito en circulación (que aún no han sido cobrados). 3 flotación de una moneda.

floatation ['fləu'teɪʃən] *n.* lanzamiento (de una sociedad, de un préstamo); flotación, emisión (de títulos de crédito). *Floatation costs,* costos de flotación.

floater ['fləutər] *n.* emisión (de eurodólares, etc.).

floaters ['fləutərz] *n.* monedas flotantes.

floating assets ['fləutɪŋ 'æsetz] activo flotante o circulante.

floating capital ['fləutɪŋ 'kæpətl] capital circulante, fondos operativos.

floating exchange rate ['fləutɪŋ ɪks'tʃeɪndʒ reɪt] tipo o tasa de cambio flotante.

floating policy ['fləutɪŋ'pɑ:ləsi] Seg. Marít.: póliza flotante.

floating rate ['fləutɪŋ reɪt] tasa flotante, tasa variable. *Floating rate bond,* bonos a tasa flotante

o variable. *Floating rate note,* documentos a tasa flotante, variable o revisable. *Floating rate debt,* deuda a tasa flotante. *Floating rate loans,* préstamos a tasa variable.

floating vote ['fləutɪŋ vəut] voto flotante, electorado indeciso.

flood [flʌd] *v.* 1 inundar, sumergir. 2 desbordar.

flood *n.* inundación.

floor [flɔ:r] *n.* 1 suelo. 2 piso. *First floor,* (EU) planta baja. (GB) primer piso. 3 Bolsa: sala de transacciones, piso de operaciones, salón de remates. *Floor broker,* comisionista.

floor (to take the) [-(tu: teɪk ðə)] *v.* tomar la palabra (delante de una asamblea, de un grupo).

floor manager [-'mænɪdʒər] *n.* 1 ver **floorwalker.** 2 Cine, T.V.: regidor de escena.

floor price [-praɪs] precio mínimo.

floor trader [-treɪdər] operador de bolsa, operador de la sala de transacciones.

floorwalker ['flɔ:r wɔ:kər] *n.* jefe de sección o de departamento (en una tienda).

flop [flɑ:p] *v.* fracasar.

flop *n.* fracaso, fiasco.

floppy disk ['flɑ:pi dɪsk] disquete.

floriculture ['flɔ:rə'kʌltʃər] *n.* floricultura.

flotation [fləu'teɪʃən] ver **floatation.**

flotsam ['flɑ:tsəm] *n.* Jur.: bien(es) mostrenco(s); precios.

flourish ['flɜ:rɪʃ] *v.* florecer, prosperar.

flow [fləu] *v.* fluir, derramar, correr (el agua), circular, etc.

flow *n.* flujo, corriente, suministro, oleada. *Rate of flow,* tasa de flujo.

flow-chart, flow-diagram [-tʃɑ:rt, -'daɪəgræm] *n.* diagrama, organigrama, diagrama de flujo.

flow production [-prə'dʌkʃən] producción en cadena.

fluctuate ['flʌktʃueɪt] *v.* fluctuar, variar, oscilar.

fluctuation ['flʌktʃu'eɪʃən] *n.* fluctuación, variación, oscilación. *Seasonal fluctuations,* variaciones estacionales.

fluency ['flu:ənsi] *n.* fluidez, facilidad, soltura (del estilo, de la palabra). *Fluency in Spanish,* dominio del español.

fluent ['flu:ənt] *adj.* fluido, con naturalidad; hablar o escribir una lengua correctamente, con naturalidad.

fluently ['flu:əntli] *adv.* con fluidez, con soltura. *He speaks English fluently,* habla inglés con soltura.

fluid ['flu:əd] *n.* fluido, líquido.

fluidity [flu:'ɪdəti] *n.* fluidez.

flurry ['flɜ:ri] *n.* Bolsa: agitación o nerviosismo excesivo, frenesí.

flush [flʌʃ] *v.* 1 brotar. 2 inundar. 3 enjuagar, limpiar.

flush *n.* 1 acceso, aflujo, abundancia repentina. *A flush of orders,* un aflujo de pedidos. 2 chorro de agua.

flush *adj.* 1 lleno, abundante, copioso. *To be flush,* estar rebosante. *Flush with cash,* desbordante de fondos. *Flush years,* años de esplendor. 2 nivelado, parejo, llano, liso, uniforme.

flutter (to have a) ['flʌtər (tuː hæv ə)] *v.* arriesgar pequeñas sumas, apostar pequeñas cantidades.

flux [flʌks] *n.* flujo, reflujo, ola, oleaje.

flyer ['flaɪər] *n.* 1 aviador, aviadora. 2 pasajero aéreo. *Frequent flyer plan/program,* sistema de bonificación utilizado por las compañías aéreas y que se basa en un cierto número de kilómetros de vuelo que se ofrecen en forma gratuita a los clientes regulares. 3 (EU) prospecto.

fly sheet [flaɪ ʃiːt] *n.* 1 hoja, volante; hoja de informes (al principio de un expediente, de un catálogo). 2 prospecto.

F.O.B. [ef əʊ biː] **(Free on Board)** [friː ɑːn bɔːrd] franco a bordo.

F.O.C. [ef əʊ siː] 1 *Free of charge,* libre de cargo, gratuito, gratuitamente. 2 (EU) *Free on car,* franco vagón.

focus ['fəʊkəs] *v.* 1 concentrar, converger; centrar. *Most of the discussion was focused on costs,* la mayor parte de la discusión se centró en los costos. 2 concentrarse en.

focus *n.* centro, núcleo, punto central. *To bring into focus,* enfocar; centrar, plantear (un problema).

foil [fɔɪl] *v.* hacer fracasar, frustrar.

foil *n.* 1 hoja (de metal). 2 *To serve as a foil, to act as a foil,* servir de repelente, hacer resaltar.

fold [fəʊld] *v.* 1 doblar. 2 poner en un sobre. 3 (EU) *To fold, to fold up,* caer en quiebra, cerrar un negocio.

folder ['fəʊldər] *n.* 1 carpeta (para documentos). 2 folleto desplegable, prospecto.

follow up ['faːləʊ ʌp] *v.* seguir, perseguir, explotar; reactivar, reanimar.

follow up *n.* continuación, seguimiento, persecución, explotación; reactivación, reanimación.

follow up letter [-'letər] letra de reactivación.

follow up study, follow up survey [-'stʌdi, -'sɜːrveɪ] estudio complementario.

food [fuːd] *n.* alimentos, productos alimenticios, nutrientes, comida.

foodstuff(s) ['fuːdstʌf] *n.* producto(s) alimenticio(s), alimento(s).

foot the bill [fʊt ðə bɪl] *v.* pagar la cuenta.

footage ['fʊtɪdʒ] *n.* longitud o cantidad expresada en pies (por ejemplo el metraje de una película).

foothold ['fʊthəʊld] *n.* apoyo (para el pie); posición. *To gain a foothold, to get a foothold,* to secure a foothold, to win a foothold, establecerse, penetrar (un mercado), tomar posición.

footing ['fʊtɪŋ] *n.* 1 colocación o implantación de los pies. 2 posición, situación, estatuto. *To gain a footing,* conseguir establecerse. *On the same footing,* sobre el mismo plano, sobre una base de igualdad.

footnote ['fʊtnəʊt] *n.* nota al pie de la página.

forbid [fər'bɪd] *v.* prohibir.

force [fɔːrs] *n.* fuerza, vigor, potencia. *To be in force,* estar en vigor, estar vigente. *To come into force,* entrar en vigor. *To put into force,* poner en vigor.

force down [-daʊn] *v.* hacer bajar (ejerciendo presiones y fuerzas).

force majeure [-mə'dʒər] fuerza mayor, caso de fuerza mayor.

force out [-aʊt] *v.* despojar, desposeer, desalojar. *To be forced out of a market,* ser obligado a salir de un mercado.

force up [-ʌp] *v.* hacer subir (ejerciendo presiones y fuerzas).

forecast ['fɔːrkæst] *v.* prever, pronosticar, anunciar, hacer previsiones, predecir.

forecast *n.* previsión, pronóstico; predicción; estimación. *Cash-flow forecast,* pronóstico de flujo de efectivo. *Financial requirements forecast,* pronóstico de requerimientos financieros. *Inventory requirements forecast,* pronóstico de requerimientos de inventarios. *Profits forecast,* pronóstico de utilidades. *Sales forecast,* pronóstico de ventas.

forecasting ['fɔːrkæstɪŋ] *adj.* relativo al pronóstico. *Forecasting methods,* métodos de pronóstico. *Forecasting horizon,* horizonte de planeación.

forecaster ['fɔːrkæstər] *n.* se dice de la persona que prepara un pronóstico, una estimación.

foreclose [fɔːr'kləʊz] *v.* 1 excluir (una posibilidad). 2 privar de un derecho. 3 embargar (hipotecas). 4 BANCA: poner fin a un préstamo, rehusarse a continuar la concesión de un préstamo.

foreclosure [fɔːr'kləʊʒər] *n.* 1 exclusión (de una solución). 2 privación de un derecho. 3 embargo (de un bien hipotecado).

foreign ['fɔːrən] *adj.* extranjero, del extranjero.

foreign currency [-'kɜːrənsi] divisa, moneda extranjera.

foreigner ['fɔːrənər] *n.* extranjero.

foreign exchange [-iks'tʃeɪndʒ] divisas, mercado de divisas. *Foreign exchange market,* mercado de divisas extranjeras. *Foreign exchange trader,* comerciante de divisas.

foreign investment [-ɪn'vestmənt] inversión extranjera.

foreign subsidiary [-səb'sɪdieri] subsidiaria extranjera.

foreign trade [-treɪd] comercio exterior.

foreman ['fɔːrmən] *n.* **1** capataz, jefe de equipo. **2** JUR.: presidente del jurado.

foremost ['fɔːrməʊst] *adj.* de primer nivel, a la cabeza, de primer rango.

forensic [fə'rensɪk] *adj.* forense. *Forensic pathology*, medicina forense.

forerunner ['fɔːr rʌnər] *adj.* precursor, pionero, guía; presentimiento, augurio, pronóstico.

foresee [fɔːr'siː] *v.* prever.

foreseeable [fɔːr'siːəbəl] *adj.* previsible. *In the foreseeable future*, en el futuro inmediato.

foresight ['fɔːrsaɪt] *n.* previsión.

forest ['fɔːrəst] *v.* poblar de árboles.

forestation ['fɔːrə'steɪʃən] *n.* plantación de un bosque, reforestación.

forestry ['fɔːrəstri] *n.* **1** silvicultura. **2** explotación de los bosques.

forestall [fɔːr'stɔːl] *v.* prevenir, anticipar, adelantar.

foretell [fɔːr'tel] *v.* predecir.

forewarn [fɔːr'wɔːrn] *v.* advertir; prevenir.

forewarning [fɔːr'wɔːrnɪŋ] *n.* advertencia.

foreword ['fɔːrwɜːrd] *n.* prefacio.

forfeit ['fɔːrfət] *v.* confiscar, decomisar, incautar, perder un derecho determinado (por confiscación). *Below a certain percentage of votes, the candidates will forfeit their deposit*, por debajo de un cierto porcentaje de votos, los candidatos perderán su depósito.

forfeit *n.* multa, prenda; JUR.: pérdida de un derecho.

forfeitable ['fɔːrfətəbəl] *adj.* confiscable.

forfeiture ['fɔːrfətʃur] *n.* **1** confiscación, requisa, decomiso, incautación. **2** JUR.: deposición o pérdida de un derecho.

forge [fɔːrdʒ] *v.* **1** forjar. **2** falsificar, contrahacer, imitar.

forge *n.* forja, herrería; fragua; fundición.

forge ahead [-ə'hed] *v.* estar a la vanguardia; hacer grandes progresos.

forger ['fɔːrdʒər] *n.* **1** herrero; obrero que trabaja en una forja. **2** falsario, falsificador.

forgery ['fɔːrdʒəri] *n.* **1** falsificación. **2** falso, documento falsificado.

forget [fər'get] *v.* olvidar.

forgive [fər'gɪv] *v.* perdonar. *To forgive a debt*, perdonar una deuda, condonar una deuda.

forgiveness [fər'gɪvnəs] *n.* perdón; condonación (de una deuda), hecho de no exigir el pago o el reembolso de una suma adeudada, anulación de una deuda (por parte del acreedor).

forgo [fɔːr'gəʊ] *v.* renunciar (a un derecho).

fork out, fork over [fɔːrk aʊt, fɔːrk 'əʊvər] *v. fam.* pagar, abonar.

form [fɔːrm] *v.* formar, constituir, crear, fundar. *To form a new company*, formar una nueva compañía. *To form a partnership*, asociarse.

form *n.* **1** formulario, boletín, impreso. **2** forma. **3** fórmula.

formal ['fɔːrməl] *adj.* **1** formal. *Formal information*, información formal. **2** en buena y debida forma, oficial. **3** ceremonioso, solemne. **4** (personas) formalista.

formality [fɔːr'mæləti] *n.* **1** formalidad. **2** respeto de las formas, carácter formalista.

formalize ['fɔːrməlaɪz] *v.* formalizar, precisar, definir. *To formalize an agreement*, formalizar un acuerdo.

formally ['fɔːrməli] *adv.* formalmente, en buena y debida forma, en la forma debida; oficialmente; ceremoniosamente.

format ['fɔːrmæt] *n.* **1** formato. **2** tipo de programa, tipo de emisión, género de una producción, cuadro de una producción.

formation [fɔːr'meɪʃən] *n.* formación, constitución, fundación.

former ['fɔːrmər] *adj.* precedente, antiguo, ex-.

formula ['fɔːrmjələ] *n.* fórmula.

formulate ['fɔːrmjəleɪt] *v.* formular.

formulation ['fɔːrmjə'leɪʃən] *n.* formulación.

for rent [fɔːr rent] (EU) se alquila, para alquiler.

forthcoming ['fɔːrθ'kʌmɪŋ] **1** próximo, venidero. **2** obtenido fácilmente.

forthwith ['fɔːrθ'wɪð] *adv.* sin demora, en el acto, inmediatamente.

fortnight ['fɔːrtnaɪt] *n.* (GB) quincena.

fortran ['fɔːrtræn] **(formula translation)** lenguaje científico para computadora.

fortunate ['fɔːrtʃnət] *adj.* afortunado, feliz.

fortune ['fɔːrtʃən] *n.* **1** suerte. **2** riqueza.

forum ['fɔːrəm] PRENSA: tribuna libre.

forward ['fɔːrwərd] *v.* **1** expedir, enviar, encaminar. **2** transmitir, transferir. *"Please forward"*, "Sírvase transmitir".

forward *adj.* **1** adelante, por adelante, hacia adelante. **2** adelantado, progresista.

forward *adv.* **1** adelante, hacia adelante. CONTAB.: *carried forward*, suma y sigue, suma anterior, saldo anterior. *To carry the balance forward*, *lit.* transferir el saldo hacia adelante, transferir un saldo a la página siguiente. JERGA FINANCIERA: "arrastrar un saldo". *To date forward*, posdatar, posfechar. **2** de ahora en adelante, a partir de. *From that date forward*, a partir de esa fecha en adelante.

forward agreements [-ə'griːməntz] contratos a plazo.

forward delivery [-dɪ'lɪvəri] entrega a plazo.

forward demand [-dɪ'mænd] demanda a plazo.

forward exchange market [-ɪks'tʃeɪndʒ 'mɑːrkət] mercado de divisas a plazo.

forward-looking [-'lʊkɪŋ] que mira hacia el futuro, dinámico.

forward market [-'mɑːrkət] mercado a plazo.

forward offer [-'ɔːfər] oferta a plazo.

forward price [-praɪs] precio a plazo.
forward purchase [-'pɜːrtʃəs] compra a plazo.
forward quotations [-kwəʊ'teɪʃəns] cotizaciones a plazo.
forward rate [-reɪt] tasa a plazo.
forwarder ['fɔːrwərdər] agente de transportes y aduanas; expedidor.
forwarding ['fɔːrwərdɪŋ] *n.* 1 expedición. 2 hecho de hacer avanzar, de promover.
forwarding agent [-'eɪdʒənt] agente de transportes y aduanas; agente a cargo de la expedición.
forwarding charges [-tʃɑːrdʒz] gastos de expedición.
forwarding clerk [-klɜːrk] agente de transportes, empleado que se ocupa de la expedición.
forwarding instructions [-ɪn'strʌkʃənz] indicaciones referentes a la expedición.
forwarding station [-'steɪʃən] estación de expedición, estación de partida (mercancías).
foster ['fɔːstər] *v.* fomentar, favorecer, estimular, sustentar, hacer desarrollar.
foul [faʊl] *n.* 1 colisión. 2 violación de las reglas, golpe bajo, acto prohibido.
foul bill of lading [-bɪl ɑːv 'leɪdɪŋ] conocimiento de embarque con reservas, conocimiento condicionado (reservas que se hacen sobre el estado de las mercancías o del embalaje).
foul of (to run) [-ɑːv (tuː rʌn)] *To run foul of a ship*, chocar con un navío, abordar. *To run foul of the law*, tener problemas con la justicia, haber cometido una infracción.
foul play [-pleɪ] juego desleal, mala jugada, golpe prohibido.
found [faʊnd] *v.* fundar, crear.
foundation [faʊn'deɪʃən] *n.* 1 fundación, creación. 2 fundamento, base; motivo. 3 fundación (para la investigación, etc.), obra.
founder ['faʊndər] *v.* irse a pique, sumergirse, hundirse; fracasar; quebrar.
founder *n.* fundador.
founder's shares ['faʊndərz ʃerz] acciones de fundador.
founding ['faʊndɪŋ] *n.* 1 fundación, creación. 2 fundición (técnica).
foundry ['faʊndri] *n.* fundición.
fourfold ['fɔːrfəʊld] *adj.* Mat.: 1 cuádruple, en cuatro partes. 2 multiplicado por cuatro, cuatro veces más...
fraction ['frækʃən] *n.* fracción.
fractional ['frækʃnəl] *adj.* fraccional. *Fractional figures shall be rounded to the nearest integer*, las cifras fraccionales deberán ser redondeadas al entero más cercano.
fractionize ['frækʃənaɪz] *v.* Mat.: fraccionar.

fragment ['frægment] *v.* fragmentar. *A fragmented market*, un mercado fraccionado, no homogéneo.
frame [freɪm] *v.* 1 formar, construir una estructura, organizar un proyecto, acordar un plan, concebir una idea, establecer los principales lineamientos. 2 entablar una acusación contra alguien, montar una maquinación, hacer que alguien caiga en una trampa.
frame *n.* estructura, marco; chasis. *Frame of mind*, humor, estado de ánimo.
framework ['freɪmwɜːrk] *n.* cuadro, marco, ámbito (institucional, jurídico, etc.). *Within the framework of the E.C.C.*, en el ámbito de la Comunidad Económica Europea.
franchise ['fræntʃaɪz] *v.* 1 conceder el derecho de voto. 2 otorgar una concesión exclusiva a una compañía para proporcionar un servicio público o para explotar un determinado sector. 3 conceder por contrato, a través del pago de una cierta cantidad, el derecho a un distribuidor independiente para distribuir los productos o los servicios de una sociedad, utilizando el nombre de ésta misma dentro de un territorio determinado; conceder una franquicia.
franchise *n.* 1 franquicia, exención, inmunidad. 2 derecho de voto. 3 Seg.: franquicia de seguros (límite por debajo del cual la responsabilidad del asegurador ya no se encuentra comprometida o tan sólo se encuentra sujeta a un compromiso de tipo parcial). 4 (EU) concesión exclusiva acordada por el gobierno a una compañía para asegurar un servicio público o para explotar determinado sector. 5 franquicia, derecho que se concede a un individuo o a un grupo mediante el pago de una cierta cantidad, y a través del cual se le permite distribuir los productos o servicios de dicha empresa dentro de un cierto territorio, utilizando ya sea el nombre de esta empresa, o una licencia exclusiva de venta o de fabricación bajo patente.
franchisee ['fræntʃaɪ'ziː] *n.* distribuidor (persona o compañía) que explota una franquicia; es decir, que distribuye los productos o los servicios de otra empresa utilizando el nombre de esta última, a través del pago de una cierta cantidad, dentro de un cierto territorio.
franchiser, franchisor ['fræntʃaɪzər] *n.* persona o compañía que concede a algún distribuidor independiente, mediante el pago de una cierta cantidad, el derecho a distribuir sus productos o servicios utilizando su nombre dentro de ciertos territorios.
franchising ['fræntʃaɪzɪŋ] *n.* franquicia (acuerdo mediante el cual una persona o una compañía concede a algún distribuidor independiente, mediante el pago de una cierta suma, el derecho a distribuir sus productos o

sus servicios y de utilizar su nombre, dentro de un cierto territorio).

franco ['fræŋkəʊ] *adv.* **1** exento de timbres. **2** enviado gratuitamente. **3** franco domiciliado.

frank [fræŋk] *v.* exentar, eximir, franquear.

franking machine ['fræŋkɪŋ] máquina franqueadora.

fraud [frɔːd] *n.* **1** fraude; engaño; abuso de confianza. *To charge someone with fraud,* acusar a una persona de fraude. **2** (personas) impostor; persona poco sincera.

fraudster ['frɔːdstər] *n.* defraudador.

fraudulent ['frɔːdʒələnt] *adj.* fraudulento.

freak [friːk] *n.* **1** capricho, rareza. *Freak variation,* variación debida al azar, variación que no tiene un valor normativo. **2** persona extraña o estrafalaria.

free [friː] *v.* liberar; desembarazar; libertar, exentar, eximir, franquear. *To free a property from mortgage,* desgravar, deshipotecar.

free *adj.* **1** libre. *Free of risk,* libre de riesgo, sin riesgo. *Risk-free interest rate,* tasa de interés libre de riesgo. **2** gratuito. *Free copy,* copia gratuita. *For free,* gratuito, gratuitamente.

free admission [-əd'mɪʃən] **1** entrada gratuita. **2** ADUANAS: admisión gratuita.

free allowance of luggage [-ə'laʊəns ɑːv 'lʌgɪdʒ] franquicia de equipaje.

free alongside ship [-ə'lɔːŋsaɪd ʃɪp] franco en el muelle (el precio mencionado incluye el transporte de las mercancías hasta el muelle del puerto de expedición pero no el cargamento a bordo del navío).

free copies [-'kɑːpiz] ED.: copias gratuitas, servicio de prensa.

free customer's warehouse [-'kʌstəmərs 'werhaʊs] franco domicilio, franco en el almacén del destinatario.

freedom ['friːdəm] *n.* **1** libertad. **2** independencia. **3** exención, inmunidad.

free enterprise [-'entərpraɪz] libre empresa.

free entry [-'entri] derecho de pasar libremente las fronteras.

free fall [-fɔːl] caída libre. *To take a free fall,* caer libremente, estar en caída libre, descender en caída libre.

freehold ['friːhəʊld] *n.* bienes raíces perpetuos y libres; plena propiedad.

freeholder ['friːhəʊldər] *n.* tenedor de un bien raíz perpetuo y libre, propietario a perpetuidad de un bien raíz.

free in and out [-ɪn ænd aʊt] **(F.I.O.)** [ef aɪ əʊ] franco de cabo a cabo.

free lance [-læns], **free lancer** ['friːˈlænsər] *n.* empleado por contratos eventuales, periodista o especialista que presta sus servicios sin encontrarse atado a una empresa en particular.

free list [-lɪst] **1** lista de artículos que no se encuentran sujetos a un impuesto. **2** lista de personas que reciben gratuitamente un periódico.

free market economy [-'mɑːrkət ɪ'kɑːnəmi] economía liberal, economía de libre mercado.

free marketeer [-'mɑːrkəˈtiːr] partidario de la economía liberal, de la economía de mercado.

free of average [-ɑːv 'ævrɪdʒ] SEG.: franco de avería, libre de avería. *Free of general average,* libre de avería en general. *Free of particular average,* franco de avería particular.

free of charge [-ɑːv tʃɑːrdʒ] libre de cargo, gratuito, gratuitamente.

free on board [-ɑːn bɔːrd] franco a bordo (atención: en un documento que proviene de los Estados Unidos, esta mención no significa necesariamente que los gastos de transporte hasta el muelle se encuentren incluidos).

free on quay [-ɑːn kiː] franco en el muelle.

free on rail [-ɑːn reɪl] franco vagón.

free-trade [-treɪd] *n.* libre comercio, libre intercambio.

free-trader [-'treɪdər] *n.* partidario del libre comercio; libre cambista.

freeze [friːz] *v.* **1** helar. **2** congelar. **3** bloquear, congelar (precios, etc.).

freeze *n.* **1** helada, hielo, congelación. **2** bloqueo (de los precios, etc.). *Price freeze,* bloqueo de los precios. *Wage-freeze,* bloqueo de los salarios, congelación de los salarios.

freeze-drying [-'draɪɪŋ] *n.* deshidratación.

freeze-frame [-freɪm] CINE, T.V.: congelación de la imagen, detención de la imagen.

freezer ['friːzər] *n.* refrigerador, nevera, frigorífico. *Freezer trawler,* barco con sistema de congelación.

freezing ['friːzɪŋ] *n.* **1** helada. **2** congelación. **3** bloqueo, congelación (de los precios, de los salarios). *Funds freezing,* congelación de fondos.

freight [freɪt] *v.* **1** fletar. **2** (EU) transportar mercancías.

freight *n.* **1** flete, mercancías transportadas. **2** flete, precio del transporte de las mercancías.

freightage ['freɪtɪdʒ] *n.* **1** fletamiento. **2** flete, cargamento. **3** transporte de mercancías.

freight car [-kɑːr] (EU) vagón de mercancías.

freight collect [-kə'lekt] flete pagadero al llegar.

freighter ['freɪtər] *n.* **1** fletador. **2** transportista. **3** exportador. **4** expedidor. **5** carguero. **6** avión de carga. **7** (EU) vagón de mercancías.

freight forwarder [-'fɔːrwərdər] agente de transportes y aduanas.

freight prepaid [-'priːpeɪd] porte pagado.

freight ton [-tʌn] tonelada de fletamiento, unidad de medida de la carga que se usa para determinar el costo de un flete (generalmente equivale a 40 pies cúbicos).

freight train [-treɪn] (EU) tren de mercancías.
frequency ['friːkwənsi] *n.* frecuencia. Estad.: *Frequency chart,* gráfica de frecuencia. *Frequency curve,* curva de frecuencia. *Frequency rate,* tasa de frecuencia.
friend of the court [frend ɑːv ðə kɔːrt] (EU) tercero que se interesa en el desarrollo de un proceso, en el cual no se encuentra ostensiblemente implicado, y que da su testimonio.
friendly ['frendli] *adj.* amigable. *Friendly agreement,* acuerdo amigable.
Friendly Society [-sə'saɪəti] (GB) mutualidad, sociedad de auxilio mutuo, asociación de beneficencia.
fringe [frɪndʒ] *n.* 1 borde, linde, franja, periferia. 2 cosas o personas marginales. En particular, designa a los marginados, a los extremistas o a los agitadores.
fringe benefits [-'benəfɪtz] beneficios en efectivo o en especie que no se encuentran incluidos en el salario; ventajas de una función específica (disposición de un automóvil, seguro de vida pagado por la empresa, etc.), beneficios complementarios.
fringes [frɪndʒz] = **fringe benefits.**
fritter away ['frɪtər ə'weɪ] *v.* 1 disipar, desparramar. 2 desmigajar, deshilar.
front [frʌnt] *v.* (EU) *to front for someone.* 1 representar o reemplazar a alguien. 2 ser el sustituto de alguien.
front *n.* 1 frente, parte delantera; fachada; escaparate; aparador. 2 sustituto, "pantalla", personaje que sirve de fachada. *Front Company,* compañía que sirve de "pantalla", compañía a través de la cual se ocultan actividades ilícitas, compañía fantasma.
frontage ['frʌntɪdʒ] *n.* 1 fachada, escaparate. 2 Jur.: derecho de fachada. 3 terreno al borde de, terreno entre una casa y la carretera.
front-end fee [-end fiː] comisión que se paga en forma anticipada (se dice de las operaciones financieras), comisión de apertura, comisión de montaje.
front-line [-laɪn] línea frontal, línea del frente, primera línea. *Front-line workers,* trabajadores de primera línea.
fronting ['frʌntɪŋ] Seg.: fachada (operación a través de la cual una empresa garantiza jurídicamente un riesgo y lo transfiere en todo o en parte a otra empresa que no figura dentro del contrato y que en la mayor parte de los casos resulta ser desconocida para el asegurado).
front page [-peɪdʒ] *v.* publicar en primera plana.
front page *n.* portada (de las revistas), primera página (de los diarios), primera plana.
frothy ['frɔːθi] *adj.* se dice de los mercados y de las cotizaciones que se encuentran artificialmente a la alza.

frozen ['frəʊzn] *adj.* 1 helado, escarchado. 2 congelado, refrigerado. 3 bloqueado, congelado. *Frozen assets,* activos congelados, fondos no líquidos. *Frozen credits,* créditos congelados. *Frozen funds,* fondos congelados.
fruition [fruː'ɪʃən] *n.* 1 disfrute (de un bien). 2 realización, logro, conclusión. *To come to fruition,* dar frutos.
frustrated goods ['frʌstreɪtəd gʊds] (EU) mercancías invendibles o que no han podido ser ni expedidas ni exportadas.
fuel ['fjuːəl] *v.* 1 alimentar con combustible. 2 nutrir (la inflación, etc.), mantener, conservar.
fuel *n.* combustible (madera, carbón, gas, etc.), carburante.
fulfil [fʊl'fɪl] *v.* cumplir, satisfacer, llenar. *To fulfil an order,* ejecutar un pedido.
fulfilment [fʊl'fɪlmənt] *n.* logro, ejecución; terminación (de un periodo).
full [fʊl] *adj.* lleno, colmado, entero. *Full disclosure,* revelación total, información plenamente documentada. *Full payment,* pago total. *Full responsibility,* responsabilidad total. *Full time work,* trabajo a tiempo completo. *To give full particulars,* dar todos los detalles.
full-blown [-'bləʊn] completo, con todas las de la ley, verdadero. *A full-blown depression,* una verdadera depresión.
Full container load [-kən'teɪnər ləʊd] **(F.C.L.)** [ef siː el] contenedor completo.
full-fledged [-fledʒd] perfeccionado, calificado, con todas las de la ley, con pleno derecho, con todas sus partes. *A full-fledged recovery,* una total recuperación.
full-length feature [-leŋθ 'fiːtʃər] película de largo metraje.
full-pay [-peɪ] salario completo. *Full-pay leave,* permiso de ausencia con goce de salario.
full-scale [-skeɪl] a gran escala; total, completo, integral. *A full-scale labor walkout,* un paro total de actividades laborales (incluyendo a todos los trabajadores, a todos los empleados).
full-time [-taɪm] de tiempo completo. *Full-time employment,* empleo de tiempo completo.
fully ['fʊli] *adv.* plenamente, enteramente, totalmente, integralmente. *Fully paid-up shares,* acciones totalmente pagadas.
fully-fledged [-'fledʒd] (GB) = **full-fledged.**
function ['fʌŋkʃən] *v.* funcionar, marchar; operar.
function *n.* 1 función; cargo. *To perform a function,* desempeñar una función. 2 recepción oficial, ceremonia pública, reunión solemne; celebración, fiesta.
functional ['fʌŋkʃənl] *adj.* funcional. *Functional system,* sistema funcional.
functionary ['fʌŋkʃəneri] *n.* funcionario.
fund [fʌnd] *v.* 1 financiar, asegurar el financiamiento de. *To fund new projects,* financiar

nuevos proyectos. *Accumulative fund*, fondo acumulativo. *Non-accumulative fund*, fondo no acumulativo. **2** consolidar (una deuda). *Funded debt*, deuda consolidada. **3** colocar dinero en los fondos del Estado.

fund *n.* fondos, efectivo; fondo de dinero. *Contingency fund*, fondos de previsión. *Emergency fund*, fondos de emergencia. *Exchange equalization fund*, fondos de igualación de cambios. *Fund collection/raising*, colecta de fondos, obtención de fondos. *International Monetary Fund*, Fondo Monetario Internacional. *Pension fund*, fondo de pensiones. *Petty-cash fund*, fondo de caja chica. *Relief fund*, fondo de auxilio. *Reserve fund*, fondo de reserva, fondo de previsión, caja de previsión. *Sinking fund*, fondo de amortización. *Slush fund*, fondo secreto, caja secreta. *Unemployment fund*, fondo de desempleo.

fund = mutual fund ['mju:tʃuəl fʌnd] fondo común de colocaciones.

fundable ['fʌndəbəl] *adj.* consolidable (deudas).

fundamental ['fʌndə'mentl] *adj.* fundamental, básico.

funding ['fʌndɪŋ] *n.* **1** financiamiento. *Internal funding*, financiamiento interno, autofinanciamiento. *External funding*, financiamiento externo. **2** consolidación (de una deuda). **3** colocación de fondos del Estado.

funds [fʌndz] *n.* **1** fondos, recursos pecuniarios, capitales, medios financieros. **2** BANCA: provisión. *No funds*, falta de fondos, sin fondos. *Check with insufficient funds*, cheque sin fondos. **3** deuda pública. *Government funds*, fondos del gobierno, rentas del Estado.

funds flow [-fləu] *n.* flujo de fondos. *Funds flow statement*, estado de flujo de fondos.

fungible ['fʌŋəbəl] *adj.* **1** fungible. **2** intercambiable. *Fungible goods*, bienes intercambiables.

funnel ['fʌnl] *v.* orientar, dirigir, canalizar.

furlong ['fɜːrlɔːŋ] *n.* medida de longitud (220 yardas = 201 metros).

furlough ['fɜːrləu] *v.* **1** (EU) conceder un permiso de ausencia en el trabajo. **2** (EU) suspender temporalmente las actividades laborales y los sueldos.

furlough *n.* **1** permiso (militar). **2** permiso de ausencia laboral. **3** paro temporal de actividades

laborales. *On furlough*, paro de actividades laborales (se aplica con mayor frecuencia al personal de nivel ejecutivo).

furnish ['fɜːrnɪʃ] *v.* **1** proporcionar, abastecer, aprovisionar, presentar, procurar. **2** amueblar.

furnisher ['fɜːrnɪʃər] *n.* **1** proveedor. **2** vendedor de muebles, especialista en amueblado.

furnishing ['fɜːrnɪʃɪŋ] *n.* **1** provisión, suministro, abasto. **2** amueblado. *Furnishings*, artículos para el amueblado (incluyendo tapicería, etc.).

furniture ['fɜːrnɪtʃər] *n.* muebles, mobiliario, amueblado. *Furniture and fixtures*, muebles y enseres.

furrier ['fɜːriər] *n.* peletero.

further ['fɜːrðər] *v.* favorecer, promover, fomentar, hacer avanzar, facilitar.

further *adj.* **1** lejano. **2** nuevo, adicional, complementario, suplementario. *For further information...*, para mayores informes...

further *adv.* **1** más lejos, más adelante. **2** de más, además.

furtherance ['fɜːrðərəns] *n.* avance, progreso (de un proyecto), hecho de facilitar.

further education [-'edʒə'keɪʃən] formación permanente, formación continua, cursos educativos para adultos.

further to [-tu:] continuación de, como continuación de, a continuación de. *Further to our conversation*, como continuación de nuestra conversación, para proseguir nuestra conversación.

fuse [fju:z] *n.* **1** fusible. **2** detonador, carnada, cebo.

fusion ['fju:ʒən] *n.* fusión.

future ['fju:tʃər] *n.* futuro. *Future delivery*, entrega a futuro. *Future outlook*, perspectiva a futuro. *Future price*, precio a futuro. *Future quotations*, cotizaciones a futuro. *Future trends*, tendencias a futuro.

future contract [-'kɑːntrækt] contrato a futuro (divisas o mercancías).

futures ['fju:tʃərz] *n.* BOLSA: contratos a futuro; vencimientos. BOLSA DE COMERCIO: mercancías vendidas a futuro, entregas a futuro. *The futures market*, el mercado de contratos a futuro. *Futures options*, opciones sobre contratos a futuro. *Selling of futures, futures sale*, ventas a futuro, ventas al descubierto.

g

gadget ['gædʒət] *n.* accesorio, dispositivo, mecanismo; cosa; artefacto, artificio.

gadgetry ['gædʒətri] *n.* accesorios, conjunto de pequeños aparatos; dispositivos, cosas.

gaffer [gæfər] *n.* Cine: electricista.

gain [geɪn] *v.* ganar, adquirir; obtener; aumentar, progresar (precios, cotizaciones, etc.).

gain *n.* ganancia, ventaja, aumento, incremento; utilidad, beneficio. *Capital gains,* ganancias de capital. *Gain (or loss) on the sale of obsolete equipment,* ganancia (o pérdida) derivada de la venta de equipo obsoleto.

gainful ['geɪnfəl] *adj.* rentable, ventajoso, remunerador, remunerado. *Gainful occupation,* actividad remunerada.

galimony ['gæləməuni] *n.* pensión o compensación exigida por la esposa después de la ruptura de la relación con su pareja o del deceso de su compañero (la palabra se deriva de *gal = girl + alimony,* pensión alimenticia); ver **palimony**.

galley proof ['gæli pruːf] *n.* Impr.: galera de prueba, galerada.

gallon ['gælən] *n.* galón (medida de capacidad). EU: 3.78 litros; GB: 4.54 litros. *Miles per gallon, m.p.g.,* número de millas por galón.

galloping ['gæləpɪŋ] galopante. *Galloping inflation,* inflación galopante.

gamble ['gæmbəl] *v.* 1 apostar dinero, tomar riesgos, pujar (en una subasta). *To gamble on something,* especular con algo, contar con algo.

gamble *n.* 1 apuesta, hecho de arriesgarse, juego de azar. 2 Bolsa: especulación.

gambler ['gæmblər] *n.* 1 jugador, jugador profesional. 2 persona que asume riesgos. 3 Bolsa: especulador.

game [geɪm] *n.* 1 juego. *Business games,* juegos de empresas. *Game plan,* estrategia. *The games theory, the theory of games,* la teoría de juegos. 2 juego de azar. 3 caza.

gamester ['geɪməstər] *n.* jugador.

game tree [-triː] árbol de decisión.

gaming ['geɪmɪŋ] *n.* juego de azar. *The gaming industry,* la industria de los juegos.

gang [gæŋ] *n.* 1 equipo (de obreros). 2 pandilla (de ladrones).

gangway ['gæŋweɪ] *n.* 1 pasillo central (en un taller, etc.). 2 puente estrecho para subir a bordo de un barco y para desembarcar.

gantry ['gæntri] *n.* puente rodadizo.

gaol [dʒeɪl] *n.* prisión, cárcel, central.

gap [gæp] *n.* 1 zanja, hoyo, brecha, vacío, laguna; tronera. *To bridge a gap,* rellenar un hoyo. *To fill in a gap, to stop a gap,* llenar un vacío. 2 retardo, diferencia, desviación. *To close a gap,* cubrir una diferencia, reponer el tiempo perdido por un retardo. *To narrow a gap,* reducir una desviación. 3 déficit.

garbage ['gɑːrbɪdʒ] *n.* basura, desperdicios, despojos, residuos. Inform.: *Garbage in, garbage out,* estas expresiones se refieren al hecho de que la calidad de los resultados depende de la calidad de la programación. Literalmente se traduce como "basura entra, basura sale". A veces se abrevia como G.I.G.O.

garden ['gɑːrdn] *v.* trabajar en un jardín, cultivar, atender o cuidar jardines.

garden *n.* jardín, huerto. *Garden-center,* tienda de jardinería. *Garden-produce,* productos del jardín.

gardening ['gɑːrdnɪŋ] *n.* jardinería, cultivo de los jardines.

garment ['gɑːrmənt] *n.* vestido, ropa, prenda.

garnish ['gɑːrnɪʃ] *v.* 1 guarnecer, adornar. 2 apelar a la justicia. 3 operar un embargo de terceros.

garnishee ['gɑːrnəʃiː] *v.* (EU) operar un embargo de terceros. *To garnishee someone's wages,* operar un embargo sobre el salario.

garnishee *n.* tercero embargado.

garnisher ['gɑːrnɪʃər] *n.* 1 parte que cita a un tercero delante de un tribunal. 2 acreedor que opera un embargo.

garnishment ['gɑːrnɪʃmənt] *n.* 1 citatorio para comparecencia. 2 embargo de terceros.

gas [gæs] *n.* 1 (EU) gasolina. 2 gas.

gasoline ['gæsəliːn] *n.* (EU) nafta o gasolina. *Gasoline consumption (rate),* (tasa de) consumo de nafta o gasolina.

gas-works [-wɜːrks] *n.* fábrica de gas.

G.A.T.T. [dʒiː eɪ tiː tiː] **(General Agreement on Tariffs and Trade)** ['dʒenrəl ə'griːmənt ɑːn 'tærəfs ænd treɪd] Acuerdo General sobre Tarifas y Aranceles para el Comercio.

gate [geɪt] *n.* 1 puerta, portal, entrada, barrera, postigo. 2 número de personas asistentes (a una reunión, a un juego, etc.), público.

gate crashing [-'kræʃɪŋ] hecho de entrar sin pagar, sin billete, sin invitación (a un concierto, festival), hecho de colarse sin pagar.

gate money [-'mʌni] suma de dinero correspondiente al número de entradas.

gate receipts [-rɪ'siːts] suma de dinero correspondiente al número de entradas; total de las entradas.

gateway ['geɪtweɪ] *n.* 1 puerta, entrada. 2 punto de acceso a una reunión o punto de paso de un grupo de personas o de mercancías para acceder a una región.

gather ['gæðər] *v.* 1 reunir, juntar, congregar. 2 creer, comprender, concluir, deducir.

gauge [geɪdʒ] *v.* 1 calibrar, graduar, marcar, estandarizar. 2 medir, estimar, juzgar, evaluar.

gauge *n.* 1 calibre, patrón (monedas, divisas, etc.). 2 FERR.: separación de vías. 3 graduador, indicador de nivel, calibrador, medidor graduado. 4 calado.

gavel ['gævəl] (EU) *n.* martillo del presidente de una sesión o de un perito.

gavel off [-ɔːf] *v.* adjudicar. *The auctioneer gavel(l)ed off the furniture to the highest bidder,* el perito adjudicó el mobiliario al mejor postor.

G.D.P. [dʒiː diː piː] **(Gross Domestic Product)** [grəʊs də'mestɪk 'prɑːdəkt] Producto Interno Bruto.

gear [gɪr] *v.* 1 engranar, embragar, acoplar; engranarse, acoplarse. 2 adaptar a, ajustar a, orientar hacia.

gear *n.* 1 engranaje, aparato, mecanismo, artefacto, equipo. 2 transmisión, velocidad. *To change gear(s),* cambiar de velocidad. *Out of gear,* descompuesto, averiado, fuera de funcionamiento.

geared to [gɪrd tuː] *adj.* orientado hacia, adaptado a, ajustado a, organizado en función de, volteado hacia.

gearing ['gɪrɪŋ] *n.* 1 hecho de engranar, de acoplar. 2 adaptación, ajuste, orientación. 3 efecto de palanca; ver **low-geared capital, high-geared capital.**

gem [dʒem] *n.* gema, piedra preciosa.

general acceptance ['dʒenrəl ək'səptəns] aceptación sin reserva (de un documento).

general audience ['dʒenrəl 'ɔːdiəns] gran público.

general average ['dʒenrəl 'ævrɪdʒ] avería general, avería común. SEG. MARÍT.: término que se aplica a cierto tipo de averías que serán compartidas por los propietarios del navío y por la empresa encargada de efectuar el cargamento; por ejemplo, los daños ocasionados al sofocar un incendio).

general balance sheet ['dʒenrəl 'bæləns ʃiːt] balance general.

general expenses ['dʒenrəl ɪk'spensəs] gastos generales.

General Certificate of Education ['dʒenrəl sər'tɪfɪkət ɑːv 'edʒə'keɪʃən] **(G.C.E.)** ['dʒiː siː iː] (GB) diploma que se otorga al finalizar los estudios de secundaria.

General Delivery ['dʒenrəl dɪ'lɪvəri] (EU) *n.* lista de correos.

general ledger ['dʒenrəl 'ledʒər] mayor general.

general manager ['dʒenrəl 'mænɪdʒər] *n.* gerente general, administrador general.

general meeting ['dʒenrəl 'miːtɪŋ] *n.* asamblea general.

general operating account ['dʒenrəl 'ɑːpəreɪtɪŋ ə'kaʊnt] cuenta de explotación general.

general public ['dʒenrəl 'pʌblɪk] *n.* gran público. *Public limited companies can appeal to the general public for the subscription of their shares,* las sociedades anónimas pueden recurrir al gran público para proceder a la subscripción de sus acciones.

general purpose equipment ['dʒenrəl 'pɜːrpəs ɪ'kwɪpmənt] equipo de uso general.

general store ['dʒenrəl stɔːr] se dice de la tienda que en un poblado pequeño expende comestibles y funciona también como abacería, ferretería, farmacia, etc.; tienda general, miscelánea, bazar.

generally ['dʒenrəli] *adj.* generalmente. *Generally accepted standards,* normas generalmente aceptadas.

generate ['dʒenəreɪt] *v.* generar, engendrar, producir, provocar.

generating ['dʒenəreɪtɪŋ] *adj.* generador, creador, productor. *Cash generating cycle,* ciclo de generación de efectivo.

generating station [-'steɪʃən] central eléctrica.

generic product [-'prɑːdəkt] (producto vendido bajo la) marca de un distribuidor.

generous ['dʒenrəs] *adj.* generoso, copioso, abundante, suma de dinero elevada. *A generous allowance,* una dotación (de dinero) generosa, copiosa. *A generous budget,* un presupuesto generoso.

gentleman's agreement, gentlemen's agreement ['dʒentlməns ə'griːmənt] acuerdo no escrito que se basa en un compromiso de honor de las partes.

genuine ['dʒenjuən] *adj.* auténtico, genuino, verdadero.

get down [get daʊn] *v.* bajar, ir a, ponerse a. *To get down to business,* ir al grano, hablar de negocios. *To get down to work,* ponerse a trabajar.

get in [get ɪn] *v.* 1 entrar, subir a un vehículo. 2 recuperar (un crédito), readquirir (acciones). 3 *To get somebody in on something,* poner a alguien al corriente de algo.

get off [get ɔːf] *v.* 1 descender (de un vehículo). 2 expedir. 3 salir, librarse. 4 liberarse de algo, deshacerse de algo.

get on [get ɑ:n] *v.* **1** continuar. **2** entenderse con alguien. **3** progresar, tener éxito. **4** envejecer.

get out [get aut] *v.* **1** salir. **2** escaparse de, librarse de, sustraerse de. **3** arrancar, retirar, quitar. **4** publicar.

get over [get 'əuvər] *v.* superar.

get-rich-quick [get rɪtʃ kwɪk] aquello que permite hacer una fortuna rápidamente, que espera hacer una fortuna rápidamente. *Get-rich-quick developers,* promotores inmobiliarios sin escrúpulos. *Get-rich-quick fever,* carrera de la fortuna.

get through [get θru:] *v.* **1** atravesar. **2** hacer pasar, hacer entender. **3** terminar, acabar.

getup, get-up [get ʌp] *n.* envoltura, presentación (de las mercancías).

giant-tanker ['dʒaɪənt 'tæŋkər] *n.* barco petrolero gigante.

gift [gɪft] *n.* **1** regalo, don, donación, prima. *Company gift,* regalo de una empresa. **2** don, talento, ingenio.

gift wrap [-ræp] *v.* envolver para regalo.

gilt [gɪlt] *adj.* dorado.

gilt-edged [-'edʒəd] *adj.* de la más alta calidad, de corte dorado. *Gilt-edged securities;* ver **gilts**.

gilts [gɪltz] *n.* valores de la más alta calidad (técnicamente designa a las obligaciones y a los títulos del Estado, es decir, a los valores de rendimiento fijo).

gimcrack ['dʒɪmkræk] *n.* y *adj.* de pacotilla; baratija.

gimmick ['gɪmɪk] *n.* truco, artificio. *Advertising gimmick,* truco publicitario, artificio publicitario.

giro ['dʒaɪrəu] *n.* (GB) sistema de transferencia bancaria. *Giro account,* cuenta de cheques postales. *Giro form,* cheque postal.

give [gɪv] *v.* **1** dar, etc. **2** disminuir, debilitar (cotizaciones).

give-and-take [-ænd teɪk] dando y dando (idea de reciprocidad, de concesiones mutuas).

give-away [-ə'weɪ] *n.* regalo publicitario, regalo promocional.

give-away price [-praɪs] precio de saldo.

giveback [gɪvbɑ:k] *n.* rebaja, reducción.

give up [-ʌp] *v.* abandonar, renunciar, cesar.

give way [-weɪ] *v.* disminuir, ceder, bajar.

give or take [-ər teɪk] más o menos. *Give or take 5%,* aproximadamente un 5 por ciento.

glamours ['glæmərz] *n.* BOLSA: acciones de prestigio.

glamour stock ['glæmər stɑ:k] valores de primer nivel.

glass [glæs] *n.* vaso.

glassware ['glæswer] *n.* vidrio, artículos de vidrio.

glass-works [-wɜ:rks] *n.* vidriería, fábrica de vidrio.

glazed paper [gleɪzd 'peɪpər] IMPR.: papel satinado.

glitch [glɪtʃ] *n.* problema, defecto (de fabricación, de funcionamiento, etc.).

global ['gləubəl] *adj.* **1** global, general, de conjunto. **2** mundial. *To go global,* lanzarse a una estrategia mundial, atacar el mercado mundial.

gloom [glu:m] *n.* **1** penumbra. **2** pesimismo, desesperanza, melancolía.

gloomy ['glu:mi] *adj.* pesimista, sombrío. *Gloomy forecasts,* pronósticos pesimistas. *The outlook is gloomy,* la perspectiva es pesimista, el porvenir se ve sombrío.

glossy print proof ['glɑ:si prɪnt pru:f] prueba sobre papel satinado.

glut [glʌt] *v.* saturar, inundar (un mercado), colmar, abrumar. *The market is glutted,* el mercado se encuentra saturado, inundado, sobrecargado.

glut *n.* saturación, oferta excesiva, inundación (de un mercado), superabundancia.

go ahead [gəu ə'hed] *n.* y *adj.* **1** emprendedor, activo. **2** vía libre, autorización. *To give go ahead,* dar luz verde, autorizar.

goal [gəul] *n.* meta, objetivo. *General goals, overall goals,* metas generales.

go bankrupt [gəu 'bæŋkrʌpt] *v.* quebrar. *The company went bankrupt,* la compañía quebró.

gobble up ['gɑ:bəl ʌp] *v.* tragar, devorar, deglutir.

go-between [gəu bɪ'twi:n] *n.* intermediario (en una negociación).

go broke [gəu brəuk] *v.* faltarle a uno dinero, no tener dinero, quebrar.

go bust [gəu 'bʌst] *v.* quebrar.

God (Act of) [gɑ:d (ækt ɑ:v)] SEG.: caso de fuerza mayor.

go down [gəu daun] *v.* **1** bajar. **2** quebrar.

godsend ['gɑ:dsend] *n.* ganga, ocasión que cae del cielo, oportunidad.

go for [gəu fɔ:r] *v.* venderse a (un cierto precio).

go-getter [gəu 'getər] *n.* persona emprendedora; ambicioso, persona que hace todo para lograr el éxito, persona afanosa.

go-go ['gəugəu] *adj.* (EU) se dice de quien sigue adelante sin preocuparse de las consecuencias. *Go-go conglomerates,* conglomerados aventureros. *Go-go investments,* inversiones que parecen ser muy rentables pero de alto riesgo.

going, going, gone! ['gəuɪŋ, 'gəuɪŋ, gɔ:n] expresión que se usa en las subastas: ¡a la una, a las dos, a las tres! (*lit.* ¡se va, se va, se fue!).

going business ['gəuɪŋ 'bɪznəs] negocio en marcha.

going concern ['gəuɪŋ kən'sɜ:rn] negocio que progresa, empresa próspera y sana. CONTAB.: *Going concern principle,* principio de negocio en marcha.

going price ['gəʊɪŋ praɪs] precio en vigor, precio vigente.

going rate ['gəʊɪŋ reɪt] tasa vigente, tasa actual, cotización de mercado.

go into debt [gəʊ 'ɪntu: det] *v.* endeudarse.

gold [gəʊld] *n.* oro. *Gold parity,* paridad con respecto al oro.

goldbug ['gəʊldbʌg] *n.* tenedor de oro.

golden handshake ['gəʊldən 'hændʃeɪk] suma que se entrega a un dirigente que se jubila. Por extensión, regalo de despedida que se hace a un trabajador de cuyos servicios se va a prescindir, o a un empleado que ha sido despedido.

golden share ['gəʊldən ʃər] acción específica que lleva un derecho en particular.

gold exchange standard [-ɪks'tʃeɪndʒ 'stændərd] patrón de cambio o patrón de cambio del oro.

gold-plate [-pleɪt] (en) bandeja de plata (*lit.* bandeja de oro).

gold point [-pɔɪnt] punto de oro.

gold-standard [-'stændərd] patrón de oro.

good [gʊd] *n.* **1** bien. *The common good,* el interés común, el bien común, el bien público. **2** bien, producto (únicamente en la lengua económica; en el inglés comercial sólo existe el plural **goods**). *A consumer good,* un bien de consumo.

good *adj.* bueno, de buena calidad. *Good merchantable quality,* buena calidad comercial.

good (to make) [-(tu: meɪk)] **1** compensar, recuperar, reparar, colmar, llenar, compensar, indemnizar. **2** establecer los fundamentos de, experimentar la validez de.

goods [gʊdz] *n.* mercancías, productos, bienes. *Capital goods,* bienes de capital. *Consumer goods,* bienes de consumo. *Household goods,* artículos para el hogar.

goods and chattels [-ænd tʃætls] bienes y enseres.

goods and services [-ænd 'sɜːrvəsəs] bienes y servicios.

goods in process [-ɪn 'prɑːses] productos en proceso.

goods in transit [-ɪn 'trænsət] mercancías en tránsito.

good time [-taɪm] *In good time,* a tiempo. *To make good time,* ir rápido.

goodwill [gʊd'wɪl] *n.* **1** buena voluntad, benevolencia, indulgencia. **2** crédito mercantil, fondos de comercio, fondos comerciales, traspaso; se dice del activo intangible de una empresa constituido por su reputación, su notoriedad, su clientela; sobrevalor, diferencia de adquisición.

G.O.P. [dʒi: əʊ pi:] (**Grand Old Party**) [grænd əʊld 'pɑːrti] Partido Republicano de los Estados Unidos.

go public [gəʊ 'pʌblɪk] *v.* (se dice de las compañías) entrar a la bolsa, cotizarse en la bolsa, convertirse en una sociedad anónima (para vender acciones en la bolsa).

go-slow [gəʊ sləʊ] huelga que consiste en una disminución del ritmo de trabajo. Ocasionalmente corresponde a una huelga de celo.

go-slow policy [-'pɑːləsɪ] política de crecimiento débil.

go through the floor [gəʊ θru: ðə flɔːr] *v.* hundirse, desplomarse (cotizaciones y precios).

go through the roof [gəʊ θru: ðə ruːf] *v.* aumentar rápidamente (cotizaciones y precios).

go to law [gəʊ tu: lɔː] entablar un proceso legal, acudir a los tribunales.

go to the wall [gəʊ tu: ðə wɔːl] *v.* quebrar.

gouge [gaʊdʒ] *v. fam.* extorsionar, practicar precios prohibitivos, estafar, timar.

go under [gəʊ 'ʌndər] *v.* quebrar, hundirse, desplomarse.

go unpaid [gəʊ 'ʌn'peɪd] *v.* quedarse sin pagar, quedar pendiente de pago.

go up [gəʊ ʌp] *v.* subir, aumentar.

govern ['gʌvərn] *v.* gobernar, regir, administrar.

governance ['gʌvərnəns] *n.* gobierno, dirección, administración, control.

government ['gʌvərnmənt] *n.* **1** gobierno. **2** administración; sector público. **3** Estado.

government agency [-'eɪdʒənsi] agencia del gobierno.

government authorities [-ə'θɔːrətiz] autoridades gubernamentales.

government-controlled [-kən'trəʊld] controlado por el gobierno, administrado por el Estado, por el sector público.

government employee [-ɪm'plɔɪd] empleado del gobierno.

government loan [-ləʊn] préstamo del Estado.

government official [-ə'fɪʃəl] funcionario del gobierno.

government securities [-sɪ'kjʊrətiz] valores emitidos por el gobierno, fondos del Estado.

government spending [-'spendɪŋs] gasto(s) público(s).

government stock [-stɑːk] títulos de crédito del Estado, fondos del Estado.

government worker [-wɜːrkər] (EU) trabajador del Estado, funcionario.

governor ['gʌvənər] *n.* gobernador.

G.P.O. [dʒi: pi: əʊ] (**General Post Office**) ['dʒenrəl pəʊst 'ɑːfəs] **1** ministerio de correos, administración de correos. **2** oficina central de correos, casa de correos.

grab [græb] *v.* tomar, agarrar, apoderarse de.

grace [greɪs] *n.* gracia, favor. *Days of grace,* días de gracia, plazo (para una liquidación).

grace period [-'pɪriəd] (créditos) periodo de gracia.

gradable ['greɪdəbəl] *adj.* clasificable, se dice de lo que puede ser clasificado por categoría.
grade [greɪd] *v.* **1** clasificar. **2** graduar. **3** calificar (escuelas), evaluar un trabajo (en términos de la clasificación A, B, C, D, E o de 0 a 10, del mejor al menos bueno).
grade *n.* **1** grado, rango, jerarquía; nivel. **2** calidad. **3** nota, calificación, evaluación del trabajo (escuelas, etc.). *To get high grades,* obtener buenas notas (en términos de la clasificación A, B, C, D, E o de 10 a 0, del mejor al menos bueno). **4** (EU) pendiente, rampa. **5** contenido, proporción, cantidad. *Low-grade ores,* minerales de bajo contenido.
grade-crossing [-'krɔːsɪŋ] *n.* (EU) lugar donde se cruzan una vía férrea y una carretera.
graded [greɪded] *adj.* **1** clasificado por grado o por categoría, graduado, gradual. **2** establecido de manera regresiva o progresiva según el caso (tarifas, etc.). **3** calificado (escuelas, etc.), evaluado (para un trabajo).
gradient ['greɪdɪənt] *n.* rampa, pendiente, cotización; desnivel.
gradual ['grædʒuəl] *adj.* progresivo, gradual.
graduate ['grædʒueɪt] *v.* **1** obtener un diploma, un título. *To graduate from a Mexican university,* graduarse en una universidad mexicana. **2** conferir un diploma. **3** graduar; tasar (un impuesto, etc.).
graduate ['grædʒuət] *n.* diplomado (de una escuela, de una universidad).
graduation ['grædʒu'eɪʃən] *n.* **1** obtención de un grado, de un título, de un diploma, tener éxito en un examen de fin de curso. **2** confrontación de grados. **3** graduación; tasación (de impuestos, etc.).
graft (EU) [græft]; (GB) [grɑːft] *n.* **1** injerto. **2** corrupción.
grain [greɪn] *n.* cereales. *Grain-carrier,* barco de cereales. *Grain crop,* cosecha de cereales.
granary ['greɪnəri] *n.* **1** almacén de cereales. **2** granero (zona donde las cosechas son abundantes).
grand [grænd] (EU) *n. fam.* mil dólares.
grant [grænt] *v.* **1** otorgar, conceder, entregar, conferir, atribuir. **2** asignar, conceder (una subvención), otorgar (un préstamo). **3** conferir (un título). **4** admitir, reconocer, conceder.
grant (EU) [grænt]; (GB) [grɑːnt] *n.* **1** otorgamiento, entrega, concesión, atribución. **2** subvención, dotación, ayuda financiera, beca. **3** don, donación.
grant a loan [-ə ləʊn] conceder un préstamo.
grant credit [-'kredət] conceder un crédito.
grantee ['græn'tiː] *n.* beneficiario de una dotación, de una subvención, de una ayuda financiera, de una beca; concesionario, donatario.

grantor ['græntər] *n.* persona u organismo que concede (una subvención, una dotación, una bolsa); donador; donante.
graph [græf] *v.* trazar una gráfica, una curva; representar bajo la forma de gráfica, de curva.
graph (EU) [græf]; (GB) [grɑːf] *n.* gráfica, diagrama, curva. *A logarithmic graph,* una gráfica logarítmica.
graphic design ['græfɪk dɪ'zaɪn] diseño industrial.
graphic designer ['græfɪk dɪ'zaɪnər] proyectista, dibujante, diseñador industrial.
graphic information ['græfɪk 'ɪnfər'meɪʃən] información gráfica.
grapple with ['græpl wɪð] *v.* luchar contra, pelearse con, reñir con. *To grapple with inflation,* luchar contra la inflación.
grasp (EU) [græsp]; (GB) [grɑːsp] *n.* **1** asimiento, captura, agarre, abrazo, apretón; alcance. **2** comprensión.
grass roots (EU) [græs ruːts]; (GB) [grɑːs ruːts] la base; la masa.
grateful ['greɪtfəl] *adj.* agradecido, reconocido.
gratifying ['grætəfaɪɪŋ] *adj.* agradable, gratificante, halagador, reconfortante, que proporciona una gran satisfacción. *A gratifying sallary,* un salario gratificante.
gratuitous [grə'tuːətəs] *adj.* gratuito, benévolo.
gratuity [grə'tuːəti] *n.* **1** gratificación; prima. **2** propina. **3** jarra de vino. **4** indemnización en caso de deceso. **5** gratuidad.
graving dock ['greɪvɪŋ dɑːk] dique de carena.
gravity ['grævəti] *n.* peso; gravedad, pesadez.
grazier ['greɪzər] *n.* elevador de ganado.
greed [griːd] *n.* codicia, avidez, interés por la obtención de ganancias.
greedy ['griːdi] *adj.* codicioso, ávido, goloso.
green [griːn] *adj.* **1** verde. **2** relacionado con la agricultura, agrícola. *The green revolution,* la revolución verde. **3** inexperimentado; ingenuo, sencillo.
greenback ['griːnbæk] *n.* (EU) billete de un dólar.
greengrocer ['griːn grəʊsər] *n.* comerciante de verduras.
greenhouse ['griːnhaʊs] *n.* invernadero.
greenmail ['griːnmeɪl] *n.* (término formado a partir de las expresiones **blackmail** y **greenback**) se dice de la situación que se presenta cuando una empresa que pretende ser adquirida por terceros readquiere sus propias acciones, cuando éstas son detentadas por un "especulador", pagando por ellas un precio superior al de las cotizaciones del mercado.
green paper [-'peɪpər] anteproyecto (de un programa oficial).

green pound [-paʊnd] (GB) "libra verde".

greens [griːns] *n.* verduras (de color verde).

greet [griːt] *v.* acoger (a una persona, un discurso, una noticia).

greeting ['griːtɪŋ] *n.* saludo. *Greetings,* saludos.

grey area [greɪ 'eriə] zona sombreada; de densidad, de tasa, de intensidad media.

greying ['greɪɪŋ] envejecimiento de la población.

grey population [greɪ 'pɑːpjə'leɪʃən] población de la tercera edad.

grid [grɪd] *n.* reja; red. *Price-grid,* tarifa. *The grid* (GB), la red eléctrica.

grief [griːf] *n.* dolor, pena, pesar, congoja. *To come to grief,* tener problemas, hacer malos negocios, fracasar, hundirse.

grievance ['griːvəns] *n.* 1 pena, queja, reclamación, reivindicación; se dice en particular del litigio entre patrones y obreros (falta de aplicabilidad del contrato colectivo, condiciones de trabajo, etc.). 2 abuso.

grievance committee [-kə'mɪti] comisión que atiende las reclamaciones, comisión que funge como árbitro en los litigios, comisión de arbitraje; comisión sindical o comisión paritaria o mixta que trata de resolver los litigios.

grievant ['griːvənt] *n.* quejoso, reclamante.

grind [graɪnd] *v.* moler.

grind to a halt [-tu: ə hɔːlt] inmovilizarse, detenerse, dejar de funcionar.

grip [grɪp] *v.* asir, apretar, agarrar.

grip *n.* asidero, asa, empuñadura, manija, puño, agarradero, mango.

grocer ['grəʊsər] *n.* tendero, abarrotero.

groceries ['grəʊsəriz] *n.* comestibles, abarrotes.

grocery ['grəʊsəri] *n.* tienda de comestibles, tienda de abarrotes.

groove [gruːv] *n.* ranura, canal, surco. *To get into a groove,* concentrarse en una rutina, embeberse en un trabajo.

gross [grəʊs] *v.* obtener un beneficio bruto, redituar, producir, ganar (antes de la deducción de los gastos por concepto de impuestos).

gross *n.* doce docenas, gruesa.

gross *adj.* 1 grosero, tosco. 2 bruto. *Gross income,* ingreso bruto. *Gross margin,* margen bruto. *Gross profit,* utilidad bruta. *Gross profit margin,* margen de utilidad bruta. *Gross tonnage,* tonelaje bruto. *Gross weight,* peso bruto.

gross cash flow [-kæʃ fləʊ] flujo de efectivo bruto, flujo de efectivo antes de impuestos, resultados brutos de la explotación, producto bruto.

Gross Domestic Product [-də'mestɪk 'prɑːdəkt] (**G.D.P.**) [dʒiː diː piː:] Producto Interno Bruto.

Gross National Product [-'næʃnəl 'prɑːdəkt] (**G.N.P.**) [dʒiː en piː:] Producto Nacional Bruto.

ground [graʊnd] *v.* 1 fundar, basar, justificar, apoyar (un argumento, una decisión). 2 encallar, llegar a la costa (embarcaciones). 3 impedir el despegue, bloquear la pista (aviones).

ground *n.* 1 suelo, tierra, terreno. 2 campo, área, dominio. 3 sujeto, motivo, razón, causa; agravio, perjuicio. *On legal grounds,* sobre una base jurídica, por razones jurídicas, por motivos de derecho.

ground (to get off the) [-(tu: get ɔːf ðə)] despegar, tener éxito, poner en marcha, realizarse.

groundage ['graʊndeɪdʒ] *n.* (GB) derechos portuarios, derechos de anclaje.

ground-clearance [-'klɪrəns] altura libre por encima de un vehículo, altura del chasis por encima del suelo.

grounded [graʊnded] *adj.* fundado, justificado, motivado.

ground glass [-glæs] vaso deslustrado.

groundless ['graʊndləs] *adj.* no fundado, sin motivo, sin razón, no justificado, sin fundamento.

grounds [graʊndz] *n.* plural de **ground** en sus diferentes sentidos, pero con mayor frecuencia. 1 terrenos, propiedad, dominio (alrededor de una habitación, de una escuela, etc.). 2 motivos, causas, razón. *Grounds for complaint,* bases de una queja, bases para quejarse.

groundwork ['graʊndwɜːrk] *n.* fundamento, sostén, base; estructura de base. *To do the groundwork,* realizar un trabajo preparatorio, garantizar las bases.

group [gruːp] *v.* 1 agrupar. 2 agruparse.

group *n.* grupo. *Age group,* grupo de edad; *industrial age group,* grupo industrial; *pressure group,* grupo de presión; *test group,* grupo de prueba.

group dynamics [-daɪ'næmɪks] *n.* dinámica de grupo.

group incentive [-ɪn'sentɪv] incentivo de grupo, prima colectiva, prima atribuida a un equipo.

group work [-wɜːrk] trabajo de grupo.

grow [grəʊ] *v.* 1 hacer avanzar, empujar, impulsar. 2 cultivar, brotar. 3 convertirse (seguido de un adjetivo). 4 crecer, aumentar, agrandar, desarrollarse, incrementarse.

grower ['grəʊər] *n.* cultivador, explotador; plantador, agricultor. *Vine grower, winegrower,* viñador, viticultor.

grown-ups ['grəʊnʌps] *n.* los adultos.

growth [grəʊθ] *n.* 1 crecimiento. *Zero-growth,* crecimiento de cero, crecimiento nulo. *Continuous growth,* crecimiento continuo. *Discrete growth,* crecimiento discreto. *Monthly growth,* crecimiento mensual. *Steady growth,* crecimiento uniforme. *Yearly growth,* crecimiento anual. **2** incremento, aumento, desarrollo, extensión. *Growth company,* compañía en expansión.

growth pattern [-'pætərn] patrón de crecimiento.

growth rate [-reɪt] tasa de crecimiento.

growth stocks [-stɑːks] valores de crecimiento.

grubstake ['grʌbsteɪk] *v.* proporcionar una ayuda material o financiera a una persona que se encuentra en dificultades o a una empresa durante su fase inicial.

grubstake *n.* **1** provisiones o fondos proporcionados a un cierto empresario a cambio de la promesa de obtener una parte de sus utilidades futuras. **2** Por extensión, ayuda material o financiera proporcionada a una persona que se encuentra en dificultades o a una empresa durante su fase inicial.

guarantee ['gærən'tiː] *v.* garantizar, responder por, ser aval de, ser fiador de; avalar, garantizar. *Guaranteed notes* (EU), documentos de crédito u obligaciones garantizadas por un tercero.

guarantee *n.* garantía, caución; prenda, aval. *To go guarantee for someone,* ofrecerse como aval de alguien.

guarantor ['gærən'tɔːr] *n.* garante, fiador, afianzador, el que da una fianza; aval, el que da un aval.

guaranty ['gærənti] *n.* ver **guarantee.**

guard [gɑːrd] *n.* **1** guarda. **2** guardián; centinela; vigilante; guardia. **3** sistema de protección, dispositivo de protección.

guardian ['gɑːrdiən] *n.* **1** guardián. **2** tutor; curador; protector.

guardianship ['gɑːrdiənʃɪp] *n.* **1** guarda. **2** tutela; curaduría.

gubernatorial ['guːbərnə'tɔːriəl] *adj.* gubernativo, relacionado con el gobernador.

guess [ges] *v.* **1** adivinar. **2** (EU) pensar, estimar.

guesstimate ['gestəmət] ver **guestimate.**

guesswork ['geswɜːrk] *n.* conjetura, estimación a ojo de buen cubero.

guest [gest] *n.* **1** invitado. **2** huésped (de un hotel), pensionado. *Guest-house,* casa de huéspedes. *Paying-guest,* pensionado.

guestimate ['gestəmət] *v.* evaluar, estimar mediante el uso del juicio.

guestimate *n.* evaluación, estimación a ojo de buen cubero.

guest worker [-wɜːrkər] trabajador inmigrado.

guidance ['gaɪdns] *n.* consejo(s), asistencia, supervisión, indicación, orientación, información.

guide [gaɪd] *n.* **1** guía. **2** ejemplo, indicación. **3** libreto, indicador, folleto, fascículo.

guide-book [-bʊk] *n.* guía, indicador, libreto, folleto.

guide-lines [-laɪns] *n.* pautas, lineamientos (de un proyecto, de un programa), líneas directrices, orientaciones principales (de un programa), directrices.

guidepost ['gaɪdpəʊst] *n.* indicador (económico), indicación.

guild [gɪld] *n.* guilda, corporación, hermandad.

guilt [gɪlt] *n.* culpabilidad.

guilty ['gɪlti] *adj.* culpable. *To feel guilty,* sentirse culpable. *Guilty feelings,* sentimientos de culpa.

guinea ['gɪni] *n.* (GB) guinea = 1 libra y 5 peniques.

guinea-pig [-pɪg] *n.* cobayo (conejillo de Indias).

gum [gʌm] *v.* **1** pegar. **2** engomar (caucho o hule, etc.).

gum *n.* **1** goma, pegamento, cola. **2** caucho.

gum up [-ʌp] *v.* bloquear una máquina, impedir el funcionamiento de un aparato.

gush [gʌʃ] *v.* saltar, brotar (petróleo, etc.).

gut-issue [gʌt 'ɪʃuː] *n.* (EU) problema que provoca reacciones pasionales, viscerales, afectivas.

guzzle ['gʌzəl] *v.* tragar en grandes cantidades; consumir (carburantes) en grandes cantidades. *Gas-guzzling cars* (EU), automóviles que consumen grandes cantidades de combustible, devoradores de nafta o gasolina.

guzzler ['gʌzələr] *n.* (EU) automóvil que consume una gran cantidad de nafta o gasolina.

gyrate ['dʒaɪ'reɪt] *v.* fluctuar rápidamente.

h

habeas corpus ['heɪbiəs'kɔːrpəs] *loc. lat.* principio que garantiza los derechos del individuo, principio jurídico según el cual un ciudadano no puede ser detenido, sujeto a investigación o mantenido en prisión sin ser presentado ante un juez o ante un tribunal dentro de un cierto plazo.

haberdasher ['hæbər dæʃər] *n.* mercero, camisero.

haberdashery ['hæbər dæʃəri] *n.* mercería, camisería.

habilitate [həˈbɪləteɪt] *v.* equipar para la explotación (de una mina, de una fábrica).

habilitation [həˈbɪləˈteɪʃən] *n.* hecho de equipar, de proporcionar fondos para la explotación (de una mina, de una fábrica, etc.).

habitual offender [həˈbɪtʃuəl əˈfendər] reincidente.

hack [hæk] *n.* persona que alquila sus servicios; (EU) chofer de un taxi; sinónimo de *hack-writer*, escritorcillo, autorcillo.

hacker ['hækər] *n.* INFORM.: **1** amante, fanático. **2** pirata de disquetes, pirata de computadoras, pirata informático.

haggle ['hægəl] *v.* regatear.

haggler ['hæglər] *n.* regateador.

haggling ['hæglɪŋ] *n.* regateo.

hail [heɪl] *v.* **1** saludar. **2** acoger (una noticia). **3** llamar. *To hail a cab*, llamar un taxi. *To hail a ship*, inspeccionar un barco. **4** NAVEG.: *To hail from a port*, venir de un puerto, provenir de un puerto, tener como puerto de origen.

hairdresser ['her dresər] *n.* peluquero, barbero.

half, halves [hæf, hævz] *n.* **1** mitad. **2** DEPORTES: *First-half, second-half*, primer medio tiempo, segundo medio tiempo.

half *adj.* medio. *Half an hour*, media hora. *Half a month*, medio mes. *Half a year*, medio año.

half *adv.* a medias, medio, a la mitad.

half-monthly [-ˈmʌnθli] *adj.* quincenal.

half-pay [-peɪ] *n.* medio sueldo, medio salario. *On half pay*, a medio sueldo, con medio salario.

half-price [-praɪs] a mitad de precio, media tarifa. *To pay half price*, **1** pagar la mitad del precio. **2** pagar media tarifa.

half-time [-taɪm] **1** medio tiempo. **2** pausa a la mitad de una conferencia, de una reunión, etc.

half-time (to work) [-(tu: wɜːrk)] trabajar medio tiempo, trabajar media jornada.

half-tone [-təʊn] IMPR.: medio tono, media tinta.

half-weekly [-ˈwiːkli] *adj.* semisemanal.

half-weekly *adv.* dos veces por semana.

half-year [-jɪr] *n.* semestre.

half-yearly [-ˈjɪrli] *adj.* semestral.

half-yearly *adv.* semestralmente, cada seis meses.

hall [hɔːl] *n.* **1** vestíbulo (de un hotel). **2** sala mayor, salón de gran tamaño. *Lecture hall*, sala de conferencias. **3** inmueble que utiliza un sindicato, una asociación, etc., como asiento principal o como lugar de reunión. *City hall*, casa del ayuntamiento.

hallmark ['hɔːlmɑːrk] **1** sello o punzón de control (sobre los objetos de orfebrería). **2** matasellos, estampilla, timbre, impresión, huella, signo distintitivo, carácter distintivo.

halt [hɔːlt] *v.* **1** cesar, terminarse, interrumpirse. **2** poner fin a, detener, parar. *To halt inflation*, detener la inflación.

halve [hæv] *v.* **1** cortar en dos, dividir en dos. **2** compartir entre dos, dividir (entre dos). **3** partir a la mitad.

hammer ['hæmər] *v.* **1** martillar, pegar con golpes repetidos. **2** dar forma a una cosa, poner en forma, a base de esfuerzos repetidos, machacar. *To hammer out an agreement*, llegar a un acuerdo después de mucho discutir. **3** BOLSA: hacer bajar las cotizaciones (mediante ventas al descubierto). **4** BOLSA DE LONDRES: expulsar a un miembro por no haber respetado los reglamentos.

hammer *n.* martillo. *To come under the hammer, to go under the hammer*, venderse en una subasta.

hammer the market [-ðə ˈmɑːrkət] BOLSA: hacer bajar las cotizaciones vendiendo al descubierto.

hamper ['hæmpər] *v.* molestar, impedir, embarazar, entorpecer, contrarrestar.

hamper *n.* cesta, canasta.

hand [hænd] *v.* dar, remitir, extender, presentar, pasar.

hand *n.* **1** mano. **2** obrero, empleado, maniobra, miembro de la tripulación (navíos). *Farm-hand*, obrero agrícola. **3** escritura. **4** firma. **5** juego (de cartas). *To have a good hand*, tener buenas cartas en la mano.

hand (at) [-(æt)] *adv.* **1** próximo, contiguo, inmediato, a la mano. **2** cercano.

handbill ['hændbɪl] *n.* prospecto, folleto, hoja suelta, impreso, volante.

handbook ['hændbʊk] *n.* guía, anuario; manual. *Accounting handbook*, manual de contabilidad. *Financial handbook*, manual financiero.

hand (by) [-(baɪ)] *adv.* 1 a la mano, hecho con la mano. 2 (letra) al portador.

handicraft ['hændɪkræft] *n.* 1 artesanía. 2 productos artesanales. 3 habilidad manual.

handicraftsman ['hændɪkræftsmən] *n.* artesano.

hand in [-ɪn] *v.* entregar, deponer. *To hand in one's resignation,* presentar su renuncia, renunciar.

hand (in) [-(ɪn)] *adv.* 1 disponible. *Cash in hand,* efectivo disponible, fondos en caja. *Stock in hand,* inventario disponible, mercancías en el almacén. 2 en curso, en proceso, en tránsito, en discusión. 3 en mano, en la mano. *To have the situation in hand,* controlar la situación.

handle ['hændl] *v.* 1 manejar, manipular. 2 tratar, tomar con la mano. 3 manejar (negocios), ocuparse (de una orden), administrar (un presupuesto), ejecutar (una operación), elaborar con las manos (artículos).

handle with care [-wɪð ker] manéjese con cuidado, frágil (leyenda que aparece en los embalajes y envases).

handling ['hændlɪŋ] *n.* 1 manejo, manipulación. 2 manutención. 3 tratamiento (de un negocio, de una situación, de las personas). 4 administración, gestión.

handling charges [-'tʃɑːrdʒəs] gastos de manejo, gastos de maniobras.

hand-made [-meɪd] hecho a mano.

hand-me-down [-miː daʊn] *adj.* 1 de segunda mano, usado. 2 barato y de mala calidad (ropas, vestidos).

hand (on) [-(ɑːn)] *adv.* 1 disponible (personas o mercancías). 2 en curso. 3 *Goods left on hand,* mercancías no vendidas, dejadas de cuenta.

hand out [-aʊt] *v.* extender, entregar, dar, remitir; distribuir.

handout ['hændaʊt] *n.* 1 limosna; don (en el sentido de dádiva o regalo). 2 documento distribuido, documento por distribuir, se dice en particular de las notas periodísticas. 3 folleto de propaganda.

hand (out of) [-(aʊt ɑːv)] *adv.* 1 al punto. 2 fuera de control, fuera del alcance de la mano, que se escapa del control, que no se controla más.

hand over [-'əʊvər] *v.* 1 remitir, transmitir. 2 ceder (un bien).

hand-picked [-'pɪkt] *adj.* seleccionado, escogido con cuidado.

hands [hændz] *n.* empleados, obreros, mano de obra, miembros de un equipo, de una tripulación. *All hands on deck,* todo mundo a la cubierta.

hand (second) [-('sekənd)] *adj.* y *adv.* de segunda mano, usado.

hand (show of) [-(ʃəʊ ɑːv)] voto (se dice del acto de levantar la mano para votar).

handsome ['hænsəm] *adj.* 1 bello; elegante. 2 considerable, importante. *A handsome profit,* una utilidad atractiva.

hands-on [-ɑːn] *loc.* de campo, práctica; meter las manos, ayudar a la realización material de algo; practicante.

hand (to) [-(tuː)] *adv.* 1 en mano, en propia mano (cartas, etc.), llegado, llegado a su destino. *To come to hand,* llegar a su destino. 2 disponible, fácil de obtener.

hand (to be a good) [-(tuː biː ə gʊd)] *v.* competente, apto, capaz. *He is a good hand at figures,* sabe manejar las cifras, es bueno para las matemáticas.

handwriting ['hænd raɪtɪŋ] *n.* escritura.

hang on [hæŋ ɑːn] *v.* 1 TELEF.: no colgar. 2 perseverar, insistir. 3 sostenerse sobre, apoyarse en.

hangover ['hæŋəʊvər] *n.* 1 resto, supervivencia, consecuencia penosa pero inevitable de un evento pasado. 2 *fam.* resaca, cruda (después de beber en exceso).

hang up [hæŋ ʌp] *v.* TELEF.: colgar. *Please hang up the receiver,* cuelgue, por favor.

harass ['hærəs] *v.* preocupar, hostigar, molestar.

harassment ['hærəsmənt] *n.* hostigamiento, preocupación. *Sexual harassment,* hostigamiento sexual.

harbor ['hɑːrbər] *n.* 1 puerto; bahía, ensenada, rada. 2 asilo, refugio.

hard cash [hɑːrd kæʃ] dinero contante y sonante, dinero líquido.

hard commodities [hɑːrd kə'mɑːdətiz] BOLSA: metales.

hardcore ['hɑːrd'kɔːr] *n.* núcleo irreducible.

hard-core [hɑːrd 'kɔːr] *adj.* irreducible, incondicional, que no está dispuesto a transigir.

hard cover [hɑːrd 'kɑːvər] edición de un libro con pastas duras.

hard currency [hɑːrd 'kɜːrənsi] divisa fuerte.

harden ['hɑːrdn] *v.* 1 endurecer, fortalecer. 2 endurecerse, fortalecerse. 3 fortalecerse, afianzarse, tender hacia, dirigirse hacia, estar a la alza (precios, cotizaciones).

hard money [hɑːrd 'mʌni] moneda fraccionaria.

hard-pressed [hɑːrd 'prest] estar en una situación desesperada.

hard-sell [hɑːrd sel] *v.* vender con métodos agresivos.

hard-selling [hɑːrd 'selɪŋ] método agresivo de ventas.

hardware ['hɑːrdwer] *n.* 1 ferretería. 2 INFORM.: equipo de cómputo, todo lo relacionado con las máquinas de computación en oposición a los programas.

hard-wearing [hɑːrd 'werɪŋ] *adj.* resistente, que soporta el uso.

harm [hɑːrm] *v.* dañar, perjudicar, lesionar.

harm *n.* mal, daño, perjuicio, detrimento.
harmful ['hɑːrmfəl] *adj.* dañino, nocivo.
harmonization ['hɑːrmənə'zeɪʃən] *n.* armonización.
harmonize ['hɑːrmənaɪz] *v.* armonizar.
harness ['hɑːrnəs] *v.* explotar (un recurso), dar o conferir valor, acondicionar, adaptar, utilizar (en particular, adaptar una caída de agua, un río, etc., para producir energía hidráulica).
harvest ['hɑːrvəst] *v.* cosechar, recolectar.
harvest *n.* siega, cosecha.
harvester ['hɑːrvəstər] *n.* 1 recolector. 2 segadora, agavilladora.
has-been ['hæzbɪn] *n.* persona cuya carrera ha terminado, que ya no tiene más futuro.
haste [heɪst] *n.* prisa, celeridad, precipitación.
hasten ['heɪsn] *v.* apurarse, precipitarse, darse prisa.
hasty ['heɪsti] *adj.* rápido, presuroso, precipitado, irreflexivo.
hat [hæt] *n.* sombrero. *Top-hat benefits,* indemnizaciones por gastos de representación.
hatch [hætʃ] *n.* escotilla, compuerta. *Under hatch,* en bodega. *Before hatch opening,* antes de descargar.
hat-money [-'mʌni] *n.* sombrero de capitán, prima de flete (depósito que entrega al capitán de un barco el expedidor de las mercancías).
haul [hɔːl] *v.* 1 transportar (mercancías). 2 tirar, arrastrar, halar, remolcar.
haul *n.* 1 pesca, captura, lanzamiento de la red (para pescar). 2 recorrido, trayecto, camino recorrido. *Short haul,* trayecto corto, distancia corta.
haulage ['hɔːlɪdʒ] *n.* 1 transporte de mercancías, transporte en camión. *Road haulage,* transporte terrestre o por carretera. *Road haulage contractor,* empresario de transportes terrestres. 2 hecho de tirar, arrastrar, remolcar.
hauler ['hɔːlər] *n.* (EU) empresario de transportes, empresario de transportes terrestres, transportista.
haulier ['hɔːljə(r)] *n.* (GB) ver **hauler**.
hauling ['hɔːlɪŋ] *n.* 1 transporte de mercancías, transportes terrestres. 2 remolque, hecho de tirar, de arrastrar.
haven ['heɪvən] *n.* puerto de mar, muelle, abrigo, refugio, asilo, retiro. *Tax-haven,* paraíso fiscal.
have-nots ['hæv'nɑːts] *n. pl.* pobres (término que se emplea frecuentemente para referirse a los países pobres).
haves [hævz] *n. pl.* ricos (término que se emplea frecuentemente para referirse a los países ricos y desarrollados en oposición a los países pobres).
haves and have-nots [-ænd 'hæv'nɑːts] (países) ricos y (países) pobres.

hawk [hɔːk] *v.* vender mercancías de puerta en puerta, pregonar, vender por las calles.
hawker ['hɔːkər] *n.* vendedor ambulante, pregonero.
hazard ['hæzərd] *n.* peligro, riesgo. *Occupational hazards,* riesgos profesionales.
head [hed] *v.* conducir, llevar, dirigir; ir a la cabeza.
head *n.* 1 cabeza. *Heads,* cara (de una moneda). *To go over somebody's head,* pasar por encima de la cabeza de alguien. *To be head over ears in debt,* estar agobiado por las deudas. 2 jefe, director, responsable. *Department head,* jefe de servicio, responsable de departamento, jefe de área.
head-accountant [-ə'kaʊntnt] *n.* jefe de contabilidad.
head-cashier [-kæ'ʃɪr] *n.* cajero principal.
head-clerk [-klɜːrk] *n.* jefe de oficina, comisionado principal.
head for [-fɔːr] *v.* dirigirse hacia, encaminarse rumbo a.
head-grip [-grɪp] *n.* CINE: jefe de máquinas.
head-hunter ['hed hʌntər] *n.* cazador de ejecutivos para reclutarlos (*lit.* cazador de cabezas).
heading ['hedɪŋ] *n.* 1 encabezamiento, título. 2 rúbrica, partida, renglón (diarios).
head into [-'ɪntuː] *v.* dirigirse hacia. *The country is heading into a recession,* el país se dirige hacia la recesión.
headline ['hedlaɪn] *n.* título, titular (publicaciones). *Front page headline,* título de la primera plana. *To hit the headlines,* aparecer en los titulares (de un diario), ser el protagonista de una crónica periodística.
head of cattle [-ɑːv 'kætl] *n.* cabeza de ganado (es una expresión invariable: *six head of cattle*).
head off [-ɔːf] *v.* rechazar, apartar, separar.
head-office [-'ɑːfəs] *n.* domicilio social, domicilio central, oficina central, asiento.
headphones ['hedfəʊnz] *n.* audífonos, casco.
headquarters ['hed'kwɔːrtərz] *n.* oficina central, (EU) domicilio social.
headway (to make) ['hedweɪ (tuː meɪk)] *v.* progresar, avanzar, marchar hacia adelante.
health [helθ] *n.* salud, sanidad. *Health benefits,* prestaciones para cubrir los gastos por enfermedad. *Health certificate,* certificado de salud, certificado médico. *Health foods,* alimentos saludables. *Health insurance,* seguro contra enfermedades. *Financial health (of a company),* salud financiera (de una compañía). *Economic health (of a country),* salud económica (de un país).
health (bill of) [-bɪl ɑːv] *n.* MARINA: patente de sanidad (certificado que constata la buena salud de la tripulación). *Clean bill of health,* 1 patente de sanidad limpia, carta que señala la

ausencia de enfermedades o un estado de salud excelente. 2 reporte favorable (en una encuesta); no estar involucrado en algo.

hearing ['hɪrɪŋ] *n.* 1 audiencia, sesión (de un tribunal, de una comisión, de una encuesta). 2 examen de un testigo.

hearsay ['hɪrseɪ] *n.* rumores, fama, voz que corre. *Hearsay evidence,* testimonio indirecto, testimonio que se funda en las afirmaciones de un tercero, declaración basada en la fe de un tercero.

heat [hiːt] *v.* calentar.

heat *n.* calor.

heater ['hiːtər] *n.* radiador, aparato de calefacción.

heating ['hiːtɪŋ] *n.* calefacción. *Heating appliance,* aparato de calefacción. *Central heating,* calefacción central.

heat-resistant [-rɪ'zɪstənt] *adj.* resistente al calor, a prueba de calor.

heave [hiːv] *v.* levantar, alzar.

heave to [-tuː] *v.* NAVÍOS: quedarse al pairo (mantener quieta la nave, con las velas tendidas y las escotas largas).

heaviness ['hevɪnəs] *n.* pesadez, torpeza (cotizaciones). *The markets exhibited a seasonal heaviness,* los mercados mostraron una torpeza estacional acostumbrada.

heavy ['hevi] *adj.* pesado, fuerte, riguroso. *Heavy expenses,* gastos fuertes. *A heavy fine,* una multa elevada.

heavy-duty [-duːti] *adj.* resistente, sólido; (equipo) pesado, para trabajos pesados, para servicios intensos, capaz de resistir condiciones de uso muy duras.

heavy goods [-gʊds] *n.* mercancías pesadas.

heckle ['hekl] *v.* hacer preguntas embarazosas, interrumpir, interpelar, no dejar hablar (a un orador, a un candidato). *Strikebreakers heckling the pickets,* esquiroles que provocan a los huelguistas.

heckler ['heklər] *n.* persona que interrumpe a un orador; ver **heckle**.

hectic ['hektɪk] *adj.* trepidante, agitado, turbulento. *Hectic consumer demand,* demanda febril de bienes de consumo.

hedge [hedʒ] *v.* 1 rodear con una barrera, cercar. 2 defenderse, protegerse (contra la inflación, etc.), cubrirse contra un riesgo. 3 FIN.: protegerse de los riesgos cambiarios (fluctuaciones del valor de las divisas). 4 BOLSA: hacer una contraparte, hacer un arbitraje, comprar o vender a plazo para compensar los efectos de las fluctuaciones en los niveles de las cotizaciones.

hedge *n.* 1 seto, barrera. 2 medio de protección o de defensa. *A hedge against inflation,* una barrera contra la inflación. 3 FIN.: cobertura,

compensación de riesgos cambiarios (provenientes de la fluctuación en el valor de las divisas). 4 BOLSA: arbitraje, compra o venta a plazo para compensar los efectos de la fluctuación de las cotizaciones. 5 BOLSA: valor de refugio.

hedger ['hedʒər] *n.* BOLSA: árbitro.

hedging ['hedʒɪŋ] *n.* 1 cobertura contra un riesgo. 2 FIN.: cobertura, compensación de riesgos cambiarios (producidos por la fluctuación del valor de las divisas). 3 BOLSA: arbitraje, operación que consiste en asumir posiciones contrarias (de compra y de venta) tanto en el tiempo como en mercados de naturaleza distinta, con el fin de limitar o anular una pérdida eventual.

hefty ['hefti] *adj.* sustancial, importante.

hegemony [hɪ'gemənɪ] *n.* hegemonía, imperialismo.

height [haɪt] *n.* altura, elevación, cima, cumbre, apogeo, momento de la mayor actividad.

heighten ['haɪtn] *v.* aumentar, acentuar, hacer resaltar.

heir [er] *n.* heredero. *Sole heir,* heredero único.

heiress ['erəs] *n.* heredera.

heirloom ['erluːm] *n.* herencia, mueble o joya de familia legada por herencia.

helm [helm] *n.* casco, timón, rienda.

help [help] *v.* 1 ayudar, auxiliar. 2 atender, servir (en una mesa, en una tienda). *To help oneself,* servirse. 3 *I can't help it,* no puedo evitarlo.

help *n.* 1 ayuda, asistencia, auxilio. 2 empleado; empleado de casa.

help wanted ads [-wɔːntəd æds] pequeños anuncios de ofertas de empleo, ofertas de empleo.

hemp [hemp] *n.* cáñamo.

hence [hens] *adv.* 1 en lo sucesivo, a partir de hoy. *Two years hence,* dentro de dos años. 2 por ello, por eso, de ahí. 3 desde aquí (distancia).

henceforth ['hensfɔːrθ] *adv.* en adelante, en lo sucesivo, a partir de ahora, en el futuro.

henceforward [hens'fɔːrwərd] *adv.* en adelante, en lo sucesivo, a partir de ahora, en el futuro.

hereafter [hɪr'æftər] *adv.* 1 después de esto, a continuación, aquí debajo, aquí abajo. 2 en adelante, en lo sucesivo, en el futuro.

hereby ['hɪr'baɪ] *adv.* por la presente, por medio de la presente; la fórmula *I hereby testify that...* corresponde frecuentemente a "por este conducto certifico que...".

herein [hɪr'ɪn] *adv.* adjunto, aquí incluido, anexo a la presente, en este documento.

hereinafter ['hɪrən'æftər] *adv.* en lo sucesivo, de aquí en adelante.

hereof [hɪr'ɑːv] *adv.* de aquí, de la presente, de la cual.

hereto [hɪr'tuː] *adv.* a la presente, al presente documento. *The table hereto attached,* el cuadro anexo al presente documento.

heretofore ['hɪrtəfɔːr] *adv.* hasta aquí.

hereunder [hɪr'ʌndər] *adv.* aquí abajo.

hereupon ['hɪrəpɑːn] *adv.* a este respecto, sobre lo cual, sobre esto.

herewith [hɪr'wɪθ] *adv.* aquí adjunto, aquí incluido, por la presente, en este documento.

heritage ['herətɪdʒ] *n.* herencia, patrimonio.

hidden defect ['hɪdn dɪ'fekt] defecto oculto, vicio oculto.

hide [haɪd] *v.* 1 ocultar, disimular. 2 ocultarse, disimularse.

hide *n.* piel de animal, cuero.

hi-fi ['haɪ'faɪ] alta fidelidad.

high [haɪ] *n.* punto alto, el punto más elevado, el nivel más elevado (de una curva, etc.). *Quotations have reached a new high,* las cotizaciones han alcanzado un nuevo récord.

high *adj.* 1 alto, elevado. *High-speed technology,* tecnología de punta. *A high level of sales,* un alto nivel de ventas. 2 caro.

high-flyer [-'flaɪər] persona de alto nivel; ejecutivo que asciende jerárquicamente.

high-geared capital [-gɪred 'kæpətl] 1 capital de una sociedad en la que las acciones ordinarias representan un número inferior al de las acciones preferentes. 2 capital sujeto a un fuerte efecto de apalancamiento financiero (el efecto del apalancamiento financiero proviene, por una parte, de la razón que existe entre las acciones ordinarias y, por la otra, de las obligaciones y de las acciones privilegiadas sobre las cuales se paga un interés o un dividendo fijo; si el número de acciones ordinarias es relativamente débil, incluso un aumento ligero de los beneficios, más allá de las sumas necesarias para la remuneración de los tenedores de las obligaciones y de las acciones preferentes, se traducirá en un aumento sustancial de los dividendos para los accionistas ordinarios). Cf. **low-geared capital**.

high gear [-gɪr] *n.* velocidad superior, actividad intensa. *To go into high gear,* pasar a la velocidad superior.

high-grade [-greɪd] *adj.* 1 de alto contenido, de alto grado (minerales, etc.); supercarburante (nafta o gasolina). 2 de alta calidad, de calidad superior.

highjack ['haɪdʒæk] *v.* ver **hijack**.

highjacker ['haɪdʒækər] *n.* ver **hijacker**.

highlight ['haɪlaɪt] *v.* 1 alumbrar; esclarecer con toda intensidad. 2 poner de relieve, insistir sobre, iluminar.

highlight *n.* lo mejor (de una fiesta), evento de gran importancia; punto principal, elemento más importante.

high-profile [-'prəʊfaɪl] *adj.* bien establecido, de buena apariencia, de alto perfil.

high-rise [-raɪz] *n.* edificio de gran altura, torre (inmuebles). *High-rise apartment building,* edificio que cuenta con un gran número de pisos.

High Street [-striːt] calle de gran tamaño, de gran amplitud (simboliza al mundo del comercio al menudeo).

highway ['haɪweɪ] *n.* carretera, autopista.

hijack ['haɪdʒæk] *v.* desviar, secuestrar (un avión), asaltar o robarse (un camión).

hijacker ['haɪdʒækər] *n.* pirata aéreo; ladrón de camiones.

hike [haɪk] *v.* (EU) aumentar, hacer subir.

hike *n.* (EU) aumento. *Price hike,* aumento de precios.

hinder ['hɪndər] *v.* impedir, estorbar, entorpecer, obstaculizar; retener, detener.

hindrance ['hɪndrəns] *n.* obstáculo, impedimento, perturbación, dificultad.

hindsight ['haɪndsaɪt] *n.* percepción de los eventos después de que han ocurrido, sabiduría a *posteriori*, comprensión posterior de los hechos.

hinge on [hɪndʒ ɑːn] *v.* depender de.

hint [hɪnt] *v.* insinuar, sugerir; hacer alusión.

hint *n.* 1 alusión, insinuación. 2 consejo, recomendación, indicación; indicio, informe o noticia confidencial.

hire [haɪr] *v.* 1 alquilar, tomar en alquiler (a veces también se utiliza en el sentido de *to hire out,* dar en alquiler). 2 contratar (personal).

hire *n.* 1 alquiler. 2 contratación (de empleados). *To hire a new employee,* contratar un nuevo empleado. 3 salario; costo. *Hire of money,* costo del dinero, costo del capital.

hire away [-ə'weɪ] *v.* despedir al personal.

hire out [-aʊt] *v.* dar en alquiler.

hire-purchase [-'pɜːrtʃəs] *n.* alquiler con opción de compra, sistema de ventas a plazos (en el que el comprador se convierte en propietario sólo cuando ha liquidado el último pago), crédito para el consumo.

hiring ['haɪrɪŋ] *n.* 1 alquiler. 2 contratación.

hiss [hɪs] *n.* ruido de fondo, silbido, chiflido.

historical cost [hɪ'stɔːrɪkəl kɔːst] CONTAB.: costo histórico, costo de adquisición, valor de adquisición.

historical figures [hɪ'stɔːrɪkəl 'fɪgjərs] CONTAB.: cifras históricas (presupuestos).

hit [hɪt] *v.* golpear, alcanzar, impresionar. *To be hard hit,* ser fuertemente impresionado. *Small retailers are the worst hit (the hardest hit),* los comerciantes al menudeo son los más afectados. *To hit the headlines,* aparecer en los titulares, protagonizar las notas periodísticas. *To hit the bricks (EU),* fam. ponerse en huelga.

hit *n.* **1** golpe. **2** acto de dar en el blanco. **3** éxito (se dice en particular de las canciones que triunfan en el ámbito musical).

hive off [haɪv ɔːf] *v.* **1** enjambrar. **2** desprender algo y hacerlo independiente (organizaciones).

hoard [hɔːrd] *v.* amasar, acumular, atesorar (capitales, oro).

hoard *n.* acumulación, masa, montón; reserva, tesoro, cosa guardada y oculta.

hoarder [ˈhɔːrdər] *n.* acaparador, persona que atesora, que amasa capitales, oro, etc.

hoarding [ˈhɔːrdɪŋ] *n.* **1** empalizada. **2** pizarra de anuncios, tablero publicitario. **3** amasamiento, acumulación, atesoramiento.

hoax [həʊks] *v.* mistificar.

hoax *n.* mistificación, superchería, engaño.

hobo [ˈhəʊbəʊ] *n.* (EU) **1** trabajador que alquila su fuerza de trabajo por temporadas. **2** vagabundo (que viaja clandestinamente a bordo de los trenes).

hock [hɑːk] *v.* empeñar, dar en prenda, entregar al monte de piedad.

hock *n.* prenda. *In hock*, en prenda, empeñado, en el monte de piedad.

hogshead [ˈhɔːgzhed] *n.* **1** tonel, barrica, cuba. **2** cualquiera de las diversas unidades de capacidad, por ejemplo: EU: 63 galones o GB: 54 galones (= 64.85 galones en EU, aproximadamente 250 litros).

hoist [hɔɪst] *v.* izar, levantar, hacer subir, aumentar.

hoist *n.* **1** grúa, aparejo, torno elevador. **2** montacargas.

hold [həʊld] *v.* **1** tener. **2** contener, sostener, resistir. *To hold one's ground,* mantener uno sus principios, no ceder, no ceder terreno. **3** detentar, poseer, ocupar. *To hold an office,* ser el titular de una oficina. *To hold a degree,* tener, detentar un diploma. **4** durar, continuar, mantenerse. **5** guardar, conservar, detentar, mantener. *To hold public expenditure flat,* no aumentar los gastos públicos, mantener los gastos públicos en el estado actual. **6** ser cierto, seguir siendo válido, permanecer vigente. **7** retener; detener; impedir; bloquear; inmovilizar; retardar. *I've been held up by the traffic,* quedé atrapado por el tráfico. **8** considerar, estimar, pensar, juzgar, evaluar. **9** contener, tener una superficie de.

hold *n.* **1** toma. **2** dominio. **3** bodega (de un navío), compartimiento de equipajes (de un avión).

hold a meeting [-ə ˈmiːtɪŋ] *v.* tener una reunión.

hold back [-bæk] *v.* **1** mantener la expectativa, no comprometerse, no tomar posición. *Until budget day, investors will hold back,* hasta el anuncio oficial del presupuesto, los inversionistas se abstendrán. **2** retener, disimular, guardar para sí mismo.

hold by [-baɪ] *v.* atenerse a, conformarse con, ajustarse a.

hold down [-daʊn] *v.* evitar un aumento (de los precios, etc.); limitar. *To hold prices down,* evitar que los precios aumenten.

holder [ˈhəʊldər] *n.* **1** tenedor; titular; portador (de acciones, etc.); poseedor. **2** soporte, sostén, apoyo, montura, base.

holder in due course [-ɪn duː kɜːrs] tercero portador; tercero que detenta un instrumento negociable (contratos, etc.) de buena fe y de pleno derecho.

holder of an account [-aːv æn əˈkaʊnt] tenedor de una cuenta (en los bancos).

holder of a policy [-aːv ə ˈpaːləsi] beneficiario o tenedor de una póliza.

holding company [ˈhəʊldɪŋ ˈkʌmpəni] *n.* compañía tenedora (de acciones).

hold out [-aʊt] *v.* **1** tender, ofrecer, presentar. **2** durar, resistir.

hold off [-ɔːf] *v.* **1** mantener a distancia. **2** mantenerse, reservarse, no acomedirse, mostrar poca diligencia.

hold on [-aːn] *v.* **1** mantener firme, engancharse a, agarrarse de. **2** esperar. TELEF.: *Hold on!,* ¡espere un momento!, ¡no cuelgue!

holdover [ˈhəʊld əʊvər] *n.* resto, vestigio, consecuencia indeseable pero inevitable de un evento pasado.

hold up [-ʌp] *v.* **1** levantar, erguir, enderezar, tener en el aire. **2** sostener. **3** detener, inmovilizar, parar, bloquear, entorpecer, retardar, suspender. **4** asaltar, desvalijar, amenazar con un arma, atacar a mano armada. **5** mantenerse firme, soportar el golpe, resistir bien. *The firm held up well during the depression,* la empresa resistió bien durante la crisis.

hold-up *n.* **1** ataque a mano armada. **2** paro, suspensión, inmovilización. **3** embotellamiento de la circulación.

holiday [ˈhaːlədeɪ] *n.* día de vacaciones, día de asueto, día de descanso. *Bank holiday* (GB), día de descanso (durante el cual se cierran los bancos).

holiday(s) with pay [-(s) wɪð peɪ] vacaciones pagadas.

holography [həʊˈlaːɡrəfi] *n.* holografía.

home [həʊm] *n.* **1** vivienda, hogar, domicilio conyugal, interior, morada, casa. *Home address,* domicilio personal. *The Ideal Home Exhibition,* el salón de Artes del Hogar. **2** patria, país natal, tierra natal. **3** asilo, refugio, albergue; casa de reposo; casa de retiro.

home *adj.* y *adv.* **1** casero, del hogar, doméstico. **2** nacional, interior, del país. **3** en casa, en casa de uno mismo. *Home delivery,* entrega a domicilio. **4** en el país, del país. **5** que logra su meta, que alcanza su blanco.

homebuilder ['hǝumbɪldǝr] *n.* constructor de casas, empresario de la construcción.

homebuilding ['hǝum'bɪldɪŋ] *n.* construcción de casas, industria de la construcción.

home buyer [-'baɪǝr] *n.* comprador de casas.

home development company [-dɪ'velǝpmǝnt 'kʌmpǝni] sociedad de promoción inmobiliaria.

home equity loan [-'ekwǝti lǝun] préstamo que se concede tomando como base el valor de los bienes raíces (préstamo garantizado por el valor de una casa, de un apartamento, y que permite a un particular financiar su crédito para la compra).

home improvement loan [-ɪm'pru:vmǝnt lǝun] préstamo para el mejoramiento de la vivienda.

homeless ['hǝumlǝs] *adj.* sin albergue, sin casa. *The homeless,* los que no tienen casa.

home loan [-lǝun] *n.* préstamo inmobiliario.

home-made [-meɪd] *adj.* 1 hecho en casa. 2 improvisado.

home market [-'mɑ:rkǝt] *n.* mercado interior, mercado nacional.

Home Office [-'ɑ:fǝs] *n.* (GB) Ministerio del Interior.

home policy [-'pɑ:lǝsi] *n.* política interior.

home sales [-seɪlz] *n.* ventas nacionales, ventas realizadas en el mercado interior.

home savings plan [-seɪvɪŋz plæn] plan de ahorro para la vivienda.

homestead ['hǝumsted] *n.* granja, explotación agrícola; (EU) casa y terreno familiares.

homeward ['hǝumwǝrd] *adj.* y *adv.* que se dirige hacia su casa, hacia su país. *Homeward bound,* rumbo hacia su país. Navíos: hacia su puerto de origen. *Homeward journey,* viaje de regreso.

homework ['hǝumwɜ:rk] *n.* 1 trabajo hecho en casa, deberes (escolares). 2 trabajo preparatorio, trabajo de investigación, estudio preliminar de un expediente.

homeworker ['hǝumwɜ:rkǝr] *n.* trabajador a domicilio.

honest ['ɑ:nǝst] *adj.* 1 honesto, íntegro, probo, recto, leal. 2 justo, legítimo.

honesty ['ɑ:nǝsti] *n.* honestidad, probidad, integridad, lealtad, moralidad; veracidad, franqueza, sinceridad, buena fe. *Honesty is the best policy,* la honestidad es siempre recompensada.

honor ['ɑ:nǝr] *v.* (EU) honrar, hacer honor a. *To honor a bill,* pagar una letra, liquidar un documento de crédito.

honor *n.* (EU) honor. *With honors,* con mención honorífica. FIN.: *Acceptor for honor,* aval, donante de un aval.

honoraria ['ɑ:nǝ'reriǝ] *n. pl.* honorarios.

honorarium ['ɑ:nǝ'reriǝm] *n.* honorario.

honorary ['ɑ:nǝreri] *adj.* honorario. *Honorary degree,* grado *honoris causa. Honorary membership,* calidad de miembro honorario.

honour ['ɑ:nǝr] *v.* y *n.* (GB) ver **honor.**

hoof (on the) [hu:f (ɑ:n ðǝ)] (ganado) en pie, vivo.

hook [hʊk] *n.* gancho, garfio, garabato, marca. *Use no hooks,* no se utilicen ganchos (inscripción que se pone sobre los bultos).

hook up [-ʌp] *v.* conectar, conectarse (to, a), enlazar, enlazarse, enganchar.

hook-up *n.* conexión.

horizontal ['hɔ:rǝ'zɑ:ntl] *n.* y *adj.* horizontal. *Horizontal trends,* tendencias horizontales. *Horizontal growth pattern,* patrón de crecimiento horizontal.

horse-power ['hɔ:rspauǝr] *n.* caballo de fuerza, caballo de vapor, potencia en caballos (se trata de palabra invariable en inglés).

hosier ['hǝuʒǝr] *n.* bonetero, fabricante de artículos de punto.

hosiery ['hǝuʒǝri] *n.* bonetería.

host [hǝust] *v.* 1 acoger, recibir. 2 T.V.: presentar (una emisión).

host *n.* 1 anfitrión, huésped. *Host country,* país anfitrión. 2 T.V.: presentador, presentadora.

hostess ['hǝustǝs] *n.* anfitriona. T.V.: presentadora. *Air-hostess,* azafata, aeromoza.

hostile (EU) ['hɑ:stl]; (GB) [hostail] *adj.* hostil, poco amigable.

hostile suitor [-'su:tǝr] *n.* empresa que extiende una oferta pública de adquisición a otra empresa que no desea ser readquirida.

hot cakes (to sell like) [hɑ:t keɪks (tu: sel laɪk)] *v.* venderse como pan caliente.

hot issue [hɑ:t 'ɪʃu:] *n.* 1 asunto de gran importancia, problema agudo, problema de grandes controversias. 2 emisiones de acciones de alta cotización.

hot item [hɑ:t 'aɪtǝm] artículo que se vende bien.

hot line [hɑ:t laɪn] *n.* teléfono rojo, línea directa.

hot money [hɑ:t 'mʌni] *n.* capitales especulativos (aquellos que pasan de una plaza financiera a otra para obtener el beneficio de una mejor tasa de interés).

hot seller [hɑ:t 'selǝr] *n.* artículo que se vende bien.

hour [aur] *n.* hora. *Business hours,* horas de despacho. *Office hours,* horas de oficina. *Off-peak hours,* horas de poca actividad. *Peak hours,* horas de alto congestionamiento, horas punta. *Per hour,* por hora. *Rush hours,* horas de gran actividad.

hourly ['aurli] *adj.* horario. *Hourly wages,* salario por hora. *Hourly workers,* trabajadores

remunerados por hora. *Workers on hourly wages,* obreros remunerados por hora de trabajo.
hourly *adv.* **1** todas las horas. **2** constantemente, continuamente. **3** de un momento a otro.
house [haʊs] *v.* alojar, abrigar.
house *n.* **1** casa, habitación. **2** casa comercial, firma, empresa. *In-house publication,* diario de la empresa. *A mail-order house,* una casa de ventas por correspondencia. **3** sala, auditorio, asamblea, asistencia. *A full house,* una sala llena. **4** PARLAMENTO: cámara.
house agent [-'eɪdʒənt] *n.* agente inmobiliario.
housebreaking [haʊs'breɪkɪŋ] *n.* **1** JUR.: allanamiento. **2** robo con fractura.
housebuilder [haʊs'bɪldər] *n.* constructor de casas, empresario de la construcción.
housebuilding [haʊs'bɪldɪŋ] *n.* empresa constructora; la construcción.
household [haʊshəʊld] *n.* familia, hogar. *Household appliances,* artículos para el hogar, artículos electrodomésticos. *Household consumption,* consumo de las familias. *Household expenses,* gastos domésticos. *Household head,* jefe de familia. *Household word,* expresión común (que se dice en todas partes).
household goods [-gʊds] *n.* artículos para el hogar.
housekeeper ['haʊs kiːpər] *n.* **1** responsable de la vigilancia o de la custodia (oficinas, inmuebles). **2** responsable del servicio de mantenimiento (hoteles, escuelas, etc.).
housekeeping ['haʊs kiːpɪŋ] *n.* economía doméstica, gestión doméstica, cuidados del hogar.
house-organ [-'ɔːrgən] *n.* diario interno de una empresa.
housewife ['haʊswaɪf] *n.* ama de casa; madre de familia.
housing ['haʊzɪŋ] *n.* **1** alojamiento, vivienda. *Housing allowance,* asignación de viviendas. **2** construcción de viviendas; la construcción.
housing accommodation [-ə'kɑːmə'deɪʃən] *n.* alojamiento, condiciones de alojamiento.
housing development [-dɪ'veləpmənt] *n.* conjunto de viviendas, conjunto residencial; urbanización, desarrollo de la vivienda.
housing estate [-ɪ'steɪt] *n.* (GB) conjunto de viviendas, conjunto residencial.
housing industry [-'ɪndəstri] *n.* la industria de la construcción, la construcción.
housing project [-'prɑːdʒekt] *n.* conjunto inmobiliario (en general financiado por las autoridades públicas para las familias que disponen de ingresos modestos).
housing schemes [-skiːmz] *n.* programas para la construcción de viviendas.

housing shortage [-'ʃɔːrtɪdʒ] *n.* crisis de la vivienda.
housing starts [-stɑːrts] *n.* número de viviendas en construcción (índice de salud de la industria de la construcción).
hub ['hʌb] *n.* **1** cubo de rueda. **2** empalme. **3** centro de actividades, centro, núcleo, punto central.
huckster ['hʌkstər] *n.* publicista, profesional de la publicidad (que trabaja para la radio y la televisión).
hucksterism ['hʌkstərɪzəm] *n.* técnicas agresivas de ventas.
hucksterize ['hʌkstəraɪz] *v.* vender a la fuerza, con un exceso de presiones.
hug [hʌg] *v.* **1** abrazar. **2** NAVíos: *To hug the coast,* navegar cerca de la costa, costear, andar a lo largo de la costa.
huge ['hjuːdʒ] *adj.* enorme, considerable, vasto, inmenso.
hull [hʌl] *n.* **1** casco (de un navío). *Hull insurance,* seguro sobre el casco de un buque. **2** vaina, cáscara, caparazón.
hum [hʌm] *v.* ser muy activo, presentar una gran actividad (en los negocios, etc.). *Business is humming,* los negocios van bien.
humid ['hjuːməd] *adj.* húmedo, mojado.
humidity [hju:'mɪdəti] *n.* humedad.
hunch [hʌntʃ] *n.* intuición. *To act on a hunch,* actuar por intuición, por impulso.
hundredweight ['hʌndrədweɪt] *n.* EU: 100 libras = 45.359 kg. (a veces se le llama *short hundredweight*). GB: 112 libras = 50.802 kg. (a veces se le llama *long hundredweight*).
hurry ['hɜːri] *v.* **1** apresurar, activar, acelerar. **2** apresurarse, acelerarse, darse prisa. *Hurry up with your work!,* ¡Dése prisa con su trabajo!
hurry *n.* precipitación, prisa, urgencia.
hurt [hɜːrt] *v.* dañar, perjudicar, lesionar, lastimar.
husband ['hʌzbənd] *v.* administrar sus recursos, administrar con economía, economizar (bienes).
husbandry ['hʌzbəndri] *n.* **1** utilizar razonablemente de los recursos; administración cuidadosa. **2** administración, manejo, gestión. **3** agricultura y ganadería.
hush [hʌʃ] *v.* **1** callarse, guardar silencio. **2** imponer silencio, hacer callar. **3** sofocar, apagar (un escándalo, etc.), guardar silencio (sobre un asunto).
hush-money [-'mʌni] *n.* precio de un silencio, dinero con que se compra el silencio de alguien.
hush up [-ʌp] *v.* hacer callar (un escrúpulo); sofocar (un escándalo).
hustle ['hʌsəl] vender a la fuerza.

hustler ['hʌslər] *n.* (EU) **1** vendedor u hombre de negocios agresivo y poco escrupuloso. **2** prostituta.

hype [haɪp] *v.* (EU) multiplicar; inflar; exagerar. *To hype the value of a property,* multiplicar el valor de una propiedad.

hype *n.* (EU) propaganda exagerada, exageración, publicidad alborotadora.

hyperinflation ['haɪpərɪn'fleɪʃən] *n.* hiperinflación.

hypermarket ['haɪpər mɑːrkət] *n.* hipermercado.

hyphen ['haɪfən] *n.* guión.

hyphenate ['haɪfəneɪt] *v.* escribir o unir con un guión, poner un guión.

hypothecate ['haɪpə'θəkeɪt] *v.* **1** hipotecar; dar en prenda, dar una prenda como garantía de una deuda. **2** dejar en prenda.

hypothecation ['haɪpəθə'keɪʃən] *n.* hipoteca; hecho de hipotecar; convenio hipotecario.

hypothecator ['haɪpə'θəkeɪtər] *n.* persona que empeña, hipoteca o deja algo en prenda.

hypothesis, -es ['haɪ'pɑːθəsəs] *n.* hipótesis. ESTAD.: *Null hypothesis,* hipótesis nula.

H

i

Ideal Home Exhibition [aɪ'diːəl hɔum 'eksə'bɪʃən] Salón de Artes Domésticas.

identification [aɪ'dentəfə'keɪʃən] *n.* identificación. *Identification card,* tarjeta o carta de identidad.

identify [aɪ'dentəfaɪ] *v.* identificar.

identity [aɪ'dentəti] *n.* identidad.

idle ['aɪdl] *v.* **1** ponerse en paro. **2** NAVÍOS: desarmar.

idle *adj.* **1** ocioso, desocupado, inactivo. *To lie idle,* estar desocupado, estar inactivo. **2** desempleado, sin empleo. **3** parado, parada (se dice de las máquinas). **4** ociosos, improductivos, inactivos (fondos). **5** inútil, inservible, ineficaz, vano, sin motivo.

idle cash [-kæʃ] efectivo ocioso, efectivo inactivo.

idle capacity [-kə'pæsəti] capacidad (de producción) no utilizada; potencial inutilizado.

idle time [-taɪm] tiempo ocioso.

idleness ['aɪdlnəs] *n.* **1** ociosidad; inactividad. **2** desempleo. **3** de carácter inútil, vano, ineficaz.

idle shipping [-'ʃɪpɪŋ] tonelaje, navíos desocupados, navíos desarmados.

ignore [ɪg'nɔːr] *v.* ignorar, pasar por alto.

ill-advised ['ɪləd'vaɪzd] *adj.* mal aconsejado, mal informado; imprudente, poco atinado.

ill-assorted ['ɪlə'sɔːrtəd] *adj.* mal clasificado.

illegal [ɪ'liːgəl] *adj.* ilegal. BOLSA: *Illegal insider trading,* negociaciones ilegales realizadas por personal interno de las empresas. *Illegal merchandise,* mercancía ilegal. *Illegal procedure,* procedimiento ilegal.

illegible [ɪ'ledʒəbəl] *adj.* ilegible.

ill-famed ['ɪl'feɪmd] *adj.* de mala fama, de mala reputación.

ill-grounded ['ɪl'graundəd] *adj.* mal fundado, poco fundado, sin fundamento.

ill-informed ['ɪlɪn'fɔːrmd] *adj.* mal informado.

illiquid ['ɪl'ɪkwəd] *adj.* **1** ilíquido. **2** que no tiene activos líquidos.

ill-matched ['ɪl'mætʃd] *adj.* mal clasificado.

ill-qualified ['ɪl 'kwɑːləfaɪd] *adj.* poco calificado, mal calificado, incompetente.

ill-repute ['ɪlrɪ'pjuːt] *n.* mala reputación.

ill-timed ['ɪl'taimed] *adj.* inoportuno, imprevisto, mal programado.

image ['ɪmɪdʒ] *n.* imagen. *Brand-image,* imagen de marca. *Corporate image,* imagen corporativa, imagen de una empresa, imagen de marca.

imbalance [ɪm'bæləns] *n.* desequilibrio.

I.M.F. [aɪ em ef] **(International Monetary Fund)** ['ɪntər'næʃnəl 'mɑːnəteri fʌnd] Fondo Monetario Internacional (F.M.I.).

imitate ['ɪməteɪt] *v.* **1** imitar. **2** falsificar.

imitation ['ɪmə'teɪʃən] *n.* **1** imitación. **2** falsificación.

imitator ['ɪməteɪtər] *n.* **1** imitador. **2** falsificador.

immaterial ['ɪmə'tɪriəl] *adj.* sin trascendencia, sin importancia. *Immaterial difference,* diferencia sin importancia (reportes). *Immaterial to the case,* sin importancia para el caso.

immediate [ɪ'miːdiət] *adj.* inmediato. *Immediate delivery,* entrega inmediata. *Available for immediate delivery,* que puede entregarse inmediatamente, que puede entregarse cuando se hace el pedido. *To give immediate notice,* notificar inmediatamente.

immigrant ['ɪmɪgrənt] *n.* inmigrante.

immigrate ['ɪmɪgreɪt] *v.* inmigrar.

immigration ['ɪmə'greɪʃən] *n.* inmigración.

immobilization [ɪ'məubələ'zeɪʃən] *n.* inmovilización.

immobilize [ɪ'məubəlaɪz] *v.* inmovilizar.

immovable [ɪ'muːvəbəl] *adj.* **1** inmóvil. **2** inamovible, impasible, inmutable. **3** JUR.: inmobiliario.

immovables [ɪ'muːvəbəlz] *n.* JUR.: bienes inmuebles.

immune [ɪ'mjuːn] *adj. (from, to, against)* **1** inmune. **2** exento (de impuestos).

immunity [ɪ'mjuːnəti] *n.* **1** exención; exoneración. *Immunity from tax,* exención de impuestos. **2** inmunidad.

impact ['ɪmpækt] *n.* impacto, choque, repercusión.

impair [ɪm'per] *v.* dañar, perjudicar, deteriorar.

impairment [ɪm'pərmənt] *n.* daño, deterioro, perjuicio. *Impairment of performance,* disminución o baja del rendimiento, deterioro de los resultados.

impart [ɪm'pɑːrt] *v.* dar parte de, comunicar, anunciar, dar a conocer, transmitir.

impeach [ɪm'piːtʃ] *v.* **1** acusar (a un alto funcionario). **2** recusar, rechazar (la declaración de un testigo).

impeachment [ɪm'piːtʃmənt] *n.* **1** acusación (contra un alto funcionario). **2** recusación (de un testimonio).

impede [ɪm'piːd] *v.* entorpecer, estorbar, impedir, retardar, poner un obstáculo.

impediment [ɪm'pedəmənt] *n.* impedimento, obstáculo, estorbo, dificultad.

impending [ɪm'pendɪŋ] *adj.* inminente.

impersonate [ɪm'pɜːrsəneɪt] *v.* hacerse pasar por alguien.

impersonation [ɪm'pɜːrsə'neɪʃən] *n.* **1** personificación, encarnación. **2** usurpación de identidad.

impersonator [ɪm'pɜːrsəneɪtər] *n.* persona que se hace pasar por otra, impostor.

impervious [ɪm'pɜːrviəs] *adj.* **1** impermeable. **2** hermético. **3** insensible.

impetus ['ɪmpətəs] *n.* ímpetu, impulso, arrebato; impulsión.

impinge [ɪm'pɪndʒ] *v. (on)* **1** usurpar. **2** impresionar.

impingement [ɪm'pɪndʒmənt] *n.* usurpación.

implement ['ɪmpləment] *v.* llevar a cabo, poner en práctica, poner en operación, volver efectivo, aplicar; ejecutar. *To implement a new procedure,* poner en práctica un nuevo procedimiento.

implement *n.* herramienta, utensilio (en general de tipo agrícola); artículo, objeto, instrumento.

implementation ['ɪmpləmen'teɪʃən] *n.* aplicación, puesta en práctica, puesta en marcha, ejecución.

import [ɪm'pɔːrt] *v.* importar.

import ['ɪmpɔːrt] *n.* **1** importación. *Import tariff,* tarifa de importación. **2** importaciones, mercancías importadas, artículos de importación, importaciones.

importation ['ɪmpɔːr'teɪʃən] *n.* importación.

import duty [-'duːti] derecho de importación (de mercancías).

importer [ɪm'pɔːrtər] *n.* importador.

import license [-'laɪsns] licencia de importación.

import permit [-pɜːr'mɪt] permiso de importación.

import quota [-'kwəʊtə] cuota de importación.

impound [ɪm'paʊnd] **1** poner en un depósito o encerrar (vehículos). **2** confiscar, embargar (mercancías).

imprest account/fund ['ɪmprest ə'kaʊnt/fʌnd] cuenta de anticipos de caja, cuenta de anticipos temporales.

imprint ['ɪmprɪnt] *n.* **1** impresión. *Card imprint,* se dice de la impresión que se toma de las tarjetas de crédito en la recepción de un hotel para garantizar el pago de los servicios que recibirá el cliente durante su estancia. **2** marca, sello, pie de imprenta.

imprison [ɪm'prɪzən] *v.* encarcelar, aprisionar.

imprisonment [ɪm'prɪzənmənt] *n.* cárcel, prisión.

improve [ɪm'pruːv] *v.* **1** mejorar. **2** mejorarse, hacer mejor, hacer más favorable.

improvement [ɪm'pruːvmənt] *n.* mejoramiento, progreso. *Financial improvement,* mejoramiento financiero.

impulse buying ['ɪmpʌls 'baɪɪŋ] se dice de lo que se compra de manera impulsiva o irreflexiva.

impulse shopping ['ɪmpʌls 'ʃɑːpɪŋ] se dice de las compras que se hacen de manera impulsiva o irreflexiva.

impulsive item ['ɪmpʌlsɪv 'aɪtəm] artículo que se compra bajo el influjo del momento.

inaccuracy [ɪn'ækjərəsi] *n.* inexactitud, imprecisión; error.

inaccurate [ɪn'ækjərət] *adj.* inexacto, impreciso; erróneo.

inadequacy [ɪn'ædɪkwəsi] *n.* inadecuación, insuficiencia.

inadequate [ɪn'ædɪkwət] *adj.* inadecuado, insuficiente.

inadmissible ['ɪnəd'mɪsəbəl] *adj.* inadmisible; inaceptable; improcedente.

inasmuch as ['ɪnəz'mʌtʃ æz] en vista de que, puesto que, ya que, dado que; en la medida en la que.

inaugurate [ɪn'ɔːgjəreɪt] *v.* **1** inaugurar. **2** dar posesión de un cargo.

inauguration [ɪn'ɔːgjə'reɪʃən] *v.* **1** inauguración. **2** (EU) *Inauguration Day,* día en que toma posesión de sus funciones el nuevo presidente.

inboard ['ɪnbɔːrd] *adj.* NAVIOS: del interior, en el interior (de la cabina).

inboard *adv.* NAVIOS: a bordo, dentro del casco de un barco.

in bond ['ɪn bɑːnd] en el almacén de la aduana.

inbound ['ɪnbaʊnd] NAVIOS: que se dirige a un puerto, que entra en un puerto.

Inc. [ɪnk] ver **Incorporated**.

in camera [ɪn'kæmərə] a puerta cerrada (procedimiento).

incapability [ɪn'keɪpə'bɪləti] *n.* **1** incapacidad. **2** inelegibilidad.

incapable [ɪn'keɪpəbəl] *adj.* incapaz, incompetente.

incapacitation ['ɪnkəpæsə'teɪʃən] *n.* **1** incapacidad; invalidez. *Incapacitation for work,* incapacidad de trabajo (principalmente después de un accidente de trabajo). **2** JUR.: privación de capacidad legal.

incapacitate ['ɪnkə'pæsəteɪt] *v.* **1** estar incapacitado. *To be incapacitated for work,* estar incapacitado para trabajar (principalmente después de un accidente de trabajo). **2** JUR.: privar de una capacidad legal.

in cash [ɪn kæʃ] en efectivo.

incentive [ɪn'sentɪv] *n.* incentivo, aliciente, estímulo. *Incentive bonus scheme,* plan de incentivos.

inception [ɪn'sepʃən] *n.* principio, comienzo, origen, orígenes.

inch [ɪntʃ] *n.* pulgada = 2.54 cm.

inch up [-ʌp] *v.* subir, aumentar poco a poco, progresivamente.

incidence ['ɪnsədəns] *n.* incidencia, efecto, consecuencia.

incident ['ɪnsədənt] *n.* incidente.

incident *adj. Incident to,* que acompaña a, inherente, propio de.

incidental ['ɪnsə'dentl] *adj.* fortuito, incidental, imprevisto. *Incidental expenses,* gastos imprevistos. *Incidental to,* que acompaña a, inherente o propio de.

incidentals ['ɪnsə'dentlz] *n.* gastos imprevistos.

incite [ɪn'saɪt] *v.* incitar.

incitement [ɪn'saɪtmənt] *n.* incitación, incentivo, estímulo.

include [ɪn'kluːd] *v.* incluir, adjuntar.

included [ɪn'kluːded] incluido, adjunto.

including [ɪn'kluːdɪŋ] incluso, inclusive; con inclusión de (se dice de las fechas). *Up to and including July 1st.,* incluyendo hasta el primero de julio, con inclusión del primero de julio.

inclusion [ɪn'kluːʒən] *n.* inclusión, hecho de incluir.

inclusive [ɪn'kluːsɪv] *adj.* total, que incluye, incluido. *From the 1st. to the 15th inclusive,* incluyendo del 1 al 15, con inclusión del 1 al 15. *Inclusive charge,* tarifa global.

inclusively [ɪn'kluːsɪvli] *adv.* inclusive.

inclusive rate [-reɪt] precio, tarifa global.

inclusive sum [-sʌm] suma global.

inclusive terms [-tɜːrmz] condiciones con todo incluido.

income ['ɪnkʌm] *n.* **1** ingreso, ingresos. *Earned income,* ingresos profesionales. *Other income,* otros ingresos. *Unearned income,* renta(s), plusvalía. *Gross income,* ingreso bruto. *Miscellaneous income,* ingresos diversos. *Net income,* ingreso neto. *Taxable income,* ingreso gravable. *To supplement one's income,* complementar sus ingresos. **2** EMPRESAS: beneficio(s).

income bracket [-'brækət] categoría de contribuyentes, nivel de ingresos.

income bonds [-bʌnds] bonos sobre ingresos (vinculados a la cuantía del ingreso).

income distribution [-'dɪstrɪ'bjuːʃən] distribución del ingreso.

income group [-gruːp] categoría o grupo de contribuyentes. *The lowest income group,* los contribuyentes con ingresos más bajos; los más desfavorecidos; los económicamente débiles.

income period [-'pɪriəd] ejercicio, periodo de ingresos.

income return [-rɪ'tɜːrn] declaración de impuestos.

income statement [-'steɪtmənt] estado de resultados, estado de pérdidas y ganancias.

income policy [-'pɑːləsi] política de ingresos.

income tax [-tæks] impuesto sobre la renta.

incoming ['ɪn'kʌmɪŋ] *adv.* **1** que entra, que llega. **2** (año) que empieza.

incoming mail [-meɪl] correo por recibir.

incoming order [-'ɔːrdər] pedido recibido.

incomings ['ɪn'kʌmɪŋz] *n. pl.* ingresos.

incompatibility ['ɪnkəm'pætə'bɪləti] *n.* incompatibilidad.

incompatible ['ɪnkəm'pætəbəl] *adj.* incompatible.

incompetence [ɪn'kɑːmpətəns] *n.* incompetencia.

incompetent [ɪn'kɑːmpətənt] *adj.* incompetente.

inconvenience ['ɪnkən'viːnjəns] *v.* molestar, incomodar, causar molestia.

inconvenience *n.* inconveniente, molestia. *We are sorry to put you to such inconvenience,* lamentamos mucho causarle tal molestia.

inconvenient ['ɪnkən'viːnjənt] *adj.* molesto, inoportuno, incómodo. *If this is not inconvenient to you,* si le conviene, si no le molesta, si le agrada.

inconvertibility ['ɪnkən'vɜːrtə'bɪləti] *n.* inconvertibilidad.

inconvertible ['ɪnkən'vɜːrtəbəl] *adj.* inconvertible, no convertible.

incorporate [ɪn'kɔːrpəreɪt] *v.* **1** incorporar, incluir, unir. **2** constituir una sociedad, formar una sociedad (en particular, constituirse en una sociedad por acciones). *Incorporated under the companies Act,* SOCIEDADES: creado, fundado, constituido conforme a la ley de sociedades.

incorporated [ɪn'kɔːrpəreɪted] *adj.* **1** incorporado. **2** (EU) constituido en sociedad por acciones (la abreviatura *Inc.* figura frecuentemente en la razón social de tales empresas). *Incorporated business,* empresa constituida como sociedad anónima.

incorporation [ɪn'kɔːrpə'reɪʃən] *n.* **1** incorporación, unión. **2** constitución en sociedad (por acciones).

increase [ɪn'kriːs] *v.* **1** incrementar, aumentar, subir. *To increase by 10 per cent per annum,* incrementar en un 10 por ciento al año. **2** agrandar, hacer subir.

increase ['ɪnkriːs] *n.* incremento, aumento, subida. *Price increase,* aumento de precios, subida de precios. *Wage increase,* aumento salarial.

increase in prices [-ɪn 'praɪsəs] aumento de precio, alza de precios.

increase in value [-ɪn 'væljuː] aumento de valor, plusvalía.

increase in wages [-ɪn 'weɪdʒəs] aumento salarial.

increment ['ɪŋkrəmənt] *v.* incrementar (aumento de una variable a partir de un valor generalmente constante).
increment *n.* 1 aumento. 2 cantidad aumentada. 3 (ligero) incremento en una serie de aumentos parecidos o proporcionales (índices, retiros, etc.). 4 *Unearned increment,* plusvalía (terrenos, etc.).
incremental ['ɪŋkrə'mentl] *adj.* que tiene relación con un aumento o que resulta de éste; indiciario, sujeto o relacionado con un índice. *Incremental cost,* costo diferencial. *Incremental profits,* utilidades derivadas de incrementos. *Incremental sales,* ventas que se incrementan.
incumbency [ɪn'kʌmbənsi] *n.* 1 incumbencia. 2 hecho de ocupar una función, un cargo, un puesto administrativo, un puesto oficial. 3 duración de una función oficial, de un cargo administrativo.
incumbent [ɪn'kʌmbənt] 1 titular de una función administrativa, de un puesto oficial. 2 candidato (en periodos electorales).
incumbrance [ɪn'kʌmbrənz] *n.* JUR.: cargos o gravámenes de una sucesión.
incur [ɪn'kɜːr] *v.* incurrir, arriesgarse, exponerse a, contraer (deudas). *To incur criticism,* exponerse a las críticas. *To incur losses,* incurrir en pérdidas.
incur no charges [-nəʊ 'tʃɑːrdʒes] sin gastos.
incur no expenses [-nəʊ ɪk'spenses] sin gastos.
incurred expenses [ɪn'kɜːrd ɪk'spenses] gastos causados.
indebted [ɪn'detəd] *adj.* 1 endeudado. 2 agradecido, en deuda.
indebtedness [ɪn'detədnəs] *n.* 1 deuda, monto de una deuda, endeudamiento. 2 *Mutual indebtedness,* deudas y créditos mutuos (entre dos partes). 3 hecho de estar en deuda con alguien.
indecisive ['ɪndɪ'saɪsɪv] *adj.* indeciso, irresoluto.
indefinite [ɪn'defənət] *adj.* 1 impreciso, indefinido, incierto, ambiguo. 2 indeterminado, indefinido (periodos, etc.).
indemnification [ɪn'demnɪfə'keɪʃən] *n.* indemnización, compensación, resarcimiento.
indemnify [ɪn'demnəfaɪ] *v.* 1 indemnizar, compensar, resarcir. 2 eximir de una sanción.
indemnitee [ɪn'demnə'tiː] *n.* indemnizado (persona que tiene derecho a una indemnización).
indemnity [ɪn'demnəti] *n.* 1 indemnización, compensación, resarcimiento. 2 garantía, seguro (contra pérdidas), caución. 3 eximir de una sanción. *He received indemnity for his overdrawn accounts,* no será sancionado por sus cuentas sobregiradas.

indent [ɪn'dent] *v.* 1 hacer un pedido. 2 JUR.: redactar (contratos, etc.), por partida doble.
indent ['ɪndent] *n.* pedido, vale de compra, orden de compra (proveniente del extranjero).
indented form [ɪn'dented fɔːrm] presentación de una carta con párrafos sangrados.
indented paragraph [ɪn'dented 'pærəgræf] párrafo con sangría.
indenture [ɪn'dentʃər] *v.* 1 ligar por medio de un contrato. 2 sujetar a un periodo de aprendizaje, contratar por medio de un convenio de aprendizaje.
indenture *n.* contrato sinalagmático, contrato bilateral, contrato entre dos partes. *Bond indenture,* contrato bilateral de emisión (entre la sociedad emisora de obligaciones y los obligacionistas).
indentures [ɪn'dentʃərs] *n.* contrato de aprendizaje.
independent ['ɪndɪ'pendənt] *n.* comerciante independiente.
independent retailer [-'riːteɪlər] *n.* detallista independiente.
independent shopkeeper [-'ʃɑːp kiːpər] *n.* tendero.
in-depth ['ɪn'depθ] *adj.* a fondo, exhaustivo.
index ['ɪndeks] *v.* 1 proporcionar un índice, elaborar un índice, añadir un índice. 2 clasificar. 3 indexar.
index *n.* 1 índice, índice de materias, tabla o cuadro descriptivo. *Index, card-index,* fichero. 2 *pl.* **indexes,** índices. *Consumer price index,* índice de precios al consumidor. *Dow Jones index,* índice Dow Jones para la Bolsa de Nueva York (establecido a partir de un cierto número de valores industriales). 3 indicio, prueba, señal.
index-book [-bʊk] carpeta de índices, repertorio.
index-card [-kɑːrd] *n.* ficha (de un fichero o archivo).
indexing ['ɪndeksɪŋ] *n.* 1 hecho de ordenar o clasificar basándose en un índice, proporcionar un índice. 2 indexación.
index-linked [-'lɪŋkt] indexado, vinculado con un índice.
index-number [-'nʌmbər] índice, indicador (de precios, etc.).
index-tied [-taɪd] indexado.
indicator ['ɪndəkeɪtər] *n.* indicador, luces intermitentes de los automóviles. *Economic indicators,* indicadores económicos.
indict [ɪn'daɪt] *v.* inculpar.
indictment [ɪn'daɪtmənt] *n.* inculpación.
indifferent [ɪn'dɪfrənt] *adj.* indiferente; insignificante, de poca importancia; regular. *Indifferent quality,* calidad regular. *Indifferent results,* resultados regulares.
indirect ['ɪndə'rekt] *adj.* indirecto. *Indirect cost,* costo indirecto. *Indirect labor,* mano

de obra indirecta. *Indirect tax,* impuesto indirecto.

indispensable ['ındıs'pensəbəl] *adj.* 1 indispensable, imprescindible. 2 obligatorio, ineludible.

individual ['ındə'vıdʒuəl] *n.* 1 individual; particular, personal, propio de. 2 individuo. *A private individual,* un simple particular. *Individual income tax,* impuesto sobre el ingreso de las personas físicas.

individuals ['ındə'vıdʒuəlz] personas físicas. *Individual income,* ingreso personal. *Individual contract,* contrato personal (de trabajo).

indorsable ['ın'dɔ:rsəbəl] *adj.* ver **endorsable,** endosable, transmisible por endoso.

indorse ['ın'dɔ:rs] *v.* = **endorse.** 1 endosar. 2 avalar. 3 aprobar. 4 respaldar.

indorsement ['ın'dɔ:rsmənt] *n.* 1 endoso. 2 aval. 3 SEG.: póliza adicional.

indorsee ['ın'dɔ:r'si:] *n.* endosatario.

indorser ['ın'dɔ:rsər] *n.* endosatario, aval, el que proporciona un aval.

induce [ın'du:s] *v.* 1 inducir, incitar, conducir a, persuadir. 2 causar, provocar.

induced demand [ın'du:sd dı'mɑ:nd] demanda inducida.

inducement [ın'du:smənt] *n.* 1 incentivo, estímulo, aliciente; móvil, motivo, atractivo. 2 JUR.: causa (de un contrato), consideración o ventaja que se produce en el momento en el cual se origina el contrato.

induction [ın'dʌkʃən] *n.* 1 inducción (razonamiento que va de lo particular a lo general). *Induction of facts,* presentación de pruebas (por enumeración de hechos). 2 admisión de nuevos miembros, incorporación. 3 MILIT.: reclutamiento (para el servicio militar). 4 iniciación, hecho de hacer algo por primera vez. *Induction of labor,* creación de mano de obra. 5 ELECTR.: inducción. 6 MECÁN.: admisión, entrada, llegada (de los gases).

industrial [ın'dʌstriəl] *adj.* 1 industrial. *industrial park* (EU), *Industrial site* (GB), parque industrial, zona industrial. 2 se dice de quien trata las relaciones entre los patrones y los obreros. *Industrial action,* huelga, movimiento de huelga. *To take industrial action,* hacer huelga. *Industrial country,* país industrializado. *Industrial disease,* enfermedad profesional. *Industrial injury,* accidente de trabajo. *Industrial relations,* relaciones industriales, relaciones entre la dirección y los empleados, entre los patrones y los sindicatos.

industrial accident [-'æksədənt] accidente de trabajo.

industrial company [-'kʌmpəni] compañía o empresa industrial.

industrial design [-dı'zaın] diseño industrial.

industrial dispute [-dı'spju:t] conflicto social, conflicto laboral.

industrial drawing [-'drɔ:ıŋ] dibujo industrial.

industrial injury [-'ındʒəri] accidente o daño sufrido en el trabajo.

industrial partner [-'pɑ:rtnər] socio industrial.

industrial relations [-rı'leıʃəns] relaciones industriales.

industrialist [ın'dʌstriələst] *n.* industrial; dirigente de una empresa.

industrialize [ın'dʌstriəlaız] *v.* industrializar.

industrials [ın'dʌstriəlz] *n.* valores (acciones) de las sociedades (o empresas) industriales, valores industriales.

industrial unrest [-'ʌn'rest] disturbios obreros; conflictos laborales.

industrialized world [ın'dʌstriəlaızd wɜ:rld] mundo industrializado; conjunto de países industrializados.

industry ['ındəstri] *n.* 1 industria. *Extracting industries,* industrias dedicadas a la extracción, industria minera. *Heavy industry,* industria pesada. *Mining industry,* industria minera. 2 sector comercial o industrial, rama industrial. *The insurance industry,* los seguros.

industry-wide [-waıd] extensivo a toda la industria, en toda la industria, en todo el sector industrial (una industria en general o un sector en particular).

ineffective ['ınə'fektıv] *adj.* ineficaz, sin efecto; que no produce efecto, que no cumple su propósito.

ineffectiveness ['ınə'fektıvnəs] *n.* ineficacia, falta de eficacia.

inefficiency ['ınə'fıʃənsi] *n.* 1 ineficacia (de una medida, etc.). 2 incapacidad, incompetencia, ineficiencia (de una persona).

inefficient ['ınə'fıʃənt] *adj.* 1 ineficacia (medidas, etc.). 2 incapaz, incompetente, ineficiente (personas).

inelastic ['ınə'læstık] *adj.* que no es elástico (demanda, etc.), fijo.

inelasticity [ın'əlæs'tısəti] *n.* falta de elasticidad (demanda, etc.), fijeza.

ineligible [ın'elədʒəbəl] *adj.* 1 inelegible (candidatos). 2 que no llena las condiciones requeridas (aspirantes, etc.). 3 inadecuado.

inexpensive ['ınık'spensıv] *adj.* barato, poco costoso, económico.

inexperienced ['ınık'spıriənst] *adj.* inexperto, novicio.

inflate [ın'fleıt] *v.* inflar, hinchar, acrecentar. *To inflate the currency,* aumentar el dinero en circulación, recurrir a la inflación. *The assets had been artificially inflated,* los activos fueron inflados artificialmente. *Inflated figures,* cifras infladas. *Inflated inventories*, inventarios inflados. *Inflated profits*, utilidades infladas. *Inflated sales*, ventas infladas.

inflation [ɪn'fleɪʃən] *n.* inflación; aumento; crecimiento. *Double-digit inflation*, inflación de dos dígitos. *Inflation ridden*, presa de la inflación.

inflation accounting [-ə'kauntɪŋ] contabilidad para inflación, contabilización del efecto inflacionario.

inflationary [ɪn'fleɪʃəneri] *adj.* inflacionario, inflacionista. *Inflationary pressures*, presiones inflacionarias.

inflow ['ɪnfləu] *n.* afluencia, flujo de entrada, ingreso, llegada, entrada. *Inflow of capital*, flujo o aflujo de capitales; aportación de capitales.

influence ['ɪnfluəns] *v.* influir en, influenciar.

influence *n.* influencia. JUR.: *undue influence*, intimidación.

influential ['ɪnflu'entʃəl] *adj.* influyente.

influx ['ɪnflʌks] *n.* afluencia, flujo de entrada, llegada.

inform [ɪn'fɔ:rm] *v.* informar, hacer saber, avisar.

informal [ɪn'fɔ:rməl] *adj.* **1** oficioso; extraoficial, no oficial. **2** sin ceremonia; familiar, sencillo. **3** JUR.: fuera de las reglas, de los estatutos, irregular.

informality ['ɪnfɔ:r'mæləti] *n.* **1** ausencia de ceremonias; carácter íntimo, sencillo. **2** JUR.: vicio o defecto de forma, irregularidad.

informant [ɪn'fɔ:rmənt] *n.* **1** informante, persona que informa. **2** JUR.: declarante.

information ['ɪnfər'meɪʃən] *n.* información, dato. *A piece of information*, una información, un dato. *Information bureau, information center* (GB *centre*), *information office*, oficina de información. *Information desk*, escritorio o mesa de informes. *Information retrieval*, recuperación de la información. *Information processing*, procesamiento de la información. *Information systems*, sistemas de información. *Information technology*, tecnología de la información. *For further information*, si se desean mayores informes..., para mayor información... *The information explosion*, la revolución en los medios de comunicación.

informatics [ɪn'fɔ:r'mætɪks] *n.* informática.

informative [ɪn'fɔ:rmətɪv] *adj.* informativo. *Informative report*, reporte informativo.

infringe [ɪn'frɪndʒ] *v.* infringir, violar, transgredir. *To infringe a patent*, usurpar una patente, violar la ley de patentes.

infringement [ɪn'frɪndʒmənt] *n.* infracción, violación, transgresión. *Patent infringement*, infracción contra la ley de patentes, usurpación de una patente.

infringer [ɪn'frɪndʒər] *n.* **1** infractor, violador. **2** falsificador.

ingenious [ɪn'dʒi:njəs] *adj.* ingenioso.

ingenuity [ɪndʒə'nu:əti] *n.* ingenio, ingeniosidad.

in good repair [ɪn gud rɪ'per] en buen estado.

ingot ['ɪŋgət] *n.* lingote.

inhabit [ɪn'hæbət] *v.* habitar.

inhabitant [ɪn'hæbətənt] *n.* habitante; residente (en un inmueble).

inherit [ɪn'herət] *v.* heredar.

inheritance [ɪn'herətəns] *n.* herencia, sucesión; patrimonio. *To come into an inheritance*, recibir una herencia, heredar.

inheritance tax [-tæks] impuesto sobre sucesiones.

inheritor [ɪn'herətər] *n.* heredero.

inheritress [ɪn'herətrəs] *n.f.* heredera.

inheritrix [ɪn'herətrɪks] *n.* heredera.

inhibit [ɪn'hɪbət] *v.* inhibir, impedir; obstaculizar; reprimir. *To inhibit growth*, inhibir el crecimiento, paralizar el crecimiento.

in-house [ɪn haus] en el interior de la empresa, internamente.

in-house training [-'treɪnɪŋ] capacitación interna, en el interior de la empresa.

in ink [ɪn ɪŋk] con tinta.

initial [ɪ'nɪʃəl] *v.* rubricar, refrendar, firmar al margen; autenticar un documento poniendo uno sus iniciales.

initial *adj.* inicial, de origen.

initial capital [-'kæpətl] capital inicial.

initial expenses [-ɪk'spensəs] gastos de primera instalación (de un comercio, de las sociedades, etc.), gastos iniciales.

initials [ɪ'nɪʃəlz] *n.* iniciales, rúbrica.

initiate [ɪ'nɪʃieɪt] *v.* iniciar, lanzar, entablar, inaugurar, ser el origen de, empezar, adoptar (un procedimiento). *To initiate a bill*, proponer un proyecto de ley.

initiate proceedings [-prəu'si:dɪŋz] *v.* instituir, iniciar, entablar un procedimiento legal.

initiation [ɪ'nɪʃi'eɪʃən] *n.* inicio, principio, comienzo; hecho de entablar un procedimiento, hecho de proponer (un proyecto de ley); etapa inicial, se dice de la primera vez que se establece una empresa.

initiative [ɪ'nɪʃətɪv] *n.* iniciativa.

initiative *adj.* preliminar, preparatorio, introductorio.

initiator [ɪ'nɪʃieɪtər] *n.* iniciador; el que lanza (una idea); persona a quien se debe el origen de algo.

initiatory [ɪ'nɪʃietəri] *adj.* iniciatorio, preliminar, introductorio.

injunction [ɪn'dʒʌŋkʃən] *n.* mandato, orden; a veces se traduce como "amparo". JUR.: *Court injunction*, auto, fallo, juicio de un tribunal, solicitación.

injure ['ɪndʒər] **v. 1** herir. **2** dañar, lastimar, causar un perjuicio, hacer daño a alguien. **3** deteriorar, estropear, averiar.
injured ['ɪndʒərd] **adj. 1** herido. *The injured,* los heridos, los accidentados. **2** dañado, perjudicado, ofendido, el que sufre un daño. *The injured party,* la parte perjudicada, el ofendido. **3** averiado, estropeado, deteriorado.
injury ['ɪndʒəri] **n. 1** herida; lesión. *Personal injury, bodily injury,* daño corporal, daño físico. *Injuries to workmen,* accidentes de trabajo. **2** perjuicio, detrimento, mal, daño. **3** averías, deterioros, defectos.
ink [ɪŋk] **n.** tinta. *Black ink,* posición acreedora (*lit.* tinta negra, números negros). *Red ink,* posición deudora (*lit.* tinta roja, números rojos). *Rising red ink,* aumento del déficit.
inland ['ɪnlənd] **adj.** interior. *Inland navigation,* navegación fluvial. *Inland trade,* comercio interior. *Inland freight,* flete terrestre.
inland bill [-bɪl] tratado o acuerdo interior.
inland rate [-reɪt] tarifa, régimen interior (correo, etc.).
Inland Revenue (the) [-'revənu: (ði)] (GB) el fisco, las contribuciones.
inland waterways [-'wɔːtərweɪz] vías navegables, vías fluviales, canales.
inn [ɪn] **n.** albergue.
inn-keeper [-'kiːpər] **n.** hotelero.
innovate ['ɪnəveɪt] **v.** innovar.
innovation ['ɪnə'veɪʃən] **n.** innovación.
innovator ['ɪnəveɪtər] **n.** innovador, creador, inventor.
inobservance ['ɪnəb'zɜːrvəns] **n.** inobservancia, incumplimiento (de una cláusula, de un contrato).
inordinate [ɪ'nɔːrdnət] **adj.** excesivo, inmoderado, desmesurado. *Inordinate spending,* gastos desmesurados.
in-plant [ɪn plænt] (que ocurre) en el lugar de trabajo, en el interior de la fábrica. *In-plant training program* (EU), programa de capacitación en el lugar de trabajo (en la fábrica).
input ['ɪnput] **n.** entrada, factor de producción, insumo, alimentación, potencia proporcionada o absorbida, llegada, número de elementos, de unidades, etc., proporcionados; cantidad, suma de datos proporcionados o alimentados, etc. *Input unit,* unidad de entrada.
inquire [ɪn'kwaɪr] **v. 1** informarse, obtener informes, preguntar, solicitar informes. **2** investigar, hacer una investigación. *I'll inquire into the matter personally,* estudiaré el asunto personalmente.
inquiry [ɪn'kwaɪri] **n. 1** pregunta, investigación. *To make inquires into something,* pedir información, hacer una investigación. *Inquiry office, inquiries office,* oficina de informes. **2** *Judicial inquiry,* investigación judicial, instrucción.

inroad ['ɪnrəud] **n.** incursión, intrusión; usurpación. *To make inroads into a market,* incursionar en un mercado, penetrar en un mercado.
inscribe [ɪn'skraɪb] **v.** inscribir.
inscribed stock [ɪn'skraɪbd stɑːk] títulos registrados, títulos nominativos, acciones nominativas, acciones registradas.
inscription [ɪn'skrɪpʃən] **n.** inscripción. *Inscriptions,* títulos nominativos, acciones nominativas.
insert [ɪn'sɜːrt] **v.** insertar, hacer figurar (cláusulas, artículos). *To insert an ad,* poner un anuncio clasificado (en un diario).
insert ['ɪnsɜːrt] **n.** encarte (por ejemplo, encarte publicitario).
insertion [ɪn'sɜːrʃən] **n.** inserción, aplicación (de una cláusula). *Insertion order,* orden de insertar.
inset ['ɪnset] **n.** encarte; hoja intercalada.
inside information ['ɪn'saɪd 'ɪnfər'meɪʃən] **n.** BOLSA: información confidencial.
insider [ɪn'saɪdər] **n.** personal interno, persona que forma parte de una organización, iniciado. *Company insider,* miembro de una compañía (en particular, la palabra *insider* designa a la persona que tiene acceso a información confidencial, en razón de su función o de su rango, dentro de una organización. En el campo bursátil, el término se aplica a los ejecutivos, a los dirigentes de una empresa o a los tenedores de más del 10 por ciento del valor de las acciones cotizadas de una misma empresa).
insider trading [-'treɪnɪŋ] BOLSA: delito de mal uso de la información confidencial, delito de iniciado (utilización ilegal y lucrativa de los informes confidenciales a los que se tiene acceso por el hecho de desempeñar un empleo).
insist [ɪn'sɪst] **v.** insistir. *To insist on payment,* exigir el pago.
insofar as ['ɪnsə'fɑːr æz] en la medida en la que.
insolvency [ɪn'sɑːlvənsi] **n.** insolvencia, falta de capacidad de pago; fracaso empresarial.
insolvent [ɪn'sɑːlvənt] **adj.** insolvente. *Insolvent debtor,* deudor insolvente.
inspect [ɪn'spekt] **v.** inspeccionar, examinar, registrar, verificar.
inspection [ɪn'spekʃən] **n.** inspección, examen; registro, verificación, vigilancia; visita médica, (en caso de daño corporal); estudio del expediente individual de un demandante de seguros. *Inspection copy,* libro, ejemplar de muestra. ADUANAS: *Inspection order,* orden de inspección. *To buy goods on inspection,* comprar bajo inspección.
inspector [ɪn'spektər] **n.** inspector, vigilante, verificador, revisor. *Tax inspector,* inspector

fiscal, revisor fiscal, verificador de contribuciones.

install [ɪn'stɔːl] instalar, montar, poner, colocar. *To install a plant,* instalar una fábrica, montar una fábrica, poner una fábrica.

installation ['ɪnstə'leɪʃən] *n.* 1 instalación, montaje, colocación. 2 aparatos, instalaciones. *Installation expenses,* gastos de instalación.

installment [ɪn'stɔːlmənt] *n.* (EU) 1 pago parcial, pago parcial a cuenta. *Monthly installment,* pago mensual, mensualidad. *To pay by installments,* pagar a plazos. 2 serie, lote (préstamos, créditos...).

installment contract [-'kɑːntrækt] contrato de compra o de venta a crédito.

installment credit [-'krədət] crédito para la compra, crédito para la venta.

installment loan [-ləʊn] crédito (préstamo) para comprar a plazos.

installment payment [-'peɪmənt] liquidación a plazos.

installment plan [-plæn] plan, sistema, calendario de pagos a plazos.

installment purchases [-'pɜːrtʃəsəs] compras en abonos.

installment sales [-seɪls] ventas en abonos.

installment selling [-'selɪŋ] venta a plazos, venta a crédito.

instalment [ɪn'stɔːlmənt] (GB) ver **installment**.

instant ['ɪnstənt] *adj.* 1 inmediato. 2 (se abrevia **inst.**) corriente, de este mes. *On the 10th instant,* el día 10 del corriente, el día 10 de este mes (esta forma ha caído en desuso).

institute ['ɪnstətuːt] *v.* 1 establecer, fundar, crear, constituir (una empresa). 2 instituir, entablar, iniciar, intentar. *To institute an inquiry,* ordenar una investigación. 3 JUR.: *To institute somebody as heir,* nombrar a alguien heredero.

institute proceedings [-prəʊ'siːdɪŋz] *v.* entablar, instituir, iniciar un procedimiento legal, instituir un proceso judicial, presentar una queja, perseguir por medio de la justicia.

institution ['ɪnstə'tuːʃən] *n.* 1 institución, establecimiento, organización, asociación, fundación. 2 constitución, creación, fundación (de un organismo). 3 apertura, institución (de una encuesta). 4 JUR.: institución, nombramiento (de un heredero).

institutional investor ['ɪnstə'tuːʃnəl ɪn'vestər] inversionista institucional (bancos, etc.).

institutional advertising ['ɪnstə'tuːʃnəl 'ædvərtaɪzɪŋ] publicidad institucional, publicidad de prestigio.

institutional broadcast ['ɪnstə'tuːʃnəl 'brɔːdkæst] emisión de interés público, institucional.

institutional trading ['ɪnstə'tuːʃnəl 'treɪdɪŋ] transacciones bursátiles de los inversionistas institucionales.

instruct [ɪn'strʌkt] *v.* 1 informar, manifestar, instruir con relación a un hecho. 2 dar instrucciones, dar directrices. 3 encargar, encomendar (a alguien que haga algo).

instruction book [ɪn'strʌkʃən bʊk] manual de instrucciones.

instructions [ɪn'strʌkʃənz] *n.* instrucciones, directrices, indicaciones, consignas, órdenes; mandato, cargo.

instructions for use [-fɔːr juːs] modo de empleo, consejos de utilización, instrucciones de uso.

instrument ['ɪnstrəmənt] *n.* 1 instrumento, aparato. *Instrument board, instrument panel,* tablero de instrumentos. 2 instrumento de comercio, de crédito. *Financial instrument,* instrumento financiero. *Negotiable instrument,* instrumento negociable. 3 acta, documento oficial, acta notarial.

instrumental (to be) ['ɪnstrə'mentl (tuː biː)] contribuir. *His decision was instrumental in bringing about the strike,* su decisión contribuyó a provocar la huelga.

in substance defeasance [ɪn 'sʌbstəns dɪ'fiːsəns] CONTAB.: pago de las deudas.

insulate ['ɪnsəleɪt] *v.* aislar, proteger contra el calor; proteger.

insulation ['ɪnsə'leɪʃən] *n.* aislamiento. *Heat insulation,* aislamiento contra el calor.

insulator ['ɪnsəleɪtər] *n.* aislante; aislador.

insurable [ɪn'ʃʊrəbəl] *adj.* asegurable, susceptible de ser asegurado.

insurance [ɪn'ʃʊrəns] *n.* seguro. *To take out an insurance (policy),* tomar un seguro, contratar un seguro, asegurarse. *Burglary insurance,* seguro contra robo. *Comprehensive insurance,* seguro contra riesgos múltiples. *Fire insurance,* seguro contra incendios. *Fire and theft insurance,* seguro contra incendio y robo. *Life insurance,* seguro de vida. *Marine insurance,* seguro marítimo. *National insurance,* Seguridad Social. *Third-party insurance,* seguros para terceros.

insurance-broker [-'brəʊkər] corredor de seguros, agente de seguros, asegurador.

insurance company [-'kʌmpəni] compañía de seguros.

insurance coverage [-'kʌvərɪdʒ] cobertura de un seguro.

insurance expenses [-ɪk'spensəs] gastos de seguros.

insurance policy [-'pɑːləsi] póliza de seguros, seguro.

insurance premium [-'priːmiəm] prima de seguros.

insure [ɪn'ʃʊr] v. 1 asegurar. 2 hacer asegurar. 3 asegurar, afirmar, certificar, garantizar (la ejecución de). 4 v.i. asegurarse, hacerse asegurar.
insured [ɪn'ʃʊrd] n. The insured, el asegurado, los asegurados.
insured adj. asegurado.
insurer [ɪn'ʃʊrər] n. asegurador.
intangible n. bien intangible.
intangible [ɪn'tændʒəbəl] adj. intangible, incorpóreo. Intangible asset, activo intangible. Intangible property, propiedad intangible.
integrate ['ɪntəgreɪt] v. 1 integrar. 2 concentrar, fusionar. 3 integrarse. 4 complementarse.
integrated circuit ['ɪntəgreɪtəd 'sɜːrkət] circuito integrado.
integration ['ɪntə'greɪʃən] n. 1 integración. 2 complementación.
intensive [ɪn'tensɪv] adj. intensivo. Capital-intensive industry, industria de capitales (se dice de la industria que hace un uso intenso de los bienes de capital). Labor-intensive industry, industria de la mano de obra (se dice de la industria que hace un uso intenso de la mano de obra).
intent [ɪn'tent] n. intención, propósito. JUR.: With intent, con deliberación, deliberadamente. To all intents and purposes, desde cualquier punto de vista, desde cualquier perspectiva; virtualmente. Intent letter, carta de intención.
intentional [ɪn'tentʃnəl] adj. intencional, deliberado. Intentional act, acto deliberado. Intentionally, a propósito, intencionalmente.
interactive ['ɪntər'æktɪv] adj. interactivo.
inter-branch accounts ['ɪntər'bræntʃ ə'kaunts] cuentas intersucursales.
inter-company accounts ['ɪntər 'kʌmpəni ə'kaunts] cuentas intercompañía.
inter-company transfers ['ɪntər 'kʌmpəni 'trænsfɜːrs] transferencias entre compañías.
inter-department profits ['ɪntər dɪ'pɑːrtmənt 'prɑːfəts] utilidades interdepartamentales.
inter-office balances ['ɪntər 'ɑːfəs bælənsəs] saldos entre oficinas.
interchangeable ['ɪntər'tʃeɪndʒəbəl] adj. intercambiable, permutable.
intercom ['ɪntərkɑːm] teléfono interno, teléfono de comunicación interna, interfono.
interconnect ['ɪntərkə'nekt] v. interconectar, ligar, vincular, establecer relaciones cruzadas; asegurar la unión.
interconnected ['ɪntərkə'nekted] adj. interconectado, ligado, vinculado; que depende el uno del otro.
intercourse ['ɪntərkɔːrs] n. relación, relaciones, conexión, conexiones, comercio, intercambios, comunicación, comunicaciones.
interdependence ['ɪntərdɪ'pendəns] n. interdependencia.

interdependent ['ɪntərdɪ'pendənt] adj. interdependiente.
interdict ['ɪntər'dɪkt] v. prohibir.
interdiction ['ɪntər'dɪkʃən] n. 1 prohibido. 2 prohibición.
interest ['ɪntrəst] v. interesar.
interest n. 1 interés. To bear, to carry, to yield an interest, producir, causar, redituar un interés. Accrued interest, interés acumulado, devengado, vencido. Back interest, intereses atrasados. Compound interest, interés compuesto. Earned interest, interés ganado. Payable interest, interés por pagar. Receivable interest, interés por cobrar. Simple interest, interés simple. Interest on term investments, intereses sobre inversiones a plazo. 2 participación, colocación, inversión, capitales. To have a vested interest in a concern, tener una participación en una empresa, estar interesado en una empresa. Vested interests, los intereses adquiridos, intereses adquiridos por las personas que ocupan un lugar en particular. 3 ventaja, utilidad.
interest-bearing [-'berɪŋ] aquello que produce intereses. Interest-bearing investment, inversión que produce intereses. Interest-bearing securities, valores que producen intereses.
interest expense [-ɪk'spens] gastos de intereses.
interest income [-'ɪnkʌm] ingresos por intereses.
interested ['ɪntrəstəd] adj. interesado; implicado, concernido. To be interested in something, interesarse en algo.
interest paid [-peɪd] interés pagado.
interest rate [-reɪt] tasa de interés. Fixed interest rate, tasa de interés fija. Variable or floating interest rate, tasa de interés flotante o variable.
interface ['ɪntərfeɪs] n. interface.
interfere ['ɪntər'fɪr] v. interferir, entrometerse, interponerse, meterse, molestar, obstaculizar, contrariar, estorbar.
interference ['ɪntər'fɪrəns] n. interferencia, injerencia, intrusión, intervención, intromisión.
interim ['ɪntərəm] n. interino.
interim adj. interino, provisional, transitorio. Interim financial reports, reportes financieros preparados a fechas intermedias.
interim dividend [-'dɪvədend] dividendo provisional, pago a cuenta de dividendos.
intermediary ['ɪntər'midieri] n. intermediario; JUR.: persona interpuesta.
intermediary adj. intermediario, intermedio. Intermediary goods, semi-productos, bienes intermedios.
intermediate ['ɪntər'miːdiət] adj. intermediario; medio; a mediano plazo. Intermediate credit, crédito a mediano plazo. Intermediate level, (de) nivel intermedio.

intermediates ['ɪntər'miːdiəts] *n.* productos intermedios.
intermission ['ɪntər'mɪʃən] *n.* interrupción, pausa, entreacto, suspensión. *Without intermission,* sin tregua, sin interrupción, sin escala.
in terms of [ɪn tɜːrms ɑːv] en términos de, bajo la perspectiva de, dentro del dominio de, en lo que se refiere a.
internal [ɪn'tɜːrnl] *adj.* interior, interno. *Internal auditing,* auditoría interna. *Internal control,* control interno. *Internal rate of return,* tasa interna de rendimiento.
internal audit [-'ɔːdət] CONTAB.: auditoría interna, revisión interna.
internal auditor [-'ɔːdətər] auditor interno.
Internal Revenue Service [-'revənuː 'sɜːrvəs] **(I.R.S.)** [aɪ ɑːr es] (EU) el fisco.
internal trade [-treɪd] comercio interior.
international ['ɪntər'næʃnəl] *adj.* internacional. *International trade,* comercio internacional. *International union* (EU), sindicato internacional, sindicato de los Estados Unidos que también existe dentro de otro país (por lo general en Canadá).
International Monetary Fund [-'mɑːnəteri fʌnd] **(I.M.F.)** [aɪ em ef] Fondo Monetario Internacional (F.M.I.).
internationalization ['ɪntər'næʃnelɪ 'seɪʃən] *n.* internacionalización.
internationalize ['ɪntər'næʃnəlaɪz] *v.* 1 internacionalizar. 2 internacionalizarse.
internationally ['ɪntər'næʃnəli] *adv.* internacionalmente.
internship ['ɪntɜːrnʃɪp] *n.* 1 internado (medicina, etc.). 2 estancia en una empresa.
interpersonal ['ɪntər'pɜːrsnəl] *adj.* interpersonal.
interphone ['ɪntər'fəʊn] *n.* interfono.
interpret [ɪn'tɜːrprət] *v.* 1 interpretar, explicar, descifrar. 2 desempeñar el papel de intérprete, interpretar.
interpretation ['ɪn'tɜːrprə'teɪʃən] *n.* 1 interpretación, traducción. 2 intérprete, traductor.
interpreter [ɪn'tɜːrprətər] *n.* intérprete.
interrelated ['ɪntərɪ'leɪtəd] *adj.* interrelacionado, ligado, vinculado, codependiente, en relación estrecha.
interrelation ['ɪntərɪ'leɪʃən] *n.* interrelación, relación mutua, influencia recíproca; interacción.
interrupt ['ɪntə'rʌpt] *v.* interrumpir.
interstate ['ɪntər'steɪt] *adj.* interestatal, entre estados (se utiliza especialmente para las relaciones que existen entre los diferentes estados de la Unión Americana). *Interstate Commerce,* el comercio entre estados.
intervene ['ɪntər'viːn] *v.* intervenir.
intervention ['ɪntər'ventʃən] *n.* intervención.

interventionism ['ɪntər'ventʃənɪzəm] *n.* intervencionismo.
interview ['ɪntərvjuː] *v.* entrevistar; tener una entrevista con alguien.
interview *n.* entrevista; reunión, encuentro. *To ask for an interview,* solicitar una entrevista, solicitar una cita.
interviewee ['ɪntərvjuː'iː] *n.* entrevistado, persona entrevistada.
interviewer ['ɪntərvjuːər] *n.* entrevistador.
in the long run [ɪn ðə lɔːŋ rʌn] a largo plazo.
in the short run [ɪn ðə ʃɔːrt rʌn] a corto plazo.
intimate ['ɪntəmət] *adj.* íntimo.
intimate knowledge [-'nɑːlɪdʒ] conocimiento profundo.
in the black [ɪn ðə blæk] *To be in the black,* tener un saldo positivo. *To be back in the black, to return to the black,* recuperar un saldo positivo.
in the red [ɪn ðə red] tener un déficit; con números rojos; deber dinero.
introduce ['ɪntrə'duːs] *v.* 1 presentar. *May I introduce Mr. X to you,* le presento al Sr. X. 2 establecer, hacer adoptar, introducir. *This new clause was introduced last May,* esta nueva cláusula fue adoptada en mayo pasado. *To introduce a bill,* presentar un proyecto de ley. 3 introducir, introducir al mercado de cotizaciones, introducir en bolsa. 4 *To introduce a product on the market,* lanzar un producto al mercado. 5 CINE: *Introducing...,* con la presentación de...
introduction ['ɪntrə'dʌkʃən] *n.* 1 presentación (de una persona a otra). *Letter of introduction,* carta de presentación, carta de introducción, carta de recomendación. 2 introducción (de una medida), depósito, introducción (de una propuesta, etc.). 3 introducción en el mercado bursátil.
introductory ['ɪntrə'dʌktəri] *adj.* introductorio, preliminar. *Introductory offer,* oferta promocional (que se realiza en el momento del lanzamiento de un producto o servicio, etc.).
invade [ɪn'veɪd] *v.* invadir.
invalidate [ɪn'vælədeɪt] *v.* invalidar, anular, casar.
invalidation [ɪn'vælə'deɪʃən] *n.* 1 invalidación, casación, anulación. 2 recurso de nulidad.
invalidity ['ɪnvə'lɪdəti] *n.* 1 invalidez (de un contrato, etc.). 2 invalidez, incapacidad de trabajo.
inventories ['ɪnvəntɔːriz] *n. pl.* CONTAB.: inventarios, almacenes.
inventory ['ɪnvəntɔːri] *v.* inventariar, hacer, levantar o tomar un inventario (se dice en particular de un inventario de mercancías).
inventory *n.* 1 inventario. *Beginning inventory,* inventario inicial (al principio del ejercicio). *Closing inventory, ending inventory,* inventario

final (al cierre del ejercicio). **2** almacén. **3** relación de mercancías, existencias. *Overstated inventory*, inventario sobrevaluado. *Perpetual inventory*, inventario(s) perpetuo(s). *Physical inventory*, inventario físico. *Understated inventory*, inventario subvaluado.

inventory carrying cost [-'kæriiŋ kɔːst] costo de mantenimiento del inventario.

inventory control [-kən'trəʊl] control de inventarios.

inventory costing methods [-'kɔːstiŋ 'meθəds] métodos de valuación de inventarios: *Simple average*, promedios simples aritméticos. *Retail method*, método detallista. *Gross profit method*, método de la utilidad bruta. *Cost price*, precio de costo. *Perpetual inventory*, inventarios perpetuos. *First in first out (F.I.F.O.)*, primeras entradas primeras salidas. *Last in first out (L.I.F.O.)*, últimas entradas primeras salidas. *Cost or market value, whichever is lower*, costo o valor de mercado, el que sea más bajo.

inventory records [-'rekərdz] tarjetas de inventario, tarjetas de almacén.

inventory shortages [-ʃɔːrtidʒəs] faltantes de inventario.

inventory shrinkage [-'ʃriŋkidʒ] faltante de inventario.

inventory management [-'mænidʒmənt] administración de inventarios.

inventory valuation [-'vælju'eiʃən] valuación del inventario.

invest [in'vest] *v.* **1** invertir dinero, colocar fondos, depositar dinero. *Invested capital*, capital invertido, capitales invertidos; capitales permanentes. **2** confiar (una responsabilidad a alguien), conferir (una responsabilidad, una misión a alguna persona, etc.). *To invest someone with a function*, conferir a alguien una función. *Most of the real power is invested in the board*, la mayor parte del poder real se le confía al consejo de administración, el consejo de administración detenta la mayor parte del poder real.

investigate [in'vestəgeit] *v.* investigar, hacer una investigación, estudiar, examinar, escrutar. *We will investigate the matter thoroughly*, examinaremos el asunto minuciosamente.

investigation [in'vestə'geiʃən] *n.* investigación, estudio, instrucción (de un litigio).

investigator [in'vestəgeitər] *n.* investigador, examinador, averiguador.

investment [in'vestmənt] *n.* inversión, colocación, depósito de fondos en una inversión, valores de una cartera. *Investment in affiliated companies*, inversión en compañías afiliadas. *Investment in shares*, inversiones en acciones. *Investment trusts*, fondos de inversión. *Closed-end investment trust*, sociedad de colocaciones de capital fijo. *Open-end investment trust*, sociedad de colocaciones de capital variable. *Fixed-yield investment*, inversión de rendimiento fijo. *Investment bank*, banco de inversión. *Investment banker*, banquero de inversiones, banquero de colocaciones, (EU) banco de negocios. *Investment company/fund/house*, sociedad de inversión, sociedad de colocaciones colectivas. *Investment-tax credit*, crédito fiscal a la inversión. *Permanent investments*, inversiones permanentes. *Short-term investments*, inversiones a corto plazo. *Temporary investments*, inversiones temporales.

investor [in'vestər] *n.* inversionista; ahorrador. *Small investors*, pequeños ahorradores. *Institutional investors*, inversionistas institucionales.

in view of [in vjuː ɑːv] en vista de que, en razón de que.

invisible [in'vizəbəl] *adj.* invisible. *Invisible exports*, exportaciones invisibles.

invisibles [in'vizəbəlz] *n.* exportaciones invisibles, importaciones invisibles, exportaciones e importaciones invisibles.

invitation ['invə'teiʃən] *n.* invitación. *Invitation to tender, invitation for tenders*, invitaciones a ofertas directas, adjudicación.

invite [in'vait] *v.* invitar, hacer un llamado. *Applications are invited for the position of*, se invita a presentar solicitudes para el puesto de...

invoice ['invɔis] *v.* facturar.

invoice *n.* factura. *As per invoice*, conforme a la factura. *Consular invoice*, factura consular. *Pro forma invoice*, factura pro forma. *To make out an invoice*, extender una factura. *To receipt an invoice*, liquidar una factura.

invoice-book [-bʊk] libro de facturas, registro de facturas.

invoice-clerk [-klɜːrk] persona encargada de las facturas, encargado de la facturación.

invoicing ['invɔisiŋ] *n.* facturación.

involve [in'vɑːlv] *v.* **1** comprender, incluir, implicar, originar. **2** involucrar, comprometer, implicar a una persona. *To be involved in exports*, ocuparse de las exportaciones. *To be involved in a law suit*, estar implicado en un proceso legal.

involved [in'vɑːlvd] **1** *To be involved in something*, tener participación en una actividad; tener relación con, estar implicado en. **2** complicado, complejo. *An involved situation*, una situación complicada, compleja.

involvement [in'vɑːlvmənt] *n.* **1** implicación, hecho de estar implicado en. **2** complicación; confusión. **3** dificultades financieras.

inward ['inwərd] *adj.* interior, interno, hacia el interior. *Inward bill of lading*, conocimiento de embarque de entrada. NAVÍOS: *Inward bound*, de regreso, en el camino de regreso.

I.O.U. [aɪ əʊ juː] *n.* **(I owe you)** [aɪ əʊ juː]
1 *lit.* le debo a usted; se usa para reconocer
que se tiene una deuda (que no necesariamente
presenta un carácter legal). **2** pagaré.
iron ['aɪərn] *n.* hierro. *Iron-ore,* mineral de hierro. *Corrugated iron,* hierro corrugado.
iron-clad [-'klæd] a prueba de todo, integral,
"fuerte como el hierro".
iron out [-aʊt] *v.* aplanar, allanar (una dificultad).
iron and steel industry [-ænd stiːl 'ɪndəstri]
industria siderúrgica.
ironmonger ['aɪərn mɑːŋgər] *n.* ferretero.
ironworks ['aɪərnwɜːrks] *n.* fundición, fábrica
siderúrgica.
irredeemable ['ɪrɪ'diːməbəl] *adj.* **1** irredimible,
que no puede reembolsarse. **2** irremediable.
irregular [ɪ'regjələr] *adj.* irregular.
irrelevant [ɪ'reləvənt] *adj.* irrelevante, sin
importancia, sin relación con el problema, con
la cuestión; fuera de tema.
irrespective of ['ɪrɪ'spektɪv ɑːv] *adj.* independiente de.
irrespective of *adv.* independientemente de,
sin tener en cuenta a.
irresponsibility ['ɪrɪ'spɑːnsə'bɪləti] *n.*
irresponsabilidad.
irresponsible ['ɪrɪ'spɑːnsəbəl] *adj.* **1**
irresponsable; que no tiene sentido de la
responsabilidad; que no es dueño de sus actos;
inconsciente. **2** sin reflexión previa (actos), poco
serio. **3** *Financially irresponsible,* insolvente.
irrevocable [ɪ'revəkəbəl] *adj.* irrevocable. *Irrevocable letter of credit,* carta de crédito irrevocable.
isothermal, isothermic ['aɪsəθɜːrməl,
'aɪsəθɜːrmɪk] *adj.* isotérmico.
issuance ['ɪʃuːəns] *n.* **1** emisión, puesta en
circulación. *Common stock issuance,* emisión de

acciones comunes. **2** entrega (de una patente,
de un permiso para conducir, etc.).
issue ['ɪʃuː] *v.* **1** emitir, poner en circulación,
lanzar, publicar; poner en el mercado. *To issue
shares,* emitir acciones, *to issue a statement,*
publicar un comunicado. *Issued stock,* acciones
emitidas. **2** *To issue from,* provenir de.
issue *n.* **1** emisión, puesta en circulación, aparición, publicación, lanzamiento. **2** número,
edición (de una revista). *This month's issue,* el
número de este mes. **3** FIN., BOLSA: emisión. *Issue at par,* emisión a la par. *Issue above par,*
emisión por encima de la par. *Issue below
par,* emisión por debajo de la par. **4** problema,
pregunta (sujeta a controversias). *A point at issue,* un punto de controversia, muy discutido.
To take issue with somebody, expresar que se
está en desacuerdo con alguien.
issue a check [-ə tʃek] *v.* emitir un cheque.
issuer ['ɪʃuːər] *n.* emisor, distribuidor.
issuing ['ɪʃuːɪŋ] *n.* **1** emisión, lanzamiento.
2 publicación. **3** entrega, distribución (de
billetes, etc.).
issuing *adj.* **1** emisor, que emite, que hace
una emisión. *Issuing bank,* banco emisor. *Issuing house,* casa o banco de colocaciones. **2** *Issuing from,* proveniente de.
item ['aɪtəm] *n.* **1** artículo. **2** CONTAB.: asiento
contable, partida, renglón, rúbrica. *News item,*
noticias. *Item on the agenda,* punto del orden
del día.
itemization ['aɪtəmə'zeɪʃən] *n.* detalle (de una
cuenta), lista detallada.
itemize ['aɪtəmaɪz] *v.* detallar, establecer una
lista detallada.
itemized invoice ['aɪtəmaɪzed'ɪnvɔɪs]
factura detallada.
itinerant vendor [aɪ'tɪnərənt 'vendər]
vendedor ambulante.

I

j

jack [dʒæk] *n.* 1 clavija. 2 gato hidráulico.
jackpot (to hit the) [ˈdʒækpɑːt (tuː hɪt ðə)] ganar una gran suma, ganar el premio mayor, tener éxito.
jack up [-ʌp] *v.* aumentar, subir, alzar, incrementar (los precios).
jaded [ˈdʒeɪdəd] *adj.* 1 harto, ahíto. 2 extenuado; excedido. *Jaded consumers,* consumidores extenuados.
jail [dʒeɪl] *v.* encarcelar.
jail *n.* cárcel, prisión.
jam [dʒæm] *v.* 1 interferir, perturbar, trastornar. 2 causar un embotellamiento.
jam *n.* embotellamiento (se dice del tráfico).
jamming [ˈdʒæmɪŋ] *n.* atascamiento.
jar [dʒɑːr] *n.* tarro; jarra, vasija, tinaja.
jawbone [ˈdʒɔːbəʊn] *v.* ejercer la autoridad o intimidar; se dice en particular cuando el presidente de los Estados Unidos interviene directamente en el dominio económico, dando órdenes terminantes a algún sector industrial.
jawbone *n.* (EU) intimidación o autoridad personal; se dice en particular de la intervención activa del presidente de los Estados Unidos en la economía, proporcionando órdenes terminantes a algún sector industrial.
jeopardize [ˈdʒepərdaɪz] *v.* arriesgar, poner en peligro.
jeopardy [ˈdʒepərdi] *n.* peligro. *Jeopardy clause,* cláusula de salvaguarda.
jerk [dʒɜːrk] *v.* sacudir o mover bruscamente a alguien; abrirse paso a empujones; sacar algo de un tirón.
jerk *n.* sacudida, tirón, empujón.
jerry-built [ˈdʒeribɪlt] *adj.* de mala calidad, mal construido (inmueble, casa).
jet-lag [dʒet læg] *n.* fatiga causada por la diferencia de horarios de los vuelos internacionales.
jetsam [ˈdʒetsəm] *n.* residuos, restos, desechos.
jet-speed [dʒet spiːd] *v.* enviar por expreso aéreo (por avión).
jettison [ˈdʒetəsən] *v.* echar al mar; deshacerse de algo o de alguien.
jettison *n.* acto de arrojar al mar.
jetty [ˈdʒeti] *n.* muelle, escollera, malecón.
jewel [ˈdʒuːəl] *n.* joya.
jeweller [ˈdʒuːələr] *n.* joyero.
jewelry [ˈdʒuːəlri] *n.* joyas, joyería.
jingle [ˈdʒɪŋgəl] *n.* anuncio comercial cantado, canción publicitaria, estribillo.

jittery [ˈdʒɪtəri] *adj.* atemorizado, temeroso.
job [dʒɑːb] *v.* especular, lucrar.
job *n.* trabajo, empleo, puesto, cargo. *To be in a job,* desempeñar un cargo, un puesto de trabajo. *To have a job:* a) tener un oficio, ocupación; b) tener un empleo. *To be out of a job,* estar sin trabajo, haber perdido uno el empleo. *To look for a job,* buscar un trabajo. *Job with a future,* un oficio con futuro.
job cuts, [-kʌts] (EU) **job cutbacks** [-ˈkʌtbæks] supresión de empleos.
job definition [-ˈdefəˈnɪʃən] perfil de un puesto, definición de funciones.
job description [-dɪˈskrɪpʃən] perfil de un puesto.
job enlargement [-ɪnˈlɑːrdʒmənt] ampliación del trabajo.
job enrichment [-ɪnˈrɪtʃmənt] *n.* enriquecimiento del trabajo, enriquecimiento de tareas.
job evaluation [-ɪˈvæljuˈeɪʃən] evaluación de puestos.
job flexibility [-ˈfleksəˈbɪləti] flexibilidad de empleo.
job generation [-ˈdʒenəˈreɪʃən] creación de empleos, generación de empleos.
job-holder [-ˈhəʊldər] *n.* titular (de un empleo), persona que ocupa un cargo.
job-hopping [-ˈhɑːpɪŋ] cambio de empleo, cambio de patrón.
job-hunting [-ˈhʌntɪŋ] en busca de empleo.
job lot [-lɑːt] *n.* saldos; mercancía maltratada o incompleta que se vende a precio bajo; lote de artículos de ocasión, de segunda mano.
job order [-ˈɔːrdər] orden de trabajo. *Job order system,* sistema de órdenes de trabajo.
job-related injury [-rɪˈleɪtədˈɪndʒəri] accidente de trabajo.
job rotation [-rəʊˈteɪʃən] rotación de puestos.
job satisfaction [-ˈsætəsˈfækʃən] satisfacción profesional.
job search [-sɜːrtʃ] búsqueda de empleo.
job-seeker [-ˈsiːkər] *n.* solicitante de empleo.
job training [-ˈtreɪnɪŋ] capacitación para el trabajo.
jobber [ˈdʒɑːbər] *n.* 1 (EU) mayorista o mediomayorista. 2 "negociante" de valores mobiliarios (GB: en la bolsa de Londres, los corredores recurren a su intermediario para obtener títulos de crédito o para venderlos. Tal término designa hoy en día a un operador cuya ocupación profesional consiste en comprar o vender en el mer-

cado, tratando de aprovechar las diferencias observadas en las cotizaciones de los precios durante una jornada bursátil). *Jobber's turn*, margen de utilidad del negociante de valores.

jobbing ['dʒɑːbɪŋ] *n.* 1 venta al mayoreo, al medio mayoreo. 2 Bolsa: corretaje.

jobless ['dʒɑːbləs] *adj.* sin trabajo, desempleado, desocupado. *Jobless benefits*, subsidio por desempleo. *Jobless rate, jobless figure(s)*, número de desempleados.

joblessness ['dʒɑːbləsnes] *n.* desempleo.

job vacancy [-'veɪkənsi] puesto vacante.

join [dʒɔɪn] *v.* unir, adherir, entrar en. *To join a firm*, entrar (a trabajar) en una empresa.

joint [dʒɔɪnt] *adj.* común, solidario, paritario, co-, etc. *Joint and several*, conjunto y solidario. *Joint committee*, comisión mixta, comisión paritaria. *Joint management*, codirección, dirección adjunta. *Joint ownership*, a) copropiedad; b) indivisión. *Joint stock*, capital social. *Joint stock company*, sociedad anónima. *Joint venture*, empresa común, negocio compartido o conjunto. (Ver **venture**).

joint account [-ə'kaʊnt] cuenta conjunta, cuenta mixta.

joint costs [-kɔːsts] costos compartidos o mancomunados.

joint enterprise [-'entərpraɪz] empresa conjunta, negocio en participación.

joint liability [-'laɪə'bɪləti] responsabilidad conjunta o solidaria.

joint manager [-'mænɪdʒər] coadministrador, administrador adjunto.

joint proprietor [-prə'praɪətər] copropietario.

joint signature [-'sɪgnətʃʊr] firmas mancomunadas.

jointly ['dʒɔɪntli] *adv.* 1 conjuntamente. *Jointly and severally*, conjunta y solidariamente. 2 contradictoriamente.

joint-management [-'mænɪdʒmənt] *n.* administración conjunta, coadministración.

joint-product [-'prɑːdəkt] coproducto.

joint-stock company [-stɑːk 'kʌmpəni] *n.* sociedad anónima.

jointure ['dʒɔɪntʃər] *n.* 1 Jur.: indivisión entre cónyuges. 2 pensión o haber que recibe la viuda de un trabajador mientras permanece en ese estado.

joint-venture [-'ventʃər] empresa conjunta.

joint-venturer [-'ventʃərər] coempresario.

journal ['dʒɜːrnl] *n.* 1 diario. 2 libro de apuntes. *Columnar journal*, diario dispuesto en columnas. *General journal*, diario general. *Bought journal*, libro de compras. *Subsidiary journal*, diario auxiliar. *Journal entries*, asientos de diario.

journalist ['dʒɜːrnləst] *n.* periodista.

journalizing ['dʒɜːrnlaɪzɪŋ] contabilización en el libro de diario. *Sales journalizing*, contabilización de las ventas en el libro de diario.

journey ['dʒɜːrni] *n.* viaje, travesía, recorrido.

journey-man [-mən] *n.* 1 miembro de un gremio. 2 obrero calificado.

judg(e)ment ['dʒʌdʒmənt] *n.* juicio, resolución. *Enforceable judg(e)ment*, fallo, sentencia, resolución ejecutoria.

judicial [dʒuː'dɪʃəl] *adj.* judicial. *Judicial factor* (EU), síndico de una quiebra.

juggernaut ['dʒʌgərnɔːt] *n.* camión con remolque o semi-remolque.

jugulate ['dʒʌgjuleɪt] *v.* degollar, detener.

juicy ['dʒuːsi] *adj.* jugoso; ventajoso, consecuente, cómodo. *Juicy gains*, grandes beneficios, ganancias jugosas.

jumbo jet ['dʒʌmbəʊ dʒet] *n.* avión de gran capacidad.

jump [dʒʌmp] *v.* aumentar rápidamente (precios); saltar.

jump *n.* alza, incremento, salto. *A sudden jump in prices*, un incremento brusco de los precios.

jump bail [-beɪl] *v.* huir cuando se está en libertad bajo fianza.

jump on the bandwagon [-ɑːn ðə bænd'wægən] subir al tren cuando se está en marcha.

jump to a conclusion [-tuː ə kən'kluːʒən] *v.* sacar una conclusión prematura, llegar muy rápido a una conclusión.

junction ['dʒʌŋkʃən] *n.* 1 empalme, encrucijada, bifurcación, cruce ferroviario. 2 estación.

jungles ['dʒʌŋgəls] *n.* Bolsa: valores de África occidental.

junior ['dʒuːnjər] *adj.* más reciente, de menor antigüedad; subalterno, principiante. *Junior clerk*, empleado de nivel jerárquico inferior. *Junior debt*, deuda de segundo rango. *Junior executive*, ejecutivo de nivel jerárquico inferior, principiante. Bolsa: *Junior market*, segundo mercado.

junk [dʒʌŋk] *v.* tirar, desechar, echar a la basura.

junk *n.* baratija, pacotilla, chatarra.

junk bond [-bɑːnd] "bono chatarra", bono u obligación de pacotilla, obligación de alto riesgo, pero con un interés relativamente elevado que se emite principalmente para financiar la readquisición de una empresa (ver **Leveraged Management Buy Out**).

junk mail [-meɪl] propaganda que se envía por correo y no reviste ningún interés para el destinatario, "correo chatarra".

juridical [dʒuː'rɪdɪkəl] *adj.* jurídico, judicial. *Juridical person*, persona moral.

jurisdiction ['dʒʊrəs'dɪkʃən] *n.* jurisdicción, competencia. *Withing our jurisdiction*, dentro de nuestra competencia o jurisdicción.

J

jurisprudence ['dʒʊrəs'pruːdns] *n.* jurisprudencia.

juror ['dʒʊrər] *n.* jurado, miembro de un jurado.

jury ['dʒʊri] *n.* jurado.

justice ['dʒʌstəs] *n.* 1 justicia. 2 juez. *Justice of the peace,* juez de paz.

justify ['dʒʌstəfaɪ] *v.* justificar. JUR.: *To justify bail,* probar uno su solvencia antes de servir como fiador.

just in time [dʒʌst ɪn taɪm] (inventarios) justo a tiempo.

jute [dʒuːt] *n.* yute, material textil.

k

kaffirs [kæ'fərz] *n.* valores sudafricanos.

keel [ki:l] *n.* quilla (de un barco).

keelage ['ki:lɪdʒ] *n.* derecho de fondeo.

keen [ki:n] *adj.* vivo, fuerte, agudo, intenso. *Competition was keen*, la competencia era intensa.

keep [ki:p] *v.* 1 guardar, tener, conservar, mantener. *Keep dry*, manténgase seco. *To keep a record of*, mantener un registro de. *To keep in touch with*, mantenerse en contacto con. *To keep track of*, hacer un seguimiento de. 2 conservarse. 3 realizar operaciones de comercio. *To keep a shop*, tener una tienda. 4 vender, tener en el inventario. *We no longer keep this article*, ya no tenemos este artículo en existencia. 5 respetar, observar. *We shall keep the delivery date*, respetaremos el plazo de entrega.

keep abreast of [-ə'brest ɑ:v] *v.* mantenerse al corriente de, mantenerse informado de, seguir el progreso de.

keep ahead of [-ə'hed ɑ:v] *v.* mantenerse adelante de. *Demand is still keeping ahead of supply*, la demanda excede todavía a la oferta.

keep down [-daʊn] *v.* impedir el aumento, contener.

keep out [-aʊt] *v.* impedir la entrada de. *To keep out foreign goods*, impedir la importación de mercancías extranjeras.

keep up [-ʌp] *v.* impedir la baja, mantener.

keep dry [-draɪ] manténgase en un lugar seco, manténgase seco.

keep going [-'gəʊɪŋ] *v.* hacer funcionar, mantener en funcionamiento, no detener.

keep in a cool place [-ɪn ə ku:l pleɪs] manténgase en un lugar fresco, manténgase fresco.

keep posted up [-'pəʊsted ʌp] *v.* mantenerse al corriente, al día. *To keep somebody posted (up)*, mantener a alguien al corriente.

keep up with [-ʌp wɪð] *v.* mantener el ritmo de, estar a la altura de. *Customers can not keep up with rising prices*, los consumidores no pueden mantenerse al ritmo del alza de precios.

keg [keg] *n.* barril pequeño, tonel pipa (principalmente para la cerveza).

kerb [kɜ:rb] *n.* borde (de la acera de una calle). *Kerb-stone broker*, corredor de bolsa. *Kerb-stone market*, mercado de corredores de bolsa.

key [ki:] *n.* tecla, llave. *Key-telephone*, teléfono de teclas.

key *adj.* esencial, clave. *Key employee*, empleado clave, empleado de confianza. *Key issue*, problema esencial, principal o fundamental, problema clave.

key-audience [-'ɔ:diəns] público principal.

keyboard ['ki:bɔ:rd] *n.* teclado (de una máquina de escribir, de una terminal).

key code [-kəʊd] (télex) clave de control.

key economic indicators [- 'ekə'nɑ:mɪk 'ɪndəkeɪtərs] principales indicadores económicos, cuadro de desarrollo de la economía.

key market monitors [-'mɑ:rkət 'mɑ:nətərs] principales indicadores económicos.

key money [-'mʌni] gratificación o comisión oculta que un arrendatario entrega a un arrendador por el alquiler de un departamento, traspaso de un departamento.

keynote ['ki:nəʊt] *n.* nota dominante. *Keynote address*, discurso de apertura.

keyword ['ki:wɜ:rd] *n.* palabra clave.

kick [kɪk] *v.* empujar.

kick back [-bæk] *v.* dar una comisión.

kick-back [-] *n.* comisión, suma que se paga además del precio convenido, regalo que se ofrece para conseguir un favor.

kick out [-aʊt] *v.* despedir, correr, echar (a un empleado).

kick upstairs [-ʌp'sterz] *v.* deshacerse de alguien concediéndole un cargo honorífico.

killing ['kɪlɪŋ] *n.* BOLSA: operación exitosa, utilidad repentina y considerable.

kind [kaɪnd] *n.* género, especie, clase, tipo, variedad, categoría; naturaleza. *In kind*, en especie. *To repay somebody in kind*, pagarle a alguien con la misma moneda.

kind *adj.* amable, cortés, atento. *Would you be kind enough to send us...?*, ¿Sería usted tan amable de enviarnos...?

kind (in) [kaɪnd (ɪn)] *loc.* en especie.

kindly ['kaɪndli] *adv.* con amabilidad, con cortesía, atentamente (cuando se usa antes de un verbo puede traducirse como "por favor").

kit [kɪt] *n.* 1 equipo. 2 conjunto de piezas con las que se arma un objeto o un aparato.

kite [kaɪt] *v.* emitir un cheque sin fondos.

kite *n.* 1 cometa. *To fly a kite*, volar un cometa. 2 cheque sin fondos.

kite upward [-'ʌpwərd] *v.* subir rápidamente (precios).

kitty ['kɪti] *n.* fondo común, ahorros; cantidad que se acumula durante ciertos juegos de azar y se entrega al ganador.

knit [nɪt] *v.* **1** tejer. **2** asociar estrechamente, unir. *Closely knit, tightly knit economies,* economías estrechamente asociadas.

knitwear ['nɪtwer] *n.* artículos tejidos.

knob [nɑːb] *n.* botón, perilla (de una puerta).

knock down ['nɑːkdaʊn] *v.* **1** hacer bajar, hacer caer, hacer descender, rebajar. *Prices were knocked down by 2 per cent,* los precios se rebajaron en un 2 por ciento. **2** adjudicar, subastar.

knockdown price ['nɑːkdaʊn praɪs] precio rebajado, precio mínimo.

knock off ['nɑːk ɔːf] *v.* **1** cesar el trabajo, terminar la jornada. *In winter bricklayers knock off at 5 p.m.,* en invierno, los albañiles terminan de trabajar a las 5 p.m. **2** rebajar, hacer una disminución de precio.

knock off work [-wɜːrk] *v.* **1** parar o interrumpir el trabajo. **2** terminar la jornada.

knock-out price ['nɑːk aʊt praɪs] precios que desafían a la competencia.

knot [nɑːt] *n.* nudo.

know-how [nəʊ haʊ] *n.* habilidad, destreza; conocimientos técnicos o científicos.

knowledge ['nɑːlɪdʒ] *n.* conocimiento, sabiduría.

l

label ['leɪbəl] *v.* **1** etiquetar, poner una etiqueta; dirigir (un paquete); registrar (equipajes). **2** calificar, diseñar, clasificar; "etiquetar a alguien". *"He was labeled as...",* él fue clasificado como.

label *n.* **1** etiqueta, etiqueta de una marca; *por ext.* marca. *The label carries the goods,* la marca garantiza la mercancía. **2** JUR.: título, rótulo, membrete (de un documento).

label-holder [-'həʊldər] *n.* porta-etiquetas.

labeling ['leɪblɪŋ] *n.* (EU) etiquetado. *Labeling machine,* máquina etiquetadora.

labelling ['leɪblɪŋ] (GB) ver **labeling**.

labor ['leɪbər] *v.* (EU) trabajar duramente, con tesón, esforzarse; fatigar, penar, sufrir.

labor *n.* (EU) **1** trabajo, labor, pena. *The division of labor,* la división del trabajo. **2** trabajadores, mano de obra. *Capital and labor,* el capital y el trabajo, el capital y la mano de obra. *Casual labor,* mano de obra temporal. *Direct labor,* mano de obra directa. *Indirect labor,* mano de obra indirecta. *Skilled labor,* mano de obra calificada. *Unskilled labor,* mano de obra no calificada; maniobras comunes. Puede corresponder a los obreros especializados. **3** mundo laboral, movimiento sindical. *Labor* (EU), los sindicatos. **4** *Labor* (GB) =**Labor Party**. **5** *Child labor,* explotación (por lo general ilegal) de la mano de obra infantil. *Hard labor,* trabajos forzados.

labor agreement [-ə'griːmənt] *n.* acuerdo salarial, acuerdo sobre los salarios y sobre las condiciones de trabajo.

labor contract [-'kɑːntrækt] *n.* contrato laboral, acuerdo sobre los salarios.

labor cost [-kɔːst] costo de la mano de obra.

labor costs [-kɔːsts] *n.* costo de la mano de obra; gastos de personal.

labor court [-kɔːrt] *n.* (EU) corte laboral.

Labor Day [-deɪ] *n.* (EU) Día del Trabajo (en los Estados Unidos y Canadá se celebra el primer lunes de septiembre y es un día de descanso obligatorio).

labor dispute [-dɪ'spjuːt] conflicto laboral.

labor exchange [-ɪks'tʃeɪndʒ] *n.* oficina de colocaciones, bolsa de trabajo.

labor flare up [-fler ʌp] tensión o dificultad repentina en el dominio de las relaciones industriales.

labor force [-fɔːrs] *n.* fuerza de trabajo, el conjunto de trabajadores, la mano de obra.

Labor government [-'gʌvərnmənt] *n.* (GB) gobierno laborista.

labor(-)intensive [-ɪn'tensɪv] *adj.* que exige o requiere mano de obra en abundancia. *A labor intensive industry,* una industria que hace un uso intenso de la mano de obra; con un fuerte valor agregado.

labor law [-lɔː] *n.* legislación laboral, derecho laboral.

labor leader [-'liːdər] *n.* dirigente o responsable sindical.

labor legislation [-'ledʒəs'leɪʃən] *n.* legislación obrera, legislación del trabajo.

labor-management relations[-'mænɪdʒmənt rɪ'leɪʃəns] relaciones obreropatronales.

labor market [-'mɑːrkət] *n.* mercado del trabajo.

Labor Party [-'pɑːrti] *n.* (GB) Partido Laborista.

labor piracy [-'paɪrəsi] *n.* despido de trabajadores.

labor relations [-rɪ'leɪʃəns] *n.* relaciones industriales.

labor-saving or **laborsaving** [-'seɪvɪŋ] *adj.* que ahorra esfuerzos, que ayuda a economizar energía. *Laborsaving device,* máquina que reduce el trabajo manual; máquina que ayuda a economizar mano de obra.

labor shortage [-'ʃɔːrtɪdʒ] *n.* escasez de mano de obra.

labor-starved [-'stɑːrvd] se dice de quien no cuenta con mano de obra suficiente, que no tiene toda la mano de obra que requiere.

labor troubles [-'trʌbəls] *n.* problemas obreros, problemas sociales.

labor turnover [-'tɜːrn əʊvər] *n.* tasa de movilidad de la mano de obra, rotación de la mano de obra.

labor union [-'juːnjən] sindicato.

laborer ['leɪbərər] *n.* trabajador, diligente, asiduo, persona dedicada. *Day-laborer,* jornalero, bracero. *Agricultural laborer,* obrero agrícola.

labour ['leɪbər] *v.* y *n.* (GB) ver **labor**.

laches [leɪtʃəs] *n.* JUR.: negligencia, inacción que da como resultado una caducidad o una prescripción; carencia, negligencia imputable.

lack [læk] *v.* carecer (de algo), no tener, estar desprovisto, desguarnecido, privado de algo. *To lack experience,* faltarle a uno experiencia, carecer de experiencia. *To lack capital,* no tener capital.

lack *n.* falta de, escasez de, insuficiencia de. *Lack of funds,* falta de fondos. *For lack of...,* por falta de...

lacquer ['lækər] *n.* barniz, laca.

ladder ['lædər] *n.* escalera, escala, escalón. *The social ladder,* la escala social.

laden ['leɪdn] *adj.* cargado, abrumado. NAVÍOS: *Laden draught,* calado profundo. *Laden in bulk,* cargado a granel.

laden draught [-dræft] NAVÍOS: calado profundo.

lading ['leɪdɪŋ] *n.* carga, cargamento.

lading port [-pɔːrt] *n.* puerto de carga, puerto de embarque, puerto de expedición.

lag [læg] *v.* arrastrar, quedarse atrás; ser moroso, rezagarse, atrasarse, retardarse, retrasarse. *To lag behind,* quedarse atrás. *Business continued to lag,* los negocios continuaban en un estado de entorpecimiento. *Rents lagged far behind prices,* las rentas estaban lejos de ajustarse al aumento de precios, se quedaban por detrás del nivel de precios.

lag *n.* retraso, diferencia, intervalo. *Jet-lag,* fatiga ocasionada por la diferencia de horarios que resulta de los viajes en avión. *Time-lag,* retraso.

lamb [læm] *n.* cordero. *fig.* especulador novicio e inexperto, persona dócil y obediente.

lame duck [leɪm dʌk] *n.* **1** negocio o asunto no rentable, que declina, que va a fracasar, que tan sólo se sostiene con la ayuda financiera del Estado. *For years, the textile industry has been a lame duck,* durante muchos años la industria textil ha sido un mal negocio. **2** (EU) funcionario que aún se encuentra en el cargo y espera la llegada de su sucesor electo.

land [lænd] *v.* **1** poner en tierra, desembarcar, descargar. **2** aterrizar; abordar, desembarcar; amarizar, alunizar. **3** asegurarse, obtener, conquistar por medio de una gran lucha. *To land a job,* obtener un empleo. *To land a sale,* asegurar una venta. **4** volver a encontrarse, terminar con. *To land up with a huge majority,* volver a encontrarse con una enorme mayoría. *To land with debt,* terminar con las deudas.

land *n.* tierra, tierras, terreno, bien(es), fondos, bienes raíces.

land agent [-'eɪdʒənt] *n.* **1** agente terrestre. **2** regidor, administrador, intendente. **3** (GB) corredor, agente inmobiliario.

landed ['lændəd] *adj.* y *p.p.* de **to land**. **1** inmueble, bien raíz. *Landed property, landed estate,* inmuebles, bienes raíces. **2** desembarcado.

landfill ['lændfɪl] *n.* zona para el depósito de los desechos domésticos; terraplén.

landholder ['lændhəʊldər] *n.* propietario de un bien raíz, de un inmueble, terrateniente.

landing ['lændɪŋ] *n.* **1** desembarque, desembarco, descarga, aterrizaje. **2** desembarcadero.

landing charges [-tʃɑːrdʒəs] *n.* gastos (derechos) de desembarque.

landing order [-'ɔːrdər] *n.* orden, permiso de desembarque.

landing platform [-'plætfɔːrm] *n.* muelle de desembarque o descarga.

landing stage [-steɪdʒ] *n.* desembarcadero.

land laws [-lɔːs] *n.* leyes agrarias.

landlord ['lændlɔːrd] *n.* (f. **landlady**) patrón, dueño, propietario (hacendado, terrateniente), casero.

landmark ['lændmɑːrk] *n.* **1** punto de referencia, señal, marca. **2** fecha histórica, acontecimiento decisivo.

land office [-'ɑːfəs] *n.* (EU) oficina del catastro.

land-owner [-'əʊnər] *n.* propietario de un terreno, terrateniente.

land-poor [-pʊr] *adj.* se dice de quien conoce las dificultades financieras derivadas del hecho de poseer tierras no rentables.

land reform [-rɪ'fɔːrm] reforma agraria.

land-reshaping [-'riː'ʃeɪpɪŋ] reconstitución de la tierra.

land rights [-raɪts] *n.* derechos ligados con la ocupación o con la propiedad de la tierra.

landslide ['lændslaɪd] *n.* **1** deslizamiento de terrenos, derrumbe. **2** triunfo arrollador (en las elecciones, etc.), la mayoría. *He was swept into office by the Tory landslide,* llegó al poder gracias a la aplastante mayoría conservadora (*Tory* (GB): conservador).

land tax [-tæks] impuesto sobre predios, sobre terrenos; contribución financiera sobre propiedades sin construcción.

lane [leɪn] *n.* **1** alameda, paseo, camino; callejuela. *Ad lane,* Madison Avenue (Nueva York), el centro de la publicidad. **2** fila, vía, hilera. *Keep to nearside lane* (GB), mantenga la fila de la izquierda. **3** (Sea)*-lane,* ruta marítima.

lap (up) [læp (ʌp)] *v.* **1** envolver, plegar. **2** beber a lengüetadas; *fig.* sorber, tragar.

lapel microphone [lə'pel 'maɪkrəfəʊn] micrófono de solapa.

lapse [læps] *v.* **1** transcurrir, pasar el tiempo. **2** vencer, llegar a su vencimiento, a su término. **3** volverse caduco, prescribir, caer en desuso.

lapse *n.* **1** error, lapso. **2** caída, pérdida, declive. **3** intervalo, espacio de tiempo. *Lapse of time,* espacio de tiempo. **4** vencimiento, caducidad, fin de una cobertura (de seguros) por la falta de pago de las primas.

lapsed [lapst] *adj.* **1** transcurrido, pasado, terminado. **2** vencido, que llegó a su vencimiento. **3** prescrito, caduco (se dice de los contratos).

laptop computer ['læptɑːp kəm'pjuːtər] computadora portátil.

larceny ['lɑːrsəni] *n.* hurto, robo hecho con habilidad y sin usar la violencia (los diversos niveles de gravedad penal son proporcionados por los adjetivos: **grand larceny, petty larceny, simple larceny,** etc.).

large [lɑːrdʒ] *adj.* **1** grande, vasto, amplio, extenso, grande, de grandes dimensiones. **2** importante, fuerte, imponente, considerable, elevado, etc.

large (at) [-(æt)] *adv.* **1** libre, en libertad. **2** en general, en conjunto, en grande.

largely ['lɑːrdʒli] *adv.* en gran parte, considerablemente. *The crisis was largely due to political factors,* la crisis se debió en gran parte a factores políticos.

large retailers [-'riːteɪlərs] (los) grandes detallistas, (el) comercio integrado.

large-surface store [-'sɜːrfəs stɔːr] tienda de gran superficie.

lash [læʃ] *v.* **1** dar latigazos, azotar. **2** ligar, anexar, amarrar, sujetar.

lash *n.* **1** golpe de látigo, latigazo; *fig.* sarcasmo, embate. *To be under the lash of public opinion, of criticism, of competition, etc.,* estar bajo el embate de la opinión pública, de la crítica, de la competencia, etc. **2** navío porta-lanchas, portabarcazas.

lash out [-aʊt] *v.* **1** *To lash out at something, somebody,* atacar violentamente. **2** *To lash out into expenditure,* gastar desenfrenadamente.

last [læst] *v.* durar. *To last out,* perdurar, subsistir, sobrepasar; bastar. *Clearance price while they last,* precio de remate (o de descuento) hasta agotar existencias. *It will last you a lifetime,* le durará toda la vida.

last *adj.* último (de una serie); pasado; precedente.

last but one [-bʌt wʌn] penúltimo.

last-ditcher [-'dɪtʃər] *n.* último, desesperado; hasta el final.

last in first out [-ɪn fɜːrst aʊt] **(L.I.F.O.)** últimas entradas, primeras salidas (se abrevia U.E.P.S. y se usa sobre todo en administración de inventarios, informática, etc.).

last hired, first fired [-haɪrd fɜːrst 'faɪrd] último contratado, primer despedido.

late [leɪt] *adj.* **1** retardado, atrasado, con retraso. **2** tarde, a finales de. *In the late 70's,* a finales de la década de los setenta. *In late October,* a finales de octubre. *Applicants should be in their late twenties,* los candidatos deberán tener de 25 a 30 años. **3** tardío, moroso, retardado. **4** TEC.: retardado. *Late admission of gas,* la admisión retardada del gas, el retardo en la admisión del gas. **5** reciente. *The late proposal,* la reciente proposición. **6** antiguo, anterior. *The late minister,* el antiguo ministro. **7** difunto, finado.

lately ['leɪtli] *adv.* recientemente, últimamente.

lateness ['leɪtnəs] *n.* tardanza, llegada tardía; retraso (de un navío, de un tren); estado avanzado; fecha reciente de un evento.

latent ['leɪtnt] *adj.* latente, potencial; oculto. *Latent fault, latent defect,* vicio o defecto oculto.

later date (at a) ['leɪtər deɪt (æt ə)] posteriormente, más tarde, en una fecha posterior.

latest ['leɪtəst] el más reciente, el más novedoso, el último en cuanto a fecha, el último en aparecer, el último en salir. *At the latest,* a más tardar.

latest closing [-'kləʊzɪŋ] BOLSA: últimas cotizaciones al cierre.

latest date (or time) [-deɪt (taɪm)] término de rigor; caducidad, prescripción.

latest news [-nuːz] últimas noticias, de última hora.

latter ['lætər] *adj.* último, final. *The latter,* el último de dos (frecuentemente asociado con *former*); que pertenece a la segunda parte. *The latter part,* la segunda mitad.

laughmeter [læf'miːtər] *n.* medidor de risa.

launch [lɔːntʃ] *v.* lanzar (un navío, un proyectil, un producto, un empréstito, una empresa, etc.); lanzar al mar; introducir en el un mercado. *To launch a new product,* lanzar un nuevo producto, lanzarse (al mercado). *To launch out on new markets,* lanzarse a nuevos mercados.

launch *n.* **1** lanzamiento (de un producto, campañas). **2** bote, chalupa.

launder ['lɔːndər] *v.* blanquear, limpiar, lavar. *fam. fig. To launder funds,* lavar dinero (de origen dudoso o ilegal).

laundering ['lɔːndərɪŋ] *n.* **1** lavado, blanqueo. **2** lavado (de dinero, de capitales).

laundry ['lɔːndri] *n.* **1** lavado, blanqueo. **2** lavandería; lavandería automática.

lavish ['lævɪʃ] *v.* prodigar, gastar (el dinero) sin contar.

lavish *adj.* pródigo; suntuoso, abundante.

law [lɔː] *n.* **1** ley. *To keep the law,* observar la ley. **2** derecho. *Civil law,* derecho civil. *Common law,* derecho común, derecho consuetudinario. *Criminal law,* derecho penal. *Commercial law, mercantile law, law merchant,* derecho comercial o mercantil. *Air law,* derecho aéreo. *Maritime law,* derecho marítimo. *Court of law,* corte de justicia, tribunales. *To go to law,* acudir a la justicia. *To break the law,* violar la ley. *Action at law,* acción o acto de justicia.

law-abiding [-ə'baɪdɪŋ] *adj.* respetuoso de las leyes, que acata la ley.

law and order [-ænd 'ɔːrdər] orden público.

law-breaker [-'breɪkər] *n.* violador, infractor de la ley.

law-case [-keɪs] *n.* causa civil, asunto contencioso.

law costs [-kɔːsts] *n.* gastos legales, gastos de procedimientos judiciales, gastos de justicia.

law court(s) [-kɔːrt(s)] *n.* corte de justicia, tribunales.

law department [-dɪ'pɑːrtmənt] departamento de lo contencioso.

L

law-firm [-fɜːrm] *n.* despacho legal, asesores jurídicos.

lawful [ˈlɔːfəl] *adj.* legal, permitido, lícito; justo. *Lawful currency,* moneda de curso legal. *Lawful money,* moneda legal.

lawfully [ˈlɔːfəli] *adv.* legalmente.

lawfulness [ˈlɔːfəlnəs] *n.* legalidad, legitimidad.

lawless [ˈlɔːləs] *adj.* ilegal, ilícito, sin ley.

lawlessly [ˈlɔːləsli] *adv.* de manera anárquica.

lawlessness [ˈlɔːləsnəs] *n.* se dice de aquel estado en el que no hay ley; falta de regulación, desorden, anarquía, libertad abusiva.

law-maker [-ˈmeɪkər] *n.* legislador.

lawsuit [ˈlɔːsuːt] *n.* proceso, persecución judicial. *To file a lawsuit,* entablar un proceso judicial.

lawyer [ˈlɔːjər] *n.* abogado, jurista, hombre de leyes, asesor jurídico.

lax [læks] *adj.* **1** flojo, blando; vago, impreciso. **2** sin regulación; relajado, negligente, poco riguroso.

lay by [leɪ baɪ] *v.* guardar, ahorrar, reservar. *Money laid by for unexpected circumstances,* fondos reservados para la cobertura de situaciones imprevistas.

lay-by *n.* área a los lados de las carreteras en donde los automóviles pueden detenerse; zona sujeta a evitarse (canales, túneles).

lay-day [leɪ deɪ] *n.* día de descanso.

lay-days [leɪ deɪs] *n.* estadía, días en cubierta, tiempo de escala.

lay down [leɪ daʊn] *v.* **1** acostar, poner, colocar, depositar. **2** establecer, imponer, estipular, guardar, reservar.

layer [ˈleɪər] *v.* **1** disponer o arreglar en capas o estratos. **2** acodar, apuntalar, sostener. **3** añadir una capa, un estrato, un escalón intermedio, complementario.

layer *n.* capa, estrato.

lay in [leɪ ɪn] *v.* aprovisionarse, almacenar. *To lay in a stock,* ingresar al almacén.

lay-off [leɪ ɔːf] *v.* (EU) **1** despedir, desemplear. **2** suspender, cesar. **3** tomar algunos días de vacaciones.

lay-off or **layoff** [leɪ ɔːf] *n.* (EU) paro forzoso, despido de trabajadores (por razones económicas).

lay-off rate [-reɪt] número de desempleados.

lay out [leɪ aʊt] *v.* **1** arreglar, extender, disponer. **2** preparar, instalar, acondicionar, adaptar. **3** trazar, delinear planes, alinear. **4** gastar, desembolsar, depositar, colocar, invertir dinero.

lay-out or **layout** [leɪ aʊt] *n.* **1** dibujo, diseño, arreglo, disposición, trazado, estudio, dispositivo, disposición, distribución, plan. **2** composición (de libros, revistas).

lead [liːd] *v.* llevar, guiar, conducir, dirigir; controlar; adiestrar, capacitar; abrir, iniciar.

lead [led] *n.* **1** conducción; dirección; primer papel. *To take the lead,* asumir la dirección de las operaciones; encabezar, llevar, conducir. **2** alambre de conexión; cordón eléctrico. **3** indicación, pista, "informe confidencial". **4** avance.

lead *n.* plomo, mina o grafito de lápiz; sonda (náutica).

leads and lags [leds ænd lægs] efectos de avance y de retraso de una fase, desfase (se utiliza en el comercio internacional para designar los efectos diferenciales entre la recuperación de los créditos y la liquidación de las deudas).

lead astray [-əˈstreɪ] *v.* separar, desviar; llevar por el mal camino.

lead bank [-bæŋk] banco líder (emisión de obligaciones, etc.).

leader [ˈliːdər] *n.* **1** jefe, guía, dirigente, conductor, director. *Team leader,* jefe de equipo. **2** pregunta destinada a iniciar o a agrandar un debate. **3** producto económico destinado a atraer la clientela hacia otros productos. **4** artículo principal de un diario, de una sección editorial.

leadership [ˈliːdərʃɪp] *n.* **1** liderazgo, mando. **2** calidad de jefe, dotes de mando. **3** situación dominante, posición dominante.

leading [ˈliːdɪŋ] *adj.* **1** principal, eminente, dominante, que dirige. *Leading companies,* compañías líder, compañías de primera línea. *Leading indicator,* indicador de tendencia. *Leading share,* valor líder, valor destacado (en el mercado bursátil). **2** directivo, que controla. *Leading question,* pregunta que sugiere una respuesta. **3** que desempeña el papel principal. *Leading actor,* primer actor. *Leading article,* artículo de fondo, editorial. *Leading question,* Jur.: pregunta tendenciosa (por ejemplo, aquella que se le hace a un testigo para obtener la respuesta que se desea).

lead manager [-ˈmænɪdʒər] = **lead bank**.

lead on [-ɑːn] *v.* **1** conducir, capacitar, adiestrar, llevar. **2** incitar, inducir, motivar.

lead time [-taɪm] *n.* plazo de entrega, plazo de realización o terminación, periodo de gestación de un proyecto.

lead to [-tuː] *v.* conducir a, ocasionar, causar, producir (un efecto, una consecuencia), tener como resultado.

lead up [-ʌp] *v.* **1** conducir hacia arriba, hacer subir. **2** llevar, hacer avanzar. **3** *To lead up to,* llevar a, conducir a, guiar hacia, abordar.

leaf [liːf] *n. pl.* **leaves**; hoja, folleto, volante. *Counterfoil and leaf,* talón y volante (cheques, etc.).

leaflet [ˈliːflət] *n.* folleto, fascículo, prospecto.

leaf-raking (employment) [ˈliːf ˈreɪkɪŋ ɪmˈplɔɪmənt] creación artificial de empleos no productivos para reducir el desempleo (por ejemplo, la recolección de hojas muertas).

leaf through [-θru:] *v.* hojear.
leak [li:k] *v.* 1 fugar, huir, evadir, colar, deslizar, tener una fuga. 2 pasar información. *The report has been leaked to the press,* el reporte se ha filtrado a la prensa. 3 derramar, escurrir. **leak** *n.* gotera, fuga, derrame, pérdida de líquido, infiltración. *fig.* una fuga (de hechos o de noticias). NAVÍOS: fuga de agua, gotera. *To spring a leak,* hacer agua. *To stop a leak,* tapar, bloquear una fuga de agua.
leak out [-aut] *v.* trascender, divulgarse, difundirse, rumorearse. *Word leaked out that,* se ha divulgado el rumor de que.
leakage ['li:kɪdʒ] *n.* falta de hermetismo, deslizamiento; fuga, evasión, escape.
lean [li:n] *adj.* magro, delgado, enjuto, escaso, frugal, pobre. *Lean crops,* cosechas insuficientes. *Lean inventories,* inventarios desprovistos. *Lean years,* años deficitarios, años de escasez (sociedades, organizaciones) restringido(a), reducido(a) (y por ende, más eficaz).
leap [li:p] *n.* 1 brinco, salto importante. 2 alza importante y repentina. *A leap in the dark,* un salto hacia lo desconocido. *The great leap forward,* el gran salto hacia adelante.
leap-year [-jɪr] *n.* año bisiesto.
learn [lɜːrn] *v.* aprender.
leasable ['li:səbəl] *adj.* que puede ser arrendado.
lease [li:s] *v.* tomar en arrendamiento, ceder en arrendamiento, arrendar, alquilar. *Financial lease,* arrendamiento financiero. *Lease financing,* financiamiento del arrendamiento.
lease *n.* arrendamiento, alquiler. *Long-term lease,* arrendamiento a largo plazo.
leaseback ['li:sbæk] *n.* venta en la que el comprador alquila posteriormente la propiedad al vendedor; crédito de arrendamiento; rearrendamiento.
leasing ['li:sɪŋ] *n.* arrendamiento, crédito arrendaticio.
leasehold ['li:shəuld] *n.* arrendamiento, alquiler.
leaseholder ['li:s həuldər] *n.* arrendatario, inquilino, locatario.
lease out [-aut] *v.* ceder en arrendamiento.
least [li:st] *adj. The least,* el menos, la menos, lo menos; el mínimo, lo mínimo. *The least detrimental effects,* los efectos menos dañinos.
leather ['leðər] *n.* cuero, piel.
leather goods industries fair ['leðər guds ɪn'dəstris fer] salón de tafiletería.
leave [li:v] *v.* 1 dejar. 2 irse; partir.
leave *n.* permiso, autoridad, facultad de... *Leave, leave of absence,* autorización de ausentarse; licencia. *Two weeks' leave,* autorización para ausentarse durante dos semanas. *Paid leave,* autorización para ausentarse con goce de sueldo.

leave a deposit [-ə dɪ'pɑːzət] *v.* dejar un depósito.
lecture ['lektʃər] *n.* 1 conferencia. 2 UNIVERS.: curso.
ledger ['ledʒər] *n.* CONTAB.: libro mayor; registro.
leeway ['li:weɪ] *n.* libertad de acción, margen de maniobras, margen de seguridad.
left luggage office ['left'lʌgɪdʒ 'ɑːfəs] *n.* consigna, oficina de depósito de equipajes.
leg [leg] *n.* etapa, parte de un viaje.
legacy ['legəsi] *n.* legado; herencia. *To come into a legacy,* recibir una herencia. *Legacy tax* (EU), *legacy duty* (GB), derechos, impuestos sobre las herencias, sobre las sucesiones.
legal ['li:gəl] *adj.* 1 legal, lícito. 2 jurídico. *By legal process,* conforme a derecho, por vía del derecho. 3 judicial. *Legal aid,* ayuda judicial.
legal action [-'ækʃən] acción legal, por la vía legal. *To take legal action,* emprender una acción legal.
legal adviser [-əd'vaɪzər] *n.* asesor jurídico.
legal department [-dɪ'pɑːrtmənt] departamento legal.
legalese ['li:gə'li:z] *n.* argot jurídico.
legal entity [-'entəti] entidad legal, persona moral, persona jurídica.
legal expenses [-ɪk'spensəs] gastos legales.
legalize ['li:gəlaɪz] *v.* hacer que algo sea legal, legalizar; certificar, autenticar.
legal notice [-'nəutəs] aviso al público.
legal parlance [-'pɑːrləns] terminología jurídica.
legal person [-'pɜːrsn] persona moral.
legal practitioner(s) [- præk'tɪʃnər] *n.* practicante(s) de leyes, hombre(s) de leyes.
legal precedent [-'presədənt] antecedente legal, antecedente penal.
legal reserve [-rɪ'zɜːrv] reserva legal.
legal tender [-'tendər] moneda de curso legal. *To be legal tender,* tener curso legal, tener poder liberatorio.
legislate ['ledʒəsleɪt] *v.* legislar, regular.
legislation ['ledʒəs'leɪʃən] *n.* legislación.
legislator ['ledʒəsleɪtər] *n.* legislador.
legwork ['legwɜːrk] *n.* trabajo, encuesta, etc., que implica numerosos desplazamientos. Se dice en particular de una encuesta minuciosa realizada en el lugar de interés.
leisure (EU) ['li:ʒər]; (GB) ['leʒə(r)] *n.* tiempo libre, ocio.
lemon ['lemən] *n.* 1 limón. 2 producto industrial (automóvil, etc.) de mala calidad. 3 *fig. What a lemon!,* ¡qué bobo!, ¡qué simple!
lend [lend] *v.* prestar. *Lending rate* (EU), tasa de interés sobre los préstamos. *Prime lending rate,* tasa de interés preferencial sobre los préstamos, tasa de interés que se concede a los

mejores clientes. *Minimum lending rate (M.L.R.)*, tasa de interés mínima sobre los préstamos (se dice de la mejor tasa de interés sobre los préstamos concedida por los bancos).

lendable ['lendəbəl] *adj.* prestable, susceptible de prestarse, disponible para préstamos. *Lendable funds,* fondos susceptibles de ser prestados, fondos para financiamientos.

lend-lease aid [-liːs eɪd] préstamo y arriendo.

lender ['lendər] *n.* prestamista. *Lender on security,* prestamista sobre prendas, prestamista con garantías. *Money-lender,* prestamista de fondos, prestamista de dinero; a veces, usurero.

length [leŋθ] *n.* longitud.

lengthen ['leŋθən] *v.* alargar, añadir; aumentar.

less developed countries [les dɪ'veləpt 'kʌntris] **(L.D.Cs.)** [el diː siːz] países en vías de desarrollo.

lessee [le'siː] *n.* arrendatario (en virtud de que paga un alquiler), inquilino, se dice de quien goza de un bien mediante el pago de un alquiler.

lessen ['lesn] *v.* disminuir(se), aminorar(se), atenuar(se).

lesser ['lesər] *adj.* pequeño, menor, chico (forma comparativa).

lessor [le'sɔːr] *n.* arrendador.

let [let] *v.* dejar, permitir. *To let go,* dejar partir, dejar hacer, dejar pasar. *To be let go,* estar despedido (de un empleo).

let *v.* arrendar, dar (poner) en arrendamiento. *To let,* para alquilar, se alquila. *To let on lease,* arrendar mediante el pago del alquiler. *To let by the month,* arrendar por mes.

letter ['letər] *n.* carta. *Registered letter,* carta certificada. *Follow-up letter,* carta de relanzamiento o reactivación comercial.

letter of credit [-ɑːv 'kredət] **(L.C.)** [el siː] carta de crédito.

letter of hypothecation [-ɑːv 'haɪpəθə'keɪʃən] documento hipotecario.

letter of indemnity [-ɑːv ɪn'demnəti] carta de garantía, caución.

letter of knowledge and consent [-ɑːv 'nɑːlɪdʒ ænd kən'sent] carta de conocimiento y consentimiento.

letter of subordination [-ɑːv sə'bɔːrdn'eɪʃən] (EU) carta de subordinación de crédito.

letter of subrogation [-ɑːv 'sʌbrə'geɪʃən] (GB) ver **letter of subordination**.

letters to the editor ['letərs tuː ði 'edətər] cartas que se dirigen al editor, correo de los lectores.

letter-box [-bɑːks] *n.* buzón.

let-up or **letup** [let ʌp] *n.* disminución, atenuación, reducción. *There was no let-up in the price-spiral,* no hubo disminuciones en la espiral de precios.

level ['levəl] *v.* nivelar, allanar, igualar.

level *n.* nivel. *At a high level,* en un nivel elevado.

level *adj.* en el mismo nivel, unido, regular, uniforme. *Level with,* a la altura de.

level off (or **out**) [-ɔːf, aut] *v.* estabilizarse (curvas, etc.); mostrar una pausa después de una fuerte alza. *Unemployment has levelled off,* el desempleo se ha estabilizado, ha mostrado una pausa.

level crossing [-'krɔːsɪŋ] *n.* paso a nivel.

lever ['levər] *n.* palanca.

leverage ['levərɪdʒ] *v.* ejercer una influencia; tener un efecto multiplicativo, un efecto de palanca.

leverage *n.* palanca, punto de apoyo, fuerza de la palanca; *fig.* efecto de palanca (en finanzas, denota el efecto del endeudamiento de una empresa sobre la rentabilidad de su capital propio). *Leverage ratio,* razón de apalancamiento, razón de palanca, razón de estructura del pasivo, razón de solvencia-endeudamiento. cf. **low-geared capital, high-geared capital.** *Financial leverage,* apoyo financiero. *Operating leverage,* apoyo operativo.

leveraged ['levərɪdʒd] *adj.* apalancado, endeudado. *Highly leveraged,* muy endeudado. *Underleveraged,* con un bajo nivel de endeudamiento.

leveraged buy-out or **leveraged buyout** ['levərɪdʒd baɪ aut] adquisición empresarial apalancada, toma de control de una empresa a través de empréstitos, recompra de una empresa financiada a través de la emisión de obligaciones de rendimiento elevado pero de alto riesgo *(junk bonds).*

Leveraged Management Buy Out [-'mænɪdʒmənt baɪ aut] **(L.M.B.O.)** [el em biː əu] recompra de una empresa por los ejecutivos de alto nivel de la misma mediante la emisión de bonos chatarra *(junk bonds)* que tienen un rendimiento elevado pero son de alto riesgo. De manera muy discutible, este término ha sido traducido como "recompra de una empresa por el personal asalariado de la misma". El *Leverage* se lleva a cabo por medio de una emisión de obligaciones con el fin de reunir los fondos necesarios para la compra. También se ha traducido, de manera más justa, como: "recompra de una empresa por el personal ejecutivo de la misma y con efecto de palanca".

leveraging ['levərɪdʒɪŋ] *n.* apalancamiento, endeudamiento.

levy ['levi] *v.* gravar, fijar un impuesto, percibir (un impuesto).

levy *n.* fijación de un impuesto; impuesto, contribución, gravamen.

liability ['laɪə'bɪləti] *n.* **1** responsabilidad, obligación, compromiso. *Joint and several liability,* responsabilidad solidaria e indivisible. *Lim-*

ited liability, responsabilidad limitada. *Personal liability,* responsabilidad personal o individual. **2** sujeción. **3** inconveniente.

liabilities ['laɪə'bɪlətiz] *n.* (conjunto de) compromisos. CONTAB.: pasivo. *Liabilities and stockholders' equity,* pasivo y capital contable. *Actual liabilities,* pasivo real. *Contingent liabilities,* pasivo de contingencia. *Current liabilities,* pasivo circulante. *Fixed liabilities,* pasivo fijo, pasivo consolidado. *Long-term liabilities,* pasivo a largo plazo. *Secured liabilities,* pasivo garantizado. *Unsecured liabilities,* pasivo no garantizado.

liable ['laɪəbəl] *adj.* **1** responsable (*for,* de). **2** *Liable to,* sujeto a, obligado a. **3** *Liable to,* sujeto a, inclinado a, susceptible de.

libel ['laɪbəl] *v.* difamar.

libel *n.* difamación, calumnia. *Libel suit,* pleito por difamación.

liberal ['lɪbərəl] *adj.* liberal, libre, generoso, humanista.

liberalism ['lɪbrəlɪzəm] *n.* liberalismo.

liberalization ['lɪbrələ'zeɪʃən] *n.* liberalización.

liberalize ['lɪbərəlaɪz] *v.* liberalizar, volver liberal; liberar (precios, etc.).

L.I.B.O.R. ['laɪbər] **(London Interbank Offered Rate)** ['lʌndən 'ɪntər'bæŋk 'ɔ:fəred reɪt] tasa del mercado de eurodivisas, tasa de oferta del mercado interbancario de Londres.

L.I.B.O.R. + spread [-plʌs spred] tasa **Libor** más sobretasa por riesgo (fórmula muy común en los contratos de crédito internacionales; tasa Libor + sobretasa = tasa total de interés sobre el préstamo).

library ['laɪbreri] *n.* biblioteca.

licence ['laɪsns] *n.* (GB) ver **license**.

license ['laɪsns] *v.* licenciar, conceder un permiso, una licencia, una autorización; patentar.

license *n.* (EU) autorización, permiso, licencia, patente. *Driving license,* permiso para conducir. *Radio T.V. license,* licencia para la utilización del radio y de la televisión.

licensee ['laɪsn'si:] *n.* se dice de la persona que ha obtenido una autorización o una licencia para ejercer una actividad en particular (sujeta a una autorización); licenciado, patentado, concesionario.

licensing fee ['laɪsnsɪŋ fi:] derechos u honorarios de licenciamiento.

licensor or **licenser** ['laɪsnsər] *n.* persona que otorga, que concede, o que cede una licencia o patente.

lid [lid] *n.* tapadera, cubierta.

lie [laɪ] *v.* **1** mentir, engañar. **2** estar inmóvil, quedarse quieto, estar ubicado. NAVíos: *To lie at anchor,* estar anclado. *To lie idle,* estar inmovilizado, quedar inutilizado.

lien [li:n] *n.* privilegio; derecho de retención; prenda, derecho o acción para perseguir un bien o a un enemigo. *Vendor's lien,* privilegio del vendedor.

lienee [li:'ni:] *n.* se dice de aquél cuyas mercancías han sido cedidas en garantía.

lienor ['li:nər] *n.* acreedor prendario, el que tiene el derecho de retención.

lieu (in lieu of) [lu: (ɪn lu: ɑ:v)] en lugar de, en vez de.

lie with [-wɪð] *v.* incumbir a, ser del dominio de.

life [laɪf] *n.* vida. *Life annuity,* anualidad vitalicia. *Life assurance/insurance,* seguro de vida. *Life boat,* lancha de salvamento. *Life endowment,* pensión vitalicia. *Life estate,* propiedad vitalicia.

life-style or **lifestyle** [-staɪl] *n.* estilo de vida, modo de vida.

lifetime ['laɪftaɪm] *n.* vida, toda una vida, duración de la vida, vivo. *This new equipment will last you a lifetime,* este nuevo equipo le durará toda la vida. *Lifetime gift,* donación entre vivos.

L.I.F.O. [el aɪ ef əʊ] **(Last in, First out)** [last ɪn fɜ:rst aʊt] últimas entradas, primeras salidas, U.E.P.S. (inventarios, informática, etc.).

lift [lɪft] *v.* **1** levantar. **2** aumentar, hacer subir (precios), alzar, sopesar. **3** redimir, pagar, cumplir (documentos, deudas); suspender un embargo, purgar una hipoteca.

lift *n.* **1** levantamiento, subida; altura de levantamiento. **2** aumento. **3** ascensor, elevador. *fam. To give someone a lift,* llevar a una persona en automóvil.

lift a ban [-ə bæn] *v.* suspender una prohibición.

lift sanctions [-'sæŋkʃəns] *v.* suspender sanciones.

light [laɪt] *n.* **1** luz; fuego. *Navigation lights,* luces de navegación. **2** letrero luminoso. *Neon lights,* letreros luminosos de neón. **3** faro. *Light boat,* embarcación que hace las veces de faro. *Light dues,* derechos de faro.

light *adj.* **1** claro. **2** ligero.

light *adv.* ligeramente. *To travel light,* viajar con un mínimo de equipaje.

light dues [-du:s] derechos de faro.

light face type [-feɪs taɪp] TIPOGR.: carácter delgado.

lighthouse ['laɪthaʊs] *n.* faro.

lighter ['laɪtər] *n.* **1** encendedor. **2** barcaza para descargar, chalana, gabarra.

lighterage ['laɪtərɪdʒ] *n.* transporte por medio de barcazas.

lightning strike ['laɪtnɪŋ straɪk] huelga relámpago, huelga sin previo aviso.

light vessel [-'vesəl] navío mercante que se desplaza vacío.

like for like replacement [laɪk fɔ:r laɪk rɪ'pleɪsmənt] reemplazo de una cosa por otra equivalente (inversión de mantenimiento).

L

likely ['laıkli] **1** susceptible de. **2** probable.
lime [laım] *n.* **1** cal. **2** lima (fruto). **3** tilo, tila.
limit ['lımət] *v.* limitar.
limit *n.* límite. Bolsa: precio máximo concedido por un cliente a su representante o agente bursátil para la compra o venta de valores.
limitation ['lımə'teıʃən] *n.* límite, limitación.
limitative ['lımətetiv] *adj.* limitativo, restrictivo.
limited ['lımətəd] *adj.* **1** limitado, restringido, circunscrito. **2** *Limited, ltd = limited company* (equivalente de la sociedad anónima).
limited coverage [-'kʌvərıdʒ] cobertura limitada.
limited liability [-'laıə'bıləti] responsabilidad limitada. *Limited liability company,* sociedad de responsabilidad limitada.
limited partner [-'pɑːrtnər] comanditario.
limited partnership [-'pɑːrtnərʃıp] sociedad en comandita, sociedad en comandita simple.
line [laın] *v.* **1** alinear, trazar líneas. **2** bordear, pasar por la orilla de, forrar, recubrir, revestir, tapizar.
line *n.* **1** línea (de teléfono, de ferrocarriles, de barcos). *To bring into line,* poner al mismo nivel, igualar. *To bring into line with,* alinear. *To bring wages into line with prices,* alinear los salarios con los precios. *Line of business,* giro o ramo de una empresa. *Line of credit,* línea de crédito, límite de crédito concedido por un banco. *Line authority,* autoridad en línea. *Line organization,* organización (de una empresa) por departamentos más o menos separados entre sí (debe distinguirse de *staff organization,* organización funcional). **2** línea de productos. **3** profesión, dominio de actividades, rama. *What's your line?,* ¿Cuál es su profesión? **4** (EU) fila de espera. *"Wait in line",* forme una fila.
linear programming ['lınıər 'prəʊɡræmıŋ] programación lineal.
linear regression ['lınıər rı'ɡreʃən] Estad.: regresión lineal.
line cut [laın kʌt] Tipoɡr.: clisé al trazo.
linen ['lınən] *n.* **1** tela de lino. **2** mantelería.
linen-draper [-'dreıpər] *n.* vendedor de lencería, de novedades.
liner ['laınər] *n.* navío o avión de línea, trasatlántico.
lining ['laınıŋ] *n.* forro, tela interior, revestimiento, adorno.
linger ['lıŋɡər] *v.* retrasarse, arrastrar.
link [lıŋk] *v.* reunir, ligar, vincular; unir, religar.
link *n.* vínculo, eslabón, unión.
linkage ['lıŋkıdʒ] *n.* ligadura, unión; lazo, hecho de ligar, de religar.
lion's share ['laıəns ʃer] la parte del león, la mejor tajada.
liquid ['lıkwəd] *adj.* líquido; disponible.

liquid assets [-'æsets] *n.* activo líquido.
liquid capital [-'kæpətl] capital líquido.
liquid funds [-fʌnds] fondos líquidos.
liquidate ['lıkwədeıt] *v.* liquidar (una sociedad, una serie de deudas).
liquidation ['lıkwə'deıʃən] *n.* liquidación. *Liquidation value,* valor de liquidación. *Voluntary liquidation,* liquidación voluntaria.
liquidating ['lıkwədeıtıŋ] *adj.* relativo a la liquidación. *Liquidating dividend,* dividendo de liquidación.
liquidator ['lıkwədeıtər] *n.* liquidador.
liquidity [lı'kwıdəti] *n.* **1** liquidez. **2** solvencia de una empresa. **3** capacidad de un valor para ser negociado sin fluctuación notable.
list [lıst] *v.* **1** alistar reclutas, hacer una lista, una relación, un inventario, un catálogo. *Listed stock,* valores cotizados. *Listed securities,* valores inscritos en la bolsa, valores cotizados. **2** Navíos: inclinarse, ladearse.
list *n.* **1** lista, tabla, cuadro, estado, registro, relación. *To make out a list,* establecer una lista, preparar una relación. *List of accounts,* relación de cuentas, catálogo de cuentas. *List of bills for collection,* lista de cuentas por cobrar. *Black list,* lista negra, relación de pagadores morosos. *Crew list,* lista de tripulación. **2** Bolsa: cotización, boletín. **3** Navíos: escorar.
listing ['lıstıŋ] *n.* **1** establecimiento de una lista, inscripción en una lista. **2** cotización. *(Full) listing,* cotización oficial. **3** lista.
list prices [-'praısız] *n.* precio de lista (precios susceptibles de ser disminuidos según la cantidad, según los plazos de pago, etc.).
literature ['lıtərətʃur] *n.* **1** literatura. *Business literature,* literatura de negocios. *Financial literature,* literatura financiera. **2** impresos, prospectos, folletos publicitarios. *Descriptive literature,* documentación descriptiva. *Sales literature,* documentación acerca de las condiciones de venta.
litigant ['lıtıgənt] *n.* litigante, parte de un proceso.
litigate ['lıtəgeıt] *v.* litigar, someter a proceso, sujetar un asunto a litigio.
litigation ['lıtə'geıʃən] *n.* litigio, proceso.
litigious [lı'tıdʒəs] *adj.* litigioso; pleitista.
live [lıv] *v.* vivir.
live [laıv] *adj.* vivo, con vida. *Live weight,* carga útil de un vehículo; peso vivo (o en vivo) del ganado. *Live claims,* créditos (aún) válidos. *Live on T.V.,* en vivo, en directo por televisión. *Live program,* programa en directo, en vivo.
live experience [-ık'spırıəns] experiencia operativa, experiencia en el campo.
livelihood ['laıvlihʊd] *n.* sustento, medios de existencia, de subsistencia, forma de ganarse la vida.

liveliness ['laɪvlɪnəs] *n.* animación, vivacidad, actividad (de un mercado).

livery company ['lɪvəri 'kʌmpəni] gremio londinense. Este tipo de asociaciones, creadas en la Edad Media, aún desempeña un papel profesional o de fomento a la enseñanza.

livestock ['laɪvstɑ:k] *n.* ganado, reses, animales vivos.

living ['lɪvɪŋ] *n.* vida, existencia. *To work for a living,* trabajar para vivir.

living cost(s) [-kɔ:st(s)] ver **cost of living**.

load [ləud] *v.* **1** cargar. **2** *To load up,* tomar una carga, hacer un cargamento.

load *n.* carga, cargamento. *At full load,* a toda su capacidad. *A truck-load,* un camión lleno. *Load factor,* coeficiente de carga (aviones, etc.). *Pay load,* carga útil. *Work load,* carga de trabajo.

loaf on the job [ləuf ɑ:n ðə dʒɑ:b] no hacer uno su trabajo, perder el tiempo en horas de trabajo.

loan [ləun] *v.* prestar, hacer un préstamo.

loan *n.* **1** préstamo, anticipo de fondos. *Bad loan,* préstamos riesgosos. *Bank loan,* préstamo bancario. *Foreign currency loan,* préstamo en moneda extranjera. *Intermediate-term loan,* préstamo a plazo intermedio. *Outstanding loan,* préstamo pendiente de pago. *Overnight loan,* préstamo exigible en forma inmediata. *Long-term loan,* préstamo a largo plazo. *Secured loan,* préstamo garantizado. *Short-term loan,* préstamo a corto plazo. *Unsecured loan,* préstamo no garantizado. *Loan on mortgage,* préstamo hipotecario. *Loan on overdraft,* préstamo al descubierto, préstamo sobregirable. *Non-recourse loan,* préstamo sin garantía. **2** empréstito. *To float a loan, to launch a loan,* emitir un empréstito. *Loan syndication,* emisión de un empréstito en participación.

loan capital [-'kæpətl] préstamo de capital, capital prestado; obligaciones.

loan on security [-ɑ:n sɪ'kjurəti] préstamo sobre garantías.

loan shark [-ʃɑ:rk] usurero.

loan-sharking [-'ʃɑ:rkɪŋ] práctica de hacer préstamos con intereses usurarios.

loan store [-'stɔ:r] oficina de préstamos.

lobby ['lɑ:bi] *v.* **1** recorrer los pasillos. **2** intervenir para influir sobre los legisladores a favor de una causa o de un grupo de presión (sentido amplio: militar al lado de los medios oficiales).

lobby *n.* **1** corredor, vestíbulo (de un hotel, etc.). **2** grupo de presión (que actúa junto con las administraciones privadas y los medios de comunicación para promover una empresa o una causa).

lobbyist ['lɑ:bɪəst] *n.* **1** especialista en relaciones con los poderes de decisión. **2** *peyor.* intrigante.

local ['ləukəl] *n.* **1** sección local del sindicato. **2** indígena, persona que pertenece a un lugar.

local *adj.* local. TELEF.: *Local call,* llamada local. *Local expenses,* gastos locales. *Local bill,* letra de cambio local. *Local branch,* sucursal local, sucursal en plaza.

locale [ləu'kæl] *n.* escena, escenario.

locate ['ləukeɪt] *v.* localizar, situar, establecer, hallar, encontrar, domiciliarse, determinar; (EU) establecerse en alguna parte.

location [ləu'keɪʃən] *n.* sitio, ubicación, situación, localización. *Permanent location,* domicilio permanente. *Location of the registered office,* dirección del domicilio social; CINE: *on location,* en el exterior.

lock [lɑ:k] *v.* cerrar con llave; echar el cerrojo o la aldaba.

lock *n.* **1** cerradura. *Under lock and key,* bajo llave. **2** esclusa (de un canal o estanque).

lock-out [-aut] *v.* cerrar una fábrica (para prohibir el acceso a los obreros).

lock out *n.* cierre de una fábrica (como medida de represalia patronal).

loco price ['ləukəu 'praɪs] precio de plaza, precio al salir de la fábrica.

lockup ['lɑ:kʌp] *n.* **1** prisión, celda. **2** (EU) hecho de retirar ciertos valores bursátiles de la circulación y de depositarlos en una caja de seguridad con la finalidad de realizar una inversión a largo plazo.

lodge [lɑ:dʒ] *v.* **1** alojar, hospedar, albergar. **2** depositar, colocar, poner. *To lodge a complaint,* presentar una queja, hacer una reclamación. *To lodge money with a friend,* confiar dinero a un amigo.

lodge *n.* casilla; casita de jardín; chalet.

lodging ['lɑ:dʒɪŋ] *n.* alojamiento. *Lodging expenses,* gastos de alojamiento.

log [lɔ:g] *v.* registrar. *To log gains,* registrar ganancias.

log-book [lɔ:g buk] *n.* AV., NAVÍOS: diario, diario de a bordo. *Por ext.* registro donde se consideran los eventos de interés.

logical ['lɑ:dʒɪkəl] *adj.* lógico. *Logical analysis,* análisis lógico. *Logical operation,* operación lógica. *Logical reasoning,* razonamiento lógico. *Logical system,* sistema lógico.

logo ['ləugəu] *n.* logotipo.

log rolling [lɔ:g 'rəulɪŋ] *n.* intercambio de bonos de la misma naturaleza, ayuda mutua y recíproca entre dos personas, regreso del ascensor.

long [lɔ:ŋ] *n.* (EU) especulador = **bull**; contrario de **a short**.

long *adj.* **1** largo. **2** *To be long 20 ITT's,* ser propietario de 20 acciones de ITT. **3** *Long position,* contrario de *short position* (*to sell short,* hacer una venta corta o de recorte, vender al descubierto). Esta expresión se aplica a los operadores que realmente poseen títulos de crédito y que aprovechan los aumentos de las cotizaciones.

long *adv.* mucho tiempo, una gran cantidad de tiempo.

long-dated [-'deɪtəd] a largo plazo. *Long-dated investment,* inversión a largo plazo. *Long-dated issues,* emisiones a largo plazo del Tesoro Británico.

long distance [-'dɪstəns] de larga distancia, lejano. Telef.: *Long distance,* llamada de larga distancia.

long dozen [-'dʌzn] *loc.* trece por docena.

long-haul [-hɔːl] **1** transporte de mercancías a lo largo de una gran distancia; trayecto largo; recorrido largo. **2** se dice de un asunto difícil y que ha requerido de una gran cantidad de tiempo.

long hundred [-'hʌndrəd] *loc.* 120 por 100.

long range [-reɪndʒ] **1** a largo plazo. *Long range planning,* planeación o planificación a largo plazo. *Long-range financial forecasts,* pronósticos financieros a largo plazo. *Long-range financial planning,* planeación financiera a largo plazo. **2** de largo alcance, con un amplio radio de acción. *Long range airplane,* avión con un amplio radio de acción.

long run [-rʌn] *In the long run,* a largo plazo, con vencimiento a largo plazo.

longs [lɔːŋz] (GB) títulos del Estado con reembolso a más de 15 años.

longshoreman ['lɔːŋ'ʃɔːrmən] *n.* (EU) descargador, estibador.

long-standing [-'stændɪŋ] *adj.* **1** antiguo, establecido desde hace muchos años, que existe desde hace mucho tiempo. *A long-standing policy,* una política que se practica desde hace mucho tiempo. **2** durable, capaz de durar mucho tiempo.

long standing (of) [-'stændɪŋ (ɑːv)] de fecha muy antigua, creado(a) hace mucho tiempo. *A firm of long standing,* una empresa establecida desde hace mucho tiempo.

long term [-tɜːrm] a largo plazo. *Long-term credit,* crédito a largo plazo (a más de seis meses). *Long-term creditors,* acreedores a largo plazo. *Long-term debt,* deuda a largo plazo. *Long-term financial projection,* proyección financiera a largo plazo. *Long-term financing,* financiamiento a largo plazo. *Long-term notes,* documentos por pagar a largo plazo. *In the long-term,* en un futuro lejano, en el largo plazo. *Long-term liabilities,* deudas a largo plazo, pasivo a largo plazo. *Long-term trend,* la tendencia a largo plazo.

long ton [-tʌn] tonelada larga, tonelada inglesa (aproximadamente 1,016 kg.).

look after [lʊk 'æftər] *v.* ocuparse de, vigilar a, cuidar a.

look for [lʊk fɔːr] *v.* buscar, indagar. *To look for a job,* buscar un empleo.

look into [lʊk 'ɪntuː] *v.* examinar. *Look into this (matter),* examine este asunto con más detenimiento, estudie este asunto.

look up [lʊk ʌp] *v.* **1** mejorar. *Business should look up soon,* los negocios deberían mejorar pronto. **2** consultar, investigar (un nombre, una palabra dentro de una lista). *To look up an address in a directory,* investigar una dirección en un directorio.

loom [luːm] *v.* perfilarse, aparecer en el horizonte (de manera inquietante).

loom *n.* arte u oficio de tejer.

loop [luːp] *n.* circuito, ciclo.

loop-hole [-həʊl] *n.* **1** abertura, orificio, hendidura en la parte superior de un edificio. **2** laguna, falla (de una legislación), forma de evadir una disposición. *Loop-holes in taxation,* formas (legales) de evadir al fisco, lagunas en la legislación fiscal.

loose [luːs] *adj.* **1** flojo, holgado, suelto; poco cuidadoso. *Loose funds,* fondos no asignados o pendientes de asignar. *Loose thinking,* reflexiones poco profundas. **2** desatado, móvil, no asignado. *Loose leaf,* hoja suelta. *Loose sheet,* hoja suelta, hoja movible. *Loose card,* tarjeta móvil.

loosen ['luːsn] *v.* relajar, aflojar, ablandar; deshacer. *The money market is loosening,* el mercado monetario está experimentando una distensión.

loose sheet [-ʃiːt] hoja suelta.

loot [luːt] *v.* saquear, robar.

loot *n.* botín.

looter ['luːtər] *n.* pillo, ladrón; saqueador.

lop off [lɑːp ɔːf] *v.* amputar, cortar, recortar, podar, talar. *The deals means that Chrysler® is lopping off 25 per cent of its world wide production,* el acuerdo significa que Chrysler® va a recortar el 25 por ciento de su producción mundial.

lopsided ['lɑːp'saɪdəd] *adj.* que se inclina de un lado, ladeado, torcido; *fig.* cojo, desequilibrado, desigual. *A lopsided agreement,* un acuerdo desequilibrado.

lorry ['lɔːri] *n.* (GB) camión. Ver **truck**.

lose [luːz] *v.* perder. *To lose money,* perder dinero. *That business lost us a lot,* ese negocio nos hizo perder mucho dinero.

loser ['luːzər] *n.* perdedor.

loss [lɔːs] *n.* **1** pérdida; déficit de explotación. *Accounting loss,* pérdida contable. *Book loss,* pérdida en libros. *Financial loss,* pérdida financiera. *To make a loss, to suffer a loss,* acusar, denotar o sufrir una pérdida. *To show a loss,* mostrar un déficit. *A dead loss,* pérdida total. *At a loss,* con pérdida. *To be at a loss,* estar perdido, estar desorientado. *Loss of profit,* pérdida de utilidades. **2** prescripción. *Loss of a right,* prescripción de un derecho.

loss leader [-'li:dər] artículo que se vende a un precio bajo a fin de atraer clientes.

lossmaker [lɔːsˈmeɪkər] *n.* artículo con el que se pierde dinero.

loss in value [-ɪn ˈvælju:] pérdida de valor.

loss of momentum [-ɑːv məʊˈmentəm] pérdida de velocidad.

loss on bad accounts [-ɑːn bæd əˈkaʊnts] pérdida por documentos incobrables.

loss on exchange [-ɑːn ɪksˈtʃeɪndʒ] pérdida cambiaria.

loss on sale [-ɑːn seɪl] pérdida en ventas. *Loss on sale of fixed assets,* pérdida en ventas de activos fijos.

loss payee clause [-peɪˈiː klɔːz] cláusula de delegación de seguros (la cual permite al delegado recibir únicamente las indemnizaciones en el lugar y plaza del interesado).

lot [lɑːt] *n.* **1** cantidad grande. *A lot of = much/ many.* **2** lote, parcela (terrenos). **3** lote, porción, parte de un todo. **4** sorteo. *Redeemable by lot,* reembolsable por sorteo. **5** destino, suerte.

lottery bond ['lɑːtəri bɑːnd] *n.* bono, obligación sujeta a sorteo.

loudspeaker ['laʊdˈspiːkər] *n.* altavoz, altoparlante, bocina.

loudspeaker advertising [-ˈædvərtaɪzɪŋ] publicidad con altoparlante.

low [ləʊ] *n. A low,* un hueco, un punto bajo (en una curva). *Profits have reached a new low,* las utilidades han alcanzado nuevamente un punto bajo.

low *adj.* y *adv.* bajo, débil, económico. *Lowest price,* el precio más bajo, la cotización más baja.

lowdown ['ləʊdaʊn] *fam. To give the lowdown (on),* proporcionar informes confidenciales.

lower ['ləʊər] *v.* bajar, descender, disminuir, hacer bajar. *The banks have lowered their rates,* los bancos han bajado sus tasas.

lower middle class [-ˈmɪdl klæs] clase social media.

low-geared capital [-ˈɡɪrəd ˈkæpətl] **1** capital de una sociedad donde las acciones ordinarias representan un número más importante

que el de las acciones preferentes. **2** capital sujeto a un débil efecto de apalancamiento (cf. **high-geared capital**).

low income [-ˈɪnkʌm] ingreso modesto, ingreso débil.

low-key [-kiː] *adj.* moderado, discreto, cauteloso, disimulado, sigiloso.

low key ad campaign [-æd kæmˈpeɪn] campaña publicitaria discreta.

low-profile [-ˈprəʊfaɪl] *adj.* moderado; discreto.

loyalty ['lɔɪəlti] *n.* lealtad, fidelidad. *Brand loyalty,* fidelidad hacia una marca.

lubricant ['luːbrɪkənt] *n.* lubricante.

lubricate ['luːbrɪkeɪt] *v.* lubricar, aceitar, engrasar.

luggage ['lʌɡɪdʒ] *n.* equipaje. *Her luggage is as heavy as ever,* su equipaje es siempre pesado.

lull [lʌl] *v.* **1** mecer. **2** acallar las sospechas.

lull *n.* calma momentánea. *The summer lull,* la calma del verano.

lumber ['lʌmbər] *n.* **1** artículos, objetos inútiles que se ponen en un desván. **2** (EU) = **timber** = madera para armazón (o de tala). **3** *fam.* cosa o persona estorbosa.

lump [lʌmp] *v.* amontonar, apilar, aglomerar.

lump *n.* bloque, pedazo, masa. *In the lump,* en bloque, a granel, globalmente.

lump *adj.* global, indivisible, total, completo.

lump sum [-sʌm] suma neta, suma global que se liquida en un solo pago. *Lump-sum settlement,* liquidación global, liquidación total en un solo pago. *Lump-sum expenses,* gastos globales.

lump-sum contract [-ˈkɑːntrækt] contrato a precio alzado.

lump together [-təˈɡeðər] *v.* **1** agrupar, juntar, unir. **2** considerar globalmente, tomar en forma conjunta.

luncheon voucher ['lʌntʃən ˈvaʊtʃər] *n.* vale de alimentos (restaurantes, etc.).

lunge [lʌndʒ] *v.* dar un golpe en forma anticipada. *Prices lunged ahead,* los precios han aumentado brutalmente.

lure [lʊr] *v.* embaucar, engañar, seducir mediante encantos falsos.

luxury ['lʌkʃəri] *n.* lujo, ostentación, superfluo. *Luxury tax,* impuesto sobre los productos de lujo.

L

m

M.A. [em eɪ] **(Master of Arts)** [ˈmæstər ɑːv ɑːrts] grado correspondiente a cinco o seis años de estudios superiores en el dominio de las letras y de las ciencias humanas.

Ma'am [mæm] **(EU)** *fam.* señora, (GB) abreviación de *Madam;* forma de cortesía para dirigirse a una mujer.

machine [məˈʃiːn] *v.* **1** fabricar, producir o hacer algo con máquinas. **2** *To machine down,* fabricar, producir de acuerdo con cotizaciones precisas. *A part machined down to less than 0.01 millimeter,* una pieza fabricada a menos de 1/100 mm.

machine *n.* **1** máquina. *Automatic machine,* máquina automática. *Calculating machine,* máquina calculadora. *Slot-machine,* distribuidor automático. **2** aparato, estructuras permanentes. *The machine of a (political) party,* la estructura de un partido político.

machine-gun [-gʌn] *n.* ametralladora.

machine language [-ˈlæŋgwɪdʒ] lenguaje de máquina.

machine shop [-ʃɑːp] taller mecánico.

machinery [məˈʃiːnəri] *n.* maquinaria, máquinas, aparatos, conjunto de instalaciones, mecanismo, artefacto. *The machinery of the administration,* los mecanismos de la administración. *Industrial machinery,* maquinaria industrial. *Union machinery,* aparato sindical, visa de comunicación del aparato sindical.

machinery and equipment [-ænd ɪˈkwɪpmənt] maquinaria y equipo.

machine-tool [-tuːl] *n.* máquina herramienta.

Madam [ˈmædəm] *pl.* **Mesdames** [ˈmeɪdəm] forma de cortesía que se utiliza para dirigirse a una mujer independientemente de si está casada o no; equivalente al femenino de *Sir* al principio de una carta: *Dear Madam* = Estimada señora.

made [meɪd] *adj. p.p.* de **to make**; hecho, fabricado, realizado, ejecutado. *Custom-made,* (hecho, fabricado) a la medida. *Ill-made,* mal hecho. *Poorly-made,* mal hecho, de fabricación corriente. *Ready-made,* listo para usarse. *Tailor-made,* (hecho, fabricado) a la medida. *Well-made,* bien hecho, bien realizado, bien concebido, bien ejecutado.

made in duplicate [-ɪn ˈduːplɪkət] hecho por duplicado.

made in Mexico, Guatemala [-ɪn ˈmeksɪkəʊ ˈgwɑːtəˈmɑːlə] etc. hecho en México, en Guatemala, etc.

made in triplicate [-ɪn ˈtrɪpləkət] hecho por triplicado.

made to measure [-tu: ˈmeʒər] hecho sobre medida.

Madison Avenue [medisn ˈævənuː] avenida de Nueva York en la que se encuentran las grandes agencias de publicidad. Simbólicamente, designa al mundo de la publicidad.

magazine [ˈmægəˈziːn] *n.* **1** revista, publicación periódica. *A quarterly magazine,* una revista trimestral. **2** almacén. **3** cámara (sitio donde se coloca la carga de las armas de fuego).

magistrate [ˈmædʒəstreɪt] *n.* magistrado (de rango inferior). *Examining magistrate,* juez de instrucción.

magnate [ˈmægneɪt] *n.* magnate, personaje poderoso. *The oil magnates,* los magnates del petróleo.

magnet [ˈmægnət] *n.* imán.

magnetic [mægˈnetɪk] *adj.* magnético. *Magnetic core,* núcleo magnético.

magnifier [ˈmægnəfaɪər] *n.* lupa.

magnify [ˈmægnəfaɪ] *v.* **1** agrandar, aumentar (con la ayuda de un instrumento). *Magnifying glass,* lupa. **2** aumentar, engrandecer, exagerar.

maiden [ˈmeɪdn] *adj.* **1** de soltera. *Maiden name,* nombre de soltera. **2** inicial, inaugural, primero. *Concorde's maiden flight,* el primer vuelo del Concorde. *Maiden speech,* primer discurso de alguien que resultó elegido, discurso inaugural.

maiden voyage [-ˈvɔɪɪdʒ] viaje inaugural, primer viaje, primera travesía (de un navío).

mail [meɪl] *v.* (cf. **to post**) mandar por correo, echar al buzón, enviar, expedir (por correo).

mail *n.* correo, correspondencia; envío. *(by) Airmail,* por avión. *Mail order,* giro postal. *Mail sorting,* clasificación postal. *Outgoing mail,* correo de salida.

mail-bag [-bæg] saco que contiene el correo.

mail box [-bɑːks] *n.* buzón.

mailing [ˈmeɪlɪŋ] *n.* **1** envío por correo. **2** publicidad postal, ventas a domicilio por correo.

mailing address [-ˈædres] domicilio postal.

mailing list [-lɪst] lista de domicilios a los que se envía propaganda o documentos.

mail-order [-ˈɔːrdər] *n.* pedido o compra que se hace por correspondencia. *Mail-order business (M.O.B.),* ventas por correspondencia. *Mail-order business, mail-order firm, mail-order house,* empresa o casa de ventas por correspondencia.

Mail-order catalog, catálogo de ventas por correspondencia. *Mail-order department*, departamento de ventas por correspondencia. *Mail-order selling*, venta por correspondencia.

mail-train -treɪn] *n.* tren que transporta el correo.

main [meɪn] *adj.* principal, esencial, mayor. *The main point is*, el punto esencial es. *Main line*, línea principal. *Their main activities*, sus actividades fundamentales.

main frame, mainframe or **main-frame computer** ['meɪnfreɪm kəm'pju:tər] computadora de gran tamaño, unidad central.

mains [meɪns] *n.* corriente (que funciona sobre un sector). *It must be plugged on mains*, debe ser conectado con el sector.

mainstay ['meɪnsteɪ] *n.* sostén económico (de una familia); base principal de ingresos de una empresa; sostén principal; elemento principal.

mainspring ['meɪnsprɪŋ] móvil esencial, causa principal, motivo, principio.

maintain [meɪn'teɪn] *v.* 1 mantener, conservar. 2 cuidar, asegurar el mantenimiento, el servicio (de las máquinas, etc.).

maintenance ['meɪntnəns] *n.* mantenimiento, conservación, sustento. *Road maintenance*, mantenimiento de carreteras. *Maintenance expenses*, gastos de mantenimiento. *Maintenance officer*, responsable del mantenimiento.

maize [meɪz] *n.* (GB) maíz.

major ['meɪdʒər] *adj.* mayor, principal, de primer rango.

major in [-ɪn] *v.* obtener un grado universitario en una disciplina, especializarse. *He majored in physics*, se especializó en física.

majority [məˈdʒɔːrəti] *n.* mayoría. *By a vast majority*, una gran mayoría.

majority *adj.* mayoritario, relativo a la mayoría. *Majority rules*, las reglas de la mayoría.

majority interest [-ɪntrəst] participación mayoritaria.

majority owner [-ˈəʊnər] accionista mayoritario.

majors (the) ['meɪdʒərz (ðə)] *n.* las más grandes sociedades petroleras del mundo.

make [meɪk] *v.* hacer, fabricar, crear. *To make a bargain*, hacer un negocio, realizar una operación. *To make a bill*, extender un documento de crédito, girar una letra. *To make a budget*, hacer un presupuesto. *To make a forecast*, hacer un pronóstico. *To make a fortune*, amasar una fortuna. *To make cars*, fabricar automóviles. *To make a journey*, hacer un viaje. *To make a loan*, conceder un préstamo. *To make a mistake*, cometer un error. *To make an appointment*, hacer una cita. *To make a phone call*, llamar por teléfono. *To make a plan*, hacer un plan. *To make a profit*, obtener una utilidad.

To make a remittance, liquidar una suma, hacer una remesa. *To make a report*, entregar cuentas. *To make a statement*, hacer una declaración. *To make ends meet*, atar cabos.

make *n.* marca (comercial o industrial), fabricación.

make for [-fɔːr] *v.* ir hacia, dirigirse.

make good [-gʊd] *v.* pagar, compensar, bonificar (seguros), cubrir. *We have managed to make our loss good*, hemos logrado compensar nuestra pérdida.

make out [-aʊt] *v.* 1 entender. *I can't make out this word*, no entiendo esta palabra. 2 redactar, establecer, extender, elaborar. *To make out a bill*, girar una letra. *To make out a check*, expedir un cheque. *To make out a list*, elaborar una lista. *To make out a statement*, establecer una relación, un informe.

maker ['meɪkər] *n.* 1 fabricante, especialista. *Watchmaker*, fabricante de relojes, relojero. 2 girador, suscriptor (de letras de cambio, cheques, etc.).

makeshift ['meɪkʃɪft] *n.* 1 expediente, procedimiento improvisado. 2 temporal, provisional, improvisado. *Makeshift device*, instalación improvisada.

make up [-ʌp] *v.* 1 fabricar; inventar falsedades; maquillar, disfrazar. *To make up a story*, inventar una historia. 2 pagar, reembolsar.

make up for [-fɔːr] *v.* reembolsar; compensar, recuperar. *To make up for lost time*, recuperar el tiempo perdido.

make-up pay [-peɪ] recuperación de un salario.

make up prices or **making-up prices** [meɪk ʌp praɪsəs, 'meɪkɪŋ ʌp praɪsəs] BOLSA: cotizaciones compensatorias.

making ['meɪkɪŋ] *n.* 1 realización, logro. 2 hecho de realizar, de crear, etc. *In the making*, en preparación.

makings ['meɪkɪŋ] *n. pl.* potencial, posibilidades, potencialidades. *He has the makings of a good manager*, tiene la posibilidad de ser un buen administrador.

male [meɪl] *n.* varón, macho.

male *adj.* macho, varón, del sexo o del género masculino (por lo general se usa en palabras compuestas). *Male clerks*, empleados (hombres).

malfeasance [mælˈfiːsəns] 1 delito. 2 en particular, malversación o actos delictivos de un funcionario o agente del Estado en el ejercicio de sus funciones.

malfunction ['mælˈfʌŋkʃən] *v.* funcionar mal, anormalmente o de manera imperfecta.

malfunction *n.* mal funcionamiento, funcionamiento defectuoso; defecto, imperfección.

malice ['mæləs] *n.* JUR.: malicia, intención criminal o delictuosa. *With malice aforethought*, con premeditación.

M

malicious [mə'lɪʃəs] *adj.* que tiene intenciones delictivas o criminales. *Malicious damage,* daño doloso. *Malicious intent,* intento de perjudicar, intento delictivo.

malinger [mə'lɪŋgər] *v. fam.* fingirse enfermo para evadir una responsabilidad, sustraerse de una obligación.

malingerer [mə'lɪŋgərər] *n.* farsante, simulador, el que finge una enfermedad.

malingering [mə'lɪŋgərɪŋ] *n.* hecho de fingirse enfermo para no trabajar.

mall [mɔːl] *n.* avenida, paseo. *Shopping-mall* (EU), avenida comercial; galería para el comercio; centro comercial.

malnutrition ['mælnuː'trɪʃən] *n.* desnutrición.

malpractice ['mæl'præktəs] *n.* negligencia de una persona en el cumplimiento de sus responsabilidades o de quien ejerce una profesión liberal.

malthusian ['mæl'θuːʒən] *adj.* maltusiano, se dice de quien comparte las teorías de Malthus.

malversation ['mælvər'seɪʃən] *n.* **1** malversación, desvío de fondos, tomar fondos de manera ilegal. **2** abuso de confianza en el ejercicio de una función oficial. **3** administración corrupta.

mammoth ['mæməθ] *n.* y *adj.* mamut, monstruo gigantesco. *Mammoth sales,* ventas gigantescas.

man [mæn] *v.* tripular un navío, proporcionar hombres. *The night-shift is undermanned,* el equipo nocturno no tiene suficientes hombres. *A manned spacecraft,* un vehículo espacial tripulado.

man *n.* **1** hombre. *Man-hour,* hora-hombre. **2** los hombres en general, la raza humana. **3** ex (alumno). *A Harvard man,* un ex alumno de Harvard. **4** obrero, trabajador, marino, etc. *The man in the street,* el hombre de la calle. *One's own man,* su propio patrón. *To the last man,* hasta el último. *Man-Friday,* persona que ejerce varios oficios o actividades, factótum.

manage ['mænɪdʒ] *v.* **1** conseguir, lograr, alcanzar, llegar a, arreglárselas. *I can manage,* puedo lograrlo, puedo arreglármelas. **2** usar los medios necesarios para alcanzar un objetivo determinado; manejar. **3** administrar, conducir, dirigir los negocios. *To manage a business,* administrar un negocio. *To manage a hotel,* administrar un hotel.

manageable ['mænɪdʒəbəl] *adj.* que se presta a un control fácil, a una administración sin problemas; fácil de administrar; que permite arreglos o ajustes.

managed trade ['mænɪdʒd treɪd] comercio dirigido; comercio controlado; contractualización de los intercambios.

management ['mænɪdʒmənt] *n.* **1** dirección o administración de un negocio, gestión, dirección, control; manejo; habilidad. **2** (conjunto de personas que constituyen) la dirección, los dirigentes, los ejecutivos, el cuerpo administrativo de una empresa. *Line management,* administración en línea directa, dirección jerárquica de tipo clásico. *Lower management,* administración o ejecutivos de nivel inferior, ejecutivos subalternos. *Middle management,* administración o ejecutivos de nivel medio. *Upper management,* administración o ejecutivos de nivel superior. **3** patronato. *The American Management Association,* Asociación Americana de Administración de Empresas.

management accountant [-ə'kauntnt] contador administrativo.

management accounting [-ə'kauntɪŋ] contabilidad administrativa.

management audit [-ɔːdət] auditoría administrativa.

management board [-bɔːrd] consejo de administración.

management buy-out [-baɪ aut] readquisición de una empresa por su dirección y por sus ejecutivos.

management by objectives [-baɪ ɑːb'dʒektɪvs] **(M.B.O.)** [em biː əu] administración por objetivos.

management consultant [-kən'sʌltənt] asesor en administración.

management consulting firm [-kən'sʌltɪŋ fɜːrm] despacho de asesoría administrativa.

management control [-kən'trəul] control administrativo.

management education [-'edʒə'keɪʃən] educación administrativa.

management employee [-ɪm'plɔɪ'iː] empleado administrativo.

management fee [-fiː] honorarios administrativos.

management information [-'ɪnfər'meɪʃən] información administrativa.

management stock [-stɑːk] **1** títulos poseídos por los directores de una empresa. **2** títulos que permiten el control de una sociedad gracias a los votos privilegiados que confieren.

management system [-'sɪstəm] sistema administrativo.

manager ['mænɪdʒər] *n.* gerente, director, jefe administrativo, dirigente; administrador; regidor. *Area manager,* administrador o gerente de área. *Assistant manager,* subgerente, gerente adjunto. *Business manager,* director comercial. *Credit manager,* gerente de crédito. *Deputy manager,* subdirector, director adjunto. *District manager,* gerente de distrito. *Experienced manager,* administrador capacitado, con experiencia. *Factory manager,* gerente de fábrica. *Financial manager,* administrador financiero. *General manager,* administrador o gerente general. *Marketing manager*, gerente de mercadotecnia. *Personnel manager*, gerente de personal. *Product manager*, gerente de producto. *Production manager*, gerente de producción. *Project manager*, gerente de proyecto. *Regional manager*, gerente regional. *Sales manager*, gerente de ventas. *Systems manager*, gerente de sistemas. *Works manager*, gerente de una fábrica.

manageress ['mænɪdʒərəs] *n.f.* de **manager**.

managerial ['mænə'dʒɪrɪəl] *adj.* 1 relativo a la dirección o a los dirigentes, administrativo. *Managerial capacity*, capacidad administrativa. *Managerial information*, información administrativa. *Managerial policy*, política administrativa. *Managerial systems*, sistemas administrativos. 2 tecnócrata.

managers (the) ['mænɪdʒərz (ðə)] *n.* los cuadros; los tecnócratas.

managing committee ['mænɪdʒɪŋ kə'mɪti] comité administrativo, comité directivo.

managing director ['mænɪdʒɪŋ də'rectər] director administrativo, director general.

managing partner ['mænɪdʒɪŋ 'pɑːrtn ər] gerente asociado.

mandate ['mændeɪt] *n.* 1 mandato (no electivo). 2 orden terminante, mandamiento.

mandatary *adj.* ver **mandatory**.

mandatory ['mændətɔːri] *n.* mandatario.

mandatory *adj.* imperativo, obligatorio.

maneuvrable [mə'nuːvərəbəl]; (GB) **manoeuvrable** [mə'nuːvərəbəl] *adj.* fácil de maniobrar, de fácil manejo, maniobrable.

maneuvre or **manoeuvre** [mə'nuːvər] *v.* maniobrar; intrigar.

maneuvre or **manoeuvre** *n.* maniobra, intriga, maquinación. *Underhand maneuvres*, maniobras ocultas, intrigas.

manipulate [mə'nɪpjəleɪt] *v.* manipular, maniobrar con habilidad; manosear.

man-handle ['mæn hændl] *v.* 1 desplazar a fuerza de hombres. 2 agarrarse de una persona con facilidad.

man-hour ['mænaʊr] *n.* trabajo que realiza un obrero en una hora; hora hombre; hora-obrero, hora por empleado, hora trabajada.

manifest ['mænəfest] *n.* manifiesto (descripción pormenorizada del cargamento de un barco que se presenta en la aduana).

manifold ['mænəfəʊld] *adj.* múltiple, diversificado, con facetas múltiples.

manila or **manilla** [mə'nɪlə] *n.* papel resistente de color amarillo (frecuentemente se utiliza para los sobres oficiales o comerciales).

manipulation [mə'nɪpjə'leɪʃən] *n.* manipulación, maniobra; manoseo.

man-made ['mæn'meɪd] *adj.* fabricado por el hombre, artificial. *Man-made fibers*, fibras sintéticas.

manpower ['mænpaʊər] *n.* mano de obra. *Manpower policy*, política de personal.

mansion ['mænʃən] *n.* mansión, palacete, hotel particular; *pl.* inmueble o casa de alquiler.

manslaughter ['mæn slɔːtər] *n.* homicidio involuntario. *Manslaughter without malice aforethought*, homicidio sin premeditación.

manual ['mænjuəl] *adj.* manual, hecho a mano. Jur.: *Manual delivery*, entrega manual. Telef.: *Manual exchange*, manual interurbano. *Manual skilled workers*, obreros especializados. *Manual workers*, trabajadores manuales.

manufactory ['mænjə'fæktʃəri] *n.* fábrica, manufactura.

manufacture ['mænjə'fæktʃər] *v.* 1 fabricar, producir, transformar. *Manufactured goods*, *manufactured products*, productos manufacturados, productos terminados. 2 inventar (una historia), fabular.

manufacture *n.* 1 fabricación, industria. *Foreign manufacture*, fabricación extranjera. *National manufacture*, fabricación nacional. 2 producto manufacturado.

manufacturer ['mænjə'fæktʃərər] *n.* fabricante, industrial. *Manufacturer's agent*, agente exclusivo de un fabricante.

manufacturing ['mænjə'fæktʃərɪŋ] *n.* fabricación, transformación. *Manufacturing accounts*, cuentas de manufactura. *Manufacturing company*, compañía manufacturera. *Manufacturing cost*, costo de manufactura. *Manufacturing industries*, industrias de la transformación, industrias manufactureras. *Manufacturing license (GB licence)*, licencia de fabricación. *Manufacturing order*, orden de fabricación. *Manufacturing overhead*, gastos indirectos de manufactura. *Manufacturing process*, proceso de manufactura. *Manufacturing system*, sistema de manufactura.

manure [mə'nʊr] *n.* estiércol; fertilizante natural.

map [mæp] *v.* 1 hacer un mapa, trazar un plano. 2 hacer un levantamiento topográfico.

map *n.* mapa, plano. *To be on the map*, a) figurar, estar en el mapa. b) estar de novedad, estar en boga; *fam.* estar distraído, estar en el aire. *To put on the map*, volver célebre, dar a conocer. *To wipe off the map*, destruir, eliminar, hacer desaparecer.

map out [-aʊt] *v.* trazar (un plano), elaborar (un itinerario), arreglar u organizar (el empleo del tiempo), montar. *To map out a low-budget assault (on)*..., llevar a cabo una incursión con un presupuesto reducido (contra)...

map up [-ʌp] *v.* 1 hacer levantamientos topográficos (para un plano, para un mapa, etc.). 2 establecer los detalles de una estrategia, hacer un montaje. *To map up a strategy*, establecer los detalles de una estrategia, hacer un montaje.

mar [mɑːr] **v.** hacer algo con torpeza, dañar, deteriorar, perjudicar.

margin [ˈmɑːrdʒən] **n. 1** IMPR.: margen. *As per margin*, tal y como se indica en el margen. **2** margen, tasa. *Profit margin*, margen de utilidad. *Safety margin*, margen de seguridad. **3** FIN., BOLSA: margen, cobertura, provisión, adelanto, anticipo. *To deposit a margin in cash*, depositar un anticipo en efectivo. *Margin account*, cuenta de margen (este margen, o depósito de cobertura, se forma con títulos de crédito o con dinero líquido). *Margin buying*, compra de margen, compra sobre provisión, sobre cobertura. *Margin call*, reembolso de un margen. *Margin dealing*, transacciones sobre provisiones. *Margin ratio*, tasa de cobertura.

marginal [ˈmɑːrdʒnəl] **adj. 1** marginal. *Marginal analysis*, análisis marginal. *Marginal cost*, costo marginal. *Marginal income*, ingreso marginal. *Marginal profit*, utilidad marginal. **2** ocasional, marginal. *Marginal buyer*, comprador ocasional. *Marginal land*, terreno que se explota únicamente en caso de necesidad (teniendo en cuenta el costo de explotación). *Marginal seat*, cargo o puesto muy disputado (en una elección).

marine [məˈriːn] **n. 1** marina. *Merchant, mercantile marine*, la marina mercante. **2** marino, marinero.

marine **adj.** marítimo, marino. *Marine insurance, assurance*, seguro marítimo. *Marine loss*, pérdida marítima. *Marine stores*, tiendas marítimas.

marital status [ˈmærətl ˈstætəs] situación familiar (se utiliza principalmente como rúbrica en los formularios impresos); estado civil.

maritime [ˈmærətaɪm] **adj.** marítimo, del mar. *Maritime law*, derecho marítimo. *Maritime peril*, riesgos marítimos.

mark [mɑːrk] **v. 1** anotar, marcar, cotizar; señalar; cifrar. **2** poner estampillas, visar, certificar. *Marked check*, cheque certificado. *Marked shares*, acciones certificadas. **3** remarcar; indicar, manifestar. *Marked recovery*, recuperación sorprendente. **4** *To mark time*, marcar el paso; hacer tiempo, estancarse.

mark **n.** BOLSA: marca, nota, rúbrica; estampilla; cotización. *To be off the mark*, no lograr el objetivo, no alcanzar la meta, no dar en el blanco.

mark down [-daʊn] **v.** descontar, reducir el precio.

mark-down or **markdown** **n.** rebaja, reducción, descuento, bonificación. *To get a markdown of 3 dollars on a sticker price*, obtener una rebaja de tres dólares sobre el precio marcado (sobre el precio de etiqueta).

marker [ˈmɑːrkər] **n. 1** marcador; indicador, aguja (sobre una carátula). **2** señal, indi-

cación, marca, manifestación. *Marker (radio) beacon*, emisor instalado (a bordo de un avión) que señala el paso del vehículo por diversas estaciones terrestres o marítimas. *Marker crude*, petróleo crudo que sirve de referencia. **3** (EU) pagaré o reconocimiento de deuda.

market [ˈmɑːrkət] **v. 1** lanzar (un producto) al mercado, comercializar, distribuir. **2** ir de compras, hacer las compras.

market **n.** mercado (lugar, plaza, compradores, canales de salida). *There is no market for their goods*, no hay mercado para sus productos. *We are in the market for 2000...*, somos los compradores del año 2000... *Domestic market*, mercado nacional. *Foreign market*, mercado(s) extranjero(s). *Home market*, mercado interior. *International market*, mercado internacional. *Potential market*, mercado potencial. *Market analysis*, análisis de mercado. *Market demand*, demanda del mercado. *Market penetration*, incursión en el mercado. *Market potential*, potencial de mercado. *Market prices*, precios de mercado. *Market research*, investigación de mercado. *Market study*, estudio de mercado. *Market trend*, tendencia, orientación del mercado. *Market value*, valor comercial. *The commodity market*, el mercado o la bolsa de satisfactores, de mercancías, de materias primas. *The Common Market*, el mercado común. *The stock market*, el mercado de valores. *To put on the market*, lanzar al mercado, comercializar.

marketability [ˈmɑːrkətəˈbɪləti] **n.** comercialidad, se dice de algo susceptible de venta o promoción.

marketable [ˈmɑːrkətəbəl] **adj.** negociable, de fácil venta, que tiene un mercado. *Marketable products*, productos de fácil venta. *Marketable securities*, valores negociables o comerciables. *Shares marketable on the Stock Exchange*, acciones negociables en la bolsa.

market analysis [-əˈnæləsəs] análisis de mercado.

market analyst [-ˈænləst] analista de mercado.

market composition [-ˈkɑːmpəˈzɪʃən] composición de mercado.

market consumption [-kənˈsʌmpʃən] consumo de mercado. *Market consumption forecast*, pronóstico de consumo de mercado. *Market consumption rate*, tasa de consumo de mercado. *Market consumption rate per day*, tasa de consumo de mercado por día.

market economy [-ɪˈkɑːnəmi] economía de mercado, economía liberal.

marketeer [ˈmɑːrkətˈiːr] **n.** vendedor que participa en un mercado. *Black-marketeer*, vendedor del mercado negro.

marketer [ˈmɑːrkətər] **n. 1** distribuidor; persona u organismo que comercializa un producto; vendedor. **2** miembro de un departamento comercial o de mercadotecnia.

market forecast [-fɔːrkæst] pronóstico de mercado.

market gap [-gæp] espacio comercial.

market-gardener [-'gɑːrdnər] hortelano.

market-gardening [-'gɑːrdnɪŋ] cultivo de hortalizas; horticultura.

marketing ['mɑːrkətɪŋ] *n.* a pesar de los esfuerzos realizados por los especialistas para delimitar mejor las acepciones de esta palabra, en tanto que es una forma derivada del verbo *to market* que termina en **ing**, tiene todos los significados imputables a este verbo, incluso el de "poner mercancías a la venta". **1** técnicas de mercadeo, de comercialización, de mercadotecnia. **2** mercadotecnia, venta, distribución y comercialización (de los productos). **3** hecho de comprar o de vender dentro de un mercado. **4** hecho de poner mercancías a la venta. **5** conjunto de actividades relacionadas con el mercado y con la transferencia de mercancías del productor al consumidor, principalmente: estudio de mercado, estudio comercial de un proyecto, compra, venta, almacenamiento, transporte, normalización, financiamiento.

marketing campaign [-kæm'peɪn] campaña de mercadotecnia.

marketing concept [-'kɑːnsept] concepto de mercadotecnia.

marketing department [-dɪ'pɑːrtmənt] departamento de mercadotecnia.

marketing expenses [-ɪk'spensəs] gastos de mercadotecnia.

marketing mix [-mɪks] conjunto de operaciones relacionadas con la puesta a la venta de productos nuevos.

market leader [-'liːdər] firma o producto que domina la parte más grande de un mercado.

market-maker [-'meɪkər] tenedor de un mercado (empresa de corretaje que asegura en forma permanente la contrapartida, compra y venta de un mercado bursátil o de divisas); el que sostiene un mercado.

market-making [-'meɪkɪŋ] mantenimiento de un mercado.

market penetration [-'penə'treɪʃən] penetración de un mercado; penetración en el mercado.

marketplace ['mɑːrkətpleɪs] *n.* **1** lugar del mercado. **2** mercado, actividad económica. *In the marketplace,* a) en el mercado; b) en la plaza pública.

market potential [-pə'tentʃəl] potencial de mercado.

market research [-rɪ'sɜːrtʃ] estudio o investigación de mercado.

market rule of return [-ruːl ɑːv rɪ'tɜːrn] tasa de remuneración del mercado.

market segment [-'segmənt] segmento del mercado.

market segmentation [-'segmən'teɪʃən] segmentación del mercado. *Market segmentation by consumption zones,* segmentación del mercado por zonas de consumo.

market stratification [-'strætəfə'keɪʃən] estratificación del mercado.

market share [-ʃer] parte del mercado, porción o segmento del mercado (dominado por un producto o una empresa en un sector determinado).

market thrust [-θrʌst] acción de penetrar en un mercado, incursión comercial.

market value [-'væljuː] valor comercial; valor en el mercado; valor de venta; precio de mercado; valor bursátil (acciones).

marking ['mɑːrkɪŋ] *n.* **1** BOLSA: cotización, precio. **2** (generalmente en *pl.*) marcas que se ponen en los embalajes de expedición, marcaje.

mark-up [-ʌp] *v.* subir (los precios).

mark-up, markup *n.* aumento, margen; aumento de precio; margen de utilidad o ganancia; porcentaje de aumento.

marque [mɑːrk] *n.* marca (de lujo, de un automóvil deportivo, etc.).

mart [mɑːrt] *n.* centro comercial, mercado.

marshal ['mɑːrʃəl] *v.* **1** hacer una maniobra (en los trenes), escoger, seleccionar, clasificar. **2** arreglar, poner en orden; exponer, presentar (hechos). **3** establecer un orden de prioridad, de precedencia.

marshal *n.* **1** mariscal; jefe de un protocolo real. **2** (EU) comisario, jefe de policía encargado de aplicar las decisiones judiciales. **3** (GB) alguacil, guardia de un tribunal.

marshalling yard ['mɑːrʃəlɪŋ jɑːrd] *n.* (EU) estación de apartado, de clasificación.

mass [mæs] *n.* **1** masa; gran cantidad (frecuentemente en *pl.*). *The masses,* la masa, las masas. *Masses of people,* una multitud (de gente). **2** FIN.: masa. *Mass to be made good,* junta de acreedores.

mass *adj.* en masa, masivo. *Mass meeting,* reunión en masa. *Mass picketing,* piquete(s) (de huelga) formado(s) por un gran número de huelguistas.

mass media [-'miːdiə] *n.* medios masivos de comunicación (prensa, T.V., radio); apoyos publicitarios.

mass memory [-'meməri] memoria de masa, memoria auxiliar (INFORM.: discos o cintas que permiten almacenar un gran número de datos).

mass-produce [-prə'duːs] *v.* fabricar en serie; producir en cantidades industriales.

mass production [-prə'dʌkʃən] *n.* producción en grandes series, producción industrial en masa, fabricación en serie.

mass transit system [-'trænsət 'sɪstəm] sistema de transporte colectivo.

mass volume mailer [-'vɑːljuːm 'meɪlər] expedidor por volumen.

master ['mæstər] *v.* dominar, controlar.

master *n.* **1** maestro, amo, capitán (de marina), jefe, responsable supremo. *Headmaster*, director de escuela. *To be one's own master*, ser uno mismo su propio maestro. **2** modelo de referencia, original, principal. *Master agreement*, acuerdo de referencia. *Master contract*, contrato maestro. *Master file*, archivo de referencia, archivo principal. **3** maestro, persona calificada. *Master carpenter*, maestro carpintero. **4** grado universitario que se encuentra entre el de licenciado y el de doctor. *M.A.* = *Master of Arts*, con grado de maestro en letras. *M.B.A.* = *Master of Business Administration*, titular de una maestría en administración de empresas. *M.S.(c)* = *Master of Science*, con grado de maestro en ciencias.

master copy [-'kɑːpi] copia original.

master file [-faɪl] archivo de referencia, archivo principal.

master key [-kiː] **(Skeleton key)** llave maestra, llave que permite abrir varias cerraduras.

Master Porter [-'pɔːrtər] empresario que se dedica a la carga y descarga portuaria.

master tape [-teɪp] cinta (magnética) original; cinta maestra.

mastery ['mæstəri] *n.* maestría, dominio, control total. *To have a full mastery of*, tener un pleno dominio de. *To keep complete mastery of the situation*, mantener el control absoluto de la situación.

match [mætʃ] *v.* **1** igualar, rivalizar, competir. **2** convenir, hacer juego con, combinar. *Matching funds*, fondos compensatorios. *Ill-matched*, mal combinado. *Well-matched*, bien combinado.

matching ['mætʃɪŋ] *n.* ajuste de la oferta sobre la competencia. CONTAB.: comparación, conciliación, reconciliación.

matching principle [-'prɪnsəpəl] CONTAB.: periodicidad o independencia de los ejercicios (asignación de los gastos e ingresos en los ejercicios correspondientes). Principio de periodo contable.

match up to [-ʌp tuː] *v.* estar a la altura (de la situación, de las expectativas, etc.).

matchless ['mætʃləs] *adj.* sin rival, inigualable, sin igual.

mate [meɪt] *n.* compañero, camarada; segundo (oficial); ayudante. *Carpenter's mate*, ayudante de carpintero. *Running mate* (EU), compañero de fórmula en las elecciones. *Work mate*, colega.

material [mə'tɪriəl] *n.* **1** material, materia. *Building materials*, materiales para la construcción. *Raw material*, materia prima. *Materials control*, control de materiales. *Materials consumption (per day)*, consumo de materiales (por día). *Materials cost*, costo de los materiales. *Materials handling*, manejo de materiales. *Materials manager*, gerente de materiales. *Materials warehouse*, almacén de materiales. *Materials waste*, desperdicio de materiales. *Materials and supplies*, materiales y suministros. **2** tejido(s). **3** material (en sentido abstracto). *To gather material for a book*, reunir el material para un libro.

material *adj.* **1** material. *Material damage*, daño material. **2** importante, sustancial. *A material change in our plans*, un cambio sustancial en nuestros planes. **3** JUR.: material, tangible, pertinente. *Material evidence*, prueba tangible. *Material relations*, relaciones susceptibles de crear un vínculo de unión o una dependencia entre dos partes. *Material witness*, testigo material.

materiality [mə'tɪriæləti] *n.* CONTAB.: importancia relativa. *Materiality principle*, principio de importancia relativa.

materialize [mə'tɪriəlaɪz] *v.* **1** materializarse, tomar cuerpo, tomar forma. **2** volverse realidad, volverse verdadero, realizarse, materializarse. *Our expectations never materialized*, nuestras expectativas nunca se realizaron.

maternity [mə'tɜːrnəti] *n.* maternidad. *Maternity allowance*, subsidio de maternidad. *Maternity benefit*, prestaciones de maternidad. *Maternity grant*, prima de nacimiento. *Maternity leave*, permiso de ausencia por maternidad.

mate's receipt [meɪts rɪ'siːt] recibo (provisional) de abordo, vale de carga (debe cambiarse por el *bill of lading*, conocimiento de embarque).

mathematical economics ['mæθə'mætɪkəl 'ekə'nɑːmɪks] econometría, economía matemática.

matriculate [mə'trɪkjəleɪt] *v.* matricular(se), inscribir(se) (en universidades, escuelas, etc.).

matrix ['meɪtrɪks] *n. pl.* **matrixes/ces** ['meɪtrɪkses] **1** matriz, módulo, molde. **2** METAL.: ganga. **3** MAT.: matriz.

matter ['mætər] *v.* importar, tener importancia.

matter *n.* **1** materia, cosa(s); sustancia. *Printed matter*, impresos. **2** asunto. *Private matters*, asuntos privados, asuntos personales. **3** tema, cuestión, punto. *A matter of opinion*, una cuestión de opinión. *In this matter*, con relación a este asunto.

mature [mə'tʊr] *v.* **1** madurar. **2** vencer, llegar a su vencimiento. *Matured accounts*, cuentas vencidas. *Matured bills*, documentos vencidos. *Matured debts*, deudas vencidas.

mature *adj.* **1** maduro, que llegó a la madurez. **2** madurado, reflexionado. **3** que llegó a su vencimiento, vencido.

maturing [mə'tʊrɪŋ] *adj.* que madura (se usa principalmente para denotar obligaciones o de-

rechos de próximo vencimiento, próximos a vencer. *Bills maturing shortly*, documentos de vencimiento próximo. *Notes maturing in February 10*, pagarés que vencerán el 10 de febrero.
maturity [mə'turəti] *n.* vencimiento. *Maturity date*, fecha de vencimiento. *Maturity value*, valor al vencimiento.
maverick ['mævərɪk] *n.* 1 cabeza de ganado sin marcar. 2 personalidad política que permanece independiente y separada de su (de un) partido; persona no conformista, independiente.
maximal ['mæksəməl] *adj.* máximo.
maximization ['mæksəmə'zeɪʃən] *n.* acción y efecto de llevar algo a su máximo nivel. *Maximization of profits*, obtención de las utilidades más altas.
maximize ['mæksəmaɪz] *v.* llevar al estado más alto, llevar al máximo.
maximum ['mæksəməm] *n.* máximo, el punto más alto. *Maximum-minimum tariff system*, sistema de tarifas que se basa en la penalización del precio máximo y el otorgamiento del mejor precio a la nación favorecida.
maximum *adj.* máximo, el grado más alto, el más fuerte, el mayor, etc. *Maximum amount*, monto máximo. *Maximum credit*, crédito máximo. *Maximum profit (expected)*, utilidad máxima (esperada).
May Day ['meɪdeɪ] *n.* Primero de Mayo, Día del Trabajo.
mayday ['meɪdeɪ] *n.* señal internacional de socorro. *The pilot put out a mayday distress call*, el piloto lanzó una señal de socorro, lanzó un S.O.S.
mayhem ['meɪhem] *n.* (EU) Jur.: acto de violencia que puede incapacitar físicamente a la persona agredida; mutilación criminal.
meal voucher [mi:l 'vautʃər] vale de comida.
mean [mi:n] *n.* 1 medio, media, promedio (cf. **average**). *Arithmetic mean*, media aritmética. *Mean value*, valor medio. *Mean life*, vida promedio. 2 mediano, mediana. 3 cifra media, etc.
mean *adj.* 1 avaro, mezquino. 2 desagradable. 3 malvado, mal intencionado. 4 medio, que se sitúa exactamente en el punto medio, promedio. *Mean price*, cotización o precio promedio. *G.M.T. = Greenwich Mean Time*, hora de Greenwich, hora universal.
means [mi:nz] *n.* 1 medio, método, forma. *By fair means or foul*, por todos los medios, por cualquier medio. 2 recurso. *Means of payment*, medios de pago. *Means of production*, medios de producción. *Means of transport* (EU: *transportation*), medio de transporte.
meantime ['mi:ntaɪm] *n.* entretanto, mientras tanto; intervalo (entre dos eventos). *In the meantime*, mientras tanto.

measurable ['meʒərəbəl] *adj.* mensurable, que puede ser medido.
measure ['meʒər] *v.* medir, juzgar, evaluar. *To measure up*, ser del tamaño, estar a la altura, tener el peso.
measure *n.* medida; gestión, diligencia, trámite; maniobras. *To take legal measures*, tomar medidas legales, emprender una gestión legal. *To take measures against*, tomar medidas contra. *Drastic measures*, medidas drásticas.
measured ['meʒərd] *adj.* determinado, medido; considerado; moderado.
measurement ['meʒərmənt] *n.* medida, hecho de tomar una medida, aforo. *To pay by measurement for cargo*, pagar el cargamento por cubicación, por volumen, por el espacio que ocupa. *Measurement goods*, mercancías (ligeras) para las cuales el costo del flete se establece en función del volumen que ocupen. *Measurement methods*, métodos de medición. *Measurement ton*, tonelada de volumen, tonelada marina (40 pies cúbicos por tonelada). *Efficiency measurement*, medición de la eficiencia.
mechanic [mə'kænɪk] *n.* mecánico, maquinista.
mechanical engineer [mə'kænɪkəl 'endʒə'nɪr] *n.* ingeniero mecánico.
mechanical engineering [mə'kænɪkəl 'endʒə'nɪrɪŋ] ingeniería mecánica, industria mecánica; técnica o ciencia de la fabricación (de máquinas).
mechanical workshop [mə'kænɪkəl 'wɜːrkʃɑːp] taller mecánico.
mechanics [mə'kænɪks] *n.* 1 mecánica (ciencia de la mecánica). 2 mecánica, mecanismo(s), técnica de una actividad. *You must learn the mechanics of the job*, debe aprender la técnica del oficio. *The mechanics of violence*, el mecanismo de la violencia.
mechanism ['mekənɪzəm] *n.* mecanismo.
mechanization ['mekənə'zeɪʃən] *n.* mecanización, automatización.
mechanize ['mekənaɪz] *v.* mecanizar, automatizar.
media ['mi:diə] *n. pl.* medios de comunicación (prensa, televisión, radio). El singular es *medium*. *Media buying*, compra de medios de comunicación.
median ['mi:diən] *n.* mediana.
median *adj.* mediano, medio. Mat.: mediana. *Median income*, ingreso medio.
media-planning [-'plænɪŋ] Pub.: planificación de los medios de comunicación, elección de los medios de comunicación, "planeación de medios".
mediate ['mi:dieɪt] *v.* servir de mediador, interceder, interponerse entre dos enemigos.
mediation ['mi:di'eɪʃən] *n.* 1 mediación, intercesión. 2 procedimiento de conciliación.

M

mediator ['mi:dieɪtər] *n.* mediador, intercesor, árbitro.
medical ['medɪkəl] *n. fam.* examen médico.
medical *adj.* médico, relativo a la medicina.
Medicare ['medɪker] *n.* (EU) sistema de seguros contra enfermedades para los retirados.
medium ['mi:diəm] *n.* ver *pl.* **media**. **1** medio, instrumento de la información, del conocimiento o de la expresión. *The theater remains his favorite medium,* el teatro sigue siendo su medio de expresión favorito. **2** medio natural. **3** término medio, mediana. *The happy medium between two extremes,* el justo medio entre dos extremos.
medium *adj.* medio, perteneciente al promedio. *Medium wave,* onda(s) media(s). *Medium-size (sized),* de tamaño medio.
medium term [-tɜ:rm] plazo medio.
meet [mi:t] *v.* **1** encontrar(se), unir(se), reunir(se). *To make both ends meet,* unir los dos cabos. **2** hacer (del) conocimiento de, ser presentado. *Meet Mr. Jackson,* le presento al Sr. Jackson. **3** satisfacer a, honrar; convenir. *We hope this model will meet your requirements,* esperamos que este modelo satisfaga sus exigencias. *To meet one's commitments,* hacer uno frente a sus compromisos.
meet a claim [-ə kleɪm] dar solución una queja.
meet a deadline [-ə 'dedlaɪn] cumplir con una fecha de vencimiento, respetar un plazo, hacer una cosa dentro del plazo previsto.
meet the demand [-ðə dɪ'mænd] hacer frente a una demanda.
meeting ['mi:tɪŋ] *n.* reunión, junta, asamblea, sesión, encuentro, conferencia. *Annual general meeting,* asamblea general ordinaria. *Board meeting,* reunión del consejo de administración. *Extraordinary meeting,* asamblea o reunión extraordinaria.
meet with [-wɪð] *v.* **1** encontrar, conocer, experimentar. *We met with difficulties,* experimentamos algunas dificultades. **2** (EU) reunirse con una persona (para alguna discusión, conversación, etc.), tener una reunión con alguien.
melon ['melən] *n.* **1** melón. **2** *fam.* ganancia extraordinaria que se distribuye entre los accionistas.
member ['membər] *n.* miembro; afiliado, partidario. *Member bank* (EU), banco afiliado al *Federal Reserve System. Member-country,* país miembro. *Member of Parliament, M.P.* (GB), miembro del parlamento. *Union member,* miembro de un sindicato, sindicalista.
membership ['membərʃɪp] *n.* **1** calidad de miembro. **2** número de afiliados o miembros. **3** cargo, oficio. *Stockbroker's membership,* corredor de bolsa.
memo ['meməʊ] *n.* ver **memorandum**.

memorandum ['memə'rændəm] *n. pl.* **-da/dums 1** memoria, nota, relación, memorándum, nota de servicio. *Memorandum account,* cuenta de orden. **2** *Memorandum (of association),* acta constitutiva de una sociedad. *Memorandum and articles,* estatutos. *Memorandum buying* (EU), ventas condicionadas. *Memorandum of insurance,* acuerdo (provisional) de seguros.
memorize ['meməraɪz] *v.* aprender de memoria, memorizar.
memory ['meməri] *n.* **1** memoria. INFORM.: *Memory configuration,* configuración de memoria. *Conventional memory,* memoria convencional. *High memory,* memoria alta. *Extended memory,* memoria extendida. *Expanded memory,* memoria expandida. **2** recuerdo.
memory bank [-bæŋk] banco de datos.
menace ['menəs] *n.* amenaza; persona u objeto peligroso.
mend [mend] *v.* reparar.
mend *n.* reparación.
mend (on the) [-(ɑ:n ðə)] en proceso de mejoría, convaleciente.
menial ['mi:niəl] *adj.* menor, auxiliar, secundario; modesto; servil. *Menial job,* tarea inferior, trabajo que no implica ninguna responsabilidad.
mercantile ['mɜ:rkənti:l] *adj.* comercial, mercantil. *Mercantile agency* (EU), agencia de informes comerciales (que se refiere principalmente a la solvencia de los solicitantes de crédito). *Mercantile credit,* crédito comercial. *Mercantile exchange,* bolsa de mercancías. *Mercantile law,* derecho mercantil.
merchandise ['mɜ:rtʃəndaɪz] *v.* comercializar.
merchandise *n.* mercancía. *Merchandise rack,* mostrador de una tienda. *Returned merchandise,* mercancía devuelta.
merchandise inventory [-'ɪnvəntɔ:ri] inventario de mercancías.
merchandise manager [-'mænɪdʒər] gerente de almacenes.
merchandise turnover [- 'tɜ:rn əʊvər] rotación de mercancías.
merchandiser ['mɜ:rtʃəndaɪzər] *n.* comercializador.
merchandising ['mɜ:rtʃəndaɪzɪŋ] *n.* mercadeo, comercialización (técnicas comerciales relativas a la creación, presentación y distribución de las mercancías), técnicas de comercialización, mercadotecnia.
merchant ['mɜ:rtʃənt] *n.* **1** comerciante especializado en el área de importaciones y de exportaciones. **2** negociante, mercader, comerciante. *Corn-merchant,* comerciante de granos. **3** corredor (EU: *merchant middleman*).
merchant *adj.* comercial, mercantil. *Merchant bank,* banco mercantil, banco comercial. *Mer-*

chant law, derecho mercantil. *Merchant marine, merchant fleet*, marina mercante o comercial.

merchantable [mɜːr'tʃəntəbəl] *adj.* comercializable. *Good merchantable quality*, buena calidad comercial.

merchant man [-mən] *n.* navío mercante (= *merchant ship*).

merchant ship [-ʃɪp] navío mercante.

merge [mɜːrdʒ] *v.* fusionar, fusionarse; fundir, amalgamar.

merger ['mɜːrdʒər] *n.* fusión, unión de empresas. *Mergers and aquisitions*, fusiones y adquisiciones.

merit ['merət] *n.* mérito, valor. *Merit rating*, notación, evaluación del desempeño del personal (EU: administración). *On its, her, his merits*, según su valor propio, según su valor personal. Jur.: *The merits of a case*, el fondo de un caso.

message ['mesɪdʒ] *n.* mensaje. *To leave a message for*, dejar un mensaje para. *To get one's message across*, darse a entender.

messenger ['mesndʒər] *n.* 1 mensajero. 2 comisionista. *By messenger*, por mensajero.

messenger-boy [-bɔɪ] recadero, mensajero.

metal ['metl] *n.* metal.

metal-banded [-'bændəd] con aro o anillo metálico.

metal-strapped [-stræpt] con aro o anillo metálico.

metallic currency [mə'tælɪk 'kɜːrənsi] moneda metálica.

metallurgy ['metlɜːrdʒi] *n.* metalurgia.

metal-worker [-'wɜːrkər] obrero metalúrgico.

metal-works [-wɜːrks] fábrica metalúrgica.

meter ['miːtər] *n.* contador, medidor, instrumento de medida de suministro, de consumo, de gasto. *Gas-meter*, medidor del consumo de gas. *Meter rate*, facturación basada únicamente en las cantidades que se despachan.

metes and bounds ['miːts ænd baʊndz] 1 Jur.: coto, hito, límites de una propiedad. 2 (EU) Límites establecidos, límites reconocidos.

method ['meθəd] *n.* método, modo, modalidad. *Methods engineer*, ingeniero de métodos. *Financing method(s)*, método(s) de financiamiento. *Inventory costing methods*, métodos de valuación de inventarios. *Straight-line method*, método de depreciación en línea recta.

metric ['metrɪk] *adj.* métrico. *Metric system*, sistema métrico. *To go metric*, adoptar el sistema decimal.

metropolis [mə'trɑːpələs] *n.* metrópolis.

metropolitan ['metrəpɑːlətn] *adj.* metropolitano; que pertenece a una gran ciudad; que tiene relación con la madre patria.

micro ['maɪkrəʊ] *pref.* micro. *Micro-economics*, microeconomía. *Micro-waves*, microondas.

micro-computer ['maɪkrəʊkəm pjuːtər] microcomputadora.

micro-processor ['maɪkrəʊ'prɑːsesər] microprocesador.

middle ['mɪdl] *n.* medio, intermedio, centro. *Middle of the road*, justamente en medio.

middle *adj.* del centro, de la parte media o intermedia, mediano, medio. *Middle East*, el Medio Oriente. *Middle name* (*lit.* el nombre de en medio) el segundo nombre (los anglosajones frecuentemente escriben sólo la inicial). *Middle-sized*, de tamaño mediano, de talla o estatura mediana.

middle class [-klæs] la clase media.

middleman ['mɪdlmæn] *n.* intermediario, mayorista.

middle management [-'mænɪdʒmənt] ejecutivos de nivel medio.

middle manager [-'mænɪdʒər] ejecutivo de nivel medio.

middling ['mɪdlɪŋ] *adj.* medio, mediano, mediocre.

mid-size [mɪd saɪz] *adj.* de tamaño mediano, de talla intermedia.

migrant ['maɪgrənt] *n.* migrante. *Migrant workers*, los trabajadores migrantes.

migrate ['maɪgreɪt] *v.* migrar, emigrar.

migration [maɪ'greɪʃən] *n.* migración.

mild [maɪld] *adj.* moderado; poco severo, poco riguroso, benigno.

mile [maɪl] *n.* milla: unidad de longitud = 1,609 metros o 1,760 yardas. *Nautical mile*, milla náutica = 1,852 metros.

mileage ['maɪlɪdʒ] *n.* distancia en millas, kilometraje. *Mileage allowance*, dotación por millas recorridas (por ejemplo para el reembolso de gastos de viaje). *Mileage (bonus) award*, kilómetros gratuitos ofrecidos a los clientes regulares (por ejemplo kilómetros de vuelo ofrecidos por las compañías aéreas).

milestone ['maɪlstəʊn] *n.* fecha histórica, marca, señal.

military (the) ['mɪləteri (ðə)] *n.* los militares, el ejército, las fuerzas armadas.

military *adj.* militar. *Military Police (M.P.)*, policía militar.

milk [mɪlk] *v.* 1 ordeñar. 2 extorsionar, chantajear (con dinero, informes).

milking ['mɪlkɪŋ] *n.* 1 acto de ordeñar. 2 abuso, sobreexplotación, explotación abusiva.

mill [mɪl] *n.* 1 molino. 2 fábrica (que originalmente utilizaba una energía natural: agua, viento). *Spinning mill*, fábrica de tejidos. *Weaving mill*, fábrica de hilados.

miller ['mɪlər] *n.* 1 molinero. 2 fresador. 3 fresadora, máquina para fresar.

mimeograph ['mɪmɪəgræf] *v.* reproducir con un mimeógrafo.

M

minatory [ˈmɪnætəri] *adj.* amenazante, conminatorio.

mine [maɪn] *v.* minar, extraer, sacar, excavar, socavar, perforar.

mine *n.* **1** mina. *Coal mine,* mina de carbón. Bolsa: *The mines,* los valores mineros. **2** explosivo. *Magnetic mine,* mina magnética.

miner [ˈmaɪnər] *n.* minero.

mineral [ˈmɪnərəl] *n.* mineral. *Mineral concession,* concesión minera. *Mineral rights,* derechos de explotación de minerales.

mineral *adj.* mineral.

mineworker [ˈmaɪn wɜːrkər] *n.* minero, trabajador de una mina, empleado de una mina.

mini-computer [ˈmɪnikəm pjuːtər] *n.* minicomputadora.

mining [ˈmaɪnɪŋ] *n.* minería, actividades mineras, extracción. *Mining law,* derecho minero. *Mining shares,* valores (acciones, etc.) mineros.

minimal [ˈmɪnəməl] *adj.* mínimo. *Minimal consumption,* consumo mínimo.

minimization [ˈmɪnəmaɪˈzeɪʃən] *n.* reducción, disminución. *Cost minimization method,* método de reducción de costos.

minimize [ˈmɪnəmaɪz] *v.* disminuir, atenuar, aminorar.

minimum [ˈmɪnəməm] *n.* (*pl.* *minima* or *minimums*) mínimo, punto más bajo. *Sales fell to a minimum,* las ventas disminuyeron al nivel más bajo.

minimum *adj.* mínimo, el más bajo. *Minimum rate,* tarifa, tasa mínima. *Minimum wage,* salario mínimo.

minimum lending rate [-ˈlendɪŋ reɪt] **(M.L.R.)** [em el aːr] tasa de crédito preferencial.

minimum wage [ˈmɪnəməm weɪdʒ] salario mínimo.

minister [ˈmɪnəstər] *n.* **1** ministro. **2** ministro plenipotenciario. **3** pastor, ministro de un culto.

ministry [ˈmɪnəstri] *n.* ministerio.

minor [ˈmaɪnər] *n.* menor, persona que aún no ha alcanzado la mayoría de edad (en algunos países, actualmente es de 18 años).

minor *adj.* **1** menor (en cuanto a importancia o tamaño), mínimo; secundario, sin gran interés. *Minor coins,* moneda fraccionaria. *Minor expenses,* gastos mínimos. **2** poco grave, ligero (enfermedades).

minority [məˈnɔːrəti] *n.* **1** minoría, condición civil de un menor desde el punto de vista legal (minoría de edad). **2** minoría, grupo étnico, religioso o social que representa un porcentaje pequeño de la población global. *Minority rights,* derechos de las minorías.

minority *adj.* **1** minoritario. **2** de la minoría, de la oposición.

minority interest [-ˈɪntrəst] interés minoritario, participación minoritaria.

minority stake [-steɪk] participación minoritaria.

mint [mɪnt] *v.* **1** acuñar moneda. **2** inventar. *To mint a phrase, a new word,* forjar una expresión, crear una palabra nueva.

Mint [mɪnt] *n.* **1** moneda, casa de moneda. *Mint par of exchange,* par metálico. **2** pieza o timbre en su estado original. *In mint condition,* en perfecto estado, nuevo.

minus [ˈmaɪnəs] *n.* **1** sustracción (signo) de menos (antes de una cantidad negativa o de un número que se va a restar). **2** cantidad negativa, cantidad menor que cero. *Minus balance,* saldo negativo. *The balance of his calculations was a minus,* el resultado de sus cálculos era negativo.

minus *prep.* menos. *77 minus 52 leaves, makes, equals, is 25,* 77 menos 52 es igual a 25.

minute [ˈmɪnət] *n.* **1** minuto (unidad de tiempo o de medida de ángulos). **2** minuta, nota oficial.

minute-book [-bʊk] *n.* libro de actas, registro de actas, registro donde se asientan las deliberaciones.

minutes [ˈmɪnəts] *n.* acta de una sesión, acta de una reunión; minutas. *Minutes of the proceedings,* actas de los debates.

mire [maɪr] *v.* hundirse, enlodarse, atascar, atascarse.

mis- [mɪs] *pref.* mal, por error, ausencia de.

misapplication [mɪsˈæpləˈkeɪʃən] *n.* mala aplicación (de la ley), uso indebido (de la ley).

misapprehension [mɪsˈæprɪˈhentʃən] *n.* malentendido, error de interpretación. *(To labor) under a misapprehension,* ser víctima de un mal entendido.

misappropriation [ˈmɪsəˈprəupriˈeɪʃən] *n.* desviación de fondos, abuso de confianza.

miscalculation [ˈmɪskælkjəˈleɪʃən] *n.* error de cálculo, error de juicio; error en una cuenta.

miscarriage [mɪsˈkærɪdʒ] *n.* aborto; pérdida; fracaso. *Miscarriage of justice,* error judicial.

miscarry [ˈmɪsˈkæri] *v.* abortar; fracasar; desviarse; extraviarse.

miscellaneous [ˈmɪsəˈleɪniəs] *adj.* diversos, variados (se dice de los artículos, objetos, etc.). *Miscellaneous expenses, income,* gastos, ingresos diversos.

misconduct [ˈmɪsˈkɑːndʌkt] *n.* **1** mala conducta; adulterio. **2** mala administración (de una empresa). **3** *Professional misconduct,* falla profesional.

misdeed [ˈmɪsˈdiːd] *n.* delito, crimen, fechoría.

misdemeanour [ˈmɪsdɪˈmiːnər] *n.* delito, infracción.

misdirect [ˈmɪsdəˈrekt] *v.* **1** indicar mal una dirección, un domicilio. **2** arruinar, estropear (un conjunto de esfuerzos). **3** Jur.: instruir mal al jurado.

misfeasance [ˈmɪsfɪˈsiːəns] *n.* infracción; abuso de poder, de autoridad.

misfire ['mɪs'faɪr] **v.** fallar, perder.

mishap ['mɪshæp] **n.** contratiempo, accidente.

mislay ['mɪs'leɪ] **v.** extraviar, perder.

mislead ['mɪs'liːd] **v.** engañar, inducir a error; abusar.

misleader ['mɪs'liːdər] **n.** persona que induce a error, que engaña, que abusa de la credulidad de los demás; corruptor.

misleading [mɪs'liːdɪŋ] **adj.** engañoso. *Misleading advertising,* publicidad engañosa.

mismanage ['mɪs'mænɪdʒ] **v.** administrar mal, cometer errores de administración.

mismanagement ['mɪs'mænɪdʒmənt] **n.** mala administración, gestión errónea.

mismatch risk ['mɪs'mætʃ rɪsk] riesgo ligado a las diferencias entre los vencimientos.

misplace ['mɪs'pleɪs] **v. 1** colocar en un mal lugar, desplazar. **2** extraviar, desviar.

misprint [mɪs'prɪnt] **v.** cometer un error de impresión, imprimir mal.

misprint ['mɪsprɪnt] **n.** error de imprenta, error tipográfico, gazapo, errata.

misquote ['mɪs'kwəut] **v. 1** citar en forma incorrecta. **2** presentar mal un reporte o presentarlo con errores (discursos, textos). *He complained that newspapermen kept misquoting him,* se quejó de que los periodistas no dejaban de citar mal lo que decía.

misrepresent ['mɪsreprɪ'zent] **v.** hacer una declaración falsa o tendenciosa, una presentación voluntariamente inexacta, frecuentemente con la intención de dañar o perjudicar.

misrepresentation ['mɪsreprɪzen'teɪʃən] **n.** declaración falsa, reporte tendencioso, relación deformada o inexacta (de hechos), alegato impreciso.

miss [mɪs] **v. 1** faltar, perder, dejar escapar. *To miss the boat, the bus,* perder la oportunidad, dejar escapar la ocasión. *To miss the mark,* errar el golpe, no lograr el objetivo. **2** escapar de, evitar. **3** lamentar la ausencia de, penar por.

missing ['mɪsɪŋ] **adj.** ausente, desaparecido. *Missing persons,* personas desaparecidas.

misstatement ['mɪs'steɪtmənt] **n.** información o declaración errónea.

mistake [mə'steɪk] **v.** entender mal, equivocarse, confundir, errar. *To mistake something for something else,* tomar una cosa por otra.

mistake n. error, equivocación, yerro. *To make a mistake,* cometer un error, equivocarse. *By mistake,* por error.

mistaken [mə'steɪkən] **adj. 1** equivocado, que ha entendido mal (persona). **2** malentendido, mal interpretado (idea o hecho); erróneo.

mistime ['mɪs'taɪm] **v.** hacer o decir algo fuera de tiempo (por ejemplo antes o después del momento debido), calcular mal.

mistrial ['mɪs'traɪəl] **n. 1** error judicial. **2** juicio afectado por un error de procedimiento.

misunderstand ['mɪsʌndər'stænd] **v.** entender mal, no entender.

misunderstanding ['mɪsʌndər'stændɪŋ] **n. 1** hecho de no entender. **2** incomprensión, malentendido, equívoco. **3** desacuerdo.

misuse ['mɪs'juːz] **v. 1** hacer un mal uso. **2** maltratar.

misuse ['mɪs'juːs] **n.** mal uso, abuso. *Unforgivable misuse of power,* abuso imperdonable de poder.

misuse of funds [-ɑːv fʌnds] desvío de fondos.

miswrite ['mɪsraɪt] **v.** escribir incorrectamente, escribir mal.

mitigate ['mɪtəgeɪt] **v.** atenuar, aligerar, reducir. *Mitigating circumstances,* circunstancias atenuantes.

mix [mɪks] **n.** combinación, mezcla, composición, gama. *Marketing-mix,* mezcla de mercadotecnia, conjunto de operaciones relativas a la introducción de productos nuevos en el mercado. *Sales mix,* abanico de productos a la venta.

mixed [mɪkst] **adj.** mezclado, compuesto, mixto, combinado. *Mixed account,* cuenta mixta. *Mixed cargo,* cargamento mixto. *Mixed economy,* economía mixta, economía que combina el intervencionismo y el liberalismo. *Mixed policy,* política de seguros mixta. *Mixed property,* bienes muebles e inmuebles. (Mercado) irregular.

mob [mɑːb] **v. 1** atacar (en grupos), maltratar. **2** agruparse.

mob n. 1 multitud excitada. **2** populacho. **3** (EU) *The Mob,* la Mafia.

mobile ['məubəl] **adj.** móvil; portátil, transportable.

mobility [məu'bɪləti] **n.** movilidad.

mobilization ['məubələ'zeɪʃən] **n.** movilización (del ejército, de capitales).

mobster ['mɑːbstər] (EU) gángster, miembro de la mafia.

mock [mɑːk] **adj.** falso semblante, irreal, aquello que imita lo real. *Mock battle,* simulacro de batalla.

mock-up [-ʌp] **n.** maqueta (frecuentemente de tamaño real), representación, modelo.

model ['mɑːdl] **v. 1** modelar. **2** hacer una copia. **3** posar como modelo, presentar un modelo. **4** modelar, construir un modelo (transcribir en términos matemáticos).

model n. 1 modelo (de automóvil, etc.), tipo. **2** copia en forma reducida, maqueta. **3** ejemplo, modelo. **4** representación matemática, modelo. **5** maniquí (modas, costura).

modelling ['mɑːdlɪŋ] **n. 1** modelado. **2** oficio de modelo (de modas). **3** construcción de modelos (matemáticos).

M

moderate ['mɑ:dərət] *adj.* moderado, módico, modesto, razonable. *A moderate increase in prices,* un alza razonable de precios.

modern ['mɑ:dərn] *adj.* moderno. *Modern equipment,* equipo moderno.

modernization ['mɑ:dərnə'zeɪʃən] *n.* modernización.

modernize ['mɑ:dərnaɪz] *v.* modernizar, modernizarse.

modify ['mɑ:dəfaɪ] *v.* 1 cambiar, modificar. 2 atenuar, aligerar, moderar (cambiar en el sentido de hacer menos riguroso o de establecer una exigencia menor).

moiety ['mɔɪeti] *n.* JUR.: mitad; parte.

moisture ['mɔɪstʃər] *n.* humedad; vapor de agua.

mole [məʊl] *n.* escollera, dique, rompeolas, muelle.

mom-and-pop grocery ['mɑ:mən'pɑ:p 'grəʊsəri] (EU) la tienda, la tienda de la esquina, del barrio (*lit.* la tienda de papá y mamá, tienda que pertenece a pequeños comerciantes).

mom-and-pop operation ['mɑ:mən'pɑ:p 'ɑ:pə'reɪʃən] pequeña empresa familiar, tienda que pertenece a pequeños comerciantes.

momentum [məʊ'mentəm] *n.* 1 TEC.: ímpetu, velocidad, momento. 2 velocidad adquirida, impulso. *The recovery is gaining momentum,* la recuperación se está acelerando.

monetary ['mɑ:nəteri] *adj.* monetario. *International Monetary Fund (I.M.F.),* Fondo Monetario Internacional (F.M.I.). *International Monetary System,* Sistema Monetario Internacional. *Monetary base,* base monetaria. *Monetary reserves,* reservas monetarias. *Monetary standard,* patrón monetario. *Monetary system,* sistema monetario. *Monetary unit,* unidad monetaria.

monetary assets [-'æsets] activos monetarios (debe distinguirse de *non-monetary assets,* activos no monetarios).

monetary liabilities [-'laɪə'bɪlətiz] pasivos monetarios (debe distinguirse de *non-monetary liabilities,* pasivos no monetarios).

monetarist ['mɑ:nətərəst] monetarista.

monetization ['mɑ:nətaɪ'zeɪʃən] *n.* monetización.

money ['mʌni] *n.* moneda, dinero, moneda acuñada de curso legal, numerario, capital. *Money is scarce,* el dinero es escaso. *Call money,* dinero a la vista. *Credit money,* dinero fiduciario. *Easy money,* dinero fácil (de encontrar, de pedir prestado). BOLSA: *For money,* al contado. *Idle money, money lying idle,* dinero improductivo. *Money assets,* activos monetarios. *Money of account,* dinero de cuenta, moneda de compensación. *Near-money,* fondos cuasiefectivos. *Ready money,* dinero disponible. *Reserve money,* dinero de reserva. *Tight money,* dinero escaso, difícil de encontrar, contracción del crédito. *To pay good money,* pagar un buen precio. *To put up money,* invertir (dinero) en. *To raise money,* obtener dinero, obtener fondos de capital, pedir dinero prestado.

money-card [-kɑ:rd] tarjeta de crédito.

money-laundering [-'lɔ:ndərɪŋ] lavado de capitales.

money lender [-'lendər] *n.* 1 prestamista. 2 usurero.

money-maker [-'meɪkər] *n.* 1 persona que sabe ganar dinero, que sabe producirlo. 2 objeto o artículo que produce un rédito.

moneyman ['mʌnimən] *n.* financiero.

money market [-'mɑ:rkət] *n.* mercado de valores, mercado financiero. *Money-market fund,* fondo del mercado de valores.

money of account [-ɑ:v ə'kaʊnt] moneda de cuenta, moneda de compensación.

money order [-'ɔ:rdər] **(M.O.)** [em əʊ] giro postal.

money rate(s) [-reɪt(s)] tasa de interés del dinero en el mercado de valores, tasa de interés del dinero.

money or **monies** ['mʌni, 'mʌnis] *n.* 1 fondos, capitales. 2 moneda.

money-spinner [-'spɪnər] (GB) que produce un rédito importante (actividad, etc.).

money supply [-sə'plaɪ] oferta de dinero, masa monetaria, masa de dinero en circulación.

money-token [-'təʊkən] moneda fraccionaria (piezas inferiores a un dólar, principalmente en los Estados Unidos).

money trader [-'treɪdər] cambista, negociante de fondos a corto plazo.

money troubles [-'trʌbəls] dificultades económicas, problemas de dinero, presiones financieras.

monitor ['mɑ:nətər] *v.* controlar, vigilar, verificar (con la ayuda de ciertos materiales o de un equipo de personas).

monitor *n.* 1 alumno a cargo de una responsabilidad. 2 aparato de control. *T.V. monitor,* aparato receptor de televisión, televisor. 3 controlador (de emisiones de radio).

monitoring system ['mɑ:nətərɪŋ 'sɪstəm] *n.* 1 sistema de control y de vigilancia. 2 sistema de enseñanza colectiva (en el que los alumnos de mayor edad o en el que los estudiantes más adelantados ayudan a los más jóvenes o a los menos adelantados).

monoculture ['mɑ:nə'kʌltʃər] *n.* monocultura.

monometallism ['mɑ:nəmetæli:zəm] *n.* monometalismo.

monopolist ['mənɑ:'pəlɪst] *n.* monopolista.

monopolistic [mə'nɑ:pə'lɪstik] *adj.* monopolístico.

monopolization [məˈnɑːpələˈzeɪʃən] *n.* monopolización.

monopolize [məˈnɑːpəlaɪz] *v.* monopolizar.

monopoly [məˈnɑːpəli] *n.* monopolio, derecho de exclusividad. *Monopolies commission,* comisión británica de encuestas sobre los monopolios.

month [mʌnθ] *n.* 1 mes. 2 mes del calendario. *To get a month's credit,* obtener un mes de crédito. *Bills at three months,* documentos a tres meses. *To draw one's month's pay,* cobrar el pago del mes. *Month's pay/salary,* salario mensual, salario del mes.

monthly [ˈmʌnθli] *adj.* y *adv.* 1 mensualmente. *Settlements made monthly or quarterly,* liquidaciones efectuadas mensual o trimestralmente. 2 mensual. *Monthly instalment,* liquidación, reembolso o pago mensual, mensualidad. *Monthly money,* dinero mensual. *Monthly reports,* reportes mensuales. *Monthly statement,* estado o reporte mensual.

mood [muːd] *n.* ambiente, clima, humor, disposición, tendencia.

moonlight [ˈmuːnlaɪt] *v.* tener dos empleos, ganar dos salarios, trabajar como negro.

moonlighter [ˈmuːn laɪtər] *n.* persona que gana dos salarios, que tiene dos trabajos.

moonlighting [ˈmuːn laɪtɪŋ] *n.* acumulación de empleos.

moor [mʊr] *v.* anclar, fondear, amarrar(se).

moorage [ˈmʊrɪdʒ] *n.* 1 fondeo, anclaje, amarre. 2 derechos de anclaje, derechos de amarre, derechos de fondeo, derechos de ribera (en los canales).

mooring [ˈmʊrɪŋ] *n.* anclaje, fondeo, amarre.

moorings [ˈmʊrɪŋs] *n.* amarras.

moot [muːt] *v.* debatir, discutir (una cuestión, un aspecto del derecho) en un plano teórico.

moot *adj.* JUR.: sin objeto, puramente abstracto, que no tiene sentido, que no tiene razón de ser.

moot point or **moot question** [-pɔɪnt, muːt ˈkwestʃən] punto de litigio, tema controversial.

moratorium [ˈmɔːrəˈtɔːriəm] *n.* (*pl.* **moratoria**) moratoria.

moratory [ˈmɔːrətɔri] *adj.* moratorio.

mortality [mɔːrˈtæləti] *n.* 1 mortalidad. 2 tasa, ritmo de mortalidad. *Mortality table:* SEG.: tabla de mortalidad.

mortgage [ˈmɔːrgɪdʒ] *n.* hipoteca, prenda. *Mortgage deed,* acta hipotecaria. *First mortgage debenture/bond,* obligación hipotecaria de primer rango. *Mortgage-backed securities,* valores garantizados por hipoteca. *Mortgage credit,* crédito hipotecario. *Mortgage holder,* tenedor de una hipoteca. *Mortgage loan,* préstamo hipotecario. *Redemption of mortgage,* purga o extinción de una hipoteca. *Registrar of mortgages,* conservador de hipotecas.

mortgagee [ˈmɔːrgɪˈdʒiː] *n.* acreedor hipotecario.

mortgagor [ˈmɔːrgɪˈdʒɔːr] *n.* deudor hipotecario.

most-favored nation clause [məʊst ˈfeɪvərd ˈneɪʃn klɔːz] cláusula de la nación más favorecida.

mothball [ˈmɔːθbɔːl] *v.* poner fuera de servicio temporalmente (como sucede con las industrias petroleras durante una crisis de energéticos), detener la operación (instrumentos de alta capacidad de producción).

mothballing [ˈmɔːθbɔːlɪŋ] *n.* hecho de poner fuera de servicio, acto de detener la operación (instrumentos y máquinas para la producción).

motion [ˈməʊʃən] *n.* 1 movimiento. *In motion,* en movimiento. 2 ademán, signo, gesto, señal. 3 moción, propuesta, resolución. *To carry a motion,* aprobar una moción. *To move a motion,* hacer una moción. *To table a motion,* hacer una moción.

motion picture (or **screen**) **advertising** [-ˈpɪktʃər (skriːn) ˈædvərtaɪzɪŋ] publicidad cinematográfica.

motion studies [-ˈstʌdiz] análisis de movimientos, estudio de movimientos; cronofotografía.

motivate [ˈməʊtəveɪt] *v.* motivar.

motivation [ˈməʊtəˈveɪʃən] *n.* motivación.

motivational [ˈməʊtəˈveɪʃənəl] *adj.* motivador, relacionado con la motivación.

motivational research [ˈməʊtəˈveɪʃənəl rɪˈsɜːrtʃ] **(M.R.)** [em ɑːr] investigación, estudio o análisis de las motivaciones.

motivation analysis [-əˈnæləsəs] investigación, estudio o análisis de las motivaciones.

motor [ˈməʊtər] *n.* motor.

motor *adj.* 1 impulsado por un motor. *Motorboat,* barco de motor. *Motor-car,* automóvil. *Motor-vehicle,* vehículo de motor. 2 relativo a los automóviles o a los motores. *The motor industry,* la industria automovilística. *Motor insurance,* seguros de vehículos con motor. *Motor show,* salón de exhibiciones automovilísticas.

motorcade [ˈməʊtərkeɪd] *n.* desfile de automóviles (frecuentemente oficiales).

motorist [ˈməʊtərəst] *n.* automovilista, conductor, poseedor de un automóvil.

motorization [ˈməʊtəraɪˈzeɪʃən] *n.* motorización.

motor show [-ʃəʊ] salón de exhibiciones automovilísticas.

motorway [ˈməʊtərweɪ] *n.* (GB) autopista.

motto [ˈmɑːtəʊ] *n.* lema, divisa; epígrafe.

mount [maʊnt] *v.* 1 subir; aumentar. 2 montar, organizar. *To mount a campaign,* organizar una campaña. *To mount a demonstration,* organizar una manifestación.

M

movable or **moveable** ['muːvəbəl] *adj.*
1 móvil, movible. 2 mueble, mobiliario. *Movable property*, mobiliario, bienes muebles.

movables or **moveables** ['muːvəbəlz] *n.*
JUR.: muebles, bienes muebles.

move [muːv] *v.* 1 mover, cambiar de lugar, desplazar. 2 estar en movimiento, moverse. 3 mudarse. 4 apoyar, proponer (una propuesta). 5 conmover. 6 transportar (mercancías); transferir (personal). 7 vender; hacer vender; venderse; despachar. 8 incitar; decidir; actuar.

move *n.* 1 paso, maniobra. *A good move, a clever move*, una maniobra fina, un paso decisivo. *That was a clear move!*, bien jugado. *To make a move*, mover, jugar (ajedrez). *To make the first move*, dar el primer paso. 2 movimiento. *On the move*, en movimiento, en el camino, de viaje. 3 mudanza.

move in [-ɪn] *v.* 1 instalarse en una casa. 2 entrar.

move out [-aut] *v.* mudar de casa.

move up [-ʌp] *v.* subir, promover, ser ascendido. *He moved up quickly to a better position*, ascendió rápidamente a una mejor posición.

movement ['muːvmənt] *n.* 1 movimiento; desplazamiento. 2 movimiento; reunión, congregación, grupo. *The Labor movement*, el movimiento laboralista.

moving ['muːvɪŋ] *n.* mudanza. *Moving company*, empresa de mudanzas. *Moving expenses*, gastos de mudanza.

moving average [-'ævrɪdʒ] promedio móvil, promedio movible.

M.P. [em piː] *abrev.* 1 *Member of Parliament* (GB), diputado. 2 *Military Police*, policía militar.

MPG/mpg [em piː dʒiː] *abrev. Miles per gallon*, millas por galón, consumo (generalmente de combustible) que se mide con base en la distancia recorrida por 4.5 litros de gasolina.

MPH/mph [em piː eɪtʃ] *abrev. Miles per hour*, millas por hora.

Mr ['mɪstər] *abrev.* de **mister**: señor... (siempre va seguida del nombre).

Mrs ['mɪsəs] *abrev.* de **missis**: señora... (siempre va seguida del nombre).

Ms [mɪz] *abrev.* manera de referirse a una mujer cuando no desea ser llamada **Mrs** o **Miss** o cuando no se sabe si es o no casada.

M.S. [em es] (EU) or **M. Sc.** [em es siː] (GB) *abrev.* = **Master of Science**, grado universitario correspondiente a 5 ó 6 años de estudios superiores en el campo de las ciencias.

muckraker ['mʌk reɪkər] *n.* persona (periodista) que ocasiona escándalos (*lit.* removedor de lodo).

muddle ['mʌdl] *n.* confusión, desorden, precipitación.

muddle along [-ə'lɔːŋ] *v.* progresar mediocremente.

muddle through [-θruː] *v.* salir del paso, arreglárselas.

multi- ['mʌlti] *pref.* multi-/múltiple. *Multiprocessing*, multi-procesamiento. *Multipurpose*, polivalente, con usos múltiples.

multicurrency ['mʌlti'kɜːrənsi] *adj.* multidivisa, divisa múltiple.

multilateral netting ['mʌlti'lætərəl 'netɪŋ] compensación de créditos internos.

multi-market corporation [-'mɑːrkət 'kɔːrpə'reɪʃən] corporación que participa en mercados múltiples o en mercados altamente diversificados.

multinational ['mʌlti'næʃnəl] empresa multinacional, transnacional. *Multinational company, multinational corporation*, compañía transnacional o multinacional.

multiple ['mʌltəpəl] *n.* 1 múltiple. 2 *Multiple (store)*, sucursal de una cadena de establecimientos. 3 *Multiple (share)*, acción múltiple. 4 = *price-earnings (ratio)*, P/E, razón precio sobre ganancias.

multiple *adj.* múltiple. *Multiple store*, sucursal de una cadena de establecimientos.

multiplication ['mʌltəplə'keɪʃən] *n.* multiplicación.

multiplier ['mʌltəplaɪər] *n.* multiplicador. *Multiplier principle*, principio multiplicador.

multiply ['mʌltəplaɪ] *v.* multiplicar(se). *To multiply by*, multiplicar por.

municipal [mjʊˈnɪsəpəl] *adj.* 1 (EU) municipal. JUR.: *Municipal courts*, tribunales municipales. *Municipal notes*, empréstitos de colectividades locales (por ejemplo de la ciudad de Nueva York). 2 interior, de un estado. *Municipal law*, derecho nacional/interno.

municipality [mjʊˈnɪsəˈpæləti] *n.* municipalidad.

munificent [mjʊˈnɪfəsənt] *adj.* generoso, liberal, desinteresado.

muniments ['mjuːnəmənts] *n. pl.* títulos (de propiedad), archivo.

murder ['mɜːrdər] *n.* crimen, asesinato; homicidio voluntario. JUR.: *Second degree murder*, homicidio involuntario. *Wilful murder*, homicidio voluntario.

mushroom ['mʌʃrʊm] *v.* 1 desarrollarse, tomar la forma de un hongo. 2 desarrollarse muy rápidamente, proliferar. *Supermarkets have mushroomed around the city*, los supermercados se han multiplicado como hongos alrededor de la ciudad.

muster ['mʌstər] *v.* 1 pasar revista (a las tropas), llamar a los hombres a defender una causa. 2 unir, contar a los partidarios. 3 reunir una serie de recursos.

mutiny ['mjuːtni] *n.* motín, rebelión.

mutual ['mjuːtʃuəl] *adj.* 1 mutuo, recíproco. *Mutual benefit society, association*, mutualidad.

Mutual claims, créditos recíprocos. *Mutual insurance,* seguro mutuo. **2** común. *Our mutual friend,* nuestro amigo común, nuestro amigo mutuo.

mutual fund [-fʌnd] *n.* fondos comunes de colocación, sociedad de inversiones, sociedad de carteras de inversión, sociedad de colocaciones.

mutually-exclusive [ˈmjuːtʃuəli ɪkˈskluːsɪv] que se excluyen el uno y el otro, de exclusión recíproca (cláusulas, proyectos de inversión, etc.). *Mutually-exclusive alternatives,* alternativas mutuamente excluyentes. *Mutually-exclusive projects,* proyectos mutuamente excluyentes.

mv [em viː] **(merchant vessel)** [ˈmɜːrtʃənt ˈvesəl] barco mercante.

M

n

name [neɪm] *v.* 1 nombrar, dar un nombre. 2 designar, nombrar (para la ocupación de un puesto). 3 fijar (un día, una hora, una suma), acordar, adoptar, indicar. *To name a price,* fijar un precio.

name *n.* nombre, título, patronímico; denominación. *Name of a firm,* razón social de una empresa. *Name day,* segundo día de una transacción de bolsa en la que el nombre del comprador se comunica al vendedor.

name at Lloyd's [-æt 'lɔɪds] el tener el nombre en Lloyd's no implica necesariamente que se sea un asegurador sino que se sostiene gracias a una enorme fortuna personal, un *underwriter.*

name-plate [-pleɪt] *n.* placa (de una puerta, etc.) con el nombre del propietario, escudo.

narrow ['nærəʊ] *v.* estrechar(se), disminuir, apretar(se). *The margin is narrowing,* el margen disminuye, se reduce.

narrow *adj.* estrecho, ajustado, apretado, angosto, sucinto, débil. *Narrow margin,* margen reducido. *Narrow market,* mercado poco activo.

national ['nəʃnəl] *n.* resurgimiento. *A U.S. national,* un (resurgimiento) estadounidense.

national *adj.* nacional, público; nacionalizado. *Gross National Product,* Producto Nacional Bruto. *National accounting,* contabilidad nacional. *National accounts,* contabilidad nacional, cuentas de la nación. *National debt,* deuda pública. *National Economic Development Council, N.E.D.C.* (GB), organismo que actúa como consejo superior de planeación. *National income,* ingreso nacional.

National Insurance [-ɪn'ʃʊrəns] (GB), Seguro Social. *National Insurance Contributions,* cuotas del seguro social; cargos por concepto de seguro social.

nationalization ['næʃnələ'zeɪʃən] *n.* nacionalización; naturalización.

nationalize ['næʃnəlaɪz] *v.* nacionalizar.

nation state ['neɪʃn steɪt] Estado = Nación-estado. Estado soberano y centralista, como sería México visto por cualquier otro país.

nationwide ['neɪʃənwaɪd] *adj.* a escala nacional, que interesa, que se dirige a todo el país; nacional, a lo largo de toda la nación, por toda la nación. *A nationwide campaign,* una campaña de envergadura nacional.

native ['neɪtɪv] *n.* indígena, autóctono. *A native of California,* persona nacida en California.

native *adj.* indígena, nativo, autóctono, local, materno. *Native gold,* oro nativo. *Native language,* lengua materna.

natural ['nætʃrəl] *adj.* natural; innato, esencial. *Natural law,* ley natural. *Natural resources,* recursos naturales.

nautical ['nɔːtɪkl] *adj.* náutico, marino, naval. *Nautical mile,* milla náutica (o marina) (1/60 de un grado) = 1,852 km.

naval engineering ['neɪvəl 'endʒə'nɪrɪŋ] ingeniería naval.

navy ['nævi] *n.* marina, fuerzas navales. *The Merchant Navy,* la Marina Mercante. *The Navy* (US), *The (Royal) Navy* (GB), la armada.

near [nɪr] *adj.* próximo, cercano, contiguo. *Near-money,* cuasidinero. *Near position,* posición a plazo cercano (en la bolsa de mercancías).

necessity [nə'sesəti] *n.* necesidad, obligación, apremio, apuro.

necessities [nə'sesətis] *n. pl.* artículos de primera necesidad.

neddy ['nɔdi] *fam.* (GB) ver **national**, *National Economic Development Council (N.E.D.C.).*

need [niːd] *v.* tener necesidad de.

need *n.* 1 necesidad. *If need be,* si hay necesidad, en caso de. *If the need arises,* si se presenta la necesidad. *Needs analysis,* análisis de las necesidades. 2 obligación. 3 pobreza.

needle ['niːdl] *n.* aguja; punta, estilete.

needy ['niːdi] *adj.* indigente, necesitado. *The needy,* los indigentes.

negative ['negətɪv] *adj.* negativo; inferior a cero, nulo.

negative income tax [-'ɪnkʌm tæks] (EU) (proyecto de) subsidio que se extiende a las personas más pobres para el pago de sus impuestos y para beneficiar además a las bonificaciones tributarias.

neglect [nɪ'glekt] *v.* descuidar, omitir, olvidar, dejar escapar (una ocasión).

neglect *n.* 1 negligencia, falta de atención, olvido. 2 falta de cuidado, mal mantenimiento (de una máquina).

negligence ['negl ɪdʒəns] *n.* negligencia; descuido; falta de observación (de las reglas o de los reglamentos). Jur.: *Action for negligence,* demanda por daños y perjuicios.

negotiability [nɪ'gəʊʃəbɪləti] *n.* negociabilidad.

negotiable [nɪ'gəʊʃəbəl] *adj.* 1 negociable, comercializable. *Negotiable bills,* títulos de crédito negociables. *Negotiable instruments, negotiable paper,* efectos, documentos negociables. **2** sujeto a negociación (remuneraciones, etc.).

negotiate [nɪ'gəʊʃieɪt] *v.* negociar; tratar. *To negotiate a loan,* negociar un préstamo.

negotiation [nɪ'gəʊʃi'eɪʃən] *n.* negociación, negociaciones; intercambio. *To carry out a negotiation,* llevar a cabo una negociación. *Matter for negotiation,* asunto sujeto a negociación.

negotiator [nɪ'gəʊʃieɪtər] *n.* negociador.

neon sign ['niːɑːn saɪn] *n.* letrero de neón.

nest-egg [nest eg] *n.* peculio, caudal, ahorros.

net [net] *v.* **1** capturar con una red. **2** producir, obtener, dar como resultado. *The firm netted a fat profit,* la empresa obtuvo una utilidad importante.

net or **nett** *adj.* neto. *Net cash,* contado neto. *Net income,* ingreso neto, utilidad neta. *Net income per share,* ingreso neto por acción. *Net investment,* inversión neta. *Net lease,* renta total (con ciertos cargos). *Net price,* precio neto. *Net proceeds,* fondos netos, producto neto. *Net profit,* utilidad neta. *Net result,* resultado neto, resultado final. *Net value,* valor neto. *Net book value,* valor neto en libros. *Net weight,* peso neto. *Net net weight,* peso neto real. *Net worth,* capital contable, valor neto.

netback deal [netbæk diːl] acuerdo de precios que se celebra entre productor y distribuidor para asegurar un margen fijo al segundo a cambio de un volumen de compras regular al primero.

net out [-aʊt] *v.* expresar en cifras netas.

netting ['netɪŋ] *n.* compensación multilateral (gestión de tesorería), compensación de créditos internos (reagrupamiento de los pagos en un solo vencimiento y compensación de los créditos entre todas las filiales).

network ['netwɜːrk] *n.* red, sistema. *Railway network,* red de ferrocarriles. *Road network,* red de carreteras. *T.V. network,* red de canales de televisión.

networking ['netwɜːrkɪŋ] *n.* instalación de una red, creación de una red; creación de una malla.

net worth [-wɜːrθ] capital contable, patrimonio de los accionistas; valor neto.

new [nuː] *adj.* **1** nuevo. POL: *The "New Deal",* El Nuevo Tratado. **2** *New to,* inexperto, joven, novato. *He is new to the job,* es nuevo en el cargo.

news [nuːz] *n.* noticia; noticias (prensa), información, informe, informes, anuncio. *The news of the strike broke quickly,* el anuncio de huelga se difundió rápidamente. *To be in the news,* ser de actualidad, aparecer en el diario.

news-agency [-'eɪdʒənsi] agencia de noticias.

news-agent [-'eɪdʒənt] *n.* vendedor de diarios.

news-letter [-'letər] *n.* hoja informativa, boletín; publicación (por suscripción) que se especializa en un cierto tipo de noticias.

newsman ['nuːzmæn] *n.* (EU) periodista.

newspaper ['nuːz peɪpər] *n.* diario.

newspaperman ['nuːzpeɪpərmæn] *n.* periodista.

newsprint ['nuːzprɪnt] *n.* papel periódico.

newsreel ['nuːzriːl] *n.* CINE: noticiario, documental, película o cinta de noticias.

next [nekst] *adj.* próximo, venidero. BOLSA: *Next account,* liquidación próxima. *Next settlement,* liquidación próxima.

next-of-kin [-ɑːv kɪn] pariente más cercano.

niche [nɪtʃ] *n.* nicho, segmento, mercado.

nick [nɪk] *v.* **1** cortar, mellar, entallar. **2** hacer pagar. *To nick the affluent,* birlar dinero a los ricos, "dar un sablazo".

night- [naɪt] *pref.* de noche, nocturno.

night-safe [-seɪf] caja nocturna (bancos).

night-shift [-ʃɪft] *n.* turno de noche.

nil [nɪl] *n.* y *adj.* **1** nada. **2** nulo, igual a cero. *The balance is nil,* el saldo es nulo.

nitrate fertilizers ['naɪtreɪt 'fɜːrtlaɪzər] fertilizantes de nitrato.

no-brand articles [nəʊ brænd 'ɑːrtɪkəls] productos sin marca comercial. *No-brand groceries,* abarrotes libres.

no fault [nəʊ fɔːlt] sin falta.

no-fault insurance [-ɪn'ʃʊrəns] indemnización automática del asegurado.

no-frills [nəʊ frɪls] sin matices, reducido a lo esencial.

no funds [nəʊ fʌnds] (cheque) sin fondos.

nominal ['nɑːmənl] *adj.* **1** nominal, nominativo. *Nominal capital,* capital nominativo, capital social. *In nominal terms,* en moneda corriente, en términos nominales. *Nominal value,* valor nominal. **2** ficticio, desdeñable, sin importancia. *Nominal partner,* prestanombres. *Nominal damages,* daños insignificantes.

nominate ['nɑːməneɪt] *v.* proponer la candidatura de alguien (para una distinción, para una recompensa); designar un candidato.

nomination ['nɑːmə'neɪʃən] *n.* nombramiento oficial, designación de un candidato.

nominee ['nɑːmə'niː] *n.* **1** candidato; intermediario, mandatario (títulos). *Nominee company,* compañía que sirve de "pantalla", que oculta otras actividades. **2** candidato oficial. *Presidential nominee* (EU), candidato a la presidencia de los Estados Unidos que recibe la investidura después de la convención correspondiente de su partido.

non-acceptance [nɑːn ək'səptəns] *n.* no aceptación. *Non-acceptance of a bill,* no aceptación de una letra de cambio.

no-name goods [nəʊ neɪm gʊds] productos sin marca de fabricación y que se venden bajo la marca del distribuidor.

nonbank bank ['naːnbæŋk bæŋk] (EU) institución financiera que funciona como un banco, pero sin ofrecer todos los servicios (por ejemplo apertura de cuentas de cheques o servicios de préstamos, pero no los dos).

non-committal [naːn kə'mɪtl] *adj.* que no se compromete, que se rehusa a comprometerse; evasivo, vago, ambiguo. *Non-committal answer,* respuesta vaga.

non-compliance [naːn kəm'plaɪəns] *n.* incumplimiento, desobediencia.

non-contributory [naːn kən'trɪbjətɔːri] *adj.* pagado sólo por el patrón, sin pago por parte del beneficiario (pensiones de retiro).

non-cumulative stock [naːn 'kjuːmjələtɪv staːk] acciones no acumulativas.

non-durable [naːn 'dʊrəbəl] *n.* bienes de consumo perecederos.

nonfeasance [naːn'fiːzəns] *n.* JUR.: delito por omisión.

non-fulfillment [naːn fʊl'fɪlmənt] *n.* JUR.: incumplimiento.

non-monetary [naːn 'maːnəteri] no monetario. *Non-monetary assets,* activos no monetarios. *Non-monetary liabilities,* pasivos no monetarios.

non-participating stock [naːn pər'tɪsəpeɪtɪŋ staːk] acciones sin derecho de participación.

non-performance [naːn pər'fɔːrməns] *n.* falta de ejecución, incumplimiento (de un contrato).

non-profit [naːn 'praːfət] *adj.* sin finalidades de lucro. *Non-profit corporation,* empresa sin finalidades de lucro.

non-returnable [naːn rɪ'tɜːrnəbəl] *adj.* sin devolución.

non-stop [naːn staːp] *adj.* directo, continuo, sin parar, sin escalas. *Non-stop flight,* vuelo sin escalas.

nonsuit ['naːnsuːt] *v.* sobreseer, denegar, desestimar. *To be nonsuited,* denegar una solicitud, una demanda.

nonsuit *n.* 1 (ordenamiento de) sobreseimiento, denegación, desestimación. *To direct a nonsuit,* emitir un mandato de sobreseimiento. 2 abandono, cesación de los procedimientos legales, retiro de una acusación.

non-union [naːn 'juːnjən] *adj.* que no pertenece a un sindicato.

non-voting [naːn 'vəʊtɪŋ] *adj.* sin derecho de voto. *Non-voting preference shares,* acciones privilegiadas sin derecho de voto (similares a los certificados de inversión). *Non-voting share:* a) acción que no tiene derecho de voto, b) certificado de inversión.

nonworking spouse [naːn'wɜːrkɪŋ spaʊs] cónyuge que se dedica al hogar.

no-par value [nəʊ paːr 'væljuː] sin valor nominal.

No par value stock [-staːk] acciones sin valor nominal.

norm [nɔːrm] *n.* (frecuentemente en *pl.*) norma. *According to the norm,* conforme a la norma.

normal ['nɔːrməl] *adj.* 1 normal, conforme a la norma. 2 regular, de régimen normal. 3 GEOMETRÍA: normal, perpendicular.

normalcy ['nɔːrməlsi] *n.* (EU) normalidad. *Back to normalcy,* vuelta a la normalidad, a la situación normal. *Return to normalcy,* vuelta a la normalidad.

normality [nɔːr'mæləti] *n.* normalidad.

normalize ['nɔːrməlaɪz] *v.* 1 volver normal, ajustar conforme a la norma. 2 normalizar, regularizar.

nose-dive [nəʊz daɪv] *v.* 1 Av.: descender en picada. 2 bajar rápidamente, descender en caída libre, desplomarse (acciones, cotizaciones, etc.).

nose-dive *n.* 1 Av.: picada. 2 caída libre, descenso rápido, desplome (acciones, cotizaciones, etc.).

no-strings, no strings attached [nəʊ strɪŋs ə'tæt ʃt] sin condiciones, sin contraparte.

notarial ['nəʊtərɪəl] *adj.* notarial, relativo a los notarios.

notarize ['nəʊtəraɪz] *v.* hacer certificar algo por un notario.

notarized ['nəʊtəraɪzd] *adj.* que ha sido certificado por un notario. *Notarized copy, statement,* copia certificada ante notario.

notary (public) ['nəʊtəri ('pʌblɪk)] *n.* notario (público). No tiene un papel tan importante como el que le corresponde a los notarios en América Latina. Se trata más bien de un funcionario cuya tarea principal consiste en autenticar documentos.

note [nəʊt] *v.* constatar, apuntar, anotar. *Noting a bill,* constancia del rechazo de pago de un título de crédito por un *notary public.*

note *n.* 1 nota; memorándum; carta. *To make a note of something,* tomar nota de. *A diplomatic note,* una nota diplomática. 2 relación, factura, nota, recibo, vale. *Credit note,* factura de abono o de devolución. 3 billete de banco *(banknote). A five dollar (bank) note,* un billete de cinco dólares. 4 billete, título de crédito. *Promissory notes,* pagarés. *Notes payable,* documentos por pagar. *Notes receivable,* documentos por cobrar. 5 renombre, prestigio. 6 nota, signo, indicación, carácter, tecla.

notebook ['nəʊtbʊk] *n.* cuaderno, agenda, libreta.

note-pad [-pæd] *n.* bloc de notas.

not guilty [naːt 'gɪlti] no culpable.

notice [ˈnəutəs] *v.* **1** notar, darse cuenta, observar, señalar; tener en cuenta, prestar atención a; revelar (hechos, errores). **2** mencionar, señalar algo a alguien. **3** despedir, licenciar.
notice *n.* **1** aviso, notificación, nota. *Notice to pay*, aviso de pago. *To give notice*, notificar, señalar, prevenir. *Public notice*, aviso al público. **2** notificación, plazo. *At short notice*, en un plazo corto. *At very short notice*, en un plazo muy breve. *To give a week's notice*, conceder un plazo de una semana. *To give notice*, presentar uno su renuncia. *To file* (GB, *give*) *notice of a strike*, presentar un aviso de huelga.
noticeable [ˈnəutəsəbəl] *adj.* **1** digno de atención, notable. **2** aparente, visible.
notice board [-bɔːrd] pizarra de anuncios.
notice of dismissal [-ɑːv dɪsˈmɪsəl] aviso de despido, aviso de suspensión del empleo.
notice period [-ˈpɪriəd] periodo de notificación.
notification [ˈnəutəfəˈkeɪʃən] *n.* notificación, aviso, anuncio, declaración.
notify [ˈnəutəfaɪ] *v.* notificar, anunciar, señalar, informar, hacer saber. JUR.: *To notify the parties*, notificar a las partes.
noting a bill [ˈnəutɪŋ ə bɪl] constancia de rechazo de pago de un título de crédito emitida por un *notary public.*
no-toll number [nəu təul ˈnʌmbər] número para llamadas telefónicas sin cargo.
notwithstanding [ˈnɑːtwɪðˈstændɪŋ] **1** *prep.* a pesar de. *Notwithstanding the provisions of...,* por derogación de las cláusulas de... **2** *adv.* no obstante, sin embargo. *He did it notwithstanding,* sin embargo, lo hizo. **3** *conj.* aunque, bien que, si bien (con esta función se usa poco, aunque es común encontrarlo en el lenguaje jurídico).
novelty [ˈnɑːvəlti] *n.* carácter innovador, innovación, novedad. *The novelty of a design, an invention,* la novedad de un diseño, de un invento. *Novelties*, novedades, artículos de novedad.
novelty shop, novelty store [-ʃɑːp, -stɔːr] tienda de artículos de novedad.
Now account, Negotiable Order of Withdrawal Account [nau əˈkaunt nɪˈgəuʃəbəl ˈɔːrdər ɑːv wɪðˈrɔːəl əˈkaunt] (EU) cuenta de cheques que requiere de un aviso antes de efectuar un retiro.
noxious [ˈnɑːkʃəs] *adj.* nocivo, dañino, perjudicial. *Noxious fumes,* emanaciones nocivas, tóxicas.
nuclear [ˈnuːkliər] *adj.* nuclear. *Nuclear energy,* energía nuclear. *Nuclear plant,* planta nuclear. *Nuclear powers,* las potencias nucleares.

Nuclear waste, deshechos nucleares. *Nuclear weapons,* armas nucleares.
nudge up [nʌdʒ ʌp] *v.* aumentar ligeramente, dar un impulso tenue.
nugget [ˈnʌgət] *n.* pepita.
nuisance [ˈnuːsns] *n.* **1** molestia, fastidio (causado por personas o cosas), cosa insoportable. *To make a nuisance of oneself,* hacerse insoportable. **2** perjuicio, daño causado al prójimo. *Commit no nuisance,* no pierda la compostura. **3** indecencia, suciedad.
null [nʌl] *adj.* nulo, caduco. *Null and void,* nulo e inválido, nulo y sin efecto.
nullification [ˈnʌləfəˈkeɪʃən] *n.* anulación, revocación.
nullify [ˈnʌləfaɪ] *v.* anular, volver caduco, sin efecto; anular, dirimir (contratos).
nullity [ˈnʌləti] *n.* nulidad; caducidad; invalidez. *Nullity suit,* solicitud de anulación (de un matrimonio).
number [ˈnʌmbər] *v.* **1** contar, enumerar. **2** numerar, cifrar.
number *n.* (se abrevia: **No., Nos.**) **1** número. *A telephone number,* un número telefónico. *In large numbers,* en grandes cantidades. *Number 10, No. 10, 10 Downing Street* (GB), domicilio del Primer Ministro. **2** cifra.
numbering machine [ˈnʌmbərɪŋ məˈʃiːn] máquina numeradora.
numberless [ˈnʌmbərləs] *adj.* innumerable.
numberplate [ˈnʌmbərpleɪt] *n.* número de matrícula de una placa.
numeracy [ˈnuːmərəsi] *n.* competencia en el dominio de las cifras, en el dominio cuantitativo.
numerate [ˈnuːmərət] *adj.* diestro en el manejo de las matemáticas.
numerical [nuˈmerɪkəl] *adj.* numérico. *Numerical code,* código numérico.
nuncupative [nʌnˈcjupætɪv] *adj.* (testamento) nuncupativo (hecho verbalmente ante un testigo y consignado después por escrito).
nurse [nɜːrs] *v.* cuidar. *To nurse a constituency,* tener atenciones con los electores.
nursery [ˈnɜːrsri] *n.* **1** guardería, jardín de niños. **2** casa de párvulos. **3** vivero, semillero.
nut [nʌt] *n.* **1** nuez. **2** tuerca.
nutrient [ˈnuːtriənt] *n.* sustancia nutritiva, alimento.
nutrition [nuˈtrɪʃən] *n.* nutrición.
nutritionist [nuˈtrɪʃənəst] *n.* nutriólogo, especialista en dietas.
nutritious [nuˈtrɪʃəs] *adj.* nutritivo, alimenticio.
nutritiousness [nuˈtrɪʃəsnəs] *n.* valor nutritivo.
nutritive [ˈnutrɪtɪv] *n.* sustancia nutritiva, alimento.
nutritive *adj.* nutritivo, alimenticio.

N

O

oath [əʊθ] *n.* 1 juramento. *On oath, under oath,* bajo juramento. *To swear, to take an oath, the oath,* jurar. *Broker on oath,* corredor que opera bajo juramento o protesta de decir verdad. 2 juramento.

obedience [ə'biːdiəns] *n.* obediencia, respeto, sumisión.

object ['ɑːbdʒɪkt] *v.* oponerse, objetar, presentar una objeción, desaprobar, tener objeciones hacia. *To object to a witness,* rechazar un testigo.

obligation [ˌɑːblə'ɡeɪʃən] *n.* obligación, deber, compromiso; deuda.

obligatory [ə'blɪɡətɔːri] *adj.* obligatorio, obligado, de rigor. *Writ/writing obligatory,* compromiso por escrito (ante *notary public*).

oblige [ə'blaɪdʒ] *v.* 1 agradar, complacer, servir, hacer un favor. 2 obligar, someter, coaccionar.

obligee ['əblɪ'dʒi] *n.* obligacionista, acreedor; obligado.

observance [əb'zɜːrvəns] *n.* observancia, acatamiento, cumplimiento (de las leyes, de los usos, etc.).

observer [əb'zɜːrvər] *n.* observador.

obsolescence ['ɑːbsə'lesns] *n.* obsolescencia, caído en desuso. *Built-in obsolescence,* envejecimiento que se debe a causas internas, previsto desde el principio, programado. *Planned obsolescence,* obsolescencia planificada, programada, calculada. *Obsolescence replacement,* inversión de productividad, inversión de modernización.

obsolescent ['ɑːbsə'lesnt] *adj.* obsolescente, que cae en desuso.

obsolete ['ɑːbsəliːt] *adj.* obsoleto, viejo, pasado de moda, en desuso. *Obsolete inventory,* inventario obsoleto.

obstacle ['ɑːbstɪkəl] *n.* obstáculo, impedimento.

obstruction [əb'strʌkʃən] *n.* obstrucción, impedimento. *To practise obstruction,* ocasionar una obstrucción (en el Congreso, el Parlamento, etc.).

obtain [əb'teɪn] *v.t.* 1 obtener, conseguir, adquirir. 2 *v.i.* tener curso, prevalecer, estar en vigor.

obviate ['ɑːbvieɪt] *v.* evitar, obviar, adelantarse a.

occasional [ə'keɪʒnəl] *adj.* ocasional, que ocurre de vez en cuando. *Occasional worker,* trabajador ocasional, extra.

occupancy ['ɑːkjəpənsi] *n.* ocupación, posesión, habitación. *Occupancy rate,* tasa de ocupación.

occupant ['ɑːkjəpənt] *n.* ocupante, inquilino, titular.

occupation ['ɑːkjə'peɪʃən] *n.* oficio, profesión, empleo, estado, ocupación profesional.

occupational ['ɑːkjə'peɪʃnəl] *adj.* profesional, relativo a las actividades profesionales, que tiene relación con el oficio. *Occupational disease,* enfermedad profesional. *Occupational hazard,* riesgo profesional, riesgo del oficio. *Occupational injury,* accidente de trabajo. *Occupational tax,* impuesto profesional, impuesto sobre el ejercicio de una actividad profesional.

ocean-going ['əʊʃən ɡəʊɪŋ] *adj.* de alta mar, trasatlántico, de altura, de larga distancia.

odd [ɑːd] *adj.* 1 extraño, raro. 2 ocasional, esporádico. 3 impar. *Odd numbers,* números impares. 4 aproximadamente, en cifras redondas. *An odd-twenty,* unos veinte, aproximadamente veinte.

odd dates [-deɪts] días o fechas impares.

odd jobs [-dʒɑːbs] pequeños trabajos, trabajos variados (que se hacen de vez en cuando).

odd lot [-lɑːt] 1 saldo. 2 número (de acciones, etc.) que no corresponden a la unidad habitual (por encima de 100).

odd man out [-mæn aʊt] individuo (*por ext.* país, etc.) que se distingue de un grupo a causa de su comportamiento o sus posiciones; la excepción.

odd size [-saɪz] talla especial.

oddments ['ɑːdmənts] *n.* saldos.

odds [ɑːdz] *n. pl.* 1 oportunidades, perspectivas, probabilidades. 2 apuesta o postura desigual. 3 desigualdad, disparidad.

off [ɔːf] *adv.* y *prep.* 1 a lo largo, a lo lejos, a distancia. 2 *To be off,* que está apagado o desactivado, que está fuera, que ha sido detenido o anulado, etc.; Bolsa: estar a la baja. *The deal is off,* el trato fue anulado. *Day-off,* día de descanso o de asueto. *Off the books,* sin deudas. *He paid his bills, so we took his name off the books,* pagó sus cuentas y por lo tanto se eliminó su nombre de las cuentas atrasadas. *To pay off the books, to pay under the table,* pagarle a alguien sin declararlo. *Off the record,* confidencialmente, no destinado a la divulgación.

off-board [-bɔːrd] (cf. **over-the-counter market**) (transacciones) que no se efectuaron en la bolsa.

offence [ə'fens] (GB) ver **offense**.

offender [ə'fendər] *n.* ofensor, delincuente, infractor. *Persistent offender,* reincidente, delin-

cuente habitual. *First offender,* infractor sin antecedentes penales. *Second offender,* reincidente.
offense [ə'fens] *n.* (EU) **1** ataque, agresión, ofensiva. **2** injuria, ofensa. **3** contravención, violación de la ley, delito, crimen, infracción, falta, atentado. *Minor offense,* infracción menor. *Indictable, non-indictable offense,* infracción mayor, infracción menor.
offensive [ə'fensɪv] *adj.* ofensivo insultante; chocante, desagradable. *Offensive weapons,* armas ofensivas.
offer ['ɔːfər] *v.* **1** ofrecer, proponer, presentar. **2** ofrecerse, presentarse.
offer *n.* oferta, proposición. *Firm offer,* oferta en firme. *Offer price,* precio de venta. *On offer,* en venta. *Verbal offer,* oferta verbal.
offering ['ɔːfərɪŋ] *n.* emisión (de obligaciones, de acciones). BOLSA: oferta.
offering price [-praɪs] precio de catálogo, tarifa oficial.
off-hand [-hænd] *adj.* y *adv.* **1** a primera vista, en el acto, de manera inesperada, de buenas a primeras. **2** improvisado, espontáneo.
office ['ɑːfəs] *n.* **1** cargo, oficio, función, puesto, empleo. *To take office,* asumir un puesto. *To leave office,* renunciar a un cargo. *To stand for office,* participar en una elección. *In office,* en funciones, en el poder, en el cargo. *Public offices,* oficinas públicas. **2** (GB = **Ministry**) ministerio. *Foreign office,* ministerio de asuntos exteriores. *Home office,* ministerio del interior; (EU) oficina, servicio de un ministerio. **3** oficina, estudio, agencia, gabinete. *Office block,* inmueble de oficinas. *Office boy,* mensajero (de una oficina). *Office equipment,* equipo de oficina. *Office expenses,* gastos de oficina. *Office furniture,* muebles de oficina. *Office hours,* horario de oficina. *Office maintenance,* mantenimiento de una oficina. *Office space,* espacio de las oficinas. *Office supplies,* materiales de oficina. **4** domicilio, asiento. *Head Office,* domicilio social, oficina principal. *Registered office,* domicilio social.
office automation [-'ɔːtə'meɪʃən] automatización de oficinas.
officer ['ɑːfəsər] *n.* **1** oficial. *Non-commissioned officer (N.C.O.),* suboficial. **2** funcionario, agente. *Customs-officer,* funcionario de aduanas, agente de aduanas. **3** responsable, dirigente, miembro de la dirección; administrador. *P.R O. = Public Relations Officer* (u *Official),* funcionario de relaciones públicas.
official [ə'fɪʃəl] *n.* y *adj.* **1** oficial, funcionario público. *Official list,* lista oficial. *Official quotations,* cotizaciones oficiales (de la Bolsa de Londres). **2** responsable, funcionario, agente. *Officials,* los oficiales, los dirigentes, los altos mandos, las personalidades.

official receiver [-rɪ'siːvər] (GB) síndico de una quiebra.
officialdom [ə'fɪʃəldəm] *n.* la burocracia, (el conjunto de) funcionarios.
officialese [ə'fɪʃə'liːz] *n.* jerga administrativa.
off-label [-'leɪbəl] sin la etiqueta del fabricante (se dice principalmente de los artículos que se venden sin dicha etiqueta para ofrecerlos a un precio más bajo).
off-peak [-piːk] calmado, tranquilo, con poca actividad, de menos tráfico, de menos afluencia. *Off-peak day,* día de poca actividad. *Off-peak season,* temporada baja.
offset ['ɔːf'set] *v.* compensar, equilibrar; desviar. *To offset a loss,* compensar una pérdida.
offset *n.* **1** IMPR.: proceso de impresión. **2** compensación. *Offset contract,* liquidación, contrapartida, cobertura de una posición.
offshore ['ɔːf'ʃɔːr] *adj.* y *adv.* **1** cerca de la costa, de la costa, en el mar. **2** en alta mar. **3** en el extranjero, del extranjero. *Offshore currencies,* monedas europeas.
offshore bank [-bæŋk] banco internacional establecido en una isla o en un puerto donde disfruta de ciertos privilegios.
offshore fund [-fʌnd] fondos de colocación que se especializan en la realización de inversiones en el extranjero.
O.H.M.S. [əʊ eɪtʃ em es] **(On Her Majesty's Service)** [ɑːn hɜːr 'mædʒəsti 'sɜːrvəs] (GB) al servicio de Su Majestad (esta abreviatura se encuentra en la correspondencia oficial y corresponde a una franquicia postal).
oil [ɔɪl] *n.* **1** aceite. **2** petróleo. *Crude oil,* petróleo crudo. *Fuel oil,* combustible, carburante. *The oil bill,* la factura petrolera. *To strike oil,* 1) encontrar petróleo. 2) *fig.* encontrar una mina de oro. *Oils,* los valores petroleros.
oil-cloth [-klɔːθ] caucho o hule.
oil-field [-fiːld] yacimiento petrolífero.
oil pricing [-'praɪsɪŋ] fijación de las cotizaciones del petróleo.
oil rig [-rɪg] plataforma para la extracción de petróleo.
oilseeds [ɔɪlsiːds] *n. pl.* oleaginosas.
oil shale [-ʃeɪl] pizarra bituminosa.
oil shock [-ʃɑːk] choque petrolero (término común para referirse a las crisis económicas que resultan de las variaciones en los precios del petróleo).
oil slick [-slɪk] capa de petróleo o aceite que flota en la superficie del mar.
oil spill [-spɪl] derrame de petróleo que escapa de un buque; marea negra.
oil tanker [-'tæŋkər] buque petrolero.
old-established [əʊld ɪ'stæblɪʃt] *adj.* antiguo, establecido desde hace mucho tiempo.
oligarchy ['ɑːləgɑːrki] *n.* oligarquía.

O

oligopoly [ˈɑːlǝgɔpǝuli] *n.* oligopolio (situación comercial en la que unas cuantas empresas dominan una industria o comercio y donde cada una puede evaluar el impacto de sus decisiones sobre el mercado y sobre sus competidores).

oligopsony [ˈɑːlǝgɔpsǝuni] *n.* oligopsonio (situación comercial en la que el número de compradores es muy reducido y por lo tanto sus decisiones pueden afectar el mercado).

ombudsman [ˈɑːmbʊdzmǝn] *n.* persona que funge como mediador en los conflictos que surgen entre los ciudadanos y la administración.

ominous [ˈɑːmǝnǝs] *adj.* inquietante, amenazante.

omission [ǝuˈmɪʃǝn] *n.* omisión, descuido, olvido.

omnibus [ˈɑːmnɪbǝs] *adj.* de ámbito o alcance general, que abarca varias cosas.

omnibus bill [-bɪl] proyecto de ley que abarca varias medidas.

on appro, on approval [ɑːn ˈæprǝu, ǝˈpruːvǝl] a prueba, bajo (una) condición.

on consignment [ɑːn kǝnˈsaɪnmǝnt] en consignación, en depósito.

on demand [ɑːn dɪˈmænd] a la vista, a solicitud expresa. *Payable on demand,* pagadero a la vista.

on-going education [ɑːn ˈgǝuɪŋ ˈedʒǝˈkeɪʃǝn] educación continua, formación permanente.

one [wʌn] *pron.* un, uno, una; uno solo; único. *One Mr. Smith asked for you,* un tal señor Smith preguntó por usted.

one-man business [-mæn ˈbɪznǝs] empresa de un solo hombre; empresa individual.

one-shot [-ʃɑːt] aquello que es válido tan sólo una vez, que no se puede repetir, que no está destinado a repetirse.

one-stop [-stɑːp] **1** (transportes) que tan sólo se detiene una vez, que tan sólo hace una parada o una escala. **2** integrado (comercio).

one-stop shopping [- ˈʃɑːpɪŋ] comercio integrado.

one-way [-weɪ] *adj.* de un solo sentido, de dirección única, unilateral. *A one-way agreement,* acuerdo unilateral. *A one-way ticket* (EU), un billete o boleto sencillo, un billete o boleto de ida. *One-way bottles,* botellas sin depósito.

on hand [ɑːn hænd] **1** disponible, en caja. *Cash on hand,* efectivo disponible, fondos en caja. **2** en curso, en proceso. **3** presente, a la mano. **4** pendiente de hacer, próximo a suceder, que se dejó a cuenta.

on hold [ɑːn hǝuld] en espera, suspendido temporalmente.

on-line [ɑːn laɪn] en línea, en circuito; directo; interactivo, conversacional. *On-line data service,* servicio de datos en línea.

onslaught [ˈɑːnslɔːt] *n.* ataque, asalto; crítica violenta.

on(-)stream [ɑːn striːm] en funcionamiento. *The nuclear reactor has come on stream,* el reactor nuclear ha estado en funcionamiento.

on tap [ɑːn tæp] disponible en forma permanente y sin limitación de cantidad.

on-the-job [ɑːn ðǝ dʒɑːb] en el lugar de trabajo, en la empresa. *On the job accident,* accidente de trabajo. *On the job training,* capacitación para el trabajo.

on (to be) [ɑːn (tuː biː)] **1** tener lugar, suceder, pasar. **2** *To be on to somebody (on the phone),* hablar con alguien por teléfono.

on the cheap [ɑːn ðǝ tʃiːp] con pocos gastos, a precio bajo, por un precio no muy alto; con descuento; a precio rebajado.

onus [ˈǝunǝs] *n.* responsabilidad, cargo.

onus of proof, onus of proving, onus probandi [-ɑːv pruːf, -ɑːv ˈpruːvɪŋ, -prǝuˈbændi] la responsabilidad de la prueba.

open [ˈǝupǝn] *v.* **1** abrir, destapar, desembocar, deshacer; empezar, abordar. **2** abrirse, entreabrirse, comenzar.

open *adj.* abierto, descubierto, (girar un cheque) al descubierto; público, libre.

open account [-ǝˈkaʊnt] **1** cuenta corriente. **2** cuenta abierta; crédito en blanco.

open credit [-ˈkredǝt] crédito abierto, crédito en blanco.

open check [-tʃek] cheque no cruzado, cheque abierto.

open-end, open-ended [-end, ˈendǝd] abierto, sin un objetivo específico. *Open-end questions,* (en un sondeo, durante el transcurso de una entrevista) preguntas que permiten obtener más respuestas de las que se solicitan.

open-end investment company/fund [-ɪnˈvestmǝnt ˈkʌmpǝni/fʌnd] sociedad de inversión abierta al gran público inversionista.

open grounds, site, space [-graʊnds, saɪt, speɪs] terreno, sitio, espacio al aire libre.

open house [-haʊs] operación a puertas abiertas.

opening [ˈǝupǝnɪŋ] *n.* **1** apertura, inauguración. **2** salida, posibilidad.

opening *adj.* de apertura. *Opening entries,* asientos de apertura. Bolsa: *Opening price,* precio de apertura.

opening call [-kɔːl] Bolsa: cotización de apertura.

open interest [-ˈɪntrǝst] Bolsa: posiciones abiertas.

open market [-ˈmɑːrkǝt] **1** mercado libre. **2** *Open market operations,* operaciones en el mercado libre, operaciones de regulación del mercado de valores efectuadas por los bancos centrales con base en títulos de crédito a corto o a mediano plazo. **3** mercado monetario.

open-plan office [-plæn ˈɑːfǝs] oficina de plan abierto.

open pricing [-'praisiŋ] fijación libre de precios.

open salary [-'sæləri] salario abierto.

open shop [-ʃɑːp] (EU) empresa que emplea trabajadores que son miembros o no de un sindicato.

open university [-'juːnə'vɜːrsəti] (GB) sistema de enseñanza de nivel superior por medio de la televisión que se dirige principalmente a un público no inscrito en una facultad.

open up a plant (to) [-ʌp ə plænt (tuː)] abrir o inaugurar una fábrica.

operate ['ɑːpəreit] v. 1 funcionar, operar; estar en funcionamiento. 2 administrar, explotar, hacer funcionar.

operating account ['ɑːpəreitiŋ ə'kaunt] cuenta de explotación.

operating costs ['ɑːpəreitiŋ kɔːsts] costos de operación, costos de explotación; gastos de utilización del equipo.

operating cycle ['ɑːpəreitiŋ 'saikəl] ciclo de operación.

operating expenses ['ɑːpəreitiŋ ik'spensəs] gastos operativos.

operating fixed costs ['ɑːpəreitiŋ fikst kɔːsts] costos operativos fijos.

operating income, operating profit ['ɑːpəreitiŋ 'inkʌm, 'ɑːpəreitiŋ 'prɑːfət] beneficio operativo.

operating leverage ['ɑːpəreitiŋ 'levəridʒ] apalancamiento operativo.

operating loss ['ɑːpəreitiŋ lɔːs] pérdida en operación.

operating surplus ['ɑːpəreitiŋ 'sɜːrpləs] superávit operativo, excedente neto en operación.

operating variable costs ['ɑːpəreitiŋ 'veriəbəl kɔːsts] costos operativos variables.

operation ['ɑːpə'reiʃən] n. 1 funcionamiento, maniobra, utilización, explotación, operación. In operation, en operación, en funcionamiento. 2 unidad de producción, instalación. To set up operations, instalarse, implantarse.

operational ['ɑːpə'reiʃnəl] adj. en buen estado, capaz de funcionar.

operations research ['ɑːpə'reiʃəns ri'sɜːrtʃ] (EU) or **operational research** [-ri'sɜːrtʃ] (GB) investigación de operaciones.

operative ['ɑːpərətiv] n. operario, obrero.

operative adj. en vigor, eficaz.

operator ['ɑːpəreitər] n. 1 operador. Telephone operator, telefonista. 2 especulador de la bolsa.

opinion poll ['əpinjən pɔul] sondeo de opinión.

opponent [ə'pounənt] n. oponente, adversario.

opportunity ['ɑːpər'tuːnəti] n. ocasión, oportunidad, posibilidad. Equal opportunity, igualdad

de oportunidades. Market opportunity, espacio en el mercado.

opportunity cost [-kɔːst] 1 producto resultante del empleo alternativo de capitales. 2 costo de operación, costo de opción.

opposite ['ɑːpəzət] adj. opuesto, vis-a-vis; contrario. Your opposite number, su homólogo.

optimal ['ɑːptəməl] adj. óptimo.

optimization ['ɑːptimə'zeiʃən] n. perfeccionamiento.

optimize ['ɑːptəmaiz] v. perfeccionar.

optimum ['ɑːptəməm] n. y adj. óptimo.

option ['ɑːpʃən] n. 1 opción, alternativa, disyuntiva. Option of purchase, opción de compra. 2 Bolsa: opción, prima, operación sujeta a prima. Option(s) exchange, bolsa(s) de opciones. Option(s) market, mercado de opciones. Call option, opción de compra, prima a la alza. Put option, opción de venta, prima a la baja.

optional ['ɑːpʃənl] adj. opcional, facultativo, electivo.

opt-out clause [ɑːpt aut klɔːz] cláusula de exención; cláusula de anulación de un compromiso.

order ['ɔːrdər] v. 1 ordenar, mandar. 2 ordenar, hacer un pedido.

order n. 1 orden, regla, reglamento, reglamentación. Law and order, la ley y el orden, el orden público. To be in order, estar en orden, estar conforme (con las reglas), en buen estado. To be out of order, estar en mal estado, no funcionar, estar averiado, no estar en regla. To get out of order, averiarse, no funcionar. More precautions are in order, es conveniente tomar precauciones adicionales. 2 Jur. y Pol.: ordenamiento, orden terminante (emitida por una corte), fallo, juicio, sentencia, decreto. 3 mandato. Money order, orden de pago. Postal order, giro postal. 4 Comerc.: pedido, orden. To book an order, anotar un pedido. To cancel an order, cancelar un pedido. To place an order, colocar un pedido. To carry out an order, entregar un pedido. Bulk order, pedido en grandes cantidades, en grande. Outstanding order, pedido pendiente. Repeat order, pedido renovado, regular. Trial order, pedido de ensayo. True to order, conforme al pedido. 5 Order of the day, orden del día. Order of business, agenda, orden del día.

order book [-buk] libro de pedidos.

order control [-kən'troul] control de pedidos. Order control system, sistema de control de pedidos.

order form [-fɔːrm] forma para pedidos, formulario de pedidos.

order scheduling [-'skedʒuːliŋ] programación de pedidos. Order scheduling department, departamento de programación de pedidos.

O

ordinance ['ɔːrdnəns] *n.* ordenamiento, decreto, disposición, reglamento.

ordinary ['ɔːrdneri] *adj.* ordinario, normal, habitual, común, regular. Seg.: *Ordinary average,* avería simple, ordinaria. *Ordinary share,* acción ordinaria. *Ordinary stock,* acciones ordinarias. *Ordinary seaman,* marinero.

ordinate ['ɔːrdneɪt] *n.* ordenada.

ore [ɔːr] *n.* mineral.

organ ['ɔːrgən] *n.* 1 órgano. 2 órgano (instrumento musical). 3 órgano; diario. *House-organ,* boletín, revista interior, diario de una empresa.

organic agriculture [ɔːr'gænɪk 'ægrɪkʌltʃər] agricultura biológica.

organization (organisation) ['ɔːrgənə'zeɪʃən] *n.* organización; organismo. *Trade organization,* organización comercial, organización mercantil.

organization chart [-tʃɑːrt] organigrama.

organization expenses [-ɪk'spenses] gastos de organización.

organize ['ɔːrgənaɪz] *v.* organizar; ordenar, poner en su lugar. *To organize workers,* organizar, organizar u organizarse en un sindicato. *Right to organize,* derecho a organizarse, a formar un sindicato, libertad sindical.

organized crime ['ɔːrgənaɪzd kraɪm] crimen organizado, gangsterismo.

organized labor ['ɔːrgənaɪzd 'leɪbər] mano de obra organizada, obreros que pertenecen a un sindicato.

organizer ['ɔːrgənaɪzər] *n.* organizador. *Union organizer,* persona que organiza un sindicato.

orient ['ɔːriənt] *v.* ver **orientate.**

orientate ['ɔːrienteɪt] *v.* orientar; dar orientaciones.

orientation ['ɔːrien'teɪʃən] *n.* orientación; tendencia.

oriented ['ɔːrientəd] *adj.* orientado (hacia), dirigido (hacia). *Research-oriented,* orientado hacia la investigación.

origin ['ɔːrədʒən] *n.* origen, fuente, procedencia, (punto de) partida.

original [ə'rɪdʒənl] *adj.* original, de origen, originario. *Original margin* (EU) Bolsa: depósito.

originate (in, from) [ə'rɪdʒəneɪt (ɪn, frɔːm)] *v.* tener su fuente, tener su origen en, resultar de.

originating bank [ə'rɪdʒəneɪtɪŋ bæŋk] banco de origen.

originator [ə'rɪdʒəneɪtər] *n.* creador, inventor, autor, iniciador, promotor.

ounce [auns] *n.* onza; la dieciseisava parte de una libra (**1 pound** = 453 g), es decir, 28.35 g.

oust [aust] *v.* desalojar, echar violentamente, despojar, expulsar, derrocar.

ouster ['austər] *n.* despojo, remisión, despido, suspensión; destitución, separación de un cargo ; Pol.: caída, derrocamiento (de un régimen).

out [aut] *adv.* 1 fuera, afuera; en el exterior, en el extranjero. 2 ausente, condición de ausencia. *My day out,* mi día de descanso. 3 en circulación (libros, películas, etc.). 4 que se ha terminado, acabado o agotado; hasta el final. 5 que se ha escapado; que ha sido revelado. *The word will be out,* se sabrá. 6 excluido, eliminado, indudable, incuestionable. 7 falso. 8 en huelga. 9 francamente, abiertamente. 10 *To be out after, out for,* darse a la búsqueda de algo, tratar de obtener. *To be out to,* querer, tener como finalidad.

outage ['autɪdʒ] *n.* 1 Electr.: apagón, suspensión de la corriente eléctrica. 2 cantidad que se pierde durante el transporte o durante el almacenamiento (líquidos, etc.).

outbid ['aut'bɪd] *v.* encarecer, sobrepujar.

outclass ['aut'klæs] *v.* aventajar con mucho, superar.

outcome ['autkʌm] *n.* resultado, producto, efecto.

outdated ['aut'deɪtəd] *adj.* pasado de moda; anticuado.

outdoor location ['autdɔːr ləu'keɪʃən] ubicación externa; al aire libre.

outfit ['autfɪt] *v.* equipar; habilitar.

outfit *n.* 1 batería, equipo; armamento, aparato. *Outfit allowance,* prima, provisión para equipo. 2 *fam.* organización, empresa.

outfitter ['autfɪtər] *n.* confeccionista o vendedor de ropa para hombre.

outflow ['autfləu] *n.* Fin. y Contab.: flujo de salida, salida. *Cash outflow(s),* salida de efectivo. *Capital outflow,* fuga de capitales.

outgoing ['aut gəuɪŋ] *adj.* que sale, saliente, de salida, a la salida, al partir. *Outgoing auditors,* auditores de cuentas de gastos (salidas de efectivo).

outlaw ['autlɔː] *v.* prohibir, proscribir.

outlay ['autleɪ] *n.* gasto, desembolso, disposición de fondos. *First outlay,* costos de establecimiento. *Public outlays,* gastos públicos.

outlet ['autlet] *n.* 1 salida, vía de escape. 2 mercado. 3 tienda, punto de venta.

outline ['autlaɪn] *v.* 1 esbozar los rasgos principales. 2 resumir.

outline *n.* esbozo, bosquejo, perfil; rasgos principales, esquema, boceto.

outlook ['autluk] *n.* panorama, perspectiva, futuro, porvenir. *The outlook is gloomy,* el futuro es sombrío.

outlying ['aut laɪɪŋ] *adj.* asilado, alejado del centro, separado.

outmoded ['aut'məudəd] *adj.* pasado de moda, en desuso.

out of [-ɑːv] *prep.* 1 fuera de; en el exterior; salido de. 2 desprovisto de, carente, privado, despojado. *Out of cash,* carente de dinero en efectivo. *Out of stock,* sin mercancía, sin existencias en el inventario. **3** entre, en medio. **4** por, a causa de, bajo el peso de. *To act out of spite,* actuar por despecho.

out-of-court settlement [-kɔːrt 'setlmənt] *n.* arreglo o liquidación amistosa.

out of date [-deɪt] *adj.* pasado de moda, en desuso.

out of pocket [-'pɑːkət] efectivo. *To be out of pocket,* tener efectivo, en efectivo. *Out of pocket expenses,* desembolsos (en efectivo).

out of print [-prɪnt] ED.: agotado.

out of stock [-stɑːk] COMERC.: agotado.

out of work [-wɜːrk] *adj.* sin empleo, desempleado, desocupado.

outperform [aʊtpər'fɔːrm] *v.* tener mejores resultados, una mejor rentabilidad, ser más eficaz.

outplacement [aʊt'pleɪsmənt] *n.* búsqueda de empleos (se dice sobre todo de los ejecutivos que abandonan su empleo o cuyo despido está previsto), reubicación de un ejecutivo fuera de la empresa.

output ['aʊtpʊt] *n.* **1** rendimiento. **2** producción. *Output per day,* producción diaria.

outright ['aʊtraɪt] *adj. y adv.* **1** total, completo (totalmente, completamente). *To buy rights outright,* comprar todos los derechos. **2** al momento, al instante, al contado. *Outright sale,* venta al contado.

outrun [aʊt'rʌn] *v.* rebasar, superar, dejar atrás, sobrepasar. *Supplies outrun consumption,* la oferta supera la demanda.

outsell ['aʊt'sel] *v.* **1** vender más, vender más rápido. **2** venderse mejor que.

outset ['aʊtset] *n.* inicio, principio, comienzo.

outside ['aʊt'saɪd] *adj.* **1** exterior, del exterior. **2** general, global. *An outside figure,* una cifra global.

outsider ['aʊt'saɪdər] *n.* **1** persona que viene de fuera, persona independiente; extranjero, intruso, profano. **2** BOLSA: corredor de bolsa.

outsource [aʊt'sɔːrs] *v.* abastecerse por medio de subcontrataciones.

outspend [aʊt spend] *v.* gastar más (que alguna otra persona), gastar de más. *To outspend one's income,* gastar más de lo que se gana.

outstanding [aʊt'stændɪŋ] *adj.* **1** eminente, sobresaliente, notable. **2** sin pagar, pendiente, por cobrar. *Outstanding debt,* deudas vencidas y no pagadas. **3** en circulación. *Outstanding shares,* acciones en circulación.

outstrip ['aʊt'strɪp] *v.* **1** ir más rápido, rebasar; dejar atrás, adelantar, distanciar. **2** rebasar en número, sobrepasar, tener más poder que. *Demand outstrips supply,* la demanda es mayor que la oferta.

outvote ['aʊt'vaʊt] *v.* tener el mayor número de votos en una elección.

outward ['aʊtwərd] *adj.* exterior; que va hacia el exterior, que se va o parte, de ida. *Outward-bound,* NAVÍOS: que va o se dirige al extranjero.

outwork ['aʊtwɜːrk] *v.* trabajar mejor, trabajar más rápido (que los demás).

outwork *n.* trabajo que se hace a domicilio, trabajo que se hace fuera de la empresa.

outworker ['aʊt'wɜːrkər] *n.* trabajador a domicilio.

over ['aʊvər] *n.* excedente, bono.

overage ['aʊvər'eɪdʒ] *n.* excedente, superávit, exceso, superabundancia. *Inventory overages,* excesos de inventarios.

overage *adj.* demasiado viejo (para el desempeño de una función determinada).

overall ['aʊvərɔːl] *n.* sobretodo, bata. *Overalls,* mono (de mecánico).

overall *adj.* **1** de un cabo al otro. *Overall dimension,* dimensión total. **2** global, total. *Overall expenditure,* gastos globales.

overallotment option ['aʊvərɔːləʊtmənt 'aːpʃən] opción de compra complementaria de acciones (principalmente para regular las cotizaciones).

overbalance ['aʊvər'bæləns] *n.* excedente.

overbid ['aʊvər'bɪd] *v.* sobreofrecer, ofrecer en exceso, sobrepujar.

overbid *n.* sobrepuja, oferta excesiva; declaración superior.

overboard ['aʊvərbɔːrd] *adv.* por la borda, en el agua.

overbooking ['aʊvər'bʊkɪŋ] *n.* hecho de contratar o reservar en exceso.

overcapacity ['aʊvərkə'pæsəti] *n.* capacidad rebasada.

overburden ['aʊvər'bɜːrdn] *v.* sobrecargar, abrumar.

overcapitalization ['aʊvər'kæpətlə-'zeɪʃən] *n.* supercapitalización.

overcharge ['aʊvər'tʃaːrdʒ] *v.* sobrecargar; hacer pagar demasiado; comprar a un precio muy elevado; vender muy caro.

overcharge *n.* sobrecarga; carga o precio excesivo; recargo, impuesto adicional.

overdraft ['aʊvərdræft] *n.* **1** giro en descubierto; anticipo bancario, anticipo al descubierto. *Loan on overdraft,* préstamo al descubierto. **2** cuenta en la que se ha excedido el crédito o los fondos.

overdraw ['aʊvər'drɔː] *v.* girar en descubierto, sobregirar una cuenta. *Overdrawn account,* cuenta girada en descubierto. *Overdrawn check,* cheque sin fondos.

overdue ['aʊvər'duː] *adj.* **1** atrasado, retrasado, vencido, que debería haber sido liquidado, no pagado. **2** que no es puntual, fuera de tiempo; que debería haber sucedido hace mucho tiempo.

overexposed [ˈəʊvərɪkˈspəʊzd] *adj.* endeudado en exceso.

overexposure [ˈəʊvərɪkˈspəʊʒər] *n.* endeudamiento excesivo.

overextend oneself [ˈəʊvərɪkˈstend wʌnˈself] *v.* asumir un riesgo muy grande; endeudarse en forma exagerada. *Consumers are overextended,* los consumidores se han endeudado en exceso.

overflow [ˈəʊvərˈfləʊ] *v.* desbordar, inundar, rebosar.

overflow [ˈəʊvərfləʊ] *n.* sobreflujo, desbordamiento. INFORM.: hecho de rebasar la capacidad de ejecución de un programa.

overhang [ˈəʊvərˈhæŋ] *n.* oferta excesiva.

overhaul [ˈəʊvərˈhɔːl] *v.* **1** hacer una revisión general, revisar detenidamente, reestructurar, reorganizar, poner al día. **2** NAVEG.: alcanzar, rebasar.

overhaul *n.* **1** revisión general (máquinas). **2** reestructuración, reorganización, puesta al día, revisión (de un programa).

overhead [ˈəʊvərˈhed] *n.* = **overheads.**

overhead *adj.* **1** por encima (de la cabeza), arriba. **2** generales (se usa con una palabra en plural). *Overhead costs/expenses/charges,* gastos generales, gastos indirectos de tipo general.

overheads [ˈəʊvərˈheds] *n.* gastos generales, gastos indirectos.

overheating [ˈəʊvərˈhiːtɪŋ] *n.* sobrecalentamiento; *fig.* acalorado.

overinsurance [ˈəʊvərɪnˈʃʊrəns] *n.* seguro que excede al valor de la cosa asegurada.

overinsure [ˈəʊvərɪnˈʃʊr] *v.* asegurar por encima del valor.

overissue [ˈəʊvərˈɪʃuː] *n.* emisión excesiva.

overkill [ˈəʊvərkɪl] *n.* INFORM.: potencia excesiva.

overland [ˈəʊvərlænd] *adj.* y *adv.* por tierra. *To travel overland,* viajar por tierra.

overlap [ˈəʊvərˈlæp] *v.* traslapar, cubrir parcialmente, coincidir; tener dos empleos, solapar.

overlap *n.* traslapo, superposición, imbricación; doble empleo.

overlay [ˈəʊvərˈleɪ] *n.* **1** capa transparente (arquitectura, diseño industrial). **2** INFORM.: recubrimiento, segmentación.

overleverage [ˈəʊvərˈlevərɪdʒ] *n.* endeudamiento excesivo.

overleveraged [ˈəʊvərˈlevərɪdʒd] *adj.* endeudado en exceso.

overload [ˈəʊvərˈləʊd] *v.* sobrecargar, cargar en exceso.

overload *n.* sobrecarga.

overlook [ˈəʊvərˈlʊk] *v.* **1** tener vista a, dar a, mirar hacia. *The main office overlooks the Reforma Avenue,* la oficina principal tiene vista

a la avenida Reforma; dominar; ordenar. **2** pasar por alto, no hacer caso, dejar pasar. **3** vigilar.

overlooker [ˈəʊvərˈlʊkər] *n.* vigilante.

overman [ˈəʊvərmæn] *v.* asignar o emplear más trabajadores de lo necesario.

overmanning [ˈəʊvərˈmænɪŋ] *n.* **1** contratación de un número excesivo de trabajadores. **2** exceso de personal. *One of the firm's problems was overmanning,* uno de los problemas de la empresa era su exceso de personal.

overnight [ˈəʊvərˈnaɪt] *v.* pasar la noche, pernoctar.

overnight *adv.* nocturno, de noche. *Overnight funds,* dinero al día, dinero al contado. *Overnight loan,* préstamo exigible en forma inmediata.

overpaid [ˈəʊvərˈpeɪd] *adj.* pagado en exceso, sobrevaluado, pagado a un precio muy caro.

overpay [ˈəʊvərˈpeɪ] *v.* pagar de más.

overpayment [ˈəʊvərˈpeɪmənt] *n.* pago excesivo.

overprice [ˈəʊvərˈpraɪs] *v.* sobrevaluar, fijar un precio demasiado elevado. *Overpriced,* demasiado caro, sobrevaluado.

overproduction [ˈəʊvərprəˈdʌkʃən] *n.* sobreproducción.

overrate [ˈəʊvərˈreɪt] *v.* valuar en exceso, sobreestimar.

override [ˈəʊvərˈraɪd] *v.* **1** vencer, superar. **2** excederse, propasarse. **3** hacer a un lado, tener en cuenta.

overriding [ˈəʊvərˈraɪdɪŋ] *adj.* **1** aquello que supera a todo lo demás, primordial. *Overriding importance,* importancia primordial. **2** que excede, que rebasa. *Overriding commission,* comisión adicional. **3** que hace a un lado, que deja de considerar.

overrule [ˈəʊvərˈruːl] *v.* **1** JUR.: anular, rechazar, denegar, no aceptar. **2** dominar, someter.

overrun [ˈəʊvərˈrʌn] *v.* **1** invadir. **2** rebasar, ir más allá de los límites. **3** TIPOGR.: pasar líneas o caracteres a otro párrafo o a la página siguiente.

overrun *n.* **1** costo que rebasa lo previsto. **2** invasión. **3** INFORM.: sobrecarga, embotellamiento. **4** TIPOGR.: líneas o caracteres que se recorren.

oversea(s) [ˈəʊvərˈsiː(z)] *adj.* y *adv.* (de) ultramar; extranjero, en el extranjero. *Oversea company,* sucursal que se encuentra en un país diferente al de la casa matriz.

oversee [ˈəʊvərˈsiː] *v.* **1** vigilar, controlar, mirar de cerca. **2** supervisar.

oversell [ˈəʊvərˈsel] *v.* **1** vender más de lo que se puede entregar. **2** celebrar de manera excesiva. **3** *To oversell a client, a prospect,* perder una venta por tratar de persuadir demasiado al comprador.

overseer [ˈəʊvərˈsiːər] *n.* vigilante, capataz.

oversight [ˈəʊvərˈsaɪt] *n.* 1 descuido, olvido. 2 vigilancia.

overstaff [ˈəʊvərˈstæf] *v.* asignar demasiado personal.

overstate [ˈəʊvərˈsteɪt] *v.* 1 exagerar. 2 sobrevaluar.

overstatement [ˈəʊvərˈsteɪtmənt] *n.* sobrevaluación. *Profits overstatement,* sobrevaluación de utilidades.

overstocking [ˈəʊvərˈstɑːkɪŋ] *n.* almacenamiento excesivo, existencia exagerada de mercancías.

oversubscribe [ˈəʊvərsəbˈskraɪb] *v.* suscribir de más. *The issue has been oversubscribed,* se ha rebasado el número de suscriptores de la emisión.

oversubscription [ˈəʊvərsəbˈskrɪpʃən] *n.* demanda de compra de valores que supera el número de títulos emitidos; cobertura excesiva de una emisión de títulos.

oversupply [ˈəʊvərsəˈplaɪ] *n.* oferta excesiva, abastecimiento excesivo.

over-the-counter market [-ðə ˈkaʊntər ˈmɑːrkət] 1 mercado de ventas que se realizan fuera de la bolsa, mercado que opera al margen de las cotizaciones oficiales y que se ha convertido en una especie de segundo mercado (títulos). 2 mercado interbancario (divisas).

over-the-phone services [-ðə fəʊn ˈsɜːrvəsəs] servicios telefónicos, servicios de telecomunicaciones.

overtime [ˈəʊvərtaɪm] *n.* horas extras, horas suplementarias. *Overtime ban,* negativa a trabajar horas extras, boicoteo de las horas extras.

overtime *adv.* horas extras. *To work overtime,* trabajar horas extras.

overturn [ˈəʊvərˈtɜːrn] *v.* 1 volcar. 2 anular un juicio (corte de apelaciones).

overvaluation [ˈəʊvərˈvæljuˈeɪʃən] *n.* sobreestimación, valuación excesiva.

overvalue [ˈəʊvərˈvæljuː] *v.* sobrevaluar.

overview [ˈəʊvərvjuː] *n.* panorama.

overweight [ˈəʊvərˈweɪt] *n.* sobrepeso, exceso de peso.

overweight *adj.* excesivamente pesado; obeso.

overwork [ˈəʊvərˈwɜːrk] *v.* 1 hacer que alguien trabaje demasiado; trabajar en exceso. 2 abusar (de una fórmula, de un truco, etc.).

overwork *n.* trabajo excesivo, exceso de trabajo.

owe [əʊ] *v.* deber, adeudar. (Ver **I.O.U.**) *The firm is owed 1.2 million dollars,* los créditos de la empresa ascienden a 1.2 millones de dólares.

owing [ˈəʊɪŋ] *adj.* Owing to, debido a, a causa de.

own [əʊn] *v.* 1 poseer, ser propietario, tener; reclamar, reivindicar. *State-owned,* que pertenece al estado, nacionalizado. *Privately-owned,* que pertenece a un particular, privado. 2 admitir, reconocer, aceptar. *To own a child,* reconocer a un hijo.

own brand [-brænd] marca del distribuidor.

owner [ˈəʊnər] *n.* propietario, poseedor. *Shipowner,* propietario de un barco. *Rightful owner,* propietario legítimo.

owners' equity [ˈəʊnərs ˈekwəti] capital contable.

ownership [ˈəʊnərʃɪp] *n.* propiedad, posesión.

O

pace [peɪs] *n.* paso, ritmo. *To keep pace with,* mantener el paso (de los demás), seguir el ritmo, mantenerse al tanto. *To set the pace,* dar la pauta.

pacesetter [ˈpeɪs setər] *n.* persona que da la pauta o dirige.

pack [pæk] *v.* 1 embalar, empaquetar, envasar, envolver, acondicionar (mercancías). 2 amontonar(se), apilar(se), reunir(se). *People started packing into the car,* el vagón empezó a atestarse de gente. *The coffee shop was packed,* el café estaba lleno de gente. 3 organizar un grupo de partidarios. *To pack a committee,* elegir a los miembros de un comité. 4 *To pack up,* **fam.** hacer las maletas, empacar, preparar el equipaje.

package [ˈpækɪdʒ] *v.* 1 embalar, empaquetar, empacar, envasar. 2 acondicionar.

package *n.* 1 embalaje, equipaje, acondicionamiento (de mercancías); **fig.** conjunto, serie, lote, paquete de medidas, etc. *Financial package,* paquete financiero. 2 paquete, bulto, embalaje, envío (de mercancías). 3 INFORM.: paquete de programas.

package deal [-diːl] paquete de negociaciones, transacción global, negociación de conjunto.

package settlement [-ˈsetlmənt] liquidación global, liquidación de conjunto.

package tour [-tʊr] paquete de excursión (con todo incluido).

packaging [ˈpækɪdʒɪŋ] *n.* embalaje, empaque, envase, presentación de un producto.

packer [ˈpækər] *n.* embalador, empacador, empaquetador.

packet [ˈpækət] *n.* paquete, bulto, envío.

packet-boat [-bəʊt] embarcación que establece una comunicación regular entre dos puertos, paquebote; baúl, cofre.

packing [ˈpækɪŋ] *n.* embalaje, empaque; envoltura, material de empaque. *Export packing,* embalaje para la exportación. *Packing expenses,* gastos de viaje. *Packing list,* nota de paquetería.

pact [pækt] *n.* pacto, acuerdo, tratado.

pad [pæd] *v.* 1 llenar, rellenar, acolchar, forrar, revestir. 2 hacer un relleno, diluir, licuar, inflar artificial o fraudulentamente. *To pad the note,* inflar la cuenta.

pad *n.* 1 guarnición, relleno. 2 cojín, almohada, cojinete. *Ink(ing) pad,* almohadilla de tinta. 3 bloc. *Writing pad,* bloc de notas. 4 apoyo, sostén. *Launching pad,* rampa, plataforma de lanzamiento.

paddy [ˈpædi] *n.* arroz con cáscara, arrozal.

pad-stamp [-stæmp] estampilla húmeda, almohadilla húmeda.

page [peɪdʒ] *v.* 1 paginar, numerar las páginas; foliar; numerar. 2 enviar un mensaje con un botones (en un hotel o restaurante). *Paging Mr. Jiménez,* se solicita al señor Jiménez en el teléfono.

page-(boy) [-(bɔɪ)] *n.* mandadero, recadero, botones; mozo, paje.

pager [ˈpeɪdʒər] *n.* bip (transmisor de bolsillo que emite mensajes).

paging [ˈpeɪdʒɪŋ] *n.* 1 paginación, numeración de las páginas; compaginación. 2 hecho de buscar a alguien por medio de un botones. *Paging Mr. Jiménez!,* ¡Se solicita al señor Jiménez! 3 mensajería por radio.

paid [peɪd] *p.p.* pagado, "recibí" o "recibimos" (sobre facturas); se dice de la liquidación de todas las cuentas. Con el mismo sentido se usa *Paid with thanks.*

paid-in [-ɪn] pagado, liquidado. *Paid-in capital,* capital pagado (sobre acciones), capital liberado. *Paid-in surplus,* superávit pagado.

palimony [ˈpæləməʊni] *n.* pensión o compensación que solicita el esposo o la esposa cuando se rompe la sociedad conyugal o muere uno de los cónyuges (término formado por *pal,* compañero, y *alimony,* pensión alimenticia).

pallet [ˈpælət] *n.* 1 paleta (de mano). *Pallet-load,* cargamento sobre paleta. 2 camilla, paleta, jergón.

palletise [ˈpælətaɪz] *v.* 1 colocar en paletas; transportar por medio de paletas. 2 adoptar el sistema de transporte por medio de paletas.

pamphlet [ˈpæmflət] *n.* panfleto, folleto, impreso, libelo.

panel [ˈpænl] *n.* 1 tablero, panel. 2 cuadro, tabla, tablero. *Instrument panel,* tablero de mando. 3 JUR.: miembros que componen a un jurado. *To serve on the panel,* formar parte del jurado. 4 miembros de un grupo de testigos que responden a ciertas preguntas; grupo de especialistas que se reúnen para deliberar sobre un tema específico.

panel truck [-trʌk] (EU) camión de reparto.

panic [ˈpænɪk] *n.* pánico. *Panic buying,* compra(s) debida(s) al pánico, compra de precaución.

pan shot [pæn ʃɑːt] CINE: toma de una vista panorámica.

paper [ˈpeɪpər] *n.* 1 papel. *Commercial paper,* efecto o documento comercial. *High quality* *paper,* efecto o títulos de crédito de primera categoría. *On paper,* sobre papel, en teoría. **2** diario. *Sunday paper,* diario del domingo. **3** documento, papeles oficiales. *Identity paper(s),* documentos de identificación o identidad. *Paper work,* papeleo. *Ship's papers,* documentos de a bordo, carta de mar. **4** escrito, comunicación, examen, exposición, composición. *He wrote a paper on his experiments,* él redactó un escrito sobre sus experimentos.

paper-back [-bæk] (EU) libro de bolsillo (edición popular de una obra publicada originalmente con cubierta dura = **hard cover**).

paper book [-buk] JUR.: expediente de un asunto.

paper clip [-klɪp] clip, grapa, sujetador de papeles.

paper currency [-'kɜːrənsi] papel moneda, moneda fiduciaria.

paper-mill [-mɪl] *n.* papelería, fábrica de papel.

paper-money [-'mʌni] papel moneda, moneda fiduciaria.

paper profits [-'prɑːfəts] utilidades ficticias.

paperwork ['peɪpərwɜːrk] *n.* **1** trabajo administrativo, actualización de expedientes. **2** papeleo.

par [pɑːr] *n.* par, igualdad, paridad. *At par, a la par. Above par,* por encima de la par. *Below par,* por debajo de la par. *Par clearance,* compensación (de un cheque) a la par. *Par value,* valor a la par. *Exchange at par,* cambio a la par. *Mint par (of exchange),* paridad de cambio, par metálico, par intrínseco.

paragraph ['pærəgræf] *n.* párrafo; apartado, artículo pequeño que aparece en el diario. *New paragraph,* punto y aparte.

paralyse ['pærəlaɪz] *v.* paralizar, impedir el funcionamiento, bloquear.

paramount ['pærəmaʊnt] *adj.* eminente, insigne, soberano, supremo. *Of paramount importance,* de la más alta importancia.

parcel ['pɑːrsəl] *n.* **1** paquete, bulto. *Ordinary parcel post,* paquete postal, paquete postal ordinario. **2** parcela, lote, parte de un conjunto. *Part and parcel of,* parte integral (de un todo). *Parcel of lies,* sarta de mentiras.

parcelling ['pɑːrsəlɪŋ] *n.* **1** fragmentación, distribución, repartición. **2** distribución por lotes, urbanización.

parcel out [-aʊt] *v.* parcelar un terreno, dividir, distribuir, repartir.

parcel up [-ʌp] *v.* poner en paquetes, empaquetar, embalar.

pardon ['pɑːrdn] *n.* **1** perdón. **2** indulto, gracia, remisión de una pena; ejercicio de la prerrogativa de indulto. *Free pardon,* gracia, indulto. *General pardon,* amnistía. *To grant free pardon,* indultar.

pare [per] *v.* reducir, disminuir. *They pared back their lending to...,* redujeron sus préstamos.

parental leave [pə'rentl liːv] permiso de ausencia para los padres (paternal o maternal).

parent company ['perənt 'kʌmpəni] casa matriz; casa, oficina principal.

pari passu ['pæri'pæsuː] en la misma proporción, por igual; al mismo ritmo.

parity ['pærəti] *n.* paridad, igualdad.

park [pɑːrk] *v.* **1** estacionar un vehículo, parquear. **2** aplazar, postergar (un proyecto, etc.). **3** llevar el ganado al aprisco.

park *n.* parque. *Theme park,* parque de atracciones.

parley ['pɑːrli] *v.* parlamentar, conversar; entablar negociaciones.

par of exchange [-ɑːv ɪks't∫eɪndʒ] paridad de cambio oficial.

parole [pə'rəʊl] *v.* poner en libertad condicional, liberar bajo palabra.

parole *n.* libertad condicional, libertad bajo palabra, libertad provisional. *On parole,* bajo palabra. *To break one's parole,* faltar a la palabra, no presentarse al final del periodo de libertad condicional.

part [pɑːrt] *v.* **1** separar en dos, dividir. **2** separarse, dividirse, apartarse. *To part with one's possessions,* renunciar uno a sus bienes, enajenar, ceder uno sus bienes.

part *n.* **1** parte; porción; fascículo. *Part-time employee,* empleado que trabaja media jornada, empleado de medio tiempo. **2** papel (en el teatro), voz (en los corales). **3** pieza, elemento, órgano. *Component part,* componente, pieza suelta. *Replacement part,* pieza de repuesto. *Spare part,* pieza de reposición, refacción.

part *adv.* parcialmente, en parte.

partake [pɑːr'teɪk] *v.* **1** (in, of) tomar parte en, participar en. **2** (of) participar de, tener algo de.

part delivery [-dɪ'lɪvəri] *n.* entrega parcial.

partial ['pɑːr∫əl] *adj.* **1** parcial, incompleto. *Partial payment,* pago parcial. **2** parcial, injusto, arbitrario. *To be partial to,* ser parcial, tener preferencia por.

participant [pər'tɪsəpənt] *n.* participante.

participate [pər'tɪsəpeɪt] *v.* participar. *To participate in,* participar en. *To participate of,* participar de.

participating [pər'tɪsəpeɪtɪŋ] *adj.* participativo. *Participating stock,* acciones de participación (v. gr., que participan las utilidades además del dividendo que generan).

participation [pər'tɪsə'peɪ∫ən] *n.* participación. *Nonvoting participation certificate,* certificado de inversión (en acciones) sin derecho de voto.

participation loan [-ləʊn] "préstamo en participación": algunas veces, en el caso de un prés-

P

tamo importante para un mismo cliente, las leyes bancarias imponen el requisito de que se asocien varios bancos para el financiamiento del mismo.

particular [pər'tıkjələr] *n*. detalle, pormenor, informe, indicación, precisión. *To give full particulars,* dar todos los detalles.

particular *adj*. 1 particular, especial. 2 minucioso, escrupuloso, exigente. *He is very particular,* es muy exigente. 3 detallado, exacto, preciso.

particular average [-'ævrıdʒ] Seg. Marít.: avería particular, avería simple (avería que afecta a una embarcación o a su cargamento y que no implica un interés común por parte de los propietarios de mercancías y del transportador).

particular lien [-li:n] privilegio especial.

particulars of a charge [pər'tıkjələrs ɑːv ə tʃɑːrdʒ] *(lit.* aspectos particulares de un cargo o acusación) jefes de acusación.

particulars of sale [pər'tıkjələrs ɑːv seıl] descripción de la propiedad que se va a vender, cuaderno de cargos.

partition [pər'tıʃən] *v*. 1 dividir, partir. 2 separar por medio de un tabique, entabicar.

partition *n*. 1 división, parte. 2 tabique.

partly paid (up) ['pɑːrtli peıd (ʌp)] que no se ha liquidado, que se ha pagado en parte.

partner ['pɑːrtnər] *n*. asociado, socio, compañero. *Acting/active partner,* gerente asociado, comanditado. *Sleeping partner* (GB), *silent partner* (EU), *dormant partner,* socio comanditario, socio capitalista, proveedor de fondos. *Nominal partner,* asociado o socio o comanditario ficticio. *Senior partner,* asociado o socio mayoritario. *Junior partner,* asociado o socio minoritario. *General partner,* comanditado, socio colectivo; *limited partner,* comanditario (el primero corresponde en forma aproximada al gerente asociado, el segundo tan sólo responde por el monto de sus aportaciones).

partnership ['pɑːrtnərʃıp] *n*. 1 asociación; sociedad. 2 sociedad de personas. *Articles, deed of partnership,* contrato, acta de asociación. *General partnership,* sociedad regular colectiva. *Limited partnership,* sociedad en comandita. *Ordinary partnership,* sociedad en nombre colectivo. *Particular partnership,* sociedad en participación. *Partnership limited by shares,* sociedad en comandita por acciones.

partnership certificate [-sər'tıfıkət] (EU) certificado de asociación comercial (documento que se deposita en un banco y en el que se especifican los intereses de cada miembro de la sociedad).

part-owner [-' əunər] *n*. copropietario.

part-ownership [-'əunərʃıp] *n*. copropiedad.

part-payment ['peımənt] pago, liquidación parcial, pago a cuenta.

part-time [-taım] *adv*. de medio tiempo, de media jornada. *To work part-time,* trabajar medio tiempo, media jornada.

part-timer [-'taımər] empleado a tiempo parcial.

party ['pɑːti] *n*. 1 parte, que tiene derecho; individuo. *Third party,* tercero, tercera parte. *To be party of a crime,* participar en un crimen, estar implicado en un crimen. *To become a party to an agreement,* firmar un contrato. 2 partido, grupo, partido político. 3 reunión, recepción, junta.

party line [-laın] 1 línea telefónica común (la que utilizan varios suscriptores). 2 línea política de un partido. 3 línea de separación entre varios partidos. *To cross party-lines,* cambiar de partido, votar por el candidato del partido contrario.

party liner [-'laınər] partidario incondicional de la política de un partido.

party wall [-wɔːl] pared medianera, pared que separa dos casas.

par value [-'væljuː] valor a la par.

pass (EU) [pæs]; (GB) [pɑːs] *v*. 1 pasar, rebasar, atravesar. 2 ser aprobado, ser admitido o recibido, experimentar con éxito. 3 presentar; adoptar, pronunciar, aprobar. *To pass a bill,* presentar un proyecto de ley. *To pass judgement,* pronunciar un juicio.

pass *n*. 1 pasaje, paso. 2 paso (marítimo). 3 permiso, pase. 4 pase de transporte; abono. 5 *pass or fail,* aprobar o reprobar.

pass *n*. pase. *Buyer's pass,* pase de comprador.

passage ['pæsıdʒ] *n*. 1 pasaje, travesía, trayecto, viaje. *Passage (-money),* pasaje, costo de un viaje. 2 adopción (de una ley).

pass along [-ə'lɔːŋ] *v*. 1 pasar, avanzar. 2 transmitir, transferir. *To pass along costs,* transferir los costos.

pass-along readership [-'riːdərʃıp] difusión de diarios por transmisión (en oposición a la suscripción o a la compra).

pass-book [-bʊk] 1 libreta bancaria, libreta de depósitos; libro de cuentas corrientes que indica las operaciones efectuadas. 2 libreta de paso en la aduana.

passbook account ['pæsbʊk ə'kaʊnt] libreta o cuenta de ahorros.

passenger ['pæsndʒər] *n*. viajero, pasajero. *Passenger-ship,* trasatlántico. *Passenger-train,* tren de pasajeros. *By passenger-train,* a gran velocidad.

passenger car [-kɑːr] vagón de pasajeros.

passenger carriage [-'kærıdʒ] (GB) vagón de pasajeros.

passenger coach [-kəutʃ] (GB) vagón de pasajeros.

pass on [-ɑːn] *v*. 1 pasar, continuar el viaje. 2 transmitir; distribuir. 3 repercutir. *The increase will be passed on to the consumers,* el incremento será pagado por los consumidores.

pass-on readership [-'riːdərʃɪp] número de lectores de un diario, de un libro, etc., que se consigue mediante la recomendación de un lector a otro. Es diferente de *circulation* (número medio de ejemplares vendidos).

passport ['pæspɔːrt] *n.* pasaporte.

pass-sheet [-ʃiːt] *n.* tríptico, hoja de paso en la aduana.

password ['pæswɜːrd] *n.* 1 palabra o clave secreta, palabra de acceso. 2 palabra de orden, consigna.

past [pæst] *adj.* pasado, antiguo; caduco, anticuado; precedente, anterior. *Past-due,* vencido. *Past-due debts,* deudas vencidas.

paste [peɪst] *v.* pegar, encolar, adherir. *To paste up,* fijar anuncios.

paste-up [-ʌp] *n.* 1 montaje, encolado, ensambladura de elementos diversos para construir una maqueta. 2 reunión de extractos de textos diversos para formar un texto aparentemente nuevo. *The speech was a paste-up of several campaign pitches,* el discurso fue un popurrí de arengas electorales.

patch-up [pætʃ ʌp] *v.* remendar, zurcir. *fam.* reparar o disimular una falta.

patent (EU) ['pætnt]; (GB) ['peɪtnt] *v.* registrar una patente, patentar, obtener una patente.

patent *n.* patente. *Patent office,* oficina de patentes. *Patent infringement,* imitación de una patente. *Patent pending,* modelo patentado, registrado.

patent *adj.* 1 patentado, registrado; patente, manifiesto. *Patent leather,* charol. 2 relativo a las patentes. *Patent law,* ley de patentes. 3 (GB) privilegio.

patentable [pæ'tən təbəl] *adj.* patentable, susceptible de ser patentado.

patentee [pætn'tiː] *n.* titular de una patente.

path (EU) [pæθ]; (GB) [pɑːθ] *n.* 1 camino, sendero, vía. 2 trayecto, camino, trayectoria. *Critical path method* or *critical path analysis,* método del camino crítico, análisis del camino crítico.

patron ['peɪtrən] *n.* 1 patrón, protector, defensor. 2 cliente, parroquiano, cliente asiduo.

patronage ['pætrənɪdʒ] *n.* 1 protección, patronato, patrocinio, padrinazgo, auspicio. 2 mecenazgo, defensa, sostén, amparo. 3 clientela (asidua).

patronize ['peɪtrənaɪz] *v.* 1 patrocinar, proteger, defender. 2 ser (un) cliente (habitual, fiel), acudir regularmente con el mismo comerciante. 3 hablar con un tono protector, tener un tono protector.

pattern ['pætərn] *v.* 1 realizar a partir de un modelo, copiar; calcar (*after,* sobre). 2 diseñar un motivo ornamental.

pattern *n.* 1 modelo, tipo, patrón (de corte, costura, etc.); muestra, espécimen, ejemplar,

ejemplo; diseño (de un tejido). 2 modelo, estructura, tipo, arreglo, disposición, moda, esquema.

pavillon [pə'vɪljən] *n.* pabellón, puesto, local cubierto (en una feria, en una exposición).

pawn [pɔːn] *v.* empeñar, pignorar.

pawn *n.* 1 peón, ficha (juegos). 2 prenda, garantía. *Security held in pawn,* título de crédito retenido como garantía.

pawn-broker [-brəʊkər] *n.* prestamista sobre garantías.

pawnshop ['pɔːnʃɑːp] *n.* casa de empeños, monte de piedad.

pawnee [pɔː'niː] *n.* acreedor prendario, tenedor de una prenda.

pay [peɪ] *v.* 1 liquidar, pagar, saldar. *To pay taxes,* pagar los impuestos. *To pay (in) cash,* liquidar al contado. *Order to pay,* orden de pago. *He's paid by the hour,* le pagan por hora. 2 pagar, redituar, ser rentable. *They made their investment pay,* ellos hicieron fructificar su inversión. 3 *fig.* satisfacer, hacer, rendir. *To pay a visit,* hacer una visita.

pay *n.* paga, pago, salario, sueldo, prendas, remuneración, indemnizaciones. *In the pay of,* a sueldo, pagado por. *Back-pay,* atraso salarial, pago de salarios atrasados. *Equal pay,* principio de igualdad en los salarios. *Take home pay,* salario neto, después de deducciones y retenciones. *Without pay,* sin sueldo, por cuenta propia.

payable ['peɪəbəl] *adj.* pagadero, exigible. *Payable on demand,* pagadero por petición expresa, sobre demanda. *Payable to bearer,* pagadero al portador. *Payable at sight,* pagadero a la vista. *Payable to order,* pagadero a la orden.

payables ['peɪəbəlz] *n.* (EU) sumas exigibles, sumas por pagar.

pay and price freeze [-ænd praɪs friːz] congelación de salarios y de precios, contención o control de precios y de salarios.

pay as you earn [-æz juː ɜːrn] **(P.A.Y.E.)** [pi eɪ gʊaɪ ɪ] (GB) *lit.* pague según gane; sistema británico en el que se retiene una parte del sueldo para pagar los impuestos.

pay as you go [-æz juː gəʊ] (EU) 1 sistema de retención para el pago de los impuestos que equivale al **P.A.Y.E.** británico. 2 liquidar sus créditos en el momento deseado. 3 no gastar uno más allá de sus propias posibilidades.

pay back ['peɪbæk] *v.* 1 devolver, reembolsar, liquidar, pagar, satisfacer una deuda, restituir. 2 recuperar(se) una inversión original, reembolsar una aportación de fondos, ser rentable. 3 vengarse, hacer pagar (una infamia), pagar con la misma moneda.

pay back period [-bæk 'pɪriəd] periodo de recuperación del capital, plazo de recuperación del capital, periodo de reembolso, periodo de recuperación.

P

pay check [-tʃek] cheque que representa el monto de la paga o del salario; *por ext.* paga, salario.

pay-claim [-kleɪm] reivindicación salarial.

pay-day [-deɪ] **1** día de paga. **2** Bolsa: día de liquidación.

pay-differential(s) [-'dɪfə'rentʃəl(s)] desviación de los salarios, márgenes salariales.

pay-dispute [-dɪ'spjuːt] conflicto salarial.

payee [peɪ'iː] *n.* beneficiario (de un cheque, de un título de crédito, etc.).

pay envelope [-'envələup] sobre para el salario, sobre para la paga; *por ext.* salario, paga (sobre todo de los obreros), conjunto de salarios y de prestaciones en especie.

payer ['peɪər] *n.* pagador. *A slow payer*, un mal pagador, un pagador incumplido.

pay-fight [-faɪt] conflicto salarial.

pay freeze [-friːz] (política de) bloqueo de salarios.

pay in [-ɪn] *v.* depositar, abonar, pagar (una cierta suma a una cuenta bancaria).

paying-in slip ['peɪɪŋ'ɪn slɪp] papeleta de abono (de una suma a una cuenta bancaria).

payload ['peɪləud] *n.* **1** cargo(s) salarial(es). **2** carga rentable, carga útil de un vehículo (camión, avión, etc.). **3** carga explosiva (colocada en la cabeza) de un proyectil.

payment ['peɪmənt] *n.* **1** pago, abono, liquidación. **2** suma abonada en pago. *Balance of payments*, balanza de pagos. *Transfer payments*, pagos de transferencia. *Payment against documents*, pago o liquidación contra documentos. *Payment by result*, paga o salario por pieza, según resultados. *Payment in advance*, pago anticipado. *Payment in full*, liquidación total, pago integral. *Payment in kind*, pago en especie. *Payment on account*, abono en cuenta, pago a cuenta. *Cash payment*, pago en efectivo.

payment bill [-bɪl] (debe distinguirse de **acceptance bill**) documentos contra pago.

payment bond [-bʌnd] (EU) fianza que garantiza el pago de la mano de obra y de las cuentas de los proveedores.

paymaster ['peɪ mæstər] *n.* pagador, cajero, tesorero.

pay off [-ɔːf] *v.* **1** reembolsar. liquidar, pagar. **2** sobornar. **3** indemnizar, (a los empleados domésticos); desarmar un barco. **4** producir; ser rentable, ser valioso. *Our decision paid off*, nuestra decisión ha sido muy rentable.

pay-off *n.* **1** liquidación, reembolso, pago. **2** pago, reembolso (de un crédito), purga (de una hipoteca); liquidación o ajuste de cuentas, venganza. **3** soborno. **4** rentabilidad, rédito (de una aportación de fondos). **5** despido, licenciamiento (de empleados domésticos); desarme

(de un barco). **6** consumación, término, conclusión (de una historia).

pay-offer [-'ɔːfər] oferta de aumento, aumento ofrecido, oferta salarial.

payola [peɪ'əulə] *n.* soborno, suma que se paga clandestinamente por un favor o un servicio (por ejemplo a un locutor para que continuamente alabe un nuevo disco).

pay one's way [-wʌns weɪ] **1** pagar hasta el último centavo, no comprar nada a crédito. **2** redituar, ser rentable, productivo. *This item will soon pay its own way*, este artículo nos reembolsará muy pronto sus costos de fabricación.

pay out [-aut] *v.* **1** pagar, liquidar. **2** pagar por partes, liquidar poco a poco. **3** reembolsar. **4** *fig.* liberarse de una deuda, liquidar uno sus cuentas.

payout date ['peɪaut deɪt] fecha efectiva de ingreso o recaudación de fondos; fecha de abono.

payout ratio ['peɪaut 'reɪʃəu] razón de pago de dividendos, razón de distribución (de los dividendos con relación a las utilidades).

pay packet [-'pækət] paquete salarial, conjunto formado por los salarios y por las prestaciones en especie; paga, salario.

pay-phone [-fəun] teléfono público de paga.

payroll ['peɪrəul] **1** estado de salarios de una empresa, libro de cuentas de los empleados. *Payroll costs*, costos de la nómina, costos salariales. **2** nómina (global de la empresa). *To be on the payroll*, estar en nómina, estar asalariado (en una empresa); *fam.* trabajar para alguien o en algún lugar específico. *He is no longer on the payroll*, ya no trabaja aquí. *To cut the payroll*, reducir el personal, reducir la nómina. *They decided to reorganize with a smaller payroll*, decidieron reorganizarse con un número menor de empleados. **3** *fam.* *To be on the payroll*, recibir sobornos.

pay-sheet [-ʃiːt] hoja de salarios.

pay slip [-slɪp] recibo de salarios, hoja de paga.

pay up [-ʌp] *v.* **1** liquidar, pagar, abonar. *To pay up front*, pagar por anticipado. **2** liberar, pagar por completo.

peace [piːs] *n.* paz; orden público; tranquilidad. *Breach of the peace*, perturbación del orden público. *To keep the peace*, mantener el orden, no perturbar el orden público. *Justice of the peace (J.P.)*, juez de paz, juez de instancia. *Peace of God*, tregua de Dios.

peacemaker ['piːs meɪkər] *n.* conciliador, pacifista; *fam.* (EU) revólver, pistola (tiene un sentido chusco).

peak [piːk] *v.* alcanzar su nivel máximo, alcanzar la cima, batir un récord. *Interest rates are about to peak*, las tasas de interés están a punto de batir los récords. *To peak out* (EU), disminuir.

peak *n.* pico, cima, punto, punto culminante; cresta; máximo, récord. *Failures have reached a new peak,* el número de quiebras ha superado a todos los récords. *Peaks and troughs (valleys),* las cimas y los niveles más bajos.

peak attendance [-ə'tendəns] afluencia excepcional, récord de afluencia.

peak hour [-aʊr] hora punta, hora congestionada, hora de mayor circulación.

peak listening time [-'lɪsnɪŋ taɪm] RADIO: hora de mayor audiencia.

peak load [-ləʊd] carga máxima, punto de consumo (electricidad), límite de ruptura.

peak viewing time [-'vjuːɪŋ taɪm] T.V.: hora de mayor audiencia.

peak year [-jɪr] año récord.

peck [pek] *n.* **1** antigua medida de áridos parecida al celemín (medida de capacidad = 9 litros). **2** *fig.* gran cantidad.

pecking order ['pekɪŋ 'ɔːrdər] *n.* orden jerárquico; *fig.* la ley del más fuerte.

pecuniary [pɪ'kjuːnieri] *adj.* pecuniario.

peddle ['pedl] *v.* **1** divulgar, propagar, difundir. **2** tratar de vender (ideas) o de convencer; vender como buhonero. *To peddle one's own wares,* alabar uno mismo sus propios artículos de venta.

peddler ['pedlər] *n.* **1** buhonero, vendedor ambulante. **2** pequeño traficante.

pedlar ['pedlər] *n.* ver **peddler**.

peg [peg] *v.* **1** enclavijar, empernar, enganchar; juntar, reunir. **2** controlar (precios), mantener, estabilizar, moderar (los mercados), indexar, enmarcar.

peg *n.* clavija; espiga; estaca; *fam.* pretexto, argumento, disculpa. *To come (bring, set) down a peg or two,* bajársele a uno los humos, dominar uno la propia altivez.

pegging ['pegɪŋ] *n.* **1** el hecho de enclavijar, de enganchar, de reunir. **2** el hecho de controlar, de indexar, etc.; control, indexación, estabilización, enmarcamiento (mercados, precios).

penal ['piːnl] *adj.* **1** penal, susceptible de una pena o de una multa. **2** penitenciario. *Penal farm,* área rural penitenciaria. *Penal servitude,* trabajos forzados. **3** duro, grave, extremo. *Penal terms,* condiciones muy duras.

penalize ['piːnlaɪz] *v.* **1** aplicar una pena, sancionar. **2** penalizar, castigar. **3** desfavorecer.

penalty ['penlti] *n.* castigo, penalidad, pena, multa, sanción; retractación. *Penalty clause,* cláusula penal, cláusula de castigo (por ejemplo por rescisión de contrato o por retraso) que da lugar a daños y perjuicios. *Penalty for non-performance (lit.* sanción por falta de ejecución), indemnización.

penalty charge [-tʃɑːrdʒ] sanción por retraso (o por reembolso anticipado de un préstamo).

pending ['pendɪŋ] *adj.* y *prep.* **1** *adj.* pendiente, en espera, en curso, próximo. **2** *prep.* hasta, durante.

pension ['pentʃən] *n.* **1** pensión, retiro, pensión de retiro. *Old age pension,* pensión por senectud. *Public pension plan (scheme),* régimen de retiro de funcionarios. **2** dotación, pensión. *Disability pension,* pensión por incapacidad.

pensionable ['pentʃənəbəl] *adj.* pensionable, que tiene derecho a una pensión, que da derecho a una pensión. *Pensionable age,* edad de retiro.

pensioner ['pentʃənər] *n.* pensionado, jubilado, retirado.

pension fund [-fʌnd] fondo o caja de retiro.

pensioning ['pentʃənɪŋ] *n.* **1** ingreso, abono o pago de una pensión. **2** retiro laboral.

pension off [-ɔːf] *v.* retirarse, jubilarse.

pension scheme [-skiːm] plan o régimen de retiro. *Contributory pension scheme,* régimen de retiro al que cotiza el beneficiario. *Non contributory pension scheme,* régimen de retiro pagado por el patrón.

pep up [pep ʌp] *v.* estimular.

peppercorn rent ['pepərkɔːrn rent] (*lit.* alquiler de granos de pimienta) de valor muy confiable; *fig.* alquiler nominal.

per [pɜːr] *prep.* por (para, de, en, ...). *Per annum,* por año, anualmente. *Per capita,* por habitante, por individuo, por cabeza. *Per cent,* por ciento. *Per contra,* en contrapartida. *Per diem,* por día. *Per procuration(em),* por procuración. *Per-worker productivity,* productividad por obrero.

percentage [pər'sentɪdʒ] *n.* porcentaje, proporción; comisión, tanto por ciento.

percentile [pər'sentaɪl] *n.* percentil, decil (se usa en estadística).

perception [pər'sepʃən] *n.* percepción; cobro, recaudación (impuestos, rentas).

peremptory [pə'remptəri] *adj.* **1** perentorio, autoritario, tajante. **2** perentorio, absoluto, imperativo, decisivo. *Peremptory call to do something,* requerimiento perentorio para hacer algo. *Peremptory writ,* orden de comparecencia.

perfect [pər'fekt] *v.* **1** terminar del todo, cumplir, concluir, hacer prosperar. **2** dar la última mano, retocar, volver perfecto. **3** perfeccionar, mejorar. **4** TIPOGR.: imprimir el reverso de una hoja que ya se encuentra impresa por el anverso.

perform [pər'fɔːrm] *v.* **1** cumplir, ejecutar, hacer, efectuar; practicar, ejercer. **2** comportarse, funcionar, trabajar (las máquinas). **3** desempeñar, representar, actuar.

performance [pər'fɔːrməns] *n.* **1** logro, ejecución, desempeño, actuación, realización. *Performance bond,* garantía de buena ejecución. *Performance evaluation,* evaluación del desem-

P

peño. **2** comportamiento, funcionamiento, marcha. **3** resultado, rendimiento; explotación.

perfunctory [pər'fʌŋktəri] *adj.* superficial, negligente, a la ligera.

peril ['perəl] *n.* peligro, riesgo. *Perils point,* aviso de alerta. *Perils of the sea,* riesgos marítimos.

period ['pɪriəd] *n.* **1** periodo, era, época, duración, fase; término, plazo. *Period of notice,* plazo de notificación. *To put a period to,* poner un plazo a. **2** punto; punto final (puntuación). **3** *adj.* de época, auténtico. *Period furniture,* mueble de época.

periodical ['pɪri'ɑ:dɪkəl] *n.* publicación periódica, revista, semanario.

periodical *adj.* periódico, regular. *Periodical costs,* costos periódicos.

peripheral [pə'rɪfərəl] *n.* (frecuentemente en *pl.*) periférico(s): material de informática conectado a una unidad central.

peripheral *adj.* periférico, exterior; (de interés) secundario, menor, marginal. INFORM.: *Peripheral equipment,* equipo periférico, material de informática conectado a una unidad central.

perishable ['perɪʃəbəl] *adj.* perecedero. *Perishable goods,* artículos perecederos.

perishables ['perɪʃəbəlz] *n. pl.* artículos perecederos.

perjury ['pɜ:rdʒəri] *n.* perjurio, falso testimonio, falso juramento.

perk(s) [pɜːrk(s)] *n.* (frecuentemente en *pl.*) pequeñas utilidades, pequeños beneficios, ventajas o prestaciones diversas que se añaden al salario (cf. **perquisites**).

perk up [-ʌp] *v.* **1** vigorizar, fortalecer. **2** animarse, retomar. **3** pavonearse, presumir.

permanent ['pɜːrmənənt] *adj.* permanente, estable, fijo. *Permanent assets,* activos fijos, capital fijo. *Permanent address,* domicilio habitual, domicilio permanente. *Permanent disability,* incapacidad permanente. *Permanent files,* archivo permanente.

permission [pər'mɪʃən] *n.* permiso, consentimiento, acuerdo; permiso, autorización.

permissive [pər'mɪsɪv] *adj.* **1** que es tolerado, que es permitido; facultativo, autorizado pero no obligatorio. *Permissive-wage adjustment,* convenio que permite la renegociación periódica de los salarios entre los patrones y los sindicatos. **2** tolerante, indulgente, permisivo.

permit [pər'mɪt] *v.* **1** autorizar, permitir; tolerar. **2** hacer posible, permitir.

permit [pɜːrmɪt] *n.* permiso, autorización; licencia (de exportación, importación, etc.), certificado de franquicia aduanera, permiso de libre circulación de una mercancía.

perpetual [pər'petʃuəl] *adj.* perpetuo, incesante, continuo, ininterrumpido. *Perpetual inventory,* inventario perpetuo.

perpetuate [pər'petʃueɪt] *v.* perpetuar, eternizar, preservar.

perpetuity ['pɜːrpə'tu:əti] *n.* perpetuidad. *Rule against perpetuities,* regla que prohíbe toda disposición contractual a perpetuidad en materia de inmuebles.

perquisite(s) ['pɜːrkwəzət] *n.* ventaja o prestación en especie, pequeña utilidad (cf. **perk**).

per se ['pɜːr'seɪ] *loc. lat.* en sí mismo, por sí mismo; en tanto que tal.

person ['pɜːrsn] *n.* **1** persona, individuo, ser humano. *In person,* en persona. **2** persona física o moral. *A private person,* un particular.

personal ['pɜːrsnəl] *adj.* personal, individual, relativo a la persona. *Personal assets,* activos personales. *Personal Assistant, P/A,* secretario particular, asistente. *Personal computer,* computadora personal. *Personal consumption,* consumo personal. *Personal data,* datos personales. *Personal rights,* derechos del ciudadano, derechos individuales.

personal estate [-ɪ'steɪt] bienes personales, bienes muebles, bienes mobiliarios.

personal income tax [-'ɪnkʌm tæks] impuesto sobre el ingreso de las personas físicas.

personal loan [-ləʊn] préstamo (bancario) personal (a corto plazo).

personal property [-'prɑːpərti] bienes muebles, bienes mobiliarios. *Personal property tax,* impuesto sobre la propiedad personal.

personal security [-sɪ'kjʊrəti] garantía personal o mobiliaria que se proporciona con motivo de un préstamo.

personalty ['pɜːrsnəleti:] *n.* = **personal property/estate** bienes personales, bienes muebles. *To convert realty into personalty,* considerar como bien mueble un bien raíz.

personnel ['pɜːrsn'el] *n.* **1** personal. **2** (departamento de) personal.

personnel department [-dɪ'pɑːrtmənt] departamento de personal.

personnel insurance [-ɪn'ʃʊrəns] seguro sobre el personal.

personnel manager [-'mænɪdʒər] jefe de personal, director de personal.

personnel officer [-'ɑːfəsər] jefe de personal, director de personal, responsable del departamento de personal, responsable del personal.

personnel rating [-'reɪtɪŋ] evaluación del personal.

personnel turnover [-'tɜːrn əʊvər] rotación del personal.

perspective [pər'spektɪv] *n.* **1** MAT.: perspectiva. **2** vista en perspectiva, proporción, ángulo de observación. *To see something in a new perspective,* ver una cosa bajo un nuevo ángulo o perspectiva.

peter out ['pi:tər aut] *v.* esfumarse, desvanecerse, agotarse, desaparecer.

P.E.R.T. [pi: i: a:r ti:] **(Program Evaluation and Review Techniques)** ['pruəgram ı'vælju'eıʃən ænd rı'vju: tek'ni:ks] técnicas de revisión y de evaluación de programas (investigación de operaciones).

pervasive [pər'veısıv] *adj.* penetrante, que invade (de manera disimulada o insidiosa), que se expande por todas partes, que penetra en todas partes.

petition [pə'tıʃən] *v.* hacer una petición, solicitar, implorar; hacer una súplica, un requerimiento, solicitar un recurso.

petition *n.* petición, requerimiento, demanda, súplica, recurso. *Petition in bankruptcy,* requerimiento judicial de liquidación. *To file one's petition in bankruptcy,* declararse en quiebra.

petitioning creditor [pə'tıʃənın 'kredətər] acreedor requirente (en una quiebra).

petrol ['petrəl] *n.* (GB) gasolina (EU: **gas**).

petroleum [pə'trəuliəm] *n.* petróleo; aceite mineral.

petty ['peti] *adj.* 1 pequeño, mezquino. 2 sin importancia, insignificante, desdeñable, despreciable. 3 de importancia menor, venial.

petty cash [-kæʃ] caja chica. *Petty cash count,* arqueo de caja chica. *Petty cash fund,* fondo de caja chica, fondo o dinero para gastos menores.

petty expenses [-ık'spensəs] gastos menores, gastos de pequeña cuantía.

petty offenses [-ə'fensəs] delitos menores, infracciones.

phase [feız] *n.* 1 fase, etapa, estado. 2 fase, periodo, época. *Out of phase,* fuera de fase, desfasado, en fase opuesta. *In phase,* en fase.

phase in [-ın] *v.* introducir gradualmente.

phase out [-aut] *v.* suprimir poco a poco, interrumpir gradualmente, establecer un plazo, programar el retiro (de un producto).

phasing out [feızın aut] interrupción progresiva, retiro gradual.

phone [fəun] *v.* = **to telephone**.

phone *n.* = **telephone**.

phone-card [-ka:rd] tarjeta telefónica.

phone-in [-ın] (GB) emisión de radio o de televisión en la que la audiencia puede participar por teléfono (cf. EU: **call in**).

phoney/phony ['fəuni] *adj.* que finge, que aparenta, falso, ficticio, fraudulento. *A phony financial statement,* un estado financiero falso.

photocopy ['fəutəu ka:pi] *v.* fotocopiar, hacer una copia, reproducir.

photocopy *n.* fotocopia.

photostat ['fəutəstæt] *v.* fotocopiar, reproducir, hacer una fotocopia.

photostat *n.* fotostática, fotocopia.

physical ['fızıkəl] *adj.* físico. *Physical count,* recuento físico, arqueo físico. *Physical inventory,* inventario físico.

pick [pık] *v.* elegir, escoger, seleccionar, clasificar, separar; desplumar (aves); mondar, limpiar, espulgar. *Hand-picked,* seleccionado a mano, cuidadosamente seleccionado. *To have a bone to pick with someone,* tener diferencias con alguien, tener una cuenta que ajustar con alguien.

pick *n.* 1 elección. *Take your pick,* haga su elección. 2 lo mejor de un conjunto, lo mejor, lo más sobresaliente.

picket ['pıkət] *v.* hacer o ponerse de guardia (cuando se trata de un grupo de huelga); formar un grupo de huelga; instalar un grupo con una función determinada.

picket *n.* 1 grupo de vigilancia, patrulla de alerta, grupo o piquete de huelguistas. *To cross picket lines,* atravesar los piquetes de un grupo de huelguistas, violar las líneas delimitadas por un grupo de huelga. 2 huelguista perteneciente a un grupo.

pick-up [-ʌp] *v.* 1 retomar, repartir, enderezarse, recuperar, recobrar, volver a tomar fuerzas, mejorarse a volver a arrancar, restablecerse, recuperarse de una enfermedad. 2 unir, juntar, tomar, coger, agarrar. *To pick up momentum,* ganar velocidad, tomar impulso. *To pick up steam,* volver a tomar fuerza (recuperaciones, etc.).

pick-up [-ʌp] *n.* 1 el hecho de tomar, de coger, de agarrar, de recoger; recaudación, colecta, cargamento, recolección. 2 (EU) *pickup (truck),* camioneta.

pictorial [pık'tɔ:rıəl] *adj.* ilustrado. *Pictorial graph,* diagrama, gráfica ilustrada.

piece [pi:s] *n.* 1 pieza, pedazo, parte, elemento, componente. *Piece of paper,* hoja de papel. *To pay workers by the piece,* pagarle a los obreros por destajo. *Piece worker,* trabajador a destajo. 2 pieza o ficha de un juego, pieza de moneda.

piecemeal ['pi:smi:l] *adj.* hecho por partes, fragmentario.

piecemeal *adv.* poco a poco, gradualmente, progresivamente; por partes.

piece-rate [-reıt] *n.* tasa por unidad, tasa por pieza; tarifa por pieza.

piece-work [-wɜ:rk] *n.* trabajo a destajo.

pie-chart [paı tʃɑ:rt] gráfica en forma de pastel.

pier [pır] *n.* dique, malecón, muelle, rompeolas; cerco, valla; estribo (de un puente).

pigeonhole ['pıdʒənhəul] *v.* colocar en compartimientos o casilleros, poner en orden, clasificar.

pigeonhole *n.* casilla, compartimiento, estante, casillero, alvéolo.

piggyback ['pıgibæk] *v.* 1 transportar en remolques o vagones. 2 transportar (red comercial).

P

piggyback *n.* 1 transporte de remolques por carretera o de contenedores sobre vagones. 2 transporte (red comercial).

piggyback *adv.* 1 cargado sobre la espalda (un niño). 2 transporte de remolques por carretera o de contenedores sobre vagones. *Piggyback exports*, exportaciones por medio de remolques carreteros o de contenedores sobre vagones.

piggyback service [-'sɜːrvəs] servicios de transporte terrestre por medio de remolques o de contenedores.

piggy-bank ['pɪgibæŋk] *n.* alcancía.

piggy financings ['pɪgi fə'nænsɪŋ] ahorros de alcancía.

pig-iron [pɪg 'aɪərn] hierro colado.

pile [paɪl] *v.* amontonar, apilar, amasar, acumular. *To pile with*, cargar de, cubrir de.

pilfer ['pɪlfər] *v.* hurtar, robar, sisar.

pilferage ['pɪlfərɪdʒ] *n.* hurto, robo; ratería, sisa.

pilot ['paɪlət] *n.* 1 piloto, conductor. 2 piloto, modelo, prueba, ensayo. *Pilot plant*, planta piloto.

pinball machine ['pɪnbɔːl mə'ʃiːn] máquina de juego de monedas o de fichas.

pinch [pɪntʃ] *v.* 1 apretar, atenazar. 2 economizar, escatimar.

pinch *n.* 1 restricción; apuro, necesidad; privación; escasez. *A labor pinch*, escasez de mano de obra. *At a pinch*, en caso de necesidad. 2 punto crítico, momento difícil, efecto (desagradable). *When it comes to the pinch*, en el momento decisivo.

pink slip [pɪŋk slɪp] (EU) aviso o carta de licenciamiento o despido.

pin-money [pɪn 'mʌni] dinero para gastos pequeños.

pinpoint ['pɪnpɔɪnt] *v.* indicar con precisión, señalar, poner en evidencia.

pint [paɪnt] *n.* pinta, unidad de capacidad (EU = 0.47 l; GB = 0.56 l).

pipe-line ['paɪplaɪn] *n.* oleoducto, gasoducto, tubería. *fig. In the pipe-line*, se dice de una medida que ya se tomó, pero de la que aún no se conocen los efectos; o de una medida que está a punto de tomarse.

piracy ['paɪrəsi] *n.* 1 piratería. 2 saqueo, pillaje, pirateo, falsificación.

pit [pɪt] *n.* 1 foso, hoyo (en el suelo). 2 mina, pozos mineros. 3 tubo, vaina, repisa. 4 mercado, bolsa.

pit-head [-hed] *n.* boca de una mina, bocamina, cabeza de un pozo. *Pit-head price*, precio en la boca de la mina.

pit-prop [-prɑːp] *n.* puntal de una mina, sostén.

pitch [pɪtʃ] *n.* 1 lanzamiento, tiro. 2 declive. 3 ángulo de elevación, pendiente, altura; paso (de un perno, tornillo, etc.); registro, tono (en la

música). 4 lugar, puesto (en un mercado). 5 *Salesman's pitch*, charlatanería de un vendedor.

placard ['plækɑːrd] *v.* 1 pegar carteles. 2 anunciar por medio de carteles.

placard *n.* cartel, anuncio, aviso al público.

place [pleɪs] *v.* 1 colocar, ordenar, arreglar, disponer. 2 vender, colocar, despachar. *To place an order*, colocar un pedido, hacer un pedido, ordenar.

place *n.* sitio, lugar, plaza, localidad, colocación, posición, orden, rango.

placement ['pleɪsmənt] *n.* 1 colocación, arreglo, orden, posición, disposición. 2 colocación, asignación, destinación. 3 *Placement office*, oficina de colocaciones. *Placement officer*, responsable de la orientación. UNIVERS.: consejero, orientador. *Placement test*, prueba de orientación, prueba de colocación. 4 colocación, inversión. 5 estancia, periodo de prácticas en una empresa.

placing ['pleɪsɪŋ] *n.* colocación.

plaintiff ['pleɪntəf] *n.* demandante, quejoso, parte ofendida.

plan [plæn] *v.* 1 proyectar, hacer planes, establecer planes. 2 planificar, planear. *Planned economy*, economía planificada. *Planning horizon*, horizonte económico, horizonte o periodo de planificación.

plan *n.* diseño, plan, proyecto, sistema, dispositivo.

plane [pleɪn] *n.* 1 plan, superficie, plano. 2 nivel, estándar. *Plane of living*, nivel de vida. 3 avión. *Jet plane*, avión de propulsión a chorro. 4 cepillo de carpintero.

plank [plæŋk] *n.* 1 plancha. 2 plataforma política; punto de un programa político o electoral.

planner ['plænər] *n.* planificador.

planning ['plænɪŋ] *n.* planificación. *Cost planning*, planificación de los costos. *Financial planning*, planificación financiera. *Operations planning*, planificación de las operaciones.

plant (EU) [plænt]; (GB) [plɑːnt] *n.* 1 instalaciones, maquinaria de una fábrica, aparatos. *Heavy plant*, maquinaria pesada. *Plant and equipment*, planta y equipo, instalaciones (elementos de activos). 2 fábrica, planta, instalación industrial. *Power plant*, central eléctrica. *Plant capacity*, capacidad de la planta. *Plant location analysis*, análisis de implantación de fábricas. *Plant modernization*, modernización de la planta. *Plant output*, producción de la planta.

plastic ['plæstɪk] *n.* 1 plástico, material plástico. 2 se usa como nombre genérico de las tarjetas de crédito.

plastics ['plæstɪks] *n.* 1 materiales plásticos. 2 ciencias de los materiales plásticos.

plate [pleɪt] *v.* 1 chapar, dorar, platear, bañar en plata. *Gold-plated*, bañado en oro. 2 reducir a placas, laminar. **3** blindar, acorazar, recubrir de placas; costear, bordear (un barco); herrar.

plate *n.* **1** platillo, plato, vajilla. **2** placa; platino; clisé; plancha; bandeja (máquinas). **3** placa, lámina metálica, hoja de metal. *Armor-plate*, blindaje. *Registration plate*, placa mineralógica. *Silver-plate*, platería, vajilla de plata.

plate-glass [-glæs] luna, cristal de grandes dimensiones; vidrio plano, vidrio de ventanas, vitral; vidrio laminado. *Plate-glass insurance*, seguros contra la rotura de vidrios y cristales.

plate-iron [-ˈaɪərn] hoja o lámina para chapar, palastro.

platform [ˈplætfɔːrm] *n.* **1** plataforma, estrado, tribuna, tarima, tablado, terraza; andén (de las estaciones de tren), cortina metálica (de los puentes). **2** programa político, programa electoral de un partido político.

play down [pleɪ daʊn] *v.* minimizar.

player [ˈpleɪər] *n.* actor; comediante.

play oneself out [pleɪ wʌnˈself aʊt] *v.* agotarse.

play up [pleɪ ʌp] *v.* explotar, sacar partido de.

plea [pliː] *n.* **1** acción de la justicia, proceso, causa. **2** JUR.: conclusiones, medios de (la) defensa. *Plea of necessity*, imposibilidad para obrar de otro modo, caso de fuerza mayor. **3** defensa, alegato. **4** excusa, pretexto.

plea-bargaining [-ˈbɑːrɡənɪŋ] *n.* reducción de una pena a cambio de ciertas confesiones o revelaciones.

plead [pliːd] *v.* defender, abogar, argumentar, alegar, hacer valer.

pleading [ˈpliːdɪŋ] *n.* **1** defensa, alegato. **2** *pl.* súplicas.

please [pliːz] *v.* complacer, agradar, contentar, satisfacer.

please *adv.* por favor; tenga la amabilidad de. *Please forward*, por favor atienda esto, tenga la amabilidad de ocuparse de. *Please let us know*, por favor, háganos saber. *Please turn over (P.T.O.)*, pase a la página siguiente, por favor.

pledge [pledʒ] *v.* **1** empeñar, pignorar, dar en prenda. *Pledged accounts*, cuentas pignoradas. *Pledged assets*, activos pignorados. *Pledged inventories*, inventarios pignorados. *Pledged securities*, valores pignorados. **2** dar uno su palabra, asumir un compromiso, comprometerse a. **3** beber a la salud de, brindar.

pledge *n.* **1** prenda, garantía; fianza. *Pledge loan*, préstamo con garantía. **2** promesa, voto, palabra de honor. **3** brindis.

pledgee [pledʒˈiː] *n.* acreedor prendario o pignoraticio.

pledger [ˈpledʒər] *n.* **1** prestatario sobre garantías, el que empeña, el que deja en prenda. **2** fiador.

pledging [ˈpledʒɪŋ] *n.* **1** empeño, pignoración, cesión en garantía. **2** promesa, hecho de prometer.

plenary [ˈpliːnəri] *adj.* plenario, total, absoluto, entero, completo, ilimitado. *Plenary powers*, plenos poderes.

plentiful [ˈplentɪfəl] *adj.* abundante, copioso, amplio.

plight [plaɪt] *n.* **1** condición lamentable, situación desagradable o penosa, estado difícil o doloroso, marasmo. **2** estado, condición, situación, caso. *As is the plight*, como en este caso. **3** compromiso solemne, compromiso, prenda, garantía.

plot [plɑːt]] *v.* **1** conspirar, intrigar, fraguar, urdir, maquinar. **2** hacer planes, llevar a cabo un levantamiento.

plot *n.* **1** complot, conjura, conspiración, intriga. **2** terreno, parcela. *Building plot*, terreno o lote para construcción.

plough back [plaʊ] (GB) ver **plow back**.

ploughing back [ˈplaʊɪŋ bæk] (GB) ver **plowing back**.

plow back [plaʊ bæk] *v.* reinvertir.

plowing back [ˈplaʊɪŋ bæk] *n.* reinversión de utilidades, autofinanciamiento.

ploy [plɔɪ] *n.* estratagema, astucia, truco, treta, ardid.

plug [plʌɡ] *v.* **1** tapar, taponar, enclavijar. **2** enchufar, conectar a la corriente. **3** dar publicidad de manera exagerada; alboroto publicitario.

plug *n.* **1** tapón, obturador, tapa, clavija (de teléfono). **2** toma de corriente, enchufe. *Spark(ing) plug*, bujía de encendido.

plumb [plʌm] *v.* **1** sondear. **2** poner sellos de plomo. **3** *To plumb new depths*, llegar al nivel más bajo, alcanzar su nivel más bajo.

plummet [ˈplʌmət] *v.* estrellarse, caer verticalmente, desplomarse, venirse abajo, disminuir enormemente. *Prices have plummeted*, los precios han disminuido enormemente.

plunge [plʌndʒ] *v.* **1** sumergir, zambullir, hundir. **2** arriesgar fuertes cantidades en empresas de alto riesgo.

plunge *n.* zambullida, caída.

plurality [plʊˈræləti] *n.* **1** pluralidad; cúmulo. **2** (EU) mayoría relativa (en una elección).

plus [plʌs] **1** *n.* signo más; ganancia, ventaja; superávit, excedente. **2** *adj.* positivo; más, suplementario, superior. **3** *adv.* más.

plussage or **plusage** [ˈplʌsɪdʒ] *n.* excedente.

ply [plaɪ] *v.* **1** ir de un lado a otro, asegurar un vínculo, un servicio regular. **2** manejar vigorosamente.

plywood [ˈplaɪwʊd] *n.* madera contrachapada.

poach [pəʊtʃ] *v.* **1** cazar o pescar furtivamente. **2** despedir obreros o empleados (en general por aumentos salariales). *Poaching of labor*, despido de obreros, reclutamiento del personal de las empresas de la competencia.

point [pɔɪnt] *n.* **1** punto, punta, cupón, boleto. **2** argumento, cuestión, punto de vista, propósito,

P

objeto. *He made his point,* hizo valer su punto de vista. *Sales point,* argumento de ventas. **3** signo de puntuación. **4** punto decimal (al expresar cifras, por ejemplo 10.25). **5** maniobra o trabajo de agujas, labor de punto o encaje. **6** BOLSA: unidad de conteo para referirse a la alza o la baja de las acciones, títulos de crédito y valores correspondientes a un dólar (o a 10 dólares) para las obligaciones; unidad de un índice (por ejemplo, del índice Dow Jones).

pointer ['pɔɪntər] *n.* indicador.

point of order [-ɑːv 'ɔːrdər] llamado de atención (por ejemplo en una asamblea o reunión); objeción, moción de procedimiento.

point of purchase advertising [-ɑːv 'pɜːrtʃəs 'ædvərtaɪzɪŋ] publicidad que se hace en el lugar de la venta, en el punto de venta.

point of sale [-ɑːv seɪl] punto de venta, lugar de venta.

point of sale advertising [-'ædvərtaɪzɪŋ] publicidad realizada en el punto de ventas, en el lugar destinado para la venta.

pointsman ['pɔɪntsmən] *n.* guardagujas (trabajador de ferrocarriles).

poison pill ['pɔɪzn pɪl] (*lit.* píldora envenenada) medida que vuelve a una oferta pública de adquisición tan costosa que desanima al posible comprador eventual (por ejemplo los títulos convertibles en dinero líquido a partir del éxito de una oferta pública de adquisición).

policeman's report [pə'liːsmən rɪ'pɔːrt] informe de la policía.

police record [pə'liːs 'rekərd] antecedentes penales. *To have a police record,* tener antecedentes penales, estar fichado.

police records [pə'liːs 'rekərds] archivos de la policía.

police station [pə'liːs 'steɪʃən] comisaría de policía.

policy ['pɑːləsi] *n.* **1** política, línea de conducta. *Income policy,* política de ingresos. **2** SEG.: póliza de seguros. *Insurance policy,* póliza de seguros. *Standard policy,* contrato o póliza de seguros estándar, ordinaria.

policy-holder [-'həʊldər] asegurado.

policy maker [-'meɪkər] responsable de la elaboración de una política.

politics ['pɑːlətɪks] *n.* política (ciencia o vida).

polity ['pɑːləti] *n.* sistema político, instituciones, constitución política.

poll [pəʊl] *v.* **1** votar. **2** sondear. **3** obtener votos.

poll *n.* **1** escrutinio, voto, consulta, elección. **2** número de votantes; resultados del escrutinio, conteo de votos. **3** sondeo, encuesta. *Opinion poll,* sondeo de opinión. *To take a poll,* hacer, efectuar un sondeo.

polling booth ['pəʊlɪŋ buːθ] cabina electoral.

polling-day ['pəʊlɪŋ deɪ] día de elecciones.

polling station ['pəʊlɪŋ 'steɪʃən] lugar de la votación.

pollster ['pəʊlstər] *n.* especialista en sondeos de opinión.

pollutant [pə'luːtnt] *n.* contaminante.

pollute [pə'luːt] *v.* contaminar.

polluter [pə'luːtər] *n.* contaminador.

pollution [pə'luːʃən] *n.* contaminación.

ponderous ['pɑːndərəs] *adj.* pesado, ponderoso.

pony up ['pəʊni ʌp] *v.* pagar, liquidar, abonar.

pool [puːl] *v.* aportar en forma común, mancomunar; poner en un sindicato, sindicalizar.

pool *n.* **1** estanque, charco, laguna, lago. *Swimming pool,* piscina. **2** apuesta que se acumula (en determinados juegos). **3** aportación común, fondos comunes; sindicato de colocaciones. *Car pool,* estacionamiento de automóviles que pertenece a una empresa o a un ministerio. *Typing pool,* grupo de mecanógrafas. **4** reserva, recipiente, depósito. *Pool of skilled labor,* reserva de mano de obra calificada.

pooling ['puːlɪŋ] *n.* aportación común.

poor [pʊr] *adj.* **1** pobre, indigente; infeliz, triste. **2** malo, de mala calidad. *Of poor quality,* de mala calidad. **3** débil, poco convincente, mediocre.

popular ['pɑːpjʊlər] *adj.* **1** en boga, popular, de moda. **2** común y corriente, al alcance de todos. **3** extendido, común, generalmente admitido.

populate ['pɑːpjəleɪt] *v.* poblar, poblarse.

populated ['pɑːpjəleɪtəd] *adj.* habitado, poblado. *Thinly populated,* de baja densidad.

population ['pɑːpjə'leɪʃən] *n.* población.

pork-barreling [pɔːrk 'bærəlɪŋ] (EU) defensa que hacen los miembros del Parlamento de los intereses locales que representan; con este fin, conceden a los empresarios contratos importantes para que realicen trabajos de acondicionamiento o urbanización financiados por el Estado. Es una forma de proselitismo electoral.

port [pɔːrt] *n.* **1** puerto. *Free port,* puerto franco. *Home port* or *port of registry,* puerto de amarre. *Port of sailing,* puerto de partida. **2** babor.

portable ['pɔːrtəbəl] *adj.* portátil, móvil.

portage ['pɔːrtɪdʒ] *n.* **1** porte, transporte. **2** gastos de transporte.

port charges [-tʃɑːrdʒəs] derechos de porte.

port dues [-duːs] derechos de porte.

porterage ['pɔːrterɪdʒ] *n.* **1** acarreo, transporte; mantenimiento. **2** derechos, gastos de transporte, mantenimiento.

portfolio [pɔːrt'fəʊliəʊ] *n.* **1** cartera, carpeta, portafolio. **2** cartera diplomática. **3** cartera financiera. *Portfolio management,* administración de carteras. *Portfolio manager,* administrador de carteras.

port of call [-ɑːv kɔːl] puerto de escala.

portion ['pɔːrʃən] *n.* porción, parte, pedazo, sector, segmento. *Portion of the market,* parte o segmento del mercado.

position [pə'ziʃən] *v.* colocar, disponer, situar.

position *n.* 1 situación, posición, condición. *To be in a position to,* estar en condiciones de. 2 puesto, empleo, función, situación. *He holds a good position,* tiene un buen empleo.

positioning [pə'ziʃənɪŋ] *n.* situación, investigación de la situación adecuada.

positive ['pɑːzətɪv] *adj.* 1 cierto, seguro, auténtico, comprobado. *I'm positive about it,* estoy absolutamente seguro de ello. *It's a positive fact,* es un hecho comprobado. 2 manifiesto, evidente, absoluto. *Positive law,* ley en vigor. 3 positivo, constructivo.

possess [pə'zes] *v.* poseer, tener, ser propietario.

possession [pə'zeʃən] *n.* posesión, propiedad; goce, disfrute; *pl.* bienes, activos.

possessor [pə'zesər] *n.* poseedor (de un título de crédito).

possessory [pə'zesəriː] *adj.* JUR.: posesorio.

post [pəust] *v.* 1 anunciar, fijar carteles, pegar anuncios. *Post no bills,* prohibido fijar carteles, prohibido anunciar. *To post rates,* difundir las cotizaciones. 2 anunciar (resultados). *The firm posted a deficit of...,* la empresa anunció un déficit de. 3 echar al correo, echar al buzón, enviar por correo, franquear. 4 informar. *Keep me posted,* manténgame al corriente. *To be posted (up) on something,* estar bien informado de, estar al corriente de. 5 inscribir, registrar, hacer un asiento, pasar o traspasar (de una cuenta contable a otra), reportar, transcribir, asentar. *To post an item,* registrar un artículo. *To post entries,* hacer asientos contables, contabilizar. *To post (up) books,* poner los libros al día. *To post up the ledger,* cerrar el libro mayor. 6 depositar dinero (como fianza). *To post bail/bond* (EU), depositar una fianza para ser puesto en libertad provisional. 7 asignar a una partida (de un presupuesto).

post *n.* 1 poste. 2 correo; oficina de correos; correspondencia. *By return of post,* a vuelta de correo. 3 empleo, cargo; puesto. *Trading-post,* factoría.

postage ['pəustɪdʒ] *n.* franqueo, porte.

postage due stamp [-duː stæmp] estampilla o timbre fiscal.

postal ['pəustl] *adj.* postal, relativo al correo.

postal order [-'ɔːrdər] giro postal (hasta hace poco, cupones emitidos por el correo Británico para valores fijos).

postdate ['pəust'deɪt] *v.* posfechar.

poster ['pəustər] *n.* anuncio, aviso, cartel, letrero.

poster advertising [-'ædvərtaɪzɪŋ] publicidad por medio de anuncios.

poster designer [-dɪ'zaɪnər] diseñador de anuncios, cartelista.

poste restante ['pəust re'stɑːnt] lista de correos.

poster panel [-'pænl] tablero o pizarra de anuncios.

post-free [-friː] *adj.* (GB) franco, franco de porte, porte pagado.

posting ['pəustɪŋ] *n.* 1 fijación de anuncios, colocación de carteles. 2 registrar en el libro mayor. CONTAB.: registro contable, asiento contable. 3 MILIT.: nombramiento, designación.

postmark ['pəustmɑːrk] *v.* timbrar, poner un sello postal.

postmark *n.* sello postal, estampilla o timbre, matasellos, inutilización de un timbre. *Date as postmark,* adopción del sello postal como instrumento de fe.

postmaster ['pəust mæstər] *n.* administrador de correos.

Postmaster General [-'dʒenrəl] director general de correos.

postmortem ['pəust'mɔːrtəm] *n.* (= **Post-mortem examination**) 1 autopsia, examen médico posterior a la muerte. 2 examen a posteriori, principalmente para determinar las causas del fracaso de un plan, de un proyecto, etc.

post-office [-'ɑːfəs] *n.* 1 oficina de correos, correo. 2 *The Post Office,* el Correo.

post-paid [-peɪd] *adj.* (EU) franco de porte, libre de porte, porte pagado.

postponable ['pəus'pəunəbəl] *adj.* que se puede aplazar o postergar.

postpone [pəus'pəun] *v.* prorrogar, aplazar (una fecha).

postponement [pəus'pəunmənt] *n.* prórroga, aplazamiento.

postscript ['pəustskrɪpt] *n.* post-scriptum, posdata; advertencia o nota que se pone al final de un libro.

post up [-ʌp] *v.* 1 fijar o pegar carteles en la vía pública, anunciar. 2 informar, poner al corriente, manifestar. 3 poner al día (cuentas, libros).

potential [pə'tentʃəl] *n.* potencial, potencialidad, aptitud. *Big sales potential,* gran potencial de ventas.

potential *adj.* potencial, latente, virtual, teórico, posible, eventual. *Potential clients,* clientes potenciales. *Potential market,* mercado potencial. *Potential profits,* utilidades potenciales. *Loss of potential income,* pérdida de ingresos potenciales.

pound [paund] *n.* 1 libra: unidad de masa (*abrev. lb*); sistema *avoirdupois* 0.454 kg; sistema *troy* (metales preciosos): 0.373 kg. *Sold*

P

by the pound, vendido por libra. **2** libra: unidad monetaria (*abrev.* £). *Pound sterling,* libra esterlina. **3** depósito.

poundage ['paʊndɪdʒ] *n.* comisión, impuesto, porcentaje (originalmente, se calculaba como un porcentaje por libra).

pound note [-nəʊt] billete de banco de una libra. *A five-pound note,* un billete de cinco libras. *A ten-pound note,* un billete de diez libras.

pound-stretcher [-'stretʃər] ahorrador, ahorrativo, quien obtiene el máximo rendimiento de su dinero.

poverty ['pɑːvərti] *n.* pobreza, escasez, indigencia. *Poverty line (threshold),* nivel de ingresos por debajo del cual se considera que una persona es pobre (concepto que se utiliza para la concesión de subsidios, etc.).

power ['paʊər] *v.* **1** accionar, mover. **2** abastecer de energía.

power *n.* **1** poder, fuerza, autoridad, potencia, influencia. *The Great/the Big Powers,* las grandes potencias. *To be in the power,* estar en el poder. *To the 4th power, to the power 4,* a la cuarta potencia. **2** capacidad, aptitud, facultad. *Mental power,* capacidad intelectual. *Working power,* capacidad de trabajo. *Nuclear power,* energía nuclear. *Horse power (H.P.),* caballo de fuerza.

powerful ['paʊərfəl] *adj.* poderoso; fuerte, vigoroso; enérgico.

power of attorney [-ɑːv ə'tɜːrni] poder (puesto por escrito), mandato, carta poder.

power station [-'steɪʃən] central eléctrica.

practice ['præktəs] *v.* **1** poner en práctica, practicar, ejercer. **2** capacitarse, entrenarse, estudiar.

practice *n.* **1** práctica, hábito, experiencia. *Social practices,* los usos sociales, las costumbres sociales. *To be out of practice,* no estar en forma, haber perdido la práctica. **2** uso, ejercicio, regla(s), práctica. *Fair practice act,* ley sobre los usos en materia de garantía y de servicio después de realizada una venta. *Restrictive practices,* prácticas restrictivas. *Sharp practices,* prácticas o procedimientos deshonestos. **3** clientela (profesiones liberales).

practical ['præktɪkəl] *adj.* práctico, real. *A practical approach,* un enfoque práctico.

practiced ['præktəst] *adj.* **1** experto. **2** (persona) experimentada.

practicing ['præktəsɪŋ] *adj.* que ejerce, en ejercicio.

practise ['præktəs] *v.* (GB) ver **practice**.

preamble ['priːæmbəl] *n.* preámbulo, exposición de motivos.

precarious [prɪ'keriəs] *adj.* precario, a título precario; incierto, dudoso.

precedence ['presədəns] *n.* **1** precedencia. *To have (take) precedence over someone,* tener

precedencia sobre alguien. **2** (*over* sobre) derecho de prioridad.

precedent ['presədənt] *n.* y *adj.* precedente, anterior. *Without precedent,* sin precedente. *The precedent report,* el reporte anterior.

preceding [prɪ'siːdɪŋ] *adj.* precedente, anterior. *The 5 preceding years,* los 5 años anteriores.

precept ['priːsept] *n.* **1** precepto, principio moral; mandamiento (divino). **2** JUR.: mandato. **3** (GB) notificación de impuesto local.

precinct ['priːsɪŋkt] *n.* **1** recinto; límite, borde; dominios; alrededores. **2** distrito, barrio, sector, zona (límites administrativos en una ciudad); circunscripción, jurisdicción; (EU) circunscripción electoral, subdivisión electoral; área de actuación de una inspección de policía.

précis ['preɪsiː] *n.* resumen, epítome; informe, reporte.

preclosing [prɪ'kləʊzɪŋ] *adj.* anterior al cierre (de libros, del ejercicio, etc.), antes del cierre. *Preclosing entries,* asientos previos al cierre.

preclude [prɪ'kluːd] *v.* impedir, excluir, prohibir, prevenir.

preclusive buying [prɪ'kluːsɪv 'baɪɪŋ] compra destinada a impedir que otros compradores se manifiesten públicamente.

predatory competition ['predətɔːri 'kɑːmpə'tɪʃən] concurrencia desleal al vender por debajo del precio de costo.

predatory price-cutting ['predətɔːri praɪs 'kʌtɪŋ] práctica consistente en fijar un precio más bajo que el precio de compra a efecto de apoderarse de un mercado.

predecessor ['predəsesər] *n.* predecesor, antecesor, antepasado, ascendiente, precursor.

predict [prɪ'dɪkt] *v.* predecir, anunciar, prever.

preempt [priː'empt] *v.* **1** ejercer el derecho preferente de una compra, hacer uso del derecho de prioridad. **2** adquirir previamente, adquirir en forma anticipada. **3** tomar medidas anticipadas, tomar medidas preventivas, tomar medidas disuasivas. **4** *To preempt a T.V. program* (EU), reemplazar un programa de televisión (en vista de las preferencias actuales).

preemption [priː'empʃən] *n.* derecho preferente de compra; adquisición realizada mediante este derecho.

preemptive [priː'emptɪv] *adj.* con derecho preferente. *Preemptive bid,* oferta o posturas de derechos preferentes de compra, oferta o puja disuasiva. *Preemptive right,* derecho preferente (en una compra).

preemptor [priː'emptɔːr] *n.* (EU) persona que utiliza un derecho preferente de compra.

prefab ['priːfæb] *n.* **1** *abrev. fam.* casa prefabricada, construcción prefabricada, construcción hecha a base de elementos producidos en una fábrica. **2** *adj.* en forma prefabricada, de manera prefabricada.

prefer [prɪ'fɜːr] *v.* **1** preferir, dar o tener preferencia, gustar más. **2** nombrar, promover, hacer avanzar. **3** privilegiar. **4** Jur.: presentar. *To prefer a complaint,* presentar una queja, quejarse, inconformarse.

preference ['prefərəns] *n.* **1** preferencia, cosa preferida. **2** tratamiento preferencial; derecho de prioridad.

preference bond [-bɑːnd] bono u obligación preferencial.

preference rate [-reɪt] tasa preferencial, tasa privilegiada.

preference share [-ʃer] acción preferente o de prioridad. *Preferred stock/"B" stock,* acciones preferentes, acciones privilegiadas.

preferential ['prefə'rentʃəl] *adj.* preferencial, de preferencia, privilegiado. *Preferential creditor,* acreedor privilegiado, acreedor prioritario. *Preferential duty,* derecho (aduanal) preferencial. *Preferential shop,* taller, fábrica, empresa que da prioridad a la contratación de empleados sindicalizados.

preferment [prɪ'fɜːrmənt] *n.* avance, promoción.

preferred [prɪ'fɜːrd] *adj.* preferencial, de preferencia, privilegiado. *Preferred creditor,* acreedor prioritario, acreedor privilegiado. *Preferred dividend,* dividendo preferente, dividendo privilegiado. *Preferred share,* cf.

preferred position [-pə'ziʃən] Pub.: posición preferente, posición especial, posición privilegiada.

preferred stock [-stɑːk] acciones preferentes o capital preferente, acciones privilegiadas, acciones prioritarias.

prejudice ['predʒədəs] *v.* **1** perjudicar, dañar, lesionar. **2** predisponer, prevenir contra. *To be prejudiced against someone,* tener perjuicios contra alguien. *To be prejudiced for someone,* tener favoritismos hacia alguien.

prejudice *n.* **1** prevención, prejuzgado. **2** perjuicio, daño, lesión. Jur.: *Without prejudice,* sin perjuicio de, con reserva de.

prejudicial ['predʒə'dɪʃəl] *adj.* **1** que hace daño, que perjudica, dañino, nocivo. **2** perjudicial.

preliminaries [prɪ'lɪməneriz] *n.* preliminares, anteproyectos.

preliminary [prɪ'lɪməneri] *adj.* preliminar, preparatorio, introductorio, anticipado. *Preliminary negotiations,* negociaciones preliminares. *Preliminary project,* proyecto preliminar, anteproyecto.

premier [prɪ'mɪr] *n.* jefe de gobierno, primer ministro.

premiere [prɪ'mɪr] *v.* ser presentado por primera vez; salir al público (películas).

premise ['preməs] *n.* premisa (lógica).

premises ['preməsəs] *n.* local, locales, inmueble, establecimiento; domicilio (comercial). *Large premises,* locales amplios. *On the premises,* en las instalaciones, en la misma empresa, en el mismo lugar.

premium ['priːmɪəm] *n.* **1** prima (de seguros). *Insurance premium,* prima de seguros. **2** prima (ambiente bursátil), sobrecotización. *At a premium,* por arriba de la par. *Paid premiums,* primas pagadas. *Payable premiums,* primas por pagar. *Premium on common stocks,* prima sobre acciones comunes. **3** prima, recompensa. *Premium pay,* salario complementario. **4** suplemento, complemento (que se adeuda por un servicio excepcional).

premium bonds [-bɑːnds] *n.* bonos u obligaciones del Estado que participan en un sorteo nacional (los intereses, en lugar de repartirse por igual entre todos los tenedores, se reagrupan en beneficio de los ganadores de los sorteos. Su periodicidad es variable; por ejemplo, son mensuales en el caso de los *Premium Savings Bonds* británicos).

prepack [priː'pæk] *v.* preempacar.

prepacks [priː'pæks] *n.* productos preempacados, productos que se venden con un empaque o embalaje.

prepaid ['priː'peɪd] *adj.* **1** pagado con anticipación, por adelantado. **2** franco de porte.

prepaid expenses ['priː'peɪd ɪk'spenses] gastos pagados por adelantado. *Prepaid insurance expenses,* gastos de seguros pagados por adelantado. *Prepaid interest expenses,* gastos de intereses pagados por adelantado. *Prepaid rent expenses,* gastos de arrendamiento pagados por adelantado. *Prepaid rental income,* ingresos de arrendamiento pagados por adelantado. *Prepaid revenues,* ingresos cobrados con anticipación.

preparatory budgets [prɪ'pærətɔːri 'bʌdʒəts] presupuestos preliminares.

preparatory talks [prɪ'pærətɔːri tɔːks] negociaciones preliminares.

prepay [priː'peɪ] *v.* pagar por anticipado, anticipar un pago.

prepayment ['priː'peɪmənt] *n.* **1** pago anticipado. **2** franqueo (previo).

prerequisite ['priː'rekwəzət] *n.* requisito previo, condición previa.

prerogative [prɪ'rɑːgətɪv] *n.* prerrogativa. *The Royal Prerogative* (GB), el privilegio real.

prescribe [prɪ'skraɪb] *v.* **1** prescribir, ordenar. **2** redactar un ordenamiento.

prescription [prɪ'skrɪpʃən] *n.* **1** Med.: prescripción (en el sentido de receta médica). **2** Jur.: prescripción (en el sentido de caducidad). **3** (EU) título de propiedad basado en una posesión ininterrumpida; medio de obtener este título.

P

prescriptive [prɪˈskrɪptɪv] *adj.* 1 prescriptivo, que manda, que ordena, que exige. 2 consagrado por el uso.

present [prɪˈzent] *v.* 1 regalar, obsequiar, dar, hacer un regalo. 2 mostrar, presentar. *To present a bill for acceptance*, presentar una letra de cambio para su aceptación. *To present a bill for collection*, presentar una letra de cambio para su pago. *To present a bill for discount*, presentar una letra de cambio para su descuento, solicitar el descuento de papel comercial.

present [ˈpreznt] *adj.* presente, actual. *Under the present circumstances*, bajo las circunstancias actuales. *Present worth*, valor actual.

presentation [ˌpriːzenˈteɪʃən] *n.* presentación. *On presentation*, al presentar; a la vista; por petición expresa.

presentment [prɪˈzentmənt] *n.* 1 presentación; representación, descripción, cuadro, tabla. 2 JUR.: declaración del jurado o de un magistrado en la que se denuncia una situación delictuosa.

present value [-ˈvæljuː] valor presente, valor actual.

preservation [ˌprezərˈveɪʃən] *n.* preservación, conservación; salud. *Preservation order* (GB), ordenamiento que estipula que un objeto (por ejemplo un monumento) debe preservarse o mantenerse en buen estado.

preserve [prɪˈzɜːrv] *v.* 1 conservar, preservar. 2 hacer dulces.

preserve *n.* 1 confitura, dulce, conserva. 2 reserva, parque de caza. 3 *fig.* coto de caza reservado o vedado.

preside [prɪˈzaɪd] *v.* presidir. *Presiding judge*, presidente del tribunal.

president [ˈprezədənt] *n.* presidente. UNIVERS.: rector. *President* (EU), presidente y director general, presidente y director ejecutivo. *President of the Board of Trade* (GB), Ministro de Comercio.

press [pres] *v.* 1 apretar, comprimir. 2 pesar (sobre). 3 insistir sobre. *To press a point*, hacer valer un punto. *To press a claim*, insistir en una demanda, en una reivindicación. 4 *To press for something*, reclamar, reivindicar. 5 planchar (las prendas de vestir). 6 apurar, apremiar.

press *n. The press*, la prensa, las personas de la prensa.

press advertising [-ˈædvərtaɪzɪŋ] publicidad por medio de la prensa, prensa publicitaria.

press agent [-ˈeɪdʒənt] agente de prensa, agente de publicidad.

press Baron/Lord [-ˈbærən/ lɔːrd] magnate de la prensa.

press-book [-bʊk] álbum de prensa.

(press) clipping [(pres-) ˈklɪpɪŋ] recorte de un diario o de prensa.

press cutting [-ˈkʌtɪŋ] recorte de un diario o prensa.

press release [-rɪˈliːs] comunicado de prensa.

press-run [-rʌn] *n.* 1 operación de tiraje continuo de un diario. 2 tiraje, número de ejemplares impresos (de un diario).

pressure [ˈpreʃər] *v.* ejercer presión (sobre), coaccionar.

pressure *n.* presión, apremio, tensión, empuje; peso (de lo que se carga). *Inflationary pressures*, presiones inflacionarias. *Under pressure*, bajo presión, bajo coacción. *He resigned under pressure*, fue presionado para que presentara su renuncia. *To exercise under pressure*, ejercer una presión indebida, intimidar.

pressure-group [-gruːp] grupo de presión (se usa en política).

prestore [ˈpriːstɔːr] *v.* almacenar, cargar los almacenes en forma anticipada.

presumption [prɪˈzʌmpʃən] *n.* presunción.

presumptive [prɪˈzʌmptɪv] *adj.* 1 presuntivo, presumible. 2 JUR.: presunto. *Presumptive heir*, heredero presunto.

pre-tax cash flow [ˈpriːtæks kæʃ fləʊ] flujo de efectivo antes de impuestos, producto bruto, resultado bruto de la explotación.

pre-tax profits [ˈpriːtæks ˈprɑːfəts] utilidades antes de impuestos.

prevail [prɪˈveɪl] *v.* prevalecer, superar; dominar, predominar.

prevailing [prɪˈveɪlɪŋ] *adj.* prevaleciente, dominante, en vigor. *Prevailing opinion*, opinión general, opinión dominante.

prevention [prɪˈventʃən] *n.* prevención; hecho de impedir; impedimento.

preview [ˈpriːvjuː] *n.* 1 presentación preliminar o previa de un filme u obra de teatro antes del estreno. 2 cinta de anuncios publicitarios, película publicitaria.

previous [ˈpriːvɪəs] *adj.* precedente, anterior, previo. *Previous conviction*, condena anterior. JUR.: *Previous question*, cuestión previa. *Previous to*, anteriormente, antes de.

prevision [ˈpriːvɪʒən] *n.* previsión.

price [praɪs] *v.* 1 establecer, determinar, fijar el precio, asignar una tarifa. 2 marcar el precio, poner la etiqueta de precio. 3 investigar el mejor precio de un mismo artículo visitando varios puntos de venta; comparar los precios. 4 *To price oneself out of a market*, fijar precios superiores a los del mercado, perder un mercado como consecuencia de la fijación de precios demasiado elevados.

price *n.* precio, cotización. *Average price*, precio promedio. *Buying price*, precio de compra. *Cash price*, precio al contado. *Consumer price*, precio al consumidor. *Constant price(s)*, precio(s) constante(s). *Cost price*, precio de costo. *Fixed* *price,* sostenimiento, precio fijo. *Market price,* precio de mercado. *Pegged price,* precio de sostén, precio de estabilización. *Posted price,* precio marcado. *Purchase price,* precio de compra. *Quoted price,* precio cotizado. *Sales price,* precio de venta. *Target price,* precio de referencia, precio de equilibrio, precio fijado como meta. *Variable price,* precio variable.

pricebasher ['praɪs'bæʃər] *n.* fabricante o comerciante que quebranta los precios.

price-consumption curve [-kən'sʌmpʃən kɜːrv] curva del consumo y de los precios.

price control(s) [-kən'trəʊl(s)] control(es) de precio.

price(s) current [-'kɜːrənt] tarifa, lista de precios en vigor (en un momento determinado y para un conjunto de artículos específicos).

price cut [-kʌt] rebaja; baja.

price decrease [-dɪ'kriːs] decremento de precios.

price differential, price differential spread [-'dɪfə'rentʃəl, spred] diferencial de precios.

price discrimination [- dɪs'krɪmə'neɪʃən] discriminación en materia de precios (acto de aplicar tarifas diferentes a un mismo producto dependiendo del cliente al que se venda).

price-earning(s) ratio [-'ɜːrnɪŋz 'reɪʃəʊ] se abrevia **P/E ratio, P/E;** razón precio-ganancias, razón cotización-ganancias (cotización de una acción dividida entre el dividendo que produce), tasa de capitalización de la utilidad neta por acción; coeficiente de capitalización de los resultados.

price-elastic market [-ɪ'læstɪk 'mɑːrkət] mercado de precios elásticos, mercado sensible a los precios.

price-fixing [-'fɪksɪŋ] **1** fijación de precios, determinación de precios *a priori.* **2** fijación ilícita de los precios (por acuerdo entre los fabricantes y/o distribuidores).

price fluctuations [-'flʌktʃuˈeɪʃən] fluctuaciones de precio.

price-freeze [-friːz] bloqueo de precios.

price-gouging [-'gaʊdʒɪŋ] práctica que consiste en fijar precios exorbitantes.

price-grid [-grɪd] tarifa.

price increase [-ɪn'kriːs] incremento de precios.

price-index [-'ɪndeks] índice de precios.

price leadership [-'liːdərʃɪp] liderazgo de precios, posición dominante en materia de precios.

priceless ['praɪsləs] *adj.* **1** sin precio. **2** invaluable, inapreciable. **3** carísimo.

price level [-'levəl] nivel de precios.

price-list [-lɪst] tarifa de precios actuales o corrientes.

price loco [-'ləʊkəʊ] ver **loco price.**

price-maintenance [-'meɪntnəns] venta a precios impuestos.

price marker [-'mɑːrkər] marcador de precios.

price-off label [-ɔːf 'leɪbəl] etiqueta de oferta especial, de precios muy rebajados.

price policy [-'pɑːləsi] política de precios.

price pyramiding [-'pɪrəmɪdɪŋ] piramidación de precios, repercusión exponencial que tienen las alzas de costos sobre los precios.

price range [-reɪndʒ] gama de precios.

price revision [-rɪ'vɪʒən] revisión de precios.

price sensitive [-'sensətɪv] sensible al precio, elástico.

price slashing [-'slæʃɪŋ] precios muy rebajados.

price system [-'sɪstəm] sistema de precios.

price tag [-tæg] etiqueta de precio; *por ext.* precio.

price variance [-'veriəns] varianza de precios.

price-wise [-waɪz] *adv.* se dice de aquello que se refiere al precio, en términos del precio.

pricey or **pricy** ['praɪsi] *adj.* caro, de precio elevado, de lujo.

pricing ['praɪsɪŋ] *n.* establecimiento de precios; fijación de una tarifa, fijación de precios, determinación de precios. *Common pricing,* precio de cartel. *Pricing policy,* política de precios.

primage ['praɪmɪdʒ] *n.* prima de flete (se dice del dinero que se le da al capitán por el uso de las máquinas de a bordo en el momento de cargar o de descargar un cargamento; el principio establece un porcentaje que se añade al costo del flete y cuyo monto es variable dependiendo de los puertos).

primary commodities ['praɪmeri kə'mɑːdətɪs] satisfactores fundamentales, productos básicos.

primary household ['praɪmeri 'haʊshəʊld] hogar, foco básico de lectores (que compran una publicación o que la solicitaron).

primary materials ['praɪmeri mə'tɪriəls] materias primas.

primary drives ['praɪmeri draɪvs] Psɪcoʟ.: necesidades primarias, elementales; impulsos primarios.

prime [praɪm] *adj.* **1** primero, principal, de primer rango, primero en cuanto a fecha o a importancia. *Prime minister,* primer ministro. *Prime bill,* título de crédito de alto comercio. **2** excelente, de primera calidad. *Prime time,* hora de gran audiencia (medios de comunicación).

prime commercial paper [-kə'mɜːrʃəl 'peɪpər] papel comercial de tipo preferencial.

prime cost [-kɔːst] **1** precio de costo (incluyendo materia prima, salarios y gastos en los que se ha incurrido directamente). **2** (EU) costo directo; costo de funcionamiento; costo que varía en función directa del volumen de producción. (Sinónimo de **flat cost.**)

P

prime mover [-'muːvər] *n. fig.* motor.

prime rate [-reɪt] (EU) tasa preferencial, tasa prima, tasa bancaria de descuento de tipo preferencial: tasa preferencial que conceden los bancos de negocios a todas las empresas estadounidenses de primer nivel; puede variar en función del volumen de cada préstamo, de las condiciones económicas locales o internacionales, etc.

prime time [-taɪm] hora de mayor audiencia, hora preferencial. *Prime time slot,* hueco o espacio en el horario de la hora preferencial.

principal ['prɪnsəpəl] *n.* 1 patrón, jefe, director. 2 monto de un préstamo sobre el cual se percibe un interés, principal. 3 comitente, el que da las órdenes, el que manda. 4 Jur.: autor principal de un crimen o de un delito.

print [prɪnt] *v.* imprimir; hacer un impreso; tirar (libros, documentos...).

print *n.* 1 impresión, impreso, marca; estampa, grabado. 2 impreso, estampado; carácter de imprenta. *In print,* impreso, disponible. *Out of print,* agotado. *In small print,* en letra pequeña (principalmente en la parte inferior de los contratos). *Print media,* la prensa escrita.

printed matter ['prɪntəd 'mætər] *n.* impresos.

printer ['prɪntər] *n.* 1 impresor; tipógrafo. *Printer's error,* error de imprenta. *Printer's proof,* prueba de imprenta. *Printer's reader,* corrector de pruebas. 2 impresora, reproductora. *Laser printer,* impresora láser.

print-out [-aʊt] *n.* lista impresa (producida por la impresora de una computadora).

print run [-rʌn] volumen de tiraje (de un diario).

prior ['praɪər] *adj.* anterior; previo. *Prior to:* antes. *To have a prior claim,* tener derecho de prioridad, de preferencia, tener prioridad. *Prior year to date,* del año pasado a la fecha. *Prior year to date sales report,* reporte de ventas acumuladas del año pasado a la fecha. *Prior year's profits,* utilidades del año anterior.

prior analysis [-ə'næləsəs] estudio previo.

priority [praɪ'ɔːrəti] *n.* 1 prioridad, precedencia. *Priority criteria,* criterios de prioridad. *To give priority to,* dar prioridad a. *Short-term projects shall be given priority,* se dará prioridad a los proyectos a corto plazo. 2 privilegio (de un acreedor). *Priority share,* acción privilegiada.

private ['praɪvət] *adj.* 1 particular, personal, privado. *Private,* personal (en los sobres). *Private account,* cuenta personal. *Private Assistant, P/A,* secretario(a) particular, asistente. 2 privado, restringido, no público. *Private agreement,* acuerdo amigable. 3 sin función especial, ordinario. *A private individual,* un particular ordinario. 4 Jur.: *Private sitting,* a puerta cerrada.

private accountant [-ə'kaʊntnt] contador privado.

private brand [-brænd] marca de distribuidor, marca privada.

private company or **private limited company** [-'kʌmpəni, -'lɪmətəd 'kʌmpəni] sociedad privada, sociedad de responsabilidad limitada (en este tipo de sociedad, el número de accionistas se limita a 50 y ninguno puede ceder su parte a terceras personas sin el consentimiento de la sociedad; además, la sociedad no tiene derecho de anunciar una emisión de acciones al público).

private consumption [-kən'sʌmpʃən] consumo de los hogares.

private corporation [-'kɔːrpə'reɪʃən] (EU) sociedad de responsabilidad limitada (cuyas partes no son negociadas entre el público).

private enterprise [-'entərpraɪz] libre empresa.

private exhibition [-'eksə'bɪʃən] presentación especializada que se reserva a personas de nivel profesional o tan sólo a invitados.

private income [-'ɪnkʌm] ingreso de los hogares.

private label [-'leɪbəl] marca del distribuidor.

private party selling [-'pɑːrti 'selɪŋ] venta que realiza un particular en su propia casa y dentro del contexto de una recepción.

private secretary [-'sekrəteri] secretaria o secretario privado, secretaria particular.

privatisation ['praɪvətə'zeɪʃən] *n.* privatización.

privatise ['praɪvətaɪz] *v.* privatizar, entregar al sector privado.

privilege ['prɪvəlɪdʒ] *n.* 1 privilegio, prerrogativa. 2 inmunidad. *Breach of privilege,* (caso de) ruptura de un privilegio o de inmunidad. 3 Bolsa: *Privileges* (EU), opciones.

privity ['prɪvitiː] *n.* 1 connivencia, conocimiento (de un hecho secreto). 2 Jur.: obligación mutua, vínculo legal, obligación contractual (se refiere principalmente al caso de herencia de derechos de un contrato a efecto de garantizar a los herederos los mismos derechos que los de la parte contratante de la que heredan).

Privy Council ['prɪvi 'kaʊnsəl] (GB) Consejo Privado de la Reina.

prize [praɪz] *n.* 1 premio, recompensa; lote. *Prize bond,* obligaciones o bonos que se emiten por lote. *Prize drawing,* tiraje por lotes. 2 toma, captura (marítima).

pro [prəʊ] *n.* y *prep.* 1 *fam.* profesional. 2 para. *Pros and cons,* (los) pros y (los) contras, argumentos a favor y en contra.

pro-active [-'æktɪv] *adj.* proactivo.

probability sampling ['prɑːbə'bɪləti 'sæmplɪŋ] sondeo por muestreo probabilístico, sondeo aleatorio.

probate ['prəʊbeɪt] *n.* Jur.: validación, legalización (de un testamento). *Probate court,* tribunal que verifica y legaliza los testamentos y que trata los asuntos que de ellos se deriven. *Probate duty,* derechos de sucesión.

probation [prəʊ'beɪʃən] *n.* 1 prueba, comprobación; examen, noviciado (en ciertos tribunales), periodo de prueba; ensayo. *On probation,* a prueba. *Probation period,* periodo de ensayo. 2 puesta a prueba (bajo vigilancia de la policía), libertad condicional, libertad bajo vigilancia. *Probation officer,* responsable de los delincuentes puestos en libertad bajo fianza.

probationer [prəʊ'beɪʃnər] *n.* 1 delincuente puesto en libertad condicional (bajo la responsabilidad del *probation officer*). 2 empleado en curso de formación, aprendiz; se refiere en particular a las enfermeras en periodo de formación.

probative ['prəʊbetɪv] *adj.* 1 exploratorio, probatorio. 2 convincente.

probe [prəʊb] *v.* 1 sondear; examinar a fondo. 2 hacer una encuesta.

probe *n.* 1 sonda. 2 encuesta; sondeo.

problem debtor ['prɑːbləm 'detər] *n.* deudor incumplido.

procedure [prə'siːdʒər] *n.* procedimiento; trámite; prácticas en uso. *Accounting procedures,* procedimientos contables. *Auditing procedures,* procedimientos de auditoría.

proceed [prəʊ'siːd] *v.* 1 proceder de, ser originario de. 2 comenzar, ponerse a, emprender. 3 perseguir, continuar, proceder. 4 llevarse a cabo, avanzar, proseguir su curso. 5 perseguir a través de la justicia, entablar un proceso.

proceedings [prəʊ'siːdɪŋz] *n.* 1 eventos, acciones, actos; asuntos. 2 procesos judiciales. *To take, undertake proceedings,* entablar un proceso, una querella. 3 debates, deliberaciones. 4 acta (de un conjunto de deliberaciones); reporte, anales (de un congreso).

proceeds ['prəʊsiːdz] *n.* 1 producto, monto; ganancias, beneficios, ingresos, entradas. 2 Fin.: producto neto.

process (EU) ['prɑːses]; (GB) ['prəʊses] *v.* 1 procesar, transformar, aprestar, preparar, arreglar. 2 tratar, analizar, examinar. *Data processing,* procesamiento de datos. *To process an order,* procesar, ejecutar un pedido. 3 Jur.: perseguir.

process *n.* 1 proceso, curso, etapas, desarrollo. *Industrial process,* proceso industrial. *Transformation process,* proceso de transformación. 2 procedimiento, método, modo, operación. 3 Jur.: acción de la justicia, requerimiento de comparecencia, citatorio para comparecer. 4 *In-process,* en curso. *In-process inventory,* inventario en curso. *In-process production,* producción en curso.

processing ['prɑːsesɪŋ] *n.* 1 procesamiento, transformación. 2 análisis, tratamiento, examen. *Automated processing,* procesamiento automatizado. *Data processing,* informática, procesamiento de datos, procesamiento de la información. *Industrial processing,* procesamiento industrial. *Processing plant,* fábrica de procesamiento. *Processing system,* sistema de procesamiento. *Statistical processing,* procesamiento estadístico, análisis estadístico.

processing fee [-fiː] *n.* gastos de expediente, gastos de procesamiento (crédito, etc.).

processed foods ['prɑːsest fuːds] alimentos industrializados, productos de la industria de la transformación.

process-server [-'sɜːrvər] *n.* Jur.: portero de estrados (en los tribunales).

procuration ['prɑːkjə'reɪʃən] *n.* 1 procuración, mandato. 2 delegación de autoridad. 3 obtención. *Procuration fee/money,* honorario por comisión (pagado a un agente por la obtención de un préstamo). *Procuration of justice,* procuración de justicia.

procurator ['prɑːkjəreɪtər] *n.* 1 agente de negocios; apoderado. 2 Jur.: procurador.

procuratory letters ['prɑːkjərəntəri 'letərs] *n. pl.* Jur.: poder, carta de acreditación como apoderado, carta poder.

procure [prə'kjʊr] *v.* 1 procurar, obtener; procurarse. 2 causar, ocasionar. 3 servir de intermediario o mediador, actuar como tercero.

procurement [prə'kjʊrmənt] *n.* 1 obtención, adquisición. 2 intermediación. 3 solicitud, gestión. 4 (EU) servicios de abastecimiento o suministro, aprovisionamiento. *Public procurement,* convocatoria de ofertas públicas.

produce [prə'djuːs] *v.* 1 enseñar, mostrar, exhibir, exponer. 2 presentar, manifestar, suministrar (para inspección). *To produce a witness,* hacer comparecer a un testigo. 3 redituar, devengar, producir, rendir (un beneficio). 4 crear, producir, provocar (un efecto).

produce ['prɑːdjuːs] *n.* 1 suministros, productos (principalmente alimenticios), producción, productos (a menudo de origen agrícola). *Dairy produce,* productos lácteos, producción láctea. *Farm-produce,* productos agrícolas. 2 rendimiento, producto.

producer [prə'djuːsər] *n.* productor.

producer advertising [-'ædvərtaɪzɪŋ] 1 publicidad del fabricante, del productor. 2 publicidad para productos industriales.

producer buyer [-'baɪər] comprador industrial.

producer goods or **producers goods** [-guds, prə'djuːsərs guds] bienes de producción,

P

bienes de equipo (cf. **capital goods**: bienes, tales como la materia prima, que se utilizan para producir otros bienes, ya sea de consumo o de equipos).

producer price index [-praɪs 'ɪndeks] índice de precios para la producción.

product ['prɑːdəkt] *n.* 1 producto, mercancía, artículo; producción. *Finished product,* producto terminado. 2 Mᴀᴛ.: producto.

product abandonment [-ə'bændənmənt] eliminación o supresión de un producto.

product-ad [-æd] anuncio de un producto.

product-area [-'eriə] área de dominio de un producto.

product benefits [-'benəfɪts] ventajas de un producto para el consumidor.

product capabilities [-'keɪpə'bɪlətis] características que se pueden esperar de un producto.

product change-over [-tʃeɪndʒ 'əʊvər] cambio radical de un producto.

product clinic [-'klɪnɪk] exposición o demostración de productos a nivel de menudistas.

product demeaning [-dɪ'miːnɪŋ] erosión de la imagen de un producto.

product design [-dɪ'zaɪn] diseño del producto.

product executive [-ɪg'zekjətɪv] jefe o responsable de un producto, gerente de producto.

product life cycle concept/PLC concept [-laɪf 'saɪkəl 'kɑːnsept/piː el siː 'kɑːnsept] concepto de ciclo de vida de un producto.

product life span [-laɪf spæn] duración de la vida de un producto.

product line [-laɪn] línea de productos.

product management [-'mænɪdʒmənt] administración de producto.

product manager/PM [-'mænɪdʒər/piː em] gerente de producto.

product mix [-mɪks] gama de productos, conjunto formado por los diferentes productos que elabora una empresa.

product planning [-'plænɪŋ] planeación del producto, técnicas de mercadotecnia.

production [prə'dʌkʃən] *n.* 1 presentación, representación, manifestación, comunicación (piezas, documentos, etc.). 2 generación, creación, producción, (efectos físicos, crónicas, etc.). 3 producción, fabricación. *Mass production,* producción en serie, producción en masa.

production bonus [-'bəʊnəs] bono sobre la producción.

production capacity [-kə'pæsəti] capacidad de producción.

production control [-kən'trəʊl] control de la producción; planificación o planeación de la producción.

production cost [-kɔːst] costo de producción (materia prima + mano de obra directa + cargos).

production delays [-dɪ'leɪz] demoras o retardos en la producción.

production department [-dɪ'pɑːrtmənt] departamento de producción.

production index [-'ɪndeks] índice de producción.

production line [-laɪn] línea de producción, cadena de producción.

production order [-'ɔːrdər] orden de producción.

production per day [-pɜːr deɪ] producción por día.

production per worker [-pɜːr 'wɜːrkər] producción por trabajador.

production planning [-'plænɪŋ] planeación de la producción.

production process [-'prɑːses] proceso de producción.

production run [-rʌn] corrida de producción.

production schedule [-'skedʒuːl] programa de producción.

production standard [-'stændərd] norma de producción.

production units [-'juːnəts] unidades de producción.

productive [prə'dʌktɪv] *adj.* 1 generador, productor. 2 fértil, rico, generoso. 3 productivo, rentable, lucrativo.

productivity ['prəʊdʌk'tɪvəti] *n.* productividad, rendimiento, rédito.

product(s) liability ['prɑːdəkt(s) 'laɪə'bɪləti] responsabilidad del fabricante —o del importador— con relación a los daños o accidentes ocasionados por un defecto grave de sus productos.

profession [prə'feʃən] *n.* 1 declaración (de intención), profesión (de fe). 2 oficio, carrera, profesión. *The profession,* los colegas del oficio, los profesionistas. *The professions,* las profesiones y las carreras liberales, los miembros de las profesiones liberales.

professional [prə'feʃnəl] *n.* 1 profesional, experto, especialista. 2 miembro de las profesiones liberales. 3 catedrático.

professional *adj.* profesional, especialista, experto. *Professional advise,* asesoría profesional, consejo de un especialista; de carrera, de oficio. *The professional army,* el ejército como profesión, como oficio.

professional ethics [-'eθɪks] ética profesional.

professional engineer [-'endʒə'nɪr] equivalente del "ingeniero titulado" (en el sistema educativo británico, la universidad tiene el privilegio exclusivo de la comparación de grados universitarios; para llegar a ser ingeniero, el camino habitual consiste en aprobar un *B.Sc.* (*Bachelor of Science*, licenciado en ciencias) relacionado con el dominio de las ciencias propias de la ingeniería (*B.Sc.Eng.*); el joven diplomado puede después llegar a convertirse en un *professional engineer* y verse admitido en el seno de los *Chartered Engineers*, es decir, la asociación de ingenieros).

professional fees [-fi:s] honorarios profesionales.

professional rules [-ru:ls] (conjunto de) reglas profesionales (de conducta), código de conducta de una profesión liberal; deontología profesional.

proffer ['prɑ:fər] *v.* ofrecer, presentar. *To proffer shares as collateral,* ofrecer o proponer acciones como garantía profesional.

proficiency [prə'fɪʃənsi] *n.* competencia, capacidad, habilidad, pericia, destreza.

proficient [prə'fɪʃənt] *adj.* competente, experimentado, eficaz, experto, hábil, capaz, versado.

profit ['prɑ:fət] *v.* **1** aprovecharse (de), beneficiarse (de), ser ventajoso; aprovechar, utilizar. **2** obtener beneficios, utilidades.

profit *n.* utilidad, ganancia, beneficio, ventaja. *To make a profit,* obtener una utilidad. *To bring in, show, yield a profit,* producir una ganancia, producir utilidades. *Accounting profits,* utilidades contables. *Accumulated profits,* utilidades acumuladas. *After tax profits,* utilidades después de impuestos, utilidad neta. *Capital profits,* plusvalía de capital. *Capitalized profits,* utilidades capitalizadas. *Cash profits,* utilidades en efectivo. *Corporate profit(s),* utilidades empresariales, utilidades corporativas. *Distributed profits,* utilidades distribuidas. *Gross profit(s),* utilidad(es) bruta(s). *Loss of profit,* pérdida de utilidades, acto de dejar de ganar utilidades. *Net operating profit,* utilidad(es) neta(s) en operación. *Net profits,* utilidad(es) neta(s). *Operating profits,* utilidades en operación. *Pre-tax profits,* utilidades antes de impuestos, utilidad bruta. *Realized profits,* utilidades realizadas. *Taxable profits,* utilidades gravables. *To turn a profit,* obtener ganancias, empezar a obtener utilidades.

profitability ['prɑ:fətə'bɪləti] *n.* rentabilidad. *Profitability index,* índice de rentabilidad, coeficiente de rentabilidad. *Profitability ratios,* razones de rentabilidad.

profitable ['prɑ:fətəbəl] *adj.* **1** ventajoso, productivo, interesante. **2** rentable, lucrativo, remunerador. *Profitable business,* empresa o negocio rentable.

profit and loss account [-ænd lɔ:s ə'kaʊnt] cuenta de pérdidas y ganancias.

profit and loss statement [-ænd lɔ:s 'steɪtmənt] estado de pérdidas y ganancias.

profit balance [-'bæləns] saldo con utilidades.

profit distribution [-'dɪstrɪ'bju:ʃən] distribución de utilidades.

profit-earning [-'ɜːrnɪŋ] que produce utilidades, rentable, productivo.

profit-making [-'meɪkɪŋ] que produce utilidades. *Profit-making projects,* proyectos capaces de producir una utilidad.

profit participation [-pɑr'tɪsə'peɪʃən] participación de utilidades. *Employees' profit participation,* participación de los empleados de las utilidades (de la empresa).

profit planning [-'plænɪŋ] planeación de utilidades.

profiteer ['prɑ:fə'tɪr] *v.* aprovechar(se), obtener utilidades excesivas; explotar.

profiteer *n.* **1** aprovechado. **2** usurero, comerciante abusivo.

profit graph [-græf] curva de rentabilidad, gráfica de utilidades.

profitless ['prɑ:fətləs] *adj.* que no produce beneficios, no rentable, improductivo, nulo. *Profitless deal,* negocio no rentable. *Profitless point* (EU), punto de equilibrio, límite de rentabilidad, punto muerto.

profit margin [-'mɑ:rdʒən] margen de utilidad.

profit seeking [-'si:kɪŋ] **1** interesado, que trata de obtener beneficios. **2** con fines de lucro.

profit sharing [-ʃerɪŋ] (**plan** or **scheme**) (plan de) participación de los trabajadores en las utilidades de la empresa.

profit take [-teɪk] *v.* Bolsa: tomar uno su beneficio.

profit taking [-'teɪkɪŋ] Bolsa: toma de beneficios.

profligacy ['prɑ:flɪgəsi] *n.* **1** prodigalidad, despilfarro, gastos exagerados. **2** libertinaje, desenfreno.

profligate ['prɑ:flɪgət] *adj.* **1** pródigo, derrochador, dilapidador. *Profligate spending,* gastos desenfrenados, gastos suntuosos. **2** descarriado, desenfrenado, depravado.

pro forma ['prəʊ'fɔrmə] (del latín: para la forma) puramente de forma, teórico (término muy común en los proyectos financieros; en la práctica suele escribirse *pro forma, proforma*).

pro forma account [-ə'kaʊnt] cuenta ficticia (la que se establece como guía, como modelo o como ejemplo).

pro forma invoice [-'ɪnvɔɪs] factura proforma.

program ['prəʊgræm] *v.* programar, hacer un programa.

program *n.* (EU) programa (de espectáculos, de trabajo, etc.); catálogo. *Program Evaluation and Review Techniques,* ver **P.E.R.T.** T.V.: *Program schedule,* horario de programas de televisión, horario.

programme ['prəʊgræm] (GB) ver **program**.

P

programmer [ˈprəʊgræmər] *n.* 1 programador (INFORM.: especialista en la concepción, realización y utilización de programas). 2 programador (de aparatos).

programming language [ˈprəʊgræmɪŋ ˈlæŋgwɪdʒ] lenguaje de programación (por ejemplo Algol, Cobol, Fortran, etc.).

program trading [-ˈtreɪdɪŋ] BOLSA: concertación automática de órdenes de compra o de venta dependiendo de los niveles de las cotizaciones (gracias a un programa de informática).

progress [ˈprɑːgrəs] *n.* 1 curso, marcha, avance, progresión. *Negotiations in progress*, negociaciones en curso. 2 progreso, estado de avance, mejoramiento, mejoría, progresión. *The progress of negotiations*, el progreso de las negociaciones. *Progress chasing*, seguimiento (del desarrollo o evolución) de un asunto. *Progress report*, reporte de progreso, informe de avance (de una operación en curso); seguimiento, estado o reporte periódico.

progression [prəˈgreʃən] *n.* progresión, progreso, movimiento hacia adelante.

progressive [prəˈgresɪv] *adj.* 1 progresivo, que avanza regularmente. *Progressive rate*, tasa progresiva. *Progressive commission rate*, tasa de comisión progresiva. *Progressive development*, desarrollo progresivo. *Progressive tax rate*, tasa fiscal progresiva. *Progressive increase/decrease*, incremento progresivo, decremento progresivo. 2 progresista, que pertenece al progreso.

prohibit [prəʊˈhɪbɪt] *v.* prohibir, vedar, impedir. *Prohibited goods*, mercancías prohibidas, mercancías que no se pueden importar o exportar.

prohibition [ˌprəʊəˈbɪʃən] *n.* 1 prohibición, interdicción. 2 JUR.: auto prohibitorio. 3 (EU) *Prohibition* (1920-1933), periodo en el que estaba prohibido fabricar, transportar y vender bebidas alcohólicas (ley seca).

prohibitive [prəʊˈhɪbətɪv] *adj.* 1 que prohíbe, que obstaculiza, que disuade, etc. *Prohibitive duty*, impuesto o derecho prohibitivo. 2 prohibitivo, exorbitante, de un costo excesivo. *Prohibitive price*, precio exorbitante.

prohibitory [prəʊˈhɪbətəri] ver **prohibitive** (1).

project [prəˈdʒekt] *v.* 1 proyectar; hacer planes, trazar, idear, inventar. 2 proyectarse. 3 resaltar, descollar, sobresalir.

project [ˈprɑːdʒekt] *n.* 1 proyecto, diseño, plan. *Individual projects*, proyectos individuales. *Mutually exclusive projects*, proyectos mutuamente excluyentes. 2 (EU) conjunto inmobiliario, fraccionamiento.

projected [prəˈdʒektəd] proyectado. *Projected balance sheet*, balance general proyectado. *Projected cash flow*, flujo de efectivo proyectado. *Projected costs*, costos proyecta-

dos. *Projected figures*, cifras proyectadas. *Projected financial statements*, estados financieros proyectados. *Projected flow of funds statement*, estado proyectado de flujo de fondos. *Projected income statement*, estado de resultados proyectado. *Projected profits*, utilidades proyectadas. *Projected sales*, ventas proyectadas. *Projected source and applications of funds statement*, estado proyectado de orígenes y aplicaciones de recursos.

projection [prəˈdʒekʃən] *n.* 1 proyección; resalte, protuberancia. 2 proyección, anticipación; lanzamiento.

project manager [-ˈmænɪdʒər] administrador de proyecto, gerente de proyecto.

prolong [prəˈlɔːŋ] *v.* 1 prolongar, retardar. 2 prorrogar.

prolongation [ˌprəʊlɔːŋˈgeɪʃən] *n.* 1 prolongación. 2 prórroga.

pro memoriam item [prəʊ məˈmɔːriəm ˈaɪtəm] nota conmemorativa.

promise [ˈprɑːməs] *v.* prometer.

promise *n.* 1 promesa, esperanza. *Of great promise*, que permite o que origina grandes esperanzas, que está lleno de promesas. 2 promesa, compromiso.

promisor [ˈprɑːməsər] *n.* prometedor.

promissory note [ˈprɑːməsɔːri nəʊt] pagaré (promesa escrita en la que una persona se compromete a pagar cierta suma, ya sea a la vista o en una fecha determinada).

promote [prəˈməʊt] *v.* 1 promover, ascender. 2 promover, fomentar, servir, sostener, favorecer, lanzar.

promoter [prəˈməʊtər] *n.* promotor; impulsor de empresas y de negocios; animador, instigador. *A business promoter*, un promotor de negocios. *A stock market promoter*, un promotor del mercado de valores.

promotion [prəˈməʊʃən] *n.* 1 promoción, aumento, avance. *Promotion by seniority*, promoción o aumento por antigüedad. *Promotion list*, escalafón, lista de promociones. 2 promoción, acción de sostener, subir, lanzar, favorecer (ideas, actividades económicas, etc.). *Promotion cost*, gastos de establecimiento. *Promotion expenses*, gastos de promoción. *Promotion shares*, acciones de prima, acciones de promoción.

promotional [prəˈməʊʃnəl] *adj.* promocional, relativo a la promoción o a la publicidad. *Promotional campaign*, campaña promocional. *Promotional sale*, venta publicitaria, venta promocional. *Promotional material*, material publicitario.

prompt [prɑːmpt] *v.* 1 incitar a (la compra, el consumo, etc.), tentar, incitar. 2 provocar, recordar (ideas, recuerdos). 3 soplar, decir en voz baja (en un examen); apuntar (teatro).

prompt *adj.* **1** pronto, rápido. *Prompt cash,* contado inmediato. *Prompt delivery,* entrega rápida. *Prompt pay,* pago rápido, pronto pago. *Prompt pay customers,* clientes que pagan sus cuentas rápidamente. *Prompt-pay discount,* descuento por pronto pago. *Net prompt cash,* contado sin descuento. *Prompt delivery,* entrega inmediata. **2** puntual, listo, vivo, despierto.
prompter ['prɑːmptər] *n.* **1** apuntador (de teatro). **2** aparato que se fija sobre una cámara de televisión y en donde aparece el texto que leen los anunciadores o periodistas, quienes aparentemente improvisan o hablan sin apuntes.
prompting ['prɑːmptɪŋ] *n.* **1** sugerencia; incitación. **2** impulso.
promulgate ['prɑːmlgeɪt] *v.* promulgar (una ley); diseminar, difundir (ideas, etc.).
proof [pruːf] *n.* **1** prueba, comprobación, hecho establecido, hecho probado. *Burden of proof,* carga de la prueba. *Proof by documentary evidence,* comprobación por evidencia documental. *Proof in bankruptcy,* acta de comprobación de quiebra. *Proof of loss,* instrumento comprobatorio de pérdidas. **2** ensayo, experimento; prueba. *Standing the proof,* que resiste la prueba, que pasa la prueba. *Press proof,* prueba de prensa. **3** contenido de alcohol de una bebida.
proof *adj.* a prueba de. *Bullet proof,* a prueba de balas. *Soundproof,* a prueba de ruidos o sonidos. *Water-proof,* impermeable, a prueba de agua.
prop [prɑːp] *v.* apuntalar (una construcción, un edificio), apoyar, sostener. *To prop up the economy,* sostener la economía.
prop *n.* **1** apoyo, soporte, sostén, pilar; puntal; cala. **2** accesorio (de teatro, cine, etc.).
property ['prɑːpərti] *n.* **1** haber(es), activo(s), posesión, posesiones, propiedad(es). *Acquired property,* propiedad adquirida. *Item of property,* elemento de propiedad. *Landed property,* bienes raíces, bienes inmuebles. *Personal property,* bienes muebles. *Real property,* bienes inmuebles. **2** propiedad, característica, atributo. **3** accesorio de teatro.
property analyst [-'ænləst] perito inmobiliario.
property damage [-'dæmɪdʒ] daños en propiedad. Seg.: riesgos múltiples de tipo habitacional.
property deed [-diːd] acta o escritura de propiedad.
property developer [-dɪ'veləpər] promotor inmobiliario.
property firm [-fɜːrm] (GB) sociedad de colocaciones inmobiliarias.
property owner [-'əʊnər] *n.* propietario de bienes raíces, terrateniente.

property tax [-tæks] impuesto sobre propiedades, impuesto predial o territorial (en los Estados Unidos corresponde de hecho a un impuesto sobre el capital), contribución predial o territorial sobre construcciones.
proportion [prə'pɔːrʃən] *n.* **1** proporción. **2** parte alícuota, proporción, cuota, parte.
proportional [prə'pɔːrʃnəl] *adj.* proporcional. *Proportional distribution,* distribución proporcional. *Proportional representation,* representación proporcional. *Proportional taxation,* impuesto o gravamen proporcional (se aplica en principio al valor declarado en una **property**).
proportionate [prə'pɔːrʃnət] *adj.* proporcional, en proporción con.
proportionately [prə'pɔːrʃnətli] *adv.* proporcionalmente.
proposal [prə'pəʊzəl] *n.* **1** proposición, propuesta. **2** (EU) licitación, oferta.
propose [prə'pəʊz] *v.* **1** proponer, ofrecer, hacer una proposición. **2** proponerse. **3** proponer matrimonio.
proposition ['prɑːpə'zɪʃən] *n.* **1** proposición, oferta, negocio. **2** idea emitida, sugerencia.
proprietary [prə'praɪəteri] *adj.* de la propiedad, relativo a la propiedad. *The proprietary classes,* las clases poseedoras. *Proprietary company,* **1** sociedad matriz (que posee la totalidad o la mayoría de otra sociedad). **2** sociedad propietaria de terrenos rentados a otras sociedades. **3** (GB) sociedad cuyos títulos no son comercializados y por lo tanto no son detentados por el público.
proprietary interest [-'ɪntrəst] **1** interés patrimonial; parte del capital. **2** participación mayoritaria en el activo.
proprietor [prə'praɪətər] *n.* propietario. *Original proprietor,* propietario original.
proprietorship [prə'praɪətərʃɪp] *n.* posesión; derecho de propiedad.
props [prɑːps] *n. pl.* accesorios (de teatro o cine).
propsman, propswoman ['prɑːpsmæn prɑːps'wʊmən] *n.* persona a cargo del manejo de los accesorios en el teatro o el cine.
prorate ['prəʊreɪt] *v.* prorratear, asignar, distribuir, dividir o estimar de manera proporcional.
prorateable ['prəʊ'reɪtəbəl] *adj.* proporcional, prorrateable.
prorogation ['prəʊrə'geɪʃən] *n.* **1** prorrogación, prolongación. **2** suspensión, emplazamiento (de una sesión parlamentaria).
prosecute ['prɑːsɪkjuːt] *v.* perseguir por medio de la justicia; entablar una acción judicial; demandar.
prosecution ['prɑːsɪ'kjuːʃən] *n.* **1** procesamiento, enjuiciamiento, continuación, prosecu-

ción. **2** procedimientos, trámites o diligencias judiciales. **3** parte quejosa o acusadora. **4** ministerio público, acusación ante el ministerio público. *Witness for the prosecution,* testigo de cargo.

prosecutor [ˈprɑːsɪkjuːtər] *n.* JUR.: quejoso, actor, demandante, querellante, acusador. *Public prosecutor,* fiscal.

prospect [ˈprɑːspəkt] *n.* **1** perspectiva; vista, panorama; esperanza, futuro, porvenir. **2** cliente futuro, cliente potencial, cliente eventual.

prospecting [ˈprɑːˈspəktɪŋ] *n.* prospección, investigaciones.

prospective [prəˈspektɪv] *adj.* **1** por venir, futuro, en perspectiva. **2** potencial, eventual, esperado, probable. *Prospective buyer,* comprador en perspectiva. *Prospective clients,* clientes en perspectiva. *Prospective sale,* venta en perspectiva.

prospectus [prəˈspektəs] *n.* prospecto; noticia de una emisión de títulos. Este documento puede proporcionar: a) los lineamientos y objetivos generales de una empresa que se quiere crear. b) una breve descripción de un bien puesto a la venta o que se pretende arrendar. c) los detalles que exige la comisión de control de operaciones bursátiles, antes de cualquier emisión de títulos nuevos.

prosper [ˈprɑːspər] *v.* prosperar, progresar, tener éxito.

prosperity [prɑːsˈperəti] *n.* prosperidad, éxito. *Sustained prosperity,* prosperidad sostenida.

prosperous [ˈprɑːspərəs] *adj.* próspero. *A prosperous year,* un año próspero.

protect [prəˈtekt] *v.* **1** proteger, defender; preservar, guardar, salvaguardar, garantizar, cubrir, sostener. **2** garantizar el buen fin, ser responsable del buen fin (de un título de crédito), hacer una provisión (letras de cambio).

protection [prəˈtekʃən] *n.* **1** protección, defensa, salvaguarda, garantía. **2** buen fin, garantía de buen fin. **3** proteccionismo.

protectionism [prəˈtekʃənɪzəm] *n.* proteccionismo.

protectionist [prəˈtekʃənəst] *n.* proteccionista.

protective [prəˈtektɪv] *adj.* protector, destinado a proteger, a sostener. *Protective duties,* derechos de protección.

pro tem(pore) [ˈprəʊˈtem(pəʊrə)] *adv.* provisionalmente, por el momento.

protest [prəˈtest] *v.* **1** protestar, emitir una protesta; (EU) impugnar, recusar, acusar. **2** *To protest a bill,* protestar de una letra de cambio.

protest [ˈprəʊtest] *n.* **1** protestación (diplomacia), representación. *Certified protest,* protestación legítima. **2** protesta. *Protest for non acceptance,* protesta por falta de aceptación. *Protest for non-*

payment, protesta por falta de pago. *To give notice of a protest,* notificar una protesta. JUR.: *Under protest,* bajo protesta, contra la voluntad de uno. **3** *Ship's protest,* reporte marítimo, acta o declaración de averías.

protester [prəʊˈtestər] *n.* **1** protestador. **2** protestatario. **3** deudor que hace protesta de una letra de cambio.

protracted [prəˈtræktəd] *adj.* prolongado.

protraction [prəˈtrækʃən] *n.* **1** prolongación (de un proceso), alargamiento, lentitud (procesos). **2** levantamiento (topográfico), trazado de un plano, reducción a escala.

prove [pruːv] *v.* **1** probar, demostrar; verificar, experimentar, probar; homologar (un testamento). **2** (+ *adj.*) presentarse, manifestarse, mostrarse. *To prove fruitful,* mostrarse fructífero.

proven [ˈpruːvən] *adj.* probado, confirmado. *Proven capacity,* capacidad probada. *Proven reserves,* reservas probadas.

prove up [-ʌp] *v.* **1** verificarse, comprobarse, demostrarse. **2** (EU) aportar la prueba (de), hacer valer uno sus derechos (ante).

provide [prəˈvaɪd] *v.* **1** proveer, suministrar, abastecer. *To provide sufficient information,* proporcionar suficiente información. **2** JUR.: prever (un caso), especificar, estipular. *The law provides that,* la ley estipula que.

provide for [-fɔːr] *v.* **1** mantener, satisfacer, proveer, suministrar, abastecer, dotar. *To provide for oneself,* bastarse uno a sí mismo, satisfacer o atender uno mismo sus propias necesidades. **2** tener en cuenta, prever, considerar, prevenirse contra, precaverse de.

provident [ˈprɑːvədənt] *adj.* previsor, ahorrativo. *Provident funds,* fondo de previsión, caja de previsión.

provision [prəˈvɪʒən] *n.* **1** provisión, disposición que se toma con un fin específico; precaución; pensión. **2** CONTAB.: reserva, provisión; prestación (de capitales). *Bad debts provision,* provisión para cuentas malas. **3** JUR.: artículo, cláusula; disposición, estipulación, prescripción. *Falling within the provision of the law,* que compete a la ley. **4** abastecimiento, suministro, puesta en su lugar, instalación; alimentación. *To make provisions for,* abastecer, suministrar.

provisional [prəˈvɪʒnəl] *adj.* **1** provisional, temporal. **2** JUR.: conservatorio, precautorio, provisional.

provisioning [prəˈvɪʒənɪŋ] *n.* aprovisionamiento, abastecimiento, suministro.

provisions [prəˈvɪʒəns] *n.* productos alimenticios, comestibles, provisiones, víveres.

proviso [prəˈvaɪzəʊ] *n.* condición, cláusula condicional, salvedad. *With the proviso that,* con la condición de que.

provisory [prə'vaɪzəri] *adj.* provisorio, condicional.

prox., proximo ['prɑːks, 'prɑːksəməʊ] *adv.* (del mes) próximo.

proxy ['prɑːksi] *n.* 1 apoderado, representante, mandatario. 2 poder, mandato, delegación de poder(es). *To vote by proxy,* votar por medio de un apoderado o por medio de un poder. *Proxy contest, proxy fight,* litigio de apoderamiento. *Proxy statement,* poder, procuración.

prudential ['pruːdntʃəl] *adj.* dictado por la prudencia. *Prudential committee* (EU), comité de gestión o administración, comité asesor.

prune [pruːn] *v.* reducir, disminuir, podar, limpiar.

public ['pʌblɪk] *n.* 1 el público; la opinión pública; el pueblo; la comunidad (nacional o local). *The general public,* el (gran) público, los ciudadanos. *The public at large,* el (gran) público, los ciudadanos. 2 clientela.

public *adj.* 1 público, conocido por el público, no secreto. 2 que pertenece al estado, al gobierno o a la administración; social. 3 *To go public,* transformarse en una **public company** (por una emisión de acciones en la bolsa). *To take a firm public,* inscribir una empresa en la bolsa.

public accountant [-ə'kaʊntnt] contador público.

public address system [-'ædres 'sɪstəm] equipo de altoparlantes que se usa en reuniones públicas para dirigirse a la audiencia.

public administrator ['pʌblɪk əd'mɪnəstreɪtər] (EU) administrador de sucesiones (funcionario local a cargo del manejo de sucesiones).

publican ['pʌblɪkən] *n.* (GB) encargado de una **public house** o de un **pub**.

public assistance [-ə'sɪstəns] (GB) ayuda pública, ayuda del estado.

publication ['pʌbləˈkeɪʃən] *n.* 1 publicación (obra impresa). 2 publicidad, anuncio público u oficial, publicación.

public carrier [-'kæriər] transportista público (que transporta pasajeros y mercancías a cambio del pago del servicio).

public company [-'kʌmpəni] sociedad anónima por acciones (**joint-stock companies** or **limited liability companies**) cuyo capital pertenece a los accionistas, que pueden negociar libremente los títulos en el mercado.

public corporation [-'kɔːrpəˈreɪʃən] organismo público o semipúblico.

public debt [-det] deuda pública, deuda del Estado.

public domain [-dəˈmeɪn] dominio público: 1 TRABAJOS PÚBLICOS: tierras que son propiedad del Estado o de las comunidades. 2 situación de una obra artística o literaria o bien de un invento

que deja de estar protegido por los derechos de autor o de patentes.

public information [-'ɪnfərˈmeɪʃən] información pública. *Public information systems,* sistemas de información pública.

public interest [-'ɪntrəst] interés público.

publicist ['pʌbləsəst] *n.* 1 periodista político. 2 publicista.

publicity [pʌbˈlɪsəti] *n.* (distíngase de **advertising**) publicidad, hacer del conocimiento público eventos comerciales u oficiales (en este último caso, se habla de **public relations**).

publicity agent [-'eɪdʒənt] agente de publicidad, especialista en relaciones exteriores.

publicity stunt [-stʌnt] truco, astucia publicitaria.

publicize ['pʌbləsaɪz] *v.* divulgar, hacer público, revelar, difundir, hacer del conocimiento del público, dar a conocer.

public jobs [-dʒɑːb] empleos del servicio público.

public law [-lɔː] 1 derecho público. 2 ley internacional (que regula las relaciones entre los Estados).

publicly-owned ['pʌblɪkli əʊnd] propiedad del público, del Estado, del gobierno; público.

public nuisance [-'nuːsns] perturbación del orden público, desmanes (en la vía pública).

public offering (of shares) [-'ɔːfərɪŋ (ɑːv ʃərs)] oferta pública (de acciones).

public relations [-rɪˈleɪʃəns] relaciones públicas, relaciones exteriores; relaciones internas (de una empresa).

public relations officer [-ɑːfəsər] **-P.R.O.** [piː ɑːr əʊ] responsable o encargado de relaciones públicas o exteriores.

public schools [-skuːls] 1 (EU) la escuela pública. 2 (GB) colegios privados de renombre (Eton, Harrow, Rugby, Winchester, etc.).

public servant [-'sɜːrvənt] (EU) funcionario (= **civil servant**).

public service [-'sɜːrvəs] (EU) el servicio público; la administración o función pública. *President Ford was ready to accept a public service job program,* el Presidente Ford estuvo dispuesto a aceptar un programa (de creación) de empleos del servicio público. *Public Service Commission,* comisión de control de servicios públicos y de agencias federales.

public spending [-'spendɪŋ] gastos públicos.

public utility (corporation/service/company) [-juːˈtɪləti ('kɔːrpəˈreɪʃən/'sɜːrvəs/ 'kʌmpəni)] (EU) sociedad privada que proporciona servicios públicos. (GB) organismo o sociedad de servicios públicos (agua, gas, electricidad, transporte, etc.).

public trustee [-'trʌsˈtiː] (GB) administrador del Estado en el área de sucesiones.

P

public workers [-'wɜːrkərs] trabajadores del sector público (administración, función pública, agencias gubernamentales o federales).

public works [-wɜːrks] trabajos públicos.

publish ['pʌblɪʃ] v. publicar, editar, imprimir.

publisher ['pʌblɪʃər] n. editor.

publishing house ['pʌblɪʃɪŋ haʊs] casa editora, editorial.

pull [pʊl] n. 1 tracción, atracción, tirón. 2 fam. pistón.

pull down [-daʊn] v. 1 bajar, tirar, arrastrar o impulsar hacia abajo, provocar la baja o la caída. A fall in the price of bonds may pull down the prices of stocks, una caída en los precios de los bonos puede provocar la baja de los precios de las acciones. 2 demoler, derribar (un edificio).

pull out ['pʊlaʊt] v. retirarse.

pull-out [-aʊt] n. 1 retiro, retroceso, reintegro. 2 bono o vale desprendible.

pump-priming [pʌmp 'praɪmɪŋ] (lit. preparación de una bomba). Pump-priming (measures), medidas de fomento de la economía, medidas de reactivación económica (inyección de capitales públicos durante los periodos de depresión económica).

punch(ed) card [pʌntʃ(ed) kɑːrd] tarjeta perforada.

pundit ['pʌndət] n. experto, especialista, autoridad.

punt [pʌnt] v. especular en la bolsa con pequeñas cantidades, jugar flojo.

punter ['pʌntər] n. bolsista que sólo invierte pequeñas cantidades.

purchase ['pɜːrtʃəs] v. comprar, adquirir, hacer uno sus compras.

purchase n. 1 compra, adquisición. Hire-purchase, H.P., venta a plazos, arrendamiento con opción de compra. Purchase order, orden de compra. 2 mercado, negocio. A good purchase, un buen negocio. 3 JUR.: adquisición. 4 renta anual, en la expresión: bought at 20 years' purchase, adquirido por una cantidad igual a 20 años de renta. 5 punto de apoyo, toma, fuerza mecánica; palanca, aparato de levantamiento, elevador, aparato de carga.

purchase discount [-'dɪskaʊnt] descuento de compra.

purchase price [-praɪs] precio de compra.

purchase policy [-'pɑːləsi] política de compras.

purchase requisition [-'rekwə'zɪʃən] requisición de compras.

purchase returns [-rɪ'tɜːrns] devoluciones sobre compras.

purchaser ['pɜːrtʃəsər] n. comprador, adquiriente.

purchase-tax [-tæks] impuesto sobre compras (impuesto local percibido sobre las ventas de mercancías o de servicios al menudeo, reemplazado en la Gran Bretaña por el **V.A.T.** (**Value Added Tax**), I.V.A., impuesto al valor agregado.

purchasing agent ['pɜːrtʃəsɪŋ 'eɪdʒənt] 1 director (del departamento) de compras, comprador. 2 corredor, intermediario que compra por cuenta de sus clientes.

purchasing power ['pɜːrtʃəsɪŋ 'paʊər] poder de compra. Purchasing power of the dollar, poder de compra del dólar (medida de la evolución cuantitativa de las mercancías o servicios que un dólar permite adquirir en un periodo determinado).

purportedly [pɜːr'pɔːrtədli] consideradamente, presentándose como.

purpose ['pɜːrpəs] n. propósito, deseo, fin, objeto, intención, resolución. For the purpose of, a fin de, con el propósito de. To answer a purpose, satisfacer un objetivo. To good purpose, con provecho o buenos resultados. To no purpose, inútilmente, en vano. For customs purposes, dentro del marco de la legislación de aduanas.

purpose-made [-meɪd] especialmente hecho para, fabricado para un propósito especial, hecho para, especial.

purser ['pɜːrsər] n. MARINA: contador (de a bordo).

pursuance [pər'suːəns] n. prosecución; consecuencia. In pursuance of, en virtud de, conforme a.

pursuant [pər'suːənt] adj. 1 conforme. 2 JUR.: demandante, querellante, acusador. 3 Pursuant to, conforme a.

pursuit [pər'suːt] n. 1 persecución, investigación. 2 ocupación. Pursuits, trabajos.

purveyance [pər'veɪəns] n. aprovisionamiento, suministro.

purveyor [pər'veɪər] n. proveedor, aprovisionador. Purveyor to Her Majesty, proveedor de la reina.

purview ['pɜːrvjuː] n. 1 vista general, extensión, alcance, límites. 2 JUR.: disposición; cuerpo de una ley de un estatuto, texto, artículo. To be within the purview of, ser de la competencia de, ser de la jurisdicción de. 3 estar al alcance de la vista de.

push [pʊʃ] v. 1 empujar, hacer avanzar. To push sales, impulsar vigorosamente las ventas. 2 impulsar, ejercer presión. The rate of inflation is pushing towards a 12 per cent annual rate, la tasa de inflación avanza con un ritmo anual del 12 por ciento; molestar, presionar, importunar (por la presentación de solicitudes). To push one's luck, asumir riesgos. To push for a pay-increase, reclamar un aumento de salario. 3 vender, colocar, promover un artículo. To push *drugs,* vender, colocar drogas. *To push oneself,* hacerse valer, realzarse, encomiarse. *To push shares,* colocar acciones dudosas.

push-button [-'bʌtn] *adj.* 1 que funciona al oprimir un botón, automatizado. 2 de botones, de teclas, con teclas. *Push-button telephone,* teléfono de teclas o de botones.

push-cart [-kɑːrt] *n.* carretilla de mano; carrito (de las tiendas de autoservicio).

pusher ['puʃər] *n.* 1 propulsor (máquinas, mecánica). 2 arribista, ambicioso, persona que empuja. 3 vendedor agresivo. *Drug pusher,* vendedor de drogas.

push-money [-'mʌni] (EU) comisión pagada por un fabricante o por un comerciante a un vendedor que impulsa sus productos.

push up [-ʌp] *v.* hacer subir (las cotizaciones, los precios, etc.).

push-up *n.* aumento, elevación, alza.

put [put] *v.* 1 poner, colocar, situar. 2 lanzar, arrojar (pesos). 3 hacer, preguntar. 4 *To put to sea,* lanzarse al mar, hacerse a la mar.

put *n.* 1 puesta; golpe, disparo, tiro, tirada, lanzamiento. 2 BOLSA: *Put* or *put option,* opción de venta.

put and call [-ænd kɔːl] BOLSA: doble opción, doble prima, operación bursátil a plazo con doble opción.

put away [-ə'weɪ] *v.* 1 separar. 2 hacer a un lado.

put in [-ɪn] *v.* poner, presentar. *To put in a claim,* presentar una reclamación. *To put in a claim for compensation,* presentar una demanda por daños y perjuicios.

put off [-ɔːf] *v.* 1 remitir, entregar, prorrogar, aplazar. 2 desalentar, disuadir. 3 confundir, desconcertar.

put on [-ɑːn] *v.* TELEF.: comunicar, pasar. *Could you put me on to him?,* ¿podría ponerme en comunicación con él?

put out [-aut] *v.* 1 apagar (el fuego). 2 molestar, perturbar, fastidiar. 3 producir (una industria). 4 emitir, publicar. 5 *To put out at interest,* prestar con intereses.

put the shares [-ðə ʃərs] declararse vendedor (de acciones).

put through [-θruː] *v.* TELEF.: poner en comunicación, conectar con otra extensión telefónica. *Put me through to extension 502,* póngame en comunicación con la extensión 502.

putting ['pʌtɪŋ] *n.* 1 presentación, exhibición. 2 BOLSA: entrega, remesa (de acciones).

putting up [-ʌp] *n.* 1 aumento, recargo, valuación excesiva. 2 puesta en venta. 3 embalaje.

put up [-ʌp] *v.* 1 levantar, alzar, hacer subir, poner en un lugar, fijar, enganchar, colocar, poner en orden. 2 presentar, dirigir, enviar (domicilios, peticiones). 3 proporcionar, poner en venta. *To put up for auction,* poner en subasta. *To put up for sale,* poner en venta. 4 reunir (una suma de dinero), depositar, abonar. 5 alojar (a una persona). 6 edificar, construir, erigir. 7 *To put up a candidate,* presentar un candidato. 8 *To put up with,* arreglarse con, conformarse con, aguantar, soportar, resistir.

pyramid selling ['pɪrəmid 'selɪŋ] venta piramidal.

P

q

qualification [ˈkwɑːləfəˈkeɪʃən] *n.* 1 calificación, condición, requisito. 2 competencia, título
y competencia, aptitud, capacidad. 3 especialidad. 4 reserva, restricción. 5 **qualifications,**
salvedades (tecnicismo común en las prácticas
de preparación de dictámenes de la auditoría).
qualified [ˈkwɑːləfaɪd] *adj.* 1 calificado, competente. 2 que satisface las condiciones, autorizado, habilitado. 3 limitado, condicionado.
Qualified acceptance, aceptación bajo condición, bajo reserva. *Qualified auditor's opinion,*
dictamen de auditoría con salvedades. *Qualified worker,* obrero calificado.
qualify [ˈkwɑːləfaɪ] *v.* 1 *To qualify for,* tener
las cualidades requeridas para, llenar las condiciones requeridas, satisfacer las condiciones. *To
qualify for a loan,* satisfacer las condiciones para
la obtención de un préstamo. 2 *To qualifv someone for something,* hacer a alguien apto para;
autorizar a alguien para. 3 establecer o fijar reservas, gradaciones; restringir.
qualitative [ˈkwɑːləteɪtɪv] *adj.* cualitativo(a).
Qualitative analysis, análisis cualitativo. *Qualitative methods,* métodos cualitativos.
quality [ˈkwɑːləti] *n.* calidad, cualidad.
quality control [-kənˈtrəʊl] control de calidad.
Quality control standards, normas del control
de calidad.
quantify [ˈkwɑːntəfaɪ] *v.* cuantificar. *To quantify a contingency,* cuantificar una contingencia.
To quantify a loss, cuantificar una pérdida.
quantitative [ˈkwɑːntəteɪtɪv] *adj.* cuantitativo. *Quantitative analysis,* análisis cuantitativo.
Quantitative methods, métodos cuantitativos.
quantity [ˈkwɑːntəti] *n.* cantidad. *Discount for
quantity,* reducción por pedido o compra de
volumen.
quarantine [ˈkwɔːrəntiːn] *v.* poner en cuarentena.
quarantine *n.* cuarentena.
quarry [ˈkwɔːri] *v.* 1 sacar de una cantera.
2 explotar una cantera.
quarry *n.* cantera.
quart [kwɔːrt] *n.* cuarto de galón: aproximadamente un litro (GB = 1.136 litros; EU = 0.946
litros).
quarter [ˈkwɔːrtər] *n.* 1 cuarto. 2 trimestre;
plazo, término. 3 medio, esfera. *Business quarters,* medios comerciales, medios industriales,
medios empresariales. 4 EU: pieza de 25 centavos. 5 medida (aproximamente 12 kg).

quarterly [ˈkwɔːrtərli] *adv.* trimestral, trimestralmente. *Quarterly payments,* pagos trimestrales.
Quarterly dividend payments, pagos trimestrales de dividendos.
quarterly journal [-ˈdʒɜːrnl] revista trimestral.
quarter-page advertisement [-peɪdʒ
ˈædvərˈtaɪzmənt] PRENSA: anuncio de un cuarto
de página, publicidad de un cuarto de página.
quay [kiː] *n.* muelle, embarcadero. *Alongside
quay,* a lo largo del andén.
quayage [ˈkiːɪdʒ] *n.* derechos de muelle; derechos de atraque.
quay-berth [-bɜːrθ] *n.* lugar, emplazamiento,
en el muelle.
quell [kwel] *v.* reprimir, contener. *To quell inflation,* reprimir la inflación. *To quell an uprising,* contener una revuelta.
query [ˈkwɪri] *v.* 1 preguntar. 2 preguntarse.
3 poner en duda.
query *n.* pregunta, interrogación, solicitud de
informes.
question [ˈkwestʃən] *v.* 1 poner en duda, dudar, desconfiar. 2 interrogar, someter a un
interrogatorio.
questionnaire [ˈkwestʃəˈner] *n.* cuestionario.
queue [kjuː] *v.* hacer cola, formar una fila.
queue *n.* cola, fila de espera; línea de espera
(investigación de operaciones).
queueing problems [ˈkjuːɪŋ ˈprɑːbləms]
problemas de líneas de espera.
queueing theory [ˈkjuːɪŋ ˈθiːəri] teoría de
líneas de espera.
quick [kwɪk] *adj.* rápido; vivo. CINE: *Quick motion,* cámara rápida. *Quick ratio,* razón rápida (también se conoce como *acid test,* prueba del ácido).
quicken [ˈkwɪkən] *v.* acelerar.
quickness [ˈkwɪknəs] *n.* rapidez, velocidad,
prontitud.
quid [kwɪd] *n. fam.* libra (esterlina). *4 quid,* 4
libras.
quietus [kwaɪˈiːtəs] *n.* finiquito, carta o declaración de pago.
quit [kwɪt] *v.* 1 abandonar, cesar. 2 dimitir, renunciar uno a sus funciones.
quiz [kwɪz] *n.* juego radiofónico; juego publicitario (radio, T.V.).
quorum [ˈkwɔːrəm] *n.* quórum. *To have, to
form a quorum,* formar, hacer quórum.
quota [ˈkwəʊtə] *n.* contingente, cupo; cuota.
quotable [ˈkwəʊtəbəl] *adj.* 1 BOLSA: cotizable.
2 citable.

quotation [kwəʊ'teɪʃən] *n.* 1 cotización, precio de mercado, valor de mercado. *Future quotations,* cotizaciones futuras. *Market quotations,* cotizaciones de mercado. *Stock-exchange quotations,* cotizaciones de la bolsa de valores. 2 cita, referencia, alusión. *Quotation marks,* comillas. **quote** [kwəʊt] *v.* 1 citar (palabras, textos). *Please quote this number in your reply,* sírvase mencionar este número en su respuesta. *Quote,* abrir comillas. 2 fijar, establecer, dar a conocer, mencionar, anunciar (un precio). 3 BOLSA: cotizar.

Officially quoted, admitido en la cotización oficial.
quote *n.* 1 cita, referencia. 2 apertura de comillas, principio de una referencia. 3 = **quotation** (1).
quote a price [-ə praɪs] *v.* mencionar un precio, dar o indicar un precio; anunciar, dar a conocer un precio.
quoted on the stock exchange [kwəʊtid ɑːn ðə stɑːk ɪks't ʃeɪndʒ] cotizado en Bolsa.
quotient ['kwəʊʃənt] *n.* cociente.

r

rack [ræk] *n.* casillero, estante, anaquel; exhibidor. *Luggage rack,* red de equipaje.

racketeer ['rækə'tɪr] *n.* contrabandista.

racketeering ['rækə'tɪrɪŋ] *n.* socaliña perpetrada a través de la intimidación.

rackjobber ['ræk'dʒɑːbər] *n.* mayorista o especialista que se encarga contractualmente del aprovisionamiento de los departamentos de una tienda y de la presentación de las mercancías en los comercios menudistas (en general, supermercados).

rackjobbing ['ræk'dʒɑːbɪŋ] *n.* reabastecimiento de los departamentos de una tienda menudista a través de un mayorista o especialista que trabaja bajo contrato.

rack up [-ʌp] *v.* registrar. *To rack up profits,* registrar u obtener utilidades.

radio ['reɪdiəu] *v.* difundir por radio, transmitir por radio, llamar por radio.

radio *n.* radio. *On the radio,* en el radio, en la radio.

radio announcement [-ə'naunsmənt] anuncio transmitido por radio, anuncio radiofónico.

radio quiz [-kwɪz] juego radiofónico.

raider ['reɪdər] *n.* especulador de adquisiciones empresariales (se dice de aquella persona u organización que adquiere el control de una compañía y la dota de activos, utilidades y personal a efecto de transferir posteriormente dichos recursos de una manera legal o ilegal a otras empresas controladas por el **raider**).

rail [reɪl] *n.* riel de ferrocarril, ferrocarril. *By rail,* por ferrocarril. *Free on rail,* franco-vagón, francoferroviario.

rail-car [-kɑːr] *n.* (EU) vagón de ferrocarril.

railhead ['reɪlhed] *n.* cabeza de línea.

railroad ['reɪlrəud] *v.* expedir por ferrocarril.

railroad *n.* ferrocarril.

railroad bill of lading, railroad waybill [-bɪl ɑːv 'leɪdɪŋ, -'weɪbɪl] (EU) conocimiento de embarque ferroviario.

rail transport [-'trænspɔːrt] transporte por ferrocarril.

railway ['reɪlweɪ] *n.* (GB) ferrocarril, línea, vía férrea. *The railways,* los ferrocarriles.

railway bill [-bɪl] (GB) conocimiento de embarque ferroviario.

railway guide [-gaɪd] (GB) indicador de ferrocarriles.

railway line [-laɪn] (GB) línea de ferrocarriles.

railwayman ['reɪlweɪmən] *n.* (GB) empleado de ferrocarriles, empleado ferroviario.

railway station [-'steɪʃən] (GB) estación de ferrocarriles.

railway traffic [-'træfɪk] (GB) tráfico ferroviario.

raise [reɪz] *v.* **1** aumentar, incrementar, elevar. **2** levantar, alzar, poner en pie, poner derecho, enderezar. **3** criar (ganado, etc.). **4** promover (a un puesto de trabajo). **5** aumentar (los impuestos), contratar (un crédito), solicitar en préstamo (dinero). *To raise cash,* obtener fondos, recaudar, conseguir fondos. *To raise money,* obtener capitales. *Fund-raising,* colecta de fondos.

raise *n.* aumento. *To demand a (salary) raise,* pedir un aumento (de sueldo).

raise capital [-'kæpətl] *v.* obtener capital, conseguir capital; solicitar fondos de capital en préstamo.

raising ['reɪsɪŋ] *n.* creciente, que se levanta. *Raising costs,* costos crecientes. *Raising prices,* precios crecientes. *Raising sales,* ventas crecientes.

rake in [reɪk ɪn] *v.* recoger, reunir, entrojar, guardar en una granja. *To rake in substantial profits,* obtener grandes utilidades.

rally ['ræli] *v.* reanimarse, estar en repunte, enderezarse, repuntar; rehacer(se), reunir(se).

rally *n.* **1** reunión, concentración, manifestación, mitin. *To stage a rally,* organizar una manifestación, un mitin. **2** repunte (bursátil, económico).

R.A.M. [ræm] ver **random access memory.**

rampage ['ræmpeɪdʒ] *n.* agitación, alboroto, bulla. *Bears are on the rampage,* los especuladores a la baja se encuentran en pleno estado de agitación.

rampant ['ræmpənt] *adj.* violento, brusco, desencadenado en forma violenta. *Rampant inflation,* inflación galopante, inflación violenta.

random ['rændəm] *n.* azar, aleatorio, suerte, casualidad. *At random,* al azar.

random *adj.* **1** hecho al azar, aleatorio. *Random sampling,* muestreo aleatorio, selección de una muestra al azar, sin escoger. **2** incierto, desconocido, variable. *Random events,* eventos aleatorios o inciertos. *Random widths,* anchuras ajustables o variables, medidas de anchura tomadas al azar, anchos arbitrarios.

random access memory [-'ækses 'meməri] **(R.A.M.)** [ræm] INFORM.: memoria de acceso aleatorio, memoria susceptible de almacenar cualquier tipo de datos. Distíngase de **R.O.M.**

(read-only memory): memoria asignada exclusivamente a propósitos de lectura de programas internos; por lo general, en esta última se encuentran almacenados el sistema básico de entrada-salida (**basic input-output system**) y el programa de rearranque de las computadoras (**bootstrap program**), y por ello no es accesible.

random numbers [-'nʌmbərs] números aleatorios. *Random numbers table*, tabla de números aleatorios.

random problems [-'prɑːbləms] problemas aleatorios.

random sample [-'sæmpəl] muestra aleatoria.

randomization ['rændəmaɪ'zeɪʃən] *n.* **1** en los estudios estadísticos, se dice de la dispersión sistemática de los factores a efecto de obtener conclusiones de valor general. **2** en los estudios estadísticos, se dice del procedimiento aleatorio que debe seguirse para eliminar o para reducir la interferencia de variables distintas de aquellas que se estudian.

randomize ['rændəmaɪz] *v.* realizar una distribución aleatoria, una dispersión sistemática.

range [reɪndʒ] *v.* **1** extenderse (de... a), ir (de... a), variar (desde... hasta). **2** tener un alcance de.

range *n.* **1** rango, alcance, extensión, dominio, campo de acción. *Range of action*, campo de acción. **2** gama, variedad, diversidad, serie, surtido. *A wide range of samples*, una gran variedad de muestras.

rank [ræŋk] *v.* **1** *To rank (somebody or something) among...*, ordenar entre, colocar entre, situar entre. **2** ordenarse, arreglarse, clasificarse, colocarse, situarse, tener el rango de. *To rank with*, ser igual a, estar al mismo nivel que, ser comparable con.

rank *n.* rango, clase, grado, nivel jerárquico; clasificación, lugar. *Promoted from the ranks*, promovido desde los rangos inferiores, promovido de nivel en nivel, paulatinamente.

rank and file (the) [-ænd faɪl (ðə)] SINDICATOS: la base, la base sindical.

rank and filers [-ænd 'faɪlərs] los miembros de la base (sindicatos).

ranking ['ræŋkɪŋ] *n.* clasificación, posición, rango.

ranking *adj.* de rango. *Ranking system/method*, sistema/método de (asignación de) rangos (técnica común en la evaluación de proyectos).

ransom ['rænsəm] *v.* **1** rescatar, hacer pagar un rescate. **2** pagar un rescate, readquirir, recomprar.

ransom *n.* **1** rescate. **2** recompra.

rapid ['ræpəd] *adj.* rápido.

rare [rer] *adj.* raro.

rarefy ['rerəfaɪ] *v.* **1** encarecerse. **2** encarecer.

rareness ['rernəs] *n.* escasez.

rarity ['rerəti] *n.* escasez.

rash [ræʃ] *n.* ola, epidemia. *A rash of strikes*, una ola de huelgas.

rash *adj.* temerario, imprudente, arriesgado, irreflexivo, inconsiderado.

ratchet ['rætʃət] *v.* desencadenar, acarrear, causar, originar.

ratchet *n.* disparador. *Ratchet effect*, efecto de desencadenamiento, efecto de disparador, efecto de preparación.

rate [reɪt] *v.* **1** estimar, evaluar, considerar como. **2** situar, clasificar. **3** gravar (impuestos, etc.).

rate *n.* **1** tasa. *Annual (interest) rate*, tasa anual (de interés). *Average rate*, tasa promedio. *Effective (interest) rate*, tasa efectiva (de interés). *Fixed (interest) rate*, tasa fija (de interés). *Floating rate*, tasa flotante. *Interest rate*, tasa de interés. *Nominal (interest) rate*, tasa nominal (de interés). *Variable (interest) rate*, tasa variable (de interés). **2** cotización; precio, tarifa. **3** cadencia, ritmo. **4** clase, calidad, categoría. *First rate*, de primera calidad, de primer nivel. **5** *Rates*: impuestos locales.

rateable ['reɪtəbəl] *adj.* **1** evaluable. **2** imponible.

rate card [-kɑːrd] ficha de evaluación.

rate of change [-ɑːv tʃeɪndʒ] tasa de cambio.

rate of decrease [-ɑːv dɪ'kriːs] tasa de decremento.

rate of exchange [-ɑːv ɪks'tʃeɪndʒ] tasa de cambio, tipo de cambio.

rate of increase [-ɑːv ɪn'kriːs] tasa de incremento.

rate of interest [-ɑːv 'ɪntrəst] tasa de interés.

rate of return [-ɑːv rɪ'tɜːrn] tasa de rendimiento.

rate-payer [-'peɪər] contribuyente (impuestos locales, etc.).

ratification ['rætəfə'keɪʃən] *n.* **1** ratificación. **2** homologación.

ratify ['rætəfaɪ] *v.* ratificar, validar, confirmar, aprobar, homologar; aprobar.

rating ['reɪtɪŋ] *n.* **1** estimación, clasificación, evaluación, cotización. *Credit rating*, evaluación de crédito, evaluación de la solvencia o capacidad financiera; crédito. *His credit rating is good*, su evaluación de crédito es buena. **2** clasificación, agrupación; notación. *Satisfactory rating*, notación satisfactoria, evaluación satisfactoria, clasificación satisfactoria. *Satisfactory financial rating*, clasificación financiera satisfactoria.

rating firm [-fɜːrm] empresa de analistas especializada en evaluaciones financieras (clasificación de deudas en función de su grado de solvencia).

ratings ['reɪtɪŋs] sondeo(s) (audiencia de radio, televisión).

ratio ['reɪʃəʊ] *v.* razón, relación, proporción, tasa. *Financial ratio*, razón financiera. *Financial*

R

ratio analysis, análisis de razones financieras. *In inverse ratio,* en proporción inversa, en razón inversa.

ration ['ræʃən] *v.* racionar.

ration *n.* ración.

raw [rɔ:] *adj.* 1 crudo. 2 bruto. 3 inexperto. 4 en vivo, en carne viva. *To get a raw deal,* hacer un mal negocio.

raw material [-məˈtɪriəl] materia prima. *Raw materials inventory,* inventario de materias primas.

re [reɪ] con relación a, relativo a, en lo que se refiere a (las fórmulas del género *"Re your letter of March 2nd..."* son desaconsejables en la correspondencia comercial moderna).

reach [ri:tʃ] *v.* 1 alcanzar. 2 llegar a (conclusiones, destinos). 3 ascender a, elevarse a. 4 extenderse.

reach *n.* 1 alcance, extensión. *Within reach,* al alcance, accesible. 2 acequia, bordada.

reach an agreement [-æn əˈgri:mənt] llegar a un acuerdo.

read [ri:d] *v.* 1 leer. 2 leerse, decir. *The telegram read "arriving",* el telegrama decía "llegamos".

reader ['ri:dər] *n.* 1 lector. 2 compilación, manual, libro. 3 anuncio (que indica el precio en una vitrina, etc.). 4 profesor de conferencias; declamador.

reader habit survey [-ˈhæbət ˈsɜ:rveɪ] encuesta acerca de los hábitos de lectura del público.

readership ['ri:dərʃɪp] *n.* 1 número de lectores. *Pass-on readership,* número de lectores (en oposición a número de personas abonadas o suscritas a una publicación). 2 actividad propia de los profesores que dan conferencias.

readership survey [-ˈsɜ:rveɪ] encuesta acerca del número de lectores de una publicación; encuesta acerca de los hábitos de lectura de un cierto público; estudio de la audiencia.

readily ['re:dli] *adv.* fácilmente, sencillamente. *Readily available (information),* información fácilmente obtenible. *Readily apparent,* fácilmente ostensible.

reading audience ['ri:dɪŋ ˈɔ:diəns] audiencia de lectores. *Reading public,* público lector.

reading notice ['ri:dɪŋ ˈnəʊtəs] Pub.: (EU) anuncio de tipo redaccional.

readjust ['ri:əˈdʒʌst] *v.* readaptar, reajustar, rectificar, reacondicionar. *To readjust for inflation,* reajustar (por ejemplo cifras) por la inflación. *Inflation-adjusted rate of return,* tasa de rendimiento ajustada por la inflación.

readjustment ['ri:əˈdʒʌstmənt] *n.* reajuste, readaptación, rectificación, reacondicionamiento.

read law [-lɔ:] *v.* hacer estudios de derecho, estudiar leyes.

readmission ['ri:ədˈmɪʃən] *n.* readmisión (aduanas).

readmittance ['ri:ədˈmɪtəns] *n.* readmisión (aduanas, etc.). *Readmittance conditions,* condiciones de readmisión.

read out [-aʊt] *v.* leer en voz alta.

readout ['ri:daʊt] *n.* 1 Inform.: producto, salida, producto de máquina. 2 fijación de carteles.

read only memory [-ˈəʊnli ˈmeməri] **(R.O.M.)** [rɑ:m] Inform.: memoria para propósitos exclusivos de lectura de programas internos, memoria de lectura, memoria muerta.

ready ['redi] *adj.* listo(a). *Ready acceptance,* aceptación fácil. *Ready sales,* ventas fáciles.

ready-made [-meɪd] prefabricado, ya hecho, ya acabado, confeccionado; listo para usarse. *Ready-made clothes,* ropas de confección.

ready money [-ˈmʌni] dinero al contado.

ready-reckoner [-ˈrekənər] *n.* baremo (que permite la elaboración de cálculos); tabla (en la que se proporcionan los resultados de las operaciones aritméticas, de conversión, etc.).

ready to wear [-tu: wer] listo para usarse, de confección.

reafforestation ['ri:əˈfɔ:rəˈsteɪʃən] *n.* reforestación.

real accounts [ri:l əˈkaʊnts] cuentas operativas, cuentas de explotación, cuentas de valor.

real cost [ri:l kɔ:st] costo real.

real estate [ri:l ɪ'steɪt] 1 propiedad inmobiliaria, bien(es) inmobiliario(s), inmuebles. 2 el sector inmobiliario, el mercado de bienes inmuebles.

real estate developer [-dɪ'veləpər] promotor inmobiliario.

real estate development [-dɪ'veləpmənt] promoción inmobiliaria, desarrollo inmobiliario.

real-estate loan [-ləʊn] préstamo hipotecario, préstamo inmobiliario.

realign ['ri:ə'laɪn] *v.* realinear, reajustar; reacondicionar (monedas, etc.).

realignment ['ri:ə'laɪnmənt] *n.* realineación, reajuste; reacondicionamiento (monedas).

realizable ['ri:ələzəbəl] 1 aquello de lo cual uno se puede dar cuenta. 2 convertible en dinero. 3 realizable, que se puede hacer, que se puede llevar a cabo.

realization ['ri:ələ'zeɪʃən] 1 toma de conciencia. 2 conversión en dinero. 3 realización, elaboración.

realize ['ri:əlaɪz] *v.* 1 darse cuenta; tomar conciencia (de). 2 convertir en efectivo. 3 realizar (un beneficio).

reallocate ['ri:æləkeɪt] *v.* reatribuir; reasignar; readjudicar. *To reallocate budgetary funds,* reasignar fondos presupuestales.

re-allocation ['ri: ælə'keɪʃən] *n.* reatribución; reasignación; readjudicación.

real property [ri:l 'prɑːpərti] bien(es) inmueble(es), inmueble(s).
real terms (in) [ri:l tɜ:rms (ın)] (en) moneda constante.
realtor ['ri:əltər] *n.* (EU) agente inmobiliario.
realty ['ri:əlti] *n.* bien inmueble; bienes inmuebles, inmuebles.
realty office [-'ɑːfəs] agencia inmobiliaria.
real value [ri:l 'vælju:] *n.* valor real, valor efectivo.
real wage [ri:l weıdʒ] *n.* salario real.
ream [ri:m] *n.* resma (de papel).
reap [ri:p] *v.* 1 segar, cosechar. 2 recolectar, recoger, obtener (utilidades, etc.).
reaper ['ri:pər] *n.* segadora.
re-appoint ['ri:ə'pɔınt] *v.* reintegrar, restablecer en un puesto, regresar a sus funciones.
re-appointment ['ri:ə'pɔıntmənt] *n.* reintegro.
reapportion ['ri:ə'pɔːrʃən] *v.* redistribuir, reasignar.
reapportionment ['ri:ə'pɔːrʃənmənt] *n.* redistribución.
reappraisal ['ri:ə'preızəl] *n.* revaluación. *Agonizing reappraisal,* revisión exhaustiva (que requiere de una gran cantidad de trabajo).
reappraise ['ri:ə'preız] *v.* revaluar.
rear [rır] *v.* criar (una familia, ganado).
rear *adj.* de atrás, posterior, trasero, de la parte posterior.
reassess ['ri:ə'ses] *v.* 1 revaluar. 2 reimponer.
reassessment ['ri:ə'sesmənt] *n.* 1 revaluación. 2 reimposición.
reassign ['ri:ə'saın] *v.* 1 reasignar (a una persona). 2 operar una nueva cesión (terrenos, títulos, etc.).
reassignment ['ri:ə'saınmənt] *n.* 1 reasignación (de una persona). 2 nueva cesión (terrenos, títulos, etc.).
reassurance ['ri:ə'ʃurəns] *n.* reaseguro.
reassure ['ri:ə'ʃur] *v.* 1 afirmar, asegurar, tranquilizar. 2 asegurar. *The reassured,* los asegurados (también es posible encontrar *the reassureds*).
rebate ['ri:beıt] *n.* 1 rebaja. 2 descuento. 3 bonificación.
rebound [rı'baund] *v.* repuntar, recuperarse (economía, bolsa).
rebound [ri:baund] *n.* repunte, recuperación (economía, bolsa).
rebuild ['ri:'bıld] *v.* reconstruir.
recall [rı'kɔːl] *v.* 1 recordar, acordarse. 2 volver a nombrar, volver a llamar (a alguien para que ocupe de nuevo su puesto). 3 anular, revocar, rescindir. 4 retirar un grupo de productos del mercado para proceder a la revisión o reparación de unidades defectuosas.
recall *n.* 1 acto de llamar o nombrar de nuevo, llamado, llamada, llamamiento (de un emba-

jador, etc.). 2 revocación, anulación, rescisión. 3 retiro del mercado de mercancías defectuosas.
recall test [-test] prueba de memorización.
recede [rı'si:d] *v.* retroceder, declinar, bajar.
receipt [rı'si:t] *v.* extender un recibo, firmar un comprobante de recibo, recibir; poner la mención "recibí".
receipt *n.* 1 recibo, comprobante; receta. 2 *Receipts,* ingresos, entradas (de fondos). *Receipts and disbursements report,* reporte de entradas y salidas (de efectivo). 3 recepción. *To acknowledge receipt,* acusar recibo.
receipt an invoice [-æn 'ınvɔıs] poner el recibí a una factura.
receipt-book [-buk] libro de recibos.
receipt-stamp [-stæmp] *n.* Estampilla o timbre móvil o fiscal (que se pone en recibos).
receivable [rı'si:vəbəl] *adj.* por cobrar, por recibir, admisible. *Accounts receivable,* cuentas por cobrar. *Bills receivable,* cuentas por cobrar.
receivables [rı'si:vəbəlz] *n.* cuentas o documentos por cobrar.
receive [rı'si:v] *v.* 1 recibir; cobrar, percibir. 2 contener. 3 captar (radio, etc.).
receiver [rı'si:vər] *n.* 1 destinatario; receptor. 2 recaudador, cobrador (administrador). 3 receptor (por oposición a emisor). 4 bocina (teléfono). 5 *Receiver in bankruptcy, official receiver,* liquidador, síndico de una quiebra. 6 encubridor, ocultador.
receivership [rı'si:vərʃıp] *n.* sindicato de quiebra. *To go into receivership,* entrar en liquidación. *To fall into receivership,* caer en quiebra.
receiving [rı'si:vıŋ] *n.* 1 recepción. *Receiving system,* sistema de recepción. 2 recelo.
receiving note [-nəut] conocimiento de embarque, nota de recepción.
receiving order [-'ɔːrdər] ordenamiento de puesta bajo embargo.
receiving station [-steıʃən] estación de llegada, estación de destino.
recess ['ri:ses] *v.* suspender (negociaciones).
recess *n.* 1 vacaciones (parlamentarias), periodo entre dos sesiones de una asamblea. 2 suspensión (de negociaciones).
recession [rı'seʃn] *n.* recesión; retroceso, retiro, retirada. *Recession-bound,* destinado o sentenciado a la recesión.
recessionary [rı'seʃnəri] *adj.* de recesión, eh recesión, recesivo. *Recessionary period,* periodo de recesión.
recipient [rı'sıpiənt] *n.* beneficiario, destinatario. *Welfare recipient,* beneficiario de una ayuda social, persona socialmente asistida.
reciprocal [rı'sıprəkəl] *adj.* 1 recíproco, mutuo. 2 MAT.: inverso. *Reciprocal ratio,* razón inversa.
reciprocate [rı'sıprəkeıt] *v.* devolver lo mismo, corresponder, pagar de nuevo, intercambiar

R

servicios. *To reciprocate an entry*, registrar un asiento contable en forma recíproca, en forma correspondida (es decir, afectando a la cuenta y a la contracuenta).
reciprocity ['resə'prɑːsəti] *n.* reciprocidad.
recital clause [rɪ'saɪtl klɔːz] SEG.: condiciones de aplicación (de un contrato), lista de garantías.
reckon ['rekən] *v.* 1 calcular, contar. 2 estimar, juzgar, pensar.
reckoning ['rekənɪŋ] *n.* 1 cuenta, cálculo. 2 evaluación, estimación, previsión.
reclaim [rɪ'kleɪm] *v.* 1 hacer cultivable (terrenos), roturar, labrar; obtener ganancias sobre el mar, sobre los pantanos; dar valor. 2 (subproductos) recuperar. *To reclaim V.A.T.,* recuperar el I.V.A., impuesto al valor agregado.
reclaimable [rɪ'kleɪməbəl] *adj.* 1 que puede ganarse al mar, a los pantanos (terrenos). 2 recuperable (subproducto).
reclamation ['reklə'meɪʃən] *n.* ganado al mar, a los pantanos; otorgamiento de valor; regeneración (del suelo).
recognition ['rekəg'nɪʃən] *n.* 1 reconocimiento. 2 consideración, notoriedad, reputación.
recognizance [rɪ'kɑːgnəzəns] *n.* fianza, caución; afianzamiento, depósito en garantía; obligación contraída (ante un tribunal).
recognize ['rekəgnaɪz] *v.* reconocer. *To recognize someone*, reconocer a alguien.
recognized ['rekəgnaɪzd] *adj.* reconocido, admitido, aceptado, acreditado, nombrado, patentado.
recognized agent [-'eɪdʒənt] agente acreditado.
recommend ['rekə'mend] *v.* recomendar, aconsejar.
recommendation ['rekəmen'deɪʃən] 1 recomendación. 2 aviso. *Recommendation of a court, of a commission*, aviso presentado por un tribunal, por una comisión.
recompense ['rekəmpens] *v.* 1 recompensar. 2 indemnizar, compensar un daño.
recompense *n.* 1 recompensa. 2 indemnización, compensación.
reconcile ['rekənsaɪl] *v.* conciliar, avenir, acordar; componer, ajustar; reconciliar. *To reconcile accounts*, conciliar cuentas.
reconciliation ['rekənsɪli'eɪʃən] *n.* conciliación; reconciliación. *Accounting reconciliation*, conciliación contable. *Cash balances reconciliation*, conciliación de saldos de efectivo.
recondition ['riːkən'dɪʃən] *v.* reacondicionar, revisar, renovar, rehabilitar.
reconduct ['riːkɑː'ndʌkt] *v.* reconducir.
reconduction ['riːkɑːn'dʌkʃən] *n.* reconducción.
reconsider ['riːkən'sɪdər] *v.* 1 reconsiderar, examinar de nuevo. 2 revisar, volver a ver (de-

cisiones, juicios), volver a examinar, cambiar de opinión.
reconstruction ['riːkən'strʌkʃən] *n.* reconstrucción.
reconversion ['riːkən'vɜːrʃən] *n.* reconversión.
record ['rekərd] *v.* registrar, consignar por escrito.
record *n.* 1 récord. 2 registro. *To say something off the record*, hacer una declaración no oficial, declarar en forma privada. 3 archivo, registro. 4 carrera, expediente profesional, antecedentes, historial de servicios. *Clean record*, expediente judicial limpio, expediente judicial sin ningún antecedente de tipo penal. *Good record*, buenos antecedentes de servicio. *Police record*, expediente judicial, antecedentes penales. 5 disco (música).
record *adj.* récord. *Record sales*, ventas récord.
recorded delivery [rɪ'kɔːrdəd dɪ'lɪvəri] (envío con) acuse de recibo.
records ['rekərds] *n.* archivos, expedientes.
recoup [rɪ'kuːp] *v.* 1 indemnizar, compensar. 2 compensarse, recuperarse uno de sus pérdidas, resarcirse.
recoupment ['rɪkuːpmənt] *n.* compensación, indemnización, resarcimiento.
recourse ['rɪkɔːrs] *n.* recurso. *Legal recourse*, recurso legal.
recover [rɪ'kʌvər] *v.* 1 recobrar, recuperar. 2 repuntar, retomar (las ventas, la economía).
recoverable [rɪ'kʌvərəbəl] *adj.* recobrable, recuperable.
recovery [rɪ'kʌvəri] *n.* 1 recuperación (créditos, etc.). *Financial recovery*, recuperación financiera. *Rapid recovery*, recuperación rápida. *Slow recovery*, recuperación lenta. 2 repunte, restablecimiento (economía).
recreational ['rekri'eɪʃnəl] *adj.* recreativo, de diversiones, de esparcimiento. *Recreational facilities*, equipos recreativos, instalaciones recreativas. *Recreational industries*, industrias para la diversión, industrias para la recreación.
recruit [rɪ'kruːt] *v.* reclutar, contratar.
recruit *n.* recluta.
recruitment [rɪ'kruːtmənt] *n.* reclutamiento.
recur [rɪ'kɜːr] *v.* repetirse, volver a ocurrir, reproducirse.
recurrence [rɪ'kɜːrəns] *n.* repetición, reiteración.
recurrent [rɪ'kɜːrənt] *adj.* recurrente, repetitivo, periódico.
recurring [rɪ'kɜːrɪŋ] *adj.* recurrente, repetitivo. *Recurring expenses*, gastos recurrentes.
recyclable ['riː'saɪkləbəl] *adj.* reciclable (materiales).
recycle ['riː'saɪkəl] *v.* 1 reciclar (materiales). *The recycling of waste*, el reciclaje de los des-

perdicios. **2** reciclar al personal (uso poco común).

recycling [ri:'saɪklɪŋ] *n.* **1** reciclaje (de materiales). **2** reciclaje, reentrenamiento del personal (ver **retraining**).

red (to be in the red) [red (tuː biː ɪn ðə red)] estar en cifras rojas, tener un saldo deficitario. *Your account is in the red,* su cuenta está sobregirada, su cuenta tiene un saldo deficitario.

redeem [rɪ'diːm] *v.* **1** redimir, reembolsar, amortizar (una deuda, etc.). **2** recomprar, rescatar, recuperar.

redeemable [ri'diːməbəl] *adj.* redimible, reembolsable, amortizable. *Redeemable bonds,* bonos redimibles.

redemption [rɪ'dempʃən] *n.* redención, amortización, reembolso (deudas, obligaciones), purga.

redemption rate [-reɪt] **1** tasa de redención, tasa de reembolso, tasa de amortización (deudas, obligaciones). **2** tasa de respuestas (correo).

redeploy ['riːdɪ'plɔɪ] *v.* reconvertir; reorganizar, reorientar; reasignar (mano de obra en sectores técnicos o geográficos de naturaleza distinta).

redeployment ['riːdɪ'plɔɪmənt] *n.* reconversión; reorganización, reorientación; reasignación; redistribución; reciclaje.

redeveloped area ['riːdɪ'veləpt 'eriə] zona de renovación.

redevelopment ['riːdɪ'veləpmənt] *n.* renovación.

red ink [-ɪŋk] déficit (*lit.* tinta roja).

redirect ['riːdə'rekt] *v.* reexpedir, dirigir de nuevo.

redirection ['riːdə'rekʃən] *n.* reexpedición, acto de dirigir de nuevo.

rediscount ['riː'dɪskaʊnt] *n.* redescuento. BANCA: *Rediscount rate,* tasa de redescuento.

redistribute ['riːdɪ'strɪbjət] *v.* redistribuir, repartir de nuevo.

redistribution [riː'dɪstrə'bjuːʃən] *n.* redistribución, nueva repartición.

redistributional [riː'dɪstrəbjuːʃənəl] *adj.* redistributivo, que corresponde a una nueva repartición.

redress [rɪ'dres] *v.* reparar (un daño), reestablecer, corregir, enderezar, poner remedio.

redress *n.* reparación (de un daño), recurso. *To seek redress,* exigir una reparación, exigir justicia.

red tape [-teɪp] rutina administrativa, lentitud de la administración; burocracia; papeleo.

reduce [rɪ'duːs] *v.* reducir, disminuir, atenuar, bajar, limitar. *At reduced prices,* a precios rebajados, a precios reducidos.

reducible [rɪ'duːsəbəl] *adj.* reducible.

reduction [rɪ'dʌkʃən] *n.* **1** reducción, disminución, baja. *Progressive reduction,* reducción progresiva. *Reduction in price,* baja de precios. *Reduction in taxation,* reducción de impuestos. *Reduction of value,* reducción de valor. **2** *Reduction in rank,* reducción de rango o jerarquía, degradación.

redundancy [rɪ'dʌndənsi] *n.* redundancia, de sobra, de más, excedente; de ahí: **1** despido laboral, licenciamiento. **2** persona despedida. *Redundancy figures,* número de licenciamientos o despidos laborales. *Redundancy compensation,* compensación por desempleo. *Redundancy notice,* carta de licenciamiento, notificación de despido laboral. *Redundancy payment,* indemnización por despido laboral, prima de licenciamiento.

redundant [rɪ'dʌndənt] *adj.* **1** redundante, en exceso, en sobrenúmero. **2** despedido, licenciado. *To make workers redundant,* despedir obreros.

reelect ['riːə'lekt] *v.* reelegir, volver a elegir.

reelection ['riːə'lekʃən] *n.* reelección. *To be elegible for reelection,* ser reelegible. *To come up for reelection,* presentarse para un nuevo mandato (por ejemplo una diputación). *The board will come up for reelection,* se va a votar para reelegir administradores.

reenact ['riːə'nækt] *v.* poner en vigor, reestablecer.

reenactment ['riːə'næktmənt] *n.* reestablecimiento, acto de volver a poner en vigor.

re-enter ['riː'entər] *v.* **1** reinscribir. **2** reintroducir. **3** reimportar (mercancías exportadas). **4** entrar de nuevo.

re-entry ['riː'entri] *n.* **1** reinscripción. **2** reintroducción. *Vehicles awaiting re-entry to the assembly line for correction,* vehículos en espera de ser reintroducidos a la línea de ensamble para ser rectificados. **3** ADUANAS: reimportación. **4** regreso a la atmósfera (vehículos espaciales).

reexport ['riː'ekspɔːrt] *v.* reexportar.

reexport *n.* **1** reexportación. **2** mercancía reexportada.

reexportation ['riːekspɔːr'teɪʃən] *n.* reexportación.

refer [rɪ'fɜːr] *v.* **1** someter (una cosa a alguien). *To refer a matter to a court,* someter un asunto a un tribunal. **2** dirigir a alguien. *Refer to drawer,* referred to drawer, refiérase al girador (cheques). **3** referirse a, remitirse a. *Referring to your letter,* en referencia a su carta, en respuesta a su carta. **4** hacer mención de, hacer alusión a, señalar, designar. *Referred to as...,* designado bajo el nombre de...

referee ['refə'riː] *n.* **1** JUR.: árbitro, perito, tercer árbitro, árbitro supremo. **2** COM.: garante, responsable; persona que se menciona en una letra de cambio y a la cual el portador puede solicitar

R

la aceptación cuando ello sea necesario, donante de un aval, aval, fiador.

refer to drawer [-tuː drɔːr] refiérase al girador o librador (cheques).

reference [ˈrefrəns] *n.* referencia; reporte, informe; alusión; cuadro de mando; datos pertinentes. *Terms of reference,* atribuciones, poderes (de un organismo); libro de cargos, libro de referencia de mandos (de una empresa).

referral [rɪˈfɜːrəl] *n.* hecho de dirigir, de enviar al organismo o a las instancias competentes.

refill [ˈriːfɪl] *v.* recargar, rellenar, llenar.

refill *n.* recarga, relleno, llenado.

refinance [ˈriːfəˈnæns] *v.* refinanciar.

refine [rɪˈfaɪn] *v.* refinar.

refinery [rɪˈfaɪnəri] *n.* refinería.

reflate [riːˈfleɪt] *v.* relanzar por medio de un aumento de la masa monetaria.

reflation [riːˈfleɪʃən] *n.* relanzamiento por medio de un aumento de la masa monetaria.

reflationary [riːˈfleɪʃənəri] *n.* política de relanzamiento a través de un aumento de la masa monetaria.

refloat [ˈriːˈfloʊt] *v.* **1** sacar a flote, desencallar, poner a flote (un barco, una empresa). **2** emitir de nuevo.

reforestation [ˈriːfɔːreˈsteɪʃən] *n.* reforestación.

reforwarding [ˈriːfɔːrˈwərdɪŋ] *n.* reexpedición.

refresher course [rɪˈfreʃər kɔːrs] curso de repaso, curso de reciclaje.

refuel [ˈriːˈfjuːəl] *v.* **1** reaprovisionar, reabastecer de combustible. **2** reaprovisionarse, reabastecerse de combustible. **3** reanimar, reavivar, relanzar. *To refuel inflation,* relanzar la inflación.

refund [rɪˈfʌnd] *v.* reembolsar, restituir dinero.

refund [riːfund] *n.* reembolso.

refunding [rɪˈfʌndɪŋ] *n.* reembolso.

refundment [rɪˈfʌndmənt] *n.* reembolso, restitución de dinero. *Duties refundment,* reembolso de derechos. *Tax refundment,* reembolso de impuestos.

refusal [rɪˈfjuːzəl] *n.* negación, negativa, no aceptación, rechazo.

refuse [rɪˈfjuːz] *v.* rehusar, rechazar, repudiar.

refuse [ˈrefjuːs] *n.* desecho(s), residuo(s), desperdicio(s).

regard [rɪˈgɑːrd] *v.* **1** considerar, examinar. **2** incumbir, concernir. *As regards,* en lo concerniente.

regard *n.* respecto, consideración. *In regard to,* con respecto a. *My kind regards to...,* *Give my kind regards to...,* *Best regards,* mis más afectuosos saludos a..., afectuosamente, cordialmente.

regarding [rɪˈgɑːrdɪŋ] en lo que concierne a, en cuanto a, en lo que se refiere a.

regardless of [rɪˈgɑːrdləs ɑːv] independientemente de, sin tener en cuenta a. *Regardless of expenses,* sin considerar los gastos.

régime [reɪˈʒiːm] *n.* régimen político.

region [ˈriːdʒən] *n.* región, parte del mundo. *In the region of,* en la región de, en los contornos de, en el rango de.

regional [ˈriːdʒənl] *adj.* regional. *Regional development,* desarrollo regional.

register [ˈredʒəstər] *v.* **1** registrar, inscribir. *To register a company,* registrar una sociedad. *To register a patent,* registrar una patente. *Registered clerk,* dependiente, empleado acreditado. **2** registrar (una carta en el correo). *Registered delivery* (EU), correo registrado con acuse de recibo. **3** inscribirse.

register *n.* registro, libro; listas. *Register accounts,* cuentas de registro.

Register of Business Names [-ɑːv ˈbɪznəs neɪms] Registro de Comercio.

registered bond [ˈredʒəstərd bɑːnd] bono u obligación nominativa.

registered capital [ˈredʒəstərd ˈkæpətl] capital social, capital declarado, capital nominal.

registered office [ˈredʒəstərd ˈɑːfəs] domicilio social (domicilio oficial).

registered share [ˈredʒəstərd ʃer] acción nominativa.

registered stock [ˈredʒəstərd stɑːk] acción nominativa.

registered trade-mark [ˈredʒəstərd treɪd mɑːrk] marca registrada.

registrar [ˈredʒəstrɑːr] *n.* **1** escribano, notario. **2** oficial del estado civil. *The Registrar's office,* oficina del registro civil. *The Registrar, the Companies Registrar,* el registro empresarial. *The registrar of mortgages,* el registro (o archivo) de hipotecas. **3** archivos; archivista, archivero, registrador.

registrar of companies [-ɑːv ˈkʌmpənis] registro de sociedades, archivo de sociedades.

registration [ˈredʒəˈstreɪʃən] *n.* **1** registro, matriculación, inscripción; mantenimiento de registros. *Registration number,* número de registro, número de matrícula. *Registration plate,* placa de matrícula, plaza mineralógica. **2** registro (de una carta).

registration deadline [-ˈdedlaɪn] (fecha de) cierre de inscripciones.

registry [ˈredʒəstri] *n.* **1** registro. NAVEG.: *Port of registry,* puerto de origen. **2** registro (de una carta, de un paquete).

regress [rɪˈgres] *v.* regresar, retrogradar, retroceder, declinar.

regression [rɪˈgreʃən] *n.* regresión, retroceso, baja.

regressive [rɪ'gresɪv] *adj.* regresivo.
regret [rɪ'gret] *v.* lamentar, apenar. *We regret to inform you that,* tenemos la pena de informarle que.
regret *n.* pena, pesar, remordimiento. *Letter of regret,* aviso de devolución de suscripción.
regroup ['ri:'gru:p] *v.* reagrupar.
regrouping ['ri:'gru:pɪŋ] *n.* reagrupamiento.
regular ['regjələr] *n. fam.* cliente habitual, cliente fiel, parroquiano.
regular *adj.* regular; fijo; dentro de las reglas, conforme a las formas reglamentarias. *Regular dividend,* dividendo regular. *Regular worker,* trabajador de planta.
regulate ['regjəleɪt] *v.* 1 ajustar, regular (un mecanismo). 2 regular, reglamentar, regir.
regulation ['regjə'leɪʃən] *n.* 1 regulación. 2 reglamentación. 3 reglamento, disposición, prescripción. *Safety regulations,* reglas de seguridad.
regulator ['regjəleɪtər] *n.* regulador, organismo de control.
regulatory ['regjələtɔ:ri] *adj.* 1 de regulación, regulatorio. 2 (agencia, organismo) encargado(a) de la reglamentación.
rehabilitate ['ri:hə'bɪləteɪt] *v.* 1 rehabilitar. 2 reeducar, readaptar, reintegrar, reivindicar. 3 (urbanismo) renovar, rehabilitar.
rehabilitation ['ri:hə'bɪlə'teɪʃən] *n.* 1 rehabilitación. 2 reeducación, readaptación, reintegración, reivindicación. *Rehabilitation of the victims of industrial injuries,* rehabilitación de las víctimas de accidentes de trabajo. 3 renovación, rehabilitación (urbanismo).
rehearsal [rɪ'hɜ:rsəl] *n.* ensayo, repetición.
rehearse [rɪ'hɜ:rs] *v.* ensayar, repetir, repasar.
rehire ['ri:haɪr] *v.* volver a contratar.
reignite ['ri:ɪg'naɪt] *v.* volver a encender, volver a prender, relanzar, reactivar. *To reignite inflation,* relanzar, reactivar la inflación.
reimbursable ['ri:ɪm'bɜ:rsəbəl] *adj.* reembolsable.
reimburse ['ri:ɪm'bɜ:rs] *v.* reembolsar, reintegrar.
reimbursement ['ri:ɪm'bɜ:rsmənt] *n.* reembolso, reintegro.
rein in [reɪn ɪn] *v.* detener, retener, frenar. *To rein in inflation,* frenar, contener la inflación.
reinstate ['ri:ɪn'steɪt] *v.* 1 reintegrar (en sus funciones, en sus derechos, en sus posesiones). 2 reestablecer.
reinstatement ['ri:ɪn'steɪtmənt] *n.* 1 reintegración de alguien (a sus funciones, en sus derechos, a sus posesiones). 2 reestablecimiento.
reinsurance ['ri:ɪn'ʃurəns] *n.* reaseguro.
reinsure ['ri:ɪn'ʃur] *v.* reasegurar.
reinsurer ['ri:ɪnʃurər] *n.* reasegurador.
reinvest ['ri:ɪn'vest] *v.* reinvertir. *To reinvest profits,* reinvertir utilidades.

reinvestment ['ri:ɪn'vestmənt] *n.* reinversión. *Reinvestment of earnings,* reinversión de utilidades. *Reinvestment reserve,* reserva de reinversión.
reissue ['ri:'ɪʃu:] *v.* 1 emitir de nuevo (acciones, etc.). *To reissue a statement,* repetir una declaración. 2 reeditar.
reissue *n.* 1 nueva emisión; repetición (declaración, etc.). 2 reedición.
reject [rɪ'dʒekt] *v.* 1 rechazar, refutar, rehusar. 2 desechar.
reject ['ri:dʒekt] *n.* pieza rechazada; artículo, etc., rechazado por no cumplir con los requisitos.
rejection [rɪ'dʒekʃən] *n.* 1 rechazo, acto de rehusar. 2 desecho.
rejection rate [-reɪt] tasa de rechazo.
rejigger ['ri:'dʒɪgər] *v.* reorganizar, redistribuir.
rekindle ['ri:'kɪndl] *v.* volver a encender, volver a activar. ECON.: *To rekindle inflation,* reactivar la inflación.
relate [rɪ'leɪt] *v.* 1 relacionar, ligar, vincular, asociar, referir. 2 mantener relaciones con. 3 narrar, relatar.
relation [rɪ'leɪʃən] *n.* 1 relación, vínculo. *To enter into relations with someone,* iniciar una relación con alguien. 2 relación, persona con la cual se mantienen relaciones. *A business relation,* una relación de negocios. 3 parentesco, pariente. 4 relato, narración, descripción. 5 referencia, alusión, mención, cita.
relationship [rɪ'leɪʃənʃɪp] *n.* 1 relación, trato. 2 parentesco; vínculo, lazo de unión, grado de parentesco.
relative ['relətɪv] *n.* pariente.
relative *adj.* relativo.
relax [rɪ'læks] *v.* 1 relajar, ablandar (una restricción, etc.). 2 relajarse, disminuir, ablandarse (limitaciones, etc.). 3 sosegar, tranquilizar (personas).
relaxation ['ri:læk'seɪʃən] *n.* 1 relajación, ablandamiento (restricciones, reglamentos, etc.). 2 MED.: distensión, reposo, descanso (personas).
relay ['ri:leɪ] *v.* colocar de nuevo, tomar el turno o relevo de, relevar a; enviar por posta; transmitir (un mensaje).
relay *n.* posta, correo; relevo.
release [rɪ'li:s] *v.* 1 liberar, relajar, aflojar. 2 liberar, descargar, liquidar (una obligación). 3 puesta en venta, puesta en circulación, en el mercado, sacar. 4 emitir (un comunicado, etc.). 5 arrancar, poner en marcha. 6 abandonar, renunciar a (un propósito).
release *n.* 1 liberación, descarga. 2 puesta en venta, puesta en el mercado, salida, puesta en circulación. 3 emisión (de un comunicado). *Press release,* comunicado de prensa. 4 puesta en marcha, arranque.

R

relevance ['reləvəns] *n.* relevancia, importancia, pertinencia, oportunidad, conveniencia, adecuación.

relevant ['reləvənt] *adj.* pertinente, aplicable, que tiene importancia, oportuno, adecuado. *Relevant figures,* cifras relevantes.

reliability [rɪ'laɪə'bɪləti] *n.* 1 seguridad, honestidad, credibilidad, grado de confianza que uno puede tener. 2 tolerancia, solidez, confiabilidad.

reliable [rɪ'laɪəbəl] *adj.* 1 confiable, seguro, digno de confianza, honesto, digno de fe. *Reliable information,* información confiable. 2 sólido, resistente.

reliance [rɪ'laɪəns] *n.* 1 confianza (que se pone en una cosa o en alguien). 2 dependencia.

relief [rɪ'liːf] *n.* 1 auxilio, socorro, ayuda, asistencia. 2 alivio, disminución, desgravación. *Tax relief,* desgravación fiscal. 3 relevo. 4 relieve.

relief check [-tʃek] cheque de asistencia, abono que se paga a una persona socialmente asistida.

relieve [rɪ'liːv] *v.* 1 auxiliar, ayudar, asistir. 2 aliviar, disminuir. 3 relevar, reemplazar, tomar el relevo. 4 destituir.

relinquish [rɪ'lɪŋkwɪʃ] *v.* abandonar, renunciar a (función, derecho, propiedad).

relinquishment [rɪ'lɪŋkwɪʃmənt] *n.* abandono, renuncia (función, derecho, propiedad).

reload ['riː'ləʊd] *v.* recargar.

reloading ['riː'ləʊdɪŋ] *n.* acto de cargar de nuevo, nuevo cargamento.

relocation ['riːləʊ'keɪʃən] *n.* reubicación, transferencia, mudanza, realojamiento; nueva implantación, elección de una nueva implantación.

relocation allowance [-ə'laʊəns] indemnización por transferencia, indemnización por mudanza o reubicación.

relocate ['riːləʊ'keɪt] *v.* mudar, transferir, reimplantar, realojar, transferir.

reluctance [rɪ'lʌktəns] *n.* renuencia, repugnancia.

reluctant [rɪ'lʌktənt] *adj.* reticente, renuente.

reluctantly [rɪ'lʌktəntli] *adv.* con repugnancia, con reticencia, de mala gana, a despecho, con pesar, a disgusto.

rely [rɪ'laɪ] *v.* contar con, tener confianza en, tener fe en, poner en manos de, remitirse a; depender de.

remainder [rɪ'meɪndər] *n.* resto; remanente, residuo, restante.

remand [rɪ'mænd] *v.* enviar a un acusado a otro tribunal. *To remand a prisoner in custody,* posponer la comparecencia del inculpado con detención provisional. *To remand on bail,* poner en libertad bajo fianza.

remark [rɪ'mɑːrk] *n.* observación.

remedy ['remədi] *v.* remediar.

remedy *n.* remedio, solución; recurso; indemnización, resarcimiento.

remind [rɪ'maɪnd] *v. To remind somebody on something,* recordarle una cosa a alguien. *To remind somebody to do something,* recordarle a alguien que haga alguna cosa.

reminder [rɪ'maɪndər] *n.* 1 llamada, señal, recordatorio. 2 carta de advertencia, carta de insistencia, carta que hace las veces de un recordatorio. 3 agenda, libro de apuntes, memoria.

remission [rɪ'mɪʃən] *n.* 1 remisión, perdón (deudas, impuestos, penas). 2 COM.: remesa.

remit [rɪ'mɪt] *v.* 1 remitir, enviar, hacer el envío de una suma, pagar. 2 exonerar, exentar de un pago, hacer una remisión (de una pena).

remittal [rɪ'mɪtəl] *n.* remisión (de una pena, de una deuda).

remittance [rɪ'mɪtns] *n.* envío de fondos, abono, pago, remesa de dinero. *Remittance account,* cuenta de remesas. *Remittances in-transit,* remesas en tránsito.

remittance advise [-əd'vaɪs] aviso de liquidación, aviso de remesa, remesa de un pago, remesa documentaria para el pago.

remittee ['rɪmɪ'tiː] *n.* destinatario (de un envío de fondos).

remitter [rɪ'mɪtər] *n.* remitente, expedidor de fondos.

remnant ['remnənt] *n.* resto, restante.

remodel ['riː'mɑːdl] *v.* remodelar, remanejar, readaptar, reorganizar, transformar.

remote [rɪ'məʊt] *adj.* 1 remoto, lejano, distante, alejado, apartado, retirado. 2 vago, ligero, débil, tenue. *Remote-control,* control remoto, mando a distancia, telecomando.

removable [rɪ'muːvəbəl] *adj.* 1 desprendible, transportable. 2 removible, revocable.

removal [rɪ'muːvəl] *n.* 1 supresión, eliminación. 2 mudanza, traslado (por ejemplo oficinas).

remove [rɪ'muːv] *v.* 1 eliminar, suprimir, hacer desaparecer. 2 mudar, trasladar (por ejemplo oficinas). 3 desplazar, transferir, cambiar de lugar (funcionarios, etc.), retirar de un puesto.

remover [rɪ'muːvər] *n.* 1 removedor, producto para quitar o eliminar pinturas, colorantes, metales, etc. *Stain-remover,* quitamanchas. *Varnish-remover,* removedor de barniz. 2 a) empleado de mudanzas, b) empresario de mudanzas.

remunerate [rɪ'mjuːnəreɪt] *v.* remunerar.

remuneration [rɪ'mjuːnə'reɪʃən] *n.* remuneración.

remunerative [rɪ'mjuːnərətɪv] *adj.* remunerador, rentable.

render ['rendər] *v.* 1 hacer; suministrar, prestar. 2 remitir, enviar, girar (una cuenta, una relación o documento).

renege [rɪ'niːg] *v.* retractarse, faltar a una promesa, faltar uno a su palabra. *To renege on a deal (a transaction)*, faltar a un acuerdo, no cumplir un acuerdo.

renegociate ['riːnɪgəʊʃieɪt] *v.* renegociar.

renew [rɪ'nuː] *v.* 1 rehabilitar. 2 renovar. 3 prorrogar, extender.

renewable [rɪ'nuːəbəl] *adj.* renovable, prorrogable.

renewal [rɪ'nuːəl] *n.* 1 rehabilitación. 2 renovación. 3 prórroga; extensión.

renewed area [rɪ'nuːd 'eriə] *n.* zona reconstruida, zona de urbanización prioritaria.

rent [rent] *v.* alquilar, arrendar, rentar.

rent *n.* alquiler, renta. *Rent expenses*, gastos de alquiler. *Rents collected in advance*, alquileres cobrados por anticipado. *Rents paid in advance*, alquileres pagados por anticipado.

rentable ['rentəbəl] *adj.* que puede ser alquilado, arrendable.

rental ['rentl] *n.* 1 alquiler, renta, precio del arrendamiento. *Rental income*, ingreso por rentas. 2 organismo de arrendamientos.

renter ['rentər] *n.* 1 locatario, inquilino, arrendatario. 2 persona que toma en alquiler.

renunciation [rɪ'nʌnsi'eɪʃən] *n.* renuncia; abandono.

reopen [rɪ'əʊpən] *v.* reabrir.

reopening ['riː'əʊpnɪŋ] *n.* reapertura.

reorder ['riː'ɔːrdər] *v.* reordenar, pedir u ordenar de nuevo, presentar un nuevo pedido.

reorder *n.* reorden, reordenamiento (colocación de un nuevo pedido). *Reorder point*, punto de reorden. *Reorder stock*, inventario de reorden (nivel que debe alcanzar el inventario para colocar un nuevo pedido).

reorganization ['riː'ɔːrgənə'zeɪʃən] *n.* reorganización, reacondicionamiento; reestructuración.

reorganize ['riː'ɔːrgənaɪz] *v.* 1 reorganizar, reacondicionar. 2 resindicalizar, sindicalizar de nuevo (al personal de una empresa).

reorient ['riː'ɔːrient] *v.* reorientar.

reorientate ['riː'ɔːrienteɪt] *v.* reorientar.

reorientation ['riː'ɔːrien'teɪʃən] *n.* reorientación.

repaid [riː'peid] *adj.* reembolsado.

repair [rɪ'per] *v.* reparar.

repair *n.* reparación. *In good repair*, en buen estado. *Under repair*, en reparación.

repairman [rɪ'permæn] *n.* reparador.

repatriate [riː'peɪtrieɪt] *v.* repatriar.

repatriation [riː'peɪtri'eɪʃən] *n.* repatriación.

repay [riː'peɪ] *v.* reembolsar.

repayable ['riː'peɪəbəl] *adj.* reembolsable.

repayment [riː'peɪmənt] *n.* reembolso.

repeal [rɪ'piːl] *v.* 1 abrogar. 2 revocar. 3 anular.

repeal *n.* abrogación, revocación.

repeat [rɪ'piːt] *v.* repetir.

repeat *n.* repetición. *Repeat offender*, reincidente. *Repeat order*, pedido de renovación, pedido renovado.

repetition ['repə'tɪʃən] *n.* repetición.

repetitious ['repə'tɪʃəs] *adj.* repetitivo.

repetitive [rɪ'petətɪv] *adj.* repetitivo; monótono.

replace [rɪ'pleɪs] *v.* reemplazar, sustituir, sustituirse.

replacement [rɪ'pleɪsmənt] *n.* 1 reemplazo, sustitución, renovación, repuesto, reaprovisionamiento. *Replacement costs*, costos de reemplazo. *Replacement cost accounting*, contabilidad a costos de reemplazo, contabilización de operaciones tomando en cuenta los costos reales de reemplazo (para corregir los efectos de la inflación). 2 sustituto, suplente, subrogante, reemplazante. 3 pieza de repuesto.

replacement level [-'levəl] nivel de reemplazo.

replacement market [-'mɑːrkət] mercado de renovación.

replacement part [-pɑːrt] pieza de repuesto.

replacement value [-'væljuː] valor de reemplazo (a veces, valor de mercado).

replay ['riː'pleɪ] *n.* repetición. *Instant replay* (T.V.), repetición instantánea, repetición de la imagen.

replenish [rɪ'plenɪʃ] *v.* reaprovisionar; recargar; llenar; reabastecer; llenar un tanque. *To replenish the shelves*, reaprovisionar los anaqueles.

replenishment [rɪ'plenɪʃmənt] *n.* reaprovisionamiento. *Petty cash fund replenishment*, reposición del fondo de caja chica.

replete [rɪ'pliːt] *adj.* repleto, lleno, completo.

repletion [rɪ'pliːʃən] *n.* 1 plenitud. 2 saciedad.

replevin [rɪ'plevin] *n.* reivindicación, reclamación; acta o auto de desembargo.

reply [rɪ'plaɪ] *v.* responder, replicar.

reply *n.* respuesta; réplica.

report [rɪ'pɔːrt] *v.* 1 relatar, referir, señalar. 2 reportar; redactar un reporte o informe; redactar, establecer, presentar un estado financiero. 3 ser responsable frente a, depender de. *He will report direct to the manager*, dependerá directamente del director. 4 presentarse, reportarse.

report *n.* reporte, reportaje, relación; acta (de una reunión); noticia; INFORM.: lista descriptiva o enumerativa.

reported [rɪ'pɔːrted] reportado. *Reported profits*, utilidades reportadas (en los estados financieros).

reposition ['rɪpɑː'ziːʃən] *v.* reposicionar; reposicionarse.

repossess ['riːpə'zes] *v.* reposeer, volver a tomar posesión de; embargar, hacer embargar un bien o un artículo no totalmente pagado.

R

repossession ['ri:pə'zeʃən] *n.* reposesión, acto de volver a tomar posesión; embargo (a beneficio del vendedor) de un artículo no enteramente pagado.

represent ['reprɪ'zent] *v.* representar.

representative ['reprɪ'zentətɪv] *n.* 1 representante; delegado. 2 representante de comercio.

representative *adj.* representativo, típico, característico. *Representative sample,* muestra representativa.

reprieve [rɪ'pri:v] *v.* conceder un plazo, una prórroga, una moratoria.

reprieve *n.* plazo, prórroga, tregua.

reprint ['ri:prɪnt] *v.* reimprimir, hacer un nuevo tiraje; reeditar

reprint *n.* reimpresión, retiraje; reedición.

repress [rɪ'pres] *v.* reprimir.

repression [rɪ'preʃən] *n.* represión, hecho de reprimir.

reprisal(s) [rɪ'praɪzəl] *n.* represalias.

repurchase ['ri:'pɜːrtʃəs] *n.* recompra, readquisición. *With option of repurchase,* con opción de readquisición.

reputable ['repjətəbəl] *adj.* reputable, honorable, de buena reputación.

reputation ['repjə'teɪʃən] *n.* reputación.

repute [rɪ'pju:t] *n.* renombre, reputación.

request [rɪ'kwest] *v.* requerir, solicitar, invitar (a). *As requested,* conforme a las instrucciones.

request *n.* requisición, solicitud, petición; reclamación. *On request,* por petición expresa, bajo solicitud.

require [rɪ'kwaɪr] *v.* solicitar, reclamar; exigir, requerir, necesitar. *If required,* en caso de que sea necesario, si se requiere.

requirement [rɪ'kwaɪrmənt] *n.* 1 necesidad, requisito, condición, requerimiento. *To meet the requirements,* satisfacer los requisitos (por ejemplo para un empleo). 2 condición requerida, característica, exigencia. *The requirements of the job,* los requisitos del puesto. *To meet the requirements,* satisfacer las condiciones.

requisite ['rekwəzət] *adj.* necesario, indispensable, requerido.

requisites ['rekwəzəts] *n.* 1 condiciones requeridas. 2 accesorios, objetos necesarios. *Office requisites,* muebles de oficina.

requisition ['rekwə'zɪʃən] *v.* requisar.

requisition *n.* 1 solicitud, exigencia. 2 requisito, requerimiento.

reroute ['ri:'ru:t] *v.* redirigir, encaminar de nuevo; modificar un itinerario; TRABAJOS PÚBLICOS: modificar el trazado (de una carretera).

resale ['ri:'seɪl] *n.* reventa.

resale price maintenance [-praɪs 'meɪntnəns] venta menudista a precio impuesto.

rescale ['ri:'skeɪl] *v.* reajustar (frecuentemente a una escala menor); revisar, volver a examinar.

reschedule (EU) ['ri:'skedʒu:l] (GB) [ri:ʃedju:l] *v.* reprogramar, reordenar, replanificar, reescalonar, modificar el horario, el vencimiento. *To reschedule a debt,* reprogramar una deuda. *To reschedule a loan,* consolidar un préstamo.

rescheduling ['ri:'skedʒu:lɪŋ] *n.* reprogramación, reordenamiento, reescalonamiento; reprogramación de una deuda.

rescind [rɪ'sɪnd] *v.* rescindir, anular, abrogar, cancelar, invalidar. *To rescind a labor agreement,* rescindir un contrato de trabajo.

rescission [rɪ'sɪʃən] *n.* rescisión, anulación, abrogación.

rescue ['reskju:] *v.* rescatar, prestar auxilio, operar el salvamento.

rescue *n.* rescate.

research [rɪ'sɜːrtʃ] *v.* investigar, hacer una investigación (científica, tecnológica).

research *n.* investigación, trabajo de investigación. *Research and development,* investigación y desarrollo; estudios. *Research staff,* personal de investigación.

researcher [rɪ'sɜːrtʃər] *n.* investigador.

resell ['ri:'sel] *v.* revender.

reseller ['ri:'selər] *n.* revendedor.

reservation ['rezər'veɪʃən] *n.* 1 reserva, discreción, prudencia. 2 reserva (hotel, evento).

reserve [rɪ'zɜːrv] *v.* reservar, retener, conservar, guardar. *To reserve in advance,* reservar en forma anticipada. *To reserve a seat,* reservar una butaca.

reserve *n.* 1 reserva; provisión. *Amortization reserve,* reserva de amortización. *Bad debts reserve,* reserva para cuentas malas. *Contingent reserve,* reserva de contingencia. *Depletion reserve,* reserva para agotamiento. *Depreciation reserve,* reserva para depreciación. *Doubtful accounts reserve,* reserva para cuentas malas. *Income tax reserve,* reserva para impuestos. *Legal reserve,* reserva legal. *Working capital reserve,* reserva de capital de trabajo. 2 reserva, restricción.

reserved [rɪ'zɜːrvd] *All rights reserved,* se reservan todos los derechos.

reserved price [-praɪs] precio mínimo (en una oferta de precios).

resettle [ri:'setl] *v.* reclasificar, reasignar (personal); reinstalar, transferir; reinstalarse.

resettlement [ri:'setlmənt] *n.* reasignación, reclasificación (del personal).

reshape ['ri:'ʃeɪp] *v.* reestructurar, reestructurarse.

reshipment ['ri:'ʃɪpmənt] *n.* reembarque, reexpedición.

reshuffle ['ri:'ʃʌfəl] *v.* remanejar; reorganizar, remodelar, reajustar.

reshuffle *n.* reorganización, reestructuración, remodelación, reajuste.

reshuffling ['riː'ʃʌflɪŋ] *n.* remodelación, reorganización.

reside [rɪ'zaɪd] *v.* residir.

residence ['rezədəns] *n.* residencia.

resident ['rezədənt] *n.* residente.

residence permit [-pər'mɪt] permiso de residencia, permiso de estancia.

residual value [rɪ'zɪdʒuəl 'væljuː] *n.* valor residual.

residuals [rɪ'zɪdʒuəls] *n. pl.* (EU) contribuciones o pagos de derechos de autor que se liquidan en épocas fijas (que se remiten a los intérpretes con motivo de una transmisión o de una película).

residuary estate [rɪ'zɪdʒueri ɪ'steɪt] propiedad residual.

residuary legatee [rɪ'zɪdʒueri 'legə'tiː] heredero universal de bienes muebles.

residue ['rezɪdjuː] *n.* remanente o superávit de una sucesión.

resign [rɪ'zaɪn] *v.* 1 renunciar, presentar uno su renuncia. 2 abandonar, renunciar a.

resignation ['rezɪg'neɪʃən] *n.* 1 renuncia, dimisión, desistimiento. *To tender one's resignation, to hand out one's resignation,* presentar, entregar uno su renuncia. 2 abandono (de un derecho), renuncia.

resilience [rɪ'zɪljəns] *n.* 1 elasticidad, flexibilidad, ductilidad; resorte. 2 resistencia.

resolution ['rezə'luːʃən] *n.* resolución.

resolutive ['rezəlutɪv] *adj.* resolutorio, que anula.

resolve [rɪ'zaːlv] *v.* decidir, decidirse, tomar una decisión, encontrar una solución, resolver.

resource ['riːsɔːrs] *n.* recurso.

respond [rɪ'spand] *v.* 1 reaccionar. 2 responder.

respondent [rɪ'spaːndənt] *n.* 1 quien responde. 2 persona interrogada (encuestas, sondeos).

response [rɪ'spaːns] *n.* 1 reacción. 2 respuesta.

response time [-taɪm] 1 tiempo de reacción. 2 periodo de respuesta.

responsibility [rɪ'spaːnsə'bɪləti] *n.* responsabilidad.

responsible [rɪ'spaːnsəbəl] *adj.* responsable; que tiene sentido de responsabilidad. *Legally responsible,* legalmente responsable.

responsive [rɪ'spaːnsɪv] *adj.* cooperativo. *They have been responsive to our efforts,* han respondido a nuestros esfuerzos. *Responsive markets,* mercados receptivos.

rest [rest] *v.* 1 descansar, detenerse. 2 (*on, sobre*) reposar, apoyarse, estar apoyado. 3 (*with,* a) incumbir, corresponder, tocar, pertenecer. 4 quedar, permanecer, persistir, residir. *There*

the matter rests, ahí está el asunto. *The problem rests in this,* el problema reside en esto. 5 (EU) JUR.: *To rest the case,* concluir un caso, concluir una defensa, cerrar un expediente judicial.

rest *n.* 1 reposo, descanso. 2 resto.

restate ['riː'steɪt] *v.* reformularse; especificar de nuevo.

restatement ['riː'steɪtmənt] *n.* reexpresión, nueva presentación, nueva formulación.

restaurant ['restərɑːnt] *n.* restaurante. *Restaurant-voucher,* vale de restaurante.

restitution ['restə'tuːʃən] *n.* 1 restitución; reconstitución. 2 reparación, compensación, indemnización.

restock ['riː'staːk] *v.* reaprovisionar, reaprovisionarse, surtir de nuevo, renovar los inventarios.

restocking ['riː'staːkɪŋ] *n.* reaprovisionamiento, renovación de los inventarios.

rest on, rest upon [-ɑːn, -ə'paːn] *v.* 1 reposar sobre, descansar sobre. 2 hacer descansar sobre, fundar, basar, apoyarse sobre. *To rest a case on facts,* apoyar, fundar un expediente en hechos.

restore [rɪ'stɔːr] *v.* 1 devolver, restaurar. 2 restaurar, reconstruir, reestablecer. 3 reintegrar (a una función).

restoration ['restə'reɪʃən] *n.* restauración, reconstrucción.

restrain [rɪ'streɪn] *v.* contener, reprimir; obstaculizar; entorpecer; coartar, prohibir.

restraint [rɪ'streɪnt] *n.* restricción, obstáculo, sujeción; coacción, prohibición. *Voluntary restraint,* moderación voluntaria (salarios, etc.). *In restraint of trade,* en detrimento del comercio (aquello que constituye un atentado contra la libertad de comercio).

restrict [rɪ'strɪkt] *v.* limitar, reducir, restringir. *Restricted area,* zona prohibida, zona restringida.

restriction [rɪ'strɪkʃən] *n.* restricción, limitación.

restrictive covenant [rɪ'strɪktɪv 'kʌvənənt] convenio restrictivo.

restrictive practice (GB: **practise**) [rɪ'strɪktɪv 'præktəs] 1 atentado a la libre concurrencia. 2 discriminación laboral (en la contratación de personal).

rest with [-wɪð] *v.* ser de responsabilidad de, estar a cargo de.

restroom [restruːm] *n.* (EU) sanitarios.

restructuring ['riː'strʌktʃərɪŋ] *n.* reestructuración.

result [rɪ'zʌlt] *v.* *To result in,* dar como resultado, resultar ser, conducir a, tener por consecuencia. *To result from,* provenir de, derivarse de.

result *n.* resultado, efecto, producto; conclusión, deducción. *Final result,* resultado final. *Results of operations,* resultados de las operaciones.

R

resume [rɪˈzuːm] *v.* volver a tomar, recomenzar (trabajos, negociaciones).
resumé [ˈrezəmeɪ] *n.* currículum vitae.
resumption [rɪˈzʌmpʃən] *n.* reanudación (trabajo, negociaciones, etc.). *Resumption of work,* reanudación del trabajo.
resupply [ˈriːsəˈplaɪ] *v.* reaprovisionar, reabastecer.
resupply *n.* reabastecimiento, reaprovisionamiento.
retail [ˈriːteɪl] *v.* vender al menudeo.
retail *n.* menudeo, ventas al detalle o al menudeo. *Retail price,* precio al menudeo. *Retail sale,* venta al menudeo.
retail chain [-tʃeɪn] cadena de ventas al menudeo, cadena de distribución.
retail dealer [-ˈdiːlər] *v.* negociante al menudeo, menudista, detallista.
retailer [ˈriːteɪlər] *n.* menudista, detallista. *Large retailer,* supermercado, grandes almacenes al menudeo.
retail outlet [-ˈaʊtlet] tienda al menudeo.
retail trade [-treɪd] comercio al menudeo, comercio pequeño. *Large-scale retail trade,* comercio al menudeo a gran escala, comercio integrado.
retain [rɪˈteɪn] *v.* retener, conservar, mantener.
retained earnings [rɪˈteɪned ˈɜːrnɪŋz] utilidades retenidas, beneficios no distribuidos; reservas.
retainer [rɪˈteɪnər] *n.* **1** retenedor. **2** asalariado, dependiente. **3** provisión, iguala, anticipo sobre honorarios; suma depositada anticipadamente para garantizar los servicios de una persona o de un organismo. *To be on retainer,* tener un contrato (por ejemplo una iguala anual) para la prestación de servicios eventuales (abogados, técnicos, etc.).
retaliate [rɪˈtælieɪt] *v.* tomar represalias.
retaliation [rɪˈtæliˈeɪʃən] *n.* represalias, actos de venganza o de castigo.
retaliatory [rɪˈtæljətɔːri] *adj.* represivo, de represión. *To take retaliatory steps,* tomar medidas represivas.
retention [rɪˈtentʃən] *n.* **1** retención, hecho de retener, conservación, mantenimiento. **2** lo que queda. *After tax retention,* suma, monto, volumen después de impuestos.
retire [rɪˈtaɪr] *v.* **1** emprender el retiro. **2** retirarse, jubilarse. **3** retirar de la circulación (títulos de crédito, etc.).
retiree [rɪˈtaɪˈriː] *n.* retirado, jubilado, pensionado.
retirement [rɪˈtaɪrmənt] *n.* **1** retiro, jubilación. **2** acto de desechar.
retirement account [-əˈkaʊnt] cuenta de ahorros para el retiro laboral.
retirement benefits [-ˈbenəfɪts] prestaciones de retiro laboral.

retirement fund [-fʌnd] caja de retiros.
retirement income [-ˈɪnkʌm] ingreso de retiro, de jubilación.
retirement pension [-ˈpentʃən] pensión de retiro.
retool [ˈriːtuːl] *v.* reequiparse de maquinaria, modernizar las líneas de producción.
retrain [ˈriːˈtreɪn] *v.* reentrenar, reciclar (al personal).
retraining [ˈriːˈtreɪnɪŋ] *n.* reentrenamiento del personal, reciclaje.
retreat [rɪˈtriːt] *v.* **1** retirarse. **2** bajar (cotizaciones, etc.).
retrench [rɪˈtrentʃ] *v.* reducir, comprimir, disminuir, restringir (los gastos); hacer economías.
retrenchment [rɪˈtrentʃmənt] *n.* reducción, compresión, restricción de gastos. *Retrenchment policy,* política de austeridad.
retrievable [rɪˈtriːvəbəl] *adj.* recuperable, dato informático accesible.
retrieval [rɪˈtriːvəl] *n.* **1** cobranza, recobro, rescate, restauración. **2** reparación, recuperación. **3** INFORM.: acceso a la información, restitución de datos.
retrieve [rɪˈtriːv] *v.* recobrar, rescatar, restaurar; recuperar. *To retrieve one's losses,* recuperar uno sus pérdidas, resarcirse. *To retrieve information,* **1** tener acceso a cierto tipo de informes (computadoras, bancos de datos). **2** restituir algún tipo de información.
retroaction [ˈretrəʊˈækʃən] *n.* retroacción.
retroactive [ˈretrəʊˈæktɪv] *adj.* retroactivo. *Retroactive effects,* efectos retroactivos.
retroactivity [ˈretrəʊˈæktɪvəti] *n.* retroactividad.
retrocede [ˈretrəʊsiːd] *v.* retroceder.
retrocession [ˈretrəʊˈseʃən] *n.* retroceso.
return [rɪˈtɜːrn] *v.* **1** regresar, volver. **2** enviar (un documento al congreso); dar (las gracias), rendir (cuentas, informes, etc.). **3** hacer una declaración (de impuestos, etc.). **4** elegir. *To return to Parliament,* elegir como diputado. **5** redituar, producir (una inversión, etc.).
return *n.* **1** regreso, retorno, vuelta. *By return of mail, by return of post,* a vuelta de correo. *Return ticket,* billete o boleto de ida y vuelta. *Return address,* dirección del expedidor. **2** devolución, devuelto, no vendido. *On sale or return,* (venta) en depósito, venta condicionada (en la que el proveedor se compromete a volver a tomar la mercancía que no se venda). **3** ingreso, rendimiento, beneficio. *Return on capital,* remuneración del capital. *Return on investment,* rendimiento sobre la inversión, rédito, producto, rentabilidad de una inversión. *Sales return,* rendimiento sobre ventas, producto de las ventas (sin embargo, *sales returns,* devoluciones sobre ventas y *returned merchandise,* mercancía devuelta). **4** reporte, relación,

reportaje, estado, documento, situación (bancaria, etc.), balance, estadística. *Tax return*, declaración de impuestos. 5 reintegro; reembolso.

returnable [rɪ'tɜːrnəbəl] *adj.* 1 que puede ser restituido o devuelto, que puede ser enviado; recuperado, dejado en consigna, depositado (embalaje). 2 devolutivo, retornable, restituible, recuperable, reintegrable. 3 (GB) elegible (candidatos).

returnables [rɪ'tɜːrnəbəlz] *n.* embalajes recuperados; embalajes consignados.

return on assets [-ɑːn 'æsets] rendimiento sobre los activos.

return on equity [-ɑːn 'ekwəti] rendimiento sobre el capital contable.

return on investment [-ɑːn ɪn'vestmənt] rendimiento sobre la inversión; tasa de rendimiento contable; rendimiento de los activos; razón de rentabilidad.

return on sales [-ɑːn seɪls] rendimiento sobre ventas, tasa de margen, porcentaje que resulta al dividir las utilidades entre las ventas.

returns [rɪ'tɜːrns] *n.* 1 ingresos, entradas. 2 mercancías no vendidas, devoluciones. 3 resultados (elecciones, etc.). *Census returns*, resultados de los censos.

returns and allowances [-ænd ə'lauənsəs] devoluciones y rebajas.

returns on sales [-ɑːn seɪls] devoluciones sobre ventas.

return ticket [-'tɪkət] billete o boleto de ida y vuelta.

return to sender [-tuː sendər] devuélvase al expedidor, al remitente.

revaluation ['riː'væljuˈeɪʃən] *n.* revaluación. *Revaluation surplus*, superávit por revaluación.

revalue ['riː'væljuː] *v.* revaluar.

revamp ['riː'væmp] *v.* transformar, remodelar, modernizar, renovar.

revenue ['revənuː] *n.* 1 ingresos, entradas, volumen de ventas, cifras de facturación. Contab.: producto. *Revenue account*, cuenta de ingresos. 2 ingreso fiscal. *The Internal Revenue* (EU), *The Inland Revenue* (GB), el fisco.

revenue bond [-bɑːnd] obligación a largo plazo emitida por una colectividad pública para financiar un proyecto.

revenue stamp [-stæmp] estampilla o timbre fiscal.

reversal [rɪ'vɜːrsəl] *n.* 1 inversión, reversión (de una tendencia). 2 anulación (juicios, escrituras).

reverse [rɪ'vɜːrs] *v.* 1 invertir, revertir, hacer marcha atrás. 2 anular, revocar (sentencias).

reverse *n.* inverso, opuesto, contrario; reversa, marcha (hacia) atrás.

reverse *adj.* inverso, contrario, opuesto.

reverse charge call [-tʃɑːrdʒ kɔːl] (GB) llamada a cobro revertido, por cobrar

reverse charges [-tʃɑːrdʒz] (GB) a cobro revertido, por cobrar.

reversed take over [rɪ'vɜːrsd teɪk 'əuvər] acción contraria a una oferta pública de adquisición.

reversibility [rɪ'vɜːrsəbɪləti] *n.* reversibilidad, carácter reversible.

reversible [rɪ'vɜːrsəbəl] *adj.* reversible.

reversion [rɪ'vɜːrʒən] *n.* 1 regreso, retorno (a la situación anterior). 2 reversión, derecho de reintegro (de un bien). 3 Seg.: renta vitalicia.

reversionary [rɪ'vɜːrʒənəri] *adj.* reversible, de reversión.

revert [rɪ'vɜːrt] *v.* revertir, retroceder.

review [rɪ'vjuː] *v.* 1 pasar revista, volver a ver, examinar; hacer un reporte, una crítica. 2 revisar, volver a examinar (un proceso, un expediente, una decisión).

review *n.* 1 revista, publicación, semanario, diario. 2 revisión, examen. Period.: reportaje, estudio, crítica. *The year under review*, el ejercicio en cuestión, el ejercicio transcurrido. 3 revisión (de un proceso).

revisable [rɪ'vaɪzəbəl] *adj.* revisable.

revise [rɪ'vaɪz] *v.* revisar. *To revise downward*, revisar a la baja, revisar con miras a disminuir (por ejemplo, revisar precios para disminuirlos). *To revise upward*, revisar a la alza, revisar con miras a aumentar (precios, cantidades, volúmenes, etc.).

revision [rɪ'vɪʒən] *n.* revisión.

revival [rɪ'vaɪvəl] *n.* repunte (económico, etc.); renovación, renacimiento.

revive [rɪ'vaɪv] *v.* 1 reanudar, reactivar, reanimarse, repartir (economía, etc.). 2 reanimar, hacer reactivar, hacer revivir; reavivar, relanzar. 3 volver a poner en vigor; reactivar.

revocable [rɪ'vəukəbəl] *adj.* revocable.

revocation ['revə'keɪʃən] *n.* revocación, abrogación, anulación.

revoke [rɪ'vəuk] *v.* revocar, anular, abrogar.

revolving credit [rɪ'vɑːlvɪŋ 'kredət] crédito de renovación automática, crédito renovable, crédito permanente.

rev up [rev ʌp] *v.* 1 hacer dar vueltas a toda su capacidad (a su máximo número de revoluciones), impulsar (un motor, etc.). 2 estimular, relanzar (la economía).

reward [rɪ'wɔːrd] *v.* recompensar, dar un premio.

reward *n.* recompensa, premio.

rewarding [rɪ'wɔːrdɪŋ] *adj.* 1 remunerador. 2 que recompensa, que satisface, que proporciona grandes satisfacciones. *A rewarding job*, un empleo que proporciona grandes satisfacciones.

rewind ['riː'waɪnd] *v.* reembobinar.

rework ['riː'wɜːrk] *v.* reprocesar. *Rework costs*, costos de reprocesamiento.

R

rewrite ['ri:'raɪt] *v.* volver a escribir, reescribir, modificar (un escrito).

rice-paddy [raɪs 'pædi] *n.* arrozal.

rich [rɪtʃ] *adj.* rico; magnífico. *The rich,* los ricos.

riches ['rɪtʃəs] *n.* riquezas. *From rags to riches,* de la pobreza a la fortuna.

rid [rɪd] *v.* desembarazar, librar.

ride [raɪd] *v.* ir a caballo, en bicicleta, en motocicleta; ir, estar en el tren, en autobús, en automóvil.

ride *n.* paseo a caballo, paseo en bicicleta; trayecto, viaje en tren, en autobús, en motocicleta, en automóvil. *To take someone for a ride,* timar, engañar a alguien.

ride out a crisis [-aʊt ə 'kraɪsəs] superar una crisis, pasar a través de una crisis.

rider ['raɪdər] *n.* **1** caballero (en el sentido de jinete); motociclista. **2** viajero, pasajero (trenes, autobuses). **3** póliza o acta adicional, cláusula adicional.

ridership ['raɪdərʃɪp] *n.* número de pasajeros (trenes).

rift [rɪft] *n.* divergencia, disensión; escisión.

rig [rɪg] *v.* **1** equipar. **2** falsificar, falsear (cuentas). *To rig the market,* falsear el mercado, manipular el mercado.

rig *n.* **1** equipo, instalación, accesorios, mecanismo. **2** *Oil rig,* plataforma de perforación o sondeo (en el mar). **3** (EU) camión semi-remolque.

rigging ['rɪgɪŋ] *n.* Bolsa: agiotaje, manipulación del mercado.

right [raɪt] *n.* derecho. *Sole right,* derecho exclusivo.

rights offering [raɪts 'ɔ:fərɪŋ] emisión de derechos de suscripción.

rights issue [raɪts 'ɪʃu:] emisión de derechos de suscripción, emisión de derechos de atribución.

rig up [-ʌp] *v.* **1** instalar, montar, hacer una instalación improvisada. *To rig up a demonstration,* improvisar una demostración. **2** *To rig up prices,* hacer subir artificialmente los precios, las cotizaciones.

ring [rɪŋ] *v.* timbrar, tocar (por ejemplo el timbre de una casa).

ring *n.* **1** llamada o timbre del teléfono. **2** red (de traficantes, etc.). **3** Bolsa: corro (en el salón de remates).

ring off [-ɔ:f] *v.* colgar (la bocina del teléfono).

ring road [-rəʊd] (GB) camino circular, (anillo) periférico.

ring up [-ʌp] *v.* **1** llamar por teléfono. **2** registrar.

riot ['raɪət] *v.* alborotar, organizar un motín, participar en un tumulto.

riot *n.* motín, revuelta, alboroto popular.

rioter ['raɪətər] *n.* alborotador.

ripe [raɪp] *adj.* maduro.

ripen ['raɪpən] *v.* madurar, llegar a la madurez.

rip off ['rɪp ɔ:f] *v.* estafar, timar.

rip-off *n.* venta a un precio demasiado elevado.

ripple effect ['rɪpəl ɪ'fekt] propagación, reacción en cadena. *It will have a ripple effect on...,* esto va a propagarse hacia, esto va a extenderse a...

rise [raɪz] *v.* subir, aumentar, crecer, crecerse. *To rise by 5 per cent,* aumentar en un 5 por ciento.

rise *n.* **1** aumento, subida, crecimiento. *Rise in wages,* aumento de los salarios. *Rise in unemployment figures,* aumento en las cifras del desempleo. **2** ascensión, auge. **3** fuente, nacimiento, origen.

rising ['raɪzɪŋ] *adj.* creciente, en crecimiento. *Rising costs,* costos crecientes. *Rising prices,* precios crecientes.

risk [rɪsk] *v.* arriesgar, correr un riesgo, asumir un riesgo.

risk *n.* riesgo, peligro. *At owner's risk,* bajo los riesgos y peligros del propietario.

risk-adjusted [-ə'dʒʌsted] ajustado por el riesgo. *Risk-adjusted rate of return,* tasa de rendimiento ajustada por el riesgo.

risk analysis [-ə'næləsəs] análisis de riesgo.

risk capital [-'kæpətl] capital de riesgo.

risk-free [-fri:] sin riesgo, libre de riesgo. *Risk-free interest rate,* tasa de interés libre de riesgo.

risk management [-'mænɪdʒmənt] administración de riesgos; aseguramiento preventivo.

risk profile [-'prəʊfaɪl] perfil de riesgos, distribución de probabilidad de un determinado riesgo.

risky ['rɪski] *adj.* riesgoso, arriesgado, peligroso. *Risky investments,* inversiones riesgosas. *Risky projects,* proyectos riesgosos.

rival ['raɪvəl] *v.* rivalizar (con), competir.

rival *n.* rival, concurrente.

road [rəʊd] *n.* carretera.

roadholding ['rəʊd həʊldɪŋ] *n.* mantenimiento o cuidado de una carretera.

roadstead ['rəʊdsted] *n.* rada, bahía, fondeadero.

road tax [-tæks] impuesto sobre carreteras.

roadtest ['rəʊdtest] *v.* probar, verificar si alguna cosa sigue la ruta correcta (sentido propio y figurado).

road up [-ʌp] Trabajos Públicos: calle cerrada, carretera cerrada o cortada, carretera en reparación.

roadway ['rəʊdweɪ] *n.* calzada; carretera, camino.

road works [-wɜ:rks] *n.* trabajos de reparación de carreteras. *Road works ahead,* Atención, tramo en reparación.

roadworthiness ['rəʊd wɜ:rðɪnəs] *n.* estado general de un vehículo, estado de funcionamiento de un vehículo.

roadworthy [ˈrəʊd wɜːrði] *adj.* en buen estado de funcionamiento (vehículo).

roar [rɔːr] *v.* 1 rugir, refunfuñar, murmurar. 2 prosperar. *To do a roaring trade,* hacer negocios de oro.

rob [rɑːb] *v.* robar.

robbery [ˈrɑːbəri] *n.* robo, robo calificado. *Armed robbery,* robo a mano armada.

robot [ˈrəʊbɑːt] *n.* robot, androide.

robotics [rəʊˈbɑːtɪks] *n.* Tec.: tratado de los robots; robótica.

rock bottom price [ˈrɑːkˈbɑːtəm praɪs] precios sacrificados, el precio más bajo que se puede otorgar.

rocket [ˈrɑːkət] *v.* subir rápidamente. *Rocketing prices,* precios de ascenso rápido.

role [rəʊl] *n.* papel, rol (que se desempeña en una organización). *The role of a market analyst,* el papel (que desempeña) un analista de mercado. *To perform a role,* desempeñar un papel.

roll [rəʊl] *v.* rodar, hacer rodar; enrollar; laminar (metales).

roll *n.* 1 lista, registro, estado, control. *To call the roll,* pasar lista (por ejemplo de asistencias). 2 (EU) legajo de billetes de banco. 3 *Rolls,* tren laminador, tren de laminación.

roll back [-bæk] *v.* imponer una baja (de precios).

rollback *n.* (EU) baja de precios impuesta. *To force a steel-price rollback,* imponer una baja de precios en el acero.

roller coaster [ˈrəʊlər ˈkəʊstər] montaña rusa (expresión que se utiliza para designar a las variaciones de precio, etc.).

rolling-mill [ˈrəʊlɪŋ mɪl] *n.* laminadora.

rolling stock [ˈrəʊlɪŋ stɑːk] (ferrocarriles) material rodante.

roll-on roll-off [-ɑːn, -ɔːf] flete integrado. *Roll-on roll-off ship,* navío con ruta fija de ida y vuelta.

roll over [-ˈəʊvər] 1 crédito a tasa revisable. 2 refinanciamiento de una obligación llegada a su vencimiento mediante una oferta de intercambio de otra obligación del mismo tipo.

roll-over credit [-ˈkredət] crédito renovable/prorrogable a tasa variable, crédito a tasa revisable.

roll up [-ʌp] *v.* acumular.

R.O.M. [rɑːm] ver **read only memory**.

room [ruːm] *n.* 1 pieza, salón. 2 lugar, espacio. **Ro Ro ship** [rəʊ rəʊ ʃɪp] = **roll-on roll-off ship**.

roster [ˈrɑːstər] *v.* poner en la lista de referencia, en el cuadro de servicio.

roster *n.* (EU) cuadro, tabla, estado, lista, registro.

rotate [ˈrəʊteɪt] *v.* rotar, alternar, hacer sucederse, turnar, hacer girar. *Rotating presidency,* presidencia rotativa.

rotation of personnel [rəʊˈteɪʃən ɑːv ˈpɜːrsnəl] rotación de personal.

rotation of crops [rəʊˈteɪʃən ɑːv krɑːps] rotación de cultivos.

rough [rʌf] *n.* boceto, bosquejo, esbozo, borrador, anteproyecto, plan, resumen.

rough *adj.* 1 rudo, rugoso. 2 bruto. 3 brutal; bestial; grosero; duro. 4 aproximado.

rough book [-bʊk] borrador.

rough cut [-kʌt] primer montaje, montaje provisional (cine, T.V.).

rough draft [-dræft] borrador, esbozo, (primer) proyecto.

rough estimate [-ˈestəmeɪt] estimación aproximada, evaluación aproximada.

round [raʊnd] *n.* 1 vuelta, circuito. *The postman's round,* la vuelta del cartero (es decir, la entrega postal). 2 serie, vuelta. *Round of talks,* serie de negociaciones. *Second round,* segunda vuelta de una elección. 3 etapa, fase de una negociación.

round down [-daʊn] *v.* redondear a la cifra (inmediata) inferior.

rounded [ˈraʊndəd] redondeado. *Rounded figures,* cifras redondeadas. *Rounded to the nearest integer,* redondeado al entero más cercano.

rounding [ˈraʊndɪŋ] *adj.* de redondeo. *Rounding error,* error de redondeo.

round table [-ˈteɪbəl] mesa redonda.

roundtable talks [-tɔːks] mesa redonda.

round the clock [-ðə klɑːk] 24 horas, con duración de 24 horas, día y noche.

round trip [-trɪp] viaje redondo, viaje de ida y vuelta. *Round-trip charter,* flete de ida y de regreso.

round up [-ʌp] *v.* 1 reunir. 2 detener a un grupo (policía). 3 resumir (las noticias). 4 redondear a la cifra (inmediata) superior.

roundup [ˈraʊndʌp] *n.* 1 reunión (hecho de reunir). 2 arresto de un grupo (policía). 3 resumen (de noticias).

route [ruːt] *v.* dirigir, guiar, conducir a lo largo de una ruta.

route *n.* itinerario, recorrido, ruta (marítima), rumbo; camino, vía.

routine [ruːˈtiːn] *n.* rutina; costumbre.

routing [ˈruːtɪŋ] *n.* acto de dirigir, guiar o conducir a lo largo de una ruta o carril; encarrilamiento, encauzamiento, encaminamiento.

row [rəʊ] *n.* hilera, fila, línea.

row *n.* pelea, querella, disputa.

royalty, royalties [ˈrɔɪəlti, ˈrɔɪəltiz] *n.* derecho(s) de autor; deudas a favor del inventor o al titular de algún derecho de propiedad intelectual (sobre una patente, una mina, un pozo de petróleo).

R.P.I. [ɑːr piː aɪ] **(Retail Price Index)** [ˈriːteɪl praɪs ˈɪndeks] índice de precios al menudeo.

R

rubber band ['rʌbər bænd] banda elástica, liga.

rubber check ['rʌbər tʃek] cheque de hule, cheque sin fondos.

rubber eraser ['rʌbərɪ'reɪsər] goma de borrar.

rubbers ['rʌbərz] *n.* Bolsa: valores de hule (*lit.* zapatos de hule, chanclos); *rubber trader,* negociante de valores de hule.

rubber-stamp ['rʌbər stæmp] *v.* confirmar, ratificar.

rudder ['rʌdər] *n.* timón, dirección.

rule [ruːl] *v.* 1 gobernar, regir. 2 decidir, determinar, solucionar, arreglar.

rule *n.* regla, reglamento, ley; poder, dominación.

rule off [-ɔːf] *v.* concluir, cerrar una cuenta.

rule of thumb [-ɑːv θʌm] regla empírica, método empírico.

rule out [-aʊt] *v.* eliminar, desechar (una posibilidad o alternativa).

ruling ['ruːlɪŋ] *n.* decisión, ordenamiento (de un tribunal, de un juez).

ruling *adj.* actual, corriente, dominante. *Ruling prices,* precios actuales, precios en vigor, precios actualmente cotizados, precios corrientes.

rummage ['rʌmɪdʒ] *v.* registrar, inspeccionar; visitar un barco (aduanas).

rummage *n.* visita aduanal (a bordo de un barco).

rummage sale [-seɪl] (EU) venta de objetos usados, venta de saldos, venta benéfica.

rummaging ['rʌmɪdʒɪŋ] *n.* inspección, registro, visita a bordo (practicada por las autoridades aduanales).

run [rʌn] *v.t.* 1 dirigir, hacer funcionar, administrar, llevar, manejar (un negocio). 2 organizar (concursos, etc.). 3 hacer funcionar, hacer trabajar, echar a andar (máquinas); explotar (una línea, un servicio). 4 divulgar, publicar (anuncios, artículos). 5 vender, tener en el almacén. *To run a line of products,* vender una línea de productos. 6 *To run a risk,* correr un riesgo.

run *v.i.* 1 correr. 2 huir, escaparse. 3 durar, transcurrir, continuar, correr (un plazo de tiempo). *The bill has 15 days to run,* al documento aún le faltan 15 días para su vencimiento. *The contract has 3 more years to run,* el contrato todavía es válido por tres años. 4 funcionar, andar, operar, ejecutar. 5 circular; ir, recorrer. 6 tener curso. 7 ser (algo) alto, de nivel elevado. *Prices run high,* los precios son elevados. 8 decir; leerse. *The document ran thus,* el documento decía esto. 9 disputar, competir; presentarse; ser candidato (elecciones). 10 deslizar, deslizarse. 11 desteñir.

run *n.* 1 trayecto, recorrido, travesía. *Trial run,* recorrido de ensayo, carrera de ensayo; ensa-

yo(s). 2 marcha (de una máquina); periodo de funcionamiento de una máquina. 3 ritmo, curso. *The run of the market,* las tendencias del mercado. 4 periodo, secuencia, continuación, serie, sucesión. *First run,* presentación, aparición (películas, etc.). *In the short run,* en el corto plazo, a corto plazo. 5 riada, avalancha, embestida, pánico. *Run on a bank,* avalancha sobre un banco (por solicitudes de reembolso), pánico bancario. *Run on gold,* avalancha sobre el oro. *Run on the dollar,* avalancha especulativa sobre el oro. 6 libre acceso, libre disposición. *To have the run of the building,* tener libre acceso al edificio, poder disponer del edificio. 7 tiraje.

run a car [-ə kɑːr] *v.* hacer funcionar un automóvil. *How much it costs to run a car!,* ¡cuánto cuesta el mantenimiento de un automóvil!, ¡qué costosa es la utilización de un automóvil!

run afoul of [-ə'faʊl ɑːv] entrar en colisión con (navíos, etc.). *To run afoul of the law,* tener problemas con la justicia; caer en manos de la ley.

run aground [-ə'graʊnd] *v.* Navíos: encallar.

run an ad [-æn æd] divulgar, publicar un anuncio; poner un anuncio.

run a poll [-ə paʊl] hacer un sondeo (de opinión).

runaway inflation ['rʌnəweɪ ɪn'fleɪʃən] inflación galopante, incontrolable, inmanejable.

runaway plant ['rʌnəweɪ plænt] (EU) se dice de aquella fábrica que se transfiere a un cierto lugar en el que la mano de obra es menos costosa.

run down [-daʊn] *v.* 1 declinar. 2 reducir, hacer bajar, obligar a contraerse (acciones).

rundown ['rʌndaʊn] *n.* 1 reporte, reportaje, breve exposición; análisis que se realiza punto por punto, resumen que se prepara detallando punto por punto. 2 declive, contracción (de una industria). 3 Pub.: distribución, colocación (de anuncios).

run foul of [-faʊl ɑːv] ver **run afoul of.**

rung [rʌŋ] *n.* escalón, peldaño.

run in [-ɪn] *v.* rodar (motores).

runner ['rʌnər] *n.* concurrente; candidato.

runner-up [-ʌp] *n.* concurrente, candidato en segunda posición, el que obtiene el segundo lugar.

running ['rʌnɪŋ] *n.* 1 dirección, gestión. 2 funcionamiento, marcha. 3 carrera, competencia, concurrencia.

running *adj.* 1 consecutivo. 2 *2 days running,* 2 días seguidos. 3 corriente, actual. *Running account,* cuenta corriente.

running expenses [-ɪk'spensiz] costos, gastos de funcionamiento; gastos corrientes.

running in [-ɪn] *n.* rodaje. *Running in,* en rodaje.

running-in period [-'pɪriəd] periodo de rodaje.
run into debt [-'ɪntu: det] endeudarse.
runoff, run-off ['rʌnɔ:f] 1 Seg.: liquidación de siniestros. 2 (EU) segunda vuelta de una elección.
run-of-paper position [-ɑːv 'peɪpər pəziʃən] Pub.: emplazamiento, ubicación, sitio ordinario (en un diario).
run-of-the-mill [-ɑːv ðə mɪl] *adj.* ordinario, estándar, medio, normal, habitual.
run out [-aʊt] 1 terminarse, expirar (contratos). 2 cazar. 3 (EU) suplantar.
run out of [-ɑːv] (empezar a) carecer de, estar falto de... *To run out of steam,* sofocarse (repuntes, etc.), agotarse.
run over [-'əʊvər] *n.* desborde (de espacio, de tiempo asignado, principalmente de tiempo en el aire en televisión), tiempo de antena (radio).
run short of [-ʃɔːrt ɑːv] estar falto de, empezar a carecer de.

run to [-tu:] *v.* ascender a.
run up [-ʌp] *v.* 1 ascender, aumentar (precios). 2 hacer subir (precios, pujas, etc.). 3 *To run up bills,* endeudarse. *To run up a deficit,* acumular un déficit.
runway ['rʌnweɪ] *n.* pista de despegue.
rush [rʌʃ] *v.* abalanzarse, precipitarse.
rush *n.* avalancha; choque. *Rush on a bank,* avalancha sobre los mostradores de los bancos (para el retiro de fondos).
rushes [rʌʃes] *n. pl.* Cine: pruebas de rodajes.
rush hour [-aʊr] hora pico, hora de congestionamiento.
rust [rʌst] *v.* oxidar, enmohecer.
rust *n.* moho, herrumbre.
rusty ['rʌsti] *adj.* oxidado.
rut [rʌt] *n.* rodada, rutina.
rye [raɪ] *n.* centeno; whiskey elaborado a base de centeno.

R

S

sabbath ['sæbəθ] *n.* sábado de los judíos.
sabbatical [sə'bætɪkəl] *adj.* sabático.
sack [sæk] *v.* 1 despedir de un empleo, echar a la calle. 2 embolsar, ensacar. 3 saquear.
sack *n.* saco, costal, bolsa de gran tamaño.
sack (to give the) [sæk (tuː gɪv ðə)] echar a la calle, despedir de un empleo.
sackcloth ['sæk klɔːθ] *n.* tela de costales o sacos, tela para embalajes.
sacking ['sækɪŋ] *n.* 1 despido laboral, licenciamiento. 2 puesta en un saco, embolsado. 3 tela para sacos o costales, tela de embalaje. 4 pillaje, saqueo.
sacrifice ['sækrəfaɪs] *v.* sacrificar; vender con pérdidas (mercancías).
saddled ['sædld] *adj.* To be saddled with a debt, cargar una deuda (tener una deuda sobre los hombros). To be saddled with a loss, cargar con una pérdida (cargar con el peso de una deuda).
safe [seɪf] *n.* caja fuerte.
safe *adj.* 1 en condiciones de seguridad. Safe and sound, sano y salvo. 2 seguro, sin riesgo. Safe investment, inversión o colocación segura.
safe-box [-bɑːks] *n.* compartimiento de una caja fuerte.
safe conduct [-'kɑːndʌkt] *n.* salvoconducto.
safe custody [-'kʌstədi] depósito en custodia. BANCA: Safe custody of valuables, custodia de objetos de valor depositados.
safe-department [-dɪ'pɑːrtmənt] BANCA: departamento de cajas fuertes.
safe-deposit [-dɪ'pɑːzət] depósito en cajas de seguridad.
safeguard ['seɪfgɑːrd] *v.* proteger, salvaguardar, poner al abrigo.
safeguard *n.* 1 garantía, salvaguarda. 2 salvoconducto.
safekeeping department ['seɪf'kiːpɪŋ dɪ'pɑːrtmənt] departamento de cajas fuertes.
safely ['seɪfli] *adv.* sin accidente, sin daño. To arrive safely, llegar en buen estado, llegar sin daño.
safety ['seɪfti] *n.* 1 seguridad. 2 *adj.* de seguridad; de protección. Safety measures, medidas de seguridad. Safety regulations, reglas de seguridad.
safety standards [-'stændərds] normas de seguridad.
sag [sæg] *v.* ceder, disminuir, hundirse; doblegarse bajo el peso de algo.

sag *n.* baja, disminución, hundimiento.
sagging ['sægɪŋ] *n.* baja, disminución, hundimiento (cotizaciones, etc.).
sagging *adj.* a la baja; desfalleciente, atónico, que pierde velocidad.
said [sed] *adj.* ya mencionado, antes dicho, arriba descrito. The said contract, el contrato antes mencionado. The said price, el precio antes dicho.
sail [seɪl] *v.* 1 navegar. 2 hacerse a la mar, zarpar, partir.
sail *n.* vela.
sailing ['seɪlɪŋ] *n.* 1 navegación. 2 salida, partida (de un barco). Sailing time, hora de partida (barcos). Port of sailing, puerto de salida.
sailing *adj.* navegante.
sailor ['seɪlər] *n.* marinero.
salaried personnel ['sælərid 'pɜːrsn'el] personal asalariado.
salaried worker ['sælərid 'wɜːrkər] trabajador asalariado.
salary ['sæləri] *n.* salario, remuneración. Salary plus commission, salario más comisión. To draw a salary, percibir un sueldo.
sale [seɪl] *n.* venta. On sale, en venta. Bargain-sale, venta de remate. Cash sale, venta al contado. Clearance sale, venta de liquidación. Closing-down sale, liquidación de inventarios. Credit sale, venta a crédito. Scrap sale, venta de residuos. Up for sale, en venta.
saleability ['seɪlə'bɪləti] *n.* comerciabilidad, negociabilidad, facilidad de venta (de un artículo).
saleable ['seɪləbəl] *adj.* vendible, comercializable.
sale and purchase [-ænd 'pɜːrtʃəs] compraventa.
sale by auction [-baɪ 'ɔːkʃən] remate, venta de subasta.
sale by private contract [-baɪ 'praɪvət 'kɑːntrækt] venta amistosa.
sale by tender [-baɪ 'tendər] venta por licitación u oferta.
sale for cash [-fɔːr kæʃ] venta al contado.
sale for the account [-fɔːr ði ə'kaunt] BOLSA: venta a plazo.
sale on approval [-ɑːn ə'pruːvəl] venta a prueba; venta sujeta a prueba de calidad.
sale on sample [-ɑːn 'sæmpəl] venta sobre muestras.
sale on trial [-ɑːn 'traɪəl] venta a prueba.

sale or return (on) [-ər rɪˈtɜːrnɑːn] (venta) en depósito, venta condicionada, venta con facultad de devolución, venta con devolución de las mercancías no vendidas.

sales [ˈseɪlz] *n. pl.* ventas. *Cost of sales,* costo de ventas. *Gross sales,* ventas brutas. *Instalment sales,* ventas en abonos. *Net sales,* ventas netas.

sales account [-əˈkaʊnt] cuenta de ventas.

sales allowances [-əˈlaʊənsəs] bonificaciones sobre ventas.

sales area [-ˈeriə] sector de ventas.

sales book [-bʊk] libro de ventas, diario de ventas.

sales budget [-ˈbʌdʒət] presupuesto de ventas.

sales chart [-tʃɑːrt] gráfica de ventas, curva de ventas.

sales check [-tʃek] nota de ventas.

sales clerk [-klɜːrk] *n.* vendedor, empleado de ventas, empleado de mostrador.

sales convention [-kənˈventʃən] seminario de ventas.

sales department [-dɪˈpɑːrtmənt] departamento de ventas, departamento comercial.

sales discount [-ˈdɪskaʊnt] descuento sobre ventas.

sales drive [-draɪv] campaña de ventas.

sales engineer [-ˈendʒəˈnɪr] ingeniero de negocios, de ventas, comercial.

sales expectation(s) [-ˈekspekˈteɪʃən(s)] expectativa(s) de ventas.

sales figures [-ˈfɪgjərs] cifras de ventas, cifras de operaciones de negocios.

sales forecast [-ˈfɔːrkæst] pronóstico de ventas.

sales force [-fɔːrs] fuerza de ventas (equipo de vendedores, de representantes, etc.).

sales girl [-gɜːrl] *n.* vendedora.

saleslady [ˈseɪlz leɪdi] *n.* (EU) vendedora.

salesman [ˈseɪlzmən] *n.* 1 vendedor. 2 *(Traveling) salesman,* representante, agente comercial viajero.

sales management [-ˈmænɪdʒmənt] dirección de ventas.

sales manager [-ˈmænɪdʒər] responsable de ventas, gerente o administrador del departamento de ventas, gerente o administrador del departamento comercial.

salesmanship [ˈseɪlzmənʃɪp] *n.* arte de vender, sentido comercial.

salesmen's commissions [ˈseɪlzmens kəˈmɪʃəns] comisiones de vendedores.

sales mix [-mɪks] gama, variedad de productos.

salespeople [ˈseɪlzˈpiːpəl] vendedores y vendedoras, empleados del departamento de ventas.

salesperson [ˈseɪlzˈpɜːrsn] *n.* vendedor, vendedora.

sales promotion [-prəˈmaʊʃən] promoción de ventas.

sales quota [-ˈkwəʊtə] cuota de ventas.

sales rebates [-ˈriːbeɪts] descuentos sobre ventas.

sales receipts [-rɪˈsiːts] ingresos por ventas.

sales resistance [-rɪˈzɪstəns] resistencia a comprar, ausencia de demanda.

sales returns [-rɪˈtɜːrns] ingresos, entradas provenientes de las ventas (dependiendo del sentido, también puede significar devoluciones sobre ventas).

sales revenues [-ˈrevənuːs] ingresos por ventas.

sales slip [-slɪp] nota de venta.

sales tax [-tæks] impuesto sobre la cifra de ventas.

saleswoman [ˈseɪlzˈwʊmən] *n.* vendedora.

salt away [sɔːlt əˈweɪ] *v.* ahorrar, conservar.

saltwater [ˈsɔːlt wɔːtər] *n.* agua de mar, agua salada.

salutations [ˈsæljəˈteɪʃən] *n.* fórmulas de introducción, fórmulas de saludo (cartas). Por ejemplo: *Dear Sir,* Estimado Señor.

salvage [ˈsælvɪdʒ] *v.* recuperar (mercancías, navíos después de un naufragio, etc.), efectuar el salvamento de.

salvage *n.* 1 salvamento (navíos, mercancías). 2 derecho, prima de salvamento. 3 material, objetos recuperados o rescatados después de un incendio, de un naufragio.

salvage value [-ˈvæljuː] valor residual; valor de salvamento; valor de recuperación.

salve [sælv] *v.* ver **to salvage.**

salver [ˈsælvər] *n.* salvador (de algún material después de un naufragio, de un incendio).

salvor [ˈsælvər] *n.* ver **salver.**

sample [ˈsæmpəl] *v.* 1 muestrear. 2 tomar una muestra. *Sampling order,* autorización para tomar muestras a partir de mercancías almacenadas. 3 hacer un sondeo.

sample *n.* muestra. *Free sample,* muestra gratuita. *Probability sample,* muestra de probabilidad. *Random sample,* muestra aleatoria. *Sale on sample,* venta sobre muestra. *True to sample, up to sample,* conforme a la muestra, según la muestra. *Sample book,* muestrario.

sample census [-ˈsensəs] censo por muestreo.

sampler [ˈsæmplər] *n.* tomador(a) de muestras (persona).

sample request card [-rɪˈkwest kɑːrd] (carta de) solicitud de muestras.

samples [ˈsæmpəls] *n.* muestras gratuitas.

sample survey [-ˈsɜːrveɪ] encuesta por sondeo.

sample testing [-ˈtestɪŋ] prueba por muestreo.

sampling [ˈsæmplɪŋ] *n.* muestreo. *Random sampling,* muestreo aleatorio. *Stratified sampling,* muestreo estratificado.

sanction ['sæŋkʃən] *n.* sanción. *To lift sanctions,* levantar sanciones.

sandwich courses ['sænwɪtʃ 'kɔːrsəs] enseñanza alternada.

sandwichman ['sænwɪtʃmən] *n.* hombre anuncio.

sanitation ['sænə'teɪʃən] *n.* higiene, saneamiento.

sap [sæp] *v.* minar; socavar.

satellite ['sætlaɪt] *n.* satélite. *Communications satellite,* satélite de comunicaciones. *Satellite town,* ciudad satélite.

satiated ['seɪʃieɪted] *adj.* saturado.

satiation ['seɪʃi'eɪʃən] *n.* saturación.

satisfaction ['sætəs'fækʃən] *n.* **1** satisfacción. *Satisfaction rating,* índice de satisfacción. **2** ejecución (de una promesa), liquidación, pago (de una deuda), pago, reembolso (de un crédito).

satisfied that (to be) ['sætəsfaɪd ðæt (tuː biː)] estar seguro de que, estar convencido de que.

satisfied with (to be) ['sætəsfaɪd wɪð (tuː biː)] estar contento de, estar satisfecho de.

satisfy ['sætəsfaɪ] *v.* **1** satisfacer. **2** llenar (las condiciones). **3** cumplir (una promesa), pagar, liquidar, liberarse de (una deuda).

saturate ['sætʃəreɪt] *v.* saturar.

saturation ['sætʃə'reɪʃən] *n.* saturación. *Saturation spot campaign,* bombardeo publicitario (por medio de anuncios de radio, comerciales de T.V.).

save [seɪv] *v.* ahorrar, guardar.

saver ['seɪvər] *n.* ahorrador. *Small-savers,* pequeños ahorradores.

saving ['seɪvɪŋ] *adj. Labor-saving device,* sistema que economiza la mano de obra. *Time-saving,* que permite ahorrar tiempo.

saving clause [-klɔːz] cláusula de salvaguarda.

savings ['seɪvɪŋs] *n.* ahorros, economías. *Savings plan,* plan de ahorros.

savings account [-ə'kaʊnt] cuenta de ahorros.

savings and loan association [-ænd ləʊn ə'səʊsi'eɪʃən] organismo (asociación) que ofrece un plan de ahorro para la vivienda.

savings bank [-bæŋk] caja de ahorros, banco de ahorros. *Savings bank depositor's book,* libreta de caja de ahorros.

savings bond [-bɑːnd] bono de ahorros, bono de caja.

savings deposits [-dɪ'pɑːzəts] depósitos de ahorros.

savvy ['sævi] saber hacer, conocimiento especializado, competencia que se basa en la experiencia y en el sentido práctico.

sawdust ['sɔːdʌst] *n.* serrín.

sawmill ['sɔːmɪl] *n.* aserradero, sierra mecánica.

say [seɪ] *adv.* por ejemplo.

say (to have one's) [-(tuː hæv wʌns)] tener algo que opinar. *To have no say,* no tener nada que decir.

scab [skæb] *n.* esquirol, rompehuelgas.

scaffolding ['skæfəldɪŋ] *n.* armazón, andamio, estructura de apoyo.

scale [skeɪl] *v.* trazar (mapas, planos) a escala. *To scale down,* reducir la escala (salarios, etc.). *To scale up,* aumentar la escala.

scale *n.* escala; baremo, cuadro; tarifa; gama, serie. *Wage-scale,* escala de salarios. *Sliding-wage scale,* escala móvil de salarios. *On a large scale,* a gran escala.

scale back [-bæk] *v.* reducir proporcionalmente, revisar con miras a disminuir una cierta cantidad.

scaling ['skeɪlɪŋ] *n.* **1** ajuste, graduación. **2** cálculo según una escala común.

scan [skæn] *v.* explorar, escudriñar.

scan *n.* **1** maniobra fraudulenta, estafa, timo. **2** INFORM.: Dispositivo para capturar imágenes.

scant [skænt] *adj.* escaso, limitado, insuficiente.

scantiness ['skæntinəs] *n.* escasez, insuficiencia (cantidad).

scanty ['skænti] *adj.* poco abundante, en cantidad limitada.

scarce [skers] *adj.* escaso, poco abundante, en cantidad insuficiente. *To be scarce,* ser escaso.

scarceness ['skersnəs] *n.* escasez; penuria; insuficiencia.

scarcity ['skersəti] *n.* escasez; penuria; insuficiencia.

scare [sker] *n.* pánico.

scatter ['skætər] *v.* **1** dispersar, esparcir. **2** difundir, diseminar (informes). **3** dispersarse, esparcirse.

scattered ['skætərd] *adj.* **1** disperso, esparcido. **2** (informes) diseminado.

schedule (EU) ['skedʒuːl]; (GB) ['ʃedjuːl] *v.* **1** establecer un programa, un plan, una cronología; ordenar, planificar. *The meeting is scheduled for next week,* la reunión ha sido programada para la semana próxima. **2** incluir, hacer figurar dentro de un horario. **3** inscribir, hacer figurar dentro de una lista. *The scheduled territories,* los países de la zona esterlina. **4** añadir, hacer figurar dentro de un anexo.

schedule *n.* **1** plan, programa, planeación, calendario, registro o calendario de vencimientos. *According to schedule,* según el programa. *Behind schedule,* atrasado con relación al programa. *On schedule,* a la hora, en el momento correspondiente, en los plazos previstos. *Schedule of work,* programa de trabajo. **2** horario (trenes, televisión, etc.), indicador. **3** nomenclatura, tarifa, baremo, escala (aduanas, precios, etc.), rúbrica. **4** anexo (contrato, etc.). **5** lista, nota, relación. **6** cédula (auditoría).

scheduled flight (EU) ['skedʒuːled flaɪt]; (GB) ['ʃedjuːled flaɪt] vuelo regular.

scheduled time ['skedʒuːled taɪm] hora indicada, hora oficial; hora (fecha, periodo) prevista.

scheduling (EU) ['skedʒuːlɪŋ]; (GB) ['ʃedjuːlɪŋ] *n.* planificación, programación, ordenamiento.

scheme [skiːm] *v.* trazar planes; intrigar, tramar.

scheme *n.* **1** proyecto, plan; combinación. **2** sistema. *Bonus scheme*, sistema de primas. *Pension scheme*, sistema de retiros. *Contributory pension scheme*, sistema de jubilaciones con aportaciones por parte del interesado. **3** *Scheme of composition*, concordato, convenio, arreglo (en el caso de una quiebra).

scheme of arrangement [-ɑːv ə'reɪndʒmənt] concordato, arreglo, convenio.

scholarship ['skɑːlərʃɪp] *n.* beca de estudios.

scientific ['saɪən'tɪfɪc] *adj.* científico. *Scientific management*, administración científica.

scofflaw ['skɑːflɔː] *n.* y *adj.* que se burla de la ley.

scoop [skuːp] **1** exclusividad; noticia (sensacional) publicada o difundida por un órgano de información (prensa escrita, radio o televisión) antes que sus concurrentes. **2** golpe, golpe explosivo, colisión.

scope [skəʊp] *n.* **1** alcance, ámbito, extensión; envergadura. *Scope of examination*, alcance del examen, de la revisión (auditoría). **2** zona de competencia, campo de aplicación, campo de acción. **3** libertad de acción. *To give somebody wide scope*, darle a alguien una gran libertad de acción.

scorched earth ['skɔːrtʃəd ɜːrθ] (*lit.* tierra quemada) se dice de una técnica utilizada por las empresas y que consiste en volverse menos atractivas en caso de que sobrevenga una oferta de adquisición pública (por ejemplo, la adopción de un préstamo que se vuelva inmediatamente exigible cuando se realice la readquisición).

score [skɔːr] *v.* **1** marcar puntos, anotar puntos; lograr un (buen o mal) resultado. **2** Mús.: escribir una partitura; orquestar, hacer un arreglo musical.

score *n.* **1** veinte; una veintena. **2** marcador, resultado (juegos y deportes). **3** cuestión, punto, aspecto, tema. *On that score*, a ese respecto. **4** Mús.: partitura.

score up [-ʌp] *v.* inscribir, registrar. *To score up a debt*, inscribir, registrar una deuda.

scout [skaʊt] *v.* explorar; investigar.

scout *n.* observador, reclutador.

scramble ['skræmbəl] *v.* luchar con los pies y con las manos. *To scramble for something*, luchar, pelear, disputarse.

scramble *n.* contienda, pelea, lucha; avalancha.

scrap [skræp] *v.* **1** tirar a la basura, desechar. **2** abandonar (un proyecto).

scrap *n.* desecho(s), residuo(s) metálico(s), desperdicios. *Scrap iron*, chatarra, hierro viejo. *Scrap sale*, venta de residuos.

scrap value [-'væljuː] valor residual; valor de desecho.

scratch [skrætʃ] *v.* **1** tachar, borrar (un nombre dentro de una lista). **2** anular, suspender, cancelar (una reunión, etc.).

scratch off [-ɔːf] *v.* tachar un nombre (dentro de una lista).

scratch (to start from) [skrætʃ (tuː stɑːrt frɑːm)] partir de cero.

screen [skriːn] *v.* **1** escoger, filtrar, seleccionar. *To screen applicants*, seleccionar candidatos, llevar a cabo una selección de candidatos. **2** abrigar, proteger. **3** Cine: proyectar; llevar a la pantalla.

screen *n.* pantalla. *Screen test*, prueba de pantalla, prueba de ensayo.

screening ['skriːnɪŋ] *n.* **1** selección, elección, filtración, examen atento. **2** Cine: proyección cinematográfica.

scrimp by [skrɪmp baɪ] *v.* sobrevivir a duras penas, ir saliendo como se puede.

scrip [skrɪp] *n.* **1** certificado, documento, recibo o vale que le proporciona al tenedor el derecho de percibir una suma de dinero, un título de propiedad o una cierta cantidad de mercancías. Por ejemplo, *Scrip worth 100 dollars in merchandise*, documento que da derecho a recibir 100 dólares de mercancías. **2** valores, títulos, acciones. *Registered scrip*, títulos nominativos. **3** *Scrip (certificate)*, certificado provisional (de acciones).

scrip-holder [-'həʊldər] *n.* **1** portador de un título. **2** tenedor de certificados (provisionales) de acciones. **3** tenedor de un bono, recibo, certificado o título que proporciona el derecho de recibir el pago de una cierta cantidad de dinero, mercancías o un título de propiedad.

script [skrɪpt] *n.* Jur.: **1** documento original, documento de origen. **2** manuscrito, guión, libreto. **3** cursivas, escritura o letra en cursiva.

scripter ['skrɪptər] *n.* ver **scriptwriter**.

scriptwriter ['skrɪpt raɪtər] *n.* autor de un manuscrito o guión.

scrutinize ['skruːtɪnaɪz] *v.* examinar, estudiar minuciosamente. *To scrutinize votes*, verificar los sufragios, hacer el recuento de un sufragio.

sea [siː] *n.* mar. *At sea*, en el mar. *By sea*, por mar, por vía marítima. *To put to sea*, hacerse a la mar.

S

sea-borne [-bɔːrn] **1** marítimo. *Sea-borne trade,* comercio, transporte marítimo. **2** transportado por mar (mercancías).
sea-carriage [-'kærɪdʒ] transporte por mar.
sea-carrier [-'kæriər] transportador marítimo.
sea-damage [-'dæmɪdʒ] riesgos marítimos, daños marítimos.
sea-damaged [-'dæmɪdʒd] averiado, dañado durante el transporte por mar.
sea freight [-freɪt] flete marítimo.
seal [siːl] *v.* **1** sellar, timbrar. **2** cerrar herméticamente, asegurar la impermeabilidad de. **3** concluir, cerrar. *To seal a deal,* cerrar un trato.
seal *n.* **1** sello, timbre. *Custom-house seal,* sello de la aduana. **2** etiqueta (de garantía). *Quality seal,* etiqueta de calidad. **3** tapón, cerradura hermética.
sealing ['siːlɪŋ] *n.* **1** sellado, timbrado. **2** acto de poner un sello o estampilla, puesta de un sello. **3** cerradura hermética. **4** precintado de un bulto (aduanas).
seaman ['siːmən] *n.* **1** marino, marinero. **2** navegante.
sea-peril [-'perəl] riesgo marítimo.
search [sɜːrtʃ] *v.* **1** examinar, inspeccionar. **2** hacer pesquisas, registrar. **3** *To search for,* investigar, buscar.
search *n.* **1** investigación, investigaciones, búsqueda. **2** pesquisa, registro, inspección, examen, visita (practicada por las autoridades aduanales).
search warrant [-'wɔːrənt] orden de cateo, orden de inspección.
sea-route [-ruːt] ruta marítima.
season ['siːzn] *n.* estación.
seasonal ['siːznəl] *adj.* estacional, de temporada.
seasonal adjustments [- ə'dʒʌstmənts] ajustes estacionales.
seasonal sales [-seɪls] ventas estacionales.
seasonal swings [-swɪŋs] variaciones estacionales.
seasonal workers [-'wɜːrkərs] trabajadores de temporada.
seasonally adjusted ['siːznəli ə'dʒʌsted] corregido en función de variaciones estacionales.
season-ticket [-'tɪkət] tarjeta de abono.
season-ticket holder [-'həʊldər] abonado.
seat [siːt] *n.* asiento.
sea-transport [-'trænspɔːrt] transporte marítimo.
seawater ['siː wɔːtər] agua de mar.
seaworthiness ['siː wɜːrðinəs] *n.* estado de navegabilidad (de un barco), capacidad para navegar.
seaworthy ['siː wɜːrði] *adj.* Navíos en buen estado de navegabilidad apto para hacerse a la mar. *Seaworthy packing,* embalaje marítimo.

second ['sekənd] *v.* **1** secundar. *To second a motion,* apoyar, sostener una moción. **2** ayudar, favorecer (funcionarios).
second *adj.* segundo.
secondary market ['sekənderi 'mɑːrkət] Bolsa: mercado secundario.
secondary picketing ['sekənderi 'pɪkətɪŋ] (GB) colocación de los piquetes de huelga alrededor de establecimientos que tratan con una empresa que está en huelga.
second debenture [-dɪ'bentʃər] obligación de segundo rango.
second endorser [-ɪn'dɔːrsər] segundo tenedor (en el caso de documentos transmisibles por endoso).
second-hand [-hænd] de ocasión; de segunda mano.
secondment [sɪ'kɑːndmənt] *n.* apoyo; acto de destacar.
second mortgage [-'mɔːrgɪdʒ] segunda hipoteca. *Second mortgage bond,* obligación hipotecaria de segundo rango.
second of exchange [-ɑːv ɪks't ʃeɪndʒ] segunda operación de cambio (letra de cambio).
second opinion [-ə'pɪnjən] consejo de un compañero o colega, de (otro) experto, peritaje de comprobación.
second-rate [-reɪt] mediocre, de calidad inferior.
secrecy ['siːkrəsi] *n.* secreto; discreción total.
secret ['siːkrət] *adj.* secreto.
secret ballot [-'bælət] votación secreta.
secret partner [-'pɑːrtnər] socio secreto.
secret reserve [-rɪ'zɜːrv] caja secreta, fondos ocultos, "caja negra".
secretarial ['sekrə'teriəl] *adj.* secretarial. *Secretarial job,* trabajo, puesto secretarial.
secretariat ['sekrə'teriæt] *n.* secretariado, secretaría.
secretary ['sekrəteri] *n.* **1** secretario(a). *Executive secretary, private secretary,* secretario(a) de dirección. *General Secretary, Secretary General, Company Secretary,* secretario(a) general. **2** Pol.: ministro, secretario de estado.
secretion [sɪ'kriːʃən] *n.* disimulación. Jur.: ocultamiento (de objetos robados).
section ['sekʃən] *n.* **1** sección, división, tramo. *Cross section,* sección, tramo. **2** párrafo, sección, renglón (de un diario), artículo.
sectional interests ['sekʃnəl 'ɪntrəsts] intereses particulares.
sector ['sektər] *n.* sector.
secure [sɪ'kjʊr] *v.* **1** obtener, adquirir, conseguir. *To secure a good job,* conseguir un buen empleo. **2** (préstamos) garantizar, avalar, asegurar. *To secure a loan,* garantizar un préstamo. **3** poner bajo condiciones de seguridad. *To se-*

cure oneself against something, asegurarse contra algo. **4** asegurar, fijar, estibar.

secure *adj.* seguro, asegurado, bajo condiciones de seguridad. *Secure investment,* inversión o colocación segura.

secure an order [-æn 'ɔːrdər] obtener un pedido, asegurar un pedido.

secured [sɪˈkjʊred] *adj.* **1** seguro, asegurado. **2** (préstamos) garantizado, asegurado, afianzado. *Secured bond,* obligación garantizada. *Secured liabilities,* pasivos garantizados. *Secured loans,* préstamos garantizados. *Secured promissory notes,* pagarés garantizados.

securing [sɪˈkjʊrɪŋ] *n.* **1** obtención; aprovisionamiento. *To secure supplies,* aprovisionarse. **2** garantía, aseguramiento, afianzamiento. **3** fijación, acto de estibar. **4** protección, acto de poner en un lugar seguro.

Securities and Investments Board [sɪˈkjʊrətis ænd ɪnvestˈmənts bɔːrd] **(S.I.B.)** [es aɪ biː] (GB) Comisión de Operaciones de Bolsa.

securities [sɪˈkjʊrətis] valores en general (acciones, bonos, obligaciones, etc.). *Over the counter securities,* valores que se negocian sobre el mostrador (*Over the counter market*).

securities firm [-fɜːrm] sociedad de colocación, de inversión en valores mobiliarios.

securities in custody [-ɪn ˈkʌstədi] valores en custodia.

securities market [-ˈmɑːrkət] mercado de valores.

securitization [sɪˈkjʊrətiˈseɪʃən] *n.* reconversión de una inversión en valores.

securitize [sɪˈkjʊrətaɪz] *v.* acto de reconvertir una inversión en valores.

security [sɪˈkjʊrəti] *n.* **1** seguridad. *Job security,* seguridad en el empleo. *Social security,* seguridad social. **2** fianza, garantía, caución, aseguramiento. *As security for the sum,* en cobertura de la suma. *Loan on security,* préstamo o empréstito bajo garantía. *Personal security,* garantía mobiliaria. *Security for costs,* caución judicial. *To lend on security,* prestar con garantías, prestar bajo prendas en depósito. *To lodge stock as security,* ceder títulos en garantía. **3** donador de una fianza, garante, responsable, fiador, donante de un aval. *To stand security for someone,* comprometerse como garante (fiador) de alguien. *To stand security for a debt,* asegurar, avalar un crédito. *To stand security for a signature,* avalar una firma. **4** *Securities,* valores (bursátiles), títulos de crédito. *The securities market,* el mercado de valores. *Bearer securities,* títulos, valores al portador. *Gilt-edged securities,* valores de oropel, valores de primera clase (técnicamente, obligaciones y títulos del estado). *Government securities,* valores del gobierno,

fondos del Estado. *Marketable securities,* títulos negociables. *Outstanding securities,* valores en circulación. *Registered securities,* títulos nominativos, valores nominativos. BANCA: *Securities department,* departamento de títulos de crédito. *Transferable securities,* valores transferibles, valores mobiliarios.

security house [-haʊs] sociedad de bolsa.

security loan [-ləʊn] préstamo garantizado con valores.

seed [siːd] *v.* **1** sembrar, cultivar. **2** (proyectos, etc.) generar; favorecer la gestación, el brote de. **3** DEP.: clasificar (un jugador).

seed *n.* semilla, grano, germen, simiente.

seed capital [-ˈkæəptl] inversión inicial, aportación de fondos de arranque (creación de empresas).

seed money [-ˈmʌni] inversión inicial, aportación de fondos de arranque.

seek [siːk] *v.* buscar, investigar. *To seek employment,* buscar un empleo. *To seek advice,* solicitar un consejo.

seep [siːp] *v.* rezumar, brotar, infiltrarse.

seepage [ˈsiːpidʒ] *n.* **1** coladura, infiltración. **2** escape, pérdida (por infiltración).

seesaw [ˈsiːsɔː] *v.* subir y bajar, inclinarse de un lado y de otro. *Seesawing prices,* precios oscilantes.

see to [siː tuː] *v.* vigilar a, ocuparse de, asegurarse de que.

segment [ˈsegmənt] *v.* segmentar (un mercado).

segment *n.* porción, sector, segmento (de un mercado).

segmentation [ˈsegmənˈteɪʃən] *n.* segmentación. *Market segmentation,* segmentación de mercado.

seize [siːz] *v.* embargar, confiscar, operar el embargo de, operar la detención judicial de.

seizing [ˈsiːzɪŋ] *n.* embargo (mercancías, propiedades).

seizure [ˈsiːʒər] *n.* embargo (judicial, de mercancías). *Seizure of real estate,* embargo inmobiliario.

select [sɪˈlekt] *v.* elegir, seleccionar, escoger.

select *adj.* selecto, de élite, de primera calidad, de primera categoría. PARLAMENTO: *Select committee,* comisión de encuestas.

selectee [ˈsɪlekˈtiː] (candidato) seleccionado, electo. *Non-selectees,* candidatos no seleccionados, no electos.

selection [sɪˈlekʃən] *n.* selección.

selective [sɪˈlektɪv] *adj.* selectivo.

selectivity [sɪlekˈtɪvəti] *n.* selectividad.

selector [sɪˈlektər] *n.* selector.

self [self] (cheques) a mí mismo. *Pay self,* (cheques) páguese a mí mismo.

self-defense, (GB) **defence** [-dɪˈfens] *n.* legítima defensa.

self-driven [-drɪvən] automotor.

self-employed [-ɪm'plɔɪd] trabajador(es) independiente(s).

self-financing [-fə'nænsɪŋ] autofinanciamiento.

self-indulgent [-ɪn'dʌldʒənt] que no se rehúsa nada a sí mismo; que condesciende consigo mismo.

self-propelled [-prə'peld] (vehículos) autopropulsado, automotor.

self-reliance [-rɪ'laɪəns] *n*. 1 independencia, autonomía. 2 confianza en sí mismo.

self-service [-'sɜːrvəs] autoservicio. *Self-service store*, tienda de autoservicio.

self-starter ['stɑːrtər] *n*. 1 arrancador automático. 2 persona dotada de iniciativa.

self-sufficiency [-sə'fɪʃənsi] autosuficiencia, independencia, autarquía.

self-sufficient [-sə'fɪʃənt] independiente, autosuficiente, que responde a sus propias necesidades.

self-supporting [-sə'pɔːrtɪŋ] que satisface sus necesidades, que vive de su trabajo, autónomo.

self-sustained [-sə'steɪnd] independiente, autónomo, autárquico. *Self-sustained growth*, crecimiento autónomo. *Self-sustained recovery*, recuperación autónoma.

sell [sel] *v*. 1 vender; despachar, colocar (mercancías, etc.). *To sell afloat*, vender en cargamento flotante. *To sell at a loss*, vender con pérdidas. *To sell back*, revender. *To sell by auction*, vender en una subasta. *To sell for cash*, vender al contado. *To sell for the account*, vender a plazo. *To sell forward*, vender para entrega futura. *To sell on approval*, vender a prueba, vender en forma condicionada a la calidad. *To sell on credit*, vender a crédito. *To sell on trust*, vender a crédito. Bolsa: *To sell short*, hacer una venta corta, hacer una venta de recorte, vender a descubierto. 2 venderse. *To sell poorly*, venderse mal. *To sell like hot cakes*, venderse como pan caliente.

sell by retail [-baɪ 'riːteɪl] vender al menudeo; vender al pormenor.

seller ['selər] *n*. 1 vendedor. *A seller's market*, un mercado en el que la demanda es fuerte, un mercado portentoso. 2 artículo que se vende bien. *A strong (brisk) hot seller*, un artículo que se vende muy bien, un producto llamativo. *A poor seller*, un artículo que se vende mal.

sell for cash [-fɔːr kæʃ] vender al contado.

selling ['selɪŋ] *n*. venta; realización. *Pyramid selling*, venta piramidal.

selling off [-ɔːf] venta de saldos, venta de liquidación. *Selling off of stocks*, liquidación de almacenes.

selling expenses [-ɪk'spenses] gastos de venta.

selling price [-praɪs] precio de venta.

selling procedures [-prə'siːdʒərs] procedimientos de venta.

selling space [-speɪs] superficie de venta.

sell off [-ɔːf] *v*. liquidar, saldar, despachar, vender a un precio bajo, abaratar.

sell off *n*. liquidación, venta de saldos.

sell out [-aʊt] *v*. vender la totalidad del inventario; realizar (una cartera de acciones). *We are sold out*, hemos vendido todo.

sellout ['selaʊt] *n*. 1 traición total (de los suyos, de sus intereses). 2 artículo que se vende como pan caliente. 3 venta de toda la taquilla, de todo el boletaje. 4 agotamiento de los almacenes como consecuencia de una demanda considerable.

sell up [-ʌp] *v*. 1 ver **to sell out**. 2 hacer vender (los bienes de alguien) como reembolso de una deuda.

semi-annual ['semi ænjuəl] *adj*. semestral. *Semi-annual interest payments*, pagos semestrales de intereses. *Semi-annual interest rate*, tasa de interés semestral.

semicolon ['semɪkəʊlən] punto y coma.

semi-manufactured ['semi'mænjə'fæktʃərd] semi-manufacturado.

semi-trailer ['semi treɪlər] semi-remolque.

send [send] *v*. enviar, expedir, despachar.

send back [-bæk] *v*. devolver, volver a enviar.

sendee ['sen'diː] *n*. destinatario.

sender ['sendər] *n*. expedidor, remitente.

send in [-ɪn] *v*. enviar, remitir. *To send in one's application*, enviar, remitir su solicitud (por ejemplo, solicitud de empleo). *To send in one's resignation*, enviar su renuncia.

sending ['sendɪŋ] *n*. envío, expedición.

sending back [-bæk] *n*. reenvío, reexpedición.

send on [-ɑːn] *v*. hacer seguir, transmitir.

send out [-aʊt] *v*. enviar, lanzar (circulares, etc.).

send through [-θruː] *v*. transmitir (comunicaciones, telegramas).

senior ['siːnjər] *adj*. 1 primogénito, hermano mayor. 2 más antiguo, más elevado en cuanto a grado, superior.

senior auditor [-'ɔːdətər] jefe de auditoría.

senior clerk [-klɜːrk] *n*. empleado principal, jefe de oficina.

senior executive [-ɪg'zekjətɪv] ejecutivo de nivel superior.

seniority [siːn'jɔːrəti] *n*. antigüedad. *Promotion by seniority*, promoción, ascenso por antigüedad. *Seniority bonus, seniority pay*, prima de antigüedad.

senior management [-'mænɪdʒmənt] dirección administrativa, ejecutivos de dirección.

senior manager [-'mænɪdʒər] administrador "senior", ejecutivo superior.

senior note [-nəʊt] reconocimiento de deuda que ofrece las mejores garantías; título, obligación prioritaria.

senior officer [-'ɑːfəsər] director; superior; miembro del equipo de dirección, responsable que se encuentra situado en la parte más alta de la jerarquía.

senior partner [-'pɑːrtnər] asociado principal, socio principal.

senior staff [-stæf] ejecutivo(s) superior(es).

sensitive ['sensətɪv] *adj.* sensible. *Sensitive market,* mercado inestable, mercado de reacción instantánea.

sensitivity ['sensə'tɪvəti] *n.* sensibilidad. *Sensitivity of demand,* sensibilidad de la demanda.

sensitize ['sensətaɪz] *v.* sensibilizar.

sentence ['sentns] *v.* condenar, pronunciar una sentencia.

sentence *n.* **1** juicio (de un tribunal), condena, pena. *Life sentence,* sentencia a cadena perpetua. *Death sentence,* sentencia a la pena de muerte, a la pena capital. **2** oración.

sentiment ['sentɪmənt] *n.* sentimiento, opinión, impresión, actitud. *An improvement in consumer sentiment,* una mejor disposición de los consumidores.

separate entity concept ['sepərət 'entəti 'kɑːnsept] CONTAB.: principio de entidad, principio de separación de los patrimonios.

sequence ['siːkwəns] *n.* secuencia, sucesión, serie.

sequential [sɪ'kwentʃəl] *adj.* sucesivo, consecutivo, secuencial.

sequentially [sɪ'kwentʃəli] *adv.* sucesivamente, consecutivamente, cronológicamente.

sequester [sɪ'kwestər] *v.* secuestrar, poner bajo secuestro.

sequestrate ['siːkwəstreɪt] *v.* ver **to sequester**.

sequestration ['siːkwəs'treɪʃən] *n.* secuestro, acto de secuestrar o poner bajo secuestro.

sequestrator ['siːkwəstreɪtər] *n.* secuestrador (persona).

serial ['sɪriəl] *n.* novela que se publica en series o capítulos. PRENSA: *Serial rights,* derechos de reproducción en los diarios o en las revistas.

serial *adj.* de serie, en serie. *Serial number,* número de serie, número de orden, número de matrícula.

series ['sɪriːz] *n.* serie.

servant ['sɜːrvənt] *n.* servidor. *Civil servant,* funcionario público.

serve [sɜːrv] *v.* **1** servir (clientes, etc.). **2** prestar un servicio (medios de transporte, etc.). **3** desempeñar el papel de, ocupar el cargo de. **4** llevar a cabo, cumplir una condena; purgar (una pena). *To serve one's apprenticeship,* cumplir un periodo de aprendizaje. *To serve one's sentence,* purgar su condena. **5** avisar, notificar, entregar, emitir. *To serve a writ, to serve a summons,* notificar un auto de comparecencia, un citato-

rio, un requerimiento. *To serve a notice on somebody,* emitir una condena, un juicio sobre alguien. *To serve notice,* notificar. *To serve notice upon a tenant,* dar aviso de despido a un inquilino. **6** servir un interés, pagar un interés (de una deuda).

server ['sɜːrvər] *n.* INFORM.: unidad central de una red de computadoras personales.

service ['sɜːrvəs] *v.* **1** asegurar el mantenimiento, mantener, reparar. **2** *To service a loan,* pagar los intereses de un préstamo. **3** prestar un servicio, asegurar un servicio.

service *n.* **1** servicio. **2** mantenimiento, arreglo, reparación. *Service routine,* rutina de servicio. **3** empleo, carrera. *The civil service,* área civil de la administración (pública), servicio civil administrativo. **4** expedición, notificación de una acta, de un acto de comparecencia, de un requerimiento.

serviceability ['sɜːrvəsə'bɪləti] *n.* resistencia al uso, facilidad de mantenimiento.

serviceable ['sɜːrvəsəbəl] *adj.* resistente al uso; fácil de mantener, de fácil mantenimiento.

service charge [-tʃɑːrdʒ] **1** cargo por servicio, propina. **2** gastos de administración o manejo de una cuenta (por ejemplo bancaria).

service industries [-'ɪndəstris] industrias de servicio(s), sector terciario.

service life [-laɪf] vida de servicio (se dice principalmente de los equipos). *Service policy,* política de servicio.

servicing ['sɜːrvəsɪŋ] *n.* **1** mantenimiento; servicio posterior a la venta (mantenimiento de un aparato). **2** servicio de una deuda, reembolso de los intereses de una deuda.

serving ['sɜːrvɪŋ] *n.* JUR.: notificación, aviso, entrega (de un citatorio, de una acta, de auto, de una sentencia, etc.).

session ['seʃən] *n.* sesión, junta, audiencia, reunión.

set [set] *v.* **1** disponer, colocar; poner, instalar. *To set the controls,* activar los mandos de control, poner o instalar los controles, fijar los controles. **2** fijar, designar, precisar, adoptar, convenir, acordar. *To set a date,* fijar una fecha. **3** dar a alguien una tarea a realizar. *To set a task,* dar una tarea. **4** JUR.: *To set one's hand and sign,* poner uno su firma.

set *n.* **1** conjunto, juego, colección. *Set of bills of lading,* conjunto de conocimientos de embarque. **2** medio, grupo de individuos.

set apart [-ə'pɑːrt] *v.* reservar, ahorrar, apartar.

set a record [-ə 'rekərd] establecer un récord.

set aside [-ə'saɪd] **1** ahorrar, guardar. **2** separar, apartar. JUR.: anular, cancelar, suprimir. **3** desechar, rechazar.

setback [setbak] *n.* reversa, marcha hacia atrás; fracaso, retroceso.

set designer [-dɪ'zaɪnər] Cɪɴᴇ: decorador.
set forth [-fɔːrθ] enunciar, formular, presentar.
set free [-friː] v. liberar. *To set prices free,* liberar los precios.
set out [-aʊt] v. 1 ponerse en camino, ponerse en ruta. 2 empezar, comenzar. 3 arreglar, disponer, presentar.
set objectives [-ɑːb'dʒektɪvs] fijar objetivos.
setting ['setɪŋ] n. medio ambiente; ámbito, marco.
setting-out [-aʊt] disposición.
settle ['setl] v.t. 1 liquidar (una suma). *To settle a bill,* liquidar una factura, una nota. *To settle a debt,* liquidar una deuda. *To settle an account,* liquidar una cuenta, una nota. 2 resolver, solucionar (un problema). *To settle a dispute,* resolver un conflicto. *To settle a claim,* solucionar un litigio. 3 constituir, formar, integrar (una anualidad, un capital).
settle v.pr. 1 instalarse, establecerse. 2 aquietarse, apaciguarse, calmarse, volver al orden; estabilizarse.
settled ['setld] adj. 1 liquidado, pagado. 2 invariable, seguro.
settlement ['setlmənt] n. 1 liquidación, pago (de una cantidad). *Early settlement,* liquidación anticipada. Bᴏʟsᴀ: liquidación, reembolso de margen. *Settlement day,* día de liquidación. 2 arreglo, solución, resolución (de un litigio). *Settlement of a dispute,* solución de un conflicto. Jᴜʀ.: *Out-of-court settlement,* solución amistosa (se dice de los litigios; puede ocurrir antes de acudir a la justicia o a lo largo del curso de un proceso legal). 3 establecimiento (de una población en un país). 4 constitución, formación (de una anualidad).
settle up [-ʌp] v. liquidar las cuentas, pagar, satisfacer una deuda.
settler ['setlər] n. 1 colono, poblador. 2 el que decide, el que toma una decisión.
settling ['setlɪŋ] n. 1 liquidación, pago. 2 constitución, formación (de una anualidad, etc.).
settling day [-deɪ] día de liquidación, día de pago.
set up v.t. crear, fundar (una sociedad, etc.), constituir, formar; instituir. *To set up shop.* 1 abrir (una) tienda. 2 crear una empresa, instalarse, implantarse.
set up [-ʌp] v.i. establecerse, instalarse. *To set up in business,* establecerse en los negocios.
set-up n. estructura, disposición, arreglo, organización.
seven sisters (the) ['sevən 'sɪstərs (ðə)] las siete empresas petroleras más grandes del mundo: Exxon, Gulf, Mobil Royal Dutch, Shell, Texaco, British Petroleum, Standard Oil of California (*lit.* las siete hermanas).
sever ['sevər] v. romper, cortar. *To sever diplomatic ties,* romper relaciones diplomáticas.

several ['sevrəl] adj. 1 varios. 2 separado, diferente. 3 respectivo, individual.
severally ['sevrəli] adv. individualmente, separadamente. *Severally liable,* individualmente responsable(s). *Jointly and severally,* conjunta y solidariamente.
severance ['sevərəns] n. separación, ruptura.
severance pay [-peɪ] prima de licenciamiento.
sewage ['suːɪdʒ] n. aguas usadas, agua de alcantarilla.
sewer ['suːər] n. alcantarilla.
sewerage ['suːərɪdʒ] n. sistema de alcantarillas; eliminación de aguas usadas.
shade [ʃeɪd] v. 1 hacer sombra, sombrear, proteger (de la luz); enmascarar, disimular, encubrir; oscurecer. 2 (colores) matizar, atenuar, degradar. *Shaded chart,* gráfica sombreada. 3 bajar, disminuir progresivamente. 4 *To shade prices,* establecer precios que se reducen en forma progresiva. *Prices shades for quantities,* reducciones progresivas de precio por compras en grandes cantidades, tarifa que se reduce en forma progresiva por pedidos de volumen.
shady ['ʃeɪdi] adj. oscuro, turbio, dudoso, sospechoso. *Shady dealings,* transacciones, asunto(s) sospechoso(s).
shaft [ʃæft] n. 1 pozo de una mina. 2 caja de un ascensor.
shake-out [ʃeɪk aʊt] n. 1 Bᴏʟsᴀ: debilitación moderada, baja moderada, recesión, estrechamiento del mercado que interviene después de un periodo de inflación. Se emplea también en el contexto de las actividades industriales. 2 Eᴄᴏɴ.: desorden económico que va acompañado de cierres de empresas y de despidos laborales.
shake-up [ʃeɪk ʌp] reorganización, remodelación; reestructuración.
shakiness ['ʃeɪkɪnəs] n. inestabilidad, fragilidad, incertidumbre.
shaky ['ʃeɪki] adj. inestable, dudoso, titubeante.
shale oil [ʃeɪl ɔɪl] aceite de esquistos.
shallow ['ʃæləʊ] adj. 1 poco profundo, superficial. 2 poco marcado, débil.
sham [ʃæm] adj. fingido, simulado, falso, ficticio.
shantytown ['ʃæntitaʊn] n. pueblo de casuchas.
shape [ʃeɪp] v. 1 dar forma, formar, modelar, adaptar, bosquejar, esbozar. 2 desarrollarse, anunciarse, tomar aspecto.
shape n. forma.
shape up [-ʌp] v. 1 perfilarse, aparecer, prepararse, anunciarse, tomar forma, tomar aspecto. *A recovery is shaping up,* se avecina una recuperación, se anuncia una recuperación. 2 hacer frente, adaptarse.

share [ʃer] *v.* **1** compartir. **2** participar. *To share in profits,* participar en las utilidades.
share *n.* **1** parte; porción. *Share of the market,* parte, porción del mercado. **2** acción (bursátil). *Bearer share,* acción al portador. *Bonus share,* acción gratuita. *Called-up share,* acción solicitada para su reembolso. *Common share,* acción común, acción ordinaria. *Deferred share,* acción diferida. *Founder's share,* acción de fundador. *Issued share,* acción emitida. *Management share,* acción de fundador. *Ordinary share,* acción ordinaria. *Outstanding share,* acción emitida y en circulación. *Paid up share, fully paid up share,* acción liberada, acción enteramente liberada. *Preference share, preferred share,* acción preferente, acción privilegiada (de preferencia, de prioridad). *Cumulative preference share,* acción preferente y acumulativa (las acciones preferentes dan derecho a un dividendo fijo y tienen prioridad sobre las acciones ordinarias en caso de quiebra o de liquidación; el término *cumulative* significa que el dividendo no pagado durante un año quedará adeudado y deberá añadirse al dividendo del año siguiente). *Qualification share,* acción de garantía, de depósito. *Registered share,* acción nominativa. *Transferable share,* acción transferible, acción al portador.
share capital [-ˈkæpətl] acciones de capital.
share certificate [-sərˈtɪfɪkət] certificado de acciones.
share cropper [-ˈkrɑːpər] aparcero; arrendatario de una granja que recibe en pago de su trabajo una parte de la cosecha.
share cropping [-ˈkrɑːpɪŋ] aparcería.
share flotation [-fləʊˈteɪʃən] emisión, flotación de acciones.
shareholder [ˈʃer həʊldər] *n.* accionista.
share of the market [-ɑːv ðə ˈmɑːrkət] porción del mercado.
share option scheme [-ˈɑːpʃən skiːm] plan de participación de los empleados en las acciones de la empresa por medio de su compra, plan de venta de acciones a los trabajadores de la empresa, accionariado.
shareowner [ˈʃerˈəʊnər] *n.* accionista.
share qualifications [- ˈkwɑːləfə ˈkeɪʃəns] garantía en acciones.
sharer [ˈʃerər] *n.* participante, parte que toma o participa (repartos, distribuciones, proyectos, etc.).
share-tenant [-ˈtenənt] aparcero.
share warrant [-ˈwɔːrənt] **1** título de acciones, certificado de acciones, título al portador. **2** derecho de suscripción preferencial hacia un cierto tipo de acciones que permiten ejercer una opción de compra en el futuro a un precio fijo.
sharing [ˈʃerɪŋ] *n.* participación. *Employees' profit sharing,* participación de los trabajadores

en las utilidades. *Profit-sharing scheme,* plan de participación en las utilidades (de la empresa).
shark [ʃɑːrk] *n.* tiburón; estafador, timador, usurero. *Shark-repellent,* medida que trata de desalentar las tentativas de una oferta de adquisición pública (por ejemplo, estatutos que exigen la aprobación del 75 por ciento de los accionistas).
sharp [ʃɑːrp] *adj.* **1** agudo, puntiagudo, acentuado, notable, ostensible, vigoroso. *A sharp rise in profits,* un aumento agudo en las utilidades. **2** fino, despierto, alegre, vivo. **3** astuto, artero, poco escrupuloso.
shave [ʃeɪv] *v.* recortar, reducir. *To shave subsidies,* recortar los subsidios.
shavings [ˈʃeɪvɪŋs] *n.* virutas, astillas (embalajes).
shed [ʃed] *n.* hangar, taller, barraca.
sheet [ʃiːt] *n.* hoja, folio, pliego, ficha, nota, lista. *Attendance sheet,* hoja de presencia. *Balance sheet,* balance general. *Data sheet,* relación de informes, hoja de datos, currículum vitae. *Loose sheet,* hoja suelta. *Order sheet,* lista o relación de pedidos. *Pay-sheet,* hoja de paga.
sheet-iron [-ˈaɪərn] plancha o lámina de fierro.
sheet-mill [-mɪl] laminadora de planchas o láminas de fierro.
sheet-music [-ˈmjuːzɪk] partitura(s).
shelf [ʃelf] *(pl.* **shelves**) *n.* repisa, estante, anaquel.
shelf-space [-speɪs] *n.* estantería, espacios en los estantes (supermercados, etc.).
shelf-strip [-strɪp] tablón de estante, tabla en forma de tira para estante.
shell company [ʃel ˈkʌmpəni] sociedad ficticia (sociedad sin activos reales que se crea para cubrir necesidades de tipo operativo, por ejemplo una oferta de adquisición pública).
shell out [ʃel aʊt] *v.* desembolsar, gastar.
shelter [ˈʃeltər] *n.* abrigo, refugio. *Bus-shelter,* resguardo para esperar el autobús. *Tax shelter,* protección fiscal.
shelve [ʃelv] *v.* suspender, abandonar, desechar (por lo menos provisionalmente). *To shelve a project,* abandonar, dar carpetazo a un proyecto.
shelver [ˈʃelvər] *n.* gondolero.
shenanigans [ʃəˈnænɪgənz] *n.* **1** maniobras, estratagemas, mistificaciones. **2** travesura, ardid.
shift [ʃɪft] *v.* cambiar, modificar(se), fluctuar, desplazar(se). *To shift the balance,* modificar el equilibrio; desestibar (cargamento).
shift *n.* **1** turno, equipo. *Day shift,* turno del día. *Night shift,* turno de la noche. *The 3-shift system,* el sistema de tres turnos (de ocho horas cada uno). **2** jornada de trabajo, duración de un turno de trabajo. **3** cambio, modificación, fluctuación. **4** desplazamiento, transferencia.

S

Population shift, desplazamiento de población. 5 expediente.
shifting [ˈʃɪftɪŋ] *n.* cambio; desplazamiento. *Cargo-shifting,* desplazamiento de una carga, acto de desestibar un cargamento.
shift-work [-wɜːrk] *n.* trabajo por turno, trabajo por equipo.
ship [ʃɪp] *v.* 1 expedir, enviar, dirigir (bultos, etc.). 2 fletar, embarcar (mercancías).
ship *n.* navío, barco, buque, nave. *Merchant ship,* barco mercante. *Space-ship,* nave espacial. *Ship's sweat,* vapor de bodega (daños causados por la humedad de las bodegas de los barcos).
ship-broker [-ˈbrəʊkər] corredor marítimo.
shipbuilder [ˈʃɪp bɪldər] constructor de barcos.
shipbuilding [ˈʃɪp bɪldɪŋ] *n.* construcción naval.
shipbuilding yard [-jɑːrd] taller marítimo, astillero.
ship-canal [-kəˈnæl] canal marítimo.
ship-chandler [-ˈtʃændlər] proveedor de la marina.
ship-load [-ləʊd] carga, cargamento, flete de tipo marítimo.
shipmaster [ʃɪpˈmæstər] capitán (de un barco).
shipment [ˈʃɪpmənt] *n.* 1 expedición, cargamento, envío (de mercancías). 2 expedición, envío; transporte. *Packing for shipment,* embalaje para transporte. 3 embarque, puesta a bordo, cargamento.
shipowner [ˈʃɪp əʊnər] *n.* armador, naviero.
shipped bill of lading [ˈʃɪped bɪl ɑːv ˈleɪdɪŋ] conocimiento de embarque a bordo (que afirma que las mercancías se encuentran a bordo).
shipper [ˈʃɪpər] *n.* 1 expedidor, remitente. 2 fletador.
shipping [ˈʃɪpɪŋ] *n.* 1 expedición. 2 embarque, cargamento, puesta a bordo. 3 navegación, transportes marítimos. *Shipping intelligence, shipping news,* noticias marítimas, movimientos de los barcos. *Shipping office,* oficina marítima, matrícula de mar. *Shipping routes,* rutas marítimas. *Shipping shares,* acciones de las compañías de navegación. *The shipping trade, shipping business,* los asuntos marítimos, el comercio marítimo. 4 tonelaje (del conjunto de barcos de un país, de un puerto, etc.). *Idle shipping,* tonelaje sin uso, tonelaje ocioso.
shipping agency [-ˈeɪdʒənsi] agencia marítima.
shipping agent [-ˈeɪdʒənt] 1 agente marítimo. 2 agente expedidor, agente de embarques (mercancías).
shipping bill [-bɪl] factura de embarque, declaración de reexportación de un depósito de almacén.

shipping clerk [-klɜːrk] empleado de transportes, expedidor.
shipping company [-ˈkʌmpəni] compañía marítima.
shipping charges [-tʃɑːrdʒəs] gastos de expedición.
shipping documents [-ˈdɑːkjəmənts] documentos de embarque, documentos de expedición.
shipping-exchange [-ɪksˈtʃeɪndʒ] bolsa de fletes.
shipping expenses [-ɪkˈspensəs] gastos de embarque.
shipping instructions [-ɪnˈstrʌkʃəns] instrucciones de embarque, de cargamento, de expedición.
shipping insurance [-ɪnˈʃʊrəns] seguro de embarque.
shipping invoice [-ˈɪnvɔɪs] factura de embarque.
shipping note [-nəʊt] nota de cargamento, permiso de embarque.
shipping port [-pɔːrt] puerto de embarque.
shipping policy [-ˈpɑːləsi] política de embarque.
shipping procedures [-prəˈsiːdʒər] procedimientos, trámites de embarque.
shipping terms [-tɜːrms] condiciones de embarque, condiciones del contrato de transporte.
shipping ton [-tʌn] tonelada de fletamiento.
shipping weight [-weɪt] peso embarcado.
ship policy [-ˈpɑːləsi] SEG. MARÍT.: póliza de embarque.
ship's papers [-sˈpeɪpərs] papeles de a bordo, documentos de a bordo.
ship's register [-sˈredʒəstər] certificado de matrícula.
shipwreck [ˈʃɪprek] naufragio.
shipyard [ˈʃɪpjɑːrd] astillero marítimo, plataforma de construcciones navales.
shirk [ʃɜːrk] *v.* evadir, eludir, evitar, rehuir, desatender, esquivar.
shirker [ˈʃɜːrkər] *n.* evasor, el que evade una tarea o responsabilidad.
shock-proof [ˈʃɑːkˈpruːf] a prueba de golpes.
shoddy [ˈʃɑːdi] *adj.* de mala calidad, de pacotilla.
shoestring (on a) [ˈʃuːstrɪŋ (ɑːn ə)] con capitales insuficientes, con capitales escasamente suficientes (*lit.* en un cordón de zapato). *To start business on a shoestring,* lanzarse a los negocios con muy poco capital. *To operate on a shoestring,* operar con capitales extremadamente reducidos.
shoot [ʃuːt] *v.* 1 tirar, disparar, hacer fuego. 2 herir, matar con un proyectil. 3 rodar un filme. *Shooting script,* recorte (de un filme).
shoot down [-daʊn] *v.* bajar considerablemente (precios, etc.).

shoot on location [-ɑ:n lǝu'keɪʃǝn] CINE, T.V.: filmar en exteriores.

shoot up [-ʌp] *v.* subir rápidamente (precios, etc.).

shop [ʃɑ:p] *v.* hacer uno sus compras, ir de compras. *To shop around*, recorrer las tiendas para comparar los precios. *To shop for something*, tener la intención de comprar alguna cosa, tratar de obtener alguna cosa; examinar y comparar con la intención de comprar. *To shop for prices*, comparar los precios. *To shop by catalog, by mail*, comprar por correspondencia.

shop *n.* 1 tienda, almacén. *To talk shop*, tratar un tema propio de una profesión, tema, oficio; tratar un tema en el cual se está profesionalmente involucrado. 2 taller. 3 empresa, lugar de trabajo. *Closed shop*, empresa que tan sólo contrata empleados sindicalizados. *Open shop*, empresa que no exige que los empleados estén sindicalizados o que se sindicalicen en el momento de la contratación. *Union shop*, empresa en la cual la dirección, mediante un acuerdo que realiza con el sindicato, tiene libertad de contratar a empleados tanto no sindicalizados como a sindicalizados, pero en la que los no sindicalizados deberán adherirse al sindicato antes de una fecha límite, puesto que de lo contrario serán despedidos. 4 BOLSA: introductores. *Shop-buying*, compras profesionales. *Shop-selling*, ventas profesionales. *Shop-shares*, acciones de introducción.

shop-assistant [-ǝ'sɪstǝnt] empleado de tienda, vendedor, vendedora.

shopfloor [ʃɑ:pflɔ:r] la base (sindicatos). *Shopfloor workers*, los obreros de la base.

shopfloor politics [-'pɑ:lǝtɪks] política sindical al nivel de la base.

shop-girl [-gɜ:rl] vendedora de tienda, empleada de tienda.

shopkeeper [ʃɑ:p ki:pǝr] pequeño comerciante, tendero.

shopkeeping [ʃɑ:p ki:pɪŋ] 1 mantenimiento de una tienda. 2 sector del pequeño comercio.

shoplift [ʃɑ:p lɪft] *v.* robar en las tiendas.

shoplifter [ʃɑ:p lɪftǝr] ladrón de tiendas.

shoplifting [ʃɑ:p lɪftɪŋ] robo en las tiendas.

shopper [ʃɑ:pǝr] *n.* comprador, persona que hace sus compras.

shopping [ʃɑ:pɪŋ] *n.* compras.

shopping area [-'eriǝ] superficie de una tienda.

shopping around [-ǝ'raʊnd] término que se emplea en el momento de la realización de un conjunto industrial, cuando el comprador o el promotor elige varios proveedores y trata de una manera separada entre ellos en lugar de confiar el conjunto de la operación a un empresario a cargo de la obra.

shopping center [-'sentǝr] (GB) **centre** centro comercial.

shopping goods [-gʊds] productos de utilización común.

shopping-list [-lɪst] lista de compras.

shopping mall [-mɔ:l] centro comercial; avenida comercial, galería comercial.

shopping space [-speɪs] superficie comercial (supermercados, etc.).

shop-soiled [-sɔɪld] (artículos) dañados en la tienda; no frescos, rancios.

shopsteward [ʃɑ:p'stu:ǝrd] delegado de un taller.

shop-walker [-'wɔ:kǝr] 1 vigilante, inspector (en una tienda, en un supermercado...). 2 jefe de departamento.

shop-window [-'wɪndǝʊ] escaparate, vitrina, aparador.

shore [ʃɔ:r] *n.* ribera, costa, litoral, orilla, borde.

shore up [-ʌp] *v.* apoyar, sostener. *To shore up a shaky economy*, sostener una economía tambaleante.

short [ʃɔ:rt] *v.* vender al descubierto.

short *n.* 1 BOLSA: venta al descubierto. 2 BOLSA: bajar. 3 déficit, escasez, falta.

short *adj.* 1 corto, breve. *Short credit*, crédito a corto plazo. *Short bills*, documentos a corto plazo. *In short*, en breve, en síntesis, en resumen. *On short notice*, con un plazo de aviso muy breve. 2 BOLSA: en descubierto, al descubierto. *Short sale*, venta en descubierto, venta corta, venta de recorte. *Short seller*, vendedor al descubierto. 3 insuficiente, incompleto, deficitario. *I am 10 dollars short*, me faltan 10 dólares. *To be short of*, estar escaso de; andar falto de.

short *adv.* 1 brevemente, breve, corto, pequeño. *To fall short of something*, no alcanzar la meta fijada, ser inferior a. *To fall short of expectations*, no estar a la altura de las expectativas. 2 BOLSA: en descubierto, al descubierto. *To sell short*, vender al descubierto, hacer una venta corta, hacer una venta de recorte.

short account [-ǝ'kaʊnt] BOLSA: posición vendedora.

shortage [ʃɔ:rtɪdʒ] *n.* escasez, penuria, insuficiencia, falta, déficit. *Cash shortage*, faltante de efectivo. *Inventory shortage*, faltante de inventario. *Labor shortage*, escasez de mano de obra.

shortchange [ʃɔ:rt'ʃeɪndʒ] *v.* 1 no proporcionar correctamente el cambio. *He says he's been shortchanged by the cashier*, dice que el cajero se equivocó al darle el cambio. 2 robar (transacciones, contratos, etc.). *To be shortchanged*, ser uno estafado en pequeño, ser timado en forma minúscula (se dice principalmente al ser timado en el momento de recibir el cambio resultante de un pago).

S

shortcoming ['ʃɔːrt kʌmɪŋ] *n.* 1 inconveniente, imperfección, insuficiencia. 2 falta, insuficiencia, déficit (dinero).

shortcut ['ʃɔːrtkʌt] *n.* atajo. *To take a shortcut,* tomar un atajo.

short covering [-'kʌvərɪŋ] BOLSA: recompra, readquisición (para cubrir un sobregiro, un descubierto).

short-dated [-'deɪtəd] a corto vencimiento.

short delivery [-dɪ'lɪvəri] entrega incompleta.

shorten ['ʃɔːrtn] *v.* acortar, reducir.

shortfall ['ʃɔːrtfɔːl] *n.* déficit, escasez.

shorthand ['ʃɔːrthænd] *n.* taquigrafía.

shorthanded ['ʃɔːrt'hændəd] escasez de personal, de mano de obra.

shorthand-typist [-'taɪpəst] taquimecanógrafa.

short haul [-hɔːl] (EU) transporte de mercancías o de pasajeros a lo largo de una breve distancia.

shorting ['ʃɔːrtɪŋ] *n.* BOLSA: venta al descubierto.

short-landed cargo [-'lændəd 'kɑːrgəʊ] cargamento que al desembarcarse muestra un faltante.

shortlist ['ʃɔːrtlɪst] *v.* seleccionar.

shortly ['ʃɔːrtli] *adv.* en breve, brevemente; al instante, dentro de poco.

short notice [-'nəʊtəs] plazo breve, plazo corto de preaviso, plazo corto de notificación. *At short notice,* en un plazo breve; del día a la mañana. *To give somebody short notice,* proporcionar a alguien un plazo breve. *Withdrawal at short notice,* retiro a corto plazo.

short order [-'ɔːrdər] pedido incompleto.

short-range [-reɪndʒ] a corto plazo. *Short-range financial projection,* proyección financiera a corto plazo.

short run [-rʌn] a corto plazo. *Short run cash needs,* necesidades de efectivo a corto plazo.

shorts [ʃɔːrts] *n.* 1 elementos, unidades que faltan para completar una cantidad, un total. *Cash shorts and overs,* faltantes y excesos de efectivo. 2 BOLSA: vendedores al descubierto.

short sale [-seɪl] venta al descubierto, venta corta, venta de recorte.

short-selling [-'selɪŋ] venta al descubierto.

short-term [-'tɜːrm] a corto plazo. *Short-term borrowing,* préstamos a corto plazo. *Short-term financing,* financiamiento a corto plazo. *Short-term investment,* inversión a corto plazo. *Short-term loans,* préstamos (empréstitos) a corto plazo. *Short-term bonds,* obligaciones a corto plazo. *Short-term (financial) projection,* proyección (financiera) a corto plazo.

short time [-taɪm] horario reducido. *To put workers on short time,* asignar a los obreros un horario reducido, reducir los horarios de los obreros. *To be on short time,* trabajar en base a un horario reducido.

short ton [-tʌn] tonelada corta (907,184 kg).

short weight [-weɪt] falta de peso, peso insuficiente. *There is short weight,* hay un faltante de peso, el peso no corresponde.

shot [ʃɑːt] *n.* 1 bala, proyectil, tiro, disparo de fuego. *To have a shot at,* tratar de apoderarse de, tratar de hacer alguna cosa. *To call the shots,* ser el patrón, dar las órdenes. *A big shot,* un personaje importante. 2 golpe. 3 CINE: vista, imagen. 4 inyección, piquete. *Shot in the arm,* estimulante.

shoulder ['ʃəʊldər] *v.* asumir, cargar con (una responsabilidad), soportar (una carga). *To shoulder the cost of something,* soportar la totalidad del costo de algo.

show [ʃəʊ] *v.* 1 presentar, exponer. 2 mostrar, hacer resaltar, indicar. *To show a profit,* mostrar una utilidad. 3 levantar la mano (votos). *Those in favor please show,* levanten la mano los que estén a favor.

show *n.* 1 espectáculo. 2 exposición. *The motor show,* la exposición de automóviles. *On show,* expuesto. 3 visible. *Show of wealth,* signo exterior de riqueza.

show a profit [-ə 'prɑːfət] indicar una utilidad, registrar un beneficio, obtener beneficios.

show business [-'bɪznəs] industria del espectáculo.

showcard ['ʃəʊkɑːrd] *n.* 1 pancarta. 2 etiqueta (de vitrina, etc.). 3 carta, lista de muestras.

showcase ['ʃəʊkeɪs] *v.* exponer, poner de relieve, resaltar.

showcase *n.* aparador, mostrador, vitrina.

showdown ['ʃəʊdaʊn] confrontación, conflicto o pugna de intereses, liquidación de cuentas (entre adversarios).

show flat [-flæt] apartamento de muestra, apartamento piloto.

showing ['ʃəʊɪŋ] *n.* comportamiento, desempeño; resultado. *Poor showing,* un desempeño deficiente, un resultado insatisfactorio.

show of hands [-ɑːv hænds] voto a mano levantada.

showroom ['ʃəʊruːm] *n.* sala de exposición.

show up [-ʌp] presentarse, aparecer, mostrarse.

showy ['ʃəʊi] *adj.* vistoso, llamativo, notorio.

shrink [ʃrɪŋk] *v.* encoger, disminuir, reducirse, contraerse, bajar. *A shrinking market,* un mercado en contracción.

shrinkage ['ʃrɪŋkɪdʒ] *n.* 1 encogimiento, contracción, disminución. 2 robo, hurto, sisa.

shunt [ʃʌnt] *v.* 1 FERR.: maniobrar, hacer entrar en una estación, hacer una maniobra, cambiar de agujas. *To shunt into a siding,* arrinconar, dejar de lado, poner en vía muerta (en sentido

propio y figurado). **2** (GB) Bolsa: hacer un arbitraje (entre dos bolsas del mismo país).
shunting [ˈʃʌntɪŋ] *n.* **1** Ferr.: maniobras de apartado o de clasificación, cambio de vía. **2** desviación, evasión, aplazamiento, suspensión, arrinconamiento, acto de poner en vía muerta o de desechar (un programa, etc.). **3** (GB) Bolsa: arbitraje.
shut [ʃʌt] *v.* cerrar.
shutdown [ˈʃʌtdaun] *v.* cerrar (fábricas, etc.).
shutdown *n.* cierre (de una fábrica, etc.).
shut out [-aut] *v.* excluir, eliminar, impedir. *The purpose of cartels is to shut out newcomers to an industry unless they are willing to join,* el propósito de los cárteles es prohibir a los que apenas ingresan el acceso a un sector industrial, a menos que acepten formar parte de él.
shutter [ˈʃʌtər] *n.* **1** postigo, puertecita. *To put up the shutters,* cerrar una tienda, una empresa; echarle llave a la puerta (*lit.* cerrar los postigos). **2** Fot.: obturador.
shuttle [ˈʃʌtl] *v.* ir y venir entre dos puntos.
shuttle *n.* transbordador espacial.
shyster [ˈʃaɪstər] picapleitos, abogadillo.
sick [sɪk] *adj.* enfermo.
sick-allowance [-əˈlauəns] asignación o subsidio por enfermedad.
sick-benefit [-ˈbenəfɪt] asignación, prestación por enfermedad.
sick-leave [-liːv] permiso de ausencia laboral por enfermedad. *To be on sick leave,* estar ausente del trabajo por enfermedad.
sick pay [-peɪ] gastos pagados por enfermedad.
sickness benefit [ˈsɪknəs ˈbenəfɪt] gastos pagados por enfermedad, asignación económica por enfermedad.
sickness insurance [ˈsɪknəs ɪnˈʃurəns] seguro por enfermedad.
side issue [saɪd ˈɪʃuː] asunto de interés secundario.
side effect [saɪd ɪˈfekt] efecto secundario.
side-entrance [saɪd ˈentrəns] entrada lateral, entrada adyacente.
sideline [ˈsaɪdlaɪn] *v.* quedarse en la banda, en la línea de división; eliminar a un concurrente.
sideline *n.* **1** (línea de) división. *To stay on the sidelines,* no comprometerse, no exponerse, ser prudente. **2** actividad secundaria, actividad complementaria.
side-note [saɪd nəut] nota marginal.
sidestep [ˈsaɪdstep] *v.* evitar, evadir, eludir. *To sidestep an issue,* eludir un problema.
sidetrack [ˈsaɪdtræk] *v.* arrinconar, dejar de lado, echar a un lado, poner en vía muerta; desviar (de una conversación).
sidetrack *n.* vía lateral, desviación.

siding [ˈsaɪdɪŋ] *n.* arrinconamiento, retiro, vía muerta. *The proposal was shunted into a siding,* la proposición fue echada a un lado.
sight [saɪt] *v.* **1** observar, descubrir. **2** mostrar, enseñar; presentar. *To sight a bill,* presentar una letra para su aceptación.
sight *n.* vista. *At sight,* a la vista. *Bill payable at sight,* título de crédito (letra de cambio, pagaré, etc.) pagadero a la vista. *Sight withdrawal,* retiro a la vista. *Sight deposit,* depósito a la vista. *Sight unseen,* sin ser visto, por descripción, etc. *To buy land sight unseen,* comprar un terreno sin haberlo visto, por descripción. *On sale sight unseen,* vendido sin ser visto, por descripción.
sight bill [-bɪl] valor o título comercial a la vista, letra de cambio a la vista.
sight draft [-dræft] letra de cambio a la vista.
sight obligations [-ˈɑːbləˈgeɪʃəns] obligaciones a la vista.
sighting [ˈsaɪtɪŋ] *n.* presentación de una letra de cambio para su aceptación.
sign [saɪn] *v.* firmar.
sign *n.* **1** letrero, rótulo. **2** tablero de anuncios, panel de indicaciones. **3** signo, señal, indicio, huella. *Traffic sign,* señal de tráfico. Jur.: *hand and sign,* firma. *To set one's hand and sign,* firmar.
signal light [ˈsɪgnl laɪt] fanal, señal luminosa, luz de semáforo.
signatory [ˈsɪgnətɔːri] *n.* signatario, firmante.
signature [ˈsɪgnətʃur] *n.* firma. *To affix, to append one's signature,* firmar. *Document sent over somebody's signature,* documento enviado bajo la firma de alguien.
signee [ˈsaɪˈniː] *n.* firmante, signatario.
signer [ˈsaɪnər] *n.* firmante, signatario.
significant [sɪgˈnɪfɪkənt] *adj.* relevante; importante; de gran alcance, considerable; significativo.
signing [ˈsaɪnɪŋ] *n.* firma (de un contrato, etc.).
signing clerk [-klɜːrk] apoderado jurídico, pasante.
sign on [-ɑːn] *v.* **1** contratar (por ejemplo empleados, trabajadores, etc.). *To sign somebody on,* contratar a una persona. **2** inscribirse. *Signing-on fee,* derecho de inscripción.
sign-post [-pəust] *v.* marcar, señalar, indicar, balizar.
sign-post *n.* panel de indicaciones.
sign up [-ʌp] *v.* **1** inscribirse (a un curso, a un programa, etc.). **2** firmar un contrato. **3** hacer firmar un contrato a alguien.
silage [ˈsaɪlɪdʒ] *n.* ensilado, ensilaje, ensilamiento.
silent partner [ˈsaɪlənt ˈpɑːrtnər] prestamista de fondos (en una sociedad de personas, *partnership*), socio capitalista; socio pasivo.
silicon [ˈsɪləkən] *n.* silicón.

S

silk [sɪlk] *n.* seda.

silver ['sɪlvər] *n.* dinero (metal); piezas de plata. *Silver coin,* moneda de plata. *Silver in the till,* saldo en caja (en monedas).

silver-plate [-'pleɪt] *v.* platear, dar un baño de plata.

silver-plate *n.* bandeja de plata.

simulation ['sɪmjə'leɪʃən] *n.* simulación. *Simulation techniques,* técnicas de simulación.

single ['sɪŋgəl] *v.* elegir.

single *adj.* 1 solo, único. 2 soltero.

single entry bookkeeping [-'entri 'bʊk kiːpɪŋ] teneduría de libros, contabilidad por partida simple.

Single European Act [-'jʊrə'piːən ækt] Acta Única Europea.

Single European Market [-'jʊrə'piːən 'mɑːrkət] Mercado Único Europeo.

single frame [-freɪm] *n.* vista por vista, imagen por imagen.

single out [-aʊt] *v.* elegir, escoger, observar, señalar, distinguir.

single proprietorship [-prə'praɪətərʃɪp] propiedad individual, persona física (se dice de la persona física que realiza actividades empresariales). Ver **sole proprietorship**.

single purpose [-'pɜːrpəs] de o para un solo propósito. *Single purpose equipment,* equipo para un solo propósito.

single room [-ruːm] habitación de una sola cama.

single ticket [-'tɪkət] billete o boleto sencillo, billete o boleto de ida.

singly ['sɪŋgli] *adv.* separadamente, singularmente.

sink [sɪŋk] *v.* 1 sumergirse, hundirse, naufragar. 2 amortizar, extinguir (una deuda). 3 colocar o invertir dinero a fondo perdido (por ejemplo, renta vitalicia). 4 colocar dinero con pérdidas, malbaratar, enterrar fondos. 5 bajar (cotizaciones, etc.).

sinking fund ['sɪŋkɪŋ fʌnd] fondo de amortización.

sister company ['sɪstər 'kʌmpəni] sociedad perteneciente al mismo grupo.

sister ship ['sɪstər ʃɪp] barco hermano, barco del mismo tipo, navío de la misma serie.

sit [sɪt] *v.* 1 sentarse. 2 residir. *To sit on the Board,* formar parte del consejo de administración.

sitcom ['sɪtkɑːm] *n.* = **situation comedy** ['sɪtʃu'eɪʃən 'kɑːmədi] comedia de situaciones (T.V.).

sit-down strike [-daʊn straɪk] huelga de brazos caídos, huelga con ocupación de la fábrica.

site [saɪt] *v.* implantar. *To site a plant,* implantar una fábrica.

site *n.* 1 emplazamiento, sitio. 2 obra. *Site manager,* director de obra. *Site supervisor,* supervisor de obra.

siting ['saɪtɪŋ] *n.* implantación, instalación.

sitting ['sɪtɪŋ] *n.* sesión, reunión, asamblea, audiencia.

situation ['sɪtʃu'eɪʃən] *n.* 1 situación (política, financiera, etc.). *The economic situation,* la situación económica. *Financial situation,* situación financiera. 2 puesto, empleo, cargo, función. Diarios: *Situations vacant,* ofertas de empleo. *Situations wanted,* solicitudes de empleo. 3 situación, emplazamiento, lugar, ubicación, plaza.

situate ['sɪtʃueɪt] *adj.* sito, situado (forma antigua que aún se utiliza en la lengua jurídica).

sizable ['saɪzəbəl] *adj.* ver **sizeable**.

size [saɪz] *v.* calibrar.

size *n.* tamaño, talla, extensión, volumen, formato.

sizeable ['saɪzəbəl] *adj.* considerable; bastante grande. *A sizeable sum,* una suma considerable.

size up [-ʌp] *v.* juzgar, evaluar.

skeleton-law ['skelətn lɔː] el ámbito de la ley, el marco de la ley, proyecto de ley reducido a su mínima expresión, ley marco, esqueleto de ley.

skeleton staff ['skelətn stæf] personal reducido al mínimo estricto; personal permanente.

sketch [sketʃ] *v.* esbozar, resumir, describir a grandes rasgos. *Sketch-book,* cuaderno, libro de croquis.

sketch *n.* 1 croquis, boceto; levantamiento (topográfico). *Dimensioned sketch,* croquis cotizado, croquis tasado; diseño dimensionado. *Rough sketch,* boceto, esbozo. 2 plan, resumen, boceto, esbozo a grandes rasgos (de una idea, de un plano, etc.).

skew [skjuː] *v.* sesgar, torcer, desviar (una curva).

skew *n.* apartamiento, desviación, distorsión (de una curva), irregularidad de una frecuencia.

skew *adj.* oblicuo, que se desvía (curva), que tiene una distribución asimétrica (frecuencia).

skid [skɪd] *v.* desviar bruscamente, resbalar, derrapar. *To skid downward,* hundirse, venirse abajo.

skids [skɪdz] *n.* parte de una plataforma naval donde se lleva a cabo el lanzamiento. *On the skids.* 1 (barcos) en construcción, en la plataforma de lanzamiento. 2 que pierde vigor, que va a la quiebra.

skill [skɪl] *n.* 1 destreza, habilidad, talento, aptitud. *Verbal skills,* aptitudes verbales. 2 especialidad, competencia técnica; oficio, ocupación.

skilled [skɪld] *adj.* 1 hábil, diestro. 2 competente, experto.

skilled labor [-'leɪbər] mano de obra calificada.

skilled worker [-'wɜːrkər] obrero calificado.

skimming policy ['skɪmɪŋ 'pɑːləsi] *skim the cream policy* (*lit.* "política de crema desnatada") política de rastreo, política de revisión (en el sentido de realizar un examen superficial; tiene aplicación en el campo de la mercadotecnia).

skin [skɪn] *v.* esquilar, pelar, desplumar, despellejar, despojar.

skip [skɪp] *v.* saltar, omitir.

skipper ['skɪpər] *n. fam.* capitán, jefe del barco.

skittish ['skɪtɪʃ] *adj.* inestable, caprichoso (mercado).

sky-rocket ['skaɪˈrɑːkət] *v.* subir rápidamente.

slack [slæk] *n.* **1** debilitamiento de los negocios, debilitación de las actividades, torpeza, flojedad, lentitud, estancamiento. **2** suave, blando, colgante, holgado. *To take up the slack,* volver un sector industrial o económico más activo y más productivo.

slack *adj.* **1** negligente, perezoso, poco dinámico. **2** (negocio) poco activo. *Business is slack,* los negocios van mal. *Slack demand,* demanda débil.

slacken ['slækən] *v.* debilitar, disminuir (velocidad, cadencia, paso, ritmo, etc.).

slackness ['slæknəs] *n.* estancamiento, marasmo, paralización (de un mercado), falta de actividad, lentitud en la economía; descenso.

slander ['slændər] *v.* difamar (verbalmente), calumniar.

slander *n.* difamación verbal. *Slander action,* persecución judicial por difamación.

slant [slænt] *n.* **1** pendiente, inclinación, sesgo, oblicuidad. **2** *fam.* punto de vista.

slap [slæp] *v.* imponer. *To slap a price freeze,* imponer un bloqueo de precios. *To slap a tax,* imponer un impuesto.

slash [slæʃ] *v.* reducir (considerablemente). *To slash prices,* sacrificar los precios. *To slash one's payroll,* licenciar (al personal de una empresa) en forma masiva.

slash *n.* reducción, rebaja. *A 5 to 10 per cent price slash on new cars,* una baja del 5 al 10 por ciento sobre automóviles nuevos.

slate [sleɪt] *v.* **1** prever, programar. **2** designar (un candidato).

slate *n.* **1** pizarra. *Clean slate,* situación sana (dejada a un sucesor), buena gestión, buenos antecedentes de servicio. **2** (EU) lista de candidatos.

slaughter ['slɔːtər] *v.* **1** matar, sacrificar (animales de carnicería, etc.). **2** liquidar, saldar.

slaughter-house [-haʊs] matadero.

slaughter price [-praɪs] precio sacrificado.

sleeper ['sliːpər] *n.* **1** automóvil cama, vagón cama, vagón alcoba. **2** FERR.: camerino, coche dormitorio.

sleeping berth ['sliːpɪŋ bɜːrθ] cama, litera, camarote.

sleeping car ['sliːpɪŋ kɑːr] vagón dormitorio, coche cama.

sleeping-coach ['sliːpɪŋ kəʊtʃ] vagón dormitorio, coche cama.

sleeping partner ['sliːpɪŋ 'pɑːrtnər] proveedor de fondos (en una asociación de personas); socio pasivo; comanditario.

slender ['slendər] *adj.* delgado, estrecho, corto, débil, módico.

slew [sluː] *v.* virar, dar vueltas sobre un eje (brutalmente).

slick [slɪk] *n.* masa, capa (de agua, de aceite, etc.). *Oil-slick,* capa (de mazut, de petróleo, en el mar).

slick *adj.* **1** diestro, hábil. **2** sagaz, astuto, oportunista, perspicaz.

slice [slaɪs] *v.* rebanar; cortar en rebanadas; amputar; reducir considerablemente.

slice *n.* parte, porción, tajada.

slide [slaɪd] *v.* resbalar; bajar; derrumbarse (cotizaciones).

slide *n.* **1** deslizamiento, baja. **2** derrumbe (cotizaciones). **3** FOR.: diapositiva. *Slide library,* banco de diapositivas.

slide-rule [-ruːl] *n.* regla de cálculo.

sliding ['slaɪdɪŋ] *adj.* **1** deslizante, móvil. *Sliding wage scale,* escala móvil de salarios. **2** que desciende, que se derrumba.

slim [slɪm] *adj.* delgado, ligero.

slim down [-daʊn] *v.* adelgazar, reducir, contraer; adelgazarse.

slip [slɪp] *v.* **1** deslizar. **2** deslizarse, escurrirse, resbalarse, pasar inadvertido (errores). **3** equivocarse, cometer un error de distracción. **4** bajar, declinar, retroceder (cotizaciones).

slip *n.* **1** vale, ficha, nota, billete, hoja. **2** SEG. MARÍT.: póliza provisional, proyecto de póliza. **3** error, inadvertencia, descuido. **4** baja, declive, retroceso (cotizaciones, etc.). **5** (navíos) plataforma de construcción o de lanzamiento. **6** encarte (por ejemplo de tipo publicitario).

slip back [-bæk] *v.* bajar.

slip behind [-bɪˈhaɪnd] *v.* dejarse rebasar, dejarse distancier.

slippage ['slɪpɪdʒ] *n.* deslizamiento, debilitación moderada, baja moderada. *Slippage in profit margins,* baja moderada en las utilidades.

slipshod ['slɪpʃɑːd] *adj.* mal hecho, descuidado, negligente, sin acabar (trabajo).

slip up [-ʌp] *v.* **1** equivocarse, cometer un error. **2** fallar, fracasar, salir mal.

slogan ['sləʊɡən] *n.* eslogan, lema publicitario, consigna.

slot [slɑːt] *n.* **1** hendidura, ranura. **2** hueco, segmento, espacio libre.

sloth [sləʊθ] *n.* holgazanería.

S

slot machine [-mə'ʃiːn] máquina de monedas, distribuidor automático, aparato de fichas.

slovenly ['slʌvənli] *adj.* descuidado, sin cuidado, sin terminar, incompleto (trabajo).

slow [sləu] *v.* aminorar, disminuir, ir más despacio.

slow *adj.* lento. *Slow train*, tren de mercancías. *Business is slow*, los negocios van mal. *Slow pay customer*, cliente moroso en sus pagos. *Slow turnover inventories*, inventarios de lenta rotación.

slow down [-daun] *v.* aminorar, reducir, ir más despacio.

slowdown *n.* 1 disminución, reducción, desaceleración. 2 huelga de celo (aduanas).

slow motion [-'məuʃən] marcha lenta (motores, etc.); CINE: cámara lenta.

slow-moving [-'muːvɪŋ] *adj.* de rotación lenta (artículos, etc.).

sluggish ['slʌgɪʃ] *adj.* perezoso; poco activo (mercado).

sluggishness ['slʌgɪʃnəs] *n.* torpeza; pereza.

slump [slʌmp] *v.* derrumbarse, bajar brutalmente, hundirse, caerse. *Slumping economy*, economía en vías de recesión.

slump *n.* baja, derrumbamiento (de las cotizaciones); hundimiento, caída (precios, divisas); crisis, marasmo, depresión (económica).

slumpflation ['slʌmp'fleɪʃən] *n.* coyuntura caracterizada por la inflación y la depresión, por la inflación y la recesión, periodo de crisis económica y de inflación.

slush fund [slʌʃ fʌnd] *n.* fondos secretos, caja secreta, caja negra.

small [smɔːl] *adj.* pequeño, de tamaño reducido, poco importante, poco numeroso, débil, poco sensible. *Small-sized*, pequeño, de tamaño reducido.

small business [-'bɪznəs] 1 empresa de tamaño pequeño. 2 las pequeñas empresas (sentido colectivo).

small expenses [-ɪk'spenses] gastos menores.

small print [-prɪnt] *n.* letras pequeñas; se dice principalmente de los pasajes escritos en pequeños caracteres en los contratos.

smart card [smɑːrt kɑːrd] *n.* INFORM.: tarjeta de memoria.

smash [smæʃ] *v.* 1 destruir, aniquilar, exterminar. 2 arruinar, hacer fracasar, hacer caer en quiebra.

smash *n.* 1 desastre, siniestro, colisión. 2 quiebra, ruina, bancarrota, derrumbe financiero.

smash-up [-ʌp] *n.* 1 colisión, accidente (carretero, ferroviario). 2 quiebra.

smelt [smelt] *v.* fundir minerales.

smelting ['smeltɪŋ] *n.* fusión, fundición (de minerales). *Smelting works*, fundición.

smokestack ['sməukstæk] chimenea de fábrica. *Smokestack industries*, 1 industria(s) pesada(s). 2 industrias antiguas, tradicionales.

smoothing ['smuːðɪŋ] *n.* suavización. ESTAD.: *Smoothing techniques*, técnicas de suavización de datos.

smuggle ['smʌgəl] *v.* pasar o meter de contrabando, pasar o meter fraudulentamente. *To smuggle in*, meter de contrabando, introducir fraudulentamente. *To smuggle out*, hacer salir, sacar fraudulentamente.

smuggler ['smʌglər] *n.* contrabandista.

smuggling ['smʌglɪŋ] *n.* contrabando, fraude aduanal.

s.n.a.f.u. [snæ'fuː] **(Situation Normal All Fouled Up)** ['sɪtʃu'eɪʃən 'nɔːrməl ɔːl fauled ʌp] desorden total, confusión total.

snake [sneɪk] *n.* serpiente. Frecuentemente se utiliza en el sentido de serpiente monetaria (por ejemplo: *E.M.S., European Monetary System/ Snake*, Sistema/Serpiente Monetario Europeo).

snap [snæp] *v.* 1 agarrar, tomar; aprovechar. *To snap at an opportunity*, aprovechar una ocasión, una oportunidad. 2 romper, romperse. 3 hablar con un tono violento.

snap up [-ʌp] *v.* agarrar, arrancar, saltar sobre, tomar por asalto o sorpresa, adquirir inmediatamente y en forma total.

snarl [snɑːrl] *v.* 1 embotellar. 2 crear una precipitación, un desorden. 3 bloquear, obstruir.

snarl (up) [-(ʌp)] *n.* 1 embotellamiento. 2 desorden, confusión, complicación. 3 bloqueo.

snatch [snætʃ] *v.* 1 agarrar, coger, apoderarse de. *To snatch a market*, apoderarse de un mercado. 2 arrebatar.

snowball ['snəubɔːl] *v.* crecer (como una bola de nieve), amplificarse.

soak-the-rich tax reform [səuk ðə rɪtʃ tæks rɪ'fɔːrm] reforma fiscal destinada a imponer sacrificios a los ricos (**to soak**: empapar, remojar, absorber).

soak up [səuk ʌp] *v.* lavar, enjuagar con una esponja.

soap opera [səup 'ɑːprə] telenovela.

soar [sɔːr] *v.* tomar o cobrar un auge, elevarse, subir, escalar, dar un salto. *Soaring prices*, precios crecientes.

so-called ['səu'kɔːld] así llamado, pretendido.

social ['səuʃəl] *adj.* social, que tiene relación con la vida en sociedad; que tiene relación con la vida de una comunidad, de un grupo. *Social duties*, deberes sociales, deberes de representación.

social charges [-tʃɑːrdʒes] cargos sociales.

social climber [-'klaɪmər] persona que pretende elevarse en la escala social; arribista, ambicioso.

social ladder [-'lædər] escala social.

social ownership [-'əunərʃɪp] propiedad social, accionariado popular.

social payments [-'peɪmənts] pagos sociales, transferencias sociales.

social responsibility [-rɪ'spɑːnsə'bɪləti] responsabilidad social.

social security [-sɪ'kjurəti] seguridad social. *Social Security Act,* ley del seguro social.

social security tax [-sɪ'kjurəti tæks] impuesto sobre la seguridad social.

society [sə'saɪəti] *n.* 1 sociedad. *Primitive societies,* las sociedades primitivas. *Contemporary societies,* las sociedades contemporáneas. 2 asociación con fines no lucrativos.

socio-economic group ['səusɪəu ekə'nɔːmɪk gruːp] categoría socio-económica.

sociological ['səusɪə'lɑːdʒɪkəl] *adj.* sociológico.

sociologically ['səusɪə'lɑːdʒɪkli] *adv.* sociológicamente.

sociologist ['səusi'ɑːlədʒəst] *n.* sociólogo.

sociology ['səusi'ɑːlədʒi] *n.* sociología.

socket ['sɑːkət] cubo; toma (de contacto). *Socket joint,* coyuntura de conexión, articulación de enlace.

soft [sɔːft] *adj.* blando, blanda; dulce; débil. *Soft demand,* demanda débil, flojedad en la demanda.

soft commodities [-kə'mɑːdətis] productos agrícolas.

soft currency [-'kɜːrənsi] moneda o divisa débil, inestable (contrario de **hard currency**, moneda fuerte, estable).

soft drink [-drɪŋk] bebida suave, bebida no alcohólica.

soft goods [-guds] tejidos, textiles.

soft loan [-ləun] crédito a tasa privilegiada.

soft money [-'mʌni] papel moneda.

soft sell [-sel] venta que se realiza a través de métodos de sugestión o de persuasión (es lo opuesto de **hard sell**, venta que se promueve a través de métodos agresivos).

soft spot [-spɑːt] punto débil; sector a la baja (bolsa, mercados).

software ['sɔːftwer] *n.* paquetería de cómputo, conjunto de programas de cómputo.

soil [sɔɪl] *v.* ensuciar, manchar.

soil *n.* terreno, capa que sirve como abono, tierra, suelo.

soil bank [-bæŋk] (EU) servicio gubernamental que tiene como misión regular los problemas de sobreproducción agrícola (financiamientos a los granjeros para reemplazar las cosechas por herbajes, etc.).

soiled [sɔɪld] *adj.* marchito(a). *Shop-soiled goods,* artículos rancios estropeados por permanecer demasiado tiempo en la tienda.

sold [səuld] *p.p.* de **to sell** vendido. *Sold above par,* vendido por arriba del valor a la par. *Sold at par,* vendido a la par. *Sold below par,* vendido por debajo del valor a la par. *Sold at a loss,* vendido con pérdidas. *Sold at a profit,* vendido con utilidades. *Sold by,* vendido por (facturas). *Sold to,* vendido a.

sold-ledger [-'ledʒər] libro mayor de ventas (contabilidad).

sole agent [səul 'eɪdʒənt] agente exclusivo, concesionario exclusivo, representante exclusivo.

sole legatee [səul 'legə'tiː] legatario universal.

solely ['səulli] *adv.* únicamente, exclusivamente. *Solely responsible,* totalmente responsable.

sole proprietorship [səul prə'praɪətər ʃɪp] empresa poseída por una sola persona, persona física.

sole right [səul raɪt] derecho exclusivo.

sole-trader [səul 'treɪdər] empresario individual.

solicit [sə'lɪsət] *v.* solicitar, pedir, requerir.

soliciting agent [sə'lɪsɪtɪŋ 'eɪdʒənt] agente de solicitudes, gestor administrativo, corredor, placero.

solicitor [sə'lɪsətər] *n.* 1 hombre de leyes que combina las funciones de abogado y de notario; asesor jurídico. 2 (EU) placero, agente, corredor, gestor administrativo. 3 gestor de asuntos contenciosos. *Solicitor's department,* departamento de lo contencioso.

solid-state ['sɑːləd steɪt] transistorizado.

solvency ['sɑːlvənsi] *n.* solvencia. *Short-term solvency,* solvencia a corto plazo. *Long-term solvency,* solvencia a largo plazo.

solve [sɑːlv] *v.* resolver (un problema, una crisis).

solvent ['sɑːlvənt] *n.* disolvente.

solvent *adj.* solvente. *A solvent position,* una posición solvente. *A solvent client,* un cliente solvente.

sophisticated [sə'fɪstəkeɪtəd] *adj.* sofisticado, complejo. *A sophisticated method,* un método sofisticado.

sophistication [sə'fɪstə'keɪʃən] *n.* sofisticación, complejidad. *Level of sophistication,* nivel de sofisticación.

sort [sɔːrt] *v.* seleccionar, clasificar.

sorter ['sɔːrtər] *n.* clasificadora.

sorting ['sɔːrtɪŋ] *n.* clasificación, selección.

sort out [-aut] *v.* 1 clasificar, seleccionar. 2 desenredar, aclarar.

sound [saund] *v.* sondear.

sound *n.* sonido. *Sound effect,* efecto sonoro. *Sound effects library,* banco de efectos sonoros, sonoteca.

sound *adj.* 1 sano. *Sound management,* administración sana. 2 válido, sólido, justo, irrefutable (argumento). *A sound reasoning,* un razonamiento sólido.

sound engineer [-'endʒə'nɪr] ingeniero de sonido.

sound system [-'sɪstəm] sistema de sonido.

S

soundness ['saʊndnəs] *n.* 1 buen estado, estado sano, confiabilidad. 2 solidez, solvencia (empresas). 3 validez, pertinencia (de un argumento).

sound insulation [-'ɪnsə'leɪʃən] aislamiento del sonido.

soundproof ['saʊndpruːf] *v.* acondicionar a prueba de ruidos.

soundproof *adj.* a prueba de ruidos.

sound the alarm [-ði ə'lɑːrm] sonar la alarma, lanzar un grito de alarma.

sound truck [-trʌk] camión publicitario equipado con un altoparlante.

soup kitchen [suːp 'kɪtʃən] comedor popular, de beneficencia.

sour [saʊr] *adj.* agrio; malsano, poco seguro. *To go (turn) sour,* agriarse; dañarse, deteriorarse, echarse a perder, volverse poco seguro.

source [sɔːrs] *n.* fuente, origen. *At source,* en la fuente. *Source and application of funds (statement),* origen y aplicación de recursos. *Source document,* documento fuente, documento de base. *Sources of funds,* fuentes de fondos, orígenes de fondos. *Source materials,* materias básicas, materiales de base (para un proceso de transformación).

sourcing ['sɔːrsɪŋ] *n.* compra de componentes, compra de piezas.

sovereign credit ['sɑːvrən 'kredət] préstamo garantizado por el Estado.

sovereign risk ['sɑːvrən rɪsk] riesgo de insolvencia del estado que solicita fondos en préstamo, riesgo soberano.

sow [səʊ] *v.* sembrar.

spa [spɑː] *n.* manantial de aguas termales, estación termal, balneario; centro de tratamiento con aguas termales.

space [speɪs] *v.* espaciar; escalonar.

space *n.* 1 espacio; plaza, lugar; intervalo; zona, extensión; superficie. 2 el espacio. *The space race,* la carrera del espacio. *The space industry,* la industria espacial. *Outer space,* el espacio interestelar. 3 TIPOGR.: espaciamiento, intervalo, interlínea. 4 casilla, compartimiento. *Tick the appropriate space,* marque la casilla apropiada.

space buyer [-'baɪər] PUB.: comprador de espacios en diarios, revistas, etc.

space buying [-'baɪŋ] PUB.: compra de espacios para publicidad.

spacer ['speɪsər] *n.* TIPOGR.: barra de espaciamiento.

spacing ['speɪsɪŋ] *n.* espaciamiento.

span [spæn] *v.* 1 pasar por encima (puentes), saltar al otro lado, atravesar, cruzar (una corriente de agua, un valle). 2 cubrir, abarcar (un periodo, un plazo).

span *n.* envergadura, alcance, desviación, apartamiento, distancia entre dos puntos o dos

fechas. *The span of a man's life,* la duración de una vida humana.

spanking new ['spæŋkɪŋ nuː] flamante de nuevo, "nuevecito".

spanner ['spænər] *n.* llave inglesa. *To throw a spanner in the works,* poner trabas.

spare [sper] *v.* 1 ahorrar, reservar, economizar. *Can you spare me 5 minutes?,* ¿puede concederme 5 minutos? *I can't spare it,* no puedo prescindir de ello. 2 evitar, eludir. *This will spare you the trouble of,* esto le evitará la molestia de. *There is enough and to spare,* hay más que suficiente, hay más de lo que se necesita.

spare *adj.* 1 disponible. *Spare capacity,* capacidad de producción disponible. *Spare capital,* capital disponible. *Spare copies,* ejemplares disponibles, ejemplares en exceso. *Spare time,* tiempo disponible, horas libres. *Spare time activities,* actividades para el tiempo libre. 2 de repuesto; de reserva. *Spare parts,* piezas de repuesto, refacciones.

spark [spɑːrk] *v.* poner en marcha, arrancar.

sparse [spɑːrs] *adj.* poco denso; esparcido.

sparsely ['spɑːrsli] *adv. Sparsely populated,* débilmente poblado, con población esparcida.

spate [speɪt] *n.* ola, oleada, que se presenta en grandes cantidades. *Spate of publicity,* oleada publicitaria. *Spate of strikes,* oleada de huelgas.

spearhead ['spɪrhed] *v.* encontrarse en la punta de, conducir, guiar, encontrarse a la cabeza (de una ofensiva).

spear-head [spɪr hed] *n.* (GB) ver **spearhead**.

spearhead *n.* punta de lanza; punta, instrumento o arma que termina en punta; de punta. *He is the spearhead of the organization,* él es el líder de la organización.

spec(s) [speks] ver **specifications**.

special delivery ['speʃəl dɪ'lɪvəri] entrega urgente, por expreso, por mensajero.

special drawing rights ['speʃəl 'drɔːɪŋ raɪts] derechos especiales de giro (Fondo Monetario Internacional).

special effects ['speʃəl ɪ'fekts] efectos especiales.

specialization ['speʃələ'zeɪʃən] *n.* especialización.

specialize ['speʃəlaɪz] *v.* especializar(se). *To specialize in strategic planning,* especializarse en planeación estratégica.

specialized ['speʃəlaɪzd] *adj.* especializado. *A business manager specialized in forecasting systems,* un administrador de empresas especializado en sistemas de pronóstico. *Specialized personnel,* personal especializado.

specialty ['speʃəlti] *n.* 1 especialidad. *Area of specialty,* área de especialidad. 2 JUR.: contrato formal sin legalizar.

specialty store [-stɔːr] tienda de especialidad, tienda especializada.

specie [ˈspiːʃiː] *n.* efectivo, numerario.

species [ˈspiːʃiːz] *n.* especie, clase, género.

specific [sprˈsɪfɪk] *adj.* específico.

specification [ˈspesəfəˈkeɪʃn] *n.* 1 especificación, descripción detallada, estipulación, indicación precisa. *Specification of work to be done,* especificaciones de los trabajos a ejecutar. *Specifications of a contract,* estipulaciones de un contrato; pliego de condiciones. *Acceptance specifications,* normas para la recepción, condiciones de admisión, condiciones de aceptación. 2 presupuesto descriptivo. 3 JUR.: *Specifications of charge,* gestor de acusaciones. 4 PATENTES: *Patent specification,* solicitud de depósito de patente (con un pliego descriptivo), informe descriptivo de un invento. 5 ADUANAS: declaración de embarque. 6 lista, nota, relación (bolsa, etc.).

specifications [ˈspesəfəˈkeɪʃns] *n.* 1 especificaciones, ficha técnica. 2 características (de un modelo). 3 pliego de condiciones.

specification sheet [-ʃiːt] hoja de especificaciones, ficha técnica.

specificity [ˈspesəfɪsəti] *n.* especificidad, carácter específico.

specify [ˈspesəfaɪ] *v.* especificar, precisar, estipular, indicar. *Unless otherwise specified, unless we specify to the contrary, except where otherwise specified,* salvo indicación (o indicaciones) en contrario.

specimen [ˈspesəmən] *n.* espécimen, muestra, modelo, ejemplar. *Specimen signature,* modelo de firma (bancos, cheques postales).

spec sheet [spek ʃiːt] ver **specification sheet.**

spectacular [ˈspekˈtækjələr] *n.* publicidad luminosa, letrero luminoso animado y de gran tamaño.

spectacular *adj.* espectacular, impresionante, grandioso.

speculate [ˈspekjəleɪt] *v.* especular.

speculation [ˈspekjəˈleɪʃən] *n.* especulación. *Illegal speculation,* especulación ilegal. *Legal speculation,* especulación legal. *Stock market speculation,* especulación bursátil.

speculative [ˈspekjələtɪv] *adj.* especulativo. *Speculative practices,* prácticas especulativas.

speculator [ˈspekjəleɪtər] *n.* especulador, agiotista. *Business speculator,* especulador de negocios. *Market speculator,* especulador de mercado. *Stock market speculator,* especulador bursátil.

speed [spiːd] *v.* 1 acelerar. 2 incurrir en un exceso de velocidad. JUR.: *A speeding offense,* un exceso de velocidad.

speed *n.* velocidad, rapidez. *High-speed trains,* trenes de alta velocidad.

speed goods [-gʊds] productos de venta rápida, productos de alta rotación.

speedily [ˈspiːdli] *adv.* rápidamente, rápido, con prontitud, con toda celeridad.

speeding [ˈspiːdɪŋ] *n.* 1 alta velocidad. 2 exceso de velocidad. 3 *Speeding up,* aceleración (de un trabajo, etc.).

speed up [spiːd ʌp] *v.* acelerar.

speed-up *n.* aceleración. *A speed-up in inflation,* una aceleración de la inflación.

speedy [ˈspiːdi] *adj.* rápido, pronto. *Speedy delivery,* entrega rápida.

spell [spel] *v.* 1 deletrear. 2 escribir con apego a la ortografía. 3 significar. *It spells a disaster,* significa la ruina.

spell *n.* periodo, rato, lapso de tiempo. *At a spell,* a continuación.

spelling [ˈspelɪŋ] *n.* ortografía.

spell out [-aʊt] *v.* describir (en detalle), explicar, formular con claridad y con precisión.

spend [spend] *v.* 1 gastar. 2 pasar el tiempo haciendo algo, dedicar el tiempo a una tarea.

spendable [ˈspendəbəl] *adj.* gastable, que puede ser gastado o consumido. *Spendable currency,* divisa que tiene un valor real en el mercado.

spender [ˈspendər] *n.* 1 persona u organismo que gasta. 2 gastador; despensero. *A great spender,* una persona que gasta mucho.

spending [ˈspendɪŋ] *n.* gasto. *Spending power,* poder de compra.

spending policy [-ˈpɑːləsi] política de gastos.

spending practices [-ˈpræktəsəs] prácticas de gastos.

spending spree [-spriː] frenesí por los gastos. *To go on a spending spree,* lanzarse a hacer gastos, ser víctima de un frenesí de gastos.

spendthrift [ˈspendθrɪft] *n.* derrochador, despilfarrador.

sphere [sfɪr] *n.* esfera, área, dominio, campo, sector, jurisdicción. *Sphere of activity,* dominio, campo, sector de actividad. *Sphere of influence,* campo de influencia. *This is not (does not fall) within my sphere,* esto no es de (no cae dentro de) mi jurisdicción.

spiel [spiːl] *n.* discurso, arenga, forma de expresión (de un vendedor, etc.).

spike [spaɪk] *n.* punta, pico (de una curva). *Price spike,* alza de precios.

spill [spɪl] *v.* 1 derramar, verter. 2 esparcirse, difundirse, derramarse.

spill *n.* derrame, cantidad perdida por derrame; contaminación por esparcimiento de materiales tóxicos.

spillage [ˈspɪlɪdʒ] *n.* pérdida por derramamiento.

spillover [ˈspɪl əʊvər] *n.* 1 consecuencias, resultados, efectos. 2 deslizamiento de la demanda

S

de un producto hacia otro en caso de dificultades de aprovisionamiento.

spillover *adj.* desbordante, demasiado lleno.

spin [spin] *v.* hilar.

spinning-factory ['spiniŋ 'fæktri] fábrica de hilados, hilandería.

spinning-mill ['spiniŋ mil] fábrica de hilados, hilandería.

spin off [-ɔːf] *v.* **1** tener consecuencias o repercusiones, tener efectos secundarios. **2** subcontratar. **3** reorganizar el capital (mediante la redistribución de acciones entre los accionistas), reestructurar, reorganizar.

spin-off *n.* **1** repercusiones, consecuencias, efectos (económicos, etc.). **2** enjambrazón. **3** transferencia de acciones o cambio de acciones. En el campo de las actividades de negocios, un *spin-off* denota las acciones que toma una empresa para deshacerse de una subsidiaria distribuyendo las acciones de esta última entre sus propios accionistas. Ocasionalmente, el propósito de tal desposeimiento puede obedecer a presiones de tipo antimonopolístico. Desde este punto de vista, suele traducirse como "reorganización de capital", "reestructuración" o simplemente "reorganización". **4** *spin-off product,* producto derivado.

spiral ['spairəl] *v.* subir en forma de espiral, escalar, aumentar rápidamente.

spiral *n.* espiral. *The wage-price spiral,* la carrera precios-salarios, la espiral de los precios y de los salarios.

spiral(l)ing ['spairəliŋ] que escala, que asciende vertiginosamente. *Spiraling costs,* costos que aumentan de manera vertiginosa. *Spiraling inflation,* inflación galopante.

spit [spit] *v.* ADUANAS: sondear (para verificar el contenido).

splinter group ['splintər gruːp] grupo disidente.

split [split] *v.* **1** dividir, partir, escindir, fraccionar. *To split shares,* fraccionar acciones. **2** provocar una escisión, una ruptura. *A split vote,* un voto indeciso (voces compartidas de una manera aproximadamente igual entre varios candidatos).

split *n.* **1** división, partición, fraccionamiento. **2** escisión.

splitting ['splitiŋ] *n.* **1** división, fraccionamiento, partición. **2** escisión.

split level building [-'levəl 'bildiŋ] edificio con niveles desiguales.

spoil [spɔil] *v.* echar a perder, arruinar, estropear. *Spoiled merchandise,* mercancía estropeada.

spoilable ['spɔiləbəl] *adj.* perecedero, susceptible de echarse a perder.

spoilage ['spɔilidʒ] desperdicio, material estropeado. *Spoilage costs,* costos de desperdicios.

spokesman ['spəʊksmən] *n.m.* vocero, portavoz, emisario.

spokesperson ['spəʊks'pɜːrsn] *n.* vocero, portavoz, emisario.

spokeswoman ['spəʊks'wʊmən] *n.f.* vocera, portavoz, emisaria.

sponsion ['spɑːnʃən] *n.* JUR.: garantía personal; compromiso formal a favor de un tercero; hecho de comprometerse como garante, como fiador.

sponsor ['spɑːnsər] *v.* **1** apadrinar, patrocinar, organizar, financiar; asumir la responsabilidad. *Courses sponsored by the government,* cursos patrocinados por el gobierno. *To sponsor a bill,* presentar una proposición de ley. *To sponsor a campaign,* patrocinar una campaña. *To sponsor a project,* patrocinar un proyecto. **2** comanditar. **3** comprometerse como fiador (de), ser el garante, el responsable de.

sponsor *n.* **1** padrino o madrina. **2** persona u organismo que apadrina, patrocina o financia espectáculos, emisiones de televisión, etc.; anunciador. **3** promotor o iniciador de una propuesta de ley. **4** fiador, responsable.

sponsoring ['spɑːnsəriŋ] *n.* patrocinio, auspicio, patronato. *To have the sponsoring of,* tener el patrocinio de.

sponsorship ['spɑːnsərʃip] *n.* patronato, patrocinio, auspicio. *Cultural sponsorship,* patrocinio cultural. *Shared sponsorship,* auspicio compartido.

spot [spɑːt] *n.* **1** lugar, sitio. *On the spot,* a) en el mismo lugar, ahí mismo (por ejemplo donde sucede o se lleva a cabo algo en particular); b) puntual; c) en apuros, en problemas. **2** espacio publicitario, secuencia. *Advertising spot,* secuencia, espacio publicitario. *T.V. spot,* espacio, secuencia publicitaria en televisión. **3** (EU) puesto, posición dentro de una jerarquía, situación, lugar.

spot cash [-kæʃ] pago al contado, dinero al contado.

spot check [-tʃek] sondeo, verificación por sondeo.

spot decision [-di'siʒən] decisión instantánea.

spot delivery [-di'livəri] entrega inmediata.

spot exchange transactions [-iks'tʃeindʒ trænz'ækʃəns] operaciones de cambio al contado.

spot goods [-gʊds] mercancías disponibles en forma inmediata.

spotlight ['spɑːtlait] *v.* poner en primer plano, hacer resaltar, poner de relieve, apuntar el proyector sobre.

spot market [-'mɑːrkət] mercado al contado, mercado de satisfactores disponibles.

spot price [-prais] precio de plaza, precio para entrega inmediata; cotizaciones al contado (divisas).

spot quotation [-kwəʊ'teɪʃən] cotización al contado, cotización para entrega inmediata.

spot rate [-reɪt] tasa al contado, cotización para entrega inmediata.

spot sale [-seɪl] venta al contado, venta para entrega inmediata.

spot transaction [-trænz'ækʃən] operación al contado.

spouse [spaʊs] *n.* cónyuge, esposo, esposa.

spray [spreɪ] *v.* vaporizar, pulverizar, atomizar (líquidos).

spray *n.* 1 vaporizador, atomizador. 2 líquido para vaporización.

spray-can [-kæn] *n.* atomizador, vaporizador, bomba de aerosol.

spread [spred] *v.t.* repartir, escalonar, espaciar, distribuir. *Payment will be spread over two months,* el pago será repartido en dos mensualidades. *To spread risks,* repartir, diversificar los riesgos.

spread *v.i.* extenderse, propagarse, diseminarse, generalizarse. *The news have been spread all over,* las noticias se han divulgado por doquier. *The strike will spread to other sectors,* la huelga se propagará a otros sectores.

spread *n.* 1 extensión, amplitud. 2 difusión, diseminación, propagación. 3 abanico, diferencia, margen, diferencial, Bolsa: desviación. Banca: valuación excesiva aplicada a la tasa base de un crédito en función de las diferentes características propias del prestatario. *Income spread,* abanico de salarios. *Price spread,* diferencia entre dos precios (principalmente entre el precio de compra y el precio de venta). 4 Bolsa: operación cruzada. 5 Pub.: anuncio a página llena. *2-page spread, double page spread,* anuncio de dos páginas, publicidad de dos páginas.

spread sheet [-ʃi:t] tabla, presentación panorámica sobre una pantalla de cine.

spree [spri:] *To go on a buying spree, a purchasing spree, a shoping spree,* entregarse a un frenesí por las compras. *To go on a spending spree,* entregarse a un frenesí por los gastos.

spring a leak [sprɪŋ ə li:k] hacer agua (barcos).

spud in date [spʌd ɪn deɪt] fecha de arranque, de puesta en marcha de una obra; inicio de las operaciones de perforación (petróleo).

spur [spɜ:r] *v.* estimular, fomentar, promover. *To spur a lagging economy,* estimular una economía debilitada.

spur *n.* estimulante, aliciente, incentivo.

spurious ['spjʊrɪəs] *adj.* apócrifo, falso, adulterado. *Spurious information,* información apócrifa. *Spurious witness,* testigo apócrifo.

spuriously ['spjʊrɪəsli] apócrifamente, falsamente.

spurt [spɜ:rt] *v.* 1 hacer un esfuerzo repentino. 2 Bolsa: ascender rápidamente, arrancar.

spurt *n.* 1 esfuerzo repentino. 2 Bolsa: ascenso repentino, arranque.

squander ['skwɑ:ndər] *v.* desperdiciar, dilapidar, despilfarrar. *To squander money,* despilfarrar el dinero.

square [skwer] *v.* 1 equilibrar, igualar, liquidar una cuenta. *To square figures with the ledger,* cuadrar cifras con el libro mayor. *To square matters,* arreglar las cosas, arreglar un asunto. 2 elevar al cuadrado. *Two squared,* dos al cuadrado. *Square with,* concordar con, cuadrar con.

square *adj.* 1 cuadrado. *Square foot,* pie cuadrado (medida). 2 leal.

square with [-wɪθ] *v.* corresponder a, concordar con, cuadrar con.

squeeze [skwi:z] *v.* 1 estrechar, restringir, comprimir, bloquear. 2 ejercer presiones sobre alguien. 3 Bolsa: *To squeeze the bears, to squeeze the shorts,* estrangular a los vendedores al descubierto, perseguir a los vendedores al descubierto.

squeeze *n.* 1 compresión, estrechamiento, bloqueo. *Credit squeeze,* estrechamiento del crédito, restricción del crédito. *Economic squeeze,* crisis económica. 2 presión (ejercida sobre alguna cosa). 3 Bolsa: estrangulamiento de vendedores al descubierto.

squelch [skwelt∫] *v.* atajar, detener, frenar. *To squelch inflation,* detener la inflación.

stability [stə'bɪləti] *n.* estabilidad.

stabilization ['steɪbələ'zeɪʃən] *n.* estabilización. *Stabilization loan,* préstamo de estabilización. *Stabilization of prices,* estabilización de precios.

stabilize ['steɪbəlaɪz] *v.* estabilizar. *To stabilize prices,* estabilizar precios.

stabilizer ['steɪbəlaɪzər] *n.* estabilizador. *Built-in stabilizers,* estabilizadores orgánicos, reguladores orgánicos.

stable ['steɪbəl] *adj.* estable.

stack [stæk] *v.* apilar, amontonar.

stack *n.* pila, montón.

stack up [-ʌp] *v.* amontonar, apilar; amontonarse, apilarse.

staff [stæf]; (GB) [stɑ:f] *v.* proporcionar, dotar de personal; nombrar personal. *Over-staffed,* sobredotado de personal. *Under-staffed,* subdotado de personal.

staff *n.* 1 personal. *Clerical staff,* personal administrativo, personal de oficina. *To be on the staff,* formar parte del personal. 2 alto mando, cuadros directivos (ejecutivos y dirigentes de la empresa). *The senior staff,* los ejecutivos superiores.

staff and line [-ænd laɪn] organización mixta que descansa en los ejecutivos de los cuadros directivos y los responsables de área.

S

staffer [ˈstæfər] *n.* Adm., Periódicos: miembro de los cuadros directivos.

staffing [ˈstæfɪŋ] *n.* dotación o asignación de personal; suministro de personal efectivo. *Staffing policies,* políticas de dotación de personal, políticas de integración.

staff status (to have) [ˈstætəs (tuː hæv)] *v.* tener el estatus de directivo.

staff-manager [ˈmænɪdʒər] director de personal.

stag [stæg] *n.* Bolsa: especulador mixto, "lobo", "ciervo" (especulador que se suscribe a una nueva emisión para proceder rápidamente a la reventa, beneficiándose del aumento temporal de las cotizaciones que frecuentemente precede a la colocación de títulos en el mercado).

stage [steɪdʒ] *v.* organizar, montar, preparar, escenificar. *To stage a demonstration,* organizar una demostración. *To stage an exhibition,* montar una exposición.

stage *n.* etapa, fase, paso. *At this stage,* en esta etapa. *Production stages,* fases de la producción.

stagflation [ˈstægˈfleɪʃən] *n.* estanflación (inflación con estancamiento).

stagger [ˈstægər] *v.* **1** tambalear. **2** asustar o impresionar con estrépito. **3** escalonar, espaciar, repartir. *Staggered holidays,* vacaciones escalonadas.

staggering [ˈstægərɪŋ] *n.* escalonamiento, espaciamiento (pagos, vacaciones, etc.).

staggering *adj.* sorprendente, impresionante. *A staggering amount,* una suma increíble. *The company suffered a staggering loss,* la compañía sufrió una pérdida impresionante.

stagnant [ˈstægnənt] *adj.* estancado.

stagnate [ˈstægneɪt] *v.* estancar.

stagnation [stægˈneɪʃən] *n.* estancamiento. *Business stagnation,* estancamiento de los negocios.

stain [steɪn] *v.* manchar, ensuciar, borronear.

stain *n.* mancha, borrón.

stake [steɪk] *v.* poner en juego, arriesgar, comprometer.

stake *n.* postura, apuesta; puesta, aportación. *At stake,* en juego, en peligro.

stakeholder [steɪkˈhəʊldər] *n.* persona que recibe apuestas.

stale [steɪl] *adj.* **1** echado a perder (comestibles, licores, etc.); rancio, pasado, lo que no está fresco; sereno, sentado, poco animado. *Stale goods,* artículos rancios. *Stale market,* mercado pesado, poco animado. **2** Jur.: prescrito, caduco. *Stale check,* cheque caduco, cheque prescrito.

stalemate [ˈsteɪlmeɪt] *v.* **1** bloquear, poner en un callejón sin salida. **2** estancar, paralizar. *The talks have been stalemated for a few weeks,* las discusiones se han paralizado desde hace algunas semanas.

stalemate *n.* **1** bloqueo, callejón sin salida. **2** estancamiento, paralización.

stall [stɔːl] *v.* **1** ahogarse, atascarse (motores, etc.); retroceder, bloquear; perder velocidad. **2** hacer retroceder, hacer perder velocidad.

stall *n.* escaparate, puesto, tabla, mostrador, tenderete, estand. *Newspaper stall,* puesto o kiosco de diarios.

stamp [stæmp] *v.* **1** sellar, poner estampillas, timbrar, visar. **2** poner un sello, estampar, imprimir. **3** Metal.: estampar, acuñar, emplomar. **4** fechar.

stamp *n.* **1** estampilla, sello, timbre fiscal. *Adhesive stamp,* estampilla autoadherible. *Inland revenue stamp,* timbre fiscal. *Postage stamp,* sello postal. *Receipt stamp,* sello de recibo. **2** sello, matasellos, rúbrica. **3** Metal.: máquina estampadora, pisón, bocarte.

stamp-duty [ˈduːti] derecho(s) de timbrado.

stampede [stæmˈpiːd] *v.* **1** ser presa del pánico. **2** crear el pánico, el enloquecimiento.

stampede *n.* Bolsa: estampida, pánico, desastre, enloquecimiento.

stamp out [aʊt] *v.* suprimir, eliminar, extirpar, enterrar, aplastar con el pie.

stance [stæns] *n.* (EU) posición, actitud, punto de vista (de un gobierno, etc.).

stanch [stɔːntʃ] *v.* detener, poner término. *To stanch inflation,* detener la inflación. *To stanch the drain on reserves,* detener la fuga de las reservas.

stand [stænd] *v.* **1** estar de pie, erguirse, encontrarse, estar situado. **2** estar inscrito, estar incluido, aparecer (en un documento). **3** Bolsa: *To stand at a premium,* incluir una prima, estar por arriba del valor a la par. *To stand at a discount,* conllevar una pérdida, estar por debajo de la par. **4** tener, mantenerse, conservar su valor, seguir en pie. *Our offer still stands,* nuestra oferta sigue en pie. *To stand one's ground,* resistir, soportar, aguantar. *Colors that stand,* colores que resisten. **5** ser candidato a, ostentarse como candidato. *To stand for reelection,* presentarse como candidato para la reelección. **6** *How do we stand?,* ¿cómo nos situamos nosotros?, ¿cómo andamos de cuentas? *Where do we stand,* ¿dónde estamos?, ¿cuál es nuestra situación, nuestra posición? **7** *To stand as security for debt,* garantizar un crédito. *To stand surety for someone,* comprometerse como fiador de alguien, comprometerse como garante de alguien. **8** *To stand a loss,* registrar una pérdida, sufrir una pérdida. **9** soportar, aguantar, tolerar, sostener, mantener, sobrellevar. *I can't stand him,* no lo soporto. **10** *To stand a drink,* ofrecer una bebida, invitar un trago.

stand *n.* **1** escaparate, puesto, estand. **2** posición, postura. *My stand on the death penalty* is..., mi postura con relación a la pena de muerte es...

standard ['stændərd] *n*. 1 patrón. *Gold standard,* patrón oro. 2 modelo, norma, regla, tipo, medida. *Standard cost,* costo estándar. *Standard cost system,* sistema de costo estándar. *Standards of information,* normas de información. *Up to standard,* conforme a la norma, conforme a la muestra. *Accounting standards,* principios de contabilidad. *Credit standards,* normas de crédito. *Production standards,* normas de producción. 3 nivel, grado. *Standard of living,* nivel de vida. *High standards,* nivel elevado, alto grado. 4 contenido, proporción, cantidad, graduación (de un metal, de una solución química).

standard *adj.* estándar, usual, habitual, ordinario, corriente, normal, clásico. *Standard deduction,* deducción estándar, deducción global. *Standard system,* sistema estándar.

standard deviation [-'di:vi'eɪʃən] desviación estándar.

standard report [-rɪ'pɔːrt] reporte estándar.

standardization ['stændərdə'zeɪʃən] *n*. estandarización, normalización, homogeneización. *Production units standardization,* estandarización de unidades de producción. *Training programs standardization,* estandarización de programas de adiestramiento.

standardize ['stændərdaɪz] *v.* estandarizar, normalizar.

standard measure [-'meʒər] 1 medida estándar, medida patrón. 2 dimensión normal.

standard model [-'mɑːdl] modelo estándar, modelo normal, modelo de serie.

standard of living [-əv lɪvɪŋ] nivel de vida.

standard weight [-weɪt] 1 peso estándar, peso patrón. 2 peso normal.

stand by [-baɪ] *v.* 1 estar presente. 2 estar listo (para actuar); estar en estado de alerta, estar listo para reemplazar. 3 sostener. 4 permanecer fiel a una promesa. 5 TELECOM.: escuchar de manera permanente.

stand by *n*. 1 (de) repuesto, (de) auxilio (máquinas, etc.). 2 de reserva, de sostén, de apoyo (finanzas, etc.). 3 (**to be on**) estar dentro de una lista de espera.

stand-by credit [-'kredət] crédito de relevo, crédito de sustitución.

standee ['stæn'di:] *n*. espectador que permanece de pie, persona que permanece de pie.

stand for [-fɔːr] *v.* 1 significar, querer decir, representar. *What does this abbreviation stand for?,* ¿a qué corresponde esta abreviatura? 2 representar a alguien (procesos legales, etc.). 3 *To stand surety for someone,* comprometerse como garante, comprometerse como fiador de alguien. 4 defender, sostener (a alguien, una causa).

standing ['stændɪŋ] *n*. 1 estatus, rango, categoría, nivel. *Financial standing,* reputación financiera, situación financiera, posición financiera, prestigio financiero (de una empresa). 2 duración. *Of long standing, of old standing,* (establecido) desde hace mucho tiempo, de antaño.

standing *adj.* 1 permanente, fijo, establecido. 2 de pie, en pie. *Standing crop,* cosecha permanente, en pie.

standing committee [-kə'mɪti] comisión permanente.

standing expenses [-ɪk'spenses] gastos generales; gastos fijos.

standing order [-'ɔːrdər] orden permanente (bancos, etc.).

standing price [-praɪs] precio fijo.

standing procedure [-prə'siːdʒər] procedimiento establecido, procedimiento normal.

standings ['stændɪŋs] *n. pl.* clasificación.

stand off [-ɔːf] *v.* poner temporalmente en huelga, licenciar, despedir.

standoff *n*. callejón sin salida, atolladero, punto muerto. *The situation is at a standoff,* la situación está en punto muerto; es un callejón sin salida.

stand over [-'əuvər] *v.* dejar en suspenso, dejar pendiente.

standstill ['stændstɪl] *n*. inmovilización, detención, paro. *To come to a standstill,* inmovilizarse. *Business is at a standstill,* los negocios están estancados. *Negotiations are at a standstill,* las negociaciones están en punto muerto.

standstill agreement [-ə'griːmənt] moratoria. *A standstill agreement on nuclear testing,* decisión mutua de suspender nuevos ensayos nucleares.

staple ['steɪpəl] *v.* engrapar o engrampar.

staple *n*. 1 materia prima, material de base, producto de base, artículo de base. 2 grapa o grampa.

staple *adj.* principal, de base. *Staple commodities,* productos de base. *Staple industries,* industrias básicas.

stapler ['steɪplər] *n*. engrapadora, máquina de engrapar.

stapling machine [-mə'ʃiːn] engrapadora o engrampadora, máquina de engrapar.

starboard ['stɑːrbərd] estribor.

starch [stɑːrtʃ] *v.* almidonar.

starch *n*. almidón.

star system [stɑːr 'sɪstəm] CINE: sistema de estrellas, sistema de "vedettes", sistema de primeras figuras.

start [stɑːrt] *v.* 1 partir. 2 empezar, iniciar, lanzar. *To start a campaign,* lanzar una campaña. *To start a business/firm,* crear una empresa. *To start an entry,* abrir un asiento (contabilidad). *To start a new line,* lanzar una nueva línea (de productos). *To start negotiations,* iniciar negociaciones. *To start from scratch,* empezar de cero.

S

start *n.* **1** inicio, comienzo, arranque, principio. *Housing starts,* puesta en obra (alojamientos). **2** adelanto, avance.

starting ['stɑ:rtɪŋ] *adj.* inicial, de arranque, de partida. *Starting price,* precio inicial, precio de base, precio de partida (sujeto a negociaciones entre comprador y vendedor). *Starting salary,* salario inicial, salario a la contratación.

starting balance [-'bælans] saldo inicial. *Cash starting balance,* saldo inicial de efectivo (distíngase de **ending balance,** saldo final).

starting balance sheet [-ʃi:t] balance general inicial (distíngase de **ending balance sheet,** balance general final).

starting inventory [-'ɪnvəntɔ:ri] inventario inicial (distíngase de **ending inventory,** inventario final).

start out [-aut] *v.* **1** iniciar; empezar. **2** ponerse en camino, partir. **3** disponerse a.

start-up [-ʌp] *n.* **1** arranque, partida, marcha, puesta en camino. **2** creación (de una empresa).

start-up costs [-kɔ:sts] gastos de establecimiento, gastos iniciales.

starvation [stɑ:r'veɪʃən] *n.* hambre, falta de alimento. *To die of starvation,* morir de hambre.

starve [stɑ:rv] *v.* **1** morir de hambre. **2** carecer de alimentos. **3** tener hambre.

state [steɪt] *v.* **1** declarar. **2** precisar, especificar. **3** JUR.: *To state a case,* exponer los hechos, presentar un expediente, exponer un asunto.

state *n.* Estado. *State intervention,* intervención del Estado. *State sponsored,* patrocinado por el Estado.

state-aided [-'eɪdəd] apoyado, subvencionado por el Estado.

state-controlled [-kən'trəuld] controlado por el Estado, regido por el Estado. *State-controlled economy,* economía dirigida por el Estado, economía centralmente planificada.

statehood ['steɪthud] *n.* hecho de constituir un Estado; condiciones de independencia nacional y de soberanía que caracterizan a un Estado.

statement ['steɪtmənt] *n.* **1** declaración, reporte, informe, comunicado, afirmación, aseveración. **2** lista, relación, memoria. **3** balance, estado, estado de cuenta. *Bank statement,* reporte bancario, estado de situación bancaria. *Cash statement,* estado de posición de efectivo. *Cash flow statement,* estado de flujo de efectivo. *Comparative statement,* balance comparativo. *Condensed statement,* balance condensado. *Consolidated statement,* balance consolidado. *Financial statement,* estado financiero. *Income statement,* estado de resultados. *Manufacturing statement,* estado de manufactura. *Operating statement,* reporte operativo. **4** JUR.: declaración, deposición.

statement of account [-ɑ:v ə'kaunt] estado de cuenta.

statement of affairs ['-ɑ:v ə'fers] balance de liquidación.

statement of expenses [-ɑ:v ɪk'spenses] reporte de gastos.

statement of income and expense [-ɑ:v 'ɪnkʌm ænd ɪk'spens] estado de ingresos y egresos.

statement of manufacturing costs [-ɑ:v 'mænjə'fæktʃərɪŋ kɔ:sts] estado de costos de manufactura.

statement of profit and loss [-ɑ:v 'prɑ:fət ænd lɔ:s] estado de pérdidas y ganancias.

statement of receipts and disbursements [-ɑ:v rɪ'si:ts ænd dɪs'bɜ:rsmənts] estado de ingresos y egresos.

statement of source and application of funds [-ɑ:v sɔ:rs ænd 'æplə'keɪʃən ɑ:v fʌnds] estado de origen y aplicación de recursos, estado de flujo de fondos.

state of the art [-ɑ:v ði ɑ:rt] estado de la tecnología.

state-of-the-art *adj.* en la cima del conocimiento, en la cumbre de la tecnología.

state-owned [-əund] poseído por el Estado.

state-ownership [-'əunərʃɪp] propiedad del Estado, propiedad estatal.

state-run [-rʌn] regulado por el Estado, dirigido por el Estado.

statesman ['steɪtsmən] estadista, hombre de Estado.

station ['steɪʃən] *v.* asignar, destinar, colocar.

station *n.* **1** FERR.: estación. *At station price,* a precio de estación, al precio cotizado en la estación de partida. *Forwarding station,* estación de expedición, estación de partida (mercancías). *Goods station,* estación de mercancías. *Receiving station,* estación de llegada (mercancías), estación de destino. **2** estación (automóviles). *Filling station, service station,* estación de servicio, gasolinera. **3** central. *Nuclear station,* central nuclear. *Power station,* central eléctrica. **4** *Police station,* comisaría de policía, estación de policía, inspección de policía. **5** puesto de trabajo. **6** posición, rango, condición, situación. **7** *(Broadcasting) station,* estación de radiodifusión, estación de radio, estación de televisión. *Station I.D.,* indicativo (de estación).

stationary ['steɪʃəneri] *adj.* estacionario.

stationer ['steɪʃənər] *n.* papelero, vendedor o fabricante de papel, librero.

stationery ['steɪʃəneri] *n.* papelería. *Office stationary,* suministros de oficina (papel, sobres, etc.). *Stationery supplies,* abastos de oficina, útiles de escritorio.

station-master [-mæstər] jefe de estación.

statism ['steɪtɪzəm] *n.* estatismo.

statistic [stə'tɪstɪk] *n.* estadístico (medida muestral).

statistical [stə'tıstıkəl] estadístico. *Statistical analysis,* análisis estadístico. *Statistical control,* control estadístico. *Statistical quality control,* control de calidad estadístico. *Statistical report,* reporte estadístico. *Statistical returns,* resultados estadísticos, estadísticas oficiales.

statistician ['stætə'stıʃən] *n.* estudioso de la estadística, estadígrafo.

statistics [stə'tıstıks] *n.* (ciencia) estadística. *Applied statistics,* estadística aplicada.

status ['stætəs] *n.* 1 estatus, posición, situación, estado, rango, prestigio, nivel. *Official status,* posición, situación oficial. *Status car,* automóvil de prestigio. 2 situación financiera, solvencia. *Credit status,* solvencia, reputación financiera. *Financial status,* situación financiera, solvencia. *Status information,* informes comerciales. *Status inquiry,* encuesta sobre la situación financiera, sobre la solvencia.

status quo [-kwəu] statu quo.

statute ['stætʃuːt] *n.* estatuto. *Statute of limitations,* prescripción legal, ley que establece la prescripción (deudas).

statute-barred [-bɑːrd] prescrito.

statute-book [-buk] código (leyes), compilación de leyes.

statute-law [-lɔː] derecho escrito, jurisprudencia.

statutory ['stætʃuːtɔːri] estatutario, reglamentario, establecido, fijo, impuesto, previsto por la ley, conforme a la ley.

statutory company [-'kʌmpəni] sociedad concesionaria, compañía que asegura un servicio público.

statutory meeting [-'miːtıŋ] asamblea constitutiva; asamblea estatutaria.

statutory reserve [-rı'zɜːrv] reserva estatutaria, reserva legal.

stave off [steıv ɔːf] *v.* separar, apartar, desviar, evitar, prevenir, precaver. *To stave off bankruptcy,* prevenir, evitar la quiebra. *To stave off creditors,* evitar a los acreedores. *To stave off foreclosure,* evitar el embargo.

stay [steı] *v.* 1 quedar, permanecer. 2 suspender, sobreseer, aplazar.

stay *n.* 1 estancia. 2 traba, cortapisa, obstáculo; suspensión, plazo, prórroga. *Stay of execution,* suspensión en la aplicación (de un juicio, etc.), ordenamiento de suspensión o sobreseimiento.

stay even [-'iːvən] *v.* 1 permanecer idéntico, no modificarse, permanecer en equilibrio. 2 ser solvente.

stay-in strike [-ın straık] huelga de brazos caídos, huelga con ocupación de los locales, huelga con ocupación de la fábrica.

S.T.D. [es tiː diː] ver **Subscriber Trunk Dialling,** sistema automático interurbano.

steadily ['stedli] uniformemente, regularmente, de manera continua.

steadiness ['stedinəs] firmeza, estabilidad, regularidad.

steady ['stedi] *v.* consolidar, afianzar, estabilizar, regularizar.

steady *adj.* firme, estable, uniforme, sostenido, continuo, constante. *A steady growth,* un crecimiento uniforme. *A steady increase,* un aumento uniforme. *A steady trend,* una tendencia sostenida.

steadying ['stediŋ] *n.* fortalecimiento, afianzamiento.

steal [stiːl] *v.* robar, hurtar.

steal *n.* 1 robo. 2 operación deshonesta, estafa, timo. 3 ocasión de oro, oportunidad inmejorable.

steam [stiːm] *n.* vapor. *Steam-engine,* máquina de vapor. *To pick up steam,* tomar amplitud, reforzarse (recuperaciones). *To run out of steam, to run short of steam,* sofocarse, estar sofocado. *Under one's own steam,* por sus propios medios.

steamboat ['stiːmbəut] *n.* barco, navío de vapor.

steamer ['stiːmər] *n.* navío de vapor.

steamship ['stiːmʃıp] *n.* navío de vapor.

steel [stiːl] *n.* acero. *The iron and steel industry,* la siderurgia.

steel-worker [-wɜːrkər] obrero de la industria siderúrgica.

steel-works [-wɜːrks] fundición de acero, fábrica siderúrgica.

steep [stiːp] *adj.* empinado, con una fuerte pendiente. *A steep rise in prices,* un fuerte aumento de precios, un aumento exorbitante de precios.

steer [stır] *v.* conducir, dirigir, gobernar. *Steering committee,* comité director, comisión que determina los procedimientos y el orden del día.

stem [stem] *v.* contener, detener, frenar. *To stem inflation,* contener la inflación.

stem from [-frɑːm] *v.* provenir de, ser originario de, ser el resultado de, ser causado por.

stencil ['stensəl] *v.* 1 tirar, imprimir (con esténcil, con un patrón para estarcir), hacer copias múltiples, policopiar, reproducir. 2 marcar (una caja).

stencil *n.* mimeógrafo, cliché, "esténcil", molde para estarcir, estarcidor.

stenographer [stə'nɑːgrəfər] *n.* taquígrafo.

stenography [stə'nɑːgrəfi] *n.* taquigrafía.

step [step] *n.* 1 paso, cadencia. *A step forward,* un paso hacia adelante. *Step by step,* paso por paso. *Step by step explanation,* explicación paso por paso. *To keep step with,* ir al ritmo de, desplazarse al mismo paso que, avanzar al mismo ritmo que, mantenerse al nivel de. 2 trámite, medida. *To take steps,* a) efectuar trámites; b) tomar medidas. *To take legal steps,* llevar a cabo trámites legales. 3 etapa, escalón.

S

step down [-daʊn] *v.* retirarse (abandonar la función que se ocupa).

step in [-ɪn] *v.* intervenir.

step up [-ʌp] *v.* **1** acelerar, aumentar el ritmo de. *To step up production,* acelerar la producción. **2** intensificar.

sterling ['stɜːrlɪŋ] *n.* libra esterlina.

sterling *adj.* de buena calidad, legítimo, auténtico, oro de ley.

sterling area [-'eriə] zona esterlina.

sterling balance [-'bæləns] balanza esterlina.

stern [stɜːrn] *n.* popa.

stern *adj.* severo, duro, rígido. *Stern regulation,* reglamentación rígida.

stevedore ['stivədɔːr] *v.* estibar.

stevedore *n.* estibador.

stevedoring company ['stivədɔːrɪŋ 'kʌmpəni] empresa estibadora.

steward ['stuːərd] **1** *Shop steward,* delegado de taller, delegado de personal. **2** administrador (de una propiedad), intendente, gestor.

stewardship ['stuːərdʃɪp] *n.* administración, intendencia; funciones de administrador, de intendente, de gestor.

stick [stɪk] *v.* **1** pegar, adherir. *The stamp doesn't stick,* el sello no se adhiere. **2** fijar, poner, colocar. *Stick no bills,* se prohíbe poner anuncios.

sticker ['stɪkər] *n.* etiqueta engomada en una de sus superficies, calcomanía, anuncio autoadherible.

stick to [-tuː] *v.* permanecer fiel a, adherirse a, persistir, no desistir. *To stick to the words of a contract,* atenerse a la letra de un contrato.

sticker-price [-praɪs] precio de etiqueta, precio anunciado.

stiff [stɪf] *adj.* **1** tieso, rígido. *Stiff regulations,* reglamentos altamente rígidos. **2** tenso, tirante (mercados). **3** difícil (trabajos, exámenes, etc.). **4** elevado, exagerado (precios).

stiffen ['stɪfən] *v.* **1** endurecer, reforzar (reglamentos, etc.). **2** volverse más difícil (exámenes, etc.). **3** endurecerse, hacer(se) más rígido.

stifle ['staɪfəl] *v.* asfixiar. *To stifle demand,* asfixiar la demanda.

still(s) [stɪl(s)] **1** vista(s) fija(s). **2** alambique, destiladera.

stimy [staimi] *v.* bloquear, hacer fracasar.

stimulate ['stɪmjəleɪt] *v.* estimular, motivar.

stint [stɪnt] *n.* **1** tarea asignada, trabajo efectuado durante un cierto periodo de tiempo. *He did a 4-year stint with them,* trabajó con ellos durante un periodo de cuatro años. *The day's stint,* cantidad de trabajo efectuada durante el día. **2** restricción, límite. *To spend without stint,* gastar desmesuradamente, sin contar.

stipend ['staɪpend] remuneración, indemnización.

stipulate ['stɪpjəleɪt] *v.* estipular, precisar.

stipulated ['stɪpjəleɪted] *adj.* estipulado, convenido, previsto.

stipulation ['stɪpjə'leɪʃən] *n.* estipulación, condición.

stock [stɑːk] *v.* aprovisionar, almacenar, proveer, cargar un inventario.

stock *n.* **1** existencias, provisiones, mercancías, suministros, abastos. *From stock,* del almacén. *To be out of stock,* carecer de existencias, haberse agotado las mercancías. *To run out of stock,* quedarse sin provisiones, agotarse las mercancías. *To lay in a stock,* aprovisionarse. *To take stock of,* levantar un inventario. *To carry a large stock,* mantener un gran inventario, mantener fuertes cantidades de existencias. *Stock control,* control de inventarios. *Stock control cards,* tarjetas de control de inventarios. *Stock on hand,* inventario disponible. **2** FERR.: *Rolling stock,* material rodante. **3** ganado. *Live-stock, grazing-stock,* bestias, animales vivos. **4** acción, acciones, valores, títulos de crédito. *Authorized stock,* acciones autorizadas. *Cumulative stock,* acciones acumulativas. *Fully paid stock,* acciones totalmente pagadas. *Government stocks,* fondos del Estado, acciones del Estado, obligaciones del Estado. *Forfeited stock,* acciones incautadas. *Founders' stock,* acciones de fundador. *Guaranteed stock,* acciones garantizadas. *Issued stock,* acciones emitidas. *Non-cumulative stock,* acciones no acumulativas. *Preferred stock,* acciones preferentes. *Railway stock,* valores (acciones y obligaciones) de empresas ferrocarrileras. *Registered stock(s),* títulos nominativos, acciones nominativas. *Stocks and shares,* valores mobiliarios. *Subscribed stock,* acciones suscritas. *Unissued stock,* acciones no emitidas. *Voting stock,* acciones votantes, acciones con derecho a voto. **5** conjunto de capital de una empresa, conjunto de acciones de una empresa. *Capital stock,* capital social, capital en acciones. **6** acción. *Common stock,* acciones ordinarias. *Stock fund,* fondos comunes de colocación de acciones. **7** NAVEG.: plataforma de construcción, plataforma de lanzamiento. *On the stocks,* en construcción.

stock *adj.* ordinario, clásico, estándar. *A stock answer,* una respuesta común. *Stock size,* talla ordinaria, tamaño normal.

stock accounting [-ə'kaʊntɪŋ] contabilidad de inventarios, contabilidad de almacenes.

stock analist [-'ænləst] analista bursátil.

stock average [-'ævrɪdʒ] índice de valores bursátiles.

stock-book [-bʊk] **1** libro de acciones. **2** libro de inventario(s).

stock breeder [-'briːdər] criador de ganado, ganadero.

stockbroker ['stɑːk brəʊkər] corredor de valores, agente de cambio, corredor de bolsa.

stock certificate [-sər'tɪfɪkət] certificado de acciones.

stock discount [-'dɪskaunt] descuento sobre acciones.

stock dividend [-'dɪvədend] dividendo en acciones, distribución o asignación de acciones gratuitas.

stock exchange [-ɪks't∫eɪndʒ] bolsa de valores. *The Stock Exchange,* la Bolsa de Valores. *The New York Stock Exchange,* la Bolsa de Valores de Nueva York.

stockholder ['stɑːk həuldər] portador de un título; accionista, tenedor de una acción.

stockholders' equity [-s 'ekwəti] participación de los accionistas.

stockholders' meeting [-s'miːtɪŋ] asamblea de accionistas.

stockholding ['stɑːk həuldɪŋ] **1** accionariado, conjunto de accionistas. **2** almacenaje, depósito.

stock in hand [-ɪn hænd] existencias disponibles.

stock-in-trade [-ɪn treɪd] mercancías en almacén, existencias, bienes de comercio.

stockist ['stɑːkəst] *n.* almacenista, distribuidor, depositario.

stock jobber [-'dʒɑːbər] **1** mercader de títulos, negociante de valores, especie de mayorista que se especializa en ciertos valores. **2** agiotista.

stock ledger [-'ledʒər] libro (de registro) de acciones.

stock list [-lɪst] **1** inventario. **2** BOLSA: boletín de cotizaciones.

stock management [-'mænɪdʒmənt] administración de inventarios.

stock market [-'mɑːrkət] **1** bolsa de valores, plaza bursátil. **2** mercado de valores.

stock option [-'ɑːp∫ən] opción de suscripción de acciones (en particular, denota la posibilidad que se ofrece a los ejecutivos de una empresa para suscribir un cierto número de sus acciones a un precio fijo con sujeción a un cierto periodo de tiempo; puede constituir un complemento sustancial de remuneración). *Stock option scheme,* plan de participación mediante compra de acciones.

stock outstanding [-aut'stændɪŋ] acciones en circulación.

stockpile ['stɑːkpaɪl] *v.* almacenar, acumular, apilar.

stockpile *n.* existencias; reserva(s).

stock pool [-puːl] mancomunación de acciones.

stock premium [-'priːmɪəm] prima de acciones.

stock purchase [-'pɜːrt∫əs] compra de acciones.

stock register [-'redʒəstər] registro de acciones.

stock repurchase [-'riː'pɜːrt∫əs] readquisición de acciones.

stock right [-raɪt] derecho sobre acciones.

stock-sheet [-∫iːt] hoja de inventario.

stock-shot [-∫ɑːt] *n.* T.V., CINE: plan de archivos.

stock split [-splɪt] partición de acciones. *A 2 x 1 stock split,* una partición de acciones de 2 x 1 (es decir, dos acciones nuevas por cada una de las antiguas).

stock taking ['stɑːk teikɪŋ] **1** toma de un inventario. **2** balance.

stock transfer [-træns'fɜːr] transferencia de acciones.

stock turnover [-'tɜːrn əuvər] rotación de inventarios.

stock value [-'væljuː] valor de una acción. *Market value of a stock,* valor de mercado de una acción.

stoke (up) [stəuk (ʌp)] *v.* conservar, mantener, alimentar, nutrir. *To stoke inflation,* nutrir la inflación.

stone [stəun] medida de peso (6.348 kg). *10 stone,* 64 kg (aproximadamente).

stop [stɑːp] *v.t.* **1** detener, parar, frenar, interrumpir, bloquear, contener, impedir, suspender. *Goods stopped at the customs,* mercancías detenidas (consignadas) en la aduana. *To stop a check,* bloquear un cheque, oponerse al pago de un cheque. *To stop payment on something,* interrumpir el pago, suspender el pago, oponerse al pago. *To stop somebody from doing something,* impedir a alguien que haga algo. **2** deducir, retener, operar una retención (en la fuente). *The sum will be stopped from their wages (out of their wages),* la suma será retenida sobre los salarios.

stop *v.i.* **1** detenerse, parar. **2** permanecer brevemente, hacer una visita, hacer escala. *To stop at a port,* hacer escala en un puerto.

stop *n.* **1** detención, paro, interrupción, alto, pausa. **2** punto (puntuación). **3** obstáculo, impedimento, freno, dispositivo de bloqueo. *Margin stop,* regulador de márgenes (máquina de escribir).

stop (and) go [-(ən) gəu] crecimiento en forma de escalera, contracciones de acordeón (periodo de detención del crecimiento económico, seguido de un repunte y, posteriormente, de un nuevo periodo de detención). *Stop-and-go policy,* política económica que consiste en una alternación de periodos de detención durante el crecimiento seguidos de periodos de repunte. *Stop-and-go cycle of inflation,* ciclo de inflación caracterizado por la sucesión de periodos de alzas súbitas de los precios y de periodos de estabilización.

stop-gap [-gæp] recurso supletorio o provisional. *Stop-gap measures,* medidas provisionales, transitorias; recurso temporal, paliativo.

stop motion [-'məʊʃən] proyección o visualización en la que aparece sucesivamente imagen por imagen.

stop order [-'ɔːrdər] Bolsa: orden de detención (orden de compra o de venta que se da a un agente de cambio cuando la cotización de un valor sube o baja hasta un nivel especificado en forma anticipada).

stop over [-əʊvər] *v.* hacer una escala, hacer una etapa.

stopover ['stɑːp əʊvər] *n.* **1** escala, etapa. **2** pasajero, viajero en tránsito (viajes aéreos). *Stopovers first,* los viajeros en tránsito primero.

stoppage of work ['stɑːpɪdʒ ɑːv wɜːrk] detención del trabajo.

stop-press [-pres] prensa de última hora, último minuto.

stop-watch [-wɑːtʃ] *n.* cronómetro.

storage ['stɔːrɪdʒ] *n.* **1** almacenamiento, almacenaje, depósito. *Storage and removal,* almacenamiento y mudanza. **2** Inform.: memoria.

storage space [-speɪs] capacidad de almacenamiento, superficie de almacenamiento, espacio disponible para el almacenaje.

store [stɔːr] *v.* **1** almacenar, depositar, guardar, acumular. **2** amontonar, apilar, acumular, poner en reserva. **3** aprovisionar, proveer, abastecer. **4** Inform.: guardar en la memoria.

store *n.* **1** aprovisionamiento, existencias, suministros, abastos, reserva(s), provisiones, víveres. *To have, hold, keep in store,* tener en existencia, tener en reserva. *To lay in a store,* aprovisionarse. *In store,* a) en reserva; b) próximo a llegar. **2** almacén, depósito, guardamuebles. **3** tienda, establecimiento, comercio. *Chain-stores,* tiendas de sucursales múltiples. *Cooperative store,* cooperativa (tienda de ventas al menudeo). *Department stores,* tiendas de departamentos, grandes almacenes.

store accounting [-ə'kaʊntɪŋ] contabilidad de materiales, contabilidad de inventarios o almacenes.

store book [-bʊk] libro de almacenes.

storehouse ['stɔːrhaʊs] *n.* almacén, depósito, inventario.

storekeeper ['stɔːr kiːpər] *n.* **1** almacenador. **2** (EU) comerciante, vendedor, tendero, mercader, propietario o gerente de una tienda, de un comercio.

store-room [-ruːm] *n.* bodega, salón o recinto de almacenamiento; depósito, almacén.

story board ['stɔːri bɔːrd] *n.* argumento de un mensaje publicitario.

storyline ['stɔːrilaɪn] *n.* argumento, guión.

stow [stəʊ] *v.* estibar.

stowage ['stəʊɪdʒ] *n.* **1** estiba. **2** gastos de estiba.

stower ['stəʊər] *n.* estibador.

stowing ['stəʊɪŋ] *n.* estiba.

straddle ['strædl] *n.* **1** Bolsa: operación cruzada, operación mixta, orden ligada. Por ejemplo: a) compra simultánea de una opción de venta y de una opción de compra de un cierto valor (bursátil); b) realización de una opción de compra y de una opción de venta sobre el mismo valor. **2** venta a plazo de mercancías simultánea a la compra al contado de las mismas.

straight [streɪt] *adj.* justo, honesto, honrado. *To put matters straight,* arreglar, rectificar las cosas. *Straight angle,* ángulo de 180°. *Straight bill,* cuenta o nota simple (no acompañada de documentos). *Straight commission,* comisión simple. *Straight dealings,* transacciones honestas.

straight bill of lading [-bɪl ɑːv 'leɪdɪŋ] conocimiento de embarque a una persona determinada, conocimiento de embarque nominativo.

straighten ['streɪtn] *v.* **1** corregir, rectificar, arreglar, poner en orden, regularizar; enderezar. **2** arreglarse, regularizarse; enderezarse.

straight line (method of) depreciation [-laɪn ('meθəd ɑːv) dɪ'priːʃiˈeɪʃən] (método de) depreciación en línea recta, método de depreciación lineal o constante.

strain [streɪn] *v.* ejercer tensión sobre, estirar, tirar. *Strained relations,* relaciones tensas.

strain *n.* **1** tensión, fatiga. **2** límite de carga o de ruptura.

straitened circumstances ['streɪtnd 'sɜːrkəmstænses] apuro, necesidad, aprieto.

straits [streɪts] *n.* **1** estrecho. **2** situación difícil, situación crítica. *To be in financial straits,* estar en una situación financiera difícil, en apuros financieros.

strand [strænd] *v.* varar, hacer varar. *To be stranded,* a) estar varado, quedarse abandonado en un país extranjero sin dinero ni medios para volver. b) estar en apuros, en dificultades, quedarse en suspenso.

stranglehold ['stræŋgəlhəʊld] *n.* embargo, confiscación, ocupación. *To have a stranglehood on,* tener un poder efectivo sobre.

strap [stræp] *v.* **1** amarrar, ligar con una correa; cercar, rodear con una banda metálica. **2** *strapped for cash,* escaso de fondos líquidos.

strap *n.* correa; círculo, banda metálica.

strategic [strəˈtiːdʒɪk] *adj.* estratégico. *Strategic decisions,* decisiones estratégicas. *Strategic planning,* planeación estratégica.

strategist ['strætədʒəst] *n.* estratega.

strategy ['strætədʒi] *n.* estrategia.

stratify ['strætəfaɪ] *v.* estratificar, formar estratos. Estad.: *Stratified sampling,* muestreo estratificado.

straw [strɔː] *n.* paja. *Man of straw,* hombre de paja.

stray [streɪ] *v.* desviarse (*from,* de).

stream [stri:m] *n.* **1** corriente de agua, afluente, río, arroyo, torrente. *Cost stream,* corriente de costos, flujo de costos. **2** ola, oleada, flujo. *Stream of customers,* flujo de clientes, ola de clientes. *On stream,* en producción, en servicio. *To come on stream,* divergir (reactor). *Up-stream,* río arriba, agua abajo. *Down-stream,* río abajo, agua abajo. **3** hilera.

streamer ['stri:mər] *n.* banderola.

streamline ['stri:mlaɪn] *v.* **1** volver aerodinámico. **2** racionalizar, aligerar, reestructurar.

streamlined ['stri:mlaɪnd] *adj.* aerodinámico.

streamlining ['stri:mlaɪnɪŋ] *n.* racionalización, reestructuración, reorganización, reforma, aligeramiento, disminución, renovación.

street [stri:t] *n.* calle. *Main street* (EU), *High Street* (GB), expresiones que se refieren a las actividades del pequeño comercio. *Street vendor,* vendedor ambulante. *Street market,* a) mercado callejero; b) BOLSA: mercado externo a la bolsa. *Street price,* a) precio común cargado por un artículo; b) BOLSA: cotización externa a la bolsa.

strength [streŋθ] *n.* **1** fuerza. **2** resistencia (materiales). **3** efectivo (de un grupo, etc.).

strengthen ['streŋθən] *v.* **1** reforzar, reafirmar, consolidar. **2** reforzarse, reafirmarse, consolidarse.

strength of materials [-ɑ:v mə'tɪriəls] resistencia de materiales.

strenuous ['strenjuəs] *adj.* **1** vigoroso, enérgico. **2** agotador.

stress [stres] *v.* **1** insistir, subrayar, poner de relieve. **2** someter a una tensión, hacer soportar una tensión.

stress *n.* **1** insistencia. *To lay, to put the stress on something,* insistir sobre algo, acentuar un punto. **2** tensión, fatiga nerviosa. **3** MECÁN.: tensión mecánica, forzamiento, trabajo.

stretch [stretʃ] *v.* **1** tender, estirar, alargar. *To stretch to breaking point,* estirar hasta el punto de ruptura. **2** estirarse, alargarse, extenderse. **3** pedir demasiado a.

stretch *n.* **1** tensión, prolongación, alargamiento. **2** extensión, sector de un terreno, tramo (de una carretera). **3** intervalo, lapso, periodo. *At a stretch,* de una vez, de un tirón.

strict [strɪkt] *adj.* estricto, preciso, exacto, riguroso. *Strict adherence to the contract,* adherencia estricta al contrato, respeto absoluto al contrato.

strife [straɪf] *n.* lucha, conflicto. *Labor strife,* conflicto de trabajo.

strike [straɪk] *v.* **1** estar en huelga, ponerse en huelga. **2** poner en huelga una fábrica. *The plant was struck for a month,* la fábrica se puso en huelga durante un mes. **3** golpear. **4** MIN.: *To strike a load,* descubrir un filón.

strike *n.* **1** huelga. *To be on strike, to be out on strike,* estar en huelga. *To bring out on strike,* poner en huelga. *To call a strike,* convocar a huelga, llamar a huelga. *To call off a strike,* anular una convocatoria de huelga. *To come out on strike, to go on strike,* ponerse en huelga, irse a la huelga. *To stage a strike,* organizar una huelga. *Ca'canny strike,* huelga intermitente. *General strike,* huelga general. *Go-slow strike,* huelga de disminución de funciones, tortuguismo. *Lightening strike,* huelga sorpresa, huelga relámpago. *Protest strike,* huelga de protesta. *Sit-down strike,* huelga de brazos caídos. *Slow-down strike,* huelga intermitente. *Stay-in strike,* huelga con ocupación de locales. *Sympathetic, sympathy strike,* huelga de solidaridad. *Token strike,* huelga simbólica. *Unofficial strike,* huelga sin el consentimiento de la organización sindical. *Wildcat strike,* huelga salvaje. *Work-to-rule strike,* huelga de celo. **2** MIN.: descubrimiento (de minerales, petróleo).

strike a balance [-ə 'bæləns] **1** encontrar un equilibrio, equilibrar. **2** establecer un balance, hacer un balance.

strike a bargain, a deal [-ə 'bɑ:rgən, ə di:l] *v.* concluir un negocio, concluir una operación de negocios, concluir un acuerdo.

strikebound ['straɪkbaʊnd] víctima de una huelga (fábricas).

strike-breaker [-'breɪkər] esquirol, rompehuelgas.

strike committee [-kə'mɪti] comité de huelgas.

strike fund [-fʌnd] fondo, caja sindical de huelgas.

strike off [-ɔ:f] *v.* **1** tachar, rayar, anular. **2** eliminar de los controles. **3** deducir, hacer una reducción. *To strike off 10 per cent,* hacer una reducción del 10 por ciento.

strike out [-aʊt] *v.* tachar, rayar, anular, una raya sobre (una palabra), eliminar.

strike pay [-peɪ] indemnización sindical pagada a los huelguistas.

strike picket [-'pɪkət] piquete de huelga, grupo de huelga.

strike-prone [-prəʊn] *adj.* tendencia a la huelga.

striker ['straɪkər] *n.* huelguista.

strike vote [-vəʊt] voto para decidir sobre una huelga, votación de huelga. *To take a strike vote,* votar con respecto a huelga.

string [strɪŋ] *v.* encordar, enhilar.

string *n.* **1** hilo, cuerda, bramante, cordel. *To pull the strings,* usar influencias. **2** condición (en expresiones tales como: *With strings attached,* con las condiciones mencionadas). **3** sucesión, continuación, fila, hilera, procesión. *A string of barges,* una hilera de barcazas. **4** BOLSA DE MERCANCÍAS: orden de entrega por endoso.

stringency ['strɪndʒənsi] *n.* **1** rigor, severidad (de los reglamentos). **2** restricción del crédito, escasez de dinero; austeridad.

stringent ['strɪndʒənt] *adj.* **1** riguroso, severo, estricto. **2** tenso, restringido (mercados financieros).

stringer ['strɪŋər] *n.* encordador.

strip [strɪp] *v.* despojar, desguarnecer. *Asset stripping,* eliminación de activos no rentables.

strip *n.* tira, cinta, faja (papel, tela, terreno). *Comic strip,* tira cómica.

strip cartoon [-kɑːrˈtuːn] tira cómica.

strip-mining [-ˈmaɪnɪŋ] explotación minera a cielo abierto (carbón).

stripper ['strɪpər] *n.* clasificador (que clasifica sacando, separando, eliminando); máquina clasificadora.

strive [straɪv] *v.* hacer esfuerzos para, esforzarse por.

strong [strɔːŋ] *adj.* fuerte, resistente, robusto, firme, sólido.

strong-arm [-ɑːrm] *v.* intimidar por medio de la amenaza o la violencia.

strong-box [-bɑːks] caja fuerte.

strong room [-rum] sala de cajas fuertes, sala blindada, sala de seguridad, bóveda.

structural ['strʌktʃərəl] *adj.* estructural. *Structural development,* desarrollo estructural. *Structural organization,* organización estructural.

structure ['strʌktʃər] *n.* estructura. *Underlying structure,* estructura fundamental.

struggle ['strʌgəl] *v.* luchar, debatirse. *To struggle with somebody,* luchar con alguien; rivalizar.

struggle *n.* lucha, combate, concurrencia.

stub [stʌb] *n.* talón (de un documento).

stub-book [-bʊk] talonario.

student ['stuːdnt] *n.* estudiante. *Student board, council,* oficina de estudiantes. *Student's union,* asociación de estudiantes.

study ['stʌdi] *v.* estudiar.

study *n.* **1** estudio. **2** oficina (de trabajo).

study group [-gruːp] grupo de estudio.

study trip ['stʌdi trɪp] viaje de estudios.

stuff [stʌf] *v.* rellenar, atestar, atiborrar, embutir.

stuff *n.* **1** cosas. **2** tela, tejido.

stuffing ['stʌfɪŋ] *n.* relleno (se dice de aquello con lo que se rellena una cosa).

stumer ['stʌmər] *n.* **fam.** (GB) cheque sin fondos.

stump [stʌmp] *n.* talón (de un documento); tocón (de un árbol).

stunt [stʌnt] *n.* **1** CINE: escena arriesgada o peligrosa. **2** PUB.: evento sensacional, golpe publicitario. *Stunt advertising,* publicidad alborotadora.

style [staɪl] *v.* **1** denominar, nombrar. **2** diseñar (un automóvil, etc.). **3** poner un artículo a la moda.

style *n.* **1** estilo. **2** modo. **3** *Style of a company,* a) estilo de una empresa. b) razón social de una compañía.

styling ['staɪlɪŋ] *n.* modificación de la apariencia o de la presentación de un producto; concepción de un producto; estilización.

stymie ['staɪmi] *v.* ver **stimy.**

sub [sʌb] *n.* anticipo sobre salarios, anticipo de sueldo. *To get a sub,* percibir un anticipo de salario.

sub-account [sʌbəˈkaʊnt] subcuenta.

sub-agency [sʌbˈeɪdʒənsi] subagencia.

subaltern [sʌbˈɔːltərn] *n.* subalterno, subordinado.

subaltern *adj.* subalterno(a), subordinado.

subcharter [sʌbˈtʃɑːrtər] *v.* subfletar, fletar por subcontrato.

sub-compact [sʌbkəmˈpækt] *adj.* de formato pequeño, miniatura, miniaturizado.

subcontract ['sʌbkənˈtrækt] *v.* subcontratar; fabricar en forma externa.

subcontract *n.* subcontrato, acuerdo a nivel de subcontratista, acuerdo de subcontratación.

subcontracting ['sʌbkənˈtræktɪŋ] *n.* **1** subcontratación. **2** maquila, mandar a maquila. **3** fabricación en forma externa.

subcontractor ['sʌbˈkɑːntræktər] *n.* subcontratante.

subdivide ['sʌbdəˈvaɪd] *v.* subdividir.

subdivision ['sʌbdəˈvɪʒən] *n.* subdivisión.

sub-editor ['sʌbˈedətər] subeditor, secretario de redacción; redactor.

sub-head, sub-heading ['sʌbhed, 'sʌb hedɪŋ] *n.* subtítulo.

subject ['sʌbdʒɪkt] *v.* sujetar, someter.

subject *n.* **1** tema. **2** sujeto, ciudadano. **3** materia, dominio (de la enseñanza). **4** objeto (de un contrato, de un acuerdo).

subject to [-tuː] **1** sujeto, predispuesto, expuesto. **2** sometido, obligado, de la incumbencia de, sujeto a la jurisdicción. *Subject to regulations,* sujeto a los reglamentos. *Subject to stamp duty,* sujeto a los derechos del timbre. *Prices subject to 5 per cent discount,* precios sujetos a un 5 por ciento de descuento. *Subject to alteration,* sujeto a cambios.

subjoin [sʌbˈdʒɔɪn] *v.* añadir, juntar, adjuntar, anexar.

sublease [sʌbˈliːs] *v.* subarrendar, dar en subarrendamiento, tomar en subarrendamiento.

sub-lessee ['sʌbleˈsiː] *n.* **1** subarrendatario. **2** subcontratante.

sub-lessor [sʌbleˈsɔːr] *n.* subarrendador.

sub-let ['sʌbˈlet] *v.* **1** subarrendar. **2** subcontratar (una tarea).

sub-license [sʌbˈlaɪsns] *n.* sublicencia, subconcesión.

sub-licensee [sʌb'laɪsns'siː] sublicenciado, subconcesionado, tenedor de una sublicencia.

subliminal advertising ['sʌb'lɪmɪnl 'ædvərtaɪzɪŋ] publicidad subliminal.

sub-manager [sʌb'mænɪdʒər] *n.* subdirector, subgerente.

submission [səb'mɪʃən] *n.* 1 sumisión, presentación (de una propuesta, de un problema a cargo de un árbitro). 2 acuerdo contractual celebrado entre dos partes en el que convienen en someter sus diferencias a un árbitro. 3 JUR.: defensa. *To submit a statement of one's affairs,* declararse en quiebra. 4 defender, alegar, hacer valer.

sub-office [sʌb'ɑːfəs] *n.* agencia, sucursal.

subordinate [sə'bɔːrdneɪt] *v.* subordinar.

subordinate [sə'bɔːrdnet] *n.* subordinado.

subordinated debt [sə'bɔːrdneɪted det] deuda subordinada, deuda de segundo nivel.

subordinated loan [sə'bɔːrdneɪted ləʊn] préstamo no privilegiado, préstamo subordinado.

subpoena [sə'piːnə] *v.* JUR.: 1 citar a comparecer, requerir para comparecencia. 2 ordenamiento de remitir o de presentar un documento dentro del marco de un proceso judicial.

subpoena *n.* JUR.: 1 citatorio, requerimiento para comparecer. 2 obligación establecida por un tribunal a efecto de que un documento sea presentado o remitido.

subrogate ['sʌbrəgeɪt] *v.* subrogar, sustituir.

subrogation ['sʌbrə'geɪʃən] *n.* subrogación, sustitución de un acreedor.

sub-routine ['sʌbruːtiːn] INFORM.: subrutina, subprograma.

subscribe [səb'skraɪb] *v.* 1 firmar, poner la firma. 2 suscribir. *To subscribe to a loan,* suscribir un empréstito o préstamo. *To subscribe for shares,* suscribir acciones. 3 abonarse, pagar una cuota o cotización, cotizar.

subscribed [səb'skraɪbd] *adj.* suscrito. *Subscribed capital,* capital suscrito. *The issue has been entirely subscribed,* la emisión ha sido enteramente suscrita.

subscriber [səb'skraɪbər] *n.* 1 firmante, (el) abajo firmante, contratante. 2 suscriptor. 3 abonado (diario, teléfono). 4 cotizante.

subscriber trunk dialling [-trʌŋk daɪlɪŋ] sistema automático interurbano.

subscribing [səb'skraɪbɪŋ] *n.* 1 suscripción. 2 abono. 3 cuota, cotización (a un club, etc.).

subscription [səb'skrɪpʃən] *n.* 1 firma, aprobación. 2 suscripción. *Subscription ledger,* libro, registro de suscripciones. *Subscription price,* precio de suscripción. 3 abono. 4 cuota, cotización.

subsection ['sʌb sekʃən] *n.* subsección.

subsequent ['sʌbsɪkwənt] *adj.* subsecuente, posterior, ulterior. *Subsequent to,* subsecuente a.

subside [səb'saɪd] *v.* bajar, disminuir, desplomarse, apilarse; recaer; hundirse.

subsidiarity ['səbsɪdi'ærəti] *n.* carácter subsidiario, subsidiaridad.

subsidiary [səb'sɪdieri] *n.* filial (generalmente poseída en más de un 50 por ciento).

subsidiary *adj.* subsidiario, auxiliar, secundario.

subsidiary account [-ə'kaʊnt] *n.* subcuenta, cuenta auxiliar.

subsidiary books [-bʊks] *n.* libros auxiliares.

subsidiary company [-'kʌmpəni] compañía subsidiaria.

subsidize ['sʌbsədaɪz] *v.* subsidiar, subvencionar, proporcionar un subsidio.

subsidy ['sʌbsədi] *n.* subvención, asignación, subsidio.

subsistence [səb'sɪstəns] *n.* subsistencia; medios de subsistencia. *Subsistence crops,* cosecha destinada a su consumo en el mismo lugar en el que se produce (y no a la venta).

subsoil ['sʌbsɔɪl] *n.* subsuelo.

substance over form ['sʌbstəns 'əʊvər fɔːrm] CONTAB.: preeminencia de la realidad sobre la apariencia (*lit.* sustancia sobre forma).

substandard ['sʌb'stændərd] *adj.* por debajo del nivel requerido, por debajo de la norma, de calidad inferior, subestándar.

substantial [səb'stæntʃəl] *adj.* considerable, sustancial.

substantiate [səb'stæntʃieɪt] *v.* JUR.: establecer, probar, justificar. *To substantiate a charge,* establecer una acusación, evidenciar con hechos el apoyo de una acusación. *To substantiate a claim,* probar el fundamento de una reclamación, aportar hechos en apoyo de una reclamación.

substantiation [səb'stæntʃi'eɪʃən] *n.* justificación (de una afirmación); establecimiento de hechos.

substantive law ['sʌbstəntɪv lɔː] derecho positivo.

sub-station ['sʌb steɪʃən] *n.* subestación, subcentral.

substitute ['sʌbstətuːt] *v.* 1 reemplazar, suplir, sustituir (a alguien). 2 relevar, suceder. JUR.: subrogar. 3 JUR.: innovar, novar (una deuda).

substitute *n.* 1 suplente, interino; sustituto. 2 mandatario, representante. 3 sustitutivo, sucedáneo, producto de reemplazo. 4 falsificación, imitación.

substitute *adj.* de reemplazo.

substitution ['sʌbstə'tuːʃən] *n.* 1 sustitución, reemplazo. JUR.: subrogación. 2 JUR.: novación, innovación (de un crédito).

sub-title ['sʌb taɪtl] *n.* subtítulo.

subtotal ['sʌb təʊtl] subtotal, suma parcial.

subtract [səb'trækt] *v.* sustraer, deducir.

subtraction [səb'trækʃən] *n.* sustracción.

S

suburb ['sʌbɜ:rb] *n.* suburbio, afueras, barrio suburbano.

suburban [sə'bɜ:rbən] suburbano.

suburbanite [sə'bɜ:rbənaɪt] *n.* habitante de un suburbio.

subvention [səb'ventʃən] *n.* subvención, subsidio, sostén.

subway ['sʌbweɪ] *n.* 1 pasaje subterráneo. 2 (EU) tren subterráneo, metro.

succeed [sək'si:d] *v.* 1 tener éxito. 2 suceder, seguir.

success [sək'ses] *n.* éxito.

succession [sək'seʃən] *n.* sucesión.

successor [sək'sesər] *n.* sucesor.

sucker ['sʌkər] *n.* (EU *argot*) ingenuo, inocente, candoroso, sencillo, hombre fácil de engañar.

sue [su:] *v.* presentar una demanda, perseguir por medio de la justicia, entablar un proceso legal, iniciar un litigio. *To sue for damages*, demandar por daños y perjuicios.

suffer ['sʌfər] *v.* 1 sufrir, soportar, aguantar. 2 tolerar, permitir.

sufferance ['sʌfərəns] *n.* 1 Jur.: tolerancia, permiso. 2 Aduanas: *Bill of sufferance*, documento que permite la exención de los derechos de aduana en el momento de transferir mercancías de un almacén portuario a otro.

sufficiency [sə'fɪʃənsi] *n.* suficiencia. *Self-sufficiency*, autosuficiencia.

sufficient [sə'fɪʃənt] *adj.* suficiente. *Sufficient cash reserves*, reservas suficientes de efectivo. *Sufficient information*, información suficiente.

suffrage ['sʌfrɪdʒ] *n.* 1 voto. 2 derecho al voto.

sugar-mill ['ʃugər mɪl] *n.* ingenio azucarero, fábrica de azúcar.

suggestion box [səg'dʒestʃən bɑ:ks] *n.* buzón de sugerencias, caja de ideas.

suit [su:t] *v.* 1 convenir, ir. 2 adaptar, apropiar.

suit *n.* proceso legal, litigio.

suitability ['su:tə'bɪləti] *n.* carácter adaptable, deseable, conveniencia, acuerdo. *Suitability of an applicant for a position*, conveniencia de un candidato para un puesto, calificación de un candidato para un puesto.

suitable ['su:təbəl] conveniente, adecuado, satisfactorio.

suite ['su:t] *n.* apartamento, salón, suite de hotel. *In the executive suite*, en el ambiente ejecutivo, en los medios ejecutivos (*lit.* en la suite ejecutiva).

suited ['su:təd] apto, conveniente. *Candidate not suited to (for) the job*, candidato no conveniente para el puesto.

suitor ['su:tər] *n.* demandante, parte actora; litigante.

sum [sʌm] *n.* 1 suma, total, monto. *Sum-of-the years' digit method*, método de la suma de los

dígitos de los años. 2 adición, cálculo matemático.

summarize ['sʌməraɪz] *v.* resumir.

summary ['sʌməri] *n.* resumen, recapitulación. *Summary of the proceedings*, resumen de la sesión.

summary *adj.* sucinto, somero. Jur.: *summary proceedings*, procedimiento sumario (procedimiento judicial de urgencia).

summon ['sʌmən] *v.* convocar, citar a comparecer, emplazar, requerir.

summons ['sʌmənz] *n.* convocatoria, citatorio, auto de comparecencia.

sum of the years' digits method [-ɑ:v ðə jɪrs 'dɪdʒəts 'meθəd] Contab.: método de depreciación por la suma de los dígitos de los años, método de depreciación proporcional al orden numérico inverso de los años.

sum up [sʌm ʌp] *v.* 1 resumir, compendiar. 2 sumar, adicionar, totalizar. 3 evaluar (a una persona, una situación).

sundries ['sʌndriz] *n. pl.* diversos, misceláneos. 1 artículos diversos. 2 gastos diversos.

sundry ['sʌndri] *adj.* diverso. *Sundry creditors*, acreedores diversos. *Sundry debtors*, deudores diversos. *Sundry expenses*, gastos diversos.

sunk [sʌŋk] *p.p.* de **sink**, hundido. *Sunk costs*, costos hundidos.

sunrise industries ['sʌnraɪz 'ɪndəstris] industrias del futuro.

sunset industries ['sʌnset 'ɪndəstris] industrias declinantes.

superannuable ['su:pər'ænjuebəl] *adj.* (GB) se dice de aquello que da derecho a una pensión de retiro. *Superannuable position*, puesto que da derecho a una pensión de retiro.

superannuation ['su:pər'ænju'eɪʃən] *n.* 1 retiro. 2 pensión de retiro. *Superannuation act*, ley sobre las aportaciones para el retiro.

superannuation fund ['su:pər'ænju 'eɪʃən fʌnd] fondo de retiro.

supercover ['su:pər'kʌvər] *n.* garantía total, cobertura completa.

superette ['su:pəret] autoservicio, superservicio (se dice en general de los autoservicios que ocupan un área de mediana superficie: de 120 a 400 m²).

superimposure ['su:pərɪm'pɑ:ʃur] *n.* sobreimpresión.

superintend ['su:pərɪn'tend] *v.* dirigir, presidir, vigilar, supervisar.

superintendence ['su:pərɪn'tendəns] *n.* vigilancia, dirección, control, supervisión, conducción (de operaciones). *Superintendence report*, reporte de vigilancia.

superintendent ['su:pərɪn'tendənt] *n.* 1 comisario de policía, jefe de policía. 2 director, responsable, jefe de departamento. *Airport su-*

perintendent, director del aeropuerto. **3** *Building superintendent,* responsable del mantenimiento de un inmueble.

superior [su'pɪriər] *n.* superior, superior jerárquico.

superior *adj.* **1** superior, de altura, de rango elevado. **2** presuntuoso, suficiente, condescendiente.

superiority [su'pɪri'ɔ:rəti] *n.* superioridad.

supermarket ['su:pər mɑ:rkət] *n.* supermercado.

supersede ['su:pər'si:d] *v.* reemplazar, suplantar, sustituir, tomar el lugar de.

supersession ['su:pər 'seʃən] *n.* **1** reemplazo, sustitución. **2** anulación (tarifas, etc.).

superstore ['su:pərstɔ:r] *n.* hipermercado.

supertanker ['su:pər tæŋkər] *n.* barco petrolero gigante.

supertax ['su:pər'tæks] *n.* sobreimpuesto, impuesto suplementario sobre el ingreso (para los intervalos de ingresos de alto nivel).

supervise ['su:pərvaɪz] *v.* supervisar, controlar, vigilar.

supervision ['su:pər'vɪʒən] *n.* vigilancia, control, dirección.

supervisor ['su:pərvaɪzər] *n.* **1** vigilante, capataz, encargado, contramaestre. **2** (EU) responsable de la contratación y del licenciamiento del personal.

supervisory ['su:pər'vaɪzəri] *adj.* supervisorio, de supervisión, de vigilancia.

supervisory board [-bɔ:rd] consejo de vigilancia.

supplement ['sʌpləmənt] *v.* complementar, suplementar, añadir como complemento.

supplement *n.* complemento, suplemento.

supplemental ['sʌplə'mentl] *adj.* adicional.

supplementary ['sʌplə'mentəri] *adj.* complementario, suplementario. *Supplementary entry,* asiento contable complementario. *Supplementary estimates,* suplementos presupuestales. *Supplementary unemployment benefit,* asignación complementaria por desempleo.

supplier [sə'plaɪər] *n.* proveedor.

supplies [sə'plaɪz] *n.* suministros, abastos, mercancías, provisiones.

supply [sə'plaɪ] *v.* **1** proveer, abastecer, aprovisionar. *To supply somebody with something,* proporcionar algo a alguien. *To supply from stock,* proporcionar a partir del inventario. **2** reparar, colmar, remediar, responder a. *To supply a defect,* corregir un defecto. *To supply a need,* responder a una necesidad. *To supply a want,* satisfacer un deseo.

supply *n.* **1** oferta, aprovisionamiento, suministro(s), provisiones, abastos, víveres. *Supply of capital funds,* oferta de fondos de capital. *Supply of money,* oferta de dinero. *The law of*

supply and demand, la ley de la oferta y de la demanda. *Supply-side economics,* economía de la oferta. **2** (en general como plural) fondos, recursos (financieros).

supply (in short) [-(ɪn ʃɔ:rt)] en pequeñas cantidades, escaso, poco abundante, difícil de conseguir.

supply (to lay in a) [-(tu: leɪ ɪn ə)] aprovisionarse, formar un inventario, acumular existencias.

support [sə'pɔ:rt] *v.* **1** apoyar, sostener, ser partidario de, corroborar (una teoría). *Supporting document,* documento de apoyo, documento justificativo; documento anexo o acompañante. *Supporting evidence,* pruebas de apoyo. *Supporting part,* parte de sustento. **2** mantener, hacerse cargo del cuidado de, atender las necesidades de. *To support a family,* mantener una familia, hacerse cargo del cuidado de una familia.

support *n.* sostén, apoyo. *Support price,* precio base o garantía (para la agricultura).

supporter [sə'pɔ:rtər] *n.* partidario (de una causa), persona a favor de.

supporting [sə'pɔ:rtɪŋ] *adj.* de apoyo, de sostén. *Supporting evidence,* evidencia de apoyo.

supranational ['su:prə'næʃnəl] *adj.* supranacional.

suppress [sə'pres] *v.* **1** suprimir. **2** ocultar, disimular, reprimir.

suppression [sə'preʃən] *n.* **1** supresión. **2** disimulación, ocultamiento.

supremacy [sə'preməsi] *n.* supremacía, superioridad absoluta.

supreme [su:'pri:m] *adj.* supremo; soberano.

surcharge ['sɜ:rtʃɑ:rdʒ] *v.* **1** sobregravar (contribuyentes, causantes, cartas comerciales). **2** sobrecargar.

surcharge *n.* **1** derecho suplementario, impuesto suplementario, gravamen fiscal adicional. **2** recargo, sobrecargo, carga excesiva. **3** precio excesivo.

surety ['ʃurəti] *n.* **1** JUR.: fiador, garante, responsable. *To stand surety for somebody,* comprometerse como fiador de alguien, comprometerse como garante de alguien. **2** donador de un aval (documentos comerciales). **3** caución, garantía; fianza (deudas).

surety bond [-bɑ:nd] bono garantizado.

surface mail ['sɜ:rfəs meɪl] correo ordinario (cualquiera menos el que se transporta por avión).

surfeit ['sɜ:rfət] *n.* superabundancia, exceso.

surge [sɜ:rdʒ] *v.* subir, subir repentinamente, aumentar de repente.

surge *n.* ola, oleada, ascenso. *A surge of buying,* una oleada de compras. *A surge in prices,* un aumento (fuerte y repentino) de precios.

surname ['sɜ:rneɪm] *n.* apellido.

S

surmise [sər'maɪz] *v.* suponer, conjeturar, hacer conjeturas.

surmise *n.* suposición, conjetura.

surpass [sər'pæs] *v.* superar, aventajar, exceder.

surplus ['sɜːrpləs] *n.* superávit, excedente, reserva(s). *Surplus account,* cuenta de superávit. *Surplus statement,* estado de superávit. *Appraisal surplus,* superávit por revaluación. *Capital surplus,* superávit de capital. *Contributed surplus,* superávit aportado. *Donnated surplus,* superávit donado. *Earned surplus,* superávit ganado. *Operating surplus,* superávit operativo. *Paid-in surplus,* superávit pagado. *Revaluation surplus,* superávit por revaluación.

surplus capacity [-kə'pæsəti] potencial (de producción) no utilizado, capacidad excedente.

surplus dividend [-'dɪvədend] dividendo excedente, superdividendo.

surrender [sə'rendər] *v.* 1 rendirse. 2 producir (documentos). 3 JUR.: renunciar a, abandonar (los derechos sobre), ceder, restituir, restablecer. 4 SEG.: readquirir (una póliza).

surrender *n.* 1 rendición (por ejemplo, de cuentas). 2 entrega (documentos). *On surrender of the bill of lading,* a la entrega del conocimiento de embarque. 3 JUR.: abandono, renuncia, cesión, restitución. *Surrender of a patent,* abandono de (los derechos de) una patente. 4 SEG.: readquisición de una póliza. *Surrender value,* a) valor de readquisición (seguros). b) valor de rescate (activos). *Surrender charge,* gastos de readquisición (de un seguro de vida).

surrogate ['sʌrəgət] *n.* 1 suplente, sustituto. 2 producto de reemplazo, sucedáneo. 3 (EU) juez encargado de homologar los testamentos.

surrogate mother [-'mʌðər] (persona) que sustituye a la madre natural.

surtax ['sɜːrtæks] *v.* 1 sobregravar. 2 percibir un impuesto suplementario (sobre los ingresos elevados).

surtax *n.* 1 sobreimpuesto. 2 impuesto suplementario (sobre los ingresos elevados).

surveillance [sər'veɪləns] *n.* 1 vigilancia. 2 espionaje (electrónica, etc.).

survey ['sɜːrveɪ] *v.* 1 estudiar, examinar, hacer un estudio, hacer una investigación sobre; hacer una encuesta, sondear. 2 inspeccionar, hacer un peritaje, someter al juicio de un perito. 3 hacer o trazar un plano topográfico.

survey *n.* 1 estudio, investigación, examen; encuesta, sondeo. *Market survey,* estudio de mercado. 2 inspección, visita, certificado de peritaje, certificado pericial. *Damage survey,* peritaje de daños, examen de daños. *Survey report,* certificado pericial, informe preparado por un perito. 3 plano topográfico.

surveyor [sər'veɪər] *n.* 1 controlador, inspector, verificador, vigilante. *Tax surveyor,* inspector fiscal. *Quantity surveyor,* máquina verificadora (de cantidades), medidor de cantidades. 2 perito. 3 *Land surveyor,* geómetra, agrimensor, perito topógrafo.

survival [sər'vaɪvəl] *n.* supervivencia, sobrevivencia.

survivor [sər'vaɪvər] *n.* sobreviviente, superviviente. *Survivor benefits,* pensión de reversión.

survivorship annuity [sər'vaɪvərʃɪp ə'nuːəti] renta vitalicia con reversión (de la cual se puede beneficiar un tercero si sobrevive más allá de los beneficiarios iniciales).

suspect [sə'spekt] *v.* 1 sospechar. 2 tener un presentimiento.

suspect *n.* y *adj.* sospecha.

suspend [sə'spend] *v.* 1 suspender, cesar, interrumpir. 2 suspender a alguien de sus funciones, destituir, cesar (provisionalmente) a alguien de sus funciones.

suspended sentence [sə'spendəd 'sentns] juicio, condena con plazo o prórroga.

suspense [sə'spens] *n.* suspenso, en espera, pendiente. CONTAB.: *Suspense account,* cuenta de orden.

suspension [sə'spenʃən] *n.* 1 suspensión, paro, detención, interrupción. 2 suspensión (de una persona), suspensión provisional del empleo y del sueldo.

suspension of payment [-ɑːv 'peɪmənt] suspensión de pagos.

sustain [sə'steɪn] *v.* 1 soportar, sobrellevar, sufrir. *To sustain a loss,* sufrir una pérdida. *To sustain an injury,* sufrir una lesión. 2 sostener, apoyar, corroborar.

sustenance ['sʌstənəns] *n.* (medios de) subsistencia.

swamp [swɑːmp] *v.* inundar, sumergir, empantanar. *To swamp a market,* inundar un mercado.

swap [swɑːp] *v.* intercambiar, hacer trueque.

swap *n.* trueque, intercambio. *Swap agreement,* crédito cruzado (acuerdo entre bancos).

swaps [swɑːps] *n. pl.* operaciones ligadas, operaciones de intercambio, operaciones "swap".

sway [sweɪ] *v.* 1 influenciar, influir sobre, inducir; inclinar, ladear. 2 gobernar, dirigir, dominar.

sway *n.* influencia, dominio, supremacía.

swear [swer] *v.* 1 prestar juramento, jurar. 2 juramentar, tomar juramento. *To swear somebody in,* hacer prestar juramento a una persona antes de que entre en funciones (por ejemplo el presidente de los Estados Unidos).

sweat [swet] *v.* 1 transpirar, sudar. 2 *fam.* explotar. 3 trabajar duramente, con tesón.

sweater ['swetər] *n.* suéter, sudadera.

sweatshop ['swetʃɑːp] *n.* fábrica en la cual los obreros son explotados (se usa frecuentemente para denotar los excesos del capitalismo del siglo XIX); presidio.

sweep [swi:p] *v.* barrer. *He was swept into office,* llegó al poder por un triunfo electoral contundente.

sweeping ['swi:pɪŋ] *adj.* general, completo, integral, radical, sin matices. *Sweeping changes,* cambios completos, cambios de fondo, cambios radicales. *A sweeping statement,* una afirmación radical, sin matices, demasiado general. *Sweeping layoffs,* despidos masivos.

sweepstake ['swi:psteɪk] *n.* lotería (promoción de ventas).

sweeten ['swi:tn] *v.* endulzar, hacer más agradable, más atractivo, más tentador.

sweetener ['swi:tnər] *n.* incitación, aliciente (principalmente para comprar títulos de crédito).

swell [swel] *v.* 1 aumentar (el volumen de), hinchar, inflar (el número de). 2 inflarse, hincharse.

swell *n.* aumento, crecimiento, inflación.

swerve [swɜːrv] *v.* esquivar, desviar, apartar(se).

swindle ['swɪndl] *v.* estafar, timar.

swindle *n.* estafa, timo.

swindler ['swɪndlər] *n.* estafador.

swing [swɪŋ] *v.* fluctuar, variar, oscilar.

swing *n.* 1 variación, fluctuación, oscilación. *Seasonal swings,* variaciones estacionales. 2 amplitud de una variación, margen. *Credit swing,* margen de crédito. *Swing in votes,* desplazamientos de votos.

swing line [-laɪn] crédito para la superación de dificultades temporales (de papel comercial), crédito preventivo.

swing (to be in full) [-(tu: bi: ɪn fʊl)] estar en su apogeo.

switch [swɪtʃ] *v.* 1 conectar, hacer contacto. *To switch on,* alumbrar, encender, prender, hacer contacto, conectar (la corriente). *To switch off,* apagar, desconectar, desenchufar, cortar la corriente. 2 FERR.: hacer una maniobra de agujas. 3 cambiar. *To switch jobs,* cambiar de empleo; cambiar de oficio. *To switch from... to...,* pasar de... a... 4 BOLSA DE MERCANCÍAS: transferir un contrato a plazo de un mes a otro.

switch *n.* 1 conmutador, interruptor, cortacorriente. 2 FERR.: maniobras de agujas. 3 permuta, intercambio, conmutación; BOLSA: transferencia de una posición a otra ("doble prórroga"). 4 arbitraje. 5 operación de correduría a nivel internacional que implica un intercambio de mercancías y un arbitraje de divisas. 6 cambio, modificación; cambio súbito de opinión.

switchboard [swɪtʃ bɔːrd] *n.* 1 ELECTR.: panel de distribución, tablero de conmutador, interruptor. 2 central telefónica. *Switchboard operator,* operadora (de la central de teléfonos).

switching value ['swɪtʃɪŋ 'vælju:] valor crítico, valor límite.

swollen ['swəʊlən] *p.p.* de **swell,** inflado, hinchado. *Swollen figures,* cifras infladas. *Swollen inventory,* inventario inflado.

sworn [swɔːrn] *adj.* jurado, juramentado.

sworn in (to be) [-ɪn (tu: bi:)] prestar juramento.

syllabus ['sɪləbəs] *n.* 1 sumario, resumen. 2 programa (universidades).

sympathetic ['sɪmpəθetɪk] *adj.* simpático; simpatizante (que experimenta o siente simpatía por). *Sympathetic strike,* huelga de solidaridad, huelga de apoyo.

sympathy ['sɪmpəθi] *n.* compasión, comprensión. BOLSA, FIN.: relación. *Prices moved in sympathy with,* los precios se desplazaron en forma acorde con, los precios siguieron la evolución de. *Sympathy strike,* huelga de solidaridad.

sync [sɪŋk] *adj.* sincrónico, sincronizado. *To be in sync with,* estar sincronizado con. *Out of sync,* fuerza de fase, no sincronizado.

synchronize ['sɪŋkrənaɪz] *v.* sincronizar.

syndicate ['sɪndəkət] *v.* sindicar, sindicarse; formar un consorcio. *Syndicated columnist,* columnista, cronista afiliado. *Syndicated loans,* préstamos en participación.

syndicate *n.* 1 consorcio. 2 sindicato, asociación de copropietarios. 3 *The syndicate,* la mafia.

synopsis [sə'nɑːpsəs] *n.* sinopsis.

synthesis ['sɪnθəsəs] síntesis.

synthesize ['sɪnθəsaɪz] *v.* sintetizar.

synthetic [sɪn'θetɪk] *adj.* sintético.

synthetize ['sɪnθəsaɪz] ver **synthesize.**

system ['sɪstəm] *n.* 1 sistema, método. *Systems analysis,* análisis de sistemas. *Information system,* sistema de información. *Systems design,* diseño de sistemas. 2 red. *River system,* red fluvial.

systematize ['sɪstəmətaɪz] *v.* sistematizar; unificar.

systems analyst ['sɪstəmz 'ænləst] analista de sistemas.

S

t

tab [tæb] *n.* 1 inglete; herrete. 2 etiqueta (de equipaje). *To keep tabs on,* controlar, vigilar. *To foot the tab,* pagar la nota. *To pick up the tab,* pagar la nota.

table ['teɪbəl] *v.* 1 organizar o presentar en forma de cuadro, hacer figurar sobre un cuadro. *Table of contents,* índice (de un libro). 2 presentar un proyecto de ley. 3 *to table a motion* (GB), presentar una propuesta. 4 (EU) posponer (indefinidamente) un proyecto de ley.

table *n.* tabla, cuadro, lista, baremo. *Table of fares, of charges,* lista de precios, baremo de precios. *Input-output table,* cuadro insumo-producto, tabla de entradas y salidas. *Use and resource table,* cuadro de aplicaciones y de recursos.

tabloid ['tæblɔɪd] *n.* PRENSA: tabloide (diario que tan sólo presenta noticias concisas y breves).

tabular ['tæbjələr] *adj.* tabular. *In tabular form,* en forma tabular, con formato tabular, en forma de cuadro o tabla.

tabulate ['tæbjəleɪt] *v.* disponer (por ejemplo una serie de cifras) en forma de cuadro o tabla; clasificar; catalogar (mercancías).

tabulator ['tæbjəleɪtər] *n.* tabulador (máquinas de escribir, computadoras, etc.).

tacit ['tæsət] *adj.* tácito, implícito. *Renewal by tacit agreement,* renovación por acuerdo tácito.

tack [tæk] *n.* línea de acción, método seguido.

tackle ['tækəl] *v.* atacar, agarrar, coger, atrapar, abordar. *To tackle a problem,* atacar un problema.

tackle *n.* 1 aparejo; avíos, enseres. SEG.: *Under ship's tackle,* dentro de la plataforma de avíos del barco, en la cubierta del barco (se dice de aquella carga que se almacena en cubierta por no haber espacio disponible en bodega). 2 avíos, enseres, equipo, artefacto, aparato.

tack on [-ɑːn] añadir, unir. *To tack a 2 per cent tax on a product,* añadir un impuesto del 2 por ciento a un producto.

tacky ['tæki] *adj.* de mala calidad.

tactician [tæk'tɪʃən] táctico, persona hábil.

tactics ['tæktɪks] táctica(s).

tag [tæg] *v.* 1 etiquetar. 2 referenciar. 3 añadir.

tag = price-tag [praɪs-] *n.* etiqueta de precio, valor. *To bear a tag of,* tener una etiqueta de, tener un valor o precio de, valer.

tail [teɪl] *n.* 1 cola, rabo. 2 fila, hilera, cola (de personas). 3 atrás, detrás. 4 reverso, cruz (monedas). 5 JUR.: cláusula de sustitución.

tail away [-ə'weɪ] decrecer, reducirse.

tailback (of traffic) ['teɪlbæk (ɑːv 'træfɪk)] *n.* embotellamiento, tapón de tráfico.

tailgate ['teɪlgeɪt] *n.* puerta en la parte posterior de un vehículo.

tail off [-ɔːf] *v.* ver **to tail away**.

tailor ['teɪlər] *v.* adaptar, concebir en función de, hacer sobre medida. *Our products are tailored to the needs of foreign customers,* nuestros productos se conciben en función de las necesidades de la clientela extranjera.

tailor-made [-'meɪd] sobre medida, perfectamente adaptado.

tailspin ['teɪlspɪn] *n.* caída vertical.

take [teɪk] *v.* 1 tomar, agarrarse de. 2 tener, contener. 3 pedir, demandar, exigir. 4 aceptar, soportar, recibir. 5 conducir, llevar, trasladar, transportar. 6 *To take an exam,* presentar un examen. 7 *To take a trip,* hacer un viaje.

take *n.* 1 toma. 2 entradas, ingresos, utilidades. 3 parte de los beneficios.

take a poll [-ə pəʊl] hacer un sondeo (de opiniones).

take back [-bæk] *v.* volver a tomar.

take home pay [-həʊm peɪ] *n.* salario neto.

take into account [-'ɪntuː ə'kaʊnt] tomar en consideración, tener en cuenta, tomar en cuenta.

take legal action [-'liːgəl 'ækʃən] entablar una acción legal, iniciar un litigio.

take off [-ɔːf] *v.* 1 retirar. 2 hacer una rebaja (precios). 3 despegar. 4 tomar forma, realizarse (proyectos, etc.).

takeoff *n.* despegue (aviones).

take on [-ɑːn] *v.* 1 contratar, dar empleo. 2 aceptar, emprender. 3 asumir (una función, una postura, etc.). 4 tener éxito, ponerse de moda.

take-or-pay contract [-ər peɪ 'kɑːntrækt] contrato de compra en firme, contrato de toma en firme.

take out [-aʊt] *v.* tomar, obtener (una patente, un permiso); contratar (un seguro). *To take out an insurance policy,* contratar una póliza de seguro.

take over [-'əʊvər] *v.* 1 tomar el control de, readquirir; tomar posesión de. *To take over a company,* tomar el control de una sociedad. 2 suceder, asumir el seguimiento de, la sucesión, volver a tomar. *To take over from somebody,* suceder a alguien. 3 asumir un cargo. *To take over the liabilities,* asumir las deudas, hacerse cargo de las deudas, retomar un pasivo.

4 absorber. *To take over an issue,* absorber una emisión (de títulos de crédito, etc.). **5** recibir, aceptar (de un fabricante). *To take over a car, a machine,* aceptar, recibir un automóvil, una máquina (del constructor).

take-over *n.* **1** readquisición, compra (de una sociedad), toma de control. **2** toma de poder.

take-over bid [-bɪd] *n.* oferta pública de compra, oferta de readquisición.

take place [-pleɪs] *v.* producirse, tener lugar, pasar, suceder. *The meeting shall take place next Friday,* la reunión tendrá lugar el próximo viernes.

taker ['teɪkər] *n.* **1** el que toma o asume (de un arrendamiento, etc.). *Risk-averter,* persona que evade riesgos. *Risk-taker,* persona dispuesta a correr riesgos. **2** comprador. *Taker of a bill,* comprador de una letra de cambio. *Taker of an option,* comprador de una opción. *Taker for a put,* comprador (de una opción de venta). **3** vendedor. *Taker for a call,* vendedor (de una opción de compra).

take steps [-steps] *v.* **1** tomar medidas, dar los pasos necesarios. **2** hacer diligencias, realizar gestiones.

take stock [-stɑːk] *v.* hacer un inventario, levantar un inventario; evaluar.

take the floor [-ðə flɔːr] *v.* tomar la palabra (en una asamblea), dirigirse al auditorio.

take the lead [-ðə led] *v.* asumir la posición de líder o dirigente, tomar la cabeza.

take up [-ʌp] *v.* **1** adquirir, comprar, tomar posesión de. *To take up an option,* adquirir una opción, una prima. *To take up stocks,* adquirir acciones. **2** liquidar una deuda en su fecha de vencimiento, honrar. *To take up a bill,* honrar una letra de cambio.

taking out ['teɪkɪŋ aut] *n.* extracto, resumen, lista, relación.

taking-over ['teɪkɪŋ 'əuvər] *n.* **1** toma de posesión. **2** readquisición, recuperación (mobiliario, etc.). **3** recepción, aceptación.

takings ['teɪkɪŋs] *n. pl.* ingreso, producto.

taking-up ['teɪkɪŋ ʌp] *n.* adquisición (de títulos de crédito); consolidación (de un mercado de primas).

talent ['tælənt] *n.* talento. *Talent scout,* buscador de talento; cazador de clientes nuevos; se dice de quien hace una prospección, por ejemplo quien inspecciona terrenos en busca de minerales.

talk [tɔːk] *v.* hablar, discutir, entrevistarse con. *To talk someone into buying something,* convencer (verbalmente) a alguien para que compre algo. *To talk someone out of a resigning,* convencer (verbalmente) a alguien de que no renuncie.

talk *n.* conversación, discusión, entrevista, reunión. *The talks with the trade unions will*

resume next week, las conversaciones con los sindicatos se reiniciarán la semana próxima.

tally ['tæli] *v.* **1** controlar, puntear, fichar, etiquetar. **2** contar, enumerar, hacer un recuento (votos, mercancías, etc.).

tally *n.* **1** recuento de un inventario en el momento de descargar la mercancía. *To keep tally of goods,* mantener un control de entradas y salidas de mercancías; hacer un recuento de mercancías. **2** cuenta, análisis de una cuenta, detalle de un conteo. **3** etiqueta. **4** ficha de asistencia. **5** contrapartida (de un documento).

tally-clerk [-klɜːrk] *n.* contador, controlador, el que lleva una cuenta o hace un recuento; verificador de mercancías.

tally-keeper [-'kiːpər] *n.* contador, controlador, el que hace un recuento, el que lleva un punteo.

tally-sheet [-ʃiːt] *n.* hoja de conteo, lista, relación.

tally with [-wɪð] *v.* corresponder a, concordar con, estar de acuerdo con, cuadrar con.

tame [teɪm] *v.* domesticar, domar, dominar. *To tame inflation,* dominar la inflación.

tamper with ['tæmpər wɪð] *v.* alterar, falsificar, traficar. *To tamper with a witness,* tratar de sobornar a un testigo. *The books have been tampered with,* los libros (de cuentas) han sido maquillados (alterados). *Tampering with official documents,* falsificación de documentos oficiales.

tangible ['tændʒəbəl] *adj.* tangible, palpable. Jur.: *Tangible assets,* activos tangibles, inmuebles corporales, valores materiales. *Tangible personal property,* bienes muebles tangibles.

tangle ['tæŋgəl] *n.* embrollo, enredo, confusión de ideas, complicación; embotellamiento, atasco.

tank [tæŋk] *n.* tanque.

tank car [-kɑːr] *n.* camión tanque, camión cisterna, vagón tanque, vagón cisterna.

tanker ['tæŋkər] *n.* **1** barco tanque, barco cisterna, petrolero. **2** camión tanque, camión cisterna. **3** vagón tanque, vagón cisterna.

tank truck [-trʌk] *n.* camión cisterna, camión tanque, vagón cisterna, vagón tanque.

tank wag(g)on [-'wægən] *n.* camión cisterna, camión tanque, vagón cisterna, vagón tanque.

tantamount ['tæntəmaunt] *adj.* equivalente. *To be tantamount to something,* equivaler a alguna cosa.

tap [tæp] *v.* **1** explotar. *To tap resources,* explotar recursos. *To tap a new market,* explotar un nuevo mercado. **2** interceptar una línea telefónica.

tap *n.* grifo, llave de una fuente. *Bills on tap,* documentos colocados amistosamente de común acuerdo. *Tap security,* títulos emitidos en

T

ventanillas abiertas, en forma continua. *To put into the tap,* poner en explotación.
tap issue [-'ɪʃuː] emisión a ventanillas abiertas.
tape [teɪp] *n.* cinta, banda (de papel engomado, magnética, de recepción telegráfica, etc.). *Tape quotation,* cotización telegráfica. *Red-tape,* papeleo, trámites.
tape (off) [teɪp (ɔːf)] *v.* 1 atar (con una cinta), encordar. 2 registrar, grabar (en una cinta magnética, etc.). 3 medir con un metro, con una cinta graduada.
taper ['teɪpər] *v.* decrecer, disminuir.
tape-recorder [-rɪ'kɔːrdər] *n.* grabadora, reproductora.
tapering ['teɪpərɪŋ] *adj.* regresivo (que disminuye progresivamente). *Tapering charge (rate),* tarifa regresiva.
tar [tɑːr] *n.* alquitrán.
tardiness ['tɑːrdɪnəs] *n.* 1 tardanza, lentitud, negligencia (*in doing something,* para hacer algo). 2 retraso, falta de puntualidad.
tardy ['tɑːrdi] *adj.* 1 tardío. 2 retrasado.
tare [ter] *v.* destarar; sustraer la tara en el momento de pesar alguno.
tare *n.* merma, tara; peso al vacío. *Allowance for tare,* provisión para tara. *To ascertain, allow for the tare,* calcular la tara. *Average tare,* tara común, tara promedio. *Customary tare,* tara acostumbrada, tara típica. *Extra tare,* sobretara. *Real, actual tare,* tara real.
target ['tɑːrgət] *v.* 1 fijar como meta o blanco de ataque. 2 tener como objetivo; designar de manera anticipada; determinar, fijar como objetivo. *2,000 employees are targeted for dismissal,* se prevé el despido de 2,000 empleados.
target *n.* blanco de ataque, objetivo, meta, propósito. *Target-date,* fecha límite (entregas, presentación de un trabajo, etc.).
target audience [-'ɔːdiəns] auditorio fijado como blanco de ataque, público que se pretende alcanzar.
target company [-'kʌmpəni] compañía fijada como blanco de ataque, sociedad que se pretende adquirir (en una oferta de adquisición pública).
target estimate [-'estəmət] estimación de previsión, estimación realizada con propósitos de previsión.
target group [-gruːp] grupo fijado como blanco de ataque, grupo que se pretende alcanzar.
target price [-praɪs] precio fijado como objetivo, precio de referencia.
tariff ['tærəf] *v.* tarifar.
tariff *n.* tarifa, arancel. *Customs tariff,* arancel, tarifa aduanal, tarifa de importación.
tariff barrier [-'bæriər] barrera aduanal.
tariffication ['tærəfə'keɪʃən] *n.* fijación de una tarifa, fijación de precios.

tariff walls [-wɔːls] barreras aduanales.
tarmac ['tɑːrmæk] *n.* 1 superficie alquitranada, revestimiento (pistas, caminos, etc.). 2 pista de despegue.
tarpaulin [tɑːr'pɔːlən] *n.* lona alquitranada.
tarry ['tɑːri] *v.* tardar, demorar.
task [tæsk] *n.* tarea. *Task work,* trabajo a destajo.
task force [-fɔːrs] MILIT.: grupo constituido para trabajar en un objetivo determinado; grupo de expertos pertenecientes a diversas especialidades cuyo objetivo es asegurar el cumplimiento de una misión.
taste [teɪst] *v.* 1 gustar, saborear, probar, degustar. 2 tener sabor de, saber a.
taste *n.* gusto.
tax [tæks] *v.* 1 fijar un impuesto, gravar. 2 abrumar, colocar un gran peso sobre, sujetar a un gran esfuerzo; poner a prueba. 3 JUR.: tasar.
tax *n.* impuesto, tributo, gravamen, derecho, contribución. *To collect a tax,* recaudar un impuesto. *To lay a tax,* fijar un impuesto, imponer un impuesto. *To levy a tax,* percibir un impuesto, recaudar un impuesto. *Tax on capital,* impuesto sobre el capital. *Capital gains tax,* impuesto sobre ganancias de capital, impuesto sobre la plusvalía. *Income tax,* impuesto sobre ingresos. *Land tax,* impuesto predial, contribución predial imputable a los terrenos sin construcción. *Property tax,* impuesto predial. *Sales tax,* impuesto sobre ventas.
taxability [tæksə'bɪləti] *n.* carácter impositivo (de un bien); recursos impositivos (de un país).
taxable ['tæksəbəl] *adj.* gravable. *To make something taxable,* gravar alguna cosa, imponer un gravamen sobre alguna cosa. *Taxable income,* ingreso gravable. *Taxable net income,* utilidad neta gravable, utilidad neta sujeta a impuestos. *Taxable year,* ejercicio fiscal, año fiscal. JUR.: *Costs taxable to,* gastos a cargo de.
tax accounting [-ə'kaʊntɪŋ] contabilidad fiscal (de una empresa, del erario).
tax allowance [-ə'laʊəns] exoneración fiscal; crédito fiscal.
taxation [tæk'seɪʃən] *n.* 1 impuestos, cargos fiscales, imposición. 2 JUR.: *Taxation of costs,* impuestos sobre gastos.
tax attorney [-ə'tɜːrni] fiscalista, abogado fiscal.
tax auditing [-'ɔːdətɪŋ] auditoría fiscal.
tax auditor [-'ɔːdətər] auditor fiscal.
tax authorities [-ə'θɔːrətiz] autoridades fiscales.
tax-base ['tæksbeɪs] base del impuesto, base gravable.
tax-bite ['tæksbaɪt] *n.* participación fiscal (en el ingreso nacional).
tax bracket [-'brækət] grupo impositivo, categoría fiscal (se dice del renglón al que queda

sujeto un contribuyente en términos de las tarifas fiscales).

tax break [-breɪk] reducción de impuestos.

tax code [-kəʊd] código fiscal.

tax collections [-kə'lekʃəns] ingresos fiscales.

tax-collector [-kə'lektər] recaudador de impuestos, recolector de contribuciones.

tax court [-kɔːrt] corte fiscal.

tax credit [-'kredət] crédito fiscal.

tax-deductible [-dɪ'dʌktəbəl] deducible de los impuestos.

tax deduction [-dɪ'dʌkʃən] reducción fiscal; deducción fiscal.

tax-dodger [-'dɑːdʒər] persona que comete un fraude fiscal.

tax-dodging [-'dɑːdʒɪŋ] evasión fiscal, fraude fiscal.

tax-evader [-ɪ'veɪdər] evasor fiscal.

tax-evasion [-ɪ'veɪʒən] evasión fiscal.

tax examiner [-ɪg'zæmənər] revisor fiscal.

tax-exempt [-ɪg'zempt] *adj.* exento de impuestos.

tax fraud [-frɔːd] fraude fiscal.

tax-free [-friː] libre de impuestos.

tax-haven [-'heɪvən] paraíso fiscal.

taxi ['tæksi] *v.* 1 ir en taxi. 2 rodar sobre el suelo, desplazarse por el agua.

taxi *n.* taxi.

tax-incentive [-ɪn'sentɪv] incentivo fiscal.

tax-law [-lɔː] derecho fiscal.

tax-man ['tæksmæn] *n.* recaudador fiscal.

tax overpayment [-'əʊvər'peɪmənt] pago de impuestos en exceso.

tax-payer [-'peɪər] *n.* contribuyente.

tax rate [-reɪt] tasa fiscal.

tax-rebate [-'riːbeɪt] reducción fiscal.

tax receipts [-rɪ'siːts] ingresos fiscales.

tax refund [-rɪ'fʌnd] reembolso fiscal.

tax-relief [-rɪ'liːf] *n.* bonificación fiscal.

tax return [-rɪ't3ːrn] declaración de impuestos. *To file one's tax return,* presentar la declaración de impuestos.

tax schedules [-'skedʒuːls] tarifas fiscales, tablas fiscales.

tax-shelter [-'ʃeltər] protección fiscal.

tax stamps [-stæmps] timbres fiscales.

tax underpayment [-'ʌndər'peɪmənt] pago fiscal insuficiente.

tax valuation [-'væljuː'eɪʃən] avalúo catastral.

tax withholdings [-wɪθ'həʊldɪŋs] retenciones fiscales.

tax year [-jɪr] año fiscal.

team [tiːm] *n.* equipo. *Team work,* trabajo de equipo, trabajo en equipo.

teamster ['tiːmstər] *n.* transportista, conductor de camiones (por carretera). *Teamsters' union,* sindicato de conductores de camiones de carga pesada.

team up [-ʌp] *v.* unirse, juntarse. *To team up with,* unirse a, hacer equipo con, asociarse con.

teamwork ['tiːmwɜːrk] *n.* trabajo en equipo, trabajo de equipo.

tear [tɪr] *v.* 1 desgarrar, arrancar, quitar violentamente. 2 desgarrarse. 3 ir a toda velocidad.

tear *n.* uso, consumo. *(Fair) wear and tear,* uso (normal).

tear off [-ɔːf] *v.* arrancar, irse de una manera rápida y violenta.

tear-off *adj.* que se arranca, perforado. *Tear-off calendar,* calendario de hojas desprendibles.

teaser ['tiːzər] *n.* PUB.: tentador, seductor, provocador, que atrae con coquetería. CINE: introducción; secuencia previa.

technical ['teknɪkəl] *adj.* técnico.

technical data [-'deɪtə] información técnica.

technical director [-də'rektər] director técnico.

technical training [-'treɪnɪŋ] adiestramiento técnico.

technicality ['teknɪ'kæləti] *n.* detalle técnico; tecnicismo.

technician [tek'nɪʃən] *n.* técnico.

technics [tek'niːks] *n.* (EU) técnica, tecnología.

technique [tek'niːk] *n.* técnica; método.

technocracy [tek'nɑːkræsi] *n.* tecnocracia.

technocrat ['teknəkræt] *n.* tecnócrata.

technocratic ['teknəkrætik] *adj.* tecnocrático.

technologic ['teknə'lɑːdʒɪk] *adj.* tecnológico.

technological ['teknə'lɑːdʒɪkəl] tecnológico, técnico.

technological transfer [-træns'fɜːr] transferencia tecnológica.

technologist [tek'nɑːlədʒəst] *n.* tecnólogo.

technology [tek'nɑːlədʒi] *n.* tecnología, técnica. *High technology industries,* industrias de alta tecnología, industrias de tecnología avanzada. *Technology transfer,* transferencia tecnológica, transferencia de tecnología.

technostructure [tek'nɑːstrʌktʃər] *n.* tecnoestructura.

tele-cine ['telə'sɪni] *n.* cine por televisión, telecine.

telecommunication(s) ['teləkə'mjuːnə 'keɪʃənz] *n.* telecomunicaciones.

tele-film ['teləfɪlm] *n.* telefilme.

telegram ['teləgræm] *n.* telegrama.

telegraph ['teləgræf] *v.* telegrafiar.

telegraph *n.* telégrafo. *Telegraph line,* línea telegráfica. *Telegraph pole/post,* puesto de telégrafos. *Telegraph wire,* alambre de telégrafos.

telegraphic ['telə'græfɪk] *adj.* telegráfico. *Telegraphic money order,* orden de pago telegráfica, giro telegráfico. *Telegraphic transfer,* transferencia telegráfica.

T

telegraphy [tə'legrəfi] *n.* telegrafía.

telemarketing ['telə'mɑːrkətɪŋ] *n.* comercialización por teléfono, ventas por teléfono.

telemeter ['telə miːtər] *n.* telémetro.

telemetry [tə'lemətri] *n.* telemetría.

telephone ['teləfəʊn] *v.* telefonear.

telephone *n.* teléfono. *Telephone booth, telephone box,* cabina telefónica. *Telephone book, telephone directory,* guía de teléfonos. *Telephone exchange,* central telefónica. *Telephone ordering service,* departamento de pedidos telefónicos. *Telephone subscriber,* suscriptor telefónico.

teleprint ['telə prɪnt] *v.* enviar un télex.

teleprinter ['telə prɪntər] *n.* impresora de télex.

teleprocessing ['telə'prɑːsesɪŋ] teleprocesamiento; telegestión.

teleprompter ['telə prɑːmptər] *n.* teleapuntador, teleimpulsor.

tele-sale(s) ['telɪseɪl(z)] mercadotecnia o comercialización telefónica, ventas por teléfono.

telescreen ['teləskriːn] *n.* pantalla de televisión.

telescript ['telə skrɪpt] *n.* teleimpresión.

teletype ['telətaɪp] *n.* teletipo. *Teletypewriter,* teletipo.

televiewer ['telə'vjuər] *n.* televidente.

televise ['teləvaɪz] *v.* televisar.

television ['telə vɪʒən] *n.* televisión.

telex ['teleks] *v.* enviar un télex.

telex *n.* télex.

teller ['telər] *n.* **1** cajero, ventanilla. *Teller's cashbook,* borrador de caja. **2** escrutador.

telly ['teli] *n. fam.* tele.

temp [temp] *v. fam.* (GB) hacer un trabajo provisional o interino.

temp [temp] *n.* abreviatura de **temporary worker,** trabajador temporal, trabajador interino.

temporary ['tempəreri] *adj.* temporal, provisional, interino. *Temporary employee,* empleado interino, empleado provisional. *Temporary investments,* inversión temporal.

tenancy ['tenənsi] *n.* tenencia. *To hold a life tenancy of a house,* disfrutar vitaliciamente de la tenencia de una casa.

tenant ['tenənt] *n.* inquilino, locatario. *Tenant for life,* usufructuario de por vida. *Tenant's repairs,* reparaciones hechas por el inquilino. *Undertenant,* sublocatario, subinquilino.

tend [tend] *v.* **1** ocuparse de (clientela, máquina), atender. **2** tender a, tener tendencia a.

tendency ['tendənsi] *n.* tendencia. *Bearish tendency,* tendencia a la baja. *Bullish tendency,* tendencia a la alza. *Downward tendency,* tendencia a la baja. *To show an upward tendency,* manifestar una tendencia a la alza.

tender ['tendər] *v.* **1** ofrecer, presentar. JUR.: *To tender money in discharge of a debt,* pagar

con dinero la liquidación de una deuda. *To tender one's resignation,* presentar su renuncia. **2** *To tender for,* licitar, presentar una licitación (para).

tender *n.* **1** licitación, oferta. *Invitation for tenders,* convocatoria de licitaciones. *To go for tender:* a) ser objeto de una convocatoria para la presentación de licitaciones, estar invitado a participar en un concurso de ofertas; b) licitar. *To invite tenders for,* presentar una convocatoria para participar en un concurso de licitaciones, sujetar a adjudicación. *To lodge a tender with,* dirigir una licitación a. *To make, put in, send in a tender for,* licitar para, participar en un concurso de licitaciones para. *To offer for tender,* llevar a cabo una convocatoria de licitaciones. **2** JUR.: oferta real. **3** FIN: curso legal. *To be legal tender,* tener curso legal, tener poder liberatorio. **4** BOLSA: orden de entrega por endoso. **5** maquinista.

tenderer ['tendərər] *n.* licitador, concursante. *Allocation to the lowest tenderer,* adjudicación al licitador que presente la mejor oferta (la más baja). *Successful tenderer for a contract,* adjudicatario (de un contrato).

tendering ['tendərɪŋ] *n.* licitación, licitamiento.

tenement ['tenəmənt] *n.* **1** apartamento en un inmueble de vecindad. *Tenement house,* alojamientos para obreros. **2** JUR.: propiedad; gozo y disfrute, posesión, tenencia.

tenor ['tenər] *n.* **1** tenor, texto, contenido. **2** JUR.: copia fiel. **3** vencimiento (de un documento de crédito).

tense [tens] *adj.* tieso, tenso, estirado.

tentacular [ten'tɑːkjulər] *adj.* tentacular.

tentative ['tentətɪv] *adj.* tentativo, experimental, de prueba, sujeto a revisión. *A tentative agreement,* un acuerdo provisional, un acuerdo no definitivo. *To make a tentative offer,* presentar, hacer una oferta tentativa.

tenure ['tenjər] *n.* JUR.: tenencia, posesión, (periodo de) gozo y disfrute, ocupación (de una oficina, de un cargo, de una propiedad, etc.). *Fixity of tenure,* tenencia garantizada (arrendamiento), estabilidad de un empleo (universidades, etc.), titularización. *To have tenure,* ser titular; tener (la posesión de) algo.

term [tɜːrm] *n.* **1** término, palabra, expresión. **2** término, periodo, duración, límite, plazo. *Term loan,* préstamo a plazo fijo. *Long-term planning,* planificación a largo plazo. *Term of limitation,* plazo de prescripción. *Term of office,* plazo de preaviso. *Term of notice,* duración de un cargo. *To extend a term,* prorrogar un plazo. *To keep a term,* respetar un plazo. **3** trimestre (escuelas, universidades).

terminable ['tɜːrmɪnəbəl] *adj.* terminable. JUR.: rescindible, anulable.

terminal ['tɜːmənəl] *n.* 1 estación terminal. *Air-terminal,* terminal aérea. 2 terminal (de una computadora), consola. 3 depósito, almacén, hangar.
terminal *adj.* 1 terminal. *Terminal port,* puerto terminal, puerto de cabecera de una línea. 2 trimestral. 3 Bolsa de Mercancías: a entregar, entregable. *Terminal market,* mercado a plazo. *Terminal price,* precio a la entrega, cotización a la entrega.
terminals ['tɜːrmənəls] *n. pl.* Ferr.: gastos de mantenimiento.
terminate ['tɜːrməneɪt] *v.* 1 terminar. 2 terminarse. 3 rescindir, anular, poner fin.
termination ['tɜːrmə'neɪʃən] *n.* 1 terminación, fin, expiración. 2 rescisión, anulación. 3 resultado, conclusión. *Termination notice:* a) notificación de expiración, de rescisión; b) carta de despido.
terminology ['tɜːrmə'nɑːlədʒi] *n.* terminología.
terminus ['tɜːrmənəs] *n.* término; terminal (de una línea).
terms [tɜːrmz] 1 condiciones, cláusulas, términos. *Terms of a contract,* cláusulas de un contrato, condiciones. *Terms of sale,* condiciones de venta. *Easy terms,* facilidades de pago. *To come to terms,* llegar a un acuerdo, ponerse de acuerdo, acordar, convenir; pactar. 2 relaciones, términos. *To be on good terms,* estar en buenos términos, tener buenas relaciones.
terms inclusive [-ɪn'kluːsɪv] (con) todo incluido.
terms of payment [-ɑːv 'peɪmənt] condiciones de pago.
terms of reference [-ɑːv 'refrəns] 1 poder(es), mandato(s), atribuciones, competencia (de un mandato), instrucciones recibidas. 2 medios de evaluación, de comparación.
terms of sale [-ɑːv seɪl] condiciones de venta.
terms of trade [-ɑːv treɪd] términos de intercambio (comercio internacional).
terrain [te'reɪn] *n.* terreno.
territorial ['terə'tɔːriəl] *adj.* territorial. *Territorial waters,* aguas territoriales.
territory ['terətɔːri] *n.* territorio. *Representative's territory,* sector asignado a un representante de comercio, representante territorial.
terse [tɜːrs] *adj.* conciso, breve, claro, nítido.
tertiary ['tɜːrʃieri] *adj.* terciario. *The tertiary sector,* el sector terciario.
test [test] *v.* probar, ensayar, experimentar.
test *n.* prueba, ensayo, experimento. *Test market,* mercado de prueba. *Test marketing,* prueba de mercado. *Aptitude test,* prueba de aptitudes. *Market test,* prueba de venta, venta experimental. *Product testing,* comprobación del producto. *Test area,* zona de prueba. *Testing plant,* laboratorio de pruebas o ensayos. Jur.: *Test case,* proceso de prueba. *Test procedures,* procedimientos de prueba, pruebas selectivas (auditoría). *Liquidity test,* prueba de liquidez. *Solvency test,* prueba de solvencia.
testament ['testəmənt] *n.* testamento. *To make one's testament,* hacer testamento, testar, legar.
testator ['testeɪtər] *n.* Jur.: testador.
testee ['tes'tiː] *n.* persona que presenta una prueba, persona examinada, candidato(a).
testify ['testəfaɪ] *v.* atestiguar; declarar bajo juramento.
testimonial ['testə'məuniəl] *n.* certificado, recomendación, atestación (entregado por un patrón).
testimony ['testəməuni] *n.* testimonio, declaración, deposición.
textile ['tekstaɪl] *n.* y *adj.* textil. *The textile industry,* la industria textil.
thank [θæŋk] *v.* agradecer, expresar gratitud.
thanks [θæŋks] agradecimiento, gracias.
thanks to [-tuː] gracias a.
theft [θeft] *n.* robo. *Theft-proof,* a prueba de robo, inviolable.
theme park [θiːm pɑːrk] parque de atracciones.
theoretical ['θiːə'retɪkəl] *adj.* teórico. *Theoretical depreciation,* depreciación teórica. *Theoretical reasoning,* razonamiento teórico.
theorize ['θiːəraɪz] *v.* teorizar; especular.
theory ['θiːəri] *n.* teoría. *Critical path theory,* teoría del camino crítico. *Game theory,* teoría de los juegos. *Queueing theory,* teoría de colas, teoría de líneas de espera.
thereabout(s) ['ðerəbauts] *adv.* aproximadamente, cerca, por ahí.
thereafter [ðer'æftər] *adv.* 1 más abajo. 2 después, después de lo cual.
thereby ['ðer'baɪ] *adv.* de ese modo, así, por ello, por ese medio, cerca de ello.
therm [θɜːrm] *n.* termia, unidad térmica.
thesis ['θiːsɪs] *n.* tesis.
thief [θiːf] *n. pl.* **thieves** [θiːvz] ladrón.
thieving ['θiːvɪŋ] robo. *Petty thieving,* hurto.
think [θɪŋk] *v.* pensar. *Think tank,* grupo de reflexión, tanque de pensamientos.
thin out [θɪn aut] *v.t.* adelgazar, reducir, desengrasar (estructuras).
thin out *v.i.* reducirse, adelgazarse.
third [θɜːrd] *adj.* 1 tercero. *Thirds,* artículos de calidad inferior, de tercera clase. *Third of exchange,* tercera (letra) de cambio. 2 tercera parte, tercero. *Third person,* tercera persona. *Third party,* tercero, tercera parte. *Third-party insurance,* seguro de responsabilidad civil, seguro de terceras partes. *Third-party risk,* riesgo de recurso hacia un tercero.

T

Third Market [-'mɑːrkət] (Bolsa de Londres) tercer mercado en el cual se pueden cotizar aquellas sociedades que han obtenido utilidades desde un año atrás (a comparación de cinco años para el *"full stock-exchange listing"* y tres años para el *"Unlisted Securities Market"*).

third-rate [-'reɪt] de tercer orden, mediocre.

third world [-wɜːrld] tercer mundo.

this side up [ðɪs saɪd ʌp] este lado hacia arriba (embarques, envíos, etc.).

thorough ['θɜːrəʊ] *adj.* 1 completo, a profundidad, perfecto. *A thorough analysis,* un análisis profundo. *A thorough revision,* una revisión a fondo. *Thorough enquiry,* encuesta a profundidad. 2 concienzudo, metódico, minucioso. *Thorough work,* trabajo concienzudo.

thoroughfare ['θɜːrəfer] *n.* arteria, vía de comunicación.

thread [θred] *n.* 1 hilo, filamento. 2 alambre conductor. 3 filete de un tornillo.

threadbare ['θredber] *adj.* 1 muy usado, muy desgastado. 2 trivial, trillado.

threat [θret] *n.* amenaza.

threaten ['θretn] *v.* amenazar.

three [θriː] *n.* y *adj.* tres. *Three-course rotation,* rotación trienal. *Three-cornered election,* elección triangular. *Three-shift system,* sistema de tres turnos (de trabajo).

threshold ['θreʃhəʊld] *n.* umbral.

thrift [θrɪft] *n.* economía, ahorro.

thrifts [θrɪfts] *n.* (EU) designa a las *Savings and loans Associations,* organismos de ahorro para el fomento de la vivienda.

thrifty ['θrɪfti] *adj.* ahorrativo, ahorrador, económico.

thrive [θraɪv] *v.* prosperar.

thriving ['θraɪvɪŋ] *adj.* próspero, floreciente.

throng [θrɔːŋ] *v.* afluir, formarse una muchedumbre, llegar en multitud, atestar de gente.

throng *n.* multitud (en movimiento), muchedumbre, afluencia, baraúnda.

throttle ['θrɑːtl] *v.* reducir; desacelerar; entorpecer, obstaculizar. *To throttle back investments,* reducir las inversiones.

through [θruː] *adj.* 1 directo, en comunicación. *Through B/L,* conocimiento de embarque directo, global. *Through freight,* flete global. *Through put,* datos en proceso. *Through rate,* tarifa global. *Through train,* tren directo. *To forward in through freight,* enviar por medio de un flete. *To get through to,* entrar en comunicación con. *I'm putting you through to his secretary,* le estoy comunicando con su secretaria. 2 finalizado, terminado.

through *adv.* completamente, hasta el fin, enteramente; directamente.

through *prep.* a través, por; a causa de; por intermediación de; durante.

throw [θrəʊ] *v.* echar, lanzar. *To throw a spanner in the works,* echar a tierra, echar a perder, desilusionar, frustrar. *To throw a party,* dar una fiesta.

throwaway ['θrəʊəweɪ] *adj. Throwaway products,* productos desechables. *Throwaway packaging,* embalaje(s) desechable(s).

throwaways ['θrəʊəweɪs] *n.* 1 embalaje(s) perdido(s), no consignados. 2 prospectos (distribuidos en las calles).

thru [θruː] ver **through.**

thrust [θrʌst] *n.* impulso, empujón. *Competitive thrust,* penetración comercial.

thumb [θʌm] *n.* pulgar. *Rule of thumb,* método empírico, procedimiento aproximativo. *By rule of thumb,* aproximativamente, a simple vista.

thwart [θwɔːrt] *v.* frustrar, desbaratar.

tick [tɪk] *v.* 1 tachar, marcar. *Tick the appropriate box,* marque la casilla correspondiente (apropiada). 2 funcionar bien, salir bien. 3 comprar o vender a crédito o fiado. *On tick,* a crédito.

tick *n.* 1 marca, signo, contraseña. 2 BOLSA: desviación mínima de las cotizaciones.

ticker ['tɪkər] *n.* teleimpresor. *Ticker-tape,* cinta de teleimpresor.

ticket ['tɪkət] *n.* 1 boleto, billete. *Single ticket,* boleto sencillo. *Return ticket,* boleto de ida y vuelta, boleto redondo. 2 etiqueta. *(Price-) ticket,* etiqueta (de precios). 3 BOLSA: ficha. 4 POL.: (EU) lista de candidatos. *The presidential ticket,* los candidatos a la presidencia y a la vicepresidencia. 5 *fam.* infracción, multa.

ticketing ['tɪkətɪŋ] *n.* 1 etiquetado, rotulación. 2 boletaje.

ticking off ['tɪkɪŋ'ɔːf] *n.* 1 puntaje, recuento de puntos. 2 reprimenda, amonestación, llamado al orden.

tick off [-ɔːf] *v.* 1 apuntar, puntear, contramarcar. 2 rechazar, reprender.

tidal wave ['taɪdl weɪv] *n.* 1 ola de gran tamaño que resulta de un terremoto (*lit.* ola de marea). 2 gran agitación, gran tumulto o alboroto; movimiento popular.

tide over [taɪd 'əʊvər] *v.* ayudar a alguien a atravesar de un punto a otro; soportar; superar dificultades (principalmente financieras).

tide-over loan [-ləʊn] préstamo de relevo, préstamo de avío (para superar cierto tipo de dificultades financieras).

tidy ['taɪdi] *adj.* 1 limpio, nítido, bien ordenado. 2 *fam.* importante, considerable, cuantioso. *A tidy sum,* una suma considerable.

tidy up [-ʌp] *v.* ordenar, arreglar, poner orden.

tie [taɪ] *v.* ligar, atar. 1 *Tied loan,* préstamo condicional (por ejemplo, para adquirir una compra precisa a un proveedor de gran prestigio). 2 estar empatado, estar al mismo nivel (votos, etc.). *They are tied for 1st. place,* empataron por el primer lugar.

tie *n.* **1** vínculo, lazo, ligadura. **2** igualdad (votos, etc.); empate.

tie in [-ɪn] *v.* **1** ligar, ligarse, unirse. **2** concordar.

tie-in *n.* **1** vínculo, ligadura, relación. **2** Pub.: publicidad realizada en forma conjunta por el menudista y el fabricante.

tie-in *adj.* condicional, bajo condición. *Tie-in sale,* venta a condición, venta condicionada.

tier [tɪr] *n.* piso, nivel, capa, fila, hilera. *To arrange in tiers,* ordenar por niveles o pisos (mercancías). *A two-tier letter service,* servicio postal que se presta a dos velocidades (por ejemplo ordinario y urgente), franqueo postal sujeto a dos tarifas.

tie up [-ʌp] *v.* **1** bloquear, inmovilizar. *Funds tied up in receivables,* fondos comprometidos en cuentas por cobrar. *Funds tied up in inventories,* fondos comprometidos en inventarios. *Tied up capital,* fondos de capital inmovilizados (congelados en algún tipo de inversión). *To be tied up,* estar ocupado, no estar libre o disponible. *To be tied up in a meeting,* estar ocupado en una reunión. **2** *To tie up with someone,* asociarse con alguien.

tie-up *n.* **1** asociación, cártel. **2** paro laboral, suspensión del trabajo. **3** callejón sin salida, atolladero. *Ties-ups caused by the recent postal strike,* retrasos ocasionados por la huelga postal reciente.

tight [taɪt] *adj.* **1** hermético, impermeable. **2** estrecho, apretado, difícil, escaso. *Tight money policy,* política monetaria restringida. *Tight money,* crédito escaso. *Tight schedule,* programación u horario muy apretado. **3** severo, estricto.

tighten ['taɪtn] **1** apretar. **2** apretarse.

tightening ['taɪtnɪŋ] *n.* estrechamiento, restricción.

tight flow [-fləʊ] flujo estrecho, flujo restringido.

till [tɪl] *n.* caja. *Till-money,* saldo en caja.

tilt [tɪlt] *v.* inclinarse, agacharse. *Do not tilt,* no inclinarse.

tilt *n.* inclinación, pendiente.

tilt the balance [-ðə 'bæləns] hacer inclinar la balanza; desequilibrar.

timber ['tɪmbər] *n.* madera labrable. *Building timber,* madera para construcción, para carpintería.

time [taɪm] *v.* **1** fijar la hora de algo, fijar la fecha de algo. **2** medir la duración de algo, cronometrar.

time *n.* **1** tiempo, época, periodo; hora; término, plazo. *Actual time,* tiempo real. *Estimated time,* tiempo estimado. *Lead time,* plazo de entrega, de producción, de pronóstico, de presu-

puestos, etc. *Light-saving time,* paso de la hora de verano a la hora del invierno y viceversa. *On time,* a) a tiempo, a la hora; b) a plazo, a crédito. *To be on short time,* trabajar jornada reducida. **2** tasa de remuneración por jornada de trabajo. *To get double time on Sundays,* cobrar doble sueldo el domingo.

time (and) motion studies [-(ən) 'məʊʃən 'stʌdis] estudios de tiempos y movimientos, organización científica del trabajo.

time-bill [-bɪl] documento de crédito a plazo.

time book [-bʊk] registro de asistencias.

time buyer [-'baɪər] Pub.: comprador de tiempo.

time buying [-'baɪɪŋ] Pub.: compra de tiempo.

time card [-kɑːrd] tarjeta de tiempo, tarjeta de asistencia, ficha de control (en el trabajo).

time charter [-'tʃɑːrtər] flete a plazo.

time clerk [-klɜːrk] encargado del registro de asistencias, encargado del control de tiempo.

time-clock [-klɑːk] reloj marcador.

time-consuming [-kən'suːmɪŋ] *adj.* se dice de aquello que requiere de mucho tiempo.

time deposit [-dɪ'pɑːzət] depósito a plazo.

time-draft [-dræft] giro a plazo.

time for shipment [-fɔːr 'ʃɪpmənt] plazo de embarque.

time freight [-freɪt] flete a plazo.

time investment [-ɪn'vestmənt] inversión a plazo.

time-keeper [-'kiːpər] **1** cronometrista, encargado del control de asistencias. **2** persona que siempre se presenta puntualmente.

time-lag [-læg] **1** diferencia en horarios, diferencia en el tiempo; retraso de tiempo. **2** tiempo de respuesta.

time-limit [-'lɪmət] plazo (de pago, etc.).

timely ['taɪmli] *adj.* oportuno; conveniente, favorable.

time-machine [-mə'ʃiːn] reloj marcador (de tiempo).

time obligations [-'ɑːblə'geɪʃəns] obligaciones a plazo.

time of departure [-ɑːv dɪ'pɑːrtʃər] hora de salida.

time off [-ɔːf] vacación, periodo de descanso.

time payments [-'peɪmənts] pago a plazos.

time-piece [-piːs] *n.* reloj.

time policy [-'pɑːləsi] póliza de plazo fijo.

time-saving [-'seɪvɪŋ] aquello que economiza o ahorra tiempo.

time-sharing [-'ʃerɪŋ] tiempo compartido.

time-sheet [-ʃiːt] hoja de asistencias, ficha de control de entradas y salidas (fábricas, oficinas).

time slot [-slɑːt] espacio de tiempo (publicidad, radio, televisión, etc.).

time study [-'stʌdi] estudio de tiempo de ejecución de tareas, cronometraje.

T

timetable [taɪm'teɪbəl] *n.* horario, programación (negociaciones), calendario, registro (o cronograma) de vencimientos (sentido amplio).

time-zone [-zəʊn] huso horario.

timing ['taɪmɪŋ] *n.* 1 cronometraje. 2 elección del momento. *The timing of their advertising campaign has been excellent,* la fecha de lanzamiento de su campaña publicitaria ha sido muy bien escogida.

tin [tɪn] *v.* 1 estañar, revestir con hojalata. 2 poner en una lata, en conserva.

tin *n.* 1 estaño, hojalata. *Tin-lined (container),* (contenedor) revestido de hojalata. 2 lata de conservas.

tinker ['tɪŋkər] *v.* 1 estañar. 2 hacer toda clase de oficios.

tinker *n.* 1 latonero, estañador. 2 persona multitalentosa, persona capacitada para muchas tareas u oficios.

tinware ['tɪnwer] *n.* artículos de hojalata, hojalatería.

tip [tɪp] *v.* 1 ladearse, inclinarse, oscilar, descargar. *To tip into recession,* tender hacia la recesión. *To tip the scale(s) at a hundred pounds,* pesar cien libras. 2 dar (una) propina. 3 dar una información o consejo confidencial, proporcionar informes. 4 BOLSA: indicar una buena colocación (de inversiones). *Industrials are being tipped in the forecasts,* los pronósticos indican los valores industriales como una buena colocación.

tip *n.* 1 extremo, extremidad, punta, cúspide, cima; filtro (de cigarros). 2 propina. 3 noticia, aviso, informe confidencial. 4 montón (de basura, de desechos); escombro; descarga. 5 pendiente, inclinación.

tipcart ['tɪpkɑːrt] *n.* (EU) carro de volteo, carro de vuelco.

tip-in [-ɪn] *n.* encarte.

tip-lorry [-'lɔːri] (GB) camión de volteo.

tip off [-ɔːf] *v.* informar, avisar, advertir.

tip off *n.* informe, aviso, advertencia (generalmente confidencial).

tip(ping) truck [-trʌk] camión basculante, volquete.

tire [taɪr] neumático de automóvil.

tissue paper ['tɪʃuː 'peɪpər] *n.* 1 papel de seda. 2 papel cebolla.

tithe [taɪð] *n.* diezmo.

title ['taɪtl] *n.* 1 título, función, cargo. 2 título, derecho. *Title to property,* título de propiedad. *Title by occupancy,* título, derecho de propiedad de primer ocupante. *To take title to,* asegurarse de la propiedad legal de. 3 JUR.: título, relación. 4 ley (metales). 5 título (libros), rúbrica (cartas).

title-deed [-diːd] *n.* título (constitutivo) de propiedad, acta.

title-page [-peɪdʒ] *n.* portada, carátula; plana de título (prensa).

titular ['tɪtʃələr] *n.* titular.

tobacco [tə'bækəʊ] *n.* tabaco.

toe the line [təʊ ðə laɪn] *loc.* obedecer, ejecutar, ajustarse a la letra de una orden.

toil [tɔɪl] *v.* trabajar duramente, trabajar con tesón.

toil *n.* trabajo arduo y pesado.

token ['təʊkən] *n.* 1 signo, marca, símbolo, prueba. 2 ficha. 3 vale susceptible de intercambiarse contra una cierta cantidad de mercancía en la tienda de un menudista.

token *adj.* simbólico. *Token money,* moneda fiduciaria; moneda fraccionaria; moneda suelta, suelto. *Token payment,* pago simbólico. *Token strike,* huelga de advertencia, huelga simbólica.

tolerance ['tɒːlərəns] *n.* tolerancia.

toll [təʊl] *n.* 1 peaje, derecho de peaje. *Toll-booth,* puesto de peaje, taquilla de peaje, caseta de peaje. *Toll-bridge,* puente de peaje. *Toll-gate,* caseta de autopista. *Toll-motorway,* autopista de peaje. TELEF.: *Toll-call,* comunicación interurbana (con las cercanías). *Toll-free number,* número telefónico gratuito, número para llamar por cobrar. 2 número de víctimas. *The toll of the roads,* la mortalidad en las carreteras. *Even a short strike would take its toll,* aun una huelga de corta duración tendría sus consecuencias.

tombstone ['tuːmstəʊn] *n.* placa publicitaria (*lit.* lápida): anuncio que aparece en la prensa financiera y que publica los nombres de todos aquellos que participan en un crédito financiero internacional. Los banqueros de primera línea tienen tendencia a considerarlas como referencias publicitarias.

ton [tʌn] *n.* 1 tonelada. 2 tonel (de capacidad). *Gross ton, long ton,* tonelada larga (1,016.04 kg). *Measurement ton,* tonelada de volumen, de estibación (40 pies cúbicos). *Net ton, short ton,* tonelada corta (907.18 kg). *Per net register ton,* por tonelada de capacidad neta. *Ton-mile,* tonelada por milla (transporte de una tonelada a lo largo de una milla). *Ton-mileage,* número de toneladas transportadas a lo largo de una milla durante un periodo de tiempo determinado. *Shipping ton,* tonelada de embarque, tonelada de fletamiento.

tone [təʊn] *n.* 1 BOLSA: conducta, paso, tendencia. *The prevailing tone,* la tendencia general. *The tone of the market,* el ritmo, el paso, el ambiente del mercado. 2 TELEF.: *Dialling tone,* tono de marcar.

tone down [-daʊn] *v.* atenuar.

tonnage ['tʌnɪdʒ] *n.* tonelaje. *Bill of tonnage,* certificado de tonelaje. *Register tonnage,* tonelaje de capacidad.

tonner ['təʊnər] *n.* De... toneladas: *A thousand-tonner,* un navío de 1,000 toneladas.

tontine [tʌntaɪn] *n.* tontina (dispositivo de seguros por medio del cual los fondos o las rentas quedan a favor de los sobrevivientes tras la muerte de los demás participantes, o se comparten entre los sobrevivientes en una fecha determinada).

tool [tuːl] *n.* útil, instrumento, herramienta. *Analitical tools*, herramientas analíticas. *Tool-box*, caja de herramientas.

tooling [tuːlɪŋ] *n.* 1 herramientas, maquinaria. 2 operación de mecanizado.

tool-maker [-ˈmeɪkər] *n.* fabricante de herramientas, productor de herramientas.

tool up [-ʌp] *v.* equipar, equiparse (de máquinas); proveer de herramientas o de maquinaria, proveerse de herramientas.

top [tɑːp] *v.* 1 cubrir, coronar, cubrir la cabeza. 2 rebasar, sobrepasar, atravesar un límite. 3 encabezar, ir a la cabeza de. *To top a poll*, encabezar un sondeo (de opinión).

top *n.* 1 parte superior, cima, cumbre. 2 tapadera.

top *adj.* superior. *Top executives, top management*, ejecutivos superiores, ejecutivos de primer nivel. *Top price*, el precio o la cotización más alta, precio tope, precio pico.

top *adv.* arriba, encima, sobre.

topic [ˈtɑːpɪk] *n.* tópico, dominio, tema.

topical [ˈtɑːpɪkəl] de actualidad, que tiene relación con la actualidad.

topmost [ˈtɑːpmoʊst] *adj.* el más alto, el más elevado.

top-notch [-ˈnɑːtʃ] *adj.* de primer nivel.

top-of-the-line [-ɑːv ðe laɪn] lo mejor de la mejor, lo mejor que hay, lo mejor de una colección.

top out [-aʊt] *v.* alcanzar una cima, una cumbre.

top-secret [-ˈsiːkrət] *adj.* secreto mayor, absolutamente secreto.

top up [-ʌp] *v.* 1 ascender a. 2 adicionar, hacer una cuenta, obtener el total de.

torque [tɔːrk] *n.* fuerza de torsión (máquinas, motores).

tort [tɔːrt] *n.* perjuicio, daño.

total [ˈtoʊtl] *v.* 1 totalizar. 2 ascender a.

total *n.* total. *Total deposits*, depósitos totales. *Total expenses*, gastos totales. *Total price*, precio total. *Total receipts*, ingresos totales.

total *adj.* total, global. *Total amount*, suma total, suma global. *Total capital*, capital total. SEG.: *Total loss*, pérdida total. *Total tonnage*, tonelaje global.

totalize [ˈtoʊtlaɪz] *v.* totalizar.

touch [tʌtʃ] *v.* tocar, concernir, afectar, tener relación con.

touch *n.* 1 toque, tacto; prueba, examen; elemento; golpe o tocamiento ligero. 2 contacto. *To be in touch with*, estar en contacto con. *To get in touch*, ponerse en contacto. *To keep in touch*, mantener contacto. *To be out of touch*, haber perdido el contacto, no estar más al corriente. *The personal touch*, las relaciones personales (con los clientes, etc.). *To lose one's touch*, perder talento, capacidad para hacer las cosas.

touch and go [-ən'ɡoʊ] incierto, precario; se dice de aquello que por un pequeño detalle puede dar lugar al éxito o al fracaso.

touch bottom [-ˈbɑːtəm] tocar fondo, alcanzar el punto, el nivel más bajo.

touchdown [ˈtʌtʃdaʊn] 1 aterrizaje (aviones, etc.). 2 DEP.: anotación (fútbol americano).

touch off [-ɔːf] *v.* provocar, desencadenar, causar, ocasionar. *The results of the negotiations touched off a storm of protests*, los resultados de las negociaciones desencadenaron una tempestad de protestas.

tough [tʌf] *adj.* duro, rudo, difícil. *Tough competition*, competencia intensa, competencia fuerte.

toughen [ˈtʌfən] *v.* endurecer; endurecerse.

tour [tʊr] *n.* circuito turístico. *Tour operator*, organizador de viajes.

tourism [ˈtʊrɪzəm] *n.* turismo.

tourist trade [ˈtʊrəst treɪd] *n.* (industria del) turismo.

tout [taʊt] *v.* dirigirse a la clientela, hacer ventas a domicilio; administrar, realizar gestiones, hacer diligencias; enganchar, reclutar (clientes).

tout *n.* agente, administrador, corredor. *Business tout*, corredor, agente de colocaciones (de un mercado).

tow [toʊ] *v.* remolcar.

tow *n.* 1 remolque. *On tow, in tow*, en remolque. *To take a boat in tow*, transportar un barco con un remolque. 2 remolque, acto de remolcar.

towage [ˈtoʊeɪdʒ] *n.* remolque, atoaje, acción de sirgar. *Towage charges, towage dues*, gastos, derechos de remolque.

tow-boat [-boʊt] *n.* remolcador.

tower [taʊr] *v.* 1 subir muy alto, subir rápidamente. 2 dominar.

towering prices [ˈtaʊərɪŋ ˈpraɪsəs] precios muy elevados, precios exorbitantes.

to wit [tuː wɪt] *loc.* JUR.: a saber, es decir.

town [taʊn] *n.* ciudad. *Town and country planning*, planeación urbana y rural, acondicionamiento territorial. *Town check*, cheque de plaza. *Town planner*, urbanista. *Town planning*, urbanismo.

trace [treɪs] *v.* 1 trazar. 2 seguir la pista, seguir las huellas; encontrar el origen de; localizar.

tracer [ˈtreɪsər] *n.* aviso, ficha o cédula de investigación (para volver a encontrar un artículo perdido durante el curso del transporte).

track [træk] *n.* vía, pista.

T

trackage ['trækɪdʒ] *n.* atoaje, remolque, gastos de atoaje.

track boat [-bəʊt] *n.* chalana, barcaza (de canal).

track record [-'rekɔrd] *fam.* antecedentes profesionales, currículum vitae.

traction unit ['trækʃən 'juːnət] unidad de tracción, tractor (camión).

tractor ['træktər] *n.* tractor.

tradable, tradeable ['treɪdəbəl] *adj.* negociable; comercializable (término que se utiliza principalmente en el dominio de las importaciones y de las exportaciones).

trade [treɪd] *v.* dedicarse al comercio de, comerciar, negociar, dedicarse a la distribución de; intercambiar.

trade *n.* **1** empleo, oficio, ocupación. **2** comercio, tráfico, distribución de mercancías, negocio. *Home trade,* comercio interior. *Foreign trade,* comercio exterior. **3** gremio; conjunto de profesionistas. *A copy will be supplied free to the trade,* se entregará gratuitamente un ejemplar a los profesionistas.

trade acceptance [-ək'səptəns] aceptación comercial.

trade accounts receivable [-ə'kaʊnts rɪ'siːvəbəl] cuentas comerciales por cobrar, cuentas por cobrar a cargo de clientes.

trade agreement [-ə'griːmənt] acuerdo comercial.

trade balance [-'bæləns] balanza comercial.

trade bank [-bæŋk] banco de comercio, banco comercial.

trade bills [-bɪls] documentos comerciales.

trade customers [-'kʌstəmərs] clientes comerciales.

trade cycle [-'saɪkəl] ciclo comercial.

trade deficit [-'defəsɪt] déficit comercial.

trade discount [-'dɪskaʊnt] descuento comercial, rebaja para vendedores.

trade fair [-fer] feria comercial.

trade gap [-gæp] desequilibrio comercial.

trade in [-ɪn] *v.* **1** intercambiar un objeto por otro; entregar un objeto como pago total o parcial a cambio de otro (automóviles, aparatos domésticos, etc.). **2** readquirir, pagar por una readquisición.

trade-in *n.* **1** readquisición, recompra (automóviles, etc.). **2** acto de entregar un objeto como pago total o parcial a cambio de otro. *Trade-in value,* valor de cambio, valor de intercambio. **3** pago parcial de una compra.

trade journal [-'dʒɜːrnl] publicación especializada, publicación profesional.

trade magazine [-'mægə'ziːn] revista profesional, revista especializada.

trademark ['treɪdmɑːrk] *v.* **1** patentar. **2** poner una marca de fábrica.

trade-mark *n.* marca de fábrica.

trade-name [-neɪm] razón comercial, nombre comercial.

trade note [-nəʊt] pagaré comercial.

trade off [-ɔːf] *v.* intercambiar; hacer un trueque.

trade-off *n.* intercambio, arreglo, convenio; trueque.

trade paper [-'peɪpər] diario comercial.

trade-press [-pres] prensa profesional.

trader ['treɪdər] *n.* **1** negociante, comerciante, mercader. **2** barco comercial, barco mercantil (de línea ordinaria). **3** operador (de bolsa); agente de valores; corredor.

trade referee [-'refə'riː] garante comercial, fiador comercial.

tradesman ['treɪdzmən] *n.* mercader, proveedor. *Tradesmen's entrance,* entrada de proveedores.

trade-union [-'juːnjən] *n.* sindicato obrero. *Trades Union Congress (T.U.C.),* Confederación de Sindicatos Británicos a la cual se encuentran afiliados los principales gremios; portavoz del movimiento sindical e interlocutor del gobierno.

trade war [-wɔːr] guerra comercial.

trade-wind [-wɪnd] alisio, viento alisio.

trading ['treɪdɪŋ] *n.* **1** comercio, negocio, distribución de mercancías. *Trading concern, trading company,* empresa, compañía comercial. **2** actividad comercial, explotación comercial, ejercicio. *Trading account,* cuenta de explotación (cuenta en la que se registran las actividades de compra y de venta de una entidad comercial). *Trading assets,* activos pignorados, cedidos en garantía. *Trading capital,* capital de operaciones, capital operativo. *Trading results,* resultados del ejercicio. *Trading stamps,* cupones de descuento, estampillas de premio (que se distribuyen entre los compradores para fomentar el consumo). **3** transacciones, volumen de transacciones. Bolsa: *Stock trading,* operaciones bursátiles. **4** Bolsa: contraparte.

trading account [-ə'kaʊnt] **1** cuenta en la que se registran las actividades de compra y de venta de una entidad comercial, cuenta de explotación. **2** *Trade account, trade balance,* balanza comercial. *The yield from their foreign investments no longer covers the deficit on the trading account,* los beneficios de sus inversiones extranjeras ya no cubren el déficit de la balanza comercial.

trading in [-ɪn] *n.* **1** readquisición (de un vehículo, de un aparato doméstico, etc.), venta con readquisición. **2** acto de entregar o intercambiar un objeto por otro.

trading partner [-'pɑːrtnər] socio comercial, socio económico.

trading year [-jɪr] ejercicio comercial.

tradition [trə'dɪʃən] *n.* 1 tradición. 2 JUR.: transferencia (de un bien).

traffic ['træfɪk] *n.* 1 tráfico, comercio. 2 movimiento, circulación. *Traffic manager, traffic superintendent,* jefe de tráfico, director del departamento de tráfico.

trafficker ['træfɪkər] *n.* traficante.

trail [treɪl] *v.* arrastrar, seguir (el rastro, la pista), ir atrás (de).

trailer ['treɪlər] *n.* 1 remolque. 2 cinta de anuncio, película de anuncio, presentación de una película (que contiene un conjunto de extractos).

train [treɪn] *v.* formar, dar una profesión; preparar para (una profesión, un oficio); entrenar, capacitar.

train *n. Fast train,* expreso. *Slow train,* ómnibus. *Through train,* tren directo. *By goods train (lit.* por tren de mercancías), a baja velocidad. *By passenger train (lit.* por tren de pasajeros), a gran velocidad.

trainee ['treɪ'niː] *n.* aprendiz, persona en periodo de prueba o de capacitación.

train ferry [-'feri] *n.* NAVEG.: transbordador de trenes.

traineeship ['treɪ'niːʃɪp] *n.* capacitación, periodo de entrenamiento, lapso de aprendizaje.

training ['treɪnɪŋ] *n.* entrenamiento, formación, capacitación. *Training officer,* responsable de capacitación. *On-the-job training,* capacitación que se recibe en el puesto de trabajo, entrenamiento permanente que se proporciona dentro de la empresa. *Vocational training,* formación profesional.

training period [-'pɪriəd] periodo de entrenamiento, periodo de capacitación.

trajectory [trə'dʒektəri] *n.* trayectoria.

tram [træm] *n.* ver **tramcar.**

tramcar ['træmkɑːr] *n.* (GB) (coche de) tranvía.

tramp (steamer) [træmp ('stiːmər)] *n.* barco de carga que no tiene una ruta regular, vapor volandero.

tramping ['træmpɪŋ] transporte marítimo sujeto a la demanda.

transact [trænz'ækt] *v.* negociar, hacer negocios. *To transact business with,* hacer negocios con, negociar con.

transaction [trænz'ækʃən] *n.* 1 operación, transacción. *Business transaction,* transacción de negocios. *Cash transaction,* transacción, operación al contado. *Transactions on change,* operaciones de bolsa. 2 *pl.* anales; actas (coloquios, reuniones, conferencias, etc.).

transactional [trænz'ækʃənl] *adj.* transaccional.

transactor [trænz'æktər] *n.* negociante, persona que trata un asunto.

transcribe [træn'skraɪb] *v.* transcribir.

transcript ['trænskrɪpt] *n.* copia mecanografiada o impresa; transcripción; reproducción; lista, relación. *Transcript of record(s),* lista, relación, copia de los resultados escolares.

transcription [træn'skrɪpʃən] *n.* transcripción.

transfer [træns'fɜːr] *v.* 1 transferir, trasladar, cambiar de tren. 2 transferir, transmitir, ceder. 3 girar, transferir fondos, rectificar una operación contable mediante la elaboración de un contraasiento. 4 TELEF.: pasar, transmitir (una llamada telefónica).

transfer *n.* 1 desplazamiento, traslado, traspaso (de funcionarios, etc.). *Transfer ticket,* boleto de traslado. 2 JUR.: transferencia, transmisión, cesión (de un derecho). *Transfer by death,* transmisión por deceso. *Transfer duty,* derecho de transmisión (entre vivos). *Transfer of a debt,* cesión, transferencia de una deuda. *Transfer of shares,* transferencia, asignación de acciones. *Transfer payments,* pago de transferencia. 3 FIN.: transferencia, contraasiento (de una operación contable). *Transfer of funds,* transferencia de fondos. *Bank transfer,* transferencia bancaria.

transferability ['trænsfɜːrə'bɪləti] *n.* transferabilidad, transmisibilidad.

transferable [træns'fɜːrəbəl] *adj.* transferible, transmisible, cedible, negociable. *Transferable securities,* valores negociables, valores transferibles.

transferal [træns'fɜːrəl] ver **transferral.**

transfer charge call [-tʃɑːrdʒ kɔːl] llamada a cobro revertido, por cobrar.

transfer deed [-diːd] *n.* certificado de traspaso.

transferee ['trænsfɜː'riː] *n.* 1 cesionario (de un bien, de un documento comercial). 2 beneficiario de una transferencia (crédito documentado, conocimiento de embarque).

transference ['trænsfərəns] *n.* transferencia, traslado (a otro puesto).

transfer entry [-'entri] asiento de traspaso.

transfer operation [-'ɑːpə'reɪʃən] operación de traspaso.

transfer of technology [-ɑːv tek'nɑːlədʒi] transferencia de tecnología, transferencia tecnológica.

transferor [træns'fɜːrɔːr] *n.* cedente, cesionista.

transferral [træns'fɜːrəl] *n.* transferencia.

transfer-tax [-tæks] *n.* derechos de transferencia.

tranship [træns'ʃɪp] *v.* transbordador.

transhipment [træns'ʃɪpmənt] *n.* transbordo.

transgress [træns'gres] *v.* transgredir, infringir, violar.

transient ['trænziənt] *n.* 1 viajero de paso (moteles, etc.). 2 persona dada a la búsqueda de empleos temporales.

T

transient *adj.* transitorio, pasajero, efímero.

transire [træn'sair] *n.* permiso de libre circulación de ciertas mercancías.

transit ['trænsət] *n.* 1 transporte, viaje, expedición. *Ships in transit,* barcos en tránsito. *Damage in transit,* avería(s) sufrida(s) durante el transporte. *Transit agent,* agente de transportes y aduanas, agente de tránsito. 2 tránsito. *Goods in transit,* mercancías en tránsito.

transition [træn'zɪʃən] *n.* transición.

translate [træns'leɪt] *v.* traducir; convertir.

translation [træns'leɪʃən] *n.* traducción; conversión. *Translation adjustment,* variación por conversión, ajuste por conversión (divisas, tipos de cambio, etc.).

translator [træns'leɪtər] *n.* traductor.

transmission [trænz'mɪʃən] *n.* transmisión.

transmit [trænz'mɪt] *v.* 1 transmitir. 2 emitir.

transmitter ['trænzmɪtər] 1 transmisor. 2 emisor (radiocomunicaciones).

transmutation ['trænzmju:'teɪʃən] *n.* JUR.: transmutación.

transplant [træns'plænt] *n.* 1 trasplante; construcción de fábricas en el extranjero. 2 MED.: trasplante (de órganos).

transport ['trænspɔːrt] *v.* transportar.

transport *n.* transporte. *Transport agent,* agente de transporte. *Transport company,* compañía de transporte. *Transport insurance,* seguro de transporte. *Inland water transport,* flotilla fluvial. *River transport,* transporte fluvial.

transportation ['trænspər'teɪʃən] *n.* 1 transporte. *Transportation expenses,* gastos de transporte. 2 medio de transporte. 3 (GB) deportación.

transporter [træns'pɔːrtər] *n.* 1 empresario de transportes, transportista. 2 transportador, conductor (aparatos). *Transporter bridge,* puente de transbordo.

transship [træns'ʃɪp] *v.* ver **tranship**.

trap [træp] *v.* hacer caer en una trampa, capturar con una trampa, atrapar.

trap *n.* trampa.

trash [træʃ] *n.* 1 basura, desechos, desperdicios. 2 mercancía(s) sin valor, baratijas.

travel ['trævəl] *v.* 1 viajar. 2 hecho de ser un viajero o agente de comercio. *To travel for a firm,* representar a una casa comercial. 3 resistir un viaje, soportar un viaje (productos perecederos).

travel *n.* viaje. *Travel agency,* agencia de viajes. *Travel card,* tarjeta de transporte. *Travel expenses,* gastos de viaje.

travel agency [-'eɪdʒənsi] agencia de viajes.

travel bureau [-'bjʊəroʊ] agencia de viajes.

traveler ['trævlər] *n.* viajero. *Commercial traveler,* viajero comercial, agente de ventas, representante comercial.

traveller ['trævlər] *n.* (GB) ver **traveler**.

travel(l)er's check [-s tʃek] cheque de viaje.

travel(l)ing allowance ['trævlɪŋ ə'laʊəns] indemnización por desplazamiento, reembolso de gastos de viaje.

travel(l)ing expenses ['trævlɪŋ ɪk'spenses] *loc.* gastos de viaje.

travel(l)ing fair ['trævlɪŋ fer] exposición, feria ambulante.

travel(l)ing salesman ['trævlɪŋ 'seɪlzmən] agente comercial viajero.

traversable [trə'vɜːrsəbəl] *adj.* JUR.: discutible.

traverse [trə'vɜːrs] *v.* JUR.: denegar un alegato.

traverse *n.* JUR.: denegación de un alegato.

trawler ['trɔːlər] *n.* trainera.

treacherous ['tretʃərəs] *adj.* desleal; traidor; defraudador; peligroso.

treachery ['tretʃəri] *n.* acto desleal; deslealtad; traición.

treasurer ['treʒərər] *n.* tesorero. *Treasurer's check* (EU), cheque bancario.

treasury ['treʒəri] *n.* tesoro público, erario. *Treasury bill,* bono de la tesorería, bonos del tesoro en cuentas corrientes (con vencimiento a menos de un año). *Treasury bond,* bono de la tesorería, bono del tesoro, bono del tesoro a largo plazo. *Treasury certificate,* certificado de tesorería. *Treasury note* (EU), bono de la tesorería, bono del tesoro. *Treasury stock,* acciones de tesorería. *The Treasury* (EU), el Ministerio de Finanzas, la Tesorería. *Treasury Secretary* (EU), Ministro de Finanzas. *Treasury-warrant,* certificado de la tesorería, certificado del tesoro.

treat [triːt] *v.* 1 tratar. 2 negociar. 3 recibir con magnificencia.

treaty ['triːti] *n.* 1 tratado (de comercio, de paz), conversación. *To enter into a treaty with,* concluir un tratado con. *Treaty port,* puerto abierto al comercio exterior. 2 acuerdo, contrato. *To sell something by private treaty,* vender alguna cosa de manera amigable, de común acuerdo.

treble ['trebəl] *v.* triplicar.

trend [trend] *v.* dirigirse, tender (*to, towards,* hacia). *To trend higher,* tender a aumentar. *To trend lower,* tender a bajar.

trend *n.* tendencia, orientación. *Interest rate trends,* tendencia de las tasas de interés. *Upward trend,* tendencia a la alza. *To reverse a trend,* invertir una tendencia.

trend-setter [-'setər] persona (o acción) que determina el tono (ambiente bursátil); (persona o acto) que impone la moda.

trespass ['trespəs] *v.* transgredir, violar (leyes), infringir; entrar sin permiso; usurpar.

trespass *n.* 1 infracción, violación de la ley, delito. 2 JUR.: violación de derechos, violación de la posesión. *Trespass to land,* violación de la propiedad (bienes raíces).

trespasser ['trespəsər] *n.* infractor; autor de una violación de la propiedad.

tret [tret] *n.* deducción (deducción de peso por mermas, desgastes, etc.).

trial ['traɪəl] *n.* 1 ensayo; prueba. *Trial balance,* balance de comprobación, balance de verificación. *Trial balance book,* libro de balances previos, libro de verificación de saldos. *Trial order,* pedido de prueba. 2 proceso legal. 3 juicio.

trial-and-error method [-ænd 'erər 'meθəd] método de tanteo, método de prueba y error.

trial period [-'pɪriəd] periodo de prueba, periodo de ensayo.

tribunal [traɪ'bjuːnl] *n.* tribunal, corte de justicia. *Industrial tribunal* (GB), magistratura del trabajo.

tributary ['trɪbjəteri] *n.* tributario.

trick [trɪk] *n.* truco, estratagema, ardid, astucia. *The tricks of the trade,* las triquiñuelas del oficio, las mañas de la profesión.

tricky ['trɪki] *adj.* complicado, delicado.

trifle ['traɪfəl] *v.* jugar, bromear (*with,* con). *To trifle away,* desperdiciar, despilfarrar.

trifle *n.* cosa sin importancia, bagatela, menudencia, baratija, chuchería; suma de dinero pequeña, suma ridícula.

trifling ['traɪflɪŋ] *adj.* sin importancia, insignificante, fútil, despreciable.

trigger ['trɪgər] *n.* estímulo, estimulante. Fin.: *Trigger rate,* tasa, límite de reconversión (tasa a la cual los bonos a tasa flotante se convierten automáticamente en documentos a tasa fija).

trigger (off) [-(ɔːf)] *v.* desencadenar, provocar.

trillion ['trɪljən] *n.* (EU) 10^{12}; (GB) 10^{18}.

trim [trɪm] *v.* 1 arreglar, poner en orden. 2 estibar. *To trim the cargo,* estibar o volver a disponer un cargamento. *Free on board and trimmed,* franco a bordo y estibación. *Trimmed,* convenientemente dispuestas en el compartimiento de equipaje (mercancías a granel). 3 reducir, restar, substraer, recorte o reducción de personal. *To trim a budget,* recortar un presupuesto. *To trim the profit margins,* apretar los márgenes de utilidad. *60 people were trimmed from the company's payroll,* el personal de la sociedad se redujo en 60 personas. 4 adornar, ataviar.

trim *n.* 1 en buen estado, en buenas condiciones. 2 estiba; asiento, se dice de la distribución marinera dispuesta dentro de un buque. *Ship in trim, out of trim,* navío en buen estado, navío en mal estado.

trimmer ['trɪmər] *n.* oportunista.

trimming ['trɪmɪŋ] *n.* 1 estibación. 2 reducción. 3 oportunismo.

trip [trɪp] *n.* viaje, trayecto. *Business trip,* viaje de negocios. *Round trip,* viaje redondo. *To go on, to make, to take a trip,* hacer un viaje.

triplicate ['trɪpləkeɪt] *v.* redactar un documento en tres ejemplares, triplicar.

triplicate ['trɪpləkət] *n.* triplicado, tercera copia. *Invoice in triplicate,* factura por triplicado.

triplicate *adj.* triplicado, triple.

trivial ['trɪviəl] *adj.* trivial, sin importancia, insignificante, ordinario.

trolley ['traːli] *n.* carrito, carretilla. *Trolley basket,* carrito de supermercado.

trouble ['trʌbəl] *v.* 1 molestar, inquietar, preocupar. 2 incomodar, importunar. 3 tomarse la molestia de.

trouble *n.* 1 problema, molestia, dificultad. *Labor troubles,* problemas laborales, conflictos laborales. *Money troubles,* problemas de dinero, preocupaciones de dinero. 2 perturbación, dolor, pena. 3 desorden, desorganización.

troubleshooter ['trʌbəl ʃuːtər] *n.* entrevistador, encuestador; mediador; especialista que se encarga de encontrar las causas de un problema o de una descompostura.

trough [trɔːf] *n.* punto mínimo (de una curva, de una depresión, etc.). *Trough of a graph, of a curve,* punto mínimo de una gráfica, de una curva. *Troughs and peaks,* máximos y mínimos, los puntos mínimos y las crestas, los puntos extremos de una gráfica.

troy (weight) [trɔɪ (weɪt)] *n.* peso troy (para cuantificar el peso del oro y de la plata). *Troy ounce, ounce troy,* onza troy (31.1 g).

truce [truːs] *n.* tregua.

truck [trʌk] *v.* 1 transportar por camión. 2 intercambiar, hacer un trueque.

truck *n.* 1 vagón. 2 camión. 3 carretilla de mano, carretón; carro. 4 trueque, intercambio. *Truck (system),* sistema de pago en especie a los obreros. 5 productos de la huerta, hortalizas.

truckage ['trʌkeɪdʒ] *n.* acarreo o transporte por camión, transporte por carretera.

trucker ['trʌkər] *n.* chofer de camión, transportista, camionero.

trucking ['trʌkɪŋ] *n.* transporte por camión, acarreo por medio de vagones, transporte de mercancías (por carretera). *Trucking b/l,* carta de porte, talón de transporte, recibo de expedición.

true [truː] *adj.* verdadero, exacto, conforme. *True to sample,* conforme a la muestra.

true and fair view [-ænd fer vjuː] Contab.: fidelidad.

truly ['truːli] *adj.* verdaderamente; sinceramente. *Yours truly* (cartas), sinceramente, atentamente, afectuosamente.

trunk [trʌŋk] *n.* 1 Telecom.: interurbano, metropolitano. *S.T.D. = Subscriber Trunk Dialling* (GB), sistema automático interurbano. *Trunk call,* comunicación interurbana. *Trunk line,* línea interurbana. 2 Ferr.: *Trunk line,* línea principal,

línea mayor, línea troncal. *Trunk road,* carretera principal, carretera interurbana o troncal.
trust [trʌst] *v.* **1** tener confianza en, fiarse de, confiar en, contar con. **2** dar crédito a.
trust *n.* **1** confianza. **2** crédito. *To supply goods on trust,* proveer, proporcionar mercancías a crédito. **3** responsabilidad, cargo. **4** guarda, depósito. *To hold something on trust, in trust,* guardar algo en depósito. **5** fideicomiso. *To hold something in trust,* mantener algo en fideicomiso, administrar (un bien) en fideicomiso. **6** *Trust, investment trust,* sociedad de inversión. *Closed-end investment trust,* sociedad de administración de carteras de capital fijo. *Open-end investment trust, unit trust,* sociedad de inversión de capital variable.
trustbuster [trʌst'bʌstər] *n.* (*lit.* rompedor de monopolios) funcionario público cuya misión consiste en la disolución de monopolios; funcionario federal cuya misión consiste en la aplicación de leyes antimonopolistas.
trust agreement [-ə'gri:mənt] contrato de fideicomiso.
trust company [-'kʌmpəni] *n.* banco de depósito, compañía o institución fiduciaria, compañía o institución fideicomisaria; sociedad de gestión.
trust-deed [-di:d] *n.* acta fiduciaria, acta de fideicomiso.
trust department [-dɪ'pɑ:rtmənt] *n.* BANCO: departamento fiduciario, departamento de títulos de crédito en depósito, departamento de administración de carteras.
trustee ['trʌs'ti:] *n.* **1** fideicomisario, fiduciario. **2** depositario, consignatario. **3** mandatario, administrador, síndico. *Trustee in bankruptcy,* síndico de una quiebra. **4** administrador, miembro del consejo de administración, miembro de una fundación. *Board of trustees,* consejo de administración. **5** apoderado. **6** tercer tenedor (procedimiento de plica).
trusteeship ['trʌs'ti:ʃɪp] *n.* **1** fideicomiso. *Trusteeship in bankruptcy,* sindicato de quiebras. **2** administración fiduciaria.
trustification ['trʌstɪfə'keɪʃən] *n.* formación de un monopolio, agrupamiento de sociedades. *Vertical trustification,* integración vertical.
trustify ['trʌstɪfai] *v.* reunir bajo la forma de monopolio, integrar (un número de sociedades).
trust indenture [-ɪn'dentʃər] contrato fiduciario; escritura fiduciaria.
trust mortgage [-'mɔ:rgɪdʒ] *n.* hipoteca fiduciaria.
trustor ['trʌstər] *n.* fideicomitente.
trust receipt [-rɪ'si:t] recibo de fideicomiso.
trustworthiness ['trʌst wɜːrðɪnəs] *n.* **1** lealtad, fidelidad. **2** credibilidad, veracidad, exactitud.

trustworthy ['trʌst wɜːrði] *adj.* **1** digno de fe, de confianza, leal, honesto. **2** digno de fe, creíble, exacto.
truth [tru:θ] *n.* verdad.
truthful ['tru:θfəl] *adj.* verdadero, fiel, verídico; digno de fe.
truth-in-lending laws [-ɪn 'lendɪŋ lɔːs] leyes que vigilan que el prestamista quede bien informado con relación a las condiciones reales de los préstamos.
try [trai] *v.* **1** intentar, tratar. **2** ensayar, experimentar.
try *n.* ensayo, tentativa.
try for something [-fɔ:r 'sʌmθɪŋ] *v.* tratar de obtener alguna cosa. *To try for a post,* presentar su candidatura para la ocupación de un puesto.
try on [-ɑ:n] *v.* probar(se) (ropa, calzado).
try out [-aʊt] *v.* probar, someter a pruebas o ensayos prolongados.
try-out *n.* prueba (de una técnica, de una máquina).
tug [tʌg] *v.* remolcar.
tug *n.* remolcador.
tugboat ['tʌgbəʊt] *n.* remolcador.
tug of war [-ɑ:v wɔ:r] *n.* lucha o esfuerzo en grado superlativo, rivalidad en extremo, competencia de tiro de cuerda.
tuition [tʊ'ɪʃən] *n.* enseñanza. *Tuition fees,* gastos de escolaridad. *Private tuition,* cursos particulares.
turbine ['tɜːrbən] *n.* turbina.
turbo-jet ['tɜːrbəʊdʒet] *n.* turbo impulsor, turbo propulsor.
turmoil ['tɜːrmɔɪl] *n.* desorden, agitación, conmoción.
turn [tɜːrn] *n.* **1** vuelta. **2** BOLSA: cambio de tendencia, cambio de dirección, viraje. **3** BOLSA: *Turn of the market,* desviación, variación entre el precio de compra y el precio de venta. **4** *Jobber's turn,* margen del negociante de valores mobiliarios.
turnabout ['tɜːrnə baʊt] *n.* vuelta, cambio repentino; inversión de una situación, de una tendencia, de una opinión; media vuelta.
turn around [-ə'raʊnd] *v.* SOCIEDADES: **1** restablecerse, recuperarse, enderezarse. **2** restablecer, enderezar. *To turn around an ailing company,* enderezar una sociedad con problemas.
turnaround [tɜːrnə'raʊnd] *n.* **1** cambio súbito, inversión de una situación, de una tendencia; media vuelta. **2** restablecimiento, recuperación (de una empresa, de la economía).
turnaround time [-taim] tiempo de inmovilización (carga, descarga, mantenimiento) de un vehículo, de un navío, etc., que se sujeta a una operación rotativa.
turn down [-daʊn] *v.* rechazar, rehusar. *To turn down an offer,* rechazar una oferta, una propuesta.

turn in [-ɪn] *v.* entregar, remitir, presentar.

turn in one's resignation [-ɪn wʌns 'rezɪg'neɪʃən] *v.* presentar su renuncia.

turn-key job [-ki: dʒɑ:b] puesto clave, cargo de importancia fundamental.

turn-key project [-ki: 'prɑ:dʒekt] *n.* proyecto de importancia vital.

turn-key unit [-ki: 'ju:nət] unidad, conjunto (por entregar, entregado) de importancia fundamental.

turn on [-ɑ:n] *v.* poner en marcha, encender; conectar la corriente eléctrica.

turn out [-aʊt] *v.* 1 producir, fabricar, elaborar. 2 despedir, licenciar. 3 presentarse. 4 producirse, encontrarse, mostrarse. 5 apagar. 6 *To turn out on strike*, ponerse en huelga.

turnout ['tɜ:rnaʊt] *n.* 1 producción, rendimiento. 2 (tasa de) participación (en una votación). 3 concurrencia, multitud. 4 (GB) huelga. 5 Ferr.: maniobra de agujas, desviadero, vía muerta.

turnover ['tɜ:rn əʊvər] *n.* 1 facturación, volumen de operaciones de venta, cifra de ventas. *Turnover tax*, impuesto sobre la cifra de ventas. 2 Bolsa: volumen de transacciones. 3 rotación; rotación de los inventarios, ventas. *Accounts payable turnover*, rotación de las cuentas por pagar. *Accounts receivable turnover*, rotación de las cuentas por cobrar. *Fixed assets turnover*, rotación del activo fijo. *Inventory turnover*, rotación de inventarios. *Rapid turnover of goods*, rotación rápida de las mercancías. *Room turnover*, tasa de ocupación de habitaciones (hoteles). 4 rotación de personal, inestabilidad en el empleo.

turnpike ['tɜ:rnpaɪk] *n.* 1 carretera de peaje; barrera, caseta de peaje. 2 *Turnpike road*, carretera de peaje, autopista con casetas de peaje.

turn-round [-raʊnd] *n.* inversión, cambio profundo, cambio total, cambio de dirección, viraje.

turntable ['tɜ:rn teɪbəl] *n.* 1 Ferr.: placa giratoria. 2 plato giratorio (de un tocadiscos), disco giratorio (de un microscopio); platino.

turn the corner [-ðə 'kɔ:rnər] *v.* empezar algo nuevo, descubrir, encontrar algo nuevo.

turn upward [-'ʌpwərd] *v.* volver a subir, volver a ascender (curvas, etc.).

tutor ['tu:tər] *n.* 1 tutor. 2 instructor, preceptor, pasante de una carrera que asesora a los alumnos. 3 Univers.: responsable de los estudios de un grupo de alumnos.

tutorial [tu:'tɔ:riel] *n.* 1 curso individual, curso que se imparte a un pequeño grupo. 2 Inform.: curso autodidacta, tutorial (en el que la computadora guía directamente al usuario).

T.V. set [ti: vi: set] televisor, aparato de televisión.

twin [twɪn] *v.* aparear, emparejar, acoplar, igualar; parir mellizos.

twin *adj.* gemelo; aquello que implica dos piezas iguales.

twist off ['twɪst ɔ:f] *v.* quitar, arrebatar con un movimiento rotatorio; arrancar, separar dando la vuelta; desprender, desatar, soltar con un movimiento giratorio.

two-digit inflation [tu: 'dɪdʒət ɪn'fleɪʃən] inflación a dos dígitos.

two-tier [tu: tɪr] *loc.* a dos niveles, a dos pisos. *Two-tier letter service*, correo que se distribuye a dos velocidades, correo que se cobra a dos tarifas.

two-way ['tu:'weɪ] *adj.* de dos sentidos, en dos direcciones, que funciona en dos sentidos. *Two-way street*, calle de doble sentido, calle de doble circulación.

two-way bottles [-'bɑ:tls] botellas consignadas.

tycoon [taɪ'ku:n] *n.* magnate, potentado, hombre de negocios.

type [taɪp] *v.* mecanografiar, escribir a máquina.

typewriter ['taɪp raɪtər] *n.* máquina de escribir.

typewrite ['taɪpraɪt] *v.* mecanografiar, escribir a máquina.

typewriting ['taɪpraɪtɪŋ] *n.* mecanografía.

typing ['taɪpɪŋ] *n.* mecanografía.

typist ['taɪpəst] *n.* mecanógrafa, dactilógrafa. *Short-hand typist*, taquimecanógrafa.

typo ['taɪpəʊ] *fam.* por **typographical error**, error tipográfico.

typographer [taɪ'pɑ:grəfər] *n.* tipógrafo.

typographic ['taɪpə'græfɪk], **typographical** ['græfɪkl] *adj.* tipográfico.

tyre [taɪr] (GB) ver **tire**.

T

u

ullage [ˈʌlɪdʒ] *n.* ADUANAS: faltante, merma, deterioro. *On ullage,* se dice de aquel tonel al cual se le ha suprimido la merma.

ulterior [ʌlˈtɪriər] *adj.* 1 ulterior. 2 secreto, oculto, encubierto.

ultimate [ˈʌltəmət] *adj.* último, final, definitivo, fundamental. *Ultimate destination of a parcel,* destino final de un bulto o paquete.

ultimatum [ˌʌltəˈmeɪtəm] *n.* ultimátum.

ultimo [ˈʌltəməʊ] *loc. lat.* del mes pasado, del último mes (se abrevia **ult.**). *Your letter of the 14th ult.,* su carta del 14 del mes pasado.

ultra vires [ˈʌltrə vɑːˈɪeriːz] *loc. lat.* JUR.: más allá de las facultades, contra los estatutos, ilegal. *Action ultra vires,* acción en contra de los estatutos, exceso de poder, abuso del poder.

umpire [ˈʌmpaɪr] *v.* arbitrar, mediar (una diferencia, un desacuerdo). *To umpire between two parties,* fungir como árbitro entre dos partes.

umpire *n.* 1 árbitro, juez. 2 JUR.: árbitro supremo, tercero en discordia.

umpteen [ˈʌmpˈtiːn] *adj.* (en) número muy elevado. *For the umpteenth time,* por la enésima vez.

unaccountable [ˌʌnəˈkaʊntəbəl] *adj.* 1 inexplicable, incomprensible. 2 extraño, raro.

unaccounted [ˌʌnəˈkaʊntəd] *adj.* 1 no explicado. 2 no registrado en el balance.

unaccredited [ˌʌnəˈkredətəd] *adj.* no acreditado, sin poderes.

unadulterated [ˌʌnəˈdʌltəreɪtəd] *adj.* no alterado, puro, sin mezclas.

unadjusted [ˌʌnəˈdʒʌstəd] *adj.* no ajustado. *Unadjusted figures,* cifras no ajustadas (inflación, reexpresión de estados financieros, etc.).

unadvisable [ˌʌnədˈvaɪzəbəl] *adj.* desaconsejable, poco recomendable, imprudente.

unaffiliated [ˌʌnəˈfɪlieɪtəd] *adj.* no afiliado.

unaffordable [ˌʌnəˈfɔːrdəbəl] *adj.* inabordable, fuera de alcance.

unaffordability [ˌʌnəfɔːrdəˈbɪləti] *n.* hecho de ser inabordable, inabordabilidad.

unalienable [ˌʌnˈeɪliənəbəl] *adj.* inalienable.

unallocated [ˌʌnˈæləkeɪt] *adj.* no asignado, sin asignación. *Unallocated costs,* costos no asignados.

unalloyed [ˌʌnəˈlɔɪd] *adj.* METAL.: puro, sin aleaciones.

unaltered [ˌʌnˈɔːltərd] *adj.* no alterado, sin cambio.

unanimity [ˌjuːnəˈnɪməti] *n.* unanimidad.

unanimous [juːˈnænəməs] *adj.* unánime.

unanimously [juːˈnænəməsli] *adv.* unánimemente.

unannounced [ˌʌnəˈnaʊnst] *adj.* sin ser anunciado, de manera improvista.

unanswered [ˌʌnˈænsərd] *adj.* sin respuesta, sin solución.

unappropriated [ˌʌnəˈprəʊpriətəd] *adj.* 1 inutilizado, disponible, sin destino especial. *Unappropriated funds,* fondos sin asignación, sin aplicación determinada. 2 no distribuido, no repartido. *Unappropriated profits,* utilidades no distribuidas, no repartidas. *Unappropriated retained earnings,* utilidades retenidas no distribuidas, utilidades retenidas pendientes de aplicar.

unapproved [ˌʌnəˈpruːvd] *adj.* no aprobado, desaprobado. ADUANAS: no aceptado, no admitido.

unassessed [ˌʌnəˈsesd] *adj.* 1 no evaluado. 2 no impuesto.

unassignable [ˌʌnəˈsaɪnəbəl] *adj.* inalienable, no cedible, intransferible (derecho, bien).

unassigned [ˌʌnˈæsəˈniː] *adj.* no afectado (en garantía), no cedido en prenda.

unattached [ˌʌnəˈtætʃt] *adj.* libre de gravamen, libre de cargas, independiente; disponible, sin compromisos. *These documents were left unattached to our letter,* estos documentos no fueron anexados a nuestra carta.

unattested [ˌʌnəˈtestəd] *adj.* no atestiguado, no certificado; no legalizado (documento).

unauthenticated [ˌʌnəˈθentɪkeɪtəd] *adj.* JUR.: no legalizado.

unauthorized [ˌʌnˈɔːθəraɪzd] *adj.* no autorizado, ilícito (transacciones); sin poder, sin autorización (personas).

unavailability [ˌʌnəveɪləˈbɪləti] *n.* indisponibilidad, falta de disponibilidad; falta de liquidez, iliquidez (del capital); sin validez (billetes).

unavailable [ˌʌnəˈveɪləbəl] *adj.* no disponible, inasequible; ilíquido (capitales).

unbalanced [ˌʌnˈbælənst] *adj.* 1 no equilibrado, en desequilibrio, desequilibrado. 2 CONTAB.: no saldado.

unbias(s)ed [ˌʌnˈbaɪəst] *adj.* imparcial, sin prejuicio, sin tomar partido o parte; leal, objetivo. ESTAD.: insesgado.

unbilled [ˌʌnˈbɪld] *adj.* no facturado, pendiente de facturar. *Unbilled accounts receivable,* cuentas por cobrar pendientes de facturar.

unblock [ˈʌnˈblɑːk] *v.* desbloquear, descongelar (fondos, activos).

unbranded goods [ˈʌnˈbrændəd gʊdz] *n.* productos que se venden en los supermercados bajo la marca del mismo supermercado (*lit.* productos sin marca).

unbundling [ˈʌnˈbʌndlɪŋ] *n.* separación de las tarifas.

unbusinesslike [ˈʌnˈbɪznəslaɪk] *adj.* desprovisto del sentido de los negocios, anticomercial; práctica comercial irregular o incorrecta.

uncalled [ˈʌnˈkɔːld] *adj.* no llamado, no solicitado, no requerido. *Uncalled capital,* capitales no solicitados (para su reembolso).

unchallenged [ˈʌnˈtʃæləndʒd] *adj.* **1** indiscutible, incontrovertible, incuestionable. **2** sin rival. **3** JUR.: no recusado.

unchanged [ˈʌnˈtʃeɪndʒd] *adj.* sin cambio, sin modificación, no alterado.

uncharged [ˈʌnˈtʃɑːrdʒd] *adj.* **1** descargado, dispensado, liberado, libre de responsabilidad. **2** no acusado. **3** que no se encuentra sujeto al pago de un derecho, gratuito.

unchecked [ˈʌnˈtʃekt] *adj.* **1** descontrolado, desenfrenado; sin trabas, sin cortapisas. **2** no controlado, no verificado.

unclaimed [ˈʌnˈkleɪmd] *adj.* no reclamado. *Unclaimed letter,* carta no reclamada (por su legítimo dueño). *Unclaimed parcel,* bulto en suspenso, en espera, pendiente de ser reclamado. *Unclaimed right,* derecho no reivindicado. *Unclaimed wages,* sueldos no reclamados.

uncleared [ˈʌnˈklɪrd] *adj.* **1** (*of debt*) no pagado, no liquidado. **2** (*of goods*) no retirado de la aduana, no despachado. **3** (*of check*) no compensado.

uncollected [ˈʌnkəˈlektəd] *adj.* no cobrado. *Uncollected taxes,* impuestos no percibidos, no recaudados.

uncollectible [ˈʌn kəˈlektəbəl] *adj.* incobrable, no recuperable. *Uncollectible accounts,* cuentas incobrables.

uncommissioned [ˈʌnkəˈmɪʃənəd] *adj.* **1** no comisionado, no delegado (para hacer algo). **2** desarmado (barcos).

unconditional [ˈʌnkənˈdɪʃnəl] *adj.* incondicional, absoluto, sin reserva, sin condiciones.

unconfirmed [ˈʌnkənˈfɜːrmd] *adj.* no confirmado, que no ha recibido confirmación.

unconscionable [ˈʌnˈkɑːntʃənəbəl] *adj.* leonino, injusto, abusivo (contratos, cláusulas).

unconscionability [ˈʌnkɑːntʃənəˈbɪləti] *n.* carácter leonino, carácter injusto.

uncontrollable [ˈʌnkənˈtrəʊləbəl] *adj.* incontrolable. *Uncontrollable items,* partidas incontrolables (presupuestos).

unconvertible [ˈʌnkənˈvɜːrtəbəl] *adj.* inconvertible.

uncorrected [ˈʌnkəˈrektəd] *adj.* no corregido, no rectificado, no verificado.

uncovered [ˈʌnˈkʌvərd] *adj.* en descubierto, pendiente de cubrir. *Uncovered balance,* saldo en descubierto.

uncrossed [ˈʌnˈkrɔːst] *adj.* no cruzado (cheques).

uncurbed [ˈʌnkɜːrbd] *adj.* libre de trabas, sin frenos, desenfrenado.

uncurtailed [ˈʌnkɜːrˈteɪld] *adj.* **1** no cortado, no reducido, intacto. **2** sin restricción.

uncustomed [ˈʌnˈkʌstəməd] *adj.* **1** en calidad de contrabando, en calidad de fraude, de contrabando. **2** ADUANAS: de ingreso libre.

undamaged [ˈʌnˈdæmɪdʒd] *adj.* no dañado, en buen estado, sin avería.

undated [ˈʌnˈdeɪtəd] *adj.* no fechado, sin fecha.

undecided [ˈʌndɪˈsaɪdəd] *adj.* BOLSA: indeciso, vacilante, titubeante.

undelivered [ˈʌn dɪˈlɪvərəd] *adj.* no entregado. *Undelivered letter,* carta aún no remitida a su destino; carta no reclamada.

undepressed [ˈʌndɪˈprest] *adj.* BOLSA: sostenido, firme (mercados).

under [ˈʌndər] *adv.* y *prep.* **1** bajo, en. *To be under s.o.,* estar bajo las órdenes de alguien. *Under construction,* en construcción. *Under oath,* bajo juramento. *Under registered cover,* por correo registrado. *Under repair,* en reparación. *Under separate cover,* en pliego separado, por correo aparte. *Under ship's derrick (tackle),* en el compartimiento de avíos del barco, en la cubierta del barco (se dice de aquella carga que se almacena en cubierta por no haber espacio disponible en bodega). *Under the style of,* bajo la razón social de. **2** por debajo (de), de menos de. **3** en virtud de, en (los) términos de, a título de, en aplicación de. *Under this agreement,* en virtud de este acuerdo. *Under article five,* según los términos del artículo quinto. *Under the terms of the contract,* según los términos del contrato.

under (to go) [-(tuː gəʊ)] *loc.* caer en quiebra, fracasar.

underassessment [ˈʌndərəˈsesmənt] *n.* **1** subestimación. **2** subimposición.

underbid [ˈʌndərˈbɪd] *v.* ofrecer condiciones más ventajosas que, exigir un menor precio que, presentar una licitación menos elevada.

under bond [-bɑːnd] *loc.* ligado, comprometido.

undercarriage [ˈʌndər kærɪdʒ] *n.* chasis; tren de aterrizaje.

undercharge [ˈʌndərˈtʃɑːrdʒ] *v.* no hacer pagar lo suficiente a (alguien).

underconsumption [ˈʌndər kənˈsʌmpʃən] *n.* subconsumo.

undercut [ˈʌndərˈkʌt] *v.* vender menos caro que, ofrecer condiciones más ventajosas que.

U

underdeveloped [' ʌndərdɪ'veləpt] *adj.* subdesarrollado, en vías de desarrollo.
underdevelopment ['ʌndərdɪ'veləp mənt] *n.* subdesarrollo.
underdog ['ʌndərdɔːg] *n.* oprimido, explotado. *The underdogs,* las clases oprimidas, los oprimidos.
under-employment ['ʌndərɪm'plɔɪ ment] *n.* subempleo.
underestimate ['ʌndər'estəmeɪt] *v.* subestimar.
underfund ['ʌnder'fʌnd] *v.* subfinanciar, financiar insuficientemente.
undergo [ʌndərgəʊ] *v.* soportar, aguantar, sufrir (una pérdida).
underhand ['ʌndər'hænd] *adj.* secreto, clandestino, por debajo de la mano.
underinsurance ['ʌndərɪn'ʃʊrəns] *n.* subseguro.
underinsure ['ʌndərɪn'ʃʊr] *v.* subasegurar.
underlease ['ʌndərliːs] *n.* subarrendamiento.
underlessee ['ʌndərle'siː] *n.* subarrendatario.
underlessor ['ʌndərle'sɔːr] *n.* subarrendador.
underlet ['ʌndərlet] *v.* subarrendar.
underline ['ʌndər'laɪn] *v.* subrayar, resaltar.
underlying ['ʌndər'laɪɪŋ] *adj.* 1 subyacente, inferior. 2 fundamental.
undermanned ['ʌndər'mænd] *adj.* subdotado de personal, falto de personal; (tarea o servicio) al que se ha asignado un personal insuficiente.
undermentioned ['ʌndər 'mentʃənd] *adj.* abajo mencionado.
undermine ['ʌndər'maɪn] *v.* minar, socavar.
underpaid ['ʌndər'peɪd] *adj.* 1 mal retribuido, insuficientemente retribuido. 2 insuficientemente franqueado (cartas, bultos).
underprice ['ʌndər'praɪs] *v.* 1 fijar un precio por debajo del valor de mercado o del valor real. 2 vender a un precio menos caro que el de la concurrencia.
underprivileged ['ʌndər'prɪvəlɪdʒd] *adj.* desfavorecido, menesteroso, indigente.
underproduction ['ʌndərprə'dʌkʃən] *n.* subproducción.
underquote ['ʌndərkwəʊt] *v.* subcotizar, ofrecer precios mejores que los de la concurrencia.
underrate ['ʌndər'reɪt] *v.* subestimar, subevaluar, subtasar.
underreport ['ʌndər'rɪpɔːrt] *v.* subreportar, aminorar los resultados (por ejemplo en un estado financiero).
underscore ['ʌndər'skɔːr] *v.* subrayar.
undersecure ['ʌndər sɪ'kjʊr] *v.* garantizar o asegurar insuficientemente.
undersell ['ʌndər'sel] *v.* 1 vender menos caro que alguien. 2 vender a un precio bajo, por debajo de su valor.
undersign ['ʌndər'saɪn] *v.* suscribir, firmar.

undersigned ['ʌndər'saɪnd] *adj.* infrascrito, abajo firmante. *The undersigned,* el abajo firmante.
understaffed ['ʌndər'stæft] *adj.* subdotado de personal, falto de personal, escaso de recursos humanos.
understand ['ʌndər'stænd] *v.* 1 comprender, entender, tener conocimiento de. 2 reconocer, convenir (en que). *I understand that any misrepresentation...,* estoy de acuerdo en que toda distorsión de los hechos...
understanding ['ʌndər'stændɪŋ] *n.* 1 comprensión. *A thorough understanding,* una comprensión total. 2 acuerdo, entendimiento, convenio. *On the understanding that,* bajo la condición de que.
understate ['ʌndər'steɪt] *v.* subestimar, subevaluar, aminorar los hechos.
understood ['ʌndər'stʊd] *adj.* 1 entendido. 2 convenido.
understudy ['ʌndər stʌdi] *n.* suplente, reemplazante, sustituto.
undersubscribed ['ʌndərsəb'skraɪbd] *adj.* no cubierto. *The issue was undersubscribed,* la emisión no fue cubierta, la emisión no se vendió entre el público como se esperaba.
undertake ['ʌndər'teɪk] *v.* 1 emprender, encargarse de. 2 comprometerse a.
undertake proceedings [-prəʊ'siːdɪŋs] *v.* entablar procedimientos legales, instaurar un proceso legal, formular una demanda contra, perseguir judicialmente.
undertaker ['ʌndər teɪkər] *n.* empresario de pompas fúnebres.
undertaking ['ʌndər'teɪkɪŋ] *n.* 1 acción de emprender, empresa, maniobra. 2 empresa (compañía industrial). 3 compromiso, promesa. *On the promise that,* bajo promesa de que, con la condición de que.
undervaluation ['ʌndər'væljuˈeɪʃən] *n.* subvaluación, subestimación, subevaluación.
undervalue ['ʌndər'væljuː] *v.* subvaluar, subestimar, subevaluar.
underworld ['ʌndərwɜːrld] *n.* hampa, medio del crimen.
underwrite ['ʌndər'raɪt] *v.* 1 sostener, dar su consentimiento o acuerdo para, tener en cuenta, tomar a cargo, financiar. *To underwrite a proposal,* sostener una propuesta. *To underwrite expenses,* hacerse cargo de los gastos. 2 garantizar, suscribir (una emisión). 3 licitar (bonos, nuevas emisiones, etc.). 4 SEG.: suscribir, asegurar. *To underwrite a policy, a risk,* suscribir una póliza, un riesgo, compartir un riesgo.
underwriter ['ʌndər raɪtər] *n.* 1 miembro de un sindicato de garantía; licitador, concursante (emisión de títulos). 2 asegurador, suscriptor (de riesgos).
underwriting ['ʌndər'raɪtɪŋ] *n.* 1 garantía de emisión. *Underwriting commission,* comisión

sindical (de un sindicato de garantía). *Underwriting contract*, contrato de garantía, acta sindical, contrato de suscripción eventual a destajo (compromiso de tomar una parte o la totalidad de las acciones emitidas por una sociedad si éstas no son suscritas en forma total por el público). **2** suscripción (de una póliza de seguros, de un riesgo); seguro marítimo.

underwriting expense [-ɪk'spəns] gastos de aseguramiento.

underwriting fee [-fiː] comisión de garantía, comisión por colocación (de títulos).

underwriting group/pool [-gruːp/puːl] sindicato/grupo asegurador, grupo que se encarga de asegurar una emisión de acciones, sindicato de posturas en firme.

undischarged ['ʌndɪs'tʃɑːrdʒd] *adj.* **1** no descargado (navíos). **2** no liberado, no descargado de una obligación. *Undischarged bankrupt*, quiebra no rehabilitada. **3** no liquidado, no pagado. *Undischarged debt*, deuda no liquidada, no saldada, no liberada.

undiscountable ['ʌndɪs'kauntəbəl] *adj.* no descontable, indescontable (documentos de crédito).

undisposed ['ʌndɪs'pəuzəd] *adj.* no despachado, no vendido. *Stock undisposed of*, mercancías no vendidas, no despachadas.

undistributed ['ʌndɪs'trɪbjuːtəd] *adj.* no distribuido, no aplicado. *Undistributed overhead*, gastos indirectos no aplicados. *Undistributed profits*, utilidades no distribuidas.

undivided ['ʌndɪ'vaɪdəd] *adj.* no distribuido, no repartido, no dividido. *Undivided profits*, utilidades no distribuidas. *Undivided property*, bienes indivisos.

undock ['ʌndɑːk] *v.* **1** hacer salir un navío de un muelle. **2** salir de un muelle, del varadero, de un dique seco. **3** desprender un módulo de una nave espacial.

undocumented ['ʌn'dɑːkjəməntəd] *adj.* sin pruebas documentales, sin documentos que establezcan fe; no documentado, no acompañado de documentos, no amparado por documentos (crédito, transferencias).

undue ['ʌn'duː] *adj.* **1** inexigible, indebido (pagos); no vencido, de próximo vencimiento (títulos de crédito). **2** injusto, ilegítimo, inicuo, exagerado. **3** JUR.: ilegítimo. *Undue authority*, abuso de autoridad. *Undue influence*, influencia ilegítima, intimidación.

unearned ['ʌnɜːrnd] *adj.* se dice de aquel ingreso que no ha sido ganado por un trabajo o por un servicio remunerado. *Unearned income*, ingreso no ganado, rentas. *Unearned increment*, incremento no ganado, plusvalía. *Unearned interest*, interés no devengado.

uneconomic ['ʌnekə'nɑːmɪk] *adj.* **1** no económico, contrario a las leyes de la economía.

2 no remunerador, no rentable. *Uneconomic project*, proyecto no rentable.

uneconomical ['ʌnekə'nɑːmɪkl] *adj.* **1** poco económico, poco rentable (método, aparato). **2** poco ahorrador, poco ahorrativo (personas).

unemployed ['ʌnɪm'plɔɪd] *adj.* **1** sin empleo, sin trabajo. *The unemployed; unemployed people*, los desempleados. **2** no utilizado, ocioso (capitales). *Unemployed funds*, capitales inactivos, improductivos, ociosos.

unemployment ['ʌnɪm'plɔɪmənt] *n.* desempleo. *Unemployment benefit, unemployment compensation*, indemnización por desempleo. *Unemployment figures, unemployment rate*, tasa de desempleo, número de desempleados. *Unemployment fund*, fondo o caja de seguridad contra el desempleo. *Unemployment insurance*, seguro contra el desempleo. *Cyclical unemployment*, desempleo cíclico. *Structural unemployment*, desempleo estructural.

unencumbered ['ʌnɪn'kʌmbərəd] *adj.* libre de hipotecas. *Unencumbered estate*, propiedad libre de hipotecas, no gravada.

unendorsed ['ʌnɪn'dɔːrsəd] *adj.* **1** no endosado (cheques). **2** que no tiene consentimiento de alguien (proyectos, cursos de acción).

unentered ['ʌn'entərəd] *adj.* ADUANAS: no registrado, no declarado.

uneven ['ʌn'iːvən] *adj.* **1** desigual, irregular. **2** impar. **3** rugoso, áspero, accidentado.

unexceptionable ['ʌnɪk'sepʃnəbəl] *adj.* irreprochable.

unexchangeable ['ʌnɪks'tʃeɪndʒəbəl] *adj.* no intercambiable, incambiable, incanjeable.

unexecuted ['ʌn'eksɪkjuːtəd] *adj.* no ejecutado, no realizado. JUR.: *Unexecuted deed*, acta no suscrita, no validada.

unexpected ['ʌnɪk'spektəd] *adj.* inesperado, repentino, súbito.

unexpired ['ʌnɪks'paɪrd] *adj.* no expirado, no prescrito. *Unexpired insurance*, seguro no expirado.

unfair ['ʌn'fer] *adj.* **1** injusto, parcial. **2** inequitativo, desleal. *Unfair competition*, concurrencia desleal. *Unfair practice*, a) práctica desleal, atentado a la libre concurrencia. b) práctica discriminatoria (empleos). *Unfair labor practice*, infracción a la legislación sobre el empleo, al código laboral. *Unfair price*, precio exorbitante. *Unfair wage*, salario inequitativo, injusto.

unfair contract terms [-'kɑːntrækt tɜːrms] condiciones discriminatorias para la contratación de empleados.

unfaithful ['ʌn'feɪθfəl] *adj.* **1** infiel, desleal. **2** inexacto.

unfashionable ['ʌn'fæʃnəbəl] *adj.* fuera de moda, pasado de moda.

unfasten ['ʌn'fæsn] *v.* desatar, desprender, desligar, desamarrar.

U

unfavorable [ˌʌn'feɪvrəbəl] *adj.* desfavorable, poco favorable. *Unfavorable balance of trade*, balanza comercial deficitaria, desfavorable, pasiva. *Unfavorable exchange*, cambio desfavorable.

unfilled [ˌʌn'fɪləd] *adj.* 1 no lleno, no colmado, no provisto, no aprovisionado. 2 (ver **unfulfilled**) incumplido, no ejecutado, no honorado, no satisfecho.

unfinished [ˌʌn'fɪnɪʃt] *adj.* 1 no terminado, inconcluso, incompleto. 2 bruto, sin forma, no procesado.

unfit [ˌʌn'fɪt] *adj.* impropio, inepto, inadecuado. *Unfit for work*, inepto para el trabajo.

unforeseen [ˌʌnfɔːr'siːn] *adj.* imprevisto. *Unforeseen event, contingency*, imprevisto, contingencia. Jur.: *Unforeseen circumstances*, fuerza mayor.

unfortunate [ˌʌn'fɔːrtʃnət] *adj.* desafortunado, infeliz; lamentable, desventurado, desastroso.

unfulfilled [ˌʌnfʊl'fɪld] *adj.* incumplido, no satisfecho, no ejecutado, no terminado; incompleto, inconcluso.

unfunded [ˌʌn'fʌndəd] *adj.* no financiado; no consolidado. *Unfunded debt*, deuda flotante.

unification [ˌjuːnəfə'keɪʃən] *n.* 1 unificación. 2 consolidación.

unified [ˈjuːnəfaɪd] *adj.* unificado, consolidado. *Unified debt*, deuda consolidada. *Unified mortgage*, hipoteca consolidada.

uniform [ˈjuːnəfɔːrm] *adj.* uniforme. *Uniform accounting*, contabilidad normalizada.

unify [ˈjuːnəfaɪ] *v.* 1 unificar. 2 consolidar.

unilateral [ˌjuːnɪ'lætərəl] *adj.* unilateral.

uninsured [ˌʌnɪn'ʃʊrd] *adj.* no asegurado. Correo: sin valor declarado.

unintentional [ˌʌnɪn'tentʃnəl] *adj.* no intencional, involuntario. *Unintentional mistake*, error no intencional.

union [ˈjuːnjən] *n.* 1 unión. *Customs union*, unión aduanera. 2 (EU) sindicato. *Union card*, tarjeta sindical. *Union contribution*, cotización sindical. *Union hours*, horas de trabajo conforme a las reglas sindicales. *Union local*, sección sindical. *Union member*, miembro de un sindicato. *Non-union man*, obrero no sindicalizado. *Union leader*, dirigente o líder sindical.

union contract [ˈ-kɑːntrækt] (EU) convención o contrato que se celebra entre el patrón y el sindicato y que se renegocia periódicamente.

unionism [ˈjuːnjənɪzəm] *n.* sindicalismo.

unionist [ˈjuːnjənəst] *n.* obrero sindicalizado, sindicalista.

unionization [ˌjuːnjənə'zeɪʃən] *n.* sindicalización.

unionize [ˈjuːnjənaɪz] *v.* sindicalizar, afiliar a un sindicato.

union-management disputes [ˈ-mænɪdʒmənt dɪ'spjuːts] disputas entre patrones y sindicatos.

union official [ˈ-ə'fɪʃəl] *n.* responsable sindical.

unissued [ˌʌn'ɪʃuːd] *adj.* no emitido. *Unissued debentures*, obligaciones no emitidas. *Unissued shares*, acciones no emitidas.

unit [ˈjuːnət] *n.* 1 unidad. Telef.: *Unit charge*, impuesto unitario. *Unit cost*, costo unitario. *Unit price*, precio unitario, precio por unidad. *Unit trust*, sociedad de inversión de capital variable. 2 aparato, dispositivo.

united [juˈnaɪtəd] *adj.* unido; asociado, conjunto.

unitized cargo [ˈjuːnətaɪzd 'kɑːrgəʊ] unidad de carga normalizada, contenedor.

unknown at this address [ˌʌn'nəʊn æt ðɪs 'ædres] desconocido en el domicilio indicado.

unlawful [ˌʌn'lɔːfəl] *adj.* ilegal, ilícito.

unless [ʌn'les] *prep.* salvo. *Unless otherwise stipulated (agreed, specified, stated)*, salvo estipulación en contrario, salvo indicación en contrario. *Unless we specify to the contrary*, salvo estipulación en contra.

unlicensed [ˌʌn'laɪsnst] *adj.* no autorizado, ilícito; sin patente. *Unlicensed broker*, corredor no autorizado.

unlikely [ʌn'laɪkli] *adj.* poco probable, improbable; poco susceptible, poco verosímil.

unlimited [ʌn'lɪmətəd] *adj.* ilimitado. *Unlimited liability*, responsabilidad ilimitada.

unlisted [ˌʌn'lɪstəd] *adj.* Bolsa: no inscrito (en la cotización oficial), no cotizado. *Unlisted security*, valor no inscrito o admitido en la cotización oficial. *Unlisted securities market* (GB), segundo mercado de la Bolsa. Diferencia con la cotización oficial: para acceder a la cotización en el *Unlisted Securities market*, las sociedades deben haber obtenido utilidades durante los tres últimos años (en lugar de 5) y ofrecer al público un 10 por ciento de sus acciones (en lugar de un 25 por ciento).

unload [ˌʌn'ləʊd] *v.* 1 descargar, desembarcar (un cargamento). 2 descargarse, deshacerse de. *To unload stock on the market*, descargar un paquete de acciones en el mercado. 3 realizar una cartera (se dice principalmente de las carteras o portafolios de valores negociables).

unloading [ˌʌn'ləʊdɪŋ] *n.* descargo, desembarque. *Unloading platform, bay*, andén, muelle de descargo.

unmarked [ˌʌn'mɑːrkt] *adj.* 1 sin marca, sin estampilla. 2 inadvertido, desapercibido, no señalado.

unmarketable [ˌʌn'mɑːrkətəbəl] *adj.* invendible, no negociable, no comercializable.

unmortgaged [ˌʌn'mɔːrgɪdʒ] *adj.* libre de hipoteca, franco de hipoteca, no gravado con hipoteca.

unnegotiable [ˈʌnɪˈgəʊʃəbəl] *adj.* no negociable (cheques); no comercializable (documentos de crédito).

unnotified [ˈʌnˈnəʊtəfaɪd] *adj.* 1 no notificado, que no ha sido advertido, que no ha recibido notificación. 2 sin aviso previo. 3 que no ha sido convocado, que no ha recibido convocatoria.

unofficial [ˈʌnəˈfɪʃəl] *adj.* no oficial, oficioso, no confirmado, extraoficial. *Unofficial information,* información oficiosa. *Unofficial market,* mercado fuera de cotización. *Unofficial strike,* huelga que no ha sido organizada o reconocida por las autoridades sindicales; huelga sin aviso previo.

unpack [ˈʌnˈpæk] *v.* desempacar, desempaquetar, desembalar (mercancías).

unpacked [ˈʌnˈpækt] *adj.* 1 desempacado, desempaquetado. 2 aún no embalado o empaquetado, sin embalaje.

unpaid [ˈʌnˈpeɪd] *adj.* 1 no retribuido, benévolo (personas). 2 no pagado (documentos de crédito); no liquidado (deudas). 3 no franqueado (cartas).

unperformed [ˈʌnpərˈfɔːrməd] *adj.* no ejecutado, no cumplido, no concluido.

unpractical [ˈʌnˈpræktɪkəl] *adj.* 1 impráctico, poco práctico, poco cómodo, incómodo. 2 aquello que carece de sentido práctico.

unpriced [ˈʌnpraɪsəd] *adj.* sin precio, aquello que no ha sido marcado con un precio, sin indicación de precio.

unproductive [ˈʌnprəˈdʌktɪv] *adj.* improductivo, no productivo; inactivo, ocioso (capitales).

unprofessional [ˈʌnprəˈfeʃnəl] *adj.* no profesional, contrario a la ética de la profesión, contrario a la deontología; poco profesional.

unprofitable [ˈʌnˈpruːfətəbəl] *adj.* sin utilidades, no rentable, estéril.

unprotected [ˈʌnprəˈtektəd] *adj.* sin protección; sin embalaje.

unprotested [ˈʌn prəˈtestəd] *adj.* no protestado (títulos de crédito).

unqualified [ʌnˈkwɑːləfaɪd] *adj.* 1 no calificado, inepto, incompetente, inoperante. 2 AUDITORÍA: sin salvedad(es), sin restricción. *Unqualified certificate,* dictamen sin salvedades. *Unqualified (auditors') opinion,* dictamen (de los auditores) sin salvedades. *Unqualified report,* informe sin salvedades.

unquote [ˈʌnkwəʊt] *loc.* cierre de comillas, fin de una cita textual.

unquoted [ˈʌnˈkwəʊtəd] *adj.* BOLSA: 1 no cotizado. 2 no inscrito en la cotización oficial.

unrealized [ˈʌnˈriːəlaɪzd] *adj.* CONTAB.: no realizado, pendiente de realizarse. *Unrealized profits,* utilidades no realizadas.

unreclaimed [ˈʌnˈriːkleɪmd] *adj.* no reclamado; sin cultivar, no cultivable (terrenos).

unrecorded [ˈʌnrɪˈkɔːrdəd] *adj.* no registrado. *Unrecorded liabilities,* pasivos no registrados.

unrecoverable [ˈʌnrɪˈkʌvərəbəl] *adj.* irrecuperable.

unredeemable [ˈʌnrɪˈdiːməbəl] *adj.* 1 irredimible, no readquirible. 2 no reembolsable, no amortizable.

unregistered [ˈʌnreˈdʒəstərəd] *adj.* 1 no registrado, no inscrito, no consignado; no registrado, no patentado (marcas). 2 correo ordinario.

unreliability [ˈʌnrɪˈlaɪəˈbɪləti] *n.* carácter poco confiable, falta de confiabilidad; falta de exactitud, carácter dudoso, incierto (informes).

unreliable [ˈʌnrɪˈlaɪəbəl] *adj.* poco seguro, poco fiable, aquello en lo cual no se puede confiar, poco digno de confianza; sospechoso, incierto, inexacto (informes, etc.).

unrepaid [ˈʌnrɪˈpeɪd] *adj.* no reembolsado.

unreservedly [ˈʌnrɪˈzɜːrvədli] *adv.* sin reserva.

unrest [ˈʌnˈrest] *n.* inquietud, agitación, turbación, disturbio. *Labor unrest, social unrest,* disturbios sociales.

unrestricted [ˈʌnrɪˈstrɪktəd] *adj.* sin restricción, ilimitado, absoluto.

unsafe [ˈʌnˈseɪf] *adj.* peligroso, poco seguro. *Unsafe investment,* inversión peligrosa, inversión poco segura.

unsalable, unsaleable [ˈʌnˈseɪləbəl] *adj.* invendible.

unsalaried [ˈʌnˈsælərid] *adj.* no asalariado, sin sueldo (personas); no retribuido, no remunerado (empleos).

unsatisfactory [ˈʌnˈsætəsˈfæktri] *adj.* poco satisfactorio, que deja mucho que desear, defectuoso, mediocre.

unsatisfied [ˈʌnˈsætəsfaɪd] *adj.* 1 descontento. 2 no satisfecho, no pagado.

unscathed [ˈʌnˈskeɪðd] *adj.* sin daño, indemne, sano y salvo.

unscrupulous [ˈʌnˈskruːpjələs] *adj.* 1 sin escrúpulos, deshonesto, ímprobo, falto de honradez. 2 poco cuidadoso.

unseal [ˈʌnsiːl] *v.* 1 quitar el sello. 2 abrir.

unseat [ˈʌnˈsiːt] *v.* 1 vencer, derribar, hacer perder el puesto. *He unseated the incumbent major,* echó abajo al alcalde actual. 2 destituir, cesar. *To unseat a board,* cesar a un consejo de administración.

unseaworthiness [ˈʌnsiːˈwɜːrðinəs] *n.* mal estado de navegación, incapacidad para hacerse a la mar.

unseaworthy [ˈʌnˈsiːˈwɜːrði] *adj.* en mal estado de navegabilidad, en malas condiciones para hacerse a la mar.

unsecured [ˈʌnsɪˈkjʊrd] *adj.* no garantizado, en descubierto (préstamos). *Unsecured creditor,* acreedor sin garantía. *Unsecured liabilities,*

U

pasivos no garantizados. *Unsecured loan,* préstamo sin garantía.

unserviceable [ˈʌnsɜːrˈvəsəbəl] *adj.* inutilizable; poco servicial (personas).

unsettled [ˈʌnˈsetld] *adj.* 1 inseguro, inestable, indeciso; perturbado, intranquilo. 2 aún no resuelto, dudoso. 3 no liquidado, pendiente de pago.

unship [ˈʌnˈʃɪp] *v.* desembarcar, descargar.

unshipment [ˈʌnˈʃɪpmənt] *n.* desembarco, descarga.

unskilled [ˈʌnˈskɪld] *adj.* no calificado, sin calificación. *Unskilled labor,* mano de obra no calificada. *Unskilled worker,* obrero no calificado.

unsnarl [ˈʌnsnɑːrl] *v.* desenmarañar, desenredar. *To unsnarl a legal tangle,* desenredar una situación jurídica muy compleja.

unsold [ˈʌnˈsəuld] *adj.* no vendido. *Subject unsold,* en caso de que no se venda.

unsolicited applications [ˈʌnsəˈlɪsətəd ˈæpləˈkeɪʃəns] solicitudes presentadas en forma espontánea, candidaturas no solicitadas o requeridas.

unsolicited goods or **services act** [ˈʌnsəˈlɪsətəd guds, ˈsɜːrvəsəs ækt] legislación sobre las ventas obligatorias.

unsolicited letters [ˈʌnsəˈlɪsətəd ˈletərs] cartas promocionales, cartas que se envían a clientes prospectivos.

unsolicited offer [ˈʌnsəˈlɪsətəd ˈɔːfər] 1 oferta promocional, oferta espontánea. 2 (tentativa de) venta forzosa.

unsound [ˈʌnˈsaund] *adj.* enfermizo, insano, insalubre; erróneo; malo. Seg.: *Unsound risk,* mal riesgo (en oposición a "buen riesgo": aquel que vale la pena correr o que está justificado por las circunstancias), mal o daño sujeto a asegurarse.

unspecialized [ˈʌnˈspeʃəlaɪzd] *adj.* 1 no especializado. 2 jornalero, bracero. 3 tareas manuales, maniobras. *Unspecialized services,* servicios no especializados.

unspent [ˈʌnˈspent] *adj.* 1 no gastado, no utilizado. 2 no agotado, no consumido.

unstable [ˈʌnˈsteɪbəl] *adj.* inestable. *Unstable demand,* demanda inestable.

unstamped [ˈʌnstæmpt] *adj.* no timbrado, sin estampillas, no franqueado. *Unstamped paper,* papel sin franquear, sin sello; papel común.

unsteady [ˈʌnˈstedi] *adj.* inestable, irregular. *Unsteady rate of growth,* tasa de crecimiento irregular.

unstocked [ˈʌnstɑːkt] *adj.* sin inventario, desprovisto, sin provisiones, falto de existencias.

unsubscribed [ˈʌnsəbˈskraɪbd] *adj.* 1 no firmado (documentos). 2 no suscrito (capitales).

unsubsidized [ˈʌnˈsʌbsədaɪzəd] *adj.* no subsidiado, no subvencionado, no patrocinado.

unsuccessful [ˈʌnsəkˈsesfəl] *adj.* sin éxito, vano, infructuoso.

unsuitability [ˈʌnsuːtəˈbɪləti] *n.* 1 inadecuación. 2 carácter impropio, inoportuno.

unsuitable [ˈʌnˈsuːtəbəl] *adj.* 1 inadecuado. 2 impropio, improcedente.

unsuited [ˈʌnˈsuːtəd] *adj.* 1 no apto. 2 impropio. 3 insatisfecho. *We do not want our clients to remain unsuited,* no queremos que nuestros clientes queden insatisfechos.

untapped [ˈʌnˈtæpt] *adj.* no explotado, no utilizado.

untax [ˈʌntæks] *v.* desgravar.

untaxable [ˈʌnˈtæksəbəl] *adj.* no gravable. *Untaxable costs,* costos no gravables.

untenable [ˈʌnˈtenəbəl] *adj.* insostenible.

untenanted [ˈʌnˈtenəntəd] *adj.* desocupado, deshabitado.

untested [ˈʌnˈtestəd] *adj.* sin verificar, no sometido a una prueba o verificación.

untimely [ˈʌnˈtaɪmli] *adj.* inoportuno, imprevisto, inesperado.

untransferability [ˈʌntrænsfɜːrəˈbɪləti] *n.* intransferabilidad, incesibilidad; carácter intransferible, carácter inalienable.

untransferable [ˈʌntrænsˈfɜːrəbəl] *adj.* incesible, intransferible, inalienable. *Untransferable rights,* derechos intransferibles.

untrue [ˈʌnˈtruː] *adj.* falso, inexacto; mentiroso, desleal.

untrustworthy [ˈʌnˈtrʌstwɜːrði] *adj.* indigno de confianza, desleal; poco seguro.

unused [ˈʌnˈjuːzd] *adj.* 1 no utilizado, inutilizado. 2 poco acostumbrado (personas).

unvalued [ˈʌnˈvæljuːəd] *adj.* no evaluado, no estimado. *Unvalued policy,* política no evaluada.

unvouched (for) [ˈʌnˈvautʃəd (fɔːr)] *adj.* no garantizado, no confirmado.

unwarranted [ˈʌnˈwɔːrəntəd] *adj.* 1 sin garantía. 2 injustificado.

unwind [ˈʌnˈwaɪnd] *v.* desenredar, desenvolver, desenrollar; desenrollarse.

unworkable [ˈʌnˈwɜːrkəbəl] *adj.* 1 impracticable, no ejecutable. 2 inexplotable (yacimientos).

unworthy [ˈʌnˈwɜːrði] *adj.* indigno.

up [ʌp] *v.* 1 aumentar. 2 promover.

up [ʌp] *adv.* 1 en alza, a la alza, en aumento; por arriba de. *Our turnover is 5 per cent up on last year's,* nuestra rotación de ventas se encuentra un 5 por ciento por arriba de la del año pasado. 2 alto, arriba. *This end up, this side up,* este extremo hacia arriba, este lado arriba (fletes, envíos, etc.).

up against (to be) [əˈgenst (tuː biː)] *v.* enfrentar a, sublevarse contra, disputar contra, discutir vivamente contra.

upbeat [ˈʌpbiːt] optimista; a la alza.

upcoming [ˈʌpˈkʌmɪŋ] *adj.* inminente.
update [ʌpˈdeɪt] *v.* poner al día, modernizar, actualizar.
up for grabs [-fɔːr græbs] a la disposición o al servicio del primero en llegar.
up-front [-frʌnt] **1** delante, adelante. **2** al principio, al inicio; al contado (pagos).
upgrade [ˈʌpˈgreɪd] *v.* promover, mejorar, subir de nivel.
upgrade *n.* alza, subida.
upgrading [ˈʌpˈgreɪdɪŋ] *n.* promoción, mejoramiento.
uphold [ʌpˈhəʊld] *v.* sostener, confirmar, mantener. *Contract that can be upheld,* contrato que puede sostenerse.
upheaval [ʌpˈhiːvəl] *n.* trastorno, agitación.
upholster [ʌpˈhəʊlstər] *v.* acolchar, tapizar, forrar, recubrir.
upholsterer [ʌpˈhəʊlstərər] *n.* tapicero.
upholstery [ʌpˈhəʊlstəri] *n.* tapicería (de muebles), recubrimientos, conjunto de guarniciones (para adornar).
up in arms (to be) [-ɪn ɑːrms (tuː biː)] *v.* sublevarse, levantarse. *Car manufacturers are up in arms against the new regulation,* los fabricantes de automóviles se han sublevado contra el nuevo reglamento.
upkeep [ˈʌpkiːp] *n.* (gastos de) mantenimiento.
uplift [ˈʌplɪft] *n.* recuperación, repunte. *Business uplift,* repunte de los negocios.
up market [-ˈmɑːrkət] lo mejor del mercado. *Up market model,* el mejor modelo del mercado.
upper [ˈʌpər] *adj.* superior, alto. *To get the upper hand,* situarse en el nivel superior; tener una ventaja sobre alguien.
upper class [-klæs] clase dirigente, clase burguesa, alta burguesía.
upper middle class [-ˈmɪdl klæs] clase media superior.
uppermost [ˈʌpərməʊst] *adj.* **1** por arriba. **2** predominante. *To do one's uppermost,* hacer su mejor esfuerzo, poner todo lo que está de su parte.
uprising [ˈʌp raɪzɪŋ] sublevación, revuelta, motín.
ups-and-downs [ˈʌps ænd daʊns] fluctuaciones, altas y bajas, vicisitudes.
upscale [ˈʌpskeɪl] *adj.* lo mejor que hay, lo mejor de lo mejor. *Upscale model,* modelo superior.
upset [ˈʌpˈset] *v.* **1** inversión. **2** desorganización, desorden.
upset *n.* **1** invertir. **2** desorganizar, desordenar.
upset price [-praɪs] precio inicial (subastas). *Knocked down for 450 dollars from an upset price of 75 dollars,* adjudicado en 450 dólares sobre un precio inicial de 75 dólares.

upsetting [ˈʌpˈsetɪŋ] *adj.* inquietante, desconcertante.
upside (on the) [ˈʌpsaɪd (ɑːn ði)] a la alza, en alza.
upside down [ˈʌpsaɪd daʊn] con la parte superior abajo, al revés, lo de arriba abajo, invertido.
upstanding [ʌpˈstændɪŋ] *adj.* **1** derecho, recto, erguido. **2** fijo (salario). **3** honesto, íntegro, probo.
upstream [ˈʌpˈstriːm] río arriba.
upsurge [ˈʌpsɜːrdʒ] *n.* incremento, alza (sensible).
upswing [ˈʌpswɪŋ] *n.* repunte, recuperación, mejoramiento.
uptick [ˈʌp tɪk] *On the uptick,* en repunte, en recuperación.
up to [-tuː] *adv.* hasta. *Up to 3,000 dollars,* hasta 3,000 dólares.
up to a point [-ə pɔɪnt] en cierta medida, hasta cierto punto.
up-to-date [-deɪt] *adj.* **1** a la moda. **2** al día, al corriente. *Up-to-date information,* información actualizada.
up-to-sample [-ˈsæmpəl] conforme a la muestra.
upturn [ˈʌptɜːrn] *n.* repunte, recuperación, alza.
up-valuation [-ˈvæljuˈeɪʃən] *n.* revaluación.
upward [ˈʌpwərd] *adj.* ascendente. *Upward movement,* movimiento ascendente, movimiento de recuperación. *Upward tendency,* tendencia a la alza. *Upward trend,* tendencia a la alza.
upward(s) [-(s)] *adv.* **1** de abajo hacia arriba, hacia arriba, a la alza. *The estimates have had to be revised upward,* las estimaciones tuvieron que ser revisadas a la alza. **2** por arriba de. *50,000 dollars and upwards,* por arriba de 50,000 dólares.
urban [ˈɜːrbən] *adj.* urbano. *Urban blight* (EU), empobrecimiento y degradación de áreas urbanas. *Urban planning,* planeación urbana. *Urban renewal,* renovación, reorganización urbana. *Urban roadways,* vías rápidas.
urbanization [ˈɜːrbənəˈzeɪʃən] *n.* urbanización. *Urbanization program,* programa de urbanización.
urbanize [ˈɜːrbənaɪz] *v.* urbanizar.
urge [ɜːrdʒ] *v.* urgir, apurar, fomentar, incitar. *To urge someone to do something,* urgir, apurar a alguien para que haga algo.
urge *n.* incitación, necesidad, impulso.
urgency [ˈɜːrdʒənsi] urgencia, necesidad imperiosa.
urgent [ˈɜːrdʒənt] *adj.* urgente, imperioso. *Urgent message,* mensaje urgente.
urtel [ˈjʊrtel] (EU) abreviatura de **your telegram,** su telegrama.
usage [ˈjuːsɪdʒ] *n.* **1** uso, consumo. **2** JUR.: derecho de peaje, derecho de tránsito.

U

usance ['juːsəns] *n.* 1 usanza, práctico. 2 periodo durante el cual los documentos de crédito girados sobre el extranjero pueden ser presentados para su pago. *Usance draft,* letra de cambio por vencer. 3 ingreso proveniente de un capital; intereses derivados del dinero.

use [juːs] *v.* utilizar, emplear. *To use new technologies,* usar nuevas tecnologías.

use *n.* 1 empleo, uso, utilidad. *Directions for use,* modo de empleo, instrucciones de uso. 2 Jur.: detención transitoria, usufructo.

used [juːzd] *adj.* usado, de segunda mano. *Used cars,* automóviles usados.

useful ['juːsfəl] *adj.* útil. *Useful life,* vida útil, duración de un periodo de empleo (equipos, máquinas, etc.).

usefulness ['juːsfəlnəs] *n.* utilidad.

useless ['juːsləs] *adj.* inútil.

use no hooks [juːs nəʊ hʊks] no utilizar ganchos.

user ['juːzər] *n.* 1 usuario, consumidor. 2 Jur.: tenedor transitorio, poseedor temporal, usufructuario. 3 Jur.: derecho de uso continuo. *Land subject to a right of user,* propiedad sujeta a derecho de uso continuo.

user-friendly [-'frendli] Inform.: de fácil utilización.

usher ['ʌʃər] *n.* conserje; obrero.

usual ['juːʒuəl] *adj.* usual, habitual. *On usual terms,* en las condiciones habituales.

usufruct ['juːzəfrʌkt] *n.* usufructo.

usufructuary ['juːzə'frʌktʃueri] *n.* usufructuario.

usufructuary *adj.* usufructuario. *Usufructuary's repairs,* reparaciones usufructuarias. *Usufructuary right,* derecho de usufructo.

usurer ['juːʒərər] *n.* usurero.

usurious [jʊ'ʒuriəs] *adj.* 1 usurario (intereses). *Usurious rate of interest,* tasa de interés usuraria. 2 usurero (prestamista).

usury ['juːʒəri] *n.* usura, interés exorbitante.

utensil [juː'tensəl] *n.* utensilio, instrumento, herramienta, útil de trabajo.

utilities [juː'tɪlətiz] *n.* 1 servicios públicos (servicios de vías públicas, servicios de vías de comunicaciones, servicios municipales de limpieza, depósitos de basura). 2 agua, gas, electricidad. 3 empresas que prestan un servicio público.

utility [juː'tɪləti] *n.* utilidad. *Public utility services,* servicios públicos. *Utility bill,* nota de gastos de agua, gas y electricidad. *Utility bond,* obligación emitida por una sociedad que administra un servicio público. *Utility company,* empresa cuya misión es asegurar la prestación de un servicio público (agua, gas, electricidad). Inform.: *Utility program,* programa utilitario, programa de utilerías.

utilization ['juːtlə'zeɪʃən] *n.* utilización, aprovechamiento. *Utilization per cent,* tasa de rendimiento.

utilize ['juːtlaɪz] *v.* utilizar, sacar provecho de, aprovechar.

utter ['ʌtər] *v.* 1 emitir, pronunciar. 2 emitir, poner en circulación. *To utter a forged document,* emitir un documento falsificado.

utter *adj.* completo, absoluto, total, extremo.

V

vacancy ['veɪkənsi] *n.* **1** vacante, puesto vacante. *To fill a vacancy*, llenar una vacante. *No vacancies*, no hay vacantes. **2** desocupación. *Vacancy rate*, tasa de desempleo (locales comerciales, etc.); frecuentemente se utiliza en plural, **vacancies** "habitaciones" libres (hoteles, alquileres); para renta (apartamentos).

vacant ['veɪkənt] *adj.* **1** vacío, desocupado. **2** libre, vacante, disponible. **3** Jur.: *Vacant possession*, libre posesión, gozo y disfrute inmediatos.

vacate ['veɪkeɪt] *v.* **1** abandonar un empleo, presentar su renuncia. **2** evacuar, desocupar, abandonar. *To vacate the premises*, evacuar las instalaciones. **3** anular, rescindir (un contrato).

vacating ['veɪkəɪtɪŋ] *n.* **1** evacuación. **2** renuncia. **3** anulación.

vacation [veɪ'keɪʃən] *n.* vacaciones. *To take a vacation*, tomarse unas vacaciones. *To go on vacation*, irse de vacaciones. *Employer-paid vacation*, vacaciones pagadas por el patrón. Jur.: vacaciones (de los tribunales).

vacuum ['vækjuəm] *n.* vacío.

vacuum-packed [-pækt] empacado al vacío.

vagrancy ['veɪgrənsi] *n.* vagancia, holgazanería.

vagrant ['veɪgrənt] *n.* vagabundo.

valediction ['vælə'dɪkʃən] *n.* despedida.

valedictory ['vælə'dɪktəri] *n.* (EU) despedida.

valid ['væləd] *adj.* válido, valedero. *No longer valid*, caducado, prescrito.

validate ['vælədeɪt] *v.* validar, hacer valedero.

validation ['vælə'deɪʃən] *n.* validación.

validity [və'lɪdəti] *n.* validez.

valorization ['vælərə'zeɪʃən] *n.* valorización; (EU) mantenimiento (artificial) de los precios.

valorize ['væləraɪz] *v.* valorizar.

valuable ['væljuəbəl] *adj.* **1** valioso, precioso, de valor. **2** evaluable, calculable.

valuables ['væljuəbəlz] objetos de valor.

valuation ['vælju'eɪʃən] *n.* **1** valuación, evaluación, estimación, peritaje. **2** inventario. **3** valor estimado. *To set to high a valuation*, sobrevaluar, sobreestimar. *To set to low a valuation*, subvaluar, subestimar.

valuation of a policy [-ɑːv ə 'pɑːləsi] Seg.: evaluación de una póliza, establecimiento del valor de reembolso de un bien asegurado (a la firma de un contrato).

valuator ['væljuːeɪtər] *n.* valuador, perito, perito tasador.

value ['vælju:] *v.* **1** valuar, evaluar, estimar, apreciar; inventariar (mercancías). **2** tener en gran estima, dar una gran importancia. **3** valorizar.

value *n.* **1** valor. *To get good value for one's money*, obtener un buen valor por su dinero, obtener buena calidad a un precio inferior. *To set a value upon something*, fijar un valor a alguna cosa, estimar, atribuir un valor o una cotización a algo. *Actual value*, valor real. *Appraised value*, valor estimado. *Assessed value*, valor catastral. *Book value*, valor contable, valor en libros. *Break-up value*, valor de inventario, valor inmediato de realización. *Commercial value*, valor comercial, valor mercantil, valor negociable, valor cotizado, cotización. *Decrease in value*, decremento de valor. *Depreciated value*, valor depreciado. *Face value*, valor de carátula, valor nominal. *For value received*, valor recibido. *Going value*, de negocio en marcha. *Increase in value*, incremento de valor, plusvalía. *Insurable value*, valor asegurable. *Invoice value*, valor de factura. *Junk value*, valor de desecho. *To lose value*, perder valor, devaluarse, desvalorizarse. *Liquidation value*, valor de liquidación. *Loss of value, fall in value*, desvalorización, pérdida de valor. *Market value*, valor de mercado, valor comercial, valor negociable, valor cotizado, cotización. *Nominal value*, valor nominal. *Par value*, valor a la par. *Rateable value*, valor tasable, valor fiscal. *Redemption value*, valor de readquisición, valor de redención, valor de reembolso. *Rental value*, valor de alquiler, valor de renta. *Residual value*, valor residual. *Sales value*, valor de venta. *Scrap value*, valor de desecho. Seg.: *Surrender value*, valor de readquisición, valor de rescate. *Taxable value*, valor gravable. *Trade-in value*, valor de cambio. **2** *Value date*, vencimiento, fecha de adquisición de valor, fecha de valor (cheques).

value added tax [-ædəd tæx] **(V.A.T.)** [vi: eɪ ti:] impuesto al valor agregado (I.V.A.).

value as security [-æz sɪ'kjurəti] valor en garantía.

value at maturity [-æt mə'turəti] valor al vencimiento.

valued ['vælju:əd] *adj.* **1** evaluado, estimado. *Valued policy*, póliza evaluada. **2** valioso, precioso.

value for collection [-fɔːr kə'lekʃən] valor al cobro.

value for money [-fɔːr 'mʌni] relación calidad/precio. *Good value for money*, de una buena relación calidad/precio.

value here and there [-hɪr ænd ðer] valor compensado.

value in account [-ɪn ə'kaʊnt] valor en cuenta.

value in exchange [-ɪn ɪks'tʃeɪndʒ] valor de intercambio.

valuer ['væljuər] *n.* valuador, perito, perito tasador.

value received in cash [-rɪ'siːvəd ɪn kæʃ] valor recibido al contado.

value upon someone [-ə'pɑːn 'sʌmwʌn] *v.* girar contra (o sobre) alguien (letras de cambio).

valuing ['væljuːɪŋ] *n.* 1 evaluación, estimación apreciación. 2 valorización (de cheques).

van [væn] *v.* transportar, entregar (mercancías) en camioneta.

van *n.* camión, camioneta, furgón. *Delivery van*, camioneta de reparto.

van-driver [-'draɪvər] conductor de camionetas, chofer de repartos.

variable ['veriəbəl] *n.* variable. *Let x be the sales variable*, sea x la variable representada por las ventas (plano de coordenadas cartesianas).

variable *adj.* variable, cambiante. *Variable budget*, presupuesto variable o flexible. *Variable cost(s)*, costo(s) variable(s). *Variable fixed cost(s)*, costo(s) fijo(s) variable(s). *Variable rate of increase/decrease*, tasa variable de incremento/decremento.

variance ['veriəns] *n.* 1 desacuerdo, divergencia. *At variance*, en desacuerdo. 2 ESTAD.: desviación, varianza.

variant ['veriənt] *adj.* diferente, divergente.

variation ['veri'eɪʃən] *n.* variación, cambio. *Adjusted for seasonal variations*, ajustado por variaciones estacionales.

variety [və'raɪəti] *n.* variedad, diversidad, pluralidad. *A great variety of articles*, una gran variedad de artículos. *Variety show*, espectáculo de variedades, exposición de variedades. *Variety store* (EU), tienda de variedades, especie de bazar que ofrece precios económicos.

various ['veriəs] *adj.* varios, diversos, algunos; distintos, diferentes. *To consider various alternatives*, considerar varias (distintas) alternativas.

vary ['veri] *v.* variar, cambiar, modificar.

V.A.T. [viː eɪ tiː] **(value added tax)** ['vælju: ædəd tæx] impuesto al valor agregado (I.V.A.).

vault [vɔːlt] *v.* BOLSA: rebasar, traspasar un nivel.

vault *n.* bóveda; caja fuerte. *Safety vault*, cámara de seguridad, bóveda de seguridad. *Vault cash* (EU), reservas en efectivo.

vector ['vektər] *n.* vector.

vehicle ['viːɪkəl] *n.* vehículo.

velocity [və'lɑːsəti] *n.* velocidad. *Limit of velocity*, límite de velocidad. *Maximum velocity*

allowed, velocidad máxima permitida. *Velocity of circulation*, velocidad de circulación (circulante).

vend [vend] *v.* vender.

vendee ['ven'diː] JUR.: comprador, adquiriente.

vending machine ['vendɪŋ mə'ʃiːn] *n.* distribuidor automático, máquina vendedora.

vendibility ['vendə'bɪləti] *n.* carácter vendible, comerciabilidad, "vendibilidad".

vendor ['vendər] *n.* 1 vendedor. *Vendor's assets*, valores de fundador. *Vendor's lien*, gravamen del vendedor. *Vendor's shares*, acciones de fundador, acciones de aportación inicial. 2 distribuidor automático.

vendue ['ven'duː] *n.* venta de subasta, venta de remate.

venture ['ventʃər] *v.* arriesgar, exponer, aventurar. *We venture to inquire about*, nos permitimos proceder a informarnos acerca de.

venture *n.* 1 empresa riesgosa, empresa peligrosa. 2 empresa, especulación, operación. *Joint venture*, asociación que realizan varios individuos o sociedades y que puede asumir formas jurídicas diversas. Su finalidad es realizar una empresa común, la cual recibe por lo general el nombre de empresa conjunta o co-empresa. En particular, se dice de la asociación de dos o más empresas para crear una filial cuya explotación se realizará de manera conjunta. *Foreign venture*, implantación de una empresa conjunta en el extranjero.

venture capital [-'kæpətl] capital especulativo, capital de riesgo, capital en riesgo (se dice de los capitales que se invierten en las empresas de creación reciente, o que contribuyen a su lanzamiento).

venturesome ['ventʃərsəm] *adj.* arriesgado, aventurado, imprudente. *Venturesome business*, negocio riesgoso.

venue ['venjuː] *n.* jurisdicción, lugar en el que se realiza un juicio; lugar en el que se lleva a cabo un congreso, una reunión, etc. *To change the venue*, a) volver a enviar un asunto a otro tribunal. b) cambiar el lugar de reunión. *Change of venue*, a) cambio de jurisdicción. b) cambio de lugar (reuniones, congresos, etc.).

verbal ['vɜːrbəl] *adj.* verbal, oral.

verbatim [vər'beɪtəm] *adv.* palabra por palabra, textualmente.

verifiable ['verəfaɪəbəl] controlable, verificable.

verification ['verəfə'keɪʃən] *n.* verificación, control. JUR.: confirmación.

verify ['verəfaɪ] *v.* verificar, controlar. *To verify step by step*, verificar paso por paso. JUR.: confirmar.

V.L.C.C. [viː el siː siː] **(very large crude carrier)** ['veri lɑːrdʒ kruːd 'kæriər] se dice de un transportador de petróleo crudo que maneja grandes volúmenes.

versatile ['vɜːrsətl] *adj.* **1** versátil. **2** dotado de talentos múltiples. **3** que tiene una gran flexibilidad de utilización.

versatility ['vɜːrsə'tɪləti] *n.* versatilidad, facultad de adaptación, flexibilidad de utilización.

versus (abr. **vs.** o **v.**) ['vɜːrsəs] *prep.* contra. *Our sales for July totaled 3 million dollars vs. 2.8 dollars for June,* nuestras ventas para el mes de julio alcanzaron un total de 3 millones de dólares versus 2.8 de dólares para junio. *Smith v. Jones,* Smith contra Jones (forma común de declarar las partes que intervienen en un litigio).

vessel ['vesəl] *n.* **1** recipiente. **2** navío.

vest [vest] *v.* investir, conferir. *To vest someone with authority,* investir de autoridad a alguien. *To vest someone with a function,* conferir una función a alguien. *To vest someone with an inheritance,* transferir una herencia a alguien; asignar, confiar.

vested ['vestəd] *adj.* adquirido, atribuido, reservado. *Vested interests,* derechos o intereses adquiridos (también se dice *"vested benefits"*). *To have a vested interest in a company,* tener fondos de capital invertidos en una empresa, tener acciones en una empresa.

vet [vet] *n.* controlar, verificar (un expediente, una serie de antecedentes).

veteran ['vetərən] *n.* veterano, ex combatiente.

veteran employee [-ɪm'plɔːˈiː] *n.* retirado, pensionado, ex empleado.

veto ['viːtəʊ] *v.* prohibir, anteponer uno su veto a.

veto *n.* veto, derecho de veto.

via ['vaɪə] *n.* ejemplar de una letra de cambio.

via *prep.* por, vía. *To send via fax,* enviar vía fax, enviar por fax.

viability ['vaɪə'bɪləti] *n.* viabilidad. *Viability of a project,* viabilidad de un proyecto. *Viability study,* estudio de viabilidad.

viable ['vaɪəbəl] *adj.* viable. *Viable projects,* proyectos viables.

vicarious [vɪ'keriəs] *adj.* **1** delegado. **2** sustituto.

vice-chairman [vaɪs'tʃermən] *n.* vicepresidente.

vice-manager [vaɪs'mænɪdʒər] *n.* vicegerente.

vice-president [vaɪs'prezədənt] *n.* vicepresidente. En inglés estadounidense, el término **vice-president** puede designar al responsable del departamento de una empresa: *Marketing vice-president, sales vice-president,* etc. En algunas de las empresas de los Estados Unidos que tienen numerosos **Vice-presidents** puede ser interesante saber si el título es **Executive Vice President** o no. En el primer caso, el cargo

tendrá un carácter operativo; en el caso opuesto, puede ser que se trate de un puesto esencialmente honorífico.

vice versa ['vaɪsi'vɜːrsə] recíprocamente, viceversa.

vicinity [vɪ'sɪnəti] *n.* vecindad, proximidad.

victim ['vɪktəm] *n.* víctima.

victimization ['vɪktəmə'zeɪʃən] *n.* **1** tratamiento desfavorable. **2** engaño, estafa, timo. **3** opresión; represalias (como consecuencia de un conflicto sindical). *There shall be no victimization,* no habrá represalias.

victimize ['vɪktəmaɪz] *v.* **1** desfavorecer. **2** engañar, timar, estafar. **3** tomar represalias contra una persona, convertir a una persona en víctima.

videoclip ['vɪdiəʊ klɪp] *n.* videoclip, cinta de video con propósitos promocionales.

videoconference ['vɪdiəʊ'kɑːnfrəns] *n.* videoconferencia.

videodisk ['vɪdiəʊ dɪsk] *n.* videodisco.

video library ['vɪdiəʊ 'laɪbreri] *n.* biblioteca de video, videoteca.

videotape ['vɪdiəʊ teɪp] *n.* cinta de video.

videotape recorder [-rɪ'kɔːrdər] grabadora de cintas de video, magnetoscopio.

vie [vaɪ] *v.* rivalizar *(with,* con).

view [vjuː] *v.* **1** enfocar; considerar. **2** examinar, estudiar. **3** mirar (la televisión, etc.).

view *n.* **1** perspectiva, punto de vista, opinión. *In view of,* en razón de, en vista de, teniendo en cuenta que. *With a view to,* con miras a, a fin de, a efecto de que. **2** vista, perspectiva (de tipo óptico).

view finder [-'faɪndər] *n.* visor (fotografía).

viewer ['vjuːər] *n.* **1** espectador. *T.V. viewer,* televidente. **2** inspector, perito. **3** persona que acude con gran frecuencia al cine.

viewing ['vjuːɪŋ] *n.* **1** examen, inspección. **2** proyección (cine). *Viewing habit,* hábito de ver la televisión o el cine (por ejemplo, tipo de canales preferidos, tipo de películas favoritas, tipo de estaciones predilectas, etc.).

view-point [vjuː 'pɔɪnt] *n.* punto de vista. *From a technical view-point,* desde un punto de vista técnico. *My personal view-point is that...,* mi punto de vista personal es que... *What is your view-point?,* ¿cuál es su punto de vista?

views [vjuːs] *n.* puntos de vista, ideas, sentimientos, opiniones.

vindicate ['vɪndəkeɪt] *v.* justificar, probar; defender. *Vindicating invoice,* factura justificativa. *To vindicate one's rights,* hacer valer, defender sus derechos.

vine-grower [vaɪn 'grəʊər] *n.* (GB) viticultor, viñatero.

vine-growing [vaɪn 'grəʊɪŋ] *n.* viticultura.

vineyard ['vɪnjərd] *n.* viñedo, viña.

V

vintage ['vɪntɪdʒ] *n.* 1 recolección de la uva, vendimia. 2 año (de recolección notoria, gran año, año de cosecha de un vino). *Vintage wine,* vino de vendimia, gran crudo, vino fino, vino selecto. *Vintage year,* año excepcional. *Vintage car,* carro antiguo o raro de gran valor para los coleccionistas.

vintner ['vɪntnər] *n.* negociante de vinos.

vinyl ['vaɪnl] *n.* vinilo (material plástico).

V.I.P. [vi: aɪ pi:] **(very important person)** ['veri ɪm'pɔːrtnt 'pɜːrsn] persona muy importante, personalidad.

virtual ['vɜːrtʃuəl] *adj.* virtual, de hecho, de facto. Inform.: *Virtual memory,* memoria virtual.

virtually ['vɜːrtʃuəli] *adv.* virtualmente, de hecho, de facto, prácticamente; casi.

virus ['vaɪrəs] *n.* virus. *Computer virus,* virus informático.

visa ['viːzə] *n.* visa.

vis-à-vis ['viːzə'viː] cara a cara.

visible ['vɪzəbəl] *adj.* visible. *Visible index,* índice visible.

visit ['vɪzət] *v.* visitar, hacer una visita. *To visit a client,* visitar a un cliente.

visit *n.* visita.

visitor ['vɪzətər] *n.* 1 visitante. 2 turista. *Foreign visitors,* visitantes extranjeros, turistas extranjeros. *Visitor's tax,* impuesto de estadía. 3 inspector (de la aduana). 4 funcionario a cargo de la ejecución de visitas, visitador, vigilante; trabajador social.

visitor's book [-'sbʊk] libro de visitantes, registro de huéspedes (hoteles, etc.).

vitalize ['vaɪtlaɪz] *v.* vitalizar, revitalizar, volver más dinámico.

vitiate ['vɪʃieɪt] *v.* 1 viciar, corromper. 2 volver nulo (un contrato).

vocation [vəʊ'keɪʃən] *n.* 1 profesión, oficio. 2 vocación.

vocational [vəʊ'keɪʃnəl] *adj.* vocacional. *Vocational guidance,* orientación profesional. *Vocational training,* capacitación o adiestramiento profesional.

voice [vɔɪs] *v.* expresar, enunciar, interpretar. *To voice concern,* expresar una inquietud.

voice *n.* voz, sufragio, voto. *Advisory voice,* voz consultiva.

voice over [-'əʊvər] comentario, voz de comentarista (películas, T.V., etc.).

void [vɔɪd] *v.* rescindir, anular, caducar.

void *adj.* 1 vacío. 2 desprovisto de, falto de. 3 nulo. *To make a clause void,* anular una cláusula, eliminar una cláusula. *To declare null and void,* declarar nulo y sin valor.

void a contract [-ə 'kɑːntrækt] *v.* dar nulidad a un contrato, anular un contrato, rescindir un contrato.

voidable ['vɔɪdəbəl] *adj.* anulable.

voidance ['vɔɪdəns] *n.* rescisión.

voidness ['vɔɪdnəs] *n.* nulidad.

volatile ['vɑːlətl] *adj.* inestable. Bolsa: en efervescencia. *A highly volatile situation,* una situación altamente explosiva.

volume ['vɑːljuːm] *n.* volumen. *Sales volume,* volumen de ventas. *Volume control,* control del volumen (sonido).

voluntary ['vɑːlənteri] *adj.* voluntario, benévolo. *Voluntary chain,* reagrupamiento voluntario de menudistas, cooperativa de compras (de menudistas). *Voluntary organization,* organización benévola. *Voluntary restraint,* moderación voluntaria; autolimitación (reivindicaciones salariales). *Voluntary winding-up,* liquidación voluntaria.

volunteer ['vɑːlən'tɪr] ofrecerse como voluntario.

vote [vəʊt] *v.* votar. *To vote for someone,* votar por alguien.

vote *n.* 1 voto, escrutinio. *To take the vote,* proceder al recuento. *To count the votes,* hacer el recuento de votos. *To poll votes,* obtener votos. *To tally the votes,* hacer el recuento de votos. 2 voz. *Casting vote,* voz preponderante.

vote by proxy [-baɪ 'prɑːksi] voto ejercido por apoderado.

vote down [-daʊn] *v.* rechazar (por votación, de acuerdo con los resultados de una votación).

voter ['vəʊtər] *n.* 1 votante. 2 elector. *Voters' list,* registro de electores.

voting right ['vəʊtɪŋ raɪt] derecho al voto. *Voting rights of the shareholders,* derechos de votación de los accionistas, número de votos de los cuales disponen los accionistas.

voting shares ['vəʊtɪŋ ʃers] acciones con derecho a voto, acciones votantes.

voting stock ['vəʊtɪŋ stɑːk] acciones con derecho a voto.

vouch [vaʊtʃ] *v.* atestiguar, garantizar.

vouchee ['vaʊ'tʃiː] *n.* beneficiario de una fianza.

voucher ['vaʊtʃər] *n.* 1 justificación, documento justificativo, documento contable. *Voucher for receipt,* recibo, comprobante, acuse. Contab.: *Voucher system,* sistema de pólizas. *Luncheon voucher,* vale de restaurante. 2 vale de compra, cupón de descuento. 3 garante (personas).

vouch for [-fɔːr] 1 dar testimonio, atestiguar, responder, confirmar. 2 comprometerse como garante de alguien, responder por alguien.

vouching ['vaʊtʃɪŋ] *n.* atestiguamiento, justificación; verificación.

vouchsafe ['vaʊtʃ'seɪf] *v.* 1 conceder, otorgar, ceder. 2 aceptar hacer algo.

vow [vaʊ] *v.* comprometerse, prometer, declarar solemnemente.

voyage ['vɔɪɪdʒ] *n.* viaje, travesía (por mar). *Voyage charter,* viaje de fletamento. *Voyage policy,* póliza de viaje.

vulgarize ['vʌlgəraɪz] *v.* popularizar, vulgarizar.

vulnerability ['vʌlnərə'bɪləti] *n.* vulnerabilidad.

vulnerable ['vʌlnərəbəl] *adj.* vulnerable, débil, frágil.

°V

W

wad [wɑːd] *n*. **1** relleno (para muebles). **2** montón de cartas. **3** fajo de billetes.

wage [weɪdʒ] *v*. emprender una campaña, hacer una guerra.

wage *n*. (*pl.* **wages**) salario, paga (de obreros). *Incentive wages* (EU), incentivos salariales, primas de rendimiento. *Minimum wage*, salario mínimo. *Minimum living wage*, salario mínimo vital. *Money wages*, salarios nominales. *Retention on wages*, retenciones sobre los salarios. *Supplementary wages*, sobresueldos, salarios complementarios. *Wage earner*, obrero asalariado.

wage adjustment [-ə'dʒʌstmənt] reajuste salarial.

wage-agreement [-ə'griːmənt] acuerdo salarial.

wage and salaries payable [-ænd 'sæləris 'peɪəbəl] sueldos y salarios por pagar.

wage arrears [-ə'rɪrz] salarios atrasados, atrasos salariales.

wage contracts [-'kɑːntrækts] contratos salariales.

wage costs [-kɔːsts] costos salariales, mano de obra.

wage differential(s) [-'dɪfə'rentʃəl(s)] escala de salarios, tabla de salarios, tabulador de sueldos.

wage drift [-drɪft] deriva de salarios.

wage-earner [-'ɜːrnər] trabajador asalariado.

wage-escalator [-'eskəleɪtər](EU) escala móvil de salarios.

wage-hike [-haɪk] (EU) alza de salarios.

wage increase [-ɪn'kriːs] incremento de salarios.

wage-packet [-'pækət] (GB) salario.

wage (-price) freeze [-(praɪs) friːz] bloqueo, congelamiento de los salarios (y de los precios).

wage-price spiral [-praɪs 'spaɪrəl] espiral de precios y de salarios.

wage raise [-reɪz] aumento de sueldo. *To demand a wage raise*, pedir un aumento de sueldo.

wage-round [-raund] negociación salarial.

wage scale [-skeɪl] escala de salarios.

wage-sheet [-ʃiːt] lista de nómina.

wage stop [-stɑːp] bloqueo de salarios.

wages standstill [-(s)'stændstɪl] bloqueo de salarios.

wages tax [-(s)tæks] impuesto sobre los salarios.

wag(g)on ['wægən] *n*. vagón (de mercancías al descubierto).

wag(g)onage ['wægənɪdʒ] *n*. (EU) transporte o acarreo de mercancías.

wait [weɪt] *v*. esperar. *Wait days*, días de espera. *Wait-list*, lista de espera.

wait *n*. espera.

wait and see (policy) [-ænd siː '(paːləsi)] política de espera.

waiter ['weɪtər] camarero.

waiting list ['weɪtɪŋ lɪst] lista de espera.

waiting-room ['weɪtɪŋ ruːm] sala de espera.

waiting time ['weɪtɪŋ taɪm] tiempo de espera.

waiting line(s) ['weɪtɪŋ laɪn(s)] línea(s) de espera. *Waiting line systems*, sistemas de líneas de espera.

wait on [-ɑːn] *v*. **1** atender, servir (a un cliente). *Will you please wait on me?*, ¿sería usted tan amable de atenderme? **2** hacer una visita (a un cliente).

waitress ['weɪtrəs] *n*. camarera.

waive [weɪv] *v*. renunciar a, abandonar un derecho; desistir de; derogar.

waiver ['weɪvər] *n*. abandono; desistimiento; renuncia; descargo. *Waiver clause*, cláusula de abandono, cláusula de desistimiento.

waiving ['weɪvɪŋ] *n*. abandono, desistimiento, renuncia, derogación.

wake [weɪk] *n*. estela, huella; consecuencias.

walkie-talkie ['wɔːki'tɔːki] emisor-receptor, radio (portátil).

walk off [wɔːk ɔːf] *v*. irse, marcharse. *To walk off the job, to walk off the lines*, dejar, interrumpir el trabajo, cesar el trabajo.

walk out [wɔːk aut] *v*. **1** dejar, interrumpir el trabajo, cesar el trabajo, ponerse en huelga. **2** abandonar una mesa de conferencias, retirarse de las negociaciones.

walkout *n*. **1** cese laboral, huelga. *To stage a walkout*, organizar un paro laboral. **2** abandono, retiro (de una de las partes en el momento de una negociación).

wall [wɔːl] *n*. ADUANAS: barrera. *High tariff wall*, altas barreras aduanales.

wall out [-aut] *v*. levantar barreras contra, limitar. *To wall out imports*, levantar barreras contra las importaciones.

Wall Street [-striːt] "La Bolsa de Nueva York".

Wall-Streeter [-striːtər] *n*. bolsista, especulador de bolsa.

wane [weɪn] *v*. decrecer, disminuir, declinar.

want [wɔːnt] *v*. **1** querer, desear. **2** carecer de, tener necesidad de. **3** solicitar. **4** investigar, buscar (POLICÍA: ver **wanted**).

want *n.* **1** falta, carencia. *For want of funds,* por falta de fondos. **2** indigencia, miseria. **3** necesidad.

want-ad [-æd] solicitud u ofertas de empleo; solicitudes diversas (pequeños anuncios).

wantage ['wɔːntɪdʒ] *n.* falta, déficit.

wanted ['wɔːntəd] *adj.* buscado, se busca, se solicita. *Stocks, securities wanted,* valores solicitados. *"Situations wanted",* "solicitudes de empleo".

war [wɔːr] *v.* hacer la guerra, luchar, rivalizar.

war *n.* guerra. *War loan,* préstamo para la Defensa Nacional. *To wage a price war,* librar una guerra de precios.

ward [wɔːrd] *n.* **1** tutela, cuidado. **2** pupilo. *Ward of the court,* pupilo bajo tutela judicial. **3** barrio, sector, distrito. *Electoral ward,* circunscripción electoral.

warden ['wɔːrdn] *n.* **1** custodio, guardián. **2** responsable, director (de una institución). *Warden of the standards,* vigilante de pesos y medidas.

ward off [-ɔːf] *v.* desviar, apartar, prevenir (un peligro). *To ward off bankruptcy,* evitar la quiebra, escapar de la quiebra.

ware [wer] *n.* **1** artículos fabricados; utensilios necesarios para una actividad determinada. *Glass-ware,* artículos de vidrio. *Kitchen-ware,* utensilios de cocina. *Tin-ware,* latonería, hojalatería. **2** *pl.* **wares,** mercancías.

warehouse ['werhaʊs] *v.* almacenar, guardar, depositar. *To warehouse one's furniture,* poner, depositar, guardar sus muebles en un almacén.

warehouse *n.* almacén, depósito. *Bonded warehouse,* almacén de la aduana, almacenes generales. *Ex-warehouse,* a la salida del almacén. *Ex-warehouse price,* precio de salida del almacén. *Field warehouse,* almacén rural, almacén de campo. *Furniture warehouse,* almacén de muebles.

warehouse charges [-tʃɑːrdʒəs] gastos de almacenamiento.

warehouse expenses [-ɪkˈspensəs] gastos de almacenamiento.

warehouse issues [-ˈɪʃuːs] salidas de almacén.

warehouse-keeper [-ˈkiːpər] vigilante del almacén.

warehouseman ['werhaʊsmən] *n.* almacenero.

warehouse-receipt [-rɪˈsiːt] recibo de almacén.

warehouse rent [-rent] alquiler de almacenes.

warehouse-warrant [-ˈwɔːrənt] certificado de depósito.

warehousing ['werhaʊsɪŋ] *n.* almacenamiento, almacenaje, depósito. *Warehousing charges,* gastos de almacenamiento, gastos de depósito. *Warehousing policy,* política de almacenamiento. *Warehousing procedures,* procedi-

mientos de almacenaje. *Field warehousing* (EU), almacenaje rural.

warfare ['wɔːrfer] *n.* guerra, arte militar.

warn [wɔːrn] *v.* **1** advertir, prevenir. **2** alertar.

warning ['wɔːrnɪŋ] *n.* **1** advertencia. **2** aviso, preaviso, licencia, despido. *To give an employee warning,* advertir a un empleado de su despido. *Warning to leave,* advertencia de despido laboral. *To give an employer warning,* anunciar su renuncia al patrón.

warn off [-ɔːf] *v.* poner en guardia, prevenir.

warp [wɔːrp] *v.* remolcar, atoar (un navío).

warp *n.* **1** arrastre, remolque, atoaje. **2** suave, fino, liso (tejidos).

warpage ['wɔːrpeɪdʒ] *n.* atoaje, arrastre, remolque. *Warpage duties,* derechos de remolque.

warrant ['wɔːrənt] *v.* **1** garantizar, atestiguar, certificar. **2** justificar. *Nothing warrants such a policy,* nada justifica tal política.

warrant *n.* **1** garantía, garante. **2** autorización, justificación, título. *Bearer warrant,* título al portador. *Dividend warrant,* cupón de dividendos. *Share warrant,* acciones, títulos al portador. *Stock purchase warrant* (EU), derecho preferencial de compra de acciones, certificado que proporciona al portador un derecho de suscripción. **3** ADUANAS: certificado de depósito, recibo de depósito. *Interest warrant,* orden (de pago) de intereses. *Produce warrant,* certificado de depósito de víveres. *Warehouse warrant, dock warrant,* certificado de depósito, recibo de almacenamiento. *To issue a warehouse warrant for goods,* emitir un certificado de depósito de mercancías, garantizar el almacenamiento de mercancías con un certificado de depósito. *Issuing of a warehouse warrant,* emisión de un certificado de depósito. *Goods covered by a warehouse warrant,* mercancías amparadas por un certificado de depósito. **4** JUR.: mandato, orden, poder. *Arrest warrant,* orden de aprehensión. *Search warrant,* orden de cateo. *Warrant of attorney,* poder, mandato, procuración. *Warrant for payment,* orden de pago. **5** patente.

warrantable [wɔːˈrəntəbəl] *adj.* **1** justificable. **2** garantizable.

warranted ['wɔːrəntəd] *adj.* **1** garantizado. **2** autorizado. **3** justificado.

warrantee ['wɔrənˈtiː] *n.* JUR.: persona que recibe una garantía.

warranter ['wɔːrəntər] *n.* garante.

warrantor ['wɔːrəntər] *n.* JUR.: responsable, fiador, garante.

warranty ['wɔːrənti] *n.* **1** autorización, justificación. **2** garantía. SEG. MARÍT.: *Express warranty,* garantía exprés. *Implied warranty,* garantía implícita. JUR.: *Warranty of title,* atestación de título. *Breach of warranty,* ruptura de una garantía.

wary ['weri] *adj.* prudente, desconfiado.

W

washed ['wɔːʃt] *adj.* **1** lavado. **2** Bolsa: (EU) *Washed sale*, venta ficticia.

washed ashore [-ə'ʃɔːr] *adj.* lanzado por el río, encallado sobre la costa.

washed overboard [-'əuvərbɔːrd] arrojado por la borda (se dice principalmente de aquello que cae al mar cuando un buque se ladea, cuando es sorprendido por una gran tormenta, un maremoto, un ciclón, etc.).

wash-goods [wɔːʃ guds] *n.* detergentes, productos para lavar.

washing ['wɔːʃɪŋ] *n.* **1** Bolsa: (EU) venta ficticia. **2** *Washing overboard of goods*, eliminación de mercancías arrojándolas al mar (se dice principalmente de aquello que cae al mar cuando un buque se ladea, cuando es sorprendido por una gran tormenta, un maremoto, un ciclón, etc.).

washing-machine [-mə'ʃiːn] máquina de lavar ropa, lavadora.

wash out [wɔːʃ aut] *v.* (EU) agotar, agobiar; fallar, fracasar.

wash-out *n.* fracaso. *The deal is a wash-out*, la operación, el trato fue un fracaso.

wash sale [wɔːʃ seɪl] Bolsa: venta ficticia de títulos (para influir sobre las cotizaciones o por razones fiscales).

wash up [wɔːʃ ʌp] *v.* lavar, limpiar. *To be washed up*, estar descartado (planes, proyectos).

W.A.S.P. [wɑːsp] **(White anglosaxon protestant)** [hwaɪt 'æŋgləu'sæksən 'prɑːtəstənt] protestante estadounidense de raza blanca.

wastage ['weɪstɪdʒ] *n.* **1** pérdida, desperdicio. **2** *pl.* desechos, desperdicios. **3** (personal) *Natural wastage*, retiros por jubilación. *The loss of up to 4,000 jobs, mostly by natural wastage*, la supresión de casi 4,000 empleos, la mayoría de ellos por jubilación.

waste [weɪst] *v.* desperdiciar, despilfarrar, perder. *To waste one's time*, desperdiciar, perder el tiempo.

waste *n.* **1** desperdicio, despilfarro. *Waste allowance*, provisión para desperdicios. *Waste assets*, activos obsoletos. **2** desecho(s). *Liquid waste*, desechos líquidos. *Nuclear waste*, desechos nucleares. *Radio-active waste*, desechos radio-activos. *Solid waste*, desechos sólidos. **3** Jur.: degradación, deterioro. **4** desierto, erial.

waste *adj.* no utilizado, perdido. *Waste-paper basket*, cesto de papeles.

waste-book [-buk] Contab.: borrador (borrador que sirve para el registro de inscripciones temporales).

wasted time [weɪstəd taɪm] tiempo desperdiciado, tiempo malgastado.

wasteful ['weɪstfəl] despilfarrador, poco rentable.

wastefulness ['weɪstfəlnəs] despilfarro, derroche.

wasting ['weɪstɪŋ] *n.* desperdicio, dilapidación, dispendio, pérdida.

wasting *adj.* devastador. *Wasting assets*, activo amortizable, bienes agotables.

watch [wɑːtʃ] *v.* **1** observar, mirar. **2** vigilar. *To watch closely*, vigilar estrechamente, vigilar muy de cerca.

watch *n.* **1** reloj de pulsera. **2** guardia, vigilancia. **3** (estar de) servicio, periodo de guardia.

watchdog ['wɑːtʃdɔːg] *n.* **1** perro de guardia. **2** guardián; se dice en particular de aquel organismo que se encarga de controlar el buen funcionamiento de una institución.

watchmaker ['wɑːtʃ meɪkər] *n.* relojero, fabricante de relojes.

watchman ['wɑːtʃmən] *n.* guardián, guardia. *Night watchman*, vigilante nocturno.

watchword ['wɑːtʃwɜːrd] *n.* seña o contraseña.

water ['wɔːtər] *v.* **1** regar. **2** diluir (el capital de una empresa). *Watered capital*, capital diluido. *Watered stocks*, acciones a la baja como resultado de emisiones de acciones gratuitas.

water *n.* **1** agua. *Water carriage*, transporte por agua. *Water line*, línea de flotación. *Water route*, vía navegable. *To be in deep water(s)*, estar en una situación difícil. **2** Fin.: *fam.* acciones emitidas para diluir un capital.

waterage ['wɔːtərɪdʒ] *n.* **1** barcaje, transporte por agua. **2** precio del transporte por agua, derechos de barcaje.

water down [-daun] *v. fam.* atenuar, debilitar. *To water down a statement*, atenuar una afirmación.

watering ['wɔːtərɪŋ] *n.* dilución del capital (social). *Watering of stock*, dilución del capital (social). Agricultura: *Watering system*, sistema de riego.

waterlogged ['wɔːtərlɔːgd] *adj.* **1** entre dos aguas, inundado (navíos). **2** invadido por el agua (terrenos, edificios).

waterman ['wɔːtərmæn] *n.* barquero; remero.

watermark ['wɔːtərmɑːrk] *n.* filigrana, marca de agua.

waterpipe ['wɔːtərpaɪp] conducto de agua, tubo de agua.

waterpower ['wɔːtər'pauər] energía hidráulica.

waterproof ['wɔːtərpruːf] *adj.* impermeable, a prueba de agua.

watershed ['wɔːtərʃed] *n.* **1** línea divisoria de aguas; por extensión: momento importante, parteaguas. **2** estanque hidrográfico, área de alimentación.

watertight ['wɔːtərtaɪt] *adj.* impermeable, hermético, a prueba de agua.

waterway ['wɔːtərweɪ] *n.* vía navegable. *Inland waterways*, red navegable, vías navegables (canales y ríos).

waterworks ['wɔːtərwɜːrks] *n.* planta de distribución de agua, planta hidráulica.

wattage ['wɑːtɪdʒ] *n.* potencia en watts.

wave [weɪv] *n.* 1 ola. *Wave of wildcat strikes,* ola de huelgas salvajes. 2 onda. *Short waves,* ondas cortas.

wave-lenght [-leŋθ] longitud de onda.

wax [wæks] *v.* encerar, pulir, lustrar.

wax *n.* cera.

wax paper [-'peɪpər] papel encerado.

way [weɪ] *n.* 1 camino, ruta, vía, dirección. *Way of business,* rama de negocios, oficio, empleo. *To be in a small way of business,* tener un pequeño comercio. 2 medio, manera, forma.

way-bill [-bɪl] *n.* itinerario; boleta de expedición, carta de porte, hoja de ruta, guía de carga.

way of life [-ɑːv laɪf] modo de vida.

ways and means [weɪs ænd miːns] medios; manera de obtener fondos.

Ways and Means Committee [weɪs ænd miːns kə'mɪti] (EU) POL.: Comisión de Ingresos Presupuestales.

weak [wiːk] *adj.* débil, flojo.

weaken ['wiːkən] *v.* 1 debilitarse, debilitar, bajar, disminuir. *The market weakens,* el mercado está bajando, el mercado se está debilitando. 2 bajar de valor, depreciar.

weakening ['wiːkənɪŋ] *n.* debilitamiento, aflojamiento, baja, disminución. *Weakening of a currency,* baja, debilitamiento de una moneda.

wealth [welθ] *n.* 1 riqueza(s), opulencia, fortuna; patrimonio. *National wealth,* patrimonio nacional. 2 abundancia, profusión.

wealth tax [-tæks] impuesto sobre la riqueza.

wealthy ['welθi] *adj.* rico, acaudalado, opulento.

wear [wer] *v.* 1 llevar (una prenda de vestir). 2 usar. 3 gastarse, desgastarse. *Clothes that wear well,* prendas de vestir que duran mucho tiempo.

wear *n.* 1 uso. 2 desgaste. *Wear and tear,* uso y desgaste, desgaste, deterioro, degradación; gastos de mantenimiento. JUR.: *Fair wear and tear,* desgaste normal.

weather ['weðər] *v.* resistir, aguantar, sobrevivir. 1 NAVÍOS: doblar, atravesar (un cabo). 2 METAL.: patinar.

weather *n.* tiempo, clima. *Weather conditions,* condiciones atmosféricas, meteorológicas. *Weather permitting,* si el tiempo lo permite. *Weather working day,* día en el cual el tiempo permite trabajar.

Weather Bureau [-'bjʊrəʊ] oficina meteorológica.

weather forecast [-'fɔːrkæst] pronóstico meteorológico.

weather man [-mæn] meteorólogo.

weatherproof ['weðərpruːf] resistente a la intemperie.

weather report [-rɪ'pɔːrt] boletín meteorológico.

weathership ['weðərʃɪp] navío meteorológico.

weave [wiːv] *v.* tejer.

weaver ['wiːvər] *n.* tejedor.

weaving ['wiːvɪŋ] *n.* tejido. *Weaving loom,* telar. *Weaving mill,* fábrica de tejidos. *The weaving trade,* la industria del tejido.

weed out [wiːd aʊt] *v.* eliminar, extirpar.

week [wiːk] *n.* semana. *A week from now,* this day week, to-day week, dentro de ocho días, de hoy en ocho. *Thursday week,* de este jueves en ocho. *Weekday,* día laborable. *Within a week,* de hoy en ocho días, dentro de ocho días.

weekly ['wiːkli] *n.* semanal, semanario (revistas, diarios).

weekly *adj.* semanal. *Weekly return,* rendimiento semanal.

weft [weft] *n.* trama (tejidos).

weigh [weɪ] *v.t.* y *v.i.* 1 pesar. 2 sopesar. 3 evaluar.

weigh [weɪ] *n.* peso.

weigh-bridge ['weɪbrɪdʒ] *n.* báscula para vehículos.

weigher ['weɪər] *n.* pesador.

weighing ['weɪŋ] *n.* peso, pesaje. *Weighing instruments,* instrumentos de peso, instrumentos para pesar.

weight [weɪt] *v.* 1 cargar, lastrar, sobrecargar. 2 ponderar.

weight *n.* peso, carga. *Chargeable weight,* peso gravable. *Dead-weight,* peso muerto, peso inerte. *Gross weight,* peso bruto. *Loaded net weight,* peso neto embarcado. *Net weight,* peso neto. *Paper-weight,* pisapapeles. JUR.: *Public weight master,* pesador oficial, perito de pesos. *Short weight,* falta de peso, faltante de peso. *To sell by weight,* vender por peso.

weight allowed free [-ə'laʊəd friː] peso permitido, franquicia de peso.

weight ascertained [-'æsər'teɪnəd] peso constatado.

weight cargo [-'kɑːrgəʊ] carga pagada por peso.

weighted [weɪtəd] *adj.* cargado de un peso, lastrado, sobrecargado; ponderado. *Weighted average,* promedio ponderado. *Weighted average cost of capital,* promedio ponderado del costo de capital. *Weighted index,* índice ponderado. *Heavily weighted in favor of,* fuertemente cargado a favor de.

weighted average cost [-'ævrɪdʒ kɔːst] costo promedio ponderado.

weighting ['weɪtɪŋ] *n.* 1 lastrado. 2 ponderación. *Weighting allowance* (GB), indemnización, suplemento de residencia, vida cara, etc. *Weighting coefficient,* coeficiente ponderador, ponderación.

weight note [-nəʊt] certificado de peso, nota de pesado o pesaje.

W

weight or **measurement** [-ər 'meʒərmənt] peso o volumen, peso o espacio ocupado.

weight stamp [-stæmp] estampilla de pesaje, etiqueta de pesaje.

weights and measures [weits ænd 'meʒərs] pesas y medidas.

weight when empty [-hwen 'empti] peso al vacío.

welcome ['welkəm] v. dar la bienvenida, acoger.

welcome n. bienvenida, acogida.

welfare ['welfer] n. bienestar. Common welfare, bienestar común, bienestar social. To be on welfare (EU), beneficiarse de la ayuda social. Welfare department, departamento social (de una empresa). The welfare state, el estado paternalista. Welfare worker, trabajador social, asistente social.

welfare committee [-kə'mɪti] comité de beneficencia.

welfare fund [-fʌnd] caja, fondos de auxilio; caja de solidaridad.

welfare recipient [-rɪ'sɪpiənt] beneficiario de la ayuda social.

welfare services [-'sɜːrvəsəs] servicios de previsión social, servicios de asistencia social.

well [wel] n. pozo. Oil-well, pozo petrolero.

well-connected [-kə'nektəd] adj. bien relacionado, que tiene buenas relaciones sociales.

well-heeled [-'hiːld] adj. adinerado, persona acaudalada.

well-off [-ɔːf] adj. próspero, adinerado, acaudalado.

well-to-do [-tə'duː] adj. 1 próspero, adinerado, acaudalado. 2 de buen nivel o tono. He's a well-to-do person, el es una persona bien acomodada (desde el punto de vista de su posición financiera).

well versed in [-vɜːrst ɪn] familiarizado con, competente en, versado en.

wet [wet] adj. mojado, húmedo. Wet dock, estanque de flotación, dique de flotación (para los barcos que descargan sus mercancías). Bolsa: fam. Wet goods, mercancías líquidas. Wet stocks, valores líquidos.

whacking ['hwækɪŋ] adj. enorme, colosal.

wharf [hwɔːrf] v. 1 desembarcar en el muelle. 2 llegar al muelle, atracar en el muelle.

wharf [hwɔːrfz] n. (pl. **wharves**) muelle. Ex wharf, a recoger en el muelle. Ex wharf prices, precio en el muelle.

wharfage ['hwɔːrfeɪdʒ] n. 1 desembarque, embarque, puesta en el almacén (de una serie de mercancías). 2 derechos de muelle, derechos de andén.

wharfinger ['hwɔːr'fɪŋgər] n. 1 propietario de un muelle. 2 guardamuelles.

wheat [hwiːt] n. trigo.

wheeler-dealer [hwiːlər 'diːlər] n. fam. hombre de negocios.

wheeling and dealing ['hwiːlɪŋən 'diːlɪŋ] n. mercantilismo.

whence [hwens] adv. de dónde.

whereabouts ['hwerəbauts] n. lugar en el que se encuentra alguien o algo, lugar al que acostumbra acudir una persona. Where are his whereabouts?, ¿cuáles son los lugares a los que acostumbra acudir?

whereas [hwer'æz] conj. 1 mientras que, al paso que. 2 en vez de que, en lugar de que. 3 considerando que, visto que, puesto que. Jur.: The whereas clauses, los considerandos.

whereby [hwer'baɪ] conj. con lo cual, por el cual, por medio del cual.

whereof [hwer'ɑːv] adv. del cual, cuyo.

whereon [hwer'ɑːn] adv. del que; en el que.

whereupon ['hwerəpɑːn] ver **whereon**.

whip [hwɪp] v. 1 azotar, flagelar. 2 vencer. To whip inflation, vencer la inflación.

whip n. 1 látigo, fuete. 2 diputado que se encarga de asegurarse de la existencia de un vínculo de unión entre los parlamentarios de su partido y de vigilar la disciplina de las votaciones. 3 (GB) llamamiento hecho por escrito y lanzado por el "whip" a los miembros de su grupo parlamentario.

whipsaw ['hwɪpsɔː] v. (EU) Sindicatos: utilizar como antecedentes las ventajas adquiridas en una empresa para aplicarlas al conjunto representado por un sector.

whipsaw strike [-straɪk] n. (EU) huelga selectiva organizada por los obreros de una fábrica (target company) elegida como blanco de ataque y cuya finalidad es obtener ventajas iguales a las del nivel del sector industrial existente dentro de su área (industrywide).

whistle ['hwɪsəl] n. silbato. To blow the whistle, dar la alarma, dar la señal de alerta; denunciar.

white coal [hwaɪt kəʊl] n. hulla blanca.

white-collar [hwaɪt'kɑːlər] n. (lit. cuello blanco) empleado de oficina, oficinista.

white-collar adj. relativo al empleado de oficina. White-collar crime, delitos de cuello blanco, delitos cometidos por los ejecutivos de las empresas. White-collar job, trabajo de empleado de oficina. White-collar worker, empleado de oficina, oficinista; empleado del sector de servicios.

white elephant [hwaɪt'eləfənt] (lit. elefante blanco) objeto o realización costosa y poco rentable.

white goods [hwaɪt gʊds] aparatos eléctricos para el hogar.

white knight [hwaɪt naɪt] (lit. caballero blanco) se dice de aquella empresa que acude al auxilio de otra que se encuentra amenazada por una oferta de adquisición empresarial.

white paper [hwaɪt ˈpeɪpər] *n.* 1 PARLAMENTO y ADM.: libro blanco, proyecto detallado de un programa oficial. 2 FIN.: papel de alta comerciabilidad.

whitewash [ˈhwaɪtwɔːʃ] *v.* 1 blanquear con cal. 2 disculpar, rehabilitar (una empresa en quiebra). *fam.* blanquear. 3 (EU) *fam.* derrotar uno a sus adversarios sin que hayan avanzado un solo punto.

whittle down [hwɪtl daʊn] *v.* reducir, recortar, comprimir. *To whittle down a profit margin,* recortar un margen de utilidad. *To whittle down a cost price,* reducir un precio de costo.

whole [hoʊl] *adj.* entero, completo. *Whole cargo charter,* fletamiento total. *Whole life insurance,* seguro de vida. *Whole time work,* trabajo de tiempo completo.

wholesale [ˈhoʊlseɪl] *v.* 1 vender al mayoreo. 2 venderse al mayoreo.

wholesale *n.* (venta al) mayoreo. *Wholesale dealer,* mayorista. *Wholesale and retail,* mayoreo y menudeo. *Wholesale price index,* índice de precios al mayoreo. *Wholesale trade,* comercio al mayoreo. *Wholesale trader,* comerciante al mayoreo, mayorista.

wholesale *adv.* al mayoreo, al por mayor. *To sell wholesale,* vender al mayoreo. *To buy wholesale,* comprar al por mayor.

wholesaler [ˈhoʊlseɪlər] *n.* mayorista.

wholly [ˈhoʊlli] *adv.* enteramente, totalmente. *Wholly-owned subsidiary,* subsidiaria poseída en un 100 por ciento, filial al 100 por ciento.

whopping [ˈhwɑːpɪŋ] *adj.* enorme, considerable.

wicker-basket [ˈwɪkər ˈbæskət] canasta de mimbre.

wicket [ˈwɪkət] *n.* taquilla.

wide [waɪd] *adj.* amplio, extenso. *A wide network,* una amplia red. *Wide connection,* amplia clientela. *Wide range of articles,* amplia variedad de artículos. *Wide quotation,* se dice de aquella cotización en la que se presenta una amplia desviación entre el precio de compra y el precio de venta. *Wide* suele aparecer al final de numerosos sustantivos, antecedido de un guión, y toma los siguientes significados:*industry-wide,* extensivo a toda la industria. *Nation-wide,* a lo largo de toda la nación, extensivo a toda la nación. *World-wide distribution,* distribución a través de todo el mundo.

widen [ˈwaɪdn] *v.t.* 1 ampliar, agrandar. 2 *v.pr.* ampliarse, agrandarse. *The gap is widening,* la brecha se acentúa, el déficit se hace más profundo.

widespread [ˈwaɪdspred] *adj.* extendido, esparcido, diseminado, generalizado.

widow [ˈwɪdoʊ] *n.* viuda.

widower [ˈwɪdoʊər] *n.* viudo.

width [wɪdθ] *n.* amplitud.

wield [wiːld] *n.* manejar; gobernar, ejercer.

wildcat [ˈwaɪldkæt] *adj.* 1 arriesgado, especulador, extravagante. *Wildcat securities,* valores fraudulentos. *Wildcat scheme,* proyecto extravagante, especulación riesgosa. 2 ilegal, salvaje. *Wildcat strike,* huelga espontánea.

wildcatter [ˈwaɪldkætər] *n.* 1 huelguista. 2 especulador.

wilful [ˈwɪlfəl] *adj.* voluntario, intencional, deliberado. *Wilful misrepresentation of facts,* distorsión voluntaria de los hechos, falsa declaración. *Wilful murder,* homicidio voluntario, asesinato con premeditación.

will [wɪl] *v.* legar, disponer de algo por testamento. *To will one's property away from someone,* desheredar a alguien.

will *n.* 1 voluntad. 2 testamento. *The last will and testament of,* la última voluntad de. *To make one's will,* hacer testamento. *To mention someone in one's will,* mencionar a alguien en el testamento.

win [wɪn] *v.* 1 ganar. 2 extraer. *To win coal,* extraer carbón. *To win metal from ore,* extraer metal de los minerales.

win customers [-ˈkʌstəmərs] *v.* ganar clientes, atraer clientes.

winch [wɪntʃ] *n.* montacargas.

windfall [ˈwɪndfɔːl] *n.* 1 ganga, oportunidad. 2 fortuna, ganancia o utilidad inesperada. JUR.: adquisición.

windfall *adj.* inesperado. *Windfall earnings,* ganancias, beneficios inesperados. *Windfall gains,* ganancias inesperadas.*Windfall profit,* utilidades inesperadas (y excepcionalmente elevadas). *Windfall tax,* impuesto sobre utilidades excepcionales.

winding-up [ˈwaɪndɪŋ ʌp] *n.* liquidación, disolución (de una sociedad). *Winding-up sale,* venta por cierre de una empresa; venta de liquidación.

windlass [ˈwɪndləs] *n.* torno, montacargas.

windmill [ˈwɪndmɪl] *n.* 1 molino de viento. 2 creación de letras de cambio ficticias, letra de cambio falsa.

window [ˈwɪndoʊ] *n.* 1 ventana. 2 vitrina, aparador. *To put something in the window,* poner una cosa en el aparador. 3 taquilla. 4 hueco o segmento (de mercado).

window bill [-bɪl] anuncio o cartel para colocarse en una vitrina.

window-case[-keɪs](bastidor de una) vitrina.

window display [-dɪsˈpleɪ] *n.* escaparate; presentación en escaparate. *Window display artist,* artista especializado en la presentación de escaparates.

W

window-dresser [-'dresər] *n.* decorador de escaparates.

window-dressing [-'dresɪŋ] *n.* 1 arreglo de una vitrina, decoración de un escaparate. 2 falsificación, adulteración. *Window dressing of the balance-sheet,* falsificación, maquillaje del balance general.

window envelope [-'envələup] sobre con ventana.

window-shop [-ʃɑ:p] *v.* mirar los aparadores.

wind up ['wɪnd ʌp] *v.* 1 cerrar, liquidar (una cuenta). *To wind up a meeting,* clausurar una sesión. 2 liquidar (una sociedad). 3 ponerse en liquidación, liquidarse. *The company wound up,* la sociedad se puso en liquidación.

wine [waɪn] *n.* vino. *The wine trade,* la industria vinícola.

wine-grower [waɪn'grəuər] *n.* viticultor, vendimiador.

winner ['wɪnər] *n.* 1 ganador. 2 se dice de quien obtiene una cosa por su trabajo. *Breadwinner,* sostén de una familia, instrumento de trabajo. *Winner-take-all,* todo para el ganador, el ganador se lo lleva todo.

wipe [waɪp] *v.* secar, limpiar.

wipe off [-ɔ:f] *v.* 1 secar, limpiar, suprimir, borrar. 2 cancelar, liquidar, pagar, satisfacer. *To wipe off a debt,* pagar una deuda.

wipe out [-aut] *v.* 1 borrar. 2 liquidar, amortizar, pagar (una deuda). 3 exterminar; eliminar, suprimir, anular. *Business wiped out,* negocio reducido a cero.

wiping-off [waɪpɪŋ ɔ:f] *n.* liquidación, amortización (de una deuda).

wiping-out [waɪpɪŋ aut] *n.* liquidación, amortización de una deuda.

wire [waɪr] *v.* 1 telegrafiar, enviar por cable. 2 instalar o poner alambres eléctricos. 3 atar con hilo metálico, amarrar con alambre de hierro.

wire *n.* 1 cable; alambre de hierro; alambre metálico. *Baling wire,* alambre para embalaje (para hacer bultos, paquetes, etc.). *Barbed-wire,* alambre de púas. 2 telegrama. *To send an order by wire,* transmitir una orden por telegrama. *Reply by wire,* respuesta telegráfica. 3 *fam.* *Hold the wire,* no abandone usted el teléfono, no cuelgue la bocina.

wire fraud [-frɔ:d](EU) información fraudulenta dada por teléfono.

wireless ['waɪrləs] *adj.* inalámbrico, sin alambre. *Wireless set,* puesto de telégrafos, estación de radio. *Wireless telegram,* radiotelegrama, radio.

wiretap ['waɪrtæp] *v.* conectar una estación clandestina de escucha, instalar un teléfono oculto.

wiretapping ['waɪr tæpɪŋ] *n.* escucha(s) telefónica(s), instalación de un teléfono oculto.

with [wɪð] *prep.* con. *Cash with order (C.W.O.),* pago en el momento de ordenar.

withdraw [wɪð'drɔ:] *v.* 1 retirar: *To withdraw an action,* retirar una queja, una denuncia. *To withdraw banknotes from circulation,* retirar billetes de la circulación. *To withdraw a sum from a bank account,* retirar una suma de una cuenta bancaria. 2 retirarse. *To withdraw from a Board of Directors,* retirarse de un consejo de administración.

withdrawal [wɪð'drɔ:əl] *n.* 1 retiro. *Withdrawal of capital,* retiro de fondos. *The gold withdrawals,* las salidas de oro. *Withdrawal of a sum,* retiro de una suma de dinero. 2 desembargo, retiro. *Withdrawal of interdiction,* retiro de una prohibición.

withhold [wɪð'hɔuld] *v.* retener, detener.

withholding [wɪð'hɔuldɪŋ] *n.* retención, detención. *Withholding at source,* retención en la fuente. *Withholding percentage,* porcentaje de retención. *Withholding system,* sistema de retenciones en la fuente. *Withholding tables,* tablas de retención, tablas para el cálculo de retenciones. *Withholding tax,* impuesto retenido.

within [wɪð'ɪn] *adv.* dentro de, en menos de, de aquí en, en transcurso de. *Delivery within a month,* plazo de entrega de un mes. *Within a week,* dentro de una semana.

without [wɪð'aut] *prep.* sin. *Without any liability on our part,* sin compromiso de nuestra parte. *Without notice,* sin preaviso, sin notificación previa; sin prevenir.

withstand [wɪð'stænd] *v.* resistirse a, oponerse a.

witness ['wɪtnəs] *v.* 1 atestiguar, certificar, declarar, deponer. 2 *To witness to something,* atestiguar sobre algo.

witness *n.* 1 testigo. 2 testimonio. *To bear witness to,* dar testimonio de, atestiguar. *In witness whereof,* en fe de lo cual, en testimonio de lo cual. *To call someone as a witness,* llamar a alguien como testigo. *Eyewitness,* testigo ocular.

witness-box [-bɑ:ks] barra o estrado de los testigos.

wizard ['wɪzərd] *n.* gran especialista, "hechicero".

wobbly ['wɑ:bli] *adj.* tambaleante, vacilante, bamboleante.

woes [wəus] *n. pl.* penas, angustias, dificultades.

womb-to-tomb [wu:m tu: tu:m] *loc.* *Womb-to-tomb National Health Service,* sistema de seguridad social que se hace cargo del ciudadano desde que nace hasta su muerte.

wood [wud] *n.* madera.

wooden ['wudn] *adj.* de madera.

woodland ['wudlənd] *n.* bosque.

woodcuttings ['wudkʌtɪŋs] *n.* cortes de madera.

woodwork ['wʊdwɜːrk] *n.* 1 armadura, armazón. 2 carpintería; ebanistería.

woodworker ['wʊdwɜːrkər] obrero de la madera; carpintero; ebanista.

woof [wʊf] *n.* trama (tejidos).

wool [wʊl] *n.* lana.

woollen ['wʊlən] *adj.* de lana, en lana. *Woollen goods, woollens,* tejidos de lana, prendas de lana. *Woollen merchant,* negociante de prendas de lana.

word [wɜːrd] *v.* redactar, escribir, formular.

word *n.* palabra. *In words,* dicho con palabras. *To state an amount in words,* expresar una cifra con palabras.

wording ['wɜːrdɪŋ] *n.* redacción, composición, formación.

word-process [-'prɑːses] *v.* escribir con un procesador de textos.

word-processing [-'prɑːsesɪŋ] *n.* procesamiento de textos.

word-processor [-'prɑːsesər] *n.* procesador de textos.

work *v.t.* 1 operar. 2 hacer funcionar. 3 explotar. *To work a patent,* explotar una patente. *To work a mine,* explotar una mina. *To work an area,* operar en un sector (representante de ventas).

work [wɜːrk] *v.i.* 1 trabajar, funcionar. *The number of hours worked,* el número de horas de trabajo. *To work full-time,* trabajar a tiempo completo. *To work night and day,* trabajar de día y de noche. *To work part-time,* trabajar medio tiempo. *To work one's way through college,* trabajar para pagar sus estudios. *To work overtime,* trabajar horas extras. *To work shorter hours,* tener un horario reducido; sufrir una reducción del tiempo de trabajo. *To work unsocial hours,* trabajar durante las horas que generalmente son de descanso. 2 triunfar, tener éxito, conseguir, lograr, acertar.

work *n.* trabajo; obra; empleo. *To be out of work,* estar desempleado. *Clerical work,* trabajo de oficina. *Job work,* trabajo por pieza, trabajo a destajo. *To knock off work,* cesar el trabajo. *Work at piece-rates,* trabajo pagado por pieza. *Work at time-rates,* trabajo pagado por tiempo. *Work crew,* cuadrilla de trabajo, equipo de trabajo. *Work flow,* flujo de trabajo. *Work force,* fuerza de trabajo, personal, mano de obra. *Work in hand, in process, in progress,* trabajo en proceso. *Work order,* orden de fabricación. *Work schedule,* programa de trabajo. *Work sheet,* hoja de operaciones, borrador. *Work ticket,* vale de trabajo. *Work-to-rule strike,* huelga de celo. *Work volume,* volumen de trabajo.

workable ['wɜːrkəbəl] *adj.* 1 explotable. 2 (proyecto) ejecutable, realizable.

workaholic ['wɜːrkəhɔːlɪk] *n.* persona obsesionada por el trabajo.

work-day [-deɪ] *n.* día de trabajo, día laborable.

work down [-daʊn] *v.* reducir poco a poco. *To work down inventories,* reducir los inventarios.

worker ['wɜːrkər] *n.* obrero, trabajador. *Clerical worker,* empleado de oficina. *Semi-skilled worker,* obrero especializado. *Skilled worker,* obrero calificado. *Worker participation,* participación de los trabajadores en la administración, co-administración.

workers' control ['wɜːrkərs kən'trəʊl] autoadministración.

workfare programs ['wɜːrkfer 'prəʊɡræms] (EU) programas de trabajo de utilidad pública para el beneficiario de un plan de asistencia social.

work flow [-fləʊ] flujo de trabajo, desarrollo de las operaciones.

worke force [-fɔːrs] personal, fuerza de trabajo, mano de obra.

work-in [-ɪn] *n.* SINDICATOS: ocupación de una fábrica (sin paro de la producción).

working ['wɜːrkɪŋ] *n.* 1 trabajo. 2 marcha, funcionamiento. *Short-time working,* trabajo a horario reducido, reducción de horario. *Working balance,* fondos de capital de operaciones. *Working capital,* capital de operación. *Net working capital,* capital de operación neto. *Working capital ratio,* razón de capital de operación. *Working capital turnover,* rotación del capital de operación. *Working conditions,* condiciones de trabajo. 3 explotación. *Working account,* cuenta de explotación. *Working expenses,* gastos de explotación. *Working plant,* planta de explotación. *Working ratio,* coeficiente de explotación. *Working stock,* material de explotación.

working *adj.* 1 que trabaja, quien trabaja. *The working classes,* la clase obrera, la clase trabajadora. 2 que funciona, eficaz. *Working agreement,* acuerdo actual, convenio vigente, pacto en vigor.

working class [-klæs] clase obrera, clase trabajadora.

working expenses [-ɪk'spensəs] gastos de explotación.

working group [-ɡruːp] grupo de trabajo.

working hours [-aʊrs] horas de trabajo.

working-out [-aʊt] *n.* 1 depuración, establecimiento, puesta a punto. *Working out of an agreement,* elaboración, establecimiento de un acuerdo. 2 descuento.

working papers [-'peɪpərs] AUDITORÍA: papeles de trabajo.

working party [-'pɑːrti] grupo de trabajo.

working program [-'prəʊɡræm] programa de trabajo.

work in hand [-ɪn hænd] trabajo actual, trabajo en curso.

W

workless [ˈwɜːrkles] *adj.* sin trabajo; desempleado.

workload [ˈwɜːrkləʊd] *n.* carga de trabajo, plan de trabajo.

workman [ˈwɜːrkmən] *n.* obrero, artesano. *The workmen's compensation act,* ley sobre los accidentes de trabajo. *Workmen's compensation,* indemnización por accidente de trabajo.

workmanship [ˈwɜːrkmənʃɪp] *n.* ejecución, acabado, calidad del trabajo.

workmen's compensation [ˈwɜːrkməns ˈkɑːmpənˈseɪʃən] indemnización por accidentes de trabajo.

workmen's insurance [ˈwɜːrkməns ɪnˈʃʊrəns] seguro de los trabajadores.

work off [-ɔːf] *v.* retirar, despachar. *To work off excess stock(s),* retirar los inventarios excesivos.

work out [-aʊt] *v.* estudiar, calcular, llevar a cabo, elaborar, establecer. *To work out a compromise,* elaborar un compromiso.

work permit [-pərˈmɪt] permiso de trabajo.

workplace [ˈwɜːrkpleɪs] *n.* lugar de trabajo.

work placement [-ˈpleɪsmənt] (GB) estancia en una empresa, periodo de prácticas en una empresa.

work print [-prɪnt] copia de trabajo (cine, etc.).

works [wɜːrks] *n. pl.* 1 obras, trabajos. *Public works program(me),* programa de trabajos públicos. 2 fábrica. *Gasworks,* fábrica de gas. *Steelworks,* fábrica o fundición de acero. *Works council,* consejo empresarial; comité empresarial. *Works manager,* director de operaciones. *Works regulations,* reglamento de la empresa.

works (to be in the works) [wɜːrks (tuː biː ɪn ðiː wɜːrks)] estar en preparación, prepararse.

work-sharing [-ʃerɪŋ] reducción de horas de trabajo para evitar despidos.

worksheet [ˈwɜːrkʃiːt] Contab.: hoja de trabajo.

workshop [ˈwɜːrkʃɑːp] *n.* taller.

work station [-steɪʃən] *n.* estación de trabajo.

work-to-rule strike [-tuː ruːl straɪk] huelga de celo.

work up [-ʌp] *v.* 1 suscitar, despertar, excitar, provocar. 2 desarrollar, elaborar. *To work up a campaign,* organizar una campaña. 3 subir, aumentar. 4 avanzar, progresar (dentro de una jerarquía).

workweek [ˈwɜːrkwiːk] *n.* semana de trabajo, semana laboral.

world [wɜːrld] *n.* mundo. *All over the world/ the world over,* por todo el mundo. *The business world,* el mundo de los negocios, el medio de los negocios. *The third world,* el tercer mundo. *World consumption,* consumo mundial. *World company,* compañía mundial.

world fair [-fer] feria mundial, exposición universal.

world trade [-treɪd] comercio mundial, intercambios internacionales.

worldwide [ˈwɜːrldˈwaɪd] *adj.* mundial, universal. *Worldwide distribution (network),* (red) de distribución mundial. *Worldwide information systems,* sistemas de información mundial. *Worldwide letter of credit,* carta de crédito mundial. *Worldwide reputation,* reputación mundial.

worshipful [ˈwɜːrʃəpfəl] *adj.* honorable.

worshipful company [-ˈkʌmpəni] (GB) gremio. Fundadas en la Edad Media para reagrupar a los miembros de un cierto tipo de oficios o de una profesión, las **worshipful companies** han perdurado a través de los siglos y aún se encuentran activas en la actualidad en calidad de organizaciones representativas que desempeñan un papel de coordinación o de control, o que patrocinan o financian las actividades relacionadas con la enseñanza.

worth [wɜːrθ] *n.* valor, precio. *Net worth,* valor neto, valor residual. *Present worth,* valor actual, valor presente.

worth *adj.* con un precio de, con un valor de, que vale.

worthless [ˈwɜːrθləs] *adj.* 1 sin valor. *It is worthless to say that...,* es inútil decir que... 2 sin provisión, sin fondos. *Worthless check,* cheque sin fondos.

worthwhile [ˈwɜːrθˈhwaɪl] valioso, que vale la pena.

wrangle [ˈræŋgəl] *v.* disputar, pelear, regatear.

wrangle *n.* disputa, querella.

wrap [ræp] *v.* embalar, envolver.

wrapper [ˈræpər] *n.* 1 faja (de un diario). 2 embalaje. 3 carpeta de expediente. 4 embalador, empaquetador.

wrapping [ˈræpɪŋ] *n.* 1 embalaje. 2 papel, tela o lona para embalaje.

wrapping-paper [-ˈpeɪpər] papel para embalar, papel para envolver.

wrap up [-ʌp] *v.* 1 envolver, embalar. 2 completar, llevar a cabo, terminar.

wreck [rek] *v.* 1 demoler, destruir. 2 ocasionar el naufragio de. 3 hacer fracasar, arruinar (un proyecto, etc.); romper (una piedra de cantera, etc.).

wreck *n.* 1 naufragio, siniestro; accidente. 2 residuos, restos, desechos (de un naufragio).

wrecking expenses [ˈrekɪŋ ɪkˈspensəs] gastos de demolición.

wreckage [ˈrekɪdʒ] *n.* 1 residuos, restos (de un naufragio). 2 naufragio.

wrecked [rekt] *adj.* siniestrado, damnificado.

wrecker [ˈrekər] *n.* 1 demoledor. 2 recuperador de residuos o restos de naufragios.

wrest [rest] *v.* 1 arrancar. *To wrest land from the sea,* sacar tierra del mar (para hacerla útil). 2 forzar, falsear, adulterar.

writ [rɪt] *v.* citar, emplazar, requerir.
writ *n.* JUR.: acta judicial, mandato, ordenamiento, asignación, acta emitida por un tribunal. *To serve a writ upon someone,* emplazar a alguien para comparecer ante la justicia, enviar un citatorio a alguien. *Writ of arrest,* mandato, notificación u orden judicial de embargo. *Writ of attachment,* mandato u orden de embargo. *Writ of execution,* ejecutoria. *Writ of habeas corpus,* orden terminante para deferir a un acusado ante un tribunal. *Writ of summons,* citatorio, requerimiento para comparecer.
write [raɪt] *v.* **1** escribir, dirigir una carta, enviar una carta. **2** redactar, escribir, extender. *To write a check,* extender un cheque. **3** SEG.: asegurar, suscribir (un riesgo). *To write business,* asegurar. *To write a business policy,* adquirir una póliza de seguros para un negocio.
write back [-bæk] *v.* **1** responder (por escrito). **2** CONTAB.: rectificar a través de un contraasiento; hacer una rebaja o descuento (en un artículo).
write down [-daʊn] *v.* **1** asentar (en los libros), consignar por escrito. **2** reducir (el capital). *To write down assets by,* reducir el valor del activo en.
write-down *n.* reducción (contable) del valor de un activo.
write in [-ɪn] *v.* **1** insertar. **2** enviar, escribir una reclamación.
write-in *n.* **1** petición. **2** voto por correspondencia.
write off [-ɔːf] *v.* **1** amortizar; anular, deducir. *To write off a bad debt,* cancelar una cuenta incobrable, aplicar un crédito incobrable a pérdidas y ganancias. *To write off capital,* amortizar capital. **2** eliminar, excluir (soluciones, etc.). **3** tachar, borrar. **4** aplicar a pérdidas y ganancias; declarar inútil o inservible (material).

write-off *n.* **1** deducción; rebaja, descuento. *Tax write-off,* suma deducible de la declaración de impuestos, deducción fiscal. **2** amortización. **3** anulación (se dice en particular de una factura incobrable). **4** pérdidas.
write out [-aʊt] *v.* girar, emitir, extender un cheque; redactar.
write up [-ʌp] *v.* redactar.
write-up *n.* **1** valoración excesiva en un balance. **2** relato, crónica de prensa.
writing [ˈraɪtɪŋ] **1** escritura. *In writing,* por escrito. *To state in written,* poner por escrito. CONTAB.: *Writing-back,* contraasiento, asiento de contrapartida. *Writing-off,* amortización. *Writing speed,* velocidad de escritura (por ejemplo, máquina de escribir). *Writing-up,* redacción. **2** SEG.: suscripción de un riesgo.
writing-pad [-pæd] **1** bloc de notas, bloc de apuntes, bloc de papel (para escribir). **2** carpeta.
writing-paper [-ˈpeɪpər] papel para escribir.
written [ˈrɪtn] *adj.* escrito. *Written agreement,* contrato escrito, convenio puesto por escrito. *Written-off,* a) amortizado. b) aquello que se considera como perdido. *Written-down assets,* activos cancelados.
wrong [rɔːŋ] *v.* hacer daño, lastimar.
wrong *n.* mal, daño, perjuicio. *To do someone wrong,* hacer daño a alguien, lastimar a alguien. *This is all wrong,* todo está mal.
wrong *adj.* equivocado, falso, inexacto. *To go the wrong way,* ir por mal camino (opuesto de *to go the right way,* ir por buen camino). *Wrong information,* información equivocada.
wrongdoing [ˈrɔːŋ duːɪŋ] *n.* **1** hecho de actuar mal o indebidamente, de causar daño; injusticia; maldad; perversidad. **2** infracción a la ley.
wrought iron [rɔːt ˈaɪərn] hierro forjado.

W

x-coupon [eks 'kuːpɑːn] *loc.* (ver **ex-coupon**) ex-cupón, cupón desprendido. *This stock goes x-coupon on,* el cupón de esta acción se desprende el...

x-dividend [eks 'dɪvədend] *loc.* (ver **ex-dividend**) ex-dividendo. *Shares quoted x-dividend,* acciones cotizadas en calidad de ex-dividendo (sin dividendos).

xerox ['zɪrɑːks] *v.* fotocopiar, reproducir documentos.

xerography ['zɪrɑːgræfi] *n.* xerografía, reprografía.

x-interest [eks'ɪntrəst] *loc.* (ver **ex-interest**) sin intereses, interés ya cobrado.

x-mill [eks mɪl] *loc.* (ver **ex-mill**) a la salida de la fábrica (precios).

x-quay [eks kiː] *loc.* (ver **ex-quay**) franco en el muelle, a recoger en el muelle, en el andén.

x-ray [eks reɪ] *v.* tomar una radiografía; examinar con cuidado, inspeccionar detalladamente.

x-ship [eks ʃɪp] *loc.* (ver **ex-ship**) franco a bordo, a recoger a bordo (de un barco).

x-store [eks stɔːr] *loc.* (ver **ex-store**) en existencia, disponible (en el almacén).

x-warehouse [eks 'werhaʊs] *loc.* (ver **ex-warehouse**) a recoger en el almacén; a la salida del almacén (precios).

x-wharf [eks hwɔːrf] *loc.* (ver **ex-wharf**) franco en el muelle.

x-works [eks wɜːrks] *loc.* (ver **ex-works**) a la salida de la fábrica (precio).

yard [jɑːrd] *n.* **1** medida de longitud (= 0.914 m). **2** almacén (carbón, madera). *Marshalling yard,* estación de clasificación, estación de maniobras. *Shipyard,* astillero o plataforma para construcciones navales.

yardstick ['jɑːrdstɪk] *n.* criterio de evaluación, patrón, modelo.

yarn [jɑːrn] *n.* **1** hilo, estambre. **2** invento, historia inventada (generalmente increíble: "cuento chino").

year [jɪr] *n.* año. *Bumper year,* año excelente, año excepcional. *Calendar year,* año calendario, año natural o civil. *Company's year,* año social. *Financial year,* año presupuestal. *Fiscal year,* año fiscal. *(Interest) rate per year,* tasa (de interés) por año. Impuestos: *Short-year,* ejercicio irregular, año irregular (aquel que por diversas circunstancias resulta ser inferior a 12 meses). *To earn 10,000 dollars a year (per year),* ganar 10,000 dólares al año. *Trading year,* (año de) ejercicio comercial. *Year in, year out,* año tras año.

year-book ['jɪrbʊk] *n.* anuario, almanaque, compilación anual.

yearly ['jɪrli] *adj.* anual. *Yearly depreciation,* depreciación anual. *Yearly renewable policies,* pólizas anualmente renovables. *Yearly reports,* reportes anuales.

yearly *adv.* anualmente.

year to date [-tuː deɪt] del año a la fecha, de un año a la fecha (expresión muy común en los reportes financieros).

year-to-year [-tuː jɪr] de un año al otro. *Year-to-year increase,* aumento de un año al otro.

yellow-dog contract, clause ['jeləʊ dɔːg 'kɑːntrækt, klɔːz] (EU) convención, estipulación, que no se ajusta a los reglamentos sindicales.

yellow pages ['jeləʊ peɪdʒəs] sección amarilla, páginas amarillas, guía por profesiones.

yield [jiːld] *v.* **1** redituar, producir, rendir. *To yield a 10 per cent dividend,* producir un rendimiento del 10 por ciento. **2** ceder.

yield *n.* rendimiento, rédito. *Yield of shares,* rendimiento, rédito de las acciones. *Gross current yield,* rendimiento bruto actual; tasa actuarial bruta. *Yield to maturity,* rendimiento al vencimiento.

yield an interest [-æn 'ɪntrəst] producir un interés, redituar un interés, servir un interés.

yielder ['jiːldər] *n.* aquello que produce un rendimiento.

yo-yo ['jəʊjəʊ] *v.* fluctuar (cotizaciones de la bolsa, etc.).

York-Antwerp rules ['jɔːrk 'æntwɜːrp ruːls] Seg.: reglas de York-Amberes.

Yours faithfully [jʊrz 'feɪθfəli] *loc.* fórmula de despedida de una carta que desempeña el mismo papel que expresiones como afectuosamente, respetuosamente, sinceramente, atentamente, etc. (*lit.* fielmente suyo).

Yours sincerely [jʊrz sɪn'sɪrli] *loc.* atentamente, cordialmente, etc.

Yuppy, Yuppies ['jʌpi, 'jʌpis] *n.* (EU) abreviatura de **young urban professional(s)** [jʌŋ ɜːrbən prə'feʃnəl(s)], **young upwardly mobile professional(s)** [jʌŋ ʌpwərdli məʊbəl prə'feʃnəl(s)], jóvenes ejecutivos de alto dinamismo.

z-chart (EU) [ziː tʃɑːrt]; (GB) [zed tʃɑːt] *n.* gráfica, gráfico, esquèma en forma de dientes de sierra.
zeal [ziːl] *n.* celo.
zero ['zɪrəʊ] *n.* cero.
zero-base budgeting [-beɪs 'bʌdʒətɪŋ] práctica del presupuesto en base cero, preparación de presupuestos en base cero.
zero-coupon bond [-'kuːpɑːn bɑːnd] obligaciones con cupón cero (se dice de aquellos bonos que no reditúan intereses pero que se venden muy por arriba de su valor a la par).
zero-fault [-fɔːlt] cero defectos.
zero-growth [-grəʊθ] crecimiento cero, crecimiento nulo.
zero in on [-ɪn ɑːn] *v.* **1** fijar como meta. **2** tomar como objetivo principal, concentrarse en. **3** Cine, T.V.: apuntar hacia, enfocar con el "zoom".
zero-inventory [-'ɪnvəntɔːri] inventario de cero.
zero-sum game [-sʌm geɪm] juego de suma nula.

zinc-lined [zɪŋk laɪnd] *adj.* revestido de zinc.
z.i.p. [ziː aɪ piː] **(zone of improved postage)** [zəʊn ɑːv ɪm'pruːvəd 'pəʊstɪdʒ] ver **zip code**.
zip code [zɪp kəʊd] (EU) código postal.
zip-fastener [zɪp 'fæːsnər] *n.* cierre de cremallera.
zone [zəʊn] *v.* zonificar; urbanizar.
zone *n.* zona. *Free zone,* zona libre. *Restricted zones,* zonas restringidas, zonas de acceso restringido.
zone of improved postage [-ɑːv ɪm'pruːvəd 'pəʊstɪdʒ] (EU) código postal.
zoning ['zəʊnɪŋ] *n.* zonificación; urbanización; distribución de un territorio.
zoom [zuːm] *v.* subir rápidamente, mostrar un alza espectacular.
zoom *n.* ascenso inmediato, alza espectacular.
zooming ['zuːmɪŋ] *adj.* que sube rápidamente. *Zooming inflation,* inflación galopante. *Zooming prices,* precios que ascienden, que muestran un alza espectacular.

PRINCIPALES SIGLAS Y ABREVIATURAS
ESTADOUNIDENSES Y BRITÁNICAS

A1, *first-class (ship in Lloyd's register),* de primera categoría, de primer nivel.

A.A., (GB) *Automobile Association.*

A/A, *Articles of Association,* estatutos (de una sociedad).

A.A.A., *American Automobile Association.*

AAA, Aaa, obligación o bono de primera clase.

A.A.A., *American Accounting Association.*

A.A.A.A., *American Association of Advertising Agencies.*

A.A.R., a.a.r., *against all risks,* contra todo riesgo.

A.B.C., *American Broadcasting Corporation.*

A.B.C., *Audit Bureau of Circulation.*

ABEND, *abnormal end of task.*

A/C., *account current,* cuenta corriente.

A.C., a/c, *alternating current,* corriente alterna.

A.C.A.S. (GB) *Advisory Conciliation and Arbitration Service,* organismo de conciliación y arbitraje en los conflictos laborales.

acct, acc., *account,* cuenta.

Acc., *acceptance, accepted,* aceptación, aceptado.

ACE, *American Council of Education.*

ad, *advertisement,* anuncio pequeño.

a/d, *after date, three months after date,* a tres meses a partir de la fecha, a un plazo de tres meses, tres meses contados a partir del día de hoy.

ADRs, *American Depositary Receipts. (They represent securities issued in a foreign country and can be bought and sold in the US just like the underlying shares).*

ad. val., *ad valorem (according to value),* según (el) valor, al valor.

AFBD, *Association of Futures Brokers and Dealers.*

A.F.L./C.I.O., *American Federation of Labor/Congress of Industrial Organization,* principal organización sindical de los Estados Unidos.

A.G., (EU) *Attorney General,* ministro de justicia, procurador de justicia.

A.G.M., *Annual General Meeting,* asamblea general anual.

agt, *agent,* agente.

AICPA, *American Institute of Certified Public Accountants.*

A-level (GB) *advanced level* (= segunda parte del bachillerato).

ALM, *Asset and Liability Management.*

a.m., *ante meridiem,* antes meridiano, matutino.

AMA, *American Medical Association.*

A.M.A., *American Management Association.*

AMEX, 1 *American Stock Exchange.* **2** *American Express.*

amt, *amount,* monto.

A.M.F., *Arab Monetary Fund,* organismo cuya misión consiste en obtener los créditos necesarios para cubrir los déficits de las balanzas de pagos en el mundo árabe.

A.M.T., *air mail transfer,* transferencia de fondos por correo aéreo.

Amtrak, (EU) *American Track, national railroad passenger system.*

A.N.A.M., *American National Association of Manufacturers.*

A.N.P.A., *American Newspaper Publishers' Association.*

a/o, *account of,* cuenta de.

A & P, *The Atlantic and Pacific Tea Co,* los almacenes de comestibles con sucursales múltiples más importantes dentro de los Estados Unidos.

A.P., *Associated Press.*

A/P, *additional premium,* complemento de prima (seguros).

appro, *approval,* aprobación.

A.R., *advice of receipt,* acuse de recibo.

A/R, *all risks (insurance),* contra todos los riesgos (seguro).

arb., *arbitrageur,* árbitro.

arr, 1 *arrival,* llegada. **2** *arrived,* llegado(a), llegados(as).

a/s, *after sight. Four days after sight,* a cuatro días vista (letras de cambio).

A/S, *account sales,* cuenta de ventas.

ASCAP, *American Society of Composers, Authors and Publishers.*

ASCII, *American Standard Code for Information Interchange.*

ASE, *American Stock Exchange.*

ASEAN, *Association of South-East Asian Nations.*

asgd, *assigned,* asignado, cedido.

asgmt, *assignment,* asignación, cesión.

A.S.P., *American Selling Price.*

A.T.M., *automatic teller machine, automated teller machine,* distribuidor automático de billetes de banco.

A.T.&T., *American Telephone and Telegraph Co.*

A/V, *ad valorem,* según el valor.

av., *average,* promedio, media.

Ave, ave, *avenue.*

A.W.B., *air-waybill,* carta de transporte aéreo.

B.A., *Bachelor of Arts* = licenciado en letras, derecho, etc.

bal, *balance,* saldo.

BASIC, *Beginner's All Purpose Symbolic Instruction Code,* Basic (lenguaje informático de naturaleza polivalente).

B.B., *bill-book,* registro o calendario de vencimientos, libro de documentos pendientes de pago.

BBB, *Better Business Bureau.*

BBC, *British Broadcasting Corporation.*

bbl., (ver **bl**) *barrel,* barril (= 42 galones en los EU), 155 litros para el petróleo.

B/D, *bank draft,* letra o cheque girado sobre un banco.

b.d., b/d, *brought down. Balance brought down,* saldo nuevo, saldo traspasado.

B/E, *bill of entry,* reporte aduanal, declaración hecha ante la aduana, declaración al detalle.

B/E, *bill of exchange,* letra de cambio.

B.E.S., (GB) *Business Expansion Scheme* (posibilidad de que un particular se beneficie de una deducción fiscal —sujeta a un cierto límite— al invertir durante cinco años en una empresa).

bf, b.f., b/f, *Brought forward,* suma y sigue.

B.I.S., *Bank for International Settlements.*

Bk., *bank, book, backwardation,* banco, libro, prima de demora.

bl, (ver **bbl**) **1** *barrel,* barril, tonel. **2** *bale,* bala, fardo.

B/L, *bill of lading,* conocimiento de embarque.

B.O., *branch office,* agencia.

B. of E., *Bank of England.*

B.O.T., B. of T., (GB) *Board of Trade,* ministerio de comercio.

BRAD, (GB) *British Rate and Data,* catálogo que proporciona los precios de los espacios publicitarios de diferentes medios de comunicación.

B.R.I., (EU) *Brand Rating Index,* índice de evaluación de soportes (de marca).

Bro., *brother,* hermano.

Bros., *brothers,* hermanos (esta abreviatura, cuando no va seguida de *Ltd* = *limited,* indica una asociación de personas).

B.R.S., *British Road Services.*

B.S. (EU), **B.S.c.** (GB) *Bachelor of Science* = licenciado en ciencias.

B/S, 1 *balance-sheet,* balance general. **2** *bill of sale,* escritura de venta.

B.S.T., *British Summer Time.*

B.T.U., *British Thermal Unit,* unidad de calor británica (0.25 kilo calorías).

B.U.P.A., (GB) *British United Provident Association.*

B.V.C.A., *British Venture Capital Association.*

c., *circa,* hacia, alrededor de.

c., *currency.*

C.A., (GB) *Chartered Accountant,* contador público.

C.A.I., *Computer Aided Instruction,* enseñanza asistida por computadora.

C.A.P., *Common Agricultural Policy.*

Cat., *catalog,* catálogo.

cats (EU) *Certificate of Accrual on Treasury Securities.*

C.A.T.V., *Community Antenna Television.*

C.B.D., *Cash Before Delivery,* pago antes de la entrega.

C.B.I., *Confederation of British Industry.*

C.B.S., *Columbia Broadcasting System.*

c.c., *cubic centimeter,* centímetro cúbico; *in the small CC's,* de baja cilindrada.

C.C.A., *Controlled Circulation Audit.*

C.C.T.V., *Closed Circuit Television,* televisión de circuito cerrado.

c/d, *carried down,* suma y sigue, saldo traspasado.

C. Eng., (GB) *Chartered Engineer* = ingeniero titulado.

C.E.O., (EU) *Chief Executive Officer,* director general; director ejecutivo.

C & F, c.f., *cost and freight,* costo y flete.

c/f, *carried forward,* saldo traspasado.

cf., *confer,* compare.

CFTC, *Commodity Futures Trading Commission.*

cge pd, *carriage paid,* porte pagado.

cgt, *capital gains tax,* impuesto sobre ganancias de capital.

change, *Exchange,* bolsa (de Londres).

CHIPS, (EU) *Clearing House Interbank Payment System,* Caja de compensación interbancaria.

chm, *chairman,* presidente.

chq, (GB) *cheque,* cheque.

C.I.A., *cash in advance,* pago anticipado.

C.I.A., (EU) *Central Intelligence Agency.*

C.I.F., c.i.f., *Cost insurance and freight,* costo, seguro y flete.

c.i.f. & c., *Cost, insurance, freight and commission,* costo, seguro, flete y comisión.

c.i.f.c. & i., *Cost, insurance, freight, commission and interest,* costo, seguro, flete, comisión e intereses.

C.L.I., *Cost of living index,* índice del costo de la vida.

C.M.E., *Chicago Mercantile Exchange.*

C.M.O., *Collateralized mortgage obligations,* obligaciones garantizadas con una hipoteca.

C/N, *circular note,* cheque de viaje.

C/N, *credit note,* nota de crédito.

Co., *Company,* sociedad, empresa, compañía.

C/O, *care of,* bajo el cuidado de.

COBOL, *Common Business Oriented Language,* COBOL (lenguaje informático con orientación comercial).

C.O.D., *cash on delivery,* envío contra reembolso, liquidación a la entrega.

C.O.L.D., *Cost of living allowance/adjustment,* ajuste por el costo de la vida.

COMEX, *Commodity Exchange,* New York.

consol., *consolidated,* consolidado.

cont., 1 *contents,* contenido. 2 *continued (to be),* continuación.

CORE, (EU) *Congress of Racial Equality.*

corp., *corporation,* compañía.

COS, C.O.S., *cash on shipment,* liquidación a la expedición.

C/P, *charter party,* contrato de fletamento.

C.P., 1 *carriage paid,* porte pagado. 2 *commercial paper,* papel comercial.

CPA, *Critical Path Analysis,* análisis del camino crítico, análisis de la ruta crítica.

C.P.A., (EU) *Certified Public Accountant,* contador público titulado.

C.P.I., *Consumer Price Index,* índice de precios al consumidor.

CPM, *Critical Path Method,* método del camino crítico.

C.P.S., *cycles per second,* ciclos por segundo.

CPT, *cost per thousand (exposures),* costo al millar (personas alcanzadas por un mensaje publicitario).

C.P.U., *Central Processing Unit.*

C.R., C/R, *at company's risk, carrier's risk,* bajo los riesgos y peligros de la compañía, del portador.

C.R., *current rate,* tasa actual, tasa en vigor.

C.R.T., *cathode-ray tube,* pantalla de rayos catódicos.

Cr., *credit, creditor,* crédito, acreedor.

C.S.O., (GB) *Central Statistical Office.*

C.U., *close-up,* primer plano.

cu. ft., *cubic foot,* pie cúbico.

cum div., *with dividend,* con dividendo.

curr., currt., *current,* del mes en curso, actual.

CVD, *countervailing duty,* derecho compensatorio.

C.W.O., c.w.o., *cash with order,* pago al ordenar, liquidación al ordenar.

cwt., *hundredweight,* medida de peso de 45.35 kg (EU) o de 50.80 kg (GB).

D/A, *documents against acceptance,* documentos contra aceptación.

D.A., *deposit account,* cuenta de depósito.

D.A., (EU) *District Attorney,* procurador.

D.C., *direct current,* corriente continua.

D.C., *District of Columbia,* distrito en el cual se encuentra Washington, capital de los Estados Unidos.

D.C.L., (EU) *Doctor of Civil Law.*

DCS, *Doctor of Commercial Science.*

dd., d/d, deld, *delivered,* entregado.

deb(s), *debenture(s),* obligación, obligaciones.

dely, *delivery,* entrega.

demo, *demonstration,* demostración.

dept., *department,* departamento.

dft, *draft,* giro, letra de cambio.

DHSS, (GB) *Department of Health and Social Security.*

dis, disc, disct, *discount,* descuento.

div., *dividend,* dividendo.

D.I.Y., *Do-it-yourself.*

D.J., (EU) *disc jockey,* animador de radio o discoteca.

DMU, *decision-making unit,* unidad de toma de decisiones.

D/N, *debit note,* nota de débito, factura de débito.

D.N., *dispatch note,* nota de expedición.

D/O, *delivery order,* orden de entrega.

dol(s), *dollar(s),* dólar(es).

doz., *dozen,* docena.

D/P, *documents against payment,* documentos contra pago.

D.P., *data-processing.*

D.P.I., *disposable personal income,* ingreso personal disponible.

Dr, *debtor,* deudor, débito; *doctor,* doctor.

Dr(s), *debtors,* deudor(es).

d/s, d.s., *days after sight,* a... días vista (letras de cambio).

D.T.I., (GB) *Department of Trade and Industry.*

D/W, *dock-warrant,* certificado de depósito.

d/y, *delivery,* entrega.

E.C., *European Community,* abreviatura estadounidense de E.E.C., Comunidad Económica Europea.

E.C.P., *Euro-Commercial Paper,* títulos de crédito expresados en eurodivisas.

ECU, *European Currency Unit,* ecu, unidad monetaria europea.

E.D.P., *electronic data processing.*

E.E., *errors excepted,* salvo error.

E.E.C., *European Economic Community,* Comunidad Económica Europea.

E.E.O., *Equal Employment Opportunity.*

EFT, *Electronic Funds Transfer,* transferencia electrónica de fondos.

E.F.T.A., *European Free Trade Association.*

Eftpos, (GB) *Electronic Funds Transfer at Point of Sale,* transferencia electrónica de fondos en el punto de ventas.

EFTS, *Electronic Funds Transfer System,* sistema de transferencia electrónica de fondos.

e.g., *exempli gratia (for example),* por ejemplo.

E.M.S., *European Monetary System,* Sistema Monetario Europeo.

ENC., Encl, enc, *enclosure(s),* pieza(s) adjunta(s).

ENIAC, *Electronic Numerical Integrator and Computer.*

E. & O.E., *errors and omissions excepted,* salvo error u omisión.

E.P.S., *earnings per share,* utilidad por acción, U.P.A.

E.S.O.P., *Employee Stock Ownership Plan,* plan de participación de los empleados en el capital de la empresa por medio de la distribución de acciones además del salario.

est., *established,* establecido, fundado, creado (sociedades, etc.).

ETD, e.t.d., *estimated time of departure,* tiempo estimado de salida.

ex cp., *ex-coupon,* ex-cupón, cupón desprendido.

ex.div., *ex-dividend,* ex-dividendo, sin dividendo.

execs, *executives,* ejecutivos empresariales.

EXIMBANK, *Export Import Bank.*

ex ss, *ex-steamer,* al desembarcar.

ex stre, *ex-store,* disponible.

ex-whf, *ex-wharf,* franco en el andén, franco en el muelle.

ex whse, *ex-warehouse,* franco en el almacén.

FAA, (EU) *Federal Aviation Administration.*

F.A.A., f.a.a., *free of all average,* franco de avería.

"Fanny Mae", (EU) *Federal National Mortgage Association* (para el refinanciamiento de las hipotecas).

F.A.O., *Food and Agriculture Organization,* Organización para la Alimentación y la Agricultura.

F.A.Q., f.a.q., 1 *free alongside quay,* franco en el muelle, franco en el andén. 2 *fair average quality,* calidad ordinaria, calidad comercial, buena calidad mercantil.

F.A.S., f.a.s., *free alongside ship,* franco al costado del buque.

FASB, (EU) *Financial Accounting Standards Board.*

F.B.I., (EU) *Federal Bureau of Investigation.*

F.C.C., (EU) *Federal Communications Commission.*

FDA, (EU) *Food and Drug Administration.*

FDIC, *Federal Deposit Insurance Corporation.*

F.D.R., *Franklin Delano Roosevelt* (Presidente de los Estados Unidos).

Fed, (EU) 1 *Federal Reserve System.* 2 *Federal Reserve Board:* el sistema bancario federal es un sistema descentralizado: 12 bancos regionales y 24 sucursales, controlados por el Federal Reserve Board de Washington.

FEPC, (EU) *Fair Employment Practices Commission.*

f.g.a., *free of general average,* franco de avería general, franco de avería común.

FHLB, (EU) *Federal Home Loan Bank.*

Fifo, *First in, first out,* (administración de inventarios, informática) primeras entradas, primeras salidas, P.E.P.S.

F.O.A. = *F.O.B. airport,* franco a bordo en el aeropuerto.

F.O.B., f.o.b., *free on board,* franco a bordo.

f.o.c., *free of charge,* gratis, sin costo.

folg, *following,* siguiente(s).

f.o.q., *free on quay,* franco en el andén, franco en el muelle.

F.O.R., f.o.r., *free on rail,* franco sobre vagón.

forex, *foreign exchange,* (mercado de) divisas.

FORTRAN, *Formula Translation.*

F.O.S., f.o.s., *free on steamer,* franco a bordo del navío.

F.O.T., f.o.t., (EU) *free on truck,* franco sobre vagón, franco sobre camión.

4-A's (the), cf. *A.A.A.A.,* las cuatro A's.

Four-0,40, (EU) excelente (mejor calificación).

f.p., *fully paid,* totalmente pagado(s).

F.P.A., f.p.a., *free of particular average,* franco de avería particular.

FRA, *future rate agreement,* contrato de garantía sobre las tasas de interés.

FRN, *floating-rate note,* pagaré a tasa flotante, a tasa revisable (documento a corto plazo).

frt, *freight,* flete.

F.S.L.I.C., (EU) *Federal Savings and Loan Insurance Corporation.*

ft, *foot, feet,* pie(s) (30.48 cm).

F.T.C., (EU) *Federal Trade Commission.*

F.T. index, (GB) *Financial Times Index,* cf. (EU) Dow-Jones.

fwd, *forward,* a plazo; entregable.

G.A., g.a., *general average,* promedio general.

G.A.A.P., *Generally Accepted Accounting Principles,* principios de contabilidad generalmente aceptados.

gal., gll., *gallon,* medida de capacidad cuyo valor es de 3.78 litros (EU) o 4.54 litros (GB).

G.A.T.T., *General Agreement on Tariffs and Trade,* Acuerdo General sobre Aranceles y Comercio.

G.C.E., (GB) *General Certificate of Education,* bachillerato, examen que se aprueba al final de la enseñanza secundaria.

G.D.P., *Gross Domestic Product,* producto interno bruto (P.I.B.).

G.F.T.U., (EU) *General Federation of Trade Unions.*

G.I., *"government issue",* soldado americano.

G.L.C., (GB) *Greater London Council.*

G.M., *General Manager,* gerente general, director general.

G.M.T., *Greenwich mean time,* hora de Greenwich, tiempo universal.

G.N.P., *Gross National Product,* producto nacional bruto, P.N.B.

G.O.P., (EU) *Grand Old Party,* partido republicano.

G.P., *General Practitioner,* médico general.

G.P.O., *General Post Office,* 1 casa de correos. 2 el correo central.

gr(s), *grano(s),* unidad de peso de 6.48 centigramos.

gr. wt., *gross weight,* peso bruto.

G-7, grupo formado por las siete naciones más industrializadas: Alemania, Canadá, Estados Unidos, Francia, Gran Bretaña, Italia y Japón.

gtd, *guaranteed,* garantizado.

guar, *guaranteed,* garantizado.

hdqrs, *headquarters,* cuartel general, oficina(s) central(es).

hdwe, *hardware.*

H.E.W., (EU) *Health, Education and Welfare,* antiguo ministerio de salud pública, enseñanza y asistencia social.

hgt., *height,* altura.

H.H.S., (EU) *Health and Human Services,* ministerio de la salud.

H.M.C., (GB) *Her (His) Majesty's Customs,* aduana de Su Majestad.

H.M.S., (GB) *Her (His) Majesty's ship,* buque de Su Majestad, buque de la real marina Británica.

H.O., *Head Office,* asiento principal, oficina central o principal.

H.P., h.p., *horse power,* caballo de fuerza.

H.P., *hire-purchase,* arrendamiento con opción de compra.

H.Q., hq, *headquarters,* cuartel general.

HRM, *Human Resources Management,* administración de recursos humanos.

hr(s), *hour(s),* hora(s).

H.S., (EU) *high school.*

H.S., (GB) *Home Secretary,* ministro del interior.

IADB, *Inter-American Development Bank.*

IASC, *International Accounting Standards Committee,* organismo cuya misión es emitir proposiciones de normas tendientes al logro de una presentación internacionalmente uniforme de los resultados contables.

I.B., *invoicebook,* libro de facturas.

I.B.A., (GB) *Independent Broadcasting Authority.*

I.B.M., *International Business Machines.*

IBRAD, IBRD, *International Bank for Reconstruction and Development (The World Bank),* Banco Internacional para la Reconstrucción y el Desarrollo (Banco Mundial).

I.C., *integrated circuit,* circuito integrado.

I.C.A., (GB) *Institute of Chartered Accountants.*

I.C.C., (EU) *Interstate Commerce Commission,* comisión federal para la reglamentación del comercio.

I.D., (EU) *Immigration Department,* departamento de inmigración.

I.D., (EU) *Identification,* identificación.

I.G., (EU) *Inspector General,* inspector general.

I.L.G.W.U., (EU) *International Ladies Garment Workers Union.*

I.L.O., *International Labor Organization,* Organización Internacional del Trabajo (O.I.T.).

I.M.F., *International Monetary Fund,* Fondo Monetario Internacional, F.M.I.

IMM, *International Monetary Market of Chicago Mercantile Exchange.*

Inc., (EU) *incorporated,* constituido(a) como sociedad.

ince, ins, insce, *insurance,* seguro.

incl., *inclusive,* todo incluido.

inst., *instant,* del mes en curso.

intl., *international,* internacional.

I.O.U., *I owe you,* reconocimiento de deuda.

IPE, *International Petroleum Exchange.*

I.P.O., *Initial Public Stock Offering,* oferta pública e inicial de acciones.

I.Q., *Intelligence Quotient,* coeficiente de inteligencia.

I.R., (GB) *Inland Revenue,* el fisco.

I.R.A., *Individual Retirement Account,* cuenta de retiro establecida por el interesado, cuenta de retiro voluntario.

IRP, *Instantly Repackaged Perpetual,* título subordinado de duración indeterminada (TSDI).

I.R.S., (EU) *Internal Revenue Service,* el fisco.

I.T.O., *International Trade Organization,* Organización Internacional del Comercio (O.I.C.).

I.T.V., (GB) *Independent Television.*

J/A, *joint account,* cuenta conjunta, cuenta mancomunada.

J.C.S., (EU) *Joint Chiefs of Staff.*

JICNARS, *Joint Industry Committee for National Readership Surveys.*

jnr., jr., jun., junr., *junior,* joven, "junior".

J.P., *Justice of the Peace,* juez de paz.

L.A., *Los Angeles.*

Laser, *Light Amplification by Stimulated Emission of Radiation,* láser.

lb(s), *pound(s),* libra(s); unidad de peso equivalente a 453.59 g.

LBO, *leveraged buy-out,* adquisición empresarial apalancada.

L/C, *letter of credit,* carta de crédito.

L.D.C.('s), *less developed country, less developed countries,* país(es) en vías de desarrollo.

ldg, *loading,* cargamento.

led, *ledger,* libro mayor.

L.I.B.I.D., *London Interbank Bid Rate,* tasa del mercado de eurodivisas (a la compra).

L.I.B.O.R., *London Interbank Offered Rate,* tasa del mercado de eurodivisas (a la venta).

L.I.F.F.E., *London International Financial Futures Exchange.*

Lifo, *last in, first out,* últimas entradas, primeras salidas, U.E.P.S. (administración de inventarios).

Limean, promedio del L.I.B.O.R. y del L.I.B.I.D., media de la tasa de ventas y de compras para las Eurodivisas.

L.I.P., *life insurance policy,* póliza de seguro de vida.

L.M.B.O., *Leveraged Management Buy-Out,* readquisición de una empresa efectuada por sus propios ejecutivos.

L.M.E., (GB) *London Metal Exchange.*

L.P., *long-playing,* larga duración (discos, cintas).

L.P.G., *Liquefied Petroleum Gas,* gas de petróleo en estado de licuefacción.

L.S.E., 1 *London Stock Exchange.* **2** *London School of Economics.*

l.t., *long ton,* tonelada larga (1,016 kg).

Ltd, *Limited,* limitado(a) (al final del nombre de una empresa, indica que se trata de una sociedad de responsabilidad limitada).

Lyons, (EU) *liquid yield option notes.*

m., *million(s); mile(s); minute(s),* millón, millones; milla(s); minuto(s).

M1, *Money supply,* masa monetaria, oferta de dinero.

M & A, *mergers and acquisitions,* fusiones y adquisiciones (empresariales).

M.A., *Master of Arts,* grado de maestría en artes.

M/A, (GB) *memorandum of association,* acta constitutiva de una sociedad.

M.B.A., *Master of Business Administration* = grado de maestría en administración de empresas.

MBO, *management by objectives,* administración por objetivos.

M.C., *master of ceremonies,* maestro de ceremonias, animador, presentador.

M.C.U.s., *Monetary Compensatory Units,* montos monetarios compensatorios.

M.D., *Doctor of Medicine,* doctor en medicina.

m/d, *months after date,* a... meses, a... meses contados a partir de hoy (letras de cambio).

M.E., *medical examiner,* médico forense.

Merc., *New York Mercantile Exchange.*

Messrs, señores.

mgr, *manager,* administrador, gerente, director.

M.I.P., *marine insurance policy,* póliza de seguro marítimo.

M.I.P., *monthly investment plan,* (disponiendo de medios limitados, permite comprar a plazo acciones).

MIS, *Management of Information Systems.*

M.I.T., *Massachussetts Institute of Technology.*

M.L.R., *minimum lending rate,* tasa básica para préstamos.

M.O., *money-order,* giro postal.

M.O.B., *mail order business,* ventas por correspondencia.

M.O.D., *mail order department,* departamento de ventas por correspondencia.

MOF, *multi-option facility.*

mo(s), *months,* mes(es).

M.P., (GB) *Member of Parliament,* miembro de la cámara de los Comunes (en sentido amplio; aplicado a otros países aparte de la Gran Bretaña: diputado, parlamentario).

M.P.G., m.p.g., *miles per gallon,* millas por galón (consumo de un automóvil).

M.R., *motivational research,* investigación de las motivaciones, estudio de las motivaciones, análisis de las motivaciones.

Mr., Señor, Sr.

Mrs., Señora, Sra.

m/s, *months after sight,* a... meses vista (letras de cambio).

M.S., (EU) *Master of Science,* grado de maestría en ciencias.

M.Sc., (GB) *Master of science,* grado de maestría en ciencias.

M.T.N., *medium-term note,* documento (pagaré) a plazo intermedio.

n.a., *not available,* no disponible.

N.A.A.C.P., (EU) *National Association for the Advancement of Colored People.*

NAFTA, *North American Free Trade Agreement,* Acuerdo Norteamericano de Libre Comercio (Estados Unidos, Canadá, México), T.L.C.

NASA, (EU) *National Aeronautics and Space Administration.*

NASDAQ, (EU) *National Association of Securities Dealers Automated Quotations* (para valores que se cotizan fuera de bolsa).

N.A.T.O., *North Atlantic Treaty Organization,* Organización del Tratado del Atlántico del Norte (O.T.A.N.).

N.B.C., (EU) *National Broadcasting Company.*

N.C.B., (GB) *National Coal Board.*

N.C.O., *non-commissioned officer,* suboficial.

N.C.V., *no commercial value,* (muestras) sin valor comercial.

N.E.D.C., (GB) *National Economic Development Council.*

Neddy, (GB) *N.E.D.C.*

N.H.S., *National Health Service.*

N.L.R.B., (EU) *National Labor Relations Board.*

NMB, (EU) *National Mediation Board.*

No., *number,* número.

NORAD, *North American Air Defense.*

Now., (EU) *National Organization for Women.*

NOW account, (EU) *Negotiable order of withdrawal account,* cuenta de cheques que requiere de un aviso previo antes de efectuar un retiro (orden negociable de retiro de fondos).

NSC, (EU) *National Security Council.*

NSF, (EU) *National Science Foundation.*

N.U.M., (GB) *National Union of Mineworkers.*

N.U.R., (GB) *National Union of Railwaymen.*

NYCE, *New York Cotton Exchange.*

NYCSCE, New York Cocoa, Sugar, Coffee Exchange.

NYFE, New York Futures Exchange.

NYME, New York Mercantile Exchange.

N.Y.S.E., New York Stock Exchange.

N.Y.U., New York University.

o., order, pedido.

o/a, on account of, por cuenta de; a cuenta de.

O.A.S., Organization of American States, Organización de Estados Americanos, O.E.A. (la cual agrupa a los Estados Unidos y a la mayoría de los países de América Central y de América del Sur).

OCAS, Organization of Central American States.

o/d, on demand, a la vista, a solicitud.

O.D., overdrawn, sobregirado, en descubierto.

o/d, overdraft, sobregiro, descubierto.

O.E.C.D., Organization for Economic Cooperation and Development, Organización de Cooperación y de Desarrollo Económico (O.C.D.E.).

O.E.M., Original Equipment Manufacturer, sistema de venta de material informático a precios de mayoreo, pero con un plan de mantenimiento reducido y sin incluir la capacitación del personal.

O.H.M.S., (GB) On Her (His) Majesty's Service, al servicio de Su Majestad (en franquicia postal).

O & M, organization and methods, organización y métodos.

o.n.o., or nearest offer, o la oferta más cercana (en términos de una cantidad predeterminada); a negociar (sumas).

o/o, order of, a la orden de.

O.P., open policy, póliza abierta.

O.P., out of print, agotado.

O.P.E.C., Organization of Petroleum Exporting Countries, Organización de Países Exportadores de Petróleo (O.P.E.P.).

O.R., owner's risk, bajo el riesgo del propietario.

O.R., operations research, operational research, investigación de operaciones.

O.T.C., over-the-counter, over-the-counter market, mercado fuera de cotización, mercado de ventas sobre el mostrador.

OTE, on target earnings, salario que incluye una prima basada en el logro de un cierto objetivo.

OTS, opportunity to see, "oportunidad de ver" (publicidad).

oz, ounce, onza, unidad de peso (28.35 g).

P.A., personal assistant, private assistant, personal aide, adjunto, asistente privado, colaborador. P.A. Secretary, secretario(a) de dirección, redactor(a).

P.A., p.a., particular average, promedio particular.

P/A, power of attorney, poder, procuración, mandato.

p.a., per annum, por año.

pat, patent, patente.

patd, patented, patentado.

P.A.Y.E., Pay-as-you-earn, sistema de retiro en la fuente (retención directa del impuesto sobre el salario mensual).

P.C., 1 (GB) Police constable, agente de policía. 2 Personal computer. 3 Participation certificate, certificado de inversión (en acciones, sin derecho de voto).

pcl, parcel, bulto.

pd, paid, pagado(s), pagada(s).

P.E., production engineer.

P.E.R., price-earnings ratio, (acciones) razón precio-ganancias, relación cotización-utilidades.

per pro, per procurationem, por poder, por procuración, por cuenta de.

P.E.R.T., Program Evaluation and Review Technique.

P.I., profitability index, índice de rentabilidad, coeficiente de rentabilidad.

P.I.N., Personal Identification Number, número personal de identificación.

pkg., package, paquete, bulto.

P & L, profit and loss, pérdidas y ganancias.

plc, (GB) public limited company, sociedad anónima, S.A.

pm, premium, prima (de seguros).

PM, 1 push money, gratificación para los vendedores. 2 (GB) Prime minister, Primer ministro.

PMG, (EU) Postmaster General, ministro de correos, director de correos.

P/N, P.N., p.n., promissory note, pagaré.

PO, personnel officer, jefe de personal.

P.O., 1 post office, oficina de correos. 2 postal order, giro postal (por pequeñas cantidades).

P.O.B., post office box, apartado postal, apartado de correos.

P.O.D., pay on delivery, páguese a la entrega, páguese al entregar.

P.O.E., 1 port of embarkation, puesto de embarque, puesto de carga. 2 Port of entry, puerto de llegada.

P.O.S., point of sale, punto de venta.

p & p, postage and packing, franqueo y empaque.

P.P.B.S., planning, programming, budgeting system, sistema de planeación, programación y presupuesto, sistema de racionalización de las partidas presupuestales.

P.R., public relations, relaciones públicas.

P.R., port risks, riesgos portuarios.

pref., preference share, acción preferencial.

Pres., President, Presidente.

P.R.O., Public Relations Officer, jefe del departamento de relaciones públicas, responsable de relaciones públicas.

prox., próximo, del mes próximo, del siguiente mes.

pt, *pint,* pinta, medida de capacidad equivalente a 5.68 decilitros.

P.T.O., *please turn over,* sírvase dar vuelta a la página, pase a la página siguiente.

P.W.A., *Public Works Administration.*

PX, (EU) *Post Exchange,* tienda de aprovisionamiento de los militares.

qr(s), *quarter(s),* medida de peso equivalente a 12.70 kg.

qt(s), *quart(s),* medida de capacidad equivalente a 1.136 litros.

RAM, *random access memory.*

RAMAC, *random access memory accounting machine.*

RAROC, *risk-adjusted return on capital,* rendimiento del capital ajustado por el riesgo.

RCA, *Radio Corporation of America.*

R/D, *refer to drawer,* refiérase al girador/librador.

R. & D., R and D, *Research and Development,* investigación y desarrollo.

re, *with reference to, relating to,* con referencia a, con relación a.

R.E., RE, *real estate,* bienes inmuebles, inmuebles.

recd, *received,* recibido(a), recibidos(as).

rect, *receipt,* recibo.

ref., *reference,* referencia.

reg., regd, *registered,* **1** registrado (correo, paquetes, etc.). **2** nominativo (acciones, etc.).

R.E.I.T., (EU) *Real Estate Investment Trust.*

rem., *remittance,* remesa, envío.

rep., *representative,* representante.

repos, *repurchase of stock,* readquisición de acciones (Bolsa).

rept, *report,* informe.

retd, *returned,* devuelto, regresado.

rly, *railway,* ferrocarril.

R.M.D., (EU) *ready money down,* al contado.

R.O.A., *return of assets,* rendimiento de los activos.

R.O.I., *return on investment,* rendimiento sobre la inversión, rentabilidad de la inversión.

ROM, *read-only memory,* memoria muerta, memoria exclusiva para lectura.

R.O.S., *return on sales,* rendimiento sobre ventas, tasa de margen, porcentaje del resultado de explotación con relación al volumen de ventas.

R.P.M., *revolutions per minute,* revoluciones por minuto, rpm.

R.R., (EU) *railroad,* ferrocarriles.

RT, *return ticket, round trip,* boleto redondo, boleto de ida y vuelta.

RTA, *Reciprocal Trade Agreement.*

Ry, ry, (GB) *railway,* ferrocarriles.

SALT, *Strategic Arms Limitation Talks,* negociaciones sobre la limitación de armas estratégicas.

S.A.T., *Scholastic Aptitude Tests.*

S.A.Y.E., *save-as-you-earn,* plan de ahorros en el que se hacen retenciones automáticas sobre el salario; (GB) plan de participación en las utilidades de los ejecutivos de las empresas.

S.D.R., *special drawing rights,* derechos especiales de retiro.

S.E., *Stock Exchange,* bolsa de valores.

SEAQ, *Stock Exchange Automated Quotations.*

S.E.A.T.O., *South East Asia Treaty Organization,* Organización del Tratado del Sudeste de Asia.

S.E.C., (EU) *Securities and Exchange Commission,* comisión que vigila las operaciones bursátiles.

secy, *secretary,* secretaria.

Sen, Senr., *Senior,* "senior", de alto nivel, (socio) principal.

S.E.T., *selective employment tax.*

sgd., *signed,* firmado(a), firmados(as).

sh., shr., *share,* acción.

shipt, shpt, *shipment,* embarque, expedición, cargamento.

S.I.B., (GB) *Securities and Investments Board.*

S/N, S.N., *shipping note,* nota de embarque, nota de carga.

S/O, *standing order,* orden permanente.

SOP, *standard operating procedure.*

S & P, *Standard and Poor's,* firma estadounidense dedicada a las evaluaciones y clasificaciones financieras.

SS, S/S, s.s., s/s, *steamship,* barco de vapor.

SSAP, (GB) *Statement of Standard Accounting Practice.*

S.S.T., *Supersonic Transport.*

st., *stone,* unidad de peso de 6.35 kg.

ST, *Standard Time.*

s.t., *short time.*

std., *standard,* estándar, normal.

S.T.D., (GB) *subscriber trunk dialling,* sistema telefónico automático interurbano.

St. Ex., *Stock Exchange,* bolsa de valores.

subs., *subscription,* subscripción.

svgs, *savings,* ahorros.

SWIFT, *Society for Worldwide Interbank Financial Telecommunications,* (organismo cuya misión es la transferencia electrónica de fondos).

synd., *syndicate,* sindicato.

t., *ton,* tonelada.

T.B., *trial balance,* balanza de comprobación.

temp., *temporary,* temporal.

T.G.W.U., (GB) *Transport and General Workers' Union.*

Tigers, (EU) *Treasury Investors Growth Receipts.*

tk, *truck,* camión; vagón.

T.L.C., *transferable loan certificate,* certificado de préstamo transferible.

T.M.O., *telegraphic money order,* giro telegráfico.

T.O., *turnover,* rotación de ventas, volumen de ventas.

T.O., *telephone office, telegraph office,* oficina de teléfonos, oficina de telégrafos.

TOPS, (GB) *training opportunities,* programas de capacitación patrocinados por el gobierno.

TQM, *total quality management,* administración total de la calidad.

T.T., *telegraphic transfer,* transferencia telegráfica.

T.U., (GB) *trade union,* sindicato.

T.U.C., (GB) *Trade Union Congress.*

T.V.A., *Tennessee Valley Authority.*

T.V.R., *television rating,* índice de televidentes.

U.A.W., (EU) *United Automobile Workers.*

U.C.L.A., *University of California at Los Angeles.*

U.H.F., *ultra high frequency.*

U.K., *United Kingdom.*

ULCC, *Ultra-large crude carrier,* transportador ultra-grande de petróleo crudo.

ult., ulto, *ultimo,* del mes pasado, del mes anterior.

U.M.W., *United Mine Workers (of America).*

U.N., *United Nations,* las Naciones Unidas (O.N.U.).

U.N.C.T.A.D., *United Nations Conference on Trade and Development,* Conferencia de las Naciones Unidas para el Comercio y el Desarrollo.

U.N.E.S.C.O., *United Nations Education, Science and Culture Organization,* Organización de las Naciones Unidas para la Educación, la Ciencia y la Cultura.

UNICEF, *United Nations Children's Fund.*

UNIVAC, *Universal Automatic Computer.*

UNRRA, *United Nations Relief and Rehabilitation Administration.*

U.P.I., *United Press International.*

U.S.A., *United States of America.*

USDA, *United States Department of Agriculture.*

USIA, *United States Information Agency.*

U.S.M., (GB) *unlisted securities market,* mercado de valores no inscritos en bolsa.

U.S.T.C., *United States Tariff Commission.*

u/w, *underwriter,* asegurador.

v, *versus,* contra.

V.A.T., *value added tax,* impuesto al valor agregado, I.V.A.

V.C., *vice-chairman,* Vicepresidente.

V.C.R., *video cassette recorder,* grabadora de videocasetes.

VDT, *Visual Display Terminal.*

Veep, (EU) *Vice-President,* Vice-Presidente.

V.H.F., *very high frequency,* muy alta frecuencia.

VHS, *video home system,* sistema para la grabación de videocasetes.

V.I.P., *very important person,* persona muy importante, personalidad.

viz., *videlicet (namely),* a saber.

VLCC, *very large crude carrier,* transportador de petróleo bruto de gran tamaño.

V.O., *voice over,* comentario de fondo que se escucha sobre una imagen; voz que se escucha fuera de campo.

V.O.A., *Voice of America.*

V.P., *Vice-President,* vicepresidente.

VTR, *videotape recorder,* grabadora de videocinta.

VU meter, *volume unit meter,* medidor o contador de unidades de volumen.

WASP, *white anglo-saxon protestant,* estadounidense de raza blanca, de origen anglosajón y de religión protestante.

W/B, *way bill,* hoja de itinerario, hoja de ruta, carta de porte.

wgt, wt., *weight,* peso.

whf, *wharf,* andén, muelle.

W.H.O., *World Health Organization,* Organización Mundial de la Salud (O.M.S.).

whse, *warehouse,* almacén.

whsle, *wholesale,* mayoreo, por mayor.

wk, *week,* semana.

wkly, *weekly,* semanal, por semana.

w.p., 1 *word-processor,* procesador de textos. **2** *word-processing,* procesamiento de textos.

W.P.A., w.p.a., *with particular average,* con avería particular.

w.p.m., *words per minute,* palabras por minuto.

wt., *weight,* peso.

W/W, *warehouse warrant,* certificado, recibo de depósito.

ww, *with warrant,* con certificado de depósito.

x.c., *ex-coupon,* ex-cupón, cupón desprendido.

x.d., *ex-dividend,* ex-dividendo, sin dividendo.

x.i., *ex-interest,* ex-interés, sin interés.

x-ml, x-mill, *ex-mill,* franco al salir de la fábrica, a la salida de la fábrica.

x-ship, x-shp, *ex-ship,* franco al desembarcar.

x-stre, *ex-store,* franco al salir del almacén.

xw, *ex-warrant, without warrant.*

x-whf, *ex-wharf,* franco muelle, franco en el andén.

x-whse, *ex-warehouse,* al salir del almacén, franco a la salida del almacén.

x-wks, *ex-works,* franco al salir de la fábrica, a la salida de la fábrica.

Y/A, Y.A.R., *York-Antwerp Rules.*

yd(s), *yard(s),* medida de longitud (91.44 cm).

yld, *yield,* rendimiento, rédito.

YOB, *year of birth,* año de nacimiento.

yr, 1 *year,* año. **2** *your,* su, sus.

yrs, 1 *years,* años. **2** *yours,* el suyo, la suya, los suyos, las suyas.

Y.T.M., *yield to maturity,* rendimiento al vencimiento.

z, *zero,* cero.

Z.B.B., *zero base budgeting,* presupuesto en base cero.

zip [code], (EU) *Zone of Improved Postage.*

ZPG, *zero population growth,* crecimiento demográfico de cero.

ESPAÑOL – INGLÉS
SPANISH – ENGLISH

a

abajo *adv.* o *prep.* below; under; hereunder; hereinafter. *Abajo de la media,* below average. *Abajo de la par, bajo la par,* below par. *Abajo de lo normal,* below standard.

abalizar *v.t.* to beacon, to buoy, to mark out.

abanderar *v.t. (barcos)* to register.

abandonar *v.t.* **1** to give up, to abandon. **2** to leave behind. **3** *(una función)* to withdraw from, to retire from. **4** *(un puesto)* to desert. **5** *(la fabricación de un producto)* to discontinue, to scrap; *abandonar progresivamente,* to phase out. **6** *(a una persona)* to let down. **7** *fam.* "abandonar la partida",* to quit. **8** *abandonar uno sus estudios,* to drop out. **9** *abandonar uno su trabajo,* to quit one's job.

abandono *m.* **1** giving up, surrender, relinquishment. **2** Fin.: cession; yielding up. **3** Seg. Marít.: abandonment. **4** *abandono de funciones,* resignation; *abandono de un puesto,* desertion. **5** neglect. **6** *abandono de los estudios,* dropping out.

abaratamiento *m.* cheapening.

abaratar *v.t.* to cheapen.

abarcar *v.t.* to contain, to embrace, to comprise.

abarrotar *v.t.* to monopolize; *(mercancías, un sector)* to buy up; *(un mercado)* to corner, to capture.

abarrotero, a *n.* grocer; retail grocer.

abarrotes *m. pl.* retail grocery, foodstuffs. *Tienda de abarrotes,* grocery store.

abastecedor, a *n.* provider, supplier, purveyor.

abastecer *v.t.* to supply, to provide.

abastecido, a *n.* supplied (with), provided (with).

abastecimientos *m. pl.* supplies.

abasto *m.* supply.

abatimiento *m.* falling, lowering; depression. *Abatimiento del mercado,* falling of the market.

a beneficio de, in favor of, on behalf of, to the credit of.

abertura *f.* aperture, opening (ver **apertura**).

abiertamente *adv.* openly.

abierto, a *adj.* open. *Conducir una operación a puertas abiertas,* to conduct an "open house". *La campaña quedará abierta a partir de,* the campaign will start on. *Operación a puertas abiertas,* open house.

ablandar *v.t.* to soften; *(cotizaciones)* to ease, to get easier, to drop, to sag.

abogacía *f.* law (proffesion).

abogado *m.* **1** lawyer, barrister; counsel, solicitor. *Abogado de la defensa,* the counsel for the defense. **2** advocate. *Abogar por,* to advocate for.

abolición *f.* **1** abolishment, abolishing, abolition. **2** cancellation, cancelling. *(Decretos, etc.)* abrogation, annulment.

abolir *v.t.* **1** to abolish, to do away with, to supress. **2** to cancel; *(decretos, etc.)* to abrogate.

abonado, a *n.* subscriber.

abonar *v.t.* **1** to take out a subscription (for someone). **2** Contab.: to credit. *Abonar a una cuenta, abonar en cuenta,* to charge to an account, to debit from an account.

abonar(se) *v. pr.* to subscribe (to), to become a subscriber, to take out a subscription.

abonaré *m.* promissory note.

abono *m.* **1** *(revistas, diarios, etc.)* subscription. **2** *(transportes, etc.)* (EU) pass; season-ticket, commuter-ticket. **3** *(agua, gas, etc.)* rate; standing rate. **4** *(rentas, servicios)* rental. **5** Contab.: credit.

abordaje *m.* Naveg.: boarding.

abordar *v.t.* e *i.* **1** *(un tema, una materia, etc.)* to come to, to tackle, to deal with, to introduce, to broach. **2** *(a una persona)* to approach, to contact. **3** Naveg.: to collide with, to run foul of. **4** *(una ribera)* to land.

a bordo *adv.* aboard, on board. *A bordo de un navío,* aboard (a) ship, on board. *Subir a bordo,* to come aboard.

abrazadera *f.* clamp.

abrazo *m.* hug.

abrecartas *m.* letter-opener.

abrelatas *m.* can-opener, tin-opener.

abreviación *f.* **1** abbreviation. *Con propósitos de abreviación,* for short. **2** *(de un plazo)* shortening, reducing, limiting, restricting.

abreviado, a *adj.* abbreviated.

abreviar *v.t.* **1** to shorten; to reduce, to limit, to restrict, to curtail. **2** to abridge, to condense. *Para abreviar,* to be brief; for short.

abreviatura *f.* abbreviation. ver **abreviación**.

abrigo *m.* shelter; protection; *al abrigo,* under cover, safe; *al abrigo de (peligros, etc.)* secure from; immune from.

abrir *v.t.* **1** *(abrir un crédito),* to open a credit (for somebody). *Abrir una cuenta,* to open an account. *Sírvase abrir un crédito al portador,* please open a credit to the bearer. **2** to open. *Abrir una cuenta en un banco,* to open an account with a bank. **3** *(abrir un comercio, etc.)* to open up, to open shop. **4** *(crear)* to open, to set up. **5** *(empezar)* to open, to start, to begin. **6** *(estar abierto, permanecer abierto)* to be open, to be open for business. **7** *abrir los libros,* to open the (accounting) books.

abrir(se) *v. pr.* **1** *(mercado)* to open up. **2** *(negocios)* to start. **3** *(crearse)* to open, to be opened, to be set up.

abrogación *f.* abrogation, cancellation, annulment; *(de una ley)* repeal; *(de un decreto, de un juicio)* rescission, rescinding.

abrogar *v.t.* to abrogate, to cancel, to annul; *(una ley)* to repeal; *(un decreto, un juicio)* to rescind.

absolución *f.* absolution; Jur.: acquittal.

absoluto, a *adj.* absolute; complete; total; unrestricted, unlimited.

absolver *v.t.* **1** to absolve. **2** Jur.: to acquit.

absorber *v.t.* **1** to absorb. **2** Empresas: to take over.

absorción *f.* **1** Fin.: *(de empresas)* taking over, acquisition. **2** Contab.: *costeo de absorción, costeo absorbente,* absortion costing.

abstención *f.* abstention, abstaining.

abstencionismo *m.* abstentionism.

abstener(se) *v. pr.* to abstain; *(de)* to abstain from, to refrain from. *Abstenerse de dar uno su opinión,* to abstain from giving one's opinion.

abultado, a *adj.* bulky.

abundancia *f.* **1** abundance, plenty; profusion. **2** wealth, affluence; *vivir en la abundancia,* to be affluent, to live in plenty. *fam.* to be on easy street. *La sociedad de la abundancia,* the affluent society.

abundante *adj.* abundant, plentiful, copious.

abundar *v.i.* **1** to abound, to be plentiful. *Abundar en,* to abound (in), to teem (with); to be glutted (with). **2** Fin.: to supplement; to fund, to supply funds.

abusar *v.i.* **1** to exaggerate. **2** *(engañar)* to abuse, to cheat, to deceive, to mislead. **3** *(abusar de)* to consume immoderately. **4** *(abusar del tiempo de alguien, etc.)* to encroach on, to trespass on.

abusivo, a *adj.* **1** excessive; exaggerated; *precio abusivo,* prohibitive price. **2** *(empleo abusivo, etc.)* improper, irregular. **3** unfair.

abuso *m.* abuse; excess. *Abuso de bienes sociales,* misappropriation of corporate assets/funds. *Abuso de confianza,* breach of trust. *Abuso de poder,* action ultra vires, act ultra vires.

acabado, a *adj.* finish.

acabar *v.t.* to end, to finish (off); to complete, to fulfill, to carry out.

acabar(se) *v. pr.* to come to an end; to draw to a close; *(una tarea)* to near completion.

academia *f.* academy.

acaparador *m.* monopolizer, monopolist; *fam.* grabber.

acaparamiento *m.* *(de un mercado)* cornering.

acaparar *v.t.* to monopolize; *(mercancías, un sector)* to buy up; *(un mercado)* to corner, to capture; *fam.* to grab.

a cargo de *loc.* **1** responsible for, in charge of. **2** *(documentos bancarios, letras de cambio, etc.)* drawn on.

acarreador *m.* carrier.

acarrear *v.t.* to cart, to carry, to convey, to transport, to haul.

acarreo *m.* **1** cartage, forwarding. **2** *(gastos de)* cartage, delivery charge.

acceder *v.i.* to accede. *Acceder a una petición,* to accede to, to comply with.

acceso *m.* access. **1** *acceso a la propiedad,* property ownership, property purchase, estate buying, housing purchase. **2** *(hecho de tener acceso)* access. *Libre acceso,* free access; *facilidad(es) de acceso,* easy access. *(Entrada)* entrance, admittance. *(Hecho de ser admitido)* admission.

accesorio *m.* accessory; attachment; fitting; *(accesorios de estudio)* properties, props.

accesorio *adj.* accessory, subsidiary, secondary, subordinate, incidental.

accidentado, a *adj.* *(personas)* injured; *(vehículos, etc.)* damaged, wrecked.

accidente *m.* accident; *(automóviles, aviones, etc.)* (EU) wreck, crash. *Accidente de trabajo,* industrial injury, (EU) occupational injury, industrial accident. *Seguros contra accidentes de trabajo,* workmen's compensation.

acción *f.* stock, share. *Acciones acumulativas,* cumulative stock. *Acciones amortizables,* redeemable shares. *Acciones amortizadas,* amortized stock. *Acciones autorizadas,* authorized stock. *Acciones comunes,* common stock. *Acciones con derecho a voto,* voting stock. *Acciones con valor nominal,* par value stock. *Acciones de ferrocarriles,* railway stock. *Acciones del gobierno,* government stock. *Acciones emitidas,* issued stock. *Acciones en tesorería,* treasury shares. *Acciones garantizadas,* guaranteed stock. *Acciones no acumulativas,* non-cumulative stock. *Acciones no emitidas,* unissued stock. *Acciones pagadas,* full-paid shares. *Acciones pendientes de emitir,* unissued stock. *Acciones preferentes, preferenciales, privilegiadas, de prioridad, con dividendos prioritarios,* preferred stock, preference share. *Acciones que producen dividendos,* shares yielding dividends. *Acciones sin valor nominal,* no par-value stock. *Acciones suscritas,* subscribed stock.

acción al portador, bearer share.

accionar *v.t.* to operate.

accionariado *m.* stockholding, shareholding. *Accionariado de obreros,* employee share scheme, share option scheme.

acción de fundador, founder's share.

acciones comunes, common stock, ordinary stock, ordinary share.

acciones comunes nominativas, registered common stock.

acciones de bancos, bank stock.

acciones de capital, capital stock, share capital, share of capital-stock.

acciones en circulación, outstanding stock.

acciones líderes, leading shares, blue chips.

accionista *mf.* stockholder, shareholder.

acción nominativa, registered share.

acción ordinaria, common stock, ordinary stock.

acción preferente, preferred stock.

aceite de esquistos, bituminous shale.

aceleración *f.* speeding up; *(producción, etc.)* stepping up.

acelerado, a *adj.* accelerated, speeded up.

acelerar *v.t.* 1 to accelerate; to hurry. 2 to speed up; to hasten; to quicken; *(producción)* to step up.

acento *m.* accent; *(insistencia)* emphasis. *Poner el acento sobre,* to stress, to emphasize.

acentuación *f.* increase; *(de un déficit, etc.)* increase, worsening.

acentuar *v.t.* 1 *(poner el acento sobre)* to emphasize, to stress. 2 *(aumentar, etc.)* to increase.

acentuar(se) *v. pr.* to increase; *(un déficit, etc.)* to worsen, to get worse. *(una crisis, etc.)* to get worse.

acepción *f.* *(de un término)* acceptation. *En su acepción más amplia,* in the full acceptation of the word, in every sense of the word.

aceptabilidad *f.* *(mercadotecnia)* acceptability; acceptance.

aceptable *adj.* acceptable, fair; reasonable. *Si ello es aceptable para usted,* if this is convenient to you.

aceptación *f.* 1 agreement, approval. 2 *(letras de cambio, etc.)* acceptance. *Aceptación bajo protesta,* acceptance supra protest. *Aceptación bajo reserva,* qualified acceptance. *Aceptación en descubierto,* blank acceptance. *Aceptación sin reserva,* general acceptance, clean acceptance. *No aceptación,* non acceptance. 3 *(mercadotecnia)* acceptance. *Aceptación de la marca,* brand acceptance. *Aceptación del producto,* product acceptance.

aceptación bancaria, bank acceptance.

aceptación comercial (o **mercantil**), trade acceptance.

aceptaciones bancarias, bankers' acceptances.

aceptador *m.* acceptor.

aceptante *m.* acceptor.

aceptar *v.t.* 1 to accept, to agree to, to approve, to agree (to), to accept, to recognize. *Sírva(n)se aceptar mis (nuestros) más cordiales saludos, etc.,* (EU) Sincerely yours, Sincerely, Yours faithfully, Yours sincerely. 2 *(letras de cambio, seguros, etc.)* to accept. *Aceptar sin restricciones,* to accept unreservedly. 3 ¿*acepta usted cheques?,* do you take checks?

acequia *f.* irrigation channel, reach.

acercamiento *m.* 1 approach. 2 approximation. 3 POL.: rapprochement.

acercar *v.t.* 1 to approach. 2 to contact. 3 to approximate.

acerera *f.* (EU) steel plant, (GB) iron and steel works.

acero *m.* steel.

acertado, a *adj.* wise; proper.

acervo *m.* heap; common property; *fig.* wealth.

acierto *m.* 1 *(habilidad, tino)* good judgement; *con acierto,* successfully. 2 *(éxito)* success. 3 *(logro)* good shot, hit.

aclaración *f.* explanation, clarification.

aclarar *v.t.* to make clear, to spell out.

aclaratorio *adj.* explanatory. *Notas aclaratorias,* explanatory notes.

acoger *v.t.* 1 to welcome; to meet. 2 *(una noticia, un producto, etc.)* to receive, to react to; *(con placer)* to greet, to hail. 3 *(hospedar, etc.)* to accomodate. 4 *(una manifestación, un congreso)* to host.

acogimiento *m.* welcome; reception.

acomodado *adj.* wealthy. *Gente acomodada,* wealthy people.

acomodadora *f.* *(cines, teatros)* usherette.

acomodar *v.t.* to accommodate; to place.

acompañar *v.t.* to accompany; to attend. *Acompañar a la estación, al aeropuerto,* I'll see you (take you) to the station, to the airport. *Acompañar al hotel,* I'll take you to your hotel. *Le voy a acompañar,* let me take you to..., let me see you to... *Le voy a acompañar a la puerta,* I'll show you out.

acondicionado *adj.* conditioned. *Aire acondicionado,* air-conditioned.

acondicionador *m.* packager; *(textiles)* conditioner.

acondicionamiento *m.* packaging; *(textiles)* conditioning.

acondicionar *v.t.* to package, *(textiles)* to condition.

aconsejar *v.t.* to advise; to counsel. *Dar un consejo,* to give an advise.

acontecimiento *m.* happening, event. *Acontecimiento importante,* important event.

acopio *m.* storing.

acoplamiento *m.* coupling, pairing; interlocking.

acoplar *v.t.* to match, to couple; to pair.

acordar *v.t.* 1 to grant, to allow. 2 *(armonizar)* to adjust, to conform. 3 *(reconocer)* to admit, to grant. 4 *(atribuir)* to award.

acordonar *v.t.* to cordon off, to seal off.

acorralar *v.t.* **1** *(ganado)* to pen; *(corderos, borregos)* to fold. **2** *(personas)* to corner.

acosar *v.t.* *(apremiar a un deudor)* to dun.

acostumbrado, a *adj.* customary.

acotación *f.* marginal note, annotation.

acotar *v.t.* to write a marginal note in.

acre *m.* acre, *medida de superficie equivalente a 40, 47 áreas.*

acrecentamiento *m.* increase.

acrecentar *v.t.* to increase.

acreditado, a *adj.* accredited. *Acreditado entre el público,* with a large custom, with numerous customers.

acreditador ver **acreditativo.**

acreditar *v.t.* **1** to accredit. **2** CONTAB.: to credit; *acreditar (a) una cuenta,* to pay into/to credit to an account; to credit an account.

acreditativo, a *adj.* accreditive. *Carta acreditativa,* credit letter.

acreedor, a *n.* creditor. *Acreedores a corto (largo) plazo,* short- (long-) term creditors. *Acreedores diversos,* sundry creditors. *Acreedor garantizado,* secured creditor. *Acreedor hipotecario,* mortgagee. *Acreedor preferencial,* JUR.: preferential creditor. *Acreedor quirografario,* unsecured creditor. *Liquidar a un acreedor,* to pay off a creditor.

acrónimo *m.* acronym.

acta *f.* **1** certificate, memorandum, *(notariada, etc.),* deed. *Acta constitutiva,* memorandum of association, articles of incorporation, incorporation agreement. (ver **constitutivo**) *Acta de fideicomiso,* deed of trust. *Acta Única Europea,* Single European Act. *Actas (de un congreso, etc.)* proceedings. **2** *(de una reunión)* minutes (of the proceedings, of the meeting). *Acta de una asamblea,* minutes of a meeting. *Libro de actas,* minute book. **3** POLICÍA: report, memorandum. *Levantar un acta, preparar un reporte,* to draw up a report.

acta de nacimiento, birth certificate.

acta de propiedad, deed of property, title-deed.

actitud *f.* attitude. *Actitudes de la clientela,* customer attitudes. *Actitudes de los consumidores,* consumer attitudes.

activar *v.t.* **1** to speed up, to accelerate. **2** *(la economía, etc.)* to spur, to stimulate.

actividad *f.* **1** activity. **2** *(negocios, la economía)* briskness, buoyancy. **3** *(empleos)* job, occupation, profession. **4** *giro de una empresa,* company/corporation business purpose(s).

activo *m.* asset. **activos** *m. pl.* assets. *Activo amortizable,* amortizable asset. *Activo circulante,* current assets, circulating assets. *Activo contingente,* contingent asset. *Activo depreciable,* depreciable asset. *Activo diferido,* deferred charges. *Activo disponible,* cash assets. *Activo*

fijo, fixed assets; tied up capital. *Activo financiero,* financial asset. *Activo físico,* physical asset. *Activo intangible,* intangible asset. *Activo líquido,* liquid asset. *Activo neto,* net asset. *Activo obsoleto,* obsolete asset. *Activo pignorado,* pledged asset. *Activo principal,* main asset. *Activo productivo,* earning asset. *Activo realizable,* liquid asset, available asset. *Activo tangible,* tangible asset. *El activo (de un balance),* asset(s).

activo, a *adj.* **1** active, dynamic. **2** *(mercados)* buoyant, brisk, lively. **3** *(deudas)* outstanding debt(s). **4** *población (económicamente) activa,* working population.

acto *m.* act, action. *Acto de tomar en cuenta,* taking into account (of), allowance (for), allowing (for). *Acto ilegal,* illegal act.

actor, triz *n.* player; protagonist; participant; agent.

actuación *m.* JUR.: proceedings.

actual *adj.* present, current, *(de actualidad). Bajo las circunstancias actuales,* under the present circumstances. *Resultados actuales,* present results.

actualización *f.* **1** updating. **2** CONTAB.: current value accounting, conversion to current value.

actualizar *v.t.* **1** to update. **2** CONTAB.: to convert to current value. *Actualizar estados financieros,* to convert financial statements to current value.

actualmente *adv.* **1** currently, (EU) presently; at present; now, today. **2** *(en oposición a un pasado lejano)* nowadays. **3** *(teniendo en cuenta el tiempo que acaba de transcurrir)* by now.

actuar *v.i.* **1** to act, to take steps. *Actuar como,* to act as; to claim to be; to volunteer as. *Actuar en calidad de,* to act in one's capacity as... **2** *(conducirse)* to behave. **3** *(entablar un proceso legal contra)* to take legal action, to undertake proceedings (against somebody).

actuario *m.* actuary.

acudir a la justicia, *(procesos legales)* to come before the court(s), to be heard.

a cuenta (depósito-), **1** deposit; instalment. *Dejar, hacer un depósito a cuenta,* to pay/leave/make a deposit. **2** *(en calidad de pago parcial)* on account. *A cuenta (de),* on account (of).

acuerdo *m.* **1** agreement; arrangement; settlement; deal; POL.: accord. **2** *(autorización)* consent, approval, agreement, authorization. *Acuerdo comercial,* trade agreement. *Acuerdo conceptual, marco de un acuerdo,* frame agreement. *Acuerdo de principio,* agreement in principle. *Acuerdo formal,* formal agreement. *Acuerdo informal,* informal agreement.

acuicultura *f.* aquaculture, aquiculture; fish farming.

acumulación *m.* accumulation; piling up; *(inventarios)* build-up; *(de pedidos pendientes de surtir)* backlog. *Acumulación de capital,* accumulation of capital. *Acumulaciones de gastos, gastos acumulados,* accruals.

acumulado, a *adj.* accumulated; accrued; cumulative. *Acumulado a la fecha,* cumulative to date. *Gastos acumulados por pagar,* accrued expenses payable. *Intereses acumulados a la fecha,* cumulative interest to date.

acumular *v.t.* 1 *(inventarios, mercancías, etc.)* to accumulate, to pile up; to stack up; to cumulate; *(riquezas)* to amass; *(informes)* to collect. 2 *(gastos, sueldos devengados, etc.)* to accrue.

acumular(se) *v. pr.* 1 to accumulate, to pile up, to stack up. 2 to accrue.

acumulativo, a *adj.* cumulative. ver **acumulado**.

acuñación *f.* coinage, minting (money).

acuñar *v.t.* *(monedas)* to coin, to mint.

acusación *f.* accusation; charge; indictment, committal for trial. *Cargo de acusación,* count.

acusado, a *n.* 1 accused; defendant. 2 *adj.* *(tendencia)* pronounced.

acusador *m.* accuser; prosecutor.

acusar *v.t.* to accuse (somebody of something); to charge (somebody with something). *(Acusar una alza, etc.)* to show; to record; to register. *Acusar recibo,* to acknowledge receipt.

acusar(se) *v. pr.* *(acentuarse)* to get more obvious, to get stronger.

acuse de recibo *m.* acknowledgment of receipt.

adaptación *f.* adaptation. *Periodo de adaptación,* adaptation period.

adaptador *m.* 1 *(de una obra)* adapter. 2 *(tensión)* converter.

adaptar *v.t.* 1 to adapt, to adjust, to fit. 2 *(convenir)* to suit; to gear. 3 *(modificar)* to modify, to adapt.

adaptar(se) *v. pr.* to adjust, to adapt.

adecuación *f.* adaptation. *Adecuación económica,* economic adaptation.

adecuado, a *adj.* adequate. *Equipo adecuado,* adequate equipment.

adelantado, a *adj.* advanced; anticipated. *Pago por adelantado,* payment in advance. *Por adelantado,* in advance. *Tecnologías adelantadas,* advanced technologies.

adelantamiento *m.* progress, development. *Nivel de adelantamiento de un país,* progress level of a country.

adelantar *v.t.* 1 to anticipate. *Adelantar una reunión,* to anticipate a meeting. 2 to progress. *Adelantar en tecnologías computarizadas,* to make progress in computer technology. 3 to advance. *Anticipar un pago,* to advance a payment. 4 to be ahead of, to keep ahead of; *(rebasar)* to outstrip, to pass.

adelantar(se) *v. pr.* *(relojes) Adelantar uno su reloj,* to put one's watch forward. *Mi reloj se adelanta cinco minutos,* my watch is five minutes fast.

adelanto *m.* 1 advance; payment in advance, advanced payment (ver **anticipo**). 2 progress.

además *adv.* in addition to, apart from, beyond; besides.

además (de) *loc.* as well as, in addition to.

adeudado, a *adj.* 1 *(deuda vencida)* due, owing. *Saldo adeudado,* balance due. *Suma que nos es adeudada,* sum due to us. 2 *con porte por pagar,* carriage forward.

adeudar *v.t.* 1 COM.: to owe. 2 CONTAB.: to debit, to charge.

adeudo *m.* 1 CONTAB.: charge, debit. 2 COM.: indebtedness.

adherir *v.t.* 1 *(sindicatos, etc.)* to join. 2 *(engomar, pegar)* to adhere, to stick. 3 *(estar de acuerdo con)* to approve, to support.

adhesión *f.* 1 adhesion; membership, joining. 2 *(aprobación)* approval, support, backing.

adhesivo, a *n.* adhesive, adherent. *adj.* sticky. *Cinta adhesiva,* adhesive tape.

adicional *adj.* additional. *Cláusula adicional,* additional clause, endorsement, rider. *Estimación adicional,* supplementary estimates. *Gastos adicionales,* additional expenses.

adicionar *v.t.* to add, to tot up.

adición *f.* 1 *(operación)* sum. 2 addition, adding; complement, supplement.

adiestramiento *m.* training. *Adiestramiento de personal,* personnel training. *Adiestramiento en el cargo, en el puesto,* on the job training.

adiestrar *v.t.* to train, to teach.

adinerado, a *adj.* rich, moneyed, wealthy, well-to-do, affluent.

aditamento *m.* addition, addendum.

aditivo *m.* *(química)* additive.

adivinar *v.* to guess. *Una estimación muy exacta,* a very accurate guess.

adjudicación *f.* 1 *(de un contrato),* award, allocation; *"por adjudicación",* by tender. *Adjudicación al mejor oferente,* award to the lowest bidder. *Adjudicación pública,* public/open tender. 2 *(subastas)* knocking down; *"por adjudicación",* by auction. 3 *(judicial)* sale by order of court.

adjudicador, a *n.* awarder; adjudicator.

adjudicar *v.t.* 1 *(un contrato)* to award. *Adjudicar al mejor oferente, al mejor postor,* to award to the lowest bidder. 2 *(subastas)* to knock down; *¡Se va, se va, se fue!,* going, going, gone!

adjudicatario, a *n.* 1 contractor. 2 *(ventas de remate)* buyer; highest bidder, successful bidder.

adjuntar *v.t.* 1 *(añadir)* to add. 2 *(un colaborador, etc.)* to appoint as an assistant, to engage as an assistant, to attach as an assistant.

adjunto, a *n.* assistant; deputy. *Director adjunto,* assistant director.

adjunto *adv.* enclosed, herewith. *Sírvase encontrar en forma adjunta,* please find enclosed.

administración *f.* 1 *(funciones directivas)* management, running, administration, conduct; administrative services. *Administración de inventarios,* stock management, (EU) inventory management, stock control. *Administración de la tesorería, administración del efectivo,* cash management. *Administración de personal,* personnel administration. *Administración de producto,* product management. *Administración de riesgos,* risk management. *Administración inmobiliaria,* real estate management. *Administración por excepción,* management by exception. *Escuela de administración,* business school. *Gastos de administración,* administrative expenses. *Informática de la administración,* computerized management. *Mala administración,* mismanagement. 2 *(funciones operativas)* management. *Administración de gastos,* expenses management. *Administración de operaciones,* operations management. *Administración financiera,* financial management. 3 *(servicios públicos)* public services; civil service. 4 JUR.: trusteeship. *(Propiedades)* administration, stewardship. 5 *consejo de administración,* Board of Directors.

administración científica, scientific management.

administración de ventas, sales processing. *(Distíngase de* sales management, *dirección de ventas, término que tiene implicaciones directas sobre la responsabilidad de la fuerza de ventas).*

administrador, a *n.* 1 administrator, manager. *Administrador de inversiones,* investment manager. *Administrador de la producción,* production manager. *Administrador de personal,* personnel manager. *Administrador de producto,* product manager. *Administrador financiero,* financial manager. *Administrador general,* general manager. *Administrador inmobiliario,* real estate manager. 2 *(consejo de administración)* Director, board member. *Administración saliente (que se retira de su cargo),* retiring/outgoing director. 3 *(de quiebras) (oficial)* receiver. 4 *(de sucesiones)* trustee.

administrador de documentos, involved in red-tape, paper pushing.

administrar *v.t.* (EU) to administrate, to manage, to administer, to run; to operate; to handle. *Administrar mal,* to mismanage. *Administrar por excepción,* to administer by exception. *Administrar un país,* to govern. *Empresa bien administrada,* well-run firm.

administrativo, a *adj.* administrative, managerial. *Finanzas administrativas,* managerial finance. *Rutina administrativa,* red-tape. *Tareas administrativas,* managerial tasks.

admisibilidad *f.* JUR.: admissibility.

admisible *adj.* JUR.: admissible, receivable, acceptable.

admisión *f.* 1 *(entrada)* admittance, entrance. *Derecho de admisión,* entrance fee, admission charge, *(a un club)* membership, fee/dues. *La admisión de Portugal dentro del Mercado Común,* Portugal's entry into the Common Market. 2 *(de mercancías)* entry. *Admisión temporal,* duty-free entry for reexport. *Libre admisión,* duty-free entry. 3 BOLSA: *admisión en la lista de cotizaciones,* admission to quotation, to the Stock-Exchange list, listing.

admitir *v.t.* 1 to admit, to accept; to allow, to permit; *(un miembro)* to take in/on. 2 *(tolerar)* to tolerate, to admit. 3 *(reconocer)* to acknowledge, to grant, to own, to admit. 4 *(a alguien en un examen)* to pass. 5 ADUANAS: *admitir en calidad de exento de derechos,* to allow duty-free, to import duty-free. 6 BOLSA: *admitir en la lista de cotizaciones,* to list.

adopción *f.* adoption, *(de un proyecto de ley)* vote, voting, passing, carrying.

adoptar *v.t.* 1 to adopt. 2 *(una ley)* to vote, to pass, to carry.

adoptivo, a *adj.* adoptive, adopted.

adquirido, a *adj.* 1 acquired. 2 *(demostrado)* established. 3 *(ganado)* earned. 4 *(comprado)* bought, purchased. 5 *(sujeto a conservarse)* non returnable. 6 JUR.: vested. *Derechos adquiridos (de los trabajadores),* vested benefits.

adquiriente (o **adquirente, adquiridor, adquisidor**) *m.* 1 *(mercancías)* purchaser, buyer. 2 *(adquisiciones empresariales)* adquiriente de empresas,* acquirer (of ailing firms).

adquirir *v.t.* 1 to acquire; to gain; to secure. 2 *(= comprar)* to buy, to purchase. 3 *(empresas)* to take over.

adquisición *f.* 1 acquisition. *Adquisición de datos,* data acquisition, access to data. 2 purchase; buying. *Fusiones y adquisiciones,* mergers and acquisitions, M & A. 3 *(adquisición de empresas)* take-over; buy-out, acquisition.

adquisitivo *adj.* purchasing. *Poder adquisitivo,* purchasing power.

aduana *f.* customs. *Agente de aduana, agente aduanal,* customs officer/official. *Almacén bajo el control de la aduana,* bond-store. *Almacén de la aduana,* bonded warehouse. *Cobro de los derechos de aduana,* collection of customs duties. *Declaración ante la aduana,* customs declaration, bill of entry. *Derechos de aduana,* customs duties. *Despacho aduanal,* clearance outwards. *Exento de derechos aduanales,* duty-free. *Franco aduanal,* free of customs duties. *Gastos de aduana,* customs charges. *Ingreso a la adua-*

na, clearance inwards. *Mercancías en la aduana,* bonded goods. *Nota de aduana,* custom-house note. *Oficinas de la aduana,* customs office. *Pasar a través de la aduana,* to clear through customs, to get customs clearance. *Permiso de aduana,* customs permit. *Recibo de la aduana,* custom-house receipt. *Sujeto a derechos de aduana,* dutiable. *Valor de aduana,* customs value. *Visa de la aduana,* customs visa.

aduanero, a *adj.* customs. *Acuerdo General sobre las Tarifas Aduaneras y el Comercio,* General Agreement on Tariffs and Trade (G.A.T.T.). *Barreras aduaneras, aduanales,* customs barriers, tariff walls. *Formalidades aduaneras, aduanales,* customs formalities. *Reformas de las tarifas aduaneras,* tariff reform. *Regulaciones aduaneras,* customs regulations. *Sindicato aduanero,* customs union. *Tarifas aduaneras,* customs tariffs.

adular *v.t.* to adulate, to flatter.

adulteración *f.* adulteration.

adulterado, a *adj.* adulterate.

adulterar *v.t.* to adulterate.

ad valorem, ad valorem.

advenedizo, a *n.* upstart.

adversario, a *n.* adversary, opponent, contender, challenger, enemy.

advertencia *f.* notice, warning; *sin advertencia previa,* without (prior) notice.

advertir *v.t.* 1 *(informar anticipadamente)* to inform, to advise, to notify, to let someone know, to tell, to give notice. 2 *(poner en guardia, en estado de alerta)* to warn.

aéreo, a *adj.* aerial. *Correo aéreo,* airmail. *Flete aéreo,* air freight. *Transportación aérea,* air transportation.

aerograma *m.* radiogram.

aeromoza *f.* stewardess.

aeronáutica *f.* aeronautics, aerospace, aerospace industry.

aeropuerto *m.* airport. *Aeropuerto internacional,* international airport.

aerotransportado, a *adj.* air-borne. *Mercancía aerotransportada,* air-borne merchandise.

aerosol *m.* 1 aerosol. 2 *bomba de aerosol,* spray, spray-can.

aerovía *f.* air way.

afectado, a *adj. (afectado, impactado por)* hit, affected, hurt, hard-hit. *Los menudistas se han visto muy afectados por...,* retailers are hard-hit by... *Nos vimos muy afectados por la crisis,* we have suffered a lot from the crisis.

afectar *v.t.* to affect. *(Afligir, impactar)* to concern; to hit, to hurt.

aferente *adj.* afferent. *Información aferente,* afferent information.

afianzado, a *n.* warrantee.

afianzador, a *n.* guarantor.

afianzamiento *m.* 1 security, guarantee, deposit; bonding. *Afianzamiento de los cajeros,* bonding of cashiers. 2 Jur.: bail.

afianzar *v.t.* 1 *(empleados, cajeros, etc.)* to bond. *Afianzar un empleado,* to bond an employee. 2 *(un mercado, un asunto)* to clinch, to close.

afidávit *m.* affidavit.

afiliación *f.* affiliation.

afiliado *m. (compañía, grupo)* affiliated company, affiliate.

afiliar *v.t.* 1 *(personas, miembros)* to affiliate. 2 *(empresas)* to turn into a subsidiary/an affiliate.

afiliar(se) *v. pr.* 1 to affiliate oneself, to become affiliated. 2 *(adherir)* to join.

afirmar *v.t.* to affirm, to state, to assert.

afirmar(se) *v. pr.* to get firmer, to become pronounced, to firm up, to make oneself felt. *La tendencia se afirma,* the trend is getting stronger.

aflojamiento *m.* Bolsa, Econ.: easing off, slackening.

aflojar *v.t. (medidas)* to loosen, to relax, to slacken, to ease.

afluencia *f.* 1 inflow, influx; flow. *Afluencia de fondos de capital,* capital flow. 2 crowd, rush; *hora de (mayor) afluencia,* rush hour.

afluir *v.i.* to flow in, to pour in. *Los pedidos afluyen,* orders are piling up, pouring in. *Los visitantes afluyen,* visitors are crowding/flocking in.

aforestación *f.* afforestation.

aforestar *v.t. (en el sentido de plantar)* to afforest.

agarrar *v.t.* to catch, to grasp.

agavillamiento *m.* 1 *(heno, paja, etc.)* trussing, tying up, bundling. 2 *(cajas, bultos, etc.)* palletization.

agavillar *v.t.* 1 *(heno, paja)* to bundle. 2 *(apilar toneles, cajas)* to palletize.

agencia *f.* agency, branch. *Agencia bancaria,* bank branch. *Agencia de publicidad,* advertising agency. *Agencia de prensa,* press agency, news agency.

agencia de cambios, exchange bureau.

agencia de colocaciones, employment office, placement office/bureau.

agencia de seguros, insurance agency.

agencia de viajes, travel agency.

agencia exclusiva, sole agency.

agenciar(se) *v. pr.* 1 to get, to obtain. *Agenciarse un empleo,* to get a job. 2 to make an effort (for).

agenda *f.* diary.

agente *m.* 1 agent, representative, broker. *Agente de cambio,* stockbroker. *Agente de seguros,* insurance broker. *Agente exclusivo,* sole agent, exclusive agent. 2 factor, element, agent.

agente aduanal, customs agent, customs officer, customs broker.

agente con comisiones garantizadas, del credere agent.

agente de cambio, agent of change.

agente de pagos, paying agent.

agente de seguros, insurance agent.

agente (viajero) de ventas, representative, commercial traveler, (EU) traveling salesman.

agente de viajes, travel agent.

agente exclusivo, sole agent.

agilización *f.* acceleration, quickening, dispatch. *Exigir la agilización de las negociaciones,* to demand the acceleration of negociations.

agilizar *v.t.* to accelerate, to quicken, to revitalize; to simplify. *Agilizar las actividades de producción,* to revitalize production activities. *Agilizar los trámites legales,* to simplify the legal proceedings.

agio *m.* 1 *(sobre transacciones bancarias)* agio, bank commission; premium. 2 Bolsa: jobbery, speculation.

agiotaje *m. peyor.* Fin.: stock-jobbing; rigging the market; gambling; speculation.

agiotista *n.* gambler, speculator.

agitación *f.* agitation. *Agitación laboral,* labor unrest. *Agitación social,* social unrest.

agitador, a *n.* agitator.

aglomeración *f.* agglomeration.

agotado, a *adj.* 1 exhausted, depleted, out of stock, sold out. *Edición agotada,* out of print edition. *Este artículo está agotado,* we are out of stock with this line. *Nuestros inventarios están agotados,* our stocks are depleted, we are out of stock. *Recursos agotados, (minería)* depleted resources. 2 *(personas)* exhausted; worn out; *(privado de su energía)* burnt out.

agotador, a *adj.* exhausting. *Rutinas agotadoras,* exhausting routines.

agotamiento *m.* exhaustion, exhausting, drying up; depletion, drain. *Agotamiento de los recursos,* depletion of resources.

agotar *v.t.* to exhaust, to consume; to use up; to deplete; to dry up. Fin.: to drain. *Estar agotado,* to be exhausted.

agotar(se) *v. pr.* to get exhausted, to run low, to become depleted. *Nuestros inventarios se agotan,* our stocks are running low.

agradecido, a *adj.* thankful, grateful. *Le estaría muy agradecido si usted...,* I should be grateful if you would...

agradecimiento *m.* Con el agradecimiento de, with the compliments of. *Con mi agradecimiento,* kind regards. *Sírvase expresar mi agradecimiento a...,* my regards to...; *(felicitaciones)* congratulations.

agrario, a *adj.* agrarian. *Reforma agraria,* land reform.

agravamiento (o **agravación**) *m.* increase, worsening, aggravation.

agravante *adj.* aggravating. *Circunstancias agravantes,* aggravating circumstances.

agravar *v.t.* to increase, to worsen, to make worse, to aggravate.

agravar(se) *v. pr.* to get worse, to worsen, to increase.

agregación *f.* adding; addition, adjunction.

agregado, a *n.* attaché; *agregado de prensa,* press attaché, press agent. *Agregado comercial,* a) *(embajadas)* commercial attaché b) *(empresas)* sales representative.

agremiación *f.* Sindicatos: affiliation, adherence.

agremiar *v.i.* to unionize.

agresividad *f.* aggressiveness.

agresivo, a *adj.* aggresive. *Política agresiva de inversiones,* aggresive policy of investment *(en oposición a: Política conservadora de inversiones,* conservative policy of investment).

agrícola *adj.* agricultural. *Exposición agrícola,* agricultural show. *Máquina agrícola,* farming machine. *Maquinaria agrícola,* farming machinery. *Subsidios agrícolas,* farm(ing) subsidies.

agricultor, a *n.* farmer; (EU) agriculturist.

agricultura *f.* agriculture, farming.

agrimensor *m.* surveyor, landsurveyor.

agrimensura *f.* surveying, landsurveying.

agro *m.* rural area; country.

agronomía *f.* agronomy.

agrónomo, a *n.* agronomist.

agropecuario, a *adj.* agriculture and cattle raising.

agrupación *f.* grouping; gathering.

agrupamiento *m.* 1 *(personas, empresas)* group, association, trust, pool. 2 *(mercancías, bultos, etc.)* grouping, bulking.

agrupar *v.t.* to group. *(Embarques, envíos, mercancías)* to bulk.

agua *f.* water. *Agua pesada,* heavy water. *Aguas territoriales,* territorial waters. *Agua usada,* effluent. *Compañía de agua,* water company. *Por vía de agua/vía fluvial,* by water. *Vía de agua, vía fluvial,* waterway.

aguinaldo *m.* Christmas present.

agujereado, a *adj.* pierced; holed.

agujerear *v.t.* to pierce, to perforate, to drill/bore a hole into.

agujero *m.* hole.

ahorrador *m.* saver, investor. *Pequeños ahorradores,* small investors, small savers.

ahorrador *adj.* thrifty, sparing. *Administrador ahorrativo,* thrifty manager. *Ama de casa ahorradora,* thrifty housewife.

ahorrar *v.t.* to save, to economize; to spare, to put aside. *Ahorrar dinero,* to save money. *Ahorrar esfuerzos,* to spare one's efforts. *Ahorrar para las malas épocas,* to save for a rainy day. *Ahorro de tiempo,* to save time.

ahorro *m.* **1** saving(s). *Ahorro forzoso,* forced savings. *Ahorro institucional,* institutional saving. *Ahorro privado,* personal savings, private investors. *Banco de ahorro, caja de ahorro,* savings bank, thrift institution. *Bonos del ahorro,* savings bonds, government savings bonds. *Caja de ahorro postal,* post-office savings bank, postal savings bank. *Cuenta de ahorros,* savings account. *Excedente de ahorro, sobreahorro,* oversaving. *Libreta de ahorros,* savings bank book, coupon book. *Plan de ahorro para el retiro,* savings-related retirement scheme, savings-related pension plan. *Plan de ahorros,* saving(s) plan. *Tasa de ahorro,* rate of saving. *Tasa de interés sobre ahorros,* interest rate on savings. **2** *(espíritu de economía)* thrift, economy; sparing.

aislamiento *m.* **1** isolation. **2** *(térmico, etc.)* insulation.

ajeno *adj.* **1** *(de otra persona)* another's. **2** third party, third parties. *Por cuenta ajena,* for account of a third party, on behalf of a third party.

ajustado *adj.* adjusted. *Saldos ajustados,* adjusted balances.

ajustador *m.* fitter. Seg.: average adjuster.

ajustar *v.t.* **1** to adjust. Seg.: to adjust. *Ajustar un daño,* to adjust the average. *(medidas)* to adjust, to adapt. **2** *(hacer concordar)* to adapt, to adjust, to fit. *Ajustarse a un presupuesto,* to abide by a budget, "to manage to make both ends meet". **3** *(en función de una meta)* to target. **4** Contab.: to adjust. *Ajustar una cuenta,* to adjust an account. *Ajustar cifras,* to adjust figures.

ajuste *m.* **1** adjustment. Seg. Marít.: adjustment. *Ajuste de daños,* average adjustment, *(impuestos, medidas, etc.)* adjustment. *Ajuste de precios,* price adjustment. *Ajuste de una deuda,* rescheduling of a debt. *Ajuste fiscal,* tax adjustment. *Ajuste monetario,* currency/monetary/parity adjustment/alignement. **2** *(liquidación)* adjustment, arrangement, settlement. **3** *(a la demanda, etc.)* adapting, adjusting, matching. **4** Contab.: *ajustes de auditoría,* auditors' adjustment entries. *Asiento de ajuste,* adjustment entry.

a la alza, upward. *Tendencia a la alza,* upward trend, uptrend.

a la baja, downward. *Tendencia a la baja,* downward trend, downtrend.

alabar *v.t.* to praise.

alambre *m.* wire.

a la par, at par. *Vender a la par,* to sell at par.

a la presentación, on presentation, at sight, on demand. *Los documentos serán pagaderos a su presentación,* bills shall be payable on demand.

alargamiento *m.* lengthening; *(alargamiento de un periodo, etc.)* extension, stretching.

alargar *v.t.* **1** to lengthen; to prolong. **2** *(un periodo, un plazo, etc.)* to extend, to stretch.

alarma *f.* alarm; *señal de alarma,* alarm signal.

alarmante *adj.* alarming, disturbing, worrying. *Noticias alarmantes,* alarming news. *Signos alarmantes,* disquieting signs, disturbing signs.

alarmar *v.t.* to alarm, to disturb, to cause concern.

alarmar(se) *v. pr.* to worry, to be worried (about something, over something), to be concerned (about...), to be disturbed (by...).

a la vista, at sight, on presentation, on demand. *Documentos pagaderos a la vista,* bills payable at sight.

alazán *m.* sorrel-colored.

albacea *mf.* executor.

albañil *m.* bricklayer, mason.

albedrío *m.* (free) will.

albergue *m.* inn.

alberguista *mf.* inn-keeper.

alboroto *m.* disturbance, disturbance of the peace. *Alboroto nocturno,* disturbance of the peace at night.

alcalde, desa *n.* mayor (*f.* mayoress).

alcance *m.* **1** reach; *dentro de nuestro alcance,* within our reach. *Fuera de (nuestro) alcance,* out of (our) reach. **2** range; *(alcance de una decisión)* consequences, implications, scope. *Reforma de gran alcance,* far-reaching reform.

alcantarilla *f.* sewer. *Agua de alcantarilla,* sewage.

alcanzar *v.t.* **1** to reach; to arrive, to attain. *Alcanzar una meta,* to reach a goal. *Alcanzar un nivel máximo,* to level off, to peak, to reach a (the) ceiling. *Alcanzar un propósito,* to reach/to achieve a goal. *La producción ha alcanzado su nivel más bajo desde hace cinco años,* production has hit a five-year low. **2** *(precios)* to amount to, to fetch. *Nuestro presupuesto de ventas ha alcanzado un nivel récord,* our sales budget amounts to a record level. **3** *(impactar, afectar)* to hit, to hurt, to affect. *Las empresas más severamente afectadas,* the hardest-hit firms.

alcista *m.* Bolsa: bull.

alcohol *m.* alcohol. *Alcohol desnaturalizado,* denatured alcohol. *Bebidas alcohólicas,* alcoholic drinks.

al corriente, informed, posted. *Estar al corriente de los hechos,* to be informed about the facts.

aldea *f.* village.

aleatorio, a *adj.* **1** random; *muestreo aleatorio,* random sampling. *Números aleatorios,* random numbers. *Selección al azar,* random selection. **2** uncertain; hazardous.

alegar *v.t.* to allege.

alegato *m.* plea.

alejado, a *adj.* distant, remote, outlying.

alejamiento *m.* retiring.

alejar(se) *v. pr.* to move away, to move off, to recede.

alemán, a *n.* y *adj.* German.

alentador, a *m.* encouraging. *Resultados alentadores,* encouraging results.

alerta *f.* alert. *Estar alerta,* to be on the lookout, on the alert.

alfabeto *m.* alphabet. *Ordenar alfabéticamente,* to order alphabetically.

alfarería *f.* pottery. *(Fábrica)* pottery works.

alfarero, a *n.* potter.

alfiler *m.* pin.

alfombra *f.* carpet, carpeting.

al frente, forward.

algodón *m.* cotton.

algodonero, a *n.* cotton dealer.

algoritmo *m.* algorithm.

alguacil *m.* 1 *(justicia)* bailiff. 2 *(del ayuntamiento)* mayor's assistant.

alharaca *f.* ballyhoo, patter; (EU) shilling.

aliciente *m.* incentive, incitement, inducement. *Ofrecer como aliciente,* to offer as an incentive.

alienable *adj.* salable. *Bienes alienables,* salable goods.

alienar *v.t.* to alienate.

aligeramiento *m.* lightening.

aligerar *v.t.* to lighten, to ease (the burden of), to reduce. *Aligerar los cargos,* to reduce charges, to ease charges.

alimentación *f.* 1 *(víveres, provisiones)* food. 2 *(nutrición)* nutrition; *(régimen)* diet. 3 *(hecho de alimentar)* feeding. *Alimentación sana,* wholesome feeding. 4 *(hecho de abastecer)* supply, supplying; *(de energía)* power supply. 5 *(carga de una máquina, corridas de producción)* load. *Sistema de alimentación,* loading system.

alimentador, a *n.* feeder. *Alimentador automático,* automatic feeder.

alimentar *v.t.* 1 to feed. 2 *(una actividad, un presupuesto)* to maintain, to support, to supply. *Alimentar una cuenta,* to pay money into an account, to provision an account. 3 *(una máquina)* to supply power (to), to power, to feed. *Alimentar la inflación,* to fuel inflation, to feed inflation. 4 *(una familia)* alimentar uno a su familia, to maintain one's family. 5 *(carga de una máquina, corridas de producción)* to load. *Alimentar un sistema,* to load a system.

alimenticio, a *adj.* 1 alimentary, nutritive. *Carencia alimenticia,* nutritional deficiency. *Producto alimenticio,* foodstuff. *Régimen alimenticio,* diet. *Sustancia alimenticia,* nutrient. 2 *pensión alimenticia,* alimony; *pensión alimenticia proporcionada a un(a) exconcubino(a),* palimony. 3 *fam.* Necesidad alimenticia, pot-boiler.

alimento *m.* food, foodstuff(s); aliment. *Alimento(s) congelado(s),* frozen food(s). *Alimento para ganado,* cattle food, cattle feed. *Alimento(s) preparado(s),* convenience food(s). *Alimento(s) sanos,* wholesome foodstuff. *Departamento de alimentos,* food department, grocery department. *El alimento y el hospedaje,* food and lodging. *Productos alimenticios,* foodstuffs. *Tienda de alimentos,* grocery shop, grocery store.

alineación *f.* 1 alignment; *alineación monetaria,* currency alignment. 2 CONTAB., FIN.: balancing, adjustment. 3 *alineación sobre la concurrencia (precios, créditos)* matching. 4 line, building-line.

alinear *v.t.* to align; *alinear cifras,* to list figures; CONTAB.: to balance, to adjust.

alinear(se) *v. pr.* 1 to fall into line. 2 *(alinearse sobre la concurrencia)* to match.

alisamiento *m.* smoothing.

alisar *v.t.* to smooth.

alistamiento *m.* enrollment, (GB) enrol(l)ment. MILIT.: enlistment. *(Registro)* enrol(l)ment.

alistar *v.t.* to get ready.

aliviar *v.t.* to alleviate; to reduce; to diminish. *Aliviar un déficit,* to reduce a deficit.

almacén *m.* 1 warehouse, store; inventory. *Almacén de materia prima,* raw materials inventory. *Almacén de productos terminados,* finished products inventory. *Almacén frigorífico,* cold store, cold storage plant. *Puesto fuera del almacén, sujeto a recogerse en el almacén,* ex-warehouse. 2 ADUANAS: bonded warehouse. *Almacén aduanal, almacén de depósito,* bonded warehouse. *Certificado de almacén,* warehouse warrant. *En el almacén,* in bond. *Puesta en el almacén, almacenaje,* warehousing; wharfage. *Vender en el almacén,* to sell in bond. 3 *(tienda comercial)* store, shop. *Almacenes de autoservicio,* self-service store. *Almacenes de sucursales múltiples,* chain store, multiple. *Grandes almacenes,* department store. *Mercancías en almacén,* stock in hand.

almacenado, a *adj.* stored. *Bienes almacenados,* stored goods.

almacenaje *m.* storage, storing, warehousing; laying in; ADUANAS: bonding. *Derechos de almacenaje,* storage charges, storage dues. *Sistema de almacenaje,* storage system.

almacenamiento *m.* 1 stocking, building of inventory; stockpiling; carrying of stocks. 2 storage. *Capacidad de almacenamiento,* storage capacity.

almacenar *v.t.* 1 to store, to warehouse, to stock, to stockpile, to lay in. 2 ADUANAS: to bond. *Mercancías almacenadas en la aduana,* goods in bond, bonded goods.

almacenero (o **almacenista**) *m.* warehouseman, storeman, storekeeper.

almacenes generales *m. pl.* ADUANAS: bonded warehouse(s).

almanaque *m.* almanac, yearbook, calendar.

al mejor postor, to the best bidder.

almoneda *f.* auction, public sale.

almonedar *v.t.* to auction.
almuerzo *m.* breakfast; *(al mediodía)* lunch.
alocación *f.* allocation, attribution. *Alocación de fondos,* funds allocation.
alocar *v.t.* to allocate.
alojamiento *m.* 1 housing. 2 *(hoteles, etc.)* accomodation; amenities.
alojar *v.t.* to accomodate; to lodge, to house; to shelter; to put up. *Alojar por la noche,* to put up for the night.
alquilador, a *n.* lessor.
alquilamiento *m.* renting, hiring, letting.
alquilar *v.t.* to rent, to lease.
alquiler *m.* 1 rent. 2 *(hecho de arrendar)* renting; leasing. *(Por propietario)* letting.
alquiler con opción de venta, hire-purchase, H.P. *Condiciones de alquiler con opción de venta,* H.P. terms.
alrededor *prep.* about, around, *(sumas, cantidades, etc.)* in the region of, circa.
alta *f.* admission. *Dar de alta,* to register, to enlist.
altas y bajas *(o* **altibajos)** *(crecimiento económico)* stop and go.
alteración *f.* alteration, change, deterioration, impairing; *(productos)* adulteration; *(textos)* modification, amendment; falsification. *Alteración marginal,* marginal alteration.
alterar *v.t.* to alter, to modify, to change.
alternación *f.* alternation. *Capacitación/enseñanza con base en periodos de alternación,* cooperative education.
alternativa *f.* choice, option, alternative. *Alternativa recomendada,* recommended alternative. *Elegir una alternativa,* to select an alternative. *La alternativa más conveniente,* the most convenient alternative. *Tener varias alternativas,* to have several alternatives.
alternativo, a *adj.* alternating, alternate, alternative. *Recursos alternativos,* alternative resources.
alto *m.* 1 *(suspensión de movimiento)* stop; cessation; pause; break. 2 *(de un automóvil, etc.)* stop. 3 *los puntos altos y los bajos,* the ups and downs.
alto, a *adj.* y *adv.* high, large; top. *Alta administración,* top management. *Artículos de precio alto,* (EU) big-ticket items. *De un precio alto,* highly-priced, expensive. *Dinero solicitado en préstamo a una tasa alta,* high money. *Los modelos del nivel más alto,* top models. *Los productos de nivel más alto,* top of the line products.
altoparlante *m.* loudspeaker; sound reproducer.
altura *f.* height. *A la altura de,* level with. *Altura del cuerpo,* height.
aludir *v.i.* to allude.
alumbrado *m.* illumination, lighting.
aluminio *m.* aluminium.

alumno, a *n.* (EU) alumnus *(pl.* alumni); *(antiguo alumno, exalumno)* former pupil, old boy, old girl.
alusión *f.* allusion. *Hacer alusión a,* to make reference to.
alza *f.* rise, increase, hike. *Alza máxima,* maximum increase/rise; FIN.: limit up. *Alza rápida,* boom, surge. *Estar al alza,* to be rising, to be on the rise, to go up. BOLSA: *mercado al alza,* bull, bullish market. *Tendencia a la alza,* upward trend, tendency.
alzada *f.* JUR.: appeal.
alzado *m.* by the job; lump sum. *Trabajo a precio alzado,* work by contract, by the job, job work.
alzamiento *m.* 1 raising, lifting; uprising. 2 revolt, insurrection.
alza súbita *f.* sudden rise; *(violencia, etc.)* outbreak. *Alza súbita de precios,* price flare-up, soaring prices; (EU) ballooning.
allanamiento *m.* 1 *(de dificultades)* smoothing (out), ironing out; *(de un terreno, de una superficie)* levelling, smoothing, flattening. 2 JUR.: infringement; violation. *Allanamiento de morada,* housebreaking, breach of domicile.
allanar *v.t.* 1 *(dificultades)* to iron out, to smooth out; *(un terreno, una superficie)* to level, to smooth, to flatten. 2 JUR.: to violate, to breach; to break. *(Allanar una morada, un domicilio)* to break into a house.
allanar(se) *v. pr.* to flatten out.
allegado, a *n.* y *adj. (cercano)* close; *(emparentado)* related; *(partidario)* supporter, adherent.
allegar(se) *v. pr.* to get; to collect. *Allegarse los fondos necesarios,* to get the necessary funds.
amabilidad *f.* *¿Tendría usted la amabilidad de...?,* Would you be so kind as to, would you kindly...?
ama de casa *f.* housewife.
amanojar *v.t.* to truss, to tie up, to bundle.
amarillo *adj.* yellow.
amarra *f.* (mooring) rope, line; *amarras,* moorings.
amarrar *v.t.* 1 to moor; *estar amarrado al muelle,* to lie alongside, to be berthed/lying at the quay. 2 *(una nave espacial)* to dock.
amarre *m.* 1 mooring. 2 *(emplazamiento)* moorings, berth. *Derechos de amarre,* berthage, mooring dues. 3 *(una nave espacial)* docking.
amasar *v.t.* 1 *(reunir)* to collect, to gather, to amass. 2 *(acumular, amontonar)* to pile up, to stock up, to heap up. 3 *(guardar como reserva)* to stock, to store; *(dinero, oro)* to hoard.
ambientación *f.* constitution, composition of an environment.
ambiental *adj.* pertaining to the environment, environmental.
ambiente (medio-) *m.* environment. *Ambiente financiero,* financial environment.

ámbito *m.* scope, contour.
ambulancia *f.* ambulance. *Llamar una ambulancia,* to call an ambulance.
ambulante *adj.* itinerant, mobile, travelling. *Vendedor/mercader ambulante,* pedlar, hawker.
amenaza *f.* threat.
amenazante *adj.* threatening, menacing. *Un futuro amenazante,* a threatening outlook.
amenazar *v.t.* to threaten (with something); *(poner en peligro)* to endanger; to jeopardize. *Amenazar con una denuncia,* to threaten with legal proceedings.
americano, a *n.* y *adj.* American.
amigable *adj.* friendly, amicable. ver **amistoso**.
amigablemente *adv.* amicably. ver **amistoso**.
aminoramiento (o **aminoración**) *m.* lessening, reduction, diminution, decrease.
aminorar *v.t.* e *i.* 1 to reduce, to cut, to lower. 2 to minimize. 3 to lessen, to reduce, to diminish, to restrict, to limit; *(un choque)* to soften; *(una resistencia)* to weaken; *(la eficacia)* to impair.
aminorar(se) *v. pr.* to lessen, to diminish, to decrease; *(una resistencia)* to weaken.
amistad *f.* friendship.
amistoso, a *adj.* amicable; *arreglo amistoso,* amicable settlement; *(cuando ya se ha entablado un proceso judicial)* settlement out of court, out of court settlement; *de manera amistosa,* amicably; by private contract, by mutual agreement.
amnistía *f.* amnesty, pardon. *Dar amnistía,* to amnesty, to pardon.
amnistiar *v.t.* to grant amnesty.
amo, a *n.* master, owner; chief, head, boss.
amonedar *v.t.* to coin.
amontonar(se) *v. pr.* to crowd, to pile up.
amordazar *v.t.* to gag, to silence.
amortiguación *f.* (o **amortiguamiento** *m.*) extenuation, mitigation, diminution; lessening.
amortiguador *m.* shock-absorber; *(= regulador)* buffer.
amortiguar *v.t.* *(un choque)* to soften, to cushion.
amortizable *adj.* *(deudas)* redeemable; amortizable; to be written off.
amortización *m.* 1 *(deudas)* redemption, paying off, paying back. 2 *(gastos de establecimiento)* amortization, amortizement.
amortizar *v.t.* 1 *(reducir)* to lessen, to reduce. 2 *(una deuda)* to amortize, to redeem, to pay off, to pay back.
amovible *adj.* 1 detachable. 2 *(funcionarios, etc.)* removable. 3 *(pensiones, etc.)* revocable.
amparo *m.* 1 *(protección)* aegis. *Bajo el amparo de,* under the aegis of... 2 Jur.: injunction. *Interponer un amparo,* to interpose an injunction.
ampliación *f.* widening, expansion, extension, enlargement.
ampliar *v.t.* to extend, to enlarge, to widen. *Ampliar las instalaciones,* to enlarge the premises.

amplificación *f.* development, growth, increase, amplification.
amplificar *v.t.* 1 to extend, to increase, to enlarge, to amplify, to expand, to spread, to boost. 2 to magnify.
amplificar(se) *v. pr.* to extend, to increase, to expand, to spread, to grow, to develop.
amplio, a *adj.* ample, extensive, wide, vast, copious, abundant; *amplias facultades, amplios poderes,* extensive faculties. *Amplias reformas,* wide reforms, sweeping reforms. *Calcular con un amplio margen para errores,* to allow/to provide ample room/a good margin for error.
amplitud *f.* 1 width, scope, extensiveness, extent, size. *De una gran amplitud,* extensive, far-reaching. *La amplitud de los daños,* the extent of damage. 2 amplitude, range, spread. *Amplitud de mando,* span of management.
amputación *f.* cut, reduction, curtailment, amputation, cutting off, lopping off, pruning.
amputar *v.t.* to cut down, to cut off, to curtail, to reduce, to amputate, to lop off, to prune; *(salarios)* to dock.
amueblado, a *adj.* furnished. *Departamento amueblado,* furnished apartment, lodgings.
análisis *m.* analysis *(pl.* analyses). *Análisis de circulación, de difusión,* circulation breakdown. *Análisis de costos,* cost analysis. *Análisis de crédito,* credit analysis. *Análisis de datos,* data processing, data analysis. *Análisis de estados financieros,* analysis of financial statements. *Análisis de flujo de fondos,* funds flow analysis. *Análisis de mercado,* market analysis. *Análisis de razones financieras,* financial ratio analysis. *Análisis de sistemas,* systems analysis. *Análisis detallado (de resultados),* breakdown. *Análisis de tendencias,* trend analysis. *Análisis financiero,* financial analysis.
analista *mf.* analyst. *Analista de costos,* cost analyst. *Analista de sistemas,* systems analyst. *Analista de valores,* stock market analyst. *Analista financiero,* financial analyst.
analítico, a *adj.* analytical. *Contabilidad analítica,* analytical accounting. *Cuenta analítica,* analytical account. *Mente analítica,* analytical mind. *Reporte analítico,* analytical report.
analizador *m.* analyser. *Analizador de imágenes,* image analyser.
analizar *v.t.* to analyze. *Analizar cuidadosamente,* to analyze carefully. *Analizar estados financieros,* to analyze financial statements. *Analizar resultados financieros,* to analyze financial results.
anaquel *m.* shelf *(pl.* shelves).
anarquía *f.* anarchy.
anárquico, a *adj.* anarchic.
ancho, a *adj.* broad, wide; *(grande)* large, big, ample.

anchura *f.* 1 breadth, width. 2 *(anchura de un puente, etc.)* span; *(rieles de un ferrocarril)* gauge.
anciano, a *n.* old man (woman).
ancla *f.* anchor. *Echar anclas, anclar,* to cast anchor. *Estar anclado,* to lie/to ride at anchor to be anchored. *Levantar anclas,* to heave/to weigh anchor to sail.
anciaje *m.* berthing, mooring, berth.
anclar *v.i.* to anchor.
andamio *m.* scaffold; *andamiaje,* scaffolding.
andén *m.* FERR.: platform. *Acceso al andén,* to the trains. ver **muelle.**
anexar *v.t.* 1 to attach, to bind, to fix, to fasten, to tie, to make fast, to secure; *(con una grapa)* to clasp, to staple, to clip; BOLSA: *cupón anexado,* with coupon, cum coupon, coupon on. 2 *(ligar, vincular)* to attach, to link, to connect. 3 *(anexar, dar importancia a)* to attach importance to, to value. 4 to enclose, to attach. *Sírvase encontrar aquí anexo,* please find enclosed, we are enclosing, we enclose, we are sending you herewith, please find herewith.
anexo *m.* 1 *(edificio)* annex, outbuilding. 2 *(documentos)* annex, appendix, supplement, schedule, attachment. 3 *(cartas)* enclosure.
anexo, a *adj.* 1 supplementary, additional, complementary. 2 related. 3 secondary.
anfitrión, ona *n.* host *(f.* hostess).
ángulo *m.* 1 angle. *Ángulo obtuso,* obtuse angle. *Ángulo recto,* right angle. 2 *(punto de vista)* point of view.
angustia *f.* distress.
animación *f.* 1 liveliness, briskness; *(mercados)* buoyancy. 2 animation, stimulation, coordination. *Animación de la fuerza de ventas,* stimulation of the sales force.
animado, a *adj.* busy, lively; *(mercados)* brisk, buoyant.
animador, a *n.* 1 *(de un programa)* entertainer; *(de un evento)* emcee, master of ceremonies. 2 *adj.* encouraging.
animal de carga, pack-animal.
animal de tiro, draft-animal, draught-animal.
animar *v.t.* to animate, to stimulate.
animar(se) *v. pr. (mercados, negocios)* to liven up, to become lively, to come to life, to look up.
ánimo *m.* spirit, soul; courage.
anomalía *f.* 1 anomaly. 2 *(con relación a una regla o un deber)* irregularity. 3 *(rareza)* addity.
anómalo, a *adj.* anomalous. *Comportamiento anómalo,* anomalous behavior.
anónimamente *adv.* anonymously.
anonimato *m.* anonymity. *Guardar el anonimato,* to remain anonymous, to retain/to preserve one's anonymity.
anónimo, a *adj.* anonymous; unamed. *Sociedad anónima,* joint-stock company, limited liability company. *Sociedad Anónima (S.A.),* (EU)

corporation; (GB) Public Limited Company (PLC, plc), Large Company.
anormal *adj.* abnormal, irregular. *Comportamiento anormal de los precios,* abnormal price behavior.
anormalmente *adv.* abnormally.
anotación *f.* note, annotation, annotating.
anotar *v.t.* to annotate.
antagonismo *m.* antagonism.
antagonista *mf.* opponent; *adj.* antagonistic.
antecámara *f.* waiting-room.
antecedentes *m. pl.* 1 experience, background; attainments; previous record, past record, career to date, track record. *Antecedentes académicos,* academic background. 2 JUR.: acquest. 3 what has been acquired, gained, achieved. 4 JUR.: record. *Antecedentes penales,* police record.
antecesor *m.* predecessor, antecessor.
antedatar *v.t.* to antedate, to foredate, to predate.
antedicho, a *adj.* before mentioned, above mentioned; aforesaid.
antelación *f.* anticipation; advance. *Con una antelación de ocho días,* eight days in advance.
antena *f.* aerial, antenna; *(parabólica)* satellite dish.
anteponer *v.t.* to place (or lay) before.
anteportada *f.* ED.: half title (front page illustrating the title of a book).
anteproyecto *m.* draft project, rough draft; tentative plan, preliminary version; *(de un documento o programa oficial)* green paper.
anterior *adj.* 1 *(precedente)* past, former, previous, earlier. *Ejercicio anterior,* period under review, last fiscal year. 2 *aquello que tiene prioridad, compromiso anterior,* prior engagement, prior commitment. 3 back, rear.
anterioridad *f.* 1 anteriority; antecedence; JUR.: priority. 2 *(antigüedad)* seniority.
anteriormente *adv.* previously; before. *Anteriormente a,* before, prior to.
antes *adv.* before; beforehand; in advance.
antes de impuestos, before tax, pre-tax, tax not included, exclusive of tax. *Utilidades antes de impuestos,* pre-tax profit(s), profit(s) before taxes. *Utilidades antes de impuestos y de participación de los trabajadores en las utilidades de la empresa,* profit before taxes and employees' profit participation.
anticipación *f.* anticipation. *Con anticipación,* in advance.
anticipadamente *adv.* in advance, beforehand; advance, lead; *llegar anticipadamente,* to arrive early.
anticipado, a *adj.* 1 advanced, anticipated. *Compra por anticipado,* hedge buying, anticipation buying. *Dándole(s) las gracias en forma anticipada,* thanking you in advance. *La reunión*

ha sido anticipada una hora, the meeting has been brought forward/put forward an hour. *Pago por anticipado,* advance payment, prepayment. *Reembolso anticipado,* redemption before due date, early refund. **2** *(esperado)* anticipated, expected, prospective. *Volumen de ventas anticipado,* anticipated turnover.

anticipar *v.t.* to advance. **1** *(dinero)* to advance, to lend, (EU) to loan. **2** *(una reunión, etc.)* to bring forward, to put forward. **3** *(anticipar conclusiones)* to make approaches, to make advances. **4** *(prever)* to anticipate, to expect. *Anticipar una crisis,* to anticipate a crisis. *Anticipamos un aumento en la cifra de ventas,* we anticipate an increased turnover. **5** *(obligaciones, reembolsos)* to meet, to redeem before due date.

anticipo *m.* *(fondos)* advance, loan. *Anticipo en descubierto,* overdraft. *Anticipo en efectivo,* cash advance. *Anticipo para gastos de viaje,* advance for traveling expenses. *Anticipos a empleados, anticipos de sueldos,* advances to employees. *Anticipos a proveedores,* advances to suppliers. *Anticipos de clientes,* advances from customers. *Anticipo sobre garantías,* advance against security. *Anticipo sobre mercancías,* advance on goods. *Anticipo sobre títulos,* advance on securities. *Hacer un anticipo,* to advance, to make an advance; to lend money, to make a loan. *Solicitar un anticipo,* to ask for an advance; to ask for a loan.

anticuado, a *adj.* antiquated, out-of-date. *Métodos anticuados,* out-of-date methods.

antigüedad *f.* **1** seniority. *Promoción por antigüedad,* promotion by/according to seniority. **2** Contab.: age. *Antigüedad de las cuentas por cobrar,* age of receivables. *Reporte de antigüedad de las cuentas por cobrar,* aging schedule. **antigüedad(es)** *n.* antique(s). *Tienda de antigüedades,* antique shop.

antiguo, a *adj.* **1** former; old; *(aquello que denota antigüedad)* old fashioned. **2** *(los socios más antiguos)* senior members.

antiinflacionista *adj.* anti-inflationary; against inflation. *Medidas anti-inflacionistas,* anti-inflationary measures.

antirreglamentario, a *adj.* against the regulations, against the rules.

antirrobo *m.* *(caja fuerte)* safety lock. *adj.* antitheft; against theft.

antisocial *adj.* antisocial. *Comportamiento antisocial,* antisocial behavior.

anual *adj.* annual, yearly; *(por año)* per year. *Renta anual,* annuity.

anualidad *f.* **1** *(deudas)* annuity, annual installment, (GB) instalment; *anualidad diferida,* deferred annuity. Seg.: *anualidad vitalicia,* life annuity. **2** *(pago parcial anticipado)* installment, sum (paid) on account.

anualización *f.* annualization. *Anualización de los pagos,* annualization of payments.

anualmente *adv.* yearly, annually, every year, on a yearly basis; *anualmente renovable,* yearly renewable. *Por año,* per year. *Tasa de interés por año,* interest rate per year.

anuario *m.* **1** *(calendario)* calendar. **2** *(publicación anual)* year book, almanac.

anulable *adj.* cancellable; *(contratos, etc.)* voidable.

anulación *f.* cancelling, cancellation; Jur.: voiding, voidance, annulment, redhibition; *(abrogación de un juicio)* quashing, rescission; *(abrogación de una ley)* repeal.

anular *v.t.* **1** to cancel; *anular un cheque,* to cancel a check. **2** *(reuniones, convocatorias, etc.)* to call off. **3** *(rescindir un contrato)* to cancel, to terminate. **4** *(invalidar un contrato)* to nullify, to render null and void. **5** *(juicios, etc.)* to annul, to reverse, to rescind, to void, to quash, to render null and void, to rescind. **6** *(una ley)* to repeal. **7** *(un matrimonio, una medida)* to annul. **8** *(una huelga)* to call off.

anular(se) *v. pr.* to cancel out.

anunciador *m.* **1** Pub.: advertiser. **2** poster-designer, poster-artist. **3** announcer.

anunciante *m.* **1** advertiser. **2** announcer.

anunciar *v.t.* **1** to announce, to notify. **2** Pub.: to advertise, to boost. **3** *(anunciar por medio de anuncios, poner un anuncio),* to bill. **4** to quote. *Anunciar condiciones,* to quote terms, to offer terms. *Anunciar un precio,* to quote a price. **5** *(resultados)* to post; *anunciar (los) resultados,* to post results. **6** *(prometer)* to promise; to herald; to show, to indicate. **7** *(anunciar sobre una pantalla)* to display.

anuncio *m.* **1** announcement; news; statement; notification; *(notificación legal)* notice. **2** *(señal)* sign, indication, signal. **3** *(publicitario)* advertisement, advertising. (EU) ad, (GB) advert. Radio, T.V.: commercial, spot. *Anuncio de doble página,* spread. *Anuncio luminoso,* neon sign. *Anuncios clasificados,* classified ads, classifieds. *Poner un anuncio,* to run an ad, to place an ad. **4** poster; *(teatro, anuncio administrativo)* bill, placard. *Fijador de...,* bill-poster, bill-sticker. *Publicidad por...,* poster-advertising.

anuncio pequeño *m.* card, showcard, small poster, handbill.

anverso *m.* **1** obverse. **2** *(documentos)* face. *En el anverso del cheque,* on the face of the check.

añadidura *f.* addition. *Por añadidura,* in addition.

añadir *v.t.* **1** to add. **2** *(poner a continuación)* to tag on. *A esta situación se añade...,* the situation is compounded by...

año *m.* **1** *(año natural)* year. *Año bisiesto,* leap year. *Año civil, año calendario,* calendar year.

Año comercial, business year. *Año de referencia,* base year. *Año escolar,* school year. *Año fiscal,* fiscal year, taxable year. *Año presupuestal,* financial year. *Año récord,* peak year, record year. *Año universitario,* academic year. *Pagar anualmente,* to pay by the year. **2** *(unidad periódica)* year; *por año,* per annum, p.a., per year, a year. *Año cooperativo,* co-op year, (GB) sandwich year. *Los candidatos deberán tener entre 30 y 35 años,* applicants should be in their early thirties.

apalabrar *v.t.* to agree (orally); to engage.

aparador *m.* **1** display, window display; shop window. **2** *(actividad de un escaparatista)* window-dressing.

aparadorista *mf.* window-dresser.

aparato *m.* **1** appliance, apparatus, device. *Aparato de calefacción,* heater. *Aparato doméstico,* domestic/household appliance. *Aparato eléctrico,* electrical appliance. **2** machine, machinery, instrument, equipment. **3** *(organización)* machinery. *El aparato de un partido,* the party machinery. **4** *(avión)* aircraft, craft. **5** *aparato de fotografía,* camera. **6** set. *Aparato de radio,* radio set; *aparato de televisión,* television set, T.V. set; *aparato telefónico,* telephone set.

aparato doméstico, household appliance, domestic appliance.

aparato eléctrico, electrical appliance.

aparato productivo, production facilities; production capacity.

aparcamiento *m.* parking.

aparcar *v.t.* *(vehículos)* to park.

aparear *v.t.* to match.

aparecer *v.i.* to appear, to emerge. *Hacer aparecer,* to show.

aparejo *m.* NAVEG.: tackle.

aparición *f.* appearance, emergence. *Aparición en el mercado,* arrival on the market, launching/marketing. *La aparición de los ferrocarriles,* the advent of the railway(s).

apartadero *m.* FERR.: siding; *(de animales)* pen.

apartado postal, post office box, P.O. box.

apartamiento *m.* flat; (EU) apartment; *(hoteles, residencias)* suite (of rooms).

aparte (de) *loc.* apart (from), aside (from). *Empaque aparte,* packing extra.

a partir de *(contado a partir de)* from, as from, as of. *El nuevo reglamento será aplicable a partir de...,* the new regulation will be/implemented/ effective as from (as of)...

apatía *f.* apathy, listlessness.

apático *adj.* apathetic, listless.

apeadero *m.* station.

apear *v.t.* to survey.

apelable *adj.* JUR.: appealable.

apelación *f.* JUR.: appeal. *Interponer una apelación,* to lodge an appeal.

apelante *mf.* JUR.: appellant.

apelar *v.i.* JUR.: appeal. *Apelar contra una decisión de la corte,* to appeal a decision. *Corte de apelación,* Appellate Court, (GB) Court of Appeal. *Interponer una apelación,* to file an appeal, to lodge an appeal.

apellido *m.* surname, family name. *Nombre y apellido,* (Christian) name and surname.

apéndice *m.* **1** appendix, annex. **2** addendum *(pl.* addenda).

apercibimiento *m.* summons; warning.

apertura *f.* **1** opening. *Apertura de una cuenta,* opening of an account. *Hora de apertura,* opening time. *Horas de apertura,* business hours, office hours; *(exposiciones)* visiting hours. **2** *(oportunidades)* opening, opportunity. **3** *(debates)* opening, starting. **4** *(de espíritu)* openess of mind, broadmindness.

apilar *v.t.* to pile up, to heap up, to stack up. *Apilar por lotes,* to pile up by lots. *(Información)* to collect.

apilar(se) *v. pr.* to accumulate, to pile up, to heap up, to stack up.

apisonamiento *m.* levelling out, settling.

aplanamiento *m.* **1** *(de un terreno, de una superficie)* levelling, smoothing, flattening. **2** *(curvas, gráficas, etc.)* flattening out.

aplanar(se) *v. pr.* *(curvas, gráficas, etc.)* to flatten out.

aplazado, da *adj.* adjourned, postponed, deferred.

aplazamiento *m.* postponement, postponing, putting off, deferement, deferring, adjournment, adjourning.

aplazar *v.t.* to postpone, to defer, to put off, to adjourn.

aplicable *adj.* applicable. *El reglamento será aplicable a partir de...,* the regulation will take effect (come into force, become operative, effective) as from/as of....

aplicación *f.* **1** applying, application; *(medidas)* implementation; *(leyes)* enforcement. *En aplicación de...,* in pursuance of. **2** *(de una suma a un cierto destino)* appropriation, application; earmarking. **3** JUR.: *aplicación de una pena,* determination of penalty. **4** *(al trabajo),* steadiness; dedication. **5** CONTAB.: appropriation, allocation, disposition. *Aplicación de dividendos,* dividend appropriations. *Aplicación de fondos,* funds allocation. *Aplicación de recursos,* resources allocation. *Aplicación de utilidades,* disposition/distribution of profits. *Aplicación restringida,* restricted allocation/ distribution.

aplicado *adj.* applied. *Estadística aplicada,* applied statistics.

aplicar *v.t.* **1** to apply; *(medidas)* to apply, implement; to put into practice. **2** *(cláusulas)* to apply.

apoderado *m.* **1** agent holding power of attorney. **2** proxy. **3** signing clerk. **4** manager, managing director. **5** deputy, agent. **6** *por (medio de un) apoderado,* by proxy.

apoderar *v.t.* to grant power of attorney (to somebody); to empower, to authorize, to entitle.

apolítico *adj.* apolitical.

aportación *f.* **1** contribution, investment; supply, provision. *Aportación de acciones,* stock issuance. *Aportación de capital social,* issuance of capital stock. *Aportación de capitales extranjeros,* inflow of foreign capital. *Aportación de fondos,* outlay. *Hacer una aportación de fondos,* to put up capital, to advance a sum. *La responsabilidad financiera de los miembros se limita al monto de sus aportaciones,* the members' financial liability is limited to their contribution. **2** JUR.: estate brought in; assets brought into business; assets transferred to company. *Capital de aportación,* initial capital.

aportador *m.* contributor; *aportador de capitales,* provider of capital.

aportar *v.t.* **1** to bring. **2** *(hacer una aportación)* to bring in, to transfer; *(capitales)* to supply, to provide; *aportar acciones,* to issue stock.

apostante *mf.* better; gambler. *(Deportes, etc.)* one who bets.

apostar *v.t.* **1** to bank (on), to stake (on); to put money (on). **2** to bet (on); to gamble. *Apostar a favor de alguien,* to bet on someone, to back someone. BOLSA: *apostar a la alza,* to play for a rise.

a posteriori, a posteriori, post factum; after the fact; *(de manera retroactiva)* ex post facto.

apoyar *v.t.* **1** *(presionar)* to press. **2** *(sostener)* to support, to back, to back up; *sostener una demanda,* to support an application. **3** *(insistir en)* to stress, to emphasize.

apoyar(se) *v. pr.* **1** *(sobre una persona)* to be supported by, to be backed by, to rely on, to have the support of, to have the backing of. **2** *(en una serie de datos)* to rely on; to be based on, grounded on, founded on. *Estas propuestas se apoyan en los resultados del muestreo,* these proposals are based on the findings of the poll.

apoyo *m.* support; backing. *Medidas de apoyo,* attending measures, package, supportive measures/steps.

apreciación *f.* *(juicio)* appreciation, opinion, judgement.

apreciar *v.t.* to appreciate, to value, to like, to be fond of.

apremiar *v.t.* **1** to press. **2** to hurry, to hasten. **3** *(apremiar a un deudor)* to dun.

apremio *m.* JUR.: constraint, coercion, compulsion.

aprender *v.t.* to learn, to study.

aprendiz, a *n.* **1** (EU) intern, trainee, apprentice. **2** *(sujeto a un periodo previo a un empleo)* probationer.

aprendizaje *m.* apprenticeship; on-the-job training. *Contrato de aprendizaje,* articles of apprenticeship, indenture(s). *Colocar/poner en un periodo de instrucción, en calidad de aprendiz,* to be apprenticed, articled *(en,* to). *Seguir un periodo de aprendizaje,* to serve one's apprenticeship, to be in training, to learn one's trade, one's job. *Sujetar a un periodo de aprendizaje,* to apprentice, to article.

apresurado, a *adj.* eager.

apresuramiento *m.* hastiness.

apresurar(se) (a) *v. pr.* to hasten (to), to be prompt (in). *Nos apresuramos a pedirle una disculpa,* we hasten to offer you our apologies.

apretado, a *adj.* tight. *(Escaso, estrecho, etc.) Política de dinero escaso (lit.* apretado), tight money policy. *Presupuesto apretado/estrecho,* tight budget.

aprieto *m.* difficulty, difficult situation. *Estar en un aprieto,* to be in a difficult situation.

a priori, a priori.

aprobación *f.* **1** approval, approbation; assent, endorsement. **2** accord, consent, agreement. *Esta decisión debe ser sometida a la aprobación de,* this decision must be submitted to the approval of..., this decision must be cleared with..., (EU) vetted by... **3** *(cuentas, etc.)* certifying (of accounts).

aprobar *v.t.* **1** to approve; *(con valor moral)* to approve of something. **2** *(dar uno su acuerdo)* to consent to, to agree to; to endorse; to confirm; to ratify; *"leído y aprobado",* "read and approved". **3** *(aprobar)* to support, to endorse, to certify. **4** *(las cuentas)* to certify. **5** *(un proyecto de ley, un gasto, un dividendo, etc.)* to pass. **6** *aprobar una ley,* to pass a bill.

a profundidad *adj.* thorough; *estudio a profundidad,* thorough study, indepth study.

apropiación *f.* *(beneficios)* appropriation; *apropiación fraudulenta de fondos,* embezzlement.

apropiado, a *adj.* appropriate, proper, relevant, adequate, well-suited, suitable, adapted.

a prórrata, in proportion, pro rata.

aprovechado, a *adj.* profiteer.

aprovechamiento *m.* use, utilization; proficiency. *Aprovechamiento de,* taking advantage of. *Para el mejor aprovechamiento de los recursos,* for the best use of resources.

aprovechar *v.t.* to take advantage, to profit (by); to seize, to grasp. *Aprovecharse de,* to take advantage of. *Aprovechar una ocasión,* to seize, to grasp an opportunity.

aprovisionamiento *m.* **1** supply, stock, store, supplies. **2** *(hecho de aprovisionar)* supplying; stocking. *(funciones)* procurement.

aprovisionar *v.t.* to supply. *Aprovisionar a alguien,* to supply someone (with something); to cater for someone. *Bien aprovisionado,* bien *provisto,* well supplied, well stocked. *(Una cuenta)* to replenish.

aprovisionar(se) *v. pr.* to get one's supplies (one's supply); to supply oneself; to lay in stock/ a supply stores.

aproximación f. approximation; gues(s)timate. *Hacer una aproximación,* to make a rough guess; to approximate.

aproximadamente adv. about, nearly. *Aproximadamente 100 dólares de los EU,* about 100 US dollars. *Nuestras estimaciones de costos ascienden a aproximadamente cinco millones de dólares,* our cost estimates amount to about five million dollars.

aproximativamente adv. approximately.

aproximativo, a adj. approximate; *(empírico)* rule-of-thumb. *Una estimación aproximativa,* a rule-of-thumb estimate, a gues(s)timate.

aptitud f. aptitude, ability, capacity; *(competencia)* qualification(s); *(física)* fitness.

apto, ta adj. 1 *(competente)* qualified. 2 *(capaz de ejercer una función)* fit (for something); *(ejército, etc.)* able, apt. 3 *(susceptible de)* likely to; liable to.

apuesta f. 1 bet. *Apuesta desigual,* (betting) odds. 2 gamble.

apuntalar *v.t.* to prop up.

apuntar *v.t.* 1 to aim, to point. 2 to note, to write down, to register.

apunte m. note, annotation.

a punto de partir, 1 *(personas)* about to leave. 2 *(barcos)* about to sail, outward bound. 3 *(trenes, etc.)* leaving. 4 *(aviones)* about to take off; flying to...

apurar(se) *v. pr.* 1 to hurry, to press. 2 to worry.

arable adj. arable, tillable. *Tierra arable,* (EU) plow-land, (GB) plough land.

arado m. (EU) plow, (GB) plough.

arancel m. tariff. *Arancel aduanal,* customs tariff, customs duty. *Aranceles de importación,* import tariff.

arancelario adj. related to customs tariffs. *Derechos arancelarios,* customs duties.

arbitraje m. 1 arbitration. 2 Bolsa: arbitrage, arbitraging, arbitration. 3 Fin.: arbitration; hedging. 4 *(sentencia de un árbitro, "arbitral")* (arbitration) award. 5 Seg.: *arbitraje de averías,* average adjustment.

arbitrar *v.t.* 1 to arbitrate, to settle, to judge, to decide, to act as arbitrator; to make an award. 2 Dep.: to referee, to umpire.

arbitrariamente adv. arbitrarily.

arbitrariedad f. arbitrariness.

arbitrario adj. 1 arbitrary. 2 *(déspota)* despotic, tyrannical. 3 *(al azar)* random.

arbitreador m. arbitrage(u)r, arbitragist; hedger.

arbitrio m. will. *Libre árbitro, libre arbitrio,* free will.

árbitro m. 1 arbitrator, arbiter; referee. 2 Dep.: referee; umpire. 3 *libre árbitro, libre arbitrio,* free will.

árbol m. tree. *Árbol de decisión,* decision tree.

arca f. coffer.

archivar *v.t.* to file. *Archivar alfabéticamente,* to file alphabetically. *Archivar por nombre,* to file by name. *Archivar por número de registro,* to file by record number.

archivero m. 1 *(gabinete, mueble)* filing cabinet, file-cabinet. 2 *(encargado de archivar)* archivist, registrar.

archivista mf. archivist.

archivo(s) m. pl. 1 archives; *archivos cinematográficos,* film archives, stock shot library. 2 *(expedientes)* files, records. *Archivo permanente,* permanent file.

área f. area; zone. *Área comercial,* commercial area, shopping area; shopping center (GB centre), shopping mall. *Área de carga,* loading area. *Área de distribución,* distribution area. *Área de lanzamiento,* launching pad. *Área de reposo,* lay-bay.

arenga f. *(de vendedor)* salesman's pitch, sales pitch, sales talk, (EU) (sales) spiel.

argumentación f. argumentation.

argumentar *v.t.* to argue.

argumento m. 1 argument; point; *argumento sólido, argumento válido,* strong point. *Argumento convincente,* cogent/convincing argument. 2 Cine, T.V.: scenario, screenplay, script, storyline; *(mensaje publicitario)* storyboard.

argumentos de venta, sales arguments, sales claims; sales pitch.

aridez f. barrenness.

árido adj. barren.

armador m. *(barcos)* shipowner.

armadura f. kit.

armamento m. 1 *(armas)* armament, arms, weapons, weaponry. 2 *(hecho de dotar de armas)* arming, providing, supplying, equipping with arms.

armar *v.t.* *(barcos de guerra)* to arm, to supply with weapons.

armario m. (EU) closet, locker; (GB) cupboard.

aroma m. flavor; (GB) flavour.

arquear *v.t.* to gauge.

arqueo m. count; gauging, measuring, measurement. *Arqueo de caja,* cash count. *Arqueo sorpresivo,* surprise count.

arrabalero, a n. suburbanite.

arrancamiento m. tearing off, pulling off.

arrancar *v.t.* 1 *(una página, etc.)* to tear off; to pull off. 2 *(desarraigar)* to uproot. 3 *(una promesa, etc.)* to wring, to wrest, to force.

arranque m. start (up); take off.

arrastrar *v.t.* 1 *(tirar)* to drag (on). 2 *(traspasar un saldo)* to carry (over).

arreglar *v.t.* **1** to arrange, to organize, to manage. **2** *(arreglar un asunto; liquidar, pagar)* to settle, to straighten out. **3** *(reparar)* to repair, to mend, to fix. **4** *(oficinas, etc.)* to fit up; to arrange.

arreglar(se) *v. pr.* **1** *(una situación)* to be settled, to straighten out. **2** *(llegar a un acuerdo)* to come to an agreement. **3** *(manejar una situación, un problema)* to manage.

arreglo *m.* **1** *(oficinas, etc.)* fitting up, arrangement; layout, disposition, organization, lay-out. **2** *(hecho de arreglar)* fitting up. **3** *(acuerdo, entendimiento)* agreement, settlement, understanding, accommodation. **4** *(deudas, etc.)* arrangement; adjustment; settlement; compromise; composition.

arrendable *adj.* rentable.

arrendador *m.* lessor. *Arrendador (proveedor) de fondos,* sleeping/silent/dormant partner.

arrendamiento *m.* leasing; lease; renting, hiring. **1** *(tierra, propietario)* leasing; lease. *Arrendatario,* leaseholder. *Dar en arrendamiento,* to lease, to let (out). *Tenencia de un arrendamiento, inquilinato,* leasehold. **2** renting. *(por propietario, tierra, locatario)* letting. *Agente de arrendamiento,* house agent; (EU) realtor. *Automóvil de arrendamiento,* rental-car. *Monto del arrendamiento, renta,* rent. *Se ofrece en arrendamiento,* for rent, for hire. *(mercadotecnia, etc.)* farming out, leasing. *Tomar en arrendamiento, rentar,* to lease, to rent, to hire. **3** *(para emplazamientos publicitarios)* contracting.

arrendamiento financiero, financial lease.

arrendar *v.t.* **1** *(tierra, propietario)* to lease, to farm out. **2** *(tierra, locatario)* to rent. **3** *(mercadotecnia)* to farm out, to lease. **4** *(para emplazamientos publicitarios)* to contract (for something). **5** *(dar en subcontrato)* to contract out.

arrendatario *m.* tenant, lessee.

arresto *m.* arrest; *en estado de arresto, arrestado,* under arrest. *(Arresto judicial)* arrest; *orden de arresto,* arrest warrant.

arriba *adv.* y *prep.* above, above-mentioned; over; *(más allá)* beyond. *Arriba de la línea,* above the line. *Arriba de la media, arriba de lo normal,* above average. *Arriba de la par, sobre la par,* above par. *Las personas que se mencionan arriba,* the above-mentioned persons. **2** up. *"Este lado arriba",* this side up.

arribismo *m.* place-seeking, pushing, climbing, go-getting.

arribista *mf.* place-seeker, pusher, climber, go-getter.

arriendo *m.* renting.

arriesgado, a *adj.* risky, daring. *Empresa arriesgada,* daring venture. *Inversión riesgosa, arriesgada,* risky investment.

arriesgar *v.t.* **1** *(apuestas, etc.)* to gamble, to bet, to speculate. **2** *(inversiones, negocios, etc.)* to risk, to hazard. *Arriesgar capitales,* to venture/to risk capital.

arroba *f.* weight (measure) equivalent to twenty-five pounds.

arrogar(se) *v. pr.* to arrogate to oneself; to assume.

arrojar *v.t.* to throw.

arruinado, a *adj.* ruined, broke.

arruinar *v.t.* to ruin, to destroy, to bankrupt. *Arruinar la carrera de alguien,* to wreck someone's career.

arruinar(se) *v. pr.* to ruin oneself.

arsenal astillero, shipyard.

arte de las ventas, salesmanship.

arteria *f.* artery; *(ciudades)* thoroughfare.

artesanal *adj.* **1** craft. **2** smallscale, on a small scale.

artesanía *f.* handicraft, arts and trades; *(de arte)* arts and crafts; the cottage industry. *(Los artesanos)* craftsmen.

artesano, a *n.* craftsman, artisan; *(clasificación administrativa)* self-employed person (not belonging to the professions or engaged in agriculture; *v. gr.,* self-employed taxi-driver).

articulista *mf.* journalist, writer.

artículo *m.* **1** article, item; *(mercancías)* commodity. *Artículo pasado de moda,* dud item; junk. *Artículo rebajado (para atraer clientes),* loss leader. *Artículos de alto consumo,* convenience goods. *Artículos de escritorio, de oficina,* stationary supplies. *Artículos de marca,* branded goods, proprietory articles. *Artículos de promoción,* special offer. *Artículos de viaje,* travel goods. *Artículos domésticos,* household appliances, domestic appliances. *Artículos echados a perder (por el paso del tiempo),* shop-soiled articles. *No vendemos/tenemos/trabajamos ese artículo,* we don't sell/keep/stock that article. *Promover un artículo,* to plug/to boost an article, to hawk/to peddle one's ware. **2** *(de un contrato, etc.)* article, clause, provision, item. *Artículos de gastos,* items of expenditure. **3** *(de un diario)* article; *artículo de fondo,* leader, leading article; lead story; editorial.

artículo a precio rebajado, loss leader.

artículos *m. pl.* **1** articles; items; goods. **2** *(de un contrato, etc.)* articles, clauses, provisions, items. **3** *(de un diario)* articles; *(recortes de diarios)* press-cuttings.

artículos aplicados a pérdidas y ganancias, losses and write-offs.

artículos de marca, branded goods; proprietory articles.

artículos de tocador, toiletry.

artículos domésticos, household goods, domestic goods.

artículos pesados *m. pl.* heavy goods.
artículos terminados, finished products. *Inventario de artículos terminados,* finished products inventory.
artificial *adj.* artificial, unreal; imitation, manmade. *Fibras artificiales,* artificial fibres.
artificialmente *adv.* artificially.
artilugio *m.* gadget, gimmick.
asalariado *m.* wage-earner, salaried employee, salary-earner, *pl.* labor. *El personal asalariado de una empresa,* employee's on a company's payroll, payroll.
asalariado, a *adj.* 1 wage-earning. 2 salaried.
asamblea *f.* 1 meeting; assembly; conference. 2 *(reunión)* gathering. 3 *(auditorio)* audience, public, assembly.
asamblea constitutiva, constituting assembly.
asamblea de accionistas, (EU) stockholders' meeting, shareholders' meeting.
asamblea general anual, Annual General Meeting (A.G.M.).
asamblea general extraordinaria, Extraordinary General Meeting.
asamblea general ordinaria, ordinary general meeting.
ascender *v.i.* to ascend, to be promoted. *Ascender a,* to amount to, to add to.
ascensión *f.* rise, climb.
ascenso *m.* promotion. *Dar un ascenso, un aumento,* to give a raise.
ascensor *m.* (EU) elevator, (GB) lift; *(de mercancías)* hoist.
asegurable *adj.* insurable, assurable, which/who can be insured.
asegurado, a *n.* insured; policy holder.
asegurador, a *n.* insurer, insurance company.
asegurador de valores, underwriter.
asegurador líder *m.* lead insurer/underwriter in charge of defining the terms of risk coverage.
asegurador marítimo, underwriter.
aseguramiento *m.* *(promesas, compromisos)* assurance.
asegurar *v.t.* 1 *(contra un riesgo)* to insure; to have something insured. *Asegurarse,* to take out an insurance policy; *Asegurar/suscribir una póliza,* to underwrite a policy. *Asegurar un riesgo,* to underwrite a risk. 2 *(garantizar)* to guarantee. 3 *(aseverar con certeza)* to assure; to vouch for something. 4 *(procurar)* to ensure. 5 *(proporcionar)* to supply, to provide. 6 *(honrar, cumplir)* to meet. 7 *asegurar un crédito,* to stand security for a debt. 8 *(afirmar)* to assure, to affirm, to insist, to claim. 9 *(emisiones de valores),* to underwrite. *Asegurar una emisión,* to subscribe to an issue.
asentar *v.t.* *(en los libros de contabilidad)* to enter (in the books), to post, to record. *Asentar en la cuenta de pérdidas y ganancias,* to post to the profit and loss account, to write off.

asequible *adj.* attainable, feasible.
asesinato *m.* murder, assassination, killing, slaying; *(homicidio voluntario)* wilful murder.
asesino, a *n.* murderer, murderess.
asesor *m.* Jur.: assessor; *(sentido amplio)* assistant.
asesoramiento *m.* assistance, aid, support.
asesorar *v.t.* to advise, to counsel. *Asesorar legalmente,* to give legal advise.
asesoría *f.* counseling. *Asesoría legal,* legal counseling.
asfaltado *m.* 1 *(carreteras, caminos, etc.)* asphalting, surfacing. 2 *(alquitranado)* tarring.
asfaltar *v.t.* 1 *(carreteras, caminos, etc.)* to asphalt. 2 *(alquitrán)* to tar.
asfalto *m.* 1 *(carreteras, caminos, etc.)* asphalt, bitumen. 2 *(alquitrán)* tar.
asfixia económica, economic strangulation.
asfixiar *v.t.* to asphyxiate; *(ahogar)* to stifle; to choke.
asiduidad *f.* dedication to work; devotion to work, application to work; perseverance; *(asistencia regular)* regular attendance.
asiduo, a *adj.* assiduous, diligent.
asiento *m.* 1 Contab.: entry. *Asiento contable,* book-entry; posting. *Asiento cruzado,* cross entry. *Asiento de ajuste,* adjusting entry. *Asiento de caja,* cash entry. *Asiento de crédito, de abono,* entry to the credit side, credit entry. *Asiento de débito, de cargo,* entry to the debit side, debit entry, charge entry. *Asiento de diario,* journal entry. *Asiento de mayor,* ledger entry. *Asiento de transferencia,* transfer entry. *Asiento de traspaso,* transfer entry. *Asientos de apertura,* opening entries. *Asientos de cierre,* closing entries. *Corregir un asiento,* to correct, to adjust an entry. *Hacer un asiento,* to make an entry, to post an item. 2 *(silla)* seat. 3 *(domicilio)* head office. *Asiento/domicilio principal, asiento/domicilio social,* head office, head quarters; Jur.: registered office. *Él ocupa un asiento en el Consejo de Administración,* he is a board member, he sits on the board. *Hay un asiento vacante en el Consejo de Administración,* there is an empty seat on the Board of Directors. 4 *(personas, organizaciones, tribunales, etc.) Ocupar un asiento,* to sit. *Ocupar un asiento en el consejo de administración,* to sit on the Board.
asignable *adj.* assignable, attributable, ascribable *(a, to).*
asignación *f.* 1 *(indemnización, subsidio)* allowance, benefit, subsidy, grant; *asignación por desempleo,* unemployment benefit; *asignación por encarecimiento,* cost of living allowance; *asignaciones familiares,* family allowances. 2 Fin.: *(transferencia)* assignment, assignement, transfer. 3 *(de fondos)* allotment, allocation, appropriation. 4 *(de acciones, etc.)* allotment, attribu-

tion. **5** (nombramiento de una persona) appointment, assignment. (Temporal) tour of duty.

asignar v.t. to assign. **1** (a un puesto) to appoint, to assign. **2** (fijar) to set, to fix, to allot, to apply. **3** (fondos) to allocate; to allot. **4** (= afectar una suma) to assign, to allot, to allocate, to appropriate, to earmark; a una cuenta, to charge to an account. **5** (a una deuda) to charge; to apply. **6** FIN.: (imputar) to appropriate, to apply, to allocate; to charge. (Anticipadamente) to earmark. Fondos asignados a la operación, funds earmarked for the operation/transaction.

asilo m. asylum; asilo político, political asylum; derecho de asilo, right of sanctuary.

asincrónico adj. non-synchronized, asynchronous.

asistencia f. **1** (hecho de asistir) attendance, presence; (asistencia a una reunión), attendance. Asistencia obligatoria, compulsory attendance. Hoja/lista de asistencia, attendance sheet; attendance list/roll. Tarjeta de asistencia, time sheet. **2** (auditorio) audience, public, spectators. **3** (ayuda) assistance, aid, help, relief, backing, support; asistencia económica, economic aid; asistencia/asesoría judicial, legal aid; Asistencia Pública, (GB) Public National Hospital Organization; asistencia social, a) social work; b) (organismo GB) National Assistance; asistencia técnica, technical assistance.

asistente mf. **1** assistant, aide; (palabras compuestas) assistant-, under-; asistente del gerente de productos, Assistant Product Manager. **2** asistentes = personas presentes, those present, those attending; (EU) attendees. **3** asistente social, social worker.

asistido, a adj. **1** (ayudado) assisted, helped, aided, supported, backed. Asistido por computadora, computer-aided. Enseñanza asistida por computadora, computer-aided instruction (C.A.I.). **2** (ayudado por una colectividad) on welfare.

asistir v.t. **1** (ayudar) to assist, to aid, to help, to back, to support. **2** (estar presente) to attend. Asistir a una reunión, to attend a meeting.

asociación f. **1** (hecho de asociarse o de asociar) association, associating; connecting, connection. **2** (organismo) association, council, body. **3** (con fines no lucrativos) society; (no comercial) non-trading association. **4** (de personas) partnership. Formar una asociación, participar en una asociación, to enter into partnership. **5** (de capitales) company, (EU) corporation. **6** JUR.: asociación delictuosa, conspiracy.

asociación de personas, partnership.

asociado, a n. associate; (en una asociación de personas) partner. Asociado comanditado, general/acting, active/partner. Asociado comanditario (sociedad en comandita simple) limited partner; asociado comanditario, (sociedad en nombre colectivo) sleeping partner. (EU) silent/dormant partner. Asociado principal, senior partner. Gerente asociado, managing partner.

asociado, a adj. associated; joint-; aportadores asociados, subscriptores asociados, joint-holders of stock.

asociado único, sole partner.

asociar v.t. to associate, to connect, to unite, to link, to join.

asociar(se) v. pr. **1** (comercio) to enter into an association, into a partnership. **2** to associate with.

asociativo, a adj. of association(s), pertaining to associations.

aspereza f. harshness; bitterness; keenness; sharpness.

áspero adj. harsh, rough.

aspiración f. (del público, etc.) yearning, desire.

aspiradora f. vacuum-cleaner.

aspirante mf. candidate, aspirant, applicant.

astronómico adj. astronomical, (precios) prohibitive. Aumento astronómico, shy-rocketing increase.

asueto m. **1** vacation. **2** school holiday.

asumir v.t. (responsabilidades) to assume, to undertake, to commit oneself, to pledge oneself. Asumir el control de, to take over, to control, to run. Asumir los gastos, to meet the expenses. Asumir responsabilidades, to assume, to shoulder responsibilities.

asunto m. **1** matter; business; affair. **2** JUR.: case.

atacar v.t. **1** to tap, to tackle. Atacar un mercado, to tap a market, to tackle a (new) market. **2** atacar por medio de la justicia, to sue, to take legal action against, to bring an action against. **3** to attack, to criticize.

atacar un nuevo mercado, to tap a new market.

atajar v.i. to stop; to take a short cut.

atajo m. short cut.

ataque m. **1** attack, assault, onslaught; strike, offensive. Dirigir un ataque a, to interfere with, to impair, to damage, to injure, to hurt, to harm, to tamper with. **2** criticism.

atar v.t. (unir, sujetar, etc.) to fasten, to strap, to buckle, to tie.

atascamiento m. traffic jam, congestion, bottleneck.

atención f. **1** attention; care; notice. A la atención de, For the attention of... **2** puesta en guardia, caution; beware. ¡Atención, hombres trabajando!, Danger, works ahead! Watch out, works ahead! ¡Atención, pintura fresca! Mind the paint! **3** poner atención, to pay attention.

atender v.t. RESTAUR.: to wait on somebody.

atenerse v. pr. to abide by. Atenerse a los reglamentos, to abide by the regulations.

atentado *m.* attack. JUR.: breach. *Atentado a la libre concurrencia,* restrictive practice, practice in restraint of trade, unfair trade practice. *Atentado a la seguridad de las personas,* breach of personal safety. *Atentado al orden público,* breach of the peace, disruption of the peace.

atentamente *adv.* attentively, closely, carefully, thoroughly.

atento, a *adj.* attentive; careful.

atenuación *f.* lessening, reducing, reduction, decrease, softening.

atenuante *adj.* attenuating. *Circunstancias atenuantes,* attenuating circumstances.

atenuar *v.t.* to lessen, to diminish, to reduce, to decrease, to soften; JUR.: to extenuate, to mitigate.

atenuar(se) *v. pr.* to decrease, to lessen, to diminish.

aterrizaje *m.* landing. *Aterrizaje catastrófico,* crash landing.

aterrizar *v.i.* to land.

atesorador *m.* hoarder.

atesoramiento *m.* hoarding.

atesorar *v.t.* to hoard.

atestación *f.* 1 certificate. 2 *(recomendación)* testimonial. 3 *(bajo juramento)* affidavit.

atestar *v.t.* to attest, to certify; *(atestiguar)* to testify (to something), to vouch (for something).

atestiguación *f.* (o **atestiguamiento** *m.*) testimony, evidence.

atestiguar *v.t.* to witness.

atmósfera *f.* atmosphere, mood, feeling; environment.

atoaje *m. (remolques)* haulage, rowing.

atómico *adj.* atomic, nuclear. *Desechos nucleares, atómicos,* nuclear waste. *Energía atómica,* atomic energy, nuclear power. *Planta atómica, planta nuclear,* nuclear plant.

átomo *m.* atom.

atonía *f.* dullness; *(economía)* sluggishness.

atracción *f.* attraction, appeal, attractiveness.

atractividad *f.* appeal; attractiveness.

atractivo, a *adj.* attractive; *(espectáculos, etc.)* entertaining.

atraer *v.t.* to attract, to draw; *(gustar, complacer)* to appeal to.

atrancar *v.t.* to bar, to obstruct.

atrás *adv.* backward, behind. *Ir atrás de,* to lag.

atrasado, a *n.* late-comer, late arrival. *A los atrasados se les podrá negar el acceso,* late arrivals may be denied admission.

atrasado, a *adj.* 1 back, rear. 2 *(pagos)* overdue, outstanding, owing, late, behind, in arrears. *Cuenta atrasada,* outstanding account. *Pago atrasado,* overdue payment, outstanding payment. *Renta atrasada,* back rent. 3 tardiness. *(El hecho de estar atrasado de manera más o menos regular);* lateness. 4 lag. *Estar atrasado,* to lag

behind, to be lagging behind. *Estar atrasado en el alquiler/en el trabajo,* to be behind with one's rent/work. *Estar atrasado en un programa,* to be behind schedule, to fall behind.

atrasarse *v. pr.* to fall/to slip behind. *Mi reloj se atrasa,* my watch is slow.

atraso *m.* tardiness, backwardness. *Recuperarse de un atraso,* to catch up (on something, with somebody).

atrasos *m. pl.* 1 arrears, back-interest(s). *Atrasado,* overdue, outstanding, owing. *Atrasos de alquiler,* back rent. *Atrasos de salarios,* back-pay, wage-arrears; *(de pedidos pendientes de surtir)* backlog. 2 *(pedidos)* atrasos acumulados, pedidos pendientes de surtir, backlog.

atraso tecnológico, technological gap.

atribución *f.* 1 attribution, attributing, allocation, allocating, assigning, assignment; *(de una recompensa, de una beca)* granting, award, awarding; *(de acciones)* allotment. 2 *(de funciones)* duty, duties, functions, powers, attributions, competence, field of responsibility, job definition.

atribuible *adj.* attributable, ascribable, assignable; due (to), caused (by). *Atribuible a,* ascribable to, due to. *Retraso atribuible a una huelga,* delay due to/caused by a strike.

atribuir *v.t.* 1 to attribute, to assign, to allocate; *(de acciones)* to allot; *(recompensas, becas, etc.)* to grant, to award. 2 *(imputar),* to ascribe, to attribute. 3 *(atribuir, acreditar a una persona)* to attribute, to credit someone with something. 4 JUR.: to refer, to submit.

atributario *m. (distribución de acciones, etc.)* allotee.

atributo *m.* feature, characteristic.

audiencia *f.* 1 listening. *Hora de gran audiencia,* (EU) prime-time; (GB, radio) peak listening time, (GB, televisión) peak viewing time. *Índice(s) de audiencia, tasa de audiencia,* rating(s). 2 JUR.: hearing; session; *audiencia de testigos,* hearing/examination/examining of witness. 3 *(publicidad, mercadotecnia)* audience; *(mensajes impresos)* readership; *(televisión)* viewership. 4 *(candidatos)* trial performance, audition.

audífono(s) *m.* earphone(s).

audiovisual, audio-visual *adj.* *Método audiovisual (según el contexto),* audio-visual aids/equipment/techniques/methods, the audiovisual industry; the audio-visual press.

auditar *v.t.* to audit.

auditor, a *n.* 1 *(radio)* listener. 2 CONTAB.: auditor. *Auditor externo,* external auditor. *Auditor fiscal,* fiscal auditor. *Auditor interno,* internal auditor.

auditoría *f.* audit, auditing. *Auditoría administrativa,* management auditing. *Auditoría de balance,* balance sheet auditing. *Auditoría de estados financieros,* financial statements auditing. *Au-*

ditoría financiera, financial auditing. *Auditoría operativa*, operations auditing. *Firma de auditores, despacho de auditores*, auditing firm. *Hacer una auditoría*, to audit.

auditorio *m.* 1 *(participantes de una reunión)* audience; public; attendance; listeners. 2 *(recinto físico)* auditorium.

auge *m.* boom, development. *Auge económico*, economic boom. *Tomar auge*, to take off, to soar.

aumentar *v.t.* 1 *(precios, etc.)* to raise, to increase; *fam.* to jack-up. 2 to rise, to increase, to go up; to bring up (to). 3 *(hacer ascender, hacer subir)* to raise, to increase; *(subir precios, sueldos, etc.)* to jack up. *Aumentar el ritmo de*, to step up. 4 *(aumentar el peso de)*, to make heavy, to weigh (on), to increase the burden of... 5 *(aumentar rápidamente)*, to flare (up).

aumento *m.* rise, increase; (EU) hike; (EU) rise; *(del precio de venta al consumidor)* markup. *Aumento de capital*, increase of capital. *Aumento de precio*, price rise, price increase. *Aumento de salario*, pay rise, wage increase, rise in wages; (EU) pay hike, pay rise. *Aumento del número de desempleados*, rise in unemployment figures; (EU) rise in jobless rate. *Solicitar un aumento de sueldo*, to demand a salary increase.

aun cuando *loc.* even if, even though, only to. *Aun cuando yo pierda mi empleo*, even if I lose my job, even if it means losing my job.

auricular *m.* Teléf.: receiver.

ausencia *f.* 1 absence; non-attendance, non-appearance. *Durante su ausencia*, while he/she is (was) away. 2 *(falta)* lack, default, want, absence.

ausentar(se) *v. pr.* to be absent; to go away.

ausente *mf.* absentee.

ausente *adj.* 1 *(personas)* absent, away. 2 *(faltante)* missing.

ausentismo *m.* absenteeism.

auspicio *m.* aegis, auspices, patronage. *Bajo el auspicio de*, under the aegis of...

austeridad *f.* austerity; squeeze; *fam.* belt-tightening. *Medidas de austeridad*, austerity measures. Empresas: retrenchment policy.

autarquía *f.* self-sufficiency. *Vivir en la autarquía*, to be self-sufficient.

autárquico *adj.* self-sufficient. *Crecimiento autárquico*, self-sustained growth. *Repunte autárquico*, self-sustained recovery.

autenticación *f.* certification, certifying, authentication.

autenticar *v.t.* to authenticate, to validate, to certify.

autenticidad *f.* authenticity, genuineness.

auténtico, a *adj.* authentic, genuine, certified.

auto *m.* Jur.: warrant. *Auto u orden de cateo*, search warrant. *Auto de prisión*, arrest, warrant.

auto-adherible *mf.* y *adj.* sticker, self-adhesive label.

autobús *m.* bus. *Línea de autobuses*, bus route/line. *Parada de autobuses*, bus stop.

autocar *m.* bus, coach.

autoconcurrencia *f.* self-competition. *Autoconcurrencia involuntaria*, cannibalization. *Política de autoconcurrencia (entre marcas que pertenecen al mismo grupo)*, multiple branding policy.

autoconducción *f.* homing. *Sistema de autoconducción*, homing device.

autodidacta *m.* self-made man/woman/person; *adj.* self-taught.

autofinanciamiento *m.* self-financing; internal funding.

autogestión *f.* self-management.

autoimpulsado, a *adj.* self-propelled.

autoimpulsión *f.* self-propulsion, self-propelling.

automación *f.* automation.

automático *adj.* automatic, automated. *Con arranque automático*, self-starting.

automatización *f.* automation.

automatizar *v.t.* to automate. *Cajero bancario automatizado*, automatic/automated teller machine.

automotor *adj.* self-propelled, self-propelling.

automotriz *adj.* self-propelled.

automóvil *m.* (EU) car, motor-car; automobile. *Fábrica de automóviles*, car factory, (GB) automobile plant.

automovilista *mf.* car-driver, motorist; automobilist.

autonomía *f.* autonomy, independence; *(países)* self-government, self-governing, self-rule.

autonomista *mf.* autonomist.

autónomo *adj.* autonomous, independent, free; *(países)* independent, self-governing; *(aparatos)* self-operating, self-operative; self-contained.

autopista *f.* (EU) highway; motorway. *(también* superhighway, expressway, thruway, freeway). *Autopista de cuota*, (EU) turnpike road; toll-motorway. *Red de autopistas*, motorway network, motorway system; (EU) highway system, highway network.

autor, a *n.* 1 author; *(libros)* writer, *(canciones)* composer, *(de un escenario)* screenplay writer, scriptwriter, (EU) scripter; *(de un método)* creator, originator, promoter. *Derechos de autor*, copyright(s), royalties. 2 *autor de un accidente*, party at fault.

autoridad *f.* 1 authority. *Dar autoridad total*, to give full power(s). *Es una autoridad en ese campo*, he is an authority, a recognized expert in this field. *Las autoridades*, the authorities, the officials, the administration. *Que autoriza*, authoritative. 2 Jur.: jurisdiction.

A

autoridad paterna (o **materna**), parental authority.

autoritario *adj.* authoritarian; *(régimen)* autocratic, dictatorial; *(personas)* tyrannical, overbearing; **fam.** bossy; *(tono)* peremptory, commanding.

autorización *f.* authorization; consent, agreement, approval. *(Autorización para exportar),* permit; *(para ejercer una función, etc.)* license.

autorizado, a *adj.* authorized, approved, permited. *Distribuidor autorizado,* authorized dealer. *Fuente autorizada, medios autorizados,* reliable source(s). *Opinión autorizada,* authoritative opinion. *Proveedor autorizado,* regular supplier. *Representante autorizado,* accredited representative.

autorizar *v.t.* **1** to authorize, to allow, to permit. **2** *(justificar)* to justify, to entitle. **3** *dar autoridad a alguien para...* to empower somebody (to do something).

autorradio *m.* car-radio.

autorregulación *f.* self-regulation.

autorregulado, a *adj.* self-regulated.

autosuficiencia *f.* self-sufficiency.

autovía *f.* rail-car.

auxiliar *mf.* auxiliary, collaborator, aide, assistant.

auxiliar *adj.* **1** auxiliary, subsidiary, supplementary, reserve; *(equipo, etc.)* auxiliary, ancillary. **2** Contab.: *(libro) Auxiliar de cuentas por cobrar,* accounts receivable ledger. *(Libro) Auxiliar de cuentas por pagar,* accounts payable ledger.

auxiliar de contabilidad *mf.* assistant-accountant, bookkeeper.

auxilio *m.* help, assistance, relief. *Fondo de auxilio,* relief fund. *Fondos de auxilio,* emergency fund. *(Accidentes) personal de auxilio,* the rescue/relief party.

aval *m.* *(garantía)* indorser, endorser, guarantor, backer, security, surety; indorsement, endorsement, indorsing, endorsing, guarantee; *dar uno su aval, comprometerse como aval,* to indorse, to guarantee, to back; *(dar el aval para un crédito)* to stand security, to stand surety; *donante de aval,* guarantor, backer, indorser, endorser, surety, security.

avalancha *m.* rush; run. *Avalancha sobre los bancos,* run on the banks.

avalar *v.t.* to indorse, to endorse, to guarantee, to back. *Avalar un crédito,* to stand security/surety for a debt.

avalista *m.* indorser, guarantor.

avalúo *m.* valuation, appraisal, appraisement. *Avalúo catastral,* tax valuation.

avance *m.* **1** promotion, advancement. *Obtener un avance, una promoción,* to be promoted. *Promoción, avance por antigüedad,* promotion

by seniority. **2** *(avance, progreso de un trabajo)* progress. **3** *(adelanto tecnológico)* breakthrough; advance, development.

avanzado, a *adj.* advanced, sophisticated. *Matemáticas avanzadas,* advanced mathematics.

avanzar *v.t.* e *i.* **1** to move, to go forward, to come forward. **2** *(progresar)* to advance, to progress, to make headway. **3** *(promover)* to promote, to further. **4** *(tener un avance)* to be promoted.

avanzar(se) *v. pr.* to move forward.

avasallar *v.t.* to enslave.

aventajar *v.t.* to favor, to advantage.

avería *f.* average; damage.

averiar *v.t.* to damage.

averiguación *f.* investigation.

averiguar *v.t.* to investigate.

avión *m.* airplane, aircraft; plane, aeroplane. *Avión de propulsión a chorro, avión jet,* jet (plane). *Avión de una línea establecida,* liner. *Avión ejecutivo,* executive jet.

avisar *v.t.* **1** to inform, to advise, to let someone know, to notify, to tell, to give notice. **2** *(poner en estado de alerta)* to warn.

aviso *m.* **1** advice, warning, notice. **2** *(información)* announcement, notification, notifying, notice; *(con matiz de amenaza)* warning. *Aviso de atribución (de acciones),* letter of allotment. *Aviso de cobro,* collection advice, receipt. *Aviso de crédito,* credit advice, credit note. *Aviso de débito,* debit advice, debit note. *Aviso de depósito,* deposit note. *Aviso de devolución de suscripción (atribución de acciones),* letter of regret. *Aviso de ejecución,* contract note. *Aviso de entrega,* delivery note. *Aviso de expedición,* advice of dispatch, notification of dispatch, advice note. *Aviso de recepción,* acknowledgement of receipt. Bolsa: *a menos de que se dé aviso en contrario, salvo aviso en contrario,* unless you hear to the contrary, unless we specify to the contrary, unless otherwise specified, except where otherwise stated. *Hasta nuevo aviso,* until further notice.

ayuda *f.* **1** help. **2** relief; assistance, aid. *Ayuda económica,* economic assistance. *Ayuda extranjera,* foreign aid, foreign assistance. (= *subvención,* subsidy). *Ayuda militar,* military aid.

ayudante *mf.* assistant.

ayudar *v.t.* **1** help, to assist, to aid. **2** *(facilitar)* to further, to promote, to facilitate, to help.

ayuntamiento *m.* municipal authority, municipal goverment.

azafata *f.* air-hostess, stewardess.

azar *m.* chance, random. *Elección hecha al azar,* random choice. *Muestreo al azar, aleatorio,* random sampling.

azulejo *m.* tile.

b

babor *m.* port; port side.

bacaladero *m.* 1 cod-fishing boat. 2 cod-fisherman.

bacalao *m.* cod.

bache *m.* hole, cavity.

bachiller *mf.* one who is studying or has passed his/her school leaving certificate on completion of secondary studies.

bachillerato certificado *m.* school-leaving certificate (after secondary studies); cf. (GB) General Certificate of Education.

baja *f.* 1 decline; lowering; reduction. *La baja de las tarifas aduanales,* the lowering of tariff walls. 2 fall, drop, decrease, cut; sagging, downswing. *Baja de la demanda,* fall (off) in demand, decrease in demand, decreasing demand. *Baja máxima,* maximum fall. *Baja moderada (cotizaciones bursátiles),* setback. 3 *a la baja,* downward. *Mercado a la baja,* falling market, bear market. *Operaciones a la baja,* bear transactions. *Tendencia a la baja,* downward trend. 4 FIN.: limit down. *Las estimaciones han sido revisadas "a la baja", con miras a una reducción,* estimates have been revised down(ward). 5 BOLSA: *baja repentina en el mercado,* break. *Jugar a la baja,* to play for a fall. 6 *parte más baja,* bottom, lower part.

bajar *v.t.* 1 to fall, to drop, to go down, to decrease, to decline. 2 to lower, to reduce, to cut, to lessen, to bring down.

bajista *m.* 1 BOLSA: bear.

bajo, a *adj.* y *adv.* 1 low. *Un nivel bajo de cotización,* a low level of quotation. *Un precio bajo,* a low price. 2 below. *Bajo la par,* below par. *Bajo protesta,* under protest.

bajo *prep.* under. *Bajo el título de,* under the name of.

bajón *m.* greatfall. *Un bajón en el precio de las acciones,* a great fall in the price of stocks.

bala *f.* (algodón, etc.) bale.

balance *m.* 1 (sentido amplio de evaluación) assessment, evaluation, estimate. *Balance provisional,* provisional balance. *Hacer el balance de una situación,* to asess a situation, to take stock of a situation. 2 (de una catástrofe, número de muertos) toll. 3 CONTAB.: balance sheet. *Balance provisional,* interim balance sheet. *Balanza de verificación,* trial balance. *Hacer un balance,* to draw up a balance sheet. *Maquillaje del balance,* cooking (of) the books/window-dressing. 4 *hacer el balance,* to recap; to review/to asses

the situation; to take stock (of a question); NAVEG.: to take bearings.

balance analítico, analytical balance sheet.

balance anual, annual balance sheet.

balancear *v.t.* to balance.

balance auditado, (dictaminado), certified balance sheet. *Balance no auditado (no dictaminado),* uncertified balance sheet.

balance combinado, combined balance sheet.

balance condensado, condensed balance sheet.

balance consolidado, consolidated balance sheet.

balance de liquidación, statement of affairs.

balance general, balance sheet. *Balance general en forma de cuenta,* account format balance sheet. *Balance general en forma de reporte,* report format balance sheet.

balanceo *m.* equilibration; swing.

balance proforma, pro-forma balance sheet.

balance proyectado, projected balance sheet.

balancín *m.* swing bar; pendulum.

balanza *f.* 1 scales. *Balanza de pesar,* weighing machine. 2 balance.

balanza comercial, trade balance, balance of trade. *Balanza comercial favorable, con excedentes,* favorable trade balance. *Balanza deficitaria, desfavorable,* negative/adverse/unfavorable trade balance.

balanza de comprobación, trial balance.

balanza de pagos, balance of payments. *Balanza de pagos corriente,* balance on current account. *Balanza de pagos desfavorable,* negative/adverse/unfavorable balance of payments. *Balanza de pagos favorable,* favorable balance of payments.

banca *f.* banking. *La banca,* the banking sector.

banca electrónica *f.* electronic banking.

bancario *adj.* bank, banking. *Operación bancaria,* banking transaction/operation. *Giro bancario,* banker's draft. *Medios bancarios,* banking circles/community.

bancarrota *f.* bankruptcy. *Caer en bancarrota,* to go bankrupt. *Bancarrota fraudulenta,* fraudulent bankruptcy.

bancarrotero, a *n.* bankrupt, unrehabilitated bankrupt, fraudulent bankrupt.

banco *m.* 1 (institución) bank. *Cuenta bancaria,* bank account, banking account. *Tener una cuenta en un banco,* to bank with, to have an account with. **2** *(de acusados)* dock; *(de testigos)* box. *(de arena)* bank, shoal. **3** *(de pescados)* shoal. **4** *(asiento)* bench.

banco a domicilio, home banking.

banco central, central bank.

banco comercial, commercial bank.

banco corresponsal, correspondent bank.

banco de ahorros, savings bank.

banco de crédito, lending bank, lending institution.

banco de depósito, deposit bank.

banco de descuento, discount bank.

banco de inversión, investment bank.

banco de negocios, investment bank, (GB) merchant bank.

banco de prueba, 1 testing bench. **2** *(sentido general)* testing ground.

banco emisor, issuing bank.

banco estatal, state bank.

banco extranjero, foreign bank.

banco local, local bank.

banco nacional, national bank, domestic bank.

banda *f.* **1** band, party; bunch; *(de criminales)* gang, crowd. **2** *(grabadoras, etc.)* tape.

bandera *f.* flag. *Izar la bandera,* to fly a flag.

banquero, a *n.* banker.

banquillo de acusados, dock.

barahúnda *f.* press; throng; mob.

barata *f.* bargain.

baratería *f.* barratry.

baratija *f.* trash, junk, shoddy goods, cheap goods.

baratillo *m.* odds and ends, curios. *Tienda de baratillo,* curiosity shop.

barato *adj.* low-priced, inexpensive, economical, cheap.

barcaje *m.* ligterage. *Gastos de barcaje,* lighterage charges.

barcaza *f.* **1** ferry, ferry boat; barge; lighter. *Barcaza de motor,* self-propelled barge. *Gastos de barcaza,* lighterage. **2** *(para portar recipientes)* tank.

barco *m.* (small) boat, craft; *(navío)* ship, vessel. *Barco bombero,* fire boat. *Barco carbonero,* collier. *Barco cisterna,* tanker. *Barco de motor,* motor boat, motor launch. *Barco de pesca,* fishing boat, fishing smack. *Barco de placer,* pleasure boat. *Barco de remos,* (EU) row-boat/rowing boat. *Barco de salvamento,* life boat. *Barco de vapor,* steamboat, steamer. *Barco de vela,* (EU) sail-boat/sailing boat. *Barco faro,* lightship. *Barco grúa,* crane boat. *Barco piloto,* pilot boat.

barco barredero *m.* trawler.

barco de cabotaje *m.* coasting vessel, coaster.

baremo *m.* **1** *(de precios)* price list; schedule; *(aduanal)* tariff. **2** table, scale.

barquero, a *n.* boatman, boatwoman; *(barcaza)* ferryman, ferry-woman; *(de chalana)* bargeman; bargee; lighterman. *Gastos de chalana,* lighterage.

barra *f.* **1** bar, rod; *(de protección)* rail. **2** bar, pub, public-house. **3** *barra metálica, barra de oro y plata,* bullion.

barraca *f.* shanty, shed.

barra de abogados *f.* the Bar.

barra de chocolate *f.* bar.

barrer *v.t.* to sweep. *Acto de barrer,* sweeping.

barrera *f.* barrier, gate.

barreras aduanales, tariff walls, tariff barriers, customs barriers, custom walls.

barrica *f.* cask.

barricada *f.* *(militar)* road block. *Hacer una barricada,* to block.

barril *m.* barrel, cask.

barrilito *m.* keg.

barrio *m.* quarter. *Barrio marginal,* shantytown.

basar *v.t.* **1** to base (on), to found (on), to ground (on). *Basado en los supuestos anteriores,* based on the prior assumptions. **2** *(afectar)* to base.

báscula *f.* *(de pesar)* weighing-machine, weighbridge.

báscula de cartas *f.* letter-balance.

base *f.* **1** basis, foundation, grounds; *de base,* basic. **2** *(de un razonamiento)* premise(s). **3** *(base militar)* base. **4** *(sindicatos, etc.)* rank and file; (GB) shopfloor. **5** *(política electoral por oposición a los estados mayores),* grassroots. **6** *base fiscal, base de un impuesto,* tax basis. **7** *base de datos,* data base.

bastar *v.i.* to be sufficient, to suffice. *Que se basta a sí mismo,* self-supporting. *2,000 dólares bastarán para cubrir el gasto,* 2,000 US dollars will suffice to cover the expense.

bastidor *m.* *(de embalajes)* (packing) frame, crate.

basura *f.* garbage, litter, refuse. *Prohibido tirar basura,* No Litter. *Recolección de basura,* garbage disposal/collection.

batalla *f.* battle, fight struggle.

batallar *v.i.* to battle, to flight, to struggle.

batir *v.t.* *(derrotar)* to defeat. *Batir a un candidato saliente, próximo a abandonar su cargo,* to unseat. *Batir un récord,* to break a record. *Derrotar a un candidato,* to defeat a candidate.

batirse *v. pr.* to fight.

baúl *m.* trunk.

bazar *m.* **1** *(oriental)* bazaar. **2** *distíngase de* General Store (EU).

bebedor, a *n.* drinker.

beber *v.t.* to drink. *¡Bebamos a su salud!,* let's drink to your health!

bebida *f.* drink, beverage. *Bebida gaseosa,* sparkling drink. *Bebida piloto, bebida de promoción,* drink on special offer. *Bebida sin alcohol,* soft drink.

beca *f.* *(de estudios)* scholarship; grant.

becar *v.t.* to grant a scholarship.
becario *m.* *(estudiante)* scholarship holder, scholar.
beneficencia *f.* charity. *Oficina de beneficencia,* charitable trust, charitable institution, charitable association, society *(pl. sociedades de beneficencia),* charities.
beneficiar *v.t.* to benefit, to profit (de (EU) from, (GB) by); to take advantage of. *Beneficiarse de la seguridad social,* to draw social security. *Beneficiarse de una cláusula,* to be covered, protected by a clause. *Beneficiarse de una pensión,* to receive/to be paid a pension.
beneficiario, a *n.* beneficiary; *(de un pago)* payee. *Beneficiario de una asignación,* recipient of an allowance. *Beneficiario de una renta,* person living on unearned income, person of independent means, recipient of an allowance. *Beneficiario de un plan de asistencia social,* welfare recipient.
beneficiario *adj.* showing a profit; in the black; *(rentable)* profitable. *Margen beneficiario,* profit margin. *Saldo beneficiario,* profit balance.
beneficiarse *v. pr.* to profit (by, from), to benefit (by, from); to take advantage of, to cash in on, to capitalize on.
beneficio *m.* benefit. *A beneficio de,* in favor of, on behalf of, to the credit of. *Beneficio neto,* net benefit. *Beneficios,* profits. *Beneficios por jubilación,* retirement benefits.
benéfico *adj.* beneficient, positive. *Efectos benéficos,* positive effects.
benévolamente *adv.* gratuitously, voluntarily.
benevolencia *f.* kindness, benevolence, sympathy.
benévolo, a *adj.* kindly, benevolent, sympathetic.
bestia *f.* animal, beast, *(bestias)* cattle. *Bestia de carga,* pack animal, beast of burden.
bibliografía *f.* bibliography.
biblioteca *f.* 1 library. *Puesto de libros,* bookstall. 2 *(muebles) estante de libros,* bookcase.
bicicleta *f.* bicycle, cycle, *fam.* bike.
bicoca *f.* good bargain.
bien *m.* 1 property, estate, possession. *Bienes inmobiliarios, bienes inmuebles,* real estate, real property, immovables. *Bienes inmuebles,* landed property. *Bienes muebles, bienes mobiliarios,* personal estate, personal property, chattels, movables. *Bienes sociales,* corporate assets. 2 *bienes de capital, bienes de equipo,* capital goods. *Bienes de consumo,* consumer goods. *Bienes de equipo doméstico,* durable house goods. *Bienes de producción,* capital goods. *Bienes en fideicomiso,* trust properties. *Bienes hipotecarios,* mortgaged properties. *Bienes personales,* personal properties. 3 good. *Hacer el bien,* to do good. 4 *bienes,* properties. 5 *bienes y servicios,* goods and services.

bienal *adj.* biennal, two-yearly.
bienes de consumo, consumer goods.
bienes de equipo, capital goods.
bienes durables, durables, durable goods.
bienes raíces, real estate, landed property.
bienestar *m.* well-being, comfort, *(de los ciudadanos)* welfare.
bien fundado, a *adj.* well-founded, well-grounded, justified. *Un argumento bien fundado,* a well-founded argument.
bienio *m.* two years.
bienvenida *f.* welcome; *dar la bienvenida,* to welcome, to greet.
bilateral *adj.* bilateral. *Convenio/acuerdo/pacto bilateral,* bilateral agreement.
bilingüe *adj.* bilingual. *Secretaria bilingüe,* bilingual secretary.
billete *m.* note, letter. 1 bill. *Billete de banco,* (EU) bill/bank note. *Billetes en circulación,* (bank) bills outstanding. *Billetes emitidos (por la banca central),* issued bills. 2 ticket. *Billete redondo (viajes),* round-trip ticket.
billetera *f.* wallet.
billón *m.* billion. *Nota importante: EU y Francia, mil millones; GB, España y otros países, un millón de millones.*
bimensual *adj.* fortnightly, semi-monthly, twice a month *(a veces,* EU) bimonthly. *Una revista bimensual,* a fortnightly review, *(a veces,* EU) a bimonthly review.
bimestral *adj.* bimonthly, every two months. *Pagos bimestrales,* bimonthly payments.
bimestre *m.* *(periodo)* two months.
bimetalismo *m.* bimetallism.
bimetalista *m.* bimetallist.
binario *adj.* binary. *Archivos binarios,* binary files.
bis 1 *adv.* *(espectáculos)* repetición. 2 *adj.* No. 42 bis, No. 42 A. *El artículo 2 bis,* clause 2 A.
bisiesto (año), leap year.
bit *m.* INFORM.: bit.
bituminoso, a *adj.* bituminous. *Esquisto bituminoso,* bituminous shale.
blanco *m.* 1 target; PUB.: *blanco que se pretende alcanzar,* target, intended target, target aimed at. *Fijar como blanco,* to target; *(una población)* to define, to identify; *(una campaña, un producto)* to gear. *Fijar una campaña el blanco,* to gear a campaign (to a group). GEOGR.: to zone a campaign. *Población fijada como blanco,* target group, target audience, target market. 2 *(de raza blanca)* white. 3 *(vacío, espacio en blanco)* blank, blank space. *Aceptación en blanco,* blank acceptance. *Cheque en blanco,* blank check. *Firma en blanco,* blank signature. *Llenar los espacios en blanco,* to fill in the blanks. 4 *(tejidos)* linen, linen drapery. *Venta de blancos,* white sale. 5 *dar en el blanco,* to hit/reach, a target, to be

effective. *Las medidas dieron en el blanco, the measures have been effective. Sus argumentos dieron en el blanco, he's made his point, his arguments have gone home.*

blanco, a *adj.* **1** white. **2** *(sin utilidades)* profitless.

blando *m.* soft.

blanquear *v.t.* **1** to whiten. **2** *(textiles, química, exposición a la luz)* to bleach. **3** *(por cocción, ausencia de exposición a la luz)* to blanch. **4** *(ropa)* to launder. **5** *(con agua de cal)* to whitewash. **6** *(declarar inocente)* to clear. **7** *(reciclar fondos de origen dudoso)* to launder.

blanqueo *m.* laundering. *(Con agua de cal)* whitewashing.

blindaje *m.* plating.

blindar *v.t.* to plate.

bloc de notas *m.* note-pad, writing-pad, memo-pad, *(para borrador)* scratch pad.

bloque *m.* **1** block, lump, chunk; *en bloque,* in bulk. *De un solo bloque,* all of a piece, all in one piece. *Comprar en bloque,* to buy in bulk, to buy in the lump. Comprar acciones en bloque(s), to buy blocks of shares. *Un bloque de acciones,* a block of shares. **2** POL.: bloc.

bloqueado, a *adj.* *(calles, caminos)* blocked.

bloquear *v.t.* to block, to halt, to stop; *(salarios, etc.)* to freeze, to peg; *(fondos)* to freeze; *(fondos en el extranjero)* to block, to freeze; *(navegación, etc.),* to bring to a standstill; *(negociaciones, etc.)* to block. *Bloquear un cheque,* to stop a check. Bloquear un puerto, to blockade a port. *Cuenta bloqueada,* escrow account. Las negociaciones están bloqueadas, the talks are deadlocked. Me quedé bloqueado por la circulación, I've been held up by the traffic. Mercancías bloqueadas en la aduana, goods held up at customs.

bloqueo *m.* **1** blocking, stoppage. **2** *(salarios)* freeze, freezing; pegging. **3** blockade; *hacer el bloqueo de,* to blockade.

bobina *f.* *(electricidad)* coil.

boca *f.* **1** mouth; *de boca en boca,* by word of mouth. **2** *(pl. = embocadura)* mouth(s), delta. **3** *(abertura)* opening, mouth; *boca de agua para incendio,* fire hydrant.

boceto *m.* sketch.

bodega *f.* storeroom, warehouse.

boga *f.* *fig.* fashion. *Estar en boga,* to be in fashion.

boicotear *v.t.* to boycott.

boicoteo *m.* boycott, boycotting.

boleta *f.* **1** bill, receipt; slip, form. **2** ticket (EU, *a veces* admission ticket).

boleta de expedición, dispatch note, consignment note, way-bill.

boleta de impuestos, tax receipt.

boleta de paga, pay-slip.

boleta de pago predial, (real estate) tax receipt.

boleta de suscripción, application form, subscription form, subscription blank.

boleta de voto, ballot paper, voting paper. *Voto por boleta secreta,* vote/voting by secret ballot.

boleta para pedido, order form.

boleta salarial, pay-slip.

boletín *m.* bulletin, report. *Boletín contable,* accounting bulletin. Boletín de información, news bulletin. *Boletín de registro del equipaje,* ticket, (EU) baggage check. *Boletín meteorológico,* weather forecast; weather report.

boleto *m.* ticket. *Billete o boleto de abono,* season ticket/(EU) pass. *Billete o boleto de entrada,* admission ticket. Billete o boleto de ida y de regreso, return ticket/(EU) round-trip ticket. Billete o boleto simple de ida, single ticket/(EU) one-way ticket. *(Transportes) el precio del billete o boleto,* the fare. Oficina de billete o boletos, ticketing; ticket office.

bolígrafo *m.* ballpoint pen, *(GB fam.)* biro.

bolsa *f.* **1** *(de valores, etc.)* stock-exchange, stock-market. *Cotizarse en bolsa,* to be listed on the Exchange. *En bolsa,* on the stock-exchange. (Sentido amplio: mercado bursátil) stock market. **2** purse, bag. *Está al alcance de su bolsa,* they can afford it, it is within their means. **3** *casa de bolsa,* brokerage firm, stockbroking firm.

bolsa de mercancías, commodity exchange, produce exchange.

bolsa de trabajo, labor exchange.

bolsa de valores, stock exchange.

bolsa marítima, shipping exchange.

bolsillo *m.* pocket. *Con pérdidas,* out of pocket. *Con utilidades,* in pocket. *Dinero de bolsillo,* pocket money. *Él conoce la empresa como su bolsillo,* he knows the firm inside out.

bombardear *v.t.* to bomb.

bonetería *f.* hoisery.

bonetero, a *n.* hosier.

bonificación *f.* **1** improvement. **2** rebate, discount. *Bonificación sobre ventas,* trade discount. **3** SEG.: bonus.

bonificado, a *adj.* improved. *Préstamo bonificado,* government subsidized loan, low-interest loan.

bonificar *v.t.* **1** *(mejorar)* to improve. **2** *(hacer un descuento, beneficiar)* to allow, to credit. **3** *(compensar pérdidas, etc.)* to make good.

bonificarse *v. pr.* to improve.

bono *m.* **1** FIN., BOLSA: bond. *Bono de la Tesorería,* Treasury bond; Treasury bill. **2** bonus, supplement.

bono al portador, non-registered bond.

bono colateral, collateral bond.

bono con garantía hipotecaria, mortgage bond.

bono convertible, *(v. gr. en acciones)* convertible bond.

bono de caja *m.* deposit receipt, certificate of deposit.

bono de descuento *m.* **1** premium voucher, cash voucher, premium coupon. **2** *(en el interior de un paquete)* in-pack coupon.

bono de la tesorería, Treasury bond; *(a corto plazo)* Treasury bill.

bono exigible a la vista, bond payable at sight, callable bond.

bono exigible en forma seriada, serial bond.

bono garantizado, guaranteed bond.

bono hipotecario, mortgage bond.

bono no garantizado, debenture.

bono nominativo, registered bond.

bono por cobrar, receivable bond.

bono por pagar, payable bond.

borbotón *m.* gush, gushing.

bordado *m.* **1** embroidery; embroidering. **2** *tienda de bordados,* embroidery shop.

borde *m.* *(reborde)* verge.

bordo *m.* board. *(A bordo de un barco),* on board, aboard. *Bienvenido a bordo,* welcome aboard. *Caer fuera del barco,* to fall overboard. *Diario de navegación, libro de bitácora,* to go aboard, to board. *Estar a bordo de un barco,* to be aboard/on board(a) ship. *Lanzar fuera del barco,* to jettison. *Papeles de navegación,* ship's papers. *Recibo de bordo,* mate's receipt.

borrador *m.* rough/waste book; rough draft, rough copy; blotter. *(de caja)* counter cash book. *Goma de borrar,* rubber eraser.

borradura *f.* erasure.

borrar *v.t.* **1** *(con una goma de borrar, con un borrador)* to erase. **2** to wipe out, to wipe off. **3** INFORM.: *borrar datos de una pantalla,* to clear.

bosquejar *v.t.* to sketch, to outline.

bosquejo *m.* sketch, outline.

bota *f.* (high) boot.

botella *f.* bottle; jar. *Botella no retornable,* non-returnable bottle, one-way bottle. *Botella retornable,* returnable bottle. *Poner en botellas, embotellar,* to bottle.

botellero *m.* rack.

botero *m.* bootmaker.

botín *m.* loot, booty.

botón *m.* **1** *(de ropa)* button. **2** *(eléctrico)* switch; *(mecánico, etc.)* knob, button, switch. **3** *(pl. hotel)* page, page boy.

bovino, a *adj.* bovine.

boya *f.* beacon; buoy. *Boya de abalizamiento,* marking buoy. *Boya de anclaje,* mooring buoy. *Boya de salvamento,* life buoy.

boya de amarre *f.* moorings, (anchor) buoy.

bracero *m.* laborer.

brazo *m.* arm. *Faltarle a uno un brazo,* to be shorthanded. *Ser el brazo*

derecho de alguien, to be somebody's right-hand.

brecha *f.* breach, gap, opening. *Brecha, laguna en la legislación, etc.,* loop-hole.

breve *adj.* brief, short. *En breve,* briefly, in short, in brief, to make a long story short.

brillante *adj.* **1** bright, brilliant. **2** *(visualmente)* shiny; bright.

bronce *m.* bronze.

brotar *v.i.* **1** to gush (out), to spurt, to spring (out), to shoot forth. **2** *(salir de)* to spring from.

brusco *adj.* sudden, abrupt.

brutal *adj.* *aumento brutal,* sharp rise, sudden rise. *Rechazo terminante,* blunt refusal, flat no.

bruto, a *adj.* **1** *(materia prima)* raw. **2** *(beneficio, peso, etc.)* gross. *Beneficio bruto,* gross profit. *Producto Nacional Bruto,* Gross National Product/Income, G.N.P. **3** *(petróleo bruto)* crude oil.

buena calidad mercantil *f.* good merchantable quality.

buen negocio, (good) bargain.

bueno, a *adj.* **1** good. **2** *(exacto)* right, correct. **3** *(que conviene)* suitable, proper.

buey *m.* *(animal)* ox, *pl.* oxen; (EU, *novillo*) steer. **2** *(carne)* beef.

bufete *m.* bureau; office.

buhonero *m.* pedlar.

bujía *f.* plug.

bulto *m.* parcel; (EU) package; *por bulto postal,* by parcel post.

buque *m.* vessel, ship. *Buque de alta mar,* ocean-going vessel. *Buque de vapor,* steamship, steamer. *Buque mercante,* merchant vessel, merchantman.

burgués, a *n.* middle-class person, bourgeois.

burguesía *f.* middle-class. *Alta burguesía,* upper middle-class. *Pequeña burguesía,* lower middle-class.

burocracia *f.* bureaucracy, red-tape, red-tapism.

burócrata *mf.* bureaucrat.

burocrático, a *adj.* bureaucratic. *Trámites burocráticos,* bureaucratic formalities.

burocratización *f.* office automation, bureautics.

burocratizar *v.t.* to bureaucratize.

bursátil *adj.* stock-exchange, stock-market.

buscapleitos *m.* JUR.: pettifogging.

buscar *v.t.* to look for, to seek, to search for; *(pequeño anuncio de reclutamiento)* to need, to want. *Ir a buscar,* to go and fetch; *(ir a buscar, recoger un bulto)* to collect, to take delivery of; *ir a buscar a alguien a la estación,* to meet, to pick up.

buscar pleitos, JUR.: to pettifog.

búsqueda *f.* search.

butaca *f.* armchair; *(salas de espectáculos)* seat.

buzón *m.* box. *Buzón de cartas,* mail-box. *Buzón negro,* black box. *Buzón postal, apartado postal,* post office box, P.O. box.

C

caballero *m.* gentleman; *caballeros,* gentlemen.

caballo *m.* horse; *caballo de tiro,* draft/draught horse.

caballo de fuerza *m.* horse-power, h.p.

cabaña *f.* shack.

cabaret *m.* cabaret.

cabecera *f.* upper part; upper end.

cabecilla *m. peyor.* ring-leader.

caber *v.i. (en una sala, en un recipiente)* to go, to fit (in).

cabeza *f.* head. *Cabeza de ganado,* head of cattle *(invariable:* ten head of cattle). *Estar/ir a la cabeza de,* to head, to lead. *Por cabeza, per cápita,* per capita, per head.

cabida *f.* capacity, size, volume; room.

cabina *f.* box, booth.

cabina telefónica *f.* phone-box, (EU) phone booth, public call-box, public box, pay-phone.

cable *m.* cable; wire. *Avisar por cable, enviar un cable o telegrama,* to cable, to wire. *Envío de un cable,* cabling, wiring.

cablegrafiar *v.t.* to cable, to wire.

cabotaje *m.* **1** coasting; coastal traffic. **2** *(barco de cabotaje)* coasting vessel, coaster; *(navegación a lo largo de una costa)* tramping.

cacao *m.* cocoa.

cachivache *m.* curios, dealing in curios, dealing in second-hand goods; *(tienda de cachivaches)* antique shop; junk shop.

cacique *m.* cacique.

caciquismo *m.* caciquism.

cadena *f.* **1** chain. *Cadena de manipulación,* handling chain. *Cadena de tiendas al menudeo,* retail chain, chain stores, multiple-shop operation, multiples. *Cadena/línea de fabricación,* production line. *Cadena/línea de montaje, de ensamblaje,* assembly line. *Trabajo en cadena,* assembly-line production, work on the assembly line. **2** (T.V.: *cadena/canal)* channel; (EU) network. *Cadena/canal de acceso público,* public access channel.

cadencia *f.* rate; pace; rhythm; speed. *Cadencia/ritmo de producción,* production rate.

caducar *v.i.* to expire; to lose one's validity; to become out-of-date. Jur.: to lapse, to void, to render/to make null and void.

caducidad *f.* Jur.: caducity.

caduco, a *adj.* null and void; expired; no longer valid; out-of-date. *Boleto caduco,* used ticket.

caer *v.i.* to fall, to drop. **1** *caer en desuso, (costumbres, etc.)* to disappear, to be on the wane, to fall into disuse. *Ello cae bien,* this is (most) fortunate, this comes at the right time. *Ello cae mal,* this is unfortunate, this comes at the wrong time. *(fechas) La reunión cae en martes,* the meeting falls on a Tuesday. **2** *(en una categoría)* to fall into (a category). **3** *caer dentro de una jurisdicción,* to fall/to be within a jurisdiction. **4** *(disminuir)* to decrease, to go down. **5** *caer en quiebra,* to go bankrupt, to go under.

café (o **cafetería**) *m.* **1** coffee. **2** *fam.* cafe, pub, bar, coffee-house. *Mesero de cafetería,* waiter.

cafetero *m.* **1** *(país productor)* coffee producer; *(cultivador)* coffee-grower. **2** *(propietario de una cafetería)* cafe owner.

caída *f. (de precios)* fall, drop; *(derrumbe)* collapse; *(de un personaje, de un gobierno)* fall. *Caída libre,* free fall. *Caer en caída libre,* to take a free fall, to go into tailspin. *Caída libre,* free fall. *Punto de caída,* dropping area/zone.

caja *f. (para la realización de pagos)* (cash-) desk; *(caja registradora de un supermercado)* check-out counter; *(para expediciones, embarques, etc.)* box; case; *(caja)* till, cash-box; *(fondos en caja)* cash, money in the till, money in hand; *(de una administración, etc.)* cashier's desk. *Caja chica,* petty cash. *Dotación de caja,* allowance to cashier (for possible errors). *Hacer el arqueo de caja,* to balance one's cash. *Libro de caja,* cash-book.

caja chica, till, petty cash.

caja de ahorro, savings bank.

caja de salida, *(al salir de un establecimiento, supermercado, etc.)* check-out counter.

caja de seguridad, *(bancos)* safe; strong-box.

caja fuerte, safe, strong-box.

caja registradora, cash-register.

cajero, a *n.* cashier, teller.

cajero automático, automatic/automated cash dispenser.

cajero automático de banco, automatic/automated teller machine.

cajón *m.* drawer.

cala *f. (de un barco)* hold. *(Para calar)* wedge, block, chock.

calado *m.* draught.

calca (o **calco**) *f.* tracing. *Papel calca o carbón,* carbon paper.

calcar *v.t.* to trace off; to transfer.

calculable *adj.* calculable, computable.

calculador, ra *adj. (personas)* schemer, scheming person.

calculadora *f.* calculating machine, calculator; *calculadora electrónica,* electronic computer; *calculadora numérica,* digital computer; *calculadora de bolsillo,* pocket calculator.

calcular *v.t.* 1 to calculate, to compute, to reckon, to quote a figure; to work out/to figure out a sum, an amount. *Calcular con holgura,* to allow/to provide ample room/a good margin for error. *Calcular el saldo de una cuenta,* to calculate the balance of an account; to count. 2 *(sentido amplio)* to work out. 3 *(estimar, evaluar)* to estimate, to assess. 4 *(calcular uno sus gastos)* to regulate, to adjust.

calculista *mf.* calculator, reckoner.

cálculo *m.* 1 calculation, computing, computation, reckoning. 2 *(diferencial, etc.)* calculus. 3 *(evaluación)* estimate, assessment. 4 *(proyectos)* calculation, scheme, plan.

cálculo del punto de equilibrio, breakeven point calculation.

cálculo de probabilidades, *(teoría de probabilidad)* probability calculus.

caldera *f.* boiler.

calderería *f.* boiler-making; boiler-trade.

calderero *m.* boiler-maker; coppersmith, tinsmith.

calefacción *f.* heating. *Aparato de calefacción,* heating appliance, heater. *Calefacción central,* central heating. *Especialista/técnico en sistemas de calefacción,* heating systems specialist.

calendario *m.* 1 calendar. 2 schedule, time-chart; *(calendario de una negociación, etc.)* timetable.

calentar 1 *v.t.* to heat. 2 *v.i.* to get hot, to become hot.

calibrador *m.* *(indicador de nivel)* gauge, (EU) gage; gauging-rod.

calibrar *v.t.* to gauge, (EU) to gage; to standarize, to calibrate.

calibre *m.* (EU) caliber, calibre; *fam. Calibre de un candidato,* (EU) caliber of an applicant. *(Tubería, etc.)* bore, gauge.

calidad *f. administración total de la calidad,* total quality management (T.Q.M.). *Buena calidad,* genuine quality. *Calidad única,* uniqueness, singleness. *Círculos de calidad,* quality circles. *Primera calidad,* prime quality, high grade, top grade, first-rate.

caliente *adj.* warm, hot.

calificación *f.* 1 *(atribución de un título, de una calidad)* designation, name, title; qualifying, rating, evaluation. 2 *(nivel de capacidad)* qualification. *Certificado de calificaciones,* qualification certificate, proficiency certificate. *Sin calificación,* no calificado, unskilled.

calificaciones *f. pl.* qualification(s).

calificado, a *adj.* 1 *(que tiene las calificaciones requeridas)* qualified; *(calificado para hablar de)* entitled, qualified to speak about, of... 2 *(obre-*

ros) skilled (worker). 3 *(= designado, nombrado)* termed, called; styled; dubbed. 4 *robo calificado,* aggravated theft, aggravated larceny, grand larceny, robbery.

calificar *v.t.* 1 *(caracterizar)* to call, to qualify, to style, to term. 2 *(conferir un título, etc.)* to call, to describe. 3 *(ser admitido)* to qualify. 4 *(nombrarse a sí mismo)* to call, to style oneself.

calle *f.* street. *Calle comercial,* shopping street; busy street. *Calle para peatones,* pedestrian precinct; pedestrian mall; "Pedestrians Only".

callejón sin salida *m.* 1 blind alley, dead-end. 2 *fig.* dead-end. *Empleo sin futuro,* dead-end job.

calma *f. (hecho de calmar)* abatement, calming down, subsiding; quietness.

calma *adj. (asuntos, Bolsa, mercados)* quiet; *(insuficientemente animado)* dull.

calmar *v.t.* to calm, to pacify, to soothe, to appease; *(tensión nerviosa)* to ease, to relax.

calmar(se) *v. pr.* to calm (down), to die down, to abate, to subside. *(Controversias, etc.)* to subside, to blow over, to spend oneself, to die down. *(Tensión nerviosa, etc.)* to relax, to ease; to settle (down).

calor *m.* heat; *(calor de hogar, afecto)* warmth.

caloría *f.* calorie, calory.

calzado *m.* shoe, footwear. *La industria del calzado,* the shoe industry.

cámara *f.* 1 room; *cámara fuerte,* strong room. 2 *(de diputados)* House, Chamber, House of Representatives. 3 *cámara de compensación,* clearing-house. 4 *cámara fría,* cold storage; cold storage room. 5 *cámara oficial de artesanos,* Guild.

cámara de comercio, Chamber of Commerce, Chamber of Trade.

cámara de compensación, clearing-house.

cámara lenta *f.* Cine: slow motion, instant replay.

cámara rápida *f.* Cine: quick motion.

cámara sindical, Committee of Elected Representatives, Elected Board, Committee of Union Representatives.

camarógrafo *m.* cameraman, camera operator.

camarote *m. (barcos)* cabin.

cambalache *m.* exchange, barter, interchange.

cambalachear *v.t.* to exchange, to barter, to interchange.

cambiable *adj.* exchangeable, interchangeable.

cambiante *adj.* changing, variable, unstable.

cambiar *v.t.* 1 to change, to alter, to transform. *Cambiar de empleo,* to change jobs, to switch jobs. 2 *(dinero, divisas)* to change, to exchange. 3 *(de lugar)* to move. 4 *(de un método a otro)* to change, to shift, to switch.

cambiario *adj.* referred to foreign exchange. *Mercado cambiario (o intercambiario),* foreign exchange market.

cambio *m.* **1** exchange; foreign exchange. *Letra de cambio,* bill of exchange. *Pérdida en cambios, pérdida cambiaria,* loss on exchange. *Primera de cambio,* first of exchange. *Segunda de cambio,* second of exchange. *Tasa/tipo de cambio,* exchange rate. **2** change; alteration; transformation. *Cambio de dirección,* new management, shift. *Cambio pequeño,* small change; *cambio superficial,* superficial change, face-lift(ing), papering over, patching up. *Cambios de precios,* price changes. *Medida de cambio superficial,* cosmetic measure. **3** INFORM.: shift. **4** *(cambio de un automóvil por otro)* trade-in. *Dar a cambio,* to trade in. *¿Podría usted tomarme a cambio/a cuenta mi antiguo automóvil?,* can I trade in my old car (for a new one)? **5** *(vuelto)* dar cambio, to give change. **6** *a cambio de,* in return for. **7** *agente de cambio, agente cambiario,* agent of change. **8** *(cambio de un método a otro)* change, changeover, shift, switch. *El cambio de P.E.P.S. a U.E.P.S.,* the shift from L.I.F.O. to F.I.F.O.

cambios *m. pl. mercado de cambios,* foreign exchange market. *Agencia de cambios,* exchange bureau.

cambista *m.* money changer; foreign-exchange trader; (foreign) exchange-broker; (foreign) exchange-dealer.

camerino *m. (trenes, barcos)* berth; *compartimiento,* sleeping compartment, sleeper; *(cama de niños)* cot, child's bed; *(cama plegadiza)* collapsible bed.

camino *m.* path, way, road; *método del camino crítico,* critical path method.

camión *m.* **1** *(carga)* truck; (GB) lorry. *Camión de mudanzas,* removal van. *Camión grúa,* breakdown van, breakdown lorry. *(Transportar en camión)* to carry, to cart, (US) to truck. **2** *(transportes)* bus.

camionaje *m.* haulage, road-haulage; cartage, carting.

camión cisterna, tanker; (EU) tank-truck; (GB) tanker lorry.

camión de pasajeros, passenger car.

camión de plataforma, (EU) flat car; flat (goods) truck.

camión de volquete, (EU) dump-truck, tipping truck. (GB) tip-lorry.

camionero *m. (Conductor de camiones)* (EU) truck driver, trucker, teamster; lorry driver. *Operador de una compañía camionera,* owner operator; haulier, (EU) hauler.

camioneta *f.* van, truck; (EU) pick-up truck. *Camioneta de entrega, de reparto,* delivery van. *Camioneta de remolque,* tow-truck, breakdown van, (EU) tow car, wrecker.

camioneta de reparto, van, delivery van, (EU) delivery truck.

camión repartidor, (EU) delivery truck, delivery van.

camión tanque, tank car, truck car.

camisa *f.* shirt.

camisería *f.* **1** haberdashery. **2** shirtmaking, shirt factory.

camisero *m.* **1** haberdasher. **2** shirt-maker.

campamento *m. (de verano)* summer camp, holiday camp.

campaña *f.* campaign, drive. *Campaña de reclutamiento,* recruiting drive. *Campaña publicitaria,* advertising campaign.

campesinado *m. pl.* farmers; peasantry.

campesino *m.* farmer; peasant. *Los campesinos,* (the) farmers.

campo *m.* **1** *(superficie, área)* field; *Campo de acción,* scope. *Campo de actividades,* field of operation. *Campo de una feria,* fair-ground. *Campo petrolífero,* oil-field. *Campo/pista para carreras,* race-course, race-track. **2** *(campiña)* countryside, country.

canal *m. pl. canales.* NAVEG.: channel; fairway. *(Canal de distribución, etc.)* channel.

canales de comunicación, communication channels.

canales de distribución, distribution channels.

canalización *f.* pipe, piping, mains, conduit.

canalizar *v.t.* **1** to channel. **2** to canalize. **3** *(fuente de energía)* to harness.

canasta *f.* **1** basket. **2** BOLSA: floor; ring.

cancelación *f.* cancellation, termination; cancelling, offset. *Cancelación de una deuda,* denunciation of a debt, cancellation of a debt (by the debtor). *Cancelación de una inscripción hipotecaria,* entry of a satisfaction of mortgage.

cancelar *v.t.* **1** to cancel, to terminate, to annul. *Cancelar un arrendamiento,* to cancel a lease; *(cancelar un pedido)* to cancel (an order); *(cancelar una reunión)* to call off (a meeting). **3** JUR.: to cancel, to rescind. *Cancelar una inscripción hipotecaria por mención de registro,* to enter a memorandum of satisfaction of mortgage on the register. **4** *(pólizas de seguros)* to cancel, to annul.

cancillería *f.* chancellery.

candente *adj.* incandescent.

candidato, a *n.* candidate, applicant; *candidato designado, candidato oficial,* nominee. *Presentar un candidato,* to field a candidate.

candidatura *f.* application, candidacy. *Presentar uno su candidatura,* to apply. *Quisiera presentar mi candidatura para el puesto de,* I wish to apply for the position of.

cándido *m.* gull. *fam.* sucker.

canilla *f. (textiles)* bobbin, spool, reel.

cantera *f. (de piedra, etc.)* quarry, pit.

cantero *m.* quarryman, quartier, quarry operator.

cantidad *f.* quantity, amount, sum. *Anticipar una cantidad (de dinero),* to advance an amount of money. *Cantidad a precio alzado,* lump sum. *(Inventarios) Cantidad económica de la orden,* economic ordering quantity (E.O.Q.). *Cantidad fija,* fixed amount. *Cantidad global,* aggregate amount, overall amount. *Cantidad total,* total amount, aggregate amount. *Cantidad variable,* variable amount. *Una gran cantidad de personas,* a lot of people.

cantón *m.* canton, district.

canje *m.* exchange, interchange.

canjeable *adj.* exchangeable, interchangeable.

canjear *v.t.* to exchange, to interchange.

cáñamo *m.* hemp.

caos *m.* chaos.

capacidad *f.* **1** capacity, ability, capability, competence, competency, talent; qualification; content. *Capacidad de autofinanciamiento,* self-financing capability; cash flow. *Capacidad de endeudamiento, de préstamo,* debt capacity. *Capacidad financiera,* financial means. *Tener capacidad legal (para),* to be legally competent. *Tener la capacidad para,* to be qualified (for, to do). **2** NAVEG.: capacity.

capacidad adquisitiva, purchasing power.

capacidad de alojamiento, accommodation facilities.

capacidad de fábrica, plant capacity.

capacidad de procesamiento, processing capacity, *(datos)* data-handling capacity.

capacidad de producción, production capacity.

capacitación *f.* training, instruction. *Capacitación del personal,* personnel training. *Departamento de capacitación,* training department.

capacitado, a *adj.* qualified. *Obrero capacitado,* skilled/qualified worker.

capacitador *m.* trainer; instructor; educator.

capacitar *v.t.* to train, to teach.

capataz *m.* foreman, overseer.

capaz *adj.* capable; able; competent.

cápita ver **cabeza.**

capital *m.* *(pl.* **capitales)** capital. *(En tal sentido, este término nunca es plural en inglés). Acciones de capital,* capital stock, share capital. *Aflujo, influjo de capital,* capital inflow. *Aumento de capital,* increase of capital. *Capital de una sociedad,* corporate assets. *Ingresar/participar en el capital de una sociedad,* to buy shares of a company, to buy into a company. *Tener necesidad de fondos de capital,* to need funds, to need cash. *(capital de un préstamo)* capital, principal. *Capital e intereses,* principal and interest. *Sociedad de capitales,* corporation, corporate body, limited liability company.

capital *adj.* **1** basic, fundamental, chief, essential, mayor. **2** *pena capital,* death sentence.

capital aportado, invested capital.

capital autorizado, authorized/registered capital.

capital circulante, working capital, circulating capital; current assets, short-term assets.

capital común, common stock.

capital contable, SOCIEDADES: net worth, stockholders' equity, owners' equity, net assets.

capital de riesgo, risk capital, venture capital.

capital de trabajo, working capital.

capital disponible, available capital, available assets.

capital emitido, issued capital.

capital en circulación, outstanding capital.

capitales, capital, funds, money, cash. *Capitales permanentes,* invested capital.

capitales especulativos, **1** *(febriles)* hot money. **2** *(capital de riesgo)* risk capital.

capitales febriles, hot money.

capitales flotantes, hot money, floating capital.

capitales improductivos, idle capital.

capitales móviles, floating capital, hot money.

capitales propios, **1** stockholders' equity, net worth, equity capital. **2** *(de un individuo, etc.)* own capital, proprietary capital.

capital exhibido, paid-in capital.

capital extranjero, foreign capital.

capital fijo, fixed capital, fixed assets.

capital flotante, floating capital.

capital improductivo, improductive capital.

capital inicial, initial capital.

capital invertido, invested capital, equity.

capitalismo *m.* capitalism.

capitalista *mf.* capitalist.

capitalista *adj.* capitalist, capitalistic.

capitalizable *adj.* capitalizable.

capitalización *f.* capitalization. *Capitalización del ingreso,* income capitalization. *Tasa de capitalización,* capitalization rate.

capitalizar *v.t.* to capitalize.

capital líquido, liquid capital.

capital neto, net capital.

capital no emitido, unissued capital.

capital no exhibido, unpaid capital; uncalled capital.

capital nominal, nominal capital.

capital pagado, paid-up capital.

capital preferente, preferred stock.

capital propio, stockholders' equity.

capital social, **1** capital stock. *Capital social autorizado,* authorized capital stock. *Capital social suscrito,* subscribed capital stock. **2** *(nominal)* authorized capital, registered capital. **3** *(capital real de una sociedad)* capital.

capital solicitado para reembolso, called-up capital.

capital suscrito, subscribed capital.
capitán *m.* captain; *(barco de pesca, de complacencias)* skipper. *Capitán en jefe,* master mariner.
capitular *v.i.* to capitulate.
capítulo *m.* 1 chapter. 2 *(capítulo/título de una cuenta)* heading, item.
caprichoso, a *adj.* *(mercados)* changing, irregular, unsteady, skittish, shifting, freakish.
captar *v.t.* *(una energía)* to tap, to harness.
captura *f.* PESCA: catch.
capturar *v.t.* *(datos)* to enter data, to key in data.
carácter *m.* 1 *(característica)* characteristic, (main) feature; trait. 2 *(de una persona)* temper; personality; disposition; turn; nature. 3 *(naturaleza de un evento, etc.)* nature, turn, tone. 4 *(imprenta)* type. *Escribir con caracteres/letras de imprenta,* to write in block characters, to write in capitals; (EU) to print.
carácter anticuado, outdated character, dilapidated state, decay.
característico, a *f.* characteristic, (main) feature.
cara o cruz, heads or tails.
caravana *f.* 1 caravan (EU: trailer). 2 *(publicitaria, etc.)* motorcade.
carbón *m.* coal. *(Mina de carbón)* coal-mine. *Carbón blanco,* hydroelectricity.
carburante *m.* fuel.
carenadura *f.* MARINA: careening, careenage.
carenar *v.t.* MARINA: to careen.
carencia *f.* 1 *(ineficacia)* inefficiency. 2 *(falta)* deficiency; lack. 3 *(falta de pago)* defaulting, insolvency.
carestía *f.* (high) cost, expensiveness, dearness, high price.
carga *f.* 1 load, cargo; freight. *Según el modo de transporte,* boatload, truckload, (EU: de un vagón, etc.) carload SEG.: cargo. *Seguro sobre la carga y sobre el casco,* hull and cargo insurance. 2 *(hecho de cargar, cargamento)* loading. 3 load; burden. *Carga de trabajo,* workload. *Carga útil,* payload.
carga de la prueba, JUR.: burden of proof.
cargador *m.* loader, shipper.
cargador de muelle *m.* docker, longshoreman. *Huelga de cargadores de muelle,* dock strike.
cargamento ver **carga**. *Cargamento de cubierta,* deck cargo, deck load.
cargar *v.t.* 1 to load, to ship. 2 *(una batería)* to charge. 3 *(en el sentido de inflar, sobrecargar)* to inflate. *Cargar/sobrecargar un presupuesto,* to strain a budget. *Cargar una cuenta,* to inflate an account. 4 CONTAB.: to charge, to debit. *Cargar a gastos,* to charge to expenses. *Cargar a una cuenta, cargar una cuenta con,* to charge to an account, to debit from an account, to debit (an account with). *Cargue la suma a mi cuenta,*

charge the sum to my account. *Cárguese a gastos de ventas,* charge it to selling expenses. 5 *(cargar/sobrecargar de deudas)* to burden, to weigh (heavily) on, to strain. 6 JUR.: to accuse, to charge, to indict (somebody with something). 7 to sell, to retail.
cargo *m.* 1 *(función)* office, function, duties. 2 *(responsabilidad)* charge, responsibility, onus. *A cargo de,* responsible for; in charge of. *Hacerse cargo,* to take charge (of); *(gastos, etc.)* to cover, to bear, to meet; to refund. 3 *(gastos)* charge, expense, cost. *A cargo de,* payable by, to be borne by, chargeable to. *Cargos directos,* direct cost(s). *Cargo(s) fiscal(es),* tax, taxes, taxation, the burden of taxation, fiscal charges. *Cargos operativos,* operating expenses. 4 *(JUR.: acusación)* charge; indictment. *Testigo de cargo,* witness for the prosecution. 5 *(precio de un servicio)* charge, rate. *Sobrecargo,* surcharge. 6 *tener el cargo de una familia,* to support a family, to have dependants/dependents. 7 *(intereses, deudas)* charge. *Cargo por intereses,* interest charge. 8 *libre de todo cargo o gravamen (propiedades, etc.),* free from all encumbrances. 9 *cargo de agente de cambio,* brokerage firm, broking house.
cargos *m. pl.* charges, expenses. ver **cargo**. 1 *cargos bancarios por comisiones,* bank charges for commissions. *Cargos operativos,* operating costs. *Cargos pagados por adelantado,* prepaid expenses. *Cargos por cobranzas,* collection charges. 2 JUR.: charges; *cargos anticipados,* prepayments. *Cargos por pagar,* expenses payable.
cargos diferidos, deferred charges.
cargos directos, direct charges.
cargos fijos, fixed charges.
cargos indirectos, overhead.
cargos sociales, social charges.
cargos variables, variable charges.
carguero *m.* cargo-boat, cargo-ship, cargo-vessel, freighter. *Avión carguero,* cargo-plane, airfreighter. *Carguero mixto,* passenger-cargo ship.
caridad *f.* 1 charity. 2 alms, alms-giving. *Venta de caridad,* rummage sale.
caritativo, a *adj.* charitable. *Asociación caritativa,* charitable, association, charity.
carne *f.* *(de res, de vaca)* beef; meat. *Carne refrigerada,* frozen meat.
carnet *m.* book, notebook.
carnicería *f.* 1 butcher's shop. *Ir a la carnicería,* to go to the butcher's. 2 *(oficio)* butcher's trade.
carnicero *m.* butcher.
caro, a *adj.* dear, expensive; *vida cara,* high cost of living, high prices.
carpeta *f.* 1 *(para documentos)* folder, jacket; binder. 2 *(alfombra)* carpet.
carpintería *f.* joinery, woodwork, *(muebles)* cabinet-making.

carpintero *m.* joiner; *(muebles)* cabinet-maker.
carrera *f.* race. *La carrera precios-salarios,* the wage-price spiral. *(Profesión)* career.
carreta *f.* cart.
carrete *m.* *(cordeles, etc.)* reel, coil, drum.
carretera *f.* road. *Empresario de transportes por carretera,* road haulage contractor, haulier, (EU) hauler. *Transporte por carretera,* road transport.
carretera nacional *f.* main road.
carretilla *f.* wheelbarrow, barrow.
carrito *m.* truck, wag(g)on, cart. *Carrito de supermercado,* cart, trolley-basket, trolley. *Carro/camión con ascensor, camión de retrocarga,* frock-lift truck.
carro *m.* 1 *(América)* car, automobile. *Carro de volteo,* tip car. 2 FERR.: car, (GB) carriage. 3 *(carroza)* coach, bus.
carrocería *f.* *(de un automóvil, etc.)* body.
carrocero *m.* coach-builder.
carro completo, truckload.
carro de mercancías, (EU) freight car, (GB) goods truck.
carro de pasajeros, (EU) FERR.: (passenger) car, coach, carriage.
carro dormitorio, sleeping car, sleeper.
carrusel *m.* *(de diapositivas)* round slide-tray.
carta *f.* 1 *(restaurante)* menu. *Carta de vinos,* wine list. *Dar carta blanca,* to give a free hand, to give carte blanche. 2 letter; note; notice. *Carta aérea,* air-letter. *Carta circular,* circular-letter. *Carta de convocación,* SOCIEDADES: notice of meeting letter fixing an appointment. JUR.: summons. *Carta de crédito,* letter of credit. *Carta de mar,* sea letter, sea brief. *Carta de porte,* waybill, consignment note. *Carta de recordatorio,* (letter of) remainder, *(embajadores)* letter of recall. *Carta de relanzamiento/de seguimiento,* follow-up letter. *Carta de transporte aéreo, carta de porte aéreo,* air-way bill. *Carta que se transmite rápidamente por medio de una red de tubos de aire comprimido,* tyre, (EU) tire. *Carta registrada,* registered letter. *Cartas acreditativas,* credentials. *Carta sellada,* sealed letter. 3 *(contrata)* charter. *Contrata/carta de fletamento,* charter party.
carta de crédito, letter of credit. *Carta de crédito irrevocable,* irrevocable letter of credit. *Carta de crédito simple,* clean/simple letter of credit.
carta de porte *f.* way-bill, FERR.: consignment note. NAVEG.: bill of lading *(conocimiento de embarque).* *Carta aérea (= carta de porte aéreo)* air-waybill, (EU) air bill of lading, airbill. *Carta ferroviaria,* railway bill, (EU) railroad bill of lading.
carta de salud, bill of health.
carta de visita, visiting card, (EU) calling card; business card.

carta devuelta (carta no reclamada), dead letter. *Oficina de cartas devueltas,* dead letter office.
cartel, *(anuncio)* bill, poster; public notice.
cártel *m.* cartel.
cartelización *f.* cartellization.
cartera *f.* *(de acciones, etc.)* portfolio. *Administración de carteras,* portfolio management. *Gerente de cartera,* portfolio manager. *Ministro sin cartera,* minister without portfolio.
cartera de pedidos, order book.
cartero *m.* postman, mailman.
cartón *m.* 1 *(material)* card-board. *Cartón ondulado,* corrugated card-board. 2 *(caja de cartón)* case, carton.
cartonería *f.* 1 cardboard trade, cardboard industry. 2 cardboard factory. 3 making/manufacturing of cardboard boxes. 4 *(colectivo: cajas de cartones)* cardboard boxes.
cartucho *m.* cartridge, refill.
casa *f.* 1 house. *Ama de casa,* housewife. *Casa de asistencia,* boarding house. *Las personas sin casa,* the homeless. *Sin casa,* homeless. 2 firm. *Casa de comercio,* business firm. *Casa de ventas por correspondencia,* mail-order firm. *Casa matriz,* head-office, parent company.
casación *f.* quashing, rescinding, annulment, reversing, reversal.
casa de bolsa, brokerage firm, stockbroking firm.
casa de moneda, mint.
casarse *v. pr.* to marry, to get married. *Casado, sin hijos,* married without children.
casco *m.* 1 *(barcos)* hull; *(sentido general)* shell, hull. 2 *(metálico)* cask, barrel; *(aceite)* drum.
casi *adv.* almost, nearly. *Quasi:* 1 *(+ adj.)* quasi, almost. 2 *(+ nombre)* a sort of, quasi. *Casi contrato,* JUR.: quasi-contrato, quasi contract, implied contract, virtual contract.
casilla *f.* box, space. *Tachar, marcar la casilla correspondiente,* tick the appropriate box.
casillero *m.* box; pigeon hole.
caso práctico *m.* *(pedagogía)* case. *Caso de fuerza mayor,* case of absolute necessity; SEG.: Act of God; "force majeure". *Caso límite,* borderline case. *Estudio de un caso práctico,* case study. *Método de casos prácticos,* case study method.
catalogar *v.t.* 1 to catalog, to list, to feature. 2 to class, to categorize.
catálogo *m.* catalog, (GB) catalogue; *(de precios)* price-list.
catálogo de cuentas, system of accounts.
catástrofe *f.* catastrophe; *balance/saldo de una catástrofe,* toll.
catastrófico *adj.* catastrophic.
cátedra *f.* UNIVER.: professorship; tenure.
categoría *f.* 1 category, kind, variety. 2 slice, portion, block, group, section. *Categoría de edad,*

age bracket. *Categoría de ingresos,* income bracket. *Categoría impositiva,* tax bracket.

cateo *m.* search. *Orden de cateo,* Jur.: search warrant.

caucidad *f.* nullity.

caución *f. (bancos, etc.)* security, guarantee.

causa *f.* 1 cause, reason, grounds. 2 suit, action, proceedings, trial, case.

causahabiente *mf.* ver **derechohabiente.**

causante *mf.* taxpayer.

causar *v.t.* to cause, to bring about, to lead to, to result in, to involve, to entail, to provoke. *Causar dudas,* to entertain doubts.

cautivo, a *adj.* captive. *Mercado cautivo,* captive market; *(caza capturada)* preserve.

cavar *v.t.* e *i.* to dig.

cavernícola *m. fam.* die-hard, last-ditcher, hard-liner.

caza *f.* shooting, hunting; hunt. *(Caza o pesca)* poaching.

cazador *m.* 1 hunter. *Cazador de cabezas/de ejecutivos de empresas,* (EU) headhunter, headhunter. *Empresa de cazadores de ejecutivos,* headhunting firm. 2 *cazador furtivo,* poacher.

cazador de primas *m.* Bolsa: *(sentido figurado)* premium hunter, stag.

cazar *v.t.* to hunt, to shoot. *(Cazar o pescar)* to poach.

cebada *f.* barley.

cebolla *f.* onion.

cedente *m.* assigner, transferrer.

ceder *v.t.* 1 *(acceder, inclinarse)* to give up, to yield. *Ceder a las presiones,* to bow to pressure. 2 *(abandonar, rendirse)* to surrender, to relinquish, to yield, to part with. 3 to give out, to fail; to get loose. 4 *(vender)* to sell, to transfer. 5 *ceder terreno,* to give ground, to give way; to yield; to break.

cedibilidad *f.* transferability; *(patrimonio)* assignability.

cedible *adj.* transferable *(patrimonio)* assignable.

cédula *f.* Contab., Auditoría: schedule. *Cédulas analíticas,* analytical schedules.

celebración *f.* 1 celebration, applause. 2 *(de un contrato)* drawing up, signing. 3 *celebración (de una reunión)* holding.

célula *f.* cell.

cementar *v.t.* to cement; *(sentido amplio)* to consolidate.

cementera *f.* cement factory.

cemento *m.* 1 cement; *cemento reforzado,* reinforced cement. 2 concrete.

cenar *v.t.* to soup, to have dinner, to dine. *Cenar fuera,* to dine out.

cenit *m.* zenith.

censatario *adj. (elector)* qualified by property. *Sufragio censatario,* franchise dependent on property qualification.

censo *m. (electoral)* property qualification (for citizens to be allowed to vote).

censura *f.* censorship. *Voto de censura,* vote of no confidence.

censurar *v.t.* to censor.

centena *f.* 1 hundred. 2 *(aproximadamente 100)* about a hundred.

centenario *m.* centenary, centennial.

centesimal *adj.* centesimal.

centésimo *adj.* hundredth.

centígrado *adj.* centigrade.

centigramo *m.* centigramme.

centilitro *m.* centilitre.

centímetro *m.* centimeter.

céntimo *m.* centime, "cent".

centrado sobre *adj.* focus(s)ed on, centered, (GB) centred on; geared to, directed to, aimed at, addressed to.

central *f. central atómica,* atomic plant. *Central de compras,* purchasing group, buying group. *Central eléctrica,* power plant, power station, generating station. *Central sindical,* Confederate Union. *Central térmica,* thermal plant, thermal station.

central *adj.* central, (EU) center, (GB) centre; *(computadoras) unidad central de procesamiento,* central processing unit, central processor.

centralita telefónica, Telef.: switchboard.

centralización *f.* centralization.

centralizador, a *adj.* centralizing.

centralizar *v.t.* to centralize.

central nuclear, nuclear plant.

central telefónica, (EU) central, telephone exchange.

centrar *v.t.* to center, to focus, to gear, to direct, to aim. *Centrarse en,* to bear on, to center on, to focus on; to deal with.

centro *m.* 1 (EU) center, (GB) centre. 2 *(punto medio)* middle, center. 3 *(centro vacacional)* resort. 4 Pol.: center, middle-of-the-road. 5 *centro de actividades,* hub. *En el Siglo XIX, Londres era el centro de actividades del mundo comercial,* in the 19th century, London was the hub of the commercial world.

centro administrativo, administrative center/ (GB) centre.

centro comercial, 1 shopping center; shopping mall. 2 commercial center (GB, centre), business center/centre.

centro de comunicaciones, center of communication.

centro de decisión, decision center/(GB) centre.

centro de información, information center/ (GB) centre.

centro de utilidades, profit center/(GB) centre.

centuplicar *v.t.* to centuple, to centuplicate, to increase a hundredfold, to multiply by a hundred.

céntuplo *m.* centuple. *Al céntuplo,* a hundred-fold.

cercado *m.* (*límite*) fence, fencing, enclosure. *Ruptura de un cercado,* breach of close.

cercano *adj.* near; close; neighbouring. *El Oriente Cercano,* The Near East. *Parientes cercanos,* near relations, next of kin.

cercar *v.t.* to enclose.

cereal *m.* cereal. *Cereales,* grain.

cerealista *m.* *Cultivos cerealistas,* cereal crops, grain crops.

ceremonia *f.* pomp, ceremony. *Ceremonias fúnebres,* undertaking. *Con grandes ceremonias,* with great pomp and circumstance, with pomp and ceremony. *Empresario de ceremonias fúnebres,* undertaker, (EU) mortician.

ceremonia *f.* ceremony; *ceremonia oficial,* state function, formal ceremony, public ceremony.

cero *adj.* (*enumeración de números, teléfonos, etc.*) 1-20-56-00, one two oh (EU: zero) five six double oh (EU: zero). *Crecimiento de cero,* zero growth.

cero defectos, zero-fault, zero-defect.

cerrado *adj.* closed, shut. *A puerta cerrada,* behind closed doors. *Cerrado por reparaciones,* closed for repairs/for alterations. *Estar cerrado,* to be closed.

cerrar *v.t.* **1** (*terminar*) to end, to bring to a close (an end), to come to an end; (*sesiones, discursos*) to wind up. **2** (*una cuenta, las cuentas*) to close, to balance, to rule off, to make up the accounts, to wind up. **3** Bolsa: to close. **4** (*una puerta, etc.*) to close, to shut; to close down, to shut down. **5** *cerrar* (*cines, teatros*) to close. **6** (*cerrar uno su posición*) to close one's position. **7** *cerrar un negocio,* to close shop, to cease trading; to fold.

certificación *f.* certification, authentication; (*de una caución*) guaranteeing.

certificado *m.* **1** certificate; *certificado de buena conducta,* (EU) letter of good conduct, (GB) certificate of character. *Certificado (provisional) de títulos,* scrip. **2** (*atestación*) recommendation, testimonial.

certificado de acciones, stock certificate.

certificado de almacén, warehouse warrant.

certificado de carga, certificate of receipt; Naveg.: mate's receipt.

certificado de daños, damage report.

certificado de depósito, warrant, certificate of deposit; deposit warrant (*mercancías depositadas en los almacenes públicos*) *certificado de mercancías,* produce warrant.

certificado de favor, accommodation bill.

certificado de inversión, certificate of investment, investment certificate, participation certificate, non-voting share convertible into a voting one at a small premium.

certificado de origen, certificate of origin.

certificado de (la) tesorería, treasury certificate.

certificador *m.* certifier, guarantor.

certificar *v.t.* to certify, to authenticate; (*una caución*) to guarantee; (*sentido amplio*) to attest (to something), to vouch (for something), to assure. *Copia certificada conforme,* certified true copy, authenticated copy.

cervecería *f.* **1** (*fábrica de cerveza*) brewery. **2** (*lugar donde se toma cerveza*) beer-house, beer-saloon.

cervecero *m.* brewer.

cesación *f.* end, stoppage, discontinuance, termination, cessation, suspension, interruption, ceasing, breach, closure. *Cesación de actividades comerciales, cesación de comercio,* discontinuance of business, closing down, cessation of trade. *Cesación de contrato,* termination of contract, closure of contract. *Cesación de pagos,* suspension of payment; stoppage of payment.

cesar *v.t.* to stop, to cease, to suspend, to discontinue; (*relaciones*) to break off. *Cesar de fabricar,* to discontinue (a product, a line), to drop. *Cesar el trabajo,* to knock off work, (*hacer huelga*) to go on strike, to down tools, to walk out, to walk off the job.

cesar labores, to walk out, to walk off the job, to down tools.

cesión *f.* **1** transfer; (*patrimonio*) assigning, assignment. *Cesión de activos,* assets transfer, transfer of assets; disposal of assets. *Hacer la cesión de,* to transfer; (*territorios*) cession. **2** (*en garantía*) charge, charging; pledging as security.

cesionario *m.* transferee, asignee.

cesto *m.* hamper, basket.

chalana *f.* **1** barge. *Chalana de motor,* self-propelled barge. *Chalana sin motor,* dumb barge. **2** *gastos de chalana,* lighterage.

chalet, suburban home.

chamarilero *m.* (*negociante de cachivaches, chucherías, etc.*) dealer in curios, dealer in second-hand goods, second-hand dealer.

chantaje *m.* blackmail.

chantajear *v.t.* to blackmail.

chapeado *m.* (*metales*) plating.

chapear *v.t.* (*madera*) to veneer; (*metales*) to plate.

chapucear *v.t.* **1** to scamp, to perform in a hasty or careless manner. **2** (*producir un trabajo de mala calidad*) to botch, to bungle. **3** *peyor.* to bungle, to botch.

chapucería *f.* (*cosa sin importancia*) trifle.

charlatán *m.* quack, charlatan.

charlatanería *f.* quackery, charlatanry.

charola *f.* (*para el té, etc.*) tray.

checar *v.t.* to check, to verify.

cheque *m.* (EU) check; (GB) cheque. *Cancelar un cheque,* to cancel a check. *Cobrar un cheque,* to cash a check. *Cheque cancelado,* cancelled check. *Detener/rehusar un cheque,* to stop a check. *Expedir/emitir un cheque,* to issue a check. *Hacer un cheque,* to write a check, to make out a check. *Libreta bancaria, talonario de cheques,* passbook.

cheque al portador, bearer check, check to bearer.

cheque bancario, bank check.

cheque cruzado, crossed check.

cheque de caja, cash check.

cheque de hule, bad/dud/bouncing/rubber/ worthless check (GB) cheque.

cheque de restaurante, restaurant-voucher, meal voucher, luncheon voucher; meal ticket.

cheque de viajero, (EU) traveler's check; (GB) traveller's cheque.

cheque en blanco, blank check.

chequeo de salud, medical check-up.

cheque posdatado, posdated check.

cheque postal, giro check, giro form. *Cuenta de cheques postales,* giro account.

chequera *f.* (EU) checkbook; (GB) cheque book.

cheque sin fondos, (EU) bad check, dud check; bouncing check, rubber check; (GB) bad cheque.

cheques postales, (GB) the Giro.

chocar (con) *v.i.* *(accidentes)* to collide (with), to telescope, to crash (into).

chocolate *m.* *(barra de chocolate)* chocolate.

chofer *m.* **1** *(conductor)* driver. *Conductor de camiones,* (EU) truck driver, trucker, teamster; (GB) lorry driver. **2** *(chofer de automóvil)* chauffeur.

choque *m.* shock; impact; *(carambola, amontonamiento)* pile-up. *Choque petrolero,* oil crisis, oil shock. *Precios de choque,* slashed prices, bottom prices.

chorro *m.* jet, gush, stream.

chuchería *f.* **1** trinket, bauble, curio, knick-knack, trinket. **2** *(área comercial)* fancy article. *Chucherías,* fancy goods. **3** *peyor.* trash, rubbish. **4** *(cosa sin importancia)* trifle.

cibernética *f.* cybernetics.

cíclico *adj.* cyclical.

ciclo *m.* cycle.

ciclo comercial, trade cycle.

ciclo de los negocios, business cycle.

ciclo de producción, production cycle.

ciclo económico, economic cycle.

ciclomotor *m.* moped.

ciencia *f.* science. *Ciencia de la administración,* management science. *Ciencia del comportamiento,* behavioral science. *Ciencias sociales,* social science.

científico *m.* scientist.

ciento *m.* y *adj.* hundred. *El tanto por ciento,* the percentage. *Tanto por ciento,* **loc.** so much per cent. *Tanto por ciento,* percentage, quota, share.

cierre *m.* **1** *(fin)* end; *(de una sesión de un discurso)* winding up. *Discurso de cierre,* final ad-

dress. **2** *(acción de cerrar)* closing, closing down, closure, shutdown, closedown. *Cierre de una fábrica,* plant closure. *Hora de cierre,* closing time. **3** *(de cuentas)* closing of accounts, closing; winding up. **4** Bolsa: close. **5** *(cierre de inventarios)* inventory closing. **6** *cierre patronal de una empresa,* lock-out.

cifra *f.* **1** figure; number, numeral; digit; amount, sum. *Cifra decimal,* decimal digit. *Inflación a dos cifras, a dos dígitos,* double-digit inflation. *Redondeado a cinco cifras decimales,* rounded to five decimal digits. **2** *(cifra que indica una dimensión o que permite hacer una delimitación)* dimension, size, reference, number, figure, mark, classification. *Cifra de alerta,* danger point.

cifras analíticas, analytical figures.

cifras comparativas, comparative figures.

cifras proyectadas, projected figures.

cimiento *m.* *(construcciones, etc.)* foundations.

cine *m.* **1** cinema (motion) pictures, (EU) movies. **2** *(sala)* cinema picture-house, (EU) theater. *Éxito de cartelera,* shot.

cineteca *f.* film library.

cinta *f.* *(magnetofónica, etc.)* tape. *Cinta de máquina de escribir, de máquina sumadora,* ribbon. *Cinta de sonido,* sound track. *Cinta de video,* video tape; *cinta de video promocional,* videoclip.

cinta transportadora, conveyor.

cintura *f.* *(parte del cuerpo)* waist.

circuito *m.* **1** circuit. *Circuito cerrado,* closed circuit. **2** *circuito de recorrido (carreras de automóviles, de caballos, etc.)* lap. **3** Inform.: loop.

circulación *f.* **1** traffic. *Estar bloqueado, retardado por la circulación,* to be held up by (the) traffic. **2** *(diarios, etc.)* circulation. **3** *(de la información)* circulation; dissemination. **4** *(circulación monetaria)* currency.

circulante *adj.* circulating. *Activo circulante,* circulating assets, current assets. *Capital circulante,* circulating capital, floating capital. *Fondos de circulante,* working capital.

circular *v.t.* to circulate, to run, to roll. *(Automóviles)* to drive.

circular *f.* circular. *Enviar circulares, informar por medio de circulares,* to circularize.

circular *adj.* circular.

círculo *m.* circle; *círculos de calidad,* quality circles.

circunstancia *f.* circumstance, situation, event, occasion, instance. *Circunstancias atenuantes,* extenuating circumstances.

cirugía *f.* surgery. *Cirugía plástica,* plastic surgery, *fam.* face-lifting.

cirujano, a *n.* surgeon.

cisterna *f.* tank; reservoir. *Camión cisterna,* tank-truck, tanker; (GB) tank-lorry; *vagón cisterna,* tank car.

cita *f.* 1 appointment. *Dar/fijar una cita,* to make an appointment (with), to fix an appointment. *Hacer una cita,* to make an appointment, to set (fix) a date. *Organizar una cita/reunión,* to arrange a meeting. *Por cita,* by appointment. 2 quotation, citation.

citar *v.t.* 1 *(literalmente)* to quote. *Citar (o cotizar) un precio,* to quote a price. 2 *(sentido amplio)* to mention. 3 *(ante la justicia)* Jur.: to summon, to subpoena, to cite, to issue a writ against, to serve a writ on.

citatorio (o **citación**) *m.* *(para comparecer)* summons, subpoena. *Enviar un citatorio,* to serve a summons (on somebody), to subpoena.

ciudad *f.* 1 city; town; built-up area; urban district; conurbation. *Centro de la ciudad,* (EU) downtown, town center. *Ciudad importante,* (EU) big city, (GB) large town. 2 *(grupo de habitaciones)* housing estate; housing project. *Ciudad universitaria,* student residence.

ciudadanía *f.* citizenship, nationality.

ciudadano, a *n.* citizen, national, town-dweller, townsman, townswoman.

cívico *adj.* civic; civil. *Derechos cívicos,* civil rights.

civil *m.* civilian. *Policía civil,* plain-clothes policeman. *Vestir de civil (llevar un traje común),* to be in plain clothes.

civil *adj.* 1 civil, civic. *Derecho civil,* civil law. *Matrimonio civil,* civil marriage. Jur.: *parte civil,* plaintiff. *Responsabilidad civil,* civil liability. 2 *(en oposición a un militar)* civilian. 3 polite.

civilmente *adv.* 1 civilly, Jur.: legally. *Casarse por lo civil,* to contract a civil marriage. *Civilmente responsable,* legally responsible, liable for damages. 2 politely.

clandestino, a *adj.* secret, clandestine, underground, undisclosed; illicit, illegal. *Pasajero clandestino,* stow-away.

claramente *adv.* clearly, explicitly, obviously.

claridad *f.* clarity.

claro, a *adj.* 1 clear, explicit, obvious. 2 *(colores)* light, pale. *Poner un asunto en claro,* to clear (up) a matter; to unravel a situation. 3 *de segunda clase,* second-rate.

clase *f.* 1 class; category; group, type; kind; order; division; quality; grade; rank; rate; rating. *Clase dirigente,* establishment, ruling class. *Clase/grupo/categoría de edad,* age bracket, are range, age group. *Clase media,* middle class. *Clase obrera, clase trabajadora,* working class. 2 *(transportes)* primera clase, 1st. class. 3 top-quality, top; *(personas)* top-flight, top-notch. 4 Seg. Marít.: *barco de primera clase,* A-1 at Lloyds. 5 *(en sentido escolar)* class, form, grade; *salón de clases,* classroom. *De mala clase, "de tercera clase",* first form; *de primera clase,* 6th form.

clasificación *f.* 1 classification, classifying, grouping, rating, ranking, grading; Dep.: standings.

Clasificación de cuentas, accounts classification. *Clasificación de gastos,* expenses classification. *Clasificación estándar,* standard classification. *Criterio de clasificación,* classification criterion. 2 *(lugar dentro de una clasificación)* rank, ranking, rating, standing. 3 *(ordenación, arreglo)* filing. 4 *(clasificación)* sorting (out). *Clasificación manual,* handpicking. *Clasificación postal,* mail sorting, sorting of the mail. *Hacer una clasificación,* to sort (out). 5 *(de resultados, etc.)* breakdown, breaking down, detailed account. 6 *(clasificación según la calidad)* grading. 7 Ferr.: estación de clasificación, marshalling yard.

clasificadora *f.* *(máquinas)* sorter.

clasificar *v.t.* 1 to classify, to class. *Clasificar documentos,* to classify documents. 2 *(dar un rango)* to rate, to rank, to grade. 3 *(ordenar)* to file. 4 *(clasificar)* to sort, to sort out; *(vagones de ferrocarriles)* to marshal. 5 *(resultados)* to break down.

clasificar(se) *v. pr.* to rank, to be placed, to rate.

cláusula *f.* clause; article, provision, stipulation.

cláusula compromisoria *f.* arbitration clause.

clausulado, clauses of a contract.

clausura *f.* closing.

clausurar *v.t.* to close.

clavado *m.* *(zambullida)* dive.

clavar *v.t.* to nail.

clave *f.* key. *Personal clave,* key personnel.

clavija *f.* Electr.: plug, jack.

clavo *m.* nail.

cliente(s) *mf.* *(clientela de un comerciante)* custom(s), customer(s), purchaser(s). *(Servicios)* client(s); *(hotelería)* patron(s); *(doctores)* patient(s); *(taxis)* fare.

cliente asiduo, regular customer, patron.

clientela *f.* customers; clients; goodwill, connection; *(doctores)* practice; *(hoteles, etc.)* patrons.

cliente moroso, delinquent client.

clientes locales, local customs.

clientes potenciales *m. pl.* prospective customers, prospects.

clima *m.* 1 climate. 2 atmosphere, mood, climate.

clip *m.* *(papel)* clip. *Poner un clip,* to clip.

clisé *m.* cliché.

club nocturno *m.* night club; *fam.* joint.

coacusado *m.* co-defendant.

coadministración *f.* joint-management; co-management; co-directorship, co-determination.

coadministrador, a *n.* joint-manager, co-administrator.

cobertura *f.* 1 cover, covering, coverage; *(pagos)* payment. 2 *(anticipos, depósitos)* deposit, cover, guarantee. 3 *(margen depositado en garantía para jugar a la bolsa)* margin, cover. 4 Seg.: *nota de cobertura,* cover note, covering note, provisional policy. *Cobertura de un seguro,* insurance coverage. **5** *(cobertura de un evento por la prensa, de un público por la publicidad)* coverage. **6** *(hecho de cubrirse, de proteger una transacción)* hedging. **7** *(techo de cobertura)* roofing, roof.

cobertura a la baja, Bolsa: bear covering.

cobertura a plazo, Fin.: forward cover.

cobertura social, social coverage.

cobrable *adj.* collectible.

cobrador *m.* **1** *(de documentos)* collector. **2** *(cajero, empleados de bancos)* receiver, receiving-cashier.

cobranza f. *(recuperación)* collection, encashment. *Cobranzas y salidas de caja,* cash receipts and payments.

cobrar *v.t.* **1** *(dinero)* to earn, to be paid, to draw, to receive. *Cobrar el seguro social,* to draw social security. *Cobrar una letra,* to collect a bill. *Cobrar un salario,* to earn/to draw a wage (wages)/a salary. *Se cobrará un cargo por la admisión,* a fee will be charged for admission. **2** *(cheques)* to cash, to encash, to pay in; *(documentos)* to collect. *Aviso de cobro,* advice of collection. *Cobrar fondos,* to collect money. *Cobrar un cheque,* to cash a check (GB) cheque. **3** *llamar por cobrar,* to call collect. (GB) to reverse charges. *Por cobrar, llamada por cobrar,* collect call, (GB) reverse charge call. **4** *sobrecobrar,* to overcharge.

cobrar una suma de dinero, to pocket money.

cobre *m.* copper.

cobro *m.* collection. (ver **cobranza**). **1** *documento al cobro,* bill for collection. *Enviar/remitir para el cobro,* to remit; to send for collection. *Gastos de cobros/de cobranzas,* collection charges. *Remisión de documentos al cobro,* remittance of bills for collections. *Valor al cobro,* value for collection. **2** *cobro dudoso,* doubtful collectibility. *Cuentas de cobro dudoso,* doubtful collectibility accounts. **3** *cobro anticipado,* advanced collection. **4** *cobros a clientes,* accounts receivable collections. **5** *(cheques)* paying-in; *presentar un cheque al cobro,* to pay in a check, (GB) cheque, to present a check for payment.

cociente *m.* **1** Mat.: quotient, ratio. **2** *coeficiente/cociente familiar,* income tax relief system based on the number of dependents. **3** *coeficiente/cociente intelectual,* intelligence quotient.

cocina f. **1** cooking; cuisine. **2** kitchen.

coco *m.* **1** coconut. **2** *fam. (fantasma, espanto)* boogeyman. **3** *(fobia)* pet enemy, pet aversion.

codemandante *mf.* co-plaintiff, joint-plaintiff.

codeudor *m.* joint-debtor.

codicilo *m.* codicil.

codificación f. **1** *(códigos)* coding, ciphering; codification, codifying. *Codificación alfanumé-* rica, alphanumeric codification. *Codificación numérica,* numeric codification. **2** *(cifrado)* coding. **3** encoding, alphanumeric.

codificador *m.* codifier; coder.

codificar *v.t.* **1** to codify. **2** *(en lenguaje codificado)* to code, to cipher.

código *m.* code. *(Escritura codificada)* code, cipher. *Código de buena conducta,* code of ethics; code of honor (GB, honour). *Código de carreteras,* highway code. *Código fiscal,* (EU) Internal Revenue Code. (GB) Inland Revenue Code.

código alfabético, alphabetic code.

código confidencial de identificación, *(bancos),* personal identification code.

código de barras, bar-code.

código de ética, code of ethics.

código digital, digital code.

código postal *m.* (EU) zip code, postal code.

codirector *m.* co-manager, co-director, joint-manager.

coeducación f. *(escuelas)* co-education.

coeficiente *m.* coefficient, ratio; factor; multiplier.

coeficiente de ocupación *m.* *(hotelería)* occupancy rate, coefficient of occupation.

coempresa f. joint venture.

coempresario *m.* co-contractor; joint-venturer.

coerción f. coercion. *Actuar bajo coerción,* to act under duress.

coercitivo, a *adj.* coercive.

cofiador *m.* co-surety, co-guarantor.

cofirmar *v.t.* to sign jointly.

cofre *m.* chest; case; box; coffer; bin.

coheredar *v.t.* *(sucesiones)* to succeed jointly, to be co-heirs, to be joint heirs.

coheredero, a *n.* *(sucesiones)* co-heir(ess), joint-heir(ess), coparcener.

coherencia f. **1** *(relación, vínculo)* coherence. **2** *(compartir una herencia)* joint-heirship, partnership in inheritance, coparcenary.

coherente *adj.* coherent; consistent.

cohete *m.* rocket.

coincidir *v.i.* to coincide. *Coincidir con,* to check, to cross-check, to tally with.

cojinete *m.* *(de frenos)* bearing, pad.

cola f. **1** *(extremidad, prolongación)* tail. **2** *(fila de espera)* line, file, (GB) queue. *Hacer cola,* to stand in line; (GB) to queue (up), to form a queue.

colaboración f. collaboration; cooperation; association; partnership, *(para un diario, etc.)* contribution.

colaborador, a *n.* **1** collaborator, cooperator, associate, colleague, partner; *(de una revista)* contributor; *(de una obra)* joint-author. **2** *(pl. personal)* staff.

colaborar *v.i.* to collaborate, to cooperate; *(para un diario, etc.)* to contribute.

colapso *m.* collapse; crash.

colcha *f.* blanket.

coleccionar *v.t.* to collect.

coleccionista *mf.* collector.

colección *f.* collection.

colecta *f.* collection, collecting, contribution. *Hacer una colecta,* to take up a collection, to collect.

colectar *v.t.* to collect.

colectivamente *adv.* collectively, jointly. *Colectiva y solidariamente,* jointly and severally.

colectividad *f.* collectivity; community; general public. *Colectividades locales,* "communes, departments and regions", local administrative units.

colectivismo *m.* collectivism.

colectivizar *v.t.* to collectivise.

colectivo, a *n.* y *adj.* collective, joint. *Colectivo y solidario,* joint and several. *Despido colectivo,* mass dismissal. *Embarque colectivo,* collective shipment.

colega *mf.* colleague, fellowmember, fellow-(+ *nombre de la actividad); (homólogo)* counterpart.

colegial *adj.* collegial, collegiate.

colegio *m.* **1** secondary school. **2** college, body. **3** *Colegio electoral,* constituency, electoral college.

colgar *v.t.* *(teléfono)* to ring off, to hang up.

colisión *f.* collision, *(vehículos)* crash. *Colisión de intereses,* clash of interests. *Entrar en colisión con,* to run into, to collide with. NAVEG.: to run (a)foul of. *Seguro contra colisiones,* collision insurance.

colmar *v.t.* to fill, to fill in, to fill up. *Colmar/recuperar una pérdida,* to make up (to make good) a loss. *Colmar un vacío,* llenar una laguna, to bridge a gap.

colocación *f.* **1** investment. *Colocaciones de primer nivel,* gilt-edged investment. *Colocación productiva,* high-yield investment, profitable investment. *Colocación segura,* safe investment. *Fondos de colocaciones,* investment fund. *Institución, organismo de colocaciones,* investment house. *Operar una colocación,* to invest, to make investments.* **2** *(colocación de personal)* employment, placement. *Oficina de colocaciones,* employment bureau/agency/office; *(bolsa de trabajo)* labor exchange. *(Préstamos, títulos)* placement, placing; offering. **3** installation, fitting, fixing, laying. *Colocación de la primera piedra,* laying of the foundation stone. **4** *(pedidos) colocación (de un pedido),* placing (of an order). **5** *(mercancías)* placing, selling, disposal; flow. *Artículos de fácil colocación,* fast-selling articles; (EU) fast-moving articles. *Colocación de mercancías,* turnover of goods.

colocaciones (agencia de), employment office, placement office/bureau.

colocado *adj.* placed. *Estar bien colocado,* to be well placed, to be in a good position.

colocar *v.t.* **1** *(poner)* to place, to put, to set, to lay (down), to position. **2** *(dinero)* to invest; *(asumiendo un riesgo)* to stake. **3** *(vender)* to sell, to place, to dispose of, to clear, to get rid of; *colocar acciones,* to place shares. *Colocar mercancías,* to sell goods, (EU) to move goods. **4** *(personal)* to find a job (employment) for. **5** *(conducir a su lugar)* to show/to take someone to one's seat/to one's place. **6** *(designar para un puesto)* to appoint, to assign. **7** *colocar en un almacén,* to store. **8** *poner en circulación,* to pass forged banknotes. **9** *(pedidos) colocar un pedido,* to place an order *(con alguien,* with somebody, *de alguna cosa,* for something).

colocar(se) *v. pr.* **1** to find a job; *(personal doméstico)* to go into service; *(aprendiz)* to be apprenticed, to be articled. **2** *(obtener un rango)* to rank. *Nos colocamos en segundo rango,* we rank second. **3** *(venderse)* to sell; (EU) to move.

colonia *f.* **1** colony, settlement. **2** *(barrio)* quarter.

colonial *adj.* colonial.

colonización *f.* colonization; settling.

colonizar *v.t.* to colonize, to settle.

colono *m.* settler, colonist.

coloquio *m.* conference, seminar, symposium; colloquy.

color *m.* (EU) color; (GB) colour. *De un solo color,* plain.

coloración *f.* color, coloring.

colorante *n.* y *adj.* coloring.

colorear *v.t.* to color, to tint, to tinge.

columna *f.* column.

colusión *f.* collusion.

coma *f.* comma. *Punto y coma,* semi-colon.

comandita *f.* *sociedad en comandita (simple),* limited partnership. *Sociedad en comandita por acciones,* partnership limited by shares.

comanditado *m.* active partner, acting partner, general partner.

comanditar *v.t.* PUB.: to sponsor; SOCIEDADES: to support, to finance, to act as sleeping partner.

comanditario, a *n.* *(asociación de personas)* limited partner; sleeping partner, silent partner, dormant partner.

combatiente *mf. fam.* fighter, winner, dynamic person, energic person.

combatir *v.t.* e *i.* **1** to beat, to defeat. *Combatir la inflación,* to beat inflation, to halt inflation, *fam.* to lick inflation. **2** to fight, to fight against.

combinación *f.* **1** combination, arrangement; *(para controlar un mercado, etc.)* combine. **2** *(hecho de combinar, de hacer juego)* matching, match. **3** *combinaciones de negocios, de empresas,* business combinations.

combinar *v.t.* **1** to combine; to associate; to unite. **2** *(colores, etc.)* to assort, to match, to suit.

combustible *m.* fuel, oil.
combustible *adj.* combustible, inflammable.
comentar *v.t.* to comment.
comentario *m.* comment; commentary. T.V.: *Comentario sobre imágenes,* running commentary, (EU) voiceover.
comentarista *mf.* commentator, (EU) narrator, voiceover.
comer *v.t.* to have lunch, to lunch. *v.i.* to eat.
comercial *m.* (T.V., RADIO: *etc.*) spot, commercial.
comercial *adj.* commercial, business, busy. *Acuerdo comercial,* trade agreement. *Agregado comercial,* commercial attaché. *Departamento comercial,* sales department. *Derecho comercial/mercantil,* commercial law, merchant law. *Director comercial,* sales manager. *Empresa comercial,* trading firm, trading concern. *Feria comercial,* trade fair. *Guerra comercial,* trade war. *Ingeniero comercial,* sales engineer. *Política comercial,* sales policy; trade policy. *Relaciones comerciales,* business relations, business contacts. *Socio comercial,* trading partner. *Zona comercial,* shopping district.
comercialización *f.* merchandizing, commercialization; *(puesta en el mercado)* marketing; *(comercio específico de un producto determinado)* merchandising.
comercializar *v.t.* to commercialize; *poner en el mercado,* to market; *(actividades específicas necesarias para la venta de un producto determinado)* to merchandise.
comercialmente *adv.* commercially.
comerciante *mf.* dealer, merchandiser, shopkeeper, retailer; *(pequeños oficios del comercio, proveedores, etc.)* tradesman; *(sentido general)* trader. *Comerciante independiente,* independent retailer. *Pequeño comerciante,* small retailer. *Ser un buen comerciante,* to have business acumen, business sense, to be a born salesman.
comerciar *v.i.* to merchandize, to trade, to deal *(con,* with); to have business relations with.
comercio *m.* 1 *(en su acepción más amplia)* commerce. 2 *(intercambios de mercancía)* trade. *Abrir un comercio,* to open a store, to set up a business. *Agente viajero comercial,* (EU) traveling salesman, commercial traveler, representative. *Atentado a la libertad de comercio,* restrictive practice, practices in restraint of trade. *Cámara de Comercio,* Chamber of Commerce. *Casa de comercio, casa comercial,* business firm. *Comercio dirigido,* managed trade. *Comercio exterior,* foreign trade. *Comercio interior,* home trade, domestic trade. *Documento/título de comercio,* bill, note. *El mundo del comercio,* the world of commerce, the commercial world. *(Mercancías) encontrarse en el comercio,* to be on sale. *Marina comercial/mercante,* merchant

service, merchant navy. *Practicar el comercio,* to trade. *Practicar el comercio de,* to deal in, to sell. *Pequeño comercio,* small traders, shopkeepers, storekeepers, small retailers. (EU) Main Street; (GB) High Street. *Registro del comercio,* Trade Register. *Tribunal de Comercio,* commercial court.
comercio al mayoreo, (the) wholesale trade.
comercio al menudeo, (the) retail trade.
comercio bilateral, bilateral trade.
comercio de baratijas, knick-knacks, toys.
comercio de pieles, fur-trade; fur-making.
comercio exterior, foreign trade, external trade.
comercio internacional, international trade/commerce.
comestible *adj.* edible.
cometer *v.t.* to commit. *Cometer un error,* to make a mistake.
comicio *m.* show. *Comicio agrícola,* agricultural show.
comida *f.* lunch. *Comida de negocios,* business lunch. *Comida de trabajo,* working lunch. *Desayuno,* breakfast.
comisario *m.* commissioner; *comisario de policía,* (EU) chief of police, police chief, police superintendent.
comisaría de policía, police station.
comisario de una empresa *m.* auditor; external officer.
comisión *f.* 1 committee, commission, board. *Comisión de encuestas,* court of inquiry, board of inquiry. *Comisión paritaria/mixta,* joint committee. 2 *(porcentaje de participación)* commission, percentage, charge, brokerage, turn. *Agente contratado por comisión, comisionista,* commission agent. *Comisión pagada a un abogado, a un perito,* retaining-fee, retainer. *Comisión pagada a un corredor de valores,* brokerage commission. 3 *(atribución de una función, de una misión)* commission. *Comisionar a alguien,* to commission somebody (to do something).
comisionado, commissioner; agent.
comisionar *v.t.* 1 *(comisionar a una persona)* to commission; to instruct; to empower; to mandate. 2 *(navíos de guerra)* to commission.
comisión de garantía, del credere commission.
comisión de oficio, *(abogados, peritos)* appointed by the court.
comisionista *mf.* 1 commission agent. 2 *(comisionista o agente de transportes)* forwarding agent. 3 *(comisionista o agente aduanal)* customs agent, customs broker.
comisión sobre ventas, percentage on sales, selling commission.
comité *m.* committee. *Comité de dirección,* board; management committee; executive committee. *Comité de orientación, de programas,* steering committee. *Comité empresarial,* works

council, joint committee, joint consultative committee.

comitente *m.* principal.

comodidad *f.* convenience. *Bienes de comodidad,* convenience goods. *Comodidades,* amenities.

cómodo, a *adj.* 1 *(fácil)* easy. 2 *(ingresos)* well-off; well-to-do. 3 *(práctico)* handy. 4 *(que conviene)* convenient. 5 *(personas)* easy-going.

compadecer *v.t.* to be sorry for, to pity.

compaginación *f.* comparison, collating.

compaginar *v.t.* to verify, to collate.

compañía *f.* company. *Compañía de aviación,* airline, airline company. *Compañía de navegación,* shipping company. *Compañía de seguros,* insurance company. *J.G. Mont y Compañía (y Cía.),* J.G. Mont and Company (and Co).

compañía afianzadora, bonding company.

compañía afiliada, affiliated company.

compañía aseguradora, insurance company.

compañía internacional, international company.

compañía nacional, national company, domestic company.

compañía operadora, shell company, nominee company; front company.

compañía tenedora, holding company.

comparar *v.t.* to compare, to contrast, to collate. *Comparar estados financieros,* to compare financial statements.

comparativo, a *adj.* comparative. *Ensayos comparativos,* comparison/comparative tests. *Estados financieros comparativos,* comparative financial statements.

comparecencia *f.* *(ante un tribunal)* appearance (before a court).

comparecer *v.i.* *(ante la justicia)* to appear (before a court). *Citatorio para comparecer,* summons, subpoena. *Estar citado para comparecer,* to be summoned to appear. *Hacer comparecer,* to bring (before a court, a magistrate).

comparsa *mf.* JUR.: accomplice; condeferate.

compartición *f.* division, dividing, segmenting, fragmenting; compartmenting.

compartimiento *m.* compartment.

compartir *v.t.* *(distribuir).* 1 to divide; to share (out), to distribute, to allot; to segment, to fragment, to compartment. INFORM.: *tiempo compartido,* time sharing. 2 *(tener en común)* to share (in). *Compartir un punto de vista,* to agree; to share (someone's) view(s).

compartir gastos, to share expenses.

compatibilidad *f.* compatibility.

compatible *adj.* compatible.

compendio *m.* PRENSA: short.

compensable *adj.* 1 compensable, that can be compensated, that can be made up for. 2 *(documentos de crédito, etc.)* payable.

compensación *f.* 1 compensation, counterpart, equalization, offset(ting), making up, balancing, damages, indemnification. *Compensación de pérdidas,* losses compensation. 2 FIN.: clearing. *Cámara de compensación,* clearing house *(comercio exterior)* countertrade. *Compensación bancaria,* clearings. 3 JUR.: balance.

compensador, a *adj.* compensating, balancing, offsetting, counterbalancing, equalizing, compensatory.

compensar *v.t.* 1 to compensate, to counterbalance, to make up (for something), to offset. 2 *(cheques, etc.)* to clear. *Compensar una pérdida,* to make up for a loss, to make good a loss. JUR.: *compensar los gastos,* to divide out the costs (between the parties). 3 to indemnify; *compensarse,* to recoup.

compensatorio *adj.* compensatory; counterbalancing. *Daños y perjuicios compensatorios,* compensatory damages. *Derechos compensatorios,* countervailing duties. *Montos compensatorios,* deficiency payments, (monetary) compensatory units, M.C.U.'s, (monetary) compensation/compensatory amounts.

competencia *f.* 1 competence, ability, capacity, qualification, proficiency, skill. 2 *(tribunales)* jurisdiction. *Ser de la competencia de un tribunal,* to fall within the jurisdiction of a court. 3 *(dominio de competencia)* scope, responsibility. 4 JUR.: jurisdiction. 5 province, powers.

competente *adj.* competent, qualified, well-versed in, proficient, conversant (with).

competición *f.* competition, contest.

competidor, a *n.* competitor.

competir *v.i.* 1 JUR.: to fall within the competence of, to come under the jurisdiction of. 2 *competir (con),* to compete with.

competitivo, a *adj.* competitive.

compilación *f.* INFORM.: compiling.

compilador *m.* INFORM.: compiler.

compilar *v.t.* to compile.

complacencia *f.* complacency. *Pabellón de complacencias,* convenience flag.

complacer *v.t.* 1 to accommodate, to oblige, to suit; to meet somebody's requirements. 2 to please. *Complacer a los consumidores,* to please/ to appeal to (the) consumers.

complejidad *f.* complexity, sophistication.

complejo *m.* complex. *Complejo industrial,* industrial complex.

complejo *adj.* complex, complicated, sophisticated, intricate.

complementar *v.t.* to complement, to supplement.

complementariedad *f.* complementarity.

complementario, a *n.* supplementary. *Estimaciones complementarias, (presupuestos)* supplementary estimates; budget amendment, Amendment to the Finance Bill.

complementario *adj.* additional, complementary; supplementary. *Informes complementarios,* further information, further details, further particulars.

complemento *m.* complement. *Como complemento,* in addition.

completar *v.t.* **1** to complete. **2** *(formularios);* to fill in, to fill out, to fill up. **3** *(añadir a)* to supplement.

completo, a *adj.* complete, full, total, comprehensive; *(hoteles, etc.)* fully booked, "no vacancies".

complicación *f.* **1** complication. **2** complexity.

complicado *adj.* complicated, complex, elaborate, intricate, involved, difficult, sophisticated.

complicar *v.t.* to complicate, to compound. *El problema se ha complicado por la inflación y por el desempleo,* the problem is compounded by inflation and unemployment.

cómplice *mf.* accomplice; JUR.: *hacerse cómplice de...,* to aid and abet. *Ser cómplice de un crimen,* to be accessory to/ party to a crime.

complicidad *f.* complicity; JUR.: aiding and abetting.

componente *m.* component; part, section. *Componentes electrónicos,* electronic components.

componerse (de) *v. pr.* to consist of.

comportamiento *m.* behavior.

comportar(se) *v. pr.* to behave, to conduct oneself, to perform; *(vehículos, etc.)* to behave, to perform, to function. *Los nuevos vehículos se comportaron muy bien durante las pruebas,* the new vehicles performed very well during the tests.

composición *f.* **1** composition; contents, ingredients. **2** *(composición de una asamblea)* constitution, structure, membership.

compra *f.* purchase, buy; *(hecho de comprar)* purchasing, buying, acquisition. *(Bolsa de mercancías)* futures buying. *Central de compras,* buying (purchasing) group. BOLSA: *compra a la alza,* bull buying. *Compra al contado,* buying for cash, cash purchase. BOLSA: *compra al descubierto,* bull purchase. BOLSA: *compra a plazo,* installment purchase, buying for the account, for the settlement; long purchase. *Compra a plazos,* installment buying, buying on installment, hire purchase. *Compra de espacio,* space buying. *Compra de valores,* buying in. *Compra por correspondencia,* mail order buying. *Compra preventiva,* anticipation buying. *Compras a granel/al mayoreo,* wholesale purchase, wholesale buying, bulk buying, buying in large quantities. *Compras impulsivas (por impulso),* impulse buying. *Compra sobre catálogo,* buying on description. BOLSA: *compra sobre cobertura, sobre margen, sobre provisión,* margin buying. *Compra*

sobre muestra, purchase (buying) on sample. *Opción de compra,* call; *opción de venta,* put. *Poder de compra, poder adquisitivo,* purchasing power. *Precio de compra,* cost price.

comprador *m.* buyer; purchaser. *Comprador de espacio,* space buyer. *Comprador fijado como blanco de ataque,* target buyer. *Comprador potencial,* potential buyer/purchaser, prospective buyer, prospect. *Comprador regular,* repeat buyer, regular customer.

compradora *f.* ver **comprador.**

comprar *v.t.* **1** to buy, to purchase, to acquire; *(corromper)* to bribe. *Comprar a crédito,* to buy on credit. *Comprar al mayoreo, a granel,* to buy wholesale; to buy in bulk. **2** *comprar valores (bolsa),* to buy in. *Comprarle valores a un vendedor,* to buy in against a seller. **3** *ir de compras,* to go shopping, to do one's shopping; to run errands. *Mozo de compras, recadero,* errand boy.

compras *m. pl.* purchases. *Agente de compras,* purchasing agent. *Departamento de compras,* purchasing department. *Gerente de compras,* purchasing manager.

compraventa *f.* *(lit.* purchase and sale operation). *Contrato de compraventa,* contract of sale.

comprender *v.t.* **1** to understand. **2** to include, to consist of.

comprensivo *adj.* understanding, sympathetic.

comprimido *m.* tablet, pill, lozenge.

comprimir *v.t.* to compress, to squeeze.

comprobación *f.* **1** verification, checking. *Comprobación de un hecho,* cross-checking. **2** *nota de comprobación,* (certified) report; memorandum.

comprobante *m.* voucher, note, slip. *Comprobante de caja,* cash voucher. *Comprobante de caja chica,* petty cash voucher.

comprobante de gastos, expense voucher, expense note.

comprometer *v.t.* **1** to compromise, to endanger, to jeopardize, to imperil; *(la eficacia)* to impair, to damage; *(en un asunto ilegal)* to involve, to implicate. **2** *(imponer una obligación)* to bind, to be binding upon. *Esta cláusula compromete al proveedor,* this clause is binding upon the supplier.

comprometer(se) *v. pr.* **1** *(responsabilidad)* to undertake, to commit oneself; to pledge oneself. *Comprometerse por contrato,* to contract, to enter into a contract. *No comprometerse,* not to commit oneself, to remain noncommittal; to hold off. **2** *(asumir un riesgo) no me puedo comprometer,* I cannot commit myself, FAM.: I can't stick my neck out on this. **3** *comprometerse como fiador,* to become surety; to go bail, to stand bail (for someone).

comprometido, a *adj.* engaged, invested, involved, committed. *Capital comprometido,* trading capital, vested interests. *Responsabilidad comprometida,* responsibility involved.

compromiso *m.* 1 *(reclutamiento)* engagement, appointment. 2 *(promesas, deudas)* commitment, pledge, obligation, liability. *Hacer un compromiso,* to make a commitment, to enter into an obligation, a contract. *Oferta sin compromiso,* offer without any obligation. *Reclamaciones y compromisos,* claims and liabilities. *Respetar uno sus compromisos,* to meet one's commitments; *fam.* to deliver the goods; Fin.: to meet one's liabilities. *Sin compromiso de nuestra parte,* without responsibility on our part. 3 compromise; trade-off; *(con los acreedores)* composition, (scheme of) arrangement. *[Nota importante: de manera indebida, el término inglés "compromise" se traduce frecuentemente al español como "compromiso", en tanto que su significado real es: 1 acuerdo; 2 intercompensación (entre dos partes, fuerzas, o intereses en conflicto); 3 punto medio; 4 punto intermedio (de conveniencia entre dos partes).]*

compromisorio *adj.* Jur.: *cláusula compromisoria,* arbitration clause.

compuesto *adj. (interés compuesto)* compound (interest).

compulsar *v.t. (documentos)* to go through, to look through, to examine, to study.

computadora *f.* computer.

comunicación *f.* 1 communication. *Vía de comunicación,* line of communication, means of communication. 2 *(teléfonos)* call. *Comunicación de larga distancia,* (EU) long distance call, (GB) trunk call. *Pasar la comunicación,* to put a call through. 3 *(contacto)* contact, connection, relation. *Entrar en comunicación,* to get in touch. *Estar en comunicación con alguien,* to be in touch with somebody. 4 *(mensajes)* communication, message, notice; *(en un congreso)* communication; address; paper.

comunicación telefónica, phone call.

comunicado *m. (oficial)* statement, bulletin, communiqué. *Comunicado a la prensa,* statement to the press, press release.

comunicador *m.* communicator.

comunicar *v.t.* to communicate.

comunidad *f.* 1 community. *La comunidad europea,* the European Community, the E.E.C., (EU) the E. C., the Common Market. 2 Jur.: *(comunidad de bienes)* joint state. 3 *comunidad urbana,* urban district.

común *adj.* common, ordinary. *Avería común,* general average. *Puesta en condiciones comunes, mancomunación,* pooling.

concebir *v.t.* to devise, to conceive, to imagine; *(un modelo)* to design; *(textos)* to draft, to word, to write.

conceder *v.t.* 1 to concede, to admit, to allow, to acknowledge, to recognize. 2 *(conceder)* to grant, to allow, to award. 3 *(subsidios, etc.)* to allow, to grant, to award. *Se concederá un diploma al terminar los estudios,* A degree/diploma will be awarded on completion of (the) studies. 4 *(afectar, asignar)* to allocate, to allot, to assign, to attribute; *(anticipadamente)* to earmark; *(presupuestos)* to appropriate. 5 *conceder crédito,* to grant credit, to give credit. *La casa no concede crédito,* the firm does not grant credit facilities/does not allow credit; on a cash basis only, cash payment for all purchases.

conceder una medalla, to award a medal.

conceder un préstamo, to grant a loan, to make a loan.

concentración *f.* concentration, *(de una industria)* combine, combination. *Concentración de asientos contables/de movimientos contables,* accounting entries recap.

concentrar(se) *v. pr.* to concentrate, to focus, to center; *concentrar(se) en,* to concentrate, to focus on.

concepción *f.* conception; design. *Concepción de un proyecto,* conception/design of a project.

concepto *m.* concept, conception. *Por concepto de,* attributable to, resulting from. *2,000 dólares de los Estados Unidos por concepto de nuevos equipos,* 2,000 US dollars attributable to new equipments.

conceptualizar (o **conceptuar**) *v.t.* to conceive, to imagine. *Conceptualizar un nuevo diseño,* to conceive a new design.

concernir *v.i.* (3a. pers.) to concern, to involve, to affect, to regard. *En lo concerniente (a),* as regards (to), as to, as for, as concerns. *La cláusula concerniente,* the clause involved, the relevant clause.

concertación *f.* consensus seeking; concertation.

concertar *v.t.* to plan, to arrange, to pre-arrange, to concert, to pre-concert.

concertar(se) *v. pr.* to plan together; to discuss joint action.

concesión *f.* 1 concession; grant; sole agency; *(minería)* claim. *Concesión recíproca,* trade-off. *Obtener la concesión de un programa de trabajos,* to obtain, to be granted/awarded a works project contract. 2 *(descuento)* discount.

concesionario *adj.* concessionary, *(quien tiene la concesión de un servicio público)* (EU) utility company, statutory company.

concesionario, a *n.* licensee, licensed dealer. *(automóviles, etc.)* dealer; (sole) agent; (sole) distributor; *concesionario de una patente,* patent-holder, patentee; *patente de una licencia,* license-holder, licensee.

conciencia profesional, conscientiousness, dedication/devotion to one's job.

concienzudo *adj.* conscientious; dedicated.
conciliación *f.* **1** conciliation. *Tribunal de conciliación,* Conciliation board, arbitration tribunal, Labor Court (Court for the settlement of labor disputes by arbitration or court order: its members are elected by employers and employees). **2** CONTAB.: reconciliation. *Conciliación bancaria,* bank reconciliation. *Conciliación de cuentas,* accounts reconciliation. *Conciliación de ingresos,* income reconciliation.
conciliador, a *n.* mediator, intercessor, negotiator.
conciliar *v.t.* to conciliate, to reconcile.
conciliatorio *adj.* conciliatory.
concisión *f.* conciseness, concision, brevity.
conciso, a *adj.* concise, brief.
conciudadano, a *n.* fellow-citizen.
concluir *v.t.* **1** *(acabar)* to conclude, to end, to close; *(un discurso)* to wind up. **2** *(concluir/cerrar un trato)* to strike, to close, to clinch (a deal, a bargain). *Concluir/cerrar un acuerdo,* to sign, to conclude, to arrive at, to enter into (an agreement). **3** JUR.: to find. *Concluir como inocente/declarar inocente,* to declare innocent. **4** *(sacar conclusiones)* to conclude, to decide, to understand, to find, to gather, to infer.
conclusión *f.* **1** *(fin)* conclusion, end; *(terminación de un trabajo)* completing, termination; close; *(discurso)* winding up. **2** *(de una transacción)* striking, clinching of (a deal), concluding. **3** *(de una encuesta, etc.)* findings; *(de un jurado)* findings, decision. **4** *(hecho de sacar conclusiones)* conclusion, inference.
conclusivo, a *adj.* conclusive.
concluyente *adj.* conclusive, decisive, convincing.
concordancia *f.* agreement, concordance, correspondence.
concordante *adj.* agreeing, in agreement, concordant.
concordar *v.i.* to agree, to tally, to correspond.
concordato *m.* *(con los acreedores)* scheme of composition, scheme of arrangement.
concretizar *v.t.* to put in concrete form, to turn into reality, to realize.
concretizar(se) *v. pr.* to materialize.
concreto *adj.* concrete, factual.
concurrencia *f.* competition. *Atentado a la libre concurrencia,* (practice) in restraint of trade, restrictive practice. *Bienes de concurrencia,* shopping goods. *Hasta la concurrencia de,* to the extent of, not exceeding.
concurrencia desleal, unfair competition, unfair trading.
concurrente *mf.* **1** competitor; rival; challenger. **2** *(candidato)* candidate, applicant. **3** *(concurso)* entrant, entry, contestant.

concurrente *adj.* **1** competing. *Empresas concurrentes,* competing firms, rival firms. **2** *(concurrencial)* competitive.
concurrido *adj.* *(calles, etc.)* busy.
concurrir *v.i.* to compete; to enter a contest/competition; *(concurrir a),* to contribute to, to concur in.
concurso *m.* **1** contest, competition; *(escolar)* competitive examination. **2** *(ayuda)* help, assistance, support, aid, collaboration, cooperation, backing up. **3** *(multitud)* concourse, gathering. *Concurso de circunstancias,* coincidence, chance.
condena *f.* **1** *(sentido general)* condemnation. **2** JUR.: sentence; conviction.
condenable *adj.* condemnable.
condenar *v.t.* **1** *(sentido general)* to condemn. **2** *(condenar a la ruina, etc.)* to doom. **3** JUR.: to sentence; *(a una multa)* to fine; *(al pago de gastos)* to order to pay costs; *(declarar culpable)* to convict.
condensar *v.t.* to condense, to shorten, to abridge.
condición *f.* **1** condition, stipulation. *Condiciones acostumbradas,* usual terms. *Condiciones de un contrato,* terms of a contract. *Con la condición de que,* on condition that, provided that. *Venta condicionada,* on sale or return; *(venta por correspondencia, etc.)* on approval, on appro. **2** *(condición, estado) en buenas condiciones,* in good repair, in good/fair condition. **3** *(social)* status, position. **4** *(condición, situación)* condition(s), situation, circumstances. **5** *estar en condiciones de,* to be in a position to.
condicionado, a *adj.* subject to. *Conocimiento de embarque condicionado con reservas),* foul/unclean bill of lading; *conocimiento de embarque no condicionado (sin reservas),* clean bill of lading.
condicional *adj.* conditional.
condicionalmente *adv.* conditionally.
condiciones de crédito, credit terms.
condiciones de expedición, shipping terms.
condiciones de funcionamiento (en), in working order.
condiciones de pago, terms of payment.
condiciones de venta, terms of sale, sales terms. *Condiciones generales de venta,* general terms of sale, terms and conditions (of sale).
conducción *f.* guidance, direction. *Para su conducción,* for your guidance. *(Dirección)* management, control, direction, leadership, responsibility, *(de una serie de negociaciones)* conduct, heading, leading.
conducir *v.t.* **1** *(vehículos)* to drive; *permiso/licencia de conducir,* (EU) driver's license, driving license. **2** *(carreteras, etc.)* to lead. **3** *(dirigir)* to conduct, to lead, to manage, to run; *(una de-*

legación, etc.) to lead. **4** *(transportar)* to take, to transport, to convey, to bring, to carry. **5** *(una política)* to follow, to conduct a policy. **6** *esto no nos conduce a nada,* this is not taking us anywhere, we are not making any progress. **7** *(ir a la cabeza de)* to lead, to be in the lead. **8** Ferr.: *(conducir hacia un desviadero)* to shunt into a siding, to sidetrack.

conducir a *v.i.* to lead to, to result in, to entail, to involve, to end in.

conducir(se) *v. pr.* to behave, to conduct oneself.

conducta *f. (comportamiento)* (EU) behavior, (GB) behaviour; conduct; performance. *Código de buena conducta,* code of honor, (GB) honour. *Código de carreteras,* highway code. *Código de ética,* code of ethics. *Código fiscal,* (EU) Internal Revenue Code, (GB) Inland Revenue Code.

conducto *m. (tuberías)* pipe, main.

conductor, a *n.* **1** *(radio, televisión)* announcer; anchorman. **2** driver, *(automovilista)* motorist; *(conductor, operador de motores, etc.)* operator.

conductor de autobús, bus conductor.

conductor de camión, (EU) truck driver, trucker, teamster; (GB) lorry driver.

conectar *v.t.* to connect; to link. Inform.: *conectado, en línea,* on-line.

conectar(se) *v. pr.* to connect (with); to tie up (with); Electr.: to plug (into); *(computadoras)* to hook up (to); *(intervenciones telefónicas)* to tap.

conexión *f.* **1** *(eléctrica)* connection; *(hecho de conectar)* plugging (in). **2** *(vías de ferrocarril)* junction. **3** *(conducciones, oleoductos)* branching, connection; tapping. **4** *(gravamen)* connection, link. **5** *(trenes, etc.)* connection, transfer. **6** *(aviones)* connecting flight.

confección *f.* **1** *(hecho de fabricar)* manufacture, manufacturing, making, construction. **2** *(prendas de vestir)* ready-to-wear. *Tienda de confecciones,* men's/women's/children's wear, (EU) apparel store.

confeccionista *mf.* ready-to-wear manufacturer.

conferencia *f.* **1** *(de prensa, etc.)* conference. **2** *(pronunciada por un conferencista)* lecture. **3** *(congreso)* congress, conference, convention. **4** *(discusión)* conference, debate, discussion.

conferencista *mf.* lecturer; public speaker.

conferir *v.t.* **1** *(conceder)* to grant, to award, to confer, to bestow. **2** *(títulos)* to confer, to bestow.

confesar *v.t.* to confess, to admit, to acknowledge, to recognize. *Confesar un crimen,* to confess to a crime.

confesión *f.* confession, admission. *Hacer una confesión,* to confess.

confiabilidad *f.* reliability.

confiado, a *adj.* **1** confident, trustful, hopeful, trusting. **2** *(en sí mismo)* self-confident.

confianza *f.* confidence, trust, faith; reliance. *Digno de confianza,* trustworthy; reliable. *Hombre de confianza,* right hand, confidential agent, trusted representative. *La confianza no se recupera de la noche a la mañana,* confidence cannot be restored overnight. *Tener confianza en uno mismo,* to be self-confident.

confianza (en) *loc.* confidentially, in confidence.

confiar *v.t.* **1** *(una cosa a alguien)* to entrust (something to somebody, somebody with something), to trust (somebody with something), to commit, to assign (something to somebody), to charge (somebody with something). **2** *(revelar)* to tell. **3** *confiar a,* to disclose, to impart, to reveal, to confide.

confidencial *adj.* confidential. *A título confidencial, confidencialmente,* in strict confidence, confidentially, *(declaraciones)* off-the-record.

confidencialidad *f.* confidentiality, secrecy.

confidencialmente *adv.* confidentially, in confidence; *(declaraciones)* off-the-record.

confirmación *f.* confirmation. *Confirmación de un pedido,* confirmation of an order.

confirmar *v.t.* **1** to confirm. *Confirmar una fecha de llegada/de salida,* to confirm an arrival/departure date. **2** *(probar el buen fundamento)* to bear out. **3** *(el juicio de un tribunal)* to uphold.

confiscable *adj.* confiscable, forfeitable.

confiscación *f.* Jur.: seizure, distraint; confiscation, forfeiture.

confiscar *v.t.* to confiscate, to seize.

confiscatorio, a *adj.* spoliative, confiscatory.

confitero *m.* confectioner.

confitería *f.* **1** confectionery. **2** confectioner's shop.

conflictivo *adj. (carácter adverso)* conflictual; adversarial.

conflicto *m.* dispute. *Conflicto armado,* conflict; clash of arms. *Conflicto de trabajo,* labor dispute. *Conflicto laboral,* industrial labor, dispute. *Solucionar un conflicto,* to settle a dispute.

conformar(se) *v. pr.* **1** *(estar satisfecho de)* to be satisfied with something; to make do with something. **2** *conformar(se) a,* to comply with, to conform to, to abide by, to keep to; Fam.: to stick to.

conforme *adj.* in conformity (with), true (to), corresponding (to), consistent with; as per. *Conforme a la muestra,* up to sample, true to sample, *(tejidos)* true to pattern. *Conforme con el pedido,* as per order. *Copia conforme,* certified true copy.

conforme a *loc.* according to, in conformity with, in accordance with, in compliance with;

Jur.: in pursuance of. *Conforme a su pedido,* as per your order.

conforme a la muestra, up to sample, true to sample.

conforme al pedido, as per order.

conformidad *f.* conformity. *En conformidad con las instrucciones,* in accordance with, in compliance with instructions.

confort *m.* comfort. *Las condiciones de confort de la vida moderna,* the amenities of modern life.

confortable *adj.* comfortable cozy, (GB) cosy.

confrontación *f.* confrontation, clash, *(final)* showdown.

confrontar *v.t.* to face, to confront, to meet with (difficulties).

confundir *v.t.* to mistake, to confuse, to confound.

congelación *f.* freezing, deep-freezing; cold-storage. *Cámara de congelación,* freezing chamber.

congelador *m.* freezer, deep-freeze.

congelamiento *m. (salarios, precios, etc.)* freeze, freezing; pegging. *Congelamiento de precios,* price freeze. *Congelamiento de precios y salarios,* price and wage freeze, wage-price freeze.

congelamiento de precios, price-freeze.

congelamiento de salarios, wage freeze.

congelar *v.t.* to freeze, to deep-freeze.

congestión *f. (del mercado)* glut.

congestionado, a *adj.* **1** congested, clogged. *Arteria/vía congestionada,* congested thoroughfare. **2** glutted, overstocked. *Mercado congestionado,* glutted market.

congestionamiento *m.* congestion, glutting. *Congestionamiento de la circulación,* traffic jam. *Congestionamiento del mercado,* glutting of the market. *(De una red eléctrica, etc.)* overload.

congestionar *v.t. (mercados)* to glut.

conglomerado *m.* conglomerate.

congresista *mf.* attendant (at a conference, a congress), (EU) attendee. *Los congresistas,* those attending the conference.

congreso *m.* congress, conference, convention.

conjetura *f.* conjecture, guess, estimate.

conjeturar *v.t.* to guess, to conjecture, to guesstimate.

conjeturista *mf.* economic observer, analyst, trend watcher.

conjugación *f.* combination, combining.

conjugado, a *adj.* combined.

conjugar *v.t.* to conjugate, to combine.

conjuntamente *adv.* jointly. *Conjunta y solidariamente,* jointly and severally.

conjunto *m.* **1** collection, combination; blending; gathering. **2** assembly, assembling.

conjunto, a *adj.* joint. *Conjunto y solidario,* joint and several.

conminatorio *adj.* comminatory, minatory; threatening.

conmutación *f.* Inform.: switching.

conmutar *v.t. (una pena)* to commute.

conocer *v.t.* to know. *Conocer un negocio,* to know the ropes.

conocimiento *m.* knowledge. *Conocimiento superficial,* smatering. *Conocimientos superficiales de la lengua inglesa,* a smattering of English. *Hacer del conocimiento de alguien,* to inform someone.

conocimiento de embarque *m.* bill of lading, B/L.

conocimiento de embarque no restringido, clean B/L.

conocimiento de embarque restringido, unclean B/L, foul B/L.

conocimiento de embarque a bordo, shipped B/L, on board B/L.

conocimiento de embarque al portador, B/L to bearer.

conocimiento de embarque con reserva, unclean B/L.

conocimiento de embarque directo, through B/L.

conocimiento de embarque nominativo, B/L to a named person.

conocimiento de embarque original, original stamped B/L.

conocimiento de embarque simple, clean B/L.

conocimiento de embarque sin reserva, clean B/L.

conocimiento de embarque sobre pedido, B/L to order.

conquistar *v.t.* to win, to conquer, *(mercados)* to capture.

con(s)ciencia *f.* conscience. *Concienzudamente,* conscientiously. *Toma de conciencia,* realization.

consecuencia *f.* **1** consequence, result, outcome. **2** repercussion, aftermath, effect. *Las consecuencias,* the aftermath, the fallout.

consecutivo, a *adj.* **1** consecutive, running, in a row, on end, in succession. **2** *consecutivo a,* resulting from, following (upon), due to, consequent upon.

consejero, a *n.* **1** adviser, consultant, expert. *Consejero fiscal,* tax consultant. *Consejero jurídico,* legal adviser. **2** *(miembro de un consejo)* councillor.

consejo *m.* **1** (piece of) advice. **2** *(organismos)* council, committee, board. **3** *(consejero)* adviser, consultant. **4** *(reunión)* meeting.

consejo de administración, Board of Directors; Board; Management Board.

consejo de asesores, (EU) advisors/council of advisers.

consejo de vigilancia, Sociedades: Supervisory Board.
consejo directivo, management board, management committee, executive committee.
consejo empresarial, works council.
consenso *m.* consensus.
consensual *adj.* consensual, consensus.
consentidor *adj.* consenting.
consentimiento *m.* agreement, consent, authorization, assent.
consentir *v.t.* **1** to agree (to), to consent (to) to authorize. **2** *(consentir, conceder un préstamo)* to grant.
conserje *mf.* *(ministerios, etc.)* usher.
conserva *f.* preserve, preserved food; *(caja de conservas)* tin, can; tinned food, canned food.
conservación *f.* preservation; *(de los recursos)* conservation. *Conservación de equipos,* equipment maintenance.
conservador, a *n.* **1** Pol.: conservative. (GB) Tory. **2** *(productos)* preservative. **3** *(quien se ocupa de hacer conservas)* canner.
conservar *v.t.* to preserve, to keep, to retain, to maintain, to conserve. *"Consérvese en un lugar fresco",* "keep in a cool place", "store in a cool place".
conservatismo *m.* conservatism.
conservatorio *m.* school, academy, conservatory. *Conservatorio de Artes y Oficios,* School of Arts and Crafts.
conservatorio *adj.* (of) conservation. *Medidas conservatorias,* measures of conservation; provisional measure.
consérvese en un lugar fresco, keep cool, store in a cool place.
consérvese en un lugar seco, keep dry, store in a dry place.
considerable *adj.* considerable, large, substantial, extensive.
consideración *f.* **1** consideration, point of view, motive. *En consideración de,* on account of; in regard of, in view of. *Tomar en consideración,* to take into account. **2** *(respeto)* respect, regard, esteem; reputation. **3** *(letras de cambio)* consideration.
considerandos *m. pl.* Jur.: whereas clauses, reasons adduced.
considerar *v.t.* to consider, to regard; *(enfocar, estudiar, examinar)* to envisage, to contemplate.
consigna *f.* **1** instruction, direction; order; recommendation. **2** *(mercancías consignadas)* deposit. **3** *(de equipaje)* left-luggage office, (EU) baggage-check. **4** watchword.
consignación *f.* **1** *(mercancías)* consignment. **2** *(suma de dinero)* deposit; consignation.
consignador *m.* consignor, (EU) consigner, shipper.

consignar *v.t.* **1** *(una suma)* to deposit. **2** *(mercancías)* to consign. **3** *(un embalaje)* to charge a deposit (on). *Botella consignada,* deposit bottle, returnable (refundable) bottle. **4** *(dejar en la consigna)* to leave at the left-luggage office; to check. **5** *(consignar por escrito)* to write (down), to record, to enter (in the records), to couch in writing, to commit to writing. **6** Jur.: to sue, to prosecute.
consignatario *m.* **1** *(destinatario)* consignee. **2** *(depositario)* depositary, trustee.
consistencia *f.* consistency. Contab.: *consistencia en la aplicación de principios de Contabilidad,* consistency (principle/concept).
consistir (en, de) *v.i.* to consist in, to lie with, to rest with, to consist of. *Consistir en + verbo,* to consist in + verb + ing; to be composed (of).
consola *f.* console, desk. *Consola mezcladora,* mezcladora, mixing desk.
consolidación *f.* consolidation; *(consolidación de una deuda)* consolidation, funding. Contab.: *consolidación de estados financieros,* financial statements consolidation. *Métodos de consolidación,* consolidation methods.
consolidado, a *adj.* consolidated. *Deuda consolidada,* consolidated debt. Contab.: *estados financieros consolidados,* consolidated financial statements. *Filial consolidada,* consolidated subsidiary. *Renta consolidada,* consolidated annuity. *Resultados consolidados,* consolidated returns.
consolidar *v.t.* to consolidate; *(una deuda)* to consolidate, to fund.
consorcio *m.* consortium, syndicate.
constante *adj.* steady, stable; constant; *pesos constantes,* inflation adjusted pesos, constant pesos.
constatar *v.t.* **1** to note, to find, to discover. **2** *(verificar la realidad de)* to ascertain, to establish, to attest, to evidence.
constitución *f.* **1** constitution. **2** *(de una sociedad)* settling up, forming, formation, founding.
constitucional *adj.* constitutional.
constituir *v.t.* **1** to constitute. **2** *(una sociedad)* to set up, to form, to found, to incorporate, to create. *Cuerpos constituidos,* public bodies, organized bodies. **3** *constituirse prisionero,* to give oneself up. **4** *constituir un jurado,* to empanel a jury.
constitutivo, a **1** constitutive, that constitute(s). *Acta constitutiva (de una sociedad de capitales),* Memorandum of Association; *(de una sociedad de personas),* Deed of Partnership. **2** *(que confiere un derecho)* conferring a right, entitling to a right. *Título constitutivo (de una propiedad),* title-deed.
construcción *f.* **1** building, erection, construction. *Pintor de construcciones,* house-painter. **2** *(sector)* the building trade, the building in-

dustry, the construction industry. *Contratista de construcciones*, building contractor. **3** *(industria de la construcción)* house building/housing industry; construction. *Construcción de una fábrica*, building of a factory, erection of a plant. *Construcción naval*, shipbuilding. *Plataforma de construcción naval*, shipyard. *Sitio de construcción*, building site.

constructivo, a *adj.* constructive, positive.

constructor, a *n.* maker, manufacturer, builder. *Constructor de automóviles*, (EU) automaker, (GB) car manufacturer. *Constructor de aviones*, aircraft manufacturer. *Constructor de carrocerías*, coach-builder, body-builder.

construible *adj.* building. *Terreno construible*, building land, building plot.

construir *v.t.* **1** to build; to erect; to construct; to build up. *Terreno para construir*, building site. *Zona construida*, built-up area. **2** to make; *(máquinas, planos)* to make, to manufacture, to assemble, to design.

consuelo (premio de), consolation prize.

consuetudinario *adj.* *(Derecho)* Common Law, customary law.

cónsul *m.* consul.

consulado *m.* consulate.

consular *adj.* consular. *Factura consular*, consular invoice.

consultar *v.t.* to consult, to take advice. *Consultar en plaza, localmente*, to consult locally, not to be taken away. *Consultar un abogado*, to consult/to see a lawyer, to seek/to take legal advise, to take legal opinion.

consultativo, a *adj.* consultative, advisory. *Comité consultativo*, advisory council/committee/board.

consultor *m.* adviser, consultant, counselor. *Consultor en administración*, management consultant. *Consultor en mercadotecnia*, marketing consultant. *Consultor en organización*, management consultant. *Consultor en reclutamiento*, recruiting consultant, appointment consultant. *Ingeniero consultor*, consulting engineer.

consultoría *f.* consultation, consulting. *Consultoría electoral*, vote, voting, poll, election. *Consultoría jurídica*, legal advise/opinion. *Consultoría profesional*, professional advise, opinion.

consumable *adj.* consumable.

consumible *adj.* consumable.

consumidor, a *n.* consumer. *Defensa del consumidor*, consumer defense, consumerism.

consumir *v.t.* **1** to consume. **2** *(máquinas, motores)* to use up. *Este automóvil consume x litros por cada cien kilómetros*, this car does x miles to the gallon. **3** *(cafés, restaurantes, etc.)* to have a drink.

consumo *m.* consumption. **1** *bienes de consumo*, consumer goods. *Estudio del consumo*, con-

sumer survey/research. *Índice de precios al consumidor*, consumer price index (C.P.I.). *Productos de consumo*, consumer products/goods. *Productos de gran consumo*, convenience goods. *Sociedad de consumo*, consumer society; *sociedad de la abundancia*, affluent society. **2** *(bebidas, alimentos consumidos en un restaurante)* consumption bill.

consumo de las familias, household consumption.

consumo per cápita, consumption per head, per capita consumption.

contabilidad *f.* **1** accounting, bookkeeping; *(profesión contable)* accountancy. *Contabilidad analítica*, cost accounting. *Contabilidad de sociedades*, corporate accounting. *Contabilidad de Tesorería*, cash-flow accounting. *Contabilidad por devengado*, accrual basis accounting, accruals principle. *Contabilidad por partida doble*, double-entry bookkeeping. *Jefe de contabilidad*, chief accountant. *Libro de contabilidad*, accounting/account(s) book; *(libro mayor)* ledger; *(libro diario)* journal. *Llevar la contabilidad, llevar los libros*, to keep the books, the accounts. **2** *(departamento de contabilidad)* accounts department, accounting department.

contabilidad administrativa, managerial accounting.

contabilidad (auxiliar de) *mf.* assistant-accountant, bookkeeper.

contabilidad de costos, cost accounting.

contabilidad de sociedades, corporations accounting.

contabilidad financiera, financial accounting.

contabilidad nacional, national accounting, national accounting plan/system, national accounts.

contabilidad por áreas de responsabilidad, responsibility accounting.

contabilidad por devengado, accrual basis accounting.

contabilidad (principios de), accounting principles/policies/methods/procedures.

contabilización *f.* posting. *(En el libro diario),* journalizing.

contabilizar *v.t.* **1** to enter in the books, to record. **2** *(en sentido amplio)* to record, to keep count of, to count, to account for. **3** to post. *Contabilizar un asiento*, to post an entry. **4** *(contabilizar en el diario)* to journalize.

contable *adj.* **1** *(documento contable)* voucher, receipt. **2** *(valor)* book value. **3** *(registros) registros contables*, accounting records.

contactar *v.i.* to contact, to get in touch (with), to approach.

contacto *m.* contact. *Estar en contacto,* to be in touch. *Entrar en contacto,* to get in touch, to come into contact, to approach. *Mantenerse en* contacto, to keep/stay in touch. *Contacto(s) preliminar(es)*, preliminary contact(s). *Ponerse en contacto con*, to get in touch (with).

contado *m.* cash, spot cash, cash payment. *Al contado*, cash down. *Comprar al contado, vender al contado*, to buy/sell for cash. *Contado contra documentos*, cash against documents. *Contado inmediato*, prompt cash. *Mercado al contado*, cash market, cash transaction(s), spot market. *Pagar al contado*, to pay cash.

contador, a *n.* 1 *(profesión contable)* accountant; *(tenedor de libros)* bookkeeper. *Auditor (encargado de verificar las cuentas)* auditor, *(que cuenta)* tally-clerk. *Contador de costos*, cost accounting. *Contador Público Titulado*, (EU) Certified Public Accountant, (GB) Chartered Accountant. 2 *(máquina contadora)* counter, meter, recorder. *Contador de gas*, gas meter; *contador de velocidad, velocímetro*, speedometer; *contador de kilómetros*, odometer; *tomar lectura de un contador*, to read a meter.

contador de impuestos, tax accountant.

contador en jefe, chief accountant.

contador general, general accountant.

contador privado, private accountant.

contador público titulado *m.* (EU) Certified Public Accountant, (GB) Chartered Accountant.

contaduría *f.* *(actividad profesional)* accounting, bookkeeping. *Contaduría pública*, (EU) Certified Public Accountancy, (GB) Chartered Accountancy.

contaminación *f.* pollution.

contaminado *adj.* polluted. *Aire contaminado*, polluted air, stale air.

contaminante *adj.* pollutant.

contaminar *v.t.* to pollute.

contango *m.* Bolsa: contango, continuation, carrying over. *Tasa de contango*, contango rate, charge.

contar *v.t.* 1 to account, to reckon, to compute, to calculate, *(votos)* to tally (votes). 2 *(contar con, atenerse a)* to expect, to anticipate. 3 *(contar con, tener confianza en)* to rely on, to depend on, to trust *fam.* to bank on. 4 *(tomar en consideración)* to take into account, to include, to consider. 5 *(incluir)* to count, to include, to number. 6 *(hacer planes, proyectar)* to plan, to propose, to consider, to envisage. 7 *(esperar)* to hope, to trust, to look forward to. 8 *(cargar en una cuenta)* to charge.

contar (con) *v.t.* to count (on), to bank (on), to expect, to anticipate.

contencioso *adj.* contentious; Jur.: litigious; *(departamento de lo contencioso)* legal department.

contenedor *m.* container. *Porta-contenedores*, container-ship, container-plane, container-wagon, container-truck. *Transporte por conte-*

nedores, container transport, containerized transport.

contener *v.t.* to include, to contain, to feature, to comprise, to hold, to consist of. *Esta propuesta contiene aspectos positivos*, the proposal presents (has) positive aspects.

contenido *m.* 1 *(de un producto)* grade, content(s), percentage. *Minerales de alto contenido*, high-grade ores. 2 contents, composition.

contestable *adj.* debatable, questionable, arguable, objectionable.

contestación *f.* answer, response, reply.

contestador, a *n.* answering machine, answer phone.

contexto *m.* context, *(social, etc.)* environment.

contingente *m.* 1 quota. 2 *(sentido amplio, razón o proporción, etc.)* allowance, allocation.

continuación *f.* continuation, continuance, pursuit. *Como continuación de nuestra conversación telefónica*, further to our telephone conversation. *Como continuación de la reunión cumbre de Ginebra*, in the wake of the Geneva summit.

continuar *v.t.* 1 to continue, to carry on, to pursue. 2 to carry on, to go on, to continue, to get on (with).

continuidad *f.* continuity. *Principio de continuidad de la empresa, principio de negocio en marcha*. Contab.: going concern principle.

continuo, a *adj.* continuous, ongoing. *Formación continua*, continuing education, continuous education, adult education, further education, on going education.

contrabandear *v.i.* to smuggle (goods).

contrabandista *mf.* smuggler.

contrabando *m.* smuggling, contraband; *(de alcohol)* bootlegging; *pasar alguna cosa de contrabando*, to smuggle something (into), moonshining.

contracción *f.* contraction. *Contracción del crédito*, credit contraction; *(contracción de un mercado)* shrinking, narrowing.

contractual *adj.* contractual, contract.

contracuenta *f.* contra-account, opposite account.

contradecir *v.t.* to contradict, to deny.

contradicción *f.* contradiction, incompatibility; *(falta de coherencia)* inconsistency, discrepancy.

contradictorio *adj.* contradictory, conflicting, in opposition, incompatible, *(no coherente)* inconsistent, discrepant.

contraer(se) *v. pr.* *(mercados)* to shrink.

contragolpe *m.* backlash.

contralor (o **controlador**) *m.* inspector, examiner, supervisor; *(cuentas)* auditor; *(autobuses, trenes)* ticket-collector, conductor. *Contralor administrativo*, management controller. *Contralor financiero*, comptroller.

contraloría *f.* controllership.
contramanifestante *m.* counter-demonstrator.
contramanifestar *v.t.* to counter-demonstrate.
contramarca *f.* countermark.
contraorden *f.* counter-order.
contraparte *f.* 1 counterpart. 2 Contab.: *(contrapartida)* contra. 3 *(transacciones)* other side, other party. 4 *(garantía para un préstamo, etc.)* collateral. 5 Bolsa: market-making. 6 *(comercio internacional)* counteratrade.
contrario *adj.* contrary. *Salvo indicación, estipulación en contrario,* unless otherwise agreed, unless we specify to the contrary; unless otherwise specified (stipulated), except where otherwise stipulated/specified.
contrastar *v.t.* *(garantías, calidad)* to hallmark, to stamp.
contratación *f.* 1 enrollment, (GB) enrol(l)ment, hiring, engaging, taking on; employment. 2 chartering, hire.
contrata de fletamento *f.* charter-party.
contratante *mf.* hirer, contracting party.
contratar *v.t.* 1 to contract, to enter into. *Contratar un préstamo,* to raise a loan, to take out a loan. *Contratar un seguro,* to take out an insurance policy. 2 *(reclutar personal)* to engage, to take on, to sign on, to hire, to recruit, to take on.
contratar(se) *v. pr.* *(empleos)* to join, to take service with (a company).
contratiempo *m.* inconvenience, mishap, disappointment; *(retraso)* delay.
contratista *m.* *(edificios, etc.)* contractor, builder. *Contratista de edificios,* building contractor. *Contratista de pompas fúnebres,* undertaker, (EU) mortician. *Contratista de transportes,* haulage contractor, carrier.
contratista público, *(transportes)* common carrier.
contrato *m.* contract, deed, agreement. *Contrato de arrendamiento,* rent agreement; *(locales, etc.)* tenancy agreement. *Firmar un contrato,* to sign/to enter into a contract, to contract. *Proyecto de contrato,* draft contract, draft-agreement. *Rescindir un contrato,* to cancel a contract. *Ruptura de contrato,* breach of contract.
contrato a destajo, lump-sum contract, agreement by the job.
contrato a futuro, futures contract.
contrato a plazo, term contract.
contrato a precio alzado, lump-sum agreement.
contrato colectivo, collective agreement.
contrato de aprendizaje, indentures.
contrato de arrendamiento, lease agreement.
contrato de compra, buying agreement.
contrato de compraventa, contract of sale.
contrato de fideicomiso, trust agreement.

contrato de financiamiento, financing agreement.
contrato (o **contrata**) **de fletamento,** affreightment contract; charter party.
contrato de seguros, insurance contract, insurance policy.
contrato de servicios, service agreement.
contrato de trabajo, labor agreement.
contrato de venta, bill of sale, contract of sale, sale contract.
contrato individual, individual agreement.
contrato laboral, laboral agreement.
contravenir *v.i.* to infringe, to contravene.
contraventor *m.* offender, infringer, contravener; delinquent.
contribución *f.* 1 contribution. 2 *(impuestos)* tax. *Contribuciones/impuestos directos,* direct tax, direct taxation. *Contribuciones/impuestos indirectos,* indirect taxes, indirect taxation; customs and excise duties.
contribuir *v.i.* to contribute.
contribuyente (o **cotizante**) *mf.* taxpayer, contributor, subscriber, member.
control *m.* control, check, checking, inspection, supervision, superintendence, verification; *(de las cuentas)* audit, auditing; *(lista)* roll, list. *Control de entradas y salidas,* clocking in/out; *hoja de control de tiempo,* time-sheet. *Control de tiempo, (medición de las tareas)* time-keeping. Inform.: *control numérico,* numerical/digital control. *Control remoto,* remote control. *Escapar a una tentativa de toma de control,* to stave off a take-over bid. *Tentativa de toma de control,* take-over bid. *Toma de control,* take-over. *Tomar el control de,* to take over; to take a controlling interest (of); to assume control.
control administrativo, management control.
controlar *v.t.* 1 *(verificar)* to check, to inspect, to examine; *(cuentas)* to audit. 2 *(tener el control de)* to control, to master, to monitor, to stem. *Controlar la inflación,* to curb inflation.
control de cambios, foreign exchange control(s); exchange control.
control de calidad, quality control.
control de costos, cost control.
control de la natalidad, birth control.
control del estado, state control; state supervision.
control de pedidos, order control.
control de precios, price control.
control estadístico, statistical control.
control estadístico de la calidad, statistical quality control.
control financiero, financial control.
control interno, internal control.
control presupuestal, budgetary control.
control remoto, remote control.
controversia *f.* controversy.

contumacia *f.* contumacy, non-appearance in court. *Condenado por contumacia/rebeldía,* sentenced in absentia.

convencer *v.t.* to convince, to persuade.

convención *f.* convention. *(de un partido, etc.)* National Convention, (EU) Caucus.

convencionado, a *adj.* *(por convención)* officially recognized by the National Health Service (Social Security). *Préstamo convencionado/ subsidiado,* subsidized/low-interest loan.

convencional *adj.* 1 contractual, conventionary. 2 conventional.

convencionalismos sociales, convention(s), rule(s), form, formalities.

convencionalmente *adv.* contractually, by agreement.

convenido, a *adj.* agreed, stipulated, specific, authorized.

conveniencia *f.* convenience, suitability, appropriateness. *La fecha de la reunión puede ser modificada a su conveniencia,* the date of the meeting can be changed at your convenience. *Permiso de ausencia por conveniencia personal,* leave on personal grounds. *Por razones de conveniencia,* on grounds of expediency.

convenio *m.* agreement, contract, covenant, convention, compact, understanding, arrangement. *Convenio ilícito,* illicit agreement. *Convenio industrial,* cartel, combine.

convenio colectivo, collective agreement.

convenio formal, formal agreement.

convenio informal, informal agreement.

convenio oral, oral agreement.

convenir *v.i.* 1 to suit; to be convenient; to be suitable, to fit, to be advisable, to correspond, to conform. 2 *(decidir)* to agree upon, to agree (on something). *Convenir las condiciones,* to come to terms. *Convenir una fecha,* to decide on a date, to set, fix a date, to meet somebody's requirements. *Si ello le conviene,* if this is convenient to you, if that fits in with your plans. 3 *(convenir, admitir)* to admit, to acknowledge.

conversación *f.* *(discusión)* conversation, talk, interview.

conversión *f.* 1 conversion, change. 2 FIN.: translation. *Conversión de divisas,* foreign currency translation.

conversión en valores, securitization.

convertibilidad *f.* convertibility.

convertible *adj.* convertible; *(transformable)* transformable.

convertir *v.t.* to convert, to change, to turn. *Convertir pesos mexicanos en dólares de los EU,* to change Mexican pesos into US dollars (for US dollars), to exchange Mexican pesos for US dollars. FIN.: to translate. *Convertir en valores,* securitize.

convidar *v.t.* 1 to invite. 2 *(incitar)* to invite, to prompt.

convite *adj.* INFOR.: user-friendly.

convocar *v.t.* 1 *(a una asamblea de accionistas, etc.)* to convene, to call a meeting of, to hold a meeting of. *Ser convocado a una asamblea, a una reunión,* to be invited/requested to attend a meeting. 2 *(para una entrevista, un examen, etc.)* to call in for, to notify, to call, to invite. 3 JUR.: *(citar)* to summon. 4 *él convocó inmediatamente a todos los jefes de departamento,* he immediately called in all department heads. *Estar convocado por,* to have to report to.

convocar a una reunión, to call a meeting.

convocatoria *f.* 1 *(a una asamblea, etc.)* convening. 2 *(a una reunión, etc.)* (official) notice, notification, letter, paper, etc. 3 JUR.: *(citatorio)* summons.

convoy *m.* convoy; *(ferrocarriles)* train. *(Automóviles)* motorcade. *Convoy excepcional,* long vehicle; wide load ahead. *Persona a cargo de un convoy,* person in charge of convoy; *(transporte de fondos)* guard.

convoyar *v.t.* to convoy, to escort.

cónyuge *mf.* spouse; *los cónyuges,* husband and wife.

co-ocupante *mf.* joint-occupant, joint-tenant, joint-resident.

co-opción *f.* *co-opción,* co-opting, co-optation.

cooperación *f.* cooperation, collaboration, help.

cooperador *m.* cooperator.

cooperar *v.i.* to cooperate, to collaborate.

cooperativa *f.* *(sociedad)* cooperative society.

cooperativo, a *adj.* cooperative.

co-optar *v.t.* to co-opt.

coordenadas *f. pl.* coordinates.

coordinación *f.* coordination.

coordinación administrativa, managerial coordination.

coordinación de la fuerza de ventas, management of the sales force, coordination of the sales force.

coordinador, a *n.* coordinator.

coordinador de la fuerza de ventas, manager/head/coordinator of the sales force.

coordinar *v.t.* *(una fuerza de ventas, etc.)* to manage, to head, to run, to motivate, to coordinate.

copa *f.* cup, glass; *(beber una copa)* to have a drink. DEP.: cup.

coparticipación *f.* co-partnership, joint-venture.

coparticipante *mf.* co-partner.

copia *f.* copy, duplicate. *Copia certificada,* certified true copy. *Derecho de copia, derecho de propiedad literaria,* copyright. CONTAB.: *copia del cliente,* customer's copy. *Copia de archivo,* file copy.

copiador, a *n.* copier, duplicator; copying machine, duplicating machine.

copiar *v.t.* to copy, to duplicate. *Máquina copiadora,* copying machine, duplicator, duplicating machine.

copias de reposición, ED.: surplus copies, over copies.

coposeer *v.t.* to own jointly, to be joint owner(s) of, to have joint ownership of.

coposesión *f.* joint-ownership.

coproducción *f.* coproduction, joint-production.

coproducir *v.t.* to coproduce.

coproducto *m.* joint-product.

coproductor, a *n.* coproducer, joint-producer.

copropiedad *f.* JUR.: joint-ownership, co-ownership, share (in a ship).

copropietario (o **cotenedor**) *m.* joint-holder; joint-owner, joint-proprietor.

cordaje *m.* rope.

coro *m.* MÚS.: chorus.

corporación *f.* 1 *(gremio)* guild; trade-association. 2 JUR.: public body, corporate body.

corporal *adj.* corporal; *bienes corporales,* tangible property. *Daños corporales,* bodily injury, bodily harm.

corporativismo *m.* corporatism, corporativism; sectional interests, special interests, vested interests.

corporativo, a *adj.* corporate, corporative. *Intereses corporativos,* sectional interests.

corral *m.* *(para animales)* pen.

corrección *f.* *(hecho de corregir)* correction, correcting; *(hecho de ser correcto)* correctness; propierty.

correccional *adj.* correctional, reforming. *Delito correccional, delito de menores,* minor offense. *Tribunal correccional,* Court of summary jurisdiction.

corrección de variaciones estacionales, seasonally adjusted.

corrección presupuestal, budgetary adjustment, supplementary estimates.

correctivo, a *n.* corrective, amendement.

correcto, a *n.* correct, proper, *(exacto)* accurate.

corrector, a *n.* TIPOGR.: proof-reader.

corredor *m.* BOLSA: remiser, (intermediate) broker, agent. *Corredor bajo juramento,* broker on oath. *Corredor de bolsa,* stockbroker. *Corredor de cambios,* exchange broker. *Corredor de fletes,* charter broker.

corredor de bolsa, *(agente de cambio, etc.)* stockbroker.

corredor de seguros, insurance broker.

corredor marítimo, shipbroker.

corregir *v.t.* to correct, to adjust.

correlación *f.* correlation. *Correlación estadística,* statistical correlation. *Establecer una correlación,* to correlate.

correo *m.* mail, letter(s), correspondence, post; *oficina de correos,* post office; *por vuelta de correo,* by return of post; (EU) by return mail. *Correo de lectores,* letters to the editor. *Correo de llegada,* incoming mail. *Correo de salida,* outgoing mail. *Publicidad por correo,* mailing.

correr *v.t.* e *i.* 1 *(desplazarse aceleradamente)* to run. 2 *(intereses, plazos, etc.)* to run, to accrue. 3 *(empleos, despedir)* to dismiss, to lay off.

correspondencia *f.* correspondence, letter-writing; *correspondencia comercial,* business correspondence, business letters; *(cartas)* mail, letters; *(hecho de estar en comunicación)* communication, dealings.

corresponder *v.i.* 1 to correspond, to agree, to tally, to square, to fit, to match. 2 *(por carta)* to correspond, to communicate in writing, to exchange letters.

correspondiente *mf.* correspondent; *(teléfonos)* party, person called, (EU) party. *Mi correspondiente no contesta,* the party doesn't answer.

correspondiente *adj.* corresponding; equivalent.

corresponsal *mf.* correspondent.

corretaje *m.* brokerage; *(comisión)* broker's commission, broker's turn. *Sociedad de corretaje,* brokerage firm.

corrida *f.* run.

corriente *f.* 1 current; *corriente eléctrica,* electric current; *(corriente de agua)* stream, current. 2 *(financiera)* flow, stream. *Corriente de costos,* cost stream.

corriente *adj.* 1 current, present. *El día 9 del mes corriente,* the ninth of this month, the ninth inst. (instant). *Precio corriente,* current price, market price. 2 *(de mediana calidad)* standard average. 3 *(ordinario)* ordinary, usual. *Estar al corriente de,* to be informed, to be aware (of something), to know (about something), to be in the know. *Mantenerse al corriente,* to keep abreast (of something). *Mantener (a alguien) al corriente,* to keep (someone) posted/informed. *Poner al corriente,* to inform, to brief; **fam.** to put (someone) in the picture; to brief (somebody on something).

corro *m.* set, small circle, coterie, clique.

corroboración *f.* corroboration, corroborating, confirmation.

corroborar *v.t.* to corroborate, to confirm.

corroer *v.t.* to erode, to corrode.

corromper *v.t.* to corrupt; *(comprar)* to bribe, to buy.

corrosivo, a *adj.* corrosive.

corrupción *f.* corruption, corruptness; *(de testigos, de funcionarios, etc.)* bribing, bribery.

corrupto, a *adj.* corrupt; *(sobornado)* bribed.

cortar *v.t.* 1 to cut; *cortar en secciones,* to cut into sections, to divide. 2 *(una línea telefóni-*

ca) to cut off. **3** *(árboles, etc.)* to trim, to prune; to clip.

corte *m.* **1** *(de gas, etc.)* cut; *(corte de electricidad)* power cut, power breakdown; *(de ropa)* cut; *(secciones)* section, profile; *corte transversal,* cross-section; load-shedding; outage; *(árboles)* cutting. **2** *(recorte de un diario)* press-cutting. **3** *(justicia)* court.

corte de corriente, power failure.

cortés *adj.* courteous, polite.

cortesía *f.* politeness. *Fórmulas de cortesía, (cartas)* salutation(s) and complimentary close(s).

corto, a *adj.* short. *A corto plazo.* **1** in the short run; short-term, in the short run. **2** *(letras de cambio, etc.)* short-dated. *Estar corto/escaso de,* to be/to run short of; to be/to run out of. *Estar corto/falto de fondos líquidos,* to be short of cash, pressed for cash, strapped for cash.

cosechas de alimentos *adj.* food crops.

coser *v.t.* to sew. *Máquina de coser,* sewing-machine.

cosignatario (o **cofirmante**) *m.* cosignatory, joint-signer. *Firma mancomunada,* joint signature.

cosmético *m.* cosmetic.

cosmetología *f.* cosmetology.

cosmopolita *mf.* y *adj.* cosmopolitan.

costa *f.* *(mar)* coast, coastline, shore, shoreline, seaside. *A lo largo de las costas,* off the coast(s), off shore.

costar *v.t.* to cost, to amount (to). *Su casa le costó 500,000 dólares estadounidenses,* his house cost him 500,000 US dollars.

costear *v.t.* **1** *(recorrer la costa)* to coast. **2** to cost, to defray. *Contabilidad de costos,* cost accounting. *Relación precio de costo/precio de venta,* cost/price ratio.

costeo *m.* costing.

costeo absorbente, absorption costing.

costeo directo, direct costing.

costo *m.* cost. *Calcular el precio de costo, costear,* to cost. *Costo de la vida,* cost of living. *Costo histórico (Principios de contabilidad),* historical cost. *Costo legal,* legal cost. *Costo salarial, costos salariales,* wage cost(s). *Costos de establecimiento, gastos de instalación,* first outlay, initial expenses. *Precio de costo,* cost price, prime cost. *Sentenciar al pago de los costos,* to order to pay the costs.

costo actual, current cost.

costo de capital, cost of capital. *Costo de capital ponderado,* weighted cost of capital.

costo de distribución, distribution cost.

costo de fabricación, factory cost.

costo de la vida, cost of living.

costo de mercado, market cost.

costo de oportunidad, opportunity cost.

costo de producción, production cost.

costo de reemplazo (o **costo de reposición**), replacement cost.

costo de ventas, cost of goods sold.

costo(s) directo(s), direct cost(s).

costo estimado, estimated cost.

costo fijo, fixed cost. *Costo fijo en operación,* operating fixed costs.

costo histórico, original cost.

costo(s) indirecto(s), indirect cost(s).

costo periódico, period cost.

costo primo, prime cost.

costos administrativos, managerial costs.

costo, seguro, flete (C.S.F.), cost, insurance, freight (C.I.F.).

costos estándar (o **costos predeterminados**), standard cost.

costos hundidos, sunk costs.

costoso, a *adj.* expensive, costly, dear. *El menos costoso,* the most competitive.

costo unitario, unit cost.

costo variable, variable cost.

costumbre *f.* custom, use, usage, habit.

costumbres *f. pl.* customs, habits, mores.

costura *f.* sewing; *(alta costura)* haute couture.

costurero, a *n.* **1** dressmaker. **2** *(modas)* designer.

cotejar *v.t.* to collate, to check, to match. *Cotejado contra registros contables,* checked against accounting records.

cotidianamente *adv.* daily, everyday.

cotidianeidad *f.* everyday life.

cotidiano, a *adj.* daily, everyday. *Vida cotidiana,* everyday life.

cotización *f.* **1** *(cotización, precio)* quotation, rate, price; *(lista de cotizaciones)* list; *(valores admitidos en la lista de cotizaciones)* listed securities; *acciones inscritas en la lista de cotizaciones,* listed shares. *Alza de las cotizaciones,* rise in prices. *La cotización del dólar,* the dollar rate. **2** *(evaluación)* rating.

cotización a futuro, futures quotation.

cotización a la compra, bid price.

cotización a la venta, asked price.

cotización al cierre, closing price.

cotización al contado, *(cambios)* spot rate; Bolsa: cash price, cash position; *(mercancías)* spot price.

cotización a plazo, forward quotation *(cambios)* forward rate; *(bolsa)* future(s) prices; *(precios)* forward price.

cotización a plazo inmediato, spot price.

cotización básica, central rate.

cotización cambiaria, exchange rate. *Cotización cambiaria cruzada (entre varias divisas),* exchange cross rate.

cotización en bolsa, the official list.

cotizado *adj.* quoted. *No cotizado,* unquoted, not quoted; Bolsa: unlisted; Naveg.: not classed.

cotizar *v.t.* **1** *(indicar el precio)* to quote; *cotizar los mejores precios posibles,* to quote the best possible prices; *(oficialmente)* to list. **2** *(apreciar, evaluar)* to rate; to assess. **3** *(clasificar, dar referencias)* to classify, to mark, to number, to letter, to reference, to class. **4** *(pago de cuotas)* to contribute.

coto *m.* *(límite)* landmark, boundary-stone.

cotonada *f.* cotton fabric.

coyuntura *f.* situation; conjuncture. *Coyuntura económica,* economic situation, present economic situation, present state of the economy, present economic trends, business outlook.

coyuntural *adj.* relating to/pertaining to the present state of the economy; temporary.

creación *f.* creation, foundation, generation, starting, launching; *(creación de una empresa)* setting up, forming, founding; *creación de empresas,* business start-up(s); business formation; entrepreneurship; *(creación, emisión de un cheque)* writing out, making out, issuing.

creación de empleos, job generation/creation.

creador, a *n.* creator, originator, generator; *(creador, emisor de un cheque)* maker, issuer. *Creador de una empresa,* entrepreneur.

crear *v.t.* to create; *(modelos)* to design; *(cheques)* to make out, to write out. *Crear una sociedad,* to set up, to found, to form, to create, to launch, to float, to start, to incorporate a company.

crecer *v.i.* **1** to grow, to increase, to raise, to augment. **2** *(plantas)* to grow.

creciente *adj.* growing, increasing.

crecimiento *m.* increase; rise, growth. *Tasa de crecimiento,* growth rate.

credibilidad *f.* credibility.

crédito *m.* credit; CONTAB.: credit side. *Carta de crédito,* letter of credit. *Comprar a crédito,* to buy on credit. *Conceder crédito,* to grant credit terms, credit facilities. *Condiciones de crédito,* credit terms. *Crédito cruzado (divisas),* cross currency swap. *Crédito fiscal,* tax credit, tax deduction. *Crédito incobrable, crédito de dudosa recuperación,* bad debt. *Crédito sujeto a recuperación,* outstanding debt. *Encarecimiento del crédito,* tightening of debt, credit crunch/squeeze. *Instrumentos de crédito,* credit instruments. *Nota de crédito (de una cuenta),* credit/credit side of an account. *Organismo de crédito,* credit institution. *Pagar una suma al crédito de,* to credit somebody with a sum. *Recuperación de un crédito,* collection of debt, debt collection. *Relajar el crédito,* to relax credit. *Tarjeta de crédito,* credit card.

crédito abierto, open credit.

crédito al consumo, consumer credit.

crédito bancario, bank credit.

crédito comercial, trade credit.

crédito de seguridad, swing line.

crédito de sustitución, stand-by credit, back-up line.

crédito(s) diferido(s), deferred credit(s).

crédito fiscal, tax credit.

crédito hipotecario, mortgage loan.

crédito mercantil, goodwill.

crédito permanente (o **revolvente**), revolving credit.

crédito quirografario, unsecured credit.

crédito revolvente, revolving credit.

créditos *m.* *(reconocimientos,* CINE, T.V.*)* credits, credit titles.

crédito temporal, stand-by credit.

credulidad *f.* gullibility.

creer *v.t.* to believe; to think; to trust, to be confident that; to suppose; to consider; (EU) to figure.

crema *f.* cream; *(sentido figurado, connotación de la alta sociedad)* pick of the basket; upper crust.

cremallera *f.* zipper; TEC.: rack. *Paridad a la cremallera,* crawling peg.

cremería *f.* cheese and milk shop.

cresta *f.* crest; *(curvas, gráficas)* peak.

criador *m.* breeder. *Criador de aves de corral,* poultry breeder; *(criador de ganado)* stock farmer, cattle breeder, (EU) cattleman.

crimen *m.* crime, offense, felony.

criminal *mf.* y *adj.* criminal.

criminalidad *f.* crime, crime rate.

criminalista *mf.* **1** specialist in criminal law, criminal jurist. **2** *(sociología)* criminologist.

criminología *f.* criminology.

criminólogo *m.* criminologist.

crisis *f.* crisis, *pl.* crises; crunch.

crisis de energía, energy crisis/crunch.

crisis económica, economic crisis, slump, depression.

crisol *m.* crucible, melting pot.

cristalería *f.* glass making, glass works; glassware. *(Tienda)* glass shop.

criterio *m.* criterion, *pl.* criteria; *(de medida)* yardstick.

crítica *f.* criticism.

criticar *v.t.* to criticize, to find fault with, to blame.

crítico *m.* critic; opponent.

crítico *adj.* critical, dangerous, decisive. *Método del camino crítico,* critical path method.

crónica *f.* PRENSA: chronicle, column.

crónico, a *adj.* chronic; structural.

cronista *mf.* PRENSA: columnist, commentator. RADIO, T.V.: broadcaster.

cronología *f.* chronology, time-sequence.

cronológicamente *adv.* chronologically, sequentially.

cronológico *adj.* chronological, in sequential order.

cronometraje *m.* time-keeping, timing.

cronometrar *v.t.* to time; to clock.

cronometrista *mf.* time-clerk.

croquis *m.* sketch, rough drawing, rough plan. *Hacer un croquis,* to sketch.

crucero *m.* cruise.

cruzamiento *m. (cheques)* crossing.

cruzar *v.t. (un cheque)* to cross a check (GB cheque).

c.s.f. costo, seguro, flete, C.I.F. (Cost, Insurance, Freight).

cuaderno *m.* notebook, copy-book.

cuadrangular *adj.* four-angled, four cornered, quadrangular.

cuadrángulo *m.* quadrangle.

cuadrante *m.* quadrant.

cuadrar *v.i. (corresponder)* to correspond (to), to tally (with), to fit in (with), to agree (with), to go (with).

cuadratín *m.* Tipogr.: quadrat.

cuadratura *f.* squaring, quadrature. *Buscar la cuadratura del círculo,* to try to square the circle.

cuadricromo *m.* four-color printing.

cuadriculado *m.* 1 *(papel)* cross-ruling, squaring. 2 *adj.* papel cuadriculado, squared paper.

cuadricular *v.t. (Trazar cuadros, cuadricular)* to rule in square, to cross-rule.

cuadrienal *adj.* quadriennal. 1 *(que dura cuatro años)* lasting for four years. 2 *(que se renueva cada cuatro años)* occurring every four years. *Rotación cuadrienal,* four-year rotation.

cuadrilátero *adj.* quadrilateral.

cuadrilla *f. (trabajadores)* crew, work crew.

cuadrimotor *m.* four-engined (aircraft).

cuadripartita *adj.* quadripartite. *Conferencia cuadripartita,* four-power conference.

cuadruplicar *v.t.* to quadruple, to increase fourfold.

cuadrirreactor *m.* cf. **cuadrimotor;** 4-reactor aircraft.

cuadro *m. (pintura)* picture, painting. *Lo que echa a perder el cuadro,* what spoils the picture.

cuádruplo *adj.* quadruple, four-fold. *Pagar el cuádruplo del precio,* to pay four times the price.

cual *pron. relativo (el cual, la cual, los cuales, las cuales)* which.

cualidad *f.* 1 *(manera de ser de alguna cosa, productos)* quality. 2 *(aptitudes)* qualification, capacity. *Actuar en calidad de...,* Jur.: to act in one's capacity as... *Tener las cualidades requeridas para,* to be qualified for.

cualitativamente *adv.* qualitatively.

cualitativo, a *adj.* qualitative; quality.

cualquier *adj.* 1 ordinary, commonplace; indifferent, poor. 2 *(= sin importar cuál)* any. *Bajo cualquier pretexto,* under any pretext. *Cualquier cosa que usted haga,* whatever you do.

cuantía *f.* amount, extent, proportion, quota, share.

cuantificable *adj.* quantifiable.

cuantificación *f.* quantification.

cuantificador *m.* quantifier.

cuantificar *v.t.* to quantify.

cuantitativamente *adv.* quantitatively.

cuantitativo, a *adj.* quantitative. *Descuento cuantitativo, descuento por cantidad,* quantity discount.

cuánto, ta *pron.* 1 *¿cuánto cuesta?* How much is it? *Cuesta 25 pesos,* that comes to 25 Mexican pesos. 2 *¿cuánto tiempo se quedará usted aquí?* How long will you stay here?

cuarentavo *adj. (número ordinal)* fortieth.

cuarentena *f.* 1 *(aproximadamente cuarenta)* forty, some forty. 2 *(edad)* haber pasado los cuarenta, to be over forty, in one's forties. 3 *(aislamiento)* quarantine. *Poner en cuarentena,* to quarantine; to obstracize, to exclude.

cuarentenal *adj.* 1 *(que dura cuarenta años)* lasting for forty years, of forty years. 2 *(relativo a la cuarentena sanitaria)* quarantinable.

cuartel general, headquarters.

cuarto *m.* 1 *(porción de alguna cosa dividida entre cuatro)* quarter, fourth part. 2 *(cuarta parte)* quarter, fourth part. 3 quart.

cuarzo *m.* rock crystal, quartz. *Reloj de cuarzo,* crystal clock; *reloj de pulsera de cuarzo,* quartz watch.

cuaternario *adj.* quaternary.

cuatro *m.* y *adj.* four. *Cuatro estaciones, mercader de cuatro estaciones,* fruit and vegetable stallholder, barrow boy. *Cuatro mástiles, (barcos)* four-masted (ship).

cuba *f.* barrel, cask; *(vino)* vat.

cubeta *f. (recipiente)* tank.

cubierta *f.* 1 lid, top. 2 tarpauling, cover; *(por arriba de un escaparate)* awning. 3 *(de un libro)* cover.

cubierto *m.* cubierto y alojamiento, board and lodging.

cubierto, a *adj.* covered, guaranteed, insured.

cubrir *v.t.* to cover; to cover with a tarpauling. *(Gastos)* to cover, to meet; *(proteger una transacción)* to hedge. *El préstamo ha sido cubierto,* the loan has been totally subscribed. *Sírvase cubrir su pago por medio de cheque,* please settle by check, please remit by check.

cubrir a través de medios, to give media coverage.

cubrir(se) *v. pr. (bolsa, riesgos cambiarios, etc.)* to hedge.

cuchillería *f.* cutlery.

cuello de botella *m.* bottleneck.

cuenca minera, coal field.

cuenta *f.* **1** *(acepción más general)* account. **2** *(estado contable)* account. *Abrir una cuenta,* to open an account (with a bank). *Aprovisionar una cuenta,* to replenish an account. *Cárguelo a mi cuenta,* charge it to my account. *Cerrar una cuenta,* to close an account. *Cuenta a la vista,* demand deposit account. *Cuenta conjunta/ mancomunada,* joint account. *Cuenta sobregirada/en descubierto/en rojo,* overdrawn account, account in the red. *Estado de cuenta,* statement of account. *Libro de cuentas,* account(s) book. *Liquidar una cuenta,* to settle an account. *Por cuenta de, a cuenta de,* on behalf of. *Saldar una cuenta,* to balance an account. *Tenedor de una cuenta,* account holder. **3** *(conteo, llevar una cuenta)* calculation, count, reckoning, tally. *Cuenta atrás,* countdown. **4** *(cantidad)* count, amount. **5** *hacer un conteo de votos,* to tally the votes. **6** *(cuenta de cheques)* checking account. *Cuenta acreedora,* credit account. *Cuenta de cheques productiva,* interest-bearing bank(ing) account/(EU) checking account. *Presentar una cuenta,* to submit an account. **7** *a cuenta, en cuenta,* on account. *A cuenta de,* on account of. *Una suma en cuenta,* a sum on account.

cuenta atrasada, outstanding account.

cuenta atrás, countdown.

cuenta bancaria, bank account, banking account.

cuenta bloqueada, escrow account.

cuenta cancelada, *(se dice de las cuentas incobrables)* cancelled account.

cuenta(s) colectiva(s), collective account(s).

cuenta conjunta, joint-account.

cuenta corriente, current account. *Cuenta corriente postal,* giro account.

cuenta de ahorros, savings account.

cuenta de ajuste, adjustment account.

cuenta de amortización, *(deudas)* redemption account; amortization account.

cuenta(s) de balance, balance (sheet) account(s).

cuenta de caja, cash account.

cuenta de cheques, (EU) checking account, bank(ing) account.

cuenta de depreciación, depreciation account.

cuenta de depósito, deposit account.

cuenta de gastos, expense account.

cuenta de giros postales, giro account.

cuenta de ingresos, income account, revenue account.

cuenta del ejercicio, accounts for the financial (trading, fiscal) year.

cuenta de operaciones, trading account, (EU) operating account, income statement.

cuenta de orden, memorandum account.

cuenta de pérdidas y ganancias, income statement, profit and loss account, earnings report.

cuenta de regularización, equalization account.

cuenta de resultados, *(estado de resultados)* income statement (account), (EU) earnings report; (GB) profit and loss account.

cuenta deudora, **1** debit account. **2** overdrawn account, outstanding account. *Su cuenta está en rojo,* your account is in the red.

cuenta(s) dudosa(s) (o **cuenta(s) de dudosa recuperación**), doubtful account(s).

cuenta entre compañías, inter-company accounts.

cuenta garantizada, secured account.

cuenta-habiente, (account) holder.

cuenta incobrable, bad debt, uncollectible account.

cuenta mala, bad debt.

cuenta personal, personal account.

cuenta pignorada, pledged account.

cuenta(s) por cobrar, account(s) receivable. *Cuenta por cobrar facturada (documentos por cobrar)* notes receivable, bills receivable. *Cuenta por cobrar no facturada,* unbilled account receivable. *Cuentas y documentos por cobrar,* receivables.

cuenta(s) por pagar, account(s) payable. *Cuenta por pagar facturada (documentos por pagar)* notes payable, bills payable. *Cuenta por pagar no facturada,* unbilled account payable. *Cuentas y documentos por pagar,* payables.

cuenta puente, escrow account.

cuentas certificadas, certified accounts.

cuentas por cobrar, *(balance)* accounts receivable.

cuentas por pagar, *(balance)* accounts payable.

cuenta vencida, outstanding account/overdue account.

cuerda *f.* rope.

cuero *m.* leather. *Imitación cuero,* mock leather, imitation leather.

cuerpo *m.* **1** body; *(cadáver)* corpse, body. **2** *(grupos)* body, association. *Cuerpo comercial/ asociación comercial,* trade association. *Cuerpo, corporación pública,* public body, corporate body, public corporation. *Cuerpo médico,* medical profession. *Cuerpo de profesores,* faculty. **3** MILIT.: *cuerpo del ejército,* corps. **4** *(tomar cuerpo)* to materialize, to take shape, to get off the ground.

cuestión *f.* **1** *(pregunta)* question, query. **2** *(tema, problema)* question, matter, point, problem, issue. *Cuestión del orden del día,* item on the agenda.

cuestionar *v.t.* to question, to challenge; to doubt.

cuestionario *m.* list, set of questions; questionnaire; (= *hoja que se debe llenar*) form. *Cuestionario de elección múltiple,* multiple choice questionnaire.

cuidado *m.* care. *Bajo el cuidado de, c/o* (care of).

culminante *adj.* culminating. *Punto culminante,* highest point, height, climax, peak, high.

culminar *v.t.* to culminate, to reach a high.

culpa *f.* blame, reprimand, disapprobation, disapproval, censure, rebuke.

culpable *adj.* guilty (*de, of*). *Declarar culpable,* Jur.: to convict (of a crime). *Ser declarado culpable,* to be found guilty, to be convicted.

culpar *v.t.* to blame (somebody for something), to make responsible (somebody for something), to lay the blame (on), to reproach (somebody with something), to reprimand.

cultivable *adj.* arable, cultivable. *Tierra cultivable,* arable land/soil, tillable land, farmland.

cultivado, a *adj.* (*tierras*) cultivated; (*personas*) (well-) educated, cultured.

cultivador, a *n.* farmer. *Cultivador de papas,* potato grower.

cultivar *v.t.* to cultivate, to farm, to till (*la tierra*).

cultivo *m.* 1 cultivation, cultivating, farming, growing, crop rising; (*variedad cultivada*) crop. *Cultivo de frutas,* fruit growing. *Cultivos de hortalizas,* market gardening. *Cultivo vitícola,* wine growing. 2 (*personas*) culture.

cultivo de árboles *m.* tree farming.

cultura *f.* culture. *Cultura empresarial,* corporate culture.

cultural *adj.* cultural. *Asociación con fines culturales,* cultural association, society for the promotion of culture; non-profit association.

cumplido, a *adj.* (*perfecto*) accomplished; (*efectuado*) fulfilled, performed; met; accomplished; (*terminado*) completed; *hecho cumplido,* fait accompli.

cumplimiento *m.* fulfillment, (GB) fulfilment, fulfilling, performance, performing, accomplishment, completion.

cumplir *v.t.* 1 to comply, to meet one's obligations. *Cumplir con los términos de,* to comply with the terms of. 2 to carry out, to perform, to effect, to accomplish, to fulfill, (GB) fulfil; (*una obligación*) to meet; (*un periodo de estancia*) to complete. *Cumplir uno su deber,* to do one's duty.

cúmulo *m.* cumulation. *Cúmulo de funciones,* plurality of offices.

cuota *f.* 1 contribution, subscription, fee, dues; (*parte alícuota*) contribution, share, quota. 2 (*evaluación*) rating. 3 quota. (*Monto de una contribución*) quota, share, proportion; (*evaluación de tal contribución*) assessment. *Cuota arancelaria,* custom quota. *Cuota de gastos,* expense rate.

Cuota mobiliaria, assessment on income. *Cuota predial,* assessment on land. *Fijación de cuotas,* quotafication. *Fijar una cuota,* to set a quota. 4 (*impuestos*) *cuota fija,* fixed rate. *Cuotas al seguro social,* social security taxes. *Cuotas sindicales,* union contributions.

cupo *m.* quota. 1 *fijación de cupo,* quota, system of quota, quota system, applying quotas, application of quotas. 2 (*reducción de cupo*) curtailing, curtailment. 3 *fijar cupos,* to fix (to apply) quotas. 4 (*reducir la producción*) to curtail.

cupón *m.* coupon; (*valores*) cupón anexo, cum dividend, cum coupon, with coupon. *Cupón desprendido,* ex-dividend, ex-coupon. *Recortar un cupón,* cut-out coupon.

cupón anexado, Bolsa: with coupon, cum coupon, coupon on.

cupón de obsequio, gift-coupon, gift voucher.

cupón de respuesta, reply-coupon, reply-card, business reply-card; reply-coupon; reply voucher.

cupón desprendible, tear-off coupon.

currículum vitae *m.* curriculum vitae, C.V., résumé, data sheet; personal record.

curso *m.* 1 (*sentido escolar*) course, program, class, lesson. (*Universidades*) lecture, program; *cursos vespertinos,* night school, evening classes. *Curso intensivo,* crash course, intensive program. 2 (*de un río*) course, stream. 3 (*circulación*) circulation. *Esta moneda no tiene curso legal,* this coin is no longer valid. *Tener curso legal (moneda),* to be legal tender. 4 (*decisión*) course, decision, choice. 5 (*tendencia*) trend. 6 turn, course. *Tomar buen curso,* to improve, to look up, to brighten up, to take a turn for the better. *Tomar mal curso,* to go wrong, to deteriorate, to look worse, to turn sour. 7 (*duración*) *en curso,* in progress, under way. *En curso de construcción,* under construction. *En el curso de,* in the course of, during, within. *Negociaciones en curso,* negociations in progress. *Trabajo en curso,* work in progress.

curso de acción, Pol.: policy, course (of action).

curso de agua, river; stream; waterway.

curtido *m.* tanning.

curtidor *m.* tanner.

curtiduría *f.* tan-yard, tannery; (*oficios*) tanning (trade).

curtir *v.t.* to tan.

curva *f.* 1 Mat., Estad.: graph, curve. *Curva de frecuencia,* frequency curve, ver **polígono de frecuencias.** 2 (*carreteras*) bend, curve, turn.

custodia *f.* custody, custodianship; trusteeship.

custodiar *v.t.* to guard.

custodio *m.* custodian.

d

dación f. dation.
dado, a *adj.* given. *A un precio dado,* at a given price.
dado de alta, registered; enrolled.
dado de baja, written off, cancelled, annuled.
dañado, a *adj.* 1 *(barcos)* damaged, injured. 2 *(mercancías)* spoiled, damaged.
dañar *v.t.* 1 *(barcos)* to damage, to injure. 2 *(alimentos, etc.)* to spoil. 3 *(mercancías)* to spoil, to damage. *Mercancías dañadas por el paso del tiempo (por la exposición al público),* shop-soiled articles.
dañar(se) *v. pr.* 1 *(mercancías, etc.)* to spoil, to get/spoiled/spoilt. 2 *(edificios, construcciones, etc.)* to deteriorate, to wear out, to go to ruin, to go to rot. 3 *(barcos, etc.)* to sink.
dañino, a *adj.* harmful, detrimental. *Ser dañino para, (perjuicio)* to be detrimental to.
daño *m.* 1 damage, loss. *Compensar un daño,* to make the damage good, to make up the damage. *Daño causado a un tercero,* third-party damage. *Daño corporal,* damage to persons. *Daños a cargo de,* damage chargeable to. *Daños indirectos,* consequential damage. *Daños materiales,* damage to property. *Evaluar los daños,* to assess the damage. *Los daños son enormes,* damage is considerable. 2 *daños y perjuicios,* **pl.** damages. *Daños y perjuicios por daño moral,* retributory/punitive/damages. *Daños y perjuicios por daño real,* substantial damages. *Perseguir por daños y perjuicios,* to sue for damages. *Proceso/demanda por daños y perjuicios,* action for damages. *Reclamar daños y perjuicios,* to claim damages. *Recuperar daños y perjuicios,* to recover damages. *Sujeto a daños y perjuicios,* liable for damages. 3 damage; average. *Ajustador de daños,* average adjuster. *Daño común, daño general,* general average. *Daño particular,* particular average. *Liquidación/ajuste de daños,* average adjustment.
daños *m. pl. certificado de daños,* damage report.
dar *v.t.* to give, to grant, to confer. *Dar a cambio,* to trade in. *Dar (un) aviso,* to give notice. *Dar bombo,* to boost, to ballyhoo. *Dar (el) cambio, dar el vuelto,* to give change. *Dar crédito, dar crédito,* to grant credit, to give credit. *Dar de alta,* to register, to enroll. *Dar de baja,* to write off. *Dar en arrendamiento,* to lease, to let. *Dar importancia a,* to attach importance to, to value. *Dar instrucciones,* to give instructions. *Dar pánico,* to panic;

to become frantic. *Dar parte,* to inform, to let someone know; to advise; to notify. *Dar/presentar uno su renuncia,* to tender one's resignation. *Darse uno su importancia, (personas)* to try and show one's importance, to show off. *Dar testimonio de,* to give evidence, to bear witness to/of, to testify (to). *Dar una cita,* to give an appointment. *Dar una orden,* to give an order. *Dar un golpe,* to deal a blow. *Dar uno su opinión,* to give one's opinion, to have one's say. *Dar un perfil aerodinámico,* to streamline. *Hecho de dar un perfil aerodinámico, (aviones, automóviles, etc.)* streamlining. *La casa no concede crédito,* the firm does not grant credit facilities/does not allow credit; on a cash basis only; cash payment for all purchases. *¿Podría dar a cambio mi antiguo automóvil?* Can I trade in my old car (for a new one)? *Que da derecho a una pensión,* entitling to a pension, qualifying for a pension.
dar(se) *v. pr.* to give (oneself). *Darse a la vela,* to sail. *Darse la mano,* to join hands. *Darse prisa,* to hurry, to make haste, to hasten.
datar *v.t.* e *i.* 1 to date. *Esta factura data del año pasado,* this invoice dates from last year. 2 to credit (an account).
datos *m. pl.* data (facts and) figures, information, instructions. *Almacenamiento de datos,* storage of data. *Banco de datos,* data bank. *Captura de datos,* data acquisition/collecting/collection. *Datos brutos,* raw data. *Datos contables,* accounting data. *Datos de base,* base figures. *Datos de control,* control data. *Datos de ejecución,* work specification. *Datos globales,* aggregate figures. *Procesamiento de datos,* data processing. *Recolección de datos,* data collection. *Restitución de datos,* retrieval of data.
debatir *v.t.* to discuss, to argue.
debe *m.* debit. *Columna del "debe", columna de cargos,* debit column *(distíngase de columna de abonos:* credit column).
deber *v.t.* to owe, to be indebted for. *Con todo el respeto que me merece usted,* with due respect. *El crédito de este éxito se le debe a él,* he should take the credit for/be credited with this success. *Él es el culpable de este fracaso,* he should take the blame for this failure. *La suma que nos es adeudada,* the amount owing to us, due to us. *"Queda a deber", "amount owing".*
deber *m.* duty, task. *Cumplir uno con su deber,* to do one's duty.

debidamente *adv.* duly. *Debidamente autorizado/acreditado,* duly authorized.

debido *adj.* 1 *(deudas, vencimientos)* due, owing. *Reclamar lo debido,* to claim one's due. *Saldo debido/adeudado,* balance due. *Suma que nos es debida/adeudada,* sum due to us. 2 *(conveniente)* proper, due, regular. *En la forma debida,* in due form. 3 *(atribuible a)* ascribable to, due to. *Retraso debido a una huelga,* delay due to/caused by a strike.

débil *adj.* weak; *(margen, etc.)* low; *(montos, etc.)* small; *(resultados, etc.)* poor; *(actividades, etc.)* slack, dull. *Económicamente débil,* belonging to the lowest income groups, underprivileged, low-income. *Punto débil,* weak point, weakness, liability. *Resultados débiles,* poor results. *Una cantidad débil,* a small quantity.

debilidad *f.* weakness, slackness.

debilitamiento *m.* weakening, downstring, downward trend, downturn, sagging.

debilitar *v.t.* to go down, to sag, to weaken, to dip; to slacken, to flag. *La demanda se está debilitando,* demand is weakening.

debilitar(se) *v. pr.* to weaken, to grow weaker.

débito *m.* Contab.: debit, debt.

década *f.* decade.

decaer *v.i.* *(pérdida de valor)* to fall, to drop, to depreciate.

decaimiento *m.* *(pérdida de valor)* fall, drop, depreciation.

decano *m.* *(universidades, escuelas superiores)* dean (of studies).

decenal *adj.* decennial.

deceso *m.* death, decease.

decidir *v.t.* 1 to decide; to plan. 2 to determine. *El tribunal decidió no proceder con el caso,* the court decided not to proceed with the case. *Estar bien decidido a,* to be intent upon. *Llegar a una decisión,* to decide, to conclude, to agree; to order.

decimal *adj.* decimal. *Adoptar el sistema decimal,* to go decimal.

decisión *f.* decision, resolution. *Decisión instantánea,* spot decision. *Decisiones de inversión,* investment decisions. *(De un arbitraje)* award; *(de un jurado)* veredict *(de un tribunal)* decision, ruling. *Toma de decisiones,* decision-making. *Tomador de decisiones,* decision-maker. *Tomar una decisión,* to make a decision, to settle; to have the final saying.

decisivo, a *adj.* *(argumentos)* decisive, conclusive.

declaración *f.* 1 statement, declaration. 2 notice, notification. 3 return. *Declaración ante la aduana,* customs declaration, customs entry. *Declaración bajo juramento,* affidavit, sworn statement. *Declaración de descargo total,* Jur.: final discharge. *Declaración de impuestos,* tax form, tax return. *Declaración de impuestos federales,* federal tax return. *Declaración de ingresos,* income-tax return, declaration of income. *Hacer una declaración de ingresos,* to make/to file an income-tax return. 4 *declaración ante la autoridad, declaración ante un notario público, declaración bajo protesta de decir verdad,* affidavit.

declarado, a *adj.* declared, registered. *Capital declarado,* registered capital. *Valor declarado,* declared value.

declarar *v.t.* 1 to declare, to state, to announce, to report. *Declarar ante la autoridad,* to declare before the courts. *Declarar con falsedad (ante la autoridad)* to lie before the courts. 2 to return, to notify, to register. *Declarar a alguien en quiebra,* to adjudicate somebody bankrupt. *Declarar un dividendo,* to declare a dividend.

declarar culpable, to plead guilty, to convict (of a crime). *Declarar no culpable,* to plead not guilty.

declararse en quiebra *v. pr.* to file one's petition in bankruptcy, to file for bankruptcy.

declinar *v.t.* to decline, to fall.

decorador, a *n.* *decorador de escaparates,* window dresser.

decrecer *v.i.* to decrease, to fall, to recede, to diminish.

decreciente *adj.* decreasing, declining, tapering. *Por orden decreciente de importancia,* in descending order of importance; (in) pecking order.

decremento *m.* decrease, decline, drop, setback, downturn.

decretar *v.t.* to decree, to promulgate.

decreto *m.* decree, (EU) executive order, (GB) order in council, ordinance.

décuplo *adj.* tenfold.

deducción *f.* 1 deduction; discount, allowance, cut, relief, write-off; levy; withdrawal; drawing; *(de una comisión)* charge, charging. *Deducción antes de impuestos,* tax allowance. *Deducción automática,* standing order, automatic transfer. *Deducción en la fuente,* withdrawal at source. *Deducción estándar,* standard deduction, *(impuestos)* withholding tax. *Deducciones obligatorias,* (EU) mandatory/compulsory levies/contributions, taxes and social security contributions. *Después de deducir,* after deducting, allowing for, discounting. *Orden de deducción (bancos),* standing order. *Sistema de deducción en la fuente,* pay as you earn (P.A.Y.E.) system, (EU) pay as you go. 2 *(a partir de una muestra)* inference, sampling, taking.

deducciones autorizadas, *(por las leyes fiscales)* allowable deductions.

deducible *adj.* deductible. *Deducible de impuestos,* tax deductible. *Gastos deducibles,* allowable expenses.

deducido *adj.* deducted. *Intereses, impuestos deducidos,* interest less tax.
deducir *v.t.* **1** *(razonamiento)* to deduce. **2** *(una suma)* to deduct (from); to offset (against); to dock. *Deducir del ingreso,* to deduct from income. *Después de deducir todos los gastos,* after deducting all charges. *Se le dedujo un 10 por ciento de sus honorarios,* he was docked 10 per cent of his fee. **3** to deduct, to write off.
defecto *m.* defect, default, fault, flaw, bug. *Defecto de construcción,* construction defect.
defectuosidad *f.* defect, fault, imperfection.
defectuoso, a *adj.* defective, faulty. *Artículo defectuoso,* faulty item, defective article.
defender *v.t.* **1** to protect, to defend, to support, to back (up). **2** JUR.: to defend, to plead; *(abrir un proceso)* to go to court. *Defender un caso,* to argue a case.
defensa *f.* **1** (EU) defense, (GB) defence. *Abogado de la defensa,* counsel for the defense. *Bonos de la defensa nacional,* war bonds. *Defensa nacional,* national defense. *Gastos de defensa nacional,* defense expenditures. *Préstamo de la defensa nacional,* war loan. **2** plea.
defensor *m.* JUR.: counsel for the defense, *(de un proyecto)* advocate; supporter; backer.
deficiencia *f.* deficiency. *Deficiencia operativa,* operating deficiency.
deficiente *adj.* faulty, deficient.
déficit *m.* deficit, shortage, shortfall, gap. *Acusar/mostrar/registrar un déficit,* to register/to run/ to show a deficit. *Cubrir/satisfacer un déficit,* to make up a deficit, to fill a gap. *Déficit de la balanza comercial,* balance of payments deficit. *Déficit presupuestal,* budget deficit.
deficitario *adj.* **1** adverse, debit. **2** money-losing, uneconomical. *Empresa deficitaria,* money-losing firm. *Producción deficitaria,* insufficient production, *(no rentable)* uneconomical production. *Saldo deficitario,* adverse balance, debit balance.
definición *f.* definition. *Definición/descripción de puestos,* job description.
definir *v.t.* to define, to outline, to spell out.
deflacionar *v.t. e i.* to deflate; to wok off (stocks).
deflacionista *adj.* deflationary. *Medidas deflacionistas,* deflationary measures. *Tendencia deflacionista,* deflationary tendency, deflationary trend.
deflación *f.* deflating, deflation; working off (on stocks).
defraudador *m.* defrauder, swindler. *(Fiscal)* tax-evader; *(fronteras, contrabandos)* smuggler.
defraudar *v.t.* to defraud, to cheat. *Defraudar al fisco,* to evade taxes, to dodge taxes.
degradación *f.* downgrading; *(valores bursátiles)* displacement. *(Pasajeros, transferencia de una clase a otra)* change of class.

degradado, a *adj.* *(valor bursátil)* unbankable, displaced (securities).
degradar *v.t.* to downgrade; *(valores bursátiles)* to displace; *(pasajeros)* to transfer from one class to another.
degresión *f.* degression.
degresivo *adj.* *(que se reduce progresivamente)* tapering, graded, shaded. *Depreciación degresiva,* reducing balance depreciation. *Impuestos degresivos,* graded tax. *Tarifa degresiva,* tapering charges.
dejar *v.t.* **1** *(permitir)* to let, to allow. **2** *(no tomar)* to leave. *Dejar caer,* to drop. *Lo toma o lo deja,* take it or leave it. **3** *(legar)* to leave, to bequeath. **4** *dejar de fumar,* to quit smoking, to give up smoking. **5** to fail. *Dejar de hacer alguna cosa,* to fail to do, to omit, to neglect to do, to dispense with. *No dejaremos de hacérselo saber,* we shall not fail to let you know (about it). **6** *hecho de dejar de ganar, acto de perder,* shortfall; loss of profit, loss of earnings, lost opportunity. **7** *dejar escapar,* to let out, to let go; to drop.
del *art.* *contracto* of the. *(Correspondencia) Del mes anterior,* of/from last month. *(Libros de contabilidad, saldos traspasados) (saldo) del frente, de la hoja anterior, (balance)* brought forward. *Su carta del día 15 del mes anterior,* your letter dated 15th of last month, your letter of the 15th ult (ultimo).
delegación *f.* delegation.
delegado, a *n.* proxy, assign, assignee; delegate, deputy. *Delegado del taller,* shop-steward. *Delegado de personal,* shop steward, worker's delegate, (EU) union delegate.
delegado, a *adj.* delegate, deputy, appointed. *Administrador delegado,* managing director.
deliberación *f.* deliberation, discussion, consideration, proceedings. *Deliberaciones de una asamblea,* proceedings of a meeting. *Después de una deliberación,* after consideration. *En deliberación, sujeto a consideración,* under consideration. *Sujetar a una deliberación,* to submit for discussion.
delictivo, a *adj.* punishable (by law); malicious. *Acto delictivo,* misdemeano(u)r offense, (GB) offence.
delincuencia *f.* delinquency; offense, (GB) offence, crime; crime rate. *Delincuencia juvenil,* juvenile delinquency.
delincuente *mf.* delinquent; offender. *Delincuente primario,* first offender.
delito *m.* (EU) offense, (GB) offence; misdemeano(u)r; delict. *Delito de mal uso de información interna,* (illegal) insider trading, insider dealing.
demanda *f.* **1** demand. *Demanda de capitales,* long-term funds demand. *Demanda de*

dinero, short-term funds demand, demand for money. *Demanda de mano de obra,* demand for labor. *Demanda de reemplazo,* replacement demand. *Demanda estacional,* seasonal demand. *Demanda excesiva,* excess demand. *Demanda global del mercado,* aggregate market demand. *Demanda inducida,* derived/induced demand. *Demanda uniforme/continua,* steady demand. *Demanda variable/inestable,* variable demand. *Hacer frente a la demanda (de),* to meet the demand (for). *La oferta y la demanda,* supply and demand. *Ley de la oferta y de la demanda,* law of supply and demand. *Presiones de la demanda,* pressure(s) of demand, demand pull. **2** JUR.: claim. *Demanda formal,* formal demand. *Demanda por daños y perjuicios,* claim for damages.

demandable *adj.* JUR.: liable to be sued, liable to be summoned.

demanda de los mercados de capitales, capital markets demand.

demanda de los mercados de dinero, money markets demand.

demandado, a *adj.* wanted, asked, bid. *Artículo muy demandado,* article in great request/demand, hot item, hot seller. *Cotizaciones demandadas,* prices bid. *Precio demandado,* price asked.

demandante *mf.* JUR.: plaintiff, claimant. *Abogado del demandante,* counsel for the plaintiff.

demandante *adj. Mercado demandante,* seller's market.

demandar *v.t.* **1** JUR.: to sue, to prosecute, to take legal action (against), (EU) to file a suit, to institute/to undertake proceedings, (EU) to file a (law) suit; to take to court, to go to law. *Demandar por difamación,* to sue for libel. **2** to claim. *Demandar por daños y perjuicios,* to claim for damages, to sue for damages, to bring a civil action against someone.

democracia *f.* democracy. *Democracia liberal,* liberal democracy. *Democracia parlamentaria,* parliamentary democracy. *Democracia social,* social democracy.

demócrata *mf.* democrat. *Social demócrata,* social-democrat.

demócrata *adj.* democratic.

democrático, a *adj.* democratic.

democratización *f.* democratization.

demografía *f.* demography; population growth.

demográfico *adj.* demographic. *Crecimiento demográfico,* increase in population, population growth. *Estadísticas demográficas,* vital statistics. *Estimación demográfica,* population estimation. *Explosión demográfica,* population explosion/boom, demographic explosion/boom. *Tendencias demográficas,* population trends.

demógrafo *m.* demographer.

demonetización *f.* demonetization.

demora *f.* delay. *Prima de demora,* backwardation.

demorar *v.t.* to delay.

demostración *f.* demonstration. *Sala de demostración,* showroom.

demostrador, a *n.* demonstrator.

demostrar *v.t.* to demonstrate, to prove, to show.

denario *m.* penny, money, funds. *Denarios públicos,* public money(s).

denegación *f.* denial, disclaimer. *Denegación de demanda,* JUR.: refusal. *Denegación de responsabilidad,* denial, disclaimer of responsibility.

denegar *v.t.* to nonsuit (somebody), to dismiss a claim.

denominación *f.* denomination, name.

denominador *m.* denominator. *Denominador común,* common denominator.

denominar *v.t.* to denominate. *Deudas denominadas en dólares de los EU,* debts denominated in US dollars.

densidad *f.* density. *Densidad de población,* density of population.

denso *adj.* dense. *Población densa,* dense population. *Población poco densa,* sparse population.

denuncia *f.* denunciation, charge, imputation, denouncing, indictment. *Denuncia por difamación,* action for libel. *Poner una denuncia, presentar una queja,* to denounce.

denunciar *v.t.* to denounce.

deontología *f.* professional ethics, business ethics.

departamento *m.* department, service. *Departamento comercial,* sales department. PUB.: *departamento de arte,* art/artwork/creative/design department. *Departamento de contabilidad,* accounting/accounts department. *Departamento de lo contencioso,* legal department, law department. *Departamento de prensa,* press-copies. *Departamento de quejas,* claims department. *Departamento de redacción,* copy department. *Departamento de servicios a la clientela,* customer service. *Jefe de departamento,* department head, department supervisor; *(vigilante)* shop-walker, (EU) floor-walker.

departamento administrativo, administrative department.

departamento de alimentos, food department, grocery department.

departamento de clientes (o **departamento de consumidores**), customer service.

departamento de compras, purchasing/procurement department.

departamento de crédito y cobranzas, credit and collection department.

departamento de ingeniería civil, (The) Department of Civil Engineering, (The) Highways Department.

departamento de mercadotecnia, marketing department.

departamento de papelería, stationery department *(departamento que se ocupa de proporcionar los suministros de papelería).*

departamento de personal, personnel department.

departamento de servicios posteriores a la venta, after-sales service, after-sales department.

departamento de sistemas, Inform.: information systems department.

departamento de ventas, sales/marketing department.

departamento modelo, (EU) model apartment, show flat.

dependencia *f.* dependence. *No dependencia/autosuficiencia,* self-sufficiency.

depender *v.i.* to depend. *Depender de,* to depend (on), to be dependent (on). *¿De quién depende él?,* who does he report to?

dependiente *adj.* dependent.

depositado, a *adj.* deposited.

depositante *mf.* 1 depositor. 2 *(de bienes)* bailor.

depositar *v.t.* to deposit, to lodge, to pledge. *Depositar como garantía colateral,* to pledge as collateral. *Depositar dinero en el banco,* to deposit money with a bank. *Depositar títulos en custodia,* to deposit securities in safe custody.

depositario, a *n.* 1 trustee, depositary; *(depositario de bienes)* bailee. 2 pledgee, pawnee, lienor, bonder.

depósito *m.* 1 *(almacenes)* warehouse, depot, yard; *(aduanas)* bond. 2 *(fondos)* deposit; *(títulos)* lodging, custody. *Banco de depósito,* deposit bank. *Cuenta de depósito,* deposit account. *Depósito bancario,* bank deposit. *En depósito,* on deposit, in trust, in safe custody; Com.: on sale or return. 3 *(ambiente bancario)* Depósito a corto plazo,* deposit at short notice. *Depósito a la vista,* demand deposit, sight deposit. *Depósito a plazo,* time deposit. *Depósito a plazo fijo,* fixed deposit. *Depósito de cobertura,* reserve deposit. *Depósito en caja fuerte,* safe deposit. *Depósito reembolsable bajo requisición,* deposit at call. *Estar en depósito (en la aduana),* to be in bond. *Poner en depósito,* to bond. *Poner valores en depósito,* to place securities in safe deposit. *Retiros masivos de depósitos bancarios,* run on banks. 4 *hacer/dejar un depósito,* to leave/to make a deposit, to pay a deposit; earnest money. *(Depósito de garantía inicial necesario para la conclusión de una operación en el mercado a plazo),* margin; (EU) original margin, (GB) deposit. 5 *certificado de depósito,* deposit warrant, warrant voucher.

depósito pagadero a la vista, demand deposit, deposit at call.

depósitos a plazo, time deposits, fixed-term deposits.

depósitos bancarios, bank deposits.

depósitos en documentos, non-cash deposits.

depósitos en efectivo, cash deposits.

depósitos en moneda extranjera, foreign currency deposits.

depósitos en moneda nacional, local/domestic currency deposits.

depreciación *f.* 1 *(equipos, etc.)* depreciation, writing off. *Cargo(s) por depreciación,* depreciation charge(s). *Depreciación lineal,* straight line depreciation. *Depreciación por saldo declinante/degresiva,* depreciation on a reducing (decreasing) balance, reducing charge method, declining balance method. 2 *(pérdida de valor)* fall in price, fall in value. *Depreciación de la moneda,* depreciation of money. *Provisión para depreciación del material,* reserve for depreciation of plant.

depreciación acelerada, accelerated depreciation.

depreciación acumulada, accumulated depreciation.

depreciación anual, annual depreciation.

depreciación autorizada, *(por las leyes fiscales)* allowable depreciation.

depreciación contable, accounting depreciation.

depreciación fiscal, tax depreciation, allowed depreciation (for tax purposes).

depreciación física, physical depreciation.

depreciación por el método de doble disminución del saldo, double declining balance (method) depreciation.

depreciación por el método de línea recta, straight-line depreciation.

depreciación por el método de saldo declinante, declining balance method depreciation.

depreciación real, real depreciation.

depreciar *v.t.* *(equipos, etc.)* to depreciate, to write off, to depreciate.

depreciar(se) *v. pr.* to depreciate.

depresión *f.* *(de la economía)* sluggishness, depression, slump. *(de un mercado)* increased dullness; glutting.

deprimido, a *adj.* depressed, *(mercados, etc.)* dull.

deprimir *v.t.* to depress.

depuración *f.* *(verificación de una cuenta)* checking (of accounts), agreeing (of accounts), auditing.

depurar *v.t.* *(verificar las cuentas)* to check (the accounts), to agree the accounts, to audit, to pass.

deposición *f.* forfeiture, loss, *(de una póliza)* expiration.

derecho *m.* 1 law. *Derecho bancario,* bank(ing) law. *Derecho cambiario,* exchange law. *Derecho civil,* civil law. *Derecho comercial,* commercial law. *Derecho consuetudinario,* custom law. *Derecho de las obligaciones,* law of contract. *Derecho de las sociedades,* company law, corporate law. *Derecho del trabajo,* labor law. *Derecho escrito,* statute law. *Derecho fiscal,* tax law. *Derecho inmobiliario,* real estate law. *Derecho internacional,* international law. *Derecho jurisprudencial,* case law. *Derecho marítimo,* maritime law. *Derecho natural,* unwritten law. *Derecho penal,* criminal law. *Derecho privado,* private law. *Derecho social,* social, labor law. *Derecho sustantivo,* substantive law. 2 right. *Atentado contra los derechos,* infringement of rights. *Ceder uno sus derechos,* to yield one's rights. *Declaración de los derechos de los ciudadanos,* (GB) Bill of Rights. *Derecho al arrendamiento,* right to the lease. *Derecho de asilo,* right of asylum. *Derecho de huelga,* right to strike. *Derecho de nacimiento,* birthright, primogeniture. *Derecho de prioridad,* right of preemption. *Derecho de readquisición,* power of redemption. *Derecho de retención,* lien. *Derecho de suscripción,* application rights. *Derecho de voto,* right to vote. *Derecho exclusivo,* exclusive right. *Derechohabiente,* interested party, entitled party, assign. *Derecho inalienable,* inalienable right. *Derechos adquiridos,* vested interest. *Derechos cívicos,* civil rights. *Derechos de autor,* copyright. *Derechos de compra,* purchasing rights. *Derechos de retiro,* drawing rights. *Derechos mineros,* mineral rights. *Derechos y obligaciones de las partes contratantes,* rights and duties of the contracting parties. *Pérdida de un derecho,* loss of a right. *Que da derecho a una pensión,* pensionable. *Se reservan todos los derechos de autor/de reproducción,* all rights reserved. *Tener derecho a,* to be entitled to, to qualify for, to be eligible for. 3 duty, duties; due, dues. *Derecho de almacenaje,* storage rent, warehouse charge. *Derecho de constitución (de una sociedad),* incorporation duties, capital duty. *Derecho de custodia,* charge for safe custody. *Derecho de exportación,* export duty. *Derecho de importación,* import duty. *Derechos de aduana,* customs duties. *Derechos de andén,* wharfage, quayage. *Derechos de entrada (mercancías),* import duty; *(lugar público)* admission, entrance fee. *Derechos de fondeo,* mouillage, groundage. *Derechos de muelle,* dock dues. *Derechos de navegación,* navigation dues. *Derechos de recuperación de un arrendamiento,* premium on a lease. *Derechos de registro,* registration dues. *Derechos de salida (fondos comunes de colocación, etc.)* exit fee. *Derechos de salvaguarda,* safeguarding duties. *Derechos de sucesión,* inheritance tax, estate duties. *Derechos de sucesión (testamentos),* probate duty. *Derechos de timbrado,* stamp duty. *Derechos de transferencia,* transfer duty, *(entre vivos)* succession duty. *Derechos especiales de retiro,* special drawing rights, S.D.R.'s. *Derechos portuarios,* port dues. *Exento de derechos,* duty-free. *Sujeto a derechos,* dutiable.

derecho *adj.* right, straight.

derecho consuetudinario, Common Law, customary law.

derecho corporativo, corporate law.

derecho de copia, copyright.

derecho de inspección, right of inspection, right of search.

derecho de prioridad, preemption. *Garantizar un derecho de prioridad,* to preempt. *Que confiere un derecho de prioridad,* preemptive.

derecho de ruta, right of way.

derecho del tanto, preemptive right.

derechohabiente *mf.* 1 assign, assignee. 2 *(seguridad social, etc.)* recipient, beneficiary.

derecho mercantil, commercial law.

derechos de aduana, customs duties.

derechos de amarre, mooring rights, mooring dues, moorage.

derechos de autor, copyright.

derechos de exportación, exportation duties.

derechos de importación, importation duties.

derechos del hombre, human rights.

derechos de peaje, toll.

deriva *f.* drift, deviation. *Deriva de los salarios,* wage drift. *Ir a la deriva,* to drift, to go adrift.

derivación *f.* derivation, deduction.

derivado, a *n.* 1 derivative, derivation. *Derivación de una función,* derivation of a function. 2 derived. *Función derivada,* derived function. 3 *producto derivado,* by-product.

derivar(se) *v. pr.* to derive/to stem/to originate (from).

derogación *f.* derogation.

derogar *v.t. (una ley)* to derogate, to abrogate, to annul.

derogatorio *adj.* derogatory. *Cláusula derogatoria,* overriding clause.

derrama *f.* distribution, allotment, rationing. *La derrama de los gastos,* the distribution/allotment/apportionment of expenses.

derramar *v.t. (líquidos)* to spill.

derrapaje *m.* skidding; getting out of hand, out of control; *(precios, etc.)* rise, increase.

derrapar *v.i.* to skid; to get out of hand, out of control; to overshoot the mark; *(aumentar)* to rise, to go up.

derrocar *v.t.* to overthrow, to demolish, to abolish. *(Un gobierno)* to overthrow, to topple.

derrochador, a *n.* waster, waste-maker; *(dinero)* spendthrift.

derroche *m.* waste, wastage; pilferage.

derrumbar(se) *v. pr.* to collapse, to slump; *fig.* to breakdown. *El mercado se derrumbó,* the market slumped. *Las cotizaciones se derrumbaron,* prices collapsed.
derrumbe *m.* collapse, slump; *fig.* breakdown.
desabastecer *v.t.* to unstock.
desabastecido, a *adj.* unstocked. *Cuenta desabastecida/agotada/sobregirada,* overdrawn account.
desaceleración *f.* slowing down, slackening, slowdown, slack. *Desaceleración de los negocios,* business slowdown.
desacreditar *v.t.* to discredit.
desacuerdo *m.* disagreement. *Estar en desacuerdo,* to disagree.
desafiar *v.t.* to challenge.
desafiliar(se) *v. pr.* to disaffiliate (oneself from).
desafío *m.* challenge. *Enfrentar un desafío,* to meet a challenge.
desahogo *m.* 1 ease. 2 easy circumstances, esay means, affluence. *Vivir desahogadamente,* to be well-off. *fam.* to be on easy street.
desahorro *m.* dissaving.
desalentar *v.t.* to discourage; to deter.
desaparecer *v.i.* to disappear, to go away, to be over, to die away.
desaprobación *f.* disapproval.
desaprobar *v.t.* to disapprove.
desarmable *adj.* collapsible; folding.
desarmamento *m.* 1 disarmament. 2 *(de un barco)* laying up, idling, mothballing; putting out of commission; (EU) decommissioning.
desarraigo *m.* uprooting.
desarrollado, a *adj.* developed, advanced. *Ayuda a los países subdesarrollados,* economic aid to underdeveloped countries, economic aid to L.D.C.s (less developed countries). *Economía desarrollada,* advanced economy. *Países subdesarrollados,* underdeveloped countries. L.D.C.s (Less Developed Countries).
desarrollar(se) *v. pr.* 1 to develop. *Desarrollar la lealtad de los consumidores,* to develop consumer loyalty. 2 to grow, to expand. *Desarrollarse a partir de cero,* to grow from scratch.
desarrollo *m.* development. *Banco Internacional para la Reconstrucción y el Desarrollo,* International Bank for Reconstruction and Development. (I.B.R.D.). *Costo de desarrollo,* development cost. *Desarrollo de nuevos productos,* new products development. *Desarrollo económico,* economic development. *Desarrollo personal,* personal growth. *Investigación y desarrollo,* research and development (R&D). *Países en vías de desarrollo,* developing nations. *Potencial de desarrollo,* development potential. *Programa de desarrollo,* development program(me). *Puesta en desarrollo,* development. *Subdesarrollo,* un-

derdevelopment. *Zona de desarrollo,* development area.
desarrollo económico, economic development.
desastre *m.* disaster.
desastroso, a *adj.* disastrous.
desbloquear *v.t.* 1 *(una situación)* to break/to end a deadlock. 2 *(fondos)* to issue money, to release funds, to make funds available. *(Fondos, activos congelados/bloqueados)* to unblock. *Los activos congelados durante la guerra han sido parcialmente desbloqueados,* assets frozen during the war have been partially unbloqued. 3 *(los salarios, etc.)* to unfreeze; to unpeg; to lift controls.
desbloqueo *m.* *(fondos)* release; *(salarios)* unfreezing.
desbordamiento *m.* overflow.
desbordar *v.t.* to overflow.
descalificación *f.* deskilling, disqualification.
descargador *m.* longshoreman, docker.
descargar *v.t.* 1 *(una deuda)* to discharge, to wipe off; to release, to exonerate. *Descargar de una deuda, de una obligación,* to release from a debt, an obligation. 2 *(una factura)* to receipt. 3 *(mercancías)* to unload, to discharge.
descargo, a *n.* 1 *(de una deuda)* discharge, wiping off; settlement, release (of a debt). *Testigo de descargo/testigo de cargo,* witness for the defense. 2 *(recibo)* receipt. 3 unloading. 4 *(descarga de la basura)* tipping, dumping; *(sitio para)* dumping ground/yard, (GB) refuse tip. 5 waiver.
descartar *v.t.* 1 *(una alternativa)* to discard, to eliminate. 2 Milit.: to discharge as unfit.
descendente *adj.* descending, decrasing, downward. *Curva descendente,* downward curve.
descender *v.i.* to come down, to go down.
descendientes *m. pl.* descendants, offspring, progeny.
descenso *m.* decrease, fall.
descentralización *f.* decentralization. *Decentralización administrativa,* managerial decentralization.
descentralizado, a *adj.* decentralized, local.
descentralizar *v.t.* 1 to decentralize. 2 *(geográficamente)* to relocate, to transfer.
desclasificación *f.* displacement.
descodificación *f.* decoding, decyphering.
descodificar *v.t.* to decode, to decypher.
descomponer(se) *v. pr.* to break down, to split, to itemize; to analyze.
descomposición *f.* *(de las tareas, de los resultados)* breakdown, splitting up; analysis.
descompostura *f.* breakdown.
descompuesto *m.* *(aparatos)* out of order. *(Automóviles)* mi automóvil está descompuesto, my car has broken down, my car has engine trouble.

D

descongelar *v.t.* to unfreeze, to thaw; to unpeg; to unblock.

desconocer *v.t.* to disregard, to ignore, to misappreciate; to disown, to repudiate. *Desconocer los hechos,* to deny/repudiate the facts. *Desconocer un acuerdo verbal,* to repudiate/disown/deny an oral agreement.

desconocimiento *m.* ignorance, misappreciation, disregard (for). *Desconocimiento de los hechos,* misreading of facts.

descontable *adj.* discountable.

descontado, a *adj.* 1 *(títulos de crédito)* discounted. 2 *(tasas de interés)* discounted interest rate.

descontar *v.t.* 1 *(documentos de crédito)* to discount. *Descontar un documento,* to discount a bill. 2 Bolsa: to call for delivery of securities. *Descontar a plazo,* to call for delivery before the settlement.

descontentar *v.t.* to displease, to dissatisfy.

descripción *f.* description, specification. *Descripción de mercancías,* goods description. *Descripción de un puesto/cargo,* job description. *Descripción de valores,* description of securities.

descriptivo *m.* outline, abstract, summary; *(trabajos)* specification sheet.

descriptivo, a *adj.* descriptive. *Estado/ficha descriptiva,* descriptive return. *Nota descriptiva,* specification.

descubierto *m.* 1 deficit, shortage. 2 *(bancos)* overdraft. *Compra en descubierto,* bull purchase. *Comprar en descubierto,* to bull, to bull the market, to buy a bull. *Conceder/autorizar un descubierto,* to grant, to allow an overdraft. *Crédito en descubierto,* unsecured credit. *Cuenta en descubierto/sobregirada,* overdrawn account. *Poner una cuenta en descubierto,* to overdraw an account. *Préstamo en descubierto,* loan on overdraft. *Vender en descubierto,* to sell short, to sell a bear. *Venta en descubierto/al descubierto,* short sale, bear sale.

descubrimiento *m.* 1 *(de una encuesta)* findings. 2 *(hallazgos)* hacer un descubrimiento, to discover, to note, to ascertain.

descubrir *v.t.* 1 to unveil. 2 to reveal, to disclose, to divulge; to leak out.

descuento *m.* 1 discount, discounting. *Bajar la tasa de descuento,* to lower the bank rate, to reduce the bank rate. *Nota de descuento,* discount note, list of bills for discount. *Poner a descuento,* to tender for discount. *Tasa preferencial de descuento bancario,* prime (lending) rate. 2 *(deducción)* discount, rebate, deduction. *Conceder un descuento del 5 por ciento,* to grant/ to allow a 5 per cent discount. *Descuento comercial, descuento sobre factura,* trade discount. *Descuento de lanzamiento,* introductory allowance. *Descuento en efectivo,* cash discount.

Descuento por cantidad, quantity discount. *Descuento por pago anticipado,* discount for prepayment. *Descuento sobre factura,* trade discount. *Tienda de descuento,* discount store. 3 (= sum withheld from wages or salary for social security, etc.) withholding, withdrawal (at source), deduction (at source).

descuento Bolsa: *(del valor a la par)* discount (from par).

descuento bancario, bank discount.

descuento comercial, trade discount.

descuento de caja, cash discount.

descuento de documentos, bills/notes discounting.

descuento por pago adelantado/anticipado, discount for prepayment.

descuento por pronto pago, cash discount.

descuento sobre compras, purchase(s) discount.

descuento sobre ventas, sales discount.

descuidado, a *adj.* slipshod, careless.

descuido *m.* carelessness, slovenliness.

desecho *m. (industria)* reject(s). *Desechar,* to scrap, to reject. *Mercancías desechadas,* trash. *Tasa de desecho,* rejection rate.

desechos *m. pl.* waste, scrap; refuse; rejects. *Desechos nucleares,* nuclear waste.

deseconomía *f.* diseconomy.

desembarcadero *m.* 1 wharf. 2 unloading dock.

desembarcado, a *adj. (pasajeros)* landed. *(Mercancías)* unloaded.

desembarcar *v.t. e i.* to land, to disembark.

desembargo *m.* breaking of seals; restoration of goods, cancellation of garnishee order, replevin. *(Cheques)* withdrawal of order to stop payment, withdrawal of stop payment.

desembarque *m.* landing, unloading.

desembolsar *v.t.* to lay out, to disburse, to spend.

desembolso *m.* outlay, disbursement.

desempeñado *p.p.* de *desempeñar. (Recuperar una prenda después de haberla empeñado)* redeemed, taken out of pawn.

desempeñar *v.t.* 1 *(un papel, una misión)* to perform, to carry out. 2 *(recuperar una prenda después de haberla empeñado)* to redeem, to take out of pawn. *Desempeñar/recuperar una propiedad,* to redeem a property.

desempeño *m. (sentido amplio)* performance; show, act, number; assignment. *Desempeño de un papel,* role playing.

desempleado *m.* 1 unemployed person; *los desempleados,* the unemployed. *Estar desempleado,* to be unemployed, to be idle, etc. (ver **desempleo**). (EU) *La cifra de desempleados,* the jobless rate, unemployment figures. 2 *loc.* unemployed.

desempleo *m.* unemployment. *Estar desempleado,* to be unemployed, to be out of work, to be out of one's job, to be out of a job, to be jobless, to be workless, to be idle *fam.* to be on the dole. *Indemnización/pensión por desempleo,* unemployment benefit, *fam.* the dole.

desencadenar *v.t.* to trigger (off), to touch off, to set off, to spark off.

desendeudamiento *m.* getting out of debt. *Desendeudamiento total,* Contab.: in substance defeasance.

desenfrenado, a *adj.* frantic; *(gastos)* profligate. *Demanda desenfrenada (de bienes de consumo),* hectic consumer demand.

desengañar *v.t.* 1 to undeceive. 2 to disappoint.

desengaño *m.* disappointment.

deseo *m.* wish. *Conceder un deseo,* to grant a wish. *Expresar un deseo,* to express a wish.

desequilibrio *m.* disequilibrium, imbalance. *Corregir un desequilibrio,* to adjust an imbalance, to restore a balance. *Desequilibrio de pagos,* imbalance of payments. *Factor de desequilibrio,* destabilizer.

desestabilizador, a *adj.* destabilizing.

desestabilizar *v.t.* to destabilize, to unsettle.

desestacionalización *f.* correction/adjustment for seasonal variations.

desfalcar *v.t.* to defalcate, to embezzle, to pilfer.

desfalco *m.* embezzlement, misappropriation, peculation.

desfalleciente *adj.* defaulting, failing.

desfavorable *adj.* unfavorable. *Balanza comercial desfavorable,* unfavorable/adverse trade balance. *Cambio desfavorable,* unfavorable exchange.

desfavorecido *m.* underprivileged. *Los favorecidos y los desfavorecidos,* the haves and have-nots.

desgaste *m.* 1 *(de una máquina, etc.)* wear. *Desgaste normal,* fair wear and tear. *Resistir el desgaste,* to stand wear and tear, to wear well. 2 *(de efectivos, etc.)* attrition. *Guerra de desgaste,* war of attrition.

desgravación *f.* 1 relief, abatement. *Desgravación fiscal,* tax relief, tax cut, tax allowance. 2 Jur.: disencumbering. 3 remission of charges, return of charges, return of duties.

desgravar *v.t.* 1 to relieve, to derate. 2 Jur.: to disencumber. *Desgravar una propiedad,* to disencumber a property. 3 to untax; to remit the duties, to return the charges; (EU) to decontrol.

desheredado *adj.* underprivileged. *Naciones desheredadas,* have-nots.

desheredar *v.t.* to disinherit; to cut off with a shilling.

desherencia *f.* default of heirs, escheat. *Desheredar,* to escheat.

deshipotecar *v.t.* to disencumber, to free from mortgage. *Deshipotecar una propiedad,* to free a property from mortgage.

deshonestidad *f.* dishonesty.

deshonesto *adj.* dishonest.

designación *f. (para ocupar un puesto)* appointment (to the position of), nomination (as).

designado, a *adj.* 1 specified. 2 appointed.

designar *v.t.* 1 to appoint. *Designar a un heredero, etc.,* to constitute, to make, to appoint. 2 to describe, to specify.

desigual *adj. (compromisos, etc.)* unsatisfactory, patched-up, unbalanced; lopsided.

desigualdad *f.* inequality, disparity.

desiguales *adj. pl.* unequal, uneven.

desinflación *f.* disinflation.

desinflacionista *adj.* disinflationary.

desinteresado, a *adj.* disinterested.

desinversión *f.* disinvestment. *(Por abandono de los activos)* divestment, divestiture.

desinvertir *v.t.* to disinvest. *(Por abandono de activos)* to divest.

desistir(se) *v. pr.* to withdraw; to waive (a right, a claim).

deslindar *v.t.* to mark out, to set land marks, to mark the boundaries.

deslinde *m.* marking out; boundary.

desmantelamiento *m.* dismantling; *(de un monopolio)* breaking up; *(sentido amplio)* abolishment, abolition.

desmantelar *v.t.* to dismantle; *(sentido amplio)* to abolish. *Desmantelar una red de contrabandistas,* to crack a smuggling ring. *Desmantelar un monopolio,* to break up a trust.

desmentida *f.* denial.

desmentir *v.t.* to deny.

desmonetizar *v.t.* to demonetize.

desmontaje *m.* removal.

desmoronamiento *m.* crumbling. *Desmoronamiento de las cotizaciones,* crumbling of prices.

desmoronar(se) *v. pr.* to crumble.

desmultiplicador, a *adj.* demultiplying.

desnacionalización *f.* denationalization, privatization.

desnacionalizar *v.t.* to denationalize, to privatize.

desnivel *m.* unevenness. *Paso a desnivel,* (EU) grade-crossing, level crossing.

desnudo, a *adj.* bare, naked. Tec.: unequipped.

desorden *m.* disorder, disruption, perturbation.

desorganización *f.* 1 disorganization, disruption, dislocation. 2 disruption, upsetting; upheaval.

desorganizar *v.t.* 1 to disorganize, to dislocate. 2 *(perturbar)* to disrupt, to upset.

despachado *adj.* y *p.p.* de despachar. *Despachado de la aduana,* out of bond, cleared.

Mercancías despachadas de la aduana, goods out of bond. Mercancías no despachadas de la aduana, uncleared goods. (Precios) duty-paid. Precios de mercancías despachadas de la aduana, duty-paid quotation/price.

despachar *v.t.* to dispatch, to forward, to route; to clear. Despachar de la aduana, (mercancías) to clear (goods) through the customs.

despacho *m.* 1 (oficina) office, firm. Despacho de auditoría, auditing firm. Despacho de consultoría, consulting firm. Despacho de contadores, accounting firm. Despacho jurídico, law-firm. 2 (embarques, expediciones) dispatching, routing, forwarding. 3 despacho de la aduana, customs clearance, customs clearing; taking out of bond.

despacio *adv.* slowly. Ir despacio, to go slow. Ir más despacio, to slow down, to slacken. Irse más despacio, to slow down, to slacken, to decelerate.

despedir *v.t.* 1 to discharge, to lay off; despedir ejecutivos, to hire away executives. Empleados, to dismiss, to discharge. 2 (funcionarios) to dismiss. (De una barra) to disbar. 3 despedir a alguien por incompetente, to fail somebody. 4 (decir adiós) to say good by.

despegar *v.t.* to take off, *fig.* to get off the ground.

despegue *m.* take-off; liftoff.

desperdiciar *v.t.* to waste; to squander, to spoil. Desperdiciar materiales, to waste materials.

desperdicio *m.* waste, wastage, squandering, spoiling, wasting.

despido *m.* 1 dismissal, firing, sacking, ousting, lay-off; discharging, laying off. Despido injustificado, illegal dismissal. Despido justificado, legal dismissal. 2 (empleados) dismissal, discharge. 3 (titulares, funcionarios) dismissal. (De una barra de profesionistas) disbarment, disbarring.

desplazado *adj.* 1 displaced. Personas desplazadas, displaced persons. 2 (propósitos, observaciones) out of place, uncalled for, ill-timed.

desplazamiento *m.* 1 displacement, shift. Desplazamiento de las cotizaciones, shift in prices. Desplazamiento de una planta, plant relocation. Desplazamientos de la demanda, demand shifts. Desplazamientos de la mano de obra, displacement of labor. 2 (reubicación de un ejecutivo) relocation, reassignment. 3 (viajes) traveling. Dotación/reembolso/indemnización de gastos de viaje, traveling allowance. Estar en un viaje de negocios, to be on a business trip. Gastos de viaje, traveling expenses.

desplazar *v.t.* to move, to shift, to transfer, to displace.

desplegable *m.* (folleto desplegable) folder.

desplomar(se) *v. pr.* to slump (down), to sag; (derrumbarse) to collapse. El mercado se desplo-

mó, the bottom has fallen out of the market. Las acciones se desplomaron, shares slumped.

desplome *m.* slump, sagging; collapse, subsidence, sinking. Desplome de las cotizaciones, slump in prices. Desplome del mercado, collapse of the market. Desplome de los precios, price collapse, collapse of prices.

despoblación (o **despoblamiento**) *m.* depopulation.

despoblado, a *adj.* depopulated.

despojar *v.t.* to divest; to dispossess, to spoliate. Despojar a un tribunal de un asunto, to withdraw a case from a court. Despojarse de alguna cosa, to divest oneself of something.

despojo *m.* spoliation; divestment, divestiture; dispossession; eviction; dismissal.

desposeer *v.t.* to evict, to dismiss, to dispossess.

desposesión *f.* dispossession.

desprender *v.t.* to detach, to cut off, to tear out. Desprender un cupón, to cut off, to detach a coupon.

desprendible *adj.* (hojas, etc.) loose, detachable.

desprendido, a *adj.* detached. Cupón desprendido, ex coupon.

desproporción *f.* disproportion.

desproporcionado, a *adj.* disproportionate; incommensurate.

desproveer(se) *v. pr.* 1 to part with something. 2 to run short of.

desprovisto, a *adj.* destitute. Desprovisto de, devoid of.

después *adv.* after, afterward. Después de impuestos, after tax. Ir después de, to come after, to rank after.

desquiciar *v.t.* to derange, to drive mad, to shake.

desregulación *f.* deregulation.

desregular *v.t.* to deregulate.

destajista *mf.* task-worker, piece-worker.

destajo *m.* taskwork, piecework. A destajo, by the job, by the lump. Trabajo a destajo, work by contract, by the job, job work.

destilación *f.* distillation, distilling.

destilería *f.* distillery.

destinación *f.* 1 destination. Con destino a, (mar) bound for. Puerto de destino, port of destination. 2 (fondos) appropriation.

destinado, a *adj.* 1 vested, devolved. Derecho destinado/atribuido a, right vested in. Parte destinada a los herederos, share that devolves to the heirs. 2 intended (for), designed (for), meant for. Mercancías destinadas a la exportación, exportable goods. Sortear los bonos destinados a reembolsos, to draw bonds for redemption.

destinado al fracaso, *loc.* doomed to failure, bound to fail.

destinar *v.t.* to intend, to design.

destinatario, a n. **1** (envíos) consignee, sendee, addressee; (fax) receiver. **2** (fondos) payee, remittee.

destino m. fate; destination. Con destino a, (navíos) bound for, sailing to; (trenes, etc.) leaving. (Aviones) about to take off; flying to, going to....

destituido adj. (sin hogar) homeless. Los destituidos, los que no tienen hogar, the homeless (de un cargo) dismissed.

destituir v.t. to dismiss, to relieve somebody of his office.

destitular v.t. to lower the title of.

destrucción f. destruction.

destruir v.t. to destroy, to wipe out, to stamp out, to annihilate.

desusado, a adj. **1** (fuera de uso, abandonado) disused. **2** (pasado de moda) obsolete, outdated, outmoded.

desuso m. obsolescence, disuse. Caer en desuso, to fall into abeyance.

desvalijar v.t. to rob; to strip; (tiendas) to empty.

desvalorización f. devalorization, loss of value.

desvalorizar(se) v. pr. to devalorize, to depreciate.

desventaja f. **1** disadvantage, drawback, inconvenience, snag. Él lleva una desventaja de diez puntos sobre su competidor en los sondeos, he is trailing his opponent by ten points in the polls. **2** handicap.

desventajoso, a adj. unfavorable, prejudicial.

desviación f. **1** difference, divergence; spread, deviation, variance; gap; Fin.: margin. Desviación absoluta, absolute deviation. Desviación entre la cotización del comprador y la del vendedor, turn of the market. Desviación estándar/típica, standard deviation. **2** departure. Desviación a una ley, departure from a law, from a regulation. **3** (de fondos) embezzlement, misappropriation, defalcation. **4** (desviación de un avión) hijacking. **5** Ferr.: shunting; marshalling. **6** (carreteras) diversion. **7** (circulación) alternate/alternative route, diversion, (EU) detour.

desviar v.t. **1** (fondos) to misappropriate, to divert. Desviar fondos, to embezzle funds. **2** (desviar un avión) to hijack a plane. **3** (una corriente de agua, etc.) to divert. **4** desviar la circulación, to divert the traffic. **5** to deviate.

desviar(se) v. pr. to deviate (from); to depart (from), to drift away (from).

detallado, a adj. **1** detailed. Reporte detallado, detailed report. **2** itemized. Cuenta detallada, itemized account.

detallar v.t. to detail, to specify, to itemize; to break down. Detallar una cuenta, to itemize an account.

detalle m. **1** detail, particular. Detalles de una cuenta, items of an account. Detalles más amplios, further particulars. Todos los detalles, full particulars. **2** retail. Comercio al detalle, retail trade. Precio al detalle, retail price. **3** vender al detalle, to retail, to sell (by) retail. Venta al detalle, retail sale. **4** (de una cuenta) itemization, breakdown (of an account).

detallista m. retailer; retail trader.

detección f. detection. Sistema de detección de errores, error detection system, error detection device.

detectar v.t. to detect, to find, to ascertain. Detectar irregularidades, to detect irregularities.

detención m. **1** (de un barco) detention, detainment. **2** (encarcelamiento) detention, imprisonment, jail(ing).

detener v.t. **1** to stop; to bring to a standstill; to halt. Detener el pago de un cheque, to stop a check. Detener la circulación, to stop, to block, to hold up the traffic. **2** (= cesar) to cease; (la fabricación de un producto, etc.) to discontinue; (progresivamente) to phase out. **3** (dejar de) to cease, to give up. Dejar de fumar, to give up smoking. **4** (arrestar) detener a un criminal, to arrest.

detener(se) v. pr. to stop, to pause, to come to a standstill; (vehículos) to pull up.

detenido, a p.p. de detener. **1** standstill. Las negociaciones se encuentran detenidas, the talks are at a standstill/have broken down. **2** (privado de la libertad) inmate, convict, prisoner.

detentado, a adj. **1** held. **2** detained. Bienes detentados con propiedad total, property held in fee simple. Títulos detentados en prenda, securities held in pledge, securities held in pawn. Valores detentados en garantía, securities held as security.

detentar v.t. to hold, to own, to have. Detentar acciones, to hold shares. Detentar bienes, to own property. Detentar un empleo, to hold a job, to be in a job.

deteriorar(se) v. pr. **1** to deteriorate. **2** (mercancías) to spoil, to become spoiled.

deterioro m. **1** deterioration, decay; dwindling, worsening, damage; tear. Deterioro de la balanza de pagos, deterioration of the balance of payments. **2** spoilage.

determinable adj. determinable.

determinación f. determination, fixing. Determinación de precios, price determination, pricing.

determinado, a adj. determined, fixed. A fechas determinadas, at fixed dates. Monto determinado, specific amount.

determinante m. determinant.

determinante adj. decisive, overriding.

determinar v.t. **1** to determine, to fix. **2** (determinar causas) to ascertain.

detrimento m. detriment. Errores cometidos en nuestro detrimento, errors to our disadvantage.

deuda *f.* debt, indebtedness, liability. *Agobiado/ inundado de deudas,* riddled with debt, debt-ridden. *Amortización de una deuda,* debt redemption, debt amortization. *Amortizar una deuda,* to redeem a debt. *Asignar en pago de una deuda,* to summon for a debt. *Buena deuda,* good debt. *Cancelar una deuda,* to write off a debt. *Cedibilidad de una deuda,* transferability of a debt. *Compensar una deuda,* to set off a debt. *Consolidar una deuda pública,* to fund a public debt. *Deuda atrasada,* overdue debt. *Exigibilidad de una deuda,* repayability of a debt. *Garante de una deuda,* surety for a debt. *Garantizar una deuda,* to stand surety for a debt, to secure a debt. *Instrumento de deuda,* debt instrument. *Instrumento de deuda negociable,* negotiable instrument of debt. *Intereses sobre deudas,* interest on debts. *Liberar a una persona de una deuda,* to discharge someone from a debt. *Liquidación de la deuda,* settlement of the claim. *Liquidación de una deuda,* clearing off of a debt. *Liquidar una deuda,* to discharge/to pay off/to repay a debt. *Provisión para deudas,* reserve for debts, liability reserve. *Purgar una propiedad de sus deudas,* to clear a property of its debts. *Reconocimiento de deuda,* I.O.U., (I owe you), acknowledgement of debt, (EU) due bill. *Recuperar una deuda,* to recover a debt. *Reembolsar una deuda,* to pay off a debt, to redeem a debt. *Remisión de una deuda,* remittal of a debt, remission of a debt. *Remitir una deuda,* to remit a debt.

deuda a corto plazo, short-term debt, current liabilities.

deuda a largo plazo, long-term debt.

deuda caduca, prescribed debt.

deuda consolidada, consolidated debt, funded debt.

deuda de obligaciones, bonded debt, debenture debt.

deuda exigible, due debt.

deuda externa, foreign debt.

deuda flotante, floating debt.

deuda hipotecaria, mortgage debt.

deuda nacional, national debt.

deuda no consolidada, unconsolidated debt, unfunded debt.

deuda no pagada, unpaid debt, undischarged debt.

deuda pasiva, passive debt.

deuda privilegiada, preferential debt.

deuda pública, public debt.

deuda quirografaria, unsecured debt.

deuda recuperable, recoverable debt.

deudas activas, accounts receivable, debts due to us.

deudas a la vista, debt on sight.

deuda solidaria, joint and several debt.

deudas pasivas, deudas por pagar, accounts payable, debts due by us.

deudor, a *n.* debtor. *Deudor insolvente,* insolvent debtor, insolvent; lame duck.

deudor, a *adj.* debit, debtor. *Cuenta deudora,* debit account, debtor account, overdrawn account, outstanding account. *Deudores diversos,* sundry debtors. *Saldo deudor,* debit balance. *Su cuenta muestra un saldo deudor,* your account is in the red. *Tener una cuenta deudora,* to be in the red, to be overdrawn.

devaluación *f.* devaluation. *Devaluación de una moneda,* devaluation of a currency.

devaluar(se) *v. pr.* to devaluate, to devalue, to depreciate.

devolución *f.* *(mercancías devueltas)* taking back, return; devolution. *Devolución de impuestos,* tax refund, tax reimbursement. *Devoluciones sobre compras,* purchase returns. *Devoluciones sobre ventas,* sales returns. *(Mercancías no vendidas)* returns.

devolver *v.t.* to give back, to return.

devuelto *adj.* return, returned article. *Carta devuelta,* dead letter. *Devoluciones sobre ventas,* sales returns. *Hacer una devolución,* to return an article.

día *m.* day. *Al día,* up to date. *A tres días después de la fecha,* 3 days afterdate. *A tres días vista,* three days after sight. *Día de asueto,* holiday, day off. *Día de descanso,* lay day. *Día de liquidación,* BOLSA: settling day, account day. *Día de liquidación, día de paga,* pay day. *Día del mes,* day of the month. *Día festivo (por ley),* (EU) public holiday, (GB) bank holiday. *Día impar,* odd date. *Día laborable,* work(ing) day, business day. *Día par,* even date. *Días vista, días fecha, (documentos de crédito),* days after date, days after sight. *Dinero al día,* day-to-day money. *En nuestros días,* nowadays. *Poner al día,* to update. *Precio del día,* day's price, ruling price. *Si el día y la hora le convienen,* if the date and time are convenient to you. *Sobre una base diaria, sobre la base de día tras día,* on a day-to-day basis; from day to day. *Vivir al día,* to live from hand to mouth.

día de descanso, holiday, lay day.

día de gracia, day of grace.

diagnosticar *v.t.* to diagnose.

diagnóstico *m.* *(médico)* diagnosis; *(sentido general)* analysis, conclusion(s); assessment; audit.

diagonal *f.* diagonal.

diagonal *adj.* diagonal.

diagrama *f.* diagram, chart, graph. *Diagrama de barras/histograma,* bar graph. *Diagrama de dispersión,* scatter diagram. *Diagrama de puntos,* dot diagram.

diagrama de flujo, INFORM.: flow chart.

día hábil, business day, working day.
dialéctica *f.* dialectics.
dialéctico *adj.* dialectical. *Materialismo dialéctico,* dialectical materialism.
diamante *m.* diamond. *Diamantes auténticos,* genuine diamonds. *Diamantes industriales,* industrial diamonds. *Réditos derivados de la posesión de diamantes,* diamond-yielding. *Valores sustentados en/respaldados por diamantes,* diamonds.
diámetro *m.* diameter.
diapositiva *f.* Fot.: slide, transparency.
diario *m.* **1** Contab.: (day) book; register; journal. *Asiento de diario,* journal entry. **2** Marina: log, log book; report. **3** *(diario)* daily (news) paper, daily. **4** *diario de navegación,* log book.
diario, a *adj.* daily, everyday.
diario de caja, cash journal.
diario de compras, purchase journal.
diario de egresos en efectivo, cash disbursements journal.
diario de ingresos en efectivo, cash receipts journal.
diario de ventas, sales book.
diario general, general journal, general book.
días de descanso, holidays, lay days.
días de gracia, days of grace.
dibujo *m.* drawing. *Dibujo animado,* animated cartoon.
dicotomía *f.* dichotomy.
dictadura *f.* dictatorship.
dictamen *m.* opinion, certificate. *Dictamen con salvedades,* qualified auditors' opinion. *Dictamen de los auditores,* auditors' opinion. *Dictamen sin salvedades,* unqualified auditors' opinion.
dictaminar *v.t.* Auditoría: to give one's opinion.
didáctico *m.* Inform.: learning-oriented software; courseware; educational program(me).
dietético, a *n.* dietetics.
diezmo *m.* tithe, tenth.
difamación *f.* defamation, libel; *proceso por difamación,* libel suit; *(verbal)* slander. *Campaña de difamación,* smear campaign.
difamar *v.t.* to defame; to libel; to slander.
difamatorio *adj.* defamatory; libellous; slanderous.
diferencia *f.* **1** difference, differential, margin. *A diferencia de,* unlike, as opposed to, in contrast to. *Diferencias de salarios,* wage differentials. *Diferencia en cambios/cambiaria,* exchange difference. *Diferencia entre dos precios,* spread. **2** gap; lag. *Diferencia de tiempo,* time-lag; *diferencia de horario,* time-change; change in time-zones; *(con relación a los viajes aéreos)* jet-lag. **3** inconsistency, discrepancy.
diferenciación *f.* differentiation. *Diferenciación de productos,* product differentiation.

diferenciado, a *adj.* differentiated.
diferencial *m.* differential. *Diferencial de adquisición,* Contab.: goodwill. *Diferencial de cambio,* change differential, translation adjustement. *Diferencial de precios,* spread, price differential.
diferencial *adj.* differential, discriminating. *Cálculo diferencial,* differential calculus. *Costo diferencial,* differential cost.
diferente *adj.* different (de, from).
diferido, a *adj.* deferred, postponed. *Acciones diferidas,* deferred shares. *Cargos diferidos,* deferred charges. *Entrega diferida,* deferred delivery. *Intereses diferidos,* deferred interest. *Liquidación diferida,* deferred payment. *Reunión diferida,* deferred meeting, postponed meeting. *Seguro por capital diferido,* endowment insurance.
diferir *v.t.* e *i.* **1** *(ser diferente)* to differ from. **2** *(posponer)* to defer, to postpone, to delay, to put off. *Diferir el pago,* to defer payment, to postpone a payment; to procrastinate.
difícil *adj.* difficult, hard. *Artículo difícil de vender,* hard to sell article.
difícilmente *adv.* with difficulty.
dificultad *f.* difficulty, difficulties, trouble. *Allanar dificultades,* to iron out difficulties. *Dificultades de Tesorería,* liquidity/cash problems. *Empresas en dificultades,* ailing firm; lame duck. *Presentar dificultades,* to involve difficulties. *Superar dificultades,* to overcome difficulties. *fam.* trouble, difficulties, friction.
difusión *f.* **1** *(de información)* circulation, dissemination (of information). **2** *(de prensa)* circulation. *Difusión total,* gross circulation. *Lista de difusión,* mailing list. **3** Radio, T.V.: broadcasting. **4** *(de productos)* distribution.
difusión nacional, nationwide distribution.
digital *adj.* digital.
dígito *m.* digit. *Dígito binario,* binary digit.
dignidad *f.* dignity. *Dignidad de par (la nobleza),* peerage.
digno *adj.* worthy. *Digno de confianza,* trustworthy, dependable, reliable.
dilapidar *v.t.* to squander, to waste.
dilatorio *adj.* dilatorio. *Táctica dilatoria,* foot-dragging.
dilema *m.* dilemma.
diligencia *f.* **1** prospection, canvassing; diligence, application; haste, dispatch. *Con toda diligencia,* with all possible dispatch. *Diligencia a domicilio,* door-to-door calling. *Hacer una diligencia,* to canvass; to call on. *Trabajar con diligencia,* to work diligently. **2** step. *Diligencia común/colectiva,* joint representation. *Hacer una diligencia,* to take a step.
diligenciero *m.* canvasser, (EU) Seg.: solicitor. *Diligenciero a domicilio,* door-to-door salesman.

dilución *f.* dilution, watering down. *Dilución de capital,* watering of capital.

diluido, a *adj.* diluted, watered down.

dimensión *f.* size, dimension. *De tres dimensiones,* three-dimensional.

dimensional *adj.* dimensional.

dimisión *f.* resignation. *Presentar uno su dimisión/su renuncia,* to tender/to hand in one's resignation.

dimisionario *adj.* resigning, outgoing.

dimitir *v.t.* to resign. *Dimitir de un puesto,* to resign one's post; to resign from office.

dinámica *f.* Fís.: dynamics.

dinámico, a *adj.* dynamic, energetic, aggresive, forward-looking, go-ahead.

dinamismo *m.* dynamism, drive; aggressiveness. *(De un mercado)* buoyancy.

dinamizar *v.t.* to dynamize, to speed up.

dinero *m.* money; funds; cash; *fam.* = note bill. *Dinero a la vista (al contado),* call money, day to day money. *Dinero al contado,* cash, ready money. *Dinero de bolsillo,* pocket money. *Dinero en caja,* cash in hand, cash position; money in the till. *Dinero inactivo, fondos ociosos,* idle/inactive money. *Dinero líquido,* cash, liquidities. *Escaso de dinero,* short of money, short of cash. *Hacer dinero,* to make money (out of); to cash in on, to make capital out of, to take advantage of; to obtain financial compensation for; to sell at a high price. *Obtener, conseguir dinero,* to raise money/funds. *Obtener (uno) un buen valor por su dinero,* to get one's money's worth, to get good value for one's money. *Precio del dinero, costo del dinero,* price of money, cost of money.

dinero al contado, hard cash, cash money.

dinero bancario, bank money.

dinero de un traspaso, *(apartamientos)* keymoney.

dinero en circulación, currency.

dinero en depósito, bank money.

dinero líquido, cash.

dinero plástico, plastic money.

diploma *m.* diploma; *(de universidad)* degree. *Conceder un diploma,* to grant/to award/to confer a degree. *Él tendrá su diploma en junio,* he'll graduate in June. *Tener un diploma,* to hold/have a degree.

diplomado, a *n.* graduate. *Él obtuvo su diplomado en una escuela de comercio,* he is a business school graduate, he has graduated from a business school, he holds a business school degree. *Estudiante diplomado/graduado,* graduate. *Los diplomados/graduados de la universidad,* University graduates.

diplomado *adj.* certified, qualified, certificated. *Contador diplomado,* qualified accountant (= *Contador Público Titulado*), (EU) Certified Public Accountant, (GB) Chartered Accountant. *Perito autorizado/diplomado/certificado,* qualified expert.

diplomar *v.t.* to award a degree. *Formación/educación a nivel de diplomado,* degree awarding program(me).

diputado *m.* (EU) Congressman, (GB) Member of the Parliament.

dique *m.* 1 dock, warehouse; dam; dike. *Dique flotante,* floating dick. *Dique seco,* dry dock, graving dock. 2 *(dique para reparaciones, etc.)* dock, dry-dock. *Dique de construcción,* stocks. *Dique de lanzamiento,* slip, slipway. 3 *(para calar, etc.)* wedge, block, chock.

dirección *f.* 1 management. *Comité directivo,* management committee. *Consejo directivo,* executive board. *Dirección/administración por objetivos,* management by objectives (M.B.O.). *Dirección comercial,* sales management. *Dirección de lo contencioso,* legal department. *Dirección empresarial,* corporate management. *Dirección general,* general management, head office. *Funciones directivas,* managerial functions. *Secretaria de dirección,* executive secretary, private secretary, personal assistant, P.A. 2 control. 3 *(domicilio postal)* address; *dirección postal,* postal address, mailing address. 4 (= *instrucciones)* directions, instructions. 5 *(pl.* = *orientaciones)* trends. 6 Naveg.: steering; handling; maneuvering.

direccionamiento *m.* Inform.: addressing.

directamente *adv.* directly, direct. *Diríjase usted directamente al domicilio social,* apply direct to the head office.

directiva *f.* instruction, direction; *(gubernamental, etc.)* directive.

directivas *f. pl.* guidelines; instructions, directions.

directivo *m.* director, manager. *Cuerpo directivo,* executive board; board of directors.

directo, a *adj.* direct, straight. *Conocimiento de embarque directo,* through B/L. *Contrato directo,* direct contract. *Contribuciones directas,* direct taxes. *Costos directos,* direct costs. *Heredero directo,* lineal heir. *Inversión directa,* direct investment. *Tren directo,* through train. *Vuelo directo,* direct/through flight.

director, a *n.* manager, head, *fam.* boss. *Director adjunto,* deputy manager, assistant manager. *Director comercial,* sales manager. *Director de fábrica,* plant manager, works manager. *Director de personal,* personnel manager, staff manager. *Director financiero,* financial director; treasurer. *Director gerente,* managing director. *Director regional,* district manager, regional manager.

director, a *adj.* managing, guiding, controlling. *Idea directriz,* guiding principle. *Principio directriz,* guiding principle.

director de comunicaciones, Public Relations Manager, Public Relations Officer (also in charge of internal communication).

director financiero, (EU) chief financial officer.

directorial *adj.* managerial.

directorio *m.* *(profesional, etc.)* directory; *(catálogos)* repertory, list. *Directorio telefónico,* phone directory, phone book. *Directorio por profesión,* (trade) directory, "yellow pages".

directorio comercial *m.* (trade name) directory, trade directory; *(para directorio telefónico)* telephone-book, phone book.

directorio de domicilios, directory, address book.

director presidente y director general, president and managing director, (EU) chairman and president.

dirigente *adj.* 1 executive, manager, leader. *Dirigente sindical,* union leader; union official. *En los equipos dirigentes,* in executive suites. *En los medios ejecutivos,* in executive circles. 2 ruling. *Las clases gobernantes,* the ruling classes, the Establishment.

dirigido, a *adj.* planned, controlled. *Economía dirigida,* planned economy.

dirigir *v.t.* 1 to address. 2 to send, to forward. 3 *(una crítica, etc.)* to level, to aim. 4 *(conducir)* to steer, to channel, to direct. *Dirigir las inversiones hacia un sector,* to channel investments into a sector. 5 to manage, to run, to head, to control. *Dirigir un negocio,* to run a business. 6 to conduct. *Dirigir una política,* to conduct a policy.

dirigir(se) *v. pr.* 1 *(verbalmente)* to address (somebody). 2 *(para la solicitud de informes, etc.)* to apply (to). 3 *(críticas, comentarios, etc.)* to apply. *Este comentario no se dirige a usted,* this comment is not meant for you.

dirigir una encuesta, to conduct an investigation, an inquiry; to conduct a survey.

dirigismo *m.* planned economy, state-control, dirigisme.

dirigista *adj.* planned. *Economía dirigista,* planned economy, state controlled/state-run economy.

dirimente *adj.* diriment, nullifying.

dirimir *v.t.* to nullify, to invalidate.

disciplina *f.* 1 discipline. *Consejo disciplinario,* disciplinary board. 2 subject-matter, field, discipline.

disciplinario *adj.* disciplinary.

disco *m.* 1 disk, disc. *Disco magnético,* magnetic disk. *Memoria de disco,* disk storage. 2 *(música)* record.

discontinuidad *f.* discontinuity, break.

discontinuo, a *adj.* discontinuous.

disco selector *m.* dial.

discreción *f.* discretion, confidentiality, secrecy. *"Discreción garantizada",* "write in confidence", "apply in confidence", "applications will be treated in strict confidence".

discreto, a *adj.* 1 discreet, unobtrusive, sober, unpretentious. 2 Mat.: discrete, discontinuous. *Variable discreta,* discrete variable.

discriminación *f.* discrimination, differentiation. *Discriminación racial,* racial discrimination. *"Ninguna discriminación en materia de reclutamiento",* (EU) "we are an equal opportunity employer". *"No discriminación en materia de salarios",* "principle of equal pay".

discriminar *v.t.* to discriminate (against someone).

discriminatorio *adj.* discriminatory; unfair.

discurso *m.* speech, address. *Dar un discurso,* to deliver a speech/to address. *(Congresos, etc.) Discurso de apertura,* keynote address. *Pronunciar/dar un discurso,* to deliver an address. *Terminar un discurso,* to wind up a speech.

discurso de vendedor, gift of the gab; glibness, salesman's talk.

discusión *f.* discussion, debate, talk, argument. *Discusiones con los sindicatos,* talks with the unions. *En discusión,* under discussion; at issue. *Sin discusión posible,* unquestionably, indisputably.

discutible *adj.* debatable, arguable, questionable; objectionable.

discutir *v.t.* 1 to discuss, to argue, to debate. *Discutir un proyecto,* to review/evaluate/a project. *(Con relación a precios)* to haggle, to bargain; *precio a discutir/a negociar,* price subject to negotiation; *salario a discutir/a negociar,* salary negotiable. 2 *(poner en duda)* to question, to dispute. 3 *(con alguien)* to confer with, to discuss with.

diseminación *f.* dissemination, spread, range.

disensión *f.* dissension, disagreement, discord. *Disensiones,* feud(s), quarrel(s).

diseñar *v.t.* to draw, to design, to sketch.

diseño *m.* 1 *(motivos)* design, pattern. *Diseño de sistemas (de información)* (information) systems design. 2 drawing, draft. *Diseño a escala,* drawing to scale.

diseño de aparadores, window-dressing.

diseño industrial, industrial design; drafting.

disgusto *m.* disappointment; setback. *Disgustos,* setbacks, difficulties.

disidente *mf.* dissenter.

disimulación *f.* dissimulation, concealment.

disimular *v.t.* to conceal, to hyde.

disipar *v.t.* 1 to clear up. *Disipar un malentendido,* to clear up a misunderstanding. 2 to squander, to waste, to spend.

dislocación *f.* dislocation, disruption, dismemberment.

dislocar *v.t.* to dislocate, to dismember.

disminución *f.* 1 *(espontánea)* decrease, drop, fall; loss. *Disminución de la producción,* decrease in production/output. *Disminución del capital,* capital decumulation. *Disminución de los beneficios,* drop in profits, dwindling of profits. *Disminución de valor,* decrease in value. 2 *(voluntaria)* cut, curtailment. *Disminución de gastos,* curtailment of expenses. *Disminución de salarios,* wage cuts. 3 *(rebaja, descuento)* reduction, rebate, allowance. 4 *(ingresos, etc.)* decline, contraction; fall, drop, decrease.

disminuir *v.t.* to reduce, to cut (down), to curtail, to lessen; to diminish, to go down, to fall off, to sag, to ease. *Disminuir (los gastos)* to cut, to cut down, to trim, to curtail, to cut back. *Disminuir el nivel de personal,* to lay-off, to make workers redundant, to cut the payroll.

disminuir *v.i.* to decrease, to fall off, to drop, to decline, to go down, to dwindle, to shrink, to run down, to lessen.

disolución *f.* dissolution, breaking up, winding up. *Disolución de una sociedad,* winding up of a company. *Disolución de una sociedad en nombre colectivo,* breaking up of a partnership.

disolver *v.t.* to dissolve, to bring to an end, to break up, to wind up.

disparatado *adj.* dissimilar, uneven.

disparidad *f.* disparity, gap. *Disparidad de nivel tecnológico,* technological gap. *Disparidad de salarios,* disparity in wage rates.

dispensa *f.* exemption, waiver. *Dispensa de edad,* waiver of age limit(s).

dispensar *v.t.* to exempt, to exonerate.

dispersión *f.* dispersion, scatter, scattering, spread. *Coeficiente de dispersión,* scatter coefficient. *Diagrama de dispersión,* scatter diagram.

disperso, a *adj.* scattered.

disponer *v.t.* 1 to lay out, to display, to arrange. 2 FIN.: to draw. *Disponer un cheque sobre un banco,* to draw a check (cheque) on a bank.

disponer *v.i.* 1 to have at one's disposal. *Disponemos de una gran variedad de productos,* we can offer a wide range of products. 2 JUR.: *(prever)* to provide for. 3 FIN.: to draw. *Disponer fondos de una cuenta por medio de cheque,* to draw on an account by check (GB cheque). 4 *(vender)* disponer de mercancías, to sell goods, (EU) to move goods. *Disponer de inventarios,* to dispose of, to get rid of stocks, of inventories.

disponibilidad *f.* 1 availability. *Disponibilidad de capitales,* availability of capital. *Disponibilidad de efectivo,* cash availability. *No disponibilidad,* non-availability. 2 **disponibilidades** *f. pl.* FIN.: disposable funds, available assets, liquid assets; CONTAB.: quick assets; *(acciones)* available stocks. *Disponibilidades monetarias,* money supply.

disponible *m.* disposable. *Cotización del disponible,* spot price, price ex store. *Cotización oficial del disponible,* official spot quotation. *Fondos disponibles,* disposable assets, disposable funds, liquid assets, spot. *Ingreso disponible,* disposable income. *Mercado del disponible,* mercado al contado, spot market. *Superávit disponible,* disposable surplus.

disponible *adj.* available. *Activo disponible,* available assets, quick assets. *Activo realizable y disponible,* current assets. *Capital disponible,* available funds, circulating capital. *Dinero disponible,* money in hand. *Fondos disponibles,* liquid. *Fondos disponibles a la vista,* funds available at sight. *No disponible,* unavailable. *Saldo disponible,* available balance.

disposición *f.* 1 disposal. *Poner a la disposición de,* to place at the disposal of. *Quedamos a su entera disposición,* we remain entirely at your disposal. *Tener a la disposición de,* to hold at the disposal of. 2 *(fondos)* aviso de disposición, advice of draft. *Disposición a la vista,* sight draft. *Disposiciones a la vista,* drawings on an account. 3 *(cláusula, estipulación)* disposiciones de una ley, provisions of an act. *Estipulaciones de un testamento,* clauses of a will. *Salvo disposición en contrario,* except/unless/otherwise stipulated. 4 BOLSA: tone, trend. *Disposición del mercado,* tone of the market. 5 *(de los locales, de una carta)* layout.

dispositivo *m.* device, apparatus, system; framework. JUR.: enacting terms.

dispuesto, a *adj.* ready; prepared. *Dispuesto a,* prepared to, ready to, willing to. *Estamos dispuestos a concederles una reducción,* we are prepared to grant you a discount. *Mercado bien dispuesto,* buoyant market.

disputa *f.* dispute, difference, disagreement, contestation; *(contexto social, político, etc.)* disent. *Resolver/arreglar una disputa,* to settle a dispute.

disquette *f.* diskette, floppy disk.

distancia *f.* distance. *Control a distancia,* control remoto, remote control. *Distancia de transporte,* length of haul. *Flete proporcional a la distancia,* freight prorata.

distanciar *v.t.* to outdistance, to outrun, to outstrip. *Dejarse distanciar,* to fall behind.

distante *adj.* distant; remote; far (away).

distinción *f.* distinction; reward.

distinguir *v.t.* to distinguish, to differentiate, to discriminate (de, from).

distinto, a *adj.* distinct, separate.

distorsión *f.* distortion, bias. *Sin distorsión,* unbias(s)ed.

distribución *f.* 1 distribution; marketing. *Área de distribución,* distribution area. *Distribución a gran escala,* large-scale distribution, large-scale retail(ing), volume retailing. *Distribución aleato-*

ria, random distribution. *Distribución de la rique-za,* distribution of wealth. *Distribución del ingreso nacional,* distribution of national income. *Distribución (postal) por exprés,* special delivery. *Red de distribución,* distribution/distributing network; channel(s) of trade. **2** *(acciones)* allotment. *Aviso de distribución de acciones,* letter of allotment. **3** Fin.: *distribución de efectivo,* cash distribution. **distribución de utilidades,** profits distribution.

distribuible *adj.* distributable. *Ingreso distribuible,* distributable income.

distribuido, a *adj.* distributed. *Dividendos distribuidos,* (share) dividends. *Utilidades/beneficios no distribuidos,* undistributed profit; retained/undistributed earnings.

distribuidor, a *n.* **1** distributor. *Distribuidor automático,* slot machine, dispenser, vending machine. *Distribuidor autorizado,* authorized dealer. **2** *distribuidor automático de billetes de banco,* automatic/automated cash dispenser, automatic/automated teller machine, money machine.

distribuidor, a *adj.* distributing. *Centro distribuidor,* (EU) discounter, discount house.

distribuidor exclusivo, sole agent.

distribuir *v.t.* **1** to distribute; to market; *(correos)* to deliver. **2** *(dividendos)* to distribute. *(Acciones)* to allot, to allocate. *Distribuir acciones,* to allot shares. *Distribuir en porciones,* to dole out. *Distribuir/pagar un dividendo,* to pay a dividend. **3** *distribuir en el tiempo,* to spread (over) a period; to time. *Distribuir un riesgo,* to spread a risk. **4** *(salas, etc.)* to accommodate.

distributivo, a *adj.* distributive.

distrito *m.* district, area. *Distrito federal,* (EU) Federal District.

divergencia *f.* **1** divergence, discrepancy; departure *(con relación a,* from). **2** *diferencias* (of opinion), disagreement.

divergir *v.i.* **1** to diverge; to depart *(con relación a,* from). **2** *(opiniones)* to take divergent views on, to differ.

diversidad *f.* diversity, variety.

diversificación *f.* diversification. *Diversificación de productos,* product diversification. *Estrategia de diversificación,* diversification strategy.

diversificar *v.t.* e *i.* to diversify.

diverso(s) *m. pl. Cuenta de rubros diversos,* sundries account.

diverso(s) *adj.* various, diverse, different, varied; sundry; miscellaneous. *"Anuncios diversos"* *(pequeños anuncios, periódicos),* "miscellaneous". *"Asuntos diversos"* *(orden del día)* other business. *Gastos diversos,* contingencies, incidental expenses, incidentals, sundry expenses, sundries. *Hechos diversos, noticias diversas,* news item.

dividendo *m.* Fin.: dividend. *Aprobar un dividendo del 3 por ciento,* to pass a dividend of 3 per cent. *Declarar un dividendo,* to declare a dividend. *Dividendos distribuidos,* share dividends. *Dividendos suplementarios,* bonus of shares. *Ex-dividendo,* ex-dividend. *Pago de dividendos sobre el capital,* payment of dividends out of capital.

dividendos acumulados, accumulated/accrued dividends.

dividendos acumulativos, accumulative dividends.

dividendos comunes, common dividends.

dividendos de capital, capital dividends.

dividendos decretados, declared dividends.

dividendos de liquidación, liquidating dividends.

dividendos en acciones, stock dividends.

dividendos en efectivo, cash dividends.

dividendos por cobrar, dividends receivable.

dividendos por pagar, dividends payable.

dividendos preferentes, preferred dividends.

dividendos regulares, regular dividends.

dividido, a *adj.* divided, split. *Los sindicatos se encuentran divididos en torno a esta cuestión,* the unions are split over this issue. *No dividido,* undivided. *Responsabilidad dividida/individual,* several liability.

dividir *v.t.* **1** to divide, to split (up); to come to a division. *Dividir en dos,* to halve. **2** *dividir en lotes,* to divide into lots/parcels/batches, to develop. *Dividir un terreno para construcción,* to parcel out a building site; to sort out, to parcel out. **3** *dividir el voto de uno,* to split (up) one's vote. **4** *(diferencias de opiniones)* to divide, to split. *El Consejo se encuentra dividido con relación a este tema,* The Board is split on the issue. **5** *(tareas)* to divide, to share out.

divisa *f.* currency, exchange. *Compra y venta de divisas,* purchase and sale of exchange. *Asignaciones de divisas extranjeras,* foreign currency allowance. *Divisas a plazo,* forward exchange. *Divisas al contado,* spot exchange. *Documentos (denominados) en divisas extranjeras,* bill in foreign currency. *Patrón oro de divisas,* gold exchange standard. *Mercado de divisas extranjeras,* foreign exchange market. *Reserva en divisas,* foreign exchange reserve.

divisibilidad *f.* divisibility.

divisible *adj.* divisible.

división *f.* distribution; allotment; apportionment. *División administrativa/departamento administrativo,* management department. *División/partición de acciones,* stock split. **1** division. *División del trabajo,* division of labor (GB Labour). **2** branch, department. **3** *(escisión)* split, rift. **4** *división en lotes,* parcelling out, sorting out, allotment, apportionment (of estate); *(zona sujeta a construcción)* building plot, housing development, housing estate; *(zonas)* partitioning.

divisionario *adj.* divisional.

división de funciones, division of functions.

división del trabajo, division of labor.

divisor *m.* divisor. *Divisor común,* greatest common factor.

divorciar *v.t.* to divorce; to get a divorce.

divorcio *m.* divorce. *Entablar un proceso de divorcio,* to start divorce proceedings. *Pedir el divorcio,* to seek a divorce.

divulgación *f.* popularizing, disclosure.

divulgador, a *n.* popularizer.

divulgar *v.t.* **1** to disclose. *(Indiscreción, fuga de información)* to leak out. **2** to popularize.

doblaje *m.* *(filmes)* dubbing.

doblar *v.t.* **1** to double. **2** CINE: to dub. **3** *(vehículos)* (EU) to pass, to overtake. **4** *(cartas, etc.)* to fold; to bend.

doble *adj.* *(duplicado)* double, duplicate. *Doble empleo,* duplication. *Doble estándar,* double standard. *Doble imposición fiscal,* double taxation. *Doble opción,* put and call. *Doble prima,* double option, put and call. *(Hecho por) doble ejemplar,* (made in) duplicate. *Partida doble,* double entry.

docena *f.* dozen. *Media docena,* half a dozen. *Trece por docena,* thirteen to the dozen, a baker's dozen.

doctrina *f.* doctrine. *Doctrina de libre cambio,* free-trade doctrine. *Doctrina económica,* economic doctrine.

documentado *p.p.* *de documentar* (ver **documentario**).

documentario *adj.* documentary. *Crédito documentario,* documentary credit. *Cuentas/ deudas documentadas,* documentary bill.

documento *m.* document. *Contado contra documentos,* cash against documents. *Documentos contra aceptación,* documents against acceptance. *Documentos contra pago,* documents against payment. *Documentos por pagar,* bills payable. *Presentar un documento,* to produce, to show, to exhibit a document.

documento contable, voucher; receipt; record.

documentos a la vista, sight-bills, bills payable at sight.

documentos comerciales, *(papel comercial)* commercial paper.

documentos de clientes, customers' notes/ bills.

documentos de crédito, bills, (promissory) notes.

documentos de embarque, bill of lading.

documentos de proveedores, suppliers' bills/notes.

documentos descontados, discounted bills.

documentos endosados, indorsed bills/notes.

documentos negociables, negotiable bills/ notes.

documentos pagaderos a la vista, bills payable on demand.

documentos por cobrar, bills/notes receivable.

documentos por pagar, bills/notes payable.

dólar *m.* dollar, greenback. *fam.* buck. *Billete de cinco dólares,* (EU) *fam.* fiver. *Mil dólares* (EU) *fam.* grand. *Zona de dólares,* dollar area.

doloroso *adj.* painful.

doméstico *adj.* domestic, internal, inland; household. *Artículos domésticos,* domestic appliances, household appliances. *Salón de Artes Domésticas,* exhibition of domestic arts, (GB) Ideal Home Exhibition. *Trabajos domésticos,* housework. *peyor.* house chores.

domiciliación *f.* domiciliation.

domiciliado, a *adj.* domiciled.

domiciliar *v.t.* to domicile.

domicilio *m.* domicile, residence. *Domicilio legal,* permanent residence. *Domicilio fiscal,* taxpayer address. *Cambio de domicilio,* change of residence. *Entregable a domicilio,* to be delivered. *Entrega gratuita a domicilio,* free delivery service; EMPRESAS: delivery free to customer's premises/buyer's premises. *Venta a domicilio,* door-to-door selling. *Violación de domicilio,* breach of domicile. *Domicilio social,* head office, registered office, headquarters.

dominación *f.* domination, leadership.

dominante *adj.* dominant, ruling, prevailing. *Economía dominante,* dominant economy. *Posición dominante,* leading position, *(monopolios, etc.)* dominant position.

dominio *m.* **1** *(sector)* field, area, sphere. *Dominio de actividad,* line of business. **2** *(bienes raíces)* estate, property. *Dominio gravado de hipotecas,* burdened estate. *Dominio público,* public property. *Los dominios públicos,* public property, property of the State. **3** dominion.

don *m.* gift; donation; grant.

donación *f.* donation, pledge. JUR.: donation, gift. *Acta de donación,* deed of gift. *Donación entre vivos,* donation intervivos, lifetime gift. *Impuesto sobre las donaciones y las sucesiones,* death and gift duties.

donador *m.* donor, grantor.

donante *mf.* donor. *Donante de una opción,* taker for a put and a call. *Donante de un aval,* guarantor, surety.

donatario *m.* donee; granter.

donativo *m.* donative, contribution, donation.

dormir *v.t.* **1** to sleep. **2** to remain inactive, to be idle, to be dormant. *Dinero que duerme,* idle money.

dosificado, a *adj.* proportioned; measured; dosed; blended.

dosificar *v.t.* to dose; to proportion; to measure; to blend.
dosis *f.* dosing, proportion.
dotación *f.* FIN.: **1** appropriation, allocation. *Dotación del ejercicio,* allocation for the year. **2** *(materiales, etc.)* endowment. *Dotación de capital,* capital endowment. **3** *dotación de caja,* allowance to cashier for possible errors. *Dotación en efectivo,* staffing.
dotado, a *adj.* endowed. *Bien dotado,* well endowed. ver **dotar.**
dotar *v.t.* **1** FIN.: to appropriate, to allocate. **2** *(materiales, etc.)* to endow (with), to equip (with). **3** *dotar de alguna cosa,* to provide with.
dote *f.* dowry.
Dow Jones *m.* Dow Jones. *Índice Dow Jones,* Dow Jones index, Dow Jones industrial average.
drenaje *m.* **1** drainage, draining. **2** drain. **3** *(cultivos)* reclaiming.
drenar *v.t.* to drain; to dry; *(para hacer cultivable)* to reclaim.
drástico, a *adj.* drastic. *Medidas drásticas,* drastic measures.

dudar *v.i.* to hesitate.
dudoso, a *adj.* doubtful, uncertain, dubious, bad; *(provisión para) créditos dudosos,* (provision for) bad debts.
dueño *m.* owner, proprietor, proprietary. *El dueño del negocio,* the owner of the business.
duplicación *f.* duplication.
duplicado *m.* duplicate; copy; duplication. *Hacer por duplicado,* to duplicate.
duplicadora *f.* duplicating machine, copier.
duplicar *v.t.* to duplicate, to xerox.
durabilidad *f.* durability.
durable *adj.* durable. *Bien durable,* durable. *Bienes de consumo durables,* consumer durables, durable consumer goods.
duración *f.* **1** duration. *Duración de la jornada del trabajo,* hours of work. *Duración de la vida (humana),* life span, life expectancy; *(productos)* economic life, life cycle. *Duración de un arrendamiento,* term of the lease, duration of a lease. *(Semanal)* working week. *Reducción de la duración de la jornada de trabajo,* shorter work(ing) week. **2** BOLSA: duration.
durar *v.i.* to last.

e

ebanista *mf.* cabinetmaker.

echar *v.t.* to throw, to cast. **1** *echar el cerrojo*, to lock (up), to bolt. **2** *(despedir de un empleo) echar fuera*, to fire, to oust. *Echar a la calle*, to dismiss, to sack, to fire, to oust. **3** *echar a la basura*, to scrap. **4** *echar a perder (alimentos)*, to spoil, to damage. *Echarse a perder*, to deteriorate, to go bad; to spoil. **5** *echar de menos (a una persona)*, to miss someone.

ecología *f.* ecology; conservation; environmentalism.

ecológico *adj.* ecological; environmental.

ecologista *mf.* ecologist, environmentalist; conservationist. *Los ecologistas*, the environmentalists, the green; the ecologists.

ecólogo, a *n.* ecologist.

econometría *f.* econometrics.

econométrico *adj.* econometric. *Modelo econométrico*, econometric model.

econometrista *mf.* econometrist.

economía *f.* **1** *(acción)* saving, economy. *Economía de la mano de obra*, labor-saving. *Economía de tiempo*, time-saving. *Economías de escala*, economies of scale. **2** *pl.* *(resultados)* savings *(el singular saving se emplea también en sentido económico)*. *Economías de energía*, energy savings; *(política de economía)* energy conservation. *Economizar energía*, to save energy, to conserve energy. *Hacer economías*, to save money, to curtail expenses. *Política de economía*, retrenchment policy. **3** *(economía de un país)* economy. *Economía de mercado*, (free) market economy. *Economía mixta*, mixed economy. *Economía planificada*, planned economy. *La economía está estancada*, the economy is in a slump, in the doldrums. *La economía nacional*, the nation's economy. *Los países de la economía liberal*, free-market economies. *Relanzar la economía*, to revive, to reflate the economy. **4** *(ciencia económica)* economics. *Economía de la oferta*, supply-side economics. *Economía política*, economics, political economy. *Estudiar (la) economía*, to study economics. **5** *(espíritu de economización)* thrift.

económicamente *adv.* economically.

económico *adj.* **1** *(que produce economías, rentable)* economical, inexpensive. *Automóvil económico*, economical car. *Clase económica*, economy class. *Dispositivo para ahorro del trabajo*, labor-saving, time-saving gadget. *Modelo económico*, economy size, economical

model. **2** *(que se refiere a la situación o a la ciencia económica)* economic. *Agentes económicos*, economic agents. *Ciclo económico*, economic cycle, *(medidas de) seguimiento/repunte económico*, (EU) pump priming (measures). *Ciencias económicas*, economics. *Comunidad Económica Europea*, European Economic Community. *Recuperación económica*, economic recovery, rebound, upturn, pickup. *Repunte económico*, economic revival, reflation.

economista *mf.* economist.

economizar *v.t.* to save, to economize; to spare; to conserve; to lay by. *Economizar dinero, tiempo*, to save money, time. *Economizar energía*, to save energy, to conserve energy. *Economizar recursos*, to spare resources.

ecuación *f.* equation. **1** MAT.: *ecuación de primer grado*, simple equation. *Ecuación de segundo grado*, second-degree equation. *Ecuación lineal con una incógnita*, linear equation in one unknown. *Expresar/plantear un problema en forma de ecuación*, to find the equation of a problem. *Trazar la gráfica de una ecuación*, to plot the graph of an equation. **2** CONTAB.: *ecuación/igualdad contable*, accounting equation (assets = liabilities + net worth).

edad *f.* age. **1** *categoría, clase de edad*, age group, age range. *Límite de edad*, age limit. **2** *de edad*, old. *Las personas de edad (avanzada)*, the elderly. *Personas de edad*, old people, senior citizens.

edición *f.* **1** *(actividad editorial)* publishing, publishing trade. *Casa editorial*, publishing firm, house. **2** *edición*, edition. *Edición especial*, special issue. *Edición original*, original/first edition. *Última edición*, latest edition.

edificio *m.* building, edifice, construction. *Edificios*, buildings. *Un edificio grande*, a large building.

editar *v.t.* to publish, to print, to issue.

editor *m.* publisher, publishing house, printer.

editorial *m.* PRENSA, T.V.: editorial, leading article, leader. *Publicidad editorial*, editorial advertising, editorial publicity.

editorial *adj.* editorial. *Contenido editorial*, editorial content. *Publicidad editorial*, editorial advertising.

editorialista *mf.* PRENSA: editorial writer, leader writer. T.V. program(me) editor.

educación *f.* **1** formation. **2** training, background. *Educación continua, permanente*, adult

education, continuing/continuous/further/education. *Educación en artes,* an arts background. *Educación profesional,* vocational training. **3** education, schooling, instruction. *Ministro de la educación,* (EU) Secretary of Education, (GB) Minister of Education.
educativo, a *adj.* educational. *Programa educativo,* educational program.
efectivamente *adv.* effectively, actually.
efectividad *f.* effectiveness.
efectivo *m.* cash, specie. *Conversión en efectivo,* realization. *Convertir en efectivo,* to realize, to turn into cash, to cash. *Efectivo contante y sonante,* hard money, hard cash. *Efectivo ocioso,* idle cash. *Flujo bruto de efectivo,* gross cash flow; *flujo neto de efectivo,* net cash flow. *Flujo de efectivo,* cash flow. *Pago, liquidación en efectivo,* payment, settlement in cash. *Saldo en efectivo, activos en efectivo,* cash assets.
efectivo, a *adj.* effective, actual, real; operative. *Precio de costo efectivo,* actual cost. *Valor efectivo,* actual value, real value.
efectivo en bancos, cash in bank.
efectivo en caja, cash in hand.
efecto *m.* **1** effect, consequence, result. *Tener como efecto,* to result in, to lead to. **2** operation, execution. *Decreto con efectos retroactivos,* retrospective decree. *Fecha de entrada en efecto, en vigor,* effective date. *Tomar efecto/entrar en vigor,* to come into effect, to become effective, to become operative.
efectuar *v.t.* **1** to effect, to make. *Efectuar un pago,* to effect, to make a payment. **2** to carry out, to undertake. *Efectuar pruebas,* to make tests. *Efectuar trabajos,* to undertake work. *Efectuar un estudio,* to carry out a study, a survey.
eficacia *f.* efficiency; effectiveness. *Estudio del costo y de la eficacia,* cost-effectiveness analysis.
eficaz *adj.* efficient; effective, adequate.
eficiencia *f.* efficiency. *Índice/coeficiente de eficiencia,* efficiency coefficient.
eficiente *adj.* efficient; high-performing. *Los fondos de colocaciones más eficientes,* the best-performing investment funds. *Un desempeño eficiente,* an efficient performance.
eje *m.* axis, trend; (de una campaña publicitaria) platform; (publicitario) appeal; central message.
ejecución *f.* **1** execution, carrying out, fulfillment. *En ejecución del artículo 4,* in pursuance of section 4. *Poner en ejecución,* to enforce, to implement, to carry out. *Puesta en ejecución,* enforcement, implementation. **2** Jur.: fulfillment; distraint. *Ejecución de un contrato,* fulfillment of a contract. *Ejecución de un deudor,* distraint of property. *Suspensión de la ejecución de un juicio,* stay of execution.

ejecutable *adj.* **1** Jur.: executable. *Contrato no ejecutable,* naked/nude contract. **2** (factible) practicable.
ejecutante *mf.* performer.
ejecutar *v.t.* to execute, to carry out, to fulfill, (GB) fulfil, to perform. *Ejecutar una orden,* (EU) to fill, to process an order, (GB) to make up an order. *Ejecutar un pedido,* to carry out an order, to execute an order.
ejecutivo, a *n.* executive. *(Personas)* executive; (senior) staff; (senior) officer; cadre. *Ejecutivo de nivel medio,* junior executive; middle executive. *Ejecutivos de nivel medio,* middle management.
ejecutivo, a *adj.* executive. *Oficina ejecutiva,* executive committee. *Poderes ejecutivos,* executive powers. *Ejecutivos, pl.* executives, senior staff.
ejecutivo (de nivel) superior, senior executive, top executive. *Los ejecutivos superiores,* top management.
ejecutor, a *n.* executor, *fem.* executrix. *Ejecutor testamentario,* executor; executrix.
ejecutoria *f.* sentence, veredict, judgment.
ejecutorio, a *adj.* enforceable, executory. *Juicio ejecutorio,* enforceable judgement.
ejemplar *m.* **1** (libros, etc.) copy. *Hacer en dos ejemplares, hacer por duplicado,* to duplicate. **2** specimen. **3** *adj.* exemplary, ideal. *Un ciudadano ejemplar,* an exemplary citizen.
ejemplo *m.* example, instance, illustration. *Dar un ejemplo, ejemplificar,* to give an example. *Por ejemplo,* for instance.
ejercer *v.t.* to exercise, to exert. *Ejercer el derecho de denuncia,* to undertake proceedings. *Ejercer el poder, una autoridad, etc.* to wield. *Ejercer/tomar represalias,* to retaliate. *Ejercer un derecho,* to exercise a right. *Ejercer un recurso,* to make a claim against someone.
ejercicio *m.* **1** fiscal year, trading year, financial year. *Ejercicio contable,* accounting period. *Ejercicio de 1996,* fiscal 1996. *Ejercicio financiero,* trading year, financial year. *Ejercicio presupuestal,* fiscal year. *Ejercicio transcurrido,* year under review, last fiscal year. **2** exercise. *Abogado en ejercicio,* practicing lawyer. *En ejercicio de sus funciones,* in the discharge of his duties. Contab.: *independencia de los ejercicios, principio de periodo contable,* matching principle. *Ejercicio de una opción,* exercise of an option.
ejercicio contable, accounting year, accounting period.
ejercicio fiscal, taxable year. *Ejercicio fiscal irregular,* short taxable year.
ejercitar *v.t.* to exercise.
ejército *m.* army.
ejidatario *m.* land possessor.
ejido *m.* public land.

elaboración *f.* elaboration, design, development; formulation.

elaborado, a *adj.* elaborate, sophisticated; processed. *Productos alimenticios elaborados,* processed foodstuffs.

elaborar *v.t.* to elaborate, to work out, to formulate, to design, to develop. *Elaborar nuevos métodos de producción,* to develop new production methods. *Elaborar propuestas,* to work out proposals.

elasticidad *f.* elasticity, resilience; *elasticidad de la demanda,* elasticity of demand. *Elasticidad del mercado,* market elasticity.

elástico *adj.* elastic, resilient.

elección *f.* **1** election. *Elecciones legislativas,* (EU) Congressional election, (GB) parliamentary election. *Elecciones nacionales,* general election. *Elecciones primarias,* primary election(s). **2** *hacer una elección,* to elect, to select, to choose.

electivo, a *adj.* elective.

electo, a *adj.* elect.

elector, a *n.* elector.

electorado *m.* electorate, voters, constituency, constituents. *Electorado de base,* grassroots.

electoral *adj.* electoral. *Año electoral,* election year. *Campaña electoral,* election campaign. *Circunscripción electoral,* (EU) precinct; constituency. *Fraude electoral,* election fraud; cheating; *(trucaje)* election rigging. *Programa electoral,* election platform. *Promesa electoral,* election pledge. *Triunfo electoral contundente,* landslide.

electricidad *f.* electricity.

electricista *mf.* electrician.

eléctrico, a *adj.* *(focos, corriente, baterías)* electric (bulb, current, battery). **1** *central eléctrica,* power station, power plant, electricity works. *Energía eléctrica,* electric power. **2** electrical. *Aparatos eléctricos,* electrical appliances. *Construcción eléctrica,* electrical engineering.

electrificación *f.* electrification.

electrificar *v.t.* to electrify.

electrodoméstico, a *adj.* *Aparatos electrodomésticos,* household appliances, electrical and domestic appliances.

electromecánico, a *adj.* electromechanical. *Planta electromecánica,* electromechanical plant.

electrónica *f.* electronics.

electrónico, a *adj.* electronic. *Calculadora electrónica,* electronic computer, electronic calculator. *Cálculo electrónico,* electronic computation. *Hoja electrónica,* spread sheet. *Pago electrónico,* electronic payment. *Transmisión electrónica de datos,* telematics, electronic data transmission.

elegibilidad *f.* eligibility.

elegible *adj.* eligible. *Eligible para retiro/pensión,* eligible for retirement.

elegido, a *adj.* elect.

elegir *v.t.* to choose, to select, to pick, to elect; (GB), *(en el parlamento)* to return.

elemental *adj.* elementary; easy.

elemento *m.* element, factor, component, unit, item. *Elementos constitutivos del precio de costo,* elements of cost. *Elemento de tiempo,* time element. *Elementos de un crédito mercantil,* goodwill.

elevación *f.* elevation, rise.

elevado, a *adj.* high, large. *Artículos de precio elevado,* (EU) big-ticket items. *De un precio elevado,* highly-priced, expensive. *Dinero solicitado en préstamo a una tasa elevada,* high money.

elevador *m.* elevator, lift.

elevar(se) *v. pr.* **1** to rise, to increase. **2** to amount to, to reach, to run up to, to add up to. *Elevarse en promedio a,* to average. *El saldo se eleva a,* the balance stands at. *Los activos se elevan a,* the assets add up to. **3** *(precios)* to soar, to flare (up).

eliminación *f.* elimination.

eliminar *v.t.* to eliminate, to clear, to rid, to get rid of, to do away with.

elipse *f.* ellipse.

elíptico *adj.* elliptical.

elogio *m.* encomium, panegyric.

eludir *v.t.* to evade.

emanar *v.i.* to emanate *(de,* from). *Documentos emitidos por/emanados de,* documents issued by.

emancipación *f.* emancipation.

embajada *f.* embassy.

embajador *m.* ambassador.

embajadora *f.* ambassadress.

embalador, a *n.* packer.

embalaje *m.* **1** *(acción)* packing, wrapping, packaging. *Gastos de embalaje,* packing expenses. *Lista de embalaje,* packing list. **2** package, packing. *Embalaje consignado,* returnable packing. *Embalaje ficticio,* dummy pack, display package. *Embalaje incluido,* packing included. *Embalaje no incluido,* packing extra. *Embalaje no retornable,* non returnable packing, one-way package, throw-away package. *Embalaje original,* original packing. *Embalaje retornable,* packing to be returned. *Embalajes vacíos,* empties. *Franco de embalaje,* packing free.

embalar *v.t.* to pack (up), to wrap (up). *Embalar mercancías,* to pack goods.

embarazada *adj.* *(encinta)* pregnant.

embarazo *m.* **1** embarrassment, unease, disconfort. **2** pregnancy.

embarcación *f.* **1** ship, boat, craft. **2** *(embarque)* embarkation.

embarcadero *m.* wharf, quay; landing stage; *(estación)* platform.

embarcado *adj.* embarked, loaded; on board.

embarcar *v.t.* **1** *(pasajeros)* to embark; *(aviones)* to board. **2** *(mercancías)* to embark, to load, to lade, to ship; *(trenes)* to entrain.

embarco *m.* **1** *(pasajeros)* embarkation. **2** *(mercancías)* shipment.

embargable *adj.* attachable *(ingresos)*, distrainable *(mercancías)*.

embargado *p.p.* de embargar, persona embargada, Jur.: distrainee.

embargar *v.t.* **1** Jur.: to seize, to attach *(bienes muebles)*, to distrain upon *(mercancías)*. **2** to sequester. **3** to lay the embargo on, to forbid the sale of.

embargo *m.* **1** seizure, distraint, attachment, distress. *Ejecución por embargo de bienes muebles*, execution, distress. *Embargo de terceros*, garnishment, attachment. *Embargo inmobiliario*, seizure, attachment of real property. *Embargo sobre bienes muebles*, seizure of movable property. *Levantar el embargo*, to withdraw the seizure. *Levantar el embargo contra*, to raise/lift the embargo on. *Operar un embargo*, to levy a distress. **2** *notificación de embargo de terceros*, garnishment. **3** *embargo sobre el salario*, retention on wages, distress on salary, garnishment. **4** *embargo de bienes*, distress.

embarque *m.* **1** *(objetos, envíos, bultos, etc.)* consignment, shipment, parcel, packet, lading. *Embarque a título de ensayo*, goods sent on trial. *Embarque libre de franqueo*, post-free parcel. *Embarque registrado*, registered packet/letter. **2** *(pasajeros)* embarking; embarkation; *(aviones)* boarding. *Carta de embarque*, boarding pass. *Permiso de embarque*, shipping note. *Puerto de embarque*, port of embarkation, port of lading.

embarque colectivo, collective shipment.

embarrilar *v.t.* to barrel.

embaucamiento *m.* deception.

embaucar *v.t.* to deceive, to take in.

embestida *f.* binge, spree. *Embestida navideña sobre las tiendas*, Christmas shopping spree.

embestir *v.t.* to attack, to assail, to rush (against).

embocadura *f.* narrow access, entrance.

embodegamiento *m.* storing.

embodegar *v.t.* to stockpile, to store.

embolsar *v.t.* to put into one's pocket; to reimburse, to refund.

embotellado, a *adj.* **1** intricate, confused, involved. **2** bottled.

embotellamiento *m.* **1** bottleneck, congestion; *(circulación)* traffic jam; *(en la carretera)* tailback (of traffic). **2** *(poner en una botella)* bottling.

embotellar *v.t.* to bottle.

embudo *m.* funnel.

emergencia *f.* emergency.

emergente *adj.* emergent.

emerger *v.i.* to emerge.

emigración *f.* emigration, migration.

emigrado, a *n.* emigrant.

emigrante *mf.* emigrant, migrant; *adj.* emigrating.

emigrar *v.i.* to emigrate, to migrate.

emisión *f.* **1** issue, issuing, (EU) issuance; *(de un préstamo)* flotation. *Emisión de obligaciones*, bond issue. *Emisión de un certificado de depósito*, issuing of a warehouse warrant; securing (goods) by warrant. *Emisión por arriba de la par*, issue below par. *Garantizar una emisión*, to underwrite an issue. *Precio de emisión*, rate of issue, issue price, issuing price. *Prima de emisión*, share premium. **2** Radio, T.V.: program(me), broadcast; T.V.: show; transmission. *Emisión de variedades*, variety show. *Emisión diferida*, (pre)recorded program(me). *Emisión en directo, en vivo*, live broadcast, live transmission. **3** *(contaminación)* effluence. *Emisiones nocivas*, toxic/noxious fumes.

emisión de acciones, stock issue.

emisión de bonos, bond issue.

emisor *m.* issuer. *(radio, etc.)* transmitter. *Estación emisora de televisión*, T.V. broadcasting station.

emisor, a *n.* *(radio)* broadcasting station.

emisor, a *adj.* issuing. *Banco emisor*, issuing bank. *Estación emisora*, transmitting station; broadcasting station. *Sociedad/empresa emisora*, issuing company.

emitido, a *adj.* issued.

emitir *v.t.* e *i.* **1** Radio, T.V.: to broadcast. **2** Fin.: to issue, to float. *Emitir acciones a la par*, to issue shares at par. *Emitir un cheque*, to issue a check (GB, cheque). *Emitir un nuevo billete*, to put a new bank bill into circulation. *Emitir un préstamo*, to float a loan. **3** *(mercancías)* emitir un certificado de depósito*, to issue a warehouse warrant (for goods); to secure (goods) by warrant.

emolumento *m.* benefit, advantage. *Emolumentos*, salary, pay, compensation.

empacador, a *n.* y *adj.* packing. *Compañía empacadora*, packing company.

empacamiento *m.* packing, packaging, wrapping.

empacar *v.t.* to pack.

empalme *m.* siding, junction.

empaque *m.* **1** *(acción de empacar)* packing, wrapping, packaging. *Gastos de empaque*, packing expenses. *Lista de empaques*, packing list. **2** package, packing. *Empaque ficticio*, dummy pack, display package. *Empaque incluido*, packing included. *Empaque no incluido*, packing extra. *Empaque no retornable*, non-returnable packing/empty, one-way packing, packing included, non returnable packing, one-way package, throw-away package. *Empaque original*,

original packing. *Empaque retornable,* packing to be returned. 3 *(de un producto)* packaging, get-up. 4 pack, pack-saddle.
empaquetado *m.* packing, parceling.
empaquetador, a *n.* packer.
empaquetamiento *m.* packing.
empaquetar *v.t.* to pack.
emparafinar *v.t.* to paraffin.
emparejar *v.t.* to level, to match, to equalize.
empastar *v.t. (un diente)* to stop, to fill; *(un libro)* to bind.
empatar *v.i.* to be (in) a tie.
empate *m.* tie, draw.
empeñado *adj.* 1 *(cedido en prenda)* pledged. 2 persistent, tenacious.
empeñante *mf.* pledger, pawner, lienee.
empeñar *v.t. (empeñar una prenda)* to pawn, to pledge, to secure, (EU) to hock.
empeño *m.* 1 *(acto de empeñar una prenda)* pawning, pledging. 2 persistence, perseverance.
empeoramiento *m.* worsening, deterioration.
empeorar *v.i.* to worsen, to get worse.
empezar *v.t.* to begin, to start, to commence. *Empezar un trabajo, una tarea,* to begin a task.
empíricamente *adv.* empirically.
empírico *adj.* empirical. *Evaluación empírica,* rule-of-thumb, evaluation.
empirismo *m.* empiricism.
emplazamiento *m.* 1 *(lugares)* site, space, location, situation. 2 *(emplazamiento de un juicio)* garnishment.
emplazar *v.t.* JUR.: to summon.
empleable *adj.* 1 *(personas)* employable. 2 *(objetos)* usable.
empleado, a *n.* employee. *Empleado dedicado a la teneduría de libros,* book-keeper. *Empleado de gasolinera,* pump assistant, (pump) attendant; service/station attendant. *Empleado de la corte,* clerk of the court. *Empleado de oficina,* clerk, clerical-worker, white-collar worker. *Empleado de papelería,* stationary clerk *(Responsable de los suministros de oficina).* *Empleado de una tienda,* (EU) sales clerk, salesperson, sales assistant.
empleado, a *adj.* 1 *(personas)* employed. *Empleado de confianza,* key employee. *Empleado de planta,* salaried employee. *Empleado eventual,* part-timer. *Empleado modelo,* model employee. *Empleado ordinario,* regular employee. *Empleado público,* government employee. 2 *(objetos)* used, in use.
empleador, a *n.* employer.
emplear *v.t.* 1 *(utilizar)* to use, to employ, to utilize. 2 *(personas)* to employ.
empleo *m.* 1 employment, position, job. *Buscar un empleo,* to look for a job, to look for work. *Demanda de empleos,* application for a job, job application. "*Demandas de empleos*" *(anuncios clasificados),* "situations wanted". *Empleo calificado,* skilled job. *Empleo vitalicio,* lifetime employment. *Las solicitudes de empleo aumentaron en un 2 por ciento en el mes de octubre,* the number of job-seekers has increased by 2 per cent in October. *Oferta de empleo,* job offer. "*Ofertas de empleo*" *(anuncios clasificados),* "situations vacant". *Persona en busca de empleo,* job-seeker, unemployed person. *Pleno empleo,* full employment. *Política de pleno empleo,* full employment policy. *Programas de creación de empleos,* job creation program(me)s. *Seguridad en el empleo,* job security. *Sin empleo,* unemployed, jobless, out of work, out of a job. *Solicitantes de empleo,* job seekers, registered applicants for work. *Solicitar un empleo,* to apply for a job. *Tener un empleo, (estar actualmente empleado),* to be in a job; to hold/have a job. 2 use, employment, appropriation. *Doble empleo,* duplication, overlapping. *Empleo de los recursos financieros,* appropriation, earmarking of financial resources. *Hacer un doble empleo con,* to duplicate with. *Modo de empleo,* directions for use, instructions for use, operating instructions, instructions booklet.
emplomado *adj.* that is covered with lead, leaded.
emplomar *v.t.* to lead; to cover with lead; to plumb.
empobrecedor, a *adj.* impoverishing.
empobrecer *v.t.* to impoverish, to make/become poor.
empobrecimiento *m.* impoverishment, pauperization. *Línea de empobrecimiento,* poverty line.
emporio *m.* emporium.
empotrado, a *adj.* embedded, fixed, rooted.
empotrar *v.t.* to embed, to implant.
emprendedor *adj.* enterprising.
emprender *v.t.* to undertake. *Emprender la toma de una serie de medidas,* to take/to initiate steps. *Emprender uno su retiro,* to retire; *(dimitir)* to resign.
empresa *f.* 1 enterprise. *La empresa privada,* free enterprise, private enterprise. *La libre empresa,* free enterprise. *(Espíritu de empresa)* entrepreneurship. 2 firm, concern, business, company, concern, venture, undertaking. *Adquiriente de empresas,* acquirer (of ailing firms). *Comité de empresa/empresarial,* works committee. *Creación de empresas,* new business creation, business formation. *Creación de una empresa,* setting up a business. *Empresa comercial,* business firm, business concern. *Empresa de mudanzas,* removal contractors. *Empresa de servicios públicos,* public utility, (EU) utility. *Empresa de ventas por correspondencia,* mail order firm, mail order business. *Empresa en dificultades,* ailing firm. *Empresa en participación común,* joint

venture. *Empresa privada*, private company. *Empresas pequeñas y medianas, (P.M.E.)* small and medium-sized firms. *Empresas privadas*, private firms, private enterprise. *Empresas públicas*, public organizations, public corporations. *Gestión, planificación, estrategia de empresas*, corporate management, planning, strategy. *Hombre de empresa*, businessman, manager, entrepreneur. *Jefe de empresa*, head of business, head of firm, entrepreneur, manager. *Juego de empresas*, business games.

empresa administrada por el estado, state-run firm, state-controlled firm.

empresa conjunta (o **empresa en participación**), joint venture.

empresa de consultoría, consulting firm.

empresa de manufactura, manufacturing business, company.

empresa de negocios (o **empresa comercial**), business company, business concern.

empresa de servicios (públicos), public utilities.

empresa extranjera, foreign company.

empresa industrial, industrial company.

empresa internacional, international company.

empresa nacional, domestic company.

empresariado *m.* patronage.

empresarial *adj.* entrepreneurial.

empresario *m. (hombre de empresa)* entrepreneur. *Empresario de funerales,* (EU) mortician, undertaker. *Empresario de transportes,* haulage contractor, carrier. *Empresario de transportes públicos,* common carrier.

empréstito *m.* loan, credit.

empujar *v.t.* to push, to shove, to force.

empuje *m.* push; thrust.

empujón *m.* violent push/thrust.

enajenable *adj.* alienable; salable.

enajenación *f.* alienation; sale.

enajenado *adj.* alienated; sold.

enajenador, a *n.* seller.

encabezado *m.* heading; title; name. *Encabezado de una carta,* letter-head. *(diarios, etc.)* headline, heading. PRENSA: *aparecer en los encabezados,* to hit the headlines.

encabezamiento *m.* headline; title.

encabezar *v.t. (una lista)* first, at the top, top of the list.

encajamiento (o **encaje**) *m. (acto de poner un objeto/mercancías en una caja)* encasing, boxing.

encajar *v.t. (poner mercancías en una caja)* to encase, to box.

encajetillar *v.t.* to packet.

encaminar *v.t.* to guide, to direct.

encarcelamiento *m.* imprisonment, incarceration. *Encarcelamiento por deudas,* imprisonment for debts.

encarcelar *v.t.* to imprison, to incarcerate, to put in prison.

encarecedor *m.* outbidder.

encarecer *v.t.* 1 *(aumentar de precio)* to increase, (EU) to hike prices, to raise, to increase the price of, to get dearer. 2 to rise, to increase in price; to go up.

encarecer(se) *v. pr.* to become none expensive.

encarecimiento *m.* 1 increase/rise/advance in price, rise in cost. *El encarecimiento del costo de la vida,* the increasing cost of living. 2 rarefaction, scarcity.

encargado, a *n.* clerk, agent, official, officer, operator. *Encargado de la correspondencia,* correspondence clerk.

encargado de facturas, invoice clerk.

encargado de inventarios, inventory clerk.

encargado de negocios, chargé d'affaires, ambassador's deputy.

encargar *v.t. (a alguien que haga alguna cosa),* to instruct somebody to do something; to entrust somebody with (doing) something, to charge somebody to do something, to commission somebody, to put somebody in charge of something, to assign somebody to do something.

encargar(se) *v. pr. (de alguna cosa)* to take care of something, to attend to something, to look after something, to deal with something.

encargo *m.* 1 commission, entrustment. 2 *(pedido)* order.

encarpetar *v.t.* to put in a file.

encarte *m.* insert.

encauzar *v.t.* to channel; to route; to stem.

encendedor *m.* lighter.

encender *v.t.* 1 to ignite, to burn. 2 to turn on, to switch on.

encendido *p.p.* de encender. *La luz está encendida,* the light is on.

encerar *v.t.* to wax, to polish.

encerrar *v.t. (en un círculo)* to hoop; to bind.

enchufar *v.t.* to plug in.

enchufe *m.* socket; socket joint; plug.

encierro *m.* 1 *(ganado)* penning, enclosing. 2 *(borregos)* folding.

encoger(se) *v. pr.* to shrink, to dwindle, to decrease. *La desviación se está encogiendo, se está estrechando,* the gap is narrowing.

encogimiento *m.* shrinking, dwindling, decrease, narrowing (of gap).

encomendar *v.t.* to intrust.

encomienda *f.* commission, entrustment, charge.

encontrar *v.t.* to find. *Lo encuentro difícil,* I find it difficult.

encrucijada *f.* crossroads, intersection.

encuadernación *f.* TIPOGR.: binding, pagesetting.

encuadernar *v.t.* to bind.

encubridor, a *n.* concealer.

encubrimiento *m.* concealment.
encubrir *v.t.* to conceal, to mask.
encuentro *m.* encounter, meeting, date.
encuesta *f.* inquiry, investigation; *(muerte violenta o sospechosa)* inquest; survey, study. *Comisión de encuestas,* investigating committee, board of inquiry. *Encuesta de campo,* field survey, field study. *Encuesta de opinión,* opinion poll/survey. *Encuesta por sondeo,* sample survey. *Encuesta por sondeo de la opinión pública,* opinion survey, opinion poll. *Hacer una encuesta,* to carry out/to conduct a survey; to investigate, to make inquires into. *Ordenar una encuesta,* to commission a survey.
encuestador, a *n.* investigator, field investigator, interviewer.
encuestar *v.t. (hacer una encuesta)* to inquire into, to investigate.
enderezamiento *m.* straightening.
enderezar(se) *v. pr.* to straighten; *(economía, empresas)* to recover, to turn around. *Enderezar una empresa,* to turn a firm around.
endeudado *adj.* indebted, liable, debt-laden. *Estoy endeudado con usted por 1,000 dólares de los Estados Unidos,* I owe you 1,000 US dollars. *Estoy muy endeudado con usted por esta atención,* I am indebted to you for this address.
endeudamiento *m.* indebtedness; debt load; debt burden. *Costo del endeudamiento,* cost of borrowed capital. *Endeudamiento mutuo,* mutual indebtedness.
endeudar(se) *v. pr.* to run into debt, to get into debt, to run into the red; *(contratar una deuda, solicitar un préstamo)* to borrow.
endosable *adj.* indorsable, endorsable. *Documentos endosables,* indorsable bills.
endosante *mf.* indorser, endorser.
endosar *v.t.* to indorse, to endorse, to back. *Endosar un cheque,* to indorse/endorse a check (GB, cheque). *Endosar un documento de crédito,* to indorse/back a bill.
endosatario, a *n.* indorsee/endorsee.
endoso *m.* indorsement/endorsement. *Endoso bancario,* bank indorsement. *Endoso condicionado,* conditional indorsement. *Endoso en blanco,* blank indorsement/endorsement. *Transmisible por endoso,* transferable by indorsement/endorsement.
endurecer(se) *v. pr.* **1** *(precios)* to harden, to stiffen. **2** *(reglamentaciones, etc.)* to tighten, to stiffen.
endurecimiento *m.* hardening.
enemigo *m.* enemy, foe.
energético *adj.* energetic; energy. *Recursos energéticos,* energy resources; power supply.
energía *f.* energy. *Fuente de energía,* power source. *Medidas para economizar energía,* energy-saving measures.

enérgico *adj.* energetic.
enfatizar *v.t.* to highlight, to focus on, to emphasize. *Estar enfatizado,* to be emphasized, to be in the limelight.
enfermedad *f.* illness, sickness, disease. *Enfermedad profesional,* occupational disease. *Permiso de ausencia por enfermedad,* sick leave. *Seguro contra enfermedades,* sickness insurance. *Seguro por enfermedad,* sickness benefit.
enfermera *f.* nurse.
enfermería *f.* infirmary.
enfermizo *adj.* infirm, sickly, weak.
enfermo, a *adj.* sick; ill; *(empresa)* ailing.
enfitéutico *adj.* emphyteutic, emphyteutical. *Arrendamiento enfitéutico,* long lease, (ninety-nine year) building lease.
enfocar *v.t.* to approach; to analyze.
enfoque *m.* approach, analysis. *El enfoque científico,* the scientific approach.
enfrentamiento *m.* confrontation.
enfrentar *v.t.* to face, to confront. *Enfrentar un desafío,* to meet a challenge.
enfrentar algo por sí mismo, *loc.* to go it alone.
enfrentar(se) *v. pr.* enfrentarse contra, to encounter, to come up against, to meet with (difficulties).
enganchar *v.t.* to hook. *(Clientela)* to tout for.
enganche *m.* down payment.
engañar *v.t.* to deceive, to mislead, to cheat, to con.
engañarse a sí mismo, to deceive oneself.
engaño *m.* deception, fraud, cheating.
engañoso, a *adj.* misleading, deceptive. *Publicidad engañosa,* misleading/deceptive advertising.
engendrar *v.t.* to generate, to create.
engentado, a *adj.* crowded, packed, crammed. (EU) mobbed; *(calles, etc.)* thronged.
englobar *v.t.* **1** to include. **2** to absorb, to merge.
engordar *v.t. (sentido económico)* to increase, to grow, to swell.
engorroso, a *adj.* troublesome. *Una tarea engorrosa,* a troublesome task.
engrandecer *v.t.* to enlarge, to increase, to aggrandize.
engrapadora (o engrampadora) *f.* stapling machine.
engrapar (o engrampar) *v.t.* to staple; to attach.
enjuiciamiento *m.* act of bringing a legal action against.
enjuiciar *v.t.* to bring a legal action against.
enlace *m.* connection, link, tie, bond; connecting, linking, tying; joining; liaison. *Enlace aéreo,* (air-)service.
enlatado *m.* canning. *Enlatado automático,* automatic canning.
enlatador *m.* canner.

enlatar *v.t.* to can.

enlazar *v.t.* to link, to join, to connect.

enmaderar *v.t.* to plank, to wood.

enmaderado *adj.* wooded.

enmallado *m.* netting; linkage; networking.

enmallar *v.t.* to net; to link, to connect.

enmendable *adj.* emendable.

enmendar *v.t.* to amend; to mend.

enmienda *f.* emendation, amendment, correction.

ennegrecer *v.t.* to blacken, to make (something) black.

enorme *adj.* huge, enormous.

enriquecer(se) *v. pr.* to get rich; to get richer.

enriquecimiento *m.* enrichment. *Enriquecimiento del trabajo,* job enrichment. *Enriquecimiento ilegítimo,* illegal enrichment.

ensamble (o **ensamblaje**) *m.* assembling, assembly, joining. *Línea de ensamble,* assembly line. *Trabajo en línea de ensamble,* assembly line work; shift work.

ensayar *v.t.* (probar) to try, to try out, to test.

ensayo *m.* trial, test, experiment.

enseñanza *f.* education, teaching, instruction, training, tuition. *Enseñanza de la administración,* management education. *Enseñanza por correspondencia,* postal tuition. *Enseñanza profesional,* vocational training. *Enseñanza superior,* higher education. *Máquina de enseñanza,* teaching machine.

enseñar *v.t.* to teach, to train. *Enseñarse a sí mismo,* to teach oneself.

enseres *m. pl.* fixtures. *Muebles y enseres,* furniture and fixtures.

ensombrecer(se) *v. pr.* to become gloomy, to darken, to cloud over.

ensombrecimiento *m.* darkening, gloom.

entablar *v.t.* JUR.: to institute. *Entablar relaciones con,* to establish relations with someone. *Entablar un proceso legal,* to institute an action, to institute legal proceedings. *Entablar una acción legal,* to take legal action, to undertake proceedings.

entarimado *m.* floor, flooring.

entarimar *v.t.* to floor with planks.

entender *v.t.* to understand, to comprehend, to grasp. *No entendí lo que dijo usted,* I didn't understand what you said.

entender(se) *v. pr.* (con alguien) to come to terms, to reach an agreement/an arrangement. *Nuestros precios se entienden en condiciones C.S.F.,* our prices are understood C.I.F., we are quoting C.I.F. prices.

enterado *p.p.* de enterar, *adj.* 1 informed. 2 (pagado) paid. *Impuestos enterados,* paid taxes.

enteramente *adv.* wholly, entirely, fully. *Acciones enteramente liberadas,* fully paid

shares. *Capital enteramente pagado,* fully paid (up) capital.

enterar *v.t.* 1 to inform. *Sírvase mantenerme enterado de los hechos,* please keep me informed about the facts. 2 *enterar el pago de un impuesto,* to pay a tax.

entero, a *adj.* 1 whole, entire, full. *En forma entera,* in full. *Número entero,* whole number, integer. 2 (pago de un impuesto) payment.

entibación *m.* (construcción, minas) timbering, scaffolding, framing.

entibar *v.t.* (minas, etc.) to timber, to prop (up).

entidad *f.* entity.

entidad contable, accounting entity.

entidad económica, economic entity.

entrada *f.* 1 (puerta) entrance; way in. *Entrada de (los) proveedores,* tradesmen's entrance. *Entrada principal,* main entrance. 2 admission, admittance, entrance. *Derecho de entrada,* admission fee, entrance fee. *"Entrada prohibida", "Se prohíbe la entrada",* "no admittance". *Entrada libre,* admission free. *Entrada y salida de datos,* data input and output. 3 (ingresos) receipt. *Entradas y salidas de efectivo,* cash receipts and payments. 4 JUR.: (principio de) entrada en funciones, taking up a job, taking up one's duties. *Entrada en vigor,* implementation, coming into force, coming/going into effect. *Fecha de entrada en funciones,* date of appointment, date of engagement. *Fecha de entrada en vigor,* effective date. 5 (número de espectadores, entradas), gate receipts, gate money, gate. 6 control de entradas y salidas (por reloj marcador), clocking in/out.

entrada(s) de efectivo, cash receipt(s); cash inflow(s).

entrada subterránea, underground entrance.

entradas y salidas de efectivo, cash receipts and disbursements; cash inflows and outflows.

entrar *v.i.* to enter, to go into. *Entrar en funciones,* to take up/enter upon one's duties, to report for work. *Entrar en/ingresar a una sociedad,* to join a firm. *Entrar en liquidación,* to go into liquidation; to go into receivership. *Entrar en los negocios,* to go into business, to take up business. *Entrar en posesión,* to enter into possession. *Entrar en un dique seco,* to go into dry dock. *Entrar en (un) muelle,* to dock. *Entrar en vigor,* to come into force, to come into effect, to become effective, to become operative, to be implemented, to take effect, to be effective.

entrega *f.* delivery, grant. *Entrega a domicilio,* home delivery. *Entrega a plazo,* forward delivery, future delivery. *Entrega de acciones,* delivery of shares. *Entrega de una patente,* grant of a patent. *Entrega inmediata,* immediate delivery. *Nota de entrega,* delivery note. *Pagadero a la*

E

entrega, cash on delivery, C.O.D. *Plazo de entrega,* delivery deadline/time-limits. *Precio de entrega,* delivery price. *Recoger, recibir la entrega de,* to take delivery of, to collect. *Respetar los plazos de entrega,* to meet delivery dates/deadlines, to keep the delivery date.

entrega atrasada, late delivery.

entregable *adj.* 1 Com.: deliverable, ready for delivery. 2 Bolsa: forward, in futures, in options; *(mercancías)* for shipment.

entrega de documentos, delivery of documents; surrender. *Contra entrega de documentos,* against delivery. *El reembolso se efectuará contra entrega de los cupones,* repayment will be made against surrender of the coupons.

entrega de mercancías, delivery of goods.

entregado, a *adj.* delivered. *Entregado con baterías,* complete with batteries. *Entregado en fábrica,* free factory. *Entregado libre a bordo,* free on board (F.O.B.).

entregar *v.t.* to deliver, to hand over; to hand in. *Entregar por error,* to misdeliver. *Entregar un documento,* to hand, to pass on. *Entregar uno su renuncia,* to hand in, to tender one's resignation.

entrenamiento *m.* training. *Entrenamiento profesional,* professional training.

entretener *v.t.* to entertain, to absorb.

entretenimiento *m.* entertainment.

entrevista *f.* interview.

entrevistador *m.* interviewer.

entrevistar *v.t.* to interview, to question, to examine.

entronque *m.* junction, connection. *Entronque de carreteras,* road junction. *Entronque ferroviario,* railway junction.

enumeración *f.* enumeration.

enumerar *v.t.* to list; to enumerate.

enunciado *m.* enunciation, declaration. *Enunciado de un problema,* terms of a problem; wording.

enunciar *v.t.* to state, to stipulate, to set forth, to specify. *Condiciones enunciadas en el contrato,* conditions set forth in the agreement.

envasar *v.t.* to place (merchandise, etc.) into a container.

envase *m.* container.

envejecer *v.t.* e *i.* to grow/get old; to become obsolete, to become outdated.

envejecido *adj.* obsolete, out of date, outdated, antiquated.

envejecimiento *m.* aging; *(productos)* obsolescence.

envergadura *f.* scale, scope. *De gran envergadura,* large-scale; far-reaching. *(candidato a un puesto)* caliber.

enviado especial *n.* y *adj.* Prensa: special correspondent; *(diplomacia, etc.)* special envoy; personal representative.

enviar *v.t.* to send, to dispatch, to forward, to ship, to consign; *(fondos)* to remit. *Enviar una circular,* to circularize. *Enviar un cable,* to cable, to wire. *Enviar un telegrama,* to wire, to cable. *Enviar un télex,* to telex. *Sírvase enviar,* please forward. *Sírvase enviar por cheque,* kindly remit by check.

enviar por correo, to post, to mail.

enviar un fax, to fax.

envío *m.* *(acción de enviar)* sending, mailing, dispatch, forwarding, shipping. *Agente de envíos,* forwarding agent, freight agent, freight forwarder, transport agent, transit agent. *Envío contra reembolso,* cash on delivery (C.O.D.). *Envío de fondos,* remittance. *Envío por barco,* shipment. *Fecha de envío,* dispatch date.

envío de un cable, cabling, wiring.

envoltura *f.* wrapping.

envolver *v.t.* to wrap, to cover. *Envolver para regalo,* to gift-wrap.

episódico *adj.* episodical, occasional.

época *f.* period, time, season, age. *Época de pago,* maturity date. *Muebles de la época, a tono con la época,* period furniture.

equidad *f.* equity, fairness.

equilibrado, a *adj.* balanced. *Crecimiento equilibrado,* balanced growth. *Presupuesto equilibrado,* balanced budget.

equilibrar *v.t.* 1 to counterbalance, to balance, to offset, to compensate, to make up for. 2 to balance, to set off; *equilibrar el presupuesto,* to balance the budget.

equilibrar(se) *v. pr.* to balance; to even (out), to get even.

equilibrio *m.* balance, equilibrium. *Condiciones de equilibrio,* equilibrium conditions. *Equilibrio de la oferta y la demanda,* equilibrium of supply and demand. *Llegar a un equilibrio,* to strike a balance. *Precio de equilibrio de mercado,* equilibrium market price. *Puesta en equilibrio,* equilibration, balancing. *Punto de equilibrio,* break even point. *Restablecer el equilibrio,* to restore the balance. *Ruptura del equilibrio,* upsetting of the equilibrium.

equipado, a *adj.* (well) supplied with tools, (well) equipped; fitted.

equipaje *m.* *(sentido general)* (EU) luggage; baggage; (EU) bag(s). *Cargador/mozo de equipaje,* luggage-porter. *Consigna/oficina de equipajes,* (EU) cloak-room, baggage room, left-luggage office. *Equipaje de mano,* (EU) carry-on baggage, hand luggage. *Excedente de equipaje,* excess baggage.

equipamiento *m.* equipping.

equipar *v.t.* to equip, to supply (with tools); to fit, to outfit; *(con máquinas)* to tool up. *(Barcos)* to man and supply, to fit out, to equip.

equiparación *f.* comparison, contrast.

equiparable *adj.* comparable.

equiparar *v.t.* to compare, to contrast.
equipar(se) *v. pr.* to equip oneself with tools. *(Fábricas, para un tipo de producción),* to tool up.
equipo *m.* 1 *(conjunto de personas)* team; shift; gang. *Equipo de socorro,* rescue team. *Equipo dirigente,* top management. *Equipo/turno de la noche,* night shift. *Hacer equipo con,* to team up with. *Jefe de equipo, capataz,* foreman. *Trabajo de equipo,* team-work. *Trabajo por equipos,* work in shifts. 2 *(máquinas, instalaciones, etc.)* equipment; fittings, accessories, gear; device; apparatus; plant; outfit. INFORM.: hardware. *Bienes de equipo,* capital goods. *Equipo de oficina,* office equipment, furniture. *Equipo industrial,* industrial plant. *Equipo para mostrador, para exhibiciones,* counter display; *equipo pesado,* plant. *Equipo portuario,* harbor facilities. *Gastos de equipo,* equipment expenses.
equipo de oficina(s), office equipment.
equipo de transporte, transportation equipment.
equitablemente (o **equitativamente**) *adv.* fairly. *Distribuir equitativamente,* to distribute fairly.
equitativo *adj.* equitable, fair, just. *Impuestos equitativos,* equitable taxes. *Reglamento equitativo,* fair settlement. *Salario equitativo,* fair wage.
equivalencia *f.* equivalence. *Método de la equivalencia/igualdad contable,* equity method of accounting.
equivalente *m.* equivalent, counterpart.
equivalente *adj.* equivalent.
equivaler *v.i.* to be equivalent.
equivocación *f.* mistake, error.
equivocar(se) *v. pr.* to make a mistake, to be wrong, to be mistaken.
erario *m.* public treasury.
ergonomía *f.* ergonomics, biotechnology; human engineering.
erogación *f.* disbursement, expenditure.
erogar *v.t.* to spend, to disburse.
erosión *f.* erosion. CONTAB.: attrition.
erróneo *adj.* erroneous, mistaken, wrong, false.
error *m.* error, mistake. *Corregir un error,* to correct an error, to put an error right. *Error de cálculo,* miscalculation. *Error de domicilio,* misdirection, misrouting. *Error de fecha,* misdating. *Error de redondeo,* rounding error. *Error excesivo,* upward error. *Error grave,* serious mistake, gross mistake. *Error intencional,* intentional error. *Error no intencional, accidental,* unintentional error. *Error tipográfico,* misprint, printer's error. *Inducir a error,* to mislead, *(voluntariamente)* to deceive. *Salvo error u omisión,* errors and omissions excepted (E.O.E.).
error de mecanografía, typing error.
error de imprenta, misprint.
esbozar *v.t.* to sketch, to outline. *Esbozar un proyecto,* to outline a project.

esbozo *m.* sketch, draft; PUB.: rough, outline; estimate; survey; summary.
escala *f.* 1 *(aviones)* stopover, layover; *(barcos)* call. *Hacer escala, (aviones)* to make a stopover; *(barcos)* to call in, to call at. *Puerto de escala,* port of call. *Vuelo sin escala,* direct flight, nonstop flight, through flight. 2 scale, grid, schedule. *Escala de programas,* program(me) schedule/grid. *Escala de salarios, escala salarial,* wage(s) grid, salary scale. *Escala móvil de los salarios,* sliding wage scale. 3 scale. *A gran escala,* on a large scale. *Diseño a escala,* drawing to scale. *Economías de escala,* economies of scale.
escalada *f.* escalation, rise.
escalar *v.t.* to rise, to climb. *Escalar progresivamente,* to work one's way up.
escalón *m.* step, level, echelon; rung.
escalonado *adj.* spread, staggered. *Entregas escalonadas,* staggered deliveries. *Pagos por abonos escalonados,* payment by installments, deferred payment. *Reembolsable por medio de pagos escalonados,* repayable by installments. *Vacaciones escalonadas,* staggered holidays.
escandalizar *v.t.* to scandalize.
escándalo *m.* scandal. *Un gran escándalo,* a great scandal.
escandaloso *adj.* scandalous, shameful.
escapar *v.t.* to escape, to evade, to dodge. *Escapar de la quiebra,* to stave off bankruptcy.
escaparate *m.* 1 *(aparador)* display, window display; shop window, shop-front. *Decorador de escaparates,* window-dresser. *Diseño de escaparates,* window-dressing. 2 *mirar escaparates, ver aparadores,* window-shopping; to go window-shopping.
escapatoria, a *f.* loophole, way out. *Cláusula escapatoria,* escape clause. *Escapatoria fiscal,* tax loophole.
escarmentar *v.t.* to correct by a punishment.
escarmiento *m.* punishment.
escasear *v.i.* to be scarce, to be insufficient.
escasez *f.* scarcity, lack.
escaso, a *adj.* scarce, rare. *El dinero es escaso,* money is scarce. *Estar escaso de...,* to have run out of...
escatimar *v.t.* to be stingy; to be penny-wise.
escenario *m.* stage, scene.
escisión *f.* scission, split, rift. *Escisión de activos,* divestment (of assets). *Hacer una escisión,* to secede, to separate.
esclusa *f.* lock.
escoger *v.t.* to choose, to elect, to select. *Cuidadosamente escogido,* hand-picked. *Escoger una alternativa,* to choose one alternative.
escogido, a *adj.* chosen.
escolar *adj.* (relating to) school, academic, educational. *Año escolar,* academic year, school year. *Boletín escolar,* school report card. *Estable-*

cimiento escolar, educational institution/establishment. *Resultados escolares,* academic achievements, academic record.

escolaridad *f.* 1 *(duración de la escolaridad),* (years of) schooling. 2 tuition. *Certificado de escolaridad,* school certificate, school attendance certificate, certificate of studentship. *Derechos/ gastos de escolaridad, colegiatura,* tuition fees. *Edad de fin de escolaridad,* school-leaving age. *En esta escuela la escolaridad es de tres años,* the school has a three-year program(me).

escolástico *adj.* scholastic.

escollo *m.* reef, shelf.

escoria *f. (metalurgia)* dross, slag.

escorial *m.* slag-heap.

escribir *v.t.* to write. *Describir,* to write up. *Máquina de escribir,* typewriter. *Poner por escrito,* to write (down). *Sírvase poner esto por escrito,* please write this down.

escribir a máquina, to typewrite.

escrito *m.* writing. *Consignar por escrito,* to put down in writing, to couch in writing, to commit to writing. *Declaración hecha por escrito,* written statement, affidavit.

escrito, a *adj.* written, *(por escrito)* in writing. *Declaración escrita,* written statement. *Derecho escrito,* statute law, statutory law. *Escrito a mano,* hand-written. *Prueba escrita,* documentary evidence, evidence in writing.

escritor, a *n.* writer.

escritorio *m.* desk.

escritos *m. pl.* JUR.: documents. *Falsificación de escritos,* forging documents.

escritura *f.* writing, handwriting. *Escritura de propiedad,* deed of property, title-deed. *Tener buena escritura,* to write a good hand.

escritura constitutiva, SOCIEDADES: certificate of incorporation.

escriturario *adj.* scriptural.

escrutador *m.* examiner, inspector.

escrutar *v.t.* to examine.

escrutinio *m. (recuento de votos)* poll, ballot, vote.

escucha (o **escuchador**) *m.* listener.

escuchar *v.t.* 1 to listen to. 2 *(escuchar a un testigo)* to hear (a witness).

escudo *m.* sign.

escudriñador, a *n.* scrutinizer.

escudriñamiento *m.* scrutiny.

escudriñar *v.t.* to scrutinize.

escuela *f.* school. *Escuela de comercio,* business school. *Escuela de ingenieros,* engineering school. *Escuela primaria,* primary school, elementary school. *Escuela profesional,* vocational school. *Escuela secundaria,* secondary school, (EU) highschool.

esencia *f.* essence. *Esencia de un contrato,* essence of a contract.

esencial *adj.* essential, basic.

esforzar(se) *v. pr.* to endeavor, to strive.

esfuerzo *m.* effort, endeavo(u)r. *Hacer un esfuerzo,* to make an effort.

eslogan *m.* slogan.

espacial *adj.* space. *La industria espacial,* the (air) space industry; *nave espacial,* space shuttle, spacecraft.

espaciamiento *m.* spacing, spacing out, spreading (out). *Espaciamiento de letras,* letter spacing. *Espaciamiento de líneas, de caracteres,* spacing out, whiting out.

espaciar *v.t.* 1 to space out. *Espaciar las entregas,* to stagger deliveries. *Espaciar las letras,* to interspace, to letterspace. 2 to spread, to stagger. *Espaciar los pagos a lo largo de,* to spread, to stagger payments over.

espaciar(se) *v. pr.* to be spread *(sobre),* over).

espacio *m.* space; room. *Compra de espacio,* space buying. *Dejar un buen espacio para los errores,* to allow/to provide ample room/a good margin for errors. *Espacio para estantes,* shelf space. *Espacio publicitario,* advertising space.

espacio de anaqueles, shelf-space.

español, a *n.* y *adj.* Spanish.

esparcimiento *m.* spread, scattering, scatter. *Diagrama de esparcimiento,* scatter diagram.

esparcir *v.t.* to scatter, to spread.

especial *adj.* special, unique, extraordinary. *Oferta especial,* special offer; promotion sale.

especialidad *f.* 1 specialty, speciality. *Bienes de especialidad,* specialty goods. *Especialidad farmacéutica,* patent medicine, proprietary medicine. 2 *(vocación)* esa no es su especialidad, it's not his line, he's not cut out for it.

especialista *mf.* specialist, expert. *Especialista en sistemas de calefacción,* heating systems specialist.

especialización *f.* specialization.

especializado, a *adj.* 1 specialized, special-purpose. 2 skilled. *Computadora especializada,* special-purpose computer. *Mano de obra especializada,* skilled labor, (EU) labour. *Mano de obra no especializada,* unskilled labor, (EU) labour. *Obrero especializado,* semi-skilled worker.

especializar(se) *v. pr.* to specialize.

especie *f.* type, kind, sort, species, nature. *En especie,* in kind. *Prestación en especie,* allowance in kind. *Remuneración en especie,* payment in kind.

especificación *f.* specification, requirement. *Especificación de la función,* job specification.

especificaciones *m. pl.* specifications.

especificado, a *adj.* specified. *Cuenta especificada/detallada,* (EU) itemized account, detailed account.

especificar *v.t.* to specify, to detail, to set forth, to spell out. *Especificar condiciones (contratos, pólizas),* to stipulate/to set forth terms.

específico, a *adj.* specific, precise, exact. *Dato(s) específico(s),* specific data/datum.

espectáculo *m.* show, performance. *La industria del espectáculo,* show-business.

especulación *f.* speculation. *Especulación a la alza,* bull speculation, bull operation. *Especulación a la baja,* bear speculation, bear operation. *Especulación mixta,* straddle speculation. *Valores especulativos,* speculative/hot securities.

especulador, a *n.* speculator. *Especulador a la alza,* bull. *Especulador a la baja,* bear. *Especulador de bolsa,* small speculator, dabbler (in stocks, on the stock exchange). *Especulador mixto,* stag.

especular *v.t.* to speculate *(con el café,* in coffee; *con valores o situaciones probables,* on chances). To gamble; (EU) to play the stock market. *Especular a la alza,* to play for a rise, to go a bull. *Especular a la baja,* to speculate for a fall, to play for a fall, to go a bear.

especulativo, a *adj.* speculative. *Capitales especulativos,* hot money; risk capital. *Riesgo especulativo,* speculative risk.

espejismo *m.* mirage; fantasy.

espejo *m.* mirror. *Fábrica de espejos,* mirror-factory. *Manufactura de espejos,* mirror-manufacture.

espera *f.* wait. *10 minutos de espera,* a 10-minute wait. *En espera de su respuesta,* looking forward to your reply. *Sala de espera,* waiting room.

esperado, a *adj.* *(anticipado)* anticipated, expected, prospective. *Rotación esperada,* anticipated turnover.

esperanza *f.* hope, expectation. *Alimentar la esperanza de que,* to indulge the hope that. *Tener la esperanza,* to anticipate, to count on, to reckon on, to bank on.

esperar *v.t.* **1** to hope, to expect, to anticipate. *Esperamos que nuestro último envío les haya llegado en las condiciones convenidas,* we hope that our last consignment has dully reached you. *Esperamos su visita el mes próximo,* we are looking forward to your visit next month, we are looking forward to meeting (with) you next month. **2** to wait (for); to await. *Hacer esperar a alguien,* to keep somebody waiting. *Le estamos esperando (a usted),* we are waiting for you. *Seguir esperando,* to keep waiting.

espiral *f.* spiral. *Espiral de costos,* spiral(l)ing costs. *Espiral de salarios y de precios,* wage-price spiral. *Espiral inflacionaria,* inflationary spiral.

espíritu *m.* spirit, mind. *Espíritu de empresa,* entrepreneurship. *Estado del espíritu, estado de ánimo,* state of mind.

espontáneo, a *adj.* spontaneous, sudden. *Candidatura espontánea,* unsolicited application. *Huelga espontánea,* wildcat strike, unofficial strike. *Oferta espontánea,* unsolicited offer.

esporádico, a *adj.* sporadic.

esposa *f.* Wife, spouse.

esposo *m.* husband, spouse. *Los esposos,* husband and wife.

esqueleto *m.* skeleton; *(estructura técnica)* framework.

esquema *m.* diagram, scheme.

esquemático *adj.* schematic, sketchy.

esquematizar *v.t.* to schematize; to outline.

esquisto bituminoso, bituminous shale.

estabilidad *f.* *(equilibrio)* stability, balance, steadiness. *Estabilidad de precios,* price stability. *Estabilidad en el empleo,* job security.

estabilización *f.* stabilization.

estabilizador *m.* stabilizing.

estabilizar(se) *v.t.* y *v. pr.* to stabilize, to level off, to peg. *El dólar se estabilizó en...,* the dollar settled at... *Estabilizar el mercado,* to peg the market. *Estabilizar precios,* to stabilize prices. *Las cotizaciones se estabilizaron a su nivel de ayer,* quotations have climbed back (+), eased back (–), to yesterday's level. *Las ventas se estabilizarán en los meses próximos,* sales will level off in the months to come.

estable *adj.* stable, steady, firm. *Empleo estable,* stable job, permanent position. *Mercado estable,* firm market. *Moneda estable,* stable currency. *Ritmo estable,* steady pace.

establecer *v.t.* **1** to establish, to set up, to found (a business). *Establecer un negocio,* to set up a business. **2** to fix (a price). *Establecer el precio de costo de un artículo,* to cost an article. *Establecer el precio de las mercancías,* to price goods. **3** to draw up (a document). *Establecer un presupuesto,* to draw up a budget. **4** *establecer nuevas zonas,* to rezone.

establecer(se) *v. pr.* to set up. *Establecerse en el comercio, en los negocios,* to set up in business. *(Inmigrantes, etc.)* to settle.

establecido, a *p.p.* de *establecer adj.* established.

establecimiento *m.* **1** establishment, institution. *Establecimiento bancario,* banking institution. *Establecimiento de enseñanza,* educational establishment. **2** *(creación)* establishment, setting up, foundation, founding. **3** *(de un documento)* drawing up, making out. *Establecimiento de un balance,* drawing up of a balance-sheet. *Establecimiento de un proyecto,* design of a project. **4** *(establecimiento de un precio)* fixing (of a price), pricing. *Establecimiento de los precios de costo,* costing. **5** FIN.: capital expenditure. *Gastos de establecimiento,* capital outlay. *Gastos de primer establecimiento,* initial outlay, initial capital expenditure. **6** *establecimiento de nuevas zonas,* rezoning.

estación *f.* **1** season. *Estación muerta,* dead season, slack season, off season. *Estación pico,*

E

peak season. *Las cuatro estaciones del año: primavera, verano, otoño e invierno,* the four seasons of the year: spring, summer, autumn, winter. **2** Ferr.: (railway) station. *Estación de clasificación,* marshaling yard, railway yard. *Estación de llegada,* arrival station, receiving station *(mercancías). Estación de salida,* departure station, forwarding station *(mercancías).* **3** station. *Estación de policía,* police station. **4** *estación espacial,* space station. *Estación espacial habitada,* manned space station. **5** *estación de carretera,* coach station, (EU) bus station.

estacional *adj.* seasonal. *Corrección de las variaciones estacionales,* correction/adjustment for seasonal variations. *Datos corregidos por las variaciones estacionales,* seasonally adjusted (data). *Demanda estacional,* seasonal demand. *Desempleo estacional,* seasonal unemployment. *Media corregida por las variaciones estacionales,* average corrected for seasonal variations. *Precio estacional,* seasonal price.

estacionalidad *f.* seasonality.

estacionamiento *m. (sitios)* car park, parking lot, parking. *Estacionamiento prohibido, no estacionarse,* No parking. *Estacionamiento reglamentado,* restricted parking. *(Navíos) tasa/impuesto de estacionamiento,* demurrage charge. *Zona de estacionamiento, (vehículos)* parking area; *(militares, etc.)* assembly line.

estacionar *v.t. (hombres)* to station.

estacionario *adj.* stationary. *Estado estacionario,* stationary state.

estacionar(se) *v. pr. (vehículos)* to park.

estadía *f.* stay; demurrage.

estadígrafo *m.* statistician.

estadística *f.* statistics; return, figures. *Estadísticas demográficas,* vital statistics, population statistics.

estadístico, a *adj.* statistical. *Análisis estadístico,* statistical analysis. *Discrepancia estadística,* statistical discrepancy. *Encuesta estadística,* statistical survey/enquiry.

estado *m.* **1** state, condition, position. *Devolver al estado original,* to recondition; to refurbish; to renovate. *En buen estado,* in good repair, in good condition. *En mal estado,* out of condition, in bad state, out of repair, in bad repair; out of order. *Estado civil,* marital status, family status; *(oficinas)* registry office. *Estado de cuenta,* state of account, position of account. *Estado de las finanzas,* financial status, financial position. *Estado del mercado,* state of the market. *Estado de navegabilidad,* seaworthiness. *Estado/posición de pedidos,* order position. *Estar en estado de/en condiciones de,* to be in a position to. *Las negociaciones se encuentran en estado de detención,* the talks are dead-locked/in a stalemate. **2** statement, list, roll, return, account.

Estado contable, accounting statement. *Estado de caja,* cash statement. *Estado de gastos,* statement of expenses. *Estado detallado,* detailed account, breakdown. *Estado(s) financiero(s),* financial statement(s). *Estado/inventario de enseres,* inventory of fixtures, inventory of premises. *Estado mensual,* monthly return. *Estado recapitulativo,* balance account. *Estados contables a fechas intermedias,* interim accounting statements. **3** *el estado,* the State, the Government. *Estado del bienestar,* the Welfare State. *Gastos del Estado,* national expenditure. *Obligaciones del Estado,* government bonds. *Subsidio del Estado,* state subsidy, state grant, grant-in-aid. *Subsidiado por el Estado,* state-aided, state-subsidized.

estado comparativo, comparative statement.

estado contable, accounting statement.

estado de cuenta, statement of account. *Estado bancario,* bank statement.

estado de origen y aplicación de recursos, funds statement, statement of source and application of funds.

estado de pérdidas y ganancias, income statement, profit and loss statement.

estado de resultados, income statement.

estadounidense *n.* y *adj.* citizen of the United States.

estafa *f.* swindling (immediate resale of goods bought on credit or unpaid), fraud, racker, *(precios)* rip-off.

estafador *m.* swindler (who resells goods bought on credit or unpaid), crook.

estafar *v.t.* to swindle, to defraud; to cheat, to bilk, to con, *(precios)* to rip off.

estampilla *f.* stamp, seal.

estampillar *v.t. (poner estampillas)* to stamp.

estancado, a *adj.* stagnant, stagnating, dull. *Economía estancada,* stagnant economy. *Mercado estancado,* dull market. *Precios estancados,* stagnant prices.

estancamiento *m.* stagnation, dullness. *Estancamiento del mercado,* market standstill.

estancar *v.t.* to stagnate. *Los negocios se están estancando,* business is at a standstill.

estancia *f.* stay. Marina: *días de estancia,* lay days.

estándar *m.* standard. *Doble estándar,* double standard. *Estándar de cambio oro,* gold bullion standard. *Estándar de oro,* gold standard. *Estándar oro de cambio,* gold-exchange standard. *Peso estándar,* standard weight. *(Sentido amplio)* yardstick.

estándar *adj.* standard, standardized. *Costo estándar,* standard cost. *Desviación estándar,* standard deviation. *Estándar monetario,* monetary standard. *Modelo estándar,* standard model, (EU) run-of-the-mill model.

estandarización *f.* standardization.
estandarizado, a *adj.* standardized, standard. *Costos estandarizados,* standardized costs.
estandarizar *v.t.* to standardize.
estanque *m.* pond. Geol.: *(cuenca/acustre)* basin; *(para riego)* reservoir.
estante *m.* shelf, *pl.* shelves. *Estante de libros,* book-case.
estantería *m.* shelf-space.
estaño *m.* tin.
estar *v.i.* to be. *Estar atrasado,* to be delayed. *Estar atrasado en un programa,* to be behind schedule, to fall behind. *Estar de acuerdo,* to agree, to consent. *Estar en lo correcto, tener la razón,* to be right. *Estar equivocado,* to be at fault; to be wrong.
estar acusado de un delito, to be accused of an offense.
estar a la disposición de alguien, to be/ to remain at someone's disposal.
estar cerrado, to be closed.
estar de moda, to be in fashion.
estar desempleado, to be unemployed, to be idle, etc. (ver **desempleo**).
estar en auge, *(desarrollo espectacular)* to boom; to explode. *(Precios, etc.)* to skyrocket.
estar en condiciones de, to be in a position to.
estar en mala forma, *(empresas, etc.),* to be ailing, to be in bad shape.
estar en paro, *(fábricas)* to stand idle, to be at a standstill.
estar en receso, *(asambleas, tribunales)* to be in recess, not to be sitting.
estar falto de, to be out of, to be short of, to run short of, to run out of, to be out of stock for; to need, to lack, to want.
estar muy solicitado, to be in great demand/ request.
estar relacionado, to be connected, to be related, to be linked; to hang together; to be all one.
estar vacante, to be vacant.
estático, a *adj.* static. *Modelo estático,* static model.
estatismo *m.* Pol.: statism; state control. *(Inmovilidad)* stillness.
estatización *f.* nationalization.
estatizado, a *adj.* state-controlled.
estatuir *v.t.* to decree, to order.
estatus *m.* status. *Estatus financiero,* financial status. *Estatus social,* social status.
estatutario *adj.* statutory, provided by the articles. *Reserva estatutaria,* statutory reserve. *Reunión estatutaria,* statutory meeting.
estatuto *m.* statute; article, rule, regulation. *Estatuto legal,* legal statute. *Estatutos de una sociedad,* (EU) charter and by-laws, memorandum and articles of association.

esténcil *m.* stencil.
estenógrafo, a *n.* stenographer.
estéril *adj.* unproductive, barren, fruitless.
esterlina *f.* sterling. *Libra esterlina,* pound sterling, sterling. *Zona esterlina,* sterling area.
estética *f.* aesthetics. *Estética/diseño industrial,* industrial design.
estibación *f.* *(de un cargamento)* (EU) stevedoring, stowing. *Derechos de estibación,* stowage. *(Equilibrio de un cargamento)* trimming. *(Hecho de fijar)* securing.
estibador *m.* (EU) stevedore, stower.
estibamiento *m.* *(de un cargamento)* stowage, stowing, lashing.
estibar *v.t.* **1** *(un cargamento)* (EU) to stevedore, to stow, to lash. **2** *(equilibrar un cargamento)* to trim. **3** *(fijar)* to secure.
estilística *f.* Pub.: design.
estilización *f.* styling.
estilizar *v.t.* to stylize.
estilo *m.* style, tone. *Estilo de redacción,* editorial style. *Estilo de vida,* life-style.
estima *f.* regard, respect, esteem.
estimable *adj.* estimable.
estimación *f.* estimate, estimation, cost, estimate, valuation, assessment, appraisal, rating. *Establecer una estimación,* to draw up an estimate. *Estimación aproximativa,* rough estimate, gues(s)timate. *Estimación de costos,* cost estimate. *Estimación del daño,* assessment of damage, adjustment of damage. *Estimación del valor de,* valuation of, assessment of the value of. *Estimación de valores,* valuation of securities. *Estimación para gastos diversos,* sundry expenses allowance.
estimado *m.* guesswork; estimation; opinion; reckoning.
estimado, a *adj.* **1** estimated, valued. *Cifras estimadas,* estimated figures. *Presupuesto estimado,* estimated budget. *Rebase del costo estimado,* overrun. *Utilidad estimada,* estimated profit. *Valor estimado,* estimated value, valuation. **2** *estimado Sr. Mont,* Dear Mr. Mont.
estimar *v.t.* to estimate, to value, to appraise, to rate, to evaluate. *Estimamos necesario tomar estas medidas,* we deem it necessary to take this action, such measures. *Subestimar,* to undervalue, to underestimate, to underrate.
estimativamente *adv.* approximately, around, roughly.
estimativo, a *adj.* estimated, appraised. *Costo estimativo,* estimated cost. *Valor estimativo,* appraised value.
estimulación *f.* stimulation.
estimulante *adj.* stimulating, incentive.
estimular *v.t.* to stimulate, to incite, to spur. *Medidas destinadas a estimular la economía,* economic incentives.

estímulo *m.* stimulus, incentive.

estipulación *f.* stipulation, provision. *Estipulaciones de una póliza de seguros,* provisions of an insurance policy. *Estipulaciones de un contrato,* specifications, provisions of a contract.

estipulado, a *adj.* stipulated, specified, provided. *Precio estipulado en el contrato,* contract price.

estipular *v.t.* to stipulate, to provide, to specify. *El contrato estipula que,* the contract provides that.

estirar *v.t.* **1** *(una cuerda, etc.)* to tighten. **2** *(la mano, etc.)* to hold out.

estrado *m.* drawing-room. *(Estrado de los testigos)* witness box, witness stand. *Pasar al estrado de los testigos,* to testify, to give evidence.

estrangulamiento *m.* squeeze, bottleneck; *cuello de botella, punto de estrangulamiento,* bottleneck.

estrangular *v.t.* to strangle.

estratega *mf.* strategist.

estrategia *f.* strategy. *Estrategia comercial,* marketing strategy. *Estrategia de crecimiento,* growth strategy. *Estrategia de la empresa,* corporate strategy. *Estrategia de mercado,* market strategy. *Estrategia de precios,* pricing strategy. *Elaboración de una estrategia,* strategy formulation.

estratégico, a *adj.* strategic. *Planeación estratégica, plan estratégico,* strategic plan, strategic planning.

estratificación *f.* stratification. *Muestreo estratificado,* stratified sampling.

estratificar *v.t.* to stratify.

estrato *m.* GEOL.: stratum; *(capa)* layer.

estrechamiento *m.* tightness, squeeze. *Estrechamiento del crédito,* credit squeeze/crunch; tight money.

estrechar *v.t.* to tighten, to squeeze, to restrict.

estrechez *f.* narrowness.

estrecho, a *adj.* narrow, tight, constricted.

estrella *f.* star. *(Incentivos) sistema de estrellas,* star system.

estrés *m.* stress.

estribor *m.* starboard.

estricto, a *adj.* strict, severe; *(medidas)* tight. *mínimo estricto,* bare minimum.

estropear *v.t.* to spoil, to damage.

estructura *f.* structure, fabric. **1** *cambios de estructura,* structural changes. *Estructura de la empresa, de las organizaciones,* corporate structure. *Estructura de precios,* price structure. *Estructura urbana,* urban environment. *La estructura social,* the social fabric. *Mutación de las estructuras,* organization change. **2** *(armazón)* frame, framework.

estructura de capital, capital structure.

estructura de costos, cost structure.

estructura financiera, financial structure.

estructural *adj.* structural, core, built-in.

estudiante *mf.* student.

estudiar *v.t.* to study. *Estudiar una cuestión,* to look into, to inquire into a matter. *Estudiar una posibilidad,* to look into a possibility, the feasibility of.

estudio *m.* study, survey, research, analysis. *Beca para estudios,* scholarship, grant. *Comisión de estudios,* committee of inquiry, task force. *Cuestión/aspecto bajo estudio,* question under consideration. *Estudio de costos y de eficiencia,* cost-effectiveness analysis. *Estudio de factibilidad,* feasibility study. *Estudio de mercado,* market study. *Estudios de motivación,* motivation studies, motivational research. *Hacer un estudio,* to make/to carry out a study; to conduct a survey. *Oficina de estudios,* research department, designing department, Research & Development (R.&D.) Department. *Ordenar un estudio,* to commission a survey.

estudio de mercado, market study.

estudio de tiempos y movimientos, time and motion study.

estudio de viabilidad (o **factibilidad**), feasibility study.

etapa *f.* stage, step; *(viajes, deportes)* leg.

ética *f.* ethics. *Ética comercial,* business ethics. *Ética profesional,* professional ethics.

etiqueta *f.* **1** label, tag, sticker. *Etiqueta de precios,* price tag, price ticket, price sticker. *Etiqueta porta-nombres,* name-tag. **2** trademark, seal. *Etiqueta de calidad,* quality label.

etiquetado *m.* labelling, (GB) labeling.

etiquetadora *f.* labelling machine.

etiquetar *v.t.* to label, to mark, to brand.

eurobono *m.* eurobond.

eurodivisa *f.* ECON.: eurocurrency.

eurodólar *m.* Eurodollar.

euromercado *m.* euromarket.

Europa *f.* Europe.

europeo, a *adj.* European. *Comunidad Económica Europea (C.E.E.),* European Economic Community (E.E.C.).

evadir *v.t.* to evade, to elude, to dodge. *Evadir los impuestos (de manera legal),* to evade/to dodge taxes. *Evadir una toma de control,* to stave off a take-over bid.

evaluación *f.* **1** evaluation, assessment, appraisal, estimate, rating. *Evaluación del costo,* costing. *Evaluación del ingreso,* assessment on income. *Evaluación de personal,* personnel evaluation/rating. *Evaluación/valuación de los activos,* valuation of assets. **2** JUR.: valuation; appraisal.

evaluación del desempeño, performance evaluation.

evaluación de puestos, job evaluation.

evaluación financiera, *(clasificación de las deudas según su grado de solvencia)* credit rating.
evaluar *v.t.* to assess, to estimate, to appraise, to evaluate, to rate. *Evaluar el costo, el precio de costo,* to cost. *Evaluar los daños,* to assess the damage.
evasión *f.* evasion, escape. *Evasión de capitales,* flight of capital. *Evasión fiscal,* tax evasion, tax dodging, tax dodge.
evasivo, a *adj.* evasive, elusory, elusive. *Responder con evasivas,* not to give a straight answer.
evento *m.* event. *Evento social,* social event.
eventual *adj.* possible, prospective; casual; contingent. *Cliente eventual,* prospective customer, prospect. *Comprador eventual,* prospective buyer. *Pasivo eventual,* contingent liabilities.
eventualidad *f.* possibility, prospect, contingency. *En tal eventualidad,* in such a case. *Eventualidades imprevistas,* contingencies.
eventualmente *adv.* by chance, should the occasion arise, if need be.
evidencia *f.* evidence, proof. *Evidencia probatoria,* supporting evidence.
evidenciar *v.t.* to prove. *Evidenciar con documentos,* to prove with documents.
evidente *m.* evident. *Es evidente que...,* it's evident that...
evitable *adj.* avoidable.
evitar *v.t.* to avoid; to ward off; to shun; *(un golpe)* to dodge. *Evitar la quiebra,* to stave off bankruptcy.
evolución *f.* evolution, trend development.
evolucionar *v.i.* to evolve, to develop, to progress.
evolutivo, a *adj.* evolutionary.
ex *prefijo* ex. *Ex-cupón,* ex-coupon. *Ex-dividendo,* ex-dividend, (EU) dividend off.
exactitud *f.* accuracy, exactness, precision, exactitude; punctuality.
exacto, a *adj.* exact, accurate, precise, correct. *Cifras exactas,* accurate figures. *La suma es exacta,* the amount/the total is correct. *La suma exacta,* the exact amount. *Reporte veraz y exacto,* true and faithful report.
exageración *f.* exaggeration, overstatement; bluff.
exagerado, a *adj.* exaggerated, excessive, overdone. *Precio exagerado,* unfair price, stiff price.
exagerar *v.t* and *i.* to exaggerate; to overdo; to overestimate; to bluff. *(Los hechos)* to overstate, overblow.
examen *m.* 1 examination, inspection, investigation, consideration. *Después de un examen más amplio,* on closer inspection, after further consideration. *El asunto está bajo examen,* the matter is under consideration. *Examen a fondo,* close/through examination. *Examen de ingreso,* entrance examination. *Segundo*

examen, segundo interrogatorio, cross-examination. 2 session, test, exam, examination; course, program(me). *El examen de junio,* the June examination. *Examen a puertas cerradas,* in camera session, (EU) executive session. *Presentar un examen,* to take, to sit (for) an exam. *Presentar un examen con éxito,* to pass an exam.
examinador, a *n.* examiner.
examinar *v.t.* to examine, to inspect, to check. *Examinar estados financieros,* to examine financial statements.
excedente *m.* 1 surplus, profit. 2 *(excedente de salario, prima)* bonus *pl.* (bonuses), excess, surplus. 3 *excedente de equipaje,* excess luggage, (EU) excess baggage. *Excedente de la balanza de pagos,* balance of payment surplus. *Excedente de peso,* excess weight, overweight. *Excedente presupuestal,* budget surplus.
excedente *adj.* excess. *Balanza comercial excedente,* favo(u)rable trade balance. *Demanda excedente,* excess demand. *Excedente de acciones,* surplus stocks. *Excedente de ahorros,* oversaving. *Excedente de producción,* surplus capacity. *Excedente de tesorería,* cash surplus.
exceder *v.t.* to exceed, to surpass. *(Cotizaciones, concurrencia)* to outstrip. *Exceder en número,* to outstrip. *Exceder los límites,* to overstep the limits. *Toda suma en exceso de 3,000 dólares,* any amount in excess of 3,000 dollars. *(Vehículos)* to overtake, to pass.
excepción *f.* 1 exception; departure. *Con excepción de,* except for. *Excepción a una regla,* exception to a rule. *Sin excepción,* without exception.
excepcional *adj.* exceptional. *Año excepcional,* banner year. *Beneficios excepcionales,* windfall profits. *Cosecha excepcional,* bumpercrop. *Precios excepcionales,* bargain prices.
exceptuar *v.t.* to except.
excesivo, a *adj.* excessive, exaggerated. *Aprovisionamiento excesivo,* overstocking.
exceso *m.* excess, overrun. *Excesivamente,* excessively, overly. *Exceso de la demanda,* excess demand. *Exceso del costo,* (cost) overrun; INFORM.: overflow. *Exceso de velocidad,* speeding offense; *multa/infracción por exceso de velocidad,* fine for speeding, **fam.** speeding ticket. *Inflación por exceso de la demanda,* excess demand inflation.
excluir *v.t.* to exclude, to count out, to keep out, to delete. *(Registros, listas)* to strike out, to cross out, to delete.
exclusión *f.* exclusion, elimination; striking off. *(De una lista, etc.)* striking out, crossing out.
exclusividad *f.* exclusive right, (EU) franchise. *Cláusula de exclusividad,* exclusivity stipulation, (EU) competition clause.

exclusivo, a *adj.* sole, exclusive. *Agencia exclusiva,* sole agency. *Agente/concesionario exclusivo,* sole agent. *Derecho exclusivo,* exclusive/sole right.
excursión *f.* excursion, trip.
excusa *f.* excuse, apology, justification. *Les rogamos aceptar nuestras excusas,* kindly accept our apologies. *Presentar excusas,* to apologize, to tender one's apologies.
excusable *adj.* excusable, forgivable.
excusar(se) *v. pr.* to apologize (to someone for something).
exención *f.* exemption, franchise; freedom, immunity. *(Correos)* (EU) franking privilege, (GB) O.H.M.S. On Her Majesty's Service. *(Equipaje)* Free luggage/(EU) baggage/allowance. ADUANAS: *exención de derechos,* duty-free. *Exención de impuestos,* tax exemption, exemption from tax, from taxation. *Exención postal,* post-free. *Exención temporal,* for temporary importation. SEG.: *Libre de avería,* free of average. *Solicitar la exención de un impuesto,* to claim immunity from a tax.
exentar *v.t.* to exempt, to free *(de,* from).
exento, a *adj.* exempt (from), free (of). *Exento de derechos,* duty-free, free of duty. *Exento de impuestos,* tax-free, free of tax.
exhaustivo, a *adj.* exhaustive, comprehensive. *Estudio exhaustivo,* comprehensive survey, exhaustive study.
exhibición *f.* exhibition, presentation, showing.
exhibición *adj. Artículos en exhibición,* articles on display. *En exhibición,* on display, on show.
exhibir *v.t.* to exhibit, to show.
exigencia *f.* demand, requirement. *Satisfacer las exigencias de alguien,* to meet/to comply with someone's requirements.
exigente *adj.* demanding, exacting.
exigibilidad *f.* exigibility, repayability. *Exigibilidad de una deuda,* repayability of a debt. *Exigibilidades,* current liabilities.
exigible *adj.* payable, repayable, current, due. *Documento exigible a la vista,* bill payable at sight. *Pasivo exigible (a corto plazo),* current liabilities.
exigir *v.t.* to demand, to require, to need, to claim, to exact. *Exigir el pago de un documento,* to demand the payment of a bill. *Exigir el reembolso de un crédito,* to require the repayment of a debt. *Exigir rescate,* to ransom. *Exigir una indemnización,* to demand a compensation. *Exigir un aumento de salario,* to claim a wage increase, a salary increase. *La situación exige nuevas medidas,* the situation calls for new measures.
eximir *v.t.* to exempt.
existencia *f.* **1** existence, subsistence. **2** *(existencias)* stock. *Existencias en caja,* stock in the till, cash in hand. *Existencias en el almacén,* stock on hand, stock in trade.
existencias, *(inventarios, almacenes)* stock on hand.
existir *v.i.* to exist.
éxito *m.* **1** success, achievement. *Nuestros nuevos productos han tenido un gran éxito,* our new products have proved quite successful. *Un gran éxito,* a hit. **2** *tener éxito,* to succeed, to make it, to catch on. *Tener éxito en un examen,* to pass an exam(ination). **3** CINE: *éxito de cartelera,* shot.
éxodo *m.* exodus. *Éxodo/fuga/salida de capitales,* flight of capital.
exoneración *f.* exoneration, exemption, immunity. *Exención de impuestos,* tax relief, tax exemption. *Exoneración de derechos,* exemption from duties. *Solicitud de exoneración de un impuesto,* income tax exemption claim.
exonerar *v.t.* **1** to exonerate, to exempt, to relieve from. *Exención de impuestos,* to exempt from tax, from taxation. *Exonerado(a) de impuestos,* tax-exempt. *Exonerar de responsabilidad,* to exonerate from liability. **2** ADUANAS: to exempt from duties.
exorbitante *adj.* exorbitant, prohibitive. *Precio exorbitante,* exorbitant, extravagant, unfair price.
expansión *f.* expansion, growth.
expansionismo *m.* expansionism, hegemony.
expansionista *adj.* expansionary.
expatriado, a *n.* y *adj.* expatriate.
expatriar *v.t.* to expatriate; to banish.
expatriar(se) *v. pr.* to leave one's native country, to expatriate oneself, to settle abroad.
expectativa *f.* expectancy, expectation, anticipation. *Este artículo no responde a nuestras expectativas,* this article does not meet our expectations. *Expectativa de vida,* life expectancy. *Expectativa de vida de un producto,* product life expectancy. *Quedarse en la expectativa,* to wait and see, to remain non-committal.
expedición *f.* consignment, shipment; dispatch, forwarding, sending. *Factura de expedición,* shipping invoice. *Fecha de expedición,* dispatch date, shipping date. *Gastos de expedición,* freight costs. *Hoja de expedición,* consignment note.
expedidor, a *n.* **1** *(correo)* sender. **2** *(bultos, cargamentos)* consignor, shipper.
expediente *m.* file; folder. *Expediente de ventas,* sales folder.
expedir *v.t.* to expedite, to consign, to send, to dispatch, to forward, to ship.
expeditar *v.t.* to expedite, to accelerate.
expendedor, a *adj.* dealer, seller, distributor.
expendeduría *f.* *(de entradas)* ticket office; *(de tabaco)* tobacco shop.
expender *v.t.* to retail, to sell on commission.
expendio *m.* expense.

experiencia *f.* experience, background. *Experiencia adquirida,* previous experience. *Experiencia profesional,* professional background, business experience, job experience; *fam.* track record. *Tener experiencia,* to be experienced.
experiencia laboral, labor experience.
experiencia personal, personal experience.
experimentación *f.* experimentation.
experimentado, a *adj.* experienced, skilled.
experimental *adj.* experimental. *Datos experimentales,* experimental data. *Periodo experimental,* experimental stage.
experimentar *v.t.* 1 to experiment, to test. 2 *(dificultades)* to experience, to meet with (difficulties).
experimento *m.* experiment. *A título de experimento,* tentatively, by way of experiment. *Proceder a realizar un experimento,* to make/carry out an experiment.
experto, a *n.* expert, specialist, professional. *Experto en seguros,* (insurance) adjuster, claims inspector, valuer. *Honorarios de experto,* expert's fee(s).
experto, a *adj.* expert, qualified. *Perito topógrafo,* land surveyor.
expiración *f.* expiry, expiration, falling in. *A la expiración, en la fecha de expiración,* on expiry. *Expiración de una opción,* expiration of an option. *Expiración de un arrendamiento,* falling in/termination of a lease. *Fecha de expiración,* expiry date. *Llegar a su fecha de expiración,* to expire.
expirar *v.i.* to expire, to end, to conclude.
explicativo, a *adj.* explanatory. *Notas explicativas,* explanatory notes; *(al pie de una página)* footnotes.
exploración *f.* T.V.: scanning, exploration; *(para encontrar petróleo)* drilling.
explorador, a *n.* explorer, boy/girl scout; INFORM.: scanner.
explorar *v.t.* to scan, to explore.
exploratorio, a *adj.* exploratory.
explosión *f.* blast, detonation; explosion. *Explosión demográfica,* population explosion, baby boom. *Motor de explosión,* explosion engine.
explosivo, a *adj.* explosive.
explotable *adj.* exploitable, workable.
explotación *f.* 1 exploitation, abuse. *Explotación de la mano de obra,* exploitation of labor. 2 exploiting, mining, digging, tapping. *Explotación de las reservas petroleras,* tapping of oil resources. *Explotación minera a cielo abierto,* open-pit mining. 3 running, working, (EU) operating. *Beneficios de explotación,* trading profits, (EU) operating profits. *Capital de trabajo, capital de explotación,* (EU) operating capital, working capital. *Costo de explotación,* working cost, (EU) operating cost. *Cuenta de ventas, cuenta*

de explotación, trading account, (EU) operating statement, income statement, earnings report. *Déficit de explotación, pérdida operativa,* operating loss. *Gastos de explotación,* working expenses, (EU) operating expenditure. *Pérdida de explotación, pérdida operativa,* trading loss.
explotación de una patente, utilization of a patent.
explotación hullera, coal-mining, coal-mining industry; *(campos hulleros)* coal-fields, coal-mines, *(organismos)* coal board.
explotador, a *n.* exploiter.
explotar *v.t.* 1 *(estallar)* to explode, to burst (out). 2 to run, to operate, to work. *Explotar una patente,* to work a patent. *Explotar un negocio,* to run a business. 3 *(recursos)* to mine, to farm, to tap. *Explotar recursos,* to tap resources. *Explotar una mina de oro,* to mine for gold. 4 *(aprovechar)* to exploit. *Explotar el tercer mundo,* to exploit the third world. *Explotar la credibilidad de alguien,* to take advantage of someone's gullibility.
exponencial *adj.* exponential. *De manera exponencial, exponencialmente,* geometrically. *Función exponencial,* exponential function.
exponente *m.* MAT.: exponent, power. *Exponente de x, potencia de x,* power of x.
exponer *v.t.* 1 to display, to exhibit, to show. 2 *(una opinión)* to state. *Exponer uno su punto de vista sobre,* to state one's views on. 3 *(riesgo, peligro)* to expose, to endanger, to jeopardize.
exponer(se) *v. pr.* to make/to render oneself liable to; to risk, to endanger oneself.
exportable *adj.* exportable.
exportación *f.* export; exportation. *Artículo de exportación,* export item. *Comercio de exportación,* export trade. *Derechos de exportación,* export duty. *Impuestos a la exportación,* export taxes. *Licencia de exportación,* export license. *Mercados de exportación,* export markets. *Mercancías destinadas a la exportación,* export(able) goods. *Prima para la exportación,* export bonus, export bounty, export bonus.
exportador, a *n.* exporter.
exportador, a *adj.* exporting. *Organización de los países exportadores de petróleo (O.P.E.P.),* Organization of Petroleum-Exporting Countries. (O.P.E.C.). *País exportador,* exporting country.
exportar *v.t.* to export. *Autorización para exportar,* export permit.
exposición *f.* 1 FOT.: exposure. 2 *(inversión que incluye un riesgo)* exposure. 3 exhibition, show, display. *Estante/puesto de exposición,* exhibition stand. *Exposición agrícola,* agricultural show. *Exposiciones y ferias,* exhibitions and fairs. *Sala de exposición,* showroom.
expositor, a *n.* *(participante de una exposición)* exhibitor.

exprés *m.* *(tren envío)* express. *Carta por exprés,* express letter. *Distribución por exprés,* special delivery. *Entrega por exprés,* express delivery.

expreso *adj.* 1 express, explicit, absolute. *Acuerdo expreso,* stated agreement. 2 express. *Tren expreso,* express train.

expropiación *f.* expropriation, compulsory surrender.

expropiar *v.t.* to expropriate.

expulsar *v.t.* to evict, to dispossess. *Expulsar a un inquilino,* to evict a tenant; *(de un país)* to expel.

expulsión *f.* eviction, expulsion, dispossession; expelling.

extender *v.t.* 1 *(estirar)* to extend, to stretch out; to extend (to). 2 *(otorgar un cheque, una factura)* to make out a check, to write a check, to draw/to make out/to fill out a check *(a la orden de,* to).

extender(se) *v. pr.* to expand, to spread, to stretch. *Estas medidas se extenderán igualmente a los obreros contratados a tiempo parcial,* these measures will also apply to part-time workers.

extensión *f.* 1 extent, range, scope, scale. *Extensión de agua,* expanse of water, pool, lake. *Extensión del daño,* extent of the damage. *Naturaleza y extensión de un riesgo,* nature and extent of a risk. 2 extension, growth, development. *Hacer una extensión,* to extend, to expand. *Por extensión,* by extension. 3 *número de extensión telefónica,* extension. *Comuníqueme por favor a la extensión,* please put me through extension.

extensivo, a *adj.* extensive. *Agricultura extensiva,* extensive agriculture.

exterior *adj.* exterior, external, foreign, outdoor. *Comercio exterior,* foreign trade. *Deuda exterior, deuda externa,* foreign debt. *Mercado exterior,* foreign market.

extinción *f.* extinction, termination, end. *Extinción de una deuda pública,* extinction of a national debt. *Extinción de un riesgo,* end of a risk.

extinguir *v.t.* to extinguish. *Extinguir una deuda,* to pay off a debt.

extorsión *f.* extortion.

extorsionar *v.t.* to extort, to exact. *Extorsionar con dinero a,* to extort money from.

extra *adj.* extra, supplementary. *Trabajar horas extras,* to work overtime, to do overtime.

extracción *f.* extraction; pulling out; drain(ing).

extracto *m.* extract, abstract, certificate. *Extracto de cuenta,* abstract of account, statement of account. *Extracto de los archivos de policía,* extract from police records.

extradición *f.* extradition.

extraer *v.t.* to extract, to draw out, to pull.

extrajudicial *adj.* extrajudicial.

extranjero, a *n.* *(de otro país)* foreigner, alien; *(de otra región)* stranger. *Activos invertidos en el extranjero,* assets held abroad. *Capitales colocados en el extranjero,* capital invested abroad. *En el extranjero,* abroad. *Extranjero no residente,* non-resident alien. *Inversiones en el extranjero,* foreign investment.

extranjero, a *adj.* foreign, alien. *Activos en monedas extranjeras,* foreign currency assets. *De marca extranjera,* foreign-made, foreign-built. *Deuda externa, deuda con el extranjero,* external debt. *Divisas extranjeras,* foreign currencies, foreign exchange. *Documentos de crédito en moneda extranjera,* foreign bill. *Política extranjera,* foreign policy. *Tenencias, saldos, activos en divisas extranjeras,* foreign exchange holdings.

extraoficial *adj.* unofficial; under ground.

extraordinario *adj.* extraordinary, special. *Asamblea general extraordinaria,* extraordinary general meeting.

extrapolación *f.* extrapolation.

extrapolar *v.t.* to extrapolate.

extraterritorial *adj.* extraterritorial.

extraviar *v.t.* to mislay, to lose.

extremidad *f.* end; tip, *(del cuerpo)* extremity.

extremo *m.* y *adj.* extreme.

fábrica *f.* factory, plant, mill, works. *Director de fábrica,* factory manager, plant manager. *Fábrica de cemento,* cement factory. *Fábrica de ladrillos,* brick-works. *Fábrica de papel,* paper mill. *Marca de fábrica,* trade-mark. *Obrero de fábrica,* blue-collar worker, factory worker. *Precio puesto fuera de fábrica,* price ex-works. *Tienda de fábrica,* factory outlet. *(Nota importante: los estadounidenses utilizan con mayor frecuencia la palabra* plant, *en tanto que los británicos la emplean para designar a las industrias modernas: Fábrica de automóviles,* (EU) automobile plant; (GB) car factory. *Planta/fábrica atómica,* (EU y GB) nuclear plant. *El término* mill *se emplea para denotar a las fábricas o al uso industrial de la fuerza motriz: Fábrica de harinas,* flour-mill. *Al menos originalmente, se empleaba para denotar los procesos industriales conexos con el uso del aire o del agua* (cotton mill, sawmill; paper-mill). *La palabra* works *se utiliza como connotativo de la industria pesada en general: Planta siderúrgica,* an iron and steel works).

fabricación *f.* manufacture, manufacturing, making, processing; tooling. *Costo de fabricación,* manufacturing cost. *Fabricación en serie,* mass production. *Fabricación Mexicana,* made in Mexico. *Jefe de fabricación,* production manager. *Proceso de fabricación,* manufacturing process.

fabricación de ladrillos, *(oficio)* brick-making.

fabricación de pan, baking, bread-making; baker's business, baker's trade.

fabricante *mf.* maker, manufacturer. *Fabricante de papel,* paper-maker.

fabricar *v.t.* to manufacture, to make, to produce, to fabricate. *Fabricar cerveza,* to brew. *Fabricar externamente (subcontratar),* to farm out.

fabril *adj.* industrial.

faceta *f.* facet.

fachada *f.* front, frontage.

facilidad *f.* easiness, ease; readiness. *Facilidad de acceso,* easy access, accessibility. *Facilidades de emisión,* issuance facility. *Facilidades de pago,* easy terms. *Facilidades de venta,* salability.

facilitar *v.t.* to facilitate, to make easy, to make easier, to help (do something).

factibilidad *f.* feasibility. *Estudio de factibilidad,* feasibility study.

factible *adj.* feasible, attainable, probable.

factor *m.* factor, element. *El costo del factor,* cost factor. *Factor de atracción, de seducción,* appeal factor. *Factor de identificación,* recognition factor.

factoraje *m.* factoring. *Factoraje de las cuentas por cobrar,* accounts receivable factoring.

factoría *f.* **1** *(fábrica)* factory. **2** Com.: outlet, agency.

factorial *adj.* factoral, factorial. *Análisis factorial,* factor analysis.

factura *f.* invoice, bill. *Encargado de facturas,* invoice clerk. *Factura consular,* consular invoice. *Factura de crédito,* credit note. *Factura de débito,* debit note. *Factura detallada,* itemized invoice. *Factura falsa,* forged/faked invoice. *Factura foliada,* numbered invoice. *Factura prefoliada,* prenumbered invoice. *Factura pro-forma,* pro forma invoice. *Hacer una factura,* to make an invoice. *La factura petrolera,* the oil bill. *Libro de facturas,* invoice book. *Liquidar una factura,* to pay a bill. *Según (la) factura,* as per invoice.

facturación *f.* invoicing, billing. *Facturación de mercancías,* invoicing of goods.

facturador, a *n.* billing clerk.

facturar *v.t.* to invoice, to bill. *Máquina facturadora,* invoicing machine, billing machine.

facultad *f.* option, right; power.

facultativo, a *adj.* optional, voluntary. *Detención facultativa,* request stop. *Seguro facultativo,* voluntary insurance.

faena *f.* work, labor; *fig.* *(trabajo mental)* mental task.

faja *f.* *(de terreno)* strip, stretch, tract.

fajo *m.* *(de papeles)* bundle, packet, file, sheaf; *(de billetes)* wad.

falla *f.* failure, defect.

fallar *v.t.* e *i.* **1** *(dictar sentencia)* to pass sentence. **2** *(fracasar)* to fail.

fallo *m.* *(de un tribunal)* court decision, court order, court injunction; ruling; sentence, judg(e)ment, award.

falsario *m.* forger, counterfeiter.

falsear *v.t.* to forge; to adulterate.

falsedad *f.* falsehood.

falsificación *f.* falsification, forgery, adulteration; fake; fraudulent imitation. *Falsificación de libros,* falsification of accounts. *Falsificación de una patente,* infringement of patent.

falsificador, a *n.* forger; counterfeiter, falsifier; *(patentes, etc.)* infringer. *Falsificador de moneda,* forger, counterfeiter.

falsificar *v.t.* to falsify, to tamper (with), to fake; *(firmas, monedas)* to forge; to counterfeit; *(paten-*

tes) to infringe. *Falsificar las cuentas, los libros,* to cook the books. *Falsificar los resultados electorales,* to doctor the election results. *Falsificar un documento,* to falsify a document.

falso, a *adj.* false; *(falsificado)* forged, fake(d); *(simulado)* sham, **fam.** bogus; *(inexacto)* wrong, untrue. *Cheque falso,* bad check, dud check, rubber check. *Factura falsa,* forged/fake(d) invoice. *Falso testimonio,* perjury. *Flete falso,* dead freight. *Moneda falsa,* counterfeit money.

falta *f.* **1** fault, mistake, error. *Falta de asistencia,* absence. *Falta de ortografía,* spelling mistake. *Falta profesional,* misconduct. **2** failure, lack, default. *A falta de,* failing, for want of, in default of. *Falta de asistencia a una persona en peligro,* failure to assist somebody in danger. *Falta de entrega,* non-delivery. *Falta de mantenimiento,* defective maintenance/servicing. *Falta de pago,* default (in paying), failure to pay, failing (payment). *Faltar al cumplimiento de,* to default. *Sin falta,* without fail. **3** lack, shortage, deficiency, want. *Falta de entrega,* short delivery. *Falta de peso,* short weight, deficiency in weight.

falta de pago, non-payment; defaulting.

falta de previsión, want of foresight; improvidence; shortsightedness; negligence.

faltante *m.* deficiency, shortage; *(cantidad perdida en el curso de un transporte)* ullage, outage. *Faltante de efectivo,* cash shortage. *Faltante de inventarios,* inventory shortage.

faltante *adj.* missing, lost. *Mercancías faltantes,* missing goods.

falta profesional, unprofessional conduct, professional misconduct.

faltar *v.i.* **1** to miss. **2** *estar ausente,* to be absent, to be missing, to run short, to run low. *Me faltan 500 pesos,* I am 500 pesos short. **3** *faltar a,* to fail (in), to default (on), not to meet. *Faltar a una promesa,* to break a promise. *Faltar uno a su deber,* to fail in one's duty. *Faltar uno a su palabra,* to break one's word. *Faltar uno a sus obligaciones,* to default on one's obligations, not to meet one's commitments.

falto *adj. (estar falto de)* to be out of, to be short of, to run short of, to run out of, to be out of stock for; to need, to lack, to want. *Estar falto de dinero,* to be out of money, to be short of money.

fama *f.* fame, reputation. *Mala fama,* bad reputation.

familia *f.* family, household. *Bienes de una familia,* family property, heirloom. *Consumo de las familias,* household consumption. *Jefe de familia,* head of the family, householder. *Pensión de familia,* boarding house. *Ser el sostén de una familia,* to support a family, **fam.** to be the breadwinner. *Ser jefe de familia,* to have dependents, to support a family.

familiar *adj.* familiar, domestic. *Asignaciones familiares,* family allowance. *Me suena familiar, me parece conocerlo de algún lado,* sounds familiar. *Suplemento familiar,* child benefit. *Tamaño familiar,* family size, king size, economy size.

familiaridad *f.* familiarity.

familiarizar(se) *v. pr.* to become familiar. *No estoy familiarizado con ello,* I'm not familiar with it.

famoso, a *adj.* famous. *Una empresa famosa,* a famous company.

fantasía *f.* fancy. *Artículos de fantasía,* fancy goods.

fantasma *adj. Empresa fantasma,* dummy company, bogus company; front company.

faramalla *f.* trash, claptrap, ballyhoo, (EU) baloney, *(argot,* EU) schmalz. *Hacer faramalla,* to ballyhoo, to patter; (EU) to shill.

farmacéutico, a *n.* chemist, (EU) druggist, pharmacist.

farmacéutico, a *adj.* pharmaceutical. *Productos farmacéuticos,* pharmaceuticals.

farmacia *f.* dispensing chemist's, (EU) drugstore, pharmacy. *Farmacia de servicio,* duty chemist.

fascículo *m.* booklet, brochure; section.

fase *f.* stage, period, phase, step. *Fase inicial, final,* starting, ending stage.

fastidiar *v.t.* to annoy, to bother.

fastidio *m.* ennui, nuisance, annoyance.

fastidioso, a *adj.* annoying, bothering, tedious. *Persona fastidiosa,* teaser. *Tarea fastidiosa,* tedious task.

favor *m.* favor, (GB) favour, preference. *Boleto de favor, de cortesía,* complimentary ticket. *Certificado de favor,* accommodation bill. *El favor del público,* consumer acceptance. *Favor ilícito,* undue favor, unfair promotion, injustice. *Precio de favor,* preferential price, rate.

favorable *adj.* favorable. *Condiciones favorables,* favorable conditions.

favorecedor, a *adj.* favorer, flattering.

favorecer *v.t.* to favor, to promote, to further, to foster.

favorecido, a *n. Los favorecidos y los desfavorecidos,* the haves and have-nots.

favorecido, a *adj. La cláusula de la nación más favorecida,* most favored nation clause.

fax *m.* fax. *Enviar un fax,* to fax.

fe *f.* faith. *De buena fe,* in good faith, bona fide. *En buena fe de lo cual,* in witness whereof. *Hacer (buena) fe,* to be evidence, to be authentic. *Tenedor de buena fe,* bona fide holder.

febril *adj.* febril. *Capital febril,* hot money.

fecha *f.* date. *Fecha contractual,* contract date. *Fecha de aparición/de publicación,* publication date. *Fecha del correo,* date as post-mark. *Fecha de salida,* date of departure. *Fecha de vencimiento,* due date, date of maturity, maturity date.

fecha de envío, dispatch date.
fecha de expedición, dispatch date, shipping date.
fecha de valor, value date.
fecha de vencimiento, maturity date.
fechado, a *p.p. de fechar,* **adj.** dated; *no fechado,* undated.
fechador, a *n.* dater.
fecha efectiva, effective date.
fecha límite, deadline; FIN.: *(bancos)* cut off date.
fechar *v.t.* **1** *(poner la fecha)* to date. *Fechar de, datar de,* to date from, to date back to. **2** to date-stamp, to date, to perforate, to punch, to stamp.
fécula *f.* starch.
fe de erratas, erratum.
federación *f.* federation, organization. *Federación Americana del Trabajo,* American Federation of Labor.
federal *adj.* federal. *Banco de la Reserva Federal,* Federal Reserve Bank. *Gobierno federal,* federal government. *Sistema de la Reserva Federal,* Federal Reserve System.
fehaciente *adj.* JUR.: genuine, legitimate, authentic.
felicitación(es) *f.* congratulations.
felicitar *v.t.* to congratulate.
femenino, a *adj.* female. *Mano de obra femenina,* female labor force.
fenomenal *adj.* amazing, phenomenal, fantastic.
fenómeno *m.* phenomenon, *pl.* phenomena.
feria *f.* fair. *Feria comercial,* trade fair.
feriado *p.p. de feriar,* **adj.** *día feriado,* feast day, holiday.
férreo, a *adj.* *Vía férrea,* rail, (EU) railroad; railway, track.
ferretería *f.* *(comercio, industria)* hardware business, *(tiendas)* hardware shop.
ferretero *m.* iron monger; hardware merchant.
ferrita *f.* ferrite. *Memoria de ferrita,* core storage.
ferrocarril *m.* railway(s), (EU) railroad(s), rail. *Viajar por ferrocarril,* to travel by rail.
ferrocarrilero *(ver* **ferroviario**).
ferroso, a *adj.* ferrous.
ferroviario, a *adj.* *Industria ferroviaria,* railway industry. *Tráfico ferroviario,* rail(way) traffic. *Transporte ferroviario,* rail(way) transport, (EU) railroad transport. *Vía ferroviaria,* track.
fértil *adj.* fertile.
fertilidad *f.* fertility.
fertilización *f.* fertilization.
fertilizante *m.* fertilizer.
fertilizar *v.t.* to fertilize.
festivo, a *adj.* *Día festivo,* official holiday, (EU) statutory holiday, (GB) bank holiday; feast day.
feudal *adj.* feudal.
fiabilidad *f.* reliability.

fiable *adj.* reliable; trustworthy.
fiado *m.* *p.p. de fiar,* on credit. *Vender al fiado,* to sell on credit.
fiador, a *n.* surety, guarantor. *Ser fiador de alguien,* to stand surety for someone, to vouch for somebody.
fianza *f.* bail, surety, guarantee, bond.
fiar *v.t.* to sell on credit.
fiasco *m.* failure.
fibra *f.* fiber, (GB) fibre. *Fibra óptica,* optical fiber. *Fibra sintética,* synthetic fiber, man-made fiber. *Fibras ópticas,* fiber-optics.
ficha *f.* **1** *(índice)* card; slip, sheet, form, ticket; docket; list; voucher; record. *Ficha de depósito,* deposit slip, deposit ticket. *Ficha de pago,* paycheck, pay slip. **2** token; *(cartas)* counter.
fichero *m.* card-index, card-file. *Fichero de direcciones,* mailing list. INFORM.: file.
ficticio, a *adj.* fictitious, factitious, artificial, bogus. *Activo ficticio,* fictitious asset. *Embalaje ficticio,* dummy pack, dummy. *Factura ficticia,* pro-forma invoice. *Letra de cambio ficticia,* accommodation bill, kite. *Una empresa ficticia,* a dummy company, a straw company.
fidedigno, a *adj.* reliable, trustworthy.
fideicomisario *m.* trustee, fideicommissioner.
fideicomiso *m.* trust. *Contrato de fideicomiso,* trust agreement. *Fondo de fideicomiso,* trust fund.
fideicomitente *m.* trustor.
fidelidad *f.* fidelity, loyalty; *(precisión)* accuracy. *Alta fidelidad,* high fidelity.
fiducia *f.* trust.
fiduciario *m.* trustee.
fiduciario, a *adj.* fiduciary. *Acta fiduciaria,* trust deed, writ. *Moneda fiduciaria,* paper money. *Sociedad/compañía fiduciaria,* trust company. *Valores fiduciarios,* paper securities.
fiebre *f.* fever. *Fiebre de compras,* buying spree, buying binge, buying frenzy. *Fiebre por el oro,* gold rush.
fiel *adj.* faithful. *Cliente fiel,* regular customer. *(Hoteles, restaurantes)* patron.
fierro *m.* iron. *Fierro blanco,* tin, tinplate. *Fierro forjado,* wrought iron. *Mineral de fierro,* iron ore.
fiesta *f.* party. *Día de fiesta,* public holiday, legal holiday, (GB) bank holiday. *Hacer una fiesta,* to give a party.
figurar *v.i.* to appear, to figure.
fijación *f.* fixing, setting; assessment. *Fijación de anuncios,* bill posting, billing, placarding. *Fijación de costos,* cost determination. *Fijación de precios,* price fixing, price setting, pricing. *Fijación de un cupo,* application of quotas. *Fijación de un límite superior,* fixing of a ceiling, setting of a limit; pegging. *Fijación de zonas,* zoning. *Pizarra para fijación de anuncios,* notice board, bulletin board.

fijar *v.t.* **1** to fix, to set, to determine. *Fijar el precio de un producto,* to price a product. *Fijar una cita,* to make/to arrange an appointment. *Fijar una estrategia,* to decide on a strategy. *Fijar una fecha,* to fix, to set, to decide (on). *Fijar un plazo,* to set a deadline. *Fijar un precio,* to fix a price, to regulate (price, rate). *La reunión se fijó para el martes próximo,* the meeting is due to be held/is scheduled for next Tuesday. **2** *(anuncios)* to post, to stick, to display. **3** *fijar como blanco,* to target. *Población fijada como blanco de ataque,* target audience, target group. **4** *fijar un cupo,* to apply quotas. **5** *fijar un límite máximo,* to put a ceiling on, to set a limit to; to put a cap on; to cap; to peg.

fijedad *f.* fixity.

fijo, a *adj.* fixed, regular, set, standing. *Cuota fija,* fixed rate. *Gastos fijos,* standing charges, expenses, fixed charges. *Ingreso fijo,* fixed income. *Instalaciones fijas,* fixtures and fittings. *Precio fijo,* standing price, fixed price, set price. *Salario fijo,* fixed salary; straight salary. *Tasa fija,* flat rate.

fila *f.* line, (GB) queue. *Cola, fila de espera,* queue, waiting line. *Jefe de filas,* leader. *Teoría de colas, de líneas de espera,* queue/queueing theory.

filatelia *f.* philately, stamp collection.

filatelista *mf.* stamp collector.

filiación *f.* filiation.

filial *f.* subsidiary; affiliate; branch (*Nota importante: desde un punto de vista técnico, la palabra branch significa sucursal, agencia; el término subsidiary se emplea cuando la filial es detentada en más de un 50 por ciento por la sociedad paterna*). *Filial totalmente poseída, filial detentada en un 100 por ciento,* wholly-owned subsidiary.

filmación *f.* *(de una película)* filming, shooting. *Filmación en el exterior,* shooting on location.

filmar *v.t.* to film.

filtración *f.* *(líquidos, gases)* leakage, leak. *(Información)* leak.

filtrar *v.t.* **1** *(líquidos)* to strain, to filter. **2** *(seleccionar candidatos)* to screen.

filón *m.* seam, lode, *fam.* golden opportunity.

fin *m.* **1** end. *Fin del ejercicio,* close/end of the trading. *Fin de serie,* odd lot, oddments, odds and ends. **2** *(meta)* goal, purpose, objective, object; design. *Con fines lucrativos,* for pecuniary gain; profit-making. *Con fines no lucrativos,* not for money, non profit, non profit making. *Con la finalidad de,* with a view to. *Sociedad con fines lucrativos,* trading company; profit-seeking organization. *Sociedad con fines no lucrativos,* non profit organization, society.

final *adj.* final. *Inventario final,* ending inventory. *Precio final,* end price. *Producto final,* end product. *Resultado final,* final result, end result. *Usuario final,* end-user. *Utilización final,* end use.

finalidad *f.* finality, goal, end.

finalizar *v.t.* to end; to finish.

financiación ver **financiamiento**.

financiamiento *m.* financing, funding. *Autofinanciamiento,* self-financing. *Estado/posición de financiamiento,* funds statement, statement of source and application of funds, source and use of funds statement; statement of changes in financial position. *Financiamiento de un préstamo,* loan financing. *Financiamiento externo,* external financing. *Financiamiento interno,* internal funding. *Sociedad de financiamiento,* finance/financing company.

financiar *v.t.* to finance, to fund, to bankroll; to subsidize.

financiero, a *n.* financier, money-man.

financiero, a *adj.* financial. *Arrendamiento financiero,* financial lease. *Ejercicio financiero,* financial year, fiscal year, trading year. *Gastos financieros,* financial charges; *(préstamos)* interest charges. *Mercado financiero,* money market, capital market. *Paquete financiero,* financial combination, financial package. *Reporte financiero,* financial report. *Situación, posición financiera,* financial position/standing/status.

finanzas *f. pl.* finance, cash, money. *El mundo de las finanzas,* (the) finance world. *Ley de las finanzas,* appropriation bill. *Ministro de finanzas,* finance minister, (EU) Treasury Secretary, (GB) Chancellor of the Exchequer.

finca *f.* real estate.

fincar *v.t.* to buy real estate.

finiquitar *v.t.* to settle, to liquidate, to pay off.

finiquito *m.* settlement, payment. Com.: receipt in full.

finito, a *adj.* finite.

fino, a *adj.* fine, elegant, expensive, delicate, nice.

firma *f.* **1** signature, initials, certification. *Avalar una firma,* to guarantee an indorsement/endorsement. *Firma de un testamento,* execution of a will. *Firma por apoderado,* proxy signature. *Poner uno su firma,* to sign, to sign one's name, to set one's hand (to), to affix/to append one's signature (to). *Presentar para firma,* to submit for signature. *Tener la firma (para una empresa),* to be authorized to sign for a company, to have a signatory power. **2** signing. *Firma de un contrato, de un acuerdo,* signing of a contract, of an agreement. **3** *(empresa, despacho)* firm, concern, business.

firma al margen, signature, initialling, receipting.

firmado *adj.* signed. *No firmado,* unsigned.

firma en blanco, 1 blank signature. **2** full delegation, full powers.

firma mancomunada, joint signature.

firmante *mf.* signer.
firmar *v.t.* to sign. *Firmar por apoderado,* to sign by proxy. *Firmar un acuerdo,* to sign, to conclude, to enter into a contract, to sign an agreement. *Firmar un poder,* to execute a power of attorney. *Sírvase firmar y devolver,* please sign and return to us.
firmar al margen, to sign, to initial.
firme *adj.* firm, steady, strong; *(precios)* stiff, hard, firm. *El mercado está firme,* the market is steady. *Pedido en firme,* firm order.
firmeza *f.* firmness, energy, toughness, steadiness. *Firmeza de precios,* hardness, stiffness, firmness. *Tener firmeza,* to be firm, to be energic, to be tough.
fiscal *adj.* fiscal. *Año fiscal, ejercicio fiscal,* fiscal year, (*Nota importante: El año fiscal inicia el 1 de Octubre en los EU y el 1 de Abril en GB*). *Base fiscal,* tax base. *Carga fiscal,* tax load, tax burden. *Consejero fiscal,* tax consultant. *Crédito fiscal,* tax credit. *Derecho fiscal,* tax law. *Fraude fiscal,* tax fraud, tax evasion, tax dodging. *Inspector fiscal,* tax-inspector. *Paraíso fiscal,* tax haven, tax shelter. *Presión fiscal,* tax burden, tax load. *Recaudador fiscal,* tax collector. *Sistema fiscal,* tax system, taxation system, fiscality. *Timbre fiscal,* duty stamp.
fiscalía *f.* Jur.: Public Prosecutor Office.
fiscalista *mf.* tax specialist, tax expert; tax adviser, tax consultant, tax lawyer.
fiscalizar *v.t.* to sue, to file suit, to prosecute.
fisco *m.* (EU) Internal Revenue Service (I.R.S.), (GB) Inland Revenue. *Agentes del fisco,* tax officials/officers. *Autoridades del fisco,* tax authorities. *Defraudar al fisco,* to evade taxes, to dodge taxes.
física *f.* physics.
física *adj.* physical. *Capacidad física,* physical capacity. *Dimensiones físicas,* physical dimensions.
físicamente *adv.* physically.
fisonomía *f.* *(mercado)* trend, tone, aspect; main features.
flagrante *adj.* present. *En delito flagrante,* caught in the act, in the fact, red-handed. Jur.: flagrante delicto.
flamante *adj.* brand-new, bran-new.
fletador *m.* charterer, freighter, shipowner.
fletamento *m.* freighting, chartering. *Contrata de fletamento,* charter-party.
fletar *v.t.* to charter, to freight, to affreight.
flete *m.* freight, cargo; chartering, freighting. *Contrato de flete,* charter agreement, chartering agreement, freight contract. *Costo, seguro, flete,* cost, insurance, freight, (C.I.F.). *Flete a destajo,* through freight. *Flete a plazo,* time charter. *Flete integrado,* roll-on roll-off. *Flete por viaje,* voyage charter.

flete a precio alzado, through freight.
flete directo, charter, chartering.
flete por cobrar, collect freight.
flete por pagar, payable freight.
fletero, a *n.* freighter, charterer.
fletes y acarreos, freight and carriage.
flexibilidad *f.* flexibility. *Flexibilidad del empleo,* job flexibility. *Flexibilidad del trabajo,* flexible working hours, flex-time, flexitime.
flexibilizar *v.t.* to make flexible.
flexible *adj.* flexible. *Horario flexible,* flexible working hours, flex-time, flexitime.
flexión *f.* flexion.
flojear *v.i.* to slacken.
flojedad *f.* laxity.
flojera *f.* laziness, lethargy.
flojo, a *adj.* lazy; loose.
floreciente *adj.* flourishing, prosperous, thriving. *Una economía floreciente,* a thriving economy.
flota *f.* fleet. *Flota mercante,* merchant fleet.
flotación *f.* floating; refloating, launching.
flotante *adj.* floating. *Capitales flotantes,* floating capital. *Deuda flotante,* floating debt. *Póliza flotante,* floating policy, floater. *Tasa de cambio flotante,* floating rate of exchange.
flotar *v.i.* to float.
flotilla *f.* small fleet. *Flotilla fluvial,* river fleet.
fluctuación *f.* fluctuation, variation, drift, change. *Fluctuaciones cambiarias,* exchange rate variations. *Fluctuaciones de precios,* price variations.
fluctuante *adj.* fluctuating. *Tipos de cambio fluctuantes,* changing rates of exchange.
fluctuar *v.i.* to fluctuate, to drift.
fluir *v.i.* to flow; *(escaparse)* to leak.
flujo *m.* flow. *Diagrama de flujo,* chartflow. *Estado de fondos,* funds statement. *Estado de origen y aplicación de recursos,* source and application of funds statement, source and use of funds statement; statement of changes in financial position. *Flujo de capitales,* capital flow(s). *Flujo estrecho,* tight flow. *Flujo monetario,* monetary flow, flow of money.
flujo de efectivo, cash flow.
flujo de información, information flow.
flujo de trabajo, work flow.
fluvial *adj.* fluvial. *Navegación fluvial,* inland navigation. *Vía fluvial,* (inland) waterway.
F.M.I. (Fondo Monetario International) *abr.* I.M.F.
fogonero *m.* **1** chauffeur. **2** *(industria)* stoker; fireman; boilerman; furnace man.
foliado *adj.* numbered, foliated.
foliar *v.t.* *(facturas, libros de contabilidad, etc.)* to assign a consecutive numbering.
folio *m.* folio; *(hoja)* sheet, leaf.
folleto *m.* leaflet, brochure, pamphlet. *Folleto de propaganda,* leaflet, handout, broadsheet.

F

folleto desplegable, folder.

folleto explicativo, directions for use.

folleto técnico, specification sheet, spec sheet.

fomentar *v.t.* to promote, to foment.

fomento *m.* fomentation, promotion.

fonda *f.* inn; restaurant.

fondear *v.i.* to cast anchor.

fondeo *m.* the act of casting anchor.

fondo *m.* *(reserva, provisión)* fund. *Fondo de amortización,* sinking fund. *Fondo de colocaciones,* investment fund. *Fondo de colocaciones abiertas, fondo común de colocaciones,* open-end investment trust, (EU) mutual fund, (GB) unit trust. *Fondo de colocaciones privadas,* investment trust. *Fondo de garantía,* reserve fund; compensation fund. *Fondo de regularización,* equalization fund. *Fondo para cobertura del desempleo,* unemployment fund. *Fondos operativos,* working capital, (GB) operating capital.

fondo de amortización, sinking fund.

fondo de caja chica, petty cash fund.

fondo de gastos, expense fund.

fondo de pensiones, pension fund.

fondo de reserva, reserve fund.

Fondo Monetario Internacional (F.M.I.), International Monetary Fund (I.M.F.).

fondos *m. pl.* **1** cash; till money; cash in hand. *Déficit de fondos,* short in the cash. *Excedente de fondos,* over in the cash. *Fondos disponibles,* available funds. *Fondos líquidos,* cash reserve. *Fondos metálicos,* cash and bullion in hand. **2** fund(s), capital, money. *Aportación de fondos,* outlay, investment (capital) outlay. *Asignación de fondos,* earmarking, appropriation/ allocation of funds. *Asignar fondos,* to allocate funds. *Cheque sin fondos,* bad check, (EU) dud check, rubber check, worthless check, bouncing check, check with insufficient funds, (EU) rubber check. *Desviación/desfalco/malversación de fondos,* embezzlement. *Falta de fondos,* no funds, insufficient funds. *Fondos propios,* share capital, (EU) stockholder's equity. *Prestamista de fondos,* silent partner, sleeping partner *(en una sociedad de personas);* money lender. *Recolección de fondos,* collection of funds. *Solicitar fondos en préstamo (a alguien),* to borrow (from someone). *Solicitud de fondos,* call for money, call for funds. *Transferencia de fondos,* transfer of funds.

fondos consolidados, funded debt, (GB) consols.

fondos del Estado, government stock, government securities.

fondos propios, capital stock, share capital, (EU) stockholders' equity.

fondos públicos, public funds.

forense *adj.* forensic; judicial.

forestal *adj.* forestal. *Campaña forestal,* forestal campaign.

forjar *v.t.* to forge, to fabricate, to hammer.

forma *f.* **1** shape, form. *Bajo forma de cuadro, en forma tabular,* in tabular form. *Como formalismo, como cuestión de forma,* as a matter of form, for form's sake. *En buena forma,* in order, in due form. *Vicio de forma,* vice of form. **2** *forma de pago,* salary slip, wage sheet, pay slip, (EU) paycheck. *Forma de solicitud de empleo,* application form. *Forma impresa,* printed form, printed paper. *Forma para el pago de impuestos,* tax form, tax return. *Forma para pedido,* order form, order card, order sheet, order slip. *Forma publicitaria,* advertising/matter literature; promotional print. *Impresos,* printed matter. *Llenar una forma impresa,* to fill in a form. *Llenar una forma para el pago de impuestos,* to fill in one's tax return, (EU) to file one's tax return. **3** *(manera)* making, workmanship; *(mano de obra)* (EU) labor, (GB) labour.

formación *f.* **1** formation. *Formación de capitales,* capital formation. *Formación de precios,* price formation, pricing. **2** training, background. *Formación profesional,* vocational training. *Una formación literaria,* an arts background.

formal *adj.* formal, express, strict. *Desmentimiento formal,* flat denial. *Orden formal,* strict order.

formalidad *f.* formality, formal procedure. *Formalidades aduanales,* customs formalities, customs clearance.

formalizar *v.t.* to formalize. *Formalizar un acuerdo,* to formalize an agreement.

formar *v.t.* **1** to create, to form, to set up *(empresas).* **2** to train *(empleados).*

formatear *v.t.* INFORM.: to format.

formato *m.* format, size.

fórmula *f.* **1** *(química)* formula. *Fórmula de interés compuesto,* compound interest formula. *Fórmula matemática,* mathematical formula. **2** *(formulario)* form, blank. *Forma para cheque,* check form. **3** phrase, set of words. *Fórmula de cortesía (al final de una carta),* complimentary close.

formulación *f.* formulation; wording.

formular *v.t.* **1** to formulate. **2** to draw up. *Formular/presentar una solicitud,* to make an application. *Formular una proposición,* to put forward a proposal. *Formular una reclamación,* to lodge a claim, to file a claim.

formulario *m.* form, printed form, (EU) blank. *Formulario de candidatura,* application form. *Formulario de demanda, de solicitud,* request form. *Formulario de respuestas,* answer sheet. *Llenar un formulario,* to fill in/to fill out/to fill up a form, (EU) a blank.

foro *m.* forum; courtyard.

forrar *v.t.* to cover. *Forrar un libro,* to cover a book.

forro *m.* *(libros)* jacket, dust cover.
fortalecer *v.t.* to fortify, to reinforce.
fortalecimiento *m.* fortifying; fortification.
fortificación *f.* fortification; stronghold.
fortificar *v.t.* to strengthen.
fortuitamente *adv.* fortuitously.
fortuito, a *adj.* fortuitous, casual.
fortuna *f.* fortune, riches, wealth. *Hacer una fortuna,* to make a fortune, to strike it rich. *Impuesto sobre la riqueza, sobre las grandes fortunas (I.G.F.),* wealth tax.
forzado (o **forzoso**) *adj.* Forced, constrained. *Ahorro forzoso,* compulsory savings. *Trabajos forzosos,* heavy work, hard work. *Venta forzada,* forced sale, compulsory sale.
fosfatar *v.t.* to phosphate.
fosfato *m.* phosphate.
fotocopia *f.* photocopy, copy, duplicate.
fotocopiadora *f.* photocopier, copier.
fotocopiar *v.t.* to photocopy, to duplicate, to copy; to xerox.
fotograbado *m.* photo-engraving.
fotograbador *m.* photo-engraver.
fotografía *f.* photograph, picture; *foto de identidad,* small photograph, passport photograph. *Fotografía tomada muy de cerca,* shot, close-up.
fotografiar *v.t.* to photograph.
fotógrafo, a *n.* photographer.
fracasado, a *adj.* unsuccessful.
fracasar *v.i.* 1 to fail, to abort, to miscarry; *(negociaciones)* to collapse, to fail. 2 flop, to fizzle out, to wash out.
fracaso *m.* fiasco, failure, flop; *(negociaciones)* collapse. *Destinado al fracaso,* doomed to failure, bound to fail.
fracción *f.* 1 fraction. 2 segment.
fraccionamiento *m.* 1 dividing-up; *(acciones)* split, split(ting) (up). 2 *(urbanización)* housing state.
fraccionar *v.t.* to divide; *(acciones)* to split up. *Fraccionar un pago,* to pay by installments, to stagger payment.
fraccionario, a *adj.* fractional. *Valores fraccionarios,* fractional values.
frágil *adj.* fragile, brittle *(vidrio).* "Frágil, manéjese con cuidado", "Handle with care".
fragilidad *f.* fragility.
fragmentar *v.t.* to break up, to divide, to fragment.
franco *m.* franc. *Franco Francés,* French franc (F.F.).
franco *adj.* free, paid. *Día franco,* clear day. *Franco a bordo,* free on board (F.O.B.). *Franco (a) domicilio, franco en el almacén del destinatario,* free (to the) customer's warehouse, carriage paid. *Franco a lo largo del buque,* free alongside ship (F.A.S.). *Franco camión,* free on

truck. *Franco de averías,* free from average. *Franco de porte,* carriage free. *Franco (en el) muelle,* free on quay, free at wharf. *Franco sobre demanda,* free on request. *Franco vagón,* free on rail, free on truck. *Puerto franco,* free port. *Zona franca,* free zone, free trade zone.
franela *f.* flannel.
franqueadora *f.* posting machine.
franquear *v.t.* 1 to stamp, to frank; *(bultos, etc.)* to prepay. 2 *(exonerar)* to exempt, to clear, to free, to release, to relieve, to discharge.
franqueo *m.* postage.
franqueza *f.* frankness.
franquicia *f.* 1 *(derecho de franquicia)* postage, stamping, franquing, prepayment. 2 *(exoneración)* exemption, exoneration, discharge, releasing, freeing, clearance. 3 franchise; franchising. *Conceder una franquicia,* to franchise. *Tienda sujeta a una franquicia,* franchised store/outlet.
franquiciado *m.* franchisee.
franquiciador *m.* franchiser.
frasco *m.* bottle, flask.
fraude *m.* fraud.
fraudulentamente *adv.* fraudulently, by fraud.
fraudulento, a *adj.* fraudulent.
frecuencia *f.* frequency.
frecuentación *f.* attendance.
frecuente *adj.* frequent, repeated.
frenado *m.* braking, checking; restraint; slowdown.
frenar *v.t.* to check, to stem, to restrain, to slow down. *Frenar la inflación,* to check inflation. *Frenar la producción,* to slow down production.
frenesí *m.* spree, binge, frenzy, rush. *Frenesí por las compras,* buying spree, buying binge. *Frenesí por los gastos,* spending spree. *Lanzarse a un frenesí de gastos,* to go on a spending spree.
freno *m.* brake, restraint, check. *Política de freno y de aceleración,* stop-go policy.
frente *m.* front. *Al frente,* forward. *Hacer frente,* to meet. *Hacer frente a la demanda,* to meet the demand.
fresco, a *adj.* fresh, new. *Dinero fresco,* fresh, new money.
frío *m.* cold. *Conservación en frío,* cold storage.
frontera *f.* border, boundary, frontier.
fronterizo, a *adj.* frontier.
fructificar *v.i.* to fructify, to bear interest.
fructuoso, a *adj.* profitable, lucrative, fruitful. *fam.* juicy.
frustrante *adj.* frustrating.
frustrar *v.t.* to frustrate, to disappoint.
fruta *f.* fruit. *Frutas verdes, tempranas,* early vegetables.
fuente *f.* source. *Fuente bien informada,* authoritative source. *Fuente de información,* source of information. *Retención en la fuente,* pay as you

earn (P.A.Y.E.), (EU) pay as you go. *Saber algo de una fuente segura,* to have it on good authority, to speak with inside knowledge.

fuente(s) de fondos, source(s) of funds.

fuera *adj.* off, outside. *Estar fuera de moda,* to be outdated, to be outmoded. *Fuera de balance,* off balance-sheet.

fuera de campo, off.

fuera de cotización, *mercado fuera de cotización,* curb market, over-the-counter market.

fuera de mercado, outside market.

fuera de servicio, out of service, out of order, beyond repair.

fuera de sincronización, out of sync.

fuera de temporada, off season.

fuera de uso, disused.

fuerte *adj.* strong, heavy, large. *Alza fuerte,* sharp increase. *Caja fuerte,* strong box, safe. *Cámara fuerte, cámara de seguridad,* vault. *Demanda fuerte,* keen/high/strong/heavy demand. *Moneda fuerte,* hard currency. *Suma fuerte,* large sum, high/substantial amount; flat price. *Tonelada fuerte,* long ton (1016 kg).

fuerza *f.* strength, force.

fuerza de trabajo, work force.

fuerza de ventas, sales force.

fuerza mayor, force majeure. *Caso de fuerza mayor,* act of God.

fuga *f.* 1 *(capitales)* flight; outflow. 2 drain. *Fuga de cerebros,* brain-drain.

función *f.* function, duty, office, position. *En función de,* depending on, as a function of, according to. *Entrar en funciones,* to take up one's duties, one's office, to report for work. *Función exponencial,* exponential function. *La función de mercadotecnia,* the marketing function. *La función pública,* the civil service, the public service; *los salarios de la función pública,* (EU) government workers, (GB) civil servants. *Las funciones del director son las siguientes,* the duties of the manager are as follows.

funcional *adj.* functional.

funcionamiento *m.* functioning, working, running, operating, operation. *Buen funcionamiento,* efficient working. *Ciclo de funcionamiento,* operating cycle. *El buen funcionamiento del departamento,* the smooth running of the department.

funcionar *v.i.* to work, to run. *El dispositivo no funciona,* the device is out of order. *Funcionar bien, (campañas, etc.),* to be successful. *Hacer funcionar,* to work, to run, to operate. *Hacer funcionar un asunto,* to run a business. *Los asuntos funcionan muy bien,* business is brisk. *Los asuntos no funcionan bien,* business is slack, at a standstill.

funcionario, a *n.* (government) official, civil servant, public servant, government worker; functionary *(esta última palabra puede tener un sentido peyorativo). Alto funcionario,* senior civil servant, high-ranking government official.

funcionario público, government official.

fundación *f.* 1 creation, foundation, founding, setting-up *(empresas, etc.).* 2 foundation. *La fundación Ford,* the Ford Foundation.

fundado *p.p. de fundar.* 1 established. *Empresa fundada en 1996,* company established in 1996. 2 *(justificado)* grounded, founded, substantiated, justified.

fundador, a *n.* founder, promoter. *Acciones de fundador,* founder's shares. *Miembro fundador,* founder member.

fundamental *adj.* fundamental, basic. *Investigación fundamental,* pure/fundamental research.

fundamentar *v.t.* to found, to ground.

fundamento *m.* foundation, substance, ground. *Fundamentos,* fundamentals, essentials. *Sin fundamento,* baseless, groundless, unfounded. *Tener fundamento para hacer alguna cosa,* to be justified in doing something.

fundar *v.t. (sociedades, empresas)* to found, to start, to set up.

fundición *f.* smelting *(de metales). Planta fundidora,* smelting works, foundry, iron-works.

fungible *m.* fungible.

furgón *m.* van. *Furgón de equipajes,* luggage van; guard's van.

fusible *m.* fuse.

fusión *f.* merger, amalgamation. *Fusión de empresas,* business/industrial merger. *Fusiones y adquisiciones,* mergers and acquisitions.

fusionar *v.t.* to merge, to amalgamate.

futuro *adj.* future. *Cliente futuro,* prospective customer, prospect. *Hacer planes para el futuro,* to plan for the future. *Venta a futuro,* outright sale; Bolsa: sale of futures, contract sale.

g

gabarra *f.* lighter.

gabinete *m.* 1 Pol.: cabinet. 2 *(archivero)* filing cabinet.

gaceta *f.* newspaper, gazette.

gafas *f. pl.* glasses.

gafete *m.* clasp.

galería *f.* gallery. *Galería comercial,* (shopping) mall.

galón *m.* gallon (EU, 3.78 litros; GB, 4.54 litros).

galopante *adj.* galloping, runaway. *Inflación galopante,* runaway inflation.

gama *f.* series, range, line. *Gama de productos,* range, line of products. *Gama restringida,* limited range. *Productos de primera gama, de calidad superior,* top-of-the-line products. *Una amplia gama,* a wide range, an extensive/extended range.

ganadería *f.* breeding. *Crianza de ganado,* stock farming, cattle raising.

ganadero *m.* breeder. *Criador de ganado,* stock farmer, cattle breeder, (EU) cattleman.

ganado *m. pl.* cattle (EU) livestock; *cien cabezas de ganado,* a hundred head of cattle. *Criador de ganado, ganadero,* stock-breeder, cattle-raiser, grazier; (EU) cattleman. *Crianza de ganado,* stock-breeding, cattle raising. *Ganado en pie,* cattle on the hoof. *Ganado vivo,* live cattle. *Parque de ganado,* cattle-pen, stock-yard. *Vagón de ganado,* cattle-truck.

ganador, a *n.* winner. *Ganador de una medalla,* medallist, medal winner, holder of a medal.

ganador, a *adj.* winning.

ganancia(s) *f.* gain, profit, earning(s), winning(s). *Cuenta/estado de pérdidas y ganancias,* income statement, profit and loss account, earnings report. *Ganancias en cambios,* foreign exchange gains.

ganancia antes de impuestos, profit before taxes.

ganancia bruta, gross profit.

ganancia después de impuestos, profit after taxes.

ganancia neta, net profit.

ganancias de capital, capital gains.

ganancias gravables, taxable profits.

ganar *v.t.* 1 to earn, to win, to obtain, to gain; *el dólar ganó dos puntos,* the dollar gained two points. *Dejar de ganar,* loss of profit. *(Dinero) ganarse uno la vida,* to earn one's living, to make a living. 2 *ganar terreno sobre un mercado,* to get/gain a footing/foothold on the market. *Ganar*

un nuevo público, to win over a new public. *Ganar un proceso,* to win a case. 3 *medio/forma de ganarse la vida,* sideline, means of making up one's income.

gancho *m.* hook; *(para atraer clientes)* tout.

ganga *f.* bargain. *Buena ganga,* good bargain.

garaje *m.* garage.

garante *mf.* 1 guarantor, surety, bail. 2 *(fiador)* guarantee, security, warrant. *Comprometerse como fiador de alguien,* to vouch for somebody.

garantía *f.* guarantee, guaranty, warranty, security, collateral; safety, surety; indorsement. *Bajo garantía,* under warranty. *Cesión en garantía,* pledging as security. *Con garantía,* warranted, guaranteed. *Depositar en garantía,* to lodge as security. *Fondos de garantía (para contingencias),* contingency fund. *Garantía bancaria,* bank guarantee. *Garantía colateral,* collateral. *Garantía como respaldo de un crédito,* security for a debt. *Garantía de reembolso integral,* full-refund guarantee. *Garantía de refacciones y de mano de obra,* full (repair) guarantee, warranty for labo(u)r and parts. *Obligación de garantía,* surety bond. *Sello de garantía,* hallmark. *Sin garantía,* unwarranted. Fin.: unsecured.

garantía limitada, limited warranty.

garantizado *adj.* guaranteed, warranted, secured. *No garantizado,* unsecured. *Salario mínimo garantizado,* minimum guaranteed wage.

garantizar *v.t.* 1 *(sentido amplio)* to guarantee. 2 *(bancos)* to stand surety for somebody. 3 Jur.: to go bail for somebody. 4 to warrant; to secure. *Garantizar un artículo,* to guarantee an article. *Garantizar un préstamo,* to secure a loan.

garantizar el cumplimiento, to guarantee the fulfillment.

garantizar un derecho de prioridad, to preempt.

gaseoso, a *adj.* gaseous, *(bebida)* soda.

gasificar *v.t.* to gasify.

gasoducto *m.* (gas) pipeline.

gasóleo *m.* gas oil.

gasolina *f.* gasoline. *Consumo de gasolina por kilómetro,* gasoline consumption per kilometer.

gasolinera *f.* service-station.

gastado, a *adj.* 1 spent, expended. *Saldo no gastado,* unspent balance, unexpended balance. 2 worn-out.

gastador, a *adj.* spendthrift, thriftless.

gastar *v.t.* to spend, to expend. *Malgastar a propósito,* to misspend.

gasto *m.* expense, expenditure, spending. *Asignar un gasto,* to allow an expense. *Aumentar los gastos,* to increase the expenditure. *Cubrir uno sus gastos,* to cover one's expenses. *Desembolso marginal,* marginal outlay. *Gastos corrientes,* running expenses. *Gastos de capital,* capital expenditure. *Gastos de equipos,* equipment spending. *Gastos de las familias,* household expenditure. *Gastos del Estado,* Government expenditure. *Gastos e ingresos,* receipts and expenses, cash revenues and outgoings. *Gastos imprevistos,* contingent expenses. *Gastos menores,* out-of-pocket expenses. *Gastos militares,* military expenditure. *Gastos presupuestados, gastos previstos en el presupuesto,* budgeted expenses. *Gastos presupuestales,* budgetary expenditure. *Gastos publicitarios,* advertising expenditure. *Gastos públicos,* government spending, public expenditure. *Gastos sociales,* welfare expenditure. *Imputar un gasto a una cuenta,* to charge an expense to an account. *Partida de gastos,* expense item. *Partidas, rubros de gastos,* items of expenditure. *Presupuesto de gastos e ingresos corrientes,* current budget. *Previsión, estimación de gastos,* estimated expenditure, cost estimate.

gasto(s) público(s), government expense(s).

gastos acumulados, accrued expenses, accumulated expenses.

gastos compartidos, shared expenses.

gastos de administración, administrative expenses.

gastos de arrendamientos, rent expenses.

gastos de capital, capital expenditure.

gastos de chalana, lighterage.

gastos de cobranzas, collection expenses.

gastos de distribución, delivery expenses.

gastos de embarque, shipping expenses.

gastos de empaque, packing expenses.

gastos de envío, *(correos)* mailing expenses.

gastos de fábrica, factory expenses.

gastos de fabricación, manufacturing expenses.

gastos de hospedaje, lodging expenses.

gastos de instalación, installation expenses.

gastos de intereses, interest expenses.

gastos de manufactura, manufacturing expenses.

gastos de oficinas, office expenses.

gastos de organización, organization expenses.

gastos de plaza, local charges.

gastos de publicidad, advertising expenses.

gastos de seguros, insurance expenses.

gastos de ventas, sales expenses.

gastos de viaje, traveling expenses.

gastos directos, direct expenses.

gastos diversos, sundry/miscellaneous expenses.

gastos e ingresos, receipts and expenses, cash revenue and outgoings.

gastos estimados, estimated expenses.

gastos financieros, financial expenses.

gastos generales, general expenses.

gastos imprevistos, contingent expenses, incidental expenses.

gastos indirectos, indirect expenses, overhead.

gastos legales, legal expenses.

gastos mayores, major expenses.

gastos menores, out-of-pocket expenses.

gastos pagados por anticipado, prepaid expenses.

gastos periódicos, recurrent expenses.

gastos presupuestados, budgeted expenses.

gastos previstos, budgeted expenses.

gastos publicitarios, advertising expenditure.

gatillo *m.* *(de un arma)* trigger.

generador *m.* generator ELECTR.: power-station, power plant; *(nuclear)* breeder.

general *adj.* general. *Asamblea general,* general meeting. *Asamblea General Anual,* Annual General Meeting (A.G.M.). *Dirección general,* head office. *Gastos generales,* overhead expenses, overheads. *Regla general,* general rule. *Secretario general,* General Secretary, Secretary General, Company Secretary.

generalización *f.* generalization.

generalizar *v.i.* to generalize.

generalmente *adv.* generally. *Por lo general, por regla general,* in general.

generar *v.t.* to generate. *Generar recursos en efectivo,* to generate liquid funds.

genérico *adj.* generic. *Productos genéricos,* generics, nonbrand goods.

género *m.* kind, sort, type.

generosidad *f.* generosity.

generoso *adj.* generous; abundant.

gente *f.* people. *Gente bien educada,* cultured people.

gentil *adj.* obliging, kind, helpful.

gentileza *f.* obligingness, kindness. *Tener la gentileza de,* to be so kind as to.

genuino *adj.* genuine, reliable, dependable.

gerencia *f.* management.

gerenta *f.* manageress.

gerente *m.* manager, director. *Administrador gerente,* managing director. *Director gerente,* active partner. *Gerente de carteras (de inversión),* portfolio manager.

gerente administrativo, general manager.

gerente de compras, acquisitions/purchasing manager.

gerente de contabilidad, accounting manager.

gerente de crédito y cobranzas, credit and collections manager.

gerente de fábrica, plant manager.
gerente de finanzas, financial manager.
gerente de marca, brand manager.
gerente de nuevos productos, new products manager.
gerente de producción, *(gerente de manufactura)* production manager.
gerente de recursos humanos, *(gerente de personal)* personnel manager.
gerente de sistemas, information systems manager.
gerente de tesorería, treasurer.
gerente de ventas, sales manager.
gerente financiero, financial manager.
gestionar *v.t.* to manage, to run; to operate; to handle.
gestión *f.* management, running, administration, conduct.
gestor *m.* manager; attorney.
girado *m.* Com.: drawee.
girador *m.* Com.: drawer.
girar *v.i.* *(una letra, un cheque)* to draw. *Girar en blanco,* to draw a blank check, to draw in blank. *Girar en descubierto,* to overdraw one's account. *Girar en el aire,* to fly a kite. *Girar un cheque,* to draw/to make out/to write (out) a check.
giratorio *adj.* rotary. *Puente giratorio,* drawbridge.
giro *m.* draft; bill. *Aviso de giro,* advice of draft. *Cuenta de giros postales,* giro account. *Giro a la vista,* sight draft. *Giros/retiros efectuados sobre una cuenta,* drawings on an account.
giro a la vista, sight draft, demand draft.
giro a plazo, time draft.
giro bancario, bank draft.
giro carta, money order (in letter form).
giro comercial, commercial draft.
giro postal, money order.
giro tarjeta, money order (in postcard form).
giro telegráfico, telegraphic money order.
global *adj.* fixed, flat, contract(ual). *Liquidación global,* lump-sum settlement. *Precio global,* contract price, flat rate. *Suma global,* lump sum. *Venta global,* outright sale, Bolsa: sale of futures, contract sale.
gobernador, a *n.* governor.
gobernar *v.t.* to govern.
gobierno *m.* government, (EU) administration. *El gobierno/la administración de Reagan,* the Reagan Administration.
golpe *m.* blow; hit. *Golpe de Estado,* coup. *Golpe de Estado militar,* military coup.
goma *f.* *(de borrar)* rubber eraser.
góndola *f.* gondola; omnibus.
gondolero, a *n.* gondolier; shelver.
gordo *adj.* fat. *Bolsa, lotería, sacarse el premio mayor, pegarle al gordo,* to make a killing.

gota *f.* drop. *Gota a gota,* drop by drop.
gotear *v.i.* to drop.
gotera *f.* leak. *Hacer goteras,* to spring a leak, water-way.
grabación *f.* *(sonido, imágenes)* recording.
grabadora *f.* tape-recorder; recorder.
grabadora de video *f.* video(-tape) recorder.
grabar *v.t.* *(sonido, imágenes)* to record, to tape.
gracia *f.* grace. *Días de gracia,* days of grace.
gracias *f. pl.* thanks, thank you. *Gracias a,* thanks to, owing to.
gradiente *m.* slope, hill, gradient.
grado *m.* **1** degree, grade, ratio. *Grado de parentesco,* relationship, kinship. *Grado de solvencia,* credit rating, credit status, creditworthiness. *Grado de uso,* degree of wear. *Grado, razón de liquidez,* liquidity ratio. **2** *(contenido)* content, grade. **3** *(alcohol)* strength.
graduación *f.* graduation.
graduado, a *n.* graduated. *Graduado en administración de negocios,* graduated in business management.
gradual *adj.* gradual, progressive. *Proceso gradual,* gradual process.
gradualmente *adv.* gradually, progressively, by degrees.
graduar *v.t.* *(de la universidad)* to graduate.
gráfica *f.* graph, chart. *Establecer una gráfica,* to chart. *Gráfica de barras,* bar chart. *Gráfica de desempeño,* indicators, management chart, performance chart. *Gráfica de dientes de sierra,* Z-chart. *Gráfica de organización,* organization chart. *Gráfica por sectores,* **fam.** *"gráfica de pastel"),* pie chart.
gráfica de barras, bar chart.
gráfica de organización, organization chart.
graficador *m.* designer, graphic artist.
gráfico ver **gráfica**.
grafología *f.* graphology.
grafólogo, a *n.* graphologist.
gramo *m.* gram.
gran *adj.* **1** large, big, great. *Gran pesca,* deep sea fishing. *Gran público,* general public. *Gran superficie,* large surface store, big store. **2** heavy, bulky. *De tamaño grande,* large size, king size, economy size. *Una gran circulación,* a wide circulation. *Un gran pedido,* big/large/substantial order. *Un gran salario,* a high salary, a fat salary.
grande *m.* y *adj.* large, big.
granel *m.* bulk. *A granel,* in bulk. *Transportista a granel,* bulk carrier.
granero *m.* granary, silo.
granja *f.* farm. *De granja,* *adj.* farm-made. *Mantequilla de granja,* farm-made butter. *Producto de granja,* farm products. *Productos de granja,* farm produce. *Propietario de una granja,* tenant farmer.

G

granjero, a *n.* farmer, tenant farming, market gardener, (EU) truck farmer.

grano *m.* grain, corn.

gran transportador, *(aviones)* jumbo jet.

grapa *f. (sujetador)* paper-clip. *(Oficina)* staple.

gratificación *f.* 1 gratuity, tip; bonus, (EU) incentive; reward. 2 MILIT.: gratuity (paid on discharge).

gratis *adv.* free of charge, for free. *Entrada gratis,* admission free.

grato, a *adj.* pleasant, agreeable.

gratuidad *f.* gratuitousness.

gratuitamente *adv.* free of charge, at no charge; for free.

gratuito, a *adj.* 1 free of charge. *Acción gratuita,* bonus share. *Ensayo gratuito,* free trial. *Entrada gratuita,* free admission. *Muestra gratuita,* free sample. 2 gratuitous, free; complimentary; voluntary, unpaid. *A título gratuito,* free of charge. *Ejemplar (enviado a título) gratuito,* complimentary copy, inspection copy.

gravable *adj.* taxable. *Base gravable,* tax base; property/income on which a tax is assessed, basis/assessment of a tax.

gravado *p.p.* de gravar, *adj.* encumbered. *Propiedad gravada con hipotecas,* encumbered estate.

gravamen *m.* 1 taxation, taxing, easement, encumbrance, charge. *Inmuebles sin gravámenes ni hipotecas,* estate free from encumbrances. 2 levy. *Aplicar un gravamen sobre los ingresos,* to tap incomes, to dip into incomes.

gravamen fiscal, tax levy, tax, tax bite.

gravar *v.t.* 1 to burden, to encumber, to saddle. 2 to levy. *(Imponer un impuesto)* to tax, to impose (lay, put) a tax on something, to levy a duty on something, *fam.* to slap a tax on something.

grave *adj.* grave, serious. *Error grave,* serious mistake, gross mistake.

gravedad *f.* gravity.

gremio *m.* trade-union.

grúa *f.* crane; lift; derrick.

gruesa *f.* gross, twelve dozen. JUR.: engrossed document, engrossment. NAVEG.: bottomry bond. *Pedir prestado a la gruesa,* to borrow money on bottomry.

grueso *adj.* thick.

grupo *m.* group, batch. *Grupo de edad,* age group, age bracket. *Grupo de intervención,* task force. *Grupo de presión,* lobby, pressure group. *Grupo de prueba,* test group, testimony panel. *Grupo de reflexión,* think-tank. *Grupo de trabajo,* working party, study group, working group, task force. *Grupo socio-económico,* socio-economic group. *Jefe de grupo,* division manager.

grupo industrial, industrial group.

grupos *m. pl.* groups. *Formar grupos,* to group, to gather, to combine, to get together.

guacal *m.* crate.

guarda *f.* keeping, care, custody.

Guardagujas *m.* pointsman, (EU) switchman. *Guardagujas del cielo,* air/controllers.

guardamuebles *m.* furniture storehouse.

guardar *v.t.* to keep, to save. *Guardar en el archivo,* to save, to file. *Sírvase guardar silencio,* silence please.

guardería *f.* keepership.

guardia *mf.* guard, guardian.

guardián, a *n.* guardian, keeper, warden. *(Inmuebles)* care-taker. *(Prisiones)* guard, (EU) warden, (GB) warder. *Guardián nocturno,* night-watchman.

guarnición *f.* garniture.

gubernamental *adj.* governmental.

guerra *f.* war. *Guerra de desgaste,* war of attrition. *Guerra de precios,* price-war.

guía *f.* 1 guide. 2 guide book. *Guía de colores,* color chart, color guide.

guión *m.* 1 hyphen. 2 RADIO, T.V.: text.

gusano *m.* worm, earthworm.

gustar *v.i.* to like. *Me gustaría saber,* I would like to know. *Nos gusta el proyecto,* we like the project.

gusto *m.* pleasure, enjoyment. *Con gusto,* gladly, willingly.

h

haber v. aux. to have. **1** haber sabido por conducto de, to have been told (by someone). **2** (tener) he de saber la verdad, I have to know the truth. **3** (ser necesario) hay que decir la verdad, it is necessary to tell the truth. **4** hay cuatro máquinas de escribir en la oficina, there are four typewriters in the office. **5** CONTAB.: el haber, the credit side, credit.

hábil adj. capable. Día hábil, work(ing) day.

habilidad f. ability, competence, skill; cleverness, smartness.

habilitación f. habilitation.

habilitado, a adj. **1** competent, capable, skilled. **2** entitled, authorized. Estar habilitado para, to be entitled to.

habilitar v.t. to entitle, to empower, to authorize.

habitación f. house, dwelling, home. H.L.M., tenement house, (GB) council flat. Impuesto sobre la habitación, sobre la vivienda, rates.

habitante mf. inhabitant; resident; dweller.

habitar v.i. to live; to dwell; to live in, to dwell in; to inhabit; to occupy.

hábitat m. habitat.

hábito m. custom, habit; turn. Hábitos de consumo, consumer habits.

habitual adj. usual, regular. Diríjase usted a su proveedor habitual, apply to your regular supplier.

habitualmente adv. usually, regularly.

habituar(se) v. pr. to get used (to).

hablar v.i. to speak, to talk. Quisiera hablar con usted, I'd like to talk to you.

hacendado, a n. landlord, landholder.

hacendista mf. financier.

hacer v.t. to make, to do. Hacer llegar, to forward. Hacer propuestas, to approach, to make overtures, to make proposals. Hacer saber, to inform, to let somebody know. Hacerse a la mar, to put to sea, to put out. Hacerse más pesado, to grow heavy, to become heavy; (mercados) to become dull. Hacerse (un imperio, etc.), to carve out. Hacer sombra, to steal the show. Haga lo que haga, whatever you do.

hacer aparecer, to show.

hacer el arqueo, to balance one's cash.

hacer el balance, to recap; to review/to assess the situation; to take stock (of a question).

hacer huelga, to go on strike, to down tools.

hacer nulo, to render void, to nullify.

hacer previsiones para, to provide for; to see to, to attend to.

hacer rentable, to make profitable, to maximize (profits), to optimize. (Inversiones, instalaciones) to make the best use of.

hacer una colecta, to take up a collection; to collect. Hacer una colecta de cumplimientos, to fish for compliments.

hacer un análisis, to make an analysis.

hacer una prueba, to make a test.

hacer uno su testamento, to make one's will.

hacia prep. toward(s). Hacia adelante, forward. Hacia atrás, backward. ¿Hacia dónde te diriges?, where are you going? Hacia el norte, northwards.

hacienda f. ranch; farm.

hallar v.t. to find, to encounter. Hallarse extraviado, to be lost.

hambre f. starvation, famine. Salario de hambre, starvation wages.

hambriento adj. hungry. Estar hambriento, tener hambre, to be hungry.

hangar m. shed, warehouse, hangar.

haragán, a n. lazy person, idler, slacker.

haraganear v.i. to be lazy.

harina f. flour. Fábrica de harina, flour-mill.

harinero m. miller.

hasta prep. till, until. Hasta que, conj. until. Hasta que sepamos la verdad, until we know the truth.

hazaña f. exploit, achievement, feat, deed.

hecho, a p.p. de hacer. **1** made, done. adj. Bien hecho, well done, well made. Estar hecho para (personas), to be cut out for something. Excepción hecha de, with the exception of, barring. Hecho a la medida, made to measure, custom-made. Hecho a mano, hand-made. Hecho, fabricado por pedido, custom-built; customized. **2** m. fact. Un hecho de la vida, a fact of life. Validar un hecho, to validate a fact.

hechura f. making. Hechura a mano (calidad del trabajo), workmanship.

hectárea f. hectare.

hegemonía f. hegemony.

helar v.t. to freeze.

helicóptero m. helicopter.

heredar v.t. to inherit; to come into property.

heredera f. heiress.

heredero m. heir, inheritor.

hereditario adj. hereditary.

herencia f. inheritance, heritage; legacy; heirloom.

hermana f. sister.

hermanamiento *m.* *(ciudades)* twinning.
hermanar *v.t.* to twin.
hermandad *f.* brotherhood, fraternity.
hermano *m.* brother. *J.G. Mont y Hermanos,* J.G. Mont and Bros. *Primo hermano,* first cousin.
hermético *adj.* sealed, tight, watertight, airtight.
herramienta *f.* tool; *(jardinería, agricultura)* implement. *(Medio)* aid. *Herramienta de trabajo (empresas),* firm, business; corporate assets. *Máquina de herramientas,* machine-tool.
herramientas *f. pl.* tools, plant, equipment, machinery, gear.
hexágono *m.* hexagon.
hidráulico, a *adj.* hydraulic.
hidrocarburo *m.* hydrocarbon.
hielo *m.* ice, frozen water.
hierro *m.* iron. *Hierro bruto,* pig iron. *Hierro colado,* cast iron. *Hierro en lingotes,* pig iron.
higiene *f.* hygiene.
higiénico, a *adj.* hygienic.
hija *f.* daughter.
hijo *m.* son. *J.G. Mont e Hijos,* J.G. Mont and Sons.
hilandería *f.* spinning mill.
hilar *v.t.* to spin.
hilera *f.* row, line, file, stream.
hilo *m.* thread, wire.
hincapié *m. hacer hincapié,* to emphasize, to highlight.
hiperinflación *f.* hyperinflation.
hipermercado *m.* hypermarket.
hipoteca *f.* mortgage; hypothecation, pledging. *Amortizar una hipoteca,* to redeem a mortgage. *Encargado de registrar hipotecas,* mortgage registrar. *Hipoteca de primer nivel,* first mortgage. *Hipoteca mobiliaria,* chattel(s) mortgage. *Levantar una hipoteca,* to raise a mortgage. *Liberación de una hipoteca,* release of a mortgage. *Libre de hipotecas,* unencumbered. *Oficina de hipotecas,* mortgage registry. *Purga de una hipoteca,* redemption of mortgage. *Purgar una hipoteca,* to pay off, to redeem a mortgage, (EU) to lift a mortgage. *Tomar una hipoteca,* to raise a mortgage, to take a mortgage, to mortgage.
hipotecable *adj.* mortgageable.
hipotecar *v.t.* to mortgage, to secure by mortgage.
hipotecario, a *adj.* mortgage. *Acreedor hipotecario,* mortgagee. *Contrato hipotecario,* mortgage deed. *Deudor hipotecario,* mortgager/mortgagor. *Obligación hipotecaria,* mortgage bond, mortgage debenture. *Préstamo hipotecario,* mortgage loan.
hipoteca sobre bienes muebles, chattel mortgage.
hipoteca sobre bienes raíces, real property mortgage.
hipótesis *f.* hypothesis.

hipotético, a *adj.* hypothetical.
histograma *m.* bar chart, histogram.
historia *f.* history, story.
historial *adj.* historical. *Historial académico,* curriculum vitae.
historieta *f.* short story. *Tema de una historieta,* Pub.: story-board.
histórico *adj.* historical. *Valor histórico,* original cost.
hogar *m.* household.
hoja *f.* sheet. *Hoja suelta,* leaflet; slip.
hoja de costos, cost sheet.
hoja de trabajo, work sheet.
hojalata *f.* tin plate.
hojear *v.t.* *(un documento)* to run through, to go through, to read through, to go over, to survey.
hola *interj.* hello! (EU) Hi!
holgado *adj.* comfortable.
holgura *f.* comfort.
holográfico *adj.* holographic. *Testamento holográfico,* holographic will.
hombre *m.* man. *Hombre de leyes,* lawyer. *Hombre de negocios,* businessman. *Hombre de paja,* man of straw, dummy. *Hombre de todo oficio,* handy-man.
homenaje *m.* homage.
homicidio *m.* murder, *(homicidio intencional)* willful, (GB) wilful murder; assassination.
homogeneidad *f.* homogeneity.
homogeneizar *v.t.* to homogenize.
homogéneo, a *adj.* homogeneous.
homologación *f.* (official) approval.
homologar *v.t.* (legal) to confirm, to ratify, to homologate, (EU) to probate. *Homologar un testamento,* to probate a will.
homólogo *m.* counterpart.
honesto, a *n.* honest, fair. *Medios honestos,* fair means. *Una persona honesta,* an honest person.
honor *m.* honor.
honorable *adj.* honorable, honest, worthy.
honorario *adj.* honorary.
honorarios *m. pl.* *(pagos)* fee(s).
honorífico, a *adj.* honorable, trusty.
honra *f.* honor, respect.
honradez *f.* honesty, integrity.
honrar *v.t.* 1 *(una promesa, etc.)* to honor, (GB) to honour; to abide by, to comply with, to adhere to, to stick to, to meet. *Él ha honrado su palabra,* he has been as good as his word. *Honrar un acuerdo sindical,* to honor a union agreement. *Honrar una letra de cambio,* to honor a bill/a draft. *Honrar un cheque,* to honor a check, (GB) to honour a cheque. *Honrar un compromiso,* to meet a commitment. *Honrar uno su firma,* to honor one's signature. *Honrar uno sus deudas,* to meet one's liabilities. *(Letras de cambio, etc.)* to honour, to meet. 2 *(respetar)* to honor, to respect.

hora *f.* hour, time. *Hora de afluencia, hora pico,* rush hour. *Hora de apertura,* opening time. *Horas de audiencia, de escucha (radio),* listening time, *(televisión)* viewing time. *Hora de cierre,* closing time. *Hora de gran audiencia,* prime time T.V., *(GB)* peak viewing time. *Hora(s) de oficina,* office hour(s). *Hora en el aire, hora de transmisión,* air time, broadcasting time. *Hora(s) laborables,* working hours. *Hora(s) suplementaria(s),* overtime. *Trabajar horas extras,* to work/to do overtime. *Trabajo por hora,* time work.

horario *m.* time slot, time-table, schedule. *Horario flexible,* flexible time, flex-time, flexitime, flexible hours.

horas de transmisión, air time.

horas extras, overtime.

horas pico, peak hour, peak period.

horizontal *adj.* horizontal.

hormigón *m.* concrete.

horno *m.* furnace; oven. *Alto horno,* blast-furnace.

hortaliza *f.* vegetables. *Cultivo de hortalizas,* market gardening.

hortícola *adj.* horticultural, agricultural.

horticultura *f.* horticulture.

hospedaje *m.* accommodation. *Con hospedaje y sin sueldo,* with board and lodging, but without salary.

hospedar *v.t.* to accommodate; to lodge; to shelter. *Hospedar por la noche,* to put up for the night.

hospedero, a *n.* host.

hospital *m.* hospital.

hospitalización *f.* hospitalization.

hospitalizar *v.t.* to hospitalize.

hostigamiento *m.* harassment. *Hostigamiento sexual,* sexual harassment.

hostigar *v.t.* to harass, to press.

hostil *adj.* hostile.

hostilidad *f.* hostility; fighting.

hotel *m.* hotel.

hotelero *m.* hotel keeper, hotel owner, hotel manager, hotelier.

hotelería *f.* hotel trade.

huacal *m.* basket, crate.

hucha *f.* 1 *(juegos)* pool, kitty. 2 *(ahorros)* savings.

hueco *m.* 1 *(haber un hueco, cupo)* slot, *(sentido amplio)* market; *(de un mercado)* (mar-

ket) gap, niche, (market) opportunity. 2 *(de una curva)* trough.

hueco *adj.* hollow.

huelga *f.* strike. *Estar en huelga,* to be (out) on strike, to strike. *Huelga activa (con ocupación de la fábrica),* work in. *Huelga de celos,* work-to-rule strike, *(EU)* slowdown. *Huelga de disminución de actividades,* ca'canny strike, go-slow strike. *Huelga de hambre,* hunger strike. *Huelga de solidaridad,* sympathetic/sympathy strike. *Huelga en el sitio, en las instalaciones de la empresa,* sit-down strike, stay-in strike. *Huelga espontánea,* wildcat strike, unofficial strike. *Huelga general,* general strike. *Huelga simbólica,* token strike. *Huelga sorpresiva,* lightning strike. *Lanzar el grito de huelga,* to call a strike. *Piquete de huelga,* strike picket. *Ponerse en huelga,* to be on strike, to go on strike, to strike. *Rompehuelgas,* strike breaker, scab.

huelguista *mf.* striker.

huérfano, a *n.* orphan.

huerta *f.* a large cultivated (vegetable) area.

huerto *m.* a large cultivated (fruit) area.

huésped *m.* guest; visitor. *(Hotelería, habitaciones para huéspedes)* guest house, bed and breakfast.

huida *f.* escape, flight.

huir *v.i.* to escape, to flee, to run away.

hule *m.* rubber. *Cheque de hule,* bad/dud/bouncing check, *(GB)* cheque.

hulla *f.* coal.

humano, a *adj.* human. *Relaciones humanas,* human relations, *(en el seno de una empresa)* industrial relations; *(con los empleados)* employee relations, employer-employee relations.

humear *v.i.* to smoke, to fume.

humedad *f.* humidity, damp(ness), moisture. *"Manténgase alejado de la humedad",* "Keep dry".

húmedo *adj.* humid, wet.

humo *m.* smoke, steam, fume.

humor *m.* humor. *Estar de buen (mal) humor,* to be in a good (bad) humor.

hundimiento *m.* sinking.

hundir *v.t.* *(navíos, etc.)* to sink; *(empresas)* to sink.

huracán *m.* hurricane; *(sentido general)* storm.

hurtar *v.t.* to steal, to rob.

hurto *m.* theft; larceny, petty theft, pilfering.

huso *m.* *(horarios)* time-belt, time zone.

H

i

ida *f.* 1 outward journey, outward trip. 2 single (ticket), one-way ticket.

ida y vuelta, *(billetes o boletos de viaje)* return (ticket); (EU) round-trip ticket.

idea *f.* idea. *Una buena idea,* a good idea.

ideal *m.* y *adj.* ideal.

idealización *f.* idealization.

idealizar *v.t.* to idealize.

idear *v.t.* to invent, to conceive, to imagine, to visualize an idea.

idem *pron.* idem, identical (item).

idéntico *adj.* identical (a, with).

identidad *f.* identity. *Tarjeta de identidad,* identity card, I.D. card/papers.

identificación *f.* identification, recognition. *Identificación de marca,* brand recognition. *Identificación de problemas,* problem identification.

identificar *v.t.* to identify. *Identificar un producto,* to identify a product.

idioma *m.* language. *Aprender un nuevo idioma,* to learn a new language.

idiosincracia *f.* idiosyncrasy.

idóneo *adj.* competent, capable, able.

ignorancia *f.* ignorance. *Con ignorancia de,* unknown to, without the knowledge of.

ignorar *v.t.* to ignore, to disregard, to neglect.

ignífugo, a *adj.* fire-proof, fire-resistant.

igual *adj.* equal, even. *Cantidades iguales,* equal amounts. *En condiciones iguales,* on equal terms. *Sin igual,* unequaled, matchless.

iguala *f.* contract, agreement.

igualación *f.* equalization, levelling.

igualar *v.t.* 1 to equalize; to equate. *Igualar las importaciones y las exportaciones,* to equate imports and exports. 2 to equal, to match. *Igualar a,* to equate with/to. *Nada puede igualar a,* nothing can compare with, nothing can match.

igualatorio, a *adj.* equalitarian.

igualdad *f.* equality, parity, par. *En condiciones de igualdad, a la par,* on a par. *En condiciones de igualdad de precios,* at even prices. *Igualdad ante el empleo,* equal employment opportunity. *Igualdad de oportunidades,* equal opportunity. *Igualdad de salarios,* equal pay.

igualmente *adv.* 1 equally. 2 also, as well.

ilegal *adj.* illegal, unlawful.

ilegalidad *f.* illegality, unlawfulness.

ilegible *adj.* illegible.

ilegítimo, a *adj.* illegitimate.

ilícito, a *adj.* illicit, unlawful.

imagen *f.* image. *Imagen fiel, revelación suficiente,* true and fair view; (EU) fair presentation. *Imagen de marca (de un producto),* brand image, *(para una sociedad, para una empresa)* corporate image.

imborrable *adj.* indelible.

imitación *f.* imitation. *Imitación de firma,* forging of signature, forged signature.

imitar *v.t.* 1 to imitate, to copy. 2 *(falsificar)* to forge *(una firma),* to counterfeit *(moneda).*

impaciencia *f.* impatience.

impacientar *v.t.* to become impatient; to irritate.

impaciente *adj.* impatient, unquiet.

impacto *m.* impact. *Estudio de impacto sobre el medio ambiente,* environment impact assessment.

impagado, a *adj.* unpaid, unsettled, outstanding, overdue; *(cheque no pagado, letra no pagada)* dishonored.

impago *m.* *(falta de pago)* non-payment, defaulting.

impar *adj.* add, uneven. *Días, fechas impares,* odd dates.

imparcial *adj.* impartial, unbiased.

imparcialidad *f.* impartiality, objectivity.

impartir *v.t.* to grant, to allow.

impedimento *m.* impediment, hindrance, prevention. *En caso de impedimento,* in case of prevention.

impedir *v.t.* to thwart, to foil.

imperar *v.i.* to prevail.

imperativo *adj.* imperative, essential.

imperdonable *adj.* unpardonable.

imperfección *f.* fault, defect, flaw.

imperfecto, a *adj.* imperfect.

imperialismo *m.* imperialism.

imperio *m.* empire. *Imperio económico,* economic empire.

imperioso, a *adj.* imperious.

impermeabilidad *f.* impermeability.

impermeabilizar *v.t.* to make (something) waterproof/watertight.

impermeable *adj.* waterproof. *Impermeable al agua,* waterproof, watertight. *Impermeable al aire,* airproof, airtight.

impermutable *adj.* unexchangeable.

impetrante *mf.* applicant.

ímpetu *m.* impetus, rush. *Ímpetu por el oro,* gold rush.

implantación *f.* setting-up, location, sitting, installation. *Implantación de las horas de trabajo,* (implementation of) flexible working hours, flextime, flexi-time. *Implantación en el extranjero,* foreign venture. *Implantación en un mercado,* market-penetration.

implantar *v.t.* 1 to set up *(fábricas, etc.)* to locate, to site, to establish. *Estar implantado en un mercado,* to operate on a market, to have a share of a market. 2 to implement. *Implantar un nuevo procedimiento,* to implement a new procedure.

implantar(se) *v. pr.* to set up operations, to set up shop, to operate; to build, to open a plant. *Implantarse en el extranjero,* to set up foreign ventures/operations.

implicar *v.t.* to involve, to entail, to imply.

implicación *f.* implication.

implícito, a *adj.* implicit. *Supuestos implícitos,* implicit assumptions.

imponente *adj.* imposing.

imponer *v.t.* 1 to tax. 2 to fix *(precios).* 3 to lay down, *(reglamento)* to impose, to clamp, to slap. *Imponer un bloqueo de precios,* to slap/to clamp a price-freeze. 4 *imponer una baja de precios,* to roll prices back, to enforce a rollback.

importación *f.* import, importation. ADUANAS: import, clearance. *Derechos de importación,* import duties. *Licencia de importación,* import license, import permit.

importador, a *n.* importer, import merchant.

importador, a *adj.* importing.

importancia *f.* importance, size, magnitude, extent. *Dar importancia a,* to attach importance to, to value. *Por orden de importancia,* in ascending order.

importancia relativa, materiality.

importante *adj.* 1 *(por su magnitud)* large, major, substantial. *Una alza importante,* a sharp/steep/stiff rise; *una suma importante,* a large/hefty sizable/fat sum. *Un pedido importante,* a large order, a substantial order, a bulk order. 2 *(por las consecuencias)* important, major, significant, serious.

importar *v.t.* 1 to import. 2 *(ascender a) El monto de la factura asciende a 1,000 dólares de los EU,* the invoice amounts to 1,000 US dollars. 3 to be important.

importe *m.* amount. *Importe a pagar,* payable amount. *Importe total,* total amount.

importunar *v.t.* to importune, to urge.

imposibilitar *v.t.* 1 to make impossible. 2 to incapacitate, to disable. *Estar imposibilitado,* to be disabled.

imposición *f.* taxation, assessment. *Base de imposición,* base fiscal, tax base. *Doble imposición,* double taxation.

imprenta *f.* printing, printing works; printing house, printing press. *Úsense caracteres de imprenta, sírvase escribir con letra de molde,* use block letters, use capitals, (EU) please print.

imprescindible *adj.* indispensable, essential.

imprescriptible *adj.* indefeasible, imprescriptible.

impresión *f.* print, printing.

impreso *m. forma impresa,* printed form, printed paper. *Impreso publicitario,* advertising/matter literature, promotional printer. *Impresos,* printed matter. *Llenar un impreso,* to fill in a form.

impresora *f.* printer. *Impresora de rayos láser,* laser printer.

imprevisible *adj.* unforeseeable, unpredictable.

imprevisión *f.* lack of foresight; unforeseeable events; unexpectedness.

imprevisor *adj.* improvident, shortsighted, negligent.

imprevisto, a *n.* unforeseen event, contingency. *Tener en cuenta los imprevistos,* to allow for contingencies.

imprevisto *adj.* unforeseen, unexpected. *(Imprevisible)* unpredictable. *Gastos imprevisibles,* contingencies.

imprimir *v.t.* to print, to go to press. *Listo para imprimirse,* ready for print.

improcedente *adj.* unrighteous.

improductividad *f.* improductiveness.

improductivo, a *adj.* improductive, idle. *Capitales improductivos,* idle capital. *Valor improductivo,* worthless security, valueless stock.

impropio *adj.* unfit, unsuitable. *Impropio para el consumo,* unfit for consumption.

improrrogable *adj.* that cannot be postponed.

improvisar *v.t.* to improvise. *Cifras improvisadas,* improvised figures.

improviso (de) *loc.* unexpectedly, suddenly.

improvisto, a *adj.* unexpected, unanticipated.

imprudencia *f.* imprudence, carelessness.

impuesto *m.* tax, rate, levy. *Categoría de impuestos,* tax bracket. *Declaración de impuestos,* tax return. *Desgravación de impuestos,* tax cut, tax allowance. *Exoneración de impuestos,* tax exemption. *Fijar un impuesto,* to tax, to levy a tax, to lay a tax on. *Impuesto adicional, sobreimpuesto,* surtax. *Impuesto causado,* incurred tax. *Impuesto directo,* direct tax. *Impuesto postal,* postage. *Impuesto predial,* land tax, (EU) property tax, (GB) property rate. *Impuesto retenido en la fuente,* withholding tax, (EU) "Pay as you go", (GB) "Pay as you earn" (P.A.Y.E.). *Impuestos locales,* rates. *Impuesto sobre el capital,* capital tax. *Impuesto sobre ingresos,* income tax. *Impuesto sobre la plusvalía,* capital gains tax. *Impuesto sobre la riqueza,* wealth tax, property tax. *Impuesto sobre las empresas,* company tax, corporate tax. *Impuesto sobre los ingresos de las personas físicas,* personal income tax. *Impuesto sobre los salarios,* payroll tax. *Impuesto sobre sucesiones,* death duty. *Impuesto sobre utilidades ocasionales,* windfall tax. *Percibir un*

impuesto, to collect a tax. *Recaudador de impuestos,* tax collector. *Reducción de impuestos,* tax cut, tax rebate, tax break. *Retención de impuestos,* tax withholding. *Tarifa de impuestos,* tax rate, tax schedule. *Utilidad antes de impuestos,* profit(s) before tax, pre-tax profit.
impuesto *adj.* fixed, forced. *Precio impuesto, controlado,* administered price. *Ventas detallistas a precio impuesto,* resale price maintenance.
impuesto aduanal, custom duty.
impuesto al valor agregado (I.V.A.), value added tax (V.A.T.).
impuesto(s) directo(s), direct taxes.
impuesto estatal, state tax.
impuesto excedente, excise tax.
impuesto(s) indirecto(s), indirect tax.
impuesto interior, excise, excise duty.
impuesto personal, individual/personal tax.
impuesto por pagar, payable tax.
impuesto retenido, withheld tax.
impuestos federales, federal taxes.
impuesto sobre consumos, excise tax.
impuesto sobre ganancias de capital, capital gains tax.
impuesto sobre herencias, inheritance tax.
impuesto sobre ingresos, income tax.
impuesto sobre sueldos y salarios, wage tax.
impuesto sobre tenencia/circulación de automóviles, road-tax, special tax levied in cars, depending on c.c.'s and materialized by a windscreen sticker. *cf.* (EU) tax sticker, (GB) tax disk.
impuesto sobre utilidades, income tax.
impuesto sobre utilidades distribuibles, distributable profits tax.
impuesto sobre utilidades excedentes, excess profits tax.
impugnación *f.* contestation, dispute, *(sociedad, política)* diseent.
impugnable *adj.* contestable.
impugnar *v.t.* to contest, to dispute, to challenge. *No lo impugno, no lo niego,* I don't deny it.
impulsar *v.t.* to impel, to push; *(un producto, las ventas)* to boost.
impulso *m.* 1 impulse, stimulus. *Compra por impulso, compra impulsiva,* impulse buying. 2 impetus, momentum. *Dar impulso a,* to give impetus to. *Tomar impulso,* to take off; to gain momentum. 3 *(empujón)* fit, burst.
impunidad *f.* impunity.
impureza *f.* impurity.
imputable *adj.* 1 attributable. 2 chargeable (to); to be paid (to).
imputación *f.* 1 charging. 2 Jur.: appropriation. 3 Contab.: allocation.
imputar *v.t.* 1 to charge. *Imputar a una cuenta,* to charge to an account. 2 Jur.: to appropriate.

inabordable *adj.* *(precios)* prohibitive, exorbitant, extortionate; (EU) *fam.* out of sight.
inabrogable *adj.* unrepealable.
inacabable *adj.* interminable, endless.
inaccesible *adj.* inaccessible, unattainable.
inaceptable *adj.* unacceptable.
inactivar *v.t.* *(equipos, barcos, etc.)* to idle; to mothball.
inactividad *f.* idleness, dullness, non activity.
inactivo, a *adj.* idle, dormant. *Capitales inactivos,* idle capital. *Los inactivos, los desempleados,* non-working people. *Mercado inactivo,* dull market.
inadaptable *adj.* unadaptable.
inadmisible *adj.* inadmissible.
inagotable *adj.* inexhaustible.
inalcanzable *adj.* inaccessible.
inalienabilidad *f.* inalienability.
inalienable *adj.* inalienable, untransferable, unassignable. *Bienes inalienables,* inalienable goods.
inalterable *adj.* unalterable.
inamovible *adj.* immovable.
inapelable *adj.* unappealable.
inaplazable *adj.* 1 that cannot be postponed. 2 urgent.
inaplicable *adj.* unapplicable.
inasistencia *f.* non-assistance. *Inasistencia a una persona en peligro,* failure to assist somebody in danger.
inauguración *f.* inauguration, formal opening, (EU) dedication.
inaugural *adj.* inaugural. *Discurso inaugural,* opening address. *Viaje inaugural, (navíos)* maiden voyage. *Vuelo inaugural,* maiden flight.
inaugurar *v.t.* to inaugurate, to open formally, (EU) to dedicate.
incalculable *adj.* incalculable.
incambiable *adj.* that cannot be changed.
incapacidad *f.* incapacity, disability, unfitness. *Asignación, indemnización por incapacidad,* disability benefit, disability allowance. *Incapacidad temporal de trabajo,* temporary disablement.
incapacidad permanente, permanent disability.
incapacidad temporal, temporary disability.
incapacitado, a *adj.* disabled.
incapaz *adj.* unable.
incautación *f.* confiscation/attachment of properties.
incautar(se) *v. pr.* to confiscate/to attach properties.
incendiario, a *n.* arsonist, *fam.* firebug.
incendio *m.* fire, blaze, conflagration. *Incendio intencional,* arson. *Seguro contra incendio,* fire insurance.
incentivar *v.t.* to encourage.

incentivo *m.* incentive, inducement, encouragement. *Incentivo fiscal,* tax incentive. *Prima de incentivos,* incentive bonus. *Sistema de primas de incentivos,* incentive bonus scheme.
incesibilidad *f.* inalienability, untransferability.
incesible *adj.* inalienable, untransferable.
incidencia *f.* incidence.
incipiente *adj.* incipient.
inciso *m.* section, article, paragraph.
incitación *f.* inducement, incentive.
incitar *v.t.* to induce, to incite, to urge. *Incitar a,* to prompt to, to drive to, to encourage to, to urge to.
inclinación *f.* inclination.
incluido, a *adj.* **1** enclosed. *El cheque aquí incluido,* the enclosed check. *Piezas incluidas, adjuntas,* enclosures. **2** included, inclusive. *"Servicio incluido",* "service included".
incluir *v.t.* to include, to insert, to enclose.
inclusión *f.* inclusion.
inclusivamente *adv.* inclusively.
inclusive *adv.* including, included.
inclusivo *adj.* inclusive.
incluso *adv.* enclosed, herewith.
incobrable *adj.* uncollectable. *Cuenta incobrable,* bad debt.
incógnita *f.* unknown.
incomerciable *adj.* unsalable.
incomodidad *f.* disutility.
incompartible *adj.* indivisible, undivided.
incompatibilidad *f.* incompatibility.
incompatible *adj.* incompatible.
incompetencia *f.* incompetence, inefficiency.
incompetente *adj.* incompetent, inefficient.
incompleto, a *adj.* incomplete, unfinished. *(Sentido amplio)* incomplete, limited; spotty, patchy.
incondicionado, a *adj.* unconditioned.
incondicional *adj.* unconditional.
inconforme *adj.* unsatisfied.
inconfundible *adj.* unmistakable.
inconstitucional *adj.* unconstitutional.
inconsumible *adj.* that cannot be consumed.
incontable *adj.* uncountable.
incontrovertible *adj.* incontrovertible.
inconveniente *m.* y *adj.* inconvenient.
inconvertible *adj.* inconvertible.
incorporación *f.* incorporation.
incorporal (o **incorpóreo**) *adj.* incorporeal.
incorporar *v.t.* to incorporate.
incorrecto, a *adj.* incorrect, wrong, false.
incorruptible *adj.* incorruptible.
incrementar *v.t.* to increase, to enlarge, to extend, to widen. *Incrementar la extensión de las instalaciones,* to enlarge the premises.
incrementar(se) *v. pr.* to increase, to rise, to extend, to enlarge, to develop, to grow.
incremento *m.* **1** extension, enlargement, increase. *Incremento de la depresión de un merca-*

do, increased dullness, glutting. **2** *(de los cargos, etc.)* increase.
incuestionable *adj.* unquestionable.
inculpación *f.* indictment, charge.
inculpado, a *n.* y *adj.* accused.
inculpar *v.t.* to charge, to indict.
incumbir *v.i.* to concern, to be interested in, to lie with, to rest with, to be up to.
incumplido *adj.* **1** *(no cumplir una obligación)* unfulfilled. **2** *(personas)* overdue, retarded, unpunctual.
incumplimiento *m.* **1** default. *En caso de incumplimiento,* in the event of, in case of default. *Riesgo de incumplimiento,* risk of default. **2** non fulfillment. **3** breach, violation, lapse. *Incumplimiento profesional,* unprofessional conduct, professional misconduct.
incumplir *v.t.* Jur.: to default.
incurrido *p.p.* de incurrir. *adj.* incurred. *Total de gastos incurridos,* total expenses incurred.
incurrir *v.i.* to incur. *Incurrir en gastos,* to incur expenses. *Incurrir en incumplimiento,* to default.
incursión *f.* *(tecnológica, etc.)* breakthrough. *Hacer una incursión sobre un mercado,* to break into a market.
incursionar *v.i.* to pierce, to perforate. *(Productos, etc.)* empezar a incursionar, to begin to break through.
indagación *f.* investigation.
indagar *v.t.* e *i.* to inquire, to investigate.
indebidamente *adv.* unduly.
indebido, a *adj.* undue.
indecisión *f.* indecision.
indeciso, a *adj.* undecided, irresolute, wavering. *(Victoria, etc.)* indecisive, doubtful. *Electores indecisos,* floating voters.
indefectible *adj.* non wasting. *Activo indefectible,* non wasting asset.
indefinido *adj.* undefined, indefinite.
indeleble *adj.* indelible, permanent.
indemnizable *adj.* entitled to compensation; compensable.
indemnización *f.* **1** indemnity, indemnification, compensation, allowance, benefit. *Indemnización por desempleo,* unemployment benefit, unemployment compensation, (GB) dole. *Indemnización por despido,* severance pay. *Indemnización por el costo de la vida,* cost-of-living allowance, cost-of-living bonus. *Reclamar una indemnización,* to claim for compensation. **2** forfeit, penalty. *Cláusula de indemnización,* forfeit clause.
indemnizar *v.t.* to indemnify, to compensate. *Indemnizar a alguien por una pérdida,* to compensate somebody for a loss.
independencia *f.* independence.
independiente *mf.* independent, free lance.

independiente *adj.* independent. *Circunstancias independientes/ajenas a mi voluntad*, circumstances beyond my control. *Comerciante independiente*, independent retailer, independent. *Trabajador independiente*, self-employed.

independizar(se) *v. pr.* to become independent.

indescifrable *adj.* indecipherable.

indescontable *adj.* undiscountable; not subject to discount.

indexación *f.* (*precios, salarios*) indexing, pegging, linkage. *Cláusula de indexación*, escalator clause.

indexado, a *adj.* index-linked, index-tied, index-pegged.

indexar *v.t.* to index; (*precios, salarios*) to peg, to link.

indicación *f.* indication, information, particular, detail. *A título de indicación*, for your guidance. *Indicación de precios*, quotation. *Salvo indicación en contrario*, unless otherwise specified/agreed.

indicado, a *adj.* indicated.

indicador *m.* **1** (Ferr.: *etc.*) time-table, schedule; guide-book. **2** indicator. *Indicador instantáneo*, instant indicator. *Los principales indicadores económicos*, the leading economic indicators. **3** Policía: informer.

indicadores *m. pl.* (*economía*) indicators.

indicar *v.t.* to specify, to stipulate, to state, to indicate. *Indicar un precio*, to quote a price.

indicativo, a *n.* code, number. *Indicativo musical*, jingle. (*Teléfonos*) *indicativo regional*, area code.

indicativo, a *adj.* indicative. *A título indicativo*, for your guidance, for your information. *Precio indicativo*, target price. (*Sentido amplio*) for example, for instance.

índice *m.* index, table, list. (*pl. índices*, indexes). *Índice de acciones*, share index, stock index. *Índice de audiencia*, audience rating, television rating (T.V.R.). *Índice de precios al consumidor*, consumer price index. *Índice de producción*, output index. *Índice Dow Jones*, Dow Jones Industrial average, Dow Jones index. *Índice ponderado*, weighted index. *Poner en índice*, to blacklist.

índice de archivo, file index.

indicio *m.* Policía: clue, hint, trace.

indiferente *adj.* indifferent. *Salario indiferente*, salario abierto, salary immaterial.

indigentes *mf. pl. Los indigentes*, the needy, the destitute.

indigente *adj.* needy, destitute, poor.

indirecto, a *adj.* indirect. *Impuestos indirectos*, indirect taxes.

indisculpable *adj.* inexcusable, unforgivable.

indiscutible *adj.* unquestionable, indisputable.

indisposición *f.* (*sentimientos de*) uneasiness. *Indisposición de los ejecutivos*, executive unrest, uneasiness among executives.

individual *adj.* individual, single, separate.

individualizar *v.i.* to individualize.

individuo *m.* individual, person, someone.

indivisibilidad *f.* indivisibility.

indivisible *adj.* indivisible, whole, complete.

indivisión *f.* joint possession, joint ownership.

indiviso *adj.* joint, held indivisum. *Bienes indivisos*, joint property, (EU) undivided property. *En forma indivisa*, jointly. *Propietarios indivisos*, joint owners.

indocumentado, a *n. y adj.* that lacks identification documents.

índole *f.* class, category, nature.

inducir *v.t.* to induce, to persuade, to incite.

indudable *adj.* indubitable, unequivocal.

indudablemente *adv.* undoubtedly, doubtlessly.

industria *f.* industry, manufacture, trade. *Industria clave*, key industry. *Industria de base*, staple industry. *Industria de punta*, high-technology industry, high-tech industry. *Industria de transformación*, processing industry, manufacturing industry. *Industria electrónica*, electronics industry. *La industria de la construcción*, the building trade. *La industria hotelera*, the hotel trade. *La industria minera*, the mining industry.

industria del pan, baker's trade.

industria del plomo, lead industry.

industrial *mf.* industrialist, manufacturer.

industrial *adj.* industrial, manufacturing. *Ciudad industrial*, busy town. *Estética/diseño industrial*, industrial design. *Propiedad industrial*, patent rights. *Relaciones industriales*, industrial relations. *Zona industrial*, (GB) industrial estate, (EU) industrial site, industrial park.

industrialización *f.* industrialization.

industrializar *v.t.* to industrialize.

industrialmente *adv.* industrially.

industria naviera (*designa colectivamente a los armadores y a su función*), shipowners, shipowning, the shipping business.

industria restaurantera, catering trade, restaurant business.

industrioso, a *adj.* industrious, busy, active.

ineficacia *f.* inefficacy.

ineficiencia *f.* (*personas*) inefficiency; (*medidas*) ineffectiveness, inefficiency.

ineficiente *adj.* inefficient, (*sin resultados*) ineffective, ineffectual.

inejecución *f.* non-execution, non-performance.

inelasticidad *f.* inelasticity. *Inelasticidad de la demanda*, inelasticity of demand.

inelegibilidad *f.* ineligibility.

inelegible *adj.* ineligible.

inembargable *adj.* that cannot be attached.
inempleado *adj.* *(capital, capacidad de producción)* unemployed, idle.
ineptitud *f.* ineptitude.
inepto *adj.* unfit, unsuited.
inequitativo, a *adj.* unfair, unjust.
inequívoco *adj.* unequivocal.
inercia *f.* inertia, apathy, sluggishness, dullness, listlessness.
inestabilidad *f.* instability, unsteadiness. *Inestabilidad del mercado,* unsettled market.
inestable *adj.* unstable, instable, unsteady, unsettled.
inexactitud *f.* inexactitude, inaccuracy.
inexacto, a *adj.* inaccurate, incorrect.
inexigible *adj.* inexigible. *Deudas inexigibles,* inexigible debts.
inexperiencia *f.* inexperience.
inexperto, a *adj.* inexperienced, unskilled.
inexplotable *adj.* **1** not exploitable, unworkable *(minas),* uncultivable *(tierras).* **2** *(datos)* useless.
inexplotado, a *adj.* *(recursos)* untapped, *(tierra)* unexploited, undeveloped.
infalibilidad *f.* infallibility.
infalible *adj.* infallible.
infalsificable *adj.* that cannot be falsified.
infatigable *adj.* indefatigable, tireless.
infatigablemente *adv.* indefatigably.
inferencia *f.* inference. *Inferencia estadística,* statistical inference.
inferior *mf.* y *adj.* inferior.
inferioridad *f.* inferiority, mediocrity.
inferir *v.t.* to infer, to deduce.
infidelidad *f.* infidelity.
infiel *adj.* unfaithful, disloyal.
infiltración *f.* **1** POL.: infiltration. **2** *(metal)* coring.
infiltrar *v.t.* POL.: to infiltrate, to set up cells in, to penetrate.
infinidad *f.* infinity.
infinitesimal *adj.* infinitesimal.
inflación *f.* inflation; increase, swelling. *Controlar la inflación,* to curb/to check/to stem inflation. *Espiral inflacionaria, inflación en espiral,* spiralling inflation. *Inflación a dos dígitos,* double-digit inflation. *Inflación estructural,* core/structural inflation. *Inflación galopante,* runaway inflation, galloping inflation. *Inflación generada por la demanda,* demand-pull inflation. *Inflación generada por los costos,* cost-push inflation. *País plagado de inflación,* inflation-ridden country. *Protección contra la inflación,* hedge against inflation.
inflacionario, a *adj.* inflationary. *Proceso inflacionario,* inflationary process.
inflacionista *adj.* inflationary.
inflar *v.t.* to inflate, to increase, to swell, to boost.

inflar(se) *v. pr.* to swell.
influencia *f.* influence. *Tener una gran influencia,* to have a wide influence. *Tráfico de influencia,* influence peddling.
influenciar *v.t.* to influence, to exert an influence on.
influjo *m.* inflow, influx. *Influjo de datos,* data inflow.
influyente *mf.* *alto influyente,* influential, high up.
influyente *adj.* influential.
información *f.* information, particular(s), detail(s). *A título de información,* for your guidance. *Centro de información,* information center/centre. *Jefe de información,* desk editor, news editor. *Las ciencias de la información,* information sciences. *(Radio) las noticias, los informes del día,* news bulletin, news. *Oficina de información,* enquiry/inquiry office, information bureau. *Oficina de información al turista,* tourist information office. *Para cualquier informe complementario,* for further information, for further details, for further particulars. *Por solicitud directa de información,* upon inquiry. *Procesamiento de la información,* data processing. *Solicitud de información,* enquiry, inquiry, request for information.
información actualizada, updated information.
información al día, updated information.
información financiera, financial information.
información valiosa, valuable information.
informado, a *adj.* informed. *Fuente bien informada,* knowledgeable/reliable source. *Hasta que se esté mejor informado,* until closer inquiry.
informador, a *n.* y *adj.* informing, informer. *Trabajar como informador,* to work as an informer.
informal *adj.* informal, casual.
informar *v.t.* to inform, to give information, to notify, to let somebody know, to advertise. *(Hacer saber)* to inform. *Nos complace hacerles saber que,* we are pleased to let you know that. *Usted ha sido mal informado,* you have been misinformed.
informar(se) *v. pr.* to inquire (about), to get information (about).
informática *f.* computer science, computer technology, (electronic) data processing. (E.D.P.), information technology, informatics. *Director de Informática,* Information Systems Manager/Director. *El departamento de informática,* the computer department, the computer division, the E.D.P. department. *Informática administrativa,* computerized management.
informático, a *mf.* computer scientist, computer engineer.
informativo, a *adj.* informative. *Un reporte informativo,* an informative report.

informatización *f.* computerization.
informatizar *v.t.* to computerize.
informe *m.* report. *Oficina de informes,* information office, inquires office, inquiry office. *Un informe valioso,* a valuable piece of information.
informe anual, annual report.
informe de auditoría, auditor's report.
informe pericial, survey report.
infracción *f.* breach (of regulations); offense, (GB) offence; infringement, violation. *Infracción a la ley sobre patentes,* patent infringement. *Infracción a un reglamento,* infringement.
infractor, a *n.* infractor, transgressor, offender.
infraestructura *f.* infrastructure, substructure; facilities. *Infraestructura portuaria,* harbor facilities.
infravalorar *v.t.* to undervalue, to underestimate.
infringir *v.t.* to infringe.
infructuoso, a *adj.* unproductive, sterile.
infundado, a *adj.* baseless, without foundation.
ingastable *adj.* hard-wearing, long-wearing.
ingeniar *v.t.* to invent, to discover.
ingeniería *f.* engineering. *Ingeniería de la producción,* production engineering, production technology, production engineering applications. *Ingeniería educativa,* educational engineering.
ingeniero, a *n.* engineer. *Ingeniero consultor,* consulting engineer, (EU) engineering consultant. *Ingeniero consultor en organización,* management consultant. *Ingeniero de negocios, en ventas, técnico comercial,* sales engineer.
ingenio *m.* ingenuity, cleverness.
ingerencia *f.* interference, meddling.
inglés *n.* y *adj.* English.
ingresante *mf.* new-comer. *Nuevo ingresante,* new-comer; *(mercado de trabajo)* new-entrant.
ingresar *v.t.* to enter, to come in.
ingreso *m.* *(entradas de dinero)* receipt(s), return(s), earnings, revenue(s); takings, encashment. *Gastos e ingresos,* expenses and receipts.
ingreso bruto, gross income.
ingreso complementario, complementary income.
ingreso devengado, earned income.
ingreso gravable, taxable income.
ingreso nacional, national income.
ingreso neto, net income.
ingreso personal, individual income.
ingreso por arrendamiento, rental income.
ingreso por intereses, interest income.
ingreso por subarrendamiento, sublease revenue.
ingreso por suscripciones, subscription income.
ingreso por ventas, sales income.
ingreso publicitario, advertising revenue.
ingreso público, government revenue.

ingreso total, total income.
inhábil *adj.* unable; unqualified.
inhabilidad *f.* inability.
inhabilitación *f.* disability.
inhabilitar *v.t.* to disable.
inhabitable *adj.* uninhabitable.
inhabitado *adj.* uninhabited; *(casas)* unlived in, untenanted; *(islas)* desert.
inherente *adj.* inherent.
inhibir *v.t.* to inhibit.
iniciación *f.* initiation.
inicial *f.* initial. *Iniciales,* initials.
inicial *adj.* initial, starting, beginning. *Capital inicial,* initial capital. *Gastos iniciales de establecimiento,* initial expenses, initial investment cost, initial outlay. *Pago inicial,* deposit, cash deposit, down payment. *Salario inicial,* starting salary, commencing salary, initial salary.
inicialmente *adv.* initially, originally.
iniciar *v.t.* 1 *(comenzar)* to initiate, to start, to trigger. *Iniciar negociaciones,* to enter into negotiations, to open negotiations. *Iniciar una acción de justicia,* to undertake legal proceedings. *Iniciar una colaboración,* to start a collaboration. *Iniciar un proceso,* to initiate a process. 2 *(economía)* to start.
iniciar(se) *v. pr.* to begin, to start.
iniciativa *f.* initiative. *Iniciativa privada,* private venture, private enterprise. *Tomar la iniciativa de una reforma,* to initiate a reform.
inicio *m.* starting, *(repunte económico, etc.)* pump-priming.
injerencia *f.* interference, intervention.
inmediatamente *adv.* immediately.
inmediato, a *adj.* immediate. *Cotización a plazo inmediato,* spot price. *Entrega inmediata,* immediate/prompt delivery.
inmejorable *adj.* unimprovable.
inmerso *adj.* immersed. *Estar inmerso en,* to be immersed in. *Inmerso en el marasmo,* in the doldrums.
inmigración *f.* immigration.
inmigrante *mf.* immigrant.
inmigrar *v.i.* to immigrate.
inmiscuirse *v. pr.* to interfere, to intervene.
inmobiliario, a *n.* real estate.
inmobiliario, a *adj.* real estate. JUR.: *agencia inmobiliaria,* (real) estate agency. *Agente inmobiliario,* (real) estate agent, (EU) realtor. *Bienes inmobiliarios,* real property, real estate. *Préstamo inmobiliario,* real estate loan; home loan. *Promotor inmobiliario,* real estate developer, property developer.
inmovilización *f.* locking up, tying up, lock-up, immobilization *(de capitales).* *(Detención)* standstill.
inmovilizar *v.t.* to tie up, to lock up, to immovilize. *Activos inmovilizados,* fixed assets, tied-up capital.

inmueble *m.* 1 Jur.: real estate, real property, fixed property. 2 building, block; premises. *Inmueble de departamentos,* block of flats, tenement house, (EU) apartment building. *Inmueble de habitaciones,* block of flats, (EU) apartment building. *Inmueble de oficinas,* office block, office building.

inmueble *adj.* Jur.: real, fixed, immovable. *Bienes inmuebles,* real property, real estate, fixed property.

inmuebles *m. pl.* Fin.: fixed assets, fixed capital, tied-up capital. *Activos inmuebles, activos inmobiliarios,* tangible assets; property, plant and equipment.

inmunidad *f.* immunity, Jur.: privilege.

innovación *f.* innovation, breakthrough.

innovador, a *n.* innovator, pioneer.

innovador, a *adj.* innovative, innovating; pioneering, ground-breaking.

innovar *v.t.* to innovate, to break new ground, to pioneer; to introduce, to initiate.

inobservación *f.* disregard, non observance, non compliance (with).

inobservancia *f.* disregarding.

inquieto *adj.* anxious, uneasy, worried. *Existen razones para estar inquieto,* there is cause for serious concern.

inquietud *f.* uneasiness, anxiety, concern.

inquilinato *m.* leasehold.

inquilino, a *n.* tenant, leaseholder, lessee.

inquirir *v.t.* to inquire.

insalubre *adj.* unhealthy, insalubrious.

insalubridad *f.* unhealthiness, insalubrity.

insatisfacción *f.* lack of satisfaction.

insatisfecho, a *adj.* unsatisfied.

inscribir *v.t.* to register, to enter, to write down. *Inscribir en una lista,* to enter in a list, to list. *Inscribir una hipoteca,* to register a mortgage.

inscribir(se) *v. pr.* to inscribe, to register, to sign up, to enrol(l), to enter; *(clubs, sindicatos, etc.)* to join. *Inscribirse a un concurso,* to enter a contest, *(estudios)* to register for competitive exam(ination). *Inscribirse a un curso,* to enrol(l) in/on a course.

inscripción *f.* 1 writing-down, inscribing. 2 registration, enrollment. *Derecho de inscripción,* registration fee, entrance fee. *Formulario de inscripción,* registration form, entry form. *(Para las sociedades, etc.) Inscripción en el registro de comercio,* registration. *Inscripción hipotecaria,* registry, registration of mortgage.

inscrito, a *n. y adj.* registered.

inserción *f.* insertion, insert, advertisement; T.V.: insertion, keying.

insertar *v.t.* to insert.

inservible *adj.* useless.

insesgado *adj.* 1 fair, objective, impartial. 2 *(líneas, curvas)* unbiased.

insignificante *adj.* insignificant, unimportant, negligible. *Cantidad insignificante,* negligible quantity. *Considerar insignificante la opinión de alguien,* to disregard someone's opinion.

insistencia *f.* insistence, persistence.

insistente *adj.* insistent.

insistir *v.i.* to insist (on doing something), to want, to be keen on something, to be anxious to do something.

insobornable *adj.* incorruptible, that cannot be bribed.

insoluto *adj.* unpaid, outstanding. *Saldo insoluto,* unpaid balance.

insolvencia *f.* insolvency.

insolvente *adj.* insolvent. *Deudor insolvente,* insolvent debtor.

insondable *adj.* inscrutable.

insonorizar *v.t.* to soundproof.

insonoro *adj.* sound-proof, noise-free.

insoslayable *adj.* inevitable.

inspección *f.* Aduanas: inspection, examination. Naveg.: *derecho de inspección,* right of search. *Inspección a bordo,* to board, to stop and examine (a shop), to visit (a ship). *Inspección ocular,* Jur.: search of the premises.

inspeccionar *v.t. (aduanas, etc.)* to examine, to inspect. *Inspeccionar ocularmente,* Jur.: to search. *(Un departamento)* to view (EU) an apartment, (GB) a flat.

inspector, a *n.* inspector; *(tiendas)* shopwalker, (EU) floorwalker.

inspector fiscal, tax inspector.

inspiración *f.* inspiration, brainwave.

instalación *f.* 1 setting-up. 2 installing, installation. 3 *instalaciones fijas,* fixtures and fittings. 4 *(infraestructuras, fábricas)* facility(ies). 5 *(oficinas, etc.)* fitting up, arrangement, layout; disposition, installations, equipment; organization.

instalador, a *n.* installer.

instalar *v.t.* 1 *(una sucursal)* to set up. 2 to install. 3 *(materiales)* to equip. 4 *(oficinas, etc.)* to fit up, to arrange, to equip; to install, to organize.

instancia *f.* instance, suit. *Asunto en instancia,* pending matter. *Entablar una instancia,* to start legal proceedings.

instar *v.t.* to urge, to hasten, to press.

instauración *f.* founding, setting up, establishment.

instaurar *v.t.* to set up, to establish; *(medidas)* to initiate, to implement, to adopt.

instigación *f.* instigation.

instigador, a *n.* instigator.

instigar *v.t.* to instigate.

institución *f.* institution, establishment.

institucional *adj.* institutional. *Inversionista institucional,* institutional investor.

institución financiera, financial institution, financial company.

instituir *v.t.* to institute, to found, to set up; *(un proceso legal)* to institute, to initiate.

instituto *m.* institute.

instrucción *f.* instruction, instructions. Inform.: statement.

instrucciones *f. pl.* directions, instructions.

instructivo *adj.* instructive.

instructor, a *n.* instructor.

instruir *v.t.* to instruct, to teach.

instrumental *adj.* Testigo instrumental, witness to a deed.

instrumentar *v.t.* to implement, to draw up.

instrumento *m.* instrument, tool. *Instrumento de crédito,* instrument of credit. *Instrumento financiero,* financial instrument. *Mercado a plazo de los instrumentos financieros,* financial futures market.

instrumento de deuda negociable, negotiable instrument of debt.

insubordinación *f.* insubordination.

insubordinar *v.t.* to stir up, to incite to rebellion.

insubordinar(se) *v. pr.* to rebel, to insurrect.

insubsanable *adj.* irreparable.

insuficiencia *f.* shortage, insufficiency. *Insuficiencia de mano de obra,* labo(u)r shortage. *Insuficiencia de provisión,* insufficient funds.

insuficiente *adj.* insufficient, inadequate.

insultar *v.t.* to insult.

insumo *m.* input. *Análisis de insumos,* input analysis.

insuperable *adj.* second to none, matchless. *Precio insuperable, inmejorable,* rock bottom price.

insustituible *adj.* that cannot be replaced.

intacto, a *adj.* complete, intact, unchanged, unaltered.

intangible *adj.* intangible. *Activo intangible,* intangible asset. *Bienes intangibles,* intangible assets, intangibles.

integración *f.* 1 integration, fusion. *Integración horizontal,* horizontal integration. 2 *(dotación de personal)* staffing.

integrado, a *adj.* integrated. *Comercio integrado,* large scale retail trade. *Flete integrado,* roll-on-roll-off.

integral *adj.* full, entire, complete, whole. *Pago integral,* payment in full. *Reembolso integral,* full repayment.

integralidad *f.* integrality, entireness, wholeness, whole.

integralmente *adv.* entirely, completely, wholly, in full.

integrar *v.t.* to integrate.

integridad *f.* honesty, integrity.

íntegro, a *adj.* entire, honest, righteous.

intelectual *adj.* intellectual, smart.

intelectualismo *m.* intellectualism.

intención *f.* intention.

intencional *adj.* *(voluntario)* intentional, deliberate; studied.

intencionalmente (o **intencionadamente**) *adv.* intentionally.

intendencia *f.* management.

intendente *m.* manager.

intensidad *f.* intensity.

intensificar *v.t.* to intensify, to deepen.

intensivo, a *adj.* intensive, heavy. *Curso intensivo,* intensive course.

intentar *v.t.* Intentar una acción de justicia, to bring an action (against), to start legal proceedings (against).

intento *m.* attempt. *Intento de bomba,* bomb attempt.

interacción *f.* interaction, communication.

interbancario, a *adj.* interbank(ing).

intercalación *f.* intercalation.

intercalar *v.t.* to intercalate.

intercambiabilidad *f.* exchangeability.

intercambiable *adj.* exchangeable. *Bienes intercambiables,* exchangeable goods.

intercambiar *v.t.* to exchange, to trade, to swap *(por, for)*.

intercambiar(se) *v. pr.* to exchange, to be traded.

intercambio *m.* exchange, trade, swap, swapping. *Asociación Europea de Libre Intercambio,* European Free Trade Association, E.F.T.A. *Intercambio de créditos,* debt swap. *Intercambio de créditos contra activos,* debt-equity swap. *Intercambio de divisas,* currency swap. *Intercambio de puntos de vista,* exchange of views, discussion. *Intercambio de tasas de interés,* interest swap, interest rate swap. *Intercambio de tesorería,* treasury swap. *Libre intercambio,* free trade. *Medio de intercambio,* medium of exchange. *Moneda de intercambio,* money of exchange. *Oferta pública de intercambio,* exchange offer, takeover bid for shares. *Valor de intercambio,* exchange value. *Zona de Libre Intercambio,* free trade area. *Zona Europea de Libre Intercambio,* European Free Trade Area.

interceder *v.i.* to intercede, to intervene.

interceptación *f.* interception.

interceptar *v.t.* to intercept.

intercesión *f.* intercession.

intercesor, a *n.* intercessor.

interdependencia *f.* interdependence, mutual dependence.

interdependiente *adj.* interdependent, interrelated.

interés *m.* *(pl. intereses)* interest. *Daños e intereses,* damages. *Interés compuesto,* compound interest. *Intereses acumulados,* accrued interest, accrual(s). *Intereses atrasados, atrasos,* back interest, interest in arrears. *Intereses de próximo vencimiento,* accruing interest. *Intereses exigi-*

bles, interest due. Bolsa: *intereses por contango, contango. Intereses vencidos,* outstanding interest. *Interés simple,* simple interest. *Llevar, producir, redituar un interés,* to bear/to yield/to carry an interest. *Principal e intereses,* capital and interest. *Productor de intereses, que produce intereses,* interest-bearing. *Tasa de interés del dinero al contado,* call money rate.

interés acumulado, accrued interest.

interesado, a *n.* party concerned, involved. *Los interesados,* the interested parties, the parties concerned, the persons concerned, the stakeholders.

interesante *adj.* interesting, attractive. *Precio interesante,* attractive price. *Una propuesta interesante,* an interesting proposal.

interesar *v.i.* to interest, to concern, to bear on. *Interesar a los empleados en las utilidades de la empresa,* to initiate a profit-sharing scheme in the firm.

interés compuesto, compound interest.

interés devengado, accrued interest. *Interés no devengado,* unearned interest.

intereses financieros, financial interest.

intereses ganados, earned interest.

intereses pagados, paid interest.

intereses pagados por anticipado, prepaid interest.

intereses por cobrar, receivable interest.

intereses por pagar, payable interest, interest due.

intereses sobre anticipos, interest on advances.

interés mayoritario, majority interest.

interés minoritario, minority interest.

interestatal *adj.* interstate, nationwide.

interface, interfaz *f.* interface.

interferencia *f.* interference. *(Radio, etc.)* jamming.

interferir *v.t.* to interfere.

interfono *m.* interphone.

ínterin *m.* temporariness. *En el ínterin,* in the interim, in the meantime.

interino, a *n.* **1** interim. *Asegurar el (periodo) interino de alguien,* to stand in for somebody, (EU) to deputize (for). *Director interino,* acting manager. *En el interino,* in the interim, in the meantime. **2** temporary worker/employee. (GB) **fam.** temp. *Trabajar como interino,* to do temporary work, (GB) to temp.

interino *adj.* temporary, interim. *Balance interino,* provisional balance. *Director interino,* acting manager. *Hacer un trabajo interino,* (GB) to do temporary work. *Mano de obra interina,* temporary labo(u)r. *Personal interino,* temporary staff, temps.

interior *m. Ministerio del Interior,* (EU) Interior Department, (GB) Home Office.

interior *adj.* **1** inner, indoor, inside, internal. **2** home, domestic. *Comercio interior,* home trade, domestic trade. *Mercado interior,* home market, domestic market. *Navegación interior,* inland navigation, internal navigation. *Puerto interior,* inner harbo(u)r.

interlínea *f.* space. *Doble interlínea, doble espacio,* double space.

interlocutor *m.* **1** interlocutor, speaker. **2** counterpart, partner; *(sentido amplio)* person, people.

intermediación *f.* intermediation.

intermediario, a *n. (personas)* intermediary, middleman, go-between. *Se deberían eliminar los intermediarios,* middlemen should be done away with.

intermediario, a *n.* intermediate, intermediary. *Bienes de intermediarios,* intermediate goods, intermediates.

intermedio *adj.* intermediate, in the middle.

interminable *adj.* interminable.

intermitente *adj.* intermittent, occasional, casual. *Mano de obra intermitente,* occasional, casual labo(u)r.

internacional *adj.* international, worldwide, global.

internacionalización *f.* internationalization.

internacionalizar *v.t.* to internationalize.

internacionalmente *adv.* internationally.

interno *adj.* internal. *Auditoría, control interno,* internal audit. *Contralor interno,* internal auditor. *Formación interna,* in-house training. *Producto interno bruto,* gross domestic product (G.D.P.). *Reglamento interior,* by-laws, rules, articles (of association). *Tarifa interna,* inland rate.

interpelación *f.* interpellation.

interpelar *v.t.* to interpellate, to appeal to.

interpolación *f.* interpolation.

interpolar *v.t.* to interpolate.

interponer *v.t. interponer una apelación (de un juicio),* to appeal, (EU) to file an appeal, to lodge an appeal.

interpretación *f.* interpretation.

interpretar *v.t.* to interpret, to explain, to understand; *(resultados)* to read.

intérprete *mf.* interpreter.

interprofesional *adj.* interprofessional. *Salario mínimo interprofesional garantizado,* guaranteed minimum wage.

interrogación *f.* interrogation. *Signo de interrogación,* question mark.

interrogante *mf.* y *adj.* interrogator, interrogating.

interrogar *v.t.* to ask, to question. *Interrogar, buscar, indagar en una base de datos,* to querry a data bank.

interrogatorio *m.* interrogatory, questioning. *Segundo interrogatorio,* cross-examination.

interrumpir *v.t.* to interrupt, to disrupt, to upset.

interrupción *f.* interruption, suspension, disruption.

interruptor *m.* (*eléctrico*) switch; (*mecánico, etc.*) knob, button, switch.

interurbano *adj.* Conferencia interurbana, subscriber trunk dialling (S.T.D.), (EU) long distance. Hacer una llamada de larga distancia, to call long distance, (GB) to make a trunk call; to call the operator. Llamada interurbana, (EU) long distance call, (GB) trunk call.

intervención *f.* intervention, interference.

intervencionismo *m.* interventionism, interference. (EU) Intervención autoritaria del Presidente en la vida económica, jawboning.

intervenir *v.t.* e *i.* to intervene, to move in, to step in; (*cuentas*) to check.

interventor, a *n.* inspector, comptroller.

intransferible *adj.* not transferable.

intransigencia *f.* intransigence, uncompromisingness.

intransigente *adj.* uncompromising, intransigent.

intransmisible *adj.* untransmissible.

intransportable *adj.* that cannot be transported.

intratable *adj.* intractable, unmanageable, uncompromising; obstinate.

intrínseco *adj.* intrinsic, specific.

introducción *f.* introduction. Bolsa: listing.

introducir *v.t.* **1** to introduce, to bring in. Introducir al mercado, to launch on the market. Introducir en bolsa, to list, to quote on the stock exchange. Introducir/iniciar una acción legal, to bring an action (against), to take legal action (against), to sue, to initiate proceedings. **2** (*una pieza de moneda en una hendidura*) to insert.

intromisión *f.* intromission.

inundación *f.* flood, inundation.

inundar *v.t.* to flood, to inundate, (*mercados*) to swamp. El mercado está inundado, the market is glutted.

inútil *adj.* useless.

inutilidad *f.* uselessness.

inutilizar *v.t.* to render useless, to scrap.

inútilmente *adv.* uselessly.

invadir *v.t.* to invade, to attack.

invalidación *f.* invalidation.

invalidar *v.t.* to invalidate.

invalidez *f.* **1** nullity, invalidity. **2** disability, disablement. Pensión de invalidez, disability, disablement pension.

invariable *adj.* invariable, invariant.

invasión *f.* (*acción de atraer*) hiring away, poaching.

invención *f.* invention.

invendible *adj.* unsalable, unmarketable.

invendido, a *adj.* unsold.

inventar *v.t.* to invent.

inventariar *v.t.* **1** to take stock. **2** to inventory, to inventorize. **3** Fin.: to value.

inventario *m.* stock, stock-in-trade, inventory. Acumulación de los inventarios, accumulation of stocks, inventory buildup. Agotamiento de los inventarios, stock depletion. Constitución de un inventario, stock building. Control de inventarios, stock control, inventory control, stock management. Faltante de inventarios, stock shortage, understocking. Formar un inventario, to lay in stocks, to build up inventories. Hacer el inventario, to take (an) inventory, to take stock. Hoja, ficha de inventario, stock-sheet. Inventario continuo, continuous inventory. Inventario existente, stock on hand. Inventario periódico, periodical inventory. Liquidación del inventario, stock clearance, liquidation of inventories. Renovación del inventario, restocking. Rotación de los inventarios, stock turnover. Sistema de inventarios, inventory system. Tener en inventario, to keep in stock. Tener un faltante de inventarios, to be out of stock. Toma del inventario, stock-taking, inventory, stocklist, checking off. Tomar/levantar un inventario, to inventory, to check. Valor del inventario, stock-taking sale.

inventario de existencias, stock in trade.

inventario de materia prima, raw materials inventory.

inventario de producción en proceso, work-in-process inventory.

inventario de productos terminados, finished products inventory.

inventario de refacciones, spare parts inventory.

inventario final, ending inventory.

inventario físico, physical inventory.

inventario inicial, starting inventory.

inventario real y exacto, true and accurate inventory.

inventarios perpetuos, perpetual/continuous inventory.

invento *m.* invention, device.

inventor, a *n.* inventor.

inventorista *mf.* (*encargado(a) del inventario*) inventory clerk.

inversión *f.* **1** investment. Bienes de inversión, capital goods. Certificado de inversión, certificate of investment, investment certificate, participation certificate, non-voting share convertible into a voting one at a small premium. Deducción fiscal sobre las inversiones, capital allowance. Gastos de inversión, capital expenditure(s). Sociedad de inversión, (EU) mutual fund(s), (GB) unit trust(s). Sociedad de inversión de capital variable, open-end investment trust/fund, (EU) mutual fund, (GB) unit trust; sicav-actions, stock fund. **2** reversal, inversion. Inversión de tendencia, reversal of trend.

inversiones a corto plazo, short-term investments.

inversiones a largo plazo, long-term investments.

inversiones en acciones, investment in shares.

inversiones en compañías afiliadas, investments in affiliated companies.

inversiones en subsidiarias, investments in subsidiaries.

inversiones en valores, negotiable securities, security investments.

inversiones permanentes, permanent investments.

inversiones temporales, temporary investments.

inversionista *mf.* investor, annuitant. *Inversionista institucional,* institutional investor. *Inversionista vitalicio,* annuitant. *Pequeño inversionista,* small investor.

inverso, a *adj.* inverse.

inversor, a *adj.* investing. *Sociedad inversora,* investing company.

invertido *p.p. de invertir. Capital invertido,* capital invested, equity.

invertir *v.t. (capitales)* to invest, to tie up capital, to bank (on), to stake (on); to put money (on).

investigación *f.* research, research and development, R. & D., INFORM.: retrieval. *Departamento de investigación,* research department, research and development department, R. & D. department. *Investigación de campo,* field work. *Investigación de la motivación,* motivation(al) research. *Investigación del empleo,* job-seeking, job hunting. *Investigación de operaciones,* operations research/operational research. *Investigación documental,* desk research; information retrieval. *Trabajo de investigación,* research work, research project.

investigación de bienes, inquiry into the assets of debtor.

investigación de mercados, market research, market study.

investigador, a *n.* researcher, scientist.

investigar *v.t.* to inquire (about something), to look for, to seek. *Investigar a un deudor,* to inquire into the assets of a debtor.

investir *v.t.* to invest.

inviolabilidad *f.* inviolability.

inviolable *adj.* inviolable.

invisible *adj.* invisible. *Exportaciones e importaciones invisibles,* invisibles. *Exportaciones invi-*

sibles, invisible exports. *Ingresos invisibles,* invisible earnings.

invitación *f.* invitation. *Invitación a ofertas,* invitation to tender, invitation for tenders, appeal for tenders; competitive bidding, bid invitation.

invitar *v.t.* to invite, to treat.

involucración *f.* compromising, involvement (in dubious dealings).

involucrar *v.t.* to involve, to include, to imply.

inyectar *v.t. (dinero, capitales)* to inject, to pump in, to channel, to funnel.

ir *v.i.* to go. *Ir despacio,* to go slow. *Ir más allá (de),* to exceed, to go beyond. *Ir más despacio,* to slowdown, to slacken. *Ir(se) más despacio,* to slow down, to slacken, to decelerate. *Ir y venir entre dos puntos, (servicios regulares),* to ply between two places.

ir de compras, to run errands, to go shopping, to do one's shopping.

ir en descenso, down, FIN.: off, weak.

irrealizable *adj.* unrealizable.

irreconciliable *adj.* irreconcilable.

irrecuperable *adj.* irrecoverable, unrecoverable. *Deudas irrecuperables,* bad debts.

irredimible *adj.* unredeemable, irredeemable.

irreducible *adj.* irreductible.

irrefutable *adj.* irrefutable.

irregular *adj.* irregular, unsteady, erratic. *Mercado irregular,* unsteady/erratic market.

irregularidad *f.* irregularity, BOLSA: unsteadiness.

irrembolsable *adj.* **1** non repayable, non refundable. **2** unredeemable, irredeemable.

irremplazable *adj.* that cannot be replaced.

irrenunciable *adj. (derechos)* that cannot be waived or renounced.

irreparable *adj.* irreparable.

irresponsabilidad *f.* irresponsibility.

irresponsable *adj.* irresponsible.

irrevocabilidad *f.* irrevocability.

irrevocable *adj.* irrevocable.

irrigación *f.* irrigation.

irrigar *v.t.* to irrigate.

irritar *v.t.* to irritate.

irrompible *adj.* hard-wearing, long-wearing.

itálicas *f. pl.* TIPOGR.: italics. *Escribir en itálicas,* to write/to print in italics, to italicize.

itinerante *adj.* traveling, (GB) travelling. *Exposición itinerante/ambulante,* traveling exhibition/fair.

itinerario *m.* itinerary, route, tour. *Itinerario habitual,* usual round(s).

j

jabón *m.* soap.
jalar *v.t.* to pull.
jalón *m.* pole.
jalonar *v.t.* to stake out, to mark out, to peg out.
jardín *m.* garden.
jardinería *f.* gardening; *(productos del jardín)* garden produce.
jaula *f.* cage.
jefatura *f.* headquarters of a boss. *Jefatura de policía,* police headquarters.
jefe, a *n.* boss, chef, manager, foreman. *Jefe de una oficina de correos,* post-master.
jefe de contabilidad, accounting manager.
jefe de departamento, department manager.
jefe de personal, personnel manager.
jefe de producción, production manager, production foreman.
jerarca *m.* hierarch.
jerarquía *f.* hierarchy, chain of command, *fam.* pecking order.
jerárquico *adj.* hierarchical. *Por la vía jerárquica,* through the official channels. *Vía jerárquica,* formal/official channels, chain of command, hierarchical ladder.
jira (*o* **gira**) *f.* tour. *Irse de jira, hacer una jira,* to go on a tour.
jornada *f.* 1 *(de trabajo)* working day. *Después de una jornada de trabajo,* after a day's work. *Jornada completa,* full-time job/work. *Una jornada de ocho horas,* an 8-hour working day. 2 *(de viaje)* journey.
jornal *m.* day wage.
jornalero, a *n.* day laborer, journeyman.
joven *adj.* 1 young. *Un joven ejecutivo,* a young executive. 2 *(antigüedad)* junior.
joya *f.* jewel, gem.
joyería *f.* jewelry, *(GB)* jewellery.
joyero, a *n.* jeweler.
jubilación *f.* retirement; *(pensión)* retirement income.
jubilado, a *adj.* retired. *Estar jubilado,* to be retired.
jubilar *v.t.* to retire, to pension off.
judicatura *f.* judicature, judicatory.
judicial *adj.* judicial, juridical, legal. *Error judicial,* miscarriage of justice. *Poder judicial,* judiciary, judicial power. *Procedimiento judicial de urgencia,* summary procedure. *Procedimientos judiciales,* legal proceedings.
judicialmente *adv.* judicially.
judiciario, a *adj.* 1 judicial. 2 astrologer.

juego *m.* 1 game, gambling, speculation. *En juego,* at stake, at work, at play. *Juego de azar,* game of chance. *Poner en juego,* to risk. *Teoría de juegos,* game theory. 2 *(mecánica) juego;* clearance. 3 *(series) un juego de documentos,* a set of documents. 4 *hacer juego,* to match, to fit; to agree.
juez *mf.* judge, justice, magistrate. *Juez de instrucción,* examining magistrate. *Juez de paz,* Justice of the Peace (J.P.); lay magistrate. *Juez suplente,* associate judge.
jugador, a *n.* 1 player. 2 Bolsa: *especulador, operador,* gambler, speculator, risk taker. *Jugador pequeño,* small-time operator.
jugar *v.t.* 1 to play; to be at play/in motion. *Jugar un juego,* to play a part/a role. 2 *(jugar apostando dinero)* to gamble, to bet, to speculate.
jugar *v.i.* to come into play. *(Cláusulas, etc.)* to apply. *(Mecanismos) tener juego,* to be loose. *Jugar a,* to pretend, to play; to put on an act. Bolsa: *Jugar a la alza,* to play for a rise. *Jugar a la baja,* to play for a fall, to go on a bear.
juguete *m.* toy.
juguetería *f.* toyshop.
juguetero *m.* toy dealer.
jugo *m.* juice. *Sacar jugo de una situación,* to take advantage of a situation.
jugoso *adj.* juicy.
juicio *m.* 1 judgment, judgement, court decision, ruling trial. *Juicio contradictorio,* judgment after hearing both sides. *Juicio pendiente,* pending lawsuit. *Juicio por incumplimiento,* judgment by default. 2 opinion, estimation. *Tener/mostrar juicio,* to show good sense, sound judgment. 3 *poner en tela de juicio,* to question, to doubt. 4 *hacer un juicio pericial,* to make a valuation. 5 *perder el juicio, perder la razón,* to go mad.
juiciosamente *adv.* judiciously, discerningly, wisely.
juicioso, a *adj.* judicious, discerning, sensible, wise.
jumbo *m.* avión jumbo, jumbo jet.
junta *f.* 1 meeting. *Junta del consejo de administración,* board of directors meeting. 2 committee, council, board. 3 *junta de accionistas,* stockholders' meeting; *junta (general) de acreedores,* meeting of creditors. 4 *tener una junta,* to have a meeting. 5 *(de unión)* joint.
juntamente *adv.* jointly.

juntar *v.t.* **1** to joint, to unite. **2** to gather, to amass. *Juntar dinero,* to make/save money.

juntarse *v. pr.* to gather, to meet.

junto, a *adv.* close, near, aside. *Junto a,* close to.

jurado *m.* **1** jury, panel, board. *Presidente del jurado,* Chairman, JUR.: Foreman. **2** juror, juryman. *Señores del jurado,* Members of the Jury, Ladies and Gentlemen.

juramento *m.* oath. *Bajo juramento,* on oath, under oath. *Declaración bajo juramento,* affidavit. *Prestar juramento,* to take an oath.

jurar *v.t.* to swear; to pledge one's word.

jurídicamente *adv.* juridically, judicially, legally.

jurídico *adj.* juridical, judicial, legal. *Consejero jurídico,* legal adviser/counsel.

jurisconsulto, a *n.* jurisconsult, jurist, legal expert.

jurisdicción *f.* jurisdiction. *Caer dentro de una jurisdicción,* to fall/to be within a jurisdiction. *Sujeto a una jurisdicción,* person falling under a jurisdiction; citizen.

jurisdiccional *adj.* jurisdictional.

jurisperito, a *n.* jurisconsult.

jurisprudencia *f.* jurisprudence, case law, statute law.

jurista *mf.* jurist, legal expert/counsel/adviser.

justamente *adv.* **1** rightly, fairly. **2** exactly, accurately. **3** just, only.

justeza *f.* accuracy, exactness, precision.

justicia *f.* **1** justice, law. *Acción de la justicia,* action at law. **2** legal proceedings. *Denunciar ante la justicia,* to sue, to go to law, to take legal action, to institute legal proceedings (against), (EU) to file a suit. *Palacio de justicia,* Law Court.

justificable *adj.* justifiable, warrantable.

justificación *f.* **1** justification. **2** SEG. MARÍT., JUR.: evidence. **3** *(pretensiones, presunciones)* proof of (claims).

justificado *adj.* TIPOGR.: column width.

justificante *m.* voucher, voucher copy; supporting document, documentary evidence.

justificar *v.t.* **1** to justify, to vindicate, to warrant. **2** to prove, to give proof (of). **3** SEG.: to substantiate a loss.

justificativo, a *adj.* justificative, justificatory. *Factura justificativa,* vindicating invoice.

justo *adj.* **1** just, fair, right, appropriate. *Precio justo,* fair price. *Valor justo de mercado,* fair market value. **2** accurate, exact, right.

justo a tiempo, *(acciones)* just in time.

justo en el punto medio, middle-course. *Mantenerse justamente en el punto medio,* to keep to the middle of the road.

juventud *f.* youth.

juzgado *m.* court of justice.

juzgar *v.t.* **1** to judge, to try (a case). **2** to pass sentence/judgment. *Juzgar por rebeldía,* to deliver judgment by default. **3** to believe, to think.

k

kafires *m. pl.* *Valores Sudafricanos,* kaffirs, South African shares.

kardex *m.* file, folder, *(para fichas)* card-index; *(mueble)* filing-cabinet, file-cabinet.

keroseno (o **queroseno**) *m.* Av.: (EU) kerosene, (GB) paraffin oil.

keynesiano *adj.* keynesian.

kilo *m.* 1 *abreviatura de* kilogram(me). 2 1,000 g.

kilogramo *m.* kilogram(me). (= 2.2 lbs).

kilolitro *m.* kiloliter, (GB) kilolitre.

kilometraje *m.* mileage.

kilometrar *v.t.* to measure in kilometers.

kilométrico, a *adj.* kilometric; very long, very prolonged. *Una distancia kilométrica,* a kilometric distance.

kilómetro *m.* kilometer, (GB) kilometre (= 0.624 mile).

kilovatio *m.* kilowatt.

kiosco (o **quiosco**) *m.* kiosk. *Kiosco de diarios,* newsstand.

krack (o **crack**) *m.* crash, collapse, smash.

l

L.A.B. *(libre a bordo),* F.O.B. (Free on Board).
labor *f.* labor, work, task. *Una ardua labor,* a hard labor.
laborable *adj.* workable. *Día laborable,* working day, workday, weekday. *Horas laborables,* business hours, office hours, working hours.
laboral *adj.* working. *Las clases laborales,* the working classes, the workers.
laboralista *adj.* labor, laborite. *Diputado laboralista,* labor M.P. (Member of the Parliament). *El partido laboralista,* the Labor Party.
laborar *v.i.* to work, to toil; to farm, to till.
laboratorio *m.* laboratory, *fam.* lab. *Laboratorio de investigación espacial,* space research lab.
labores *f. pl. lit.* tasks, assignments, duties, job. *Suspender labores (voluntariamente),* to knock off work, not to work, to take (a day, a week, etc.) off.
laborioso, a *adj.* 1 arduous, hard. 2 difficult, sluggish.
laborismo *m.* labor.
laborista *mf.* member of the Labor Party, Labor Party member, labourite.
labrable *adj.* arable, tillable. *Tierra labrable,* plough-land, (EU) plowland.
labrador, a *n.* farmer, cultivator, tiller.
labranza *f.* (EU) plowing, tilling; till, tillage, (GB) ploughing.
labrar *v.t.* 1 *(la tierra)* to till (the land), (EU) to plow, (GB) to plough. 2 *(piedras)* to carve.
lácteo *adj.* lacteous, milky. *Producto lácteo,* dairy produce. *Productos lácteos,* dairy produce, dairies.
lado *m.* side. *Dejar/poner a un lado,* to set aside. *(Fletes) este lado arriba,* this side up.
ladrillo *m.* brick. *Fabricación de ladrillos,* brickmaking. *Fábrica de ladrillos,* brick-works.
ladrón, ona *n.* burglar, robber.
laguna *f.* 1 gap, break, lacuna. *Llenar una laguna, un vacío,* to fill a gap, to fill a blank. 2 *(omisión, olvido, laguna de una ley)* loophole. *Posibilidades legales de evadir un impuesto,* tax loopholes.
lámina *f.* *(de metal)* sheet, plate.
laminación *f.* laminating, flatting, rolling (of metal). *Fábrica de laminación,* roll-mill, strip-mill.
laminado, a *adj.* laminated.
laminadora *f.* rolling/flatting mill.
laminar *v.t.* to laminate, to roll, to flat(ten). *fig.* to steamroll; to wipe out.
lámpara *f.* lamp.

lana *f.* 1 wool. *Estambre de lana,* worsted. *Lana virgen,* virgin wool. *Pura lana,* pure wool. 2 *de lana adj.* woollen, wool. *La industria de lana,* the wool trade. *Productos de lana, prendas de lana,* woolen goods, woollens.
lancha *f.* boat, lighter.
lanchero *m.* boatman.
landa *f.* moor, heath.
lanero *m.* wool manufacturer, wool worker.
languidez *f.* 1 languor, languidness. 2 *(comercio, mercado)* dullness, flatness, sluggishness.
lanzador *m.* launcher, thrower.
lanzamiento *m.* 1 throwing, casting, launching; starting up, reviving up (motor). 2 *(productos, campañas)* launch(ing). *Precio de lanzamiento,* introductory price. 3 *(compañías)* floating, launching. 4 *(préstamos)* floating (a loan). 5 *(cohetes, naves espaciales, etc.)* launch, launching. *Área de lanzamiento,* launching pad. *Armadura de lanzamiento,* gantry. *Rampa de lanzamiento,* rocket launcher. 6 throw, cast, gush. *(Lanzamiento de mercancías al mar)* jettison & washing overboard, jettison, casting. *fam. primer lanzamiento,* roughdraft.
lanzar *v.t.* 1 *(arrojar)* to cast, to throw, to throw away, to fling. 2 *(emitir)* to issue, to send out, *(una proclama)* to launch, *(una acusación)* to level. *Emitir un certificado de depósito,* to issue a warrant. 3 *(barcos, naves espaciales)* to launch; *(una sociedad, una empresa)* to float, to launch, to start. *(Un producto)* to launch, to market. *Lanzar un dispositivo de prueba,* to put out a feeler. *Lanzar un préstamo,* to float a loan. 4 *lanzarse a los negocios,* to set up, to start (in business), to launch out (into business). 5 *lanzar mercancías al mar,* to throw overboard, to jettison.
lápiz *m.* pencil. *Bolígrafo,* ball-point pen, (GB) *fam.* biro. *Rotulador,* felt-tip pen.
lapso *m.* lapse, lapse of time.
largar *v.t.* 1 to get loose, to let go, *(amarras)* to cast off. 2 Av.: to drop, to release; to get rid of.
largo, a *adj.* 1 long. *Fastidioso,* lengthy. *A fecha distante, a un plazo muy considerable,* long-dated. *A largo plazo,* in the long run/term. *De largo alcance,* long-range. 2 slow, protracted. *(De creación antigua) de fecha distante,* long-standing. 3 *6 metros de largo,* 18 feet long/in length.
largueza *f.* liberality, generosity, lavishness.
lástima *f.* pity, compassion.
lastimar *v.t.* to hurt, to damage.

lastrado *m.* 1 ballasting. 2 weighting.

lastrar *v.t.* to ballast.

lastre *m.* 1 Marina: ballast. 2 weight(s), sinker(s).

lata *f.* can, tin, container.

latente *adj.* latent, concealed.

látex *m.* latex.

latifundio *m.* latifundium.

latifundista *mf.* latifundist.

latinoamericano, a *n.* y *adj.* Latin-American.

latitud *f.* 1 latitude. 2 *fig.* scope (of action), freedom (of movement). *Tener toda la libertad de acción para hacer alguna cosa,* to have a free hand.

latón *m.* brass.

latrocinio *m.* larceny.

laureado, a *n.* laureate, prizewinner, (award) winner.

lavable *adj.* washable. *Lavable en máquina,* machine washable.

lavado *m.* cleaning. *Lavado en seco,* dry cleaning; *(establecimiento)* dry cleaner's. *Lavado por vacío,* vaccum cleaner.

lavadora *f.* washing machine. *Máquina para lavar vajillas,* dish-washer.

lavandería *f.* 1 *(establecimiento)* laundry, launderette. *Lavandería automática,* launderette. 2 *(actividad)* laundering.

lavandero *m.* *(establecimiento)* laundry, *(personas)* *m.* laundryman, *f.* laundrywoman.

lavar *v.t.* to wash. *Máquina de lavar, lavadora,* washing machine. *Polvo para lavar,* washing powder.

lazo *m.* link, connection tie, bond, tie.

leal *adj.* fair, honest, straightforward, faithful, straight; *fam.* on the level, square. *Leal en los negocios,* straightforward in business.

lealmente *adv.* fairly, honestly, straightforwardly, loyally, faithfully.

lealtad *f.* fidelity, loyalty, honestly, straightforwardness, fairness, uprightness. *Falta de lealtad,* dishonestly, unfairness.

leche *f.* milk.

lechería *f.* 1 dairy, creamery. 2 dairy work, dairy farming.

lechero, a *adj.* milky, milk. *Industria lechera,* milk industry. *Productos lecheros,* dairy produce.

lección *f.* lesson. *Dar una lección,* to give a lesson. *Tomar una lección,* to take a lesson.

lector, a *n.* reader, player. *Lectora de cassette(s),* cassette-player. *Lectora de tarjetas magnéticas,* magnetic card reader. *Lectora óptica,* optical reader/scanner.

lectoría *f.* readership.

lectura *f.* reading. *Tomar una lectura,* to take a reading.

leer *v.t.* to read. *Debe leerse,* it should read. *Leído y aprobado,* read and approved.

legación *f.* 1 legation. 2 legateship.

legado *m.* legacy, bequest; devise *(tan sólo se aplica a los bienes inmuebles).* *Legado a título universal,* general legacy, legate.

legado preferente, preference legacy.

legajo *m.* file, docket.

legal *adj.* legal, statutory, lawful. *Medicina legal,* forensic medicine. *Recurrir a los medios legales,* to go to court, to institute legal proceedings, to sue. *Tasa legal,* legal rate. *Título legal (metales preciosos),* legal fineness.

legalidad *f.* lawfulness, legality. *Permanecer en la legalidad,* to keep within the law.

legalización *f.* legalization; certification, authentication.

legalizar *v.t.* to legalize, to make legal; to certify, to authenticate, to attest.

legalmente *adv.* legally.

legar *v.t.* to bequeath, to donate, to leave; to devise *(tan sólo se aplica a los bienes inmuebles).*

legatario, a *n.*1 *(sucesiones, etc.)* assign, assignee. 2 legatee, heir(-ess); devisee *(tan sólo se emplea para los bienes inmuebles).*

legibilidad *f.* legibility.

legible *adj.* legible, readable.

legiblemente *adv.* legibly.

legislación *f.* legislation, lawmaking. *Legislación en vigor,* laws in force. *Legislación laboral, legislación del trabajo,* labo(u)r law(s).

legislación mercantil, commercial law.

legislador, a *n.* legislator, lawmaker.

legislar *v.i.* to legislate, to make laws.

legislativo, a *adj.* legislative. *Elección legislativa,* parliamentary election. *Poder legislativo,* legislative power, legislature.

legislatura *f.* 1 legislature, legislative body. 2 *(mandato)* term.

legisperito, a *n.* jurisconsult.

legista *mf.* 1 jurist, legist. 2 Med.: forensic pathologist.

legitimación *f.* legitimation.

legitimar *v.t.* 1 to legitimate, to legitimize. 2 to justify. 3 to recognize, to grant recognition.

legítimo, a *adj.* 1 *(reivindicación)* legitimate, lawful, legal; rightful. *Legítima defensa,* self-defense. 2 justifiable, well-founded; sound, reasonable.

legumbre *f.* vegetables.

leíble *adj.* readable.

lejano, a *adj.* distant, far away.

lema *m.* *(publicidad)* slogan; *(monumentos)* device.

lencería *f.* linen goods.

lengua *f.* *(anatomía)* tongue; *(idiomas)* language. *Lengua extranjera,* foreign language.

lenguaje *m.* language. *Lenguaje de programación,* programming language, computer language. *Lenguaje (de) máquina,* machine language.

lentitud *f.* **1** slowness. **2** *pl.* slow progress, slowness of action; delays, dilatoriness. *La lentitud de la administración,* administrative delays, red-tape.

lento *adj.* slow.

leña *f.* firewood.

leñador *m.* woodman, limberman, (EU) lumberjack, logger.

leonino *adj.* **1** lion-like, leonine; oppressive. **2** *(parte del león)* lion's share. **3** *(contratos, etc.)* unconscionable, leonine.

lesión *f.* injury, wound, damage.

lesionar *v.t.* **1** to wrong, to harm, to do wrong/harm, to injure, to victimize. *Lesionar los derechos de alguien,* to encroach upon somebody's rights. **2** to endanger, to jeopardize.

letra *f.* **1** *(carácter)* letter (of the alphabet). *Al pie de la letra,* literally. *Interpretación al pie de la letra,* literal interpretation. *Letra de molde,* print. *Letra itálica,* italic. *Letra mayúscula,* upper case, capital letter. *Letra minúscula,* lower case, small letter. *Letra negrilla,* boldface. *Sírvase escribir con letra de molde,* please print. **2** *(escritura)* handwriting.

letra de cambio *f.* bill of exchange, bill, draft. *Avalar una letra de cambio,* to back a bill. *Cobrar una letra de cambio,* to collect a bill. *Descontar una letra de cambio,* to discount a bill. *Domiciliar una letra de cambio,* to domicile a bill. *Girar una letra de cambio,* to draw a bill. *Honrar una letra de cambio,* to honor, to meet a bill. *Letra de cambio a corto plazo,* short-dated bill. *Letra de cambio a la vista,* sight bill, sight draft. *Letra de cambio al portador,* bill payable to bearer. *Letra de cambio a plazo,* time draft. *Letra de cambio comercial,* bill of exchange, commercial paper. *Letra de cambio de favor,* accommodation bill. *Letra de cambio documentaria,* documentary bill. *Letra de cambio ficticia,* accommodation bill, kite. *Letra de cambio fuera de plaza,* out-of-town bill. *Letra de cambio girada sobre el extranjero,* foreign bill. *Letra de cambio pagadera a la vista,* sight bill, bill on demand. *Letra de cambio para cobro,* bill for collection. *Letra de cambio para descuento,* bill for discount. *Letra de cambio por cobrar,* bill receivable. *Letra de cambio por pagar,* bill payable. *Letras de cambio en cartera,* bills in hand. *Presentar una letra de cambio para su aceptación,* to present a bill for acceptance. *Remisión de letras de cambio,* remittance of bills.

letra de cambio aceptada, accepted bill.

letra de cambio a corto plazo, short bill.

letra de cambio a largo plazo, long bill.

letra de cambio a la vista, sight draft, sight bill.

letra de cambio bancaria, banker's draft.

letra de cambio comercial, commercial bill.

letra de cambio de favor, accommodation bill.

letra de cambio documentaria, documentary bill.

letra de cambio ficticia, kite.

letra de cambio girada sobre el extranjero, foreign bill.

letra de cambio girada sobre el interior, inland bill.

letra de cambio girada sobre plaza, local bill.

letrado, a *adj.* knowledgeable, erudite.

letrero *m.* placard, bill, notice board, (EU) bulletin board.

levantamiento *m.* *(levantamiento)* lifting (-up), raising, levy, hoisting. *Potencia de levantamiento,* lifting power.

levantar *v.t.* **1** to lift, to raise, to pull up. **2** *(suprimir, terminar)* to raise, to lift, to cancel, to adjourn, to close. *Levantar una prohibición,* to lift a ban. *Cancelar una huelga,* to call off a strike. **3** *levantar una infracción,* to fine. *fam.* to get a ticket. **4** *levantar la sesión,* to adjourn the meeting. **5** *levantar un acta,* to sue, to denounce, to accuse.

ley *f.* **1** *(término genérico)* law. *Aplicar la ley,* to enforce/uphold the law, to put the law in force. *Fuera de la ley,* out-law(ed). *Hacer la ley,* to rule. *Hombre de leyes,* lawyer, legal practitioner. *La ley y el orden,* law and order. *Ley de la oferta y de la demanda,* law of supply and demand. *Respetuoso de la ley,* law-abiding. **2** *(poder legislativo)* law, act, bill, enactment, statute. *Esqueleto de ley,* skeleton-law, outline law. *Ley aprobada,* act. *Promulgar una ley,* to enact a bill, to promulgate a law, to pass an act. *Proyecto/propuesta de ley,* bill. **3** *(en referencia a una ley específica)* act. *Ley del Seguro Social,* Social Security Act. *Ley sobre valores,* securities act.

leyenda *f.* **1** legend. **2** *(de un dibujo, de un cuadro)* caption.

liberación *f.* **1** liberation, freeing, *(prisioneros)* release. **2** *(contratos, obligaciones)* discharge, relief, release. **3** *(acción)* paying-up, payment in full. **4** *(desbloqueo)* unpegging, *(de las tarifas, de los arrendamientos, etc.)* freeing, (EU) decontrolling, deregulation. *La liberación del precio y del oro en la década de los años setenta,* the unpegging of the price of gold in the 70's. *Liberación de la mujer,* women's lib. **5** *(liberación de un prisionero)* release. *Liberación de precios,* lifting of price controls.

liberado *p.p.* de *liberar,* discharged, dismissed. *Estar liberado de una deuda,* to be out of debt, to have discharged a debt. *Liberado de una obligación,* discharged (from), free, quit, rid (of). *Mantener a alguien liberado de alguna cosa,* to release someone from, to let someone off.

liberal *adj.* 1 liberal, broad. 2 generous. *Economía liberal,* free market economy. *Las profesiones liberales,* the professions.
liberalidad *f.* liberality, generosity, lavishness.
liberalismo *m.* liberalism.
liberalización *f.* liberalization. *Liberalización de cambios,* easing of exchange controls.
liberalizar *v.t.* to liberalize, to deregulate.
liberalmente *adv.* liberally, generously, freely, *(gastar)* lavishly.
liberar *v.t.* 1 to free, to liberate. 2 *(prisioneros)* to release, to discharge, to set free. *Liberar bajo fianza,* to release on bail. 3 *(liberar de una obligación)* to discharge (from), to release (from), to relieve. *Liberar una fianza,* to discharge a surety, to discontinue a guarantee. 4 *(tarifas, precios, rentas, etc.)* to free, to set free, (EU) to decontrol, to unpeg. 5 *(capital, acciones)* to pay up; *acciones liberadas,* paid-up shares; *capital liberado,* paid-up capital. *Estar liberado de sus obligaciones militares,* to have completed one's military service, to be free from military obligations.
liberatorio *adj.* liberating. *Deducción liberatoria,* standard deduction. *(Abonos)* final. *Moneda liberatoria,* legal tender. *Tener poder liberatorio,* to be legal tender.
libertad *f.* 1 liberty, *(de prensa, del comercio, etc.)* freedom. *Atentado contra la libertad de comercio,* restraint of trade. 2 *(prisioneros, etc.)* discharge, release. 3 Jur.: *libertad bajo fianza,* bail.
libertad de establecimiento, freedom of undertaking.
libertar *v.t.* to liberate, to free.
libor *m.* London Interbank Offer(ing) Rate.
libra *f.* 1 *(unidad de peso, abr. lb)* pound, = 0.453 kg. 2 *(unidad monetaria Británica)* pound sterling (£).
librado, a *n.* drawee.
librador, a *n.* drawer.
libramiento *m.* (o **libranza**) *f.* 1 delivery. 2 order of payment. 3 issuance, issuing. *Fecha de libramiento,* issuing date.
librar *v.t.* 1 *(entregar)* to deliver. *Librar una orden de pago,* to pay by money order. 2 to draw. *Librado por,* drawn by. *Librar una letra de cambio,* to draw a bill of exchange. *Librar un cheque,* to draw a check.
libre *adj.* 1 free. *Libre de derechos,* duty-free. *Libre de impuestos,* tax free; *(fuera de servicio)* off-duty. *Libre intercambio,* free trade. 2 clear, open, unoccupied, vacant, unengaged. *Documentos de crédito libres (o simples),* clean bill. *Libre concurrencia (economía de libre concurrencia),* free market (economy), competitive profit system. *Libre empresa,* free enterprise. *Libre intercambio,* free-trade. *Política de libre in*tercambio, free trade policy. *Servicio libre, autoservicio,* self-service (store, restaurant, etc.). *Taxis, etc.* for hire. *Teléfono no libre, ocupado,* busy (EU), engaged (GB). *Zona de libre intercambio,* free-trade area. 3 *(momentos libres, día libre)* free moments, day off. 4 open. Bolsa: *el mercado está libre,* the market is all bears.
librería *f.* 1 *(tienda)* bookshop, bookstore. 2 *(oficio)* book trade, bookselling.
librero, a *n.* bookseller.
libreta *f.* notebook. *Libreta bancaria,* pass book. *Libreta de apuntes,* blotter, desk pad.
libreto *m.* small book, booklet, handbook, book, record. Cine: script.
libro *m.* book, journal, register. *Estante de libros,* bookcase. *Libro de a bordo, bitácora,* log (book). *Libro de balances,* balance book. *Libro de bolsillo,* pocket book. *Libro de caja,* cash book. *Libro de compras,* purchase(s) book/journal, bought book/journal, invoice book. *Libro de cuentas,* account book. *Libro de paga,* wage book. *Libro de talones, talonario,* stub book. *Libro de vencimientos,* bill diary. *Libro de diario,* journal, daybook. *Libro en blanco,* white paper. *Libro mayor,* ledger. *Llevar los libros,* to keep the accounts/ books. *Puesto de libros,* bookstall. *Teneduría de libros,* bookkeeping.
libro de actas, minute book.
libro de ahorros, savings bank deposit book, savings book, depositor's book.
libro de bolsillo, pocket-book, paper-back.
libro de caja, cashbook.
libro de compras, purchase book.
libro de cuentas por cobrar, accounts receivable book.
libro de cuentas por pagar, accounts payable book.
libro de diario, journal.
libro de entradas de efectivo, cash receipts book.
libro de facturas, invoice book.
libro de minutas, minute-book.
libro de pedidos, order book.
libro de salidas de efectivo, cash disbursements book.
libro mayor, ledger. *Libro mayor auxiliar,* subsidiary ledger.
libros *m. pl.* accounts, books. *Cerrar los libros,* to close/to balance the books. *Libros contables,* accounting books, books, accounts. *Libros llevados por partida doble,* double entry books. *Llevar los libros de contabilidad,* to keep the books.
libros auxiliares, subsidiary ledger.
libros de contabilidad, accounting books.
licencia *f.* 1 (EU) license; (GB) licence. *Licencia de exportación,* export license/licence. *Licencia de fabricación,* manufacturing license/li

cence. *Licencia de ventas,* selling license/licence, franchise. **2** permit, pass. **3** leave, permission. **4** *(diploma)* bachelor's degree; *(cartas)* B.A., *(licenciado en ciencias)* B.S., B.S.c. **5** *licencia de radio y televisión,* radio & T.V. license.

licenciado, a *n.* university graduate.

licenciamiento *m. (despido)* **1** dismissal, discharge. **2** *(por reducción de personal)* lay-off, laying off. *Licenciamiento colectivo,* mass dismissal. *(En plural), personas licenciadas, despedidas,* redundancies.

licenciar *v.t.* **1** *(conceder una licencia)* to grant a patent, to license. **2** to franchise. **3** *(despedir personal)* to dismiss, to discharge, *(por reducción de personal)* to lay off; *fam.* to fire, (GB) to sack, to give the sack. *Licenciar sin aviso previo,* to dismiss without notice.

licenciatario, a *n.* license-holder, licensee.

licenciatura *f.* degree of licenciate.

licitación *f.* **1** tender, bid. *Abrir una licitación para,* to invite tenders for. *Hacer una licitación,* to make a tender, to tender for. *Licitación cerrada, en sobre cerrado,* sealed tender. **2** JUR.: sale by auction in one lot of property held indivisum.

licitador, a *n.* tenderer. FIN.: underwriter. *Adjudicación al licitador más económico,* allocation to the lowest tender.

licitar *v.t. (presentación de ofertas)* to contract out, to offer for tender, to tender for, to make a tender, (EU) to bid; FIN.: to underwrite. *Licitar para una adjudicación,* to tender for a contract.

lícito *adj.* licit, just; lawful, permissible.

licitud *f.* legality.

licuación *f.* liquation.

licuar *v.t.* to liquefy.

líder *mf.* leader, *peyor.* ring-leader. *Acciones líderes,* leading shares, blue chips.

liga *f.* **1** rubber band. **2** league, confederation. *Él es de otra liga,* he is in a different league.

ligar *v.t.* **1** to tie (up), to fasten. **2** *(contrato, comercio, jurídico, etc.)* to bind.

ligero, a *adj.* **1** *(peso, etc.)* light. **2** slight, mild, weak. **3** *(observación, actitud)* inconsiderate, thoughtless.

lignito *m.* lignite.

limitación *f.* **1** limitation, restriction, limit. **2** control, restraint.

limitado, a *adj.* limited. *Límite de endeudamiento,* debt capacity. *Responsabilidad limitada,* limited liability *(ver* **sociedad***)*.

limitar *v.t.* **1** *(restringir)* to limit, to set bounds/limits (to), to restrict, to reduce. **2** to bound.

limitativo, a *adj.* **1** limiting, restrictive, limitary. **2** JUR.: limitative.

límite *m.* **1** limit, limitation, boundary, line, border, borderline. *Caso límite,* borderline case. *Dentro de los límites de,* within the bounds

of. *Fecha límite,* deadline. *Límite de edad,* age limit. *Velocidad límite,* maximun speed. **2** *límites,* limits, boundaries, bounds. *Límite de kilometraje,* milestone. *Sin límites,* boundless. **3** *fecha límite,* deadline. FIN.: bancos, cut off date.

límite *adj.* ceiling, limit, cap. *Fijación de un límite máximo,* fixing of a ceiling, setting of a limit; pegging. *Fijar un límite máximo,* to put a ceiling on, to set a limit to; to put a cap on, to cap, to peg. *Límite máximo de precio,* maximum price, ceiling price. *Rebasar el límite máximo,* to exceed the limit.

límite de velocidad, speed limit.

limítrofe *adj.* adjacent, bordering, neighboring, limitrophe.

limón *m.* lemon.

limonero *m.* lemon tree.

limosna *f.* alms.

limosnear *v.i.* to beg.

limpiamente *adv.* **1** cleanly. **2** sincerely. **3** honestly.

limpiar *v.t.* **1** *(quitar lo sucio)* to clean, to scour. **2** *(eliminar enemigos, etc.)* to clear, to wipe out.

limpieza *f.* **1** cleaning. *Servicio de limpieza,* garbage service, garbage disposal, (EU) refuse collection. **2** honesty, integrity.

limpio, a *adj.* **1** clean, neat, washed. **2** pure. **3** free. *Limpio de todo cargo,* free of all charge. **4** short of money. *Quedarse limpio,* to be without a penny.

lindante *adj.* bordering, adjacent, contiguous.

lindar *v.i.* to border, to limit, to confine.

lindero, a *adj.* boundary, border, frontier.

línea *f.* line, cord, cable; POL.: course, policy, line. *Autoridad en línea,* line authority. *Depreciación en línea recta,* straight-line depreciation. *Ejecutivo de línea,* line executive. *Línea de flotación,* water-line. *Línea de productos,* product line, product range. AV.: *Línea interior,* domestic flight. *Línea principal* FERR.: main line, trunk line; TELEF.: trunk line. *Respetar la línea del partido,* to toe the party line.

línea aérea, air line.

línea de crédito, credit line.

lineal *adj.* linear.

linealidad (o **linearidad**) *f.* linearity.

línea punteada, dotted line.

lingote *m.* ingot.

lino *m. (planta)* flax. *Tela de lino,* linen.

linotipo *m.* linotype.

lío *m.* disorder, chaos, mess. *Tener líos/andar en líos con alguien,* to have problems with somebody.

liquidación *f.* **1** *(sociedades)* liquidation, winding-up. *Entrar en liquidación (forzosa),* to go into/fall into receivership. *Liquidación forzosa,* compulsory liquidation. *Liquidación voluntaria,* voluntary liquidation/winding up. **2** BOLSA: settlement, account. *Día de liquidación,* account day, settling day, settlement day. *Próxima liquidación,* next account, new time. **3** *(cuentas, facturas, conflictos)* settlement day, account day, settling day. *Como liquidación total,* in full settlement, amicable settlement. *Liquidación mensual,* monthly settlement. *Liquidación por cheque,* payment by check. *(De una suma)* payment, settlement; discharge, paying off, clearing. **4** *(de una persona)* acquittal. *(Cesación de operaciones)* closing. **5** *(ventas con descuento)* sales, clearance sales, selling off. **6** Seg.: *liquidación de siniestros,* run-off, runoff. **7** *puesta en liquidación,* winding up, liquidation. **8** *valor de liquidación,* break-up value. **9** *balance de liquidación,* statement of affairs.

liquidación de cuenta, settlement of account.

liquidación global, lump-sum settlement.

liquidador, a *n.* **1** Jur.: liquidator. **2** *liquidador de una quiebra,* official receiver. **3** Bolsa: settling room clerk. *Liquidador oficial,* official assignee. **4** *(bolsa de mercancías)* clearing house official/clerk.

liquidador, a *adj.* (pertaining to) liquidation. *Acta liquidadora de una sociedad,* winding-up order, winding-up resolution.

liquidar *v.t.* **1** to liquidate, *(sociedades)* to wind up, *(deudas)* to pay off, to pay up. **2** to go into liquidation. **3** to clear, to settle, to close. *Liquidar el inventario,* to clear the stock. *Liquidar una operación,* to close a deal, a transaction. **4** *(cuentas, problemas)* to settle. *Liquidado,* settled. *Liquidar una cuenta,* to settle an account. *Liquidar una deuda,* to pay off a debt. *Liquidar una sucesión,* to settle an estate. *No liquidado,* outstanding, unpaid. **5** *(una suma)* to pay, to settle, to pay off, to discharge. **6** *(una persona)* to acquit.

liquidar(se) *v. pr.* **1** *(una deuda)* to settle, to pay off, to pay up, to discharge. **2** *(una obligación)* to meet, to carry out, to fulfill, to perform.

liquidez *f.* **1** Fin.: liquidity. **2** *pl.* liquid assets, cash/money available, liquidities.

líquido, a *adj.* **1** liquid, debt. *Deuda líquida,* liquid debt. *Mercancías líquidas (secas),* wet (dry) goods. **2** *(dinero)* cash (money), hard currency, ready money, money available, cash in the till, liquidities.

lira *f.* *(unidad monetaria)* lira.

liso *adj.* smooth.

lista *f.* list, roll, register. *Lista de asistencia,* attendance list. *Lista de asistentes,* roll; roll-call. *Lista de control,* check-list. *Lista de envío (publicidad postal),* mailing list. *Lista de espera,* waiting list. *Lista de pasajeros,* passenger list. *Lista de precios,* price list. *Lista de premios,* bonus-

list, prize-list, list of awards; list of winners, results; hit parade. *Lista de raya,* payroll (list). *Lista de socios,* Fin.: list of partners; partners (in an acquisition deal). *Lista de suscriptores,* subscription list. *Lista de verificación,* check-list. *Lista negra,* black list. *Lista nominativa,* list of names, nominal list. *Pasar lista,* to call the roll. *Precio de lista,* price-list, catalog.

lista de correos, (EU) General Delivery, (GB) Poste Restante.

lista de precios de mercado, market price-list, market prices.

lista de promoción, promotion list, promotion roster.

lista de verificación, checklist.

listado *m.* listing.

listar *v.t.* to list, to enlist, to register.

listo *adj.* smart, intelligent.

listo para imprimirse, ready for press, ready for print.

listo para usarse, ready-to-wear.

litigable *adj.* pleadable.

litigante *mf.* litigant.

litigante *adj.* litigant. *Las partes litigantes,* the litigants, the parties.

litigar *v.i.* to litigate, to file suit, to dispute.

litigio *m.* litigation, dispute at law, (law) suit. *Caso en disputa,* case at issue/under dispute/in litigation. *Materia en disputa,* issuable matter, controversial matter.

litigioso, a *adj.* litigious, disputable (at law), controversial.

litro *m.* liter, (GB) litre.

llamada *f. (teléfono, etc.)* call. *Llamada gratuita,* free call, toll-free call. *Llamada por cobrar,* collect call.

llamamiento *m.* calling, appeal.

llamar *v.t.* to call. *Llamar a alguien para solicitar sus servicios,* to call on somebody, on somebody's services; to call somebody in. *Llamar a alguien por teléfono,* to call somebody on the phone, to ring someone up, to telephone. *Llamar/hablarle a la policía,* to call the police.

llamativo, a *adj.* showy.

llanamente *adj.* plainly.

llano *m.* plain. *(De una carretera)* landing.

llano *adj.* even, plain.

llanta *f.* (EU) tire, (GB) tyre.

llave *f.* key. *Echar llave,* to lock, to turn the key, to bolt. *Llave maestra,* master key.

llavero *m.* key ring.

llegada *f.* **1** arrival. *Correo de llegada,* incoming mail. *Estación de llegada,* station of arrival; *(mercancías)* station of destination, receiving station. *Puerto de llegada,* port of arrival, of destination. **2** *(entrega)* delivery, new consignment. **3** *nueva llegada,* fresh arrival. **4** *llegada de un desarrollo tecnológico, etc.,* advent.

llegar *v.i.* **1** to arrive, to come. **2** *(alcanzar)* to arrive at, to reach, to attain. *Le llegará la próxima semana*, will reach you next week. **3** *(tener éxito)* to manage (to do), to succeed (in doing). **4** *(suceder, pasar)* to happen, to take place, to occur. **llegar a su vencimiento,** to fall due, to come to maturity. **llegar a un acuerdo,** to agree, to come to an agreement, to reach an agreement. **llenar** *v.t.* **1** to fill. *Llenar una forma, un formulario*, to fill out a form. *Llenar una solicitud*, to fill out an application. **2** *llenar un vacío*, to bridge a gap, to fill a gap. **3** to satisfy. *Este trabajo no me llena*, I'm not satisfied with this work. **lleno** *adj.* full, complete. *El auditorio está lleno*, the auditorium is full. **llevar** *v.t.* **1** *(transportar)* to carry, to transport, *(entregar)* to deliver. **2** to lead, to conduct, to manage. *Llevar a cabo*, to carry through, to complete (successfully). *Llevar a la estación, llevar al aeropuerto, etc.*, to take (to drive) to the station, to the airport. **3** to take away, to carry away, to carry. *"Para llevar", "for off consumption"; "take-away orders", "take-home orders". Venta para llevar*, cash and carry *(contra pago al contado, sin entrega a domicilio)*. **4** *llevar un control (de)*, to keep track (of). **5** *llevar la contabilidad*, to keep the accounting records. *Llevar los libros*, to keep the books. **locación** *f.* lease. **local** *m.* premises, building, rooms, accommodation(s), quarters. *Locales para profesionistas/locales comerciales*, commercial/business/professional premises. **local** *adj.* local. *Agente local (concesionario)*, local agent. *Gobierno local*, local government. *Militante sindicalista de tipo local*, local union officer. **locales** *m. pl.* (ver **local**) premises. *Los locales, las instalaciones de la empresa*, the premises of the company. **localidad** *f.* place, spot. **localización** *f.* location, localization, position(s). **localizar** *v.t.* to locate, to localize, to trade, to pinpoint, to position. **locatario, a** *n.* tenant, renter, hirer. *Locatario en virtud de un arrendamiento*, lessee, leaseholder. **locativo, a** *adj.* **1** pertaining or relating to the renting of premises. *Impuestos locativos*, rates. *Valor locativo*, rental value. **2** rented.

locomotora *f.* locomotive, (railway) engine. **locutor, a** *n.* radio speaker, radio reporter, radio commentator. **logaritmo** *m.* logarithm. **lógico, a** *adj.* logical. **logística** *f.* logistics. **logístico, a** *adj.* logistic. **lograr** *v.t.* **1** to obtain. **2** to succeed. **3** to reach, to attain. *Lograr una meta*, to reach a goal. **logro** *m.* **1** obtainment. **2** success. **3** attainment. **longevidad** *f.* longevity. **longitud** *f.* *(dimensión)* length. *Longitud total*, overall length. **lote** *m.* **1** lot, portion, share, parcel, batch. IN-FORM.: *Obligaciones por lotes*, prize bond, lottery bond. *Préstamo por lotes*, lottery loan. *Procesamiento por lote*, batch-processing. **2** BOLSA: *lote de acciones*, block of shares. **3** *dividir en lotes*, to divide into lots; *división en lotes*, parcelling. **4** *(terrenos)* tract, tract of land. **lotería** *f.* lottery, raffle, *(promoción de ventas)* sweepstake. **lucha** *f.* fight, struggle, contest, conflict. **luchar** *v.i.* to fight, to struggle; to contend, to compete, to combat, to battle with. **lucrativo** *adj.* **1** lucrative, profitable, paying (off). *Con fines lucrativos*, for money, for profit. *Sin fines lucrativos*, non-profit, non-profit making, non-profit seeking. **2** *asociaciones con fines no lucrativos*, non-profit association, association not for profit, society. *No lucrativo*, non profit. **lucro** *m.* profit, gain, lucre. ver **lucrativo**. **lugar** *m.* **1** *(sitio)* place. *Lugar de trabajo*, workplace; *en el lugar de trabajo*, in the workplace. *Lugar público*, public place. **2** *pl.* *En el mismo lugar, en el mismo sitio*, on the spot, on the premises; on/at the scene. **3** *(de una exposición, de un congreso)* venue. **4** *la reunión tendrá lugar la semana próxima*, the meeting will be held/is scheduled for/is due to take place next week. *Tener lugar*, to take place. *Visita al lugar de los hechos*, SEG.: visit to the scene. **lujo** *m.* luxury. *Artículos de lujo*, luxury articles/items. *Automóvil de lujo*, de luxe automobile/car. *Hotel de lujo*, luxury hotel, 4-star hotel, *fam.* plush posh hotel. **lujoso, a** *adj.* luxury, luxurious, sumptuous, rich. **luz** *f.* light, daylight. *Dar luz verde*, to approve, to authorize.

L

m

macroeconomía *f.* macroeconomics.

macroeconómico *adj.* macroeconomical.

madera *f.* wood. *De madera,* wooden. *Madera de construcción,* timber, lumber.

madre *f.* mother. *Madre sustituta,* surrogate mother.

maduración *f.* maturity.

madurar *v.t.* to mature, *(frutas)* to ripen.

maduro, a *adj.* ripe. *(Personas)* mature.

maestría *f.* **1** mastery. *Maestría/dominio del inglés,* command of English. **2** supervisors. **3** *(diploma)* Master's degree.

maestro, a *n.* teacher, professor. *Maestro de ceremonias,* anchorman, *f.* anchorwoman; *(EU)* M.C., emcee; Master of Ceremonies.

magistrado *m.* magistrate, judge.

magistratura *f.* magistracy. *La magistratura oficial,* the Bench.

magnate *m.* magnate, tycoon; *(magnate de la prensa),* press baron; *(magnate del petróleo)* oil magnate.

magnitud *f.* importance, size, magnitude; range, scope, region, level. *Clasificado por orden de magnitud,* sorted out by size. *Orden de magnitud,* order of magnitude.

maíz *m.* maize, corn.

mal *adj.* evil, wrong. *Estar en mala forma, (empresas, etc.),* to be ailing, to be in bad shape. *Mala venta,* slump. *Mal estado de navegabilidad,* unseaworthiness. *Mal tratamiento,* ill treatment, bullying.

malbaratamiento *m.* squandering. *Malbaratamiento de precios,* underselling.

malbaratar *v.t.* to undersell.

maleabilidad *f.* malleability.

maleable *adj.* malleable.

malecón *m.* jetty, pier.

malentendido *m.* misunderstanding.

malestar *m.* **1** *(económico)* slackness (of trade), sluggishness. **2** *(sentimientos de)* uneasiness. *Malestar de los ejecutivos,* executive unrest, uneasiness among executives.

maleta *f.* valise, suit case, bag. *Hacer uno su maleta,* to pack.

maletero *m.* baggage store.

malevolencia *f.* ill-will, foul play.

malgastar *v.t.* to misspend.

malo, a *adj.* bad. *Cuenta mala,* bad debt. *En mal estado,* in bad repair. *Mala fe,* bad faith. *Mala posición,* bad situation.

malta *f.* malta.

maltratar *v.t.* **1** to maltreat, to mistreat, to illtreat. **2** *(estropear)* to damage.

mal uso *m.* misuse, abuse. *Delito de mal uso de información interna,* insider trading, insider dealing.

malversación *f.* **1** *(desvío de fondos)* embezzlement, misappropriation (of public funds). **2** *(sentido amplio)* malpractice.

malversador, a *n.* one who misuses public funds.

malversar *v.t.* to embezzle, to misappropriate.

mampara *f.* screen.

mamparo *m.* Naveg.: bulkhead.

mancha *f.* stain, spot, blot. *Reputación sin mancha,* unblemished/blameless reputation. *Sin mancha,* stainless, spotless.

manchar *v.t.* to stain, to soil.

mancomunación *f.* pooling. *Mancomunación de intereses,* pooling of interest.

mancomunadamente *adv.* conjointly.

mancomunado, a *adj.* joint. *Firma mancomunada,* joint signature.

mancomunar *v.t.* to pool. *Mancomunar recursos,* to pool resources, to share expenses.

mancomunidad *f.* union.

mandadero *m.* errand-boy, messenger-boy.

mandado *m.* order, commission.

mandamás *mf. fam.* chief, boss; master, commander.

mandamiento *m.* order, command.

mandante *mf. (elector, persona que manda)* Jur.: constituent.

mandar *v.t.* **1** to send. *Mandar por avión,* to send by air mail. **2** to order. **3** *mandar hacer,* to have done.

mandatario, a *n.* authorized agent, mandatary, trustee, assignee, *(asambleas)* proxy; representative.

mandato *m.* **1** *(orden)* mandate, instruction, order, decision. **2** order, decree; bylaw.

manejable *adj.* controllable, manageable.

manejar *v.t.* **1** to handle, to manage, to operate. *Manejar negocios,* to handle; *(EU)* to wheel and deal. **2** to lead, to guide. **3** to maneuver. **4** to manipulate. **5** *(automóviles)* to drive.

manejo *m.* handling, *(de una máquina)* operation.

manifestación *f.* manifestation, *(política)* demonstration. *Manifestación cultural, deportiva,* cultural, sports event. *Manifestación oficial,* official/public function, formal ceremony. *Organizar una manifestación,* to stage a demonstration.

manifestante *mf.* demonstrator.
manifestar *v.t.* 1 to show, to exhibit, to reveal, to demonstrate. 2 *(en las calles)* to demonstrate. 3 to declare, to state.
manifiesto *m.* 1 manifesto, proclamation. 2 Naveg.: *(descripción del cargamento)* ship's manifest. 3 *poner de manifiesto,* to make evident, to make apparent.
maniobra *f.* maneuver, (GB) manoeuvre, maneuvering, operation, *peyor.* scheming. *Maniobras electorales,* election rigging. *Maniobras fraudulentas,* swindling.
maniobrador *m.* unskilled worker; laborer.
maniobrar *v.i.* 1 to maneuver. 2 *(máquinas, etc.)* to work, to operate, to handle. 3 *peyor.* to scheme. 4 to manipulate.
manipulación *f.* 1 handling, manipulation, manipulating. 2 manipulation. *Manipulación electoral,* election rigging.
manipulador, a *n.* manipulator.
manipular *v.t.* 1 to handle, to manipulate. 2 to manipulate, to maneuver, to tamper with.
maniquí *m.* mannequin.
mano *f.* hand. *Cargar la mano,* to charge a high price. *De primera mano,* first-hand. *De segunda mano,* second-hand. *Echar una mano,* to give a hand. *En mano,* in hand. *Entregar mano a mano,* to hand over the money direct, without receipt or invoice. *Hecho a mano,* hand-made. *Por debajo de la mano/de la mesa,* behind the scenes.
mano de obra *f.* labor, (GB) labour; labor force, manpower. *Escasez de mano de obra,* labor shortage, shortage of hands. *Industria de mano de obra,* labor-intensive industry. *Mano de obra calificada,* skilled labor. *Mano de obra temporal,* temporary workers, temps. *Precio/costo de la mano de obra,* cost of labor, labor costs.
manojo *m.* bundle, package, bunch.
manosear *v.t.* 1 *(en general)* to handle roughly. 2 *(a personas)* to fondle.
manta *f.* blanket.
manteca *f.* fat, butter.
mantener *v.t.* 1 to maintain, (EU) to service. 2 to keep up. *Mantener buenas relaciones con,* to keep up good relations with. *Mantener correspondencia con,* to keep up a correspondence with. 3 to hold. *Manténgase en un lugar fresco,* store in a cool place. *Manténgase en un lugar seco,* store in a dry place. 4 *(pensar, mantener una posición)* to consider, to claim, to argue, to hold (that...). 5 *(preservar)* to safeguard, to retain; *(una decisión)* to abide by, *(confirmar la decisión de un tribunal)* to uphold. *Manténgase alejado de la humedad,* "keep dry", "store in a dry place".
mantener(se) *v. pr.* 1 to hold, to hold one's own; *(precios)* to keep up, *(acciones bursátiles)* to remain firm. 2 to be steady. *Las cotizaciones se mantienen,* quotations are steady/firm; prices hover round previous quotations.
mantener el camino, to hold the road.
mantener los precios a un nivel bajo, to hold prices down, to keep prices down.
mantener una promesa, to keep a promise, to keep one's word, to meet a commitment.
mantener una reunión, to hold a meeting.
mantener un artículo, to keep/to stock/to carry/to sell an article.
mantenimiento *m.* maintenance, maintaining. *(Materiales)* maintenance, upkeep. *Cuadrilla de mantenimiento,* maintenance crew. *Dar mantenimiento, (materiales)* to be kept in repair. *Gastos de mantenimiento,* maintenance charges; upkeep expenses. *Mal mantenimiento,* neglect. *Mantenimiento de un archivo,* Inform.: file maintenance. *Mantenimiento de una ruta,* roadholding. *Mantenimiento y reparaciones,* servicing.
mantequilla *f.* butter.
mantisa *f.* Mat.: mantissa.
manto *m.* sheet. *Manto de petróleo (en la superficie del agua),* oil-stick. *Manto freático,* phreatic/underground water. *Manto petrolífero,* oil layer.
manual *m.* *(libreto)* hand-book, manual, instruction book, *(escuela)* textbook.
manual *adj.* manual. *Trabajador manual,* manual worker, blue collar. *Trabajo manual,* manual work, manual labor.
manufactura *f.* manufacture, manufacturing. *Manufactura extranjera,* foreign manufacture.
manufacturado, a *adj.* manufactured. *Producto manufacturado,* manufactured product.
manufacturar *v.t.* to manufacture.
manufacturero, a *n.* 1 manufacturer, maker; factory owner, mill owner. 2 *adj.* manufacturing. *Proceso manufacturero,* manufacturing process.
manuscrito, a *n.* y *adj.* handwritten, manuscript.
manutención *f.* 1 maintenance. 2 handling. *Encargado de la manutención,* handler, packer, warehouseman.
mapa *m.* *(geográfico)* map, plan, *(marítimo)* chart.
maqueta *f.* mock-up, model. *(Diseño, proyecto)* draught; *(de libro)* dummy; *(de página)* lay-out.
maquetista *mf.* model maker.
maquiladora *f.* assembly plant.
maquillaje *m.* *(de las cuentas)* cooking the books, cooking of accounts. *Maquillaje electoral,* election-rigging; *(al remodelar determinadas circunscripciones)* gerrymandering.
maquillar *v.t.* to fake, to tamper with. *Maquillar las cuentas,* to cook the books.
máquina *f.* machine, *(de motor)* engine; *pl.* machines, machinery. *Escribir a máquina,* to type, to typewrite. *Lenguaje de máquina,* machine-language, computer language. *Máquina de enseñanza,* teaching machine.
maquinación *f.* machination, plot.

M

máquina de escribir, typewriter.
máquina de herramientas, machine-tool.
máquina de monedas, slot-machine, *(distribuidor)* vending machine.
máquina de oficina, office-machine.
máquina de procesamiento de textos, word processor.
maquinar *v.t.* to scheme, to plot, to engineer, to mastermind.
maquinaria *f.* *(administrativa, gubernamental, sindical, de un partido),* machinery.
maquinista *mf.* machine operator, *(conductor)* driver; engineer.
maquinización *f.* mechanization.
maquinizar *v.t.* to mechanize.
mar *m.* o *f.* sea. *Barco de alta mar,* ocean-going vessel, sea-going ship. *Hacerse a la mar,* to set sail, to sail, to put to sea, to sail out. *Mar abierto,* open sea, high sea(s).
marasmo *m.* doldrums, slump. *Los negocios están en el marasmo,* business is in the doldrums, business is slack.
marbete *m.* label, tag.
marca *f.* 1 mark. 2 *(comercial)* trade mark, brand, brandname, make *(en general, el término* brand, make, *se emplea para denotar los productos alimenticios, la perfumería, etc. El término* make *se emplea para denotar a los automóviles, a los bienes semidurables, etc.).* Imagen *del distribuidor/de distribución,* own brand, generic product, unbranded product, "no-brand". *Imagen de marca,* brand-image. *Imagen de revendedor,* dealer brand. *Imagen distintiva,* earmark. *Imagen dominante,* brand leader. *Imagen empresarial, imagen corporativa,* corporate image. *Productos de marca,* branded goods. 3 *(tasa, precio de marca)* mark-up, margin. *Posición de marca,* brand position, brand establishment. 4 *gerente de marca,* brand-manager. 5 *artículos de marca,* branded goods; proprietary articles. 6 *producto de marca,* branded article. 7 *(marca)* mark, marker.
marcado *m.* marking.
marcador *m.* marker. *Reloj marcador,* clocking-in/out machine.
marcaje *m.* marking.
marcar *v.t.* 1 to mark, to stamp, *(una caja)* to stencil. *Precio marcado,* catalog price, listed price, price quoted. 2 *(mostrar, acusar)* to show. *Marcar una baja,* to show a fall. 3 *(tomar nota de)* to record, to note, to write down. 4 *(indicar, mencionar)* to mark, to put, to state; to mention, to specify, etc. *Estar marcado,* to appear, to be shown, to be mentioned, to be printed, written, to be featured, etc. *Esto no está marcado en el reporte,* this is not mentioned (stated) in the report. 5 *marcar tarjeta (al llegar)* to clock in. *(Al salir)* to clock out.

marcha *f.* working, running, operation, start. *Buena marcha,* smooth running; sound management. *Puesta en marcha,* starting.
marco *m.* framework. *Dentro del marco de,* within the framework of.
marea *f.* tide. *Marea alta,* high tide. *Marea baja,* low tide.
marfil *m.* ivory.
margen *m.* o *f.* 1 *(del vendedor)* margin, mark-up. *Margen beneficiario,* profit margin. *Margen bruto,* gross profit. 2 bracket, margin, spread. *Margen de precio,* price range. 3 *(cobertura)* margin, cover, deposit. *Requerimiento adicional de margen,* margin call, call for extra cover, call for additional cover. 4 *(de una página)* margin. 5 *(latitud)* margin, latitude, scope, range, room, allowance. *Margen de seguridad,* safety margin. 6 Bolsa: margin, cover. *Proporcionar un margen,* to margin. 7 *margen de beneficio,* profit margin. 8 *(reserva)* reserve, margin. *Margen de seguridad,* safety margin.
marginación *f.* marginalization, indigence, poverty.
marginado, a *adj.* marginated.
marginal *adj.* marginal. *Ingreso marginal,* marginal income. *Prestaciones marginales,* fringe benefits. *Utilidad marginal,* marginal profit.
marginar *v.t.* to leave a margin, to marginalize.
marina *f.* marine, navy. *El Ministerio de la Marina,* the Naval Ministry, (GB) the Admiralty. *Marina mercante,* merchant navy, merchant service.
marinero *m.* quartermaster, leading seaman.
marino *m.* sailor, seaman.
marino, a *adj.* marine, sea. *Carta marina,* sea chart. *Milla marina,* nautical mile.
marítimo *adj.* marine, maritime. *Agencia marítima,* shipping agency. *Agente marítimo,* shipping agent. *Arsenal marítimo,* naval dockyard. *Asegurador marítimo,* underwriter. *Bolsa marítima,* shipping exchange. *Comercio marítimo,* sea-borne trade, sea-trade. *Corredor marítimo,* shipbroker. *Derecho marítimo,* maritime law. *Estación marítima,* harbor station. *Riesgos marítimos,* perils of the sea, sea risks. *Ruta marítima,* sea-route. *Seguro marítimo,* marine insurance, underwriting. *Transporte marítimo,* sea-transport.
marrón *adj.* 1 brown. 2 *fam.* shady, bogus, sham.
marroquinería *f.* 1 leather goods. 2 leather work. 3 leather shop.
marroquinero *m.* seller of leather goods, leather shop.
más *adj.* more. *Más de,* more than. *Más económico,* cheaper, less expensive. *(Sumas) Más 20, más 30,* etc. plus 20, plus 30, etc. *Signo de más,* plus sign. *Ver más arriba,* see above.
masa *f.* mass, bulk, lump. *Masa de acreedores,* (general) body of creditors. *Producción en masa,* mass-production.

masacrar *v.t.* to slaughter; *masacrar los precios,* to slash prices.

masa monetaria, money supply.

masa salarial, pay packet.

masculino *adj.* male, *(gramática)* masculine. *Sexo masculino,* masculine sex.

masivo, a *adj.* massive, heavy, bulky, huge, large-scale. *Licenciamientos/despidos masivos,* mass dismissals, sweeping layoffs. *Pedido masivo/en grandes cantidades,* substantial order, large order, bulk order, order for large quantities.

matadero *m.* slaughterhouse.

matar *v.t.* **1** *(una estampilla)* to stamp, to obliterate. **2** *(homicidio)* to kill, to murder.

matasello *m.* **1** *(instrumento)* canceller, stamp. **2** *(marca)* postmark.

matemáticas *f.* mathematics.

matemático, a *n.* mathematician.

matemático *adj.* mathematical. *Cálculos matemáticos,* mathematical calculations.

materia *f.* **1** matter, substance, material. **2** subject, subject-matter, topic. *Índice de materias,* table of contents. *Materia objeto de un litigio, de un proceso legal,* grounds for litigation.

material *m.* material, ingredient.

material *adj.* material, physical, tangible. *Daños materiales,* damage to property.

materiales *m. pl.* materials. *Materiales de construcción,* building materials.

materialista *adj.* materialistic.

materializar *v.t.* to materialize, to represent, to bring into being.

materializar(se) *v. pr.* to materialize.

material para construcción, building material.

material para presentación, display material.

material plástico, plastic, plastics.

material rotatorio, rolling-stock.

materia prima, raw material. *Inventario/almacén de materia prima,* raw materials inventory.

maternidad *f.* **1** maternity. *Ausencia por maternidad,* maternity leave. *Beneficio por maternidad,* maternity benefit. **2** *hospital de maternidad,* maternity hospital; *(servicios)* maternity ward.

matiz *m.* hue, tone, tint.

matizador *m.* color finder, sample chart.

matizar *v.t.* to tint, to color.

matricial *adj.* matrix, matricial. *Álgebra matricial,* matrix algebra. *Cálculo matricial,* matrix calculus.

matrícula *f.* **1** register, roll, list. **2** number, registration number, serial number. **3** registration certificate.

matricular *v.t.* to register, to enter in the rolls, on the register; to assign/to give a registration number.

matrimonio *m.* marriage. *Acta de matrimonio, certificado de matrimonio,* marriage certificate.

Nacido fuera de matrimonio, born out of wedlock.

matriz *f.* matrix. *Álgebra de matrices,* matrix algebra. *Oficina matriz,* home office.

matutino, a *adj.* matutinal. *Turno matutino,* day shift.

máxime *adv.* mainly, principally.

maximización *f.* maximization. *Maximización de utilidades,* profit maximization.

maximizar *v.t.* to maximize.

máximo *adj.* maximum. *Alcanzar un nivel máximo,* to level off, to peak, to reach a (the) ceiling. *Fijar el límite máximo,* to put a ceiling on, to set a limit to; to put a cap on, to cap, to peg. *Límite máximo,* ceiling, limit, cap. *Logro de un nivel máximo,* levelling off, reaching of ceiling. *Precio máximo,* maximum price, ceiling price. *Rebasar el máximo,* to exceed the limit. *Rendimiento máximo,* maximum efficiency, maximum output, maximum yield. *Rentabilidad máxima,* maximization of profits, profit-maximization.

mayor *adj.* **1** major, main. *Caso de fuerza mayor,* case of absolute necessity. Seg.: Act of God, force majeure. *Parte mayor, parte principal,* main part, main body. **2** *mayor de edad,* of age, major. *Volverse una persona mayor,* to come of age. **3** Contab.: *libro mayor,* ledger. **4** greater, greatest.

mayoreo *m.* wholesale (trade). *Al mayoreo,* wholesale, in bulk; roughly, approximately. *Comercio al mayoreo,* wholesale trade. *Precio al mayoreo,* wholesale price.

mayoría *f. (mayoría de edad)* majority. *Mayoría relativa,* plurality.

mayorista *mf.* wholesaler, wholesale dealer.

mayoritario *adj.* majority. Sociedades: holding a majority of shares. *Partido mayoritario,* majority party. *Ser el socio mayoritario,* to have a majority; to be more numerous. *Socio mayoritario,* senior partner.

mecánica *f.* mechanics.

mecánico, a *n.* mechanic, mechanician. *Ingeniero mecánico,* mechanical engineer.

mecánico, a *adj.* mechanical. *Ingeniería mecánica,* mechanical engineering. *Traje de mecánico,* overalls.

mecanismo *m.* mechanism, machinery, wheel, cog(-wheel).

mecanización *f.* mechanization.

mecanizar *v.t.* to mechanize.

mecanografía *f.* typing, typewriting. *Error de mecanografía,* typing error. *Máquinas de mecanografía,* office machines. *Operador de máquinas de oficina,* office-machine operator, duplicating machine operator.

mecanografiar *v.t.* to type.

mecanógrafo, a *n.* typist.

mecenas *mf.* patron, sponsor.

mecenazgo *m.* patronage, cultural sponsoring; private sector initiative.

medalla *f.* medal. *Conceder una medalla,* to award a medal (to). *Ganador de una medalla,* medallist, medal winner, holder of a medal.

media *f.* **1** average. *En términos medios,* en promedio, on (the) average. *Media ponderada,* weighted average. **2** *media vuelta,* about-turn, turnabout, turnaround, reversal of one's stand. **3** half fare, half price.

mediación *f.* mediation.

mediador *m.* **1** mediator. **2** *(a escala nacional entre ciudadanos y colectividades)* ombudsman.

mediano, a *adj.* medium, middling, average. *El estudiante mediano,* the run-of-the mill student, the average student. *El hombre mediano,* the man in the street, the average man. *Empresa mediana,* medium-size(d) firm. *Ingreso mediano,* median income. *Justo en el punto mediano,* the golden mean. *Pequeña y mediana empresa,* small and medium size(d)-firm, small business. *Solución mediana,* middle course.

mediante *prep.* with the help of, by·means of.

mediar *v.i.* to mediate, to negotiate, to intervene.

mediatizar *v.t.* **1** *(transmisión de conocimientos)* to mediate. **2** *(difusión a través de los medios de comunicación)* to give media coverage.

medicamento *m.* medicine, drug.

medicina *f.* medicine. *Medicina laboral,* industrial medicine. *Medicina legal,* forensic medicine.

medición *f.* measurement, gauging, measuring.

médico, a *n.* physician, doctor, medical doctor (M.D.). *Médico convencionado,* contract doctor. *Médico general,* (EU) generalist, (GB) general practitioner, G.P. *Médico laboral,* factory doctor, company doctor.

médico *adj.* medical. *Certificado médico,* medical certificate. *Examen médico,* medical examination, check-up. *Visita médica,* medical examination, *fam.* medical.

medida *f.* **1** measure, step. *Medida temporal,* makeshift measures, makeshifts. *Tomar medidas,* to take steps. **2** measurement. *En gran medida/en gran parte,* to a large extent. *Hecho a la medida,* made to order, custom-made; *(ropas)* made to measure. *Unidad de medida,* measuring (measurement). **3** *tomar las medidas a,* to gauge, (EU) to gage. **4** *(medida)* a unit, standard of measure; *fam.* yardstick.

medio *m.* **1** middle. **2** environment, surroundings. **3** *(social, etc.)* set, circle, sphere, quarters. *En el medio ejecutivo se piensa que,* it is felt in the executive suite... *Medios bien informados,* knowledgeable source. *Medios gubernamentales,* government circles. **4** *medio ambiente,* environment, surroundings, context. *Medio am-*

biente comercial, business environment. *Medio ambiente social,* social environment, social context. *Protección del medio ambiente,* environmental protection, environmentalism; conservation of nature, conservation(ism).* **5** means, way. *Medio de sustento,* livelihood, means of living. *Medio de transporte,* means of transport, means of conveyance. *Medios de comunicación,* means of communication; medium. *Medios financieros,* financial means. *No tengo los medios,* I can't afford it. *Planeación de medios,* media planning.

medio *adj.* **1** average, median; mean. *Clase media,* middle class. *Medio Oriente,* Middle East. **2** half, semi. *Medio mayoreo,* retail-wholesale, wholesale in small quantities. *Medio salario,* half pay. *Medio tiempo,* half-time. *Precio de medio mayoreo,* trade price. *Trabajar medio tiempo,* to work half-time, to be on half-time; *(en el sentido amplio del tiempo parcial)* part-time. **3** *término medio,* middle-course. **4** *media docena,* half a dozen.

mediocre *adj.* mediocre, indifferent, poor. *Resultados mediocres,* poor results.

medio de ganarse la vida, sideline, means of making up one's income.

medio de intercambio, medium of exchange.

medios masivos de comunicación, mass media.

medir *v.t.* to measure, to assess, to estimate. *Regla de medir,* gauge.

megalópolis *f.* megalopolis.

mejor *mf.* best.

mejor *adj.* *(comparativo)* better, *(superlativo)* best. *Al mejor postor/oferente,* to the highest bidder. *A lo mejor,* maybe. *Cada vez mejor,* better and better. *En el mejor de los casos,* at best. *Lo mejor,* the best.

mejoramiento *m.* improvement. *Un mejoramiento,* an improvement.

mejorar *v.t.* to improve, to better; to make progress.

mejoría *f.* improvement, betterment. *Mostrar una mejoría,* to show an improvement.

mejor postor, highest bidder, best offer.

membrete *m.* heading, letter-head.

memorándum *m.* **1** report, *(costos)* memorandum; *(para depósito de patentes)* specifications (of patent). **2** memo(randum), note, report.

memoria *f.* **1** memory. **2** INFORM.: memory; *memoria muerta* (M.E.M.), R.O.M.; *memoria viva,* (M.E.V.), R.A.M.; storage capacity. *Memoria en masa,* mass storage. *Puesta en memoria,* storage, storing.

memorización *f.* memorizing, INFORM.: storage, storing; PUB.: recall, retention, awareness.

memorizar *v.t.* to memorize, to commit to memory; INFORM.: to store.

mención *f.* mention, reference, mark; *(de un precio)* quotation, *(en un examen)* honorous. *Recibido con mención,* passed with distinction. *Tachar las menciones inútiles,* cross out when not applicable.

mencionar *v.t.* to mention, to state, to mark; *(un precio)* to quote. *Abajo mencionado,* under-mentioned, mentioned below. *Arriba mencionado,* above-mentioned.

menester *m.* need, want, necessity. *Ser menester,* to be necessary.

mengua *f.* diminution, reduction.

menguar *v.i.* to diminish, to lessen.

menor *adj.* 1 minor, secondary. 2 *(edad)* under age. 3 less, lesser. *El menor,* the least. *Menor cantidad,* smaller quantity. *Menor precio,* lower price.

menos *adv.* less. *Al menor costo, al oferente menos costoso (proveedores, etc.),* to the lowest bidder, the less expensive, the more competitive. *Al menos,* at least. *El proveedor menos costoso,* the lowest bidder, the most competitive supplier, the lowest/most competitive estimate.

mensaje *m.* message. *Mensaje publicitario,* advertising message; *CINE:* ad; *T.V., RADIO:* commercial, spot. *Pasar un mensaje,* to get a message across.

mensajería *f.* parcel(s) service, parcels office; *(empresario de mensajería)* common carrier. *Mensajería aérea,* air-mail service. *Mensajería electrónica,* electronic messaging/message system. *Mensajería marítima,* sea transport of goods; shipping company. *Oficina de mensajería,* shipping office. *Servicio de mensajería,* parcel post.

mensajero *m.* messenger, carrier. *Por mensajero (especial),* by messenger, by courier.

mensajero de oficina, office boy.

mensual *adj.* monthly. *Pagos mensuales,* monthly payments.

mensualidad *f.* monthly payment; *(compra a crédito)* monthly installment.

mensualización *f.* paying/payment by the month.

mensualizar *v.t.* to pay by the month.

mensualmente *adv.* monthly, on a monthly basis.

mensurable *adj.* measurable.

mente *f.* mind, intellect. *Tener en mente,* to keep in mind.

mentir *v.i.* to lie.

mentira *f.* lie.

mentiroso, a *adj.* false, misleading. *Publicidad hecha a base de mentiras,* deceptive/misleading advertising.

menudear *v.i.* to sell by retail.

menudeo *m.* retail.

meramente *adv.* merely, only.

mercadear *v.i.* to trade.

mercadeo *m.* marketing, selling.

mercader *mf.* dealer, trader, merchant, shopkeeper. *Mercader al mayoreo,* wholesaler, wholesale dealer. *Mercader al menudeo,* retailer. *Mercader ambulante,* hawker, pedlar. *Mercader de bienes,* estate agent. *Mercader de cuatro estaciones,* coster-monger.

mercadería *f.* merchandise, commodity.

mercado *m.* 1 market. *Atacar un nuevo mercado,* to tap a new market. *Crear nuevos mercados,* to open up new markets. *Estudio de mercado,* market study, market research. *Ganar terreno sobre un mercado,* to get/gain a footing/foothold on a market. *Lista de precios de mercado,* market price list, market prices. *Mercado boyante,* buoyant market, seller's market. *Mercado bursátil,* stock-market. *Mercado de pulgas,* flea-market. *Mercado negro,* black market. *Participación de mercado,* market share. *Posición de mercado,* market position. *Posición líder en el mercado,* market leadership. 2 outlet, opening. 3 *entregable a través del mercado a plazo,* for future delivery. *Mercado a futuro, (mercancías)* futures market. *Mercado a plazo,* forward market. *Operaciones a través del mercado a plazo,* dealings for the account. 4 *(divisas) mercado a plazo,* forward market; *BOLSA:* settlement market, dealings for the account; *mercado a futuro de instrumentos financieros,* financial futures market. *(Mercancías, opciones = mercado a futuro)* futures market.

mercado al contado, cash market, cash transaction(s), spot market.

mercado boyante, seller's market, buoyant market. *Oportunidad boyante,* market gap, market opportunity.

mercado común, Common Market.

mercado de cambios, foreign exchange market.

mercado de divisas, foreign exchange market.

mercado de inversiones, investment market.

mercado del vendedor, seller's market, buoyant market.

mercado de valores, stock market.

mercado financiero, financial market.

mercadología *f.* marketing.

mercado monetario, money market.

mercado negro, black market.

mercado potencial, potential market.

mercado sobre el mostrador, *BOLSA:* over-the-counter market.

mercadotecnia *f.* marketing. *Mercadotecnia directa,* direct marketing. *Mercadotecnia telefónica,* telemarketing, phone marketing.

mercado único europeo, single European market.

M

mercancía f. commodity; *mercancías,* goods, wares, merchandise. *Bolsa de mercancías,* commodity exchange, produce exchange. *Mercancías en el almacén,* stock in hand. *Tren de mercancías,* goods train, (EU) freight train.

mercancía rechazada, reject, rejected/refused goods.

mercancías devueltas, returned goods.

mercancías en consignación, goods consignment.

mercancías en tránsito, goods in transit.

mercancías perecederas, perishable goods.

mercante adj. merchant. *Barco mercante,* merchant ship.

mercantil adj. 1 mercantile. *Crédito mercantil,* goodwill. **2** sal(e)able, merchantable, marketable, commercial. *Buena calidad mercantil,* good merchantable quality. *Marina mercantil,* merchant navy. *Navío mercantil,* merchant vessel, cargo boat. *Precio mercantil,* market price, ruling price. *Valor mercantil,* market value, commercial value.

mercantilismo m. mercantilism.

mercantilista mf. y adj. referred to mercantilism.

mercar v.t. fam. to buy.

mercería f. haberdashery, haberdasher's (shop).

mercero, a n. haberdasher.

merecer v.t. to deserve, to merit.

mérito m. merit, worth; ability.

meritorio adj. meritorious.

merma f. decrease, waste.

mermar v.i. to decrease, to lessen.

mero adj. mere, simple.

mes m. month. *Cada dos meses,* every two months. *Del mes en curso,* of the current month, instant, inst. *Del mes pasado,* of last month, ultimo, ult. *Del mes próximo,* of the next month, proximo, prox. *Pagar por mes,* to pay by the month. *"Treceavo mes",* bono navideño, Christmas bonus.

mesa f. table. *Por debajo de la mesa (clandestinamente),* bribe, golden handshake.

mesa redonda f. 1 *(con motivo de una reunión)* introduction of participants (in a meeting). **2** round table, round table session/conference/talks.

mesero, a n. waiter.

meseta f. GEOGR.: plateau, tableland. *Meseta continental,* continental shelf.

meta f. goal, purpose, objective, object, target, design. *Con la meta de,* with a view to. *Con metas lucrativas,* for pecuniary gain, profit-making.

metal m. metal.

metálico, a adj. metallic.

metalurgia f. iron and steel industry; metallurgy.

metalúrgico, a adj. metallurgic(al). *Fábrica metalúrgica,* metal works, iron works, steel plant.

metalurgista mf. metal-worker.

metas f. pl. designs, aims, objectives.

meter v.t. to put, to place, to lay; to bring/let/put something in. *Meter mercancías de contrabando,* to smuggle goods into a country.

metódico, a adj. methodic.

método m. method, technique. *Ingeniero de métodos,* methods engineer. *Método de casos prácticos,* case study method. *Método del camino crítico,* critical path analysis/method.

metodología f. methodology.

metodológico adj. methodological.

métrico, a adj. metric. *Adoptar el sistema métrico,* to change over to the metric system, (GB) to go metric. *Sistema métrico,* metric system.

metro m. 1 *(unidad de medida)* meter. *Metro cuadrado,* square meter. **2** *(transporte)* underground; (EU) subway, (GB) **fam.** the tube.

metrópolis f. metropolis, *(capital)* capital; *(país)* mother country.

metropolitano adj. metropolitan.

mezcla f. mix, mixture, *(tabaco, etc.)* blend.

mezclador, a n. blender, mixer.

mezclar v.t. to mix, *(tabaco, etc.)* to blend; *(poner en desorden)* to mix up.

microcomputadora f. micro-computer.

microdecisión f. microdecision.

microeconomía f. microeconomics.

microedición f. desk-top publishing.

microelectrónica f. microelectronics.

microestructura f. microstructure.

microficha f. microcard.

microfilm m. microfilm.

micrófono m. microphone, **fam.** mike.

microinformática f. microcomputers; the micro-computer industry.

microprocesador m. microprocessor.

microprograma m. microprogram.

microprogramación f. microprogramming.

miembro m. member. *Baja en el número de miembros,* decrease/drop/fall in membership. *Miembro activo,* active member. *Miembro honorario,* honorary member. *Número de miembros,* membership. *País miembro,* member-country, member nation.

mientras adv. while.

migración f. migration.

migrante mf. y adj. migrating.

migratorio, a adj. migratory.

mil núm. one thousand. *Mil millones,* (EU) billion, (GB) one thousand millions.

milagro m. miracle.

milésimo m. y adj. thousandth.

miligramo m. milligram.

mililitro m. milliliter, (GB) millilitre.

milímetro m. millimeter, (GB) millimetre.

militante *mf.* y *adj.* militant.
militar *mf.* *(persona)* soldier; *adj.* military.
militar *v.i.* **1** *(en un partido)* to be active (in).
2 *(como soldado)* to serve in the army.
milla *f.* mile. *Milla marina, milla náutica,* nautical mile.
millar *m.* y *adj.* thousand, one thousand; *dos millares,* two thousand (2,000).
millón *núm.* million.
millonada *f.* to be extraordinarily expensive. *Esa máquina cuesta una millonada,* that machine is extraordinarily expensive. *Una millonada,* a large amount, a large quantity.
millonario, a *n.* y *adj.* millionaire.
millonésimo, a *m.* y *adj.* millionth.
mina *f.* mine, pit. *Mina de carbón,* coal-mine, colliery. *Mina de oro,* gold mine, (EU) bonanza. *Pozo o tiro de una mina,* mine shaft.
minar *v.t.* **1** MIN., MILIT.: to mine. **2** *fig.* *(aminorar, socavar)* to undermine, to sap, to erode.
mineral *m.* ore. *Transportista de minerales,* ore-carrier. *Yacimiento de mineral de fierro,* iron ore deposit.
mineralógico, a *adj.* mineralogical. *Número mineralógico,* registration number. *Placa mineralógica,* number license/registration plate.
minería *f.* mining. *Minería no ferrosa,* non-ferrous mining.
minero, a *n.* miner, mine-worker. *Cuenca minera,* coalfield. *Minero de carbón,* collier.
minero, a *adj.* mining. *Región minera,* mining district. *Territorio minero,* mine field. *Valores mineros,* mine shares, mining shares.
miniatura *f.* miniature.
minimizar *v.t.* to minimize, *(peligros, etc.)* to play down.
mínimo *adj.* small, minimal, minimum. *pl.* minima, minimum(s). *De un valor mínimo,* of trifling value. *Mínimo vital,* subsistence level. *Por debajo del mínimo vital,* below the poverty line. *Precio mínimo,* minimum price. *Precio mínimo de una subasta,* upset price. *Salario mínimo,* minimum wage.
ministerial *adj.* ministerial.
ministerialmente *adv.* ministerially.
ministerio *m.* **1** ministry, department, office. *Ministerio de Comercio,* Ministry for Commerce and Trade, (GB) Board of Trade. *Ministerio de Economía,* Ministry for Economic Affairs. *Ministerio de Finanzas,* Finance Ministry, (EU) Treasury; (GB) Exchequer. **2** JUR.: *Ministerio Público,* Public Prosecutor, Prosecuting Magistrate.
ministerio público, public prosecutor.
ministro, a *n.* minister; Secretary of State. *Ministro de Asuntos Extranjeros,* Foreign Secretary. *Ministro de Comercio,* Minister for Commerce and Trade; (GB) President of the Board of Trade; Secretary for Commerce. *Ministro de*

finanzas, Finance Minister, (EU) Secretary of the Treasury, Treasury Secretary; (GB) Chancellor of the Exchequer. *Ministro del Interior,* (EU) Secretary of the Interior, (GB) Home Secretary. *Primer ministro,* Prime Minister, Premier.
minoración *f.* lessening.
minorar *v.t.* to lessen, to diminish.
minoría *f.* **1** minority. *Poner en minoría,* to defeat. **2** *(edad)* infancy, minority.
minorista *mf.* retailer.
minoritario, a *adj.* minoritary.
minucioso, a *adj.* thorough.
minúscula *f.* IMPR.: lower-case letter; small letter.
minúsculo, a *adj.* remarkably small.
minusvalía *f.* depreciation, drop in value.
minusválido, a *n.* y *adj.* handicapped.
minuta *f.* *(documento)* record(s), minute(s).
minuto *m.* minute. *Reparaciones al minuto,* instant repairs, repairs while you/U wait.
mira *f.* aim, goal, purpose. *Con miras a,* with the purpose of.
mirar *v.t.* to look, to look at, to look upon.
miríada *f.* myriad.
miserable *adj.* miserable, unhappy, poor, poverty-stricken.
miseria *f.* poverty, want.
misión *f.* mission, assignment. *Completar con éxito una misión,* to complete one's mission successfully, to fulfill one's mission. *Misión comercial,* trade mission. *Misión de estudios,* investigation, mission of inquiry; study group. *Tener como misión el hacer alguna cosa,* to be commissioned/assigned to do something.
misiva *f.* missive.
mismo, a *adj.* same. *Dominio de sí mismo,* self-control. *El mismo,* the same. *Por la misma razón,* for the same reason. *Uno mismo, a sí mismo,* one-self.
mistificación *f.* mystification.
mistificar *v.t.* to mystify, to fool; to hoax, to deceive.
mitad *f.* half, mid. *A la mitad de abril,* in mid-April. *A la mitad del trimestre,* on half quarter day, at half quarter. *A mitad de precio,* at half-price.
mitigar *v.t.* to mitigate, to alleviate.
mitin *m.* (political) meeting.
mixto, a *adj.* mixed. *(Escuela)* co-educational; *(comisión, etc.)* joint. *Cargamento mixto,* cargo-liner, passenger-cargo ship, passenger and cargo ship.
mixtura *f.* mixture, blend.
mobiliario *m.* furniture.
moda *f.* fashion, *(pasajera)* fad, craze. *Pasar de moda,* to become outmoded/old-fashioned.
modalidad *f.* modality, way, means, condition, method, mode. *Modalidades,* terms; *modalidades de pago,* methods of payment, terms of payment.

M

modelado *m.* model(l)ing.
modelar *v.t.* to model.
modelista *mf.* modelist.
modelo *m.* 1 model, pattern, type; form. *Modelo de decisión,* decision model. *Modelo grande,* large-size. *Modelo pequeño,* small-size. *Modelo registrado, marca registrada,* registered pattern. 2 *(profesión)* model.
modelo *adj.* 1 model, exemplary. *Muestra modelo, muestra estándar,* standard sample. 2 *(personas)* model.
módem *m.* Inform.: modem.
moderación *f.* moderation, restraint. *Moderación voluntaria,* voluntary restraint. Moderateness, *(precios)* reasonableness, lowness, inexpensiveness.
moderado *m.* Pol.: moderate, middle-of-the-roader.
moderado, a *adj.* moderate, conservative, middle-of-the-road, *(posición)* mild, moderate, low-profile.
moderador, a *n.* y *adj.* moderator.
moderar *v.t.* to moderate, to restrain, to reduce, to curb.
modernismo *m.* modernism.
modernista *m.* y *f.* modernist.
modernización *f.* modernization, bringing up to date, updating.
modernizar *v.t.* to modernize, to update, to bring up to date. *Modernizar la producción,* to retool.
modernizar(se) *v. pr.* to modernize.
moderno *adj.* modern, up-to-date.
modesto *adj.* moderate, modest, limited; reasonable, low, low-priced. *Crecimiento modesto,* moderate/limited growth.
módico *adj.* moderate, reasonable, inexpensive, *(ingresos)* low, slender.
modificable *adj.* alterable, modifiable, changeable.
modificación *f.* change, alteration, modification.
modificar *v.t.* to change, to modify, to alter.
modificar(se) *v. pr.* to change, to alter, to evolve, to undergo changes.
modificativo *adj.* corrective statement, qualifying clause; *(contratos)* rider, modifying clause.
modista *f.* dressmaker, dress/fashion designer.
modisto *m.* *(modas)* designer.
modo *m.* method, mode, process. *Modo de empleo,* directions for use, instructions for use, operating instructions; instruction booklet. *Modo de escrutinio,* ballot system.
modo de pago, method of payment.
modo de vida, way of life, life-style.
modulación *f.* modulation. *Modulación de frecuencia,* frequency modulation.
modular *v.t.* to modulate.

modular *adj.* modular.
módulo *m.* module, unit.
modus vivendi *m.* working agreement, compromise.
moho *m.* mould, *(herrumbre)* rust.
mojado *p.p.* de *mojar,* *adj.* wet, moist.
mojar *v.t.* to wet, to moisten, to damp.
mojón *m.* landmark, milestone.
molde *m.* mold, form, matrix, pattern.
moldear *v.t.* to mold, to form, to cast.
moledor, a *n.* crusher, grinder.
moler *v.t.* to grind.
molestar *v.t.* to annoy, to disturb.
molestia *f.* annoyance, discomfort.
molesto *adj.* annoying. *Trabajo molesto,* chore, drudgery.
molinero, a *n.* miller.
molino *m.* mill. *Molino de viento,* windmill.
momentáneamente *adv.* momentarily, temporarily.
momentáneo *adj.* temporary, momentary.
momento *m.* moment, time. *Sírvase esperar un momento,* please wait a moment.
monarquía *f.* monarchy.
monárquico *adj.* monarchical.
moneda *f.* money. *Acuñar moneda,* to mint, to coin money. *Casa de moneda,* the Mint. *Falsificador de moneda,* forger, counterfeiter. *Moneda de cambio,* money of exchange; coins, change. *Moneda de cuenta,* money of account. *Moneda débil,* soft currency, weak currency. *Moneda divisionaria,* fractional money. *Moneda falsa,* counterfeit money. *Moneda fuerte,* hard currency. *Moneda suelta, suelto,* small change. *Pieza de moneda,* coin. *Porta monedas,* purse.
moneda (de curso) legal, legal tender.
monedero *m.* purse.
monetario *adj.* monetary. *Fondo del mercado monetario,* money-market fund. *Fondo monetario,* money-market fund. *La serpiente monetaria,* the monetary snake, the snake. *Mercado monetario,* money market. *Sistema monetario,* monetary system. *Unidad monetaria,* currency, monetary unit.
monetización *f.* monetization.
monetizar *v.t.* to monetize.
monitor *m.* 1 *(persona)* instructor. 2 *(ciencias)* monitor; Inform.: program monitor, monitoring program.
monografía *f.* monograph.
monográfico *adj.* monographic.
monometalismo *m.* monometallism.
monometalista *mf.* monometallist.
monopolio *m.* monopoly, trust. *Leyes antimonopolistas,* anti-trust laws. *Monopolio de un artículo, de una marca,* exclusive agency, exclusive sale.
monopolización *f.* monopolization.

monopolizador *adj.* monopolistic.
monopolizar *v.t.* to monopolize. *(Mercados)* to monopolize, to corner.
monoprecio *m.* one-price store.
monopsonio *m.* monopsony (one buyer for a large number of sellers).
monorriel *m.* monorail.
montacargas *m.* hoist.
montador, a *n.* fitter. CINE: editor.
montaje *m.* 1 MEC.: assembly. *Cadena de montaje,* assembly line. *Taller de montaje,* assembly shop. 2 CINE: editing.
montante *m.* stud, plug. *Montante luminoso de aterrizaje,* flush marker light/beacon.
montar *v.t.* 1 MEC.: to assemble. 2 *(una campaña, una operación)* to mount, to stage; *(una empresa)* to set up, to found. 3 *(a caballo)* to ride.
monte de piedad *m.* pawn-office, pawn-shop.
monto *m.* amount, sum, *(precios)* price. *Monto compensatorio,* deficiency payment, compensatory amount. *Monto de venta,* sales proceeds. *Montos compensatorios,* compensatory amounts/units.
montón *m.* pole, lot, mass. *Un montón de dinero,* a lot of money.
monto no retirado, amount not drawn.
morada *f.* dwelling, residence.
moral *f.* 1 ethics, morals. 2 *(ánimo)* morale.
moral *adj.* ethical, moral.
moralidad *f.* ethics, morality, *(en los negocios)* business ethics.
moralizar *v.i.* to moralize, to police.
moratoria *f.* 1 deferment of payment, composition, arrangement with creditors for deferment of payment. *Conceder una moratoria,* to grant a deferment of payment. 2 delay, procrastination.
moratorio *m.* moratorium.
moratorio *adj.* moratory. *Intereses moratorios,* interest on arrears, back interest, moratory interest.
mordida *f.* *(soborno)* bribe.
morosidad *f.* *(economía, mercados, bolsa/depresión)* dullness, sluggishness.
moroso, a *adj.* *(economía, mercados, bolsa)* dull, sluggish.
mortal *adj.* deadly, lethal, fatal. *Golpe mortal,* death blow.
mortalidad *f.* mortality, death rate; *(en las carreteras, etc.)* (death) toll.
mosaico *m.* tile.
mostrador *m.* counter, stall, stand. *(De una tienda)* counter, department.
mostrar *v.t.* 1 *(un documento)* to show, to produce, to exhibit; *mostrar una prueba,* to produce. 2 to show. *Le voy a mostrar la fábrica,* I'll show you (take you) round the factory. *Mostrar el camino,* to show the way. 3 *(presentar pruebas*

de) to display, to show. 4 *(exponer)* to display, to exhibit, to show.
mostrar(se) *v. pr.* to show, to prove.
motel *m.* motel.
motivación *f.* motivation, incentive. *Estudio de motivación,* motivational study.
motivado, a *adj.* 1 motivated, decided. 2 justified.
motivar *v.t.* 1 to motivate. 2 JUR.: to give the grounds (for a decision). 3 *(causar)* to cause, to justify, to warrant.
motivo *m.* motive, cause, reason, incentive. *Motivo de reclamación,* grounds for complaint.
moto(cicleta) *f.* motorcycle, *fam.* motorbike.
motor *m.* 1 engine, motor. 2 *(fuerza impulsora)* prime-mover.
motorista *m.* motorist.
motorizar *v.t.* to motorize.
movedizo, a *adj.* movable.
mover *v.t.* to move.
mover(se) *v. pr.* to move, *(mercados)* to stir.
movible *adj.* movable, personal. *Capitales movibles,* floating capital, hot money.
móvil *m.* motive, incitement, spur, source, cause; prime mover.
móvil *adj.* mobile, movable, *(piezas móviles/ movibles)* detachable. T.V.: *Unidad móvil,* mobile unit.
movilidad *f.* mobility.
movilizable *adj.* mobilizable, available.
movilización *f.* mobilization; *(capitales)* raising (of capital, of funds).
movilizar *v.t.* to mobilize, to call up, to make available; *(fondos)* to raise, *(convertir en valores líquidos)* to realize, to liquidate, to convert.
movilizar(se) *v. pr.* to mobilize, to assemble, to rally, to take up arms again, to be up in arms against.
movimiento *m.* movement, motion, move; trend, fluctuation. *Movimiento de barcos,* shipping news. *Movimiento de capitales,* circulation/ transfer/flow of capital. *Movimiento de puertos,* traffic of (sea) ports. *Movimiento de valores,* circulation of securities. *Movimiento/rotación de personal,* personnel turnover, staff exchanges. *Movimientos de mercado,* market fluctuations. *Poner en movimiento,* to start, to get started; to set into motion.
mozo, a *n.* waiter, porter. *Mozo de equipaje,* luggage-porter. *Mozo de servicio,* porter.
muchacha *f.* girl.
muchacho *m.* boy.
mudanza *f.* removal, moving. *Camión de mudanza,* removal van. *Gastos de mudanza,* removal expenses, relocation expenses.
mudar(se) *v. pr.* to move out.
mueble *m.* piece of furniture; *muebles,* furniture.

M

mueble *adj.* movable. *Bienes muebles,* personal estate, movables. *Impuesto sobre bienes muebles,* tax on movables. *Valores muebles,* securities, stocks and shares.

muebles y enseres, *(equipo fijo)* fixtures and fittings.

mueblista *mf.* furniture maker.

muellaje *m.* wharfage.

muelle *m.* dock, warehouse. *Almacén de muelle,* dock warehouse. *Cargador de muelle,* docker, longshoreman. *Derechos de muelle,* dock dues. *Entrar en muelle, (naves)* to dock. *Huelga de cargadores de muelles,* dock strike. *Muelle flotante,* floating dock. *Muelle frigorífico,* cold storage dock. *Sobre muelle (sin derechos pagados),* ex-quay (duty on buyer's account). *Sobre muelle (con derechos pagados),* ex-quay (duty paid).

muerto *m.* dead, *(fallecido)* dead person, deceased; *(accidentes) número de muertos,* casualties, death toll, victims, number of dead. *Peso muerto,* deadweight capacity, deadweight tonnage.

muerto *adj. Cuerpo muerto,* anchor buoy. *Estación muerta,* dead-season, slack season, off-season. *Letra muerta,* dead letter. *Los negocios están en un punto muerto,* business is at a standstill. *Peso muerto,* dead weight. *Punto muerto,* CONTAB.: break-even point; *(automóviles, etc.)* neutral (point); *(inmovilidad). Terreno muerto,* dead ground. *Tiempo muerto,* idle period, pause. *Vía muerta,* siding, side-track.

muesca *f.* degree, notch, peg.

muestra *f.* sample, specimen, pattern. *Carta de muestras,* sample card. *Conforme a la muestra,* up to sample, true to sample. *Muestra aleatoria,* random sample. *Muestra sin valor,* sample of no value. *Tomar una muestra,* to sample, to spotcheck.

muestrario *m.* sample book.

muestrear *v.t.* to sample.

muestreo *m.* sampling. *Unidad de muestreo,* sampling unit.

multa *f.* fine, *fam.* ticket. *Multa por estacionamiento no reglamentario,* parking ticket. *Multa por exceso de velocidad,* speeding offense, speeding ticket.

multar *v.t.* to fine.

multicolor *adj.* multicolored.

multimillonario *adj.* multi-millionaire.

multinacional *adj.* multinational.

múltiple *adj.* multiple.

multiplicación *f.* multiplication.

multiplicador *adj.* multiplier.

multiplicando *m.* multiplicand.

multiplicar *v.t.* e *i.* to multiply.

multiplicar(se) *v. pr.* to multiply.

multiplicidad *f.* multiplicity.

múltiplo *adj.* multiple.

multiprogramación *f.* multiprogramming.

multitud *f.* crowd, rush, congestion; herd.

mundial *adj.* world, world-wide; global. *La economía mundial,* the world economy. *La Segunda Guerra Mundial,* the Second World War, W.W. II.

mundialmente *adv.* world-wide, all over the world, throughout the world; universally.

mundo *m.* **1** world. *El mundo del comercio,* the world of commerce, the business world. *Tercer mundo,* third world. **2** society, circle, set, etc. **3** *(un gran número de personas),* people, crowd. *Todo mundo,* everybody.

munición *f.* ammunition.

municipal *adj.* municipal.

municipalizar *v.t.* to municipalize.

municipio *m.* municipality.

muro *m.* wall. *Muro limítrofe,* party wall.

museo *m.* museum.

mutación *f.* mutation, change, shift; JUR.: transfer (conveyance) of property, change of ownership.

mutar *v.t.* to mutate.

mutualista *adj.* mutual insurance company; (GB) friendly society.

mutuamente *adv.* mutually, reciprocally. *Que se excluyen mutuamente,* mutually exclusive.

mutuo *adj.* mutual, reciprocal. *Colaboración mutua,* mutual help.

muy *adv.* very. *Muy bien,* very well. *Muy bueno,* very good. *Muy Señor Mío,* Dear Sir.

n

nabab *m.* nabob. *(fig. persona que vive en la opulencia y el fasto).*

nácar *m.* mother of pearl.

nacer *v.i.* to be born. *Dar nacimiento a,* to give birth to.

naciente *adj.* new-born, dawning.

nacimiento *m.* birth. *Acta de nacimiento,* birth certificate. *Control de los nacimientos,* family planning. *Control de nacimientos,* birth control. *Día de nacimiento,* birthday. *Lugar de nacimiento,* birth place.

nación *f.* nation. *Estado-nación,* nation state. *La cláusula de la nación más favorecida,* most favored nation clause. *Las Naciones Unidas,* the United Nations.

nacional *mf.* national, subject. *Nacional mexicano,* Mexican national, Mexican citizen.

nacional *adj.* national. *Campaña de envergadura nacional,* nationwide campaign. *Carretera nacional,* main road. *Contabilidad nacional,* national accounting. *Deuda nacional,* national debt. *Ingreso nacional bruto,* gross national income. *Producto nacional bruto (P.N.B.),* gross national product (G.N.P.).

nacionalidad *f.* nationality, citizenship.

nacionalismo *m.* nationalism.

nacionalista *mf.* nationalist.

nacionalista *adj.* nationalistic, nationalist.

nacionalización *f.* nationalization.

nacionalizar *v.t.* to nationalize. *Empresas nacionalizadas,* state-owned/nationalized industries.

nada *pron.* 1 nothing, naught, (GB) nought. *Reducir a nada,* to reduce something to nothing, to annihilate. 2 ADM.: none, nothing to report, nil. *Rendimiento que no aporta nada, rendimiento nulo,* nil return.

nadar *v.i.* 1 to swim. 2 *(contra la corriente)* to struggle against circumstances. 3 *nadar en la abundancia,* to be rolling/wallowing in money.

nadir *m.* nadir.

nafta *f.* naphta, mineral oil.

naranja *f.* orange. *Jugo de naranja,* orange juice.

naranjal *m.* orange-grove, orange-plantation.

nariz *f.* nose. *Meter la nariz en,* to pry (into). *Meter uno su nariz en todo,* to poke one's nose into everything.

nasa *f.* net, trap.

natal *adj.* native.

natalidad *f.* birthrate. *Control de la natalidad,* birth control.

nativo, a *adj.* native. *Nativo de México,* Mexico-born. *Oro nativo,* native gold. *Plata nativa,* native silver.

natura *f.* nature.

natural *adj.* natural. *Ley natural,* natural law. *Recursos naturales,* natural resources.

naturaleza *f.* nature, kind.

naturalización *f.* naturalization.

naturalizar *v.t.* to naturalize. *Naturalizarse americano,* to take American naturalization papers, to obtain US citizenship.

naufragar *v.i.* *(persona)* to be shipwrecked, *(barco)* to sink, to be wrecked.

naufragio *m.* shipwreck. *Restos de un naufragio,* wreck. *Restos flotantes,* flotsam.

náufrago, a *n.* y *adj.* shipwrecked.

náutico *adj.* nautical. *Milla náutica* (= 1,853 m), nautical mile, knot.

naval *adj.* naval. *Astilleros navales,* shipyard. *Batalla naval,* sea battle. *Construcciones navales,* shipbuilding. *Escuela naval,* The Naval College/Academy.

nave *f.* ship, vessel. *Nave espacial,* space shuttle.

navecilla *f.* Av.: basket, car, nacelle.

navegabilidad *f.* *(aviones)* air-worthiness, *(barcos)* seaworthiness. *Certificado de navegabilidad,* certificate of airworthiness/of seaworthiness. *En estado de navegabilidad,* airworthy, seaworthy.

navegable *adj.* 1 navigable. 2 seaworthy, airworthy. *Ser navegable,* to be seaworthy.

navegación *f.* navigation, shipping. *Compañia de navegación,* shipping company. *Compañía de navegación aérea,* airline company. *Diario de navegación,* log book. *Navegación costera,* coastal navigation. *Navegación en alta mar,* deep-sea navigation. *Navegación espacial,* space navigation. *Navegación interior,* inland water transport, inland navigation, inland shipping.

navegar *v.i.* 1 *(viajar sobre el mar)* to sail. *Navegar en un vapor volandero,* to tramp. 2 *(conducción naval)* to navigate.

naviero *m.* shipowner.

navío *m.* ship, vessel. *Navío de carga,* cargo ship, freighter. *Navío de combate,* battleship. *Navío de comercio,* merchant ship/vessel, merchantman. *Navío de guerra,* warship. *Navío de motor,* motor ship. *Navío de propulsión nuclear,* nuclear powered ship. *Navío de vapor,* steamship, steamer. *Navío fábrica,* factory ship. *Navío frigorífico,* cold storage ship. *Navío mixto,* cargo and passenger ship. *Navío petrolero,* (oil) tanker.

neblina *f.* fog, smog.
necesariamente *adv.* necessarily, inevitable.
necesario *adj.* necessary, indispensable, required, requested. *Oferta de fondos necesarios,* supply of necessary funds.
necesidad *f.* 1 need, requirement, want, necessity. *Artículos de primera necesidad,* staple, commodities, essential foodstuffs. *En caso de necesidad,* if the need arises, in case of need, if need be, if necessary. *Necesidades alimenticias,* food requirements. *Necesidades de consumo (de los consumidores),* consumer needs. *Objetos de primera necesidad,* indispensable articles. *Responder a las necesidades,* to meet the needs/the requirements. *Según las necesidades,* as circumstances require. *Tener necesidad de,* to need, to require, to want. 2 *(pobreza) estar en la necesidad,* to live in poverty, to be in want, to be in poor circumstances.
necesidades *f. pl.* necessaries, necessities, the indispensable, the needful. *Las necesidades indispensables, lo estrictamente indispensable,* bare necessities. *Necesidades de reparación,* repair kit.
necesitado *adj.* indigent.
necesitar *v.t.* to need, to necessitate.
negación *f.* negation.
negar *v.t.* to deny. *Negar una deuda,* to repudiate a debt.
negativo *m.* Fot.: negative. *Diseño en negativo,* cianotipo blueprint. *Negativo de color,* color negative.
negativo, a *adj.* negative.
negligencia *f.* neglect, negligence, carelessness. *Negligencia criminal,* criminal negligence.
negligente *adj.* careless, neglectful, negligent. *Con un aire negligente,* casually.
negligible *adj.* negligible. *Cantidad negligible,* negligible quantity.
negligir *v.t.* to neglect. *Mostrar negligencia hacia,* to fail to, to neglect to. *Negligir uno sus tareas,* to neglect one's duty/duties.
negociabilidad *f.* negotiability.
negociable *adj.* negotiable, transferable, marketable; that can be exchanged, for which money can be obtained. *Activo negociable,* liquid asset. *Efectos, cuentas negociables,* negotiable bills. *Instrumento de deuda negociable,* negotiable instrument of debt. *Negociable por medio de bancos,* bankable. *Valor negociable,* market value.
negociación *f.* negotiation, negotiating, dealings, bargaining; transaction, talks. *Negociación colectiva,* collective bargaining. Bolsa: *negociaciones a plazo,* dealings for the settlement. *Negociaciones de bolsa,* Stock Exchange transactions. *Llevar a cabo una negociación,* to carry out/to conduct a negociation.

negociador, a *m.* negotiator, intermediary, middleman, transactor; go-between.
negociante *mf.* dealer, merchant, trader. *Negociante al mayoreo,* wholesaler. *Negociante aventurado,* wheeler-dealer.
negociante de antigüedades, antique dealer.
negociante de espejos, dealer in mirrors, cutter of mirrors.
negociar *v.i.* to negotiate, to trade, to trade in.
negociar(se) *v. pr.* to be negotiated, *(valores bursátiles)* to be dealt in, to be exchanged, to sell.
negocio *m.* 1 business, transaction, deal, operation, trade, trading. 2 *(empresa)* firm, business, concern, enterprise, company. *Conocer un negocio,* to know the ropes.
negocios *m. pl.* business. *Banco de negocios,* investment bank, (GB) merchant bank. *El mundo de los negocios,* the world of business. *Encargado de negocios,* chargé d'affaires, ambassador's deputy. *Hacer negocios,* to do business, to transact business, to trade; to make money, to make a profit. *Hacer negocios de oro,* to do a roaring trade. *Inglés de negocios,* business English. *Medio de los negocios,* business circles, business community. *Negocios arriesgados,* wheeling and dealing. *Tener el sentido de los negocios, tener habilidad para los negocios,* to have a head for business, to have business acumen, to have a (strong) business sense.
negro, a *n.* black; negro.
negro, a *adj.* black. *Blanco y negro,* black and white, B. & W. *Caja negra,* slush fund, bribery fund. *Comprar en el mercado negro,* to buy on the black market. *Mercado negro,* black market. *Panorama negro,* gloomy picture. *Trabajar como negro,* to moonlight. *Trabajo de negro,* moonlighting.
neófito *m.* neophyte.
neón *m.* neon.
neopreno *m.* neoprene.
nepotismo *m.* nepotism.
nervio *m.* 1 nerve. *Exasperar los nervios,* to get on someone's nerves, to exasperate. *Guerra de nervios,* war of nerves. 2 *faltarle a uno nervios, carácter,* to lack energy/stamina. *Los nervios de la guerra,* the sinews of war.
neto, a *adj.* net, nett. *Beneficio neto,* net profit, clear profit. *Contado neto,* net cash. *Hemos obtenido beneficios netos por 930,000 nuevos pesos,* we netted 930,000 new pesos in profits. *Ingreso neto,* net income. *Neto de,* free from. *Neto de impuestos,* tax free, free of tax. *Peso neto,* net weight. *Peso neto real,* net weight. *Producto neto,* net proceeds; net income. *Recibir un salario neto de 2,000 dólares por mes,* to get 2,000 dollars clear a month. *Valor neto,* net worth.

neto a pagar, amount due.
neumático *m.* tire, (GB) tyre.
neutral *adj.* neutral.
neutralidad *f.* neutrality, neutralism, non-alignment.
neutralismo *m.* neutralism.
neutralización *f.* neutralization.
neutralizar *v.t.* to neutralize, to compensate.
neutro *adj.* neutral. Milit.: *zona-neutra,* no man's land.
neutrón *m.* neutron.
nexo *m.* nexus, tie.
nicotina *f.* nicotine.
nido *m.* nest. *Ahorros,* nest-egg.
nilón *m.* nylon. *Media de nilón,* nylon stocking(s).
níquel *m.* nickel.
nitidez *f.* *(imagen)* sharpness, *(memoria)* vividness, *(estilo)* clearness. *Escrito con nitidez,* neatly written.
nítido, a *adj.* nitid, neat.
nitroglicerina *f.* nitroglycerine.
nivel *m.* level. *Al nivel de,* level with. *Al nivel de dirección,* at managerial level; *fig.* in executive suites. *De primer nivel,* top of the line, high grade. *Ejecutivo de nivel medio,* junior executive. *El nivel más alto del año,* year high. *El nivel más bajo,* low. *El nivel más bajo del año,* year low. *El nivel más bajo/el nivel más alto que se ha registrado,* all-time low, all-time low, all time high record. *Inmueble de 20 niveles, de 20 pisos,* a twenty-floor building, a twenty-story building. *Las cotizaciones han alcanzado un nivel récord,* quotation have reached a record level/a new high. *Los beneficios han decaído a su nivel más bajo,* profits have reached a new low. *Nivelación, puesta a nivel,* leveling. *Nivel de calificación,* qualification, level of ability. *Nivel de decisión,* decision-making level. *Nivel de estudios,* educational level. *Nivel de vida,* standard of living. *Nuestras ventas se encuentran a su nivel más bajo desde hace tres años,* our sales have hit a three year low. *Paso a desnivel,* level crossing, grade crossing. *Sistema de dos niveles,* two-tier system.
nivelar *v.t.* to level, to even up (prices). *Nivelar en forma descendente,* to level down.
nivel de sincronización, sync level.
nivel de sonoridad, sound level.
no *adv.* no. *Indicar que no con la mano,* to shake one's hand. *Los "no" predominan,* the noes have it. *Me temo que no,* I fear not. *Responder que no,* to answer in the negative.
no aceptación *f.* dishonor, non acceptance, refusal.
no alineado, a *loc.* non-aligned, uncommitted.
no amortizable *loc.* unredeemable.
no asalariado, a *loc.* non wage-earning person, non-salaried person.

no autorizado *loc.* unlicensed.
no beligerancia *loc.* non-belligerency.
noche *f.* night. *Equipo de noche,* night shift. *Prima de noche, prima nocturna,* night shift premium.
noción *f.* notion, idea, concept. *Tener nociones de economía,* to have a smattering of economics.
nocivo, a *adj.* harmful.
no conciliación *loc.* refusal to settle out of court.
no consignado, a *loc.* non-returnable. *Botella no consignable,* non-returnable bottle, one-way bottle.
no cotizado, a *loc.* unquoted, not quoted, Bolsa: unlisted; Naveg.: not classed.
nocturno, a *adj.* nocturnal, night. *Venta nocturna,* late night shopping, late-opening, late-opening night. *Turno nocturno,* night shift.
no culpable *loc.* not guilty.
nodal *adj.* nodal.
no diseminación *loc.* non-dissemination.
no disponible *loc.* unavailable.
no ejecución *loc.* non-fulfilment, non performance.
no entrega *loc.* non-delivery.
no expirado, a *loc.* unexpired.
no firmado, a *loc.* unsigned.
no funcionamiento *loc.* failure.
no garantizado, a *loc.* unsecured.
no inscrito *loc.* independent.
no interferencia *loc.* non-interference.
no intervención *loc.* laissez-faire, non-intervention, non-interference. *Política de no intervención,* laissez-faire policy.
no lucrativo *loc.* non profit. *Asociación con fines no lucrativos,* non-profit association, association not for profit, society.
nómada *mf.* nomad, *(trotamundos)* wanderer.
nombramiento *m.* 1 *(de una persona)* appointment, assignment. *(Temporal)* tour of duty. 2 *(como candidato oficial)* nomination. *Nombramiento de un oficial,* commisioning of an officer. *Nombramiento hacia un grado superior,* promotion. *Recibir un nombramiento (para un puesto),* to be appointed (to a post).
nombrar *v.t.* 1 to name, to call by name, to give a name. 2 *(nombrar para la ocupación de un puesto)* to appoint, to elect, to nominate, to choose. 3 *proveedor nombrado por su Majestad,* purveyor by appointment to His/Her Majesty.
nombre *m.* 1 name. *Error de nombre,* misnomer. *Nombre comercial registrado,* registered name. *Nombre completo,* full name. *Nombre de familia,* apellido, surname. *Nombre de pluma,* pen-name. *Nombre de soltera,* maiden name. *Nombre supuesto,* assumed name, alias. 2 *actuar a nombre de alguien,* to act in someone's name. *A nombre de,* on behalf of. 3 *nombre de marca,* name; trade name.

N

nomenclatura *f.* **1** nomenclature. **2** catalog, (GB) catalogue, parts list; list. *Nomenclatura aduanal,* customs classification/list/schedule. *Número de nomenclatura,* inventory number.

nómina *f.* payroll.

nominación *f.* nomination.

nominal *adj.* nominal. Fin.: *capital nominal,* authorized/nominal capital. *Llamamiento nominal,* call-over, roll-call. *Sueldo nominal,* nominal wage. *Valor nominal,* face value, nominal value.

nominativo, a *adj.* registered, nominal. *Acción nominativa,* registered share. *Conocimiento de embarque nominativo,* (EU) straight B/L, B/L to a named person. *Lista nominativa,* nominal list. *Portadores de acciones nominativas,* registered shareholders. *Títulos nominativos,* registered securities.

no obstante *loc.* nevertheless, however.

no pagado, a *loc.* unpaid.

no proliferación *loc.* non-proliferation.

no recuperable *loc.* expendable.

no renovación *loc.* failure to renew (contract).

no residente *loc.* non-resident.

no responsabilidad *loc.* non-responsibility, non-liability.

no respuesta *loc.* lack of answer.

no retornable *loc. (embalajes, etc.)* disposable, non-returnable, one-way.

no retorno *loc. (punto de)* point of no-return.

norma *f.* norm, standard, specification. *Conforme a la norma,* up to standard, up to specification, according to the norm. *Norma de producción,* production standard. *Norma de trabajo,* labor standard. *Normas de ejecución,* standards of performance.

normal *adj.* normal, standard. *Escuela normal,* teachers' training college. *Muestra normal,* average sample. *Peso normal,* standard weight. *Valor normal,* normal value.

normalidad *f.* normality.

normalización *f.* normalization, standarization.

normalizar *v.t.* to normalize, to standarize.

norte *m.* north. *Hacia el norte,* northward. *Perder el norte,* to get confused, to lose one's head, one's bearings.

no sindicalizado, a *loc.* (EU) nonunion, non-union. *Todos los obreros son no sindicalizados,* all the employees are non-union; non-union worker, non-member of a union.

no solicitado *loc.* uncalled.

nota *f.* **1** note, slip; *(lista)* list, docket. Bolsa: *nota de compra, nota de venta,* contract note; *(cantidad a pagar)* account, bill, invoice. *Nota de crédito,* credit note. *Nota de débito,* debit note. *Nota de expedición,* dispatch note, *(bancos). Nota de paga (salarios),* wages docket. *Nota de pago, nota de abono,* paying-in slip. **2** *(anotación)* annotation. **3** *(nota al pie de página),*

foot-note. *Tomar notas,* to take (down) notes, to note (down), to jot down, to write down, to note, to make a note of. **4** *(aviso)* note, memo, memorandum; minute. *Nota de crédito,* credit note. *Nota de débito,* debit note. *Nota de gastos,* (note of) expenses. *Nota de servicio,* memorandum. **5** *(escuela)* mark, grade. **6** *nota de comprobación,* (certified) report; memorandum.

notabilidad *f.* notability.

notable *mf.* person of influence, influential citizen, prominent figure. *Los notables,* the leading citizen. *Nombres notables,* outstanding names.

notable *adj.* remarkable, noteworthy, worthy of note, considerable.

notación *f.* Mat.: notation, marking, scoring, rating.

notar *v.t.* **1** *(errores, etc.)* to note, to notice, to find out. *Sírvase notar,* please note. **2** to mark, to score, to rate. **3** to take notice, to note, to jot down, to mark.

notaría *f.* notary's office.

notariado, a *adj.* authenticated by a notary. *Acta notariada,* deed executed and authenticated by a notary.

notarial *adj.* notarial.

notario *m.* notary, notary public. *Declarar ante notario,* to draw up before a notary.

noticia *f.* **1** news. *¿Cuáles son las noticias?,* what is the news? *Es buena señal que no haya noticias, no news is good news. Noticias económicas,* economic news, economic intelligence, economic report. *Recibir noticias de,* to hear from. **2** account, notice. *Tengo noticias para usted,* I have news for you.

noticiario (o **noticiero**) *m. (radio)* newscast, radiocast; *(cine)* newsreel.

noticias *f. pl.* current events, news. Cine: newsreel(s), newscast. *Noticias televisadas,* television/T.V. news.

notificación *f.* **1** notice, notification. *Recibir notificación de alguna cosa,* to be notified of something. **2** Jur.: notification, serving, writ. *Dar una notificación formal para la ejecución de un contrato,* to give formal notice to perform a contract. *Enviar una notificación,* to draw up a writ. *Notificación de embargo,* garnishment. *Notificación formal,* formal notice, summons.

notificar *v.t.* to notify (so. of sth.). *Estar notificado de,* to receive notice to. *Notificar una decisión,* to notify a decision. *(Prevenir)* to give notice; to serve a writ; *(propietario a arrendatario, arrendatario a propietario)* to give notice.

notoriedad *f.* **1** notoriety, good name, reputation. *Es públicamente notorio que,* it is notorious that. *Ser una persona notoria,* to have a reputation, to be well known. **2** Pub.: *notoriedad de la marca,* brand awareness.

notorio *adj.* well-known, known; *peyor.* notorious.

novato, a *n.* novice, beginner.

novedad *f.* **1** novelty, change, new invention. **2** *(en plural)* fancy goods, latest fashion.

novela *f.* novel.

no vencido, a *loc.* not (yet) matured, unexpired.

no venta *loc.* no sale.

no violencia *loc.* non-violence.

nube *f.* cloud. *Estar en las nubes,* to be in the dark.

nuclear *adj.* nuclear. *Central nuclear,* nuclear plant. *Energía nuclear,* nuclear power.

núcleo *m.* **1** Biol., Fís.: nucleus. **2** Tec.: core. **3** *núcleo duro,* hard core.

nudo *m.* **1** knot. **2** *nudo de comunicación,* center of communication. **3** *nuda propiedad,* bare-ownership, ownership without usufruct. Jur.: *nudo propietario,* bare owner.

nuevamente *adv.* again.

nuevo, a *adj.* **1** new, fresh, young. *Como nuevo,* as new, unsoiled, in mint condition. *Modelo nuevo,* up to date model. *"Nuevecito",* nuevo, bran(d)-new. *Nuevo en los negocios, nuevo en el oficio,* new to business. *Piezas de moneda, etc.,* fresh from the mint, unused. *¿Qué hay de nuevo?,* what is the news? What is new? *Renovar, volver a hacer nuevo,* to renovate, to recondition, to make something like new, to refurbish. **2** *(reciente) nuevo ingresante,* newcomer. *Vino nuevo,* young wine. **3** *(otro) hasta nueva orden,* until further notice. **4** Contab.: *saldo nuevo,* balance brought forward. **5** *(otra vez) de nuevo,* again.

nulidad *f.* **1** nullity, invalidity (of marriage, deed). *Acción de nulidad,* action for voidance of contract. *Dar nulidad a una cláusula,* to render a clause void. *Demanda de nulidad,* nullity suit. *Nulidad de seguro,* invalidity of the insurance. **2** *(incompetencia)* incapacity, inability.

nulificar *v.t.* to neutralize, to nullify.

nulo, a *adj.* null, nothing. *Boletín nulo,* spoilt paper. *Considerar una letra como nula y sin*

efecto, to consider a letter as cancelled. *Hacer nulo,* to render void, to nullify. *Nulo y sin efecto,* null and void. *Saldo nulo,* nil balance.

numeración *f.* numbering, allocation of a number (document), *(un libro)* paging.

numerar *v.t.* to number. *Numerar un libro,* to paginate a book. *Placa numerada,* numbered identification plate.

numerario *m.* cash, specie, metallic currrency. *Acciones de numerario,* cash shares. *Anticipo en numerario,* cash advance. *Pagar en numerario,* to pay in cash.

numerario *adj.* numerary. *Valor numerario,* numerary value, legal tender value.

numérico *adj.* digital, numerical, numeric. *Calculadora numérica,* digital computer. *Procesamiento numérico,* digital processing.

número *m.* **1** *(cheque, pedido, cuenta, referencia, serie, teléfono)* number. *Número falso,* wrong number. *Número para llamadas gratuitas,* toll-free number. **2** *número de un diario,* issue, number; *el número del mes pasado,* last month's issue. *Último número,* current issue, latest issue. **3** *el último número del programa,* the last item/number/act on the program. **4** *él es todo un número, "él siempre hace su numerito",* he's a character! **5** number. *El número suficiente (de miembros),* the quorum. *Envío en número (correo),* mailing. *Ley de los números,* law of numbers. *No tener el número necesario,* not to have a quorum. *Número de cuatro cifras,* four-digit number. *Número de exposición,* exposure level. Pub.: *número de palabras,* wordage. *Número impar,* odd number. *Número par,* even number. *Reunir el número necesario, hacer quorum,* to make up an audience. *Sobrepasar en número,* to outnumber.

numeroso *adj.* numerous.

nutrición *f.* nutrition.

nutrir *v.t.* to nourish.

nutritivo, a *adj.* nourishing, nutritive, rich.

N

O

oasis *m.* oasis.
obedecer *v.t.* e *i.* **1** to obey. *Obedecer a alguien,* to obey somebody. **2** *(respetar reglamentos, etc.)* to comply (with), to submit (to), to abide (by), to adhere (to), to stick (to). **3** *(responder a una serie de reglas, etc.)* to follow, to answer, to depend on, to respond to.
obediencia *f.* obedience, allegiance; *(a una serie de reglas, etc.)* compliance (with), adherence (to).
obediente *adj.* obedient.
objeción *f.* objection. *Presentar una objeción,* to raise an objection.
objetar *v.t.* to object (a, to).
objetivar *v.t.* to objetivate.
objetividad *f.* objectivity, objectiveness, fairness.
objetivismo *m.* objectivism.
objetivo *m.* objective, aim, goal, target, object, purpose, design. *Con el objetivo de,* with a view to.
objetivo, a *adj.* objective, unbias(s)ed, fair. *Con el objetivo de,* with the purpose of. *Objetivo de una empresa,* company purpose.
objeto *m.* **1** object. **2** *(de una carta, de un litigio)* subject. **3** *(propósito)* purpose, object, aim, goal, end. *Custodia de los objetos de valor,* custody of valuables. *Objeto de valor,* valuable object, valuable article, object of value. *pl.* valuables. *Objetos valiosos,* valuables. *Sin objeto,* aimless, purposeless, void.
obligación *f.* **1** obligation, duty, necessity. *Hacer uno frente a sus obligaciones,* to meet one's obligations/commitments/liabilities. **2** JUR.: *(contratos)* binding agreement; bond. **3** *(títulos bursátiles)* bond, debenture. *Obligación al portador,* bearer bond. *Obligación convertible,* convertible bond. *Obligación de garantía,* secured bond. *Obligación de pacotilla,* junk bond. *Obligación hipotecaria,* mortgage bond, mortgage debenture. *Obligación nominativa,* registered bond. *Obligaciones por lotes,* lottery bonds. *Portador, tenedor de obligaciones,* bondholder, debenture holder.
obligacionista *m.* bondholder.
obligado, a *n.* JUR.: obligee.
obligado, a *adj.* compelled, forced, obliged. *Estaremos obligados de,* we will have to, we will be compelled to, (forced to, obliged to). *Estar obligado con alguien,* to be under an obligation to someone, to be indebted to someone. *Obligado a,* subjected to, liable to.

obligar *v.t.* **1** to compel, to force, to oblige, to bind; to subject to, to make liable to. **2** *(favor, servicio)* to oblige. *Le agradeceré me lo devuelva por vuelta de correo,* please send it back by return of mail. *Me sentiría muy obligado (agradecido) si usted...,* I should be grateful if you would...
obligatoriamente *adv.* (EU) mandatorily, necessarily, compulsorily.
obligatorio, a *adj.* compulsory, obligatory, (EU) mandatory; *(contratos, cláusulas)* binding.
óbolo *m.* (small/token) contribution, *(diezmo)* tithe.
obra *f.* **1** work. *Donador de obra (Estado, sociedad),* donor, main contractor; client. *Obra de arte,* work of art. *Obra de beneficencia, de caridad,* charitable society/institution/trust, (EU) charity. *Poner en obra,* to put into effect, to carry into effect, to implement. **2** *(teatro)* play.
obrador, a *n.* workman, workwoman.
obrar *v.t.* to work.
obra seriada, serial. *Publicar de manera seriada,* to publish by installments.
obrero, a *n.* worker, workman. *Obrera de fábrica,* factory girl. *Obrero a destajo/por pieza,* piece worker. *Obrero agrícola,* farm hand, farm laborer. *Obrero calificado,* skilled. *Obrero de fábrica,* factory worker, factory hand, blue-collar worker. *Obrero especializado,* unskilled worker, assembly-line worker.
obscurecer(se) *v. pr.* to grow dark, to get dimmer. *El futuro se obscurece,* the outlook is gloomy, prospects are grim/bleak.
obsequiar *v.t.* to treat, to present somebody with something.
obsequio *m.* treat, courtesy; present.
observación *f.* observation, remark, comment. *Hacer una observación,* to make a remark. *¿Tiene usted alguna observación?,* any comments?
observador, a *n.* observer, analyst.
observancia *f.* observance, observing, compliance with.
observar *v.t.* **1** to observe, to see, to watch, to notice, to witness. **2** *(hacer una observación)* to observe, to remark, to comment. **3** *(respetar)* to observe, to comply with, to meet. *Hacer observar la ley,* to enforce the law.
obsolescencia *f.* obsolescence. *Obsolescencia calculada,* built-in obsolescence, planned obsolescence. *Obsolescencia tecnológica,* technological obsolescence.

obsolescente *adj.* obsolescent.
obsoleto, a *adj.* obsolete, outdated, outmoded. *Inventarios obsoletos,* obsolete inventories.
obstaculizar *v.t.* to hamper, to hinder, to impede, to restrain; *(tapar, obstruir)* to clog.
obstáculo *m.* 1 obstacle, impediment, hindrance. *Obstáculo para el comercio,* trade barrier. *Obstáculo para la libre concurrencia, para la libertad de comercio,* restrictive practice, practice in restraint of trade. 2 hurdle. *Vencer un obstáculo,* to clear an obstacle, to clear a hurdle.
obstinación *f.* obstinacy, stubbornness.
obstinado, a *adj.* obstinate, stubborn, persistent.
obstinar(se) *v. pr.* to insist.
obstrucción *f.* obstruction. *Practicar una obstrucción,* to drag one's feet. PARLAMENTO: to filibuster.
obstruir *v.t.* to obstruct, to block.
obtemperar *v.i.* to comply (with), to obey, to submit to.
obtención *f.* obtaining, getting, securing, granting. *Obtención de un diploma,* granting/awarding of a diploma, a degree; graduation. *Obtención de un préstamo,* granting of a loan.
obtener *v.t.* 1 to obtain, to get, to achieve. *Obtener informes,* to obtain, to gain information. *Obtener subsidios,* to secure funds, to obtain subsidies. *Obtener un diploma,* to get/to obtain/ to be granted/to be awarded diploma, a degree; to graduate. *Obtener votos,* to poll votes. 2 to raise, to find, to get, to obtain. *Obtener capitales,* to raise capital. 3 *obtener (beneficios),* to draw, to derive. *Obtener un beneficio de,* to draw, to derive (a profit from). 4 to get. *Obtener un empleo,* to get a job.
obturador *m.* plug, stopper, stop-valve; FOT.: shutter.
obviar *v.t.* to obviate.
obvio, a *adj.* obvious.
ocasión *f.* 1 opportunity, occasion, chance. *Perder una buena ocasión,* (EU) to pass up a chance, to miss an opportunity. 2 *(buen negocio)* bargain. *Una gran ocasión,* a great bargain.
ocasional *adj.* occasional. *Mano de obra ocasional,* casual labor. *Trabajador ocasional,* casual worker, *(agricultura)* casual laborer.
ocasionalmente *adv.* occasionally.
ocasionar *v.t.* to cause, to entail, to involve, to bring about, to provoke. *Ocasionar consecuencias,* to entail consequences. *Ocasionar gastos,* to involve expenses. *Ocasionar una alza en los precios,* to drive up prices. *Ocasionar una baja en las tasas de interés,* to cause a drop in interest rates, to knock interest rates.
occidental *adj.* western.
occidentalizar *v.t.* to occidentalize, to westernize.

occidentalizar(se) *v. pr.* to westernize, to occidentalize, to adopt western standards.
occidente *m.* west. *El Occidente,* the West, the western world, western countries.
océano *m.* ocean.
ocio *m.* leisure, pastime. *Momentos de ocio, ratos libres,* spare time.
ociosidad *f.* idleness.
ocioso, a *n.* idle person, non-working person, non-worker.
ocioso, a *adj.* idle, irrelevant. *Capacidad ociosa,* idle capacity.
octano *m.* *(cf. índice, grado)* octane. *Un alto grado de octano,* high-grade.
octeto *m.* octet; INFORM.: byte.
ocular *adj.* ocular. *Testigo ocular,* eyewitness.
oculista *mf.* oculist.
ocultable *adj.* concealable.
ocultamiento (u **ocultación**) *m.* 1 *(de objetos, etc.)* receiving and concealing, *fam.* fencing. 2 *(de criminales)* hiding.
ocultar *v.t.* to occult, to conceal, to hide.
oculto, a *adj.* occult, secret, hidden, undisclosed. *Fondos ocultos,* slush fund, secret accounts. *Ellos utilizaron fondos ocultos,* they used a slush fund.
ocupación *f.* 1 occupation. *(De una casa, hotel, etc.)* occupancy. *Ocupación de (una) fábrica,* sit-in. *Plan de ocupación del suelo,* zoning laws, zoning regulations; land-use regulations. *Tasa de ocupación,* occupancy rate. *Tasa de ocupación de habitaciones,* room turnover. 2 *(oficio)* occupation, business, work, employment, job.
ocupado, a *adj.* 1 *(asuntos)* busy, engaged. *Estoy muy ocupado,* I am very busy. 2 *(lugares etc.)* occupied, taken; (W.C.) engaged. 3 *(teléfono)* (EU) busy, engaged. *La línea está ocupada,* the line is engaged/busy.
ocupante *m.* occupant, occupier, resident, *(locatario)* tenant; *(de una habitación de hotel)* guest.
ocupar *v.t.* to occupy, *(un rango, un puesto)* to hold, to have, to fill; *(emplear)* to employ, to give employment to, to provide jobs for; *(tiempo, espacio)* to take up, to fill. *Comisiones,* to sit, to hold meetings; *(de encuestas),* to hold hearings. *Ocupar una fábrica,* to stage a sit-in. *Ocupar un asiento en el consejo de administración,* to sit on the Board. *Ocupar un asiento (personas, organizaciones, tribunales),* to sit. *Tener su asiento en,* to have headquarters at/in.
ocupar(se) de *v. pr.* to see to, to look after, to take care of; to be in charge of, to be responsible for; to deal with, to handle, to attend to, to carry out, to perform, to complete; to run, to manage, to operate, to be involved in, to be interested in. *Ocuparse de las formalidades,* to take care of the formalities. *Ocuparse de las*

O

reparaciones, to carry out the repairs. *Ocuparse de un cliente,* to attend to a customer.

ocurrencia *f.* occurrence, happening, event. *Dada la ocurrencia de,* in this (that) case, under the circumstances.

ocurrir *v.i.* 1 to occur, to happen, to take place. 2 *(tener una idea)* to occur. *Se me ocurrió que...,* it occurred to me that...

oeste *m.* West. *Del Oeste,* western, west.

ofender *v.t.* to offend, to hurt.

ofensa *f.* (EU) offense, (GB) offence.

ofensiva *f.* offensive, onslaught.

ofensivo, a *adj.* offensive, aggressive.

oferente *mf.* bidder. *El mejor oferente, el mejor postor,* the highest bidder.

oferta *f.* offer, proposal. *Ley de la oferta y de la demanda,* law of supply and demand. *Oferta de compra,* bid. *Oferta de empleo,* job offer, vacancy; *(pequeños anuncios) "ofertas de empleo",* situations vacant, positions available, appointments. *Oferta de precio,* price offered, price offer. *Oferta pública de compra,* take-over bid. *Rechazar una oferta,* to turn down an offer.

oferta de fondos necesarios, supply of necessary funds.

oferta especial, (on) special offer; promotion sale.

oferta monetaria, monetary supply.

oferta pública de adquisición, take-over bid.

oferta pública de intercambio, exchange offer, take-over bid for shares. *Blanco probable para una oferta pública de adquisición empresarial,* likely target for a take-over bid.

oferta pública de venta, public offering (of shares).

offset *m.* y *adj.* offset. *Impreso en offset,* printed in offset.

oficial *m.* officer. *Oficial de justicia,* law officer. *Oficial del registro civil,* registrar. *Oficial ministerial,* legal officer (notaries, process-servers, solicitors, clerks of the court, auctioneers).

oficial *adj.* official, *(ceremonias, etc.)* formal.

oficialía *f.* 1 public office. 2 *(empleo)* employment in a public office.

oficialidad *f.* official character.

oficializar *v.t.* to make official, to render official, to announce officially, to officialize.

oficialmente *adv.* officially, formally.

oficiar *v.t.* e *i.* 1 to officiate. 2 to inform officially in written.

oficina *f.* office, unit, branch. *Oficina de información al turista,* tourist information office.

oficina de correos, post office.

oficina de informes, information office, inquires office, inquiry office.

oficina recaudadora, collector's office, receiver's office.

oficinista *mf.* office worker.

oficio *m.* 1 function, duty, office, charge. *Desempeñar el oficio de, desempeñar el papel de, (personas)* to act as, *(cosas)* to serve as. *Hacer uno su oficio,* to do one's job, to perform one's duty/function/office. 2 *(oficinas)* ADM.: office, agency, bureau, board, department. 3 *de oficio,* automatically, as a matter of course. JUR.: *nombrado de oficio,* appointed by the Court, (EU) doing mandatory pro bono work. 4 *(buenos oficios)* service(s), good offices. 5 *(comunicado)* official written communication.

oficiosamente *adv.* unofficially, semi-officially, informally; *(no destinado a la publicación)* off-the-record.

oficioso, a *adj.* unofficial, semi-official, informal; *(declaraciones, etc.)* off-the-record.

ofrecer *v.t.* 1 to offer, to give. 2 *(proporcionar)* to provide, to furnish, to supply. 3 *(una suma para comprar, para adquirir)* to bid. 4 *ofrecer uno su renuncia,* to tender one's resignation, to hand in one's resignation. 5 *ofrecer garantías,* to present/offer guarantees; to provide security; to be safe/secure. 6 *(vender)* to sell.

ofreciente *adj.* offering.

ofrecimiento *m.* offering.

ofrenda *f.* oblation.

oír *v.t.* e *i.* to hear, to listen.

ojeada *f.* glance. *Echar una ojeada,* to take a glance.

ojiva *f.* *(cohetes)* nose cone. *Ojiva nuclear,* nuclear head.

ojo *m.* eye. *Costar un ojo de la cara,* to be very expensive.

ola *f.* wave.

oleada *f.* big wave.

oleaginoso, a *adj.* oleaginous.

oleicultor, a *n.* olive-grower.

oleicultura *f.* olive-growing, olive-oil industry.

oleoducto *m.* pipe-line.

oleífero, a *adj.* oil-producing, oleiferous.

oler *v.t.* to smell.

oligarquía *f.* oligarchy.

oligárquico *adj.* oligarchical.

oligopolio *m.* oligopoly.

oliva *f.* olive. *Aceite de oliva,* olive oil.

olivo *m.* olive-tree.

olor *m.* smell, odour, (EU) odor; *(perfume)* fragrance.

olvidar *v.t.* to forget, to leave out; to omit, to overlook.

olvido *m.* oversight, omission.

omisión *f.* omission, *(olvido)* oversight. *Salvo error u omisión,* errors and omissions excepted, E. & O. E.

omitir *v.t.* 1 to omit, to leave out. 2 *(dejar de hacer alguna cosa)* to fail to do, to omit to do, to neglect to do, to dispense with.

ómnibus *m.* bus; *(trenes)* slow train.

omnidireccional *adj.* omnidirectional.
omnipotencia *f.* omnipotence.
omnipotente *adj.* omnipotent, all-powerful.
omnipresencia *f.* omnipresence.
omnipresente *adj.* omnipresent, pervading.
omnium *m. neol.* industrial group, commercial group, general trading company.
onda *f.* wave. *Longitud de onda,* wavelength. *Ondas cortas,* short waves. *Ondas largas,* long waves. *Ondas medianas,* medium waves.
ondulado *adj.* corrugated.
oneroso, a *adj.* expensive, costly, onerous. *A título oneroso,* subject to payment, against payment. *Jur.:* for a money consideration, for a (valuable) consideration.
onza *f.* ounce (oz).
opción *f.* 1 option, choice. Bolsa: option, *(mercado a plazo).* Adquirir una opción de compra, to buy a call option. *Opción de compra,* call. *Opción de venta,* put. *Opción firme,* firm option. *Susceptible de opción,* on option. *Vender una opción de compra,* to sell a call option. 2 *(universidades, etc.)* concentration. 3 option, optional feature. 4 *alquiler con opción de compra,* hire = purchase. 5 *opción sujeta a duplicación,* Bolsa: option to double.
opcional *adj.* optional, not compulsory.
opción de compra, call option.
opción de venta, put option.
opción doble, put and call, double option.
operación *f.* operation, transaction, deal, trading. *(Bolsa de valores)* dealing for the account, *(bolsa de mercancías)* futures transaction, futures contract. *Investigación de operaciones,* (EU) operations research, operational research. *Operación al contado,* cash transaction; Bolsa: spot transaction. *Operación a la alza,* bull transaction. *Operación a la baja,* bear transaction. *Operación a plazo,* forward transaction. *Operaciones de cobertura,* hedging.
operacional *adj.* operational.
operador, a *n.* operator, (EU), *(obrero)* operative. *Compañía operadora,* shell company, nominee company; front. *Operador agrícola,* farmer. *Operador de bolsa (especulador),* stock exchange operator, speculator. *Operador de campo,* field operator. *Operador(a) de teléfonos,* operator. *Operador de una consola,* console operator. *Operador de viajes,* tour-operator.
operar *v.t.* e *i.* 1 to keep, to operate, to manage, to run, to be in charge of. 2 to effect, to perform, to transact, to deal. 3 *(máquinas)* to run, to operate, to actuate, to drive, to set in motion, to start.
operario, a *n.* worker.
operar(se) *v. pr.* to be effected, *(tener lugar)* to take place.
operativo *adj.* operative.

opinar *v.t.* e *i.* 1 to judge, to give one's point of view. 2 to decide in favor of, to approve, to assent. 3 to nod approval.
opinión *f.* opinion. *La opinión pública,* public opinion. *Sondeo de opinión,* opinion poll, survey.
oponente *mf.* opponent.
oponer *v.t.* 1 to oppose, *(resistencia)* to offer, to put up. 2 *(comparaciones)* to contrast.
oponer(se) *v. pr.* 1 to oppose. *Oponerse a una reforma,* to oppose a reform, to be opposed to a reform, to resist, to be in the way of. 2 *(volver imposible, excluir)* to bar. *Oponerse al pago de un cheque,* to stop payment of a check.
oponible *adj.* opposable.
oportunidad *f.* opportunity, *(carácter oportuno)* advisability, relevance.
oportunismo *m.* opportunism.
oportunista *mf.* opportunist, time-server.
oportunista *adj.* opportunist, opportunistic; time-serving.
oportuno *adj.* well-timed, timely, opportune, convenient, advisable.
oposibilidad *f.* opposability.
oposición *f.* opposition. Jur.: *manifestar uno su oposición a una decisión, a un juicio,* to appeal (against). *Oposición sobre títulos,* attachment against securities.
opositor, a *n.* opposer.
opresión *f.* oppression.
opresivo, a *adj.* oppressive.
opresor, a *n.* oppressor.
oprimir *v.t.* to oppress.
optante *adj.* optant, person exercising an option, taker of an option.
optar *v.i.* to decide in favor of, to choose, to switch (to), to shift (to), to change (for), to opt (for) *(este último verbo se utiliza principalmente cuando se debe optar por alguna nacionalidad).*
optativo, a *adj.* optative.
óptica *f. (forma de enfocar)* approach, view(s). *Con una óptica financiera,* (EU) financewise, in financial terms, along financial lines.
optimismo *m.* optimism. *Domina el optimismo,* optimism prevails.
optimista *mf.* optimist.
optimista *adj.* optimistic, *(exageradamente)* sanguine; *(a propósito de un mercado, etc.)* bullish, upbeat.
optimización *f.* optimization, maximization.
optimizar *v.t.* to optimize, to maximize.
óptimo, a *adj.* optimum, maximum, optimal.
opuesto, a *n.* contrary, reverse, opposite.
opuesto, a *adj.* opposed, against. *Partido opuesto,* adverse party.
opulencia *f.* opulence, affluence, wealth.
opulento, a *adj.* opulent, affluent, wealthy, plentiful.
opúsculo *m.* booklet.

orador, a *n.* speaker, orator.
oral *m.* *(en un examen)* oral part, orals. *Reprobar la parte oral,* to fail the oral part, the orals. *Tener éxito en la parte oral,* to pass the orals.
oral *adj.* oral, verbal. *Acuerdo oral,* verbal agreement. *Por transmisión oral,* by word of mouth.
oralmente *adv.* orally, verbally, by word of mouth.
órbita *f.* orbit. *Fábrica en órbita,* orbiting manufacturing plant. *Órbita geoestacionaria,* geostationary orbit. *Poner en órbita,* to put into orbit.
orden *m.* **1** order. *Del orden de,* of about, in the region of, of the order of. *De primer orden,* first rate, first class, *fam.* top-notch. *Orden jerárquico,* hierarchical order, pecking order. *Orden público,* law and order. *Perturbar el orden público,* to disturb the peace. *Poner en orden,* to sort up, to tidy up, to arrange. *Respetuoso del orden,* law-abiding. **2** *f.* JUR. y ADM.: order, regulation. *Orden de pago,* order to pay, order for payment. *Orden de un tribunal,* judge's order, court order (decision, ruling, injunction). **3** *número de orden,* serial number. *Orden de prioridad,* preferential order, priority level. **4** *(cheques, etc.) a la orden de,* to the order of. *A la orden de mí mismo,* to my own order. **5** *(pedidos)* order. *Levantar/hacer un pedido,* to order. *Ejecutar un pedido,* to fill, to fulfill, execute, carry out, meet an order. **6** *(comportamiento) llamar al orden,* to call to order.
orden *f.* *(mandamiento)* order, direction, command, behest. *(Instrucción)* command; order; instruction.
ordenación *f.* array, arrangement.
ordenada *f.* MAT.: ordinate. *Eje de las ordenadas,* Y-axis.
ordenado *adj.* orderly, tidy.
ordenador *m.* INFORM.: computer.
ordenador de pago *m.* civil servant (functionary, official) entitled to order payment.
ordenamiento *m.* ordinance.
ordenanza *f.* POL.: ordinance, decree.
ordenar *v.t.* **1** *(colocar un pedido)* to order, to place an order. *Ordenar alguna cosa a alguien,* to order something to somebody, to place an order for something with somebody. **2** *(dar una orden)* to order, to command, to direct, to prescribe.
ordenar el pago, to order payment.
orden de aprehensión, arrest warrant.
orden de cateo, search warrant.
orden de compra, buying order, order to buy.
orden del día, agenda. *Poner en el orden del día,* to put on the agenda. *Proceder con el orden del día,* to proceed with the agenda, the business of the day. *Puntos del orden del día,* items on the agenda, *(sentido amplio)* order of the day.

orden de magnitud, size, range, scope, region, level.
orden de pago, order to pay.
orden de venta, selling order, order to sell.
orden permanente, *(bancos)* standing order.
ordinal *m.* y *adj.* ordinal.
ordinariamente *adv.* normally, usually, ordinarily, as a rule.
ordinario *adj.* ordinary, common, regular, usual, standard, run-of-the-mill, *(medio)* average. *De ordinario,* usually. *Acción ordinaria,* (EU) common stock; equity, ordinary share.
orfebre *mf.* goldsmith.
orfebrería *f.* **1** *(oficio)* goldsmith's trade, goldsmithery, goldsmithing. **2** *(establecimiento)* goldsmith's shop. **3** gold plate, silver plate.
orgánico *adj.* organic, internal.
organigrama *m.* **1** organization chart. **2** INFORM.: flow-chart, flow-diagram.
organismo *m.* organization. *Organismo internacional,* international organization, international body.
organizable *adj.* organizable.
organización *f.* **1** *(hecho de organizar)* organization, organizing, planning, arranging, managing. **2** *(grupo)* organization, association, body, union. *Organización de consumidores,* consumer association/union. *Organización internacional,* international organization/body. *Organización patronal,* management union, management organization. *Organización sindical (obrera),* union, (EU) labor union, (GB) trade union. **3** *(estructuras)* organization, structure, *fam.* set-up. *Organización científica del trabajo,* scientific management; time and motion studies. *Organización de Cooperación y Desarrollo Económico* (O.C.D.E.), Organization for Economic Cooperation and Development (O.E.C.D.). *Organización funcional horizontal,* functional organization, staff organization. *Organización jerárquica vertical,* line organization. *Organización mixta, (tipo de organigrama de una empresa),* staff and line organization.
organizador, a *n.* organizer, manager.
organizar *v.t.* to organize, to plan, *(manifestación, campaña)* to stage, to mount.
órgano *m.* organ, agent, means, medium; arm; *(publicaciones)* paper, magazine. *Órgano de prensa,* newspaper; *(comisiones, etc.)* organization, committee.
orientación *f.* **1** orientation, direction, trend, tendency. *Cambio de orientación de una política,* policy shift. *Perder el sentido de la orientación,* to lose one's bearings. *Principales orientaciones de un programa,* main provisions (lines) of a program. **2** guidance, counsel(l)ing. *Orientación profesional,* vocational counselling, vocational guidance. **3** *(universidades,*

etc.) placement. *Prueba de orientación,* placement test.

orientado, a *adj.* oriented. *Mercado bien orientado,* brisk market. *Orientado a la alza,* showing an upward trend, going up. *Orientado a la baja,* showing a downward trend, going down.

orientador, a *n.* counsel(l)or, adviser, guide. *Orientador profesional,* vocational counselor. UNIVER.: placement officer; career officer.

orientar *v.t.* **1** to orient, to orientate. **2** *(aconsejar)* to guide, to counsel, to direct. **3** *(campo, etc.)* to gear (to), (EU) to center/(GB) centre (on), to focus (on).

orientar(se) *v. pr.* **1** to find one's bearings. **2** *(mercados, tendencias)* to show a trend (tendency) towards, (EU) to trend; to move towards. *Las cotizaciones se orientan hacia la alza,* quotations show an upward trend, quotations are going up, (EU) are a trending upward.

oriente *m.* orient, East. *El Lejano Oriente,* the Far-East. *El Medio Oriente,* the Middle East. *El Cercano Oriente,* the Near East.

orificio *m.* hole, aperture, opening, mouth, *(atomizador)* nozzle.

origen *m.* origin, beginning, source, cause; *(nacimiento)* birth, descent, *(nacionalidad)* nationality, origin. *Certificado de origen,* certificate of origin. *De origen,* original, genuine, authentic; *(documentos, etc.)* certified. *Estación de origen,* forwarding station. *Oficina postal de origen,* office of dispatch. *Puerto de origen,* port of registry. *Tener como origen,* to originate from, to originate in.

original *adj.* **1** *(de origen)* original, initial. **2** inventive, original.

originalidad *f.* originality.

originar *v.t.* to originate.

originario *adj.* originating (from); *(personas)* native (of), born in.

orilla *f. (ríos)* bank, slope, side.

oro *m.* gold. *Oro en barras,* bullion. *Oro en lingotes,* ingot gold. *Cotización del oro,* gold quotation. *Estándar del oro,* gold standard. *Hacer*

negocios de oro, to do a roaring trade. *Mina de oro,* gold mine, (EU) bonanza. *Patrón/estándar de cambio,* gold-exchange standard. *Reservas de oro,* gold reserves.

orquestar *v.t. (campañas, etc.)* to plan, to organize, to orchestrate; to mastermind, to engineer *(frecuentemente se usa en forma peyorativa).*

ortodoxo *adj.* orthodox, standard, conventional; sound.

ortografía *f.* spelling. *Escribir con faltas de ortografía,* misspell. *Falta de ortografía,* spelling error/mistake.

ortográfico *adj.* spelling.

Óscar *m.* CINE: Oscar; award.

oscilación *f.* fluctuation, variation, swings; (EU) seesawing, ups and downs.

oscilar *v.i.* to tip, to tilt, to swing, (EU) to teeter, to fluctuate.

oscilógrafo *m.* CINE: oscillograph.

ostensible *adj.* ostensible, visible, obvious.

ostentar *v.t. e i.* **1** *(poseer)* to hold, to have. **2** *(exhibir)* to show off.

ostentoso, a *adj.* sumptuous.

ostracismo *m.* ostracism.

otoño *m.* autumn, fall; *(vejez)* late-season.

otorgador *m.* grantor. *Otorgador de una anualidad,* settlor, grantor of an annuity.

otorgamiento *m. (hecho de otorgar)* granting, grant, awarding, concession. *Condiciones de otorgamiento,* qualifying conditions. *Otorgamiento de divisas,* allocation of foreign currency.

otorgante *mf.* grantor.

otorgar *v.t.* to grant, to allow, (EU) to award. *Otorgar una renta a alguien,* to settle an annuity on somebody.

ovación *f.* ovation, acclaim, cheers, cheering.

ovacionar *v.t.* to acclaim, to cheer.

oveja *f.* sheep.

ovino *adj.* ovine.

oxidar(se) *v. pr.* to rust, to become oxidized.

óxido *m.* oxide. *Óxido de carbono,* carbon monoxide.

oxígeno *m.* oxygen.

ozono *m.* ozone. *Capa de ozono,* ozone layer.

O

pabellón *m.* **1** pavilion. **2** flag. **3** NAVEG.: *pabellón de conveniencias,* convenience flag. **4** *(tienda de campaña)* tent. **5** *(en parques o jardines)* summerhouse.

paca *f.* bale, bunch, large bundle. *Una paca de dinero,* a bunch of money.

paciencia *f.* patience. *Tener paciencia,* to be patient.

paciente *mf.* y *adj.* patient. *(De un médico)* patient.

pacificación *f.* pacification, pacifying.

pacificar *v.t.* to pacify.

pacífico, a *adj.* pacific, peaceful. *Arreglo pacífico,* peaceable settlement.

pacifismo *m.* pacifism.

pacifista *adj.* pacifist.

pacotilla *f.* trinkets *peyor.* gimcrack(s), shoddy goods, junk. *Obligación de pacotilla, bono chatarra,* junk bond.

pactar *v.t.* e *i.* to come to terms, to compromise, to compound.

pacto *m.* pact, compact, agreement, covenant, settlement. *Hacer un pacto con alguien,* to enter into an agreement with someone.

padrón *m.* *(electoral)* poll list; *(fiscal)* tax list.

paga *f.* pay, wage(s), (GB), *fam.* wage packet, wage envelope, paycheck, salary. *Asegurar la paga,* to meet the payroll. Ver **pago**. *Boleta de paga,* pay-slip, paycheck. *Día de paga,* payday. *Hoja de paga,* pay sheet, wage sheet. *Registro de paga, nómina,* pay-roll. *Tener una buena paga,* to draw good wages, to have a good salary.

pagable *adj.* payable.

pagadero, a *adj.* payable, cashable, collectable. *Pagadero a,* to be paid at. *Pagadero a la entrega,* (to be paid) cash on delivery (C.O.D.). *Pagadero a la vista,* payable at sight, on presentation, on demand. *Pagadero al vencimiento,* payable at maturity. *Pagadero con el pedido,* (to be paid) cash with order (C.W.O.).

pagado, a *adj.* paid, paid up. *Pagado de más,* paid in excess. *Pagado por adelantado,* paid in advance.

pagador, a *n.* payer. *Mal pagador,* defaulter, slow payer, problem debtor.

pagaduría *f.* paymaster's office.

pagamento *m.* payment.

pagar *v.t.* **1** to pay, to deposit money, to remit, to settle. *Capital pagado,* paid-up capital. *Pagar un depósito,* to pay/leave/make a deposit. **2** to pay, *(liquidar)* to settle, to discharge. *Con porte*

pagado, carriage paid. *¿Cuánto pagó usted por este artículo?,* How much did you pay for this article? *Hacer pagar,* to charge. *Pagar a alguien,* to pay someone. *Pagar alguna cosa,* to pay for something. *Pagar a una cuenta,* to pay into an account. *Pagar un salario,* to pay a salary to, to put on a salary basis. *Política consistente en hacer pagar a los ricos,* soak-the-rich policy. *Respuesta pagada,* answer prepaid, *(correos) sobre "T",* (EU) business reply mail. *Vacaciones pagadas,* holidays with a pay, (EU) paid vacations. **3** *persona a quien se paga,* FIN.: payee. **4** *cargos por pagar,* expenses payable. *Cuentas por pagar,* accounts payable. *Documentos por pagar,* bills payable.

pagaré *m.* promissory note, promissory order.

página *f.* page. *Página blanca,* blank page.

paginación *f.* paging, pagination.

paginar *v.t.* to paginate, to page.

pago *m.* payment; *(liquidación)* settlement, remittance; *(en bancos)* payment-in, *(mensualidad)* installment, *(depósito)* deposit. *A falta de pago dentro de una semana,* failing payment within a week. *Agente de pagos,* paying agent. *Balanza de pagos,* balance of payments. *(Bolsa, etc.)* forward payment. *Cesación de pagos,* suspension of payment, stoppage of payment. *Condiciones de pago,* terms of payment. *Contra pago de,* on (against) payment of. *Diferir un pago,* to postpone a payment. *Efectuar un pago,* to effect a payment, to pay. *En pago de,* in payment of, in settlement of, in discharge of. *Escalonar los pagos,* to spread (to stagger) payments. *Falta de pago,* non payment, defaulting (on a payment). *Ficha/boleta de pago,* paying-in slip. *Modo de pago,* method of payment. *No pago,* non-payment. *Orden de pago,* order to pay. *Pago adicional,* additional payment. *Pago a la entrega,* cash on delivery (C.O.D.). *Pago al contado,* cash payment, down payment. *Pago al ordenar,* cash with order (C.W.O.). *Pago anticipado,* payment in advance, advance payment, prepayment. *Pago a plazo,* payment by installments, (EU) time payment. *Pago de un atraso,* recall. *Pago en abonos,* payment by instal(l)ments. *Pago en especie,* payment in kind. *Pago en numerario,* payment in cash, money payment. *Pago liberatorio,* (payment in) full discharge. *Pago parcial,* part payment. *Pago parcial anticipado,* installment, sum (paid) on account. *Pagos pendientes,* arrears. *Plazo de pago,* term of payment, exten-

sion of term of payment. *Por escalonados,* by installments. *Primer pago, pago de enganche,* down payment, first installment. *Rechazo de pago,* refusal to pay. *Requerimiento de pago,* order to pay, summons to pay before execution.
país *m.* nation, country. *País del tercer mundo,* third-world country. *País de origen,* country of origin. *País desarrollado,* developed nation. *País en vías de desarrollo,* developing nation, L.D.C. (less developed country). *País pobre,* poor nation. *País rico,* rich nation. *País subdesarrollado,* underdeveloped nation.
país desarrollado, developed nation.
país en vías de desarrollo, developing nation, less developed country, L.D.C. (*pl.* L.D.C's).
país riesgoso, country-risk.
paja *f.* straw. *Hombre de paja,* strawman, man of straw, dummy, front; *peyor.* stooge.
palabra *f.* **1** word. *Palabra por palabra,* word for word, verbatim. **2** *(cartas) unas palabras,* a line. *Escribir unas palabras,* to drop a line. **3** *(promesa)* promise, word. *Dar uno su palabra,* to pledge one's word, to pledge oneself. *Ser de palabra,* to be as good as one's word. **4** *dar la palabra a,* to call upon someone to speak, to give the floor to someone. *Pedir la palabra,* to request leave to speak. *Tomar la palabra,* to take the floor, to begin to speak, to begin one's address.
palabrear *v.t. (adular),* to flatter.
palacio *m.* palace; plush hotel, posh hotel. *El palacio/la barra de abogados,* the lawyers. *Palacio de Justicia,* law-courts.
palanca *f.* **1** *(influencias)* pull, influence. *Él obtuvo este empleo gracias a sus palancas,* he obtained that job through pull, through influence. **2** *(mecánica, etc.)* piston, valve, lever. **3** lever, lever arm. *Efecto de palanca,* leverage (effect); *(acciones de una sociedad)* gearing. *Palanca financiera,* financial lever, financial leverage. *Palanca operativa,* operating lever, operating leverage.
paleta *f.* pallet. *Cargamento sobre paleta,* palletized load(ing). *Poner en paletas,* to palletize.
paliar *v.t.* to palliate, to lessen, to compensate for, to offset.
paliativo *m.* y *adj.* palliative.
palma *f. (de la mano)* palm. *(Símbolo de la victoria)* palm, award, victory. *Él conoce la empresa como la palma de su mano,* he knows the firm inside out.
palmar *m.* palm-grove, palm plantation.
palmera *f.* palm-tree.
palpable *adj.* palpable, tangible, obvious.
pan *m.* bread. *Ganarse el pan,* livelihood, living.
pana *f.* corduroy.
panacea *f.* panacea.
panadería *f.* bakery.

panadero, a *n.* baker.
pancarta *f.* placard, poster, show-card, bill.
panel *m.* panel. *Panel de consumidores,* consumer panel. *Panel de instrumentos,* instrument panel.
panfleto *m.* brochure, leaflet, prospectus.
pánico *m.* panic, scare, stampede. *Dar pánico,* to panic, to become frantic. *Pánico bancario,* run on a bank (on banks).
panorama *m.* panorama. *Panorama del ejercicio,* review; highlights of the year under review.
panorámico *adj.* panoramic.
pantalla *f.* screen. *Pantalla de control,* monitor screen. *Pantalla de rayos catódicos,* cathode-ray tube.
pantano *m.* swamp.
paño *m.* cloth. *Paño caliente,* ineffective remedy.
papanatas *mf.* ninny, booby, idler.
papel *m.* **1** paper. *Papel carbón,* carbon paper. *Papel de bordo, de navegación,* ship's paper. *Papel especial para periodistas,* flimsy. *Papel libre,* unstamped paper. *Papel moneda,* paper money, paper currency. *Papel para cartas,* note paper, writing paper, stationery. *Papel para embalaje,* packing paper. *Papel para envolver,* wrapping paper, brown paper. *Papel para escribir a máquina,* typing paper. *Papel de diario,* newsprint. *Papel timbrado,* stamped paper. **2** *papel comercial* FIN.: bill, paper. *Papel comercial a corto plazo,* short-dated bill. *Papel comercial a largo plazo,* long-dated bill. *Papel comercial ficticio,* fictitious bill. *Papel comercial sobre el extranjero,* foreign bill. **3** *(función, tarea, cargo)* role, part, function. *Desempeñar un papel,* to play a part/a role. *Desempeño de un papel,* role playing. **4** *fábrica de papel,* paper-mill. *Fabricante de papel,* paper-maker.
papel cuadrícula (o **papel cuadriculado**), graph paper.
papel couché, coated paper.
papel higiénico, toilet paper.
papeleo *m.* red-tape, red-tapism; paper-pushing, paper work.
papeleo administrativo, administrative harassment, red tape, red-tapism.
papelera *f.* **1** paper case. **2** *(fábrica)* papel mill. **3** *(cesto de papeles)* wastepaper basket.
papelería *f.* stationery. *Departamento de papelería,* stationery department. *Encargado de papelería,* stationery clerk.
papelero *m.* stationer.
papeleta *f.* card, slip.
papel moneda, paper money.
papel para escribir, writing paper.
papel parafinado, waxed paper, oiled paper.
papel rayado, ruled paper.
papel satinado, glazed paper.

P

papel secante, blotting-paper, blotting-pad.
papelucho *m.* paper work.
paquete *m.* parcel, package, packet; bundle.
1 Fin.: *paquete de acciones,* block of shares. *Paquete financiero,* financial combination, financial package. **2** *(envíos) paquete postal,* (EU) package, (GB) parcel. *Paquete registrado,* registered parcel, (EU) registered package. *Por paquete postal,* by parcel post. **3** Turismo: *paquete de viaje,* all-inclusive tour, package tour. **4** Inform.: *paquete de programas, (programa de aplicación listo para aplicarse y ser vendido al usuario),* package.
par *m.* **1** par, par value. *A la par,* at par. *Por arriba de la par,* above par, at a premium. *Por debajo de la par,* below par, at a discount. **2** pair. *Un par de lápices,* a pair of pencils. **3** *dignidad de par (nobleza),* peerage. **4** *sin par, sin igual,* incomparable, peerless.
par *adj.* even. *Día par,* even date. *Número par,* even number.
para *prep.* for, to; in order to. *Para siempre,* for ever. *Para llevar,* "for off consumption", "takeaway orders", "take-home orders". *Venta para llevar, (contra pago al contado, sin entrega)* cash and carry. *¿Para quién?,* for whom? *Para saber la verdad,* in order to know the truth.
parabién *m.* congratulation.
parábola *f.* Mat.: parabola.
parada *f. (camiones, trenes, etc.)* stop. *Parada de camiones,* bus stop.
paradero *m.* place where a person is located.
paradigma *m.* paradigm, model, criterion.
parado, a *adj.* **1** *(relojes)* stopped. **2** *(empresas, fábricas)* shut down. **3** *(personas desempleadas)* unoccupied, unemployed.
paradoja *f.* paradox.
paradójico, a *adj.* paradoxical.
parador *m.* inn, hostel, road house.
paraestatal *adj.* public, state. *Empresas paraestatales,* state enterprises.
parafina *f.* paraffin.
parafiscal *adj.* parafiscal.
parafiscalidad *f.* parafiscality.
paraíso fiscal *m.* tax haven, tax shelter.
paralelo *adj.* parallel.
parálisis *f.* paralysis.
paralización *f.* paralysation; *(negocios, economía)* stagnancy.
paralizar *v.t.* to paralyse, to cripple. *Fábrica paralizada por una huelga,* plant crippled by a strike, strike-bound plant.
parámetro *m.* parameter.
parar *v.t.* e *i.* to stop, to halt, to detain. *Parar la producción,* to stop production. *Trabajar sin parar,* to work continuously.
parar(se) *v. pr.* **1** to stop. **2** *(ponerse de pie)* to stand up.

parásito *m.* parasite, sponger.
parcela *f. (terrenos)* parcel of land, plot, patch.
parcelar *v.t.* to divide, to portion out, to parcel out.
parcelario *adj.* divided into plots.
parcial *adj.* **1** part, partial; incomplete. *Aceptación parcial, (letras)* qualified acceptance. *A tiempo parcial,* part time. *Expedición, entrega parcial,* part shipment, part delivery. *Pago, liquidación parcial,* part payment. Seg.: *pérdida parcial,* partial loss. *Trabajo a tiempo parcial,* part-time work, part-time job. **2** bias(s)ed, one-sided, unfair, prejudiced.
parcialidad *f.* bias, one-sidedness, prejudice, unfairness, partiality.
parcialmente *adv.* partly.
parche *m.* patch, plaster.
parecer *v.t.* to seem, to appear. *Parece ser,* it seems to be.
parecer *m.* opinion. *A mi parecer,* in my opinion.
parecer(se) *v. pr.* **1** to partake of, to look like, to sound like. **2** *(tener parecido con una persona)* to take after someone.
pareja *f.* pair; couple.
parejo, a *adj.* equal, even, uniform.
parentesco *m.* kinship, relationship. *Grado de parentesco, (degree of)* relationship. *Vínculo de parentesco,* kinship, (family) relationship.
paréntesis *m.* parenthesis, *pl.* parentheses; bracket. *Ábranse paréntesis,* open bracket(s).
paridad *f.* parity, par value, par equality, equivalence. *A la paridad,* at par. *Paridad a cremallera,* crawling peg. *Paridad de las monedas,* mint par of exchange.
paridad cambiaria, par of exchange.
pariente, n. parent, relative, blood relation. *Pariente cercano,* next of kin. *Parientes por matrimonio,* connected by marriage, kinsmen by marriage. *Parientes y afines,* persons related by blood or marriage, relatives, kin.
parir *v.t.* e *i. (animales)* to give birth.
parlamentar *v.i.* to parley.
parlamentario, a *n.* Member of parliament, (EU) Congressman, (GB) M. P.
parlamentario *adj.* parliamentary.
parlamento *m.* parliament.
paro *m.* stop, cessation, pause, break. *(De la fabricación de un producto, etc.)* discontinuation. *Estar en paro,* to be at a standstill. *Paro cardiaco,* heart failure. *Paro del trabajo,* stoppage of work; sick-leave, day(s) off. *Paro de una empresa,* business shutdown.
paro laboral, walkout.
parque *m.* **1** park, yard. *Parque de atracciones,* theme park. *Parque de estacionamiento,* parking lot, car apark. **2** *(automóviles)* number of cars. *Número de vehículos de una empresa,* fleet (of cars, trucks). **3** *de materiales,* stock, supply,

equipment, number (of machines), *(ferroviario)* rolling stock. **4** *(corral para animales)* pen.
parquímetro *m.* parking meter.
párrafo *m.* **1** paragraph. **2** indented line.
parroquiano *m.* client, customer.
parsimonia *f.* parsimony, thrift, *peyor.* stinginess.
parsimoniosamente *adv.* thriftily, *peyor.* stingily.
parsimonioso, a *adj.* thrifty, *peyor.* stingy.
parte *f.* **1** part, element. *Formar parte de,* to belong to, to be part of, to come (fall) within, to be part of; *ello no forma parte de mis responsabilidades,* this does not fall (come) within my responsibilities, this is not part of my responsibilities. *Formar parte del Consejo de Administración,* to sit (be) on the Board. *Tomar parte,* to commit oneself/to take sides/to side (with). *Tomar parte en,* to take part (in), to participate (in); to share (in). *Tomar partido,* to take part in, to participate in, to be involved in, to join (in). **2** Jur.: party. *La parte adversaria,* the other side, the other party. *Las partes,* the parties, the litigants. *Las partes litigantes,* the parties. **3** *parte social,* share (in a private limited company). **4** *(de parte de)* from/on the part of; on behalf of. *Ello sería muy amable de su parte,* it would be nice (kind) of you. **5** *dar parte,* to inform, to let someone know, to advise, to notify. **6** *en parte,* in part, partly.
parte alícuota *f.* contribution, portion, quota, share. *Pagar uno su parte alícuota,* to pay one's contribution/quota. *Parte que queda para cada quien,* quota falling to each. *Recibir su parte alícuota,* to receive one's share.
parte civil, *(quejoso)* plaintiff (claiming damages), claimant.
parte social, share.
parte tomadora, party involved (in a deal), stakeholder.
parte tomante, stakeholder, party involved.
partición *f.* partitioning, division, allotment, distribution.
partición de acciones, stock split.
partición de votos, splitting (up) votes (possibility of voting for candidates from different parties on the same voting paper).
participación *f.* **1** participation, stake, share, part, portion, Com.: sharing. *Cuenta de (en) participación,* joint account. *Tener una participación (acciones) en,* to have shares in, to have an interest in, to own capital in, to have/to own equity in, to have a stake in. **2** sharing, sharing out, division, distribution, allotment. *(De un país),* partition. *Participación del trabajo,* division of labor, work-sharing. *Participación de una sucesión,* division of an estate. *Participación en las utilidades,* profit sharing. **3** *empresa/operación en participación,* joint-venture. *Participación en los be-*

neficios, profit-sharing. **4** *(votación)* participación electoral, (voters') turnout. *Participación mayoritaria,* majority interest/holding. *Participación minoritaria,* minority. **5** *(capitales)* interest/holding. *Tomar una participación en,* to buy shares in, (EU) to buy stock in(to). **6** *(contribución)* contribution, participation. **7** *(reunión)* attendance.
participación de los empleados en las utilidades de la empresa, employees' profit sharing, profit-sharing (scheme).
participación de mercado, market share.
participación intercorporativa, crossheld stakes, intercorporate stockholdings.
participante *mf.* *(de un seminario, etc.)* participant, (EU) attendee. *Número de participantes de una manifestación,* turnout. *Participantes de una reunión,* attendance, audience.
participantes de la empresa, stakeholders.
participar *v.i.* to take part (in), to participate (in), to be involved (in), to share (in), to join (in), to contribute (to). *Participar en los beneficios,* to share in the profits. *Participar en una reunión,* to attend a meeting.
participativo, a *adj.* participative, *(en forma participativa)* joint.
partícipe *mf.* y *adj.* participant, participator.
particular *mf.* private person, private individual.
particular *adj.* **1** particular, specific, speci... **2** private, confidential, personal. *Secretario particular,* private secretary, personal assistant, P.A. **3** *en particular,* especially, particularly, in particular, specifically; in private, privately.
particularidad *f.* particularity.
particularismo *m.* particularism.
particularizar *v.t.* to particularize.
partida *f.* **1** departure. *Partida de un buque,* sailing, leaving. **2** *contabilidad por partida doble,* double entry bookkeeping. *Contabilidad por partida simple,* simple entry bookkeeping. *Partida doble,* double entry. *Partida simple,* simple entry. **3** *(acta, certificado)* deed. **4** *(rubro de contabilidad)* item. *Partida de balance,* balance sheet item. **5** *sacar partida de,* to take advantage of. **6** *(asiento contable)* accounting entry. **7** *jugarle una mala partida a alguien,* to play a nasty trick on someone.
partidario, a *n.* y *adj.* supporter, backer, follower, advocate; *(propagador)* exponent. *Ser partidario de alguna cosa,* to favor, to be in favor of, to approve of, to advocate, to call for.
partido *m.* **1** party. *El partido laborista,* The Labor Party. *Partido político,* political party. **2** *(ventaja)* profit, advantage. *Obtener la mejor ventaja de/el mejor partido de,* to make the best of. *Sacar partido de,* to take advantage of. **3** *(deportes)* game, match.

partir *v.t.* 1 to leave, to start, *(barcos)* to sail, *(aviones)* to take off. *Las mercancías partirán mañana,* the goods will be dispatched/forwarded/shipped/sent tomorrow. *Partir de cero,* to start from scratch. 2 *a partir de,* from, as from, as of, starting. *El nuevo reglamento será aplicado a partir de...,* the new regulation will be implemented/effective as from (as of)...

pasable *adj.* tolerable, indifferent, decent, fair, fairly good.

pasada *f.* passage. *De pasada,* on the way. *Una mala pasada,* a nasty trick.

pasado *adj.* past. 1 *pasado mañana,* the day after tomorrow. 2 *artículo pasado de moda,* dud item, junk, *pasado de moda,* old-fashioned, outmoded, outdated, obsolete.

pasaje *m.* 1 *(de un documento)* passage. 2 *(de un punto a otro)* passing (over), crossing.

pasaje libre, NAVEG.: fairway, channel.

pasajero, a *n.* passenger.

pasajero *adj.* temporary, short-lived, momentary, casual. *Una crisis pasajera,* a temporary crisis.

pasaje subterráneo, (EU) underpass, (GB) subway.

pasante *mf.* a student who has completed the studies of his career but has not received his/her professional degree (lawyers, physicians, etc.).

pasaporte *m.* passport.

pasar *v.t.* e *i.* 1 to pass, *(carreteras)* to run. 2 *(dedicar tiempo)* to spend, to pass. 3 *(transcurrir)* to go by, to pass. 4 *(aumentar)* to rise, to increase, to grow, to go up. *El precio pasó de X a Y,* the price increased from X to Y. 5 *significados diversos: Cambiar, pasar de... a...,* to change from... to..., to shift from... to... *El asunto pasará a juicio la semana próxima,* the case will be heard/will come up next week. *Pasar a juicio, someter a juicio,* to be heard, to come up before a court. *Pasar a recoger a alguien,* to pick someone up, to meet somebody. *Pasar a recoger alguna cosa,* to collect, to pick up, to take delivery of. *Pasar a visitar,* to call (on somebody), to visit, **fam.** to drop by. *Pasar de contrabando,* to smuggle. *Pasar por radio, por televisión,* to be on radio, on T.V., to be broadcast, (EU) to go on the air, to be on the air. *Pasar por una situación difícil,* to be in a tight corner. *Pasar una película,* to show a film. *(Ser aceptado) nuestra propuesta pasó,* our proposal has been accepted. *Tener éxito,* to pass, to succeed (at an exam). *(Un correspondiente en el teléfono)* to put through. *Páseme a la extensión 28,* please put me through to extension 28; *pásemelo,* put him on, hand him over to me. *(Un examen)* to take, to sit for. 6 to occur, to happen, to take place. *¿Cuándo pasó eso?* when did it happen? 7 *pasar (tras-*

pasar) a la cuenta de pérdidas y ganancias, to post to the profit and loss account, to write off.

pasar a recoger, to pick up, to collect.

pasar de moda, to become outmoded/old-fashioned.

pasar por alto, to disregard, to override, to overrule.

pase *m.* *(autobuses, tren subterráneo, etc.)* pass.

pasivo *m.* liabilities. *Pasivo a corto plazo,* short-term liabilities. *Pasivo a largo plazo,* long-term liabilities. *Pasivo circulante,* current liabilities.

pasivo, a *adj.* passive. *Deudas pasivas,* liabilities.

paso *m.* 1 step. *Paso a paso,* step by step. *Paso en falso,* slip, blunder, mistake. *Pasos que se deben seguir,* steps to be taken. *Tomar pasos, tomar medidas,* to take steps. 2 *(ritmo)* pace, rate. *Ir a buen paso,* to go at a good rate. 3 *prohibido el paso,* "No entry". 4 *paso a desnivel,* level crossing, (EU) grade crossing.

pasta *f.* 1 *(alimentos)* pasta. 2 *(encuadernación)* board binding. 3 *(papel)* pulp.

pasteurización *f.* pasteurization.

pasteurizar *v.t.* to pasteurize.

pasto *m.* pasture, grassland, meadow(s), pasture land, grazing land.

pastura *f.* pasture, meadow, herbage; pasturing, pasturage; *(sentido figurado)* food.

pasturaje *m.* pasturing, grazing. *Derechos de pasturaje,* grazing right(s).

patentable *adj.* patentable.

patentado *m.* licensee, licensed dealer.

patentado, a *adj.* licensed, established.

patentar *v.t.* to license.

patente *f.* 1 patent. *Oficina de patentes,* patent office. *Tomar una patente,* to take out a patent. *Violación de una patente,* patent infringement. 2 certificate, commission. 3 license, business license, (EU) license tax. 4 evident, apparent, visible.

patentemente *adv.* clearly, evidently.

patentizar *v.t.* to make evident.

paternal *adj.* parental, paternal. *Autoridad paternal (o maternal),* parental authority.

paternalismo *m.* paternalism.

paternalista *adj.* paternalistic.

paternalmente *adv.* paternally.

patria *f.* native country, native land, mother country, motherland, fatherland, home, homeland.

patrimonial *adj.* patrimonial.

patrimonio *m.* patrimony, estate, inheritance. *Administración del patrimonio,* estate management, private assets management.

patriota *mf.* patriot.

patrocinador, a *n.* *(publicidad, etc.)* sponsor.

patrocinar *v.t.* to sponsor.

patrocinio *m.* *(patronato)* sponsoring, sponsorship, patronage. *Bajo el patrocinio de,* under the auspices of, under the sponsorship of, sponsored by.

patrón *m.* **1** employer, manager, *fam.* boss; *(alto especialista)* top specialist, top expert; *(persona que domina a un sector)* tycoon. **2** pattern, model, size. **3** standard. *Doble patrón,* double standard. *Patrón de cambio del oro,* gold bullion standard. *Patrón oro,* gold standard. *Patrón oro de cambio,* gold-exchange standard. *Peso patrón,* standard weight. *(Sentido amplio)* yardstick.

patronal *adj.* management, manager, employer, managerial. *Asociaciones patronales,* manager's associations (unions). *Responsabilidades patronales,* managerial duties/responsibilities.

patronato *m.* management, employers.

patronímico *adj.* patronimic.

paulatinamente *adv.* gradually.

paulatino *adj.* gradual.

pauperismo *m.* pauperism.

pauperización *f.* pauperization. *Depauperación,* depauperization. *Línea de pauperización,* poverty line.

pauperizar *v.t.* to pauperize.

paupérrimo *adj.* very poor, totally insolvent.

pausa *f.* pause, break, rest, stop. *Marcar una pausa,* to pause, to come to a rest, to come to a pause. *Pausa/tregua en las hostilidades,* truce.

pauta *f.* guidelines, standards.

paz *f.* peace.

peaje *m.* toll. *Autopista de peaje,* toll-road, toll motorway, (EU) turnpike road. *Derechos de peaje,* toll. *Puente de peaje,* toll-bridge.

peatón *m.* pedestrian, walker.

peculado *m.* peculation, misappropriation, theft.

pecular *v.t.* to peculate, to misappropriate.

peculiar *adj.* peculiar, unusual.

peculiaridad *f.* peculiarity.

peculio *m.* **1** savings, nest-eggs. **2** *(prisioneros)* earnings (of convict).

pecuniariamente *adv.* financially, pecuniarily.

pecuniario *adj.* pecuniary, financial, money.

pedagogía *f.* pedagogy.

pedagógico *adj.* pedagogical, educational.

pedagogo, a *n.* pedagogue.

pedazo *m.* piece, size.

pedido *m.* order. *Agrupar pedidos,* to bulk. *Boleta para pedido,* order form. *Colocar un pedido (con),* to order (from); to place an order (with). *Colocar un pedido de diez unidades,* to place an order for ten units, to order ten units. *Conforme al pedido,* as per order. *Conocimiento de embarque sobre pedido,* B/L to order. *Ejecutar un pedido,* to fill an order. *Forma para pedido,* order form, order card, order sheet, order slip. *Hacer/ordenar un pedido,* to place

an order (*a alguien,* with somebody, *de alguna cosa,* for something). *Libro de pedidos,* order book. *Pagadero con el pedido, liquidación con el pedido,* cash with order. *Pedido a granel,* bulk order. *Pedido de prueba,* trial order. *Pedido en tránsito,* order on hand. *Pedido recibido del extranjero,* indent. *Pedidos acumulados,* backlog of orders. *Registrar un pedido,* to book an order. *Renovación de pedido,* repeat order. *Reservar un pedido,* to book an order. *Solicitar pedidos a domicilio,* to canvass (for orders).

pedimento *m.* petition.

pedir *v.t.* **1** to ask (for), to demand, to request. *Pedir informes,* to ask for information. *Pedir un favor,* to ask a favor. **2** to order. **3** to borrow. *Pedir dinero prestado a,* to borrow money from, *fam.* to touch somebody for something. *Pedir dinero prestado a un banco,* to borrow money from a bank.

pegamento *m.* glue, adhesive, cement.

pegar *v.t.* **1** to stick, to glue, to paste. **2** to adhere.

peinar *v.t.* *(cubrir con un dispositivo de seguridad),* to comb (out).

peletería *f.* *(pieles)* peltry, furs, skins; *(tienda)* furshop; *(oficio)* furriery.

peletero, a *n.* furrier.

película *f.* **1** film, pellicle. **2** *(peliculas, etc.)* film.

peligrar *v.i.* to be in danger, to be in a risky situation.

peligro *m.* danger, peril, risk, hazard. *Bajo los riesgos y peligros del expedidor,* at sender's risks. *Bajo los riesgos y peligros del propietario,* at owner's risks. *Poner en peligro,* to endanger, to jeopardize, to threaten. *Riesgos/peligros del mar,* hazards of the sea, sea-risks, perils of the sea.

peligroso, a *adj.* dangerous, risky.

pelotón *m.* main body, bunch; MILIT.: squad. *Pelotón líder,* leading group, big league.

pena *f.* **1** *(castigo)* penalty. *Bajo pena de,* under penalty of. *Conmutar una pena,* to commute a sentence/a penalty. *Pena capital,* capital punishment. *Pena de prisión,* prison term. **2** *(dificultad)* trouble. **3** *valer la pena,* to be worthwhile. **4** *¡qué pena!,* what a pity!

penable *adj.* punishable.

penal *adj.* **1** penal. **2** *(contratos)* cláusula penal, penalty clause.

penalidad *f.* penalty, punishment.

penalista *mf.* criminologist.

penalización *f.* penalization, penalizing; penalty; *(pagos)* penalización tardía, late payment charge.

penalizar *v.t.* to penalize.

penalmente *adv.* penally.

pena pecuniaria, fine.

penar *v.i.* to suffer, to grieve.

pendiente *f.* **1** slope, gradient, incline. **2** *(tendencia)* trend, inclination, bent.

P

pendiente *adj.* pending. *Asuntos pendientes,* pending affairs. *Deuda pendiente de pago,* outstanding debt.

péndulo *m.* pendulum.

penetración f. penetration, Pub.: impact. *Penetración de un mercado,* market penetration.

penetrar *v.t.* e *i.* to penetrate, to enter. *Penetrar con violencia (para robar),* to break (into something), to burglarize. *Penetrar un nuevo mercado,* to tap a new market.

penibilidad f. painfulness, inconvenience, tediousness. *Prima de penibilidad,* heavy work bonus.

penitenciaría f. penitential, penitentiary.

penitenciario *adj.* penitentiary.

penoso, a *adj.* painful, arduous.

pensamiento *m.* thought, idea, conviction, belief.

pensar *v.t.* e *i.* to think. *Pensamos que,* we think that, we feel that, we consider that, we trust that.

pensión f. 1 pension. *Pensión alimenticia,* alimony. *Pensión de retiro,* retiring pension, retirement pension, old-age pension. *Pensión vitalicia,* life annuity. 2 *gastos de pensión,* accommodation fees, board(ing) charges. *Pensión completa,* full board. *(víveres y cubiertos),* board and lodging, accommodation. 3 boarding house. 4 *fondo de pensión,* pension fund.

pensionado, a *n.* 1 *(escuelas, etc.)* boarder. 2 *(hoteles, etc.)* guest. 3 *(prisión)* inmate. 4 pensioner.

pensionar *v.t.* to pension (off).

pensión y hospedaje, board and lodging.

penúltimo, a *adj.* penultimate.

penuria f. shortage *(de alguna cosa,* of something), dearth.

peón *m.* day laborer.

peor *adj.* worse, worst. *Cada vez peor,* worse and worse. *El peor enemigo,* pet enemy. *Ir de mal en peor,* to get worse and worse. *Lo peor,* the worst.

peps, *(inventarios)* primeras entradas, primeras salidas, (f.i.f.o.) first in, first out.

pequeña y mediana empresa, small and medium-size(d) firm(s); small business.

pequeñez f. pettiness, insignificance.

pequeño, a *adj.* little, small, tiny. *Anuncios pequeños (anuncios clasificados en los diarios),* classified add(s). *Hacer trabajos pequeños,* to do odd jobs, to potter, (EU) to putter, to tinker. *Rúbrica en un diario,* classifieds. *Trabajo pequeño,* odd work. *Una suma pequeña,* a small sum/amount.

percance *m.* mischance, misfortune.

per cápita, per head, per capita. *Consumo por cabeza,* consumption per head, per capita consumption.

percatar(se) *v. pr.* to realize, to comprehend, to understand.

percentil *m.* percentile.

percepción f. 1 *(hecho de percibir un derecho, etc.)* collection, levy, levying, charge, charging. 2 *(oficina de percepciones)* tax-collector's office.

perceptible *adj.* perceptible.

perceptor, a *n. (cobrador)* collector, receiver.

percibir *v.t.* 1 *(un impuesto, etc.)* to collect, to levy, to charge. 2 *(sentidos)* to see, to hear, to feel, to sense, to perceive. 3 *(un sueldo)* percibir un salario, to draw a salary.

perdedor, a *n.* loser.

perder *v.t.* 1 to lose. 2 to miss. *Perder el tren,* to miss one's train. 3 *echar a perder,* to spoil. *Mercancías echadas a perder,* spoiled goods.

perder(se) *v. pr.* 1 to be lost, to get lost. 2 *(perder uno su camino)* to lose one's way.

perdición f. perdition, ruin, loss.

pérdida f. 1 loss. *Compensar una pérdida,* to compensate somebody for a loss, to recoup, to offset losses. *Pérdida de tiempo,* waste of time. *Pérdida irrecuperable,* dead loss. Naveg.: *pérdida total,* total loss. *Pérdidas por fugas,* leakage. *Pérdidas y ganancias,* profit and loss. *Pérdidas y ganancias sobre ejercicios anteriores,* profit and loss on previous years. *Sufrir pérdidas,* to suffer, to sustain losses. 2 *(en vidas humanas)* casualties. 3 *loc. con pérdida,* at a loss, at a discount. 4 *artículos aplicados a pérdidas y ganancias,* losses and write-offs. 5 *cuenta de pérdidas y ganancias,* profit and loss account. 6 *(desperdicios)* waste, wastage, loss.

pérdidas y ganancias, profit and loss.

pérdida total, lost with all hands.

perdido, a *adj.* 1 lost, missing. *Cargamento y tripulación perdida,* lost crew and cargo; lost with all hands. 2 *(desperdiciado)* wasted.

perdón *m.* pardon, absolution, amnesty. *Perdone usted,* I beg your pardon. Jur.: remission of a sentence.

perdonable *adj.* forgivable, excusable, pardonable.

perdonar *v.t.* to forgive, to excuse, to pardon.

perdurable *adj.* lasting, everlasting.

perdurar *v.i.* to last a long time.

perecedero, a *adj.* perishable. *Artículos perecederos,* perishable goods, perishables.

perecer *v.i.* to perish.

perención f. time limit(ation).

perenne *adj.* perennial.

perennidad f. perenniality.

perentorio *adj.* peremptory *(argumentos)* decisive.

pereza f. laziness, sloth.

perezoso, a *adj.* lazy.

perfección f. perfection, perfecting.

perfeccionado, a *adj.* sophisticated, complex, perfected, improved.

perfeccionamiento *m.* improvement, improving, perfecting. *(Formación permanente)* advanced courses; retraining program.

perfeccionar *v.t.* to perfect, to complete, to improve, to finish off, to put the finishing touch (to).

perfeccionismo *m.* perfectionism.

perfeccionista *mf.* y *adj.* perfectionist.

perfectamente *adv.* perfectly.

perfectibilidad *f.* perfectibility.

perfectible *adj.* perfectible, improvable.

perfecto, a *adj.* perfect, *(sin falta)* flawless.

perfil *m.* profile, outline. *Perfil de un puesto,* job description, job definition.

perfilar(se) *v. pr.* to outline, to profile, to shape up.

perforación *f.* drilling. *Perforación marítima,* offshore drilling. *Plataforma de perforación,* oil rig.

perforado, a *adj.* pierced, holed, punched. *Tarjeta perforada,* punch-card, punched card.

perforador *m.* puncher, ticket-puncher; *(personas)* punch-card operator.

perforadora *f.* *(máquinas)* drilling-machine, punching-machine.

perforar *v.t.* to pierce, to perforate, to drill/bore a hole into, to punch, to drill, to bore. *Tarjeta perforada,* punch(ed)-card.

perfume *m.* 1 perfume. 2 *(aroma, gusto)* flavor, (GB) flavour.

perfumería *f.* perfumery.

pericia *f.* skill, talent, expertise.

pericial *adj.* expert. *Informe pericial,* expert's report.

periclitar *v.i.* to be ailing, to be in a bad way, to go downhill, to be in danger.

periferia *f.* periphery, *(ciudad)* outskirts. *Barrios de la periferia,* outlying/suburban districts.

periférico, a *adj.* peripheric, peripheral. *Avenida periférica,* ring road. *Barrios periféricos,* outlying/suburban districts. *Equipo periférico,* peripheral equipment.

perímetro *m.* perimeter, area, *(perímetro/instalaciones de una fábrica, etc.)* premises.

periódicamente *adv.* periodically.

periodicidad *f.* periodicity, recurrence.

periódico (o **diario**) *m.* newspaper, paper, diary. *Diario de una empresa,* house organ.

periódico, a *adj.* periodical, *(que se repite regularmente)* recurrent. *Estado (evaluación)/reporte periódico,* progress report.

periodismo *m.* 1 journalism. 2 the press, the media.

periodista *mf.* journalist, newsman, *(prensa escrita)* newspaperman, pressman, reporter. *Periodista independiente,* freelance journalist.

periodístico, a *adj.* journalistic.

periodo *m.* period, time, spell, phase, stage. CONTAB.: *periodo considerado,* period under review. *Periodo de ajuste,* running-in period, period of adjustment. *Periodo de prosperidad,* (period of) boom. *Periodo de prueba,* trial period.

periodo de capacitación, training period, (EU) traineeship, (EU) internship. *Completar un periodo de capacitación,* to complete a training period/traineeship/(EU) an internship.

peripecia *f.* incident, circumstance, happening, situation.

peritaje *m.* expert's opinion, expert's estimate. *Segundo peritaje,* second opinion.

perito *mf.* expert, appraiser. *Honorarios de peritos,* expert's fee(s). *Perito contable,* (EU) certified public accountant, (C.P.A.), (GB) chartered accountant. *Perito de seguros,* (insurance) adjustor, claims inspector, valuer. *Perito diplomado,* qualified expert. *Perito tasador de daños,* average adjuster.

perjudicar *v.t.* to harm, to hurt, to be harmful (to), to be prejudicial (to); to prejudice, JUR.: *con la intención de perjudicar,* maliciously. *Perjudicar intereses,* to hurt interests. *Perjudicar la eficacia de,* to impair.

perjudicial *adj.* detrimental, harmful, noxious, prejudicial.

perjuicio *m.* prejudice, bias. *Perjuicios,* nuisances, harmful effects.

perjurar *v.i.* to commit perjury.

perjurio *m.* perjury, violation of oath.

perjuro, a *n.* *(persona que comete perjurio)* perjurer.

permanecer *v.i.* to remain, to stay.

permanencia *f.* permanence.

permanente *mf.* permanent member, permanent staff (member). *(Miembro permanente de un partido, de un sindicato)* official.

permanente *adj.* permanent, standing. *(Bancos)* standing order. *Comisión permanente,* standing committee. *Crédito permanente,* revolving credit. *Formación permanente,* ongoing education, further/continuing education, adult education. *Oficina permanente,* office open all day, permanent office.

permisible *adj.* permissible, allowable.

permisivo, a *adj.* permissive, authorizing.

permiso *m.* 1 *(autorización)* permission, consent, authorization, agreement. 2 *(militar, etc.)* leave; (EU) furlough. 3 permit, license. *Permiso de construcción,* building permit, planning permission. *Permiso de embarque (mercancías),* shipping note. *Permiso de entrada,* NAVEG.: clearance inwards. *Permiso de estancia,* certificate of registration, registration certificate, registration papers, registration card. *Permiso de exportación (de salida),* export license, export permit. *Permiso de importación (de entrada),* import license. *Permiso de salida,* NAVEG.: clearance outwards. *Permiso de trabajo,* work/labor permit.

P

4 pass, clearance, permit. ADUANAS: transire.
5 *(diplomacia)* laissez-passer.
permitido, a *adj.* allowed, permitted, lawful.
No está permitido..., it's not allowed to.
permitir *v.t.* to permit, to allow *(capacidad)* to enable, to make it possible.
permitir(se) *v. pr.* **1** to take the liberty of, to allow oneself to, to make bold to, to make so bold as to; to venture. **2** *(permitirse un lujo)* to afford.
permuta *f.* exchange.
permutación *f.* MAT.: permutation.
permutar *v.t.* to exchange (posts, positions).
perpetración *f.* perpetration, commission (of a crime).
perpetrar *v.t.* to commit (a crime), to perpetrate.
perpetuidad *f.* perpetuity. *A perpetuidad,* for life. *Estar condenado a perpetuidad,* to get a life sentence, to be sentenced to life (imprisonment).
perpetuo, a *adj.* perpetual, everlasting, ceaseless, endless. *Cadena perpetua,* imprisonment for life, life sentence. *Renta perpetua,* perpetual annuity.
perplejidad *f.* perplexity.
perplejo, a *adj.* perplexed.
persecución *f.* JUR.: **1** lawsuit, action, prosecution. *Iniciar una persecución judicial,* to take legal action, to sue, to institute proceedings, etc. *Persecución por difamación,* libel action, suit for libel, libel charge. **2** POLICÍA: tracking, hunting.
perseguir *v.t.* POLICÍA: to track down, to hunt.
perseverancia *f.* perseverance, sense of purpose, dedication, commitment.
perseverante *adj.* perseverant.
perseverar *v.i.* to persevere, to persist, to insist, to stick (to something).
persistente *adj.* persistent, lasting, enduring, consistent. *Demanda persistente,* steady demand.
persistir *v.i.* to persist.
persona *f.* person, individual. *En persona,* personally, in person. *Persona civil, jurídica, moral,* legal entity. *Tercera persona,* third party. *(Nota importante: cuando tan sólo se trata de nombrar a los presentes o a los participantes se emplea la palabra people. 5,000 personas participaron en la manifestación,* 5,000 people took part in the demonstration.)
persona acaudalada, wealthy person.
persona embargada, JUR.: distrainee.
persona enérgica, (EU), *peyor.* hustler.
personaje *m.* personage.
personal *m.* **1** *(equipo de personas)* personnel, staff, employees, labor; labor force, manpower, workforce; complement. *Despido de personal,* lay-off. *Despidos masivos de personal,* redundancies. *Ellos tomaron la decisión*

de reorganizarse con un personal menos numeroso, they decided to reorganize with a smaller payroll. *Faltar personal,* to be undermanned. *Jefe de personal,* Personnel Manager. *Personal a tiempo completo,* full-time workers. *Personal a tiempo parcial,* part-time workers. *Personal completo,* full complement/ full force of men. *Personal de 50 obreros,* manpower of 50 workers. *Personal de 300 empleados,* staff of 300 people employed; 300-man staff. *Personal interino,* temporary workers/employees; temps. *Personal reducido,* skeleton staff. *Personal temporal,* temporary workers. *Reducción de personal,* payroll cuts, pruning/trimming of the work/labo(u)r force, job cuts, job cutbacks. *Reducir el personal,* to cut the payroll, to cut jobs, to shed labo(u)r/jobs, to cut/prune/ trim/pare the work/labo(u)r force. *Rotación del personal,* personnel turnover. *Tener demasiado personal, personal en exceso,* to be overstaffed/overmanned. **2** *(sindicatos, etc.)* members, membership. *Baja de personal,* fall/drop/ decline in membership. **3** *(Nota importante: para denotar el conjunto que integra al personal de una empresa, la palabra Personnel tiende a dominar, salvo cuando se trata de hospitales, de hoteles, y de establecimientos escolares. Por su parte, la palabra staff tiene su significado de origen en el "estado mayor".)*
personal ejecutivo, cadre, executives, foremen and supervisors.
personal (jefe de), personnel manager, personnel executive, staff manager.
personal *adj.* personal, private, individual, own. *Experiencia personal,* personal experience.
personalidad *f.* personality, V.I.P. *Las personalidades,* the officials. *Personalidad civil, jurídica, moral,* legal entity.
personalizado, a *adj. (productos)* customized, custom-made, custom-built.
personalizar *v.t.* **1** to personalize. **2** *(productos)* to customize.
personalmente *adv.* personally, in person.
perspectiva *f.* **1** *(aquello que se puede prever)* prospect(s), outlook. *Las perspectivas no son alentadoras,* the outlook is not promising. *Las perspectivas son malas,* prospects are bad/bleak, the outlook is gloomy. *Perspectivas de carrera,* career prospects. *Perspectivas del futuro,* future prospects. *Perspectivas de recuperación,* prospects of recovery. **2** *(forma de enfocar)* approach. *En esta perspectiva,* with this in view, from this point of view, from that angle, from this standpoint/viewpoint, (EU) in this light.
perspicacia *f.* **1** perspicacity, discernment, shrewdness, insight, *(en el dominio de los negocios)* acumen. *Tener perspicacia,* to be shrewd. *Tener perspicacia para alguna cosa,* to have a

flair, a nose for something. *Tener perspicacia para los negocios,* **fam.** to have business acumen, to have a gift for business, to be gifted for business. 2 feeling, intuition, hunch.

persuadir *v.t.* to persuade, to convince.

persuasión *f.* persuasion, belief.

persuasivo, a *adj.* persuasive.

P.E.R.T., *(método de planificación),* P.E.R., Program Evaluation Technique.

pertenecer *v.i.* 1 to belong, to pertain. 2 *(ser de la responsabilidad de)* to rest (with), to fall (to), to lie (with), to concern.

pertenencia *f.* 1 ownership, tenure, holding, appurtenance, outbuilding. *Inmueble con sus pertenencias,* house with its appurtenances. 2 *(membresía) (a un club, etc.)* membership. 3 belongings, chattels. *Pertenencias personales,* personal belongings, personal effects.

pertinencia *f.* relevance.

pertinente *adj.* relevant. *No pertinente,* irrelevant.

pertrechar *v.t. (municiones)* to supply, to stock, to equip.

pertrechos *m. pl.* supplies, stores, equipment.

perturbación *f.* disturbance, disruption. *La huelga ocasionará perturbaciones en el encaminamiento del correo,* the strike will disrupt mail deliveries.

perturbador, a *n.* disturber, agitator, *(reuniones electorales, etc.)* heckler.

perturbar *v.t.* 1 *(el funcionamiento de un servicio, etc.)* to disrupt. 2 *(el orden público, etc.)* to disturb, to unsettle. *Mercado perturbado,* unsettled market. *Perturbar el orden público,* to disturb the peace. 3 to perturb, to inconvenience.

perverso, a *adj.* perverse. *Efecto perverso, efecto secundario,* secondary effect, negative effect, perverse effect.

pesa *f. (de una balanza)* weight, counterweight. *Pesas y medidas,* weights and measures.

pesacartas *m.* letter-weighing scale.

pesadez *f. (de un mercado, de las cotizaciones, de la economía)* dullness, sluggishness.

pesado *m. (acto de pesar)* weighing. *Aparato de pesado, aparato para pesar,* weighing-machine. *Derechos de pesado,* weighing dues.

pesado, a *adj.* heavy, ponderous. *Artículos pesados,* heavy goods.

pesador, a *n.* weigher.

pesadumbre *f.* heaviness.

pesaje *m.* weighing. *Calcular el pesaje,* to weigh.

pésame *m.* condolence, commiseration.

pesar *v.t.* to weigh. *Pesar (sobre),* to weigh on, to bear on, to be a burden on.

pesca *f.* 1 fishing, fishery. *Barco de pesca,* fishing boat, fishing smack. *Pesca de bacalao,* cod-fishing. *Pesca de ballena,* whaling. *Pesca con red,* trawling. 2 *(captura)* catch. 3 *gran pesca,* deep sea fishing.

pescadería *f.* fish-shop, fish market.

pescadero, a *n.* (EU) fish dealer, (GB) fishmonger.

pescado *m.* fish. *Pescado de agua dulce,* fresh-water fish; *pescado de mar,* salt-water fish.

pescador *m.* fisherman.

pescar *v.t.* 1 to fish. *Pescar con una red barredera,* to trawl. *Pescar salmón,* to fish for salmon. 2 *(capturar) pescar una trucha,* to catch a trout.

pésimamente *adv.* very badly, very carelessly, very poorly.

pesimismo *m.* pessimism, gloom.

pesimista *mf.* pessimist.

pesimista *adj.* pessimistic, gloomy. *Previsiones pesimistas,* gloomy forecasts.

pésimo, a *adj.* very bad, totally unfavorable.

peso *m.* 1 weight. *Falta de peso,* short weight. *Perder peso, bajar de peso,* to lose weight. *Peso al vacío,* weight (when) empty. *Peso bruto,* gross weight. *Peso de carga,* weight (when) loaded. *Peso muerto, (transportes)* deadweight capacity, deadweight tonnage. *Peso neto,* net weight. *Peso útil,* payload. *Tener/asignar un buen peso,* to give good weight. *Tomar peso,* to put on weight. *Vender al peso,* to sell by weight. 2 *(bulto, carga)* burden, load. 3 *(peso de las tradiciones sociológicas, etc.)* weight (of something), heaviness. 4 *(peso de un sistema de ponderaciones)* weight.

pesquisa *f.* inquiry, (house) search. *Hacer una pesquisa en casa de alguien,* to search someone's premises.

pesquisar *v.t.* to inquire, to search.

pesticida *m.* y *adj.* pesticide.

petición *f.* 1 request, petition, address. *Dirigir una petición a alguien,* to petition somebody. *Petición de indulto,* petition for mercy. 2 appeal. *Petición de misericordia,* petition for mercy. 3 *hacer una petición,* to petition.

peticionario *m.* petitioner.

petitorio, a *adj.* petitionary.

petróleo *m.* 1 oil. *Países productores de petróleo,* oil-producing countries. *Petróleo bruto,* crude oil. *Pozo de petróleo,* oil-well. *Yacimiento de petróleo,* oil field. 2 petrol, (EU) gas. *Consumo de petróleo,* petrol, (EU) gas consumption.

petrolero, a *m.* NAVEG.: oil-tanker.

petrolero, a *adj.* oil. *La industria petrolera,* the oil industry. *Navío petrolero,* oil-tanker. *Países petroleros,* oil-producing countries. *Valores petroleros,* oil shares.

petrolífero, a *adj.* oil-bearing.

petroquímica *f.* petrochemistry.

petroquímico, a *adj.* petrochemical. *Industria petroquímica,* petrochemical industry.

P

peyorativo *adj.* pejorative, disparaging, derogatory.

P.I.B., Producto Interno Bruto, G.N.P., Gross National Product.

picahielo *m.* ice pick.

picapleitos *mf.* Jur.: pettifogging.

pico *m.* 1 *hora pico, (circulación, tiendas)* rush hour, peak hour, peak time. *Fuera de las horas pico,* off-peak. *Pico de una curva,* peak of a curve, crest of a curve. 2 *(aves)* beak. 3 *doscientos y pico,* two hundred and odd. *Y pico,* and odd.

pie *m.* foot, *pl.* **feet.** *Al pie de la letra,* literally, accurately. *En pie (ganado),* on the hoof. *Ganado en pie,* live cattle. *Mide tres pies de ancho,* it's three feet wide. *Ponerse de pie,* to stand up.

piedra *f.* stone. *Piedra de toque, (norma, medida)* touchstone; *piedra pómez,* pumice stone.

piel *f.* *(de animal)* hide, pelt, skin; *(peletería)* fur. *Comercio de pieles,* fur trade, fur-making.

pieza *f.* 1 *(cuarto)* room. 2 *(monedas)* coin. 3 *(de repuesto, etc.)* part, piece (of equipment). 4 *(documento)* document, paper. 5 *(trabajo por pieza, a destajo)* piecework, job work. 6 *(piezas rotas)* piece(s), fragment(s). 7 *(teatro)* play. 8 *(parche)* patch. 9 *trabajador por pieza,* free-lance, free-lancer, stringer. *Trabajo por pieza,* piecework, free-lancing.

pieza(s) adjunta(s), enclosure(s), Encl.

pieza componente, spare part, spare, component part.

pieza de evidencia, exhibit, incriminating evidence.

pieza de moneda, coin.

pieza de repuesto, replacement part, replacement, spare part, spare.

pignoración *f.* pledge/guarantee/security given (to a third party).

pignorado *p.p.* de *pignorar, adj.* pledged, secured.

pignorar *v.t.* to pledge, to secure, to give security to. *Pignorar valores,* to pledge securities.

pignoraticio, a *adj.* referring to a pledge.

pila *f.* 1 pile, stack, heap. 2 *(batería)* cell, battery. 3 *(pila atómica)* atomic pile, nuclear reactor. 4 *(de puente)* pier, quay.

pillaje *m.* looting, plundering.

pillar *v.t.* to loot, to plunder, to pillage, to sack, to ransack. *Pillo de restos de un naufragio,* wrecker.

pillo, a *n.* looter, plunderer.

pilón *m.* pylon, (steel) tower.

pilotaje *m.* *(de las naves en los puertos),* inshore/river/harbor/branch pilotage, piloting.

pilotar *v.t.* 1 to pilot, to steer, *(aviones)* to pilot, to fly; *(automóviles)* to drive, Naveg.: to pilot, to steer. 2 *(guiar)* to show round. 3 *fam.* pilotar *un proyecto,* to have responsibility for, to be in charge of, to be responsible for, to manage, to lead a project.

piloto *mf.* pilot, *(automóviles)* driver. *Barco piloto,* pilot boat. *Bebida piloto,* drink sold in cafes at administered prices. *Piloto de puerto,* (harbor, branch, inshore, river) pilot. *Planta piloto,* pilot plant. *Programa piloto,* pilot program(me), pilot project. *Unidad piloto,* pilot plant.

pinta *f.* pint (EU) = 0.473 l, (GB) = 0.568 l.

pintor, a *n.* painter. *Pintor de casas,* house-painter.

pintura *f.* 1 *(oficio de pintar)* painting. 2 *(material)* paint. *Pintura fresca,* "Wet Paint", "Mind the Paint". 3 *(cuadro, obra de arte)* picture.

pionero *m.* pioneer. *Mentalidad de pionero,* (the) pioneer spirit; (EU) frontier spirit. *Ser el pionero de,* to pioneer, to break new ground.

pique *m.* Naveg.: crotch. *Irse a pique,* **fig.** to fall, to go bankrupt.

piquete *m.* picket. *Piquete de huelga,* strike picket. *Poner piquetes de huelga,* to picket.

pirámide *f.* pyramid.

pirata *mf.* y *adj.* pirate. *Estación pirata,* pirate station. *Pirata del aire,* hijacker.

piratear *v.t.* to pirate, Inform.: to hack.

piratería *f.* piracy, Inform.: hacking. *Piratería aérea,* hijacking, skyjacking. *Piratería literaria,* literary piracy.

pisapapeles *m.* paper weight.

pisar *v.t.* to step on, to press.

piscicultor, a *n.* pisciculturist.

piscicultura *f.* pisciculture.

piso *m.* 1 floor, stor(e)y. *Precio de piso,* floor price, minimum price, lowest price. 2 Bolsa: floor. 3 apartment.

pista *f.* 1 track. 2 Av.: runway, strip. *Pista de maniobras,* taxiway.

pistón *m.* *(mecánica, etc.)* piston, valve.

pivote *m.* 1 pivot, axis. 2 *(sentido amplio)* key factor, king pin.

pizarra *f.* slate.

pizarrón *m.* *(para escribir)* board, blackboard.

placa *f.* plate, sheet, iron. *Placa de acero,* steel plate. *Placa de identificación,* badge. *Placa de matrícula,* license plate, *(automóviles)* number plate. *Placa de una puerta,* door plate. *Placa esmaltada,* enamelled (sheet) iron. *Placa giratoria,* Ferr.: turntable, *(sentido amplio)* hub, pivot.

placer *m.* 1 charm, pleasure, attractiveness. *Tenemos el placer de,* we are pleased to. *Viaje de placer,* pleasure trip. 2 *(diversión)* enjoyment, entertainment.

placero, a *n.* canvasser, door-to-door salesman.

plaga *f.* plague.

plagado *adj.* *(lleno)* full.

plagar *v.t.* to plague.

plagiar *v.t.* to plagiarize, to copy.

plagiario, a *n.* plagiarist.

plagio *m.* plagiarism, piracy.

plaguicida *m.* pesticide.

plan *m.* plan, scheme, project. *Hacer planes,* to plan, to scheme. *Plan contable,* accounting plan. *Plan de ahorro para la vivienda,* state-sponsored savings plan for prospective home owners, in the form of bank deposits opening rights to low-interest loans, **cf.** (EU) Savings and Loan Associations, (GB) Building Societies; (EU) home loan plan, (GB) Building Society account. *Plan de ahorros,* savings plan/scheme. *Plan de ejecución,* implementation program(me), execution plan. *Plan de financiamiento,* financing plan.

plancha *f.* plank, board; *(de ropa)* iron. *Días de plancha,* Naveg.: lay-days *(para la carga y descarga de un barco). Piedras, etc.* (thin) slab. *Plancha/prensa para impresión,* printing press.

plan de ahorro de retiro, savings-related retirement scheme, savings-related pension plan.

planeación *f.* planning.

planeación a corto plazo, short-term planning.

planeación a largo plazo, long-term planning.

planeación a mediano plazo, intermediate-term planning.

planeación de operaciones, operations planning.

planeación de ventas, sales planning.

planeación financiera, financial planning.

planeación urbana, city/urban planning.

planeamiento *m.* making of a plan.

planear *v.t.* e *i.* **1** *(proponerse algo)* to plan, to intend, to contemplate, to consider, to envisage. *Planeamos exportar nuestros productos al Brasil,* we plan to export our products to Brazil. *(De manera más dudosa) planeamos desarrollar nuestro servicio posterior a la venta,* we consider the extension of our after-sales department. **2** *(prever)* to anticipate, to expect. *Planeamos un aumento en nuestra cifra de ventas,* we anticipate an increased turnover.

planetario, a *adj.* planetary, worldwide, global.

planicie *f.* plain, flat country.

planificación *f.* planning, schedule, timetable. *(Deudas, administración de la producción),* scheduling. *Planificación empresarial,* corporate planning. *Planificación familiar,* planned parenthood.

planificación de medios, media planning.

planificador, a *n.* planner.

planificar *v.t.* to plan, to schedule.

plana *f.* page. *En primera plana,* in the first page.

plano *m.* *(diseño, mapa)* plan, map; *(plano geométrico, topográfico),* plane. *Plano de proyección,* plane of projection.

plano, a *adj.* *(terrenos)* even, level, flat, smooth; *(nivel)* plane, level. *(Mercados, etc.)* dull.

planta *f.* plant. *Planta fundidora,* smelting works, foundry, iron-works.

planta baja *f.* (EU) first floor, (GB) ground floor.

plantación *f.* plantation.

plantado (o **plantío**) *m.* planting.

plantador, a *n.* **1** planter, *(legumbres)* grower. *Plantador de tabaco,* tobacco grower. **2** *(máquina)* planter, *(herramienta)* dibber.

plantar *v.t.* **1** *(agricultura)* to plant. **2** *dejar plantada a una persona,* to leave someone in the lurch.

planteamiento *m.* *(de un problema, de una situación)* statement.

plantear *v.t.* **1** *(un problema, una situación)* to state, to determine. **2** to examine, to study, to analyze. *Estamos planteando la posibilidad de,* we are analyzing the possibility of.

plantel *m.* educational establishment.

plantilla *f.* pattern, model, standard.

plantón *m.* **1** *(huelgas, manifestaciones, grupos de protesta)* to remain in a place for a long time, sit-in. **2** *darle a alguien un plantón,* to leave someone in the lurch.

plaqueta *f.* *(metal)* small plate.

plasmar *v.t.* to shape, to mold, to form.

plástico, a *adj.* plastic, plastics. *Dinero plástico,* plastic money. *Materia plástica,* plastic.

plastificar *v.t. neol.* to plasticize.

plata *f.* **1** *(metal)* silver. *Plata alemana,* German silver. **2** *(moneda)* silver coin. **3** *(dinero)* money. *No tener plata,* to be broke. *Tener mucha plata,* to be very rich.

plataforma *f.* platform. *Camión con plataforma,* flat truck. *Plataforma de carga,* loading platform/bay. *Plataforma de cargamento,* dunnage. *Plataforma de descarga,* unloading platform/bay. *Plataforma de sondeo,* oil rig. *Plataforma electoral,* election platform. *Plataforma flotante,* landing stage.

plateado, a *adj.* silver-plated; *(color)* silvery.

platear *v.t.* to silver-plate.

platería *f.* **1** *(tienda)* silversmith's shop, goldsmith's shop. **2** *(oficio, comercio)* silversmith's trade, goldsmith's trade, goldsmithery. **3** silver plate, gold plate.

platero, a *n.* silversmith.

platina *f.* **1** *(tocadiscos)* plate. **2** Impr.: bedplate.

platino *m.* platinum.

playa *f.* beach, seaside resort.

plaza *f.* **1** plaza, market place; public park. *Cheque (girado) sobre plaza,* town check. *Gastos de plaza,* local charges. *Plaza bursátil,* stock exchange, stock market, *(bolsa de mercancías)* produce exchange, commodity exchange. *Plaza comercial,* market center. *Plaza pública,* (public) square. *Precio sobre plaza,* loco-price, spot price. **2** *sobre plaza/en plaza,* on the spot, locally, in the field, *(en los locales, en las instalaciones)* on the premises.

plaza financiera, financial market.

plazo *m.* time, time-limit, lead time, deadline. *Cobertura a plazo,* Fin.: forward cover. *Conceder* *un plazo a un deudor,* to allow a debtor time to pay. *Con un plazo breve,* at short notice. *Corto plazo,* short-term; *plazo intermedio, plazo mediano,* intermediate term; *largo plazo,* long-term. *¿Dentro de qué plazo puede usted hacernos la entrega?,* how soon can you deliver? *Mercado a plazo,* forward market. *Obtener un plazo (de pago),* to get a time extension (for payment). *Plazo de entrega,* terms of delivery, delivery date/deadline, time of delivery, lead time. *Plazo de pago,* term of payment. *Plazo de preaviso,* notice. *Plazo de realización, de producción,* lead time. *Plazo de reflexión,* time for consideration, period of study; cooling-off period. *Plazo previo/antes del pago,* lead time before payment. *Prorrogar un plazo,* to extend a term, a deadline. *Respetar plazos de entrega,* to meet/to keep a delivery deadline/date. *Solicitar un plazo,* to ask for time.

plebiscito *m.* plebiscite.

plegable *adj.* collapsible, folding.

plegar *v.t.* to fold, to bend.

pleitear *v.i.* to plead.

pleito *m.* lawsuit, quarrel.

plenario, a *adj.* plenary. *Asamblea plenaria,* plenary assembly. *Sesión plenaria,* plenary session.

plenipotenciario, a *n.* plenipotentiary, authorized agent (representative having full powers to negotiate or transact business).

plenipotenciario, a *adj.* plenipotentiary, having full power to negotiate or transact business.

pleno, a *adj.* full. *En pleno apogeo,* in full swing. *Pleno empleo,* full employment.

plétora *f.* plethora, profusion, excess, over-abundance; *(en un mercado)* superabundance, glut.

pletórico, a *adj.* plethoric, too numerous, over-abundant, superabundant, plethoric, replete.

pliego *m.* sheet of paper, document. *Pliego de condiciones,* terms of reference, specifications, brief.

pliegue *m.* crease, fold.

plomería *f.* plumbing.

plomero *m.* plumber.

plomo *m.* lead. *Gasolina sin plomo,* unleaded (EU) gas, (GB) petrol. *Industria del plomo,* lead industry.

pluma *f.* 1 feather. 2 (writing) pen. *Pluma atómica,* ball-point pen, (GB) **fam.** biro; *pluma fuente,* fountain pen.

pluralidad *f.* plurality.

pluralismo *m.* pluralism.

pluralizar *v.i.* to pluralize.

pluri *pref.* pluri, multi, inter.

pluridisciplinario *adj.* multidisciplinary, interdisciplinary.

pluriempleado, a *n.* y *adj.* person who holds several jobs or pensions; multiple office holder.

plurivalente *adj.* plurivalent.

plusvalía *f.* increase in value, gain (in value), appreciation, surplus. *Plusvalía sobre los capitales,* capital gains; *impuesto sobre la plusvalía del capital,* capital gains tax.

plutocracia *f.* plutocracy.

plutócrata *mf.* plutocrat.

plutocrático, a *adj.* plutocratic.

plutonio *m.* plutonium.

P.N.B. (producto nacional bruto), G.N.P., gross national product.

población *f.* 1 population. 2 peopling, settling, populating. *Con población escasa,* thinly populated, sparsely populated. *Colonia de población,* settlement. 3 town, city, location.

poblado, a *adj.* 1 populated. *Muy poblado,* densely populated. *Poblado de,* peopled with. *Poco poblado,* thinly populated. 2 *m.* village, town.

poblador, a *n.* settler, inhabitant.

poblar *v.t.* to people.

pobre *adj.* poor. *La gente pobre,* the poor people.

pobres *m. pl. Los pobres,* the poor, the have-nots, the underprivileged, the needy.

pobreza *f.* poverty.

poco, a *adj.* little, few. *Dentro de poco (tiempo),* in a short time, in a minute. *Poca capacidad,* little capacity. *Poco costoso,* low-priced, inexpensive, cheap. *Unos pocos, unos cuantos,* a few.

poder *v.i.* to can, to be able to. *No podré hacerlo,* I won't be able to do it. *No puedo hacerlo,* I cannot do it.

poder *m.* 1 power. *Abuso de poder,* abuse of power, misuse of power. *Aquello que constituye un abuso de poder,* ultra vires. *Llegar al poder,* to come into power, into office. *Los poderes públicos,* (the) public authorities, (the) public powers, the state, the government. *Poder ejecutivo,* executive power. *Poder judicial,* judicial power, judiciary power. *Poder legislativo,* legislative power. *Tomar el poder,* to assume power, to take over. 2 *(poder que se otorga a un tercero)* power of attorney, proxy, procuration. *Dar plenos poderes,* to give full power(s), to give the proper authorities. *Tener plenos poderes,* to have full powers, to be fully empowered, to be fully authorized. *Votos que se ejercen en una asamblea por medio de un apoderado,* proxy.

poderdante *mf.* Jur.: constituent.

poder de compra (o **poder adquisitivo**), purchasing power, buying power, spending power.

poderhabiente *mf.* Jur.: attorney.

poderío *m.* power, wealth.

poderoso, a *adj.* powerful, mighty.

podredumbre *f.* rot(ting), decay, decaying; *(de una situación)* degradation, deterioration.

podrido, a *adj.* rotten.

podrir *v.t.* to rot, to decay.
polarización *f.* polarization.
polarizar *v.t.* Fís.: to polarize; *fig. (miradas, atención, esfuerzo)* to concentrate.
polarizarse *v. pr.* to polarize, to become polarized.
polea *f.* pulley.
polémica *f.* polemics, controversy.
polémico, a *adj.* polemical, controversial.
policía *f.* 1 police, police force. *Atestado de policía,* policemen's report. *Inspección de policía, comisaría de policía,* police station. *Policía de investigaciones criminales,* criminal investigation police. 2 policeman, police officer, *(encargado de una investigación)* detective.
policiaco *adj.* police. *Encuesta policiaca,* police inquiry, police investigation. *Estado policiaco, régimen policiaco,* police state. *Inspector de policía,* police inspector, detective.
policial *m.* y *adj.* 1 referred to police. 2 policeman.
policopia *f.* duplication.
policopiar *v.t.* to duplicate, to mimeograph.
polietileno *m.* polyethylene.
polifacético, a *adj.* versatile.
políglota, a *n.* y *adj.* polyglot.
polígono *m.* polygon.
polímero *m.* polymer.
politécnico, a *adj.* polytechnic.
política *f.* 1 *(vida política)* politics. 2 *(de un gobierno, de una empresa)* policy. *Política agrícola,* agricultural policy. *Política bancaria,* banking policy. *Política de apertura,* policy of overtures. *Política de austeridad,* austerity policy, *(empresas)* retrenchment policy. *Política de crédito,* credit policy. *Política de empleo,* employment policy. *Política de ingresos,* incomes policy. *Política de libre intercambio,* free-trade policy. *Política de precios,* price policy. *Política de precios (empresas),* pricing policy. *Política de relanzamiento,* pump-priming policy, reflation policy. *Política de salarios,* wage(s) policy. *Política de ventas,* sales policy, selling policy. *Política económica,* economic policy. *Política empresarial,* business policy, corporate policy. *Política extranjera,* foreign policy. *Política financiera,* financial policy. *Política fiscal,* fiscal policy. *Política monetaria,* monetary policy. *Política mundial,* world politics.
políticamente *adv.* politically.
político, a *n. (persona dedicada a la política)* politician.
político, a *adj.* political. *Análisis político,* political analysis. *Partido político,* political party.
politización *f.* politization.
politizar *v.t.* to politicize.
politología *f.* political analysis.
politólogo, a *n.* political analyst, political scientist.

polivalencia *f.* versatility, flexibility, polyvalence.
polivalente *adj.* multi-purpose, polyvalent; versatil.
póliza *f.* SEG.: policy. *Establecer una póliza,* to draw up a policy. *Póliza abierta,* open policy, open cover. *Póliza a plazo,* time policy. *Póliza contra todos los riesgos,* all-risks policy, all-in policy. *Póliza de automóviles,* (motor-) car insurance policy. *Póliza de capital diferido,* endowment policy. *Póliza de recurso contra terceros,* third party accident policy. *Póliza de seguros,* insurance policy. *Póliza de seguros contra accidentes,* accident policy. *Póliza de seguros contra accidentes a terceros,* third party accident policy. *Póliza de seguros contra incendios,* fire-insurance policy. *Póliza de seguros contra robo,* theft-insurance policy. *Póliza de seguros contra robo y contra incendio,* fire and theft insurance policy. *Póliza de seguros de vida,* life assurance policy, life insurance policy. *Póliza de seguros marítimos,* marine insurance policy. *Póliza de viajes,* voyage policy. *Póliza evaluada,* valued policy. *Póliza flotante,* floating policy. *Póliza global,* comprehensive policy, all-in policy. *Póliza para un beneficiario designado,* policy to a named person. *Póliza provisional,* provisional policy, cover(ing) note. *Póliza sobre cargamento,* cargo policy. *Póliza sobre el casco (de un barco),* hull policy. *Tenedor de una póliza,* policy holder. *Tomar, suscribir una póliza de seguros,* to take out an insurance policy.
polo *m.* pole. *Polo de atracción,* center of attraction, pole of attraction, magnet.
polución *f.* pollution.
polvo *m.* dust, powder. *Oro en polvo,* gold dust.
pólvora *f.* gunpowder.
ponderabilidad *f.* ponderability.
ponderable *adj.* ponderable.
ponderación *f.* 1 weighting, balance, balancing. 2 moderation.
ponderado, a *adj.* 1 balanced, weighted. *Media ponderada,* weighted average. 2 *(personas)* moderate, level-headed.
ponderador, a *adj.* 1 balancing, stabilizing. 2 moderating.
ponderar *v.t.* 1 to weight, to balance. 2 to praise. *Ponderar el mérito de,* to praise, to extoll, (GB) extol. *Ponderar uno el mérito de sus propias mercancías,* to hawk one's wares.
ponderoso, a *adj.* ponderous, heavy.
ponencia *f.* 1 report. 2 JUR.: proposal, proposition.
ponente *mf.* reporter, recorder, POL.: *(comisión)* chairman; *(jefe de partido)* floor leader.
poner *v.t.* 1 to place, to put, to lay (down). 2 *(suponer)* to assume, to suppose, to grant, to admit; to submit. *Pongamos que...,* let's suppose

P

that. **3** *pongo 3 y llevo 2,* I put down three and carry two. **4** *(uno su firma)* to affix, to append one's signature, to set one's hand (and seal), to put one's signature (to a document). **5** *(un anuncio)* to stick. **6** *(insertar)* to insert, to add (a clause). **7** *(un sello)* to affix the seals. **8** *(usos diversos) poner en duda,* to question, to challenge; to doubt. *Poner por escrito,* to couch in writing, to commit to writing. *Poner una cantidad del lado acreedor,* to put a sum to the credit side. *Poner un anuncio,* to run an ad, to place an ad.

poner al corriente, to inform, to acquaint (with), *fam.* to put in the picture, to keep posted (up).

poner al día, to update, to bring up to date.

poner a punto, to develop, to perfect.

poner a un lado, to put aside, to save.

poner en movimiento, to start, to get started, to set into motion.

poner en paletas, to palletize.

poner en servicio, to put into service.

poner en uso, 1 *(medios)* to use, to put to use. **2** *(un acuerdo, un grupo de medidas)* to implement, to carry into effect.

poner en venta, to sell, to offer for sale, to put up for sale.

ponerse a, to start. *Ponerse a trabajar,* to get down to work. *Ponerse en huelga,* to go on strike.

ponerse de acuerdo, to come to grips.

ponerse de pie, to stand up.

ponerse en contacto, to get in touch (with), to contact, to get hold of.

poner un anuncio en el diario, to place an ad, to run an ad, to insert an ad.

poner un pretexto, to allege, to pretext.

popa *f.* stern, poop.

popular *adj.* popular.

popularidad *f.* popularity.

popularización *f.* popularization.

popularizar *v.t.* to popularize, to make/render popular.

populismo *m.* populism.

populista *adj.* populist.

populoso *adj.* populous, thickly populated.

por *prep.* by, for, through, *(pasando por)* via. *Por ahora,* by now, for now. *Por cheque,* by check. *Sírvase enviar por cheque, "kindly remit by check".*

por acción, per share.

por apoderado *loc.* by proxy. *Por apoderado (firma),* per pro (abreviatura de per procurationem).

por avión, by air, by plane. *Correo por avión,* airmail. *Enviar por avión,* to send/to ship by air; *(correo)* to airmail.

porcelana *f.* porcelain.

porcentaje *m.* percentage, quota, share; share of profit. *Porcentaje de los administradores, di-* rectors' percentage/share of the profits. ESTAD.: percentile.

por ciento *loc.* per cent. *diez por ciento,* ten per cent.

porcino, a *adj.* porcine.

porción *f.* portion, *(negocios)* share. *Distribuir en porciones,* to apportion, to allot, to dole out.

por cobrar, collect. *Llamada por cobrar,* collect call, (GB) reverse charge call. *Llamar por cobrar,* to call collect, (GB) to reverse charges.

pordiosear *v.i.* to beg (for), to solicit.

pordiosero, a *n.* beggar, mendicant.

por docena, by the dozen.

por escrito *loc.* in writing.

por este conducto, by this means.

por exprés *loc.* (by) special delivery.

por la presente *loc.* JUR.: hereby.

por medio de, by means of.

pormenor *m.* particular, specification, detail, item.

pormenorizar *v.t. e i.* to detail, to specify; IMPUESTOS: to itemize.

por mensajero, *(especial)* by messenger, by courier.

pornografía *f.* pornography.

pornográfico *adj.* pornographic. *Película pornográfica,* blue movie, x-movie, porn film.

portaaviones *m.* aircraft-carrier.

portacontenedores *m.* *(barcos)* container ship.

portador *m.* *(de un documento)* holder, bearer. *Al portador,* to bearer. *Cheque al portador,* bearer check, check to bearer. *Conocimiento de embarque al portador, B/L* to bearer. *Portador de acciones,* shareholder, stockholder. *Portador de obligaciones,* bondholder, debenture holder. *Portador de un documento de crédito,* bearer of a bill. *Tercer portador,* tiers porteur, holder in due course. *Valores al portador,* bearer securities.

portador, (al) *loc.* to (the) bearer. *Cheque al portador,* bearer check.

portaequipaje *m.* luggage-rack, luggage-carrier, trolley.

portafolios *m.* briefcase.

portamonedas *m.* purse.

portar(se) *v. pr.* to behave. *Portarse con propiedad,* to conduct oneself properly.

portatarjetas *m.* card-case.

portátil *adj.* portable.

porte *m.* **1** porterage, transport. *Carta de porte,* way-bill, consignment note. *Con porte pagado,* carriage forward, carriage paid, freight prepaid. *Franco de porte,* carriage paid, post-paid, freight prepaid. *Gastos de porte,* porterage; *(transporte)* carriage, transport, postage.

portón *m.* gate, wicket. *Portón automático,* automatic gate.

portuario *adj.* harbor (GB) harbour, port. *Autoridades portuarias,* port authorities. *Infraestructura portuaria,* harbor facilities. *Instalaciones portuarias,* harbor installations (facilities).

posdatar *v.t.* to postdate.

poseedor, a *n.* owner, possessor, *(documentos)* holder. *Estudiante que posee un diploma de enseñanza superior,* graduate (student).

poseer *v.t.* to own; to posses; to have, to be in possession of.

posesión *f.* **1** possession, ownership. *Entrada en posesión (de),* accession (to). *Toma de posesión,* entering (entry) upon possession; appropriation. *Toma de posesión de un cargo,* takeover, taking over. *Tomar posesión de,* to take possession of, to take over. **2** *(bienes poseídos)* estate, property.

posesión privativa de un terreno, land held in severalty.

posibilidad *f.* possibility, opportunity, feasibility.

posible *adj.* possible, feasible.

posición *f.* **1** position. *Posición clave,* key position. **2** GEOGR.: location, situation, site. **3** *(empleo)* post, position, function, job. *Estar en posición de,* to be in a position to. *Posición responsable,* responsible position. *Tener una posición estable,* to have a steady job. **4** *(posición social),* social status/circumstances/condition/situation/standing. **5** FIN., BOLSA: position. *Posición abierta,* open position. *Posición a la baja,* bear position. *Posición compradora,* bull position. *Posición corta,* short position. *Posición de una cuenta,* position of an account. *Posición larga,* long position. *Posición vendedora,* bear position. **6** *(punto de vista)* position, stand, (EU) stance. **7** *(rango)* position, rank. *En primera posición,* at the head, at the top, in (the) front. **8** *(cuentas)* position, statement, return. *Estado de posición de una cuenta,* bank statement. *Posición de tesorería,* financial statement. *Posición en bancos,* bank statement, bank balance. *Posición financiera,* financial standing/status. **9** *posición dominante, (sobre un mercado)* (market) leadership. *Abuso de una posición dominante,* abuse of dominant position. *Tenemos una posición dominante en los plásticos,* we are market leaders for plastics.

posicionamiento *m.* positioning, *(geográfico)* locating; *(de los horarios)* timing, scheduling.

posicionar *v.t.* **1** position. **2** *(calcular la posición de una cuenta)* to calculate the balance of an account.

posicionar(se) *v. pr.* **1** *(estar colocado)* to stand, to rank. *¿Cómo se encuentra usted posicionado en el mercado?,* what's your market position? **2** *(colocarse)* to position oneself, to jockey for position.

posición de marca, brand position, brand establishment.

posición de mercado, market position. *Posición número uno (sobre un mercado),* market leadership.

posición de un producto, product position, product establishment.

positivamente *adv.* positively, favorably.

positivo, a *adj.* positive. *Balanza comercial positiva,* favorable balance of trade.

posponer *v.t.* to postpone, to put off.

posposición *f.* postponement, putting off.

postal *adj.* postal. *Buzón postal,* post-office box, P.O. box. *Cheque postal,* giro form. *Cuenta de cheques postales,* (GB) giro account. *Giro postal,* money order. *Servicios postales,* postal services. *Zona postal,* postal area/zone; (EU) zone of improved postage (Z.I.P.).

postal (giro), money order. *Giro postal telegráfico,* telegraphic money order.

poste *m.* post. *Poste de amarre,* mooring berth. *Poste de anclaje,* anchoring berth. *Poste de sostén de mina,* pit-prop. *Poste indicador,* signpost. *Poste telegráfico,* telegraph pole.

postencuesta *f.* PUB.: post-testing.

posteridad *f.* posterity.

posterior *adj.* **1** subsequent, posterior, later. **2** *(atrás)* back. *Posterior a la venta (servicios),* after-sales (service).

posteriori (a), a posteriori, after the fact.

posteriormente *adv.* subsequently, later (on), at a later date.

post-graduado, a *n.* y *adj.* post-graduate. *Educación de post-graduado,* further/adult/ongoing/continuing/continuous/continuative education.

postigo *m.* shutter.

postor, a *n.* bidder. *El mejor postor,* the highest bidder.

post-scriptum *m.* postscript, *fam.* P.S., Postscriptum, by way of postscript.

postulante *mf.* applicant.

postular *v.t.* to apply (for). *Postularse como candidato,* to run (stand) as candidate.

póstumo *adj.* posthumous. *A título póstumo,* posthumously.

postura *f.* posture, position. *Toma de una postura,* stance.

potable *adj.* drinkable. *Agua potable,* drinking water.

potencia *f.* power.

potencial *m.* potential.

potencial *adj.* potential. *Cliente potencial,* potential customer, potential client, prospective client, prospect.

potencialidad *f.* potentiality.

potencialmente *adv.* potentially.

pozo *m.* well. *Pozo de una mina,* pit shaft. *Pozo petrolero,* oil well.

práctica *f.* practice, experience; *(métodos)* methods, dealings, proceedings.

P

practicable *adj.* practicable, feasible.
prácticamente *adv.* practically, virtually.
practicante *mf.* 1 *(medicina)* practitioner. 2 *(profesionistas)* expert, specialist, practitioner.
practicar *v.t.* to practice, (GB) to practise, to operate.
práctico, a *adj.* practical. *Caso práctico,* case. *Estudio de casos prácticos,* case study.
pragmático *adj.* pragmatic.
pragmatismo *m.* pragmatism.
preámbulo *m.* preambule.
preaviso *m.* notice. *Dar un preaviso,* to give notice. *Dar un preaviso de huelga,* to give/(EU) file notice of a strike. *Sin preaviso,* without notice.
prebenda *f.* cushy job.
precariamente *adv.* precariously.
precariedad *f.* precariousness.
precario *adj.* precarious. *A título precario,* precariously.
precaución *f.* precaution, foresight. *Fondos de precaución, fondos preventivos,* reserve fund, provident fund.
precavido, a *adj.* cautious, farsighted, provident.
precedencia *f.* precedence, priority. *Tener precedencia sobre alguien,* to take precedence of someone.
precedente *m.* precedent. *Crear un precedente,* to create/to set a precedent. *Sin precedente,* unprecedented.
precedente *adj.* previous, preceding, former.
preceder *v.t.* 1 to precede. 2 *(rango, prioridad)* to have precedence (of/over someone).
precepto *m.* precept.
precio *m.* price, rate, quotation, cost, value, charge. *Bajo precio,* low price. *Bloqueo (congelamiento) de precios,* price-freeze. *Congelación de precios,* price-freeze. *Congelación de precios y salarios,* price and wage freeze, wage-price freeze. *Control de precios,* price control. *De alto precio,* valuable, expensive. *Diferencia de precio,* price differential, price spread. *Fuera de precio,* prohibitive. *Indicar un precio, comunicar un precio, dar a conocer un precio, cotizar un precio,* to quote a price. *Índice de precios,* price index. *Índice de precios al consumidor,* consumer price index. *Lista de precios,* price-list. *Precio de apertura, precio base,* upset price, *(subastas)* reserve price, opening bid. *Precio más bajo,* best price, lowest price. *Precio mínimo de una subasta,* upset price. *Precio recomendado,* recommended price. *Precio total,* full price. *Precios vigentes,* ruling prices. *Vender a bajo precio,* to sell cheap, at a knock out price, *fam.* to sell dirt cheap.
precio actual, current price, market price, prevailing price, ruling price.
precio al contado, cash price.
precio al mayoreo, wholesale price.

precio al menudeo, retail price.
precio al salir de fábrica, ex-works price, x-works price, x-mill (ex-mill) price, x-plant (ex-plant) price, loco price.
precio alzado, lump-sum. *Contrato a precio alzado,* lump-sum contract; flat-fee.
precio anunciado, posted/sticker price.
precio controlado, controlled price, administered price.
precio de compra, purchase price.
precio de costo, cost price.
precio de emisión, issue price, issuing price.
precio de la mano de obra, cost of labor.
precio de lanzamiento, launching price.
precio de lista, list price, catalog, (GB) catalogue price.
precio del productor, producer price, *(agricultura)* farm gate price.
precio de penetración, penetration price.
precio de plaza, spot price, loco price.
precio de promoción, promotional price.
precio de sostén, support price, pegged price.
precio de venta, selling price.
precio estacional, seasonal price.
precio fijo, fixed price.
precio impuesto, fixed price, official price, administered price.
precio mínimo, floor price.
precio preferencial, preferential price.
precioso, a *adj.* precious, valuable. *Piedras preciosas,* precious stones.
precipitación *f.* precipitation.
precipitar *v.t. (las cosas)* to precipitate, to hurry; *(personas)* to be sharp, rude with somebody; *(apurar)* to rush somebody, (EU) to hustle.
precisamente *adv.* precisely, exactly.
precisar *v.t.* to specify, to stipulate, to qualify, to determine.
precisión *f.* precision, accuracy. *Solicitar una información más precisa,* to ask for more detailed information, for further particulars.
preciso, a *adj.* precise, definite, accurate.
precitado, a *adj.* above, above-mentioned.
precluir *v.t. (hipotecas)* to foreclose; to preclude.
precocidad *f.* precociousness.
preconizar *v.t.* to advocate, to call for, to recommend, to urge.
precoz *adj.* precocious, early.
precursor, a *adj.* precursor.
predecesor, a *n.* predecessor.
predecir *v.t.* to forecast, to predict.
predial *n.* y *adj.* predial, landed (property). *Crédito predial,* land bank. *Impuesto, contribución predial, impuesto sobre el predio (sobre propiedades no construidas),* land tax; *(sobre propiedades construidas),* property tax, (GB) prop-

erty rates. *Propiedad predial,* real estate, landed property, landed estate. *Propietario predial,* land holder, land owner.

predicar *v.t.* to advocate, to recommend; to extoll, (GB) extol; to preach.

predicción *f.* forecast.

predio *m.* real estate, property.

predisponer *v.t.* to predispose. *Predisponer contra,* to prejudice, to bias.

predisposición *f.* predisposition.

predominancia *f.* predominance.

predominante *adj.* prevailing, predominant, leading.

predominar *v.i.* to prevail, to predominate.

preelectoral *adj.* prefectoral, prefectorial; pre-election.

preeminencia *f.* preeminence.

preeminente *adj.* preeminent.

preencuesta *f.* *(mercado)* pretesting.

preestablecer *v.t.* to preestablish.

preexistente *adj.* preexistent.

preexistir *v.i.* to preexist.

prefabricación *f.* prefabrication.

prefabricado *adj.* prefabricated, prefab.

prefecto *m.* prefect.

prefectura *f.* prefecture.

preferencia *f.* preference. *Acciones de preferencia,* preference shares, preferred stock. *Tener preferencia sobre,* to have priority (on, over), to have precedence (over), to rank prior (to), to have a prior claim (on).

preferencial *adj.* preferential. *Acreedor preferencial,* preferential creditor.

preferente *adj.* preferential. *Legado preferente,* preference legacy.

preferible *adj.* preferable, better, more advisable.

preferido, a *adj.* preferred, favorable, pet.

preferir *v.t.* to prefer. *Preferimos que la reunión sea pospuesta,* we would prefer the meeting to be postponed, we would rather the meeting were postponed.

prefiguración *f.* prefiguration.

prefigurar *v.t.* to foreshadow, to announce, to herald.

pregonero *m.* *(mercados)* hawker.

pregunta *f.* question. *Hacer una pregunta,* to make a question.

preguntar *v.t.* e *i.* to question, to ask.

prejubilación *f.* 1 early retirement (as a means of avoiding lay-offs). *Tomar uno su prejubilación,* to accept early retirement. 2 *(suma depositada)* early retirement pension/allowance.

prejuicio *m.* prejudice, bias, detriment, damage, harm, injury, wrong; JUR.: tort. *Prejuicio favorable,* favorable presumption. *Sin prejuicios,* unprejudiced, unbias(s)ed; open-minded, broadminded.

prejuzgar *v.t.* e *i.* 1 to prejudge, to prejudice. 2 *(prejuzgar de)* to overestimate.

preliminar *adj.* preliminary.

preliminares *m. pl.* preliminaries.

prematuramente *adv.* prematurely, too early.

prematuro, a *adj.* premature, too early.

premeditación *f.* premeditation. *Con premeditación,* willfully, deliberately; JUR.: with malice aforethought. *Homicidio con premeditación,* willful murder.

premiado, a *adj.* prize-winning.

premiar *v.t.* *(conceder un premio)* to grant a prize, to grant an award, to award a prize.

premio *m.* prize, award. *Lista de premios,* honorous-list, prize-list, list of awards, list of winners, results; hit parade.

premisa *f.* premise.

prenda *f.* 1 *(garantía)* pawn, pledge, security, guarantee. *Dar en prenda,* to give as security. 2 *(artículo de vestir) prendas de lana,* woolen goods, woolens.

prensa *f.* 1 *la prensa,* the press. 2 *poner en prensa,* to print, to go to press.

prensar *v.t.* to press.

preocupación *f.* concern, preoccupation.

preocupado, a *adj.* concerned, preoccupied, worried, disturbed.

preocupante *adj.* disturbing, worrying. *La situación empieza a ser preocupante,* the situation is beginning to cause concern.

preocupar(se) *v. pr.* to worry, to attend (to), to see (to).

preparación *f.* preparation, preparing; *(procesamiento)* processing.

preparar *v.t.* to prepare, to get something ready. *Preparar un examen,* to prepare for an examination.

preparar(se) *v. pr.* to prepare, to get ready, to make ready, to make preparations.

preparativos *m. pl.* preparations.

preparatorio, a *adj.* preparatory, preliminary, introductory.

preponderancia *f.* preponderance, predominance.

preponderante *adj.* preponderant, determining, predominant, leading. *Voto preponderante,* casting vote.

prerrequisito *m.* prerequisite, condition, preliminary.

prerrogativa *f.* prerogative, privilege.

presa *f.* *(ser presa de, presa de)* to fall prey to. *Ser presa de la inflación,* to be plagued by inflation, to be inflation ridding.

presagiar *v.t.* to announce, to herald, to augur.

prescindir *v.i.* to set aside.

prescribir *v.t.* e *i.* to prescribe, to stipulate. *Dentro de los límites prescritos,* within the stipulated limits. JUR.: to lapse, to become out of date.

En la fecha prescrita, on the date fixed, on the appointed day.

prescribir(se) *v. pr.* to expire, to lose one's validity; to become out of date. Jur.: to lapse.

prescripción *f.* 1 Jur.: prescription, statute of limitations, statute of repose. *Caer bajo una prescripción,* to fall under the statute of limitations. 2 *(pl. reglamentos)* regulations, instructions. 3 Med.: prescription. 4 foreclosure, stoppage.

prescripciones técnicas, specifications.

prescriptible *adj.* prescriptible.

prescriptor *m.* Med.: prescriber.

prescrito, a *adj.* expired, no longer valid, out of date. *Billete o boleto prescrito,* used ticket.

preselección *f.* preselection, *(candidatos)* screening, shortlisting.

preseleccionar *v.t.* to preselect, *(candidatos)* to shortlist, to screen.

presencia *f.* presence. *(Presencia en un curso, en una reunión),* attendance. *Presentación de pruebas,* Jur.: trusteeship; producing (of proofs, of evidence).

presentación *f.* 1 appearance, arrangement, presentation, get up. 2 *(de mercancías en una tienda)* display. 3 *(letras, etc.)* presentation. *Pagadero a la presentación,* payable on presentation, at sight, on demand. 4 *(de una carta)* layout. 5 *(hecho de presentar una persona)* introduction, introducing. 6 *(comunicación con motivo de un congreso, etc.)* presentation, *(por escrito)* paper. 7 *(presentación de un nuevo modelo)* launching, introduction. 8 Jur.: *(documentos, pruebas, etc.)* producing, exhibiting, exhibition. 9 *(presentación de modas)* fashion show.

presentación oral, *(de un reporte)* oral presentation.

presentador *m.* 1 *(facturas)* presenter. *Maestro de ceremonias,* announcer, anchorman, host. 2 *(mueble)* display stand, display unit.

presentadora *f.* *(televisión)* announcer, hostess, M.C., emcee.

presentar *v.t.* 1 *(a una persona)* to introduce. 2 *(ofrecer)* to offer. 3 *(mercancías)* to display. 4 *(una letra de cambio)* to present. 5 *(someter)* to submit. 6 *(revelar, etc.)* to show. *Los resultados presentan un aumento de...,* The results present an increase of... 7 *(describir, formular)* to state.

presentar(se) *v. pr.* 1 to introduce oneself. 2 *(hacer una visita)* to call. 3 *(eventos, situaciones)* to occur, to come up, *fam.* to turn up, *(dificultades)* to arise. 4 *(a una selección)* to run, to stand as candidate. 5 *(a un examen)* to sit for an exam, to take an exam. 6 *(a una entrevista, etc.)* to go, to come, to apply, to call. *Presentarse al trabajo,* to report for work. 7 *(hoteles)* to check in.

presentar dificultades, to involve difficulties.

presentar excusas, to apologize, to render one's apologies.

presentar una apelación, to lodge (EU) to file an appeal.

presentar una cuenta, to submit an account.

presentar una estimación, to send in a tender, to tender.

presentar una propuesta, to introduce a motion, to table a motion, to put a motion to the meeting, to move (that, etc.).

presentar una queja, to take legal action, to lodge a complaint, (EU) to file a suit, to sue; to bring an action (against someone), to institute/to (under) take proceedings, etc.

presentar un argumento, to bring forward an argument, to make a point.

presentar un candidato, to field a candidate.

presentar un documento, to produce, to show, to exhibit a document.

presentar (uno) su renuncia, to tender/to hand in one's resignation.

presentar (uno) sus deseos, to offer one's wishes, to congratulate.

presentar un proyecto de ley, to introduce a bill.

presentar un reporte, to submit, to produce a report.

presente *m.* 1 *el presente,* the present. 2 *la presente,* this letter. *Por (medio de) la presente,* in this letter, Jur.: hereby. 3 *los presentes,* those present, those attending, the audience, (EU) the attendees. 4 *(regalo)* present, gift.

presente *adj.* 1 current, present. *El presente contrato,* this contract. *En el momento presente,* currently, (EU) presently, at present, now.

presentimiento *m.* presentiment; *fam.* hunch.

presentir *v.t.* to predict, to sense.

preservación *f.* preservation, protection, maintenance. *Preservación del empleo,* job protection, job security, safegard(ing) of employment. *Preservación de los recursos naturales,* conservation of natural resources.

preservar *v.t.* to preserve, to protect.

presidencia *f.* presidency, chairmanship.

presidencial *adj.* presidential.

presidente, a *n.* president, *(reuniones, consejos de administración)* chairman (*f.* chairwoman). Pol.: *presidente del consejo,* Prime Minister, Premier.

presidente del consejo de administración, Chairman of the Board.

presidente de una sesión, chairman.

presidente y director administrativo, (EU) Chairman and President, (GB) Chairman and Managing Director.

presidente y director general, (EU) Chairman and President, (GB) Chairman and Managing Director.

presidir *v.t.* to preside. *Presidir una reunión*, to preside over a meeting/at a meeting, to chair a meeting. *¿Quién va a presidir la reunión?* Who is going to take the chair?

presión *f.* pressure. *Presiones inflacionarias*, inflationary pressures.

presionar *v.t.* to press.

prestable *adj.* lendable, loanable.

prestación *f.* **1** *(servicios) prestación de un servicio*, provision of a service. **2** *prestación social*, allowance, benefit, social benefit. *Prestación por enfermedad*, sickness benefit. **3** *prestación de un juramento*, taking of an oath, *(presidente de los EU, etc.)* swearing in ceremony, taking the oath of office. **4** *prestaciones personales*, personal benefits.

prestador de servicios, service provider, supplier of service.

prestamista *mf.* lender. *Prestamista institucional*, institutional lender. *Prestamista sobre prendas*, pawnbroker.

préstamo *m.* loan, borrowing. *Amortizar un préstamo*, to repay a loan. *Caja de préstamos*, loan office. *Capital (tomado) en préstamo*, loan capital. *Conceder un préstamo*, to grant a loan, to make a loan. *Contratar un préstamo*, to raise, to take out a loan, to take up a loan. *Emitir un préstamo*, to issue a loan. *Hacer un préstamo*, to make a loan, to lend money. *Lanzar un préstamo*, to float a loan. *Obtener un préstamo*, to be granted a loan, to secure a loan. *Préstamo a corto plazo/a largo plazo*, short-dated/long-dated loan, short-term loan/long-term loan. *Préstamo a largo plazo no garantizado*, debenture loan. *Préstamo consolidado*, consolidated loan. *Préstamo de guerra*, war loan. *Préstamo en descubierto*, unsecured loan, loan on overdraft. *Préstamo en multidivisas*, multi-currency loan. *Préstamo forzado*, forced loan. *Préstamo garantizado*, secured loan. *Préstamo hipotecario*, mortgage loan. *Préstamo irrecuperable*, dead loan. *Préstamo para el mejoramiento de la vivienda*, home improvement loan. *Préstamo para la compra de casa*, home loan plan, private home ownership plan, (EU) Home Owners Mortgage Loan, (GB) Building Society Loan. *Préstamo para la construcción de casa*, building loan, construction loan. *Préstamo personal*, personal loan. *Préstamo por sorteo*, lottery loan. *Préstamo preventivo*, standby loan, bridging loan. *Préstamo riesgoso*, bad loan. *Préstamo sobre acciones*, loan on stocks. *Préstamo sobre títulos de crédito*, loan/advance on securities. *Préstamo subsidiado*, subsidized/low-interest loan. *Redimir/reembolsar un préstamo*, to redeem, to repay a loan. *Solicitar un préstamo*, to borrow (a *alguien*, from someone), to ask for a loan. *Solicitar un préstamo a corto plazo*, to borrow short. *Solicitar un préstamo con intereses*, to borrow at interest. *Solicitar un préstamo sobre una hipoteca*, to borrow on mortgage. *Solicitar un préstamo sobre valores*, to borrow on securities.

prestanombres *mf.* front, dummy, straw-man.

prestar *v.t.* **1** to lend, (EU) to loan. **2** *prestar juramento*, to take an oath, to be sworn, *(Presidente de los EU)* to be sworn in. **3** *(prestar atención)*, to pay attention. **4** *(prestarse a una interpretación, etc.)* to lead to, to give rise to. **5** *prestarse uno a*, to lend oneself to. *Prestarse a confusión*, to be misleading.

prestar(se) *v. pr.* to lend (oneself) to.

prestatario, a *n.* borrower. *Prestatario sobre hipotecas*, pledger, pawner, mortgager, mortgagor.

prestigiado, a *adj.* prestigious.

prestigio *m.* prestige, status.

prestigioso, a *adj.* renowned, famous, distinguished.

presto *adj.* ready, prepared. *Estamos prestos/dispuestos a concederles un descuento*, we are prepared to grant you a reduction.

presumir *v.t.* **1** *(con ostentación)* to show off. **2** *(suponer)* to presume, to assume, to suppose.

presunción *f.* presumption. *Prueba por presunción*, presumptive evidence, circumstancial evidence.

presuntamente *adv.* supposedly, allegedly.

presunto, a *adj.* presumptive. *Presunto heredero*, heir apparent.

presupuestar *v.t.* to budget.

presupuestario, a *adj.* budget, budgetary, financial, fiscal.

presupuesto *m.* **1** *(suposición)* assumption. **2** budget, estimates, Pub.: *presupuesto de anuncios*, account. *Presupuesto estrecho, ajustado*, tight budget.

presupuesto de compras, acquisitions budget, procurement budget.

presupuesto de efectivo, cash budget.

presupuesto de gastos de capital, capital investment budget.

presupuesto de inversiones, investment budget.

presupuesto de producción, production budget.

presupuesto de ventas, sales budget.

presupuesto fijo, fixed budget.

presupuesto flexible, flexible budget.

presupuesto interno, household expenses.

presupuesto variable, variable budget.

presuroso *adj.* pressing, urgent.

pretender *v.t.* to pretend, to claim, to allege.

pretendido *adj.* alleged, would-be, so-called, self-styled.

pretensión *f.* claim, pretension. *Pretensiones salariales,* salary expected, salary asked for, salary claim.

pretexto *m.* pretext, excuse.

prevaleciente *adj.* prevailing, prevalent.

prevalecer *v.i.* **1** to prevail. *Hacer prevalecer uno sus derechos,* to make good one's rights, to vindicate one's rights. **2** *(tener curso)* to obtain, to prevail.

prevaler(se) *v. pr.* to take advantage of. *Prevalerse de un derecho,* to exercise a right.

prevaricación *f.* prevarication, maladministration, misuse/abuse of authority, breach of trust, deviation from duty.

prevención *f.* prevention. *Prevención de accidentes,* prevention of accidents. *Prevención de accidentes de carretera,* prevention of road accidents.

prevenir *v.t.* **1** to inform, to advise, to notify, to give notice. **2** *(advertencia, amenaza)* to warn. **3** *(impedir)* to prevent, to forestall. **4** *(percibir de manera anticipada)* to anticipate.

preventivamente *adv.* preventively.

preventivo, a *adj.* preventive, pre-emptive. *Detención preventiva,* (detention under) remand. *Medida preventiva,* preventive measure, deterrent.

prever *v.t.* **1** to foresee, to expect, to anticipate, *(anunciar)* to forecast. **2** *(leyes, textos, etc.)* to provide, to make provisions for, to specify, to state. *Ello no se encuentra previsto en el contrato,* this is not specified in the contract. *La reunión prevista para mañana,* the meeting due to be held tomorrow/scheduled for tomorrow. *Se deben prever varias reuniones,* we have to arrange for (make arrangements for) several meetings. *Su programa no prevé nada para las personas de edad,* their program does not provide anything for the elderly. **3** *(incluir)* se deben prever por lo menos dos meses, we have to allow for two months at least. **4** *(planear hacer alguna cosa)* to plan.

previamente *adv.* beforehand, previously.

previo *adj.* previous, preliminary, prior. *Descuento en la fuente,* withholding, withdrawal (at source), deduction (at source). *Descuento previo,* sum withheld from wages or salary for social security, etc.

previsible *adj.* predictable, foreseeable.

previsión *f.* forecast, estimate, expectation, anticipation. *Hacer previsiones para,* to provide for, to see to, to attend to. *Las previsiones fueron revisadas con miras a disminuir su cuantía,* estimates had to be revised down(ward).

prima *f.* **1** *(suplemento)* bonus. **2** *(prima de seguros)* premium. **3** *(asignación)* grant, subsidy, allowance. **4** *vender una prima, vender por arriba de su valor a la par,* to be above par, at a premium. **5** *(obsequio)* free, gift.

prima de antigüedad, seniority pay, long service premium.

prima de demora, backwardation.

prima de incentivos, incentive bonus. *Sistema de primas de incentivos,* incentive bonus scheme.

prima de reconversión, redeployment compensation, retraining award.

prima de rendimiento, productivity bonus, output bonus.

prima de riesgo, danger money.

prima de seguros, insurance premium.

prima para el desarrollo, development subsidy.

prima para la construcción, building subsidy.

prima para la exportación, *(subsidio)* export bonus.

prima para reexportación, drawback.

prima por despido, (EU) severance pay, (GB) redundancy payment.

prima por traslado, removal allowance, relocation allowance.

primario, a *adj.* primary. *Escuela primaria,* primary school. *Factor primario,* primary factor.

primarios, as *n. pl.* primaries.

primer *adj.* first. *De primer nivel,* first choice, top grade, top quality. *Primer interesado,* JUR.: preferential creditor.

primera de cambio *loc.* *(letras de cambio)* first of exchange.

primeramente *adv.* first, firstly.

primeras entradas, primeras salidas, *(inventarios)* first in, first out, F.I.F.O., f.i.f.o.

primero, a *n. y adj.* first. *De primera clase,* first rate, first class, sixth form. *De primera mano,* first-hand. *Hipoteca de primer rango,* first mortgage.

primicia *f.* newness, freshness. *Tener la primicia de...,* to be the first informed of... PERIOD.: *dar una noticia en forma de primicia,* to have a scoop on.

primitivamente *adv.* initially, originally.

primitivo, a *adj.* primitive.

primo, a *adj.* first. *Materia prima,* raw material. *Número primo,* prime number.

primordial *adj.* paramount, utmost, major.

principal *m.* *(capital)* principal, capital. *Punto principal,* main point, main thing, essential.

principal *adj.* principal, main, chief, major, leading, head. *Acreedor principal,* chief creditor. *Asociado principal,* senior partner. *Principal contratista,* main contractor.

principiante *mf.* beginner.

principiar *v.t.* to begin, to start out.

principio *m.* principle. *En principio,* in principle, theoretically. *Por principio,* on principle.

prioridad *f.* priority (on, over), precedence (over), priorclaim (on, over). *Acciones de prioridad,* preference shares, preferred stock. *Aquello que confiere derecho de prioridad,* preemptive. *Asignar un orden de prioridad,* to prioritize. *Dere-*

cho de prioridad, preemption. *Garantizar el derecho de prioridad,* to preempt. *Objetivo de prioridad,* major objetive, main goal, first priority objetive. *Tarjeta de prioridad,* pass. *Tener prioridad,* to rank first, to have precedence. *Tener prioridad sobre,* to have precedence on, to have priority on, to take precedence, to have a prior claim (on, over), to rank before.

prioritario *adj.* priority.

prisa *f.* haste. *Tener prisa,* to be in a hurry.

prisión *f.* prison, jail, gaol, imprisonment. *Prisión por deudas,* imprisonment for debt. *Prisión preventiva (tiempo que se pasa en prisión antes de ser juzgado),* confinement under remand, detention awaiting trial.

prisionero, a *n.* prisoner.

privación *f.* 1 deprivation, loss. *Privación de derechos,* loss of rights. 2 privation, hardship.

privado, a *adj.* private. *Acta bajo sello privado,* private deed (contract, agreement). *Bajo sello privado,* under private seal. *Compañía privada,* private company. *Empresa privada,* private firm, private business, private enterprise. *Garaje privado,* lock-up garage, private garage. *Inversionistas privados,* private investors; personal savings. *Propiedad privada,* private property. *Reunión privada,* private meeting. *Sector privado,* private sector.

privar *v.t.* to deprive, to dispossess. *Privarse de,* to do without (something).

privativo, a *adj.* 1 private JUR.: *derecho privado,* exclusive right. 2 depriving. *Pena privativa de la libertad,* prison sentence.

privatizar *v.t.* to privatize, *(una sociedad de tipo S.A.)* to take a company private.

privatizar(se) *v. pr.* to privatize, to go private.

privilegiado, a *adj.* preferential, preferred. *Acciones privilegiadas,* (EU) preferred shares (stocks), (GB) preference shares. *Crédito privilegiado,* preferential claim.

privilegiar *v.t.* to privilege, to favor.

privilegio *m.* 1 privilege. 2 JUR.: preference, preferential right, preferential claim, lien. *Privilegio de vendedor,* vendor's lien.

pro *prep.* in favor of.

proa *f. (barcos)* bow(s).

proactivo, a *adj.* pro-active.

probabilidad *f.* probability, likelihood, likeliness. *Cálculo de probabilidades,* probability calculus. *Las probabilidades en contra son de 15 frente a uno,* betting odds/the odds are fifteen to one.

probable *adj.* probable, likely. *Poco probable,* unlikely.

probado, a *adj.* tried, tested, proven. *Método probado,* proven method, well-tried method. *Principio probado,* time-honored principle.

probar *v.t.* 1 to test, to submit to a test. *Persona probada,* testee. 2 to prove, *(presentar prue-*

bas de) to demonstrate, *(proporcionar pruebas),* to substantiate. 3 to try.

probatorio, a *adj.* probationary, probational. *Periodo probatorio,* probation(ary) period.

probidad *f.* probity, integrity, honesty.

problema *m.* problem, issue. *Resolver un problema,* to solve a problem.

problemático *adj.* problematical, dubious.

proceder *v.i.* 1 to proceed, *(efectuar)* to carry out, to effect. 2 *proceder de,* to arise from, to stem from, to originate from, to proceed from. 3 *proceder a,* to proceed with, to proceed to, to turn to, to pass on to.

procedimiento *m.* 1 procedure, proceedings. *Entablar un procedimiento legal,* to institute proceedings. *Procedimiento colectivo,* collective bargaining. *Procedimiento de quiebra,* bankruptcy proceedings. *Procedimiento legal,* legal proceeding. *Procedimientos de separación de ejercicios* CONTAB.: procedures. 2 process, method, means. 3 deal(ing), practice, conduct, behavior. *Procedimiento desleal,* unfair practice.

procedimiento judicial de urgencia, summary procedure.

procesado, a *adj.* accused, defendant.

procesador *m.* processor. INFORM.: *procesador de palabras,* word processor.

procesal *adj.* referring to a process.

procesamiento *m.* processing. *Capacidad de procesamiento,* processing capacity, *(datos)* data-handling capacity. *Fábrica de procesamiento,* processing plant. *Procesamiento de aguas usadas,* processing of effluents. *Procesamiento de datos,* data processing. *Procesamiento de textos,* word processing. *Procesamiento por lotes,* batch processing.

procesar *v.t.* JUR.: to sue. *Procesar penalmente,* to refer a case to a criminal court.

proceso *m.* process, suit, lawsuit, *(criminal)* trial, case. *Entablar un proceso (legal),* to take legal action, to sue, to bring an action against, to institute proceedings, (EU) to file a (law) suit. *Instaurar un proceso legal contra,* to bring a civil action against. *Seguir un proceso contra alguien,* to sue somebody.

proceso de fabricación, manufacturing process.

proclamación *f.* proclamation.

proclamar *v.t.* to proclaim, to declare, *(leyes, etc.)* to promulgate, *(resultados)* to announce.

procuración *f.* procuration, proxy, power of attorney. *Carta de procuración, carta poder,* power of attorney, letter of authority. *Por procuración, por apoderado,* by proxy. *(Cartas, etc.)* per pro (per procurationem).

procurador, a *n.* attorney. *Procurador de la República,* public prosecutor, (EU) District Attorney, D.A.

procurar *v.t.* to procure.
prodigalidad *f.* lavishness. *Con prodigalidad,* lavishly.
pródigo *adj.* spendthrift, lavish, thriftless.
producción *f.* 1 producing, production, generation. 2 *(industrial, etc.)* production. *Costo de producción,* production cost, *(cuantificable)* output. 3 *(productos)* product(s), manufacture(s). 4 *ingeniería de la producción,* production engineering, production technology, production engineering applications. 5 *unidad de producción,* unit of production, production unit.
producir *v.t.* 1 to produce. 2 *(ocasionar)* to bring about. 3 *(un interés)* to yield, to bear, to produce. 4 *(agricultura)* hacer producir, *(la tierra)* to develop, to farm. 5 *(dinero)* to invest; *producir un interés,* to yield/bring/produce an interest.
producir(se) *v. pr.* to take place, to occur, to happen, to arise, to come about.
productible *adj.* productible.
productividad *f.* productivity. *Acuerdo de productividad,* productivity deal, self-financing, productive deal. *Ganancias de productividad,* productivity gains. *Productividad por obrero,* per-worker productivity.
productivo, a *adj.* 1 productive. 2 *(de un interés)* yielding, bearing. *Acciones productivas/ productivas de dividendos,* shares yielding a dividend. *Colocación/inversión productiva,* high-yield investment, profitable investment. *Productivo de intereses,* interest bearing.
producto *m.* 1 product, *(agricultura)* produce. *Producto de base,* staple, staple commodity, staple product; *subproducto,* by-product. 2 CONTAB.: revenue. *Producto de la jornada,* day's takings, day's receipts. *Productos de las ventas,* proceeds, yield. *Productos diferidos, ingresos diferidos,* deferred income. *Productos propios de la actividad o giro comercial,* trading revenue. 3 *producto alimenticio,* food product; *productos alimenticios,* foodstuffs; *(abarrotes)* groceries. 4 *gerente de producto, administrador de producto,* product manager. 5 *producto terminado,* finished product. 6 *semiproductos,* intermediary goods.
producto de belleza, cosmetic.
producto de marca, branded article.
producto derivado (o **subproducto**), by-product.
producto intermediario, intermediate product.
producto interno bruto (P.I.B.), gross domestic product (G.D.P.).
producto manufacturado, manufactured product, manufacture.
producto nacional bruto (P.N.B.), gross national product (G.N.P.).

producto neto, net proceeds, net income.
producto químico, chemical product. *Productos químicos,* chemical products.
productor, a *n.* producer. *(Agricultura)* farm gate price. *Precio al productor,* producer price. *Productor de autopartes,* parts manufacturer, autoparts manufacturer; subcontractor.
productor, a *adj.* producing. *País productor de petróleo,* oil producing countries. *Productor de intereses,* interest-bearing.
productos *m. pl.* products. *Productos manufacturados,* manufactured products. *Productos para el hogar,* household products.
producto semiterminado, semi-finished product.
producto terminado, finished product.
profano, a *n.* layman, *f.* laywoman.
profesión *f.* occupation, *fam.* job, calling, trade, business. *Profesiones liberales,* (the) professions.
profesional *m.* professional. *fam.* pro.
profesional *adj.* occupational, vocational, professional. *Enfermedad profesional, enfermedad derivada de una ocupación,* occupational disease. *Experiencia profesional,* job related experience, professional/field experience, track-record. *Formación profesional,* vocational training. *Riesgo profesional,* occupational hazard.
profesionalismo *m.* professionalism.
profesor, a *n.* teacher, *(de una universidad)* professor.
proforma *loc.* proforma. *Balance general proforma,* proforma balance sheet. *Estado de resultados proforma,* proforma income statement. *Factura proforma,* proforma invoice.
profundidad *f.* depth.
profundo, a *adj.* deep.
profusión *f.* profusion, abundance, lavishness.
programa *f.* 1 programme, (EU) program; plan, planning; schedule, scheduling; scheme. 2 *(política)* platform. 3 *(de un curso)* syllabus; *(de una universidad)* curriculum. 4 *completar un programa de capacitación,* to complete a training period, (EU) a traineeship, an internship. *Programa de capacitación,* training program(me). *Programa de capacitación dentro de una empresa,* (EU) internship, (GB) work experience placement, work placement. *Programa de capacitación previo al empleo,* probation, probation period. *Programa de formación,* training program(me).
programación *f.* programming.
programado, a *adj.* programmed. *Enseñanza programada,* programmed education (course, learning).
programador, a *n.* programmer.
programar *v.t.* to program(me), to plan, to schedule.

progresar *v.i.* to progress, to advance, to improve, *(negociaciones, etc.)* to make headway.

progresión *f.* progression.

progresista *mf.* progressist.

progresivamente *adv.* progressively, gradually.

progresividad *f.* progressiveness, progressivity.

progresivo, a *adj.* progressive, gradual, *(impuestos)* graduated.

progreso *m.* 1 progress, advance, development, advancement, progression. *El progreso,* progress. *El progreso técnico,* technical progress. *Estar en pleno progreso,* to be up, to be on the rise, to be on the increase, to be increasing. *Progresar,* to progress, to make progress, to improve, *(negociaciones, etc.)* to make headway. *Progreso regular,* steady increase; steady improvement. *Un progreso técnico,* a technical advance (development, breakthrough). 2 *(mejoramiento)* improvement.

prohibición *f.* interdiction, prohibition, ban.

prohibido, a *adj.* forbidden, prohibited. *Zona prohibida,* prohibited/restricted area.

prohibir *v.t.* to prohibit, to forbid, to bar, to ban. *Se prohíbe pegar anuncios,* stick no bills, post no bills.

prohibitivo, a *adj.* prohibitive, *(tasa de interés, etc.)* extortionate.

proletariado *m.* proletariat.

proletario, a *n. y adj.* proletarian.

proletarización *f.* proletarization, proletarianization.

proletarizar *v.t.* to proletarize, to proletarianize.

proliferar *v.i.* to proliferate, to multiply, to teem.

prolongación *f.* extension, lengthening, prolonging, prolongation, continuation, reconduction. *Prolongación de una letra de cambio,* renewal of a bill.

prolongado, a *adj.* long, lasting, prolonged, continued, *(demora)* extended; *(relaciones, esfuerzos)* sustained, *(que dura demasiado tiempo)* protracted. *Una huelga prolongada,* a protracted strike.

prolongar *v.t.* to prolong, to extend, to protract. *Prolongar una letra de cambio,* to renew a bill. *Prolongar un plazo,* to extend a deadline.

prolongar(se) *v. pr.* to extend, to continue, to be prolonged, to last.

promediar *v.t.* to average out (to).

promedio *m.* average, mean.

promesa *f.* promise, pledge, commitment. *Honrar uno sus promesas,* to meet one's commitments. *Mantener uno su promesa,* to keep one's promise, to be true to one's word. *Promesa de venta,* promise to sell. *Promesa electoral,* election pledge.

prometedor, a *adj.* promising, attractive, appealing.

prometer *v.t.* to promise, to pledge oneself, to pledge one's word (to do something).

prominente, prominent, conspicuous, (highly) visible.

promoción *f.* 1 promotion, advancement. *Promoción por antigüedad,* promotion by seniority. *Promoción por selección,* promotion by selection, according to merit. 2 *(de mercancías, etc.)* promotion. *Campaña de promoción,* promotion campaign. *Promoción de ventas,* sales promotion. 3 *lista de promoción,* promotion list, promotion roster.

promotor, a *n.* 1 promoter, originator (of idea, etc.). 2 *(inmuebles)* (real-estate) developer, *(de un espectáculo, etc.)* organizer. 3 *(emisiones de valores)* launcher, promoter, floater (company).

promover *v.t.* to promote. *Promover una teoría,* to put forward. *Ser promovido hacia un puesto,* to be promoted to a position.

promovido, a *adj.* promoted.

promulgación *f.* proclamation, promulgation, *(leyes)* enactment, enacting.

promulgar *v.t.* to promulgate, to proclaim, to issue, *(leyes)* to enact. *Promulgar una ley,* to pass a bill.

pronosticador, a *n.* forecaster.

pronosticar *v.t.* to forecast.

pronóstico *m.* forecast, *(médico)* prognosis. *Pronóstico de flujo de efectivo,* cash flow forecast. *Pronóstico de ventas,* sales forecast.

prontitud *f.* promptness, dispatch, speed.

pronto, a *adj.* prompt, quick, speedy.

pronunciación *f.* pronunciation, *(de un discurso)* delivery, *(de un juicio)* passing (of a sentence), terms, veredict.

pronunciado, a *adj.* pronounced, marked, sharp, strong.

pronunciar *v.t.* 1 to pronounce, to utter. *Pronunciar un discurso,* to deliver a speech, to make a speech, to deliver an address. 2 *(un juicio)* to pass, deliver, pronounce (a sentence).

pronunciar(se) *v. pr.* to commit oneself, to declare (for, against), to express one's opinion; *(tribunales)* to give one's veredict, *(comisión)* to come to a conclusion.

propaganda *f.* propaganda. *Folleto de propaganda,* leaflet, handout, broadsheet. *Hacer propaganda,* to advertise, to publicize.

propagar *v.t.* to spread.

propagar(se) *v. pr.* to spread.

propensión *f.* tendency, proclivity.

propicio, a *adj.* favorable, (GB) favourable.

propiedad *f.* 1 ownership, proprietorship, possession. 2 estate, property. *Acta de propiedad,* deed of property, title-deed. *Poseer con dominio absoluto,* to hold in fee simple. *Título de propiedad,* title-deed (to property), deed of property, title to property. **3** property, characteristic, feature.

propiedad conjunta, coparcenary, joint property, joint ownership.

propiedad gravada con una hipoteca, encumbered estate.

propiedad industrial, industrial property, patent rights.

propiedad inmueble, landed property, real estate; *detentada a perpetuidad,* (GB) freehold.

propiedad literaria y artística, copyright.

propiedad personal, personal property.

propiedad, planta y equipo, property, plant and equipment.

propiedad privada, private property. *"Propiedad privada, los invasores serán perseguidos por la ley",* "Private property, trespassers will be prosecuted."

propiedad vitalicia, life-estate.

propietario, a *n.* owner, proprietor, possessor, landowner. *Co-propietario,* co-owner. *Nuevo propietario,* prospective-home owner, new property owner. *Propietario de las acciones de un barco,* owner (of shares in a ship). *Propietario de un departamento,* landlord. *Propietario de un terreno,* land owner.

propietario de una gasolinera, service-station owner/operator; (EU) gas station owner, (GB) petrol-station owner.

propietario de un barco de recreo, pleasure boat owner.

propietario prospectivo de una casa, new property-owner, prospective home-owner.

propina *f.* tip, tipping, service. *Dar una propina,* to tip.

propio, a *adj.* own, proper, specific, accurate; fit (for), suitable (for); appropriate. *Capital propio (de una empresa)* stockholders' equity, net worth, equity capital, *(de un individuo)* own capital, property capital. *Entregar en mano(s) propia(s),* to be delivered personally, to be delivered into someone's own hands. *Fondos propios,* stockholders' equity, capital stock.

proponer *v.t.* **1** to propose, to offer, to suggest, to submit. *(Orden del día, una promoción),* to move. *Proponer el diferimiento de la reunión,* to move that the meeting be adjourned. **2** *(a alguien para un puesto),* to approach.

proporción *f.* **1** proportion, rate, ratio. **2** dimension, size.

proporcional *adj.* proportional, *(proporcionado)* proportionate; ADUANAS: ad valorem. *Derecho proporcional,* ad valorem duty.

proporcionalidad *f.* proportionality.

proporcionalmente *adv.* proportionally, proportionately.

proporcionar *v.t.* **1** to supply, to provide, to furnish. *Proporcionar pruebas,* to produce evi-

dence. *Proporcionar una cosa a alguien,* to supply/to provide somebody with something. **2** to proportion, to adjust.

proposición *f.* **1** proposal, proposition, offer; suggestion. *Rechazar una proposición,* to turn down an offer. **2** *(recomendación)* recommendation.

propósito *m.* purpose, goal, intention, design, scheme.

propuesta *f.* proposal. *Hacer propuestas,* to make proposals.

propulsar *v.t.* to propel.

propulsión *f.* propulsion.

prorrata *f.* pro rata. *En prorrata con, en forma prorrateada con,* in proportion to. *Establecer una prorrata,* to prorate.

prórroga *f.* **1** extension of time. *Prórroga de una letra de cambio, de un préstamo,* renewal; *(vencimiento),* extension of term payment. **2** respite. *Días de prórroga, días de gracia,* days of grace.

prorrogar *v.t.* to extend (time-limits), to prolong (the duration of); *(títulos de crédito, préstamos)* to renew, *(aplazar)* to postpone.

proscribir. *v.t.* to proscribe, to forbid, to prohibit, to outlaw.

proscripción *f.* proscription, proscribing, outlawing, interdiction, prohibition.

prospección *f.* prospecting, *(de una clientela)* canvassing.

prospectar *v.t.* to prospect, *(clientela)* to canvass, to look for new customers, to seek (out) new customers; to circularize.

prospectiva *f.* forecasting, prospective studies.

prospectivo, a *adj.* prospective.

prospecto *m.* **1** prospect, handbill, leaflet; booklet. **2** *prospecto de emisión (acciones),* prospectus.

prospector, a *n.* prospector, *(clientela)* canvasser.

prosperar *v.i.* to prosper, to thrive, to flourish.

prosperidad *f.* boom, prosperity.

próspero *adj.* prosperous, thriving, flourishing; affluent.

protagonista *mf.* protagonist.

protección *f.* protection, preservation, safety; *(seguros)* cover. *Protección de la naturaleza,* conservation. *Protección del empleo,* job protection, job security.

proteccionismo *m.* protectionism.

proteccionista *adj.* protectionist, protective. *Medidas proteccionistas,* protective/protectionist measures.

protector, a *adj.* protective.

protectorado *m.* protectorate.

proteger *v.t.* to protect, to shelter, *(una transacción)* to hedge.

protesta *f.* protest.

protestable *adj.* protestable. *Letra de cambio protestable,* protestable bill.
protestador *m.* protester.
protestar *v.t.* to protest. *Protestar una letra de cambio, un título de crédito,* to protest a bill.
protesto *m.* protest. *Hacer un protesto,* to have a bill noted.
protocolario *adj.* protocolar, protocolary, protocolic, *fam.* formal.
protocolizar *v.t.* to protocol.
protocolo *m.* 1 protocol. 2 preliminary memorandum.
protocolo de acuerdo, draft-agreement.
prototipo *m.* prototype.
provecho *m.* benefit, advantage. *Sacar provecho de,* to take advantage of.
proveedor, a *n.* supplier, provider, dealer. CONTAB.: *cuentas por pagar, cuentas de proveedores,* accounts payable. *Entrada de proveedores,* tradesmen's entrance, "tradesmen". *Proveedor habitual,* regular supplier, usual supplier. *Referencia de proveedor,* trade reference.
proveer *v.t.* to supply, to provide.
proveniencia *f.* origin.
proveniente *adj.* arising (from).
provenir (de) *v.i.* to come from, *(fondos)* to accrue from, *(mercancías)* to be imported from, *(tener como causa)* to stem from, to result from, to arise from, to originate from. *Ello proviene del artículo 1,* it comes under article 1.
provincia *f.* province. *La provincia,* the province.
provisión *f.* 1 deposit, provision. 2 *(reserva)* reserve. *Provisión para créditos malos (créditos de cobro dudoso),* provision for bad debts. *Provisión para pasivos contingentes,* provision for contingent liabilities, provision for specific risks. *Provisión para reconstrucción de yacimientos,* depletion reserve. 3 *(mercancías)* store, supply. *Formar una provisión de,* to stock (in), to lay in a stock of. 4 BOLSA: margin, cover. *Proporcionar una provisión,* to margin. 5 *provisión de caja,* allowance to cashier for possible errors. 6 FIN.: provision, allowance.
provisional *adj.* provisional, temporary, interim; *(personal)* casual. *Pago provisional,* installment on income tax.
provisionalmente *adv.* temporarily, provisionally.
provisionar *v.t.* *(una cuenta)* to put funds into, to replenish; *(letras de cambio)* to give consideration for. *Provisionar un cheque,* to make a check good.
provisiones *f. pl.* supplies. *Comprar/adquirir provisiones,* to do one's shopping. *Formar/acumular provisiones,* to stock, to lay in a stock.
provisto, a *adj.* supplied, provided, delivered, endowed (with). *Bien provisto de,* well-stocked with.

provocación *f.* provocation.
provocar *v.t.* 1 to cause, to bring about, to lead to, to entail. 2 to challenge.
proxeneta *mf.* procurer, *fam.* pimp.
proxenetismo *m.* procuring, white-slaving.
próximamente *adv.* soon, shortly, at an early date.
proximidad *f.* nearness, proximity, vicinity.
próximo, a *adj.* 1 nearest, next, close. 2 *(futuro)* next, coming. *En los próximos meses,* in the next few months. *La semana próxima,* next week. 3 *compras hechas en una localidad próxima,* convenience shopping. *De próximo vencimiento,* falling due, payable.
proyección *f.* projection.
proyectar *v.t.* 1 to plan, to consider, to contemplate; to project. 2 *(una imagen, etc.)* to project, to screen.
proyecto *m.* project, plan, scheme; *(incompleto, borrador)* rough draft. *Hacer proyectos,* to plan, to make plans. *Jefe de proyecto,* project manager. *Proyecto detallado (documento o programa oficial),* white paper. *Proyecto piloto,* pilot project.
proyecto de acuerdo, draft-agreement.
proyecto de contrato, draft-agreement.
proyecto de investigación, research project.
proyecto de ley, (government) bill.
proyector *m.* projector.
prudencia *f.* caution, wariness.
prudente *adj.* cautions, wary. *Estimación prudente,* conservative estimate.
prueba *f.* 1 proof, evidence. *Dar prueba de,* to show, to demonstrate, to display. *Dar uno prueba de sus capacidades,* to demonstrate one's ability. JUR.: *La carga de la prueba,* the onus of proof, the burden of proof. *Presentar pruebas,* to prove. 2 test, trial, testing, experiment. *A prueba de todo (resistente)* resistant, sturdy; *(sin riesgo de errores)* foolproof. *Poner a prueba,* to put to the test. *Prueba de fuerza,* showdown. *Soportar una prueba,* to undergo a test. 3 *campo de prueba,* testing ground. *Prueba de prensa,* press-proof. *Pruebas de imprenta,* proofs, print. 4 *a prueba,* on trial, *(mercancías)* on approval, *(personas)* on probation. *Prueba de confiabilidad,* reliability test. *Prueba de un producto por parte del consumidor,* consumer trial. *Prueba gratuita,* free trial. *Tomar a prueba, (personas)* to take on probation, *(productos)* to take on appro (approval). 5 *prueba de una deuda,* proof of debt, evidence of debt. 6 *a título de prueba,* by way of trial, tentatively. *Centro de pruebas,* testing plant; *(nuclear)* testing site. *Mercancías a prueba,* goods on appro(val). *Periodo de prueba,* trial period, *(personas)* probation. 7 JUR.: *prueba por fama común,* hearsay evidence.
pseudo, ver seudo.

pub *f. (familiar por publicidad)* **1** advertising. **2** ad.

publicable *adj.* publishable.

publicación *f.* **1** publishing, publication; issue, issuing; release. **2** *(de resultados)* announcing, announcement, publishing. **3** *(obra publicada)* publication. *Obra que se publica periódicamente, periodical.* **4** *(publicaciones)* published work, publications.

públicamente *adv.* publicly.

publicar *v.t.* to publish, to release. *(Resultados, etc.)* to announce, to publish, to make public. *(Revistas, etc.)* to be published, to be issued, to be released, to come out, to appear.

publicidad *f.* **1** advertising, publicity. *Agencia de publicidad,* advertising agency. *Campaña de publicidad,* advertising campaign. *Presupuesto de publicidad (del anunciante),* advertising account. **2** *(anuncio)* advertisement, (EU) ad, (GB) advert. (T.V.) commercials. **3** *jefe de publicidad (agencias)* account executive, (GB) budget executive; *(anunciantes)* advertising director, advertising manager; *(medios)* advertisement manager/director, (EU) PRENSA: advertising sales manager. **4** *hacer publicidad,* (EU) to advertise, to boost.

publicidad de productos, product advertising, brand advertising.

publicidad editorial, editorial advertising, editorial publicity.

publicidad en el punto de ventas, point-of-sale, point-of-purchase advertising.

publicidad engañosa, deceptive advertising, misleading advertising.

publicidad exagerada, boosting, pushing, (EU) *fam.* ballyhoo. *Hacer una publicidad exagerada con relación a,* to boost, to ballyhoo, to push, to plug.

publicidad institucional, institutional advertising, *(destinada a crear o a mantener una imagen)* corporate image advertising, corporate publicity.

publicidad por correo, mailing.

publicitario, a *adj.* advertising. *Agencia publicitaria,* advertising agency. *Anuncio publicitario,* advertisement, (EU) ad, (GB) advert. *Campaña publicitaria,* advertising campaign. *Horario publicitario,* time, time slot, window, hour(s), period. *Persona que hace publicidad, anunciante,* adman. *Presupuesto publicitario,* advertising budget; *(de un anunciante en una agencia)* advertising account. *Unidad publicitaria,* display unit.

público *adj.* **1** public. *Empresa pública,* state-controlled enterprise(s). *Empresa pública de gas, electricidad, etc.,* (public) utility. *Sector público,* public sector, state-controlled sector. **2** government service, public service. **3** *gran público,* general public. **4** *vía pública,* street; *en la vía pública,* in public, publicly. **5** *valores públicos,* government securities, government bonds. **6** *notificación pública,* public notice. **7** *contador público titulado,* (EU) certified public accountant, (GB) chartered accountant. **8** *hacer público un documento,* to declassify. **9** *el ministerio público,* the public prosecutor. **10** *(publicidad, espectáculos, etc.)* audience. **11** *operación de relaciones públicas,* public relations operation, P.R. operation. *Relaciones públicas,* public relations, P.R. *Servicio público,* public service, civil service; public utility service, (public) utility. **12** national. *Deuda pública,* national debt. *Gastos públicos,* national spending.

pudrir *v.t.* to rot, to decay.

pueblerino, a *n.* villager.

pueblo *m.* **1** *(nación)* people, nation. **2** *(aldea)* village.

puente *m.* bridge, NAVEG.: deck. *Cargamento sobre el puente,* deck cargo. *fam.* *Cuenta puente,* escrow account. *Hacer puente,* to take a long week-end (to take one or several working days off to benefit from the week-end before or after a holiday). *Puente aéreo,* air-lift. *Puente de báscula,* weigh-bridge. *Puente de embarque,* passenger gangway, *(aviones)* gantry. *Puente de peaje,* toll-bridge. *Puente levadizo,* draw-bridge. *Puente para peatones,* footbridge. *Puente transversal (aviones),* gantry.

puerta *f.* door. *A puertas cerradas,* behind closed doors. *Echar a la puerta, echar a la calle, correr,* to sack, (EU) to fire. *Localidad, puerta que da acceso a una localidad más vasta,* gateway. *Puerta de entrada,* main entrance, front door; *(de garaje, de almacén),* gate.

puerta abierta *loc.* open door. *Jornada a puertas abiertas,* open house. *Organizar una jornada a puertas abiertas,* to organize, to plan an open house. *Política de puerta abierta,* open door policy.

puerta a puerta *loc.* door to door, door to door calling. *Venta de puerta en puerta,* door to door selling. *Visitar de puerta en puerta (vendedores),* to canvass, to sell (call) door to door.

puerto *m.* **1** *(administración)* port, port authorities. **2** *(instalaciones portuarias)* harbor, (GB) harbour. **3** *derechos portuarios,* port dues. **4** *hacer escala en un puerto,* to call at a port. *Puerto de carga,* port of loading. *Puerto de descarga,* port of discharge. *Puerto de embarque,* shipping port; *(pasajeros)* port of embarkation. *Puerto de escala,* port of call. *Puerto de expedición,* shipping port. *Puerto de llegada,* port of arrival. *Puerto de partida,* port of departure. *Puerto de registro,* port of registry. *Puerto franco, free port. Puerto fluvial,* river port. *Puerto libre,* free port (open to ships from all nations).

puerto de amarre, port of registry.
puerto de registro, port of registry.
puerto interior, inner harbor.
puesta *f.* putting, placing, setting.
puesta al día, updating.
puesta a punto, 1 developing, perfecting, fine-tuning, adjusting. **2** restatement, corrective statement.
puesta en camino, starting (up).
puesta en liquidación, winding up, liquidation.
puesta en marcha, starting, starting work (on).
puesta en obra, 1 implementation, implementing. **2** using.
puesta en órbita, putting into orbit.
puesta en valor, turning to profit. *Economía,* development. *Recursos naturales, ríos, etc.,* harnessing. *(Terrenos)* reclaiming.
puesta en venta, selling, putting up for sale, offering for sale.
puesto *m.* **1** *(empleos)* post, position. *Eliminación de puestos (despidos),* redundancy, lay-off. *(Industria) puesto de trabajo,* work station. *Nombrar para un puesto,* to appoint, to assign. *Presentarse como candidato para un puesto,* to apply for a position. **2** *(prendas de vestir) llevar puesto,* to wear. **3** *puesto de libros,* book-case.
puesto de sodas, (refreshment) bar.
puesto de trabajo, work station.
puesto vacante, vacant position, vacancy.
puja *f. (subastas)* bid.
pujar *v.t. (subastas)* to bid. *Pujar a la alza,* to play for a rise.
pulgada *f. (medida)* inch.
pulgar *m.* thumb.
pulir *v.t.* to polish.
pulpa *f. (de papel)* pulp.
punitivo, a *adj.* punitive. *Daños y perjuicios punitivos,* punitive damages.
punta *f.* point, tip, top, head. *Hora de punta, hora pico (circulación, tiendas),* rush hour, peak hour, peak time. *Sacar punta (lápiz),* to sharpen a pencil.
punteado *adj. Línea punteada,* dotted line.
puntiagudo *adj.* sharp, pointed *fam. (sector, dominio, etc.)* narrow, specific, precise.

punto *m.* **1** point. **2** *(lugar)* place. **3** *(nivel)* state, degree, extent. **4** *(puntuación)* full stop, (EU) period; *(punteado)* dotted. *A su punto más bajo,* at its lowest, at its worst; *el punto más bajo (alcanzado) desde hace dos años,* two-year low. *Desde mi punto de vista,* from my point of view. *Marcar puntos,* to score. *Poner a punto,* to perfect, to develop, to adjust; to finalize. *Punto alto,* high, peak. *Punto bajo,* low, trough. *Punto caliente,* hot point. *Punto débil,* weak point; liability; soft spot. *Punto de llegada,* point of arrival, place of arrival, place of destination. *Punto de no retorno,* point of no-return. *Punto de partida,* starting point. *Punto de venta,* point of sale, outlet. *Punto de vista,* point of view, viewpoint, standpoint. *Punto fuerte,* strong point; asset. **5** *a punto de,* about to. **6** *a punto de partir,* **loc.** *(barcos)* about to sail, outward bound; *(trenes, etc.)* leaving; *(aviones)* about to take off, flying to...
punto débil, weak point, weakness, liability; soft spot.
punto de cambio, turning point.
punto fuerte, strong point, strength, asset. *No es mi (punto) fuerte,* it's not my forte.
punto muerto, 1 Contab.: break even point. **2** *(automóviles, etc.)* neutral (point). **3** *(inmuebles) los negocios están en punto muerto,* business is at a standstill.
puntuación *f.* punctuation.
puntual *adj.* punctual.
puntualidad *f.* punctuality.
puntualmente *adv.* punctually.
puntuar *v.t. e i.* to punctuate.
pupilo, a *n.* pupil, ward.
pupitre *m.* desk, console.
pureza *f.* purity.
purga *f.* **1** Pol.: purge. **2** *(hipotecas)* redemption. **3** *(hecho de purgar un archivo, etc.)* purging.
purgar *v.t. e i.* **1** *(una pena)* to serve time, *fam.* to do time. **2** *(una deuda)* to pay off, to redeem. *Purgar una hipoteca,* to redeem a mortgage. **3** Inform.: *purgar un archivo,* to purge a file. **4** *purgar una sentencia,* to serve a jail term, to serve a sentence of imprisonment, to serve time, *fam.* to do time.
puro, a *adj.* pure, neat.

P

q

quasi-contrato *m.* JUR.: quasi contract, implied contract, virtual contract.

que *conj.* y *pron.* what. **1** *aquello a lo que nos oponemos,* what we object to. **2** *fam. Ellos tienen de qué vivir,* they are well off. *Tener de qué vivir,* to have enough to live on. **3** *expr.* no hay de qué, don't mention it; you're welcome. **4** *haga lo que haga,* whatever you do.

quebrado, a *adj.* **1** broken. **2** *(sin dinero)* broke, out of money, bankrupt. **3** *(número fraccional)* common fraction.

quebrantamiento *m.* **1** rupture. **2** violation.

quebrantar *v.t.* **1** to break. **2** to violate.

quebranto *m.* **1** breaking. **2** loss. *Quebranto económico,* economic loss.

quebrar *v.t.* **1** to break. **2** to become bankrupt. **3** to bend.

quedar *v.i.* to stay, to remain. *Quedar de acuerdo,* to agree. *Quedar en,* to agree to. *Quedar mal,* not to fulfill one's promises, not to keep one's word. *Quedan veinte cuentas por pagar,* there are twenty accounts to be paid.

quedar(se) *v. pr.* to stay. *¿Cuánto tiempo se van a quedar?,* how long are you going to stay? *¿Se queda con él o no?,* take it or leave it?

qué dirán (el) *loc.* gossip, tittle tattle. *No hacer caso del qué dirán,* not to care what people say.

queja *f.* complaint. *Departamento de quejas,* claims department. *Presentar una queja,* to lodge a complaint (against), (EU) to file a claim against; to take legal action, to sue, to bring an action against someone, to undertake proceedings, to institute proceedings, to file a lawsuit. *Retirar una queja,* to withdraw a charge.

quejar(se) *v. pr.* to complain, to grumble.

quejoso, a *n.* plaintiff.

quema *f.* **1** burning. **2** fire.

quemar *v.t.* **1** to burn. **2** to waist.

querella *f.* dispute, quarrel, altercation, row.

querellante *mf.* complainant.

querellar(se) *v. pr.* to sue, to complain.

querer *v.t.* e *i.* **1** to want. **2** to agree, to consent.

querido, a *adj.* dear. *Querido amigo,* Dear friend. *Querido/estimado/respetable Señor Mont,* Dear Mr. Mont.

queroseno *m.* kerosene.

quesero, a *n.* cheese maker, cheesemonger.

quesero, a *adj.* cheese.

queso *m.* cheese. *Industria quesera,* cheese industry.

quiebra *f.* failure, bankruptcy. *Caer en quiebra,* to go bankrupt, to fail. *Declararse en quiebra,* to declare bankrupt. *El número de quiebras ha aumentado,* the number of bankruptcies has increased. *Ponerse en quiebra,* to file a petition in bankruptcy. *Sindicato de quiebras,* official receivership. *Síndico de una quiebra,* official receiver.

quilate *m.* carat.

quilla *f.* *(pieza de un barco)* keel.

quilo *m.* ver **kilo** y sus derivados (**kilolitro, kilómetro,** etc.).

química *f.* chemistry. *Química industrial,* industrial chemistry.

químico, a *n.* y *adj.* chemical. *Persona dedicada a la química,* chemist. *Productos químicos,* chemical products.

quincallería *f.* hardware, ironmongery.

quince *núm.* fifteen. *De hoy en quince,* today fortnight. *El quince del mes,* mid month.

quincena *f.* **1** *(tres veces cinco)* fifteen. **2** *(dos semanas)* two weeks, a fortnight, a couple of weeks. *Quincena comercial,* (two-week) trade fair.

quinquenal *adj.* quinquenal. *Plan quinquenal,* five-year plan.

quintal *m.* quintal *(aproximadamente 100 libras ó 50 kg). Quintal métrico = 100 kg).*

quíntuple *adj.* fivefold, quintuple.

quintuplicar *v.t.* to increase fivefold, to multiply by five, to quintuple.

quita *f.* *(descargo de deudas)* acquittance.

quitar *v.t.* to take away, to remove, *(ropas, etc.)* to take off. *Quitando accidentes,* barring accidents. *Quitando los imprevistos,* barring unforseen circumstances, circumstances permitting.

quórum *m.* quorum. *Formar quórum,* to form/ to reach/to have a quorum. *No se tiene quórum,* the quorum is not present, we do not reach a quorum.

r

racha *f.* **1** series, sequence, succession. *Una racha de problemas,* a series of problems. **2** short period. *Una racha de buenos asuntos,* a short period of lucky opportunities.
raciocinación *f.* reasoning.
raciocinar *v.t.* e *i.* to reason.
raciocinio *m.* reasoning.
ración *f.* ration.
racional *m.* y *adj.* rational.
racionalización *f.* rationalization. *Racionalización de los programas presupuestales,* planning, programming, budgeting system (P.P.B.S.).
racionalizar *v.t.* to rationalize.
racionamiento *m.* rationing.
racionar *v.t.* to ration.
racismo *m.* racism.
racista *mf.* y *adj.* racist.
radiado, a *adj.* radiated.
radial *adj.* radial.
radián *m.* Mat.: radian.
radiante *adj.* radiant.
radiar *v.t.* to radiate, to spread (out); to broadcast.
radical *adj.* radical. Mat.: root.
radicalmente *adv.* radically.
radicar *v.i.* **1** to settle, to establish, to be located, to become settled. *Vamos a radicar en el norte del país,* we are going to settle in the north of the country. **2** due to. *El problema radica en la falta de interés,* the problem is due to the lack of interest.
radio *f.* **1** *(aparato)* radio, radio set. *En la radio,* on the radio. *Transmitir por radio,* to broadcast, to air. *Vocear por radio,* paging. **2** *m.* radius. *Radio de acción,* range, radius. *Radio de distribución,* distribution area.
radiodifusión *f.* broadcasting.
radioescucha *mf.* radio listener, audience.
radiofónico, a *adj.* radio, broadcast(ing). *Emisión radiofónica,* a broadcast, a radio program(me).
radiograma *m.* radiotelegram.
radiotelefonía *f.* radiotelephony.
radiotelegrafía *f.* radiotelegraphy.
radiotelegrama *m.* radiotelegram.
radiotransmisión *f.* broadcasting.
radiotransmisor *m.* radio transmitter.
radioyente *mf.* radio listener.
raíz *f.* **1** root. *Obtener la raíz cuadrada de,* to take the square root of. *Raíz cuadrada,* square root. **2** *a raíz de,* because of, due to; *de raíz,* completely.

rama *f.* branch. *Rama del conocimiento,* branch of knowledge.
ramificación *f.* branching, ramification.
ramificar(se) *v. pr.* to branch out, to divide.
ramo *m.* **1** branch. *Ramo del comercio,* branch of trade. **2** section, department. **3** bouquet.
ranchero, a *n.* rancher.
rancho *m.* ranch, farm. *Rancho de ganado,* cattle ranch.
rancio *adj.* rancid, rotten, stale.
rango *m.* rank, ranking. *Asignación de un rango,* ranking. *De primer rango,* first class, first rate. *Hipoteca de primer rango,* first mortgage. *Rango de productos,* product range. *Rango de una deuda,* rank of a debt. *Tomar una hipoteca,* to rank (among).
rapidez *f.* rapidity.
rápido *adj.* quick, fast, prompt, rapid; *(superficial)* cursory. *Entregas rápidas,* express deliveries, fast deliveries. *Nos complacería mucho el tener una respuesta rápida,* a prompt answer would oblige us. *Tren rápido,* express train, fast train.
rapiña *f.* rapine.
rareza *f.* rareness, oddness.
raro, a *adj.* rare, scarce, strange.
rascacielos *m.* skyscraper.
rasgo *m.* **1** characteristic, feature. *A grandes rasgos,* at large. *Un rasgo distintivo,* a distinguishing feature. **2** *(escritura, firmas, etc.)* stroke, line, mark.
raspadura *f.* scratch, erasure.
raspar *v.t.* to erase, to scrape.
rastrear *v.t.* to trace, to trail, to scent.
rastro *m.* trace, trail. *El rastro,* slaughterhouse.
ratear *v.t.* **1** to apportion. **2** to steal.
ratero, a *n.* pickpocket, thief, swindler.
ratificación *f.* ratification.
ratificar *v.t.* to ratify, to confirm, *(decisiones)* to approve.
rato *m.* while. *Esperar un rato,* to wait for a while.
raya *f.* **1** *(línea)* stroke, dash. **2** salary, pay. **3** *la raya,* payroll.
rayar *v.t.* to draw a line on, *fig.* to strike out, to cross out. *Rayar la nómina,* to strike off the rolls. *Rayar/tachar un nombre en una lista,* to strike a name off the list.
rayo *m.* beam, ray. *Rayos catódicos,* cathode rays.
raza *f.* race. *De raza pura, de pura raza,* purebreed.

razón *f.* 1 reason, motive, ground, cause. 2 *razón social,* corporate name, firm's name, trade name, style. 3 *a razón de,* at the rate of, in the proportion of, at the price of. *En razón de,* owing to, on account of, due to. 4 *(proporción)* ratio. *Razón circulante,* current ratio. *Razón costo-beneficio,* cost-price ratio, cost-benefit ratio. *Razón de capital de trabajo,* working capital ratio. *Razon(es) de capitalización,* capitalization ratio(s). *Razón de liquidez,* cash ratio, liquidity ratio. *Razón de rentabilidad,* return on investment. *Razón operativa,* operating ratio. Bolsa: *razón precio ganancias,* price-earnings ratio (P/E ratio). 5 *dar razón de,* to inform about, to account for. 6 *no tener la razón,* to be wrong. *Tener la razón,* to be right.

razonable *adj.* reasonable, moderate. *A precios razonables,* at moderate prices/charges.

razonamiento *m.* reasoning. *Un razonamiento sólido,* a solid reasoning.

razonar *v.t.* e *i.* to reason.

reabastecer *v.t.* to restock. ver **reaprovisionar.**

reabastecimiento *m.* restocking, new stock. ver **reaprovisionamiento.**

reabrir *v.t.* e *i.* to reopen. *Reabriremos mañana,* we will reopen tomorrow.

reabsorber *v.t. (déficits, etc.)* to resorb, to mop up.

reacción *f.* 1 reaction, response. *Reacción del comprador,* buyer, response. *Reacción en cadena,* chain reaction. *Tiempo de reacción,* response time. 2 *avión de reacción,* jet (plane).

reaccionar *v.i.* to react.

reaccionario, a *n.* reactionary.

reacondicionamiento *m.* reconditioning.

reacondicionar *v.t.* to recondition.

reactivación *f.* revival, reflation.

reactivar *v.t.* to reactivate.

reactor *m.* reactor. *Reactor nuclear,* nuclear reactor.

reacuñar *v.t. (monedas)* to recoin, to remint.

readaptación *f.* readaptation, readjustment, *(reeducación)* rehabilitation.

readaptar *v.t.* to readapt, to readjust, to rehabilitate.

readmisión *f.* readmission.

readquirible *adj. (deudas, valores, etc.)* repurchasable, redeemable.

readquirir *v.t.* to repurchase. *Readquirir acciones,* to repurchase shares.

readquisición *f.* repurchase. *Readquisición de acciones,* stock repurchase.

reafirmación *f.* hardening, steadying, firming-up, strengthening, improvement.

reafirmar *v.t. (precios)* to steady, to harden.

reafirmar(se) *v. pr.* to harden, to steady, to firm up. *Los precios se están reafirmando,* prices are firming up.

reagravación *f.* reaggravation.

reagrupamiento *m.* regrouping, consolidation.

reagrupar *v.t.* to regroup.

reajustar *v.t.* to readjust, to adjust.

reajuste *m.* readjustment, adjustment; restoration of balance. *Reajuste monetario,* monetary (re)adjustment.

real *adj.* real, actual. *Cifras reales,* actual figures. *Precio real,* real price. *Valor real,* real/fair value.

realizable *adj.* realizable, feasible. *Activo realizable,* current assets. *Metas realizables,* feasible goals.

realización *f.* 1 realization, carrying out, working out, achievement. *Una gran realización técnica,* a fine technical achievement. 2 *la realización de las acciones,* the sale of (the) shares.

realizador, a *n.* y *adj.* 1 realizer, seller. 2 Cine: director, film maker, producer.

realizar *v.t.* 1 *(proyecto)* to realize, to carry out, to work out. 2 Fin.: to realize, to sell out. *Realizar un beneficio,* to make a profit.

realizar(se) *v. pr.* to materialize.

realojamiento *m.* rehousing. *Indemnización por realojamiento,* rehousing/relocation allowance.

realojar *v.t.* to rehouse, to relocate.

reanimación *f. Medidas de reanimación,* pump-priming measures.

reanimar *v.t.* Econ.: to revive, to rev up, to reflate; to boost, to spur, to stimulate. *Reanimar la inflación,* to refuel/spur/rekindle inflation.

reanudación *f.* resumption.

reanudar *v.t.* to resume. *Reanudar una conversación,* to resume a conversation.

reaparición *f.* reappearance.

reapertura *f. (actividades, negociaciones)* reopening, *(repunte, retoma)* resumption.

reaprovisionamiento *m.* resupply(ing). *(Acciones)* replenishing, rebuilding, *(cuentas)* crediting.

reaprovisionar *v.t.* to resupply. *(Acciones)* to replenish, to rebuild, to restock, *(cuentas)* to restore the credit balance, to credit, to replenish.

rearmar *v.t.* to rearm.

rearme *m.* rearmament.

rearreglo *m.* 1 re-arrangement, reorganization. 2 *(monetario, etc.)* readjustment, realignment. 3 *(de una deuda)* rescheduling.

rearrendamiento *m.* lease back.

reasegurador *m.* reinsurer, underwriter.

reasegurar *v.t.* to reinsure, to underwrite.

reaseguro *m.* reinsurance, underwriting.

reasentamiento *m.* reallocation, resettlement.

reasignación *f.* 1 *(personal)* reassignment, redeployment. 2 *(material, fondos)* reallocation, reapportionment. 3 reallocation. *Reasignación de terrenos,* reallocation of land; *(zonas urbanas)* rezoning.

reasignar *v.t.* to reallocate. *Reasignar tierras,* to reallocate land, *(conglomerados urbanos)* to rezone.

reasumir *v.t.* to resume.

reaumentar *v.t. (precios)* to raise, to increase.

rebaja *f.* reduction, discount, rebate, allowance. *Conceder una rebaja,* to grant/ to allow a discount, a rebate. *Conceder una rebaja del 5 por ciento,* to grant/to allow a 5 per cent discount. *Rebaja por pago al contado,* cash discount. *Rebaja sobre factura,* trade discount. *Tienda de precios rebajados, tienda de descuento, de precios de rebaja,* discount store. *Vender a precios rebajados, vender con rebaja,* to sell at a discount, at a reduced price.

rebajar *v.t.* to reduce, to diminish, to lessen, to knock off (price); to lower. *Rebajar de grado (personal),* to demote. *Rebajar el precio,* to reduce the price. *Rebajar la tasa de interés,* to lower the interest rate.

rebaño *m.* herd, *(ovejas)* flock.

rebasar *v.t.* e *i.* to exceed, to surpass. *El precio no debería rebasar los 1,000 dólares,* the price should not exceed 1,000 dollars.

rebate *m.* dispute.

rebatir *v.t.* to refute. *Rebatir un argumento,* to refute an argument.

rebelde *mf.* rebel.

rebeldía *f.* contumacy. *En rebeldía,* JUR.: by default.

rebotar *v.i.* to rebound.

rebote *m.* rebound.

rebrotar *v.i.* to reappear.

recadero, a *n.* messenger.

recado *m.* message. *Tomar un recado,* to take a message.

recaer *v.i.* to fall (again), to decrease.

recaída *f. (económica)* fallout, spin-off. *Recaída tecnológica,* technological spin-off. *(Sentido amplio, consecuencias)* consequences, aftermath, relapse, set-back.

recalcar *v.t.* to emphasize, to insist on. *Recalcar la importancia de,* to insist on the importance of.

recalentamiento *m.* reheating.

recalentar *v.t.* to reheat.

recambiable *adj.* rechangeable.

recambiar *v.t.* to rechange.

recambio *m.* FIN.: re-exchange.

recapitulación *f.* summary, summing-up, recap(itulation).

recapitular *v.t.* to recapitulate, to recap, to sum up; to review.

recapitulativo *m.* summary, recap.

recapitulativo, a *adj.* recapitulative.

recaptura *f.* catch-up, catching-up. *Efecto de recaptura,* catch-up effect. *Recaptura de la demanda,* catch-up demand. *(Salarios) cláusula de recaptura, cláusula de escalación,* escalator clause.

recapturar *v.t.* to catch up (with). *Recapturar el retraso,* to catch up with the delay.

recargable *adj.* that can be recharged, rechargeable.

recargar *v.t.* to reload, to recharge.

recargo *m.* 1 overload. 2 additional interest (generally as a result of late payment). *Un recargo del 5 por ciento,* a 5 per cent additional tax. 3 surcharge. 4 *recargos moratorios,* additional charge for late payment.

recaudación *f.* collection. *Empleado a cargo de la recaudación,* collection clerk.

recaudador, a *n.* (tax) collector, receiver. *Oficina recaudadora,* collector's office. *Recaudador de impuestos directos,* tax-collector.

recaudar *v.t.* to collect, to gather.

recaudo *m.* collection. *A buen recaudo,* under custody, in a safe place.

recepción *f.* 1 receipt. *Acusar la recepción de,* to acknowledge receipt of. *Acuse de recepción/ de recibo,* acknowledg(e)ment of receipt; notice of delivery. *A la recepción de,* on receipt of. 2 *(hoteles)* reception, *fam.* desk, front-desk. *Diríjase usted a la recepción,* apply at, inquire at (the) reception (desk).

recepcionista *mf.* receptionist.

receptividad *f.* acceptance, receptiveness, responsiveness, *(radio)* reception.

receptivo, a *adj.* receptive. *Un mercado receptivo,* a receptive market.

receptor, a *n.* consignee, receiver, recipient.

receptoría *f.* treasurer's office.

recesión *f.* recession. *Recesión económica,* economic recession.

receso *m.* recess. *Estar en receso (asambleas, tribunales),* to be in recess, not to be sitting.

receta *f. (de cocina)* recipe. *Receta instantánea,* instant recipe.

recetar *v.t.* MED.: to prescribe.

rechazar *v.t.* 1 to reject, *(reclamaciones)* to disallow, *(ofertas, etc.)* to turn down, to dismiss. 2 *(productos contaminantes, etc.)* to discharge. 3 *(ofertas, propuestas)* to reject, to turn down to refuse; *(una oferta)* to turn down; *(acusaciones)* to deny. 4 *rechazar el acceso,* to deny admission. *Rechazar el pago de un documento de crédito,* to dishonor a bill.

rechazo *m.* 1 rejection, disallowance. *Rechazo de una apelación,* dismissal of an appeal. *Rechazo de una reclamación,* disallowance of a claim. 2 *(ofertas, proposiciones)* refusal; denial. 3 *tasa de rechazo,* rejection rate.

recibí *m.* receipt. *Poner el recibí,* to acknowledge receipt of.

R

recibido con gratitud *loc.* "received with thanks".

recibidor, a *n.* *(persona)* receiver, *(antesala)* reception room.

recibimiento *m.* reception.

recibir *v.t.* e *i.* to receive, *(dinero, impuestos)* to collect. *Hemos recibido en las condiciones convenidas,* we have duly received. *Recibir de conformidad,* to check and take over/sign for, to take delivery of.

recibir(se) *v. pr.* to graduate as. *Recibirse de abogado,* to graduate as a lawyer.

recibo *m.* receipt, discharge, acknowledg(e)-ment. *Acusar recibo,* to acknowledge receipt. *Al recibo de,* on receipt of. *Recibo de bordo,* mate's receipt. *Recibo de garantía,* warrant. *Recibo de pago,* payment acknowledg(e)ment. *Recibo de pago de derechos,* duties payment acknowledg(e)ment. *Recibo final, liberatorio,* receipt in full discharge, receipt for the balance.

recibo contable, accountable receipt.

recibo de renta, de arrendamiento, rent receipt.

recibo por duplicado, duplicate receipt.

reciclaje *m.* *(materiales)* recycling.

reciclar *v.t.* *(materiales)* to recycle.

recién *adv.* recently. *Recién llegado,* newcomer.

recientemente *adv.* recently.

recinto *m.* precinct.

recipiente *m.* container, vessel.

reciprocidad *f.* reciprocity. *Acuerdo de reciprocidad,* reciprocity agreement.

recíproco, a *adj.* reciprocal, mutual.

reclamación *f.* claim, complaint. *Dar curso a una reclamación,* to entertain a claim, to allow a claim. *Hacer/formular una reclamación,* to claim, to complain, to make a claim/a complaint, to lodge/(EU) to file a claim/a complaint. *Oficina, departamento de reclamaciones,* claims department, complaint department. *Rechazar una queja,* to disallow a claim.

reclamante *mf.* claimant, plaintiff.

reclamante *adj.* claimant, complainant.

reclamar *v.t.* to claim. *Carta no reclamada,* dead letter. *Oficina de cartas no reclamadas,* dead letter office. *Reclamar daños y perjuicios,* to claim damages. *Reclamar el pago,* to demand payment. *Reclamar un aumento de salario,* to demand a salary increase.

reclasificación *f.* 1 re-classification. 2 *(personal)* redeployment/resettlement, reassignment.

reclasificar *v.t.* 1 to classify, to reclassify. 2 *(empleados, etc.)* to redeploy/to resettle, to reassign.

reclusión *f.* JUR.: solitary confinement.

recluta *m.* recruit.

reclutador, a *n.* recruiter, *(cazador de cabezas, de ejecutivos)* head-hunter.

reclutamiento *m.* recruiting, recruitment, hiring, engagement.

reclutar *v.t.* 1 to recruit, to hire, to engage, to sign (somebody) on. 2 to lure away, to hire away, to poach (for). 3 *(atraer clientela)* to tout for.

recobrar *v.t.* to recover.

recobro *m.* recovery.

recoger *v.t.* 1 to pick up, to retake. *Pasar a recoger,* to collect, to pick up. *Pasaré a recogerte a las 8 p.m.,* I'll pick you up at 8 p.m. 2 to collect, to remove. *Recoger mercancías,* to collect goods.

recolección *f.* gathering, collecting, collection, pick-up. *Recolección de datos,* data collection. *Zona de recolección,* catchment area.

recolección a domicilio, home collection.

recolectar *v.t.* to collect, to harvest. *Recolectar datos,* to collect data. *Recolectar la cosecha,* to harvest; *(fruta)* to pick.

recolector, a *n.* (tax) collector.

recomendable *adj.* commendable.

recomendación *f.* recommendation. *Carta de recomendación,* letter of recommendation.

recomendar *v.t.* 1 *(a una persona)* to recommend. 2 *(dar un consejo)* to advise, to recommend.

recompensa *f.* reward.

recompensar *v.t.* to reward, to recompense.

recompra *f.* 1 buying back, buy-back, repurchase; *(recompra de empresas)* take-over, buy-out. *Recompra de la empresa por sus propios ejecutivos,* management buy-out; *recompra de la empresa por sus propios empleados,* employee buy-out. 2 *(documentos de crédito)* redemption. *Con facultad de recompra,* with option of purchase, of redemption. *Recompra de una empresa,* buy out. *Recompra de una obligación,* redemption of a bond. 3 SEG.: surrender. *Valor de recompra, valor de rescate,* surrender value. 4 *venta con recompra,* sale with option of repurchase, with privilege of repurchase. BOLSA: repos (repurchase of stock).

recomprar *v.t.* 1 to buy back, to repurchase. 2 *(empresas)* to buy out, to take over. 3 *(deudas, etc.)* to redeem. 4 SEG.: to surrender.

reconcentración *f.* (re)concentration.

reconcentrar *v.t.* to (re)concentrate. *Reconcentrar asientos contables,* to (re)concentrate accounting entries.

reconciliación *f.* CONTAB.: reconciliation; POLIT.: rapprochement. *Reconciliación bancaria,* bank reconciliation.

reconciliar *v.t.* to reconcile. *Reconciliar saldos bancarios,* to reconcile banking balances.

reconfirmar *v.t.* to reconfirm. *A alguien en sus funciones,* to reconfirm, to maintain in office. *Reconfirmar un comité,* to reelect a board, a committee.

reconocer *v.t.* 1 to recognize, to acknowledge. *Reconocer a una persona,* to recognize a person. *Reconocer una deuda,* to acknowledge a debt. **2** to inspect.

reconocido, a *adj.* acknowledged.

reconocimiento *m.* **1** acknowledgement, recognition. *Reconocimiento de deuda,* acknowledgement of a debt I.O.U. (= I owe you, *yo debo a usted),* scrip. **2** *reconocimiento médico,* medical examination. **3** *reconocimiento pericial,* expert's inspection. **4** *reconocimiento de estudios,* study acknowledgement.

reconquista *f.* reconquest.

reconquistar *v.t.* to reconquer, to recapture, to regain.

reconsideración *f.* reconsideration.

reconsiderar *v.t.* to reconsider. *Reconsiderar un presupuesto,* to reconsider a budget.

reconstitución *f.* reconstitution. *(Crédito)* reconstitution; *(acciones),* replenishment, restocking. *Provisión para reconstitución de yacimientos,* depletion reserve.

reconstituir *v.t.* to rebuild, to restore, to reconstitute. *(Reservas)* to build up again, *(acciones)* to replenish.

reconstrucción *f.* reconstruction.

reconstruir *v.t.* to rebuild.

recontar *v.t.* to recount.

recontratación *f.* *(empleados)* re-engagement, re-hiring.

recontratar *v.t.* to re-engage, to re-hire.

reconvención *f.* accusation.

reconvencional *adj.* reconventional. *Demanda reconvencional,* counter-claim.

reconvenir *v.t.* to countercharge.

reconversión *f.* reconversion, *(personal)* retraining, redeployment; *(materiales),* recycling. *Programa de reconversión,* retraining program. *Reconversión industrial,* industrial redeployment.

reconvertir *v.t.* *(personal)* to retrain, to redeploy; *(materiales usados)* to recycle.

reconvertir(se) *v. pr.* *(personal)* to retrain, *(empresas)* to convert.

recopilación *f.* compilation, collection.

recopilar *v.t.* to compile, to collect. *Recopilar datos,* to collect data.

récord *m.* record, *(extremo superior)* peak, high; *(baja)* low. *Cifra récord,* all-time figure. *Cotización récord,* record price. *Desempleo récord,* record unemployment, record-high unemployment. *Récord a la baja, baja récord,* all-time low. *Récord de tiempo,* time-keeping.

recordar *v.t.* e *i.* to remember, to remind. *No olvidar,* not to forget. *Recordarle algo a alguien, (futuro)* to remind someone to do something, *(pasado)* to remind someone of something.

recordatorio *m.* reminder. Fin.: *carta de recordatorio,* (letter of) reminder, collection letter, (EU) dunning letter. *Recordatorio de cuenta,* reminder

of account. *Recordatorio de vencimiento,* reminder of due date.

recorrer *v.t.* to go over, to run in.

recorrido *m.* run. *Recorrido automovilístico,* milage.

recortar *v.t.* to cut off, to cut out, to reduce, to deduct (from). *Se le recortará el 5 por ciento de su salario,* he will be docked 5 per cent of his salary.

recortar personal, to trim, to lay off.

recorte *m.* cutting (off), reduction. *Recorte de personal,* labor force reduction. *Recorte de prensa,* clipping. *Recorte presupuestal,* budget reduction.

recorte de personal, trimming, pruning, lopping off, laying off, lay-off.

recreativo, a *adj.* diverting. *Lecturas recreativas,* diverting readings.

recreo *m.* recreation. *Hora de recreo,* recreation time.

recrudecer *v.i.* to recrudesce.

recrudecimiento *m.* recrudescence, fresh outbreak, multiplication.

rectificable *adj.* rectifiable.

rectificación *f.* rectification, amendment, adjustment. *Asiento de rectificación,* correcting entry. *Rectificación fiscal,* order to pay tax arrears, settlement of tax arrears (plus interest and penalty if the tax payer did not act in good faith).

rectificar *v.t.* to rectify; *(precios, errores)* to correct, to put right. *Rectificar un error,* to put the matter right.

rectificativo *m.* correction, adjustment, amendment; corrective statement.

rectificativo, a *adj.* rectifying, correcting, amended.

recto, a *adj.* **1** straight. *Línea recta,* straight line. **2** *(adecuado)* fair, impartial. *Una interpretación imparcial,* a straight interpretation. **3** *ángulo recto,* right angle.

rector, a *n.* *(escuelas, etc.)* director.

rectoría *f.* rectory.

recuadro *m.* square, box.

recubrir *v.t.* to cover again.

recuento *m.* counting, tally, tallying. *Hoja de recuento,* tally sheet. *Recuento de inventarios,* stock-taking. *Recuento de votos,* tally of the votes.

recuerdo *m.* memory, remembrance.

recuperable *adj.* **1** *(dinero)* recoverable. **2** *(deudas, etc.)* collectable, collectible. **3** *(mercancías)* salvageable.

recuperación *f.* **1** *(deudas, etc.)* recovery. *Recuperación de gastos,* recovery of expenses. **2** revival, rally, upturn, upswing; rebound. *Recuperación de la actividad económica,* economic recovery, business revival. *Recuperación de la bolsa,* stock-exchange/stock market rally. **3** pick-

R

up, increase, rise. **4** *(pérdidas)* recoupment. **5** *(deudas, facturas)* collection. *Gastos de recuperación, gastos de cobranza,* collection/collecting charges. *Recuperación/cobranza de créditos,* collection of debt. **6** *(mercancías)* salvage.

recuperar *v.t.* **1** *(deudas)* to recover; *(cobrar)* to collect, to recover. *Créditos pendientes de recuperar/cobrar,* outstanding debts. **2** *(mercancías)* to salvage. **3** *(pérdidas)* to retrieve, to recoup. *Recuperar pérdidas,* to retrieve/to recoup/one's losses. **4** *(tierras, etc.)* to reclaim. **5** *recuperar una inversión,* to recoup one's investment. *Recuperar uno sus gastos,* to break even. **6** to regain. **7** *(recuperar informes, datos, etc.)* to retrieve.

recuperar(se) *v. pr.* to recover; BOLSA, ECON.: to pick up, to rally, to recover; *(empresas)* to recover, to turn around. *De una enfermedad,* to retrieve one's losses, to recoup oneself.

recurrir *v.i.* *(repetirse)* to recur. *Recurrir a,* to have recourse to, to resort to, to call upon.

recurso *m.* **1** resource, funds, (financial) means. *Recursos energéticos,* energy supplies. *Recursos financieros,* financial means. *Recursos humanos,* human resources. *Recursos petroleros,* oil resources/supplies. **2** JUR.: recourse, resort, redress. *Entablar un recurso de apelación,* to appeal, to make an appeal. *En último recurso,* as a last resort. *Recurso a la justicia,* an appeal (to the court). *Recurso contra terceros,* recourse against third parties. *Recurso de arbitraje,* appeal to arbitration. NAVEG.: *recurso sobre el cargamento,* lien on the cargo. *Un recurso,* a means of redress.

recusación *f.* *(testigos, árbitros)* exception (to), objection (to).

recusar *v.t.* to take exception to, to object to, to reject. *Un testigo, un jurado, etc.,* to challenge. *Un testimonio, etc.,* to challenge, to impugn, to contest.

red *f.* network, system. *Red de ventas,* sales network. *Red eléctrica, etc.,* grid. *Red de traficantes, etc.,* ring.

redacción *f.* **1** *(documentos)* wording, drafting. **2** *(actas)* drawing-up. **3** *(diarios)* editorial staff, (EU) the desk. **4** *jefe de redacción,* (chief-)editor.

redactar *v.t.* **1** *(cartas, documentos)* to write, to word, to draft. **2** *(un acta, un contrato)* to draw up. **3** *redactar un reporte,* to draw up an official report, to draw up a memorandum.

redactor, a *n.* writer, drafter. *(Bancos, seguros, etc.)* senior clerk, employee in charge of the drawing up of contracts, deeds, etc. *Redactor en jefe,* (chief-)editor. *Redactor publicitario,* copywriter.

redención *f.* **1** *(deudas, obligaciones, etc.)* redemption, redeeming. **2** repurchase.

redescender *v.i.* *(volver a bajar)* to come/to go down again; *(precios, tarifas, etc.)* to fall again, to fall back.

redescontar *v.t.* to rediscount.

redescuento *m.* rediscount. *Tasa de redescuento,* rediscount rate.

redhibir *v.t.* to cancel a sale.

redhibitorio *adj.* redhibitory. *Vicio redhibitorio,* latent defect.

redimir *v.t.* to redeem, to pay off, to repurchase. *Redimir/liquidar una deuda,* to pay off a debt. *Redimir una emisión de acciones,* to redeem a stock issue.

rediscutir *v.t.* to rediscuss.

redistribución *f.* redistribution, *(recursos, personal)* redeployment.

redistribuir *v.t.* **1** to redistribute. **2** *(recursos, personal)* to redeploy.

rédito *m.* yield, return, interest. *Rédito pagado sobre un capital,* interest paid on a capital.

redituable *adj.* that makes profits, profitable. *Proyectos redituables,* profitable projects.

redituar *v.t.* to yield, to bear, to bring in, to produce. *Redituar intereses,* to bear/to yield/ to carry/to earn interest.

redondear *v.t.* **1** *(hacer redondo)* to make round. **2** to round off. *Redondear una cifra,* to round off a figure.

redondeo *m.* rounding off.

redondo, a *adj.* round. *En cifras redondas,* in round figures. *Mesa redonda,* round table, panel. *Suma redonda,* round sum.

reducción *f.* **1** reduction, cut(ting) down, cut, cutback, discount, lowering. *Plan de reducción de personal,* redundancy plan. *Reducción de impuestos,* tax cut. *Reducción de la semana de trabajo,* reduction to a shorter work(ing) week. *Reducción de los horarios de trabajo,* (EU) short-time. *Reducción de precios,* price cut, markdown. **2** *(reducción de precio)* allowance, rebate, reduction. **3** lowering.

reducido, a *adj.* reduced, small.

reducir *v.t.* to reduce, to cut down, to curtail, to lower, to decrease; to bring down. *Reducir considerablemente los precios,* to slash prices. *Reducir el déficit presupuestal,* to trim the budget deficit. *Reducir el personal,* to lay off, to cut the payroll. *Reducir gastos,* to cut down expenses. *Reducir un vacío, una brecha,* to narrow a gap.

reducir personal, to lay off, to make workers redundant, to cut the payroll.

redundante *adj.* redundant, superfluous.

redundar *v.i.* to be redundant.

reeditar *v.t.* to reprint.

reeducación *f.* retraining.

reelección *f.* re-election.

reelegible *adj.* re-eligible, eligible for reelection.

reelegir *v.t.* to re-elect.
reelegirse *v. pr. (sufragios)* to stand for reelection, to run for a new term.
reembolsable *adj.* repayable, refundable, *(obligaciones)* redeemable, (EU) callable.
reembolsar *v.t.* to repay, to pay off, to pay back, *(restituir el dinero pagado)* to refund, to return, *(obligaciones, etc.)* to redeem.
reembolso *m.* repayment, refund(ing), redemption; COM., ADUANAS: drawback. *Envío contra reembolso,* cash on delivery (C.O.D.). *Garantía de reembolso integral,* full-refund guarantee. *Reembolso de depósito,* refund of deposit. *Reembolso de obligaciones,* redemption of bonds. *Reembolso de una deuda,* repayment of a debt.
reempaquetar *v.t.* to repack.
reemplazable *adj.* replaceable.
reemplazante *mf.* replacement.
reemplazar *v.t.* 1 to replace, to supersede. 2 *(reemplazar a alguien)* to replace, to stand in for *(provisionalmente),* to take over.
reemplazo *m.* 1 replacement, substitution. *Contabilidad de costos de reemplazo,* replacement cost accounting. *Costos de reemplazo,* replacement costs. *Producto de reemplazo,* substitute. *Valor de reemplazo,* replacement value. 2 *hacer reemplazos temporales,* trabajar temporalmente, *fam.* to temp. *Hacer un reemplazo,* to stand in for somebody, to substitute for. *Una mecanógrafa que hace reemplazos temporales,* a temporary typist.
reemplear *v.t.* 1 to re-use, to re-employ, to employ again. 2 *(recontratar)* to re-hire.
reempleo *m.* 1 re-use, re-employment. 2 *(fondos)* reinvestment.
reencaminar *v.t.* to reroute.
reentrenamiento *m. (personal)* retraining, redeployment. *Curso de reentrenamiento, de repaso,* refresher course.
reentrenar *v.t. (personas)* to retrain.
reenvasar *v.t.* to refill.
reenviar *v.t.* to return, to send back, to forward.
reenvío *m.* reshipment, forwarding.
reequilibrar *v.t.* to restore the balance of.
reestructuración *f.* restructuring, restructuration, reorganization; redeployment, overhaul(ing).
reestructurar *v.t.* to restructure, to revamp, to streamline, to reorganize; to redeploy; to overhaul.
reexaminar *v.t.* to reexamine.
reexpedición *f. (correo)* forwarding, redirection, *(mercancías)* reshipment.
reexpedir *v.t. (correo)* to forward, to redirect, *(mercancías)* to reship.
reexportación *f.* re-export(ation).
reexportar *v.t.* to re-export.

refacción *f.* loan financing.
refaccionar *v.t.* to finance.
refaccionario *adj. Crédito refaccionario,* loan granted for the restoration of a building.
referencia *f.* 1 reference. *Con referencia a,* with reference to, referring to, *(objeto de una carta)* Re. your inquiry. *Referencias comerciales,* trade references. 2 *(certificado, atestiguamiento)* testimonial, recommendation. 3 *con referencia a,* as to.
referéndum (o **referendo**) *m.* referendum.
referenciado, a *adj.* entered under a reference number.
referente *adj.* referring.
referir *v.t.* 1 to refer, to report. *Referir un asunto al Director General,* to report/to submit the matter to the Chairman and Managing Director. 2 to tell, to narrate. *Referir un asunto a un tribunal,* to refer a matter to a court. 3 *referirse a,* to refer to, to allude to, to relate to.
refinación *f.* refining.
refinado, a *adj.* refined.
refinanciar *v.t. (deudas)* to fund, to reschedule.
refinar *v.t.* to refine, to polish.
refinería *f.* refinery. *Refinería de petróleo,* oil refinery.
reflejar *v.t.* to reflect.
reflejo *m.* reflection.
reflotar *v.i.* 1 *(barcos)* to refloat. 2 *(empresas en dificultades)* to bail out.
reflote *m.* 1 *(de un barco)* refloating. 2 *(de una empresa en dificultades)* bailing out.
refluir *v.i.* to flow back.
reforestación *f.* reafforestation, reforestation.
reforestar *v.t.* to (re)afforest.
reforma *f.* reform.
reformador, a *n.* reformer.
reformador, a *adj.* reforming.
reformar *v.t.* to reform.
reformista *adj.* reformist.
reforzado, a *adj.* reinforced.
reforzamiento *m.* stregthening, reinforcement, firming up, hardening; *(estabilización)* steadying, *(de una posición)* consolidating, consolidation; *(monedas, etc.)* rallying, strengthening.
reforzar *v.t.* 1 to strengthen, to reinforce, to firm up, to harden. 2 *(apretar)* to tighten. 3 *(el número de efectivos)* to beef up. 4 *(moneda, etc.)* to bolster. 5 *(posiciones, etc.)* to consolidate. 6 *(estabilizar)* to steady.
reforzar(se) *v. pr.* to strengthen, to harden, *(monedas, etc.)* to rally; *(posiciones, etc.)* to consolidate, *(estabilizarse)* to steady.
refractario, a *adj.* refractory.
refrendación *f.* legalization.
refrendar *v.t.* to legalize, to countersign.
refrendo *m.* countersignature.
refresco *m.* refreshment, *(bebida)* cold drink.

R

refrigeración *f.* refrigeration.
refrigerador *m.* refrigerator.
refrigerar *v.t.* to refrigerate, to freeze.
refuerzo *m.* reinforcement.
refugiado, a *n.* refugee.
refugio *m.* shelter, refuge, haven, *(escondite)* hide-out. *Un refugio contra la inflación,* a hedge against inflation.
refundición *f.* recasting.
refundir *v.t.* to recast.
refutable *adj.* refutable.
refutación *f.* refutation.
refutar *v.t.* to refute.
regalado, a *adj.* cheap, inexpensive. *Comprar a un precio regalado,* to buy at a cheap price.
regalía *f. (minas, petróleo, patentes, licencias, etc.)* royalty (-ies).
regalo *m.* 1 gift, present. *Hacer un regalo,* to offer a gift, to make a present. *¿Me lo podría usted envolver para regalo?,* can you gift-wrap it for me? 2 bargain, cheap. *Comprar a un precio de regalo,* to buy at a very cheap price. *¡Es un regalo!,* it is a bargain!
regatear *v.t.* e *i.* to haggle, to bargain; to beat down (a price).
regateo *m.* bargaining, haggling.
regeneración *f.* regeneration.
regenerador, a *adj.* regenerating.
regenerar *v.t.* to regenerate.
regidor, a *n.* 1 alderman, manager, agent, *(propiedades)* steward. 2 *(de ayuntamiento)* councillor.
régimen *m.* 1 system. *Régimen de retiro,* retirement plan/retirement pension scheme, superannuation scheme. *Régimen preferencial,* preference (given, granted). 2 MED.: diet. 3 POL.: regime.
región *f.* region, area, district. *De la región,* local. *Región de prueba,* test area. *Región fijada como blanco de ataque,* target area.
regional *adj.* regional, local. *Director regional,* district manager. *(Ventas) responsable regional,* area manager.
regir *v.t.* to run, to manage, to rule.
registrado, a *adj.* 1 deposited. 2 registered. *Marca registrada,* registered mark, trade mark, registered trade-mark. *Modelo registrado,* registered pattern.
registrador, a *n.* registrar, recorder. *Caja registradora,* cash register.
registrar *v.t.* e *i.* 1 *(cartas)* to registrate. *Carta registrada,* registered letter. 2 *(un número, un apunte etc.)* to take down, to record, to note. 3 *marca registrada,* registered mark, trade mark. *Registrar una marca,* to register a trade-mark. 4 JUR.: to register, to file, to record. *Registrar un acta/una escritura,* to register a deed. *Registrar una sociedad,* to register a company. 5 *(equipaje)* to

register, (EU) to check. 6 *(pedidos)* to book. *Registrar un pedido,* to book an order. 7 FIN.: to show, to chalk up. *El dólar ha registrado un gran avance,* the dollar staged a broad advance. *Hemos registrado una baja sensible en nuestras exportaciones,* our exports have decreased sharply. *Registrar beneficios enormes,* to record/ to chalk up enormous profits. *Registrar un beneficio,* to show a profit.
registrar un asiento, to post an entry, to enter an item (in the books).
registro *m.* 1 account book, register, record. *Registro de asistencia,* attendance sheet, timesheet. *Registro de comercio,* trade register, register of business names, (GB) company names. *Registro de deliberaciones, libro de minutas,* minute book. 2 registration, registry, recording. NAVEG.: *certificado de registro,* certificate of registry. *Derechos de registro,* registration fees, registration dues. *Número de registro,* registration number. *Oficina de registros,* Registry Office. *Registro de automóviles,* car registration, (EU) automobile registration, new car sales. *Registro de patente,* registration of patent, patent registration. *Registro de una marca,* registration of trade mark. *Registro de una sociedad,* incorporation of a company. 3 inspection. 4 *registro/libro de vencimientos,* bill-book, bill diary; *sentido amplio,* schedule, time-table. 5 *(equipajes)* registering, (EU) checking. *Oficina de registro,* booking-office (for luggage), luggage counter, (EU) checking office. 6 *(pedidos)* booking. *Registro de un pedido,* booking of an order.
regla *f.* rule, regulation. *Como regla de orden,* for order's sake. *Como regla general,* as a (general) rule. *Las reglas del juego,* the rules of the game. *Recibido en regla,* formal receipt. *Regla de seguridad,* safety rule. *Todo está en regla,* everything is in order.
reglamentación *f.* regulation(s), control. *Reglamentación/control de cambios,* exchange controls. *Reglamentación de precios,* price controls.
reglamentar *v.t.* to regulate, to make rules for.
reglamentariamente *adv.* in the regular/prescribed manner.
reglamentario *adj.* regular, statutory. *Reserva reglamentaria,* statutory reserve.
reglamento *m.* regulation(s). *Reglamentos aduanales,* customs regulations. *Reglamento interior,* rules and regulations, by-laws.
reglar *v.t.* to regulate.
regresar *v.t.* e *i.* 1 to return, to send back. *Mercancías regresadas,* returns. 2 *(devolver)* to return. 3 *volver a venir,* to come back. 4 to recede, to fall back, to drop, to decrease. 5 to regress. 6 to revert. 7 *para regresar al punto,* to return to the question.

regresión *f.* regression, drop, decline. *Regresión lineal,* linear regression.

regresivo, a *adj.* regressive. *En orden regresivo,* in a descending order. *Tarifa regresiva,* tapering charge.

regreso *m.* return. *Billete o boleto de ida y de regreso,* round-trip ticket. *billete o boleto de regreso,* return ticket. *Cargamento de regreso,* return cargo, homeward cargo. *Flete de regreso,* back load.

regulación *f.* regulation, management, control. *Regulación de la oferta,* supply management. *Regulación de los nacimientos,* birth control. *Regulación de los precios,* price control.

regulador, a *adj.* regulating. *Inventarios reguladores,* buffer stocks.

regular *v.t.* to regulate.

regular *adj.* regular, steady, normal. *Línea aérea regular,* scheduled airline. *Mercado regular,* steady market. *Recibo regular,* proper receipt. *Servicios regulares (transportes),* scheduled services.

regularidad *f.* regularity, stability, steadiness, reliability. *Regularidad en la presentación de informes financieros,* true and fair view, fair presentation.

regularización *f.* regularization, Fin.: equalization. *Fondos de regularización,* equalization fund.

regularizar *v.t.* to regularize; Fin.: to equalize.

regularmente *adv.* 1 regularly, duly, steadily, at regular intervals. 2 legally, lawfully.

rehabilitación *f.* rehabilitation, *(de una quiebra)* discharge. *Rehabilitación de las víctimas de accidentes de trabajo,* rehabilitation of the incapacitated.

rehabilitar *v.t.* to rehabilitate, *(quiebras)* to discharge.

rehacer *v.t.* to make over, to do over, to rebuild.

rehén *mf.* hostage.

rehuir *v.t. (un compromiso)* to reject, to refuse.

rehusar *v.t.* e *i.* to refuse, to decline, to reject. *(Mercancías)* to refuse to buy, to be reluctant to buy, to stay away from, to be loath to buy, to show no inclination to buy. Bolsa: to hold off, to stand aloof, to shy at; not to commit oneself.

reimponer *v.t.* to reimpose, to tax again.

reimportación *f.* reimportation.

reimportar *v.t.* to reimport.

reimposición *f.* reimposition.

reimpresión *f.* reprinting.

reimpreso, a *adj.* reprint.

reimprimir *v.t.* to reprint.

reinado *m.* reign.

reinar *v.i.* to reign.

reincidencia *f.* Jur.: second offense.

reincidente *mf.* habitual criminal, old offender, second offender, repeat offender, recidivist.

reincidir *v.i.* to commit a second offense, to reappear, to recur.

reincorporación *f.* reincorporation.

reincorporar *v.t.* to incorporate again.

reinflar *v.t.* 1 to boost, to bolster, to reflate. 2 *(acciones)* to rebuild, to replenish.

reingresar *v.i.* to re-enter.

reingreso *m.* re-entering.

reiniciar *v.t.* to restart.

reinicio *m.* Inform.: restart. *Trabajo, negociaciones, etc.,* resumption.

reino *m.* kingdom.

reinserción *f. (social)* rehabilitation, reinsertion; *(anuncios)* repeat, rerun.

reinstalación *f. (personal)* relocation, *(equipos)* reinstallation. *Prima de reinstalación,* relocation allowance.

reinstalar *v.t. (personal, empleados)* to relocate, *(equipos)* to reinstall.

reintegrable *adj.* reimbursable, refundable.

reintegración *f. (personal, funcionarios)* reinstatement; *(de dinero)* reimbursement.

reintegrar *v.t.* 1 *(personal)* to reinstate. 2 *(un grupo, el ambiente)* to re-enter. 3 *(una suma de dinero)* to refund.

reintegro *m.* restitution, refund, reimbursement.

reintroducción *f.* reintroduction.

reintroducir *v.t.* to reintroduce.

reinversión *f.* 1 *(fondos)* reinvestment, ploughing back, (EU) plowing back. 2 turnaround, reversal. *Reinversión de una tendencia,* reversal of trend. 3 overthrow.

reinvertir *v.t.* 1 to reinvest, to plough back, (EU) to plow back. 2 *(tendencias)* to reverse. 3 *(voltearse)* to overturn, to reverse.

reiteración *f.* reiteration.

reiteradamente *adv.* over and over again.

reiterado *adj.* reiterated.

reiterar *v.t.* to reiterate.

reiterativo, a *adj.* reiterative.

reivindicación *f.* claim, demand. *Reivindicaciones de los trabajadores,* labor demands/claims. *Reivindicación salarial,* salary claim, wage claim, pay claim. *Satisfacer una reivindicación,* to meet a claim.

reivindicar *v.t.* to claim, to call for.

rejuvenecer *v.t.* e *i. (personal, ejecutivos)* to inject new blood into; to prune corporate deadwood.

relación *f.* 1 relation, acquaintance. *Encargado/responsable de relaciones públicas,* public relations officer (P.R.O.). *Relación de negocios,* business connection. *Relaciones con la clientela,* customer relations. *Relaciones humanas/sociales (dentro de la empresa),* industrial relations, employer-employee relations. *Relaciones públicas,* public relations (P.R.). *Tener una relación*

R

con, to be in relation with, to be in touch with. **2** *(proporción)* ratio. *Relación de pasivos a capital contable,* debt to net equity ratio. **3** *(reporte)* report. *Relación de gastos,* expenses report. **4** *con relación a,* with regard to. **5** *hacer una relación de lo sucedido,* to make a report of the facts.

relacionar *v.t.* **1** *(hechos entre sí)* to relate, to connect. **2** *(narrar)* to tell, to describe. **3** *(personas)* to make acquainted.

relaciones industriales, industrial relations.

relajado, a *adj.* relaxed.

relajamiento *m.* (o **relajación**) *f.* relaxation, slackening, easing.

relajar *v.t.* to relax. *Relajar la tasa de cambio,* to relax the rate of exchange.

relatar *v.t.* to relate, to tell.

relativo *adj.* **1** relative. **2** *relativo a,* relating to, with regard to.

relato *m.* statement, report.

relator, a *n.* narrator, storyteller.

relegar *v.t.* to relegate.

relevancia *f.* importance, significance.

relevante *adj.* relevant.

relevar *v.t.* **1** to substitute, to replace. **2** to ex-onerate, to forgive.

relevo *m.* relief, relay. *Crédito de relevo,* stand-by credit. *Hacer un relevo, relevar,* to relay, to take over from.

relieve *m.* relief. *Poner de relieve,* to empha-size.

rellenar *v.t.* to refill, to cram. *(Con algún material)* to stuff, to pad; *(para llenar)* to fill, to cram, to pack.

relleno *m.* stuffing, filling, padding. *Relleno de lana,* flock. *Relleno de seda,* floss silk.

reloj *m.* *(pared)* clock, *(pulsera)* watch. *Reloj despertador,* alarm clock.

reluctante *adj.* reluctant, unwilling.

remanente *m.* surplus, remainder. *Remanente de caja,* remaining cash. *Remanente de una cuenta,* balance of an account.

remarcable *adj.* remarkable, outstanding.

remarcar *v.t.* to remark, to note.

rematado, a *adj.* **1** *(subastas)* auctioned. **2** *(quebrado)* completely ruined.

rematador, a *n.* auctioneer.

rematamiento ver **remate**.

rematar *v.t.* **1** to end, to finish. **2** to auction, to sell at auction.

remate *m.* **1** auction, public sale, bankruptcy sale. **2** *(liquidación de mercancías),* clear-ance sale.

rembolsar ver **reembolsar**.

rembolso ver **reembolso**.

remediar *v.t.* to remedy.

remedio *m.* remedy. *El mejor remedio,* the best remedy.

remesa *f.* remittance, shipment, consignment. *Remesa en efectivo,* cash remittance.

remesar *v.t.* to remit, to ship, to forward.

remiendo *m.* **1** *(parche)* patch. **2** *(reforma)* amendment.

remisión *f.* *(fondos, etc.)* remittance, *(deudas)* forgiveness. *Remisión de impuestos,* remission of tax. *Remisión de un documento para su cobro,* remittance of a bill for collection. *Remisión de una deuda,* remission/cancellation/forgiveness of a debt.

remisor, a *n.* sender.

remite *m.* *(correspondencia)* name and address of the sender.

remitente *mf.* sender, remitter. *"Regrésese al remitente",* "return to sender".

remitir *v.t.* e *i.* **1** *(fondos, dinero)* to remit, to forward. **2** *(perdonar, condonar)* to forgive. **3** *(citar)* to refer, to quote.

remoción *f.* removal.

remodelación *f.* reshaping, land-reshaping.

remodelar *v.t.* to reshape.

remolcable *adj.* that can be towed.

remolcador *m.* tug, tow-boat.

remolcamiento *m.* towage. *Derechos de re-molcamiento,* towage dues, towage charges.

remolque *m.* *(vehículos)* trailer. *En remolque,* on/in tow.

remontar *v.t.* **1** to go up again, to be on the increase/on the rise, to pick up. **2** to raise. **3** to amount. *El precio se remonta a 1,000 dólares,* the price amounts to 1,000 US dollars. **4** *(fechas pasadas)* to date (from).

remover *v.t.* to remove, to transfer.

remplazable ver **reemplazable**.

remplazante ver **reemplazante**.

remplazar ver **reemplazar**.

remplazo ver **reemplazo**.

remuda *f.* replacement.

remudar *v.t.* to remove, to replace, to take over from.

remuneración *f.* remuneration, payment, pay, compensation, salary; consideration. *Como re-muneración/tributo de sus servicios,* as payment for your services, in consideration of your serv-ices. *Remuneración en especie,* payment in kind.

remunerador, a (o **remunerativo, a**) *adj.* remunerative, profitable, rewarding. *Colocación/ inversión remunerativa,* profitable/high-yield in-vestment.

remunerar *v.t.* to pay, to remunerate, to re-ward. *Remunerar un servicio,* to pay for serv-ices. *Trabajo muy bien remunerado,* highly-paid/ well paid job.

remuneratorio, a *adj.* remunerative.

renacimiento *m.* renaissance.

rendición *f.* **1** *(guerras)* surrendering. **2** profit, yield. **3** *(de cuentas)* rendering.

rendimiento *m.* *(industrial)* output, *(agrícola, financiero)* yield, *(rendimiento de una inversión, etc.)* return, profit, yield, income. *Acciones de alto rendimiento,* high-yield shares. *Cuenta de cheques productora de rendimientos,* interest-bearing bank(ing) account/(EU) check(ing) account. (R.O.I.). *La planta está trabajando a todo su rendimiento, a toda su capacidad,* the plant is working to full capacity. *Ley de rendimientos decrecientes,* law of diminishing returns. *Prima de rendimiento,* merit bonus, output bonus, incentive bonus. *Rendimiento bruto,* gross return. Fin.: *rendimiento del capital,* return on capital. *Rendimiento de un capital,* yield of capital, return of capital. *Rendimiento individual, por individuo,* output per man. *Rendimiento por hora,* output per hour. *Rendimiento/ resultado de un mensaje publicitario,* pull. *Rendimiento sobre el capital,* return on capital. *Rendimiento sobre la inversión,* investment return, return on investment. *Sentido amplio,* efficiency. *Valor de alto rendimiento,* gilt-edged security, safe investment.

rendir *v.t.* **1** *(darse por vencido)* to give up, to surrender. **2** *rendir cuentas a alguien,* to report to somebody. *Rendir un juicio,* to deliver a judgment. **3** *(producir ganancias)* to yield, to produce. *Rendir un 3 por ciento mensual,* to yield a 3 per cent per month.

renegociación *f.* renegotiation, *(deudas)* rescheduling.

renegociar *v.t.* to negotiate a second time, to renegotiate, *(deudas)* to reschedule, to refund.

renglón *m.* **1** any (written) line of a document. *A renglón seguido,* immediately after (the last line). **2** item. *Renglones del balance general,* items of the balance sheet.

renombrado, a *adj.* renowned, popular, famous, well-known.

renombre *m.* renown, fame, reputation, repute, good name. Jur.: *prueba por renombre/fama común,* hearsay evidence.

renovable *adj.* renewable. *Crédito por aceptación renovable, crédito renovable automáticamente,* revolving credit.

renovación *f.* **1** renewal, replacement. *El contrato de arrendamiento debe ser renovado,* the lease is up for renewal. *Renovación de equipo,* replacement of equipment. *Renovación de un contrato,* renewal of a contract. *Renovación tácita,* renewal by tacit agreement. **2** renovation, restoration, reconditioning; *(ciudades)* renewal.

renovar *v.t.* **1** to renew, to repeat. *Renovar un documento de crédito,* to prolong a bill. *Renovar un pedido,* to repeat an order. **2** to renovate, to recondition. *Renovar los locales (comerciales),* to recondition the premises. **3** *(empresas, estructuras, etc.)* to renovate, to revamp, to mod-

ernize, to rejuvenate. **4** *(contratos)* renovar un arrendamiento, to renew a lease.

renta *f.* **1** income, annuity, rent, rental. *Bienes en renta,* funded property. *Renta a cargo del Estado,* government annuity, government stock(s), government bond(s), government fund(s). *Renta perpetua, a perpetuidad,* perpetual annuity, perpetuity. *Renta vitalicia,* life annuity. *Vivir uno de sus rentas,* to live on a private income. **2** *(rendimiento)* yield, return. *Valores de renta fija,* fixed-yield/fixed-income securities. *Valores de renta variable,* variable-yield/variable-income securities. **3** *beneficiario de una renta,* person living on unearned income, person of independent means, recipient of an allowance. **4** *se renta,* for rent, for lease.

rentabilidad *f.* profitability, return, pay-off. *Límite de rentabilidad, (punto de equilibrio),* break-even point. *Llegar/alcanzar el límite de rentabilidad,* to break even. *Rentabilidad del capital,* return on capital. *Rentabilidad de una inversión,* return on an investment (R.O.I.).

rentable *adj.* **1** profitable, advantageous, profit-earning, money-making, economical; cost-effective, beneficial. **2** *hacer rentable,* to make profitable, to maximize (profits), to optimize. *(Inversiones, instalaciones)* to make the best use of. **3** *proyectos rentables,* profitable projects.

rentar *v.t. e i.* **1** *(arrendatario)* to rent, to lease. *(Propietario, arrendador)* to let, to hire; to reserve, to book. *¿En cuánto se renta este departamento?* How much does this apartment rent for? **2** *se renta,* for rent, to let, for hire. **3** to yield, to produce.

rentista *mf.* bondholder.

renuncia *f.* Jur.: renunciation, *(a un derecho, desistimiento)* waiver, disclaimer. *Cláusula de renuncia,* waiver clause.

renunciable *adj.* *(derechos)* that can be waived.

renunciación *f.* renunciation.

renunciante *mf.* waiver.

renunciar *v.i.* **1** *(ideas, proyectos)* to give up, to abandon. **2** to renounce, to waive, to disclaim. *Renunciar a una reclamación,* to waive a claim, to withdraw a claim. **3** to resign. **4** *renunciar a un empleo,* to tender/to hand in one's resignation.

reordenación *f.* rearrangement.

reordenar *v.t.* to rearrange, to reorganize.

reorganización *f.* reorganization, restructuring, reshuffling, overhaul, revamping; *(personal)* redeployment, reshuffle, shake-up.

reorganizar *v.t.* **1** to reorganize, to rearrange. **2** *(las paridades monetarias)* to realign, to readjust. **3** *(una deuda)* to reschedule. **4** *(personal)* to reschuffle, to shake up. **5** *(organizaciones)* to

reshape, to redeploy, to reshuffle; *(reorganizar completamente)* to overhaul.
reorientación *f.* reorientation.
reorientar *v.t.* to reorient, to reorganize.
reparable *adj.* repairable, mendable.
reparación *f.* 1 repair, repairing, refitting, graving. *Barco en reparación,* ship under repair, in dry dock. *Estar en reparación,* to be under repair. *Taller de reparación,* repair shop. 2 JUR.: redress. *Reparación legal,* legal redress.
reparador, a *n.* repairman, repairer.
reparar *v.t.* to repair, to fix, to amend.
reparo *m.* repair, restoration, reconstruction.
repartible *adj.* distributable. *Ingreso repartible,* distributable income.
repartición *f.* *(acciones)* allotment. *Aviso de repartición de acciones,* letter of allotment. *Repartición de utilidades,* profit distribution. *(Utilidades)* distribution.
repartir *v.t.* *(acciones)* to allot, to allocate; *(utilidades, fondos)* to distribute.
reparto *m.* distribution, allotment, apportioning. *Reparto a domicilio,* home delivery. *Reparto de dividendos,* dividends distribution. *Reparto de utilidades,* profits distribution. CINE: cast.
repasar *v.t.* to reexamine, to revise.
repaso *m.* revision, review.
repatriación *f.* repatriation.
repatriar *v.t.* to repatriate.
repercusión *f.* repercussion, impact; *(choque con rebote)* backlash.
repercutir *v.i.* to pass on to. *Repercutir sobre los consumidores,* to pass on to the consumers.
repetidamente *adv.* repeatedly.
repetir *v.t.* to repeat. *Vamos a repetir la lección,* let's repeat the lesson.
repignoración *f.* repledging, repawning.
repignorar *v.t.* to repledge, to repawn.
replanteamiento *m.* restatement.
replantear *v.t.* to restate, to repeat.
replegar(se) *v. pr.* 1 *(retirarse)* to withdraw, to pull out. 2 BOLSA: to fall, to drop. 3 *replegarse sobre,* to fall back on. *Replegarse sobre uno mismo,* to fall back on oneself, on one's own resources.
repleto *adj.* full, packed, crowded. *Sala repleta,* full house, house filled to capacity, capacity audience.
réplica *f.* answer, reply.
replicar *v.t.* e *i.* to reply, to answer.
repliegue *m.* drop, fall, fallback.
reponer *v.t.* to replace, to restore, to recover.
reportado *m.* BOLSA: giver.
reportador *m.* BOLSA: taker.
reportaje *m.* report, press coverage, news coverage.
reportar *v.t.* to report, to inform. *(Jerarquías) reportar a,* to be responsible to, to be answerable to, to report to.

reporte *m.* 1 *(reportaje)* report. *Presentar un reporte,* to submit a report. *Reporte pericial,* survey report. 2 statement, return, report. *Reporte bancario,* bank statement. *Reporte de cuenta,* statement of account.
reportero, a *n.* reporter.
reposar *v.i.* to rest, to repose.
reposeer *v.t.* to repossess.
reposesión *f.* repossession.
reposición *f.* replacement, recovery. *Costo de reposición,* replacement cost.
reposo *m.* rest. *Día de reposo,* day off.
reprender *v.t.* to reprehend.
represalia *f.* reprisal. *Medidas de represalia,* retaliatory measures.
represalias *f. pl.* retaliation, reprisals. *Tomar represalias,* to retaliate.
representación *f.* 1 representation, agency. *Gastos de representación,* entertaining expenses. *Representación exclusiva,* sole agency. 2 image, model, representation. 3 *(teatro, etc.)* performance.
representante *mf.* 1 *(de una empresa)* official. 2 representative, agent. *Representante de ventas,* commercial traveler, agent, representative, (EU) salesman. *Representante exclusivo de ventas,* sole agent. *Representante de ventas de varias compañías,* representative of several companies or brands.
representar *v.t.* e *i.* 1 *(a una empresa)* to represent, to be an agent (for). 2 *(documentos)* to represent. *Representar una letra para su aceptación,* to represent a bill for acceptance. 3 *(representarse de manera visual)* to visualize. 4 *(mercados)* to account for. *La empresa representa un 40 por ciento del mercado,* the company accounts for 40 per cent of the market. *Hacerse representar (por un apoderado),* to appoint a proxy. 5 *(reflejar una realidad)* to represent, to reflect, to convey, to reveal.
representativo, a *adj.* representative.
represivo *adj.* repressive.
reprimir *v.t.* to repress, to supress. *Reprimir una revuelta,* to supress an uprising.
reprivatización *f.* reprivatization; conversion of an enterprise into a private company.
reprivatizar *v.t.* to reprivatize (to convert an enterprise into a private company).
reprobar *v.t.* to reprove, to disapprove.
reprobatorio, a *adj.* disapproving, condemning.
reprocesamiento *m.* reprocessing.
reprocesar *v.t.* to reprocess.
reprochar *v.t.* to reproach.
reproche *m.* reproach.
reproducción *f.* reproduction, duplication. *Derechos de reproducción,* copyright. *Reproducción en grande, ampliación,* enlarged copy, blow-up.

reproducir *v.t.* to reproduce, to copy, to duplicate.
reprogramación *f.* (*deudas*) rescheduling.
reprogramar *v.t.* (*deudas*) to reschedule.
república *f.* republic.
republicano, a *n.* y *adj.* republican.
repudiación *f.* 1 (*deudas, etc.*) repudiation, denunciation. 2 (*sucesiones*) renunciation, relinquishment.
repudiar *v.t.* 1 (*deudas, etc.*) to repudiate, to denounce. 2 (*sucesiones*) to renounce, to relinquish.
repuesto *m.* store, supply. *Piezas de repuesto,* spare parts, spares.
repuntar *v.t.* e *i.* to improve, to pick up, to look up, to rally, to recover. *Los negocios están repuntando,* business is improving/picking up.
repuntar *v.t.* e *i.* 1 Econ.: to recover, to rally. 2 (*actividades, negociaciones*) to resume, to reopen.
repunte *m.* 1 Econ.: recovery, rally. 2 (*de una actividad, de una serie de negociaciones*) resumption, reopening. 3 Inform.: restart.
reputación *f.* reputation, repute, fame. *Disfrutar de una buena reputación,* to have a good reputation.
reputado, a *adj.* well-known, renowned, famed.
requerido, a *adj.* required, requested.
requerimiento *m.* summons, writ, citation.
requerimiento de pago, order to pay, summons to pay before execution.
requerir *v.t.* 1 to request, to demand. 2 to summon, to investigate.
requisar *v.t.* to requisition, Milit.: to commandeer.
requisición *f.* requisition, requisitioning, request, requirement. *Requisición de compras,* purchase order.
requisicionamiento *m.* requisitioning, Milit.: commandeering.
requisito *m.* requisite, requirement, condition.
resaltar *v.t.* e *i.* to stand out, to emphasize. *Hacer resaltar,* to emphasize, to bring out, to show. *Resaltar la importancia de,* to emphasize the importance of.
resarcible *adj.* indemnifiable.
resarcimiento *m.* indemnity, compensation.
resarcir *v.t.* to indemnify, to repair.
rescatable *adj.* that can be ransomed.
rescatar *v.t.* to ransom.
rescate *m.* ransom. *Exigir rescate,* to ransom. (*Sentido amplio*) price (paid for), penalty (of).
rescindible *adj.* liable to cancellation, cancel(l)able, terminable.
rescindir *v.t.* to rescind, to cancel, to annul.
rescisión *f.* cancellation, termination, rescission, annulment.

rescisorio, a *adj.* rescissory.
reseña *f.* short description, short report.
reseñar *v.t.* to make a short report.
reserva *f.* 1 (*territorios*) reservation. *Reserva de mano de obra,* labor pool. 2 Fin.: reserve. *Banco de la reserva federal,* Federal Reserve Bank. *Consejo de la reserva federal,* Federal Reserve Board (the Fed). *Formar reservas,* to build up reserves. *Reserva de divisas,* reserve currency. *Reserva estatutoria,* statutory reserve. *Reserva legal,* legal reserve. *Reserva para créditos dudosos,* provision for bad debts. *Sistema de la reserva federal,* Federal Reserve System. 3 reserve, reservation. *Aceptación con reserva,* qualified acceptance. *Aceptación sin reserva,* general/clean acceptance. *Bajo reserva de,* subject to. *Conocimiento de embarque con reservas,* foul/ uncleaned claused bill of lading. *Conocimiento de embarque sin reserva,* clean bill of lading. *Con reserva de que,* provided that. *Firma sin reserva,* clean signature. *Hacer reservas,* to make reservations/reserves. 4 (*tanque de reserva*) tank. 5 *reserva para depreciación,* depreciation reserve.
reservación *f.* (*espectáculos, hoteles, viajeros*) reservation, booking.
reservado, a *adj.* 1 reserved. *Dominio reservado,* preserve. (*Lugares, butacas, billetes o boletos, habitaciones, mesas, etc.*) booked. *Reservados todos los derechos,* all rights reserved. 2 (*personas*) reserved, shy.
reservar *v.t.* 1 (*habitaciones, mesas, butacas*) to reserve, to book. 2 (*separar, guardar*) to set aside/apart.
resguardar *v.t.* e *i.* to preserve.
resguardo *m.* preservation.
residencia *f.* residence.
residencial *adj.* residential. *Barrio residencial,* residential district, (EU) brownstone district.
residente *mf.* resident.
residir *v.i.* to reside, to dwell.
residual *adj.* residual. *Pago residual,* residual payment. *Propiedad residual,* residuary estate. *Valor residual,* residual value, scrap value.
residuo *m.* Fin.: (capital) fraction. Mat.: remainder.
resina *f.* resin.
resistencia *f.* 1 strength, resilience. 2 resistance, opposition.
resistente *adj.* strong, firm, solid. *Mercado resistente,* strong market. *Tejido resistente,* hardwearing material.
resistir *v.t.* e *i.* to resist, to hold out (against), to withstand.
resolicitar *v.t.* to demand a second time. *Resolicitar fondos en préstamo,* to borrow again.
resolución *f.* resolution, decision.
resolutivo, a *adj.* resolutive.

R

resolutorio *adj.* resolutory, resolutive. *Cláusula resolutiva (para un contrato),* determination clause.

resolver *v.t.* **1** *(problemas)* to solve, to settle. **2** JUR.: to cancel, to rescind.

respaldar *v.t.* to back, to support.

respaldo *m.* *(apoyo)* support.

respectivamente *adv.* respectively.

respectivo, a *adj.* respective.

respecto *m.* respect. *Con respecto a,* with respect to.

respetable *adv.* respectable. *Un monto respetable,* a respectable amount.

respetar *v.t.* to respect, to observe, to comply (with), to abide by, to obey, to adhere to, to meet. *Respetar la ley,* to obey/to abide by the law. *Respetar las condiciones del contrato,* to comply with the terms of the contract. *Respetar los plazos de entrega,* to meet delivery deadlines. *Respetar un plazo, una fecha límite,* to meet a deadline. *Respetar uno sus compromisos,* to meet one's commitments.

respeto *m.* observance, compliance (with). *Falta de respeto al reglamento,* non-observance of the regulations.

responder *v.t.* e *i.* **1** to reply, to answer, (EU) to respond. *Se responderá a todas las solicitudes,* all applications will be acknowledged. **2** *(responder por alguien)* to answer for someone, to stand surety for. **3** *responder de,* to be liable for, to be responsible for. **4** BOLSA: to declare. *Responder a la demanda,* to meet the demand; to keep up with the demand. *Responder a una prima,* to declare an option. **5** *(reaccionar)* to respond. **6** *responder a una espera,* to come up to someone's expectations. *Responder a una necesidad,* to meet a requirement.

responsabilidad *f.* responsibility, liability. *Responsabilidad civil,* civil/public liability. *Responsabilidad del fabricante,* product liability. *Responsabilidad limitada,* limited liability. *Responsabilidad patronal (en materia de seguros del trabajo),* employer's liability. *Responsabilidad solidaria e indivisible,* joint and several liability. *Sociedad de responsabilidad limitada,* private (limited) company.

responsabilizar *v.t.* to make responsible. *Responsabilizar a una persona,* to make someone responsible (for).

responsable *mf.* officer, official, manager, executive, person in charge, person responsible (for something), (EU) party responsible (for something). *Responsable del departamento comercial,* sales manager, sales executive. *Responsable de mercadotecnia,* marketing executive. PUB.: *responsable de presupuestos,* account executive. *Responsable de producto,* product executive. *Responsable de relaciones públicas,* P.R.

Officer (P.R.O.), (EU) External Affairs Officer (E.A.O.). *Responsable sindical,* union official.

responsable *adj.* responsible, accountable, answerable, liable *(ante, to; de, for).* *El Sr. Smith es el responsable de ventas,* Mr. Smith is in charge of (the) sales.

respuesta *f.* **1** answer. *(Principalmente escrita)* reply, (EU) response. *Cupón de respuesta,* send-in coupon, reply card, reply coupon, reply voucher. *Cupón de respuesta internacional,* international reply coupon. **2** *(reacción)* response. *Tiempo de respuesta,* response time, lag time.

resta *f.* subtraction, difference.

restablecedor *m.* *(de empresas)* refloater.

restablecer *v.t.* to restablish, to restore. *Restablecer a una persona en sus funciones,* to reinstate.

restablecer(se) *v. pr.* to recover, to be looking up, to be improving.

restablecimiento *m.* restoration, *(negocios)* recovery, rally; pick up. *Restablecimiento de una persona en sus funciones,* reinstatement.

restante *adj.* remainder, rest, balance.

restar *v. t.* to deduct, to subtract.

restauración *f.* repair(ing), restoration. *Restauración del equilibrio,* restoration of balance.

restaurador, a *n.* y *adj.* *(persona)* restorer; *(proceso)* restoring, reconstruction.

restaurante *m.* restaurant. *Industria de restaurantes,* catering trade, restaurant business. *Operador de restaurante,* restaurant operator. *Propietario de un restaurante,* restaurant owner. *Vagón restaurante,* dining car, restaurant car, buffet car.

restaurar *v.t.* to restore.

restitución *f.* restitution, return; restoration.

restituible *adj.* returnable, repayable.

restituir *v.t.* to restitute, to return, to restore.

resto *m.* remainder, rest, *(remanente)* balance.

restricción *f.* restriction, restraint, retrenchment. *Aceptar sin restricciones,* to accept unreservedly. *Política de restricción,* retrenchment policy. *Restricción del crédito,* tight money, credit squeeze.

restrictivo, a *adj.* restrictive, limitative.

restringido, a *adj.* restricted, limited.

restringir *v.t.* to restrict, to curtail, to squeeze. *Restringir los gastos,* to curtail, to cut down expenses. *Restringir los márgenes de utilidad,* to narrow profit margins.

restructuración ver **reestructuración**.

restructurar ver **reestructurar**.

resultado *m.* **1** result. **2** *(comportamiento, eficacia)* performance. *Evaluación de los resultados,* performance appraisal. **3** *resultados de un sondeo, de una encuesta,* findings. **4** *(de una prueba)* score. **5** *(de una negociación, etc.)* outcome. **6** CONTAB.: profit. *Estado de resultados,* income statement, earnings report. *Resultados de una* *empresa,* corporate profits, corporate performance. *7 resultados escolares,* school grades, university record.

resultante *adj.* resulting.

resultar *v.i.* to result, to turn out. *Resultar ser un fracaso,* to prove unsuccessful, to turn out to be failure, to fizzle out.

resumen *m.* summing-up, summary, abstract. *En resumen,* to sum (it) up, in short.

resumir *v.t.* to sum up, to summarize.

resurgimiento *m.* upswing, upturn.

resurgir *v.i.* to reappear.

retardado, a *adj.* retarded.

retardar *v.t.* to retard, to delay.

retardo *m.* retardation, delay.

retención *f.* **1** deduction, stoppage, withholding, retention. *Derecho de retención,* right of detention, lien. *Retención sobre el salario,* stoppage on pay. *Sistema de retención en la fuente,* withholding system, (EU) pay as you go, (GB) pay as you earn (P.A.Y.E.). **2** *(detención)* retención en la aduana, holding up at the customs.

retener *v.t.* **1** to retain. *Las mercancías están retenidas en la aduana,* the goods are being held up at customs. **2** to withhold, to withdraw (at source), to deduct (a sum from wages or salary for social security, etc.).

reticencia *f.* reluctance, resistance. *Reticencia de los consumidores,* consumer reluctance.

reticente *adj.* reticent.

retirado, a *n.* pensioner, retiree.

retirar *v.t.* **1** to withdraw, to remove. *Retirar dinero del banco,* to withdraw money from the bank, to draw money out of the bank. *Retirar una queja, una acusación,* to withdraw an action. *Retirar un documento,* to withdraw, to retire a bill. **2** *(retirar de la circulación, mercancías, dinero, etc.)* to call in. *Los billetes de 2 dólares serán retirados de la circulación,* 2-dollar bills will be called in. *Retirar un artículo, un automóvil de la circulación para corregir un defecto de fabricación,* to recall. *Retirar un producto defectuoso,* to recall.

retirar(se) *v. pr.* **1** *(de los negocios)* to retire. **2** *(abandonar una función)* to step down. **3** *(de un territorio)* to withdraw, to pull out. **4** *(despedirse)* to take leave, to withdraw.

retiro *m.* **1** withdrawal, retirement, calling-in. *Retiro de fondos,* withdrawal of funds. *De un artículo defectuoso,* recall. *De un territorio,* withdrawal, pullout. **2** retirement, pension, superannuation. *Beneficiario de una pensión/plan de retiro total,* eligible for full retirement benefits. *Caja de retiro, fondo de retiro,* pension fund, retirement fund. *Estar retirado,* to have/to be retired, to be in retirement. *Pensión de retiro,* retirement pension. *Régimen de retiro,* pension plan, pension scheme. *Retirar/jubilar a*

una persona, to pension off, to retire. *Retiro anticipado,* early retirement. *Retiro por vejez,* old age pension. **3** *emprender uno su retiro, su jubilación,* to retire (on a pension), *(renunciar)* to resign; *(abandonar un cargo)* to abandon/to desert one's post.

reto *m.* challenge.

retoma *f.* *(trabajo, mercancías no vendidas)* taking back, return.

retomar *v.t.* to resume, *(mercancías)* to take back.

retorno *m.* return, repayment.

retorsión *f.* retortion.

retractación *f.* retractation.

retractar(se) *v. pr.* to renege (on a deal/transaction), to go back on/upon one's word; *(testigos)* to withdraw a charge.

retransmisión *f.* rebroadcast.

retransmitir *v.t.* to relay.

retrasado, a *adj.* *(que llega tarde)* late-comer. *A los retrasados se les podrá negar el acceso,* late arrivals may be denied admission.

retrasar *v.t.* **1** to delay, to put off, to postpone, to defer. *Retrasar las fechas de entrega,* to push back delivery dates. **2** *los embotellamientos me retrasaron,* I've been held up by the traffic(-jams). **3** *no quiero retrasarle más tiempo,* I don't want to detain you any longer. *Retrasar a una persona,* to detain. **4** to lag.

retraso *m.* **1** delay, postponement, putting-off, deferment. *Estar en retraso,* to be delayed. *Pago retrasado,* payment in arrear. *Retraso de entrega,* late delivery. *Retraso justificado,* excusable delay. *Retraso tecnológico,* technological gap. **2** tardiness. *El hecho de llegar con retraso de una manera más o menos regular,* lateness. **3** lag. *Tener un retraso con respecto al programa,* to be behind schedule, to fall behind.

retribución *f.* retribution, fee.

retribuir *v.t.* to pay, to remunerate, to compensate. *Un empleo bien retribuido,* a well-paid job.

retroactividad *f.* retroactivity, retrospective effect, backdating, retrospection.

retroactivo *adj.* retroactive, retrospective. *El aumento es retroactivo al 1 de septiembre,* the increase is backdated to the 1st. September. *Tener efectos retroactivos,* to backdate.

retroceder *v.i.* to retrocede, to reconvey; to fall back, to decline, to drop, to recede; *(multitudes, etc.)* to move back, *(vehículos)* to back, to reverse; *(ceder)* to back off, *(retrasar)* to put off, to postpone.

retroceso *m.* retrocession, reconveyance.

retrogradación *f.* retrogression, decline.

retrógrado, a *adj.* retrogressive, backward.

retrospectivo, a *adj.* retrospective.

reunión *f.* meeting. *Reunión del Consejo de Administración,* board meeting. *Reunión de los*

R

menudistas, dealer meeting, dealer conference. *Sala de reuniones,* assembly room. *Tener una reunión,* to hold a meeting.
reunión privada, private meeting.
reunir *v.t.* 1 to convene, to call a meeting, to call in. 2 *(reunir)* to gather. *Reunir informes,* to collect information/data. *Reunirse,* to meet, *(asociaciones, etc.)* to convene. *Reunir una suma suficiente,* to raise sufficient money.
reurbanización *f.* reconditioning, refurbishment.
reurbanizar *v.t.* to recondition.
revalidación *f.* ratification.
revalidar *v.t.* to ratify.
revalorar *v.t.* to revalue, to revalorize.
revalorización *f.* revaluation, revalorization.
revaluación *f.* revaluation.
revaluar *v.t.* 1 *(divisas)* to revalue. 2 *(estimaciones, presupuestos)* to revise upward.
revancha *f.* revenge.
revelación *f.* revelation. *Revelación suficiente,* full disclosure.
revelador *m.* y *adj.* 1 Fot.: developer. 2 revealing. *Los hechos más reveladores,* the most revealing facts.
revelar *v.t.* 1 to reveal, to disclose, to release. 2 Fot.: to develop.
revendedor, a *n.* reseller, retailer.
revender *v.t.* to resell, to sell again, Bolsa: to sell out, to sell back.
revendible *adj.* resalable, resaleable.
reventa *f.* 1 resale, reselling. 2 Bolsa: selling out.
reventar *v.t.* to burst, to blow up.
reventón *m.* bursting.
reversibilidad *f.* reversibility, reversal. Jur.: revertibility.
reversible *adj.* reversible. Jur.: revertible.
reversión *f.* reversion. *Renta vitalicia con reversión,* survivorship annuity.
reverso *m.* *(monedas)* reverse, *(documentos)* back side.
revertir *v.i.* Jur.: to revert. *Revertir una tendencia,* to revert a trend.
revés *m.* reverse, wrong side. *Al revés,* in the opposite way. *Bofetada,* slap. *Sufrir un revés,* to suffer a setback.
revisable *adj.* revisable, reviewable.
revisar *v.t.* 1 *(modificar)* to revise, to correct, to alter. 2 *(mejorar)* to upgrade. *Revisar con miras a aumentar,* to revise upward. *Revisar con miras a disminuir,* to revise down(ward). 3 *(máquinas)* to overhaul. 4 *(escritos, propuestas)* to review, to reconsider. 5 *(actualizar)* to update. 6 *(reexaminar)* to reconsider.
revisión *f.* 1 revision, review. *Técnicas de revisión y de evaluación de programas (Investigación de operaciones),* Program Evaluation and Review Technique (P.E.R.T.). 2 *(motores, etc.)*

overhaul. 3 Jur.: reconsideration, review. 4 survey, inspection. *Pasar a revisión,* to review.
revisor, a *n.* reviser, auditor, inspector.
revista *f.* 1 *(publicación)* magazine, journal, review. *Revista de empresa,* house magazine/organ. *Revista ilustrada,* pictorial. *Revista profesional,* trade magazine, trade paper. 2 *(inspección) pasar revista,* to review.
revivir *v.i. (economía, etc.)* to revive, to restore, to rebuild. *Revivir la inflación,* to revive/refuel/rekindle inflation.
revocable *adj.* revocable, *(funcionarios)* removable.
revocación *f.* 1 revocation, cancellation. 2 *(funcionarios)* removal, dismissal.
revocación *f. (retiro)* revocation, recall, Jur.: reversal.
revocar *v.t.* 1 to revoke, to cancel, to rescind. 2 *(personal)* to dismiss. 3 Jur.: *(decretos)* to repeal, to rescind. 4 *(un juicio)* to reverse.
revolución *f.* revolution. *Revolución industrial,* industrial revolution.
revolucionar *v.t.* to revolutionize.
revolucionario, a *n.* y *adj.* revolutionary.
rey *m.* king.
rezagado, a *n. (perezoso)* laggard.
rezagar *v.t.* to delay, lo lag, to defer.
rezago *m.* remainder, remnant.
ribereño, a *n.* resident.
rico *adj.* rich, wealthy, well-off. *Los ricos,* the rich, the wealthy, the haves, the well-off; the propertied classes, the well to do. *Un rico,* a rich/wealthy person.
riego *m.* watering.
riel *m.* rail, ingot.
riesgo *m.* 1 risk. *Administración de riesgos,* risk management. *Administración de riesgos cambiarios,* management of foreign exchange risks. *Bajo el riesgo del expedidor,* at sender's risk(s). *Bajo los riesgos del destinatario,* at sendee's risk(s), *al consignee's risk(s), at customer's risk(s). *Bajo los riesgos del propietario,* at owner's risk(s). *Bajo su propio riesgo,* at your own risk. *Capital de riesgo,* risk capital, venture capital. *Prima de riesgo,* danger/risk money. *Riesgos cambiarios,* foreign exchange risks. *Riesgos diversos,* contingencies. 2 Seg.: risks. *Póliza de seguros contra todo riesgo,* all-in policy, comprehensive policy. *Riesgo marítimo,* sea risk. *Suscribir/cubrir un riesgo,* to underwrite a risk. *Un buen riesgo (personas),* a good risk. 3 hazard. *Riesgos del mar,* hazards of the sea, sea perils, sea risks. *Riesgos para la salud,* health hazard. *Riesgos profesionales,* occupational hazards. 4 Fin.: exposure. 5 *(arriesgar) poner en riesgo,* to risk.
riesgoso *adj.* risky. *Inversiones riesgosas,* risky investments. *País riesgoso,* country-risk.
rifa *f.* raffle.

rifar *v.t.* to raffle.

rigidez *f.* rigidity. *Rigidez de la demanda,* inelasticity of demand.

rígido *adj.* rigid, inelastic.

rigor *m.* 1 severity, restraint, austerity. *Política de rigor económico,* policy of economic austerity. *Rigor presupuestal,* tight budget, retrenchment. 2 *plazo de término de rigor,* deadline, latest date, final date.

riguroso, a *adj.* severe, harsh, drastic. *Tomar medidas rigurosas,* to take drastic measures.

rima *f.* rhyme. *Rima publicitaria,* jingle.

río *m.* river.

riqueza *f.* *(fortuna)* wealth, *(recursos naturales)* riches. *Riqueza nacional,* national wealth. *Signo exterior de riqueza,* show of wealth.

ritmo *m.* rate, pace, rhythm, tempo. *Al ritmo del año pasado,* at last's year pace/rate. *Aumentar el ritmo de la producción,* to step up production. *El ritmo de la recuperación,* the pace of recovery.

rival *m.* rival, competitor.

rivalizar *v.i.* to rival, to compete.

robar *v.t.* to steal, to rob. *Robar un inmueble,* to break into, to burgle, (EU) to burglarize, to burglar. *(Sentido amplio)* to cheat, to bilk, to swindle. *Ser (uno) robado,* to be robbed; to be cheated.

robo *m.* theft, robbery, larceny, stealing, burglary; assault and battery. *Robo a mano armada,* armed robbery. *Robo calificado,* aggravated theft, larceny, robbery. *Robo con ruptura,* burglary. *Robo de estante/de anaquel (supermercados, etc.),* shoplifting. *Seguro contra robo,* insurance against theft. *Seguro contra robo e incendio,* fire and theft insurance.

robo con ruptura, burglary, (EU) burglarizing, burglaring.

robot *m.* robot.

robótica *f.* robotics.

robustecedor, a *adj.* strengthening, reinforcing.

robustecer *v.t.* to fortify, to strengthen, to make stronger, to reinforce.

rodaje *m.* running-in. *Periodo de rodaje,* running-in period, (EU) breaking-in period.

rodante *adj.* rolling. *Material rodante,* rolling stock.

rodar *v.t. e i.* to roll, to wheel, to run in. *Rodar un filme,* to shoot a film. *Rotar,* to rotate, to gyrate.

roer *v.t.* to trim, to pare, to cut down, to curtail, to shave.

rogar *v.t. e i.* to beg, to beseech, to request. *Le ruego me disculpe,* I beg your pardon.

rojo *m.* red. *(Cuenta deficitaria) estar en rojo,* to be in the red.

rol *m.* rol.

rollo *m.* roll.

romano, a *n.* y *adj.* Roman.

rompecabezas *m.* puzzle.

rompehuelgas *m.* strikebreaker, blackleg, (EU) scab.

romper *v.t.* to break (off). Bolsa: *romper las cotizaciones,* to bank the market. *Romper los precios,* to slash prices, to undersell, to undercut competitors. *Romper relaciones diplomáticas,* to sever diplomatic ties. *Romper un contrato,* to break off a contract.

rompimiento *m.* break(age), crack; violation.

rotación *f.* rotation, turnover, turnaround. *Por rotación,* in rotation. *Rotación de capitales,* capital turnover. *Rotación de inventarios,* stock/inventory turnover. *Rotación de personal,* personnel/staff turnover. *(Vehículos, barcos) tiempo de rotación,* turnaround time.

rotatorio, a *adj.* rotating. *Presidencia rotatoria,* rotating presidency.

roto, a *adj.* broken.

rotulación *f.* labeling, (GB) labelling, marking.

rotular *v.t.* to label, to mark.

rótulo *m.* label, mark, tag, *(letrero)* sign.

rotundamente *adv.* categorically.

rotundo, a *adj.* categorical, definite.

rotura *f.* rupture, breaking, breakage; damage. *Rotura de un cercado,* breach of a fence.

rúbrica *f.* section, heading. *Bajo rúbricas diferentes,* under separate headings.

rubricar *v.t.* to sign (generally with a mark); to sign and seal; to initial, to sign with a flourish. *Rubricado,* signed and sealed.

rudimentario, a *adj.* rudimentary.

rudimento *m.* rudiment.

rueda *f.* wheel, press. *Rueda de prensa,* newsmen meeting.

ruido *m.* noise.

ruidoso, a *adj.* noisy.

ruina *f.* ruin, collapse, downfall, insolvency. *Caer en la ruina,* to go bankrupt, to default, to go under.

ruinoso, a *adj.* ruinous.

rumbo *m.* direction, course.

rumor *m.* rumour, hearsay. *Se rumora que,* it is said that.

ruptura *f.* breaking, rupture, severance. *Ruptura de contrato,* breach of contract. *Ruptura de las negociaciones,* breakdown of negotiations, collapse of the talks, breaking off of negotiations. *Ruptura de relaciones diplomáticas,* severance of diplomatic ties.

rural *adj.* rural, rustic. *Vida rural,* country life.

rústico, a *adj.* rustic, rural.

ruta *f.* route, itinerary. *Código de rutas,* highway code, (GB) rule of the road. *Derecho de ruta,* right of way. *Puesta en ruta,* start(ing) up. *Ruta aérea,* airway. *Ruta comercial,* trade route. *Ruta marítima,* sea route.

rutina *f.* routine, drudgery, red tape. *Caer en la rutina,* to get into a rut.

R

S

sabático, a *adj.* Sabbatical ver **shabat.**
saber *v.t.* **1** *(tener conocimiento)* to know, to know how. *Hasta donde yo sé,* as far as I know. *No que yo sepa,* not to my knowledge. **2** *(saber a...)* to taste like. **3** *saber de alguien,* to have news from.
saber hacer, *(tecnología)* know-how, expertise, (EU) savvy.
sabiamente *adv.* wisely.
sabiduría *f.* wisdom.
sabio, a *n.* wise person.
sabor *m.* taste, flavor, (GB) flavour.
sabotaje *m.* sabotage, sabotaging.
sabotear *v.t.* **1** to sabotage. **2** *fam.* to botch, to bungle *(trabajo).*
sacapuntas *m.* pencil sharpener.
sacar *v.t.* **1** *(extraer)* to take out, to draw out, to extract. **2** *(sacar dinero del banco)* to withdraw. **3** *(ediciones)* to publish. *Acaban de editar un libro,* they have just published a book. **4** *(producir)* to produce. *Sacan cien productos por día,* they produce one hundred articles per day. **5** *(lanzar al mercado)* to launch. *Acaban de sacar un nuevo producto,* they have just launched a new product. **6** *sacar a la luz,* to reveal, to publish. **7** *sacar una copia,* to make a copy. **8** *sacar provecho de,* to profit by. **9** *sacar a la venta,* to start selling. *Acaban de sacar a la venta un nuevo producto,* they have just started selling a new product. **10** *sacarle punta a un lápiz,* to sharpen a pencil.
saco *m.* **1** *(costal)* sack, bag. **2** *(prenda de vestir)* jacket, coat.
sacrificar *v.t.* to sacrifice, to slaughter. *Artículo sacrificado,* article sold at a sacrifice, (EU) loss leader. *Precios sacrificados, precios de rajatabla,* slashed prices.
sacrificio *m.* sacrifice.
sacudida *f.* shock, jerk.
sacudir *v.t.* to shake, to jerk.
sal *f.* salt. *Sal marina,* sea salt.
sala *f.* room, hall. *Sala de audiencias,* court room. *Sala de espera,* waiting room. *Sala de exposición,* show room. *Sala del consejo de administración,* board room. *Sala/salón de remates,* Fin., Banca, Bolsa: trading floor(s), trading room, front office. *Sala/salón de ventas,* auction-room.
salariado *m.* **1** wage earning. **2** wage-earning class(es), wage-and-salary-earners, wage earners and salaried employees.

salarial *adj.* pertaining to wages. *Cargos salariales,* payroll charges. *Conflicto salarial,* pay-fight, pay-dispute. *Ingresos (no) salariales,* (un)earned income. *Política salarial,* wage policy. *Reivindicación salarial,* pay-claim.
salario *m.* wage(s), pay, *(mensual)* salary, (EU) paycheck. *Aumento uniforme de los salarios,* across-the-board wage increase. *Bloquear/congelar los salarios,* to freeze wages. *Bloqueo/congelamiento de los salarios (y de los precios),* wage (-price) freeze. *Conceder un aumento de salario,* to award a wage increase, a pay rise, (EU) wage hike. *Diferenciales de salarios,* wage differential(s), pay differential(s). *Efectuar una retención del 3 por ciento sobre los salarios,* to stop, to deduct 3 per cent from wages. *Elevación de los salarios,* raising of wages, (EU) pay hikes. *Escala (móvil) de salarios,* (sliding) wage scale. *Hoja de salarios,* pay slip, wage sheet. *Percibir/ganar un salario,* to draw a wage, to earn a salary. *Reducción de salarios,* wage cut. *Reivindicaciones de los salarios,* wage claims, pay claims. *Retención sobre los salarios,* stoppage, retention on wages. *Salario a destajo,* job wage. *Salario básico,* basic wage, basic salary, base rate. *Salario de los ejecutivos,* executive pay. *Salario fijo,* fixed wage. *Salario mínimo,* minimum wage. *Salario mínimo garantizado (profesionistas),* minimum guaranteed wage. *Salario neto,* net wage, (EU) takehome pay. *Salario por hora,* hourly wage. *Salario por pieza,* piece wage. *Salario real,* real wage. *Salario semanal,* weekly wage. *Salario según rendimiento/según resultados,* efficiency wages, (EU) incentive wages. *Trabajador a salario mínimo,* worker/employee who earns the minimum wage.
salario básico, basic salary.
salario inicial, initial/starting/commencing salary.
salchicha *f.* sausage.
salchichón *m.* salami.
salchichonería *f.* sausage shop.
saldar *v.t.* **1** to balance, to settle, to pay off. **2** *(mercancías)* to sell off, to clear (off), to sell at a discount.
saldar(se) *v. pr.* **1** *(terminar)* to wind up, to end up. **2** Contab.: to show a balance, to show a profit (or a loss). **3** *(liquidar una deuda)* to settle a debt.
saldo *m.* **1** balance. **2** surplus stock, sale goods, sale. *Como liquidación del saldo total,* in full

settlement, to close the account. *Precio de saldo,* bargain prices. *Presentar un saldo acreedor,* to show a credit balance. *Presentar un saldo deudor,* to show a debit balance. *Saldo adeudado,* balance due. *Saldo de una cuenta,* balance of an account. *"Saldos", "sale", "clearance sale".* *Saldo traspasado al ejercicio siguiente,* balance carried forward to next account. *Saldo traspasado del ejercicio precedente,* balance brought forward from last account. *Vender como saldo,* to sell at a discount, at cut prices.

salida *f.* **1** outgoings, disbursement, outflow, output. **2** exit. *Salida de emergencia,* emergency exit. **3** export. *Entradas y salidas de efectivo,* cash receipts and payments. *Entrada y salida de datos,* data input and output. *Salida de almacén,* taking out of bond, clearing from bond. *Salida de capitales,* capital outflow. *Salida de divisas,* currency outflow, flight of currencies, drain of currencies.

saliente *adj.* outgoing, retiring. *Derrotar al candidato saliente,* to defeat/to unseat the incumbent.

salir *v.i.* **1** to go out. **2** *(publicar)* to publish. *Va a salir la próxima semana,* it will be published next week. **3** *(costar) nos salió muy caro, nos salió en un ojo de la cara,* it was very expensive, we paid a high price. **4** *sale más barato si...,* it is cheaper if... **5** *salir electo,* to be elected. **6** *salirse con la suya,* to have one's way. **7** *las cosas nos salieron mal,* we didn't succeed.

salón *m.* **1** show, exhibition. *Salón de artes hogareñas,* (GB) Ideal Home Exhibition; household appliances show. *Salón de automóviles,* motor show, (EU) auto show. *Salón de belleza,* beauty-parlo(u)r, beauty-salon. *Salón de peluquería,* hairdresser's. *Salón de té,* tea room. **2** salon, room. *Salón de clases,* classroom.

salsa *f.* sauce.

saltar *v.t.* **1** to jump, to leap. **2** to skip. *Saltar un párrafo/una línea,* to skip a paragraph/a line.

salubre *adj.* salubrious.

salubridad *f.* salubrity.

salud *f.* health. *Boletín de salud,* health bulletin. *Certificado de salud,* certificate of health. *Ministerio de la salud pública,* (EU) Department of Health, (GB) (Public) Health Office. *Ministro de la salud pública,* (EU) Surgeon General, Secretary of Health and Human Services, (GB) Health Minister. *Salud pública,* public health.

saludable *adj.* beneficial, healthful, salutary.

saludar *v.t.* to greet. (EU) *fam.* to say hi.

saludo *m.* greeting, salutation. *Reciban nuestros más cordiales saludos,* very truly yours.

salvación *f.* salvation.

salvado *m.* bran.

salvador, a *n.* rescuer.

salvaguarda (o **salvaguardia**) *f.* safeguard. *Cláusula de salvaguarda,* saving clause, (EU) hedge clause.

salvaguardar *v.t.* to safeguard, to protect. *Salvaguardar los intereses de alguien,* to protect someone's interests.

salvaje *adj.* wild. *Capitalismo salvaje,* unrestrained capitalism. *Competencia salvaje,* cutthroat competition. *Huelga salvaje/espontánea,* wildcat strike, unofficial strike. *Sindicalismo salvaje,* black unionism.

salvamento *m.* salvage, rescue. *Operaciones de salvamento,* salvage operations; *(personas)* rescue/relief operations.

salvar *v.t.* to save. *Aspectos materiales,* to salvage; *personas,* to rescue. *Salvar una empresa en dificultades,* to salvage/to bail out an ailing company.

salvedad *f.* exception, qualification. CONTAB.: *salvedad al alcance,* scope qualification. *Salvedades,* exceptions, qualifications.

salvo *adv.* except, excepted, save. *Salvo acuerdo en contrario,* unless otherwise agreed. *Salvo aviso en contrario,* unless otherwise stipulated, unless specified to the contrary. *Salvo disposiciones en contra,* save as otherwise provided. *Salvo error u omisión,* errors and omissions excepted (E. & O. E.). *Salvo/excepto/exceptuando accidentes,* barring accidents. *Salvo imprevistos,* barring unforeseen circumstances, circumstances permitting.

salvoconducto *m.* safe-conduct, pass, visa; permit.

sanar *v.t.* e *i.* to heal.

sanatorio *m.* sanatorium, hospital.

sanción *f.* sanction, *(penales)* penalty, punishment. *Levantar las sanciones económicas,* to lift economic sanctions.

sancionar *v.t.* to sanction, to attach a penalty to, to penalize.

saneamiento *m.* *(higiene)* improvement of sanitation, *(de un mercado, de un conjunto de prácticas)* policing, *(de las finanzas)* reforming, reorganizing, restoring; *(de la moneda, de los presupuestos)* stabilization, stabilizing; *(de un terreno)* draining, drainage, reclaiming.

sanear *v.t.* to make healthier, *(higiene)* to improve sanitation; *(un mercado, un conjunto de prácticas)* to police, *(sanear las finanzas)* to reform, to restore, to reorganize; *(la moneda, los presupuestos)* to stabilize; *(un terreno)* to drain, to reclaim.

sanitario *adj.* sanitary.

sano, a *adj.* **1** sound, healthy. **2** wholesome. *Alimentación sana,* wholesome food. *Moneda sana,* hard, sound currency.

saqueador, a *n.* pillager, pilferer.

saquear *v.t.* to plunder.

S

saqueo *m.* pillage.

sastre *m.* tailor.

sastrería *f.* tailor's shop.

satélite *m.* satellite. *Ciudad/villa satélite,* satellite town. *Satélite de comunicaciones,* communications satellite.

satisfacción *f.* satisfaction. *Dar satisfacción,* to satisfy, to prove satisfactory, to meet someone's expectations. *Índice de satisfacción,* satisfaction rating. *Satisfacción profesional,* job satisfaction.

satisfacer *v.t.* **1** to satisfy, to meet. *No podemos satisfacer su petición,* we cannot meet your request, handle your inquiry. *Satisfacer la demanda de alguna cosa,* to meet the demand for something. *Satisfacer las necesidades de la clientela,* to cater for/to customer's needs. *Satisfacer una necesidad,* to fulfill/meet a need, to respond to a need. **2** to provide, to support. *Satisfacer las necesidades de una familia,* to support a family. **3** to meet, to comply with. *Satisfacer las condiciones para una contratación,* to qualify for employment. *Satisfacer las normas de seguridad,* to meet, to comply with safety standards. *Satisfacer una serie de condiciones,* to qualify, to be eligible. **4** *(una condición, una obligación)* to meet, to fulfill, to comply with. *Satisfacer una condición,* to meet a requirement, to fulfill a condition. *Satisfacer una formalidad,* to comply with a formality. *Satisfacer uno sus compromisos,* to meet one's commitments.

satisfactor *m.* commodity, produce, product. *Consumo de satisfactores alimenticios,* food consumption. *Satisfactores alimenticios,* foodstuffs. *Satisfactores perecederos,* perishable foodstuffs, perishables.

satisfactorio, a *adj.* satisfactory.

satisfecho, a *adj.* satisfied, content. *Estar satisfecho,* to be satisfied.

saturación *f.* **1** saturation. **2** ECON.: glut. *Punto de saturación,* saturation point. *Saturación del mercado,* market glut, market saturation.

saturado, a *adj.* **1** saturated, clogged. **2** glutted. *El mercado está saturado,* the market is glutted. **3** *(lleno/atestado de gente)* overcrowded.

saturar *v.t.* to saturate, to glut, to clog.

sazón *m.* maturity, flavor.

sazonar *v.t.* **1** to season, to mature. **2** to ripen.

secado *m.* drying. *Proceso de secado,* drying process.

secador *m.* dryer.

secante *adj.* drying. *Papel secante,* blotting paper.

secar *v.t.* to dry.

sección *f.* **1** section, branch. *Sección sindical,* (EU) local branch, (GB) union branch, local branch. **2** department. *Departamento/sección de ventas,* sales department. **3** *(parte)* esta sec-

ción del documento, this section of the document. **4** *(diarios)* chronicle.

secesión *f.* secession.

seco, a *adj.* dry. *Dique seco,* dry dock.

secretaria *f.* secretary. *Secretaria bilingüe,* bilingual secretary. *Secretaria ejecutiva,* executive secretary. *Secretaria ejecutiva bilingüe,* bilingual executive secretary. *Secretaria trilingüe,* trilingual secretary.

secretaría *f.* secretary's office.

secretariado *m.* **1** secretariat; *(funciones)* secretaryship. **2** *(oficinas)* secretary's office.

secretario, a *n.* secretary. *Secretario de dirección, secretario ejecutivo,* executive secretary, P.A. (Personal Assistant) secretary. *Secretario general,* general secretary, secretary-general, company secretary.

secreter *m.* desk.

secreto *m.* **1** secret. **2** secrecy. *Secreto bancario,* bank secrecy. *Secreto profesional,* professional secrecy.

secreto, a *adj.* secret. *Voto mediante boleta secreta,* (by) secret ballot.

sectario, a *n. y adj.* sectarian.

sector *m.* **1** sector, industry, field. *El sector de automóviles,* the car industry. *Jefe/responsable de sector,* area manager. *Sector de ventas,* sales area. *Sector eléctrico,* local supply circuit. *Sector primario,* primary sector. *Sector privado,* private sector. *Sector público,* public sector, state-controlled sector, state-controlled enterprise(s). *Sector secundario,* secondary sector. *Sector terciario,* tertiary sector. **2** *conectarse al sector/circuito local,* to connect to the local supply circuit, to plug in.

secuela *f.* sequel.

secuencia *f.* sequence. *Secuencia filmada,* film sequence.

secuenciación *f.* sequencing.

secuencial *adj.* sequential.

secuestrador, a *n.* receiver, sequestrator.

secuestrar *v.t.* *(bienes)*, to sequester, to lay an embargo upon.

secuestro *m.* sequestration, embargo, receivership. *Poner bajo secuestro (embargar),* to sequester.

secundar *v.t.* to second.

secundario, a *adj.* secondary. *Mercado secundario,* BOLSA: secondary market, unlisted stock market, (GB) unlisted securities market, junior market. *Sector secundario,* secondary sector.

seda *f.* silk.

sede *f.* *(oficina principal)* headquarters. *La santa sede,* the Holy See.

sedentario *adj.* sedentary.

sedimentación *f.* sedimentation.

sedimentar *v.t.* to settle.

sedimento *m.* sediment.

seducción *f.* seduction.
seducir *v.t.* to seduce.
seductivo *adj.* seductive.
seductor *adj.* attractive, inviting, tempting.
segadora *f.* mowing machine.
segar *v.t.* to mow.
segmentación *f.* segmentation; cluster sampling. *Segmentación de los mercados,* market segmentation.
segmentar *v.t.* to segment.
segmento *m.* segment. *Segmento de la clientela,* customer group. *Segmento de mercado,* market segment.
segregación *f.* segregation.
segregar *v.t.* to segregate.
seguido, a *adj.* continued. *Tres veces seguidas,* three times running, in a row.
seguimiento *m.* follow-up, monitoring, supervision, control. *Carta de seguimiento (campañas publicitarias)* follow-up letter. *Seguimiento de las entregas,* delivery control. *Seguimiento de los pedidos,* follow-up/monitoring of orders.
seguir *v.t.* **1** to follow. **2** *(controlar)* to monitor, to control. *Como sigue,* as follows. *Seguir una serie de instrucciones,* to comply with, to follow instructions. **3** *seguir vigente,* to hold, to be valid, to stand.
según *prep.* **1** according to. *Salario según edad y experiencia,* salary commensurate with age and previous experience. *Según lo que él dice,* according to what he says. **2** as per. *Según factura,* as per invoice. *Según sus instrucciones,* according to your instructions.
segundo, a *adj.* second. *De segunda calidad,* second-rate, second-class, second-grade. *De segunda mano,* second hand. *Obligaciones de segundo rango,* junior bonds. *Obligaciones hipotecarias de segundo rango,* second mortgage bonds. *Segunda clase,* second class.
seguridad *f.* **1** security. **2** safety. *Coeficiente de seguridad,* safety factor. *Margen de seguridad,* safety margin. *Seguridad en el empleo,* job security. *Seguridad social,* social security.
seguro *m.* **1** *(compañía)* insurance company. **2** *(hecho de asegurar)* insurance, insuring. *Prima de seguros,* insurance premium. **3** *(cobertura de un riesgo)* coverage, covering, insuring. **4** *(póliza de seguros)* insurance policy. *Tomar/contratar una póliza de seguros,* to take out an insurance policy.
seguro *adj.* secure, reliable. *Colocación/inversión segura,* safe investment.
seguro contra accidentes de trabajo, insurance against industrial injuries, employers' liability insurance, (EU) workmen's compensation insurance.
seguro contra el desempleo, unemployment insurance.

seguro contra enfermedades, sickness insurance.
seguro contra la vejez, old age insurance.
seguro contra riesgos múltiples, comprehensive insurance.
seguro contra robo, theft insurance, burglary insurance.
seguro contra robo e incendio, fire and theft insurance.
seguro contra todo riesgo, all-in policy, insurance against all-risks, comprehensive insurance.
seguro de carga, SEG. MARÍT.: cargo insurance.
seguro de casco, *(barcos)* hull insurance.
seguro de terceros, third-party insurance.
seguro de vida, life insurance, life assurance.
seguro marítimo, marine insurance, underwriting.
selección *f.* selection. *Selección de candidatos,* selection of candidates, screening of applicants. *Selección de carteras,* portfolio selection. *Selección de medios,* media selection.
seleccionar *v.t.* to select, to shortlist, to screen, *(vagones)* to marshall. *Seleccionado con todo cuidado,* handpicked.
selectivo *adj.* selective. *Acceso selectivo,* random access.
selecto *adj.* select.
selector *m.* selector.
sellado *m.* sealing, stamping.
sellar *v.t.* to seal, to stamp. *Sellar un acta/una escritura,* to seal a deed.
sello *m.* seal, signet. *Escritura bajo sello privado,* simple contract, private deed, private contract. *Guardián de sellos,* Keeper of the Seals. *Poner los sellos,* to affix the seals. *Quitar los sellos,* to remove the seals. *Sello privado,* private seal.
selva *f.* forest; jungle.
semana *f.* week.
semanal *adj.* weekly.
semanalmente *adv.* weekly.
semanario *m.* weekly publication.
sembrar *v.t.* to sow.
semejante *adj.* similar.
semejanza *f.* resemblance.
semental *adj.* stud.
semestral *adj.* half-yearly, semi-annual.
semestralmente *adv.* half-yearly.
semestre *m.* **1** half-year. *Los resultados para el primer semestre,* the first two quarters' performance. **2** *(universitario)* semester.
semi *pref.* semi-, half. *Producto semiterminado,* semi-finished product. *Semifinal,* semifinal.
semilla *f.* seed.
semillero *m.* seed plot.
semimanufacturado, a *adj.* semimanufactured.
seminario *m.* symposium, *(fuerza de ventas, etc.)* convention, *(universidades)* seminar.

S

semioficial *adj.* semiofficial.

senado *m.* senate.

senador, a *n.* senator.

senaduría *f.* senatorship.

senatorial *adj.* senatorial.

sencillez *m.* simplicity.

sencillo *adj.* simple, ordinary, plain, mere. *Avería sencilla,* ordinary average. *Billete o boleto sencillo (de ida),* single ticket, (EU) one-way ticket. *Crédito sencillo,* simple credit. *Intereses sencillos,* simple interests.

sensato, a *adj.* sensible.

sensibilidad *f.* sensibility, sensitivity.

sensibilización *f.* Fот.: sensitization.

sensibilizar *v.t.* to sensitize.

sensible *adj.* sensitive, receptive. *Mercado sensible,* sensitive market. *Producto sensible,* sensitive product.

sentado, a *adj.* seated.

sentar *v.t.* to seat. *Sentarse, tomar asiento,* to sit down.

sentencia *f.* **1** decision, judg(e)ment. **2** sentence, award. *Sentencia de arbitraje,* arbitration award.

sentenciar *v.t.* to sentence.

sentido *m.* sense. *Sentido común,* common sense. *Sin sentido, carente de sentido,* meaningless. *Tener sentido,* to make sense.

sentir *v.t.* to feel, to perceive. *Lo siento (disculpas),* I'm sorry.

seña *f.* sign, mark.

señal *f.* signal, sign, mark. *Contra robos,* burglar's alarm. *Hacer sonar la alarma,* to sound the alarm. *Señal de alarma,* alarm signal, flashing lights, warning. *Señales de tráfico,* traffic signs.

señalar *v.t.* to inform, to notify, to report. *Les señalamos que nuestras tarifas tendrán un 5 por ciento de aumento a partir del 1 de Abril,* we inform you/please note that our prices will be increased by 5 per cent as of April 1st. *Varios clientes nos han señalado ciertos retrasos en las entregas,* several clients reported (complained of) delays in deliveries.

señor *m.* Sir, mister, *(abreviado)* Mr. *Estimado Sr. Mont,* Dear Mr. Mont. *El Sr. Mont está de viaje,* Mr. Mont is on a trip. *Muy Señor Mío,* (EU) Gentleman, (GB) Dear Sir. *Muy Señores nuestros,* (EU) Gentlemen, (GB) Dear Sirs.

señora *f.* lady, mistress, *(abreviado)* Mrs. *Estimada Sra. Pullen,* Dear Mrs. Pullen. *La señora Pullen tiene una hija encantadora,* Mrs. Pullen has a lovely daughter.

señorita *f.* young lady, miss. *Estimada Señorita Pullen,* Dear Miss Pullen. *La Señorita Pullen habla muy bien el español,* Miss Pullen speaks Spanish very well.

separable *adj.* separable.

separación *f.* separation, divorce. *Pedir el divorcio,* to seek a divorce. *Separación de bienes,* separate maintenance.

separadamente *adv.* separately.

separado, a *adj.* separate, individual, several; *(parejas)* estranged.

separar *v.t.* **1** *(apartar)* to separate. **2** *(separar de la empresa, despedir)* to dismiss.

separatismo *m.* separatism.

separatista *mf.* y *adj.* separatist.

sequedad *f.* dryness.

sequía *f.* drought.

ser *v. aux.* to be. *¿De dónde es usted?,* where are you from? *Ser muy costoso,* to be very expensive. *Ser navegable,* to be seaworthy. *Ser suficiente,* to be sufficient, to suffice; *(que satisface sus necesidades, que se basta a sí mismo),* self-supporting.

seriar *v.t.* to seriate.

sericultura *f.* sericulture.

serie *f.* **1** series, run, batch. **2** range, line. *Desde hace algunos meses, ha habido una serie de huelgas espontáneas,* there has been a rash/a spate of wildcat strikes in the past few months. *De serie, seriado,* standard(ized). *Fabricación en serie,* mass production, standardized production. *Fuera de serie,* specially manufactured, custom-made. *Número de serie,* serial number. *Preserie,* pilot-run. *Producción en series pequeñas,* batch production. *Serie de productos,* product line.

serio *adj.* serious. *Un problema serio,* a serious problem.

serpiente *f.* snake. *Serpiente monetaria,* (European) monetary snake.

servicial *adj.* serviceable.

servicio *m.* **1** Fin.: payment service. **2** *(transportes)* service. **3** *(funcionarios, etc.)* duty. *Años de servicio,* years of service, seniority. *Autoservicio,* self-service store. *Empresa de servicios públicos,* (public) utility. *En servicio,* on duty. *Hacer un servicio, un favor,* to be useful, to oblige, to do a favo(u)r. *Necesidades de servicio,* service requirements. *No estar en servicio,* to be off duty. *Servicio a clientes, servicio a los consumidores,* customer service. *Servicio posterior a la venta,* after-sales service. *Servicios administrativos,* administrative services. **4** *servicio de entrega,* delivery service. *Servicio de la deuda,* debt service. *Servicio de los intereses,* payment of interest. *Servicio de prensa,* press-copies. **5** *estar de servicio,* to be on watch. *Oficial de servicio,* officer of the watch, officer on duty.

servicio diurno, day service.

servicio nocturno, night service.

servicio público, government service, public service.

servicios *m. pl.* services. *La industria de servicios,* (the) service industry, (the) service trade(s).

servido, a *adj.* served. *El primero en llegar será el primero en ser servido,* first come, first served.

servidor, a *n.* 1 servant. 2 INFORM.: server. *Servidor de datos,* on line data service.

servidumbre *m.* servitude, slavery.

servir *v.t.* e *i.* 1 to serve, to be useful, to be in use. 2 *(restaurantes)* to wait on somebody. 3 *sírva(n)se enviar,* please forward. *Sírva(n)se enviar por cheque,* kindly remit by check.

servir(se) *v. pr.* 1 *(utilizar)* to use, to operate. 2 *(tomar)* to help oneself (to something).

sesgado *adj.* biased, oblique.

sesgo *m.* slope, bias.

sesión *f.* session, meeting, *(tribunal)* hearing, *(teatro)* show, performance, *(asambleas)* session, sitting. *Abrir una sesión,* to open a meeting. BOLSA: *al fin de la sesión/de la jornada,* at/towards the close. *Levantar una sesión,* to adjourn, to wind up a meeting. *Sesión de cierre, de clausura,* closing session.

seudo *m.* pseudo.

seudónimo *m.* pseudonym, assumed name, alias, *(autores)* pen name.

shabat *m.* Sabbath (weekly day off among the Jews).

sicoanálisis *m.* psychoanalysis.

sicología *f.* psychology. *Sicología industrial,* industrial psychology.

sicológico, a *adj.* psychological. *Influencias sicológicas,* psychological influences.

sicólogo, a *n.* psychologist. *Sicólogo industrial,* industrial psychologist.

sicosis *f.* psychosis.

siderurgia *f.* siderurgy, iron and steel industry.

siderúrgico, a *adj.* siderurgical.

siega *f.* harvest, reaping.

siembra *f.* seeding.

siempre y cuando *loc. conj.* provided (that), so long as.

sierra *f.* saw. *Curva con dientes de sierra,* jigsaw curve; *(fluctuaciones)* roller-coaster.

sierra de cadena, chain saw.

sigilo *m.* secret.

sigla *f.* initial. *Siglas,* initials.

siglo *m.* century.

signar *v.t.* to sign.

signatario, a *n.* signer, signatory.

significación *f.* significance, meaning.

significado *m.* meaning.

significar *v.t.* to mean, to signify.

significativamente *adv.* significantly.

significativo *adj.* significant.

signo *m.* 1 sign. *Se pueden observar signos de recuperación,* signs of recovery can be noticed/a recovery seems to be in the works. 2 mark.

Signos de admiración, exclamation marks. *Signos de interrogación,* question marks. *Signos de puntuación,* punctuation marks.

siguiente *adj.* following, next. *El mes siguiente,* the next month.

silencio *m.* silence. *Guardar silencio,* to keep silence.

silicio *m.* silicon.

silla *f.* chair. *Silla plegadiza,* folding chair.

silvicultor, a *n.* silviculturist.

silvicultura *f.* silviculture.

sillón *m.* sofa.

simbiosis *f.* symbiosis.

simbólico *adj.* symbolic, nominal. *Huelga simbólica,* token strike.

simbolizar *v.t.* to symbolize.

símbolo *m.* symbol.

simetría *f.* symmetry.

simétrico, a *adj.* symmetrical.

símil *adj.* similar.

similar *adj.* similar. *Montos similares,* similar amounts.

similitud *f.* similarity.

simple *adj.* simple. *Interés simple,* simple interest.

simplemente *adv.* simply.

simplicidad *f.* simplicity.

simplificación *f.* simplification.

simplificar *v.t.* to simplify.

simplista *adj.* simplist.

simposio *m.* symposium.

simulación *f.* simulation. *Simulación de líneas de espera,* simulation of queues, queueing simulation. *Técnicas de simulación,* simulation techniques.

simulacro *m.* simulacrum.

simulado, a *adj.* simulated, bogus, sham. *Venta simulada,* sham sale.

simular *v.t.* to simulate.

simultáneamente *adv.* simultaneously.

simultaneidad *f.* simultaneity.

simultáneo, a *adj.* simultaneous. *Traducción simultánea,* simultaneous translation.

sin *prep.* without. *Las personas sin casa/carentes de hogar,* the homeless. *Sin casa,* homeless.

sinalagmático *adj.* synallagmatic. *Contrato sinalagmático,* bilateral contract, indenture.

sincronización *f.* synchronization.

sincronizador, a *n.* synchronizer.

sincronizar *v.t.* to synchronize.

sindicación *f.* syndication.

sindicado, a *n.* trade-unionist, (EU) unionized worker, union member.

sindical *adj.* union. *Cámara sindical de los agentes de cambio,* stock exchange committee. *Delegado sindical,* shop steward, union delegate. *Derechos sindicales,* union rights. *Movimiento sindical,* organized labo(u)r, (GB) trade-union

S

movement. *Sección sindical,* (EU) local, (GB) union branch, local branch.

sindicalismo *m.* unionism, (GB) trade-unionism. *La historia del sindicalismo,* the history of organized labor.

sindicalista *mf.* unionist, trade-unionist, union member.

sindicalización *f.* unionization.

sindicalizado, a *adj.* **1** unionized. **2** syndicated. *Acciones sindicalizadas,* syndicated shares. *Obreros no sindicalizados,* non-union men, (EU) unorganized workers. *Obreros sindicalizados, trabajadores sindicalizados, mano de obra sindicalizada,* union members, unionized workers, union men.

sindicalizar *v.t.* **1** to unionize, (EU) to organize (workers). **2** FIN.: to syndicate.

sindicalizar(se) *v. pr.* **1** to join a union. **2** to form a union.

sindicar *v.t.* to syndicate.

sindicato *m.* **1** union, trade-union, (EU) labor union. **2** syndicate. *Afiliarse a un sindicato,* to join a union. *Formar un sindicato,* to form a union. *Sindicato de garantía,* underwriting syndicate. *Sindicato de quiebra,* official receivership; trusteeship of a bankruptcy.

sindicatura *f.* office of a syndic.

síndico *m.* trustee, syndic, assignee. *Síndico de una quiebra,* official receiver, trustee in bankruptcy.

sinergia *f.* synergy, synergical.

singularidad *f.* singularity, peculiarity.

siniestro *m.* **1** accident, casualty. **2** loss, damage. **3** claim. *Declaración de siniestro,* notice of loss or damage. *Departamento de siniestros,* claims department. *Evaluar el siniestro,* to assess the damage/the loss. *Hacer una declaración de siniestros,* to report an accident/a damage/a loss; to put in a claim for compensation.

sinnúmero *m.* countless, a large amount. *Un sinnúmero de empresas,* a large amount of enterprises.

sinopsis *f.* synopsis.

sinóptico, a *adj.* synoptic.

síntesis *f.* synthesis.

sintético, a *adj.* synthetic, artificial, man-made. *Balance sintético/consolidado,* consolidated balance-sheet.

sintetizar *v.t.* to synthetize.

síntoma *m.* symptom.

sintomático, a *adj.* symptomatical.

sirvienta *f.* maid.

sirviente *m.* servant.

sistema *m.* system, scheme, method, plan. *Análisis de sistemas,* systems analysis. *Diseño de sistemas,* systems design. *Sistema de fomento, sistema de incentivos,* incentive bonus scheme. *Sistema de participación de los trabajadores en las utilidades de la empresa,* profit-sharing scheme. *Sistema de previsión,* provident scheme. *Sistema de pronóstico,* forecasting system. *Sistema de retiro,* pension scheme, retirement plan. *Sistema fiscal,* tax system. *Sistema métrico,* metric system. *Sistema monetario,* monetary system. *Sistemas de información administrativa,* management information systems.

sistema bancario, banking system.

sistema de carreteras, highways, system of roads. *Departamento de carreteras,* highways department.

sistema de cuentas por pagar, accounts payable system.

sistema de desagüe, sewage system, drainage.

sistema de información, information system.

sistema económico, economic system.

sistemático *adj.* systematic, constant.

sistematización *f.* systematization.

sistematizar *v.t.* to systematize.

sitio *m.* place, spot.

situación *f.* **1** situation, position, state, condition. *Situación familiar,* marital/family status. **2** *(situación geográfica)* location. **3** *(cuentas)* position, statement, return. *Estado de situación bancaria,* bank statement. *Situación bancaria,* bank balance. *Situación financiera,* financial standing/status. *Situación/posición de tesorería,* cash flow statement, funds statement. **4** *tener una situación estable,* to have a steady job.

situar *v.t.* to locate, to place.

soberanía *f.* sovereignty.

soberano, a *adj.* sovereign.

sobornador, a *n.* briber.

sobornar *v.t.* to bribe.

soborno *m.* bribe.

sobrante *m.* surplus, excess, left over. *Hay un sobrante de 100 dólares,* there is an excess of 100 dollars.

sobrar *v.i.* to exceed.

sobre *m.* envelope.

sobre *prep.* on, upon. **1** BOLSA: *sobre la par,* above par. **2** about. *Hablemos sobre la devaluación,* let's talk about the devaluation. *Sobre cien pesos,* about one hundred pesos. **3** *sobre todo,* above all.

sobreabundancia *f.* superabundance.

sobreabundante *adj.* superabundant, redundant.

sobreabundar *v.t.* e *i.* to superabound.

sobrecalentamiento *m.* overheating.

sobrecarga *f.* overload.

sobrecargar *v.t.* **1** to overload. **2** to overtax, to overcharge. *Estar sobrecargado de trabajo,* to be overworked. **3** *(hacer pagar una cantidad adicional)* to surcharge.

sobrecargo *m.* **1** overload, excess weight. INFORM.: overrun. **2** IMPUESTOS: additional tax, surtax, overtax.

sobrecosto *m.* overrun, cost overruns, additional cost/burden.
sobredividendo *m.* surplus dividend.
sobredotación *f. (exceso de personal)* overmanning.
sobreembalaje *m.* overwrap.
sobreendeudamiento *m.* debt overload, debt overburden, excessive indebtedness.
sobreendeudar(se) *v. pr.* to overextend oneself, to run into huge debts.
sobreestadía *f.* demurrage.
sobreestimación *f.* overevaluation, overvaluation, overestimate, overrating.
sobreestimar *v.t.* to overestimate, to overrate, to overvalue.
sobreevaluación *f.* overevaluation, overvaluation, overestimate.
sobregirar *v.t.* to overdraw.
sobregiro *m.* overdraft.
sobregravar *v.t.* to overtax.
sobreimpuesto *m.* additional tax, surtax, overtax; extra charge. *Sobreimpuesto fiscal,* tax surcharge. *Sobreimpuesto postal,* additional postage.
sobreinversión *f.* overinvestment.
sobrenúmero *m.* redundancy. *Sobrenúmero de obreros,* redundant workers.
sobreoferta *f.* outbidding, overbid, higher bid.
sobreofrecer *v.t.* to overbid, to outbid.
sobrepaga *f.* extra pay, bonus.
sobrepagar *v.t.* to overpay.
sobrepasar *v.t.* to exceed, to surpass; to outweigh, to outrank.
sobrepeso *m.* overweight.
sobrepoblación *f.* overpopulation.
sobrepoblado *adj.* overpopulated, overcrowded.
sobreprecio *m.* extra charge.
sobreprima *f.* extra premium.
sobreproducción *f.* overproduction.
sobrepuja *f.* excessive bid.
sobrepujar *v.t.* to bid in excess.
sobrerreservación *f.* overbooking.
sobresalario *m.* extra pay, bonus.
sobresaliente *adj.* outstanding.
sobreseer *v.t.* to postpone, to defer, to put off. *Sobreseimiento a la ejecución de un embargo,* stay of execution.
sobreseimiento *m.* delay, respite, reprieve. *Sobreseimiento de pago,* respite of payment. *Sobreseimiento de una acción legal,* stay of proceedings. *Sobreseimiento militar,* military deferment/postponement. JUR.: suspended sentence.
sobresello *m.* double seal.
sobresueldo *m.* extra pay, bonus.
sobretasa *f.* surtax, extra charge.
sobretrabajo *m.* overwork, overworking.
sobreutilidad *f.* surplus profit, excess profit.

sobrevalor *m. (crédito mercantil)* goodwill.
sobrevaluación *f.* overvaluation.
sobrevaluar (o **sobrevalorar**) *v.t.* to overvalue, to overrate.
sociable *adj.* sociable.
social *adj.* social. *Agitación social,* social turmoil, labor unrest. *Balance social de la empresa,* social audit of the firm. *Capital social,* authorized, registered capital. *Domicilio social,* head office, registered office, headquarters. *Prestaciones sociales,* social security benefits; welfare payments. *Razón social,* style (of a firm), trading name, corporate name.
socialismo *m.* socialism.
socialista *mf.* y *adj.* socialist.
socialización *f.* socialization.
sociedad *f.* **1** society *(grupo social u organismo sin finalidades de lucro).* **2** company, firm, concern, (EU) corporation. *(GB, únicamente en el caso de empresas no comerciales del tipo de la British Broadcasting Corporation).* *Acta constitutiva de una sociedad,* memorandum of association, charter of a company. *Constituir/formar una sociedad,* to set up, to form, to incorporate a company; to form an association. *Derechos de las sociedades, (neol., derecho corporativo),* company law, corporate law, (EU) law of business corporations. *Empresa/sociedad comercial,* business firm, business organization, (EU) business corporation. *Impuestos sobre las sociedades,* corporate tax. *Sociedad afiliada,* affiliated company, affiliate. *Sociedad anónima, (equivalente)* (EU) corporation, (GB) public (limited) company. *Sociedad civil,* non-trading company. *Sociedad concesionaria,* statutory company. *Sociedad de acciones,* joint-stock company, company limited by shares, (EU) corporation. *Sociedad de colocación (de carteras de inversión),* investment trust. *Sociedad de comercio,* trading company. *Sociedad de inversión de capital variable,* unit trust, (EU) mutual fund. *Sociedad de inversión de extremo cerrado,* closed-end investment. *Sociedad de personas,* partnership. *Sociedad de responsabilidad limitada,* private limited company, (EU) private corporation, close corporation. *Sociedad/empresa con sucursales múltiples,* chain store, multiple. *Sociedad/empresa de financiamiento,* financing company. *Sociedad en comandita por acciones,* partnership limited by shares. *Sociedad en comandita simple,* limited partnership. *Sociedad en nombre colectivo,* general partnership. *Sociedad fantasma,* bogus company. *Sociedad hermana,* sister company. *Sociedad inmobiliaria,* real Estate company. *Sociedad paterna,* parent company. *Sociedad sin fines lucrativos,* non profit (-seeking/-making) organization. *Sociedad tenedora,* holding company.

S

sociedad anónima, (EU) corporation, (equivalente) (GB) public (limited) company.

sociedad de capitales, corporation, corporate body, limited liability company.

sociedad de inversión de capital variable, open-end investment trust/fund, (EU) mutual fund, (GB) unit trust.

sociedad de personas, partnership.

sociedad de responsabilidad limitada, (EU) private corporation, close corporation; (GB) private limited company.

sociedades caritativas, provident society, provident scheme, charities.

sociedad operadora, shell company, nominee company.

socio, a *n.* partner.

socioeconómico, a *adj.* socioeconomic.

sociología *f.* sociology.

sociológico *adj.* sociological.

sociólogo, a *n.* sociologist.

socorrer *v.t.* to help, to aid.

socorro *m.* help, assistance, relief.

solicitación *f.* solicitation.

solicitante *mf.* 1 applicant. *Solicitante de una patente,* applicant, claimant for a patent. *Solicitantes de empleo,* job seekers, registered applicants for work. 2 solicitor.

solicitar *v.t.* 1 to ask for, to apply for, to request, to call for; *(exigir)* to require, to demand. *Solicitar el precio de,* to ask for the price of. *Solicitar informes,* to ask for/request information. *Solicitar un empleo,* to apply for a job, for a position. *Solicitar un precio para,* to charge a price for. *Solicito a usted gentilmente que...,* I should be extremely grateful if you would. 2 to solicit, to court, to scheme for. *Solicitar un puesto,* to seek a position. *Solicitar votos,* to solicit votes, to canvass for votes. 3 to want. *"Se solicita personal para adiestramiento",* trainees wanted. 4 *solicitar fondos en préstamo,* to borrow (a alguien, from someone).

solicitud *f.* application, request. *Conforme a su solicitud,* in accordance with your request. *Depósito reembolsable mediante solicitud,* deposit at call. *Documentación/muestras disponible(s) por solicitud,* literature/samples sent on request. *El número de solicitudes de empleo ha aumentado,* the number of job-seekers has increased. *Pagadero por solicitud expresa,* payable on demand. *Presentar una solicitud de empleo,* to apply for a job. *Solicitud de crédito,* application for credit. *Solicitud de empleo,* job application; application for a job. *Solicitud de informes,* inquiry.

solidariamente *adv.* jointly and severally, Jur.: in solidum. *Conjunta y solidariamente,* jointly and severally.

solidaridad *f.* solidarity, sympathy. *Huelga de solidaridad,* sympathy strike, sympathetic strike.

Ponerse en huelga por solidaridad, to strike in sympathy.

solidario *adj.* 1 sympathetic, solidary, interdependent. 2 Jur.: joint and several. *Obligación conjunta y solidaria,* obligation binding all parties, joint and several obligation. *Responsabilidad (conjunta y) solidaria,* joint and several liability.

solidarizar(se) *v. pr.* to make solidary.

solidez *f.* strength, sturdiness.

sólido *adj.* 1 string, sturdy; robust, rugged. 2 sound, reliable. *Artículo sólido,* sturdy article. *Financieramente sólido,* financially sound. *Reputación sólida,* long-standing reputation, established fame.

solo *adj.* only, alone, sole, single. *El turismo solo (por sí mismo) no explica estos beneficios,* tourism alone does not account for such profits.

soltero, a *n.* *Un soltero,* an unmarried man, a bachelor. *Una soltera,* an unmarried woman.

soltero, a *adj.* single, unmarried. *Nombre de soltera,* maiden name.

solución *f.* solution, settlement. *La mejor solución sería,* the best course would be to.

solucionar *v.t.* to solve. *Solucionar un problema,* to solve a problem.

solvencia *f.* solvency, creditworthiness, credit rating. *Grado de solvencia,* credit rating.

solventar *v.t.* to settle (debts).

solvente *adj.* solvent, financially sound. *Solvencia suficiente,* sufficient security, good surety.

sombrero *m.* hat.

sombrío *adj.* (futuro, perspectivas) gloomy.

someter *v.t.* to submit, to present, to produce. *Someter a juicio una serie de proposiciones,* to make proposals. *Someter a juicio un reporte,* to submit, to produce a report. *Someter a una prueba,* to test.

sometimiento *m.* submission.

sondear *v.t.* to poll, to survey.

sondeo *m.* 1 poll, survey, (audiencia de radio y T.V.), ratings. 2 probe, sounding. *Control por sondeo,* spot checking. *Encuesta por sondeo,* sample survey, survey. *Especialista en sondeos,* pollster. *Hacer un sondeo,* to poll, to carry out a poll, to take a poll. *Organismo de sondeo,* polling agency/institute. *Resultados de un sondeo,* findings. *Sondeo aleatorio,* random sampling. *Sondeo de opinión,* opinion poll. *Sondeo directo, en el lugar de interés,* spot check.

sonido *m.* sound. *Sistema de sonido,* sound system.

sonorización *f.* 1 public address system. 2 sound mixing.

soportable *adj.* endurable.

soportar *v.t.* 1 to bear, to stand. 2 to support. *Soportar/sufrir una pérdida,* to sustain/to suffer a loss.

soporte *m.* 1 (apoyo) support. 2 rack. 3 Pub., Prensa: medium. *Soportes publicitarios,* advertising media.

sorprendente *adj.* surprising. *Resultados sorprendentes,* surprising results.

sorprender *v.t.* to surprise, to amaze.

sorpresa *f.* surprise. *Sorpresa desagradable,* bad news, snag.

sorteable *adj.* that can be raffled.

sortear *v.t.* to raffle, to draw lots.

sorteo *m.* raffle, lottery. *Extracción/selección por sorteo,* drawing (of lots). *Obligaciones reembolsables por sorteo,* bonds redeemed by lot. *Por sorteo anual,* by annual drawings.

sospecha *f.* suspicion.

sospechar *v.t.* to suspect.

sospechoso, a *n.* suspect, defendant.

sospechoso, a *adj.* suspicious.

sostén *m.* support. *Política de sostén a la agricultura,* (EU) agricultural support policy. *Precio de sostén,* support price, pegged price, supported price. *Responsable del sostén de familia,* breadwinner. *Sostén de los precios,* price support.

sostener *v.t.* 1 to support, to back (up), Fin.: to subsidize. *Sostener una empresa en dificultades,* to prop up an ailing company. *Sostener una moneda,* to bolster a currency. 2 *sostener un punto de vista,* to uphold, to maintain, to affirm. *Sostener el punto de vista de un tercero,* to endorse.

sostenido, a *adj.* 1 supported, sustained. 2 steady, buoyant. *Esfuerzos sostenidos,* sustained efforts. *Mercado sostenido,* steady, buoyant market.

sostenimiento *m.* support, maintenance.

sótano *m.* basement, lower ground floor.

suavizar *v.t.* to smooth. *Suavizar una curva,* to smooth a curve. *Técnicas de suavización,* smoothing techniques.

subagencia *f.* sub-agency.

subagente *m.* sub-agent.

subalterno, a *n.* subordinate, subaltern.

subalterno *adj.* subaltern, subordinate. *Tareas subalternas,* menial tasks/work.

subarrendador, a *n.* sub-lessor.

subarrendamiento *m.* sub-lease.

subarrendar *v.t.* to sublet.

subarrendatario, a *n.* sub-lessee.

subasta *f.* auction, public sale, bankruptcy sale, auction sale. *Poner en subasta,* to put up for auction. *Subasta pública,* public auction. *Vender en subasta,* to sell by (public) auction. *Vender en una subasta,* to auction, to auctioneer, to auction off, to sell by (EU) at auction.

subastador, a *n.* auctioneer.

subastar *v.t.* to auction, to sell at auction.

subcomité *m.* sub-committee.

subconjunto *m.* sub-set.

subconsumo *m.* underconsumption.

subcontratación *f.* sub-contracting, contracting out.

subcontratar *v.t.* to subcontract, to contract out; to farm out.

subcontratista *mf.* subcontractor, by-contractor; jobber.

subcontrato *m.* subcontract.

subcuenta *f.* subsidiary account.

subdelegado, a *n.* subdelegate.

subdelegar *v.t.* to subdelegate.

subdesarrollado, a *adj.* underdeveloped. *Países subdesarrollados,* underdeveloped/developing countries, less-developed countries (L.D.C's).

subdesarrollo *m.* underdevelopment.

subdirector, a *n.* assistant manager, deputy manager.

subdividir *v.t.* to subdivide.

subdivisión *f.* subdivision.

subemplear *v.t.* to underuse.

subempleo *m.* underemployment.

subestimación *f.* underestimation, underrating, undervaluation.

subestimar *v.t.* to underestimate, to undervalue, to underrate.

subevaluación *f.* undervaluation.

subevaluar *v.t.* to undervalue.

subgrupo *m.* sub-group.

subíndice *m.* subindex.

subir *v.t. e i.* 1 (precios, etc.) to rise, to go up, to increase. *Hacer subir (precios, etc.)* to push up, to drive up, to run up, to put up. *Subir rápidamente,* to soar, to skyrocket. 2 *subir a bordo,* to go on board, to board.

subjefe, a *n.* assistant chief, assistant boss.

subjetividad *f.* subjectivity.

subjetivo *adj.* subjective. *Estimaciones subjetivas,* subjective estimates.

submarca *f.* subsidiary brand.

submúltiplo *m.* sub-multiple.

subordinación *f.* subordination.

subordinado, a *n. y adj.* dependent (on), subordinate(d) (to). *Título de crédito subordinado,* subordinated security.

subordinar *v.t.* to subordinate (a, to).

subproducción *f.* underproduction.

subproducto *m.* by-product, secondary product.

subprograma *m.* routine, subroutine.

subrayar *v.t.* to underline, to stress.

subrogación *f.* subrogation, substitution.

subrogar *v.t.* to subrogate.

subsanar *v.t.* to mend, to repair.

subscribir (o **suscribir**) *v.t.* 1 to subscribe, to apply for. 2 Seg.: to underwrite. *Subscribir acciones,* to subscribe shares, to apply for shares.

S

Subscribirse/tomar una subscripción, to take out a subscription. *Subscribir un préstamo,* to subscribe to a loan. *Subscribir una póliza,* to underwrite a policy. **3** *(subscribirse a una opinión)* to endorse.

subscripción (o **suscripción**) *f.* subscription, application, underwriting. *Derecho de subscripción,* application right. *Invitar a subscribirse,* to invite subscriptions for. *Prospecto de subscripción,* prospectus. *Subscripción a una emisión,* subscription to an issue. *Subscripción de acciones,* application for shares.

subscriptor, a (o **suscriptor**) *n.* subscriber.

subscrito, a (o **suscrito**) *adj.* subscribed. *Capital subscrito,* subscribed capital. *Emisión enteramente subscrita,* fully subscribed issue. *Emisión sobresubscrita,* oversubscribed issue.

subsecretario, a *n.* assistant secretary. *Subsecretaría,* office of an assistant secretary.

subsidiado, a *adj.* subsidized. *Subsidiado por el Estado,* State-aided.

subsidiar *v.t.* to subsidize.

subsidiario, a *adj.* subsidiary, accessory.

subsidio *m.* subsidy, grant, aid. *Recibir un subsidio del Estado,* to be subsidized by the State. *Subsidios del Estado,* Government subsidies, grant-in-aid. *Subsidio para la exportación,* export subsidy.

subsidio para el costo de la vida, cost-of-living allowance.

subsidio para el desarrollo, development subsidy.

subsidio para reexportación, drawback.

subsiguiente *adj.* subsequent.

subsistema *m.* sub-system.

subsistencia *f.* subsistence.

subsistente *adj.* subsistent.

subsistir *v.i.* to subsist.

substancia *f.* substance.

substanciación *f.* substantiation.

substancial *adj.* substantial, marked, significant, sharp. *Alza substancial de precios,* substantial/significant increase in prices. *Baja substancial de calidad,* marked impairment of quality. *Baja substancial de las cotizaciones,* sharp drop in quotations. *Mejoramiento substancial,* marked improvement.

substanciar *v.t.* to substantiate.

substitución *f.* substitution.

substituir *v.t.* to substitute.

substitutivo, a *adj.* substitute.

substituto, a *n.* substitute.

substracción *f.* subtraction.

substraendo *m.* subtrahend.

substraer *v.t.* to subtract.

subsuelo *m.* subsoil, substratum.

subtítulo *m.* **1** sub-title, crosshead, subheading. **2** caption.

suburbano, a *adj.* suburban.

suburbio *m.* suburb.

subvaluación (o **subvaloración**) *f.* undervaluation.

subvaluado *adj.* undervalued.

subvaluar (o **subvalorar**) *v.t.* to undervalue.

subvención *f.* subsidy.

subvencionar *v.t.* to subsidize.

subyacente *adj.* underlying.

sucedáneo *m.* substitute.

suceder *v.t.* e *i.* **1** *(ocurrir,* v. *impers.)* to happen, to occur. **2** *(sustituir)* to succeed to, to take over from, *(herencias),* to come into an inheritance. *Suceder a alguien,* to take over from someone.

sucesión *f.* **1** succession. **2** JUR.: inheritance. *Derecho a la sucesión,* right to inherit. *Derechos de sucesión,* estate duties, death duties, (EU) inheritance tax. *Tomar la sucesión de un negocio,* to take over a business.

sucesivamente *adv.* successively.

sucesivo, a *adj.* successive, consecutive.

suceso *m.* event, happening.

sucesor, a *n.* successor.

sucesorio, a *adj.* successional.

suciedad *f.* nastiness, filth.

sucinto *adj.* succinct.

sucio, a *adj.* dirty, nasty.

sucursal *f.* branch, sub-office. *Tienda de sucursales múltiples,* multiple store, (EU) chain store.

sueldo *m.* pay, wage, salary. *Ausencia laboral sin goce de sueldo,* holiday without pay. *Sueldo mensual,* salary per month. ver **salario**.

suelo *m.* soil, ground.

suelto, a *adj.* **1** loose, slack, free. **2** *(monedas)* change.

suerte *f.* luck, chance. *¡Buena suerte!,* good luck.

suficiencia *f.* sufficiency. *Autosuficiencia,* self-sufficiency.

suficiente *adj.* sufficient, adequate.

sufragar *v.t.* e *i.* to defray. *Sufragar una serie de gastos,* to meet expenses, to foot a bill.

sufragio *m.* vote, suffrage, franchise. *Obtener sufragios,* to poll votes. *Sufragios registrados,* votes recorded. *Sufragio universal,* universal franchise/suffrage.

sufrir *v.t.* e *i.* to suffer, to sustain, to undergo. *Estos artículos han sufrido una alza importante,* the price of these articles has increased sharply. *Sufrir una pérdida,* to suffer, to sustain a loss. *Sufrir un golpe, fam.* to suffer a blow.

sufrir (de) *v.i.* to suffer (from).

sugerencia *f.* suggestion.

sugerir *v.t.* to suggest.

sujeción *f.* subjection; subjecting to, making liable to, liability.

sujetalibros *m.* book end.

sujetar *v.t.* to subject to, to make liable to, to submit to.

sujetar(se) *v. pr.* to subject, to undergo. *Sujetarse a una prueba,* to undergo a test.

sujeto, a *adj.* subject to, liable for/to; *(que tiene tendencia a)* prone to. *Dividendos sujetos al impuesto sobre la renta,* dividends liable to income tax. *Estar sujeto a modificaciones,* to be subjected to alterations, to be subjected to undergo alterations. *Mercancías sujetas al pago de derechos,* dutiable goods. *Precios sujetos a variaciones,* prices subject to alterations. *Sujeto a daños y perjuicios,* liable for damages. *Sujeto a derecho(s),* liable to duty, dutiable. *Sujeto a las fluctuaciones de mercado,* subject to market fluctuations. *Sujeto al impuesto del timbre,* subject to stamp duty. *Sujeto al impuesto sobre la renta,* liable to income tax. *Sujeto a los derechos de aduana,* dutiable, liable to customs duties. *Sujeto a persecución legal,* liable to prosecution, liable to be sued. *Sujeto a una multa,* liable to a fine, liable to be fined.

suma *f.* sum, amount, mass, quantity. *Acreditar una suma a,* to credit a sum to. *Suma acumulada,* lump sum. *Suma deducible de impuestos sobre el ingreso,* tax write-off. *Suma del ejercicio precedente,* balance brought forward. *Suma del ejercicio siguiente,* balance carried forward, balance to next account. *Suma global,* inclusive sum, lump sum, global amount. *Suma total,* sum-total, total amount. *Suma traspasada (de una página a otra),* amount carried forward. *Traspasar una suma como un cargo para,* to charge a sum to the debit of.

sumadora *f.* adding machine.

sumando *m.* addend.

sumar *v.t.* to sum, to sum up.

sumario *m.* summary, abstract, digest.

sumario, a *adj.* summary, brief, concise; perfunctory, cursory.

sumatoria *f.* Mat.: summation (of a series).

suministrar *v.t.* to supply, to provide.

suministro *m.* **1** *(materiales)* supply, *(suministros)* supplies. **2** *(préstamos)* provision, contribution, supply(ing). *Suministro de capitales,* provision of capital.

sumisión *f.* submission.

sumiso, a *adj.* submissive.

sumo, a *adj.* high, supreme, uppermost. *A lo sumo,* at most.

suntuario *adj.* sumptuary, lavish. *Gastos suntuarios,* lavish expenses.

supeditación *f.* subjection.

supeditar *v.t.* to subdue.

superable *adj.* superable.

superabundancia *f.* superabundance, surfeit, glut, surplus.

superabundante *adj.* superabundant.

superabundar *v.i.* to superabound.

superación *f.* progress, advance, improvement.

superar *v.t.* to overcome, to surmount; to surpass.

superávit *m.* surplus, excess. *Superávit agrícola,* farm surplus, agricultural surplus. *Superávit aportado,* paid-in capital surplus. *Superávit de capital,* capital surplus. *Superávit disponible,* current surplus. *Superávit donado,* donated surplus. *Superávit en libros,* book surplus. *Superávit ganado,* earned surplus. *Superávit por revaluación,* revaluation surplus.

superchería *f.* fraud, deceit.

superestructura *f.* superstructure.

superficial *adj.* superficial.

superficie *f.* surface, area. *Superficie de ventas,* shopping space. *Tienda de grandes superficies,* large surface store, supermarket.

superfluo, a *adj.* superfluous, unnecessary.

superintendencia *f.* superintendence.

superintendente *mf.* superintendent, supervisor.

superior, a *adj.* upper, superior, higher, top. *Calidad superior,* prime quality, top quality, top grade. *Ejecutivo de nivel superior,* top executive, senior executive. *Enseñanza superior,* higher education.

superioridad *f.* superiority.

superlativo, a *adj.* superlative.

supermercado *m.* supermarket.

supernumerario, a *adj.* supernumerary.

superpotencia *f.* superpower.

supervisar *v.t. (personal)* to supervise.

supervisión *f.* supervision, inspection, monitoring. *Comité de supervisión,* inspection committee. *Consejo de supervisión,* supervisory board.

supervisor, a *n.* supervisor, superintendent.

supervivencia *f.* survival.

superviviente *mf.* survivor.

suplantar *v.t.* to supersede.

suplementario *adj.* supplementary, additional, extra, further. *Horas suplementarias,* overtime (work). *Trabajar horas suplementarias,* to work/ to do overtime. *Tren suplementario,* relief train.

suplemento *m.* supplement, addition; additional payment, extra charge, extra. *Suplemento de precio,* extra charge, additional charge. *Suplemento impositivo,* additional tax.

suplente *mf.* deputy, substitute.

suplente *adj.* acting, substitute, deputy.

supletorio, a *adj.* suppletory, additional.

súplica *f.* request.

suplicar *v.t.* to beg, to implore. *Le(s) suplicamos enviar,* please forward. *Les suplicamos que...,* Please...

suplir *v.t.* **1** to make up for. **2** to act as deputy for.

suponer *v.t.* to suppose, to assume, to presume. *Suponiendo que,* assuming that.

S

suposición *f.* supposition, assumption.
supremacía *f.* supremacy.
supremo, a *adj.* supreme. *Calidad suprema,* supreme quality.
supresión *f.* abolition, suppression, lifting. *Supresión de empleos,* layoffs, redundancies, job losses, (EU) job-cuts. *Supresión de las barreras aduanales,* lifting of customs barriers.
suprimir *v.t.* to abolish, to cancel, to suppress, to cut. *Suprimir empleos/puestos,* to lay off, to shed jobs, to trim/prune the work/labo(u)r force, (EU) to cut jobs. *Suprimir una palabra (dentro de un texto),* to delete a word.
supuesto *m.* supposition, assumption. *Por supuesto,* of course. *Supuestos presupuestales,* budgeting assumptions.
surgimiento *m.* rise, emergence, development.
surgir *v.i. (un problema)* to arise, to be raised, to come forth.
surtido *m.* assortment.
surtido, a *adj.* assorted.
surtidor *m.* supplier, purveyor.
surtir *v.t.* to supply, to purvey.
susceptible *adj.* likely to *(positivo),* liable to *(negativo).*
suscitar *v.t.* to rise, to start.
suscribir *v.t.* to subscribe. ver **subscribir.**
suscripción *f.* subscription. ver **subscripción.**
suscriptor, a *n.* subscriber. ver **subscriptor.**
suscrito *adj.* subscribed. ver **subscrito.**
susodicho, a *adj.* aforesaid.
suspender *v.t.* to suspend, to discontinue, to interrupt, *(un proyecto)* to shelve; to hold up, to stop. *Suspender el pago de un cheque,* to stop a check.

suspendido, a *adj.* suspended.
suspensión *f.* suspension, stoppage. *Suspensión de la ejecución de un juicio,* stay of execution. *Suspensión de la fabricación de un producto,* discontinuation. *Suspensión del trabajo,* stoppage of work. *Suspensión de pago de un cheque,* stopping of a check. *Suspensión de un pago,* stoppage of payment.
suspensivo, a *adj.* suspensive. *Puntos suspensivos,* suspension points, dots.
suspenso *m.* abeyance, demurrage, suspense. *Bultos, paquetes en suspenso/en espera de ser reclamados,* unclaimed parcel, parcel awaiting delivery. *Cuenta en suspenso/cuenta vencida,* outstanding/overdue account. *Documento de crédito en suspenso,* bill in suspension. *Mercancías en suspenso,* goods on demurrage.
suspenso (en) *adj.* pending, in suspense, in abeyance. *Cuenta en suspenso,* outstanding account.
sustentación *f.* support.
sustentar *v.t.* to sustain.
sustento *m.* support, maintenance.
sustitución *f.* substitution, replacement. Jur.: *cláusula de sustitución,* entailment. *Producto de sustitución,* substitute (product).
sustituible *adj.* that can be substituted.
sustituir *v.t.* to substitute, to replace.
sustitutivo, a *adj.* substituting. *Partes sustitutivas,* substituting parts.
sustituto, a *n.* 1 *(producto de reemplazo)* substitute. 2 Jur.: deputy public prosecutor.
sustracción *f.* subtraction, subtracting.
sustraer *v.t.* to subtract.

t

tabacalero, a *n.* tobacco grower.
tabaco *m.* tobacco.
tabaquería *f.* cigar store, *fam.* tobacconist's.
tabla *f.* 1 *(de madera)* plank, strip of wood, board. 2 *(gráficas, etc.)* table, chart. 3 *tabla de materias,* contents, chapters, index. 4 *tabla de multiplicar,* multiplication table.
tablero *m.* panel, board. *Tablero de control,* control panel, control board. *Tablero de instrumentos,* instrument panel.
tableta *f.* MED.: tablet, lozenge.
tablón *m.* plank. •
tabú *m.* taboo.
tabulación *f.* tabulation, count, tally.
tabulador *m.* tabulator.
tabular *v.t.* to tabulate, to put in tabular form.
tacaño, a *adj.* stingy, avaricious.
tacha *f.* fault, vice, shortcoming.
tachadura *f.* erasure, deletion. *Hacer una tachadura,* to erase, to cross out, to delete (a word).
tachar *v.t.* to erase, to delete, to cross out.
tácito *adj.* tacit, implicit, implied. *Renovación mediante acuerdo tácito,* renewal by tacit agreement.
táctica *f.* tactics. *(el singular tactic se encuentra cada vez con mayor frecuencia).*
táctico, a *n.* tactician.
táctico *adj.* tactical.
tacto *m.* tact. *Con mucho tacto,* tactful. *Sin tacto,* tactless.
tahúr *m.* gambler.
tajada *f.* slice, thin piece.
tajante *adj.* categorical.
tajantemente *adv.* categorically.
tajo *m.* cut, incision.
tala *f.* *(hecho de talar)* cutting, *(árboles, etc.)* trimming, pruning, clipping.
talabartería *f.* saddlery.
talabartero, a *n.* saddler.
talar *v.t.* *(árboles, etc.)* to trim, to prune, to clip.
talega *f.* sack, bag.
talego *m.* sack, bag.
talento *m.* talent. *Tener talento para,* to have a gift/a knack for.
talión *m.* talion. *Ley del talión,* retaliation.
talle *m.* *(cintura)* waist, *(cuerpo)* figure, form.
taller *m.* workshop. *Taller de automóviles,* service station.
talón *m.* 1 stub, counterfoil. 2 *(calzado)* heel. 3 voucher. *Talón de embarque,* shipment voucher. *Talón de entrega,* delivery voucher.
talonario *m.* stub book.

talonario de cheques, pass book, checkbook.
talonario de facturas (o **recibos**), stub book.
talonario de pedidos, order book.
tamaño *m.* 1 size, volume, magnitude. 2 *fam.* tamaño/calibre/capacidad de un candidato, (EU) caliber of an applicant.
tambor *m.* drum.
tamiz *m.* sieve.
tamizado *m.* sifting.
tamizar *v.t.* to sift.
tanda *f.* turn, shift; task.
tangente *adj.* tangential (to), tangent (to), *(sentido amplio)* close.
tangible *adj.* tangible.
tanque *m.* tank, reservoir. *Camión tanque,* tank truck/car.
tantear *v.t.* to try, to grope about (around, along), to proceed by trial and error.
tanteo *m.* trial, estimate, calculation. *Al tanteo,* by trial and error. *Proceder por tanteo,* to proceed by trial and error.
tanto *adj.* so much. *No necesitamos tanto dinero,* we do not need so much money.
tanto por ciento *m.* percentage, quota, share; share of profit, so much per cent. *El tanto por ciento,* the percentage. *Tanto por ciento de los administradores,* directors' percentage/share of the profits.
tapadera *f.* lid, top, covercle.
tapete *m.* carpet.
tapicería *f.* 1 wall-paper. 2 upholstery. 3 tapestry, hangings.
tapicero, a *n.* upholsterer.
tapiz *m.* tapestry.
tapizar *v.t.* to paper.
tapón *m.* *(botellas, recipientes)* stopper, cork, cap.
taquigrafía *f.* shorthand.
taquigrafiar *v.t.* to write in shorthand.
taquigráficamente *adv.* in shorthand.
taquígrafo, a *n.* stenographer.
taquilla *f.* (EU) ticket office, (GB) booking office.
taquillero, a *n.* ticket/booking office clerk.
taquimecanógrafa *f.* shorthand typist.
taquímetro *m.* speedometer, tachometer.
tara *f.* tare.
tardar *v.i.* to delay, to be long. *A más tardar, cuando más tarde,* at the latest. *Sin tardar,* without delay.

tarde *f.* afternoon. *Buenas tardes,* good afternoon.

tarde *adv.* late. *Llegar tarde,* to be late. *Tarde o temprano,* sooner or later.

tardíamente *adv.* late, belatedly.

tardío, a *adj.* belated, *(hora)* late.

tarea *f.* task, job, duty, *(escuela)* homework. *Trabajar por tareas específicas,* to do piecework. *Trabajo por tareas específicas,* piecework, jobbing.

tarifa *f.* 1 rate, price, charge, tariff. *Tarifa degresiva,* tapering charge. *Tarifa en vigor,* rate in force. *Tarifa habitual,* usual rate. *Tarifas postales,* postal rates. 2 *(lista de tarifas)* price-list, tariff, schedule (of charges). 3 *(transportes)* prices, fare, tariff. *Tarifa de negocios (clase turista),* business class fare. *Tarifa reducida,* reduced fare. *Tarifas aéreas,* air fares. 4 *tarifa aduanal,* (customs) tariff. *Tarifa ad valorem,* ad valorem tariff. *Tarifa específica,* specific tariff. *Tarifa exterior común,* common external tariff.

tarifar *v.t.* to tariff, to fix a price, to fix the rate (of something).

tarifario *adj.* tariff.

tarificación *f.* tariffing, fixing of a price, a rate.

tarjeta *f.* card. *Tarjeta de presentación,* personal card. *Tarjeta de visita,* visiting card. *Tarjeta postal,* post card.

tarjeta de crédito, credit card, convenience card.

tarjeta desprendible, tear-out card.

tarjeta perforada, punched card, punch-card.

tarjeta postal, post card.

tarjetero *m.* cardcase.

tasa *f.* rate, ratio, percentage, proportion, coefficient, quota. *Tasa básica,* base rate. *Tasa de amortización (bienes intangibles),* amortization rate. *Tasa de base (bancaria),* base rate, base lending rate, bank rate, prime rate. *Tasa de cambio,* exchange rate. *Tasa de contango,* contango rate, charge. *Tasa de crecimiento,* growth rate. *Tasa de depreciación (bienes tangibles),* depreciation rate. *Tasa de descuento,* discount rate, discounting rate. *Tasa de interés,* interest rate. *Tasa de interés compuesto,* compound interest rate. *Tasa de interés progresiva,* graduated interest. *Tasa de margen,* markup, margin. *Tasa de prima,* premium rate. *Fin.:* cap. *Tasa máxima,* Fin.: cap. *Tasa mínima,* Fin.: floor. *Tasa oficial de descuento,* bank rate. *Tasa preferencial de descuento,* prime rate.

tasación *f.* 1 valuation. 2 taxation.

tasador, a *n.* appraiser.

tasar *v.t.* 1 to rate, to tax. 2 to appraise.

taxi *m.* taxi, cab, taxi-cab. *Estación de taxis,* taxi rank.

taxímetro *m.* taximeter, meter.

techar *v.t.* to roof.

techo *m.* ceiling.

tecla *f. (máquinas de escribir, etc.)* key.

teclado *m.* keyboard.

teclear *v.t.* to key in.

técnica *f.* technique.

técnicamente *adv.* technically.

tecnicismo *m.* technical term, technicality.

técnico, a *n.* technician. *Dep.: (entrenador)* coach.

técnico *adj.* technical, technological.

tecnocracia *f.* technocracy.

tecnócrata *mf.* technocrat.

tecnocrático *adj.* technocratic.

tecnología *f.* technology. *Tecnología avanzada,* advanced technology.

tecnológico *adj.* technological. *Retraso tecnológico,* technological gap, technology gap.

teja *f.* roof tile.

tejedor, a *n.* weaver, knitter.

tejedora *f. (máquina)* knitting machine.

tejer *v.t.* to knit, to weave. *Máquina de tejer,* knitting machine, weaving-loom.

tejería *f.* tile works.

tejido *m.* 1 knitting, weaving, *(artículos)* knitwear. 2 texture.

tela *f.* fabric, material, *(lienzo)* canvas. *Tela para muebles,* furnishing fabric.

telar *m.* loom.

telecomunicación *f. (medio)* telecommunication.

telecomunicaciones *f. pl. (redes de)* telecommunications.

telecomando *m. (control remoto)* telecontrol, remote control.

telecompra *f.* home-shopping.

teleconferencia *f.* teleconference, teleconferencing.

telecontrol *m.* remote control, radio control, telecontrol.

telecopia *f.* telecopy, fax; telecopying, faxing.

telecopiadora *f.* telecopier, fax machine.

telecopiar *v.t.* to telecopy, to fax.

teledirigir *v.t.* to operate by remote control. *Misil teledirigido,* guided missil.

teleférico *m.* teleferic, telpher.

telefonazo *m.* telephone call.

telefonear *v.i.* to telephone, to phone, to ring up, to call (on the phone), to place a phone call, *fam.* to give a ring/a buzz. *Telegrama telefoneado,* telephoned telegram.

telefonema *m.* telephone message.

telefónicamente *adv.* by (tele)phone, on the phone.

telefónico *adj.* telephone. *Bocina telefónica,* receiver. *Cabina/caseta telefónica,* (public) call box, pay-phone, (tele)phone booth. *Conversación telefónica,* phone conversation. *Llamada telefónica,* (tele)phone call. *Mercadotecnia te-*

lefónica, phone marketing, telemarketing, telesales. *Tablero telefónico,* switchboard. *Tarjeta telefónica,* phone card.

telefonista *mf.* (telephone) operator.

teléfono *m.* telephone, phone. *En el teléfono,* on the phone. *Llamada telefónica,* (tele)phone call. *Llamar por teléfono,* to phone, to ring up, to call; to give/to make/to place a (phone) call.

telefotografía *f.* 1 *(técnica)* telephotography. 2 *(fotos)* telephotograph.

telegrafía *f.* telegraphy.

telegrafiar *v.t.* e *i.* to telegraph, to wire, to cable.

telegráficamente *adv.* telegraphically, by telegraph, by wire, by cable.

telegráfico *adj.* telegraphic. *Dirección telegráfica,* telegraphic address. *Giro telegráfico,* telegraphic money order.

telegrafista *mf.* telegraph operator, telegraphist, *(mensajero)* telegraph messenger.

telégrafo *m.* telegraph.

telegrama *m.* telegram, cable, wire.

teleguiar *v.t.* to operate by remote control, to radiocontrol.

teleimpresor(a) *mf.* teleprinter, telewriter, teletype, teletypewriter; *fam.* ticker.

telemetría *f.* telemetry.

telémetro *m.* telemeter.

teleobjetivo *m.* teleobjective, telephoto lens, telelens.

telepago *m.* electronic payment.

teleprocesamiento *m.* teleprocessing.

teleproceso *m.* teleprocess.

telerreportaje *m.* T.V. report, T.V. commentary, television newscasting.

telespectador, a *n.* televiewer, viewer, T.V. viewer. *Los telespectadores,* the T.V. audience.

teletipo *m.* teleprinter, teletype, teletypewriter.

televisar *v.t.* to televise. *Noticias televisadas,* T.V. news. *Televisar en vivo, en directo,* to televise live.

televisión *f.* 1 television, T.V., *fam.* telly. *Canal de televisión,* T.V. channel, T.V. network. *En televisión, por televisión,* on T.V. *Salir/aparecer en televisión,* to appear on T.V., to go on the air. *Transmisión por televisión,* T.V. program, T.V. broadcast, T.V. show. *Transmitir por televisión,* to telecast. 2 T.V. set. *Televisión por antena colectiva,* community antenna television (C.A.T.V.). *Televisión por cable,* cable T.V. *Televisión por circuito cerrado,* closed-circuit T.V. 3 *la televisión,* the box.

televisor *m.* television (set).

televisual *adj.* T.V.

télex *m.* telex.

tema *m.* theme, topic, subject, matter, subject-matter.

temario *m.* agenda, topics, program.

temático, a *adj.* thematic.

temblor *m.* shaking, trembling; *terremoto,* earthquake.

temer *v.t.* e *i.* to fear.

temor *m.* fear.

temperatura *f.* temperature.

tempestad *f.* storm.

temporada *f.* season. *Fuera de temporada,* off season.

temporal *adj.* temporary, provisional. *Empleo temporal,* temporary job. *Mano de obra temporal,* casual labo(u)r. *Obrero temporal,* seasonal worker; casual worker.

temporalmente *adv.* temporarily, provisionally.

temporizar *v.i.* to temporize, to play for time.

temprano *adj.* y *adv.* early.

tenacidad *f.* tenacity.

tendencia *f.* trend, tendency. *Tendencia a la alza,* upward trend, bullish trend. *Tendencia a la baja,* downward trend, bearish trend. *Tendencia del mercado,* market trend. Bolsa: tone of the market. *Tener tendencia a,* to tend to, (EU) to trend towards; to be prone to, to be inclined to.

tendencia a la alza, upward trend.

tendencia a la baja, downward trend.

tendencia inflacionista, inflationary trend.

tendencioso, a *adj.* tendentious.

tendente *adj.* tending.

tender *v.t.* e *i.* 1 *(tender a)* to tend to. 2 *(una cuerda, etc.)* to tighten. 3 *(la mano, etc.)* to hold out.

tendero, a *n.* shopkeeper.

tenedor, a *n.* holder, tenant, *(de un documento),* tenor. *Compañía tenedora (de acciones)* holding company. *Segundo tenedor,* holder in due course. *Tenedor de acciones,* stockholder. *Tenedor de bonos,* bondholder. *Tenedor de libros,* bookkeeper.

teneduría de libros, bookkeeping, keeping of accounts.

tenencia *f.* Fin.: holding, tenure. *Tenencia de un arrendamiento,* leasehold.

tener *v. aux.* to have, to hold. *Ello tiene sentido,* it makes sense, *fam.* it figures. *La reunión tendrá lugar la semana próxima,* the meeting will be held/is scheduled for/is due to take place next week. *No tiene sentido,* it does not make any sense. *Tener en arrendamiento,* to hold on lease. *Tener en cuenta,* to take something into account, to make allowances for something, to allow for something. *Tener lugar,* to take place. *Tener sentido,* to make sense. *Tener un artículo (en existencia),* to keep/to stock/to carry/to sell an article.

tener derecho a, to be eligible for, to be entitled to, to qualify for.

tener éxito, to succeed; *fam.* to make it. *Tener éxito en un examen,* to pass an exam(ination).

tener facultades para, to be authorized/empowered to act, to have authority to act.

tener interés (en), to be interested (in).
tener la razón, to be right.
tener la responsabilidad de, to be responsible for, to be in charge of.
tenerse uno como responsable, to consider oneself as responsible.
tener/tenerse al día, to keep up to date.
tener una junta, to hold a meeting.
tener una reunión, to hold a meeting.
teniente *mf.* lieutenant.
tenor *m.* condition. *(contratos) al tenor de,* in compliance/conformity with.
tensión *f.* tension, tenseness, strain, stress. *Tensión nerviosa,* nervous stress.
tenso, a *adj.* *(precios)* stiff, hard, *(relaciones)* strained, *(situaciones)* tense, *(cuerdas, etc.)* tight. *Hacerse más tenso, (precios)* to harden, to stiffen; *(relaciones)* to become strained/stretched; *(situaciones)* to become tense.
tentación *f.* temptation.
tentador, a *adj.* tempting, alluring, appealing, entreating.
tentar *v.t.* *(atraer)* to tempt, to appeal to, to attract.
tentativa *f.* attempt, try, endeavo(u)r.
tenue *adj.* slight. *Recuperación tenue,* slight recovery, faint recovery.
teñir *v.t.* to tint, to tinge, to dye.
teorema *m.* theorem.
teoría *f.* theory. *Teoría de juegos,* games theory.
teóricamente *adv.* theoretically.
teórico, a *n.* theoretician, theorist.
teórico *adj.* theoretical. *Un argumento teórico,* a theoretical argument.
teorizar *v.i.* to theorize.
terapéutica *f.* therapeutics.
terapéutico, a *adj.* therapeutic.
terapia *f.* therapy.
tercería *f.* arbitration, mediation.
tercermundista *adj.* pertaining to the Third World.
tercero (o tercer) *m.* **1** third. *El tercer mundo,* the Third World. *Tercero pagador,* paying third. **2** *(personas)* third party. *Seguros a terceros,* third party insurance. **3** *tercera edad,* senior citizens, (GB) elderly people, the elderly.
terciar *v.t.* to divide by three.
terciario *adj.* tertiary. *El sector terciario,* the tertiary sector.
tercio, a *n.* y *adj.* one-third.
tergiversación *f.* tergiversation.
tergiversar *v.t.* to tergiversate.
térmico, a *adj.* thermal. *Central térmica,* thermal power station, thermal power plant.
terminación *f.* termination, completion.
terminación de un proyecto, meeting of committment, completion of project.

terminado, a *adj.* finished, ended. *Producto terminado,* finished good, end product.
terminal *f.* **1** terminal. *Punto terminal de ventas,* point of sale terminal. **2** *(estación)* terminal. *Terminal aérea,* air terminal.
terminantemente *adv.* categorically, emphatically, peremptorily.
terminar *v.t.* e *i.* to end, to finish, to bring to an end, to a close; to complete, to terminate, to put an end to. *Terminar un discurso, una sesión,* to wind up. *Terminar un proyecto,* to complete a project.
terminar(se) *v. pr.* to end, to come to an end, to wind up.
término *m.* **1** Fin.: end, limit, completion, conclusion, termination. *Llevar a su término,* to complete. **2** *(expresión)* term, expression, phrase. *Bajo los términos del contrato, según los términos del acuerdo,* under the contract, under the agreement. *Términos (condiciones),* terms, conditions, wording. *Términos de un contrato,* terms of a contract. **3** *estar en buenos términos con,* to be on good terms with, on friendly terms with, to get along well with, to be well in with. **4** *llegar a su término, a su vencimiento,* to fall/come due, to come to maturity. **5** *(plazo) en un término de cuatro días,* in four days.
terminología *f.* terminology.
termodinámica *f.* thermodynamics.
termoelectricidad *f.* thermoelectricity.
termoeléctrico *adj.* thermoelectrical.
termómetro *m.* thermometer.
termonuclear *adj.* thermonuclear.
termoquímica *f.* thermochemistry.
terna *f.* tern; a list of three candidates.
terracería *f.* earthwork, earthmoving. *Equipo de terracería,* earthmoving equipment/machinery.
terrateniente *mf.* landowner.
terreno *m.* **1** land. *Precio de un terreno,* price, cost of land. *Terreno e inmuebles,* land and buildings. *Terreno para construcción,* building land, building site. **2** *(terreno, campo de especialización)* field. *En el terreno, en el campo,* in the field. *Experiencia en el terreno/en el área,* field experience; *(práctica)* hands-on experience. **3** *(naturaleza del terreno)* terrain. *Estar uno en su propio terreno, en su área de especialidad,* to be on familiar ground. *No estar uno en su terreno,* to be out of one's depth. **4** *ganar terreno, perder terreno,* to gain ground, to lose ground.
terrestre *adj.* land, ground, terrestrial.
territorial *adj.* territorial. *Aguas territoriales,* territorial waters. *Reivindicaciones territoriales,* territorial claims.
territorialidad *f.* territoriality.
territorio *m.* territory, area. *Territorios de ultramar,* overseas territories.

terrorismo *m.* terrorism.

terrorista *mf.* terrorist.

tesis *f.* thesis, *pl.* theses.

tesorería *f.* 1 treasury. 2 *(valores líquidos, fondos de tesorería)*, cash, liquidities, funds; cash and bank accounts. *Administración de tesorería,* cash management. *Previsiones/pronósticos de tesorería,* cash forecast(s). *Problemas de tesorería, problemas de flujo de efectivo,* cash-flow problems.

tesorero, a *n.* treasurer, paymaster.

tesoro *m.* 1 treasure. 2 *(tesoro público, etc.)* Treasury. *Bonos del tesoro,* Treasury bills, Treasury bonds.

testado, a *adj.* testate.

testador, a *n.* testator, testatrix.

testamentaría *f.* testamentary execution/implementation.

testamentario *adj.* testamentary. *Disposiciones testamentarias,* provisions of a will. *Ejecutor(a) testamentario(a),* executor, executrix.

testamento *m.* will, testament. *Hacer uno su testamento,* to make one's will.

testar *v.i.* to make a testament, to make one's will.

testificar *v.t.* e *i.* to testify, to witness.

testificativo, a *adj.* attesting, proving.

testigo, a *n.* witness. *Estrado de los testigos,* (witness) box. *Ser testigo de,* to be a witness, to witness. *Testigo de cargo,* witness for the prosecution. *Testigo de descargo/de la defensa,* witness for the defense. *Testigo de moralidad,* character witness.

testimonial *adj.* pertaining to testimony.

testimoniar *v.t.* to attest, to witness.

testimonio *m.* 1 testimony, evidence. *Dar testimonio,* to testify, to give evidence, to bear testimony, to bear witness (to). *Falso testimonio,* perjury. 2 *(signo, símbolo)* token, proof. *Como prueba/testimonio de,* as a token of. 3 *(testimonio del pasado),* reminder (of the past).

textil *m.* textile. *La industria textil,* the textile industry. *Textil artificial,* synthetic textile/fiber, (GB) fibre; man-made fiber.

textil *adj.* textile.

texto *m.* text. *Procesamiento de textos,* word-processing, *(redacción)* wording.

textual *adj.* textual, word for word, verbatim.

textualmente *adv.* textually, word for word, verbatim.

textura *f.* texture.

tiempo *m.* 1 time. *A tiempo,* on time. *Tiempo compartido,* time sharing. *Tiempo de espera,* waiting time. *Tiempo de funcionamiento, tiempo de máquina,* running time *(computadoras)* computer time. *Tiempo de respuesta,* time lag; lead time. *Tiempo muerto,* idle time, interruption, break. *Tiempo ocioso,* idle time. *Tiempo real,*

real time. 2 *(meteorológico)* weather. 3 *(etapa)* step, stage, phase.

tienda *f.* shop, store, convenience shop. *"La tienda de la esquina",* shop round the corner. *Tienda de antigüedades,* antique store. *Tienda de campaña,* tent. *Tienda de descuento,* discount store. *Tienda de fábrica,* factory outlet. *Tienda de un solo precio,* one-price store. *Visitar tiendas, ir de compras,* to go shopping.

tienda de descuento, discount store.

tienda de sucursales, multiple operator.

tierra *f.* earth, land, ground, *(cultivable)* soil. *Tierra no cultivada,* waste land, fallow land.

tijera(s) *f.* scissors.

timador, a *n.* swindler.

timar *v.t.* to swindle.

timbrado *m.* stamping.

timbrar *v.t.* to stamp. *Papel timbrado,* stamped paper. *Sobre timbrado,* stamped envelope, self-addressed envelope, S.A.E.

timbre *m.* stamp. *Derechos de timbre,* stamp duty. *Multa en forma de timbre,* (receipt-) stamp (for payment of a fine). *Timbre comercial,* trading stamp. *Timbre de recepción,* receipt stamp. *Timbre fiscal,* revenue stamp, inland revenue stamp, (EU) internal revenue stamp. *Timbre postal,* estampilla, postage stamp.

tímido, a *adj.* shy.

timo *m.* swindle.

tinta *f.* ink. *Tinta china,* India ink. *Tinta de imprenta,* printing ink.

tinte *m.* shade, tint, color, dye.

tintero *m.* inkstand.

tintorería *f.* 1 *(oficio)* dyeing, dyer's trade. 2 *(tiendas)* dry cleaner's. 3 *(fábrica)* dye works.

tintorero, a *n.* dyer.

tintura *f.* 1 dye, dyeing. 2 *tener una tintura de,* to have a smattering of.

típicamente *adv.* typically.

típico *adj.* typical, representative.

tipo *m.* 1 *(estilo)* type, model, pattern, standard model, sample piece. 2 *(tasa)* rate. *Tipo de cambio,* rate of exchange. ver **tasa.**

tipografía *f.* typography.

tipográficamente *adv.* typographically.

tipográfico *adj.* typographic(al). *Error tipográfico,* misprint, printing error.

tipógrafo, a *n.* typographer, printer.

tipología *f.* typology.

tirada *f.* IMPR.: edition, issue.

tirador *m.* *(armas de fuego)* shooter, marksman. *Buen tirador,* marksman, good shot. *Francotirador,* sniper.

tiraje *m.* *(de un diario, etc.)* circulation; *(hecho de tirar, de imprimir),* printing. *Tiraje especial,* special reprint. *Tiraje limitado,* limited edition.

tiranía *f.* tyranny.

T

tiránico *adj.* tyrannical.

tirano, a *n.* tyrant.

tirar *v.t.* **1** *(jalar)* to draw, to pull. **2** *(disparar)* to shoot, to fire. **3** *(imprimir)* to print. **4** *(lanzar)* to throw. **5** *(tirar a la basura)* to waste, to scrap.

tiro *m.* *(de un arma)* shot. *Caballo de tiro,* draught/(EU) draft horse.

titubeante *adj.* unsteady, *(vacilante)* staggering, *(dudoso)* wavering.

titubear *v.i.* to be unsteady, *(vacilar)* to stagger, *(dudar)* to waver.

titulación *f.* grant of a title.

titular *v.t.* to title, *(diarios)* to headline.

titular *mf.* holder. *Titular de una cuenta,* account holder. *Titular de una póliza,* policy holder.

titularización *f.* confirmation in a post, *(para un profesor)* tenure. *Obtener una titularización,* to be granted tenure.

titularizar *v.t.* to appoint formally/permanently, to confirm in a post, *(profesores)* to grant tenure.

título *m.* **1** title. **2** *(de propiedad, etc.)* deed (of property), title-deed, title to property. **3** *(título de crédito)* security, stock, bond. **4** *(diarios, etc.)* headline, heading. **5** *a título de,* as, *(funciones)* in one's capacity of. *A título gratuito,* free of charge.

tocante a, *adj.* concerning, with regard to. *En lo tocante a los presupuestos,* with regard to the budgets.

tocar *v.t.* **1** *(con la mano)* to touch. **2** *(concernir, interesar)* to touch on, to deal with, to concern. **3** *(alcanzar)* to reach. **4** *¿a quién le toca?* whose turn is it? *Me toca a mí,* it is my turn.

todo *m.* all. *Ante todo,* first of all, above all. *Sobre todo,* above all. *Todo incluido, incluyendo todo,* all-inclusive.

tolerancia *f.* limit(s), margin, *(respeto)* tolerance; ADUANAS: allowance.

tolerar *v.t.* **1** to bear, to tolerate, to admit. **2** ADUANAS: to allow.

toma *f.* **1** take, capture. *Toma de corriente,* socket. *Toma de decisiones,* decision making. **2** *(acto de tomar)* taking.

toma de beneficios, profit taking.

toma de conciencia, realization.

toma de control, take-over. *Escapar a una tentativa de toma de control,* to stave off a take-over bid. *Tentativa de toma de control,* take-over bid.

toma de decisiones, decision making.

toma de participación, 1 buying shares/stock/a stake in(to) a company. **2** *(para aumentar el capital)* equity financing.

toma de posesión, entering (entry) upon possession; appropriation.

toma de posesión de un cargo, take-over, taking over.

toma de riesgos, risk-taking.

toma de una postura, stance.

tomador de decisiones, decision maker.

tomar *v.t.* to take. *Acto de tomar en cuenta,* taking into account (of), allowance (for), allowing (for). *Tomar asiento,* to sit down. *Tomar lo mejor para sí,* to take the lion's share. *Tomar nota,* to take notice. *Tomar una decisión,* to make a decision, to settle; to have the final say. *Tomar una muestra,* to take a sample.

tomar a prueba, *(personas)* to take on probation, *(productos)* to take on appro (approval).

tomar el control de, to take over, to assume control, to take a controlling interest (in).

tomar el relevo (de) *(relevar),* to relay, to take over from.

tomar forma, to materialize, to take shape, to get off the ground.

tomar la dirección de, to take over (the management of).

tomar medidas, to take steps.

tomar parte (en), to take part (in), to participate (in), to share (in).

tomar una póliza de seguro, to take out an insurance policy.

tómbola *f.* raffle.

tomo *m.* tome, volume.

tonel *m.* **1** cask, barrel. *Tonel pequeñito,* keg. **2** *(medida)* ton. *Tonel de fletamiento,* shipping ton, freight ton.

tonelada *f.* ton. *Tonelada corta,* short ton. *Tonelada de arqueo,* register ton. *Tonelada de capacidad,* measurement ton. *Tonelada de estibación,* measurement ton. *Tonelada fuerte, tonelada larga,* long ton. *Tonelada métrica,* metric ton.

tonelaje *m.* tonnage. *Tonelaje al vacío,* idle tonnage. *Tonelaje bruto,* gross tonnage. *Tonelaje de arqueo,* registered tonnage.

tónico, a *adj.* *(colores)* tonic. *Acento tónico,* tonic accent.

tono *m.* tone. *Tono de marcar,* dial tone.

tontina *f.* tontine.

topar(se) *v. pr.* *(toparse con)* to bump into, to collide into/with, to run into.

tope *m.* **1** butt, top. INFORM.: *tope de memoria,* buffer. **2** limit. *Rebasar el tope,* to go beyond the (maximum) limit. **3** *fecha tope, fecha límite,* deadline.

topografía *f.* topography.

topográfico, a *adj.* topographical.

topógrafo, a *n.* topographer.

toque *m.* touch.

tornero, a *n.* *(obrero)* turner, lathe-operator.

tornillo *m.* screw. *Apretar un tornillo,* to turn the screw.

torno *m.* MECÁN.: lathe. *En torno a,* about, with regard to.

torpe *mf.* slow, dull.

torpemente *adv.* sluggishly, slowly.
torpeza *f.* sluggishness, torpor.
torre *f.* tower, high-rise (building). *Torre de control,* control tower. *Torre de oficinas, edificio de oficinas,* office tower.
total *m.* total, sum, whole. *En total,* on the whole. *Hacer el total,* to add up, to sum up, to tot up.
total *adj.* total, complete, entire, whole. *Monto total,* total amount, total sum, aggregate amount.
totalidad *f.* whole. *La totalidad de,* all the.
totalitario, a *adj.* totalitarian.
totalitarismo *m.* totalitarianism.
totalización *f.* summing up, totalization, totalizing, totting up.
totalizar *v.t.* to tot up, to totalize, to add up, to sum up.
totalmente *adv.* totally, completely.
toxicidad *f.* toxicity.
tóxico *adj.* toxic. *(Gas)* poisonous, harmful.
traba *f.* *(obstáculo)* obstacle, hindrance. *Poner trabas,* to hinder, to encumber.
trabajador, a *n.* worker. *Trabajador agrícola,* farm-hand, laborer. *Trabajador a salario mínimo,* worker/employee who earns the minimum growth wage. *Trabajador calificado,* skilled worker. *Trabajador de la construcción,* construction worker, (GB) navvy. *Trabajador independiente,* self-employed (person). *Trabajador no calificado,* unskilled worker.
trabajador, a *adj.* hard-working.
trabajar *v.t. e i.* **1** to work. **2** *(dinero)* to produce interest. *Hacer trabajar el dinero,* to put one's money out at interest. *Trabajar temporalmente,* (EU) to temp.
trabajo *m.* **1** work. *Accidente de trabajo,* industrial injury, accident on-the-job. *Detención del trabajo, paro laboral,* stoppage of work, sick leave, day(s) off. *División del trabajo,* division of labor. *Puesto de trabajo,* work station. **2** *(empleos)* job, occupation, employment. *Buscar trabajo,* to look for a job. *Perder uno su trabajo,* to lose one's job. *Sin trabajo,* workless, jobless, unemployed. **3** *(mundo del trabajo, etc.)* labor, (GB) labour. *Bolsa de trabajo,* Labor Exchange. *Conflicto de trabajo, conflicto laboral,* labor dispute. *Trabajo a domicilio,* homework, outwork. *Trabajo a la medida,* work made to order, work made to custom, jobbing. *Trabajo a medio tiempo,* part-time work/job. *Trabajo de equipo,* team work. *Trabajo de oficina,* office work, clerical work. *Trabajo en cadena,* assembly line production, work on the assembly line. *Trabajo en equipos, por equipo,* shift work. *Trabajo en la línea de ensamble,* work on the assembly line. *Trabajo excesivo, trabajo de negros,* moonlighting. *Trabajo manual,* manual work. *Trabajo por pieza, por piezas,* piece-work, job-work. **4** *división del trabajo,* division of labor.

trabajo pequeño, odd job.
trabajoso, a *adj.* difficult, laborious.
trabajos públicos, public works.
tracción *f.* traction, pulling, haulage; propulsion.
tractor *m.* tractor.
tradición *f.* tradition, custom.
tradicional *adj.* traditional, conventional, usual, standard.
tradicionalismo *m.* traditionalism, conservatism.
tradicionalmente *adv.* traditionally.
traducción *f.* translation.
traducible *adj.* translatable.
traducir *v.t.* to translate.
traducir(se) *v. pr.* traducirse en, to result in, to mean, to entail.
traductor, a *n.* translator.
traficante *mf.* trafficker, *(drogas, etc.)* dealer, peddler.
traficar *v.i.* to traffic.
tráfico *m.* **1** *(transporte de mercancías)* traffic, service. **2** *(ilícito)* illicit trading, traffic. *Tráfico de influencias,* influence peddling.
traición *f.* treason.
traicionar *v.t.* to betray.
traidor, a *n.* traitor.
tráiler *m.* truck, trailer, (GB) articulated lorry.
traje *m.* suit. *Traje de vestir,* full dress.
tramitación *f.* procedure.
tramitar *v.t.* to transact, to carry on, to carry through; to process. *Tramitar un pedido,* to process an order.
trámites *m. pl.* proceedings, formalities. *Llevar a cabo los trámites,* to carry on the formalities. *Trámites de la aduana,* custom formalities.
tramo *m.* section, tract of ground. *Ferrocarriles, etc.,* section.
trampa *f.* **1** trap, cheat. *Caer en una trampa,* to fall into a trap. *Hacer trampa,* to cheat. *Hacer trampa al dar el cambio,* to shortchange. *Hacer trampa al pesar,* to give short weight. **2** to juggle. **3** *fig.* to deceive, to fiddle with.
trampear *v.t. e i.* to swindle, to cheat.
trampolín *m.* springboard, *(sentido figurado)* stepping stone, launching pad.
tramposo, a *n.* cheater, swindler, defrauder.
tranquilidad *f.* quietness.
tranquilizar *v.t.* to calm.
tranquilo, a *adj.* tranquil, quiet.
transacción *f.* **1** transaction, operation, deal. BOLSA: *volumen de transacciones,* turnover, trading. **2** compromise, arrangement, composition, settlement.
transaccional *adj.* transactional, compromise.
transbordador *m.* ferry. *Puente transbordador,* transporter bridge. *Transbordador espacial,* space shuttle.
transbordar *v.t. e i.* to tran(s)ship, to transfer, *(de un punto a otro)* to ferry.

transbordo *m.* tran(s)shipment, tran(s)shipping, transfer, *(de un cabo a otro)* ferrying.
transcribir *v.t.* to transcribe.
transcripción *f.* transcription.
transcurrir *v.i.* *(tiempo)* to elapse.
transcurso *m.* lapse (of time); development. *Durante el transcurso de las negociaciones,* during the development of negociations.
transferencia *f.* 1 transfer, transport. *Durante la transferencia,* in transit. *Transferencia de fondos,* transfer of funds, money transfer. *Transferencia electrónica de fondos,* electronic funds transfer. 2 Jur.: transfer, cession, conveyance. *(De bienes, de derechos)* transfer, *(de derechos)* assignment, *(de una propiedad)* conveyance. *Acta de transferencia,* transfer deed. *Pagos de transferencia,* transfer payments. *Transferencia de propiedad,* transfer of ownership, conveyance of title. 3 Contab.: transfer, writing back.
transferencia tecnológica, technological transfer.
transferibilidad *f.* that can be transferred.
transferible *adj.* transferable.
transferidor, a *n.* transferrer.
transferidor, a *adj.* transferring.
transferir *v.t.* to transfer, to convey, to assign; to move. *Nuestra fábrica ha sido transferida a,* our plant has been moved to/relocated to. *Una persona a un puesto,* to assign, to reassign, to transfer, *(por sanción)* to remove. *Bienes,* to assign, to convey, to make over to someone.
transformable *adj.* transformable, convertible.
transformación *f.* transformation, change, alteration. *Industrias de transformación,* processing industries, manufacturing industries.
transformador, a *n.* transformer, converter. *Transformador de corriente eléctrica,* current transformer.
transformador, a *adj.* transforming.
transformar *v.t.* to transform, to turn, to change, to convert, to alter, to modify, to redesign, to revamp.
transgredir *v.t.* to infringe, to break (the law), to trespass, to violate (the law).
transgresión *f.* infringement, infringing, violation, trespassing.
transgresor, a *n.* transgressor.
transición *f.* transition.
transigir *v.i.* to come to terms, to compromise.
transitar *v.i.* to travel, to be in transit. *Transitar por,* to transit through, to go through, to pass through.
tránsito *m.* transit. *Agente de tránsito (mercancías),* freight agent. *En tránsito,* in transit. *Tránsito directo,* through traffic. *Viajeros en tránsito,* transit passengers, *(aire)* stopovers.
transitorio, a *adj.* transitory, temporary; transient.

transmisibilidad *f.* transmissibility, transferability.
transmisible *adj.* transmissible, transmittable, transferable.
transmisión *f.* 1 transmission, transmitting. 2 *(de un programa de radio, T.V.)* broadcasting, broadcast. 3 Jur.: transfer, assignment, conveyance. 4 *(de poderes)* handing over, transfer (of power). *Transmisión electrónica de datos,* telematics, electronic data transmission. 5 *horas de transmisión,* air time.
transmitir *v.t.* 1 to transmit, to pass on, to send, to convey. 2 *(radio, etc.)* to broadcast. 3 Jur.: to transfer, to assign, to convey. 4 *(poderes)* to hand over.
transmitir por télex, to telex.
transmisor *m.* transmitter.
transoceánico *adj.* transoceanic, transocean.
transparencia *f.* transparency; Fot.: slide.
transparente *adj.* transparent.
transplantable *adj.* transplantable.
transportable *adj.* transportable, carriageable.
transportador *m.* 1 carrier, haulage contractor. *Transportador por carretera,* road haulage contractor. *Transportador público,* common carrier. 2 *(cinta rotatoria)* conveyor. *Transportador de banda,* belt conveyor.
transportar *v.t.* to transport, to carry, to convey, (EU) to move.
transportar en camión, to carry, to cart, (EU) to truck.
transporte *m.* carriage, transport, (EU) transportation; cartage, haulage, truckage, trucking. *Medio(s) de transporte,* means of transportation, means of conveyance. *Transporte a corta distancia,* short distance traffic, local traffic, (EU) short hauls. *Transporte a larga distancia,* long distance traffic, (EU) long hauls. *Transporte fluvial,* inland navigation, river traffic. *Transporte marítimo,* sea transport, shipping. *Transporte por carretera,* road transport, road haulage, (EU) trucking. *Transporte por ferrocarril,* transportation by wagon/truck/rail. *Transporte(s) público(s),* public transport(ation). *Transportista, empresario de transportes,* haulage contractor.
transportista *mf.* carrier, haulage contractor, freight company.
transportista a granel, bulk carrier.
transportista público, common carrier.
transvasar *v.t.* to transfer liquids.
transvase *m.* transference of liquids.
tranvía *m.* tram, tram car, (EU) streetcar.
trasatlántico *adj.* transatlantic.
trascendencia *f.* transcendency.
trascendental *adj.* transcendental.
trascendente *adj.* transcendent.
trascender *v.i.* to affect, to spread, to extend.
trashumancia *f.* transhumance.

traslación *f.* Impuestos: transfer; *(movimiento)* translation.
trasladable *adj.* that can be transferred.
trasladar *v.t.* to move, to transfer.
traslado *m.* transfer.
traslape *m.* overlap.
traslapar *v.t.* to overlap.
traspasable *adj.* that can be passed over.
traspasar *v.t.* to transfer, to pass over. Contab.: *traspasar cifras contables de un libro a otro,* to post, to transfer. *Traspasar cifras de un ejercicio a otro, de una página a otra,* to carry forward, to carry over, to bring forward.
traspaso *m.* transfer, assignment. Contab.: posting, transfer. *Dinero que se paga por un traspaso,* (EU) payola; *(departamentos)* key-money.
traspaso al mayor, posting.
trasplantar *v.t.* to transplant.
trasplante *m.* transplantation, transplanting, transplant.
trasponer *v.t.* to transpose.
trasponible *adj.* transposable.
trastornar *v.t. (planes)* to upset, to disturb.
trastorno *m.* upsetting, disturbance.
trata *f. (tráfico de esclavos)* the slave trade. *La trata de blancas,* white slavery.
tratable *adj.* tractable, malleable.
tratadista *mf.* writer, essayist.
tratado *m.* 1 treaty, agreement, compact. *De acuerdo con las condiciones del tratado,* under the treaty. 2 *(una obra)* treatise.
Tratado de Libre Comercio (T.L.C.), North American Free Trade Agreement (N.A.F.T.A.).
tratamiento *m. (forma de tratar)* treatment. *Tratamiento nacional más favorable,* most favored nation treatment.
tratante *mf.* trader, dealer.
tratar *v.t.* 1 to treat. 2 *tratar un asunto,* to transact business, to do business, to deal (with someone). 3 *(negociar)* to deal, to negotiate (with someone). 4 *(materiales)* to process.
tratar(se) *v. pr.* to deal with. *¿De qué se trata?,* what does that deal with? *Tratarse de alguna cosa,* to deal with something.
trato *m.* deal, agreement.
travesía *f.* crossing.
trayecto *m.* journey, drive, ride, flight, distance, route. *Accidente durante el trayecto a la oficina/ al trabajo,* accident on the way to/from work. *Recorrer un trayecto,* to travel, to journey.
trayectoria *f.* trajectory.
trazado *m.* sketching, *(gráficas)* plotting, *(rutas, etc.)* layout.
trazar *v.t.* to draw, to sketch, to outline, *(rutas, etc.)* to lay out; *(un itinerario en un mapa)* to map out; *(gráficas)* to plot.
trazo *m. (de pluma, etc.)* stroke, line, mark.

trece por docena *loc.* a baker's dozen, a long dozen, thirteen as twelve, thirteen for the price of twelve.
tregua *f.* truce. *Sin tregua,* unceasingly.
tren *m.* train. *Tomar el tren en marcha,* to jump/ to climb on the bandwagon. *Tren de mercancías,* goods train, (EU) freight train. *Tren de pasajeros,* passenger train. *Tren directo,* through train. *Tren suburbano,* commuter train.
tres estrellas, three star.
tres turnos, three-shift system. *Operar un sistema de tres turnos,* to operate a three-shift system; to work round the clock in eight-hour shifts.
trianual *adj.* 1 lasting three years, triennal. 2 occurring every third year.
tribal *adj.* tribal.
tribu *f.* tribu.
tribuna *f.* tribune, platform, rostrum. *Subir a la tribuna,* to take the floor.
tribunal *m.* 1 court, court of justice, law court. 2 *(de investigaciones)* tribunal, court (of inquiry). *Tribunal civil,* civil court. *Tribunal de alta instancia,* country court, higher civil court. *Tribunal de comercio,* commercial court. *Tribunal de instancia,* court of summary jurisdiction, police court. *Tribunal penal,* criminal court.
tribunal de conciliación, conciliation board, arbitration tribunal, Labor Court (Court for the settlement of labor disputes by arbitration or court order; its members are elected by employers and employees).
tributación *f.* tribute, contribution.
tributario, a *adj.* tributary.
tributo *m.* tribute, *(sentido amplio)* contribution. *Imponer un tributo,* to levy (a tax, etc.). *Recompensa,* reward, **fig.** toll.
trienal *adj.* triennal, lasting three years, recurring every third year. *Función trienal,* three-year turn. *Rotación trienal de las cosechas,* three-year crop rotation.
trienio *m.* triennium.
trigal *m.* wheat field.
trigo *m.* wheat.
trillón *m.* (EU) trillion; (GB) billion.
trimestral *adj.* quarterly, *(escuelas, universidades)* term. *Boletín trimestral,* end-of-term school report, report card. *Revista trimestral,* quarterly review.
trimestralmente *adv.* quarterly, every term, once a term, every three months.
trimestre *m. (rentas, periodos, etc.)* quarter; *(escuelas, universidades)* term.
trineo *m.* sledge, sled.
trinomio *m.* trinomial.
tripartidismo *m.* three-party system.
tripartito, a *adj.* tripartite, three-party.
triple *adj.* triple, treble, three-fold.
triplicación *f.* triplication.

T

triplicar *v.t.* to treble, to triple, to increase three-fold, to be three times as large.
tripulación *f.* crew.
tripulante *mf.* one of the members of the crew.
tripular *v.t.* to man; to staff.
triunfar *v.i.* 1 to triumph. 2 *(negociaciones, etc.)* to succeed, to be successful.
triunfo *m.* triumph.
triunvirato *m.* triumvirate.
trivial *adj.* commonplace, ordinary, trite, trivial.
trocador, a *n.* one who barters or exchanges.
trocar *v.t.* to barter, to exchange.
trolebús *m.* trolleybus.
tronco *m.* trunk. *Tronco común (cursos),* core courses.
tropezar *v.i.* to stumble. *Tropezar con alguien,* to run into someone.
tropical *adj.* tropical.
trucaje *m.* 1 tampering (with something), faking, cheating, (EU) fixing. *Trucaje de cuentas,* cooking of accounts, cooking the books. 2 Cine: special effect.
trucar *v.t.* e *i. fam.* to tamper with. *Trucar las cuentas,* to cook the books.
truco *m.* trick, knack, gimmick.
trueque *m.* barter, swap, swop, truck, exchange; counter-trade.
truncar *v.t.* to curtail.
tubérculo *m.* tuber.
tubería *f.* tubing.

tubo *m.* tube, pipe.
tubular *adj.* tubular.
tumulto *m.* riot.
túnel *m.* tunnel.
tungsteno *m.* tungsten, wolfram.
turba *f. (multitud)* crowd.
turbina *f.* turbine.
turborreactor *m.* turbojet.
turismo *m.* tourism, the tourist industry, touring; sightseeing. *Agencia de turismo,* tourist agency, tour operator. *Camión de turismo,* passenger car.
turista *mf.* tourist, visitor, sightseer.
turístico *adj.* touristic, tourist; touring, *(pintoresco)* scenic. *Hacer un paseo turístico,* to tour, to go sightseeing, to see the sights. *Información turística,* tourist information. *Viaje turístico,* pleasure trip, sightseeing trip.
turnar *v.i.* to alternate, to rotate, to interchange.
turno *m.* 1 *(laboral)* shift. *Turno de la noche,* night shift. 2 tour. 3 *(cartero, médicos, etc.)* round, rounds. 4 turn. *Es mi turno,* it is my turn.
turno matutino, day shift.
turno vespertino, night shift.
tutela *f.* tutelage, guardianship. *Ministro de tutela,* supervisory ministry. Pol.: trusteeship. *Territorio bajo tutela,* trust territory; *(sentido amplio, protección)* protection; *(sentido amplio, dependencia)* dependence.
tutor, a *n.* guardian.
tutoría *f.* tutelage.

U

ubicación *f.* location, position.
ubicar *v.t.* to locate, to place. *¿En dónde se ubica la oficina de ventas?*, where is the sales office located?
ulterior *adj. (fechas)* later, *(reuniones, etc.)* subsequent, *(orden)* further.
ulteriormente *adv.* later on, subsequently. *Mercancías entregables de manera ulterior*, goods for further delivery.
últimamente *adv.* lately, recently.
ultimar *v.t.* to end, to conclude, to finish.
ultimátum *m.* ultimatum.
último *adj.* final, last, ultimate. *A últimos del mes*, in the latter part of the month. *Por último*, finally, at last.
ultra *mf.* y *adj.* ultra. POL.: extremist, ultra, hardliner, die-hard.
ultramar *m.* across the sea.
ultramarino *m.* y *adj.* ultramarine. *Tienda de ultramarinos*, grocery store.
ultramoderno *adj.* ultramodern.
ultrarrápido *adj.* high-speed, ultra-fast, split-second.
ultrasensible *adj.* supersensive, ultra-sensitive.
ultrasonido *m.* ultrasound.
ultravioleta *adj.* ultraviolet.
unánime *adj.* unanimous.
unánimemente *adv.* with one consent, unanimously.
unanimidad *f.* unanimity. *Aprobado por unanimidad*, unanimously approved.
único, a *adj.* 1 only, single, sole. *Asociado único*, sole partner. *Caso único*, only example, single case. *Hijo único*, only son. *Prima única*, single premium. *(Calles) sentido único*, one-way street. *Tienda de precio único*, one-price store. *Vía única*, single line traffic. 2 unique, unrivalled. *Él es único*, he is priceless. 3 *calidad única*, uniqueness, singleness.
unidad *f.* 1 unit: *Precio por unidad*, price per unit. BOLSA: *acciones emitidas por unidades*, shares issued in ones. 2 *(industria)* unit, plant, department. 3 *(medida, valor)* unit. 4 *(de la marina)* ship, craft. 5 *(hecho de estar unido)* unity.
unidad central de procesamiento, INFORM.: central processing unit (C.P.U.).
unidad combatiente, (EU) fighting unit, combat unit.
unidad de cuenta, unit of account.
unidad de muestreo, sampling unit.

unidad de producción, unit of production, production unit.
unidad monetaria, monetary unit.
unidad móvil, T.V.: mobile unit.
unidad piloto, pilot plant.
unidad publicitaria, display unit.
unidireccional *adj.* one-way, unidirectional.
unido, a *adj.* united. *Los Estados Unidos*, the United States. *Reino Unido*, United Kingdom.
unificación *f.* consolidation, standarization, unification.
unificado, a *adj.* unified, standard.
unificar *v.t.* to unify, to standardize.
uniformación *f.* standardization.
uniformar *v.t.* 1 to standardize. 2 to provide a uniform.
uniforme *m.* uniform.
uniforme *adj.* even, regular, uniform. *Aumento uniforme*, across the board increase. *Paso uniforme*, even, unvarying pace. *Tarifa uniforme*, flat rate. *Velocidad uniforme*, uniform velocity.
uniformemente *adv.* consistently, uniformly, evenly.
uniformidad *f.* uniformity.
uniformizar *v.t.* to standardize, to make uniform.
unilateral *adj.* unilateral, one-sided. *Decisión unilateral*, unilateral decision. *Estacionamiento unilateral, de un solo lado*, parking on one side only.
uninominal *adj. (escrutinio)*, uninominal (ballot).
unión *f.* 1 coalition, combination. 2 association. *Unión aduanal*, customs union. *Unión monetaria*, monetary union. *Unión patronal*, management association/union. 3 unity, agreement. *Contrato de unión*, agreement to take concerted action. *La unión hace la fuerza*, unity is strength. 4 *(matrimonio)* union. *Unión libre*, cohabitation.
unipersonal *adj.* unipersonal. *Empresa unipersonal*, legal type of business extending the benefit of limited liability to sole owners.
unir *v.t.* 1 to combine, to join, to unite. 2 *(ligadura)* to link, to connect.
unir(se) *v. pr.* to unite, to combine, to join forces.
unisex *adj.* unisex.
unitario *adj.* 1 unit, unitarian, unitary. *Precio unitario*, unit price. 2 joint, common, united, unified.
univalente *adj.* monovalent, univalent.
universal *adj.* universal, world-wide, all-purpose. *Legatario universal*, residuary legatee.

universalidad *f.* universality.

universalización *f.* universalization.

universalizar *v.t.* to universalize, to make universal.

universidad *f.* **1** university. *Consejo de la universidad/universitario,* university board. *Diploma de la universidad/universitario,* university degree. **2** the teaching profession, the academics.

universitario, a *n.* academic, member of the teaching profession, member of the faculty.

universitario, a *adj.* university. *Diploma universitario,* university degree. *Diplomado universitario,* university graduate. *Educación/estudios universitarios,* university education/studies. *Expediente universitario,* academic record (of student).

universo *m.* universe, field.

un tal *adj.* (Mr.) So-and-so.

uranio *m.* uranium. *Uranio enriquecido,* enriched uranium.

urbanismo *m.* town planning.

urbanista *mf.* town planner.

urbanización *f.* urbanization.

urbanizar *v.t.* to urbanize. *Zona urbanizada,* residential area.

urbano, a *adj.* **1** urban. *Arquitectura urbana,* town planning. *Comunicación urbana,* local call. *Zona urbana,* built-up area. Telef.: *llamada urbana,* exchange call. **2** *(comportamiento)* urbane, polite.

urbe *f.* metropolis, megalopolis.

urgencia *f.* **1** urgency. *De urgencia,* urgently. **2** *(crisis)* emergency. *Convocar con urgencia/urgentemente a los accionistas,* to call an extraordinary meeting of the shareholders. *En caso de urgencia,* in case of emergency. *Equipo de urgencia,* primeros auxilios, first-aid kit. *Medidas de urgencia,* emergency measures. *Reparaciones de urgencia,* emergency repairs. *Transportar a alguien de urgencia al hospital,* to rush somebody to hospital.

urgente *adj.* urgent, pressing. *Entrega urgente,* for immediate delivery. *Pedido urgente,* rush order.

urgentemente *adv.* urgently.

urgir *v.i.* to be urgent, to be imperative. *Me/nos urge mucho,* it is very urgent.

urna *f.* **1** urn. **2** *urna de escrutinio,* ballot box. *Ir a las urnas,* to go to the polls.

usado, a *adj.* worn (out), used, *(de segunda mano)* second hand.

usanza *f.* Com.: usance. *A la usanza de sesenta días (en desuso),* at sixty days' usance.

usar *v.t.* **1** *(hacer uso)* to use, to make use of something. *Usar uno sus derechos,* to exercise one's rights. *Usar uno sus influencias,* to use one's influence, to exert one's influence. **2** *(consumir) usar uno sus provisiones,* to use up one's provisions. **3** *en uso,* current, in use, used. **4** *(utilizar)* Jur.: *en uso de sus derechos,* acting in one's own right. **5** *usar uno su ropa,* to wear out one's clothes.

uso *m.* **1** *(práctica, costumbre)* custom, practice, usage, use. *De uso común,* usual, customary. *Referencias de uso,* usual customary references. *Según el uso,* according to custom. *Usos locales,* local customs. **2** *(utilización)* employment, use, using. *Bienes de uso,* durables. *De uso múltiple,* multipurpose. *Fuera de uso, fuera de servicio,* out of service; out of repair. *Hacer buen uso de,* to make good use of. *Local para uso de oficinas,* office space. *Locales para usos comerciales,* commercial/business premises. *Uso garantizado, garantía de condiciones de uso,* guaranteed to wear well. **3** Jur.: *derecho de uso/costumbre/costumbrista,* customary right. *Tener el uso de (bienes),* to have the right to use, the use of. **4** *los usos y costumbres,* the way and customs.

usual *adj.* common, customary, habituary, ordinary, usual. *Un libro usual,* a reference book.

usuario, a *n.* user. *Los usuarios de la carretera,* road users.

usucapión *f.* Jur.: usucapion.

usucapir *v.t.* Jur.: to usucapt.

usufructo *m.* usufruct.

usufructuar *v.t.* to enjoy the benefits of an usufruct.

usufructuario, a *n.* beneficial occupant, tenant for life.

usufructuario, a *adj.* usufructuary.

usura *f.* usury, charging of illegal rates of interest, exorbitant/extortionate interest, (EU) loan-sharking.

usurero, a *n.* moneylender, usurer, (EU) loan-shark.

usurero, a *adj.* exorbitant, usurious, extortionate. *Préstamo a tasas usureras,* lending/loan at extortionate rates, (EU) loan-sharking.

usurpación *f.* usurpation, unauthorized assumption. *Usurpación de identidad,* impersonation.

usurpador, a *n.* usurperer.

usurpar *v.t.* to usurp, to encroach on someone's rights. *Usurpar una personalidad,* to impersonate.

utensilio *m.* tool, utensil, implement. *Utensilio del hogar,* household utensil.

útiles *m.* tools, equipment. *Útiles de escritorio,* office supplies. *Útiles de trabajo,* tools.

útil *adj.* useful. *Carga útil,* useful load, carrying capacity, payload. *En tiempo útil,* duly, in (due) time. *Hacerse uno útil,* to make oneself useful. *Tomar todas las disposiciones útiles,* to make all (the) necessary arrangements, to take all (the) necessary steps.

utilidad *f.* 1 use, utility, usefulness, service, (useful) purpose. *De utilidad pública,* in the public interest; public-interest. *Por causa de utilidad pública,* for public purpose. **2** *desempeñar un papel de poca utilidad, de poca importancia,* to play a minor role, to play second fiddle. **3** *(ganancia)* profit, earning(s); income.

utilidad antes de impuestos, profit before taxes, pretax earnings. *Utilidad antes de impuestos y participación de los trabajadores en las utilidades de la empresa,* profit before taxes and employees' profit participation.

utilidad bruta, gross profit, gross income.

utilidad del ejercicio, fiscal year profit(s).

utilidad en operación, profit from operations, operating profit.

utilidad en venta de activos, gain on sale of assets.

utilidades *f. pl.* profits, earnings. *Planeación de utilidades a corto plazo,* short-range profits planning. *Planeación de utilidades a largo plazo,* long-range profits planning.

utilidades acumuladas, accumulated profits.

utilidades aplicadas, appropriated profits/earnings.

utilidades capitalizadas, capitalized profits.

utilidades distribuidas, distributed profits.

utilidades estimadas, estimated profits.

utilidades exentas, exempt profits.

utilidades intercompañías, intercompany profits.

utilidades interdepartamentales, interdepartment profits.

utilidades no aplicadas (o **pendientes de aplicarse**), undistributed profits.

utilidades no distribuidas, unappropriated profits.

utilidades no repartidas, undistributed profits.

utilidades por distribuir, undistributed/undivided profits.

utilidades presupuestadas, budgeted profits.

utilidades reales, actual profits.

utilidades reinvertidas, reinvested profits.

utilidades retenidas, retained earnings.

utilidad gravable, taxable income.

utilidad líquida, net profit.

utilidad marginal, marginal profit.

utilidad neta, net profit.

utilidad neta gravable, taxable net income.

utilidad o pérdida en cambios, loss or gain on foreign exchange.

utilidad por acción, earnings per share.

utilitario *adj.* utilitarian. INFORM.: *programa utilitario,* utility program(me). *Vehículos utilitarios,* commercial vehicles.

utilitarismo *m.* utilitarianism.

utilizable *adj.* available, usable, fit for use.

utilización *f.* use, using, utilization. *Gastos de utilización,* running costs. *Modo de utilización,* directions for use, instructions for use. *Utilización en común,* joint use.

utilizador, a *n.* user, utilizer. *Utilizador/usuario final,* end user.

utilizar *v.t.* to use, to make use of, to utilize; *(una ocasión)* to take advantage.

utopía *f.* utopia. *Eso es una utopía,* it's wishful thinking, it's unrealistic.

utópico *adj.* utopian, utopist; unrealistic.

uva *f.* grape.

U

V

vaca *f.* cow.

vacación *f.* holiday, vacation.

vacaciones *f. pl.* holidays, (EU) vacations. *De vacaciones,* on holiday, on vacation. *Estar de vacaciones,* to be on holiday, on vacation. *Tomar vacaciones,* to go on holiday, to take a holiday/a vacation. *Vacaciones parlamentarias,* recess.

vacacionista *mf.* holidaymaker, (EU) vacationist.

vacancia *f.* vagrancy.

vacante *f.* *(de puestos)* vacancy, vacant position, vacant post. *Hay una vacante en ese departamento,* there's a vacancy in that department.

vacante *adj.* vacant, unfilled, unoccupied. *Estar vacante,* to be vacant. Jur.: *sucesión vacante,* estate in abeyance, estate unclaimed.

vaciado *m.* emptying. *Vaciado automático,* automatic emptying.

vaciar *v.t.* 1 *(dejar vacío)* to empty. 2 *(descargar)* to discharge.

vacilación *f.* hesitation.

vacilante *adj.* hesitating.

vacilar *v.i.* *(dudar)* to hesitate.

vacío *m.* vacuum, *(lugar vacío)* empty space, gap, void. *Barco vacío,* ship going light. *Llenar un vacío,* to fill a gap. *(camiones, etc.) regreso vacío,* no back load, no return load. *Viaje vacío,* trip without freight, trip without a load.

vacío, a *adj.* 1 empty. *Embalajes vacíos,* empties. 2 *vacante,* vacant. *Puestos vacíos, desocupados,* vacant positions.

vacunación *f.* vaccination.

vacunar *v.t.* to vaccinate.

vacuno, a *adj.* bovine. *Ganado vacuno,* bovine cattle.

vademécum *m.* vade mecum, handbook.

vago *adj.* vague. *Ideas vagas,* vague ideas.

vagón *m.* 1 Ferr.: car, carriage, coach; truck, wagon. *Franco vagón (ferrocarril),* free on rail (F.O.R.), free on truck, on rail. *Precio sobre vagón,* price on rail. *Vagón cisterna,* tank car, tank wagon. *Vagón completo/lleno/cargado,* truckload. *Vagón cubierto,* covered wagon/truck/van, box wagon, box car. *Vagón de ganado,* cattle (EU) stock car. *Vagón de mercancías,* goods wagon/truck, freight car; (freight) truck. *Vagón de plataforma,* flat (goods) truck, (EU) flat car. *Vagón de reserva,* tank truck/car. *Vagón postal,* mail van/car(riage), sorting carriage/tender. 2 *(medida de contenido)* truckload, carload.

vagoneta *f.* tip truck/wagon.

vale *m.* 1 Contab.: order, ticket, voucher. *Vale de caja,* deposit receipt. *Vale de entrega,* delivery note, delivery order. *Vale de pedido,* order form. 2 *(finanzas, bolsa)* bond, I.O.U. (I owe you). 3 *vale de almacén,* store requisition.

valer *v.t.* 1 to be worth, *(precios)* to cost; to amount, to fetch. *Ello no vale la pena,* it is not worth it, it is not worth the trouble. 2 *(merecer)* to deserve, to merit, to be worth. 3 *hacer valer, hacer producir (la tierra, etc.),* to develop, to farm. 4 *(argumentos)* to point out, to emphasize. 5 *(sus derechos)* to claim one's rights, to assert one's rights, to vindicate one's rights. *Hacer valer uno sus derechos de retiro,* to retire, to be eligible for retirement, *(hacer valer el dinero)* to invest.

valer la pena, to be worthwhile.

valía *f.* worth, value.

validación *f.* validation.

validar *v.t.* to validate, *(documentos)* to authenticate.

validez *f.* *(contratos)* validity; *(billetes)* validity, availability.

válido *adj.* *(contratos, etc.)* valid; *(billetes)* valid, available, good.

valija *f.* case, suitcase. *Valija diplomática,* (embassy) dispatch-bag, dispatch-box, pouch.

valioso, a *adj.* valuable, precious.

valla *f.* fence.

vallado *m.* inclosure.

valor *m.* 1 value, worth; *(equivalente)* equivalent, *(monto)* amount, *(precio)* price, cost. Aduanas: *derechos sobre el valor,* ad valorem duty. *Impuesto sobre el valor añadido,* value added tax (V.A.T.). *Objetos de valor,* valuables. *Sin valor,* valueless, of no value. *Valor al cobro,* value for collection. *Valor al vencimiento,* cash at maturity. *Valor añadido,* value added. *Valor contable,* book value. Seg.: *valor declarado,* value insured, value declared. *Valor de inventario,* accounting value. *Valor de liquidación de un activo,* asset back-up. Seg.: *valor de rescate,* surrender value. *Valor en cuenta,* value in account. *Valor en la aduana,* customs value. *Valor nominal,* nominal value, face value. *Valor original,* original cost. *Valor recibido,* value received, "for value received". *Valor residual,* net worth. 2 *(bolsa, etc.)* security. *Valor al portador,* bearer security. *Valor nominativo,* registered security. *Valores (acciones) de primer nivel,* blue chip(s). *Valores de alto rendimiento,* leaders, blue chips,

glamor (GB) glamour stocks. *Valores de oropel,* gilt-edged securities, gilts. *Valores mobiliarios,* securities, stocks and shares, (EU) stocks and bonds. **3** CONTAB.: asset. *Valores de explotación,* current assets. **4** *(validez)* validity. **5** *(valentía)* courage.
valor absoluto, absolute value.
valoración *f.* valuation.
valor actual, current value, present worth.
valor a la par, par value.
valor al vencimiento, maturity value.
valorar *v.t.* to value, to price. *Valorar el mérito,* to praise, to extol. *Valorar uno el mérito de sus propias mercancías,* to hawk one's wares.
valor asegurable, insurable value.
valor catastral, assessed value.
valor de avalúo, appraised value.
valor de cambio, exchange value.
valor de costo, cost value.
valor de desecho, junk value.
valor de liquidación, liquidation value.
valor de mercado, market value.
valor de negocio en marcha, going (-concern) value.
valor de rescate, surrender value.
valor depreciado, depreciated value.
valor en libros, book value.
valores *m. pl. (acciones bonos, etc.)* securities. *Bolsa de valores,* stock exchange. *Valores del gobierno,* government securities.
valor estimado, estimated value.
valor futuro, future value.
valor histórico, original cost.
valor justo, fair value.
valorización *f.* appreciation, *(cheques)* valuing; *(de un comportamiento)* valuing, high regard (for).
valorizar *v.t.* to valorize, to raise the price (of), *(cheques)* to value; *(un comportamiento)* to value, to rate highly, to regard highly.
valorizar(se) *v. pr.* **1** to appreciate. **2** *(personas) darse uno un gran valor,* to try to show one's importance, to show off.
valor neto, net value.
valor neto en libros, net book value.
valor nominal, nominal value.
valor presente, present value.
valor real, real value.
valuación *f.* valuation. *Valuación de inventarios,* inventory valuation. *Valuación de inventarios por el principio "(precio de) costo o (valor de) mercado (el que sea más bajo)",* inventory valuation, cost or market. *Valuación de puestos,* job evaluation.
valuador, a *n.* appraiser.
valuar *v.t.* to value, to price.
válvula *f.* valve. *Válvula de seguridad, válvula de escape,* security valve.

vandálico *adj.* vandalic.
vandalismo *m.* vandalism.
vanguardia *f.* vanguard; *(arte),* avant-garde.
vapor *m.* **1** steam. *Barco de vapor,* steamship, steamer. *Máquina de vapor,* steam engine. **2** *(navíos)* steamship, steamer.
vara *f.* stick, rod. *Vara de medir,* measuring stick. *Vara de pescar,* fishing rod.
variabilidad *f.* variability, variableness, changeableness.
variable *f.* variable. *Variable aleatoria,* random variable. *Variable dependiente,* dependent variable. *Variable independiente,* independent variable.
variable *adj.* variable, changeable, unsteady, unsettled.
variación *f.* variation, change, fluctuation. *Corrección de las variaciones estacionales,* seasonally adjusted. *Variaciones estacionales,* seasonal swings.
variado, a *adj.* varied, varying, miscellaneous, sundry.
variante *adj.* varying.
varianza *f.* variance, difference.
variar *v.t.* e *i.* to vary, to change, to fluctuate, to differ. *El gobierno no ha variado (en su posición),* the government has not changed its stand.
variedad *f.* variety. *Espectáculo de variedad,* variety show. *Una gran variedad de muestras,* a wide range of samples. *Variedades (mundo del espectáculo),* entertainment, show-business.
vario, a *adj.* various, divers. *Varias personas,* various persons.
vaso *m.* glass.
vasto *adj.* vast, wide, broad, extensive, comprehensive. *Vastas reformas,* far-reaching reforms.
vaticinar *v.t.* to foretell, to predict.
vaticinio *m.* prediction.
vatio *m.* watt, ampere-volt. *Vatio-hora,* watt-hour.
vecindad *f.* **1** neighborhood. **2** vicinity, proximity, nearness, surroundings, environment.
vecindario *m.* neighborhood, (GB) neighbourhood.
vecino, a *n.* neighbor, (GB) neighbour.
vecino, a *adj.* (EU) neighboring, (GB) neighbouring; (EU) neighbor, (GB) neighbour; next (to), next door (to); close to, bordering on, verging on; related, allied, similar; *(piezas, etc.)* adjoining. *Buenas relaciones entre vecinos,* neighborliness. *Países vecinos,* neighboring countries. *Relaciones entre vecinos,* relations between neighbors.
vector *m.* vector.
vectorial *adj.* vectorial.
veda *f.* interdiction, ban, prohibition.
vedado *m.* inclosure.
vedado, a *adj.* prohibited, banned.

V

vedar *v.t.* to ban, to prohibit.
vegetación *f.* vegetation.
vegetar *v.t.* to vegetate.
vegetarianismo *m.* vegetarianism.
vegetariano, a *adj.* vegetarian.
vehículo *m.* vehicle. *Vehículo espacial,* spacecraft. *Vehículo utilitario,* commercial vehicle.
veinte *núm.* twenty; twenty a score.
veintena *f. Una veintena,* a score, about twenty.
vejación *f.* harassing, vexatious measures.
vejez *f.* old age, *(cosas)* oldness. *Pensión por vejez,* old age pension.
vela *f.* sail. *Bote de vela,* sailing boat, sailboat, sailing ship. *Darse a la vela,* to sail. *Navegación en bote de vela,* sailing. *Navegar en bote de vela,* to sail.
velar *v.t.* e *i.* to guard, to watch.
velero *m.* sailing boat, sail-boat, sailing ship.
velocidad *f.* speed, *(mecánica)* velocity. *Cambiar de velocidad,* to change gears. *Por tren de alta velocidad,* by passenger train, (GB) by fast goods train. *Por tren de baja velocidad,* by goods train, (EU) by freight train. *Tomar velocidad,* to outspeed, to outstrip, to outrun. *Tren de alta velocidad,* high speed train. *Velocidad adquirida,* momentum, impetus. *Velocidad de la luz,* velocity of light. *Velocidad de rotación,* rate of turnover.
velozmente *adv.* promptly, quickly, rapidly, speedily, swiftly.
venalidad *f.* venality.
vencedor, a *n.* winner. *Vencedor de un concurso,* contest winner.
vencer *v.t.* e *i.* **1** *(documentos)* to mature, to fall due. *El documento vencerá la semana próxima,* the bill will fall due next week. **2** *(triunfar)* to defeat, to surpass.
vencible *adj.* that can be defeated; surmountable.
vencido, a *adj.* overdue, outstanding, due, payable. *Cuentas vencidas,* overdue accounts. *Documentos vencidos,* overdue bills. *Vencido y no pagado,* dishonored.
vencimiento *m.* maturity. *Documentos de próximo vencimiento,* maturing bills. *Fecha de vencimiento,* maturity date. *Vencimiento a corto plazo,* short-term maturity. *Vencimiento a largo plazo,* long-term maturity. *Vencimiento de una emisión,* maturity of an issue. *Vencimiento de una letra,* maturity of a bill. *Vencimiento de un pagaré,* maturity of a promissory note. *Vencimiento de un plazo,* term maturity, maturity/ expiration of a term.
vendedor *m.* **1** *(persona que vende)* seller, marketer; JUR.: vendor. **2** *(de una tienda, etc.)* shop assistant, (EU) salesman, clerk, salesclerk. **3** *(persona que tiene el sentido de las ventas)* salesman. **4** *(vendedor ambulante)* hawker, peddler.

vendedor, a *adj. (argumentos, etc., que favorecen las ventas)* selling, sales.
vendedora *f.* shop assistant, shop girl, sales girl, saleslady.
vender *v.t.* **1** to sell. *Arte de vender,* salesmanship. *Se vende,* for sale. *Vender a crédito,* to sell on credit. *Vender a domicilio,* to sell door to door. *Vender al descubierto, hacer una venta corta o de recorte,* to sell short. *Vender a plazo,* to sell on credit; *(bolsa de valores)* to sell for the account. *Vender con pérdidas,* to sell at a loss. **2** *(bolsa de mercancías)* to sell for future delivery, to sell futures. **3** *vender al contado,* to sell for cash. *Vender al detalle, al menudeo,* to sell (by) retail, to retail. *Vender al mayoreo,* to sell wholesale. *Vender directamente del productor al consumidor,* to sell direct from producer to consumer. *Vender por correspondencia,* to sell by mail order, by post, by correspondence, by catalog.
vender(se) *v. pr.* to sell. *Venderse como pan caliente, fam.* to sell like hot-cakes.
vendible *adj.* marketable, saleable, salable, purchasable. *Valor vendible, valor de venta,* market value.
vendido, a *adj.* sold.
vendimia *f.* vine-harvest, (wine)-harvest, grape-harvesting.
vendimiar *v.t.* to harvest (grapes), to gather (the grapes), to vintage.
venidero, a *adj.* coming, future. *En lo venidero,* in the future. *Los meses venideros,* the future months.
venir *v.t.* **1** to come. *Hacer venir,* to send for, to fetch, to call in, to summon. **2** *venir de (provenir de),* to come from, to result from, to stem from.
venta *f.* sale. *Cifra de ventas,* sales figure. *Contrato de venta,* sale contract. *Departamento de ventas,* sales department. *En venta,* on sale. *Poner en venta,* to offer for sale, to put up for sale. *Precio de venta,* selling price. *Promoción de ventas,* sales promotion. *Sala de ventas,* auction room. *Servicio posterior a la venta,* after-sales service. *Venta al contado,* cash sale, spot selling. *Venta al menudeo,* retail sale/trade. *Venta amable,* sale by private treaty. *Venta de bienes embargados,* distress-sale. PUB.: *venta de espacio,* space selling. *Venta de liquidación,* clearing/ clearance sale. *Venta de puerta en puerta,* door-to-door selling. *Venta en abonos,* sale by installment(s). *Venta por correspondencia,* mail-order selling, selling by post. *Venta por distribuidor automático,* vending. *Venta por subasta,* sale by auction. *Venta promocional,* bargain sale, promotional sale. *Ventas masivas,* heavy sales, bulk sales, sales/selling in large quantities.
venta a crédito (en abonos), credit sale.

venta al contado, cash sale.

venta al menudeo, retail sale.

venta anual, annual sale.

ventaja *f.* advantage, profit. *Sacar ventaja, aprovechar,* to take advantage. *Tener ventaja sobre,* to have advantage over. *Ventajas adicionales,* additional advantages. *Ventajas fiscales,* tax advantages.

ventajista *mf.* cheat, profiteer.

ventajoso, a *adj.* advantageous. *Posición ventajosa,* advantageous position.

ventanilla *f.* counter, window, desk, wicket; *(venta de billetes)* booking office, ticket office, *(espectáculos)* box-office. *Pagadero en ventanilla,* payable over the counter. *Sírvase pasar a la ventanilla No. 8,* please apply to counter No. 8. *(bancos, etc.) "Ventanilla fuera de servicio",* "Position closed".

ventas *f. pl.* sales. *Ventas a crédito,* credit sales. *Ventas al contado,* cash sales. *Ventas brutas,* gross sales. *Ventas netas,* net sales.

ventilación *f. (de un salón)* ventilation.

ventilar *v.t.* **1** *(salones)* to ventilate. **2** *(ventilar un problema)* to discuss, to solve.

ver *v.t.* e *i.* **1** to see. **2** *(considerar)* to view, to consider, to regard. **3** *(estudiar)* to study, to examine, to look into. **4** *(comprender)* to see, to understand. *Nos veremos obligados a,* we shall be compelled to. **5** *no tengo nada que ver con ello,* I have nothing to do with it. **6** *a mi modo de ver,* in my opinion.

veracidad *f.* veracity.

veranear *v.i.* to summer.

veraneo *m.* summer vacation. *Estar de veraneo,* to be on vacation.

verano *m.* summer.

veraz *adj.* truthful.

verbal *adj.* verbal. *Por transmisión verbal,* by word of mouth.

verbalmente *adv.* verbally, by word of mouth.

verdad *f.* truth. JUR.: *decir la verdad, toda la verdad y nada más que la verdad,* to tell the truth, the whole truth, and nothing but the truth.

verdaderamente *adv.* truly.

verdadero, a *adj.* true, real, genuine, right, accurate.

verdulera *f.* market woman.

verdulería *f.* greengrocer's (shop).

verdulero *m.* market man.

verduras *f. pl.* vegetables, greens.

veredicto *m.* veredict. *Pronunciar/rendir un veredicto,* to return a veredict. *Veredicto de absolución,* veredict of not guilty.

verídico, a *adj.* truthful, trust-worthy.

verificable *adj.* verifiable.

verificación *f.* inspection, examination, verification, control, testing; CONTAB.: audit, auditing; *(almacenes)* control.

verificador, a *n.* inspector, examiner, verifier; CONTAB.: auditor.

verificar *v.t.* to check, to inspect, to examine, to test, to verify; CONTAB.: to audit.

verificar(se) *v. pr.* to prove true/accurate/correct.

verosímil *adj.* likely, probable.

verosimilitud *f. (probabilidad)* verisimilitude, likeliness.

versado *adj.* experienced (in), versed (in), familiar (with), conversant (with).

versatilidad *f.* versatility.

versión *f.* version. *(Filmes) versión original,* original version, undubbed foreign film.

verter *v.t. (un líquido)* to pour; to spill.

vertical *adj.* vertical. *Concentración vertical,* vertical concentration, verticalization.

verticalmente *adv.* vertically.

vertiente *f.* **1** watershed. **2** slope. **3** aspect.

vespertino, a *adj.* vespertine.

vestido *m.* clothes, clothing, dress, garments, (EU) apparel. *La industria del vestido,* the clothing trade, (EU) the garment industry. *Tienda de prendas de vestir,* clothes shop, (EU) apparel store. *Vestidos para damas,* ladies' wear.

vestidor *m. (fábricas, deportes, etc.)* locker-room, cloackroom, dressroom. *Encargado de los vestidores,* cloackroom attendant.

vestimenta *f.* garments, dress, clothes.

vestir *v.t.* to clothe, to dress. *Prendas de vestir para caballeros,* men's wear. *Prendas de vestir para damas,* ladies' wear. *Tienda de prendas de vestir,* clothes shop, (EU) apparel store.

vestuario *m.* clothes, apparel, *(escenarios)* wardrobe.

veta *f. (piedras, etc.)* vein, (mother) lode.

vetar *v.t.* to veto.

veterano, a *n.* y *adj.* veteran.

veterinario, a *n.* veterinary surgeon.

veto *m.* veto. *Derecho de veto, right of veto. Poner uno su veto, emitir un veto,* to veto.

vetusto *adj. (anticuado)* outdated, anticuated, dilapidated.

vez *f.* **1** time. *¿Cuántas veces?,* how many times? *Tres veces al año,* three times a year. **2** turn. *Cada uno a su vez,* each one in his turn. **3** *a veces,* sometimes. *De vez en cuando,* from time to time. *Dos veces,* twice. *En vez de,* instead of. *Hacer las veces de,* to replace (someone); to substitute for. *Otra vez,* once more, again. *Tal vez,* maybe. *Una vez,* once. **4** *varias veces más grande que,* several times as large as.

vía *f.* **1** *(medio)* way, means, channel, measure, method, process, course. **2** *(carreteras, etc.)* way, road, route, *(ciudades)* thoroughfare, avenue, artery, *(ferrocarril)* track. *Estar en la vía correcta, ir por buen camino,* to be on the right vía/track. *Por vía marítima,* by sea. *Por vía te-*

V

rrestre, by land, overland. *Vía de acceso,* access road. *Vía de carretera,* lane. **3** *el asunto está en vías de quedar arreglado,* JUR.: the affair is in process of settlement out of court. *En vías de,* about to *(+ verbo),* in (the) process of, on the way to *(+ nombre). País en vías de desarrollo,* developing countries, less developed countries, L.D.C.'s. **4** *por vía aérea,* by air, by plane. *Por vía de agua,* water-way. *Vía aérea,* air-way, air-route. **5** *vía de comunicación,* line of communication, road. **6** *vía legal,* legal proceedings, legal channels. **7** *vías de recurso,* (possibility of) recourse. JUR.: grounds for appeal; *no tenemos vías de recurso,* we have no recourse left. **8** *vía diplomática,* diplomatic channels. *Vía fluvial,* (inland) waterway. *Vía jerárquica,* formal/official channels, chain of command. *Vía legal,* legal channels, legal proceedings. *Vía(s) marítima(s),* sea route(s). *Vía navegable,* (inland) waterway. *Vía pública,* street; *en la vía pública,* in public, publicly.

viabilidad *f.* viability, feasibility, practicability. *Estudio de viabilidad,* viability study.

viable *adj.* viable, feasible. *Hacer viable,* to service. *Terreno viabilizado,* serviced area/lot/site.

viaducto *m.* viaduct.

viajar *v.i.* to travel, to make a trip, to make a journey; *(mercancías)* to be transported, shipped. *Viaje de negocios,* to go/to be on a business trip, to travel on business. *Viaje en primera clase,* to travel first class.

viaje *m.* travel, traveling, (GB) travelling, journey, trip, tour, *(mar)* voyage, passage, crossing. *Agencia de viajes,* travel agency. *Agente de viajes,* travel agent. *Empresario de viajes,* tour operator. *Gastos de viaje,* travel(ing) expenses. *Hacer un viaje de negocios,* to go on a business trip. *Operador de viajes,* tour-operator. *Paquete de viajes,* package tour. *Viaje de estudio(s),* field trip. *Viaje de ida y de regreso,* round trip. *Viaje de regreso,* return journey, homeward trip. *Viaje por ferrocarril,* train journey.

viajero, a *n.* traveler, (GB) traveller; *(trenes, etc.)* passenger; (taxi) fare.

viajero *adj.* traveling, (GB) travelling. *Agente viajero,* commercial traveler, (EU) traveling salesman. *Agente viajero de ventas,* representative, (EU) traveler salesman, (GB) commercial traveller.

viático(s) *m. pl.* traveling expenses.

vice- *pref.* vice, deputy. *Vice-presidente,* vice-president, deputy chairman; (EU) **fam.** *(para denotar al vicepresidente de los Estados Unidos,* the veep.

vicecónsul *mf.* viceconsul.

viceconsulado *m.* vice consulate.

vicepresidente, a *n.* vice president.

vicesecretaría *f.* assistant secretaryship.

vicesecretario, a *n.* assistant secretary.

viceversa *adv.* vice versa.

viciado, a *adj.* contaminated. JUR.: full of irregularities.

viciar *v.t.* **1** *(aire)* to pollute, to contaminate. *Aire viciado,* polluted air. **2** JUR.: to invalidate, to render void, to make void, to void, to vitiate. **3** to vitiate, to corrupt. **4** *(alimentos)* to spoil, to taint.

vicio *m.* **1** *(mal hábito)* vice. **2** *(defecto)* fault, defect, flaw. *Vicio de fabricación,* manufacturing defect/flaw/bug. *Vicio de forma,* faulty drafting, vice of form, flaw; *(juicio)* irregularity. *Vicios de construcción,* defective/faulty construction.

vicioso, a *adj.* vicious. *Círculo vicioso,* vicious circle.

víctima *f.* victim, *(accidentes, etc.) las víctimas,* the casualties. *Número de víctimas,* number of casualties, toll.

victoria *f.* victory.

vid, viña *f.* vine, *(viñedo)* vineyard.

vida *f.* life, living. *Calidad de vida,* quality of life. *Costo de la vida,* cost of living. *Expectativa de vida,* life expectation/expectancy. *Ganarse uno la vida,* to make a living. *Nivel de vida,* standard of living. *Prima por el costo de la vida,* cost of living bonus. *Seguro de vida,* life assurance (insurance). *Vida de una marca,* brand's life. *Vida de un producto,* product life, life cycle of a product. *Vida útil (activos),* useful life.

video-conferencia *f.* videoconference.

videodifusión *f.* videocasting.

videodisco *m.* videodisk.

videoteca *f.* video (cassette/tape) library.

vidriería *f.* glass shop.

vidriero, a *n.* glassmaker, *(obrero)* glass worker, glass blower.

vidrio *m.* glass. *Artículos de vidrio,* glassware. *Botellas de vidrio no retornables,* non-returnable bottles, (EU) one-way bottles. *Fabricación de vidrio,* glass making. *Fabricante de vidrio,* glassmaker, *(colocador)* glazier. *Trabajos de vidrio,* glass works, glassware. *Vidrio (plano para ventana),* window-pane.

vidrio (de) *adj.* glass, glazed. *Cancel de vidrio,* glass partition.

vieja *adj.* ver **viejo**.

viejo, a *adj.* old. *Los viejos,* old people, the elderly, senior citizen.

vigencia *f.* **1** condition of being in force. *Entrar en vigencia,* to come into force, to come into effect, to take effect, to become effective, to become operative, to be implemented. *En vigencia/vigente/en vigor,* in force. **2** *(validez)* validity. *Plazo de vigencia,* validity term, validity period, "valid until..."

vigente *adj.* JUR.: in force. *Las disposiciones vigentes,* regulations in force.

vigilancia *f.* vigilance.

vigilante *mf.* watcher, warden. *Vigilante nocturno*, nightwatchman.

vigilar *v.t.* to watch over, to guard, to protect. *Vigilar que*, to see to, to look after, to take care of; to attend to, to make sure of.

vigor *m.* strength, vigour. *Entrar en vigor*, to come into force, to come into effect, to take effect, to become effective, to become operative, to be implemented; Seg.: to attach. *En vigor (reglamentos)*, in force; *(precios)* ruling, prevailing. *Poner en vigor (medidas)*, to implement, *(leyes)* to enforce. *Volver a poner en vigor*, to revive.

vigoroso, a *adj.* vigorous, strong. *Con vigorosos agradecimientos*, hearty/heart-felt thanks, sincere/sincerest thanks.

vinatería *f.* wine shop.

vinatero, a *n.* wine merchant/retailer.

vinculación *f. (unión)* connection, link.

vinculante *adj.* linking. *Partes vinculantes*, linking parts.

vincular *v.t.* to link, to unite, to connect, to tie.

vínculo *m.* link.

vinícola *mf.* viticulturist, grape grower.

vinícola *adj.* vinicultural wine-growing.

vinicultor, a *n.* viniculturist, wine producer.

vinicultura *f.* viniculture.

vinilo *m.* vinyl.

vino *m.* wine. *Elaborador de vino*, wine grower. *Grandes vinos*, vintage wines, great wines, famous wines. *Negociante de vinos*, wine merchant. *Vino de honor*, reception during which an official guest is toasted.

viña *f.*, **viñedo** *m.* vineyard.

violación *f.* **1** breach, infringement, violation, breaking (of rules), trespass, trespassing. *Violación de domicilio*, housebreaking, breach of domicile, burglary. *Violación de frontera*, trespass of frontier, border encroachment. *Violación de la ley*, breach of the law. *Violación de patente*, patent infringement. *Violación de propiedad*, trespassing. **2** rape.

violar *v.t.* **1** *(personas)* to rape. **2** *(leyes, reglamentos)* to violate, to transgress, to break.

violencia *f.* violence.

violento, a *adj.* violent.

viraje *m.* turning, bend, *(política, etc.)* turnabout, turnaround, shift.

virar *v.t.* e *i.* to turn, to turn around.

virtud *f.* virtue, power. *En virtud de*, in pursuance of. *En virtud del artículo 4*, under article 4.

virus *m.* virus. *Virus informático*, computer virus.

visa *f.* visa. *Solicitar una visa*, to apply for a visa.

visado *m.* visa.

visar *v.t.* to visa, to stamp, to certify, to initial, to countersign.

viscosidad *f.* viscosity.

viscoso, a *adj.* viscous, sticky.

visibilidad *f.* visibility.

visible *adj.* visible.

visión *f.* vision, sight.

visita *f.* **1** visit, call. *Hacer una visita*, to call (on someone), to pay a call, to pay (make) a visit, *fam.* to drop by/in. *Tarjeta de visita*, business card, visiting-card. *Visita guiada*, guided tour, guided visit. **2** *(visita aduanal)* examination. **3** Jur.: search. *Visita de las instalaciones*, search of the premises, Naveg.: *derecho de visita*, right of search. **4** *(visita médica)* medical exam(ination). *Visita médica a domicilio*, house call. *Visita médica sistemática (carta de salud)*, check-up.

visitador, a *n.* visitor, caller, Aduanas: inspector, searcher.

visitante *mf.* visitor.

visitante *adj.* visiting.

visitar *v.t.* to visit, to call (on someone), *fam.* to drop in, to drop by. *fam. Hacer una visita*, to show around.

víspera *f.* the eye, the day before, the preceeding day, the previous day. *En la víspera de*, on the eve of.

vista *f.* **1** sight. *A la vista*, at sight, on demand, at call. *A primera vista*, at first sight. *Depósito a la vista*, deposit at call. *(Documentos de crédito, etc.) a siete días de visto(a)*, seven days after sight. *Letra (giro) a la vista*, sight bill, sight draft, demand bill. *Pagadero a la vista*, payable on demand, at sight. **2** *(punto de vista)* view. *Expresar uno sus puntos de vista*, to express one's views. *Intercambio de puntos de vista*, exchange of views. *Punto de vista*, point of view, view-point, standpoint. **3** *en vista de*, in view of. **4** *a la vista de*, on sight of, at sight of.

visto *loc.* **1** considering, seeing, in view of, given, owing to. *Vista la ley de 1996 sobre*, in the matter of the 1996 Act on. *Visto el artículo 6*, under article 6, pursuant to article 6, in pursuance of article 6. **2** *visto bueno*, approved, O.K.; *dar el visto bueno*, to approve.

vital *adj.* vital.

vitalicio, a *adj.* life, for life. *Bien vitalicio*, life estate. *Renta vitalicia*, life annuity, life interest.

vitalidad *f.* vitality, *(mercados)* briskness, buoyancy.

vitamina *f.* vitamin.

vitícola *adj.* viticultural.

viticultor, a *n.* winegrower, wine-grower.

viticultura *f.* wine-growing.

vitrina *f.* shop-window, show case.

vituperar *v.t.* to vituperate, to blame.

vituperio *m.* vituperation.

viuda *f.* widow.

viudez *f. (mujeres)* widowhood, *(hombres)* widowerhood. *Indemnización por viudez*, widow's benefit.

V

viudo *m.* widower.
viva voz (de) *loc.* orally, viva voce, by word of mouth. *Se lo diré de viva voz,* I'll tell him/her in person.
víveres *m. pl.* supplies, provisions, food supplies, foodstuffs.
vivero *m.* hatchery. *Vivero de peces,* (fish)-preserve, breeding-ground.
vivienda *f.* house, dwelling, apartment, condo.
vivificante *adj.* vivifying, invigorating, rejuvenating.
vivificar *v.t.* to vivify, to vitalize, to stimulate, to enliven, to rejuvenate.
vivir *v.t. e i.* to live, to be alive. *Vivir de,* to live on.
vivo, a *adj.* 1 alive, living. 2 *(animado)* lively, animated, busy. 3 keen, sharp, lively, brisk; quick, fast. *De viva voz,* orally, viva voce, by word of mouth. *La competencia es cada vez más viva,* competition is keener and keener. *Se lo diré de viva voz,* I'll tell him/her in person.
vivos *m. pl.* Jur.: living persons. *Donación entre vivos,* donation inter vivos.
vocablo *m.* word.
vocabulario *m.* vocabulary.
vocación *f.* calling. *Tener vocación para,* to be cut for.
vocal *f.* 1 vowel. 2 *mf.* voter.
volador *adj.* flying. *Platillo volador,* flying-saucer.
volante *m.* 1 wheel. 2 *(documento)* memorandum, note.
volar *v.t.* to fly.
volátil *adj.* volatile, changeable.
volatilidad *f.* volatility.
volcar(se) *v. pr. (camión)* to overturn; *(caerse)* to fall over.
volumen *m.* volume, bulk; *(libro)* volume. *(Sonido) control de volumen,* volume control. *Volumen de trabajo,* work volume. *Volumen de ventas,* sales volume.
voluminoso, a *adj.* bulky, large. *Artículos voluminosos,* bulky articles.
voluntad *f.* will, *(carácter)* willpower. *Ajeno a nuestra voluntad,* beyond our control. *A voluntad,* at will; ad lib. *Buena voluntad,* goodwill. *Mala voluntad,* ill-will, ill-power. *Última voluntad,* last will and testament.
voluntariamente *adv.* voluntarily, wilfully, deliberately, intentionally, willingly, on purpose.
voluntario, a *n.* volunteer. *Ofrecerse como voluntario,* to volunteer.
voluntario *adj.* voluntary, wilful. *Acción voluntaria,* voluntarism, voluntary action, volunteering. *Homicidio voluntario,* wilful murder.
volver(se) *v. pr.* 1 to turn, to turn over. 2 *volver a contratar,* to rehire. 3 *volver a colocar un pedido,* to reorder. 4 *volver a comprar,* to repurchase. 5 *volver loco,* to become/drive crazy. 6 *volverse*

viejo, to grow/get old. 7 *volverse obsoleto,* to become obsolete, to become outdated.
votación *f.* vote, voting. *Votación por apoderado,* voting by proxy.
votante *mf.* voter. *Número de votantes (participación),* turnout.
votar *v.t.* to vote, to cast one's vote. *Votar en blanco,* to cast a blank vote. *Votar por apoderado o representante,* to vote by proxy.
voto *m.* 1 vote, voting, ballot, poll. *Boleta de/para voto,* ballot-paper. *Conceder el derecho de voto,* to enfranchise; to grant voting rights/the right of vote. *Contar los votos,* to tally the votes. *Derecho de voto,* voting right, right to vote, right of vote, franchise. *Día de votos,* polling day. *El recuento de los votos,* the tally (of votes). *Obtener votos,* to poll votes. *Oficina de votos,* polling station. *Someter un asunto a votación,* to put a motion to the vote, to move a resolution. *Tener un voto preponderante,* to have a casting vote. *Voto a mano alzada,* voting by show of hands. *Voto de censura,* vote of no-confidence. *Voto de confianza,* vote of confidence. *Voto de escrutinio secreto,* (voting by) secret ballot. *Voto por apoderado o representante,* vote/voting by proxy. 2 *(compromiso)* vow, pledge. *Hacer votos,* to vow, to pledge.
voz *f.* voice. *Dar la voz de alerta,* to raise the alarm. *De viva voz,* by word of mouth. *No tener ni voz ni voto,* to have no say in the matter. *Tener voz en un asunto,* to have a say in the matter. *Voz pública,* public opinion, public rumour, vote.
vuelo *m.* flight. *A vuelo de pájaro,* as the scrow flies. *Coger/agarrar/tomar vuelo,* to progress, to advance, to improve. *Vuelo internacional,* international flight. *Vuelo nacional,* national flight. *Vuelo no piloteado,* unmanned flight. *Vuelo sin escalas,* non-stop flight, through flight.
vuelta *f.* turn. *A vuelta de correo,* by return of mail. *A la vuelta de la esquina,* round the corner. *La segunda vuelta (revisiones),* the second wave. *Media vuelta,* about-turn, turnabout, turnaround, reversal of one's stand. Contab.: *saldos traspasados de una página a otra; de la vuelta,* brought forward; *a la vuelta,* carried forward, carried over. *Sírvase darle vuelta a la página,* please turn the page over. *Viaje de ida y vuelta,* round-trip.
vuelto *m. (dinero)* change.
vulgarización *f.* vulgarization.
vulgarizar *v.t.* to vulgarize.
vulgar *adj.* vulgar, common.
vulgo *m.* ordinary people.
vulnerabilidad *f.* vulnerability.
vulnerable *adj.* vulnerable.
vulnerar *v.t.* 1 to try to harm. 2 Jur.: to breach, to infringe.

W

wat (o **vatio**) *m.* Electr.: watt (unity of power).
wáter *m.* toilet.

W.C. *(abrev. de* water closet*) m.* W.C.

X

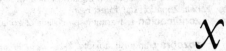

x 1 *(por teléfono) X de Xavier,* X for Xmas (Christmas). **2** *cantidad desconocida,* x. Jur.: *persona desconocida,* person unknown, Mr./Mrs. X. **3** *(álgebra)* x, X; *la abscisa,* the abscissa, the X-axis.
xenofobia *f.* xenophobia.

xenófobo, a *n.* y *adj.* xenophobe, xenophobic; one who hates foreigners.
xenón *m. (gas)* xenon.
xerografía *f. (del nombre del fabricante)* xerography.

Y

y 1 *(por teléfono) Y (como)* i griega, Y for yellow. **2** Electric.: *conexión en Y,* Y connection. **3** *(álgebra)* incógnita, y. *La ordenada y,* the ordinate, the y-axis.
yacimiento *m.* deposit, field. *Yacimiento de carbón,* coal-field. *Yacimiento petrolero,* oilfield.
yanqui *mf.* y *adj.* yanquee.
yarda *f. (medidas)* yard.
yate *m.* yacht.
yerba *f.* herb, weed. *Yerbabuena,* mint.
yerno *m.* son-in-law.

yerro *m.* error, mistake. *Yerro de imprenta,* misprint, typographical error, corrigendum.
yesero, a *n. (fabricante)* plaster manufacturer; *(obrero)* plasterer.
yeso *m.* plaster, gypsum.
yuca *f.* yuc(c)a.
yugo *m.* yoke.
yunque *m.* anvil.
yute *m.* jute.
yuxtaponer *v.t.* to juxtapose.
yuxtaposición *f.* juxtaposition.

Z

z *(letra)* z. *(Por teléfono)* Z de zapato, Z for zebra.
zafar(se) *v. pr.* to avoid, to escape, to run away.
zafra *f.* sugar crop.
zanja *f.* ditch, trench, channel.
zapatería *f.* shoemaker's shop.
zapatero *m.* shoemaker.
zapato *m.* shoe.
zarpar *v.t.* e *i.* to sail.
zinc *m.* zinc; *(en láminas, barras)* spelter.
zona *f.* 1 zone, area. *Responsable/jefe de zona,* Area Manager. *Zona de combate,* fighting area. *Zona de comercialización,* distribution area, commercial area, shopping center, (GB) centre, shopping mall. *Zona de estacionamiento (vehículos),* parking area; Milit.: *etc.)* assembly zone. *Zona de libre intercambio,* free-trade area. *Zona de servicio,* service area. *Zona franca,* free zone, free trade zone. *Zona fronteriza,* border area, frontier zone. *Zona industrial,* industrial estate, (EU) industrial park. *Zona monetaria,* monetary area. *Zona postal,* postal area/zone; (EU) zone of improved postage (ZIP). *Zona prohibida,* prohibited/restricted area; "off-limits". *Zona (sub)urbana,* (sub)urban area. 2 Geogr.: zone, belt. *Zona de acondicionamiento,* (urban planning) an urban area for which provisions have been made for future development. *Zona desértica,* desert belt. *Zona forestal,* forest belt.
zonificación *f.* 1 zoning, parcelling. 2 zonation.
zozobra *f.* anguish, anxiety.
zozobrar *v.i.* 1 to worry, to grieve. 2 to be in danger, to be in a very risky position. 3 *fig.* to fail.
zutano, a *n.* So-and-so.

Anexos

Índice de Materias

I. PRESENTACIÓN DE UNA CARTA COMERCIAL EN INGLÉS

En la lengua inglesa la correspondencia comercial ha perdido su carácter formalista. Por tal razón, los consejos en cuanto a estilo son los mismos que los que se aplican a las cartas de tipo ordinario: emplee una redacción sencilla y clara utilizando, en la medida de lo posible, frases cortas; evite caer en una familiaridad excesiva —excepto si el destinatario es un amigo—; no dude en empezar un nuevo párrafo para denotar cualquier elemento nuevo de su mensaje.

En lo que se refiere a la presentación, recuerde siempre las siguientes reglas:

1. Cuando no use papel membretado ponga su *domicilio* (en calidad de expedidor) en la parte superior derecha; incluya la calle, número, ciudad o localidad y código postal. Su nombre no debe figurar en esta sección puesto que aparecerá debajo de la firma al final de la carta. El número de teléfono puede quedar indicado en la parte inferior de esta manera: (Teléfono:).

2. La *fecha* se coloca debajo del domicilio.

Cuando se utiliza papel membretado la fecha se coloca en la parte superior derecha, debajo del encabezado. No se debe indicar el nombre de la localidad antes de la fecha.

Actualmente se puede escribir la fecha de diferentes maneras. La forma que se presenta a continuación, de origen estadounidense, es muy frecuente en el ámbito internacional:

      February 10, 19..

En este mismo contexto, también se pueden utilizar abreviaturas:

      8 Oct. 19..

      Dec. 16th, 19..

En el ambiente británico, las fechas suelen escribirse:

      May 22nd 19..

      23rd March, 19..

y también pueden aparecer con los siguientes formatos:

      September 10th 19..

      12th June 19..

      5 April, 19..

En ocasiones la fecha estará indicada únicamente con cifras, aunque tal uso puede ser peligroso por las siguientes razones:

- en inglés británico **4.3.97** significa el cuarto día del tercer mes (marzo).
- en inglés estadounidense el mes va primero y por lo tanto **4.3.97** significará el 3 de abril. De acuerdo con el modelo estadounidense, el 4 de marzo se escribiría **3.4.97**.

3. Cuando existe *referencia*, ésta se coloca en la parte superior izquierda, debajo del encabezado y por lo general incluye un número (código) y un conjunto de iniciales (las del autor de la carta y las de la secretaria o mecanógrafa).

4. El *domicilio del destinatario* ("**inside address**" o domicilio interior) debe figurar en la parte superior izquierda debajo de la referencia, si es que hay alguna; incluya el nombre y domicilio del destinatario, sea individuo o sociedad.

Cuando se trata de una persona, el nombre de ésta debe introducirse por **Mr, Mrs, Miss, Mesrs** (Señores), **Ms** (expresión que no prejuzga el hecho de que una mujer sea o no casada).

Estas abreviaturas pueden ir seguidas de un punto (**Mr.** etc.). En los Estados Unidos dicha inserción es una práctica común, aunque los puristas se oponen a la aparición de un punto después de la última letra de una palabra. En el caso de las iniciales y del nombre, los estadounidenses utilizan sus dos nombres de pila; así tendríamos **J.K. THOMPSON** o **John K. THOMPSON**.

El domicilio (el número, la ciudad o localidad y el código postal) del destinatario viene después.

Ocasionalmente, los británicos usan —aunque cada vez con menor frecuencia— la abreviatura de cortesía **Esq.** (**Esquire**, título honorífico: "Hacendado"). Por ejemplo, **G. THOMPSON, Esq.** tan sólo significa **Mr. G. THOMPSON**.

5. Las fórmulas de saludo más generales son las siguientes:

Dear Sir: o **Dear Madam:**
o **Dear Sirs:**

En el inglés estadounidense van seguidas de dos puntos y en el inglés británico se les añade una coma. Aun a pesar de la presencia de la expresión "**Dear**", estas fórmulas corresponderían a nuestros *Muy Señor Mío* o *Muy Señora Mía*, etc. *Señoras* se diría **Mesdames**.

Con gran frecuencia el inglés estadounidense utiliza **Gentlemen:** en lugar de **Dear Sirs,** (GB). Para expresar *Estimado señor,* etc., de una manera más cordial y personal, se debe hacer figurar el nombre del destinatario, **Dear Mr. JOHNSON**.

Dentro del ámbito de las relaciones frecuentes y que datan de mucho tiempo, los usos estadounidenses permiten el empleo del nombre, **Dear John**, y en estos casos la coma se considera como menos formal.

Las fórmulas de saludo se colocan a la izquierda y no en la parte central de la hoja.

6. El *cuerpo* de la carta. En este punto existen dos presentaciones posibles:
- presentación con sangría (**indented form**) en la que cada párrafo empieza con un ligero margen;
- presentación compacta (**block form**) donde todas las líneas empiezan sin dejar ninguna sangría.

Típicamente se deja un doble interlineado entre los párrafos.

7. En la lengua inglesa no se usan fórmulas finales de gran extensión, sino una *breve fórmula conclusoria* y acorde con el saludo.
- Usos estadounidenses: las expresiones más comunes son **Sincerely yours** o simplemente **Sincerely**. Con menos frecuencia se emplea **Very truly yours** y

rara vez **Yours faithfully**. La primera palabra —y tan sólo la primera— se escribe siempre con mayúscula. La fórmula va seguida de una coma, antes de la firma.

- Dicha fórmula de cierre se coloca con mayor frecuencia a la izquierda y en forma vertical respecto de la primera palabra del primer párrafo.

En inglés británico, cuando la carta empieza con **Dear Sir** siempre debe finalizar con **Yours faithfully**. Cuando comienza con la expresión **Dear Mr. THOMPSON** debe terminar con **Yours sincerely**. Las cartas de tono familiar pueden terminar con **Yours**.

8. La mayoría de las veces, la *firma* se coloca a la izquierda y arriba del nombre del signatario y de la función que éste desempeña.

Si se trata de la firma de un apoderado, el nombre de la persona en cuya representación se actúa deberá aparecer por arriba de la firma e irá precedida de las expresiones **p.p.** o **per pro** (abreviatura del latín *per procurationem*, que significa *por procuración* o *por poder, por poderes*).

9. Los *documentos adjuntos* se señalan al pie de la carta, a la izquierda, incluyendo la mención:

Encl. o **Enc.** (**enclosed**) y a continuación se describe la naturaleza de dichos documentos.

II. FÓRMULAS USUALES EN LA CORRESPONDENCIA COMERCIAL

1. *En respuesta a su solicitud de información...*
   In response (GB: In reply) to your inquiry...

2. *En respuesta a su carta del...*
   In response (GB: In reply) to your letter of...

3. *Le(s) enviamos en forma adjunta...*
   Please find enclosed...
   We enclose...
   We are enclosing...

4. *Acusamos recibo de...*
   We acknowledge receipt of...
   Thank you for...

5. *Deseo confirmar...*
   I wish to confirm...

6. *Nos complace el hacerles saber que...*
   We are pleased to let you know/inform you that...

7. *Tenemos la pena de informarles que...*
   We are sorry to let you know/inform you that...

8. *Mucho le agradecería que usted...*
   I would be grateful if you would...

Would you be so kind as to...
Please...

9. *Nos permitimos sugerir a usted/sugerirle...*
   We venture to suggest...

10. *Mucho les agradeceríamos que nos respondieran rápidamente.*
    A prompt answer would be appreciated.
    An early reply will/would oblige us.

11. *Si el día y la hora no le convienen...*
    If the date and time are not convenient...

12. *Sírva(n)se enviarnos la factura con un duplicado.*
    Please send us the invoice in duplicate.
    Please send us two copies of the invoice.

13. *Sírva(n)se informarnos acerca de sus mejores precios/condiciones.*
    Please quote us your best terms.

14. *Los precios que estamos cotizando/estableciendo son...*
    We are quoting...prices./The prices we quote are...

15. *Si este artículo no le(s) conviene...*
    If this article does not suit you...

16. *Nuestras condiciones acostumbradas son...*
    Our usual terms are...

17. *Concedemos descuentos importantes...*
    We grant/allow sizeable/substantial discounts...

18. *La liquidación deberá ser efectuada por...*
    Payment will be by...

19. *Estamos dispuestos a concederles un descuento del 5 por ciento.*
    We are prepared to grant you (a) 5% discount.

20. *Les presentamos nuestras excusas por la tardanza.*
    We apologize for the delay.

21. *Las mercancías serán entregadas...*
    The goods will be delivered...

22. *Las mercancías no estaban/eran conformes con la muestra/con el pedido.*
    The goods were not true to sample/as per order.

23. *Sírva(n)se informarnos por vuelta de correo...*
    Please let us know by return...

24. *No estamos en condiciones de...*
    We are not in a position to...

25. *Nos vemos obligados a cancelar el pedido...*
    We are sorry to have to cancel the order.
    We regret having to cancel the order.

26. *Hemos registrado su pedido.*
    We have booked your order.

27. *Las mercancías fueron expedidas la semana pasada.*
    The goods were sent/forwarded/shipped last week.

28. *Les hacemos un pedido de...*
    We order/We wish to order/We are placing an order for...

29. *Mucho le(s) agradeceríamos que no(s) pudieran adelantar la fecha de entrega.*
    We would be grateful if you could put the delivery forward.

30. *Nos encantaría obtener informes adicionales acerca de...*
    We would like to have/to obtain more detailed information/further information/further particulars on...

31. *Estamos a sus órdenes para cualquier información adicional.*
    We are at your disposal for any further information.

32. *Espero tener noticias de usted próximamente.*
    I'm looking forward to hearing from you soon.

33. *Reciba(n) usted(es) nuestros más cordiales saludos.*
    (EU) Sincerely yours,/Sincerely,
    (GB) Yours faithfully,/Yours sincerely,

III. TÉRMINOS COMERCIALES
LISTA DE LAS CONDICIONES MÁS USUALES
EN LOS CONTRATOS DE VENTAS

Los precios pueden ser de los siguientes tipos:

ex-works	
ex-mill	precio fábrica (al salir de la fábrica)
ex-factory	
ex-warehouse	precio almacén (en el almacén)
FOR	Franco vagón
(free on rail)	
FOT	Franco vagón
(free on truck)	(EU) *también* franco camión
FAS	Franco a lo largo del buque
(free alongside ship)	
FOB	Libre a bordo
(free on board)	(franco/libre a bordo)
FOB Airport	Libre a bordo, Aeropuerto
C & F	C & F
(cost and freight)	(costo y flete)

CIF	CSF
(cost, insurance, freight)	(costo, seguro, flete)
Carriage Paid to...	Porte pagado hasta...
Freight Paid to...	Flete pagado hasta...
Ex Ship	Fuera del barco
	(mercancía a disposición
	del comprador a bordo de un navío en el
	puerto de destino)
Ex Quay (duty paid)	En el andén (sacado de la aduana)
Ex Quay (duties on buyer's account)	En el andén (sin sacar de la aduana)
Delivered at frontier	Entregado/puesto en la frontera
	(indíquense los dos países que separa
	la frontera y el lugar de entrega)
Delivered...	Entregado...
(named place of destination in the importing country)	(lugar de destino convenido en el país de importación)
duty paid	derechos adquiridos

IV. OBSERVACIONES IMPORTANTES SOBRE LA FORMA DE ESCRIBIR Y DECIR LAS CIFRAS

1. No olvide poner comas después de los millares:
   two thousand five hundred and fifty: 2,550

2. Los decimales se escriben con un punto:
   Español: 1.5%   Inglés: 1.5%

   Observaciones:
   0.5 puede escribirse como 0.5% **(oh point five per cent)** o simplemente como .5% **(point five per cent)**.
   Nótese la expresión *aumentar en un 5%,*
   to increase/rise by 5%.
   Un aumento del 5%, **an increase/a rise of 5%;**
   a 5% increase/rise.
   Un aumento del 10% en los precios al menudeo,
   a 10% increase in retail prices.

3. Las palabras **hundred, thousand**, etc. son invariables cuando van después de una cifra:
   two thousand cars, three hundred people. Se les añade una *"s"* cuando corresponden a las expresiones hispanas *millares de, cientos de, millones de:*
   hundreds of cars, thousands of people, millions of dollars.

4. Tenga cuidado con la traducción de la expresión *mil millones:*
   (EU) **one billion**, (GB) **one thousand million.**

V.gr. Seis mil millones, (EU) **six billion**, (GB) **six thousand million**.
En el ámbito internacional domina el uso estadounidense.

5. Las formaciones adjetivadas revisten las siguientes particularidades:
Una reunión de tres horas: **a three-hour meeting**.
Un viaje de dos días: **a two-day trip**.

6. Indicación de las monedas:

EU	GB
$ 600	£ 600
six hundred dollars	**six hundred pounds**

7. En el contexto telefónico, 435 65 02 se dirá **four three five six five oh two**.

8. Las expresiones del tipo *decenas, veintenas, etc.* se traducen frecuentemente como **dozens of**:
decenas de libros, **dozens of books**.
Sin embargo, *dos docenas de huevo,* **two dozen eggs**.
(cf. 3).
También es común encontrar:
Veintenas de libros, **scores of books**.
Decenas de millares de libros, **tens of thousands of books**.

MÚLTIPLOS Y SUBMÚLTIPLOS

Prefijos	Abreviaturas	Multiplíquese por un factor de
Tera-	T	10^{12} = un billón o un millón de millones
Giga-	G	10^{9} = mil millones
Mega-	M	10^{6} = un millón
Kilo-	k	10^{3} = mil
Hecto-	h	10^{2} = cien
Deca-	da	10^{1} = diez
Deci-	d	10^{-1} = un décimo
Centi-	c	10^{-2} = un centésimo
Mili-	m	10^{-3} = un milésimo
Micro-	μ	10^{-6} = un millonésimo
Nano-	n	10^{-9} = un mil millonésimo
Pico-	p	10^{-12} = un billonésimo; un millón de millones de veces más pequeño.

V. PESOS Y MEDIDAS

MASA

(peso) **weight**

grain (gr)	0.0648 g	**dram (dr)**	1.77 kg
ounce (oz)	28.35 g	**pound (lb)**	0.454 kg

(EU) **short hundredweight (short cwt)**   45.4 kg
    hundredweight (cwt)   50.8 kg
    short ton   907 kg
    long ton   1 016 kg
(GB) **stone**   6.356 kg (EU)
    quarter   11.34 kg (EU)
     12.7 kg (GB)

troy weight *(para pesar el oro, la plata*
y los metales preciosos)

grain (gr)	0.0648 g
pennyweight (dwt)	1.555 g
ounce (oz)	31.10 g
pound (lb)	373.24 g

LONGITUD

inch (in)	2.54 cm	**foot (ft)**	30.48 cm
yard (yd)	0.914 m	**rod/pole/perch**	5.029 m
chain (ch)	20.116 m	**furlong (fur)**	201.168 m
mile (mi)	1.609 km		
(GB) **league**	4.827 km		

SUPERFICIES

square inch (sq. in.)	6.45 cm^2
square foot (sq. ft.)	0.093 m^2
square yard (sq. yd.)	0.836 m^2
square rod (sq. rd.)	25.293 m^2
square chain	404.624 m^2
(GB) **rood**	0.101 ha
acre (a)	0.405 ha
square mile (sq. mi.)	2.590 km^2

VOLÚMENES

cubic inch (cu. in.)	16.387 cm^3
cubic foot (cu. ft.)	0.028 m^3
cubic yard (cu. yd.)	0.765 m^3

MEDIDAS LÍQUIDAS

	EU	GB
gill (gi)	0.118 l	0.142 l
pint (pt)	0.473 l	0.568 l
quart (qt)	0.946 l	1.136 l
gallon (gal)	3.78 l	4.543 l

MEDIDAS DE CAPACIDAD
(dry measures)

	EU	GB
pint (pt)	0.550 l	0.568 l
quart (qt)	1.101 l	–
gallon	–	4.543 l
peck (pk)	8.809 l	9.087 l
bushel (bu)	35.238 l	36.347 l
quarter	–	290.781 l

MEDIDAS NÁUTICAS

fathom (= *braza*)	1.828 m
cable (= *cable*)	185.31 m
nautical mile (= *milla náutica*)	1.852 km
sea league (= *legua marina*)	5.550 km

AUTOMÓVILES

PRESIÓN DE LOS NEUMÁTICOS

lb/sq. in. o p.s.i.	20	21	22	24	26	28	30	34	40
kg/cm²	1.40	1.47	1.54	1.68	1.82	1.96	2.10	2.39	2.81

VELOCIDADES

km/h	m.p.h. (millas por hora)	m.p.h.	km/h
50	30	40	65
60	37	50	80
70	43.5	60	96
80	50	70	112
90	56.25	80	129
100	62.5	85	136
110	69	90	145
120	75	95	152
130	81	100	160

CONSUMO

Por regla general, el inglés indica una distancia efectivamente recorrida por una cantidad determinada de carburante, el galón. Sin embargo, éste último tiene valores distintos en la Gran Bretaña (4.54 l) y en los Estados Unidos (3.78 l).

Litros/ 100 km	millas/ galón EU	millas/ galón GB	Litros/ 100 km	millas/ galón EU	millas galón GB
3	78.75	94.58	14	16.88	20.27
4	59.06	70.94	15	15.75	18.92
5	47.25	56.75	16	14.77	17.73
6	39.38	47.29	17	13.90	16.69
7	33.75	40.54	18	13.13	15.76
8	29.53	35.47	19	12.43	14.93
9	26.25	31.53	20	11.81	14.19
10	23.63	28.37	21	11.25	13.51
11	21.48	25.80	22	10.74	12.90
12	19.69	23.65	23	10.27	12.34
13	18.17	21.83			

ESTATURA Y PESO DE UNA PERSONA

ESTATURA	1.55 m	5 ft	1 in	1.80 m	5 ft	11 in
	1.60 m	5 ft	3 in	1.83 m	6 ft	
	1.65 m	5 ft	5 in	1.85 m	6 ft	1 in
	1.70 m	5 ft	7 in	1.90 m	6 ft	3 in
	1.75 m	5 ft	9 in			

PESO		EU en libras	GB en stone y libras	
	45 kg	85 lb	6 st	1 lb
	50 kg	112 lb	8 st	
	55 kg	121 lb	8 st	9 lb
	57.2 kg	126 lb	9 st	
	60 kg	130 lb	9 st	4 lb
	63.5 kg	140 lb	10 st	
	65 kg	143 lb	10 st	3 lb
	70 kg	154 lb	11 st	
	75 kg	165 lb	11 st	11 lb
	76.3 kg	168 lb	12 st	
	80 kg	177 lb	12 st	9 lb
	82.6 kg	182 lb	13 st	
	85 kg	186 lb	13 st	4 lb
	90 kg	198 lb	14 st	2 lb
	95 kg	210 lb	15 st	
	100 kg	220 lb	15 st	10 lb

TEMPERATURAS

Para convertir grados centígrados en grados Farenheit, multiplíquese por 9/5 y añádase 32.

Por ejemplo: $10°$ C son iguales a $\dfrac{10 \times 9}{5}$ + 32 = 50° F

Para convertir grados Farenheit en grados centígrados o celsius, sustráigase 32 y multiplíquese por 5/9.

Por ejemplo: 60° F hacen $60 - 32 \times \dfrac{5}{9}$ = 15.5° C

Algunas observaciones:

Temperatura del cuerpo humano:	36°9 C =	98°4 F
Congelación del agua	0° C =	32° F
Ebullición del agua	100° C =	212° F

GRADOS DE ALCOHOL

% VOL. (CEE)	PRUEBA AMERICANA	PRUEBA INGLESA
34.3	68.5	60
37	74.3	65
40	80	70
43	86.6	75
45.7	91.4	80
48.5	97	85
50	100	87.7
51.4	108	90
54.2	108.5	95
57.1	114.2	100
59.9	120	105
62.8	125.6	110
65.6	131.3	115
68.5	137	120
71.4	142.7	125
74.2	148.4	130
77	154.1	135
80	160	—

MONEDAS

Piezas (**coins**)	Billetes (**bills**)
EU	
a cent (a penny) 1 ¢	a dollar, a dollar-bill; (*fam.*) a buck: $1
five cents (a nickel) 5 ¢	five dollars, a five-dollar bill; (*fam.*) 5 bucks; $5.
ten cents (a dime) 10 ¢	ten dollars, a ten-dollar bill; (*fam.*) 10 bucks; $10.
twenty-five cents (a quarter) 25 ¢	twenty dollars, a twenty-dollar bill; (*fam.*) 20 bucks; $20.
half a dollar, a half-dollar; (*fam.*) half a buck, 50 ¢	one hundred dollars, a hundred-dollar bill; (*fam.*) 100 bucks; $100.

Observaciones:

1. Cuando una moneda está representada por un símbolo (¢, $, p, £,), este último se adhiere automáticamente al número que la precede o que la sigue: £50, 50£; 100$, $1.00; 5p, 25¢, etc.

   Sin embargo, las abreviaturas monetarias sí se separan con un espacio: FF 50,000; 3,227 DM; 435,500 USD.

2. Los millares se separan con una coma.

3. Como observación de interés, merece destacarse que desde el año 1979 la Comunidad Europea ha dispuesto de una moneda de aceptación común. Dicha unidad es el ECU (**European Currency Unit**).

LISTA DE LAS PRINCIPALES DIVISAS (MONEDAS) CON SUS ABREVIATURAS MÁS USUALES

Nombre en español	Divisa (moneda)	Abreviatura inglesa	Código internacional
corona (Dinamarca)	Danish kröne	D.Kr.	DKK
corona (Noruega)	Norwegian krone	N.Kr.	NOK
corona (Sueca)	Swedish krona	S.Kr.	SEK
dólar EU	US dollar	$	USD
dólar canadiense	Canadian dollar	C.$	CAD
dólar de Hong Kong	Hong Kong dollar	H.K.$	HKD
dólar de Singapur	Singaporean dollar	Singapore$	SGD
dracma (Grecia)	Greek drachma	Dr.	GRD
escudo (Portugal)	Portuguese escudo	Port. Esc.	PTE
florín (Holanda)	Dutch guilder	Fl., Gldr.	NLG
franco belga	Belgian franc	B.Fr.	BEC
franco francés	French franc	F.Fr.	FF
franco suizo	Swiss franc	S.Fr., S.F.	CHF
lira (Italia)	Italian lira	It.L.	ITL

libra (Egipto)	Egyptian pound	Egypt. £	EGP
libra (Irlanda)	Irish punt	IR£	IEP
libra (GB)	Sterling pound, pound sterling	£	GBP
libra (Turquía)	Turkish lira	£T	TRL
marco alemán	Deutsche mark	D.M.	DEM
peseta (España)	Spanish peseta	PTA, Ptas.	ESP
peso (México)	Mexican peso	Mex. peso	MXP
rand sudafricano	South African rand	S.Afr. rand	ZAR
real (Brasil)	Brazilian real	R$	R$
rublo (Rusia)	Russian ruble	R, rub	R
rupia india	Indian rupee	R, Re	INR
schelling austriaco	Austrian schelling	A.Sch.	ATS
yen (Japón)	Japanese yen*	¥	JPY

*Importante: el plural se construye sin s.

VI. LOS PAÍSES Y SUS HABITANTES

Observaciones preliminares:

1. Tanto en inglés como en español, los nombres de los países empiezan siempre con mayúscula.
2. En inglés, los nombres de los países generalmente no van precedidos de un artículo; en el cuadro que presentamos más abajo, las pocas excepciones a esta regla se han señalado mediante el artículo (**the**).
3. En inglés, el adjetivo de nacionalidad empieza siempre con mayúscula: **Canadian food**.
4. En la mayoría de los casos, el nombre de los habitantes es igual al adjetivo y siempre empieza con mayúscula: **he is Canadian**.
5. En ocasiones, el inglés utiliza un nombre diferente al adjetivo para designar al habitante. En tales casos, *hemos puesto al final de este nombre un punto y coma*. La inserción de una coma indica una variante.
6. Plural: en inglés, el adjetivo no toma nunca la marca del plural. De manera opuesta, el nombre de los habitantes normalmente toma una "s" en la forma plural, aun cuando el nombre en singular sea parecido al adjetivo (**an American, the Americans; an Israeli, the Israelis**), salvo en el caso de los nombres que terminan en –**ese** (*V. gr.*: **the Chinese**, *los chinos*), y el nombre Swiss (**the Swiss**, *los suizos*). Si el nombre masculino singular se forma por adj. +**man**, el colectivo plural es parecido al adjetivo: *un francés,* **a Frenchman;** *los franceses,* **the French**. Los nombres de habitantes que difieren del adjetivo toman la marca del plural: **the Swedes,** *los suecos*.
7. De acuerdo con la tradición británica, los países se consideran de género femenino: **Britain, her policy**. En el inglés estadounidense moderno y en el inglés internacional, se consideran neutros: **Germany, its foreign policy**.

Obsérvese la expresión **The United States, the US**, la cual se considera como un neutro singular:
The US is a big country. Its foreign policy, etc.

	País		**Habitante**
Inglés	*Español*	*Inglés*	*Español*
Afghanistan	Afganistán	Afghan	afgano, a
Albania	Albania	Albanian	albanés, esa
Algeria	Argelia	Algerian	argelino, a
Angola	Angola	Angolan	angoleño, ña o angolés, esa
Argentina, The Argentine	Argentina	Argentinian, Argentine	argentino, a
Australia	Australia	Australian	australiano, a
Austria	Austria	Austrian	austriaco, a
(The) Bahamas	Bahamas	Bahamian	bahamés, esa
Bahrain	Bahrein	Bahraini,	Bahreini (oriundo de)
Bangladesh	Bangladesh	Bangladeshi	(oriundo de)
Barbados	Barbados	Barbadian	barbadense, ensa
Belarus (antes Bielorrusia)	Belarús	(native of)	belaruso, a
Belgium	Bélgica	Belgian	belga
Belize	Belice	Belizean	beliceño, a
Bermuda	Bermudas	Bermudan	(oriundo de)
Bolivia	Bolivia	Bolivian	boliviano, a
Bosnia and Herzegovina	Bosnia y Herzegovina	(native of)	(oriundo de)
Botswana	Botswana	(native of)	botswanés, esa
Brazil	Brasil	Brazilian	brasileño, a
Bulgaria	Bulgaria	Bulgarian	búlgaro, a
Burkina Faso (antes Alto Volta)	Burkina Faso	Burkinese	(oriundo de)
Burundi	Burundi	Burundian	burundiano
Cambodia (antes Kampuchea)	Camboya	Cambodian	camboyano, a
Cameroon	Camerún	Cameroonian	camerunés, esa
Canada	Canadá	Canadian	canadiense
Chad	Chad	Chadian	chadiano
Chile	Chile	Chilean	chileno, a
China	China	Chinese	chino, a
Colombia	Colombia	Colombian	colombiano, a
(The) Congo	Congo	Congolese	congoleño, a o congolés, esa
Costa Rica	Costa Rica	Costa Rican	costarricense
Croatia	Croacia	Croat; Croatian	croata
Cuba	Cuba	Cuban	cubano, a
Cyprus	Chipre	Cypriot; Cyprian	chipriota
Denmark	Dinamarca	Dane; Danish	danés, esa o dinamarqués, esa
Dominica	Dominica	Dominican	(oriundo de)
Dominican Republic	República Dominicana	Dominican	dominicano, a
Ecuador	Ecuador	Ecuadorian	ecuatoriano
Egypt	Egipto	Egyptian	egipcio, a
El Salvador	El Salvador	Salvadorean	salvadoreño, a
Estonia	Estonia	Estonian	estonio, a
Ethiopia	Etiopía	Ethiopan	etiope o etíope
Finland	Finlandia	Finn; Finnish	finlandés, esa
France	Francia	French	francés, esa
Gabon	Gabón	Gabonese	gabonés, esa
Gambia	Gambia	Gambian	gambiano, a
Germany (1)	Alemania	German	alemán, ana
Ghana	Ghana	Ghanaian	ghanés, esa
Great Britain o United Kingdom	Gran Bretaña o Reino Unido o Inglaterra	Briton; British	británico, a
Greece	Grecia	Greek	griego, a
Guatemala	Guatemala	Guatemalan	guatemalteco, a
Guinea	Guinea	Guinean	guineo, a
Guyana	Guyana	Guyanese	guyanés
Haiti	Haití	Haitian	haitiano, a
Holland o (The) Netherlands	Holanda o Países Bajos	Dutch	holandés, esa o neerlandés, esa
Honduras	Honduras	Honduran	hondureño, a
Hungary	Hungría	Hungarian	húngaro, a

Iceland	Islandia	Icelander; Icelandic	islandés, esa
India	India	Indian	indio, a o indo, a
Indonesia	Indonesia	Indonesian	indonesio, a
Iran	Irán	Iranian	iraní
Iraq	Iraq o Irak	Iraqi	iraquí
Ireland	Irlanda	Irish	irlandés, esa
Israel	Israel	Israeli	israelí
Italy	Italia	Italian	italiano, a
Jamaica	Jamaica	Jamaican	jamaiquino, a o jamaicano, a
Japan	Japón	Japanese	japonés, esa
Jordan	Jordania	Jordanian	jordano, a
Kenya	Kenia	Kenyan	keniano, a
Korea (Republic of)	República de Corea o Corea del Sur	South Korean	surcoreano, a o sudcoreano, a
Korea (Democratic People's Republic of)	República Popular Democrática de Corea o Corea del Norte	North Korean	norcoreano
Kuwait	Kuwait	Kuwaiti	kuwaití
Lao (People's Democratic Republic of)	República Democrática Popular Lao	Laotian	lao
Latvia	Letonia o Latvia	Latvian	letón, ona o latvio, a
Lebanon	Líbano	Lebanese	libanés, esa
Liberia	Liberia	Liberian	liberiano, a
Lithuania	Lituania	Lithuanian, Lithuanic	lituano, a
Lybian Arab Jamahiriya	Libia (la Jamahiriya Árabe Libia Popular y Socialista)	Lybian	libio, bia
Liechtenstein	Liechtenstein	(native of)	(oriundo de)
Luxembourg	Luxemburgo	Luxemburger	luxemburgués, esa
Madagascar	Madagascar	Malagasy; Madagascan	malgache
Malawi	Malawi	(native of)	malawiano, a
Malaysia	Malasia	Malaysian	malasio, a o malayo, a
Mali	Malí	Malian	maliense, esa
Malta	Malta	Maltese	maltés, esa
Mauritania	Mauritania	Mauritanian	mauritano, na
Mauritius	Mauricio	Mauritian	mauriciano, a
Mexico	México	Mexican	mexicano, a
Mongolia	Mongolia	Mongol; Mongolian	mongol, a
Monaco	Mónaco	Monegasque	monegasco, a
Morocco	Marruecos	Moroccan	marroquí
Mozambique	Mozambique	Mozambiquean	mozambiqueño, a
Myanmar (antes Birmania)	Myanmar	(native of)	(oriundo de)
Namibia	Namibia	Namibian	namibiano, a
Nepal	Nepal	Nepalese	nepalés, esa
(The) Netherlands, ver Holland.			
New Zealand	Nueva Zelanda	New Zealander; New Zealand	neozelandés, esa o neocelandés, esa
Nicaragua	Nicaragua	Nicaraguan	nicaragüense
Niger	Níger	Nigerien	nigerino, a
Nigeria	Nigeria	Nigerian	nigeriano, a
Norway	Noruega	Norwegian	noruego, a
Oman	Omán	(native of)	omaní
Pakistan	Pakistán o Paquistán	Pakistani	pakistaní o paquistaní
Panama	Panamá	Panamanian	panameño, a
Papua New Guinea	Papúa Nueva Guinea	Papuan	(oriundo de)
Paraguay	Paraguay	Paraguayan	paraguayo, a
Peru	Perú	Peruvian	peruano, a
Philippines	Filipinas	Filipino; Philippine	filipino, a
Poland	Polonia	Pole; Polish	polaco, a o polonés, esa
Portugal	Portugal	Portuguese	portugués, esa
Puerto Rico	Puerto Rico	Puerto Rican	puertorriqueño, a
Qatar	Qatar	Quatari	(oriundo de)
Romania	Rumania	Romanian	rumano, a
Russia	Rusia o Federación Rusa	Russian	ruso, a
Rwanda	Rwanda	Rwandan	ruandés, esa o rwandés, esa
Saudi Arabia	Arabia Saudita	Saudi Arabian	Árabe saudita o saudita
Senegal	Senegal	Senegalese	senegalés, esa

Serbia	Serbia	Serb; Serbian	serbio, a
Seychelles	Seychelles	Seychellois	(oriundo de)
Sierra Leone	Sierra Leona	Sierra Leonean	sierraleonés, esa
Singapore	Singapur	Singaporean	singapurense
Slovakia	Eslovaquia	Slovak, Slovakian	eslovaco, a
Slovenia	Eslovenia	Slovene; Slovenian	esloveno, a
Somalia	Somalia	Somali; Somalian	somalí
South Africa	Sudáfrica	South African	sudafricano, a
Spain	España	Spaniard; Spanish	español, a
Sri Lanka (antes Ceilán)	Sri Lanka	Sri Lankan	(oriundo de)
(The) Sudan	Sudán	Sudanese	sudanés, esa
Swaziland	Swazilandia	Swazi	(oriundo de)
Sweden	Suecia	Swede; Swedish	sueco, a
Switzerland	Suiza	Swiss	suizo, a
Syrian Arab Republic	Siria	Syrian	sirio, a
Taiwan	Taiwán	Taiwanese	taiwanés, esa
Tanzania	Tanzanía o Tanzania	Tanzanian	tanzaniano, ana
(United Republic of) Thailand	Tailandia	Thai	tailandés, esa
Trinidad and Tobago	Trinidad y Tabago	(native of)	(oriundo de)
Tunisia	Túnez	Tunisian	tunecino, a
Turkey	Turquía	Turk; Turkish	turco, a
Uganda	Uganda	Ugandan	ugandés, esa
Ukraine	Ucrania	Ukrainian	ucranio, a o ucraniano, a
(antes parte de la Unión Soviética)			
U.S.S.R. (2)	U.R.S.S.	Soviet	soviético, a
United States of America (3)	Estados Unidos (de América) o los Estados Unidos	American	estadounidense
Uruguay	Uruguay	Uruguayan	uruguayo, a
Venezuela	Venezuela	Venezuelan	venezolano, a
Viet Nam	Vietnam	Vietnamese	vietnamita
Yemen	Yemen	Yemeni	yemenita
Yugoslavia	Yugoslavia	Yugoslav, Yugoslavian	yugoslavo, a
(consta de Serbia, Montenegro, Vojvodina, Kosovo)			
Zaire	Zaire	Zairean	zairense
Zambia	Zambia	Zambian	zambiano, a
Zimbabwe	Zimbabwe	(native of)	zimbabwense

Es evidente que cuando sea el caso, se deberá decir **Frenchwoman, French person, Dutchwoman, Dutch person,** o incluso **Englishwoman, English person,** etc.

Observaciones:

1) **Germany,** Alemania, unificada desde el año de 1990. Antes de esta fecha:

a) Alemania occidental, alemán occidental: **West Germany, West German.** Oficialmente: **The Federal Republic of Germany (F.R.G.),** o **The German Federal Republic (G.F.R.),** la República Federal de Alemania (R.F.A.).

b) Alemania oriental, alemán oriental: **East Germany, East German.** Oficialmente: **The German Democratic Republic (G.D.R.),** la República Democrática Alemana (R.D.A.).

2) La **U.S.S.R., The Union of Soviet Socialist Republics**, (Unión de Repúblicas Soviéticas Socialistas, U.R.S.S.) fue disuelta en 1991, siendo sustituida por la **C.I.S., Commonwealth/Confederation of Independent States**, (Confederación de Estados Independientes, C.E.I.) que agrupó a once repúblicas de la antigua U.R.S.S.

3) **U.S.A., US: (The) United States of America**, los Estados Unidos (de América) EU.

Esta obra se terminó de imprimir y encuadernar en mayo
de 2003 en Programas Educativos, S.A. de C.V.
Calz. Chabacano No. 65, México 06850, D.F.

La edición consta de 8 000 ejemplares

Empresa Certificada por el Instituto Mexicano de Normalización
y Certificación A. C. Bajo las Normas ISO-9002:1994/
NMX-CC-004:1995 con el Núm. de Registro RSC-048
e ISO-14001:1996/NMX-SAA-001:1998 IMNC/
con el Núm. de Registro RSAA–003